戴逸文集

简明清史
（第一册）

中国人民大学出版社
·北京·

前　言

清王朝是以我国少数民族满族上层为主体而建立的封建统治机构，是中国悠久历史上许多封建君主专制王朝中的最后一个。它统治了辽阔广大的中国达二百六十八年之久。当一六四四年（清顺治元年）清朝统治者入关，窃夺了明末农民战争的果实，建立起对全国统治的时候，中国还是一个独立的封建国家，处在封建社会的后期。经过一百多年的发展，清朝统治至十八世纪中叶达到鼎盛时期。在广阔的版图内，中国各民族的统一进一步加强，封建的政治、经济、文化发展到了高峰。随之，由于封建社会的内部矛盾和资本主义萌芽的增长，封建统治发生了危机，十八世纪末，农民起义的烽火，燃遍全国。清朝统治，由盛转衰。这时，西欧国家早已经过了资产阶级革命，跨进了资本主义社会，对外疯狂地掠夺殖民地，封建的中国成了它们重要的掠夺对象。一八四〇年（清道光二十年）爆发了鸦片战争，外国资本主义侵略者武装打开了中国的大门，从此，中国逐步地变为半殖民地半封建社会，中国历史进入了近代史时期。帝国主义和中国封建主义相结合，把中国变为半殖民地半封建社会的过程，也就是中国人民反抗帝国主义及其走狗的过程。经过鸦片战争、太平天国革命、中法战争、中日战争、戊戌变法、义和团运动，中国人民表现了不屈不挠、英勇顽强的战斗精神，直至一九一一年（清宣统三年）发生了中国资产阶级领导的辛亥革命，推翻了已经成为帝国主义走狗的清朝政府，结束了两千多年来中国专制帝制的统治，建立了民主共和国。

历史的长河，激流澎湃、汹涌向前。这二百六十八年不仅仅是爱新觉罗王朝崛起、兴盛、衰落、灭亡的历史，而首先是伟大的中国各族人民的发展史、创造史、斗争史。在这段漫长、崎岖的历史程途上，中国人民蒙受了巨大的苦难和挫折，提出了美好的理想和希望，进行了不断的探索和战斗。人民群众在最艰难困苦的岁月里，给后代留下了极其丰富宝贵的遗产。这二百六十八年间，出现了多少激昂慷慨、可歌可泣的战斗事迹，产生了多少坚强、勇敢、勤劳、智慧的优秀人物，创造了多少光辉灿烂的经济、文化成果，遗留下多少生动丰富的经验教训。它是中国悠久历史上的重要篇章，是承先启后、继往开来的巨大转折，是中国人艰苦战斗、暗中摸索、穿过迷雾，通向未来胜利的阶梯。清代历史离我们的时间很近，和现实斗争的关系极为密切，值得我们认真地学习和研究。

本书的范围从满族的先世和满族的兴起开始，叙述到一八四〇年鸦片战争为止。鸦片战争以后，中国进入了近代历史时期，社会性质和革命性质开始发生巨大的变化，根本不同于清代的前期和中期。目前已出版了各种比较详细的中国近代史著作，在基本内容上，本书结束之后，可以和这些近代史著作相衔接。

本书由中国人民大学清史研究所集体编写，戴逸主编，马汝珩协助编辑。本书第一册的第一章由李鸿彬编写，第二章由林铁钧编写，第三章由杜文凯编写，第四章由张晋藩编写，第五章由马汝珩、张晋藩、马金科编写，第六章和第七章由李华编写。本书第二册起初由马欣、马汝珩、马金科、李华、张晋藩、胡明扬、秦宝琦等人起草了部分稿件，后因全书结构更改和人事变动，又重新组织了编写。现在的稿件，第八章由罗明、王思治、林铁钧编写，第十章由马汝珩编写，第十二章由吕英凡、王道成、陈亚兰编写，第十三章由李华编写，第十四章由林铁钧、马汝珩编写，第十五章由王俊义编写，戴逸编写了其他各章并统一修改了全书。插图是由李华、李鸿彬收集的。在收集插图时得到中国历史博物馆和中国第一历史档案馆等单位的大力协助，谨在此致谢。

由于我们的水平不高，书中一定有不少缺点错误，希望同志们批评指正。

目　录

第一册

插图目录

第一册

第一章　满族的兴起与后金政权的建立和发展

第一节　十七世纪前期的世界与中国

一、十七世纪前期的世界形势和早期殖民主义对中国的入侵

当十七世纪前期，满族崛起于我国东北的白山黑水之间，世界和中国正处在剧烈的革命和动荡之中。

这时，英国是全世界经济和政治发展最领先的国家。十七世纪中叶，英国发生了资产阶级革命，这是一场由中世纪以来英国的全部社会发展进程所准备起来的革命。由于生产技术的进步、社会劳动分工的扩大和商品经济的发展，资本主义生产关系在封建社会内部成长起来，最后必然要冲破封建旧制度的桎梏。革命以后，英国国内建立了资产阶级的新秩序。这是世界历史的转折点，是资本主义对封建主义的第一次重大胜利，它为英国资本主义的进一步发展创造了条件，并推动着欧洲和北美国家资产阶级革命的到来。

和英国资产阶级革命同时，中国正经历着明末李自成、张献忠领导的伟大农民革命。这场革命在性质上、作用上以及所处社会发展阶段上不同于英国的革命。它是一场单纯的农民战争，是封建社会周期性危机的新爆发。封建社会中的农民革命，为生产力的发展开辟了道路，它是历史发展的伟大动力。但是，单纯的农民革命不可能根本改变旧的生产方式，其结果总是以失败告终，封建制度在改变了某些环节和某些形式之后仍被保留下来。只有生产力的发展准备好了必要的条件，只有资产阶级登上了政治舞台之后，才能给

封建旧制度以致命的一击。

封建主义必将被资本主义所代替，这是世界历史发展的一般趋势，中国历史并没有离开这一发展趋势。当英国发生资产阶级革命的时候，中国社会上已产生了资本主义的萌芽，没有外力的影响，中国也将缓慢地走向资本主义。但十七世纪前期，中国的资本主义萌芽尚未充分发展起来，中国还处在封建社会的后期，离资本主义还有一段相当的距离。这主要表现在：

第一，中国的自给自足的封建自然经济结构十分强固，地主阶级残酷地剥削农民，掠夺了农民的大部分生产物，农民无法改善自己的生产条件和生活条件，只有在农业劳动之外，全家男女老幼辛勤地从事副业和家庭手工业，才能勉强维持最低限度的生活。在地主阶级的剥削下，农业和小手工业到处强固地结合在一起，这是资本主义萌芽进一步发展的主要障碍，也是强大的中国封建专制主义统治的基础。

第二，由于新的经济力量发展不充分，相应地新的政治力量也发展不充分。当时，少数城镇中虽然有了许多手工业工人和一些经营工商致富的人，也发生了一些暴动和斗争，但总的来说，中国社会上还没有产生出像西欧市民等级那样足以和地主阶级对抗的强大政治力量。

第三，中国封建专制主义政权机构庞大，组织完备，广泛地控制着社会生活的各个方面，拥有强大、有效的镇压手段。它顽固地阻挠一切新事物的成长，拼命维护旧基础。

第四，中国是一个幅员辽阔、人口众多的多民族统一国家，各个地区的发展很不平衡。经济最发达的东南沿海地区已经有了资本主义的萌芽，但广大的腹地，经济、文化就比较落后，还有偏僻地区和边疆地区则仍然停留在封建初期阶段或奴隶制阶段，甚至原始社会阶段。在西欧，许多独立的国家同时并存，它们之间经济发展比较均衡，先进国家受周围后进地区的干扰比较小，因此，英国得以首先突破封建制度，树起资产阶级革命的旗帜，跨入资本主义，此后两百年左右，西欧各国由于自身的发展以及彼此的影响都走上了资本主义。可是，在像中国这样由一个政府统治的、发展极不平衡的封建大国内，一小块经济最领先的地区被周围大片的后进地区所包围，不可能单独地摆脱封建制度的羁绊首先进入资本主义。

第五，十七世纪前期，作为官方哲学的典型的封建意识形态——宋明理学已走过了全盛时期，但还远远没有衰竭死亡。在封建政权的大力支持和倡导下，它仍然是中国社会前进的重大绊脚石。

由此可见，中国要发展到资本主义，还需要一段相当长时间的艰难曲折，还需要提高国家的政治、经济、文化水平。清代前期的二百年，中国历史还在一条崎岖的道路上蹒跚前进。就总体而言，十七世纪前期的中国，已经落在西欧一些先进国家的后面。

以英国的资产阶级革命为起点，西欧的历史面貌在迅速改变，资本主义迅猛发展。新兴的资产阶级以凌厉的态势摧毁了一切封建的、宗法的、田园诗般的旧关系、旧思想，生产工具在迅速改进，交通发展了，科学技术很快地进步，生产力一日千里地蓬勃增长。但是，资产阶级毕竟是一个剥削阶级，掠夺是资产阶级存在和发展的原则，它必须吮吸本国无产阶级和全世界劳动人民的血汗才能够养肥自己，一部资产阶级发家史是用血与火的文字载入人类编年史的。

资本主义从一开始就和殖民主义结成了形影不离的伴侣。“不断扩大产品销路的需要，驱使资产阶级奔走于全球各地。它必须到处落户，到处创业，到处建立联系”①。疯狂的殖民掠夺，为推销工业品和取得原料找到了市场，带来了可以转化为资本的巨额财富，促进了资本主义的发展。而资本主义的进一步发展又刺激了资产阶级的贪欲，加强了它进行殖民扩张的力量。从此，亚非拉广大不发达的国家和民族逐步地沦为欧洲资产阶级殖民奴役的对象。

葡萄牙和西班牙是世界上最早的殖民国家。随着世界地理大发现和新的海洋航线的开辟，它们的探险家、商人、传教士、武装船队走遍了世界各地。首先遭到殖民侵略的是非洲和美洲的广大地区，十六世纪，葡萄牙人在非洲建立了一系列殖民据点，从事奴隶贸易

① 马克思、恩格斯：《共产党宣言》，见《马克思恩格斯选集》，第一卷，254页，北京，人民出版社，1972。

和黄金掠夺，西班牙人则在中美洲、南美洲灭绝人性地残杀当地的印第安人和印加人，建立了庞大的殖民帝国。亚洲的许多地方也开始遭到殖民主义逆流的侵袭。一五一〇年（明正德五年），葡萄牙侵占印度果阿；次年（一五一一年，明正德六年）侵占东南亚的交通枢纽和战略要地马六甲；接着，在科伦坡、苏门答腊、爪哇、加里曼丹等地建立城堡。一五一七年（明正德十二年），葡萄牙第一次闯到中国广州，强求通商。此时，西班牙也侵入了菲律宾和西太平洋的一些岛屿。其后，荷兰、英国、法国接踵而来，荷兰排挤了葡萄牙、西班牙的势力，控制了印度尼西亚；英国、法国也先后渗入印度和东南亚。欧洲的殖民强盗们在全世界和远东到处都进行着争夺殖民地的激烈斗争。

殖民主义的逆浪在全世界翻滚咆哮，古老的中国和许多被压迫国家、被压迫人民一起，被卷进旋涡，成为欧洲强盗们侵略的对象。从这个时候起，中国人民反对早期殖民主义的斗争和全世界人民的反殖民主义斗争是息息相关、呼吸相通的，它们之间，相互支援、相互影响。在客观上，中国人民的反侵略斗争是世界人民反侵略斗争的一个重要组成部分。

从十六世纪到十七世纪前期，西方殖民主义的魔爪分别从东南沿海和北部边疆伸进了中国，一方面葡、西、荷、英、法从海洋爬上中国的领土。一五五七年（明嘉靖三十六年）葡萄牙窃据我国的澳门，一六二二年（明天启二年）荷兰侵占我国的澎湖和附近岛屿，一六二四年（明天启四年）荷兰又占领台湾，修建了赤嵌城和台湾城，一六二六年（明天启六年），西班牙侵占台湾的基隆和淡水。另一方面，当时还处在封建农奴制阶段的沙皇俄国也老早加入了殖民国家的行列，十六世纪末十七世纪初，哥萨克的铁蹄越过了辽阔而寒冷的西伯利亚，蹂躏了许多弱小而无防御力量的民族，窜到中国的边境。十七世纪初，它来到了我国西北厄鲁特蒙古部落，诱骗和胁迫他们臣服俄国。一六四三年（明崇祯十六年）沙俄匪帮第一次窜犯我国东北黑龙江流域，强占中国的土地，逼迫中国当地的少数民族称臣纳贡。这些殖民强盗在中国犯下了擢发难数的罪行：攻城略地，杀人放火，掳掠人口，贩卖奴隶，勒索贡税，抢劫金银毛皮。例如荷兰占领台湾后，每年向当地中国人勒索地租和人头税，掠夺鹿皮、蔗糖等土特产，并公然在海上剽劫商旅，经常派“大舟巨炮截我船于交州、吕宋之间者，殆无虚岁，丝棉货物，悉为彼有”①。它还在中国沿海一带掳掠居民，转卖到南洋和欧洲充当奴隶，一六二二年，荷兰殖民者一次就掠走了一千四百多名中国人，运到南洋等地作为奴隶卖掉了。又如俄国侵略者在中国黑龙江流域烧杀抢劫，无恶不作，一次就杀死不肯屈服的中国达斡尔族人民六百六十一人，俘虏妇女、儿童三百六十一人，抢劫了大批牲畜和贵重的貂皮，另一批俄国强盗甚至在一个冬天灭绝人性地吃掉了五十个中国人。

中国人民对西方殖民主义者的侵略行径进行了英勇的抗击。一五一六年（明正德十一年），葡萄牙占领广东东莞县的屯门、南头等地，被当地人民和明军击败退走；一六二二年，荷兰侵占澎湖诸岛，不久也被明军所驱逐；十七世纪中叶，俄国强盗抢占我国黑龙江流域，被当地中国少数民族和清军打得狼狈逃窜，不得不撤离黑龙江；被荷兰强占的台湾，在郑成功率领的军队的英勇反攻下，返回了祖国的怀抱。

当亚非拉广大地区相继沦为殖民地时，中国人民和中国政府还能够进行有效的抵抗，屡次粉碎早期殖民强盗攘夺中国领土的阴谋，在很长的历史时期内维护住了国家的独立和领土的完整。这是因为：一方面，中国在地理上离开西方殖民国家很遥远，无论是从海路绕越非洲好望角，或者从陆路越过西伯利亚，中间山海阻隔，路途艰险，旅程往往要经年累月。早期殖民国家还不具备大规模地远征中国的实力，而且，它在一路上要碰到亚洲和非洲许多国家和许多民族的抵抗，必须逐步地推进，先对付这些国家和民族，摧毁它们的反抗，在通向中国的遥远路程上建立一系列的前进据点，才能够在远东和中国加强其侵略势力。因此，中国在鸦片战争以前的几百年内能够维持自己的独立，是和亚洲、非洲各地人民反殖民主义斗争

---

① 沈国元：《两朝从信录》，天启二年十月。

的支持分不开的；另一方面，中国是一个历史悠久、文明发达、物产丰富、人口众多的大国，中国人民具有英勇斗争的传统和抵抗外来侵略的决心。在殖民国家到来之前，中国早就是个统一的、组织程度很高、防御力量强大的国家，因此，早期殖民主义在中国遭到了有力的抗拒。在殖民强盗到处横行的时候，中国仍长时间地岿然屹立在东方，阻遏着殖民主义的逆流。中国人民反对殖民侵略的斗争也有效地支援了全世界人民反对殖民侵略的斗争。

但是，十七世纪中国与早期殖民国家之间的冲突斗争和封建时代国与国之间的斗争相比具有根本不同的性质。侵略的一方即将发展到资本主义，它的经济、政治、军事力量以空前的速度飞速增长；被侵略的一方是封建的中国，它缠绕在陈旧关系的层层网络中，发展缓慢，步伐落后。随着时间的推移，力量的对比正在朝着有利于侵略者而不利于中国的方向改变，中国方面的防御优势正在丧失。历史的巨变常常从细微而未被人们觉察之处开始，斗争态势要在一个很长的时期内才会显示出它清晰的轮廓，表现出它深远的影响。当十七世纪前期，谁能判断从东南海上和东北边境“偶然地”闯来的不速之客将会发展成为蹂躏践踏全中国的巨大侵略力量呢？又有谁衡量了中国与西方已经出现的差距而感到迫切需要急起直追呢？人们的眼光和头脑往往局限于当前的情势、细小的个别事件，陶醉于暂时的安全，但是，历史却悄悄地而又无情地按照客观的规律前进。人们要在几个世纪之后才会得出这样的结论：谁发展得迟缓，谁必定要受欺挨打！

当中国与早期殖民国家开始接触，双方力量对比和发展速度的竞赛开始了。可是，中国却正经历了明王朝的盛世而转向衰落，明朝政府面临着国内两个最重大紧迫的问题：一个是由土地兼并而引起的农民战争，一个是由于明朝中央政府力量衰落和边疆少数民族崛起而引起的国内民族斗争，两者都是中国历史上周期性地反复出现的老问题，它极大地改变了历史的进程，演变为特殊的政治斗争的形势，造成了清王朝兴起、强大并得以统治全中国的历史条件。

二、明王朝的腐朽统治和明末农民大起义

十七世纪前期，明王朝已经过了二百数十年的统治，各种矛盾长期地积累起来，得不到解决。土地高度集中，阶级矛盾和民族矛盾激化，统治机构腐败，社会危机加深，人民生活痛苦，明王朝的统治已经走过了兴旺的阶段，到达了日薄西山的黄昏。

封建社会的主要矛盾是地主阶级和农民阶级的矛盾。地主贪得无厌地追求财富，剥削农民，兼并土地，“求田问舍，而无所底止”①，造成了土地的高度集中和贫富的急剧分化。明朝皇帝是最贪婪的头号大地主，强占民地，建立“皇庄”并赐给皇子、勋戚，称为“王府庄田”。明代受封建藩的亲王就有五十个，分散在山东、河南、山西、陕西、湖广、四川、江西等地。他们除了在京师附近有养赡田和香火地外，在各自藩府地区又有大片庄田，有的庄田地跨两三省，如神宗的儿子福王常洵在河南、山东、湖广就拥有庄田两万多顷。到了明末天启年间，全国王府庄田竟达五十万顷之多。

除上述“庄田”之外，地主官僚也疯狂侵夺土地。他们通过霸占、夺买和投献等巧取豪夺的手段，将许多民田占为己有。万历时，江南地区就有占地七万亩的地主，陕西也有占地万亩的豪绅。天启朝的礼部尚书董其昌就夺买民田万顷。至于一般官僚、地主也都占有相当多的土地。

由于皇室、勋戚及地主官僚大肆侵夺民地，到万历年间，土地占有情况已经非常集中，天启、崇祯两朝更有过之。从黄河两岸到长江流域的广大地区，有的省“半入藩府”②，有的州县“尽入绅衿富豪之手”③。“富者田连阡陌，贫者地无立锥”。

封建地主阶级掌握大量土地，一般都不直接经营，而是把土地零散地分租给农民耕种，向农民收取封建地租。这种地租剥削是十分苛重的。正像毛主席说的，“封建的统治阶级——地主、贵族和皇

① 刘同升：《限田均民议》，见《古今图书集成·食货》卷六一。
② 陈继儒：《笔记》卷二。
③ 《南安县志》，《艺文志》卷十七。

帝，拥有最大部分的土地，而农民则很少土地，或者完全没有土地。农民用自己的工具去耕种地主、贵族和皇室的土地，并将收获的四成、五成、六成、七成甚至八成以上，奉献给地主、贵族和皇室享用”①。许多贵族官僚、土豪劣绅，倚仗权势，“租之多寡，胥悬其口”②，想收多少，就要多少。更荒唐的是天启年间，熹宗想赐给惠、桂二王三万多亩土地，但是已无地可授，于是把赐田应征收的地租分摊到各州县，称为“无地之租”。当时福王每年榨取地租银达四万六千余两，潞王每年搜刮地租也多达四万余两，使得“河南、山东，搜括已尽”③，其他地区都有类似情况，所以封建地租成为压在劳动农民头上的一座大山。

农民除了负担沉重的地租外，还要向明朝政府缴纳繁苛的赋税。正赋之外，又有加派，加派之外，还有预征。确实是“旧征未完，新饷已催，额内难缓，额外复急”④，“一岁之中，阴为加派者，不知其数”⑤。一六一八年（明万历四十六年），明朝政府以发动对后金作战为由，开始征收“辽饷”，先是亩征银二厘，不久增加到九厘，每年勒索银九百万两。一六三七年（明崇祯十年），为了镇压农民起义，又征收“剿饷”，每年索取银三百三十余万两。一六三九年（明崇祯十二年），再征收“练饷”，每年敲诈银七百三十余万两，三项征银高达二千万两。⑥ 此外还增加关税、盐税、杂项等，每年榨取银二百三十九万两。田多地广的地主、官僚，有免纳赋税的“优免”特权。他们“产无赋，身无徭，田无粮，廛无税”⑦，把一切负担都转嫁到农民身上。“官府征粮纵虎差，豪家索债如狼豺”⑧，这是明末统治阶级穷凶极恶地搜刮民脂民膏的真实写照。

---

① 毛泽东：《中国革命和中国共产党》，见《毛泽东选集》，第二卷，624页，北京，人民出版社，1991。

② 吴伟业：《绥寇纪略》卷八。

③ 沈国元：《皇明从信录》卷四十。

④ 郑廉：《豫变纪略》卷一。

⑤ 夏燮：《明通鉴》卷八二，三一五七页，北京，中华书局。

⑥ 参见《明史》卷七八，《食货》二，一九〇四页，北京，中华书局。

⑦ 《复社纪略》卷二。

⑧ 计六奇：《明季北略》卷二三，《李岩作劝赈歌》。

明末以来，政治极端腐败，万历皇帝“二十余年深宫静摄，付万事于不理”①，却用八百万两的巨款，修建自己的陵墓。而主管中央政府日常政务的内阁大学士也“悠悠忽忽，若罔闻知，一应票拟，动多错差，危而不持，颠而不扶”②。“皇上业静摄深宫，辅臣复偃卧私室。”③ 因而，整个统治机构“如咽喉哽塞，一切饮食出纳皆不得通”④。例如户部“停阁已久……各边请饷，无人给发，各处解银，无人批收”，刑部“狱囚积至千人，莫为问断”，礼部“亦以部堂无官，遂至停滞”⑤。从上到下是五官犹存，运动皆滞，如同一部生锈的机器，无法开动运转。而许多官吏则忙于争权夺利的“党争”，当时“门户遂立，藩篱既树，衅隙弥开，始而气味，继而参商，又继而水火矣。始而旁观，继而佐斗，又继而操戈矣。株连蔓引，枝节横生”⑥。明朝灭亡前的几十年内，朋党丛生，明争暗斗，接连地掀起互相排挤、互相残杀的政治风潮。官场里贿赂公行，贪污成风，连崇祯皇帝也不得不承认说：“今出仕专为身谋，居官有同贸易，催钱粮先比火耗，完正额又欲羡余，甚至已经蠲免，亦悖旨私征；才议缮修，乘机自润。或召买不给价值，或驿路诡名轿抬。或差派则卖富殊贫，或理谳则以直为枉。阿堵违心，则敲朴任意。囊橐既富，则奸慝可容。抚按之荐劾失真，要津之毁誉倒置。又如勋戚不知厌足，纵贪横于京畿，乡宦灭弃防维，肆侵凌于闾里……不肖官吏，畏势而曲承。积恶衙蠹，生端而勾引，嗟此小民，谁能安枕。”⑦ 这段话多少真实地反映了明末吏治腐败的情形。

残酷的压榨，使农民失去了抗灾的能力。从一六一九年（明万历四十七年）到一六三九年，这二十年间，水、旱、蝗、雹等灾连年不断，遍及全国。特别是陕西、河南、山东遭灾最重。如一六二八年（明崇祯元年），陕西延安府大旱，“一年无雨，草木枯焦。八

---

① 《神庙奏疏》，《吏部》卷二，杨鹤：《圣躬静摄多年疏》。

② 《神庙奏疏》，《吏部》卷六，唐世济：《阁臣尸位疏》。

③ 程开祜：《筹辽硕画》卷三五，薛敷政：《辽杀败坏难支疏》。

④⑤ 夏燮：《明通鉴》卷七四，二八七三页。

⑥ 《明记辑略》卷十一。

⑦ 计六奇：《明季北略》卷十三，《责臣罪己》。

九月间，民争采山间蓬草而食……至十月以后而蓬尽矣，则剥树皮而食……迨年终而树皮又尽矣，则又掘其山中石块而食……更可异者，童稚辈及独行者，一出城外便无踪迹，后见门外之人，炊人骨以为薪，煮人肉以为食，始知前人皆为其所食”①。又如河南，自一六三四年（明崇祯七年）起，接连三年大旱，“野无青草，十室九空……有采菜根木叶充饥者，有夫弃其妻，父弃其子者，有自缢空林，甘填沟壑者，有鹑衣菜色而行乞者，有泥门担簦而逃者，有骨肉相残而食者”②。崇祯末年，山东、河南等地又遭虫灾，“草根木皮皆尽，乃以人为粮……妇女幼孩，反接鬻于市，谓之菜人，屠者买去，如刲羊豕”③。这种饥馑遍野、民不聊生的凄惨景象发展到极其严重的地步。

在地主和官僚极端残酷的剥削下，农民和其他劳动人民破产失业，流散四方，卖妻鬻子，不得一饱。他们在死亡线上挣扎着，诅咒这个黑暗的世界，痛恨那些吃人的豺狼，胸中怀着无限的悲愤，郁积着炽烈的怒火。他们只有起来造反，用自己的双手砸烂套在身上的枷锁，摧毁明王朝的统治殿堂，在火热的斗争中寻找一条活路。经过长期积累而变得极为尖锐的社会矛盾推动着千百万群众起来革命，一场轰轰烈烈的农民大起义爆发了，明王朝的末日即将来临。

一六二七年（明天启七年）三月，陕西澄城县一带以王二为首的农民，最先举起义旗，揭开了明末农民大起义的序幕。这星星之火，迅速燃成燎原之势，到一六三〇年（明崇祯三年）已有上百支起义军，各自为战，分合不定，流动转战各地。农民军在战斗实践中意识到各自为战，容易被统治者各个击破，于是逐渐团结在闯王高迎祥的周围，转战湖广、四川、陕西、河南等地，连续打败了明朝军队，义军力量迅速壮大。一六三四年，高迎祥率领起义军一举攻占河南的陈州（今河南淮阳）、荥阳，声势大振。明朝统治者惊慌失措，急急忙忙增兵调将，妄图把起义军消灭在中原地区。在明军

① 计六奇：《明季北略》卷五，《马懋才备陈大饥》。
② 郑廉：《豫变纪略》卷一。
③ 纪昀：《阅微草堂笔记》卷二。

压境的形势下，一六三五年（明崇祯八年）一月，高迎祥召集各路起义军十三家七十二营的将领在荥阳集会，讨论如何粉碎明王朝反革命围剿的对策。闯将李自成沉着果敢地指出：“一夫犹奋，况十万众乎，官兵无能为也。”① 大会同意了李自成提出的“分兵定所向”的战略原则，把各家起义军集中起来，分几路出击。“荥阳大会”是明末农民战争发展过程的一个关键，是农民军走向有计划联合作战的一个新起点。

“荥阳大会”以后，高迎祥、张献忠诸部的东路军迅速挺进淮河一带，攻下凤阳，粉碎了明王朝的反革命围剿。一六三六年（明崇祯九年），高迎祥不幸被俘就义，众推李自成为闯王。一六四一年（明崇祯十四年），李自成率领起义军打下洛阳，镇压了福王朱常洵。不久张献忠率领起义军攻占襄阳，镇压了襄王朱翊铭。经历了十多年的艰苦斗争，农民军形成了以李自成、张献忠为领袖的两大主力，各自拥有几十万大军。并且针对明末社会的矛盾，起义军提出了“均田免粮”、“三年免征，一民不杀”②，“霸占土地，查还小民”③，以及“平买平卖”④ 等政策。这些政策深得群众的拥护，从而动员、团结了广大人民，保证了革命战争的胜利发展。一六四二年（明崇祯十五年）十一月，李自成率军攻占襄阳，第二年（一六四三年，明崇祯十六年）三月改襄阳为襄京，李自成被推为“新顺王”，建立了初具规模的农民革命政权。不久李自成率领起义军打下西安，以西安为西京，国号大顺，改元永昌，扩大了在襄京的政权组织。一六四三年五月，张献忠率领的农民军也在武昌建立了农民革命政权，次年（一六四四年，明崇祯十七年）张献忠进入四川，占领成都，改成都为西京，国号大西，改元大顺。两个农民革命政权的矛头所向，直接对准明王朝。一六四四年二月，李自成发布讨伐崇祯的檄文，率领百万大军向北京进发，沿途受到广大人民群众的欢迎和支

① 《明史》卷三〇九，《李自成传》，七九五三页。

② 计六奇：《明季北略》卷十九，《李自成屠黄陂》。

③ 杨山松：《孤儿吁天录》，《张献忠下常德布告》。

④ 计六奇：《明季北略》卷二十，《四月十三日自成西奔》。

援。起义军长驱直入，所向披靡，“时京师以西诸郡县望风瓦解，将吏或降或遁”①。三月十七日就兵临北京城下，十九日崇祯自杀，农民军占领北京，宣告了明王朝的最后覆灭。

李自成的农民军进入北京以后，全国的政治形势发生了急剧变化。以吴三桂为首的明朝残余势力，他们退守山海关，竭力拼凑反动武装，待机反扑。敌人在霍霍磨刀，农民军却沉浸在胜利的欢乐中。就在这个时候，拥有强大军事力量、早有入主中原打算的满族贵族，得知农民军占领北京、明朝灭亡的消息后，立即驱军南下，联合吴三桂残余势力，把进攻的矛头指向新生的农民革命政权。李自成的农民军对胜利后的客观形势缺乏科学分析，面对着这支突如其来的强大敌对势力，事先既无思想准备，临战又无正确对策，一战而败，节节退却。整个政治形势朝着不利于农民军的方向发展。于是，在东北积蓄力量已有半个世纪之久的满族贵族，在镇压农民起义的血腥胜利中浩浩荡荡地进入关内各地，开始和农民军余部以及南明王朝激烈地争夺对全中国的统治权。

第二节　满族在我国统一多民族国家内的历史发展

一、满族的先世——肃慎、挹娄、勿吉、靺鞨、女真

毛主席指出：“中国是一个由多数民族结合而成的拥有广大人口的国家。”② 满族是我们祖国民族大家庭里勤劳勇敢的一个成员。满族的祖先从很早的古代起，就居住在我国东北境内，世世代代劳动、生息、繁衍在这片辽阔富饶的土地上，以勤劳的双手，披荆斩棘，对开发祖国边疆、促进各民族间的经济发展和文化交流贡献了自己的智慧和力量。

居住在白山黑水之间的满族的先世在遥远的古代就和中原地区

① 李逊之：《崇祯朝记事》卷四。

② 《毛泽东选集》，第二卷，《中国革命和中国共产党》，622页。

有密切的联系。据最新的考古消息：在黑龙江右岸呼玛县十八站鄂伦春族人民公社境内，首次发现了旧石器时代的遗址，其地质年代为更新世晚期，距今约一万多年，出土石器一千零七十件，类型和加工技术与华北地区的一些旧石器有许多相似和相同之处。①

进入新石器时代，东北地区和中原地区的关系更加密切。在南起长白山，北至外兴安岭，西自黑龙江上游和嫩江两岸，东至海滨和库页岛的广大地区内，发现了大量人类遗址，出土了许多研磨得比较精致的新石器和其他器物，其形制和中原地区，特别是和山东龙山文化的器物很相似。例如：作为龙山文化特征的半月形石刀和黑灰陶，在东北各处遗址中发现了很多。② 某些陶器可说是古代黄河流域同类器皿的仿制品，其表面纹饰是用划或压以及划、压结合的技巧绘制的，制作技术与纹饰种类是中原地区常见和流行的。③又如，乌苏里江出土的玉璧、玉珠，和黄河流域出土的同式玉器几乎完全一致。④ 可见，在遥远的古代，黑龙江流域的文化就和中原地区的文化有紧密的联系。

根据我国古代文献资料记载，满族的祖先肃慎人，在公元前一千多年前，周武王灭商后，前来祝贺，"贡楛矢石砮"⑤。此后，肃慎曾多次遣使入贡，周王皆以厚礼相待，并把肃慎进献的箭，分给异姓诸侯，可见当时肃慎人已经和西周王朝建立了密切的关系。所以，西周、春秋时中原地区的人说，"肃慎、燕、亳，吾北土也"⑥。

汉代，肃慎改称挹娄。南北朝时，挹娄更名勿吉。隋朝，勿吉又叫靺鞨。自汉至隋前后经过七八百年，在这段漫长的岁月里，尽管中原王朝时常更迭，肃慎也三次易名，但是满族的先世一直和中

---

① 参见《人民日报》，1978-01-24，第四版。

② 参见《考古》，1960（1、4、7）；《文物》，1973（8）。

③ 参见《考古》，1960（4）、1974（2）。

④ 参见黑龙江省博物馆：《乌苏里江流域发现的古代文化遗存》，见《文化大革命期间出土文物》。

⑤ 《四部丛刊》本，《国语》二，一四页。"楛矢石砮"是用楛术为杆，以青石为镞的箭。

⑥ 《左传》卷二十二（三），七页，北京，文学古籍刊行社，1955。

原王朝保持着极为密切的关系。他们遣使入贡，史不绝书，甚至一年进贡两三次①，贡者一次多达五百余人②。“白山黑水”出产“赤玉好貂”，是入贡和交易的珍品，在中原地区享有盛名。由于他们同中原地区来往频繁，不断输入先进的生产技术和思想文化，从而对这里社会经济的发展起了积极的推动作用。

到了唐朝，满族先世靺鞨和中原王朝的关系进入新的时期。早先，靺鞨内部分为粟末、伯咄、安车骨、拂涅、号室、白山、黑水七部，黑水靺鞨“最处北方，尤称劲健”③，它分布在黑龙江中下游两岸，东至海滨，北至鄂霍次克海。七二二年（唐开元十年），唐朝在黑龙江和乌苏里江汇合处附近，设置勃利州，任命当地靺鞨首领倪属利稽为勃利州刺史。④ 七二五年（唐开元十三年），又在黑水靺鞨地区设置黑水军。⑤ 七二六年（唐开元十四年）又设立黑水都督府，命靺鞨首领担任都督、刺史等职，并由唐朝中央政府派人前去担任“长史”，直接参与管理地方行政事务。这就清楚地说明，公元八世纪初，中国唐朝政府已在黑龙江流域建立地方行政机构，行使主权，该地成为我国版图不可分割的一部分。

靺鞨的粟末部位于其他六部的西南，分布在松花江、辉发河一带，该部首领乞乞仲象，曾被武则天封为震国公，他死后由其子大祚荣统领部众，兼并周围各部。六九八年（武周圣历元年），大祚荣自建震国，称震国王。⑥ 七〇五年（唐神龙元年），唐中宗派遣侍御史张行岌前去招慰，大祚荣也“遣子入侍”⑦。七一三年（唐开元元年），唐朝在粟末辖区设置忽汗州，特派鸿胪卿崔忻前往，授大祚荣

---

① 参见王钦若：《册府元龟》卷九六九，《外臣部》，《朝贡》二，一一三九二页，北京，中华书局。

② 参见李延寿：《北史》卷九四，《勿吉》，三一二五页，北京，中华书局。

③ 刘昫等：《旧唐书》卷一九九下，《靺鞨》，五三五七页，北京，中华书局。

④ 参见欧阳修、宋祁：《新唐书》卷二一九，《北狄》，六一七八页，北京，中华书局。

⑤ 参见刘昫等：《旧唐书》卷一九九下，《靺鞨》，五三五九页。

⑥ 参见［日］《类聚国史》一九三，“文武天皇二年，大祚荣始建渤海国”。日文武天皇二年，即武周圣历元年（698年）。参见金毓黻：《东北通史》，256页。

⑦ 欧阳修、宋祁：《新唐书》卷二一九，《北狄》，六一八〇页。

为忽汗州都督，并册拜为左骁卫大将军、渤海郡王①，于是大祚荣"去靺鞨号，专称渤海"②，这是满族先世在我国历史上第一次建立的地方政权。从此，渤海经常派王子或特使入贡述职，唐朝政府也不断派人前往渤海，了解地方情况，册封其国王或官吏，交往十分频繁。渤海共存二百二十九年，传十五王，唐朝派往渤海的正式敕使前后共有十九次③，渤海向唐朝贡更多达一百三十二次④。

渤海与中原地区的经济、文化联系也极为密切。通过纳贡和贸易，渤海的土特产貂皮、人参、鹰、马等运往中原，而中原地区的绢、帛、金银器皿也大量输往渤海。唐朝在青州（山东省益都县）设立了"渤海馆"，专管与渤海的贸易。⑤ 在文化上，渤海派遣了许多学者和留学生，"诣京师太学，习识古今制度"⑥。他们抄回去很多汉文书籍，还参加唐朝的科举考试。在中原地区的影响下，渤海的官制和府州设置都模仿唐朝的制度，渤海通行的文字，"大抵汉字居十之八九"⑦。由此可见，在政治上，渤海是臣属于唐王朝的一个地方政权，与中原地区的经济、文化联系极为密切，正像唐朝诗人温庭筠在《送渤海王子归国》一诗中咏颂的，"疆理虽重海，诗书本

---

① 参见刘昫等：《旧唐书》卷一九九下，《渤海》，五三六〇页。崔忻完成使命回京时途经旅顺，在黄金山下的井栏上刻石留念，写道"敕持节宣劳靺鞨使鸿胪卿崔忻井两口，永为记验。开元二年五月十八日"（见北京图书馆藏《唐册封渤海井栏石刻》拓片）。这个奉使遗迹是唐朝政府此次册封的历史见证。

② 欧阳修、宋祁：《新唐书》卷二一九，《北狄》，六一八〇页。

③ 八三三年（唐大和七年）秋天，唐文宗派幽州卢龙节度副使张建章等人赴忽汗州，当时陆路为契丹所阻，他们便"方舟而东"，经辽东半岛北上，第二年秋天到达忽汗州，渤海王彝震得知张建章"赍书来聘"，以"重礼留之"，于是"岁换而返"，临行时"王大会以丰货宝器名马文革以饯之"，八三五年（唐大和九年）秋天回到内地。张建章回来后，把沿途特别是在渤海期间耳闻目睹的情况报告朝廷，并撰写《渤海国记》三卷，"备尽岛夷风俗、宫殿官品，当代传之"（北京市文物管理处藏《唐张建章墓志铭》，一九五六年在北京德胜门外出土。参见欧阳修、宋祁：《新唐书》卷五八，《艺文志》，一五〇八页）。

④ 参见金毓黻：《渤海国志长编》卷十六，《族俗考》。

⑤ 参见王钦若：《册府元龟》卷九七一，《外臣部》，《朝贡》四，一一四〇五页。

⑥ 欧阳修、宋祁：《新唐书》卷二一九，《北狄》，六一八二页。

⑦ 金毓黻：《渤海国志长编》卷十六，《族俗考》。又，近年在吉林省敦化县出土《渤海贞忞公主墓碑》，贞忞公主是渤海王大钦茂的二女儿。碑文用汉字书写，文体也是唐朝的格调。

一家。盛勋归旧园，佳句在中华”①，这首充满激情的诗句，反映渤海和唐朝，满族先世同汉族人民早就是一家人了。

烜赫一时的唐王朝，在以黄巢为首的农民大起义的烈火中毁灭了，各地的地方势力乘机而起，建立封建割据政权，于是我国历史进入五代十国的战火纷飞的混乱时期。居住在东北的契丹族开始兴起，其领袖阿保机统一契丹各部，向四周扩展。五代时，靺鞨改称女真，渤海势力日渐衰落，经过数十年的战斗，契丹灭渤海。阿保机在渤海故地建立东丹国，以其子图欲为国王，每年索取“贡布十五万端，马千匹”②，遭到渤海遗民的反对，于是“诸部多叛”③。契丹统治者索性把大批渤海遗民迁移到临潢（内蒙古昭盟巴林左旗）、东平（辽宁省辽阳），还有一部分人逃往朝鲜，留下的人极少。这次强迫迁徙的结果，造成满族先世靺鞨人经过二百多年辛勤创造的渤海文化，受到毁灭性的大破坏，渤海故地变成一片荒凉的废墟，原居北面的黑水靺鞨部，有些部众开始南迁，到渤海故地重新经营开发。

九四七年（辽大同元年），契丹建元大辽，辽对东北的女真④管理十分重视，把女真分为两部分，开原以南，称为“熟女真”，开原以北，称为“生女真”。“熟女真”在辽东和内蒙古地区，隶属辽朝南枢密院下属的东京道管辖，设置州县，编民入籍，这部分女真人很快被融合了。分布在松花江、黑龙江、乌苏里江一带的“生女真”，隶属辽朝北枢密院所属的东北路统军司、黄龙府兵马都部署司、咸州汤河兵马司管理，各部经常向辽纳贡，进献马匹、貂皮、东珠、沙金、人参等名贵土产。

辽代，女真人不断起来反抗辽统治者的政治压迫和经济剥削。到了十二世纪初，居住在松花江流域原属黑水靺鞨的后裔、生女真的完颜部开始崛起，在杰出领袖阿骨打的领导下，逐渐团结和统一了女真一些部落，其势日盛。一一一四年（辽天庆四年），阿骨打兴

① 《全唐诗》卷五八三。

② 脱脱：《辽史》卷七二，《宗室》，一二一〇页，北京，中华书局。

③ 脱脱：《辽史》卷二，《太祖本纪》下，二二页；卷七二，《宗室》，一二一〇页。

④ 因避辽兴宗耶律宗真的讳，改女真为女直。

兵伐辽，辽兵大败，阿骨打获得全胜。一一一五年（金收国元年）一月，阿骨打称帝，国号大金，定都上京（黑龙江省阿城县），这是满族先世继渤海之后建立的第二个地方政权。经过十年战争，在一一二五年（金天会三年）灭辽，同年兴兵南下，一一二七年（金天会五年）灭北宋。一一四一年（金皇统元年）迫使南宋订立“绍兴和议”，以淮河为宋金的分界线。金朝为了对付南宋和西夏，把战略重点集中到中原地区，一一五三年（金贞元元年），从上京迁都到燕京（北京）。为了加强和巩固新占领的华北地区的统治，便于学习汉制，自中央到地方的行政制度和各级官制都进行改革。随之有一批女真人迁入关内，同汉族杂居，借以监督和控制汉族人民，但是他们学汉语、穿汉服、改汉姓，不久就和汉族融合了。

虽然金的政治、经济和文化中心南移了，但是金对留居东北的女真人没有放松管理。在黑龙江、松花江和乌苏里江以东，分别设置了蒲与路、合懒路、恤品路、胡里改路。据《金史·地理志》记载：“金之壤地封疆，东极吉里迷兀的改诸野人之境，北自蒲与路之北三千余里，火鲁火疃谋克地为边。”① 一九七五年，我国考古工作者，发现了蒲与路治所在黑龙江省克东县金城公社古城大队。② 金的北部边疆火鲁火疃谋克在此以北三千余里，当在外兴安岭一带。近人在黑龙江流域，特林地区与伯力附近，还发现许多金人的遗物，有铁器、古钱、石碑、座石以及装饰品等。③ 一九七三年在黑龙江省发现一枚“恤品河窝母艾谋克印”④，一九七七年在黑龙江省又发现一枚“胡里改路之印”，金代胡里改路的治所在今黑龙江省依兰县境内，管辖黑龙江中下游两岸广大地区。这是金朝政府授给绥芬河地区一个百户的官印。又如《满洲金石志补遗》收录的“合懒乌主猛安印”⑤模，这是金朝政府发给合懒路下属的一名千夫长的印信。以上的文

① 脱脱：《金史》卷二四，《地理》上，五四九页，北京，中华书局。

② 参见黑龙江省文物考古工作队：《黑龙江流域历史的新见证》，载《光明日报》，1977-02-09。

③ 参见［日］鸟居龙藏著、汤尔和译：《东北亚洲搜访记》，140页。

④ 中国历史博物馆藏“恤品河窝母艾谋克印”。

⑤ 罗福颐：《满洲金石志补遗》。

献资料和出土文物，十分清楚地说明这些地区是金的行政管辖区。

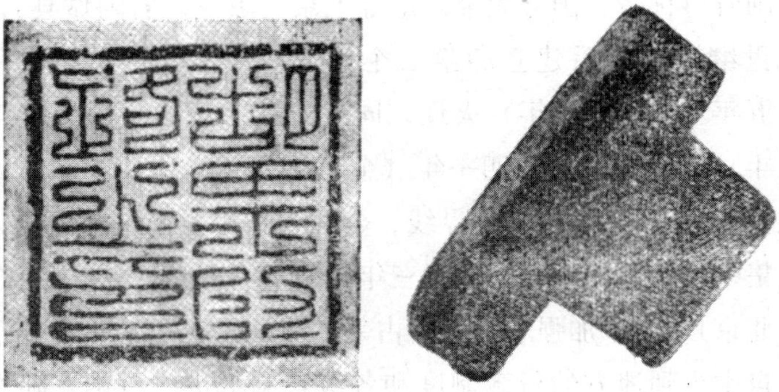

金代“胡里改路之印”及印文

金对自己故乡所在的东北地区积极进行了开发经营，自辽以来大批的女真人被迫迁往内蒙古和辽阳一带，开原以北人口稀少。金初，“既定山西诸州，以上京为内地，则移其民实之”，并“尽徙六州氏族富强工技之民于内地（上京）”，同时还把大批降人迁到“浑河路”（辽宁东部）、“岭东”（吉林中部）等地①，因此这个地区的人口有所增加，上京、东京两路有十八万六千九百七十三户，仅上京会宁府就有三万一千二百七十户②。

十二世纪，我国北方的蒙古族兴起。一二〇六年（金泰和六年）铁木真被蒙古各部推为“大汗”，称“成吉思汗”。从此，蒙古族建立了封建国家，不断向四周扩展，一二一三年（金贞祐元年）蒙古兵分三路进攻金，“是岁，河北郡县尽拔”③，第二年（一二一四年，金贞祐二年）金被迫迁都汴京（河南省开封市），山东、河北、山西等地皆为蒙古占领。此时，金咸平招讨使蒲鲜万奴在成平（辽宁省开原县）自立，建立东夏国，年号天泰。一二一八年（金兴定二年）蒲鲜万奴东迁，建都南京（吉林省延吉市），统辖南京、开元、率宾三路，直到一二三三年（金天兴二年），蒙古兵攻占南京，蒲鲜万奴被俘，东夏国灭亡，至此整个东北地区都置于蒙古统治之下。

① 参见脱脱：《金史》卷四六，《食货》一，一〇三二～一〇三三页。
② 根据《金史》卷二四，《地理志》上，上京路和东京路的户数统计的。
③ 宋濂：《元史》卷一，《太祖本纪》，一七页。

蒙古在一二二七年（金正大四年）灭西夏，一二三四年（金天兴三年）灭金，一二七九年（元至元十六年）又灭南宋，从此，结束了从五代以后宋辽夏金长期分裂对峙的局面，出现了统一的元王朝。

元继金统治东北的女真族，在这里设立辽阳行中书省管辖辽阳、沈阳、广宁、大宁、东宁、开元、合兰府水达达七路。开元和合兰府水达达路专管女真地面事务，合兰府水达达路下设桃温、胡里改、斡朵怜、脱斡怜、孛苦江五个万户府。一九七七年在黑龙江省发现一枚元代“管水达达民户达鲁花赤之印”，印面为八思巴文（元代蒙文），“达鲁花赤”是元代官员的名称，这方官印说明元朝政府对松花江、黑龙江和乌苏里江流域实行有效管辖。元朝还在黑龙江下游奴儿干特设东征元帅府，管理特林地区和库页岛。元朝对女真采取“设官牧民，随俗而治”① 的办法，征调女真从军，“不出征者，令隶民籍输赋”②，当时缴纳赋税“钱粮户数二万九百六”③，一般征收貂皮、海东青等土产品。元朝政府为了开发女真地区，加强和内地的联系，积极开辟驿站，据统计辽阳行省有驿站一百二十多处，为了鼓励女真人开荒屯田，政府还发放“牛畜、田器”，从而促进了女真地区的社会经济的发展。

元代“管水达达民户达鲁花赤之印”及印文

二、明王朝对女真的管辖及女真各部的发展

一三六八年（明洪武元年），明朝灭元，但盘踞东北的“故元遗

①③　宋濂：《元史》卷五九，《地理》二，一四〇〇页。

②　宋濂：《元史》卷十，《世祖本纪》七，二一五页。

兵”仍有相当实力，对于刚刚建立的明王朝是个很大威胁。明太祖朱元璋面对这种形势，一方面派黄俦等人前往辽东，“诏谕辽阳诸处官民帅众归附”①；另一方面派明军从山东渡海，向辽东进军。故元辽阳行省平章刘益献辽东图籍投降，于是一三七一年（明洪武四年）明在辽东设置定辽卫都卫，一三七五年（明洪武八年）明改定辽卫都卫为辽东都指挥使司，管辖辽东二十五卫，一百三十八所，二州，一盟。② 朱元璋为了继续向北推进，完全消灭元朝残余势力，加强对北方和东北地区的统治，把自己的儿子分封在北方和东北，其中燕王封于北平、辽王封于广宁、宁王封于喀喇沁、韩王封于开原，目的是“据名藩，控要害，以分制海内”③。当时故元太尉纳哈出在金山（吉林省农安县）一带，与辽东高家奴、哈刺张、也速之等元朝残余势力，“彼此相依，互为声援”④，企图继续顽抗。明朝要统一东北，就必须消灭东北境内的“故元遗兵”。一三八七年（明洪武二十年）朱元璋派冯胜、傅友德率领明军进攻金山，纳哈出兵败投降，其他“故元遗兵”也纷纷归降，元朝在东北地区的残余势力被肃清。

明初，女真分为三大部：建州女真分布在牡丹江、绥芬河及长白山一带；海西女真分布在松花江流域；“野人”女真分布在黑龙江和库页岛等地。明继元统治女真地区，采取一系列积极经营开发的措施，使得明王朝与满族先世的关系进一步加强。

洪武年间，明在东北的势力已达到松花江、牡丹江及牙兰河一带。永乐时期，明迁都北京以后，把战略重点进一步转向北方，除征抚蒙古外，更加强了对女真地区的经营。永乐十分注意调查研究女真的情况，亲自找女真人讯问地方风俗人情。⑤ 一四〇三年（明永乐元年），永乐派邢枢等人，“往谕奴儿干至吉列迷诸部落招抚之”⑥。一四〇四年（明永乐二年），又派遣辽东千户王可仁前往豆

---

①④ 谷应泰：《明史纪事本末》卷十，《故元遗兵》。

② 参见万历《四镇三关志》卷一，《辽镇》。

③ 王世贞：《弇州史料》前集一。

⑤ 参见沈节甫：《纪录汇编》卷三二，金幼孜：《金文靖公北征录序》。

⑥ 严从简：《殊域周咨录》卷二十四，《女直》。

满江等地，安抚建州女真。① 明王朝采取安抚政策，收到很好的效果，“东北至奴儿干，涉海有吉列迷诸种部落，东邻建州、海西、野人女真……永乐初，相率来归”。明朝政府在这里“因其地分设卫、所”②，为了加强对卫所的管理，一四〇九年（明永乐七年）奴儿干卫官员忽剌冬奴等人奏称，奴儿干“其地冲要，宜立元帅府”。明廷接受了这个建议，设置奴儿干都指挥使司，任命康旺为都指挥同知，王肇舟为都指挥佥事。③ 一四一一年（明永乐九年）正式派遣太监亦失哈、都指挥同知康旺等“率军一千余人，巨船二十五艘”，前往该地“开设奴儿干都司”④，专管卫所事务。奴儿干都司管辖的地区，“东濒海，西接兀良哈，南邻朝鲜，北至奴儿干北海”⑤。以卫所而言，则东起库页岛的囊哈儿卫，西至鄂嫩河的斡难河卫，南到浑河一带的建州卫，北达外兴安岭的古里河卫，下属三百七十个卫，二十个所。⑥ 今天，明代设置的卫所早已废圮，但是，一四一三年（明永乐十一年）明朝官员在奴儿干都司治所，修建永宁寺时刻有石碑《敕修永宁寺记》，以及一四三三年（明宣德八年）重修永宁寺时又刻有《重建永宁寺记》的石碑。这两块石碑详细记载了奴儿干都司和卫所的情况，为我们提供了我国东北疆域的历史见证。另外还有《昭勇将军崔源墓志》记载，“宣德元年同太监亦信下奴儿干等处招谕……正统元年，奉敕抚安忽（剌）温野人”⑦，以及《明威将军宋国忠墓志铭》记载宋国忠的高祖宋卜花，在明初奉命招谕奴儿干的事迹⑧，这两块墓志反映的事实和永宁寺两块石碑记载

---

① 参见《李朝实录》第二册，太宗卷七，四一九页。

② 毕恭：《辽东志》，《辽东志书序》。

③ 参见《明太宗实录》卷六二，永乐七年闰四月己酉。

④ 《敕修永宁寺记》碑文，见《历史的见证》附录，载《历史研究》，1974（1）。

⑤ 陈循：《寰宇通志》卷一一六，见《玄览堂丛书续集》。

⑥ 关于奴儿干都司管辖的卫所数目，许多文献记载不一。此处数字是根据《明实录》的记载统计的，但是《明实录》没有记载建州左卫的设置年代，然而在《明太宗实录》永乐十四年二月壬午条记载“赐建州左卫指挥猛哥帖木儿等宴”，可见在此以前就设建州左卫了，因此把该卫统计在内。

⑦ 罗福颐：《满洲金石志》卷六。

⑧ 参见辽宁博物馆藏：《明威将军宋国忠墓志铭》。

是完全一致的。

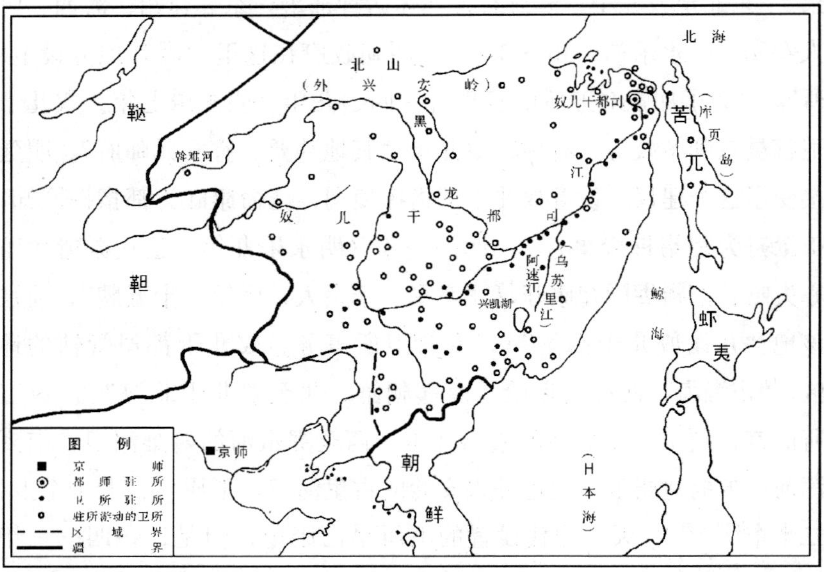

明奴儿干都司辖区

“卫所”是按照明朝政治制度设置的地方军事行政机构，它和内地所不同的是除了军事职能外，还要管理地方的行政事务，所谓“抚绥属部”①，“看守地方”②。“卫所”官员都是明朝中央政府直接委任的，采取“因其部族……官其酋长为都督、都指挥、指挥、千百户、镇抚等职，给与印信，俾仍旧俗，各统其属”③ 的政策，他们官职是世袭的，父死子继，父老子替。如要求晋升官爵、更换敕书、增加赏赐等，必须呈报明朝政府，不得擅自行动，否则要受到处罚。明朝授给奴儿干都司属下卫所的官印，不断有所发现，如“毛怜卫指挥使司之印”④、“木答里山卫指挥使司印”⑤、“禾屯吉卫指挥使

① 《明英宗实录》卷一四七，正统十一年十一月己卯。

② 罗福成：《女真译语》二编，《肃慎馆来文》。

③ 《天顺大明一统志》卷八九，《女直》。

④ 参见《青丘学丛》第十五号，印文：“毛怜卫指挥使司之印　礼部造　永乐三年十二月　日”。

⑤ 中国历史博物馆藏，印文：“木答里山卫指挥使司印　礼部造　永乐四年十月日　慈字五十五号”。

司印”①、“囊哈儿卫指挥使司印”②、“塔山左卫之印”③，以上的“印信”是明朝在东北地区设置地方行政机构，进行行政管理的最好物证。

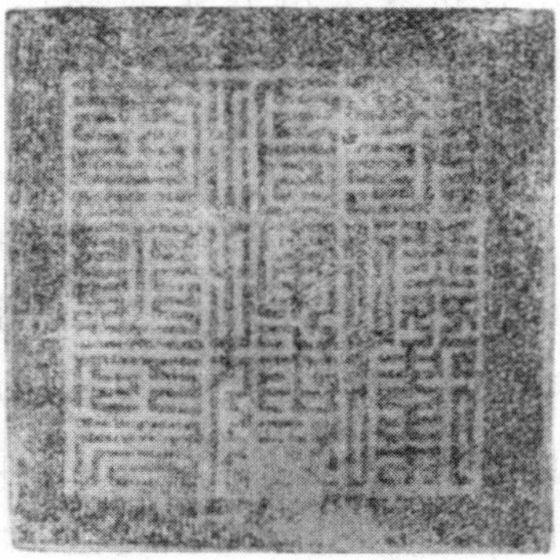

明奴儿干都司所属
“毛怜卫指挥使司之印”印文

根据明王朝的规定，女真三大部的各个卫所要“以时朝贡”，“朝贡”包含政治和经济双重内容。卫所的官员，要按朝廷指定的期限赴京述职，报告地方情况，同时还要向明朝政府交纳贡赋，明廷对“贡到方物，例不给价”④，实际上是向女真征收的赋税。建州和海西女真“令岁以冬月从开原入朝贡，唯野人女直僻远无常期”⑤。随着卫所不断增设，入贡的人数也日益增加，仅一五三六年（明嘉靖十五年）来京贡使就达二千一百四十余名。⑥ 卫所朝贡人员到达北京后，由会同馆负责接待，女真贡使“俱于北馆安顿”⑦。贡品皆是地方名贵特产，如马匹、貂鼠皮、阿胶、人参、海东青等。明廷对朝贡者按照官秩大小授给抚赏，贡品给予回赐。⑧ 他们所带来的货物，允许在京师指定的市场上出售，分官市和私市两种，政府所需货物由官家收购，剩余的就在私市上交易，换取生产资料和生活用品运回女真地区，由此可见，朝贡除了政治作用外，也促进了中原地区和女真地方的商业贸易与

① 吉林省博物馆藏，印文：“禾屯吉卫指挥使司印　礼部造　永乐七年九月　日礼字四十三号”。

② 参见金毓黻：《东北古印钩沉》印四十一，印文：“囊哈儿卫指挥使司印　礼部造永乐十年十月　神字七十三号”。

③ 参见《满洲金石志》卷六，印文：“培山左卫之印　礼部造　正统十二年”。

④ 申时行：万历《大明会典》卷一〇八，《朝贡通例》。

⑤ 苕上愚公：《东夷考略》，《女直》。

⑥ 参见《明世宗实录》卷一八四、一八五、一八七、一八九。

⑦ 申时行：万历《大明会典》卷一四五，《会同馆》。

⑧ 据万历《大明会典》礼部、给赐、东北夷条记载：都督给彩段四、折钞绢二、织金纻丝衣一、靴袜一；都指挥给彩段二、折钞绢一、绢四、织金纻丝衣一、靴袜一；指挥给彩段一、折钞绢一、绢四、素纻丝衣一、靴袜一；千百户、镇抚、舍人、头目给彩段一、折钞绢一、绢四、靴袜一，以上是抚赏数字。回赐，马一匹给彩段二匹、折钞绢一，貂皮四张给绢一匹。

物资交流。

明朝政府还在辽东通往女真地区的交通重镇开设"马市"，以便女真和汉人以及东北各族之间进行商业交易。马市开设始于一四〇五年（明永乐三年），明朝政府应蒙古福余卫的请求，"令就广宁、开原择水草便处立市，俟马至官给其值"①，由于前来马市交易的人很多，所以一四〇六年（明永乐四年）明廷正式开设马市，派千户答纳失里等主持马市事务②。此时马市有三处，"一于开原城南以待海西女直；一于开原城东；一于广宁以待朵颜三卫，各去城四十里"③。以后马市贸易不断发展，又陆续增设一些马市，一四六四年（明天顺八年）为建州女真开设抚顺马市。④成化时在古城堡南为海西女真开设马市一处。一五二三年（明嘉靖二年）迁到庆云堡北。万历初年，在清河、叆阳、宽甸三处开设马市，不久又开设义州木市。

马市分为官市和私市两种：明政府收购马匹等"攻战之具"，称为官市；女真和各族人民之间换取"食用之物"，称为私市。马市贸易很繁荣，交换的商品来自女真的有马匹、貂皮、人参等土产品，来自汉族地区的有铁制生产工具，如铧、铲。有生产资料，如耕牛、种子。有生活用品，如米、盐、绢、布、缎、锅、衣服等。明廷派官主持马市贸易，初期的交易都是以物易物，到了一四一七年（明永乐十五年）改完"马价"，实行货币交易，主管马市的官员，除了检查入市货物，还要征收商业税，叫做"马市抽分"⑤。而且，对于女真前来马市贸易的各卫所首领还给以抚赏，以资奖励⑥。

---

① 《明成祖实录》卷三四，永乐三年三月癸卯。

② 参见《明成祖实录》卷四一，永乐四年三月甲午。

③ 毕恭：《辽东志》卷三，《边略·马市》。

④ 参见《明宪宗实录》卷七，天顺八年七月乙未。

⑤ 毕恭：《辽东志》卷三，《边略·抽分货物》。正统初年，骟马一匹银六钱，儿马一匹银五钱，骒马一匹银四钱，牛一头银二钱，缎一匹银一钱，锅一口银一分，貂皮一张银二分，人参十围抽一等。

⑥ 毕恭：《辽东志》卷三，《边略·马市》载，都督每名羊一只，每日桌面三张，酒三壶。都指挥每名羊一只，每日桌面一张，酒一壶。一部落每四名猪肉一斤，酒一壶。

明万历十二年三月，广顺、镇北、新安等关易换货物抽分银清册档案

随着女真社会经济的发展，迫切需要扩大马市贸易。因此，到了万历年间，马市增设四五处，交易有了显著发展和变化。辽宁档案馆保存的一些明代辽东马市贸易“抽分清册”①，为研究这个时期的马市情况，提供了珍贵资料，从这些档案清册中可以看出以下几点：马市开放的日期，不再是以前每月一次或两次，每次只有五天，到万历时几乎成了日市，每月开市不受限制了②；同时明朝政府对马

① 辽宁档案馆藏有关女真档案资料，从编号乙一〇一至乙一〇九号，都是万历时期的马市贸易档案（残档），反映了新安关（对蒙古）、镇北关（对海西女真）、广顺关（对海西女真）、抚顺关（对建州女真）的贸易情形。

② 原先明朝政府规定：开原每月自初一至初五开马市一次，包括开原的二处马市，北关（镇北关）和南关（广顺关）都如此。现仅从明档乙一〇七号《广顺、镇北、新安等关易换货物抽分银两表册》所记录的开市时间进行统计，可以清楚说明马市贸易时间的变化。该件档案的时间是万历十二年（一五八四年）广顺关和镇北关有以下日期开市：初二、初六、初七、初八、初九、初十、十二、十三、十五、十八、二十、二十一、二十二、二十五、二十六、二十七、二十八。因为这是份残档，开市日期不完全，即便如此，开市不少于十七天，比过去多三倍。从开市时间顺序来看，可以看出开市日期不受限制了。

市货物征收的商业税增加了，有的增加几成，有的增加几倍①；此外，女真各部前来马市交易的次数和人数都比过去多了，每次入市少则数十人，多达数千人，如海西女真都督猛骨孛罗、歹商等从广顺关入市，一次竟达一千一百人②。建州女真的朱长革等一次进入抚顺关互市的就有二百五十人③；最后，明朝输往女真地区的货物中，主要是耕牛和铁制生产工具，这和以往输入大批生活用品不同了，根据《抽分清册》一〇七号记录统计，运进海西女真的耕牛二百一十六头，铧子四千二百九十二件④。因为这些明代马市档案都是残档，反映的情况不全面，数字也不准确，但是从以上统计数字中，可以看出这个时期马市的特点和变化，明朝与女真地区经济上的密切联系，以及女真社会经济的发展。

由于女真和明朝在政治、经济等方面的关系，比以往任何时期都要密切，来往更为频繁。再加上明朝政府不断派明军到奴儿干都司治所一带驻防、驻军定期换防、经常从辽东等地运送大批给养。因此，东北地区的水陆交通也随之发展起来了。明朝在元代设置驿站的基础上，大力扩建或新建驿站，延长或新辟线路。据《辽东志》记载，当时从辽东通往东北各地区共有六条交通干线，开原城是六条干线的起点，东到朝鲜，西达内蒙古，东北抵达特林地区的满泾，西北通往满洲里以北，形成四通八达的驿站交通网。⑤ 特别是对黑

---

① 我们以《全辽志》卷二《马市抽分》的额数（该书是嘉靖十六年修的）和《明档抽分清册》（该册是万历年间的）对照计算所得：

《全辽志》	《明档抽分清册》
马：儿马一匹银五钱，马驹一匹银三钱，骟马一匹银六钱，小马一匹银二钱，骒马一匹银四钱。	马：一匹银七钱。
牛：大牛一头银二钱，小牛一头银一钱，中牛一头银一钱五分，牛犊一头银五分。	牛：一只银二钱五分。
羊：绵羊一只银二分，山羊一只银一分。	羊：一只银二分。
貂皮：一张银二分。	貂皮：一张银二分五厘。
袄子：一件银五分。	袄子：一件银一钱五分。

②④ 参见辽宁档案馆藏：明档乙一〇七号万历十二年，《广顺、镇北、新安等关易换货物抽分银两表册》。

③ 参见辽宁档案馆藏：明档乙一〇五号万历六年，《定辽后卫经历呈报经手抽收抚赏夷人银两各项清册》。

⑤ 参见毕恭：《辽东志》卷九，《外志》。

龙江、松花江一带，明廷为了保证辽东同奴儿干都司的联系和交通运输，一四一二年（明永乐十年）就在松花江到黑龙江下游，设立了满泾等四十五站①。一四二〇年（明永乐十八年），明朝在吉林的松花江畔建立了造船厂②，担负“造船运粮”和运送军队的任务。正因为明朝积极发展东北地区的交通运输，增设驿站，更加强了女真和辽东及中原地区的来往。

满族的祖先，在那数千年的漫长的历史岁月里，不论历代王朝如何更迭，也不论哪个民族的贵族掌握中央王朝的统治权，他们和中原地区一直保持十分密切的联系。他们是中华民族大家庭中不可分离的亲人。

第三节　满族的兴起和后金政权的建立

一、建州三卫的设置和海西四部的形成及其发展

满族出自建州女真，它的直系祖先原居住在黑龙江北岸。③

明代女真依据分布地域和经济发展程度分成建州、海西及“野人”三大部，三部之间及其内部，不断发生互相兼并和掠夺战争，

① 参见《明成祖实录》卷八五，永乐十年九月丁卯。

② 参见《吉林阿什哈达摩崖》，载《文物》，1973（8）。

③ 清代史籍中对满族的起源，有三仙女吞食神鸟衔来的果实，生始祖布库里雍顺的传说。这一传说来源很早。据《满文老档》中记载：一六三四年（天聪八年）十二月征黑龙江流域之虎尔哈部时，降人中有一个名叫穆库什克的人说：“我父祖世居布库里山麓布勒和里湖。我处无书籍档册，有关古昔景况，悉依世代相传。昔布勒和里湖有三天女俄古伦、京古伦、佛古伦来浴，最末一天女将一由神鹊衔来之红色果实含于口中，落入喉内，于是身重，随生布库里雍顺，此族即满族。布勒和里湖周围百里，距黑龙江一百二三十里，生二子之后，遂离布勒和里湖，迁至萨哈连乌喇之纳尔浑地方居住”（神田信夫译注：《旧满洲档》，天聪九年（一），一二四至一二五页）。穆库什克所说和清代史籍的记载完全吻合。但清代史籍中说布库里山在长白山附近。按：此处所说长白山大概是想象中的神山，并非后来的长白山，康熙帝就曾说过：“长白山系本朝祖宗发祥之地，今乃无确知之人”（《满洲源流考》卷十四）。其实，布库里山和布勒和里湖都在黑龙江北岸，即后来的江东六十四屯一带。明末清初该处有博和里屯，已为达斡尔人所居住。《盛京通志》卷十四记载：在黑龙江城（旧瑷珲城）南七十五里处有薄科里山、东南六十里处有薄和里池。在清朝绘制的《皇舆全览图》、《盛京吉林黑龙江等处标注战迹舆图》以及《布特哈衙门管辖图》中都可以在黑龙江北岸找到这座山和这个湖。因此可以证明：满族直系祖先当初生活在黑龙江以北，后来向南迁移。传说中的祖先布库里雍顺之名，是因布库里山而得。

“野人”女真时常侵袭海西和建州，“数与山寨（指海西女真）仇杀，百十战不休”①。海西与建州为了躲避“野人”女真的侵扰，并加强同辽东及关内的经济联系，有些部族和卫所逐渐向南迁移。

元朝曾在建州女真地区设置五个万户府，任命了五万户，他们中间有两个万户，即胡里改万户阿哈出和斡朵怜万户猛哥帖木儿，居住在现今松花江与牡丹江汇合处的黑龙江省依兰县境内。② 到了元末明初，阿哈出部因遭“野人”女真的侵扰，便向南迁徙，大约洪武年间，该部在凤州暂时定居下来。③ 一四〇三年（明永乐元年），阿哈出赴京师朝见，明朝在该部设立建州卫，以阿哈出为建州卫指挥使，赐姓李名诚善。一四〇九年（明永乐七年）阿哈出死去，第二年（一四一〇年，明永乐八年）其子释家奴因“从征有功”袭父职，升为建州卫都指挥佥事，赐姓李名显忠。建州卫在凤州居住二十多年，由于经常遭受来自西边蒙古的侵害，并得到明廷的允许，一四二三年（明永乐二十一年）离开凤州，迁往婆猪江（今浑江）流域④，释家奴死后，其子李满住袭父职，为建州卫都指挥佥事⑤。建州卫到达婆猪江以后，又不断受到来自北边“野人”女真忽剌温部的侵扰和“朝鲜国军马抢杀，不得安稳”。于是一四三八年（明正统三年）李满住便率部众西迁，“移住灶突山东浑河上”⑥。

早先和阿哈出部为邻的斡朵怜万户猛哥帖木儿（清太祖努尔哈赤的六世祖）也因不堪忍受“故元遗兵”纳哈出和“野人”女真的掠夺，于一三七二年（明洪武五年）被迫“挈家流移”，离开故乡，迁到图们江以南、朝鲜境内的庆源一带居住⑦，后来又迁居斡木河

---

① 参见毕恭：《辽东志》卷七，庐琼：《东戍见闻录》。

② 参见（朝鲜）《龙飞御天歌》第七卷五十二章，火儿阿即胡里改，斡朵里即斡朵怜。

③ 参见毕恭：《辽东志》卷七，韩斌；《李朝实录》第七册，世宗卷二十四，三四八、三六二页。

④ 参见《李朝实录》第七册，世宗卷二十四，三四八至三四九页、三六二页；《明英宗实录》卷十九，正统元年闰六月壬午。

⑤ 参见《明宣宗实录》卷十五，宣德元年三月辛丑。

⑥ 《明英宗实录》卷四十三，正统三年六月戊辰。

⑦ 参见《李朝实录》第二册，太宗卷九，五四七页；《明元清系通纪》正编卷一，三三至三五页。

(今朝鲜会宁)①。永乐初年，建州卫指挥使阿哈出，曾向明廷禀告猛哥帖木儿聪明能干，颇有远识，一四〇四年（明永乐二年）明政府遣使招谕猛哥帖木儿。第二年（一四〇五年，明永乐三年）猛哥帖木儿亲自入朝，明朝“授猛哥帖木（儿）建州卫都指挥使（应为指挥使），赐印信”②。正因为他任建州卫指挥使之职，于是一四一一年（明永乐九年）率部众离开斡木河，“徙于凤州”建州卫的住地。③ 一四一二年（明永乐十年），明朝在这里增设建州左卫，以猛哥帖木儿为建州左卫指挥。直到一四二三年也因受蒙古的侵袭，同建州卫一道离开凤州，重返斡木河一带居住。④ 一四三三年（明宣德八年），猛哥帖木儿及其子权豆皆为“七姓野人”所杀害，建州左卫受到一次严重的打击，几乎陷入覆灭的境地。一四三四年（明宣德九年），明朝以凡察（猛哥帖木儿异父同母弟）为都督佥事，执掌建州左卫事务。一四三七年（明正统二年），明朝命猛哥帖木儿次子董山袭职，仍为建州左卫指挥，董山为了避免再遭袭击，向明朝要求返回“辽东居住”，得到明廷的允许，于是一四三九年（明正统四年）春，董山率领部众迁移到婆猪江，明朝政府把他们安插在“三土河（今吉林省海龙县）及婆猪江迤西冬古河两界间，同李满住居处”⑤。不久，凡察和董山叔侄之间发生争夺领导权的“卫印之争”，明朝为了牵制和削弱建州左卫的力量，一四四二年（明正统七年）在建州左卫之外，又增设建州右卫，以凡察为都督同知，管理右卫事务⑥，居住在三土河一带。自此以后建州女真以苏子河流域为中心，重新集聚起来。这里山清水绿、丘陵起伏、土壤肥沃、资源丰富，成为清朝发祥之地。

---

① 参见（朝鲜）《东国舆地胜览》卷五十，会宁都护府；［朝鲜］李肯翊：《燃藜室记述》卷七。

② 《李朝实录》第二册，太宗卷十一，六四五页。

③ 参见《李朝实录》第七册，世宗卷二十，三〇〇页；第四册，太宗卷二十一，三四页。

④ 参见《李朝实录》第七册，世宗卷二十，二九一页。

⑤ 《明英宗实录》卷七一，正统五年九月己未。

⑥ 参见《明英宗实录》卷八九，正统七年二月甲辰。

建州三卫在长期的患难和不断的流徙中会聚在一起，加强了内部的联系和合作，力量逐渐发展。天顺年间，董山成为建州三卫的首领，其势力已成为明朝在东北统治的一个威胁。由于明朝对少数民族采取限制、分化和歧视的政策，削减了建州、海西赴京朝贡人数，所谓“旧时入贡人数以数百，天顺中裁之无过五十”①，而且对贡品挑肥拣瘦，百般刁难②，再加上“入贡赏赐大减”③，因此引起女真各部的不满，“皆忿怨思乱”④，董山乘机联合海西进犯辽东。明朝政府使用卑鄙手段，以“招抚”为名，把董山诱骗到北京来朝贡。董山在返回建州途中被拘留在广宁，不久遇害。⑤ 同年九月明廷派总兵官赵辅率五万明军进攻建州，还胁迫朝鲜出兵过鸭绿江从东边夹击。建州卫李满住兵败，退到婆猪江畔被朝鲜军杀死，明兵进入建州后大肆烧杀抢劫，“焚其巢寨，房屋一空”，许多女真人“奔深山藏匿”⑥，建州三卫遭到了一场浩劫。

中国历史上许多北方的少数民族，在逐步南移和汉族的先进文化频繁接触以后，商业交换迅速增加，经济生活大大发展，原始的民族经济进一步被破坏，有的还改变了狩猎游牧生活而改营农业。处在这一发展阶段上的北方民族，由于经济力量的增长，结合其从原来狩猎游牧生活中产生的坚强的军事组织和勇武精神，就必然会在军事上强大起来，成为汉族统治王朝的重大威胁，明代的女真族正走在这一条发展道路上。因此，尽管明朝政府镇压了董山，又在凤凰城经清河城至抚顺一线置屯田、修城堡，加强了辽东防务，密切注视建州势力的消长。但是，日趋腐败的明朝政府已不可能完全逆转建州女真由弱变强、由分散到统一的崛起过程。到了万历初年，建州又开始兴起，分为东西两支，东部婆猪江流域有建州卫的王兀堂，西边浑河上游有建州右卫都指挥使王杲，他们常常劫掠辽东地

① 何乔远：《名山藏》王享记，东北夷海西建州。

② 参见苕上愚公：《东夷考略》女直。

③ 罗日褧：《咸宾录》。

④ 马文升：《抚安东夷记》。

⑤ 参见海滨野史：《建州私志》上卷。

⑥ 《明宪宗实录》卷四十七，成化三年十月壬戌。

区，对明朝辽东的安全仍是一个威胁。

在建州女真南徙的同时，海西女真也不断南移，形成了海西四部（或称扈伦四部），即：叶赫、辉发、哈达、乌拉。其中，叶赫部原居松花江北岸的塔鲁木卫，其祖先打叶为该卫指挥，十六世纪初（正德时），明廷授祝孔革为左都督，祝孔革率众南迁到开原东北的叶赫利河，即明所谓北关。十六世纪中叶（嘉靖时），祝孔革的两个孙子逞加奴、仰加奴为指挥佥事，在北关始建东、西两城，势力日盛，海西许多部“望风归附，拓地益广，军声所至，四境益加畏服”①，成为海西女真中的一支强大力量。

辉发部原居牡丹江流域的弗提卫，其祖先塔失为该卫指挥，嘉靖时，弗提卫迁至辉发河流域，称辉发部。

哈达部原居松花江北岸呼兰河以东之塔山左卫，其祖先弗剌出为都指挥佥事。十六世纪初，速黑忒继为都督佥事，在海西女真中最强大，后速黑忒的儿子王忠袭为该卫都督，因受野人女真的侵袭，从呼兰河迁到开原靖安堡广顺关外小清河上游居住，即明所谓南关。王忠“部众强盛，凡建州、海西、毛怜等一百八十二卫二十所五十六站皆畏其兵威”②。王忠死后，其侄王台袭职为左都督，海西各部，“尽服从台”③，他对明朝“最忠顺……东陲晏然，耕牧三十年，台有力焉”④。

正当塔山左卫都督王忠离开故里的同时，他的叔伯侄子补烟（又叫布延）率部众迁到乌拉河沿岸筑城居住，称为乌拉部，到了隆、万时期，逐渐征服松花江南北，以及牡丹江以西诸部，成为海西四部中一支强大势力。

由上可见，建州和海西的南徙，大体到嘉靖时基本上稳定下来了，它们沿着辽东东北边分散聚居，建州三卫分布在抚顺关以东，海西四部散居在开原以北。建州和海西南移后，其社会经济向前迈

---

① 徐乾学：《叶赫那拉氏家乘》。

② 王在晋：《三朝辽事实录》，《总略》，《南北关》。

③ 瞿九思：《万历武功录》卷十一，《王台传》。

④ 沈国元：《皇明从信录》卷三十五。

进了一大步。由于女真人民的辛勤劳动和积极吸取汉族的先进生产技术，从而加速了女真社会生产力的发展。当时不少汉人进入女真地区，传播了农业耕作技术，推广牛耕，出现“农人与牛，布散于野”① 的耕种情景，同时输入大批铁制农具，如铁铧、铁锄等，开垦了许多荒地，农业生产发展了，改变了以往“惟知射猎，本不事耕稼”② 的状况，正像《殊域周咨录》记载的，此时女真“屋居耕食，不专射猎”③，正在由采猎经济过渡到以农业生产为主。万历初年，建州女真已有少量粮食输往辽东地区④，这种现象反映了建州地区农业生产的发展是很迅速的。

农业的发展，也推动手工业的进步。农业生产需要大量的铁制农具，此外狩猎和防卫还要大批的铁制武器，这些铁器的来源主要依赖明朝供给。可是，自一四三九年起，明朝对女真除了农器外，其他铁器一概禁运。一四七六年（明成化十二年），明朝下令，严行铁禁，所有铁器都不许运往女真地区，结果造成女真“男无铧铲，女无针剪”⑤，严重地影响他们的生产和生活。这就迫使女真人自己发展冶铁业，最初仅是“贸大明铁自造”⑥，将“所易之锅、铧……毁碎融液”⑦，制作各种器具。到了嘉靖时，除了能加工外，海西地区还能生产铁，并开始使用鼓风炉，能把铁炼成钢。⑧ 应用鼓风炉炼铁，促进了手工业迅速发展。另外，如纺织业，以前是“不以织布为意”，依靠明朝供应，现在以麻为原料，生产麻布，不仅自用，还有一些输往辽东销售。⑨

---

① 《李朝实录》第八册，世宗卷七十七，五六三页。

② 《李朝实录》第十八册，成宗卷二六九，三七九页。

③ 严从简：《殊域周咨录》卷二十四。

④ 参见辽宁档案馆藏，明档乙一〇五号，《定辽后卫经历司呈报经手抽收抚赏夷人银两各项清册》，万历六年八月。这是一份记载抚顺关互市的残档，该档册中记录建州有九次出售粮食。

⑤ 《明宪宗实录》卷一七二，成化十三年十一月己丑。

⑥ 《李朝实录》第十四册，睿宗卷二，四一七页。

⑦ 《明孝宗实录》卷一九五，弘治十六年正月甲午。

⑧ 参见《李朝实录》第十八册，成宗卷二五五，二一八页。

⑨ 参见辽宁档案馆藏，明档乙一〇五号，《定辽后卫经历司呈报经手抽收抚赏夷人银两各项清册》，万历六年八月，这份残档中记录有十六次出售麻布。

农业和手工业的发展，也使商业交换更加繁荣。当时马市交易十分兴隆，目睹者李贡在《广宁马市观夷人交易》中写道："累累椎髻捆载多，拗辘车声急如传，胡儿胡妇亦提携，异装异服徒惊眴……夷货既入华货随，译使相通作行眩，华得夷货更生殖，夷得华货即观忭"①。特别是貂皮颇受关内的欢迎，需求量很大，仅明朝宫廷每年就需要貂皮一万张，万历皇帝每年冬天赐给臣下的貂皮，其费用就达"数万缗"②。与此同时，女真的貂皮还运往朝鲜换取大批耕牛和铁器，朝鲜穿戴貂皮成习，"富家巨室，迭相矜衒，如衣裘衾席之属，亦皆以此为之，乡闾小会，妇女无貂衣者，耻不肯赴焉"③，可见当时服貂皮人很多。因此，"貂皮价高，谋利者云集此道"，貂皮一张易铁锄一把④，换大牛一头⑤，大量"牛铁尽归彼，牛以厚其农，铁以利其兵"⑥，这对女真社会经济的发展起着积极作用。

值得注意的是，随着社会生产的发展和商业交换的扩大，作为交换价值一般等价物的货币，它的职能日益显著，需求更为迫切。一五二二年（明嘉靖元年），塔山左卫都督速黑忒首次向明朝请求，把朝贡时的抚赏回赐，折成银两授给，明廷准其所请，但"不为例"⑦。可是女真各卫仍不断要求折银，所以一五二七年（明嘉靖六年），明朝同意把朝贡时应赏抚的彩缎，如自愿折银者，便把赐物折价⑧，同时也答应将贡物应回赐的彩缎一半折银，一半给物⑨。一五三四年（明嘉靖十三年），把贡物回赐全部折银授给⑩。到了一五六四年（明嘉靖四十三年），明朝把抚赏也改成全部折银，这样一来抚赏和回赐都以银折给⑪，据统计仅此一项每年流入女真地区的白银

---

① 《全辽志》卷六，艺文下。

② 《万历野获编》卷九，《貂帽腰与》。

③ 《李朝实录》第二十一册，中宗卷二十九，一九三页。

④ 参见《李朝实录》第十五册，成宗卷五十七，五一九页。

⑤ 参见《李朝实录》第二十册，中宗卷一，一五页；中宗卷五，一六三页。

⑥ 《李朝实录》第二十册，中宗卷二十一，六七六页。

⑦ 《明世宗实录》卷十二，嘉靖元年三月甲寅。

⑧⑨⑩ 参见申时行：万历《大明会典》，礼部，东北夷女直通例。

⑪ 参见申时行：万历《大明会典》，礼部，给赐女直。

不下一万五千两①，此外朝贡和马市的官私两市交易中也得到许多银子。女真掌握大量银两，可以购买自己需要的任何商品，从而扩大和密切了他们之间以及周围各民族的经济联系。

明朝统治者看到海西、建州南移后，社会经济迅速发展，势力不断增强，感到极大的威胁，为了加强对女真的控制，巩固自己的统治，采取"使其各自雄长，不相归一"② 的分而治之、互相牵制的老办法，使女真各部长期陷于分裂、混战不休的状态。明朝政府要实现这一目的，相机使用镇压、招抚和防范的手段。万历初年，在浑河上游有建州右卫王杲；在婆猪江有建州卫王兀堂；在辉发河有辉发部往机砮；在乌拉河有乌拉部补烟；在开原北关有叶赫部逞加奴、仰加奴；在开原南关有哈达部王台，其中以王台势力最强。明王朝积极拉拢王台，一五七三年（明万历元年）王杲不断侵犯辽东，直到一五七五年（明万历三年）春被明军打败，逃往哈达部，为王台执献明廷杀害，明朝政府对王台"令加勋衔……诏授龙虎将军"③。一五七八年（明万历六年），王兀堂反对明朝修筑宽甸六堡④，同时也不满明朝官吏在互市中"强抑市价"⑤，于是起兵反明，明朝派李成梁率兵镇压，在鸦儿河战斗中王兀堂兵败，一五八一年（明万历九年），王兀堂再次起兵，又遭失败。一五八二年（明万历十年），王台死去，哈达部发生内讧，王台的儿子虎儿罕、康古陆、猛骨孛罗互相争权，叶赫部的逞加奴、仰加奴企图乘机控制哈达部，

① 《明世宗实录》卷八十："嘉靖六年十月丙辰，礼部言番僧人及女直夷人，应例一岁及三岁入贡者不下五千四百人，赏赐彩布不下五千五（四）百余匹，诸番以近例愿给币直……若折解价银，数足相当，诚令银币兼给则夷人各得所欲……上从之。"根据此材料知道每个贡者可得抚赏彩缎一匹。《大明会典》礼部东北夷女直条记载："嘉靖六年题准，马价彩缎一匹，折给银三两，十三年议准，俱与折给。"得知彩缎一匹折银三两，然后每个贡者贡献马一匹回赐彩缎二匹，折纱绢一匹，因此可得折银六两，另外折纱绢、鞋袜等赏物不知折价银多少，所以一个贡者可得银十两左右，按当时明朝规定女真每年贡者一千五百人。以此计算，每年女真通过朝贡可以获得白银一万五千两。

② 《明经世文编》卷四五三，杨宗伯奏疏：《海建夷贡补至南北部落未明谨遵例奏请，乞赐诘问以折狂谋事》。

③ 瞿九思：《万历武功录》卷十一，《王台传》。

④ 参见苕上愚公：《东夷考略》，建州。

⑤ 《明史》卷二三八，《李成梁传》，六一八六页。

当明朝要扶持王台孙子歹商袭职时，逞加奴、仰加奴反对，明廷诱杀逞加奴、仰加奴，歹商嗣职，统辖哈达部。逞加奴的儿子卡塞和仰加奴的儿子那林孛罗，寻机为父报仇，联络蒙古，暗结歹商的叔叔康古陆和猛骨孛罗充当内应，于是发兵攻打歹商，明朝派兵镇压，稳住了歹商的统治。一五八三年（明万历十一年），王杲之子阿台，欲报父仇，由静远堡攻打明军，结果被李成梁镇压了。由上可见，万历初女真内部及与明朝之间战争不停，其结果女真进一步分裂，分成许多分散割据的小部落。当时女真大体分四大部，即建州部，包括苏克苏浒河（今辽宁省苏子河）、浑河（今辽宁省浑河北岸）、完颜（今吉林省通化以南）、栋鄂（今辽宁省桓仁县附近）；长白部，包括纳殷（今吉林省抚松县东南）、珠舍里（今吉林省临江县以北）、鸭绿部（今吉林省集安县）；扈伦部，包括叶赫（今吉林省四平市）、哈达（今辽宁省清河流域）、辉发（今吉林省桦甸县）、乌拉（今吉林省伊通县）；东海部，包括窝集（今黑龙江省宁安县东北）、瓦尔喀（今吉林省延吉以北）、库尔哈（黑龙江中游、牡丹江下游一带）。确实是“各部蜂起，皆称王争长，互相残杀，甚且骨肉相残，强凌弱，众暴寡”①，建州内部也是“攘夺货财，兄弟交嫉”②，相互厮杀。这种分裂割据、互相对立、战乱不息的局势，阻碍和破坏了社会生产力的提高与发展，给女真人民带来了深重的灾难，广大女真人民都要从分裂割据、互相仇杀中解脱出来，实现统一安定的局面，正是在这种历史条件下努尔哈赤走上了统一女真各部的道路。

二、努尔哈赤统一女真各部及后金的建立

努尔哈赤，生于一五五九年（明嘉靖三十八年），出生在建州左卫奴隶主家庭。他是建州左卫都督猛哥帖木儿的六世孙，历代祖先有许多人受明廷册封，担任建州左卫指挥使、都督佥事、都督等官。努尔哈赤十岁丧母，因继母虐待，十九岁分家自立。为了生活，他

---

① 《清太祖实录》卷一。

② 《老满文上谕》。

清太祖努尔哈赤像

采松子、挖人参到抚顺马市出售，不久又投到明辽东大将李成梁部下，“每战必先登，屡立战功，成梁厚待之”①。艰苦的劳动生涯和紧张的戎马生活，把努尔哈赤锻炼成足智多谋、武艺超群的杰出人才。一五八三年（明万历十一年）建州苏克苏浒部图伦城主尼堪外兰引导明军镇压阿台，努尔哈赤的祖父建州左卫都指挥觉昌安、父亲建州左卫指挥塔克世也随军同往，结果在明军攻破阿台的古埒城时，觉昌安被烧死，塔克世遭误杀，明廷为了报偿其祖、父的冤死，授努尔哈赤为建州左卫都指挥使，于是他强咽仇恨返回建州，以图发展。

努尔哈赤把祖、父的死亡归罪于尼堪外兰。一五八三年，他以祖、父遗甲十三副起兵，攻打尼堪外兰的图伦城，尼堪外兰弃城逃走。从此，努尔哈赤开始了统一建州女真各部的事业。一五八四年（明万历十二年），他攻占了兆佳城和玛尔墩寨，降服了董鄂部；一五八五年（明万历十三年），进攻界凡寨，击败界凡、巴尔达、萨尔浒、加哈、托漠河五寨联军八百人，征服了浑河部；同年，攻破安土瓜尔佳城，杀城主诺莫泥；一五八六年（明万历十四年），攻克鄂勒珲城，杀尼堪外兰，控制了苏克苏浒部；一五八七年（明万历十五年）和一五八八年（明万历十六年）又收服哲陈部、完颜部。

努尔哈赤初起时，仅是建州女真中一支弱小的势力，在建州内外有许多强大的敌人，但经过五年的征战，基本上把分散对立的各部势力统一了起来，一跃而为女真族中最强大的力量。努尔哈赤面对着强大而众多的敌人以及部族内外一片争杀的混乱局势，既有坚强刚毅、蔑视困难的勇气，又能冷静地分析形势，部署对策。他勤练兵马，作战勇敢，身先士卒，常常以少击众，屡克强敌，努尔哈赤自己说：“吾自幼于千百军中孤身突入，弓矢相交，兵刃相接，不知几经鏖战”②，

① 彭孙贻：《山中闻见录》卷一，建州。

② 《满洲实录》卷三。

在攻克鄂勒珲城的战斗中，亲率四十人冲入敌阵，受箭伤三十处。这种猛冲猛打、勇往直前的战斗作风是他取胜的重要原因；同时，他制定了正确的战略和政略，开始时他的征讨范围限于建州内部，特别是把斗争矛头指向尼堪外兰，对相对强大的海西女真则暂时避免发生冲突，对蒙古、朝鲜则进行拉拢，表示亲睦；对明朝中央政府更是十分恭顺，“遣使通好，岁以金币聘问”①，努尔哈赤还多次亲赴北京朝贡，所以明廷最初对他比较信任。在努尔哈赤统一建州各部后，明廷于一五八九年（明万历十七年）授他为都督佥事，一五九一年（明万历十九年）升为左都督，一五九五年（明万历二十三年），以“保塞有功”又晋封他为龙虎将军，把他看做“忠顺学好，看边效力”② 的良好的地方官。此外，努尔哈赤注意收容降众，整顿内部秩序，发展经济。他“定国政，禁悖乱，戢盗贼，法制以立”③，“招徕各部，环满洲而居者皆为削平”④，“互市交易，以通商贾，因此满洲民殷国富”⑤。

建州女真的统一和努尔哈赤的崛起，必然会引起与同样强大的海西女真发生冲突。一五九三年（明万历二十一年），海西叶赫部领袖纳林布禄纠集了哈达、乌拉、辉发、科尔沁、锡伯、瓜尔佳、朱舍里、讷殷九部，组成三万联军，分三路向努尔哈赤发动进攻。这是努尔哈赤起兵以后的第一次关键性战役，九部联军声势浩大，兵力占压倒优势。但是，努尔哈赤临危不惧，从容镇静，他正确地分析了九部联军内存在的不可克服的矛盾，认为：“彼部长甚多，兵皆乌合，势将观望不前”⑥，“伤其一二头目，彼兵自走”⑦，“我兵虽少，奋力一战，固可必胜耳”⑧。他满怀信心地鼓舞将士，迅速行动，抢在联军的前头，在古勒山立营，“立险要之处，诱彼来战”⑨。在战斗时，集中优势兵力，重点出击，斩杀叶赫首领布斋，俘获乌拉首领满泰的弟弟布占泰，“叶赫贝勒等见布斋被杀，皆痛哭。其同来贝勒等大惧，并皆丧胆，各不顾其兵，四散而走”⑩。努尔哈赤取

---

① 《清朝实录采要》卷一。
② 《明代满蒙史料》篇四，三〇七页。
③⑥⑧ 《清太祖实录》卷二。
④⑤⑦⑨⑩ 《满洲实录》卷二。

得了“破九部三万之众”的重大胜利，这次胜利为进一步统一女真各部奠定了基础。

努尔哈赤破九部联军后，乘胜挥军东进，征服了朱舍里、讷殷二部，力量迅速壮大。此时，努尔哈赤及其弟速尔哈赤，各有战将一百五十余人和四十余人①，各有战兵一万多人和五千多人②，军事力量已经相当强大。此后二十多年，努尔哈赤为统一女真进行了艰苦的斗争，主要就是对付部众很多、力量强盛的海西四部。他认识到自己不可能一举攻灭四部，他说：“欲伐大木，岂能骤折，必以斧斤伐之，渐至微细，然后能折。相等之国，欲一举取之，岂能尽灭乎”③，因此，采取了分化和逐步蚕食的政策。一方面，与海西四部中较强大的叶赫、乌拉两部结盟联姻，特别是拉拢乌拉部领袖布占泰，努尔哈赤和速尔哈赤娶布占泰的侄女与妹妹为妻，速尔哈赤又把女儿嫁给布占泰，目的是拆散海西四部的联合，以便各个击破。另一方面先逐步攻灭较弱小的哈达部与辉发部。当时，明朝政府害怕女真统一以后，力量强大起来，希望保持各部分立，玩弄力量平衡、分而治之的手段，袒护渐趋衰落的海西四部，压抑正在勃兴的建州女真，努尔哈赤为了避免与明军冲突，仍表示服从明朝的命令。一五九九年（明万历二十七年），努尔哈赤已攻灭哈达部，擒其首领蒙格布禄，但在明朝政府的干预下又不得不在表面上恢复哈达部，立蒙格布禄之子武古尔岱为哈达首领，而自己则在幕后控制。至于对蒙古更是加意笼络，蒙古科尔沁部、扎鲁特部都归附了努尔哈赤，成为他在统一战争中的得力帮手。

在与海西四部长达二十多年的斗争中，对东海女真的争夺是个焦点。东海女真分散居住在乌苏里江以东、黑龙江两岸、北至外兴安岭的广大地区内，还处在较低的社会发展阶段上。他们是兵员和奴隶劳动力的后备军，也是财富的来源，无论是海西女真或建州女真，谁能够争取东海女真的归附，谁就能在统一东北的战争中稳操

---

① 参见［朝鲜］申忠一：《建州图录》。

② 参见《李朝实录》第二十八册，宣祖卷六十九，四〇五页。

③ 《满洲实录》卷三。

胜券。因此，争夺沿边各部族、各民族的斗争十分激烈。一六〇七年（明万历三十五年），东海瓦尔喀部斐优城（今吉林省珲春附近）的首领穆特赫苦于乌拉部的骚扰，自愿归附努尔哈赤，努尔哈赤派弟速尔哈赤及子褚英、代善率兵三千前往斐优城，迎接穆特赫的部众眷属，乌拉部布占泰率兵万人，在图们江一带袭击。速尔哈赤回军途中，在乌碣岩与乌拉兵遭遇，褚英、代善等“缘山奋击，乌拉兵大败”，“斩三千级，获马五千匹，甲三千副”①。乌碣岩战斗的胜利，打开了通往东海诸部的大门。从此，努尔哈赤“威行迤东诸部”，乌拉“不敢窥望其去留，兵锋所指，莫敢谁何”，随之瓦尔喀部皆“望风归附”②。一六〇九年（明万历三十七年），派扈尔汉攻占窝集部的瑚叶路（今兴凯湖附近）。一六一〇年（明万历三十八年）派额亦都率军收抚窝集部的那木都鲁、绥芬、宁古塔、尼马察四路，并攻打了雅兰路（今苏联东海滨的雅兰河）。一六一一年（明万历三十九年）派阿巴泰攻取窝集部的乌尔古宸和木伦二路。同年，东海瑚尔哈部的扎库塔居民来附。

统一女真各部的战争在顺利地发展，这就要求建州内部权力的集中和统一的调动指挥，原始部落残留下的军事民主的传统越来越不能适应形势发展的需要，建州内部出现了矛盾。这一矛盾在满族兴起的历史上留下了很深的烙印，由此而产生了一场又一场的政治阴谋和家庭悲剧。这时，努尔哈赤的同母弟速尔哈赤拥有自己的部众和财产，和努尔哈赤共同掌管着建州事务，他和其兄发生了权力冲突和意见分歧。在乌碣岩战斗中，速尔哈赤虽是统帅，却不同意努尔哈赤对乌拉的态度，因而放弃指挥，消极旁观，“率五百人止山下……未能多所斩获”③。努尔哈赤斥责他“临阵退缩，时有怨言”④，速尔哈赤不服。以后，要他派部众服役修筑城寨，他却叫“部下不赴工”，而自己要另建一城⑤。一六〇九年，速尔哈赤企图率部众“出奔他部居焉”⑥，

①③　《清太祖实录》卷三。

②　《李朝实录》第三十册，宣祖卷二〇九。

④　金梁：《满洲秘档》，《太祖责弟》。

⑤　参见程开祜：《筹辽硕画》卷一。

⑥　《满文老档》太祖一，万历三十七年三月；金梁辑：《满洲秘档》，《太祖责弟》。

被努尔哈赤发现，把他拘禁起来，没收他的财产和奴隶，并把一些怂恿煽动者处死，清除了内部的分裂势力，为统一女真各部踢开了绊脚石。

努尔哈赤清除内部分裂势力后，把统一女真各部的战争推向新高潮。一六一二年（明万历四十年），努尔哈赤率军攻打乌拉，获胜而归。第二年（一六一三年，明万历四十一年）再次进攻乌拉，乌拉灭亡，从而拔掉了通往东海和黑龙江流域的钉子。一六一四年（明万历四十二年），遣兵征服窝集部的雅兰、西林二路。一六一五年（明万历四十三年），又派兵攻占窝集部东额赫库伦城（今苏联纳赫塔河附近）。一六一六年（明万历四十四年，后金天命元年）七月，努尔哈赤首次派兵进入黑龙江、精奇里江、牛满河一带的萨哈连地区①，攻占五十二个村寨，同年九月又招服了黑龙江和乌苏里江汇合处以东的使犬部。一六一七年（明万历四十五年，后金天命二年），再次派兵继续收服东海散居各部，并对那些“岛居负险不服者，乘小舟尽取之”②，攻占库页岛及其附近岛屿，于是“库页内附，岁贡貂皮，设姓长、乡长、子弟以统之”③。一六一九年（明万历四十七年，后金天命四年），努尔哈赤又派兵收取东海瑚尔哈遗民，同年灭叶赫部，统一海西四部。

努尔哈赤是中国历史上的杰出人物，是我国女真族的民族英雄。他以遗甲十三副起兵，为女真各部的统一奋斗了三十多年，从小到大，由弱变强，发展到拥有精兵六七万，“自东海至辽边，北自蒙古、嫩江，南至朝鲜鸭绿江，同一语音俱征服”，使“诸部始合为一”④，基本上完成了统一女真各部的大业。努尔哈赤顺应历史发展的趋势，利用女真人民的力量，结束了女真长期分裂割据和动荡不安的局面，这对于女真社会的发展，各族人民之间的经济文化交流，加强和巩固我国东北边防都作了积极的贡献。

随着女真各部逐渐走向统一，其农业、手工业、采猎业、商业等

---

① 参见《清开国初征服诸部疆域考》，载《燕京学报》第二十三期，179～180页。

② 《清太祖实录》卷五。

③ 《库页岛志略》卷一。

④ 《清太祖实录》卷三。

都得到发展，尤其是农业生产更为显著，成为社会生产的主要部门。努尔哈赤为了加强统治，在新的形势下，逐步地弃旧立新，建立各种制度和机构，对政治、经济、军事与文化等方面，采取许多改革措施。

首先是创建“八旗制度”。这种制度是“以旗统人，即以旗统兵”[①] 的军政合一，又是“出则备战，入则务农”[②] 的兵民一体的社会组织形式，具有行政管理、军事征伐、组织生产的三项职能。它是在统一战争中逐步发展起来的，是由女真人狩猎时实行“牛录”组织演变而来的。当时“凡遇行师出猎，不论人之多寡，照依族寨而行，满洲人出猎开围之际，各出箭一枝，十人中立一总领，属九人而行，各照方向，不许错乱，此总领呼为牛录（意为大箭）厄真（意为主也）”[③]。一六〇一年（明万历二十九年），努尔哈赤在这种“牛录”组织的基础上，并参考其先世金朝猛安谋克制度，正式创建旗制，设立四旗，即黄、白、红、蓝四色，规定每三百人编为一牛录，每牛录设牛录厄真一人，管理该牛录内的一切事务。到了一六一五年，因“归附日众，乃析为八”，在原有四旗之外，增设镶黄、镶白、镶红、镶蓝四旗，黄、白、蓝均镶红边，红旗则镶白边，合为八旗。并规定三百人为一牛录，设牛录厄真一人，五牛录为一甲喇，设甲喇厄真一人，五甲喇为一固山，设固山厄真一人，副职二人称美凌厄真。固山厄真即旗主，领有步骑七千五百名。努尔哈赤是八旗的最高统帅，并有巴牙喇（直属精锐卫队）五千余骑，各旗旗主也有人数不等的巴牙喇。当时努尔哈赤领两黄旗，代善（努尔哈赤二子）领两红旗，皇太极（努尔哈赤八子）领镶白旗，莽古尔泰（努尔哈赤五子）领镶蓝旗，杜度（努尔哈赤长孙）领正白旗，阿敏（努尔哈赤侄子）领正蓝旗。[④] 他们是每个所辖旗的最高统治

---

① 《清朝文献通考》卷一七九，兵考一。

② 《明清史料》丙编第一本，一五页。

③ 《清太祖实录》卷二。

④ 参见［朝鲜］李民寏：《建州闻见录》：“胡语呼八将为八高沙（旗主），奴酋（努尔哈赤）领二高沙、阿斗（阿敦）于斗（努尔哈赤女婿）总其兵，如中军之制，贵盈哥（代善）亦领二高沙、奢、夫羊古总其兵，余四高沙，曰红歹是（皇太极）、曰亡古歹（莽古尔泰）、曰皂斗罗古（杜度）、曰阿未罗古（阿敏）。”

者，掌握军事、行政和组织生产的大权，八旗之间是平行关系。所以“凡有杂物收合之用，战斗力役之事，奴酋（努尔哈赤）令于八将（八旗主），八将令于所属柳累（牛录），柳累将令于所属军卒，令出不少迟缓”①。而“牛录”是八旗制度的基层单位，它是以地缘为主、血缘为辅组成的，牛录厄真下设代子二人为副职，再置四名章京、四名拨什库，并把三百人组成的牛录，分编成四个塔坦（即村或部落），一章京和一拨什库管理一个塔坦的各种事情。②可见八旗制度是一套完整的军事组织和政权的统治机构，它把分散的女真各部都组织在旗下，进行生产和战斗，保证了统一战争的胜利。

其次，兴筑城池。努尔哈赤原居二道河村南山上，“土垒方里”③，城高十余尺，“无雉堞、射台、隔台、壕子”④，该城十分狭小简陋，俗称旧老城。一六〇三年（明万历三十一年），在苏子河与嘉哈河交汇处的东岸，“因山为城，垒土为郭”⑤，“周四里，南一门，东二门，北一门”⑥，称为赫图阿拉，俗称老城。一六〇五年（明万历三十三年），努尔哈赤又加筑一道外城，城高六丈，作门八处⑦，该城“杂筑土石，或用木植横筑之，城上环置射箭穴豆，状若女墙，门皆用木板”⑧。由上可见，赫图阿拉有内外城，当时内城居住着努尔哈赤及其贵族，外城居住着旗兵，而奴隶则居于城中，各种工匠皆居城外，全城约有三万多人。赫图阿拉城不仅规模大了，而且有一定的布局，它是努尔哈赤管辖地区的政治、军事、经济和文化的中心。

---

① ［朝鲜］李民寏：《建州闻见录》：“胡语呼八将为八高沙（旗主），奴酋（努尔哈赤）领二高沙、阿斗（阿敦）于斗（努尔哈赤女婿）总其兵，如中军之制，贵盈哥（代善）亦领二高沙、奢、夫羊古总其兵，余四高沙，曰红歹是（皇太极）、曰亡古歹（莽古尔泰）、曰皂斗罗古（杜度）、曰阿未罗古（阿敏）。”

② 参见《满文老档》太祖四，万历四十三年十一月。

③⑤ 《兴京县小志》卷十一，古迹“古郡城”。

④ ［朝鲜］申忠一：《建州图录》。

⑥ 嘉庆《大清一统志》卷五十八，兴京。

⑦ 参见［朝鲜］李星龄：《春坡堂日月录》卷二十七。

⑧ 程开祐：《筹辽硕画》卷一，《奴儿哈赤考》。

大政殿和十王亭

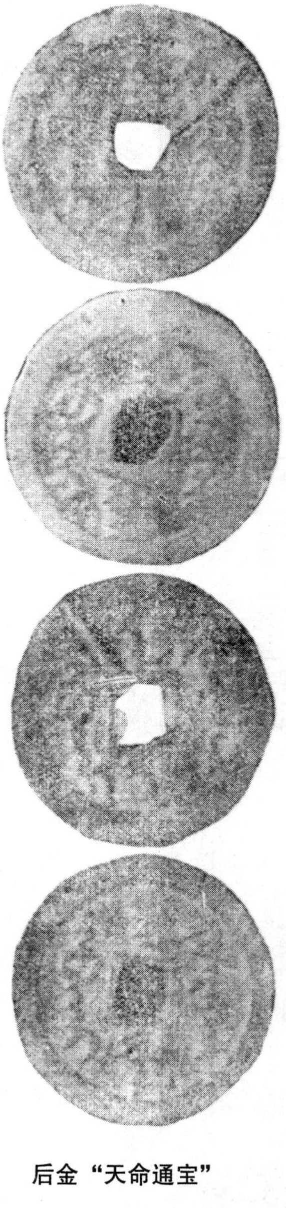

后金“天命通宝”

再次，选人才，设议政，理诉讼。由于统一战争使疆土不断扩大，人口日益增多，管理事务也繁忙了。努尔哈赤为了进行统治，需要大批官员，采取推荐和选拔的方式，并指出选择时不要看血统，而要看才德，是否有一技之长，符合条件的人予以录用，使之执政。① 一六一五年设议政五大臣，与八旗旗主一同议政，参决机务，“每五日集朝一次，协议国政，军国大事，均于此决之”②，这种联席议政制是建州政治、军事的中枢决策机构。与此同时，还颁布法制，命扎尔固齐十人，分任庶务，负责审理诉讼案件。如有刑民案件，先由扎尔固齐十人审问，然后报告五大臣，再由五大臣复查，并把案情告诉诸贝勒，讨论议决。如果原被告一方不服，可以申诉，由努尔哈赤查明情由，最后裁决。虽然当时法规还很原始，有些是习惯法，有打、罚、处死等刑，但是努尔哈赤十分强调要有法规，使每人预先知道，有所遵循，从而改变了以往随意处分，说打就打，说罚就罚的混乱状况，建立了层层会审制度。

第四，创制满文。努尔哈赤早期，原先的女真文已不通行，此时女真人只有自己的语言，而无本民族的文字，“凡属书翰，用蒙古字以代言者，十之六七，用汉字以代言者，十之三四”③，这种情形当然不能适应新的形势。

① 参见《满文老档》太祖四，万历四十三年十一月。
② 金梁辑：《满洲秘档》，《太祖行军琐记》。
③ 福格：《听雨丛谈》卷十一。

一五九九年，努尔哈赤命额尔德尼和噶盖两人，以蒙古文字母与女真话音拼成满文，此种满文，其字形和蒙古文很相似，称为老满文，又称无圈点满文，尽管老满文的文法不完备，缺点很多，但是作为本民族文字，开始应用推广，这标志着女真社会向前迈进了一步。

努尔哈赤推行以上各项措施，无疑是为了加强和巩固以他为首的奴隶主贵族的统治。但是，这些措施是统一战争的产物，它又反过来推动了统一战争，而这场统一战争是进步的，对满族共同体的形成，对促进社会生产力的发展，对加强各族之间的经济和文化交流，都起着积极作用。努尔哈赤顺应历史潮流，基本上完成了统一女真诸部的历史使命。一六一六年，努尔哈赤遂称汗登位，建立“大金”（又称后金），建元天命。他把分散的女真诸部统一在后金地方政权之下，因而使后金力量迅速壮大，成为与明朝中央政府相对抗的强大的地方势力。

三、萨尔浒之战与后金进入辽沈地区

毛主席指出：“历史上的反动统治者，主要是汉族的反动统治者，曾经在我们各民族中间制造种种隔阂，欺负少数民族”①。明朝统治者正是这样，它在政治上推行民族歧视和民族压迫的政策，对女真采取“分其部落以弱之，别其种类以间之，使之人自为雄，而不使之势统于一者”②。它在建州和海西各部中挑拨离间、制造分裂，如支持乌拉多次侵犯建州，怂恿叶赫长期与努尔哈赤为敌，破坏女真各部走向统一。同时，明朝辽东官吏还视女真“如昆虫，极其侮慢”③，任意殴打，随便加罪，无端杀害，加深了民族间的隔阂和矛盾。它在经济上竭力阻碍女真地区的生产发展，明朝管理朝贡和马市交易的官吏，乘官私贸易之机，短价强取，多征税银以肥私。万历中叶以后，明朝对建州实行经济封锁和物资禁运，一六〇八年（明万历三十六年）停止了建州朝贡，第二年（一六〇九，明万历三

① 毛泽东：《论十大关系》，278页，1977。

② 《明经世文编》卷四八〇，《熊经略集》一，《答友人》。

③ 《李朝实录》第三十四册，仁祖卷十六，四四三页。

十七年）又关闭了马市，这两年里就使建州腐烂人参十余万斤。而且严禁汉民进入女真地区，并且无理向建州强索柴河、法纳河等处的耕地，还不许收割耕地上的庄稼。明朝诸如此类的行径，激起女真人民的无比愤恨，努尔哈赤就曾愤愤不平地说，“保守天朝地界九百五十里，俺管事十三年，不敢犯边，非不为恭顺也”①，可是“有辽东边官，只要害我途（图）功升赏”②。

哪里有民族压迫，哪里就有民族反抗。一六一八年（明万历四十六年，后金天命三年）一月，努尔哈赤对诸王大臣秘密宣布“今岁必征明”，并说“朕与明成衅，凡七大恨，其余小忿更难悉举，宜往征之”。并命八旗将士“治甲胄，修军器，豫畜牧”③，规定每牛录的五十名披甲人，留十名在家守城，四十名出战，一切行动必须听从牛录厄真的指挥。同年四月十三日，努尔哈赤率步骑二万征明，以“七大恨”作为伐明的檄文，分兵两路向明军发动进攻。努尔哈赤亲率右翼四旗（镶黄、正白、镶红、镶白）攻打抚顺，明军守将李永芳举城投降；同时还命左翼四旗（正黄、正红、镶蓝、正蓝）攻占东州、马根单等地。明朝辽东巡抚李维翰急遣总兵张承荫率明兵一万去镇压，遭后金兵伏击，全军败没。七月，努尔哈赤又率八旗兵进入鸦鹘关，围攻清河城，明将邹储贤固守抵抗，结果城破被杀，接着后金又占领一堵墙、碱场二城。努尔哈赤在军事上的节节胜利，不但使“全辽震动”，而且北京也“举朝震骇”，就连饱食终日、万事不理的神宗皇帝也深感“辽左覆军陨将，虏势益张，边事十分危急”④。

明朝为了安定辽东，巩固其反动统治，早日把后金势力镇压下去，决定发动一次大规模进攻后金的战争。然而，由于明末政治腐败，驻守辽东的明军业已腐朽不堪，名义上虽有八万多人，实则能作战的不过一万多人，而且兵备松弛，士气颓靡，“累年以来，不修

① 《李朝实录》第二十八册，宣祖卷七三，四六九页。
② ［朝鲜］申忠一：《建州图录》。
③ 《清太祖实录》卷五。
④ 《明神宗实录》卷五六八，万历四十六年四月丙辰。

兵具，朽戟钝戈，缓急不足为用，金鼓几于绝响，偶令之截杀，股栗腕战，面孔殊无生色”①，这样的军队实在不堪一击。所以明朝政府只好“以倾国之兵，云集辽沈，又招合朝鲜、叶赫”②，可是，从全国各地征调的军队也和辽东明兵一样腐朽，许多人“伏地哀号，不愿出关”，不少将领“哭而求调”③。由此可见，明朝出师并无取胜的把握，只是打一场孤注一掷的冒险战争。

明朝命杨镐为辽东经略，以杜松、李如柏、刘綎等为副，调兵筹饷，经过九个多月的准备，到了一六一九年（明万历四十七年，后金天命四年）的四月，赴辽的明军都先后到达，再加上胁迫征调的一万三千名朝鲜兵，总共有十万余人④，号称四十七万大军。杨镐与诸将议定，分四路进攻后金：总兵刘綎率军出宽甸由东；总兵马林率军出三岔口由北；杜松率军出抚顺关由西；李如柏率军出鸦鹘关由南，其中以西路杜松为主力，皆直指赫图阿拉。此外，王绍勋总管各路粮草，杨镐坐镇沈阳。明廷被自己虚张的声势所欺骗，洋洋得意地认为“数路齐捣，旬日毕事耳”⑤。

努尔哈赤掌握了明军的战略部署和行动计划，正确地分析了形势，认为明军是采用分兵合击、声东击西的战术。努尔哈赤说：“明使我先见南路有兵者，诱我兵而南也，其由抚顺所西来者，必大兵也，急宜拒战，破此则他路兵不足患矣”⑥。因此，只派五百人抵御和阻滞东路的刘綎军，而把全部兵力集中起来，打击从西而来的杜松的明军主力，所谓“凭尔几路来，我只一路去”⑦。这一部署是正确的，因为从兵力上看明军有十万多人，而后金只有六万人，处于劣势。但明军分成四路，兵力分散，再加上刘綎、马林和李如柏三路山高水险，行军困难，一时不易到达，只有杜松一路出抚顺，渡

---

① 程开祐：《筹辽硕画》卷四，《仰陈未仪大伸挞伐疏》。

② 《东华录》，天命四年三月。

③ 《明神宗实录》卷五七一，万历四十六年六月壬戌。

④ 参见王在晋：《三朝辽事实录》卷一。

⑤ 《李朝实录》第三十三册，光海君卷一二九，四三三页。

⑥ 《清太祖实录》卷六。

⑦ 《辽事述》，辽左兵端。

浑河，沿苏子河而上，道路平坦易行，两日就可到达赫图阿拉。努尔哈赤以六万人对付杜松的三万人，才能够在战役上稳占优势，取得主动权。于是他亲自统率八旗大军迅速开赴西线，阻击明军。两军在萨尔浒一带相遇，揭开了著名的萨尔浒战斗的序幕。

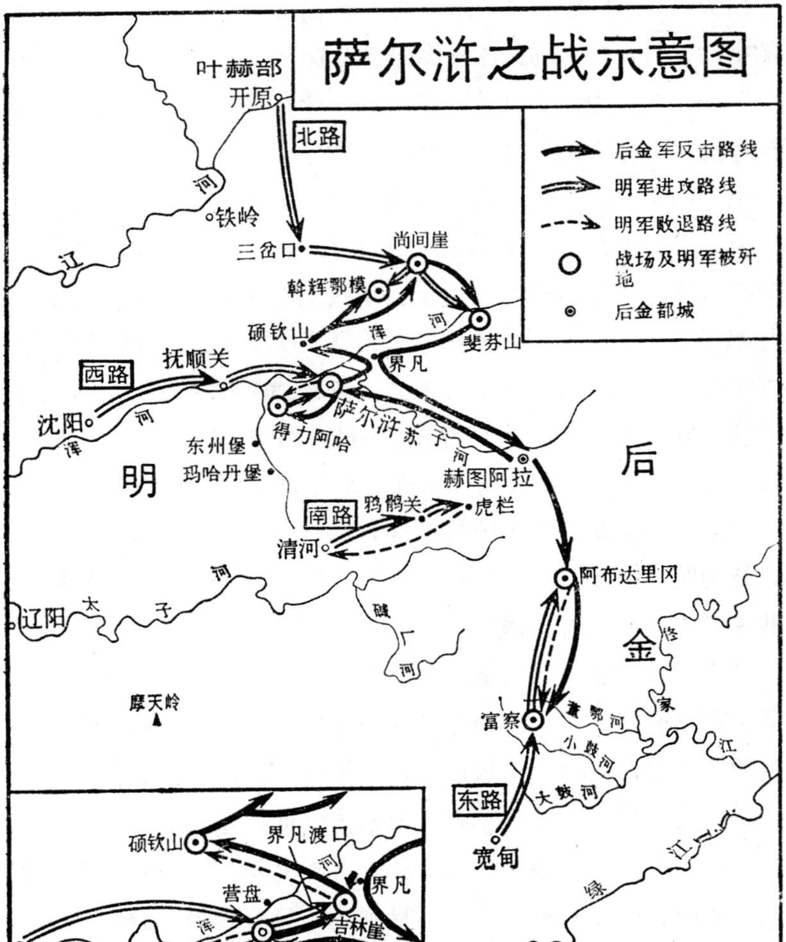

萨尔浒之战示意图

这次战役，可分三个阶段：

第一阶段是萨尔浒、吉林崖战斗。四月十三日，杜松率领三万明军，出抚顺关，十四日到达萨尔浒，得知后金正派兵构筑界凡城，阻挡明军东进。于是杜松留下两万人驻守萨尔浒，自领一万人攻打界凡城，把已经分散的兵力再行分散。此时，努尔哈赤率领八旗兵已到界凡以东，迅速地抓住了各个击破的战机。他说："先破萨尔浒山所驻兵，此兵破，则界凡之众，自丧胆矣"①，便派代善、皇太极带领两旗截击杜松，自己亲率六旗猛打萨尔浒的明军，明军遭到突然攻击，纷纷逃往萨尔浒河西岸，结果在得力阿哈一带全部被歼。而杜松在吉林崖下，陷入重围，杜松丧生，全军覆没，"死者漫山遍野，血流成渠，军器与尸冲于浑河者，如解冰旋转而下"②。

第二阶段是尚间崖、斐芬山战斗。四月十四日，马林率明军与叶赫兵出三岔口，扎营于富勒哈山的尚间崖，派潘宗颜领一军驻守斐芬山，又遣龚念遂率一军守卫斡辉鄂模，互为犄角，彼此声援。

努尔哈赤在西线消灭明兵主力以后，乘胜挥戈北上，十五日，后金兵首先击溃了驻守斡辉鄂模的明兵，随后又攻打尚间崖，明兵大败，马林仅以身免，逃往开原，斐芬山的明军也被攻灭。

第三阶段是阿布达里冈、富察（富车）战斗。四月十日，刘綎一路出宽甸，此路明军虽然出师最早，由于山道陡峭，大雪封山，进军迟缓，迟至十五日才到达深河。后金的少数守军沿途拦截，且战且退，竭力阻滞明军的前进速度。十六日，刘綎进抵阿布达里冈，姜弘立率领的朝鲜兵到达富察，距离赫图阿拉还有五六十里。

这时，努尔哈赤已在西北两路获胜，立即派扈尔汉、阿敏、代善、皇太极先后出发，日夜兼程赶赴东线，很快在东线集中了三万多人，"隐伏山谷"，待机而动。明军却焚毁村寨、"分掠部落"，并无戒备地前进。后金军"不意突出，冲断前后"，刘綎战死，全军覆没。③ 代善随之集合八旗兵，攻打富察一带的朝鲜军，姜弘立的军营被紧紧围住，"孤阜狭隘，人马偪侧，屡日饥卒，兼之焦渴，欲走

① 《清太祖实录》卷六。

② 《满洲实录》卷五。

③ 参见李肯翊：《燃藜室记述》卷二十三，《深河之役》。

则归路已断，欲战则士皆股栗，至有抛弃器械，坐而不动者，事无可为”①，于是姜弘立以下，全军投降。

杨镐惊悉三路丧师，急令李如柏撤兵，明朝的四路大军只有这一路逃脱了败灭的厄运。

萨尔浒战役是集中使用兵力、选择有利的战场和战机，连续作战、速战速决、各个击破，在战略上以少胜多的典型战例。在战斗中，充分显示了努尔哈赤机动灵活的指挥才能和后金将士的勇猛战斗作风，在五天之内，在三个地点进行了三次大战，战斗前部署周密，战斗中勇敢顽强，战斗结束后迅速脱离战场，立即投入新的战斗。结果，后金大胜，明军惨败。这次战斗对双方都是十分关键的一仗，从此，明朝的力量大衰，它阻碍女真各部统一发展的政策彻底失败，不得不由进攻转入防御；后金的力量大增，它的政治野心和掠夺财富的欲望随之增长，由防御转入了进攻。

努尔哈赤战胜后，挥军西进，蹂躏辽东，攻破了开原、铁岭，大掠人口、财物、田禾。八月，又攻灭叶赫。辽东地区，一片混乱，明军“坚甲利刃，长枪火器，丧失俱尽”，将士们“一闻警报，无不心惊胆丧”，“身无片甲，手无寸械，随营糜饷，装死扮活，不肯出战”，“各营逃者，日以千百计”，“人人要逃，营营要逃”②，明廷在辽东长期经营所建立的精兵重镇，完全解体。明朝政府派熊廷弼为经略，赴辽东督师，责令他进攻后金，收复失地。熊廷弼认识到：新败之后，军事力量的对比大大不利于自己，只有用“坚守渐逼”之策，采取持久的防御的方针，才能削弱后金的锐气，积蓄力量，徐图反攻。他守辽一年多，大力整顿军务，申明纪律，修城筑堡，练兵制械，屯田积粮，以守为战，得到了很好的效果，使努尔哈赤不敢轻于西进，据朱童蒙说：“经略熊廷弼……任事才十余月耳，而辽阳之颓城如新，丧胆之人复定，至奉集、沈阳二空城，今且俨然重镇矣。迄于今，而民安于居，贾安于市，商旅纷纷于途，而后之

---

① ［朝鲜］李民寏：《自建州还后陈情疏》。

② 熊廷弼：《熊襄愍公集》卷一，《辽左大势久去疏》。

人因之以为进战退守之地”①。

统治阶级内总有那么多的唯心主义者，虚骄自大，高论连篇，闭眼不看现实情况，不肯老老实实承认自己方面的弱点，当时，明朝的许多大官僚就是这样。他们怀着大民族主义的偏见，瞧不起新起的后金，反对采取持久的防御的方针，攻击熊廷弼花费很多钱财，却漫无布置，不敢出击，催促他采取进攻的方针，挞伐后金，速战速决。熊廷弼在朝廷的压力下去职，明朝政府派了一个毫无军事才能的袁应泰代替他。袁应泰上任后，改变熊廷弼的许多设施，嫌熊廷弼用法太严，“以宽矫之，多所更易”②，并且盲目地要发兵攻打后金。明军还没有来得及出动，一六二一年（明天启元年，后金天命六年）三月，努尔哈赤已率领大军围攻沈阳，经过几次激战，沈阳失守，后金兵又进攻辽阳。守卫辽阳的明军不到一万人，却进行了顽强抵抗，后金“以铁骑四面扑攻”，明军“奋勇迎击，败白标兵，又败黄标兵，击斩落马者二三千人”，经过三天激战，终于寡不敌众，三月二十一日，辽阳失守，袁应泰自杀。后金兵席卷辽河以东，占领了镇江、海州、耀州、盖州、复州、金州等七十余城。努尔哈赤为了加强对新占领区的统治，由萨尔浒城迁都到辽阳。

辽沈失陷的消息传到北京，举朝震惊，明廷又起用熊廷弼为辽东经略，以王化贞为辽东巡抚。可是，进攻还是防御，这一战略方针的争论不但没有解决，反而更加激化。熊廷弼仍坚持防御方针，主张加强广宁的防御，稳住河西的动荡局面，然后再向东步步推进；另一些大官僚没有从再一次的失败中吸取教训，还主张进攻，尤其是王化贞“素不习兵，轻视大敌”③，要倾关外之兵，同后金决一胜负。这样，经略主守，巡抚主战，“二人议论，遂成水火”④。王化贞掌握实权，拥兵十余万，为所欲为，熊廷弼仅有兵四千，无可奈何。一六二二年（明天启二年，后金天命七年）正月，努尔哈赤利

① 王在晋：《三朝辽事实录》卷三。
② 《明史》卷二五九，《袁应泰传》。
③ 《明史》卷二五九，《王化贞传》，六六九八页。
④ 计六奇：《明季北略》卷二，《广宁溃》。

用熊王矛盾，发兵渡辽河而西，熊廷弼主张集中力量守卫广宁，而王化贞却把兵力分散于各城堡，摆出一副被动挨打的态势。后金兵围攻西平，王化贞派其心腹孙得功前去援救，结果战败，孙得功奔回广宁，蓄意投降后金，“疾呼军民宜早剃头归顺”，于是“一城讧然，争夺门走”①，王化贞仓皇西逃，广宁失陷。接着后金又连陷四十余城，占领辽河以西的大片土地。以后，努尔哈赤为了便于进一步和明朝作战，又从辽阳迁都沈阳。他还声称：“大而变小，小而成大，古来兴亡变迁之道甚多……我金汗身行正道，上天眷爱，况南京、北京、汴京本非一人所居之地，乃女真、汉人轮流居住之地”②。很显然，这时，努尔哈赤兵强马壮，屡败明军，几乎奄有全辽之地，已具有和明朝政府争夺全国统治权的力量和雄心了。

广宁失守以后，熊廷弼、王化贞被下狱处死，明廷派王在晋经略辽东。王是一个胆小鬼，主张放弃关外，退守山海关，在关门外八里铺修筑重关，设兵防守。这一消极防御的主张，遭到中下级将领袁崇焕等人的反对。袁崇焕原是个下级文官，很有谋略和胆识。广宁失陷时，曾单骑出山海关巡阅，他奉命“往前屯安插辽民，四鼓入城，夜行入荆棘蒙茸虎豹潜伏之地”③，不避艰险，敢于任事。他调查了关外的形势，说：“予我军马钱谷，我一人足守此”④。他认为：若保关内，必守关外，若保关外，必守宁远（今辽宁省兴城县）。因为，“宁远在山海之东、广宁之西，当要冲之地”⑤，附近大海中的觉华岛可以设水师，屯粮秣，作为犄角。在广宁失守之后，这里是山海关的屏障，不可轻弃于敌。袁崇焕的主张得到兵部尚书孙承宗的赞同与支持，不久，明廷起用孙承宗代替王在晋经略辽东。孙承宗继承熊廷弼“以守为战”的战略方针，采纳袁崇焕的建议，大力整顿山海关的防务，重点加强宁远的防御力量，派袁崇焕、祖大寿等驻守宁远，兴工修筑宁远城，又修建了锦州、大小凌河、松

---

① 《辽事述》，《熊王功罪》。

② 《满文老档》太祖四十一，天命七年四月。

③ ［日］稻叶君山：《清朝全史》上册，一三五页。

④ 《明史》卷二五九，《袁崇焕传》，六七〇七页。

⑤ 《宁远卫庙学碑》，见《满洲金石志稿》第二册，三四页。

山、杏山及右屯诸要塞。这样就构成以锦州、宁远为重点的关外防线，使得努尔哈赤无机可乘。一六二五年（明天启五年，后金天命十年）九月，孙承宗因耀州之役战败，遭到阉党的攻击，便辞职不干了。

明廷以高第接替孙承宗，高第认为关外不可守，一反孙承宗的措施，“撤锦州、右屯、大小凌河及松山、杏山、塔山守具，尽驱屯兵入关，委弃米粟十余万，而死亡载途，哭声震野，民怨而军益不振”①，袁崇焕劝说不听，不肯从命，坚守宁远孤城。一六二六年（明天启六年，后金天命十一年）正月，努尔哈赤率大军西进，围攻宁远城，致书要袁崇焕投降。袁激励将士，誓以死守，宁远城防守坚固，后金兵强攻不克，努尔哈赤亲临前线督战，城上以红衣大炮轰击，努尔哈赤久攻不下，“大挫而退”②。宁远大捷是明朝对后金作战的第一次重大胜利，它打击了后金的锐气，挫败了努尔哈赤夺取全辽、直薄关门的企图，保卫了山海关和关内的安全。努尔哈赤在宁远失败后，退回沈阳，悒悒不自得，这年七月身患毒疽，八月十一日病死，这是清朝初兴时期遭到的最重大的损失。

第四节　满族社会经济的发展
——从奴隶制向封建制过渡

一、满族社会的奴隶制时代

马克思指出：“因为奴隶制是一个经济范畴，所以它总是列入各民族的社会制度中”③。满族社会也不例外，满族的直系祖先、原居黑龙江流域的女真人早就进入了奴隶制。明代中叶，他们南迁到开原以北、浑河上游一带居住，此时他们处在家内奴隶制阶段，把掳

---

① 《明史》卷二五九，《袁崇焕传》，六七〇九页。

② 李星龄：《春坡堂日月录》卷十二。

③ 马克思：《哲学的贫困》，见《马克思恩格斯选集》，第一卷，110～111页。

掠来的汉人“为奴使唤”①，除了充当家内“奴婢”，有的被“驱使耕作”②，而且还“互相买卖使唤”③，从中“辄得厚利”④。努尔哈赤时期，女真的奴隶制又向前迈进一大步，以他为首的奴隶主阶级，创建“八旗制度”，“以旗统人”，把后金管辖下的所有人都编在旗内，从而八旗旗主控制了全部社会劳动力，由家内奴隶制过渡到庄园奴隶制。

这个时期，女真的社会生产力迅速发展。一六一六年（明万历四十四年，后金天命元年），努尔哈赤建立后金时，他统治的地区已扩展到四千余里，人口增加到四五十万。自开原以东，经浑河、苏子河、佟家江，直到鸭绿江边，有许多河谷平原，土地肥沃，水源丰富，很适于农业生产；辽东有些汉民不甘忍受明朝的剥削和压迫，逃往建州地区谋生。还有大批被掳的汉民，包括被俘和投降的明军，也在后金定居下来，进行耕作。特别是同后金接壤地区的汉民，他们和女真人来往很密切，有的结拜兄弟，乃至通婚。⑤ 这些汉民流入后金，带来了先进、熟练的农业生产技术；努尔哈赤又十分重视农业生产，积极推广使用铁制农具和牛耕，严禁屠宰耕牛。因此，建州的耕地迅速扩大，粮食产量不断增加，农业生产有了很大发展。一六一九年（明万历四十七年，后金天命四年），朝鲜人李民寏目睹这里繁荣的农业，说：“土地肥饶，禾谷甚茂，旱田诸种，无不有之”⑥，而且“收获颇丰，仓库充盈”⑦。这时农业已成为后金社会生产的主要部门。

在农业发展的基础上，手工业也迅速发达起来。后金的手工业已经有了专业分工，所谓“银、铁、革、木，皆有其工”⑧，在后金都城赫图阿拉，“北门外则铁匠居之，专治铠甲；南门外则弓人、箭人居之，专造弧矢”⑨，各种工匠中“惟铁匠极巧”⑩。当时冶铁业是

---

① 《李朝实录》第七册，世宗卷三十二，五〇一页；第十六册，成宗卷八〇，五四页。

② 《明英宗实录》卷一〇三，正统八年四月庚戌。

③ 《李朝实录》第十九册，《燕山君日记》卷十七，二〇九页。

④ 同上书，一九九页。

⑤ 参见陈仁锡：《无梦园初集》，《纪奴奸细》。

⑥⑧⑩ ［朝鲜］李民寏：《建州闻见录》。

⑦ 《满文老档》太祖四，万历四十三年十二月。

⑨ 程开祐：《筹辽硕画》卷一，《奴儿哈赤考》。

手工业的最主要部门，在努尔哈赤兴起以前，建州虽然已能还原旧铁，加工制造一些兵器和农具，但是还不能自行采矿冶炼。努尔哈赤很重视冶铁业，他对铁匠很优待，“厚给杂物，牛马亦给”。到了一五九九年（明万历二十七年），建州能够采矿冶铁了，从此“铁物兴产”①，基本上改变了以前铁器仰给于明朝和朝鲜输入的状况。又如纺织业也有了进步。一六一六年，努尔哈赤“布告国中，开始养蚕以织绸缎，种棉以织布帛”②。除了冶铁、纺织以外，陶瓷业、造船业、建筑业、银器制造业都有不同程度的发展。

农业和手工业的进步，扩大了社会分工，促进了商业的发展。努尔哈赤时，商品生产和交换取得显著发展，他通过马市和朝贡来扩大与明朝的商品交换，以建州的人参、貂皮等土特产品，易取大批生产资料及生活用品。为了确保人参输出，防止人参霉烂，采用“煮熟晒干”的制作方法，“徐徐发卖”③，取得厚利。随着商品生产的发展和交换的扩大，在女真人内部有了以经商为业的商人，他们来往于建州、明朝与朝鲜之间。特别是后金政权的建立，使得参加交换的商品不断增多，突破了原来马市和女真各部间的狭窄市场。为了适应新的商品交换需要，一六一六年，后金开始铸币，称为“天命通宝”，又叫“天命汗钱”④，在全境通行，这对商业的发展是很有利的。

农业、手工业和商业的进步，促进了奴隶制的发展。努尔哈赤时期，正是由家内奴隶制向庄园奴隶制过渡。奴隶是最重要的生产资料，奴隶主要来源于战争中的俘虏。努尔哈赤兴起时，建州大小奴隶主在每次战争中“各抢各得”⑤，结果造成“攘夺货财（包括奴隶），兄弟交嫉”⑥，相互火并。努尔哈赤为了协调内部矛盾，加强和巩固自己的统治，废除以往在战争中“各抢各得”的旧习，改为

---

① 《李朝实录》第二十九册，宣祖卷一三四，七七三页。

② 《满文老档》太祖卷五，天命元年正月。

③ 《清太祖实录》卷二。

④ 《清朝文献通考》卷十三，《钱币考》一，《制钱通考》一。

⑤ 《金国汗敕谕诸将领稿》。

⑥ 《老满文上谕》。

"尽行入官平分"[①] 的制度，对于藏匿不缴者严加治罪[②]。这样，随着统一女真各部战争的胜利发展和后金政权的建立，努尔哈赤成为女真的最高统治者，在他统治的区域里，全部土地和人民在名义上均属其所有，他把土地和人民分配、赏赐给八旗旗主与官兵享用。

努尔哈赤以奴隶制的国家政权机构八旗制度进行统治，既统军，又治民，组织整个社会生产。八旗牛录是社会生产的基层单位，牛录就其承担社会生产服役的性质来说，有内牛录，为私家耕种服役。还有外牛录，为公家屯田服役。

"拖克索"就是属于由内牛录耕种的农庄。据《清文鉴》说，"田耕的人所住的地方叫做拖克索"[③]。一五九六年（明万历二十四年）朝鲜人申忠一在赴建州途中所见到的六处"农幕"就是"拖克索"。这些"农庄"都属于努尔哈赤家族和部臣所有，如努尔哈赤自己有"农庄"一处，其弟速尔哈赤有"农庄"两处，速尔哈赤的女婿童时罗破有"农庄"一处，努尔哈赤从弟童阿斗有"农庄"一处，童流水有"农庄"一处。[④] 在"农庄"派有管庄人，努尔哈赤的管庄人叫王致，速尔哈赤的管庄人叫双古，他们驱使和监督奴隶进行耕作，这是典型的奴隶制庄园。

十六世纪末，在建州境内的"拖克索"并不很多，申忠一的《建州图录》里提到的三十一名奴隶主首领中，只有五名有"拖克索"，而且每个"拖克索"占有耕地面积也不大，如位于蔓遮川（今浑江支流新开河）流域童流水的"拖克索"，起耕仅二十余日[⑤]，总共只有一百亩耕地。但是，随着统一战争的胜利发展，统辖地区不断扩大，奴隶人数愈来愈多，"拖克索"的数量也迅速增加。奴隶制庄园发展的情况，在一六一九年李民寏的《建州闻见录》里有所反映，当时上自努尔哈赤及诸贝勒，下至八旗士兵"皆有奴婢、农庄"，十分清楚地表明"农庄"不再是当初的五六处了。虽然"农

---

① 《金国汗敕谕诸将领稿》。

② 参见《满文老档》太祖十，天命四年六月。

③ 《清文鉴》卷一九。

④⑤ 参见［朝鲜］申忠一：《建州图录》。

庄”确切数目无法知道，可是仅一名八旗将领就有农庄“多至五十余所”，说明此时“农庄”是很多的。这些“农庄”都为八旗官兵所占有，他们“无事于农亩”，强迫“奴婢耕作”①。可见奴隶制庄园已很普遍。

除了“拖克索”以外，还有外牛录耕作的屯田。努尔哈赤早年，兵无粮饷，民无赋税，这种落后的经济制度，不能适应统一战争和社会发展的需要。为了改变这种状况，便在“各处部落，例置屯田，使其部酋长掌治耕获，因置其部而临时取用”②。到了一六一五年（明万历四十三年），努尔哈赤原想征收赋税，但是又恐怕“征收国人的粮赋，国人甚苦”，所以就把屯田加以整顿，明确规定“每一牛录出男丁十名、牛四只，以充公差，命其空旷的地方垦田耕种粮食，以增收获储于粮库”，并且“委派十六大臣，八个巴克什办理记录此项粮食的收发事宜”③。每个牛录派出屯田的都是自由民，生产的粮食交给官仓，以供后金支用。这种屯田就其性质而言，它是自由民向后金承担的劳役，也包含着一定的封建徭役的因素。

社会阶级结构的形成，是和社会生产的发展相一致，并且是互相影响的，尤其是社会生产的特点制约着社会阶级结构。当时，在后金统治下有四五十万人，是以八旗牛录为单位组织社会生产，人们在这种社会生产的过程中，形成了奴隶主、奴隶和自由民三个阶级。

奴隶主阶级包括以下几部分人：

（1）努尔哈赤及其家族。他们兼领八旗旗主，不仅有很高的政治权势，参加议政，决定国策，而且在战争中“各抢各得”，占有大量土地、奴隶、牲畜和财物。他们是满族中最有权势的奴隶主特权集团，也是后金统治阶级的核心。

（2）八旗各级将官。这些人既是军事将领，又是地方行政长官，通过战争的掠夺和获得赏赐，也占有许多奴隶与财物。他们的地位

---

① ［朝鲜］李民寏：《建州闻见录》。

② ［朝鲜］申忠一：《建州图录》。

③ 《满文老档》太祖四，万历四十三年十二月。

仅次于贝勒，是后金进行统治的骨干力量。

(3) 归降的将领。这是指建州部以外周围女真各部和其他各族的首领，包括汉族官僚地主在内，率部众归附，或阵上投降的将领。努尔哈赤对这些人非常优待，不仅给予大量赏赐，而且“授之佐领，以统其众”①，编入八旗，成为八旗将领。

以上三种人构成奴隶主阶级。他们拥有大量的“拖克索”和可以买卖、屠杀、殉葬的奴隶以及不同程度的占有诸申（自由民）。由于满族奴隶制的发展，奴隶主必然要向外掳掠奴隶和财物，以扩大奴隶的来源，增加财富的占有，所以掠夺成了奴隶主的职业和目的。他们“但砺刀剑，无事于农亩”②，不参加劳动生产，专靠剥削奴隶的全部剩余劳动为生，正像恩格斯深刻揭示的那样，用自己的劳动来取得生活资料，被认为是只该由奴隶去做的事，这种行为甚至比抢劫还要可耻些。

奴隶阶级有下面两种人：

(1) 战争俘虏。努尔哈赤对待战争中投降和俘虏的人分别处置，一般来说对投降者编为民户，而对俘虏则分给八旗官兵为奴，称之阿哈。如一六一三年（明万历四十一年），“乌拉败兵来归者，悉还其妻子仆从，编户万家，其余俘获，分给众军”③。又如一六一八年（明万历四十六年，后金天命三年），努尔哈赤攻占抚顺等地，“论功行赏，将所得人畜三十万散给众军，其降民编为一千户”④。由此可见，无论是女真人，还是汉民，只要是俘虏，就分给八旗官兵为奴。

(2) 自由民降为奴隶。当时由于战争频繁，社会财富不断增加，满族自由民（诸申）发生阶级分化，其中有一部分人成为奴隶主，也有少数人因天灾人祸沦为奴隶，有的也因负债“则并家口拿去使唤”⑤，成了奴隶。

---

① 《养吉斋丛录》卷一。
② ［朝鲜］李民寏：《建州闻见录》。
③ 《清太祖实录》卷四。
④ 《清太祖实录》卷二。
⑤ ［朝鲜］申忠一：《建州图录》。

这些奴隶，不但被迫从事家内劳动，而且更多的还是用于农业耕作。例如一六一八年，努尔哈赤一次就从诸贝勒的“拖克索”抽调八百名奴隶，前往浑河一带打晒粮食。① 他要“阿哈（奴隶）把耕田所得的谷物同厄真（奴隶主）共同吃”②，这就说明阿哈是社会的直接生产者。但是，奴隶主占有生产资料和奴隶，奴隶劳动产品全部被他们占有，《建州闻见录》记载，“奴婢耕作，以输其主”，《满洲老档秘录》也说，“仆夫力耕以养其主，不敢自私”。

此外，奴隶毫无政治地位，他们的居住、生活、婚姻、嫁娶全无个人自由，必须听从主人的安排。而奴隶主对奴隶有生杀予夺之权，任意买卖、毒打、屠杀，奴隶遭受非人待遇，把人与牲畜同列，无疑成为会说话的工具。这些奴隶的子女世代为奴，不能自行离开主人，逃跑要治罪。正如斯大林指出的那样，“在奴隶占有制度下，生产关系的基础是奴隶主占有生产资料和占有生产工作者，这些生产工作者就是奴隶主可以把他们当作牲畜来买卖屠杀的奴隶”③。

自由民是由以下两部分人组成：

（1）建州自由民。早先建州女真实行种族奴隶制，他们之间“不相为奴”，女真人除了奴隶主以外，一般都是自由民。到了这个时期，虽然内部有了阶级分化，但是大多数人都成为八旗战士，他们把战争视为荣誉和致富的手段，所以每当“出兵之时，无不欢跃，其妻子亦皆喜乐，惟以多得财物为愿”④，每次获胜后可以分得奴隶、牲畜和财物。因此，据《建州闻见录》记载，“自奴酋及诸子，下至卒胡，皆有奴婢、农庄”。

（2）归降的各族百姓和士兵。努尔哈赤对这些归降的人，皆赏给土地、牲畜、生产工具和生活用品，不分配给八旗官兵为奴，而是编为民户，其中大多数人加入八旗兵，随军出征，同样可以分得战利品。

---

① 参见《满文老档》太祖七，天命三年九月。

② 《满文老档》太祖十七，天命六年闰二月。

③ 《斯大林文选》上，《论辩证唯物主义和历史唯物主义》，199页，北京，人民出版社，1962。

④ ［朝鲜］李民寏：《建州闻见录》。

上述的自由民人身是较为自由的，对自己的财产具有所有权，但他们仍然必须依附八旗旗主和额真以求保护，并对旗主与额真承担一定的义务，如自备马匹、军械、口粮应征出战和服无偿劳役等。当时努尔哈赤和诸贝勒把自由民作为自己的私产，可以任意赏赐给部属，可见自由民的社会地位是比较低的。如苏克苏浒部的诺米纳等四个部长率众来归时，向努尔哈赤要求说："念我等首先效烦，亲爱如手足，毋以编氓遇我。"①

以上从生产资料占有、阶级关系和产品分配方式等方面，阐明努尔哈赤占领辽沈地区以前，正处在奴隶制时期，这种奴隶制是在八旗制度下演进的，从家内奴隶制过渡到庄园奴隶制。

二、从奴隶制向封建农奴制过渡

努尔哈赤占领沈阳、辽阳广大地区以后，后金社会由奴隶制向封建制过渡，这一过渡是曲折、缓慢而痛苦的过程。但是，比较先进的封建农奴制终于战胜了奴隶制，成为主导的生产方式。一般说，奴隶制度的衰落，是由于奴隶制国家在战争中失败、奴隶暴动和奴隶来源的枯竭造成的；而后金的奴隶制被封建制所代替，却伴随着军事上的胜利、征服地区的扩大和俘虏人口的激增，是由于俘虏人口对奴隶化的激烈反抗以及后金不得不适应广大被征服地区上比较先进的生产方式的结果。

辽沈地区原来已是汉族人口众多、农业生产比较发达的地方，封建生产关系占主导地位。明朝政府在这里长期实行军屯制度。十六世纪中叶（明朝嘉靖后期）辽东有军屯户九万六千四百余户，共三十八万多人，军屯地三百六十八万亩②，还有大量的民户和民地。如辽阳地区，"岁有羡余，数千里阡陌相连，屯堡相望"③，已是一派繁荣富庶的景象。此外，辽沈地区原来的手工业、商业和交通运输也相当发达，仅生铁一项，每年上交的贡铁就达四十多万斤。

---

① 《清太祖实录》卷一。

② 参见《全辽志》卷二，《赋役志》。

③ 《辽阳县志》卷一。

后金进入辽沈地区，由于激烈的战争使生产受到严重破坏，人口大量死亡逃离，原有的阶级关系被打乱，繁荣的景象消失了。但是，当地原有的先进生产方式却不可能被整个地消灭掉。满族移居到这里，在此安家落户，建立统治，安定社会秩序，不得不逐步地改变满族原来的奴隶制度而适应当地的生产力发展的水平。后金政权也相应地采取了一系列调整、变革的措施，以适合新的情况和新的需要。正像马克思和恩格斯所指出："定居下来的征服者所采纳的社会制度形式，应当适应于他们面临的生产力发展水平，如果起初没有这种适应，那末社会制度形式就应当按照生产力而发生变化。"①

后金怎样适应辽沈地区的生产力水平而改变自己原有的生产方式？这是十分曲折而又充满着斗争的过程。一六二一年（明天启元年，后金天命六年）七月，也就是后金进入辽沈地区的这一年，努尔哈赤下令实行"计丁授田"，将辽沈地区闲废田地三十万日②，分给后金的士兵。每一男丁分给田地六日，以五日种粮，一日种棉。其纳赋之法：每三丁种官田一日，每二十丁以一丁当兵，一丁应役。③

"计丁授田"是为了将满族奴隶主、士兵和人民移置到辽沈地区而采取的措施。土地所有权属于后金国家，国家将土地按照拥有奴隶的多少分给了奴隶主及自由民。"计丁授田"将原来属于明朝地主、官吏及汉族人民的一部分土地转入满族奴隶主和自由民手中，它并没有直接改变满族内部的阶级结构，并没有在后金社会内创造出新的生产方式。奴隶主由于寄生的本性不会去参加劳动，而分得田地的一般士兵由于作战、训练和值勤应役，任务十分繁重，也不可能有很多时间进行耕作，农业劳动的重担仍主要落在奴隶和余丁的肩上。所以，后金进入辽沈以后，仍有大量奴隶存在，并在战争中不断掠夺奴隶，以保证其剥削的来源。就在"计丁授田"的这一

① 《马克思恩格斯全集》，第三卷，《德意志意识形态》，83页，北京，人民出版社，1960。

② "日"即"晌"，或称"朝"，一"日"约计土地五亩。

③ 后金社会中全民皆兵，"每二十丁以一人当兵，一人应役"，应是指平常的日子。如果有大战争和特殊工程，抽兵抽役当大大超过这一比例。

年，努尔哈赤说道："为主者宜怜仆，仆宜为其主；仆所事之农业与主共食，而主所获之财及所畋之物，亦当与仆共之"①。这是他所要求建立的社会关系的普遍准则，是实际存在的奴隶制生产关系的理想化。

原居于辽沈地区的汉族农户，除因战乱死亡和大量逃徙的以外，他们仍在原来的地方居住、耕作，开始既没有失去土地，也没有分得土地。"计丁授田"政策规定："海州一带有田十万日，辽阳一带有田二十万日，共三十万日，宜分给驻扎该处之军士，以免闲废。其该处人民之田，仍令其就地耕种。"② 按：每丁分地六十日，则三十万日土地只够分给五万男丁，而此时后金的士兵已不止五万人，因此，三十万日土地全部分给后金的士兵，尚且不足，不会再有多余的土地分给汉族民户。"计丁授田"是把土地分给"军士"，并不是在辽沈地区的全体满汉居民中进行土地分配。

但是，移殖来的满族的奴隶制生产方式和原来的汉族的封建生产方式在同一地区内不可能互不侵犯，和平共存。两者之间立即发生了严重的冲突。后金刚刚占领辽沈地区，努尔哈赤命令新来的满人和当地汉人合居一处，同住、同食、同耕。据《满文老档》记载："女真与汉人同住一村，粮一起吃，草与马料一起喂"③，"令女真人合住于辽东左近汉人之家，共同吃粮，分给田地耕作"④。努尔哈赤下令："与女真同住的汉人等，尔等勿匿粮食，家有几斛几升，都应据实上报，报后计量，按人口每人每月四升之数，给至九月，所余粮食，归粮主本身。吾等女真，远弃本土，移家而来，甚为劳苦。与女真合住之汉人，供应住房、食粮、耕地，亦甚劳苦。"⑤ 名义上，这是为安置远道而来的满族所采取的临时措施，实质上却是把汉族农户奴隶化。大批满族，以征服者姿态进入汉族农户的家中，不啻驱虎狼入羊群，所谓"同住、同食、同耕"，实质上就是掠夺、

① 《满洲实录》卷六，天命六年闰二月十一日。

② 金梁辑：《满洲秘档》，《太祖谕计口授田》，五六页。

③ 《满文老档》太祖二十九，天命六年十一月二十二日。

④ 《满文老档》太祖四十七，天命八年三月二十日。

⑤ 《满文老档》太祖三十，天命六年十二月一日。

压迫和蹂躏，这样就使得两个民族、两种生产方式的对抗一发而不可收拾，汉族人民的逃亡、反抗、暴动如火如荼地发展起来。就在实行“计丁授田”的这一年，辽阳人民群起暴动，“杀数十人，诸夷仓皇逃走”，暴动的群众“五六百人结队南行，建人不敢逼”，东山的矿徒，誓不投降，“有薙发至者杀之”①；还有铁山的农民起义，在一次战斗中打死、打伤后金兵三四千人。其他零星反抗的事件，更层出不穷，努尔哈赤的谕旨中说，“近闻有奸徒投毒于饮水食盐中，并有以毒饲猪而出售者”②，甚至还规定，满族行路，“不许人数过单，务集十人以上结伙同行”③。过了两年（一六二三年，后金天命八年），满族统治者还在哀叹“盗贼之风日甚”④。正是风起云涌的阶级斗争，打击了满族统治者的气焰，阻止了辽沈地区的奴隶化过程。

满族统治者进行血腥的镇压，企图压服人民的反抗，派兵大肆屠杀各屯堡的汉民。如一六二三年，因复州人民反抗，派代善率领二万士兵进行镇压，一路屠杀，只留下少数农民，编为耕田奴隶五百户，正式把该地区的汉民奴隶化了。以后，努尔哈赤恼恨汉民的反抗说，“我等不断招降汉人，而汉人置备棍棒不止”⑤。他命令各级官员对汉人详加甄别，凡是反抗的汉人和读书识字的秀才全都杀掉。这种野蛮屠杀在辽沈地区造成了一片恐怖，连后金统治者后来也屡次承认自己行动的不当，皇太极说，“昔辽东之民，既降复叛，我曾杀之，良用自悔”⑥，代善的儿子岳托说，“前杀辽东兵民，此亦当时事势使然，然我等不胜追悔”⑦。

屠杀政策并不能解决问题，反而引起社会秩序的更加混乱和生产的急剧下降。而进入辽沈地区的后金贵族奴隶主们，军事供应和

---

① 彭孙贻：《山中闻见录》卷三。
② 金梁辑：《满洲秘档》，《查禁奸徒投毒谕》，六九页。
③ 同上书，《谕禁单身行路》，六九页。
④ 同上书，《太祖严禁盗》，八八页。
⑤ 《满文老档》太祖六十六，天命十年十月四日。
⑥ 《清太宗实录》卷五，天聪四年十月。
⑦ 《清太宗实录》卷十，天聪五年十月。

日常经费开支不断增加，必须依赖对汉族农民的剥削才能维持自己的存在。势不能把不甘当奴隶的汉民全部杀光，因此，不得不稍稍改变政策，缓和将汉民奴隶化的过程，将屠杀之后残留的汉民实行编庄。据《满文老档》记载："八旗之王大臣，各自分路而行，停于各村而屠杀之（指汉民）。杀毕，于先已甄别者以十三丁七牛为一庄，自总兵官以下，备御以上，各给一庄。"又说："令尔等（指汉民）耕作汗及贝子的田庄，每庄给十三丁七牛百朝（晌）田，其中二十朝是官的，八十朝尔等自食。"① 这样编组的田庄参照了后金原有的拖克索制度和辽东的军屯制，土地归国家所有，每个男丁得地六点一五日，而实际耕种地则为七点六九日。每庄设庄头一名，负责管理庄田生产等事务，他要向八旗牛录的章京报告本庄男丁人数、姓名和牲畜生长情况。并把一百日土地的八十日平均分配给十三个男丁自种自收，维持生计。剩下的二十日地组织十三个男丁共同耕种，收获全部交给庄主。每庄男丁还要服徭役，如果应役的人离庄外出，他的土地则由留在庄上的男丁代耕，所以每个男丁的耕种任务是很繁重的。生产者被紧紧束缚在土地上，不准自由迁移，不准开垦荒地，奴隶主对他们掌握着生杀予夺的权力。他们的地位和奴隶很相近，但毕竟有了归自己耕种的一份土地，有了自己独立的经济。史料中记载："辽沈农民，将一年所收之谷，尽入于八高山（指八旗旗主）之家，贫不能自食，岂有余资，可以贸谷乎？"② 这里可以看出，一方面生产者所受剥削极为严重，和奴隶几乎一样；另一方面他们是"自食"的，如果有"余资"，就可以"贸谷"，这表明他们还是有自己独立经济的。有的庄园中甚至很早就实行定额剥削，如拥有八千个农奴的大贵族恩格德尔额驸，"总计给与男丁八千人，由此每年征收者银五百二十八两，谷物八百八十斛，充公差服役者一百四十人、牛七十头"③。实行这种定额剥削，劳动者就有可能从生产物中获得一个超过其必要生活资料的余额，这比奴隶制是一个

---

① 《满文老档》太祖六十六，天命十年十月。

② 《李朝实录》仁祖卷四十一，庚辰年十二月壬戌。

③ 《满文老档》太祖四十五，天命八年二月十四日。

重大的历史进步。

由于后金在战争中不断胜利，占领的地域很广，俘掠的人口很多。这类庄园普遍地设立，如沈阳附近，“诸王设庄，相距或十里，或二十里。庄有大小，大不过数十家，小不满八九家，而多数是汉人及吾东（指朝鲜）被掳者也……庄居颇稠”①。这种归贵族奴隶主所有的庄园中有的仍是奴隶，而有的已有自己的独立经济，开始了向农奴制过渡。不过步伐比较缓慢，生产效率不高，壮丁大量逃亡。因此，有些庄园虽占有较好的耕地，但产量很低，每年“所费不如所得”②。

另一种生产效率更高，因而发展也更快的是“屯地”。屯地是指汉族归顺后被编为民户的土地以及一些满族自由民的土地。他们按“计丁授田”，领取“份地”，编为民户，组成庄屯，自耕自种，向后金国家交纳官粮，应差服役。这些民户实际上是后金国家的农奴户。他们被编入八旗组织，在牛录额真的监督下进行劳动，并有管庄将备、拨什库等协助管理，人身也是不自由的，但已不是贵族奴隶主控制下的奴隶。后金根据“拒者俘之，降者编为户口”③ 的原则，将一部分俘掠人口变为奴隶，另一部分编列民户。早在一六一八年（明万历四十六年，后金天命三年）努尔哈赤攻克抚顺时，一部分汉民随李永芳归顺后金，“抚顺城投降的一千户人家，他们的父子、兄弟、夫妻都未使离散……又将乘的马、使用的奴仆、耕田的牛、穿的衣服，皆视其人，善者各给五袭……凡是日常生活使用的一切器物，皆满满的悉数给了。仍依他们尼堪国（指明朝）的制度委任了大小官员，仍交由抚顺城投降的游击李永芳管辖”④。

被编为民户的满汉人民，受国家的剥削也很严重。他们被束缚在八旗组织之内，每年向国家交纳官粮，“男丁三人征谷物二斛”⑤，所服徭役，包括兵役在内，达三十多项。但他们不同于包衣（奴

---

① 《沈馆录》卷三。

② 《沈阳状启》，二六页。

③ 《明清史料》第一本，扬古利额驸事迹。

④ 《满文老档》太祖六，天命三年四月。

⑤ 《满文老档》太祖四十五，天命八年二月十六日。

隶），也不同于庄园中的壮丁。他们所交官粮有固定数额，所服徭役以一家一户为单位，带有更为明显的封建剥削的性质。他们可以在自己的“份地”上用自己的牲畜农具进行劳动，收获物一部分交给国家，其余归自己所有，甚至可以有少量的奴隶。这类屯地的产量比庄园要高一些。

由于经济上的优越，屯地发展很快，特别是后金政权又给以大力扶植。当时后金的开支日益增加，它的收入很大部分要靠屯地上的收获，兵丁的来源和差徭也大多来自编户。后金政权的基础越来越奠筑在这种封建剥削制度之上。至于旗主、贵族拥有的庄园经济跟不上形势的需要，越来越丧失了对政权的支持作用，反而变成一种离心力量。一六二六年（明天启六年，后金天聪元年）皇太极即位，他顺应了历史发展的趋势，大力促进封建化过程。天聪初年，皇太极派孟阿图等人“丈量地亩”，将“各处余地”归公，分给民户耕种，不许再立庄田。又把原来每十三名壮丁编为一庄，改为每八名壮丁编成一庄，“其余汉人，分屯别居，编为民户”①。一六三〇年（明崇祯三年，后金天聪四年）十一月，皇太极下令编审壮丁，要“牛录额真各察其牛录壮丁，其已成丁无疑者，即于各屯完结”，“此次编审时，或有隐匿壮丁者将壮丁入官。本主及牛录额真、拨什库等，俱坐以应得之罪。若牛录额真、拨什库知情隐匿者，每丁罚银五两，仍坐以应得之罪”②。一六三四年（明崇祯七年，后金天聪八年）十月，皇太极宣布：“俘获之人，不必如前八分均分，当补壮丁不足之旗，八旗制度设牛录，一例定为三十牛录，如一旗于三十牛录之外，余者即行裁去，以补各旗三十牛录之不足。”③ 通过这一系列措施，大量土地改为屯地，奴隶主隐匿下的壮丁变成后金控制下的编民，满族贵族的经济特权受到重大的打击。

一六三一年（明崇祯四年，后金天聪五年），皇太极为了进一步削弱旗主贝勒的权力，进一步打击奴隶制，颁布了《离主条例》，其

---

①《清太宗实录》卷一。

②《清太宗实录》卷七。

③《清太宗实录》卷二十。

中规定：凡奴隶主犯有私行采猎、擅杀人命、隐匿战利品、奸污属下妇女、冒功滥荐、压制申诉等罪，许奴仆告发，“准其离主”①。第二年（一六三二年，明崇祯五年，后金天聪六年）又对《离主条例》作了补充，“如告数款，轻重相等，审实一款，亦免坐诬告之罪。如所告多实及虚实相等，原告准其离主”②。《离主条例》成为后金政权打击奴隶主的武器，颁布之后，发生了一系列有记载的告主案例。许多奴婢因告主属实，允准出户，转化为农奴；有的奴婢则拨与他人为奴。奴隶们利用这一条例和奴隶主斗争，争取改变自己的地位。皇太极的目的则是利用奴隶的力量，限制和打击贵族特权，以维护和巩固自己的汗权。

一六三八年（明崇祯十一年，清崇德三年），皇太极在自己权力已很强大的时候，又下令直接解放部分奴婢，命令中说：“前得辽东时，其民人抗拒者被戮，俘取者为奴。朕因念此良民，在平常人家为奴仆者甚多，殊为可悯，故命诸王等以下及民人之家，有以良民为奴者，俱着察出，编为民户。”③ 这一措施也起了削弱奴隶制度的作用。

作为后金政权最高统治者的皇太极，一面扶植封建制，削弱奴隶制；一面奖励农业生产，特别是关心作为主要赋税来源的屯地上的农业生产，他多次告诫官员和各牛录要注意和督促农务。他说“田畴庐舍，民生攸赖，劝农讲武，国之大经。尔等宜往该营屯地，详加体察，不可以部务推诿”④。后金的农业生产，主要依靠汉人。皇太极采取了一些保护汉民的措施，如：令满汉分屯别居，禁止满人到汉人居地“擅取庄民牛、羊、鸡、豚”⑤ 等财物。对有些缺少耕牛农具的汉民，“给以牛具”，使其“乘时耕种”⑥。取消以前不许迁移的禁令，对于“无荒耕种”或“有洼下不堪耕种，愿迁移者，听之”⑦。一再告示汉民，“各安心农业”⑧。

---

① 《清太宗实录》卷九。
② 《清太宗实录》卷十一。
③ 《清太宗实录》卷四十。
④ 《清太宗实录》卷十三。
⑤⑦ 《清太宗实录》卷一。
⑥⑧ 《清太宗实录》卷六。

皇太极除了保护汉民耕种，也积极鼓励满族参加农业生产，因为战争连年不断，满族壮丁几乎全部披甲出征，农业生产主要由老人、妇女、小孩和奴隶进行，当然生产上不去。皇太极为了改变满族壮丁只战不耕的现象，天聪年间开始实行“三丁抽一”，就是说三丁中一人披甲出征，二人留家生产，称为余丁。披甲人和余丁的关系是：余丁专事农业生产，供给披甲人的生计，而披甲人所得战利品也分给余丁。

为了保护农业生产，皇太极即位不久就停止了大规模的建筑工程。他说，“工筑之兴，有妨农务”，以后“止令修补，不复兴筑，用恤民力，专勤南亩，以重本务”①。以后又陆续颁布一系列保护农业生产的法令，如禁止贵族郊外放鹰，“扰害人民，蹂践田园，伤残生畜”，违者“决不轻恕”②。牲畜闯入农田，损坏禾苗，要罚银偿禾；禁止因祭祀、殡葬滥杀牛马骡驴。又命令：如有“滥役民夫，致妨农务者，该管牛录章京、小拨什库等俱治罪”③；又令王、贝勒、大臣不得纵容家奴践踏民间田禾，敢犯禁，按律处罚。天聪五年，皇太极与大贝勒代善等渔于河上，“有二人纵马食禾，上见之，坐以纵食民禾罪，命各贯一耳以徇”④。为了提高粮食产量，还实行纳粟赎罪制度，同时允许粮食自由买卖，“获罪之人，无银纳赎，愿输粮者准依时价标收；有余粮愿助者，量给奖赏；愿卖者，许其自粜”⑤。

皇太极还很重视农业生产技术，要求耕作时注意“地利”、“土宜”。他说：“至树艺所宜，各因地利。卑湿者可种稗稻、高粱；高阜者可种杂粮。勤力培壅，乘地滋润，及时耕种，则秋成刈获，户庆充盈。如失时不耕，粮从何得耶？”⑥又说：“凡播谷不相其土宜，土燥则种黍谷，土湿则种秫稗。各屯堡拨什库，无论远近，皆宜勤督耕耘，若不时加督率，至废农事者，罪之。”⑦

---

① 《清太宗实录》卷一。
② 《清太宗实录》卷二十三。
③ 《清太宗实录》卷二十二。
④ 《清太宗实录》卷九。
⑤ 《清太宗实录》卷五十八。
⑥ 《清太宗实录》卷三十一。
⑦ 《清太宗实录》卷三十四。

由于后金政权对封建制的扶植和一系列发展农业生产的措施，满族的社会经济进一步发展，封建的农奴制逐渐代替了奴隶制。当然，奴隶制不会在短时间内死亡，两种生产方式之间的斗争一直在继续，这场斗争反映到政治上就是以皇太极为代表的汗权和旗主、贝勒权力之间的斗争。皇太极在位的十八年间，伴随着封建农奴制之取代奴隶制，两种政治势力的斗争一直是十分尖锐的。

第五节　后金的政治改革和对明战争

一、政治改革和后金政权的封建化

皇太极在实行经济改革的同时，又在政治上采取了一系列重要措施，以巩固统治，促进后金政权的进一步封建化。

清太宗皇太极像

本来，努尔哈赤创建八旗制度，命其子侄担任各旗旗主，在旗内，各置官属，各统兵民，旗主、贝勒为了扩大权益，不断发生明争暗斗。努尔哈赤到了晚年，企图用八旗旗主联合共同主政，社会财富为其所共有的办法来协调他们之间的矛盾。这种反映氏族社会军事民主的合议制，把它移植到开始进入封建制的后金是根本行不通的。当皇太极继承汗位后，和代善、阿敏、莽古尔泰三大贝勒共理政务。而且还“按月分值，国中一切机务，俱令值月贝勒掌理”①，实际上是四人轮流执政，所得人口、财产也由八旗平均分配。“有人必八家分养之，地土必八家分据之，即一人尺土，贝勒不容于皇上，皇上亦不容贝勒”②，如朝鲜送来物品，“礼单入去后，

① 《清太宗实录》卷五。

② 《天聪朝臣工奏议》卷上，《胡贡明五进狂瞽奏》。

八高山（即八旗主）例为均一分之，如有余不足数，则片片分割”①。“贝勒事事掣肘，虽有一汗之虚名，实无异整黄旗一贝勒也”②，皇太极当然对这种“虽有一汗虚名”的地位不能忍受，便努力集中权力，采用“汉法”，更易旧制，实行改革：

第一，加强和巩固汗权。皇太极为了提高汗权，大力削弱诸王的权势，狠狠打击足以与自己争权的三大贝勒的势力。当时，后金的决策机构议政会议被八旗旗主所控制，极大地束缚着汗权，所以，一六二六年（明天启六年，后金天命十一年）十月，皇太极在每旗设总管旗务大臣一名，直接掌管旗务，他们“凡议国政，与诸贝勒偕坐共议之，出猎行师，各领本旗兵行，一切事务皆听稽察”③，不久又要所有贝勒都参加议政会议，并让每个旗增派三人议政。这样就打破了旗主的控制权，使决策机构变成咨询机关。一六二九年（明崇祯二年，后金天聪三年）正月，皇太极以“因值月之故，一切机务辄烦”，免去三大贝勒按月分掌政事的权力，“遂以诸贝勒代理值月之事”④。一六三二年（明崇祯五年，后金天聪六年）二月，皇太极废除“上与三大贝勒，俱南面坐”的旧制，改为唯有自己“南面独坐”⑤，从而突出汗的独尊的地位。与此同时，皇太极为了巩固汗权，不断寻机削除异己，一六三〇年（明崇祯三年，后金天聪四年）七月，他利用二大贝勒阿敏“弃滦州、永平、迁安、遵化四城”败归为口实，定阿敏罪状十六条，以“自视如君”、“心怀不轨”⑥等罪名，将阿敏幽禁，夺其所属人口、奴隶和财产，不久阿敏病死。一六三一年（明崇祯四年，后金天聪五年）八月，皇太极与三大贝勒莽古尔泰发生口角，莽古尔泰拔剑相向，他乘机把莽古尔泰治罪，革去大贝勒衔，降为一般的贝勒，夺其五牛录的属员，罚银一万两，莽古尔泰气愤而死。阿敏、莽古尔泰既死，三大贝勒仅剩下代善一

① 《备边司誊录》第四册。
② 《天聪朝臣工奏议》卷上，《胡贡明五进狂瞽奏》。
③ 《东华录》，天命十一年九月。
④ 《东华录》，天聪三年正月。
⑤ 《清太宗实录》卷十一。
⑥ 《清太宗实录》卷七。

人。到了一六三五年（明崇祯八年，后金天聪九年）十一月，皇太极又以代善对己不恭，列了四条罪状，罚鞍马、甲胄等物，银万两，借以要代善唯命是从。至此，威胁汗权的三大贝勒势力已除，皇太极独自控制了八旗中的正黄、镶黄、正蓝三旗，实力大增，其余旗主无力和他抗衡，使汗权得以加强和巩固。

第二，整顿和改革国家机构。一六一六年（明万历四十四年，后金天命元年），努尔哈赤称汗，建立后金政权。他以八旗制度来行使国家政权机构的职能，当时的后金，人少地窄，处在奴隶制时期，这种建立在奴隶制上的八旗制度，还能暂且代替国家机构进行统治。而当后金进入辽沈地区以后，人多地广，已开始转入封建制时代，八旗制度就不能适应新的形势，必须改革。努尔哈赤在后期，虽然也开始着手整顿和改革国家机构，但是由于时间和条件的关系，未能实现。皇太极即位后，为了强化汗权，他极力学习汉族文化，对国家机构进行了很大改革，使后金政权迅速地封建化。他要求“凡事都照大明会典行，极为得策”①，故行政机构，多仿自明制。一六二九年，皇太极设文馆，“命儒臣，分为两直，榜式达海及刚林等，翻译汉字书籍。榜式库尔缠及吴巴什等，记注本朝得失”②。这时的文馆，制度虽不完善，办事也很混乱，但已是内阁的雏形。一六三六年（明崇祯九年，清崇德元年）四月，改文馆为内三院，即内国史院，负责撰拟诏令、编纂支书等；内秘书院，负责掌管和起草对外文书与敕谕等；内弘文院，负责讲经注史、颁布制度等。③ 设置八承政，分管内三院事务。是年六月，又更定内三院官制，内国史院大学士一人，学士二人；内秘书院大学士二人，学士一人；内弘文院大学士一人，学士二人。④ 内三院的组织和职掌比文馆更完善、更扩大了。内三院的大学士、学士，参与国家机密，不仅是皇太极处理政务的左右手，而且还评议旗务，掌握权力，起着牵制八旗的

---

① 《天聪朝臣工奏议》卷上，《高鸿中陈刑部事宜奏》。

② 《东华录》，天聪三年四月。

③ 参见《东华录》，崇德元年三月。

④ 参见《东华录》，崇德元年五月。

作用。

一六三一年八月，皇太极“受定官制，设立六部”，吏、户、礼、兵、刑、工六部，每部以贝勒一人领其事，设满承政二员，蒙古承政一员，汉承政一员，参政八员，启心郎一员，因为“各酌量事务繁简补授”①，所以参政以下各部官员不等。虽然贝勒们分掌六部事务，但是，他们和皇太极已不是原先的平列关系，而是封建的君臣隶属关系。不久皇太极为了直接控制六部，又进一步削弱贝勒的权力，下令“停王贝勒领部院事”②，这样就把贝勒置于国家机构之外，皇太极独主政务。

一六三六年六月，在三院六部之外，设置都察院，其职掌是参加议奏、会审案件、稽察衙门、监察考试等，如果诸王大臣有不法行为，可以列罪奏劾，即使奏事不实，也不坐罪。一六三八年（明崇祯十一年，清崇德三年）七月，更定蒙古衙门为理藩院，负责管理内外蒙古事务，以后成为清朝统治少数民族的统治机构。

内三院、六部和都察院以及理藩院，合称三院八衙门，这是仿照明制建立起来的一套比较完整的国家机构。它虽然同八旗制度并存，但是已逐步取代了原先八旗制度所行使的国家权力。皇太极通过这套政权机构，把权力集中起来。

第三，团结汉族官僚和知识分子。皇太极为了加强汗权，发展封建制，必须扩大后金统治阶级基础，尤其是为了对抗明朝，统治汉人众多的辽东地区，更要利用汉族官僚和知识分子。因为知识分子具有文化知识，是建立和巩固政治统治所不可缺少的，而且在社会上有相当的影响与势力。所以，皇太极在不损害满族贵族根本利益的基础上，十分重视发挥他们的作用，使其为自己服务，如范文程、李永芳、马光远、高士俊、高鸿中等人，都是皇太极重用的心腹。以范文程为例，皇太极即位后，“拔置公帷幄”，“以公为秘书院大学士，领机密”，“自是平旅顺、取平岛、征高丽、服蒙古，公皆在左右。每议大政，太宗必曰：范某知否？公或未与议，则曰，何

① 《清太宗实录》卷九。

② 阮葵生：《茶余客话》卷一，八旗六部二院。

不与范某议之。公尝以病出值，诸务填委，待公病已决之”[①]，由此可见皇太极对汉人谋臣的信任重用。随着后金统治区日益扩大，人口不断增加，需要更多的官吏进行管理。一六二九年后金开科取士，命境内生员参加科举考试，“取其文艺明通者优奖之，以昭作人之典”，要“诸贝勒府以下及满汉蒙家所有生员俱令考试，各家主毋得阻挠，有考中者，仍以别丁偿之”[②]，这一次考试就录取二百多人，接着一六三四年（明崇祯七年，后金天聪八年）、一六三八年、一六四一年（明崇祯十四年，清崇德六年）继续开科取士，吸收大批汉族知识分子充实各级行政机构。这种措施，不仅把一些汉族知识分子从被奴役的地位解放出来，而且在政治上赢得了他们的支持和拥护。这批知识分子是皇太极进行统治的得力帮手，“小用之则小效，大用之则大效”[③]，政治效果是很明显的。

皇太极在政治上采取以上措施，基本上解决了汗权和王权、集权和分权的矛盾，使汗权得以加强，建立起一个权力集中的强有力的政权机器。他使用这一政权机器，在外部和内部进行斗争，一方面对明王朝作战，军事上取得连续的胜利；一方面在后金境内进行经济改革，促使满族社会迅速地封建化。

应该指出：皇太极的改革不是大刀阔斧地除旧立新，而是对旧制度加以限制、改造，再另立新制度，与之平行，分享其权力，如八旗制度外又设八衙门，议政会议外又设内三院。满族社会通过这种渐进性的改革而没有发生大的分裂、内战。但这样相互影响、相互牵制，汗权仍然受到一定的约束，旗主和贝勒仍拥有相当的政治和经济实力。

第四，皇太极为了扩大兵源，以和兵力众多的明王朝作战，又为了平衡满族八旗旗主和贝勒们的军事势力，创立了汉军八旗和蒙古八旗。

本来，八旗属下的人丁并非全是满族，也有汉人和蒙古人。

---

① 李果：《在亭丛稿》卷六，《范文肃公传》。

② 《大清太宗文皇帝圣训》卷四。

③ 《天聪朝臣工奏议》卷中，《陈延龄请轮用汉人奏》。

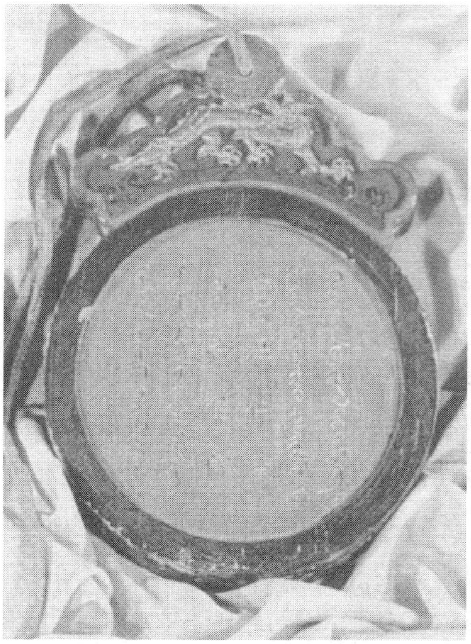

清太宗皇太极调兵信牌

一六三三年（明崇祯六年，后金天聪七年），皇太极令满族各户下汉人十丁抽一，组成汉兵一旗，以黑旗为标志，由额驸佟养性统率。第二年，改汉兵为汉军，满语叫“乌真超哈”（“乌真”汉语“重”的意思，“超哈”汉语“兵”或“军”的意思）。一六三七年（明崇祯十年，清崇德二年），皇太极把汉军旗分为两旗，以石廷柱为左翼固山额真，马光远为右翼固山额真，也按照满洲八旗编壮丁为牛录。一六三九年（明崇祯十二年，清崇德四年），皇太极又分汉军两旗为四旗，以马光远、石廷柱、王世选、巴延四人为固山额真，各领一旗。到了一六四二年（明崇祯十五年，清崇德七年），再增设四旗，共为八旗，称为汉军八旗，旗色与满洲八旗相同，每旗设固山额真一人，梅勒章京二人，甲喇章京五人。此外，一六三四年，又把八旗中勇敢善战的蒙古人拨出，编成蒙古二旗。一六三五年，扩编成蒙古八旗，旗色和建制也同满洲八旗一样。汉军八旗和蒙古八旗的组成虽然与满洲八旗相同，但是汉军、蒙古八旗的固山额真都是由皇太极任命，不称职的可以随时撤换，这点和满洲八旗旗主世袭制不同。皇太极是满、蒙、汉八旗最高统帅，他可以直接指挥和调遣这些八旗军。关于满、蒙、汉二十四旗的士兵数目，在入关之前，据统计满洲八旗约有三百一十九个佐领，六万三千多人。蒙古八旗约有一百二十九个佐领，二万五千多人。汉军八旗约有一百六十七个佐领，三万三千多人，共计有六百一十五个佐领，约十二万多人。

与此同时，皇太极为了加强八旗兵的战斗力，不断颁布军律和加紧制造火器。一六三四年七月，皇太极认为“师行动众，约束宜严，不可不明示法律，以肃众志”，于是颁布军律，规定“大军按队安驱，毋许喧哗，勿离旗纛……勿毁庙宇，勿杀行人，敌兵抗拒者杀之，归顺者养之，所俘之人，勿夺其衣服，勿离其夫妇……勿淫妇女……勿饮酒……若有违令者正法”①。以后曾多次重申以上军律。此外，虽然八旗骑兵行动机动灵活，但不适于攻坚战，如努尔哈赤宁远之败和皇太极两次攻打广宁不克，都是吃了明军火器的亏。所以，一六三一年，皇太极命王天相等人加紧研制火炮，该年六月造成，命名“天祐助威大将军”。另外还有得自明军的“红衣大炮”多门，配备给各旗服役。这样，皇太极不仅有了善于野战的八旗骑兵，而且又有了能够攻坚的炮兵，所以八旗兵的战斗力大大增强。

第五，创立新满文，利用喇嘛教。早在努尔哈赤时期，就借用蒙古文字母创制满文，但是，这种老满文“向无圈点，上下字雷同无别，幼学习之，遇书中常语言，视其文义犹易通晓，若人名地名，必致错误”②。老满文缺点很多，文法也不完备。一六三二年，皇太极命达海等人，在老满文的基础上，增加圈点，并创制十二字头和专记外字符号，成为有圈点的新满文。新满文在结构与应用上比较完备，所以，成为有清一代二百数十余年通行的满文。其次，皇太极为了利用喇嘛教来联络蒙古和西藏，大力宣扬和扶植喇嘛教。早在天命初年，西藏斡禄打儿罕囊素喇嘛在蒙古传教，努尔哈赤派人把他请到后金来，“敕建寺赐之庄田”③，“给之使命”④，此人不久死了。到了皇太极时，收抚的蒙古部落日益增多，喇嘛教的传播更广，皇太极更加重视利用喇嘛教。一六二九年特为斡禄打儿罕囊素喇嘛建塔树碑，以示纪念。这种政策对于统一漠南、漠北，团结西藏、蒙古是起很大作用的。一六三四年，察哈尔墨尔根喇嘛载护法“嘛哈噶喇”⑤ 金身来归。不久西藏的达赖喇嘛也遣使来盛京，皇太极更是盛情接待，其目的是

① 《清太宗实录》卷十九。

② 《国朝耆献类徵》卷一，《达海传》。

③ 《辽阳县志》卷五，《坛庙志》。

④ 《大喇嘛塔碑文》。

⑤ “嘛哈噶喇”，即元世祖时八思巴以千金铸造的金佛，为元王朝护法之宝。

"时尚有喀尔喀一隅未服，以外藩蒙藏惟喇嘛之言是听"①，希望通过达赖喇嘛的使者，联络蒙、藏民族，加强自己的力量。

以上在政治、经济、军事和文化思想方面所实行的一系列措施，使皇太极得以大大加强自己的地位。他一方面限制和削弱了旗主、贝勒的势力，巩固了封建皇权，并使辽沈地区的社会秩序安定下来，促进了满族的封建化；另一方面，他的军事实力增强了，政治策略的运用更加广泛、更加灵活，逐步地重新统一了东北，联合了蒙古、西藏，在和明王朝的长期对峙中保持着咄咄逼人的军事优势。

二、皇太极即位与对明议和的策略

努尔哈赤临终前，虽然安排了九王多尔衮（第十四子）继承汗位，因其年幼，以大贝勒代善（第二子）摄政。但是当他死后，诸子未遵遗命，兄弟间争夺汗位十分激烈，最后四王皇太极（第八子）凭借自己手中的兵权，再加上代善的支持，终于夺得了后金汗位。②他上台以后，雄心勃勃，决意承袭父志，把入主中原、取代明朝统治，作为后金的基本方针。但是，这时后金还处在"邦家未固"、"事局未定"的动荡之中，皇太极面临着许多内部和外部的矛盾。首先是民族矛盾，即满族贵族与广大汉族人民之间的矛盾，辽东地区的汉族老百姓"每被侵扰，多致逃亡"③，乃至揭竿而起，进行武装斗争。其次是阶级矛盾，即后金农奴主与农奴之间的矛盾，农奴为农奴主耕种庄田，服差役，"儿子当差，孙子又当差，至于爷爷差事还不去"④，因此许多农奴不堪忍受农奴主剥削和压迫，有的逃亡，有的反抗。第三是后金统治阶级的内部矛盾，即汗权与诸王权力之间的矛盾，皇太极即位，诸王心怀不平，争夺权力的斗争十分激烈。第四是经济问题，由于明朝停止后金朝贡和互市，"银两虽多，无处贸易，是以银

---

① 《东华录》，顺治朝卷十九。

② 参见李肯翊：《燃藜室记述》卷二七，《丁卯虏乱》。

③ 《清太宗实录》卷三。

④ 《天聪朝臣工奏议》卷中，《扈应元条陈七事奏》。

贱而诸物腾贵”①，而且又遭受严重天灾，“无粮之家甚多”②，出现了“人有相食”的惨景。最后在军事上，后金处于三面受敌的境地，东边有朝鲜，西边有蒙古，南边有明朝。连年征战不休，大批男丁弃田出征，“卖牛典衣，买马制装，家私荡然”③，经济困难，人民厌战。皇太极认识到要实现夺取明朝中央统治权这一任务，必须采取措施，解决上述一系列问题。而上述问题的解决与否，时间是个重要因素，尤其是要同明朝争取时间。为此，他打出同明朝议和的旗号，其目的就是争取时间，储备力量，待机成熟，进取中原。正如后金朝臣高士俊所说："我国（后金）利于和，彼国（明朝）不利于和，我国和而皇上不肯一日不观兵，彼国和则易为因循，易为怠惰，臣所谓借小心以图大事，假退步以求前进"④。所以，皇太极不断通过朝鲜、蒙古和明的官吏向明朝政府转达后金求和的愿望。早在努尔哈赤死时，明宁远巡抚袁崇焕曾派傅有爵和喇嘛镏南木坐（即李喇嘛）等人前去吊丧，观其虚实。皇太极以礼相待，表示和好的心愿。当吊使返回时，他特命方吉纳等人送归，并面呈他给袁崇焕的亲笔信，要求双方和好。⑤ 一六二七年（明天启七年，后金天聪元年）二月，皇太极又给袁崇焕去信，提出媾和条件。同年十一月，皇太极特向明朝皇帝奉书，希望双方早日议和。一六二九年（明崇祯二年，后金天聪三年）二月，皇太极在给袁崇焕书信中，不书天聪年号，只写己巳年⑥，遵奉明朝正朔，以示求和诚意。随后七次致书求和，直到该年十二月，皇太极率军入关，兵临北京城下，还“赍和书致明帝”⑦，仍表示愿意议和。一六三一年（明崇祯四年，后金天聪五年）到一六三二年（明崇祯五年，后金天聪六年），这两年是皇太极议和活动最频繁的时期，他向明朝“上疏称臣，求款再四”⑧，而且要朝

① 《清太宗实录》卷三。
② 《天聪朝臣工奏议》卷中，《鲍承先陈粜粮办法奏》。
③ 《天聪朝臣工奏议》卷上，《宁完我等谨陈兵机奏》。
④ 《天聪朝臣工奏议》卷上，《高士俊谨陈管见奏》。
⑤ 参见金梁辑：《满洲秘档》，《太宗与袁崇焕书》。
⑥ 参见《己巳年正月金国汗致袁崇焕书稿》。
⑦ 金梁辑：《满洲秘档》，《太宗环阅北京城》。
⑧ 周文郁：《边事小纪》卷三，《朝鲜国咨》三。

鲜出面，“绍介其间”，转奏明廷，愿把明朝降将孔有德、耿仲明转送于明，“以表其诚悃”①。皇太极的议和口号叫得如此响亮，只是手段，并非目的，就在他高喊议和的时候，也没有停止过掠夺明朝和朝鲜的军事行动，不过，这种军事行动是在求和旗号的掩盖下进行的，它的目的不是为了攻城占地，扩大土地，而是为了掠夺财物和人口，解决内部困难。皇太极争取到了足够的时间，强化汗权，发展生产，巩固内部，解除朝鲜和蒙古的两翼威胁，统一整个东北地区。到了崇德年间，就扔掉了议和的旗帜，集中全力，进攻明朝。

三、两次对朝鲜用兵

自努尔哈赤兴起后，由于朝鲜地势重要，后金和明朝都竭力结好朝鲜。后金的目的是要切断朝鲜与明朝的来往，以及朝鲜对明朝东江驻军毛文龙部的支援，以消除后顾之忧。而明朝的意图则是联络朝鲜，牵制后金，使明军同“丽（朝鲜）兵声势相倚，与登莱音息时通，斯于援助有济”②。尽管后金百般离间朝鲜和明朝的关系，但是由于历史的与现实的各种原因，朝鲜仍和明朝合作，后金的计谋未能得逞。

皇太极上台后，决心早日解决东边的朝鲜问题，恰巧此时朝鲜发生内乱，于是乘机对朝鲜用兵，并企图就势消灭明军毛文龙部。一六二七年（明天启七年，后金天聪元年）二月二十三日，皇太极不宣而战，派遣阿敏、济尔哈朗、阿济格等人，统率三万多八旗兵进入朝鲜，临行前对他们说：“此行，非专伐朝鲜，毛文龙近彼海岛，纳我叛民，故整旅组征，尔等两图之”③。二十八日，后金军突然越过鸭绿江，围攻义州，遭到义州军民英勇抵抗，最后守城军民“众寡不敌，力不能支”。义州失陷后，数万民兵，皆被屠戮。④ 随后分兵进攻驻扎在铁山的毛文龙，毛文龙兵败退守皮岛。阿敏挥军南进，连克定州、宣川、郭山等地，后金军所到之处，遇到朝鲜人

---

① 《李朝实录》仁祖卷二十八。

② 《明熹宗实录》卷十三，天启元年八月庚午。

③ 《东华录》，天聪元年正月。

④ 参见《李朝实录》仁祖卷十六。

民的反抗，当后金兵攻占平山城后，停止进军，一面“放兵四掠”，一面“以待和议之成”。此时，朝鲜国王李倧逃往江华岛，派使者前往阿敏驻地求和，阿敏命刘兴祚随来使同去江华岛，商讨和约条款。后金提出要朝鲜断绝和明朝的关系，派王弟李觉赴后金为人质，每年进献大批财物。朝鲜政府在后金强大的军事压力下，被迫签订“江都和约”。约成之日，阿敏又纵兵大抢三天才退兵，沿途又掳掠骚扰，朝鲜人民深受其害。订约以后，后金又强迫朝鲜在中江、会宁两地开市，归还逃人，追赠贡物，致使朝鲜人民纷纷起来反抗。这个和约对后金的重要作用在于它基本上割断了朝鲜和明朝的联系，迫使毛文龙退守海岛，陷入缺饷少粮、孤立无援的境地。后金乘机加紧向毛文龙诱降，毛文龙已有降意，此事被袁崇焕得知，于一六二九年（明崇祯二年，后金天聪三年）七月，以通敌叛国之罪，将毛文龙杀了。由于毛文龙被诛，他的部将孔有德、耿仲明等人，率部众投降后金。至此，后金东边的威胁大体上解除了。

自此以后，后金征服辽西和内蒙古广大地区，势力日益强大，企图改变后金与朝鲜以往兄弟之邦的关系，把朝鲜变为其直接控制下的藩属。一六三六年（明崇祯九年，清崇德元年）十二月二十七日，皇太极以朝鲜“屡败盟誓”、“助明害我”① 为借口，又发动了第二次对朝用兵。第二天，皇太极率领十万大军渡过鸭绿江，直指朝鲜京城。次年（一六三七年，明崇祯十年，清崇德二年）一月九日，后金兵围攻京城，朝鲜国王李倧退守南汉山城，后金兵将该城包围。皇太极派遣多尔衮率兵攻占江华岛，贵嫔二王子和内官以及许多宗室皆被俘虏，朝鲜国王被迫投降，签订了城下之盟，主要内容，首先是断绝和明朝的一切来往，向清朝称臣，建立君臣关系；其次要朝鲜国王把长子和另一个儿子交给清军，带回盛京作为人质；最后，每年进贡黄金一百两，白金一千两，白苧布二百匹，各色绵绸两千匹，各色细麻布四百匹，各色细布一万匹，大米一万包等。清军撤离朝鲜时，又沿途“处处淹留，掳掠讨

① 《清太宗实录》卷三十一。

食……远近村闾一样被抢，农节既失，又无余食，前头民事，极为惨恻”①。而且向朝鲜征兵，一次就征调一万二千五百人②，还强迫朝鲜赎买被掳人口，“索价刀蹬，罔有其极，至于士族及各人父母妻子等，论价之多，至于累百千两，以此赎出极难，人皆缺望，呼哭盈路，其中单孑无亲戚之人，则只待早晚公家之赎还，日日哭诉于馆外，惨不忍见”③。由上可见，清军侵朝，给朝鲜人民造成了深重的灾难。

四、统一蒙古和黑龙江流域

明末，蒙古分漠南、漠北和漠西三大部，各部处于分裂割据的状态。皇太极认为要战胜明朝，不仅要解除朝鲜后顾之忧，还必须征服蒙古，不然明朝和蒙古联合起来，就会使自己腹背受敌。从明朝方面说，为了对抗日益强盛的后金，也必须东联朝鲜，西结蒙古，一旦蒙古倒向后金，京师就处于后金的兵锋之下，特别是立在明与后金之间的漠南蒙古，成了明与后金争夺的重点。当时，漠南蒙古东到吉林，西至贺兰山，南邻长城，北距瀚海，都是元朝后裔分居之地。其中察哈尔部最强大，“东起辽西，西尽洮河，皆受插（察哈尔）要约，威行河套以西矣”④，拥有八大营二十四部，该部首领林丹汗，“士马强盛，横行汉南”⑤，自称蒙古大汗，对周围诸部肆意侵扰，诸部不堪其苦。而漠南诸部，对待明和后金的争夺，大致持两种不同的态度，一种以察哈尔部林丹汗为首，主张投靠明朝，争取明的支持，控制和统治漠南诸部，同后金相抗衡；另一种是漠南的多数部，要求摆脱林丹汗的控制和欺凌，希望归附后金，得其保护。明朝政府极力支持林丹汗，大大增加每年赏赐林丹汗的岁币，并撤销原给漠南东部蒙古诸部的岁币，转赐给林丹汗，双方相约，共同抵御后金。皇太极则采取“恩威并用”的“征抚”办法，积极

---

① 《沈阳状启》，八页。
② 参见《沈阳状启》，十页。
③ 《沈阳状启》，二二至二三页。
④ 彭孙贻：《山中闻见录》，《西人志》。
⑤ 福格：《听雨丛谈》卷二，《蒙古》。

团结和争取那些愿意归顺或观望动摇的一些部，对已率部来归的首领，赐给厚礼，授以官爵，统管其民。因此，科尔沁、翁牛特、郭尔罗斯、杜尔伯特、扎赉特和克什克腾等部，先后归附后金。而对察哈尔部的林丹汗则实行武力征服。一六二八年（明崇祯元年，后金天聪二年）十月，皇太极亲督诸军攻打林丹汗，占领西剌木伦河流域。一六三二年（明崇祯五年，后金天聪六年）五月，皇太极又一次率军进攻林丹汗，林丹汗败遁，先逃到西土默特部，后又逃奔青海，一六三四年（明崇祯七年，后金天聪八年）林丹汗病死在青海的大草滩。第二年（一六三五年，明崇祯八年，后金天聪九年），皇太极派遣多尔衮等人西征，进入河套地区，消灭林丹汗的残部，俘虏了林丹汗的正妃和儿子额哲，得元朝传国玺而还。察哈尔部灭亡以后，原先受其统治的一些部也都归附后金。一六三六年（明崇祯九年，清崇德元年），漠南蒙古十六个部四十九个封建领主，在盛京召开大会，尊奉皇太极为可汗，整个漠南诸部皆臣服于后金。至此，皇太极“东降朝鲜，西收插汉，自鸭绿北抵贺兰塞外，皆隶其版”。从此，清军入关，大都假道内蒙古，并以蒙古骑兵为向导。

皇太极统一漠南蒙古以后，又积极进行联络漠北蒙古的工作。十六世纪末，漠北蒙古出现了三个强大的封建主集团——土谢图汗、札萨克图汗和车臣汗，又称喀尔喀三部。一六三六年，皇太极遣使喀尔喀三部，劝其归附。同年，车臣汗派遣卫征喇嘛等“赍书来朝，贡驼、马、貂皮等物”①。一六三八年（明崇祯十一年，清崇德三年），喀尔喀三部“并遣使来朝”②，皇太极规定喀尔喀三部每年向清各贡“白驼一，白马八，谓之九白之贡”③，从此与清朝建立了臣属关系。

清统一漠南、漠北蒙古诸部，不仅消除了来自蒙古的威胁，使骁勇善战的蒙古骑兵成为进攻明朝的一支重要力量，而且在抵抗沙皇俄国侵略我国北部边疆的斗争中，喀尔喀蒙古起了积极作用。

在统一漠南、漠北蒙古的同时，皇太极又继承努尔哈赤的遗业，

---

① 《皇朝开国方略》卷二十二。

② 张穆：《蒙古游牧记》卷七，《外蒙古喀尔喀四部总叙》。

③ 祁韵士：《皇朝藩部要略》卷三。

统一了黑龙江流域。

黑龙江流域是满族的故乡，努尔哈赤兴起以后，积极收复故里，基本上统一了黑龙江下游。到了皇太极时期，他很重视对黑龙江流域的经营，继续收复黑龙江中上游。皇太极说："此地人民语音与我国同……先世本皆我一国之人，载籍甚明"，所以，对这里的居民要"善言抚慰"①。一六三一年（明崇祯四年，后金天聪五年）八月，黑龙江中游的虎尔哈部托黑科等四名首领"来朝，贡貂、狐、猞狸狲等皮"②。一六三四年五月，索伦部头目，"京奇里兀喇（今结雅河）人"巴尔达奇，"倾心内附，岁贡方物"③，"率四十四人来朝，贡貂皮一千八百一十八张"④，在他的带动和影响下，外兴安岭以南的索伦部多数都归附后金，因为他的功劳卓著，皇太极把族女嫁给巴尔达奇，成为后金的额驸。一六三七年（明崇祯十年，清崇德二年）六月，黑龙江上游乌鲁苏城的索伦部首领博木博果尔，"率八人来朝，贡马匹、貂皮"。于是黑龙江上游"南北两岸各城屯俱附之"⑤。此外，鄂嫩河、尼布楚一带的蒙古族茂明安部，贝加尔湖以东的使鹿部等，皆先后归附。一六三九年（明崇祯十二年，清崇德四年），博木博果尔发动叛乱，并派人要巴尔达奇采取一致行动，可是"巴尔达齐（奇）不为动，坚壁待王师"⑥，坚决反对博木博果尔的叛乱行径。当皇太极派遣萨木什喀、索海等率领清军前来平叛时，得到巴尔达奇的积极支持和有力配合。⑦ 清军到达呼玛河便分路进攻博木博果尔，攻占雅克萨，博木博果尔兵败，携眷逃窜。清军又攻克锋陈、阿萨津、多金、乌库勒、乌鲁苏等城。一六四一年（明崇祯十四年，清崇德六年）一月，清军"至齐洛台（今苏联境内赤

---

① 《清太宗实录》卷二十一。

② 《清太宗实录》卷九。

③ 北京市文管处藏：《一等阿思哈哈番巴尔达奇碑》。

④ 《清太宗实录》卷十八。

⑤⑥ 《黑龙江志稿》卷五四，《博木博果尔传》。

⑦ 参见北京市文管处藏：《一等阿思哈哈番巴尔达奇碑》，"同党相残，又能率尔兄弟协力纳款"。所谓"同党"是指巴尔达奇与博木博果尔同属索伦部，一个反对叛乱，一个发动叛乱。

塔）地方，遂获博木博果尔及其妻子家属，共男妇幼稚九百五十六名口，马牛八百四十四”①。皇太极平息博木博果尔叛乱，收复了贝加尔湖以东的广大地区。至此“自东北海滨（鄂霍次克海），迄西北海滨（贝加尔湖），其间使犬、使鹿之邦，及产黑狐、黑貂之地……厄鲁特部落，以至斡难河源，远迩诸国，在在臣服”②。

皇太极统一黑龙江流域以后，在这里“设姓长、乡长，分户管辖”③，负责治理民事，征收赋税。并把该地居民都编入旗籍，称为“新满洲”，他们“均隶各旗”，“俱令披甲”，成为满族八旗的组成部分，这些八旗兵在保卫和巩固我国东北边防中曾起了重要作用。

五、皇太极对明朝的战争

皇太极为了入关夺取明朝的中央政权，一开始就打着议和的旗号，借以麻痹和涣散明朝的斗志。但是，他在议和旗帜的掩盖下，从未停止或放弃对明朝的战争。

一六二七年（明天启七年，后金天聪元年）五月，皇太极取得侵朝战争胜利后，立即调兵西进，突然进攻明军，攻打锦州、宁远，未能攻克，便把大小凌河城毁坏，掠夺一空，回师沈阳。

一六二九年（明崇祯二年，后金天聪三年）十二月，皇太极亲率大军，避开袁崇焕防区，不进山海关，取道蒙古，以蒙古兵为先导，从喜峰口入关，攻陷遵化，直抵北京城下，明朝上下惊恐万状，袁崇焕、祖大寿从山海关外领兵入援。皇太极施反间计，假崇祯之手，杀了袁崇焕，祖大寿率军退回关外。当时，明朝各路援军纷纷抵京，皇太极与明军在京郊会战，杀明朝战将满桂。一六三〇年（明崇祯三年，后金天聪四年），皇太极从北京撤兵，挥戈东进，占领永平、深州、迁安等府县，留兵驻守永平、迁安、滦州、遵化四城，自己率军由冷口出关，返回沈阳。不久，驻守永平四城的阿敏，因孤军深入，又无后援，被明军打败，退回关外。

① 《清太宗实录》卷五三。
② 《清太宗实录》卷六十一。
③ 《清朝文献通考》卷二七一，《舆地》三。

一六三四年（明崇祯七年，后金天聪八年），皇太极再次入关，分兵四路进攻明军：一路从尚方堡攻打宣府、大同；一路从龙门口直趋宣府；一路从独石口进攻应州；一路从得胜堡攻打大同，后金八旗兵对各地大肆侵扰破坏，抢掠大批人口和财物，便退回沈阳。

到了一六三六年（明崇祯九年，清崇德元年），皇太极经过九年的努力，已加强和巩固了后金的统治，基本上消除了来自朝鲜和蒙古的威胁，为夺取明朝中央政权作了准备。是年五月，皇太极称帝，定国号大清，改元崇德。从此，皇太极把主要力量放在进攻明朝上，明清之间的关系进入一个新的时期。

同年秋天，皇太极命阿济格从独石口，入居庸关，直抵北京，然后南下攻打保定，连陷城池十余处，掠夺人畜十八万返回盛京。一六三八年（明崇祯十一年，清崇德三年），皇太极又命多尔衮、岳托率清军分两路攻明，一军入墙子岭，一军入青山关，两军在京郊通州会师，然后至涿州，分成八路，一路顺太行山，一路沿运河，中间六路，由北向南进侵。真定、广平、顺德、大名等地，皆遭践踏。然后，清军从临清渡过运河，进入山东，攻占济南，明德王被俘，攻下城池五十多处，虏获人口四十六万，金银百余万两。第二年（一六三九年，明崇祯十二年，清崇德四年）春天，清军由天津北上，出关回师盛京。

皇太极称帝前后，数次入关侵扰，掠夺大批人畜财物，却不敢立足于内地，除了清军所到之处人民群众纷纷起来反抗外，其重要原因是明军仍然控制着山海关以及关外锦州等地，所以清军不敢在内地多停留。山海关是屏蔽北京的要塞，而锦州乃是山海关的门户。清朝为了夺取北京，争夺全国的统治权，就必须先打下锦州和山海关。因此，在明朝灭亡以前的几年内，这里成为明清之间激烈争夺的战场。

一六四〇年（明崇祯十三年，清崇德五年），清兵攻打锦州，锦州明军守将祖大寿进行抵抗，结果清军“大半见败，大将数人亦为致毙”，沈阳“行街之人，多有遑遑不乐之色”①。第二年（一六四

① 《沈阳状启》，二〇五页。

一年，明崇祯十四年，清崇德六年）的一月份，皇太极又派多尔衮率兵围攻锦州，亦失利。四月，皇太极决心对锦州加强攻势，派郑亲王济尔哈朗、武英郡王阿济格、贝勒多铎等，往代多尔衮，他们带来了大批八旗兵及许多门攻城的大炮，进行猛烈围攻。锦州外城的蒙古兵投降，清军占领了外城。① 祖大寿向明廷告急，七月，明朝派洪承畴率领八总兵步骑十三万救援锦州，他步步为营，以守为战，不敢冒进，立营在锦州城南十八里的松山西北。济尔哈朗派右翼八旗兵进攻明军，结果“失利，山顶立寨，两红旗、镶蓝旗三旗营地，为敌所夺”，“人马中伤者甚众”②。清军“势不能当，急报请救”，“锦之围兵，屡战败衄，势将退北”，“沈中人，颇有忧色”③，皇太极也急得“忧愤呕血，遂悉索沈中人丁，西赴锦州”④。与此同时，明朝崇祯皇帝下密诏，命洪承畴速战前进，以解锦州之围，兵部也一再催战。所以，洪承畴把粮草囤在锦州西南三十里的杏山和塔山的笔架山，而自己领六万人开路先进，余军继之，骑兵环松山三面，步兵据城北乳峰山。皇太极亲率大军于九月十九日离开沈阳，二十三日到达锦州前线，陈兵于松山、杏山之间。他把所有兵力都集中起来打击明朝洪承畴的援军。首先切断明军粮道，击败塔山护粮的明军，夺得明军笔架山的粮草。明军既失粮草，又作战不利，军心开始动摇，企图把驻守乳峰山的明军撤到松山，当明军撤离时半路遭到清军伏击，便退缩到海边，“为清人所击，潮涨淹死，陆海积尸甚多”⑤，仅有少数人突围出去，如吴三桂、王朴等奔往杏山。皇太极估计龟缩在杏山的明军一定要逃往宁远，所以在松山和杏山之间的高桥设伏，以待明军。明军又遭截杀，吴三桂、王朴仅以身逸，逃回宁远。此役清军歼灭明军五万三千余人，获马七千四百余匹，甲胄九千三百余件。⑥ 清军获得胜利，士气大振。

---

① 参见《沈阳状启》，二八一页。
② 《太宗文皇帝日录残卷》，崇德六年六月乙酉。
③ 《沈阳日记》，四一二页。
④ 《李朝实录》第三十五册，仁祖卷四十。
⑤ 《沈阳日记》，四一三页。
⑥ 参见《太宗皇帝大破明师于松山之战书事文》。

洪承畴只剩下残兵败将一万多人，被清军围困在松山城内，他曾组织五次突围，皆未成功，明朝发来的援兵又逡巡不前。到一六四二年（明崇祯十五年，清崇德七年）三月，松山城内粮尽援绝，副将夏承德降清为内应，引清兵入城，洪承畴被俘。久被围困的锦州已筋疲力尽，“城中饥因，人相食”①。见松山、杏山的明军失败，待援无望，于是祖大寿也举城投降。至此，明朝在关外，除了宁远一孤城外，全部都落入清军之手。

皇太极取得松锦大捷后，整个形势对清十分有利，正像皇太极说的，“取燕京如伐大树，须先从两旁斫削，则大树自仆……今明国精兵已尽，我兵四围纵略，彼国势日衰，我兵力日强，从此燕京可得矣”②。

这时腐朽的明王朝，在李自成农民军的沉重打击下已摇摇欲坠。腐朽的明朝统治者，由于地主阶级本性的决定，企图转而与满族贵族议和，然后集中全部力量，绞杀农民起义军。崇祯皇帝授权给兵部尚书陈新甲派马绍愉往关外，同皇太极谈判，并带回议和条款。事被泄露，京师大哗，崇祯为了推卸责任，处死陈新甲，明清议和破裂。皇太极见议和未成，为了进一步向明朝统治者施加压力，同年十一月派贝勒阿巴泰率领清军入关，攻陷蓟州，深入畿南，转至山东，连破八十余城，杀明宗室鲁王，俘获人口三十六万，牲畜五十五万头，后经北京，明军毫不阻挡，放清军回到盛京。一六四三年（明崇祯十六年，清崇德八年）九月二十一日，皇太极因患脑充血突然死去，其子福临即位，改元顺治，当时福临只有六岁，由两个叔父多尔衮和济尔哈朗辅政。

崇祯十七年（一六四四）三月十九日，李自成领导的农民起义军攻占北京，推翻了朱明王朝。但是，以宁远总兵吴三桂为首的明朝封建官僚地主阶级，不甘心退出历史舞台。他们为了恢复地主阶级的反动统治，怀着对农民军刻骨的阶级仇恨，勾结清军入关，镇压农民军。于是，清朝统治者在吴三桂等的引导下，率兵长驱入关，占领北京，和农民起义军以及明朝的残余力量展开了激烈的战争。

---

① 《沈阳状启》，四〇七页。

② 《清太宗实录》卷六十二。

第二章　清军入关镇压农民起义与各地人民的抗清斗争

第一节　清军入关与李自成、张献忠农民军的抗清斗争

一、满汉贵族官僚地主相勾结和清军入关

一六四四年（明崇祯十七年，清顺治元年）四月初，李自成农民军以秋风扫落叶之势，挥师直抵京畿。腐朽透顶的明王朝，分崩离析，危在旦夕。二十三日，农民军开始攻城，经过两天的战斗，终于解除了明王朝在京城的全部武装。北京古城沸腾起来了，人民张灯结彩，焚香设案，家家户户门上粘贴“永昌元年顺天皇帝万万岁”的黄色纸联，洋溢着一片节日的欢乐气氛，迎来了农民起义推翻明王朝这一翻天覆地的变化。二十五日（农历三月十九日）午刻，李自成着毡笠缥衣，乘乌驳骏马，率领广大农民军，浩浩荡荡开进明王朝盘踞了二百多年的反动统治中心——北京。

显然，农民起义已经进入一个新的发展阶段。农民军由李自成、刘宗敏、李过等数十名将领组成领导核心，凭借他们所代表的农民阶级对现存社会的极端憎恨和对美好生活的渴望，以他们的经验、智慧和才干，力图实现一种合乎他们理想的社会秩序。在农民军大队人马准备进入北京城时，李自成曾拔箭去镞，向后军中连发三矢，约法“军人入城，有敢伤一人者，斩以为令”①。且各处张示布告：“如我兵到，俱公平交易”②，免除平民赋税。进城当天，

---

① 钱　：《甲申传信录》卷一。

② 计六奇：《明季北略》卷二十，《十五居庸关陷》。

“兵政府榜曰：大师临城，秋毫无犯，敢掠民财者，即磔之……民闻大喜传告”①。李自成还两次亲自会见城内外老百姓，询问“民间疾苦”，检查军纪，宣传农民军推翻明王朝是为了“救民水火”的道理。② 于是，市民“安心开张店市，嘻嘻自若”③，农民等就这样迅速地建立起革命新秩序。

李自成农民军进入北京后，在摧毁、裁撤明朝的政权机构和建立、充实各级农民政权机构方面，做了大量工作。如健全官制、设置各级官吏；开科取士，团结那些支持农民政权的封建知识分子等等。农民政权表现出保护人民利益和镇压地主阶级反抗的至高无上权威。它爱憎分明，立即释放被囚禁在锦衣卫（由皇帝直接控制的明代特务组织）的一切无辜犯人，同时设立由刘宗敏、李过主持的“比饷镇抚司”，专门从事镇压封建官僚地主和追赃索饷工作。

当时，农民政权控制了华北的大部分地区和华中的一部分地区。形势要求：必须进一步巩固农民政权，争取广大农民和其他阶层人民的拥护和支持；迅速排除来自东北清军的威胁，同时又要摧毁明朝在南方的残存势力，把起义推向全国。大顺政权虽然做了一系列工作，但是，由于农民阶级的局限性，不可能彻底解决推翻明朝统治以后提到日程上的一系列新矛盾、新问题。随着形势的推移，他们看不清摆在面前的艰巨任务，以为战争已经胜利，滋长起麻痹思想，纪律逐渐松弛，打仗多年的许多士兵渴望回家种地；起义军将领中沾染上享乐腐化思想，占住豪华宅第，贪求钱财，不关心革命的进一步发展；将领之间，矛盾加深，不能团结一致；队伍大量扩充，粮饷困难，整顿和训练跟不上去，战斗力削弱；大批官僚、地主混进农民革命队伍，鱼龙混杂，带来了许多封建腐败习气；对贵族、官僚追赃比饷是必要的革命措施，但刑罚太重，打击面太大，没有区分首恶、从恶，策略上失当。农民起义军暴露出了难以克服

---

① 谈迁：《国榷》卷一百，崇祯十七年三月。

② 参见《甲申纪事》卷六；《再生纪略》（下）；《燕都日记》卷五（见《玄览堂丛书》，第一百十一册）。

③ 计六奇：《明季北略》卷二十，《十五居庸关陷》。

的许多弱点。当时，制将军李岩建议四事：一，李自成登基；二，追赃区别对待；三，军队撤出北京城外；四，招降吴三桂。但是，这四项政治和军事上的重要建议，没有迅速地全部实现。

明王朝虽然已被推翻，但封建地主阶级并不甘心退出历史舞台，它们时刻准备着反扑。在南京的明朝大地主官僚，听到王朝覆亡、崇祯上吊的消息，“北向恸哭”，“誓师浦口，欲长驱死战”，“示天下以必报仇之义”①。一六四四年六月间，他们拼凑了一个南京弘光政权，企图与农民政权相对抗，恢复他们在全国的反动统治。尤其在距离北京不远的山海关，还驻扎着明朝宁远总兵吴三桂率领的精锐兵力，直接威胁着北京的安全。

吴三桂出身官僚豪门，他的父亲吴襄是明朝的武将。吴三桂以武举出身，“承父荫，初授都督指挥”②。他的舅父祖大寿是辽东一带的实权人物，明朝东北边防“倚祖大寿为保障”③。吴三桂参加了以祖大寿为中心的军事集团，因此得以飞黄腾达。在吴三桂统率下，“精兵四万，辽民七八万，皆耐搏战，而彝丁突骑数千，尤骁悍，北门锁钥，恃无恐”④，成为明朝政府抵抗清兵的屏障。他与其父吴襄在辽东、北京都有大量田庄财产。李自成农民军打下北京之前，吴三桂的上司洪承畴、舅父祖大寿及其政治集团中的大多数人早已投降清朝。清统治者皇太极利用吴三桂同这一集团的特殊关系，曾下书晓以利害，劝他投降。洪承畴、祖大寿和他的哥哥吴三凤、表兄弟祖可法以及亲友张存仁等，也先后写信劝降。吴三桂态度暧昧，犹豫未决。他对明、清、农民军三方面的力量还看不清楚，鹿死谁手，在当时也不甚明朗。为了保住自己的高官厚禄和庞大家业，他按兵不动，骑墙观望。直到三月初，李自成农民军势如破竹，陷阳和，下真定，京师戒严，崇祯帝急忙加封吴三桂为平西伯，飞檄命令他放弃宁远，火速率部入关保卫京城。四月二十二日，吴三桂兵

---

① 温睿临：《南疆逸史》卷五，《史可法传》。

② 《清史稿》卷二六一，《吴三桂》。

③ 《清太宗实录》卷五十六；又卷二十二载：祖大弼在与农民军作战失败后，向崇祯吹嘘：“欲破流‘贼’，必得臣兄大寿所统宁锦兵方可，其他皆不堪用。”

④ 徐鼒：《小腆纪年》卷四。

抵山海关，二十五日农民军打进北京城，二十六日吴三桂的部队才到达丰润。当他听到京都陷落、崇祯吊死的消息后，就把队伍撤回山海关了。

吴三桂是明朝大官僚地主阶级的代表人物。他与农民军誓不两立，曾扬言“为复大仇、歼大寇”，“虽肝脑涂地，亦所不辞”①，表示他和农民起义军存在着阶级利益的根本冲突。但是，吴三桂又是一个阴险狡猾的野心家，他发觉以他的孤军对付刚刚取得伟大胜利的几十万农民军，无异以卵击石，自取覆灭。所以，李自成派人敦促吴三桂归降，他一方面迫于农民军的强大压力，接受大顺政权的四万两犒银，以欺骗手法，摆出一副愿意谈判罢兵归顺的姿态；另一方面，又利用他与清朝的旧关系，依仗山海关是清军入塞的必经之地，积极与清朝勾结，要求清军援助，共同对付李自成农民军。

当时，在吴三桂驻军北面的满族地方政权，大肆发展自己的势力，虎视眈眈，企图取代明王朝，建立满族贵族对全国的统治。一六四三年（明崇祯十六年，清崇德八年）皇太极死后，福临继位，掌握权力的摄政王多尔衮，与皇太极的长子豪格之间发生权力冲突。当崇祯帝下令吴三桂撤兵进京保卫他的统治巢穴时，满族统治者认为夺取全国统治权的时机已到，暂时缓和了内部的矛盾，举兵南下。李自成农民军打进北京后，清统治者立即更改方针，“变抄掠之暴，为吊伐之仁”②，改变过去进关内劫掠的暴行，而要夺取农民起义胜利果实，实现满族贵族对全国的统治。正如多尔衮道出的：“今者大举不似先番，蒙天眷佑，要当定国安民，以希大业。”③ 为了达到这个目的，清统治者把矛头指向农民军，扬言要为崇祯报仇，“沉舟破釜，誓不返旌，期必灭‘贼’”④，并以此为号召，招降汉族官僚地主——明王朝的残余势力，共同绞杀农民起义。

清统治者这一招，得到许多汉族官僚地主的赞同。他们有着共

---

① 计六奇：《明季北略》卷二十，《吴三桂请清兵始末》。

② 《东华录》顺治二；《清史稿》，《列传》十九，《范文程》。

③ 李涖：《沈馆录》卷七，见《辽海丛书》。

④ 《清世祖实录》卷四。

同的敌人——农民起义军，也就存在着互相勾结的基础。一六四四年五月二十日，当多尔衮进兵至辽宁阜新附近的翁后，吴三桂遣人送书，甘愿以“财帛”和“裂土”为代价，乞求“速选精兵，直入中协西协，三桂自率所部，合兵以抵都门，灭‘流寇’于宫廷”①。吴三桂请兵的举动，对于清统治者来说，正中下怀。多尔衮立即回书，表示清军不仅要镇压农民起义，而且要实行对全国的统治。多尔衮用“必封以故土，晋为藩王”为饵，引诱吴三桂“率众来归”②。吴三桂马上答应多尔衮的条件，并进一步献策：“幸王速振虎旅，直入山海，首尾加攻，‘逆贼’可擒，京东西可传檄而定也……则民心服而财土亦得，何事不成哉。”③从多尔衮和吴三桂的书信往来，可以看出，满汉贵族官僚地主阶级为了镇压农民起义，已经互相勾结起来了。

农民军领导集团对这一严重局势缺乏足够的估计，尤其对满汉贵族官僚地主可能勾结、清军可能入关这些问题认识不足，看不到吴三桂同农民军假装谈判归降的过程，就是他同清朝勾结准备镇压农民军的过程。等到李自成认为形势紧张，不得不出兵时，时机已晚。五月十八日，李自成亲自统率二十万农民军开赴山海关。二十四日，农民军三面包围了关内城镇——山海城，又出奇兵二万骑，从山海西一片石北出口，东突外城，进抵关门，截断吴三桂军与关外的通道。吴三桂军处于被围的困境，战斗的态势对农民军是有利的。可是，到了二十六日，清军进距山海关外十里，击溃由唐通（明降将）率领的农民军于一片石地方。吴三桂乘机炮轰包围圈，从间道直驰清营，拜见多尔衮，薙发称臣。并“以白马祭天，乌牛祭地，歃血斩衣，折箭为誓”④，开关迎入清军，充当镇压农民起义的急先锋。于是，二十七日，多尔衮兵分三路，进入关内。⑤

清军入关，使形势发生根本变化。吴三桂所部精兵四万，加上

---

① 《清世祖实录》卷四；《东华录》顺治二。

②③ 《清世祖实录》卷四。

④ 计六奇：《明季北略》卷二十，《吴三桂请清兵始末》。

⑤ 参见佘一元撰：《山海关志》。佘是当时会见多尔衮的五个绅衿之一。曾咏：《述旧诗》叙当日情景，其中有“清晨王师至，驻旌威远台，平西招我辈，出见勿返回……”之句。

清军劲旅十四万，力量陡增。尤其农民军丧失警惕，事先不知清军入关，毫无准备，等到战斗打响，双方殊死酣战，“阵数十合，围开复合，自成按辔高岗上，见白旗一队绕出三桂右，万马奔腾不可止，自成挥后军亟进”①。正当农民军奋起歼敌之际，忽尘埃散开，发现是带甲而辮发的清兵冲来，霎时抵挡不住，由胜转败，“拉然崩溃，坠戈投弓，自相蹂践，死者数万人”②，主将刘宗敏中箭重伤。三十一日，李自成农民军撤回北京。

山海关战斗失败，清军直逼北京，革命形势急转直下。在北方的汉族官僚地主眼看时机已到，把对农民起义的仇恨变成行动，大批投靠满族贵族，与清军沆瀣一气。山东、河北一带沿运河的青州、临清等地，地主阶级制造叛乱，大搞反攻倒算，杀害农民政权官员，切断农民军从南方取给粮食的运输线；有的纠集残余乡团，为清军开路，使农民军遭到里外夹攻的威胁；原来归附农民军的明朝军队，也“溃散相继”，甚至在京城内大肆制造谣言，动摇军心。

农民军在进入北京以前，屡获胜利，所向披靡。但是，胜利又多么迅速地腐蚀了这支革命队伍！山海关一败以后，竟然丧失了整军再战、保卫北京的力量和意志，决定放弃北京，返回关中，重新组织力量。六月三日（阴历四月二十九日），李自成在北京匆匆忙忙登基称帝，国号大顺，改元永昌。第二天，大顺军即撤出北京。这时，农民军的部署已乱，既未在北京以外组织抵抗，阻滞清兵的前进，又携带着大批辎重财货，行军速度迟缓。吴三桂引清兵追来，农民军在保定、定州、正定进行了英勇抗击，杀退了追兵。但李自成在战斗中负伤，农民军受到一定的损失，从固关向西撤退。

起义军从进北京到出北京，时间短暂，总共才不过四十二天。虽然由于一个新的强敌突然出现在面前，使力量对比发生了变化，但是根本的原因，“只是由于当时还没有新的生产力和新的生产关系，没有新的阶级力量，没有先进的政党，因而这种农民起义和农民战争得不到如同现在所有的无产阶级和共产党的正确领导”③，所

---

①② 谈迁：《国榷》卷一〇一。

③ 《毛泽东选集》，第二卷，625页。

以，即使像这样成熟、如此规模之大的农民战争，也终归要由于思想上、政治上的原因而不可避免地遭受挫折和失败。

李自成农民军没有能够认识到代表明王朝的崇祯皇帝被打倒了，但地主阶级作为一个阶级还存在，各地的小“崇祯”，甚至拥有强大的反革命武装，还要负隅顽抗。他们被军事上的暂时胜利冲昏头脑，进北京城以后，更认为革命已经成功，从此可以弃甲归农，安居乐业了。部分将领发展享乐腐化思想，战备观念松弛，不想再事进取，严重影响了部队的战斗力，进京后基本上停止了武装斗争。他们对崛起的清王朝篡夺农民起义胜利果实的威胁估计不足，又轻视吴三桂这股顽固狡猾的反起义力量，宣称可以轻而易举地“用靴尖踢倒耳”①。他们犯了胜利时骄傲的错误，造成在政治上、军事上一系列的严重后果，以致坐失时机，终于被迫退出北京，使政权得而复失。

清军逼近北京，多尔衮进一步拉拢汉族官僚地主阶级，宣称“义兵之来，为尔等复君父仇，所谋者惟‘闯贼’”，“官来归者，复其官”②。于是，在“复君父仇”这个冠冕堂皇的名义下，北京的大批明朝官僚，包括曾经向农民军低头认罪的，这时纷纷调转头来，屈膝在多尔衮的脚下，至五里郊外迎接清军入城。他们把镇压农民起义的清军吹捧为“仁义之师”，胡说满族贵族篡夺农民起义胜利果实是“仰承天命吊民伐罪”，“圣人出而解民悬”③。至于那些逃窜僻野山谷的官僚地主，则“莫不大悦，各还乡里，薙发迎降”。六月六日，多尔衮率清军进入北京，公开宣布：今本朝定鼎燕京，天下罹难军民，皆吾赤子④，披露了清军入关的最终目的。同时，采取一系列措施，例如为崇祯帝服丧；各衙门官员照旧录用；薙发归顺，地方官各升一级；朱姓各王归顺不夺其王爵等等⑤，以此来调整同汉族地主阶级的关系，扩大统治基础，集中力量镇压农民军，重建地主阶级对农民的统治。

---

① 《谀闻续笔》卷一，见《笔记小说大观》第八辑本。

② 《清史列传》卷五，《范文程传》。

③ 《明清史料》甲编第一本。

④⑤ 参见《清世祖实录》卷五。

一六四四年十月间，清王朝统治者福临进驻北京，十月三十日（阴历十月初一日）即皇帝位，“号曰大清，定鼎燕京，纪元顺治”，标志清王朝中央政权的确立，出现了一个封建王朝篡夺农民起义胜利果实代替另一个封建王朝的局面。

二、李自成大顺农民军的抗清斗争

满族贵族集团入关后，一方面拉拢汉族的上层，另一方面对汉族广大人民和中小地主推行民族高压政策。军事上，凡不“归顺”、“迎降”者，“即行诛剿”①，采取血腥镇压手段；政治上，严格规定满族贵族的统治特权，强制汉人薙发、易服、当奴婢；经济上，圈占汉人土地房屋，强迫投充等等。这种民族高压政策的目的是维护和保存封建剥削制度，它直接触及土地问题，把对农民的压迫和剥削作为满族统治者的最大利益，广大农民成为这种民族高压政策的主要受害者。同时，就全国范围讲，这种民族高压政策也危及汉族和其他民族各阶层的利益。这就不可避免地在全国各地，爆发了以农民为主体的轰轰烈烈的抗清斗争。

从一六四四年（明崇祯十七年，清顺治元年）六月到一六四六年（清顺治三年）底，在李自成大顺农民军和张献忠大西农民军的浴血奋战下，秦岭南北，大河上下，掀起了全国抗清斗争的第一个高潮。

当时的形势，清军兵强马壮，进关后连接取得胜利，士气旺盛，同时招降了许多明将，扩大了兵力。它把农民军看做夺取全国统治的最大障碍，说：“今日事势，莫急于西‘贼’”②，“破此，则大业成矣”③。因此，集中全部精锐兵力，把进攻的矛头指向李自成的大顺军。而大顺政权虽然撤出北京，失去了大片土地，但农民军的抗清斗争，有着深厚的阶级基础，得到广大人民的支持。从大顺军本身来看，太原有陈永福率重兵镇守，延安、绥德有李过、郝摇旗率雄师占据，加上有黄河、潼关天险，也存在着一定的有利条件。因

①③　《东华录》顺治二。

②　《清世祖实录》卷五。

此，大顺农民军怎样来进行这场艰巨的抗清斗争，这是摆在大顺军领导人面前急需解决的问题。

李自成退兵西安以后，制定了南取汉中，西征甘肃，攻克兰州，确保关中，以关中作为抗清基地的战略计划。并下令权将军刘体纯率领十万大顺军过黄河北上。八九月间，清军沿太行山南下，并从大同入代州、忻州，直逼太原，占领偏关，威胁陕西边境。大顺军由府谷向大同进攻，又在畿南联合义军阻击，切断清军归路，从而抵制了清军的进攻，同时在井陉、宣化、蔚州等地，多次挫败清军。

农民军虽然在军事上做了很大努力，但已不能够挽救全局。阶级斗争和民族斗争的形势发生了急剧的变化，由于对原占领区内建立的农民政权没有大力进行巩固，地主阶级配合着清军，纷纷反攻倒算，各地农民政权相继被摧毁，大顺军失去了可靠的后方。领导集团中的矛盾也进一步激化，李岩自请领兵二万，往河南镇压地主武装的叛乱、保护农民政权，反而遭到李自成的怀疑。混进农民军的地主阶级分子牛金星，在革命胜利发展的时候，招揽权势，腐蚀起义将领，此时又大搞破坏活动，向李自成进谗言说："岩雄武有大略，非能久下人者。河南，岩故乡，假以大兵，必不可制"①，唆使李自成杀害了李岩及其弟李牟。这一事件引起许多起义军领袖的不平，"宋献策闻二李之死也，扼腕愤叹。刘宗敏按剑切齿骂曰：彼（指牛金星）无寸箭功，敢杀两大将，我当手剑斩之。文武不和，军士解体，自成遂不能复战"②。

一六四四年十一月，清统治者分兵两路，向大顺农民军进攻。一路以英亲王阿济格为靖远大将军，率领吴三桂、尚可喜等满蒙汉军队，由大同向榆林、延安进兵，然后从陕北南下西安；一路由豫亲王多铎率领孔有德、耿仲明等军，从河南怀庆直攻潼关。两路军预定在西安会师，妄图把李自成农民军消灭在西安。

十一月间，阿济格一军付出重大代价，攻陷太原、平阳等城。山西全部丢失，大顺军退守潼关。多铎一军，到河南卫辉就惧怕不敢前

① 《明史》卷三〇九，《李自成传》。

② 徐鼒：《小腆纪年》卷六。

进，只是由于多尔衮的多次斥责，才于第二年（一六四五年，清顺治二年）一月渡河到孟津，与大顺军大战于洛阳、陕州（陕县）、灵宝一带，一直进逼至潼关东三十里处。潼关保卫战是一次十分激烈的战斗，李自成亲自指挥作战，两军相持一个多月，至一六四五年二月八日，清军增援兵力和火炮，潼关失守。是时，阿济格、吴三桂率清军自保德渡河进入绥德，明降将唐通叛变投清，李过、郝摇旗率领大顺军经过激烈战斗后被迫从陕北南撤，延安、鄜州相继失陷，西安遂成为清军攻击的主要目标，大顺军腹背受敌。九日，李自成主动放弃西安，经蓝田下陕南，由商州龙驹寨走武关，退入当年战斗过的商洛山区，于一六四五年四月出武关到达湖北，进入襄阳，占据了武昌城。

大顺农民军的抗清斗争，虽然接连失利，但部队到达湖北地区尚有几十万人，整编为四十八部。① 由李过、高一功、郝摇旗等率领的队伍，驻扎在荆襄一带。由李自成、刘宗敏率领的队伍，屯兵于承天（今湖北钟祥县）。大顺军在武昌期间，改江夏为瑞符县，建立政权机构，设置官员，铸造永昌钱币。当时，李自成认为，“西北虽不定，东南讵再失之”②，提出了夺舟东下，占领宣歙一带，在东南地区建立基地，继续与清军对抗的主张。五月底，部队正在做出发准备，清军分水陆两路突然袭来。李自成大顺军仓促弃武昌南走，到达通山（湖北通山县）。

在这次战斗中，大顺军英勇善战的主将、李自成的亲密战友刘宗敏负重伤被俘，英勇就义，部队伤亡很大，大顺军又一次受到严重损失。尤其队伍到了陌生地区，革命处在低潮，从北京开始撤退以后，北京、河北、山东、河南、淮阴、湖广等地，明朝的残余势力纠合反动地主武装，处处与农民军为敌，甚至勾结或投靠清军，联合向大顺军进攻。③ 而大顺军内部的地主阶级分子也在这时投敌叛变，居然“瓒列卿寺，靦颜朝右”④，充当清军进攻农民军的鹰犬。

---

① 参见吴伟业：《绥寇纪略》卷九。

② 徐鼒：《小腆纪年》卷十。

③ 参见彭孙贻：《平寇志》卷十、十一。

④ 《清史稿》卷二五〇，《季开生》。

显然，大顺军面对着的不止是一个敌人，而是几个敌人，部队损失太大，抗清斗争处于十分艰难危险的困境。但大顺军领袖李自成同广大将士坚强不屈，殚心竭力，对付这难以撑持的局面。一六四五年六月间，大顺军到达通山九宫山麓时，李自成率轻骑二十余登山探路，遭到反动地主武装的伏击，不幸壮烈牺牲，时年仅三十九岁。

李自成以他不屈不挠、英勇奋战的一生，记载了古代被压迫农民砸碎封建枷锁的不朽的英雄业绩，为我国农民起义和农民战争史谱写了可歌可泣的光辉篇章。李自成牺牲了，但大顺军的抗清斗争还在继续进行，起义将士化悲痛为千钧力，高举抗清旗帜，一直战斗了整整二十个年头。

三、在大顺军推动下北方各省农民的抗清斗争

大顺农民军点燃起来的抗清烽火，首先在北方地区蔓延开来。清军入关后，清统治者在河北和北京地区圈占大量土地，掳掠大批人口充当奴仆，京东各地，受害更甚。所以在大顺军的影响和推动下，三河县农民开始发难，接着北京的昌平、海子红门和天津一带农民，持刀枪而起，大有围困北京之势，使“京师采煤西山……两月不至”①，直接威胁“辇毂近地”② 的安全。

河北保定、真定、霸州等地农民武装，直接配合李自成农民军作战，牵制清军兵力，出现“国初以来有积寇盘踞险要，赋税不供，招纳亡命……吏不敢问”③ 的局面。一六四四年（明崇祯十七年，清顺治元年）八月，当刘体纯率兵十万由彰德、磁州一带进攻大名、固关、井陉等地时，该地区农民纷纷响应，“倚山踞寨”，积极协同农民军作战。大名、内黄一带农民，占据内黄县城，“各称总督、大元帅，并联山东、河南‘贼寇’，势将燎原”④，“呼百召千，妄窥城市”⑤。

---

① 《贰臣传》卷四，《曹溶传》。

②⑤ 《明清史料》丙编第五本。

③ 柴桑：《京师偶记》；《清史稿》列传卷二十六，《沈文奎》。

④ 《清世祖实录》第八卷。

第二年（一六四五年，清顺治二年），宣化、大同等地农民抗清起义蜂起，迫使清统治者惊呼："但见满山遍野，俱是'贼兵'，多持枪刀弓矢，其中又拿椽标者。妇女腰系红裙，亦各持椽木双刀，飞舞跳跃，各各前来……我兵对敌，从辰至未……不能敌众，遂收兵回城。"① 此外，在河北的饶阳、交河、曲阳、保定、定兴、南宫、平山、承德等地农民，相继发动，攻打县城，反对清朝统治。怀来县农民，"乘闯'贼'肆乱已后，负隅啸聚，西'劫'蔚州，北攻怀来，攻斋塘杀守备破马水口，'抢'保安州，屡败官军，势大炽"②。可见，河北及邻近"京畿"要地一带农民的抗清斗争，有力地打击清军，使清朝统治者惶惶不可终日。

山东的农民起义在明末就已经蓬勃发展起来。一六四四年八九月间，大顺军西撤以后，闯王的旗帜仍招展于山东。兖沂邹滕一带农民军，即转入截击和阻止清军南下的斗争。衮沂所属州邑，农民抗清队伍不下数十支，最大一支达数万之众。著名的如满家洞农民军，"聚集数万"③，"界连四县，穴有千余，周回二三百里"④。他们"建营立寨"，"攻城掠地"，"五兵火器，件件俱全"，"旗帜上大书闯'贼'年号"⑤，"官兵所望而却走"⑥。邹滕一带农民军，也有数十支。著名的有滕峄农民军，团结其他农民队伍，以苍山、花盘山、抱犊岗一带为抗清基地，与清军坚持战斗达八九年之久。

鲁东地区农民于一六四四年秋在青州杀死清朝的招抚使，举行抗清起义。登莱青三府农民群起响应，"结聚数万，延蔓东海"⑦，有的自称威振山东提调总镇，有的称总兵大元帅等，声势浩大。一六四六年（清顺治三年）八月，鲁东农民军攻克高宛、长山、新城等县。鲁西曹州一带的榆园农民军，原是一支坚强的反对明朝统治的起义队伍。清军打进北京，榆园军转入抗清斗争。一六四五年李

---

①③⑦ 《明清史料》丙编第五本。

② 光绪八年《怀来县志》卷十五，《杂记》。

④ 《清世祖实录》卷十七。

⑤ 《明清史料》甲编第一本。

⑥ 《明清史料》丙编第六本。

自成牺牲以后，榆园军执行了团结其他阶层抗清力量共同对敌的正确政策，“数日之内，袭陷四城，聚众至数十万”①，在山东、河北、河南三省交界地方，形成抗清的中心力量。

李自成农民军西撤以后，在河南的大顺军二万余，“渡黄河，攻怀庆甚急”②。他们在卫辉、怀庆一带继续与清军作战，并推动和影响原武、新乡等地农民的抗清斗争。

山西是李自成农民军控制的地区。一六四四年八月，清军主力攻陷太原，平阳、汾州、潞安等地落入清军之手。广大农民自一六四五年起，在阳曲、岚县、交城、岢岚、盂县、静乐、五台、朔州、永宁、平阳等地纷纷起义③，掀起全省的抗清热潮。

明末农民起义的发源地陕西，在清军进剿西安后，各地农民军受到血腥镇压。从一六四五年开始，西安人民及西安周围山寨农民奋起抗清，以后又有陕南农民军团结明朝旧将在五郎山举义，配合其他农民军，围攻西安达七个月之久。

总之，在大顺军影响和推动下的河北、河南、山东、山西、陕西各省农民的抗清斗争，虽然各自为战，没有统一的指挥和协调的行动，但在清朝对全国的统治还未稳固的时期，这种抗清斗争，阻止清兵南下进军，对于形成全国的第一个抗清高潮，起了重要的作用。它们是抗清斗争的主力军。

在广大农民的抗清声浪中，北方地主阶级中的少数人，也曾在河北雄县、鸡泽等地起兵抗清，但未能坚持到底。河南的部分地主武装，以汝宁、南阳、洛阳为主要地区，安营结寨，势力相当雄厚。他们在明末本是纠集起来抵御农民军、坚决与农民起义为敌的。清军进入河南，这些地主武装，有的投降了清朝，有的调转枪头，与清军作战，但在清军的诱惑和袭击下，软弱动摇，很快就土崩瓦解了。

---

① 《明清史料》丙编第七本。

② 《清世祖实录》卷十。

③ 参见《清史稿》卷二十六，《祝世昌》。

四、清军进攻南京和南明弘光政权的覆灭

一六四四年（明崇祯十七年，清顺治元年）六月十九日（阴历五月十五日），在明朝大官僚军阀的扶植下，明福王朱由崧（明神宗的孙子）在南京称帝，年号弘光。这个政权刚一建立，就抱定“今日宗社大计”，莫过于“讨‘贼’复仇”① 的宗旨。弘光即位的“诏书”，大肆攻击农民起义，咬牙切齿，号召全国地主阶级一切反动势力，“僇力匡襄，助予敌忾”②。弘光王朝当时拥有相当庞大的兵力，总兵左良玉、左梦庚父子率领二三十万大军驻扎武汉；总兵刘泽清、刘良佐、高杰、黄得功等四镇，拥有兵力三四十万，驻扎在江淮一带。河北、山东、河南、四川各地与农民军为敌的明朝残余势力和反动地主武装，有的打着弘光年号，有的编入南明朝廷军队系统，拜官封爵。这近百万军队，矛头首先是对准农民军的。

弘光王朝在军事上进行了一系列的部署，提出“江北与‘贼’接壤，遂为冲区，议设四镇，分辖其地”③。命史可法以督师地位坐镇扬州；命高杰驻守泗州（安徽泗县），管辖徐州等十四州县，“经理河北、河南、开（封）归（德）一带招讨事”；刘泽清驻守淮安，管辖淮海等十一州县，“经理山东一带招讨事”；刘良佐驻守临淮，管辖凤阳等九州县，“经理河南陈杞一带招讨事”；黄得功驻守庐州，管辖滁和等十一州县，“经理光固一带招讨事”④。他们设此四镇作军事据点，以屏障南京，确定如果农民军“在河北，则各镇合力协防淮徐”；“在河南，则各镇协守泗凤”；“在河北、河南并犯，则各镇严兵固守”⑤的战略，然后整装北伐，企图完成扑灭农民起义的“中兴大业”。

弘光王朝并没有把清军入关当作主要威胁。当时清统治者打着“为尔等复君父仇”的旗号，减少来自汉族官僚地主方面的反对。进驻北京后，又把全部兵力投入镇压农民军的战争，而对南明王朝暂

① 徐鼒：《小腆纪传》卷十二，《刘宗周传》。

② 计六奇：《明季南略》卷三，《弘光诏书》。

③⑤ 同上书，《史可法请设四镇》。

④ 计六奇：《明季南略》卷三，《史可法请设四镇》；《明通鉴》附编卷一上，附记一上，三四九六页。

作妥协姿态，尤其针对这个政权庸懦无能、苟且偷安的本质，拉拢其中的大官僚大军阀，制造和谈与偏安的幻想。一六四四年七月初，吴三桂勾结清军入关击败李自成农民军的消息传到南京，南明统治者急忙晋封已投降清朝的吴三桂为蓟国公，还准备从海运输米十万石，酬劳他“借来”清军击败农民军的“功劳”。七月间，传闻多尔衮在北京扬言“且天下者，非一人之天下”①，宣示清朝夺取全国统治权的野心时，弘光政权只向河北、山东颁发“诏书”，告示南明小朝廷的存在，“以安中外臣民之心”②，不敢表示与清朝公开对抗。八月间，弘光政权派出和谈使臣赴北京，携带黄金一千两，白银十万两，并以割地、岁纳白银十万两等为条件，乞求清军不要南下，并建议采取联合军事行动进攻农民军。③

弘光政权是明朝大军阀大官僚大地主阶级派系斗争的产物，它本身依靠几个对立的军事集团而存在。一边是以镇压农民起义起家的左良玉集团，盘踞在长江中游的武汉一带；另一边是江北四镇的高、黄、二刘横行于江淮之间。每个军阀各有地盘，各有军队，纷争攘夺，鱼肉良民。如江北四镇“一切军民皆听统辖，州县有司皆听节制”，“每镇额兵三万人，岁供本色米二十万（石），折色银四十万（两），悉听各属自行征取”④，“所在兵民相角……民以兵为贼，兵以民为叛”⑤。各个军阀集团之间存在着不可调和的矛盾，左良玉与四镇矛盾，四镇之间又相互矛盾。因此弘光小朝廷里也分成依附四镇的马（士英）阮（大铖）派和依附左良玉的东林余党，他们争权夺利，互相攻击，势如水火。两派都主张用全力扑灭农民军，而寄希望于和清朝政府实行妥协。直到弘光政权派出的议和使臣被打发回来，和谈破裂，清军南下，直接威胁弘光小朝廷的存在，史可法等才实行“和不成惟有战”的抵抗方针。⑥ 而在大

---

① 徐鼒：《小腆纪年》卷六，一八九页。

②④ 计六奇：《明季南略》卷三。

③ 参见明古藏室史臣：《弘光实录钞》卷三；计六奇：《明季南略》卷八；娄东梅村野史：《鹿樵纪闻》卷上；徐鼒：《小腆纪年》卷八，三〇三页。

⑤ 顾炎武：《圣安本纪》。

⑥ 参见计六奇：《明季南略》卷七，《史可法奏议和不成》。

官僚军阀卵翼下被抬出来的弘光帝，则是一个极端腐化昏聩的傀儡。他“修兴宁宫，建慈禧殿，大工繁费”①，终日沉湎酒色，“惟以演杂剧、饮火酒、淫幼女为乐”②，过着荒淫无耻的生活。这个封建小朝廷的反动头子，把“万事不如杯在手，一年几见月当头”的堕落的人生哲学作为座右铭，当然就不可能担负起抗清斗争的任务。

一六四五年（清顺治二年）初，清军占领潼关、西安，大顺农民军被迫南撤，明朝的残余武装纷纷降清，清军的力量扩大了。清统治者的下一步行动是要摧毁弘光朝廷，夺取对全国的统治权，命令进入西安的豫王多铎率军东下。四月三日，多铎统兵出虎牢关口，分兵自龙门关及南阳三路并进，十八日占领归德。然后分道南下，“如入无人之境”③。五月四日打下军事重镇徐州，守卫的明总兵闻风而逃，弘光小朝廷面临“燕巢危幕，朝不保夕”的局面。

这个政权毕竟太腐败了，就在清军打到淮徐，江北快要保不住的时候，守备在江北的四镇还在抢占地盘，相互火并。其中，拥兵最多的高杰已被投降清朝的许定国设计杀死，其他军阀听说高杰被杀，“皆起至扬，将分其军”④。南京小朝廷里也迭起风波，马士英等把持朝政，压制东林余党。屯兵武汉的宁南侯左良玉，袒护东林余党，率兵几十万东下九江，以“清君侧”为名，发动内战，与马士英派争夺权力。五月八日，左兵打到安庆。九日清军由泗州渡淮河。四镇中的刘良佐、刘泽清害怕退缩，“以入卫为辞，避而南下”⑤，逃之夭夭。史可法虽然竭力筹划防御，但江北都是既跋扈、又怯懦的将领，不服调度。他身为督师而实无师可督，只好退守扬州。十三日清军兵临城下，包围了扬州城。十四日弘光帝召见群臣，有大臣提出“淮扬最急”，应赶紧调兵防御增援，反对马士英撤二镇江防兵去对付左良玉。然而“宁可君臣皆死于清，不可死于

---

① 计六奇：《明季南略》卷五，《朝政浊乱昏淫》。

② 娄东梅村野史：《鹿樵纪闻》卷上，《福王》上。

③ 徐鼒：《小腆纪年附考》卷九，三四七页。

④ 《南疆逸史》卷四十九。

⑤ 徐鼒：《小腆纪年》卷十，三五六页。

良玉之手”① 的马士英，却瞋目大呼“有议守淮者斩”②，吓得连傀儡皇帝也不敢吱声。甚至史可法的“血疏告急”也被撂在一边，不加答理。③ 真是“朋党势成，门户大起，清兵之事，置之蔑闻”④，把派系斗争看得高于一切。这样腐败而分崩离析的弘光朝廷自然是一触即溃，二十日，少兵无援的扬州孤城，经过英勇战斗，抵挡不住清军的猛烈炮火，终于陷落，史可法被俘。多铎劝他投降，史可法慷慨地回答：“城存与存，城亡与亡，我头可断，而志不可屈”⑤，于是被清军杀害。其部将刘肇基等率残部和城内人民一起，继续与清军鏖战，直到矢尽人亡。清军痛恨人民的反抗，入城后实行血腥大屠杀，将一座有悠久历史的繁华富庶的城市毁为废墟。⑥

清军血洗扬州之后，乘势渡过长江，六月二日占领南京的门户镇江。第二天深夜，昏醉在醇酒歌舞中的弘光帝急忙溜出南京，夺路而奔芜湖，投总兵黄得功庇护。小朝廷内鸡飞狗跳，乱作一团，有的纷纷逃窜如鸟兽散，有的“奉舆图册籍”准备迎降。南明武装的基本力量，如左良玉（已死）的儿子左梦庚、刘泽清、刘良佐和高杰（已死）的余部，这时都投靠清朝。甚至守卫南京的二十三万军队，也很快放下武器。⑦ 清军没有受到任何阻挡，六月八日（农历五月十五日）开进南京城，宣告了弘光小朝廷的覆灭。降清的刘良佐抓住弘光帝，押回南京，“百姓夹道唾骂，甚有投瓦砾者”⑧。这个维持不到一年的腐朽政权，并没有真正抵抗清军的进攻，甚至阻碍江南人民的抗清斗争，而它对人民的压迫和剥削，却达到了敲骨吸髓、无以复加的程度，给人民带来了无穷灾难。六月底，清军由常州、无锡直取苏州。七月四日打到杭州，逃避在杭州的潞王开城门迎降。接着在绍兴的瑞王等明朝宗室，也纷纷举表

---

① 邹流绮：《明季遗闻》卷三；徐鼒：《小腆纪传》卷二，《弘光》。

② 计六奇：《明季南略》卷八，《议御北兵》；杨陆荣：《三藩纪事本末》卷一。

③⑦ 参见杨陆荣：《三藩纪事本末》卷一。

④ 《明季稗史初编》卷十六，《续幸存录》，《南都大略》。

⑤ 徐鼒：《小腆纪传》卷一，《弘光》。

⑥ 参见《明季稗史初编》卷二七，《扬州十日记》。

⑧ 《鹿樵纪闻》卷上，《福王》下。

投诚。

多铎进入南京，南明一大批官僚，冒滂沱大雨，任衣冠淋漓，跪道边迎降，然后“文武各官，争趋朝贺，职名红揭，堆至五尺者十数堆”①。清统治者于是任命江宁、安庆巡抚以下降官三百七十三人，作为其在江南建立统治的基础，同时改南京为江宁府，派八旗重兵镇守，并以南京为中心，继续向南方推进，扫荡各地的抗清武装和明朝残余势力。

五、清军南下和南明几个政权的覆灭

清朝入关，在一年多时间内，打败了李自成的农民起义军，摧毁了南明弘光政权，席卷了半个中国。但这一切，还只是清朝夺取全国统治的开始，今后的斗争还相当曲折而漫长。清王朝是新崛起的力量，它组织严密，战斗力强，领导集团比较稳定而有进取心。因此，它的军事行动如同霆击飙举，凌厉无前，在短时间内取得了令人心惊目眩的胜利。但是，它对农民军的血腥镇压，它在胜利进军中野蛮的烧杀劫掠，以及由于民族之间的隔阂和社会制度的差距，它入关后采取的一系列高压政策，使得满族贵族与广大汉族农民处于严重的冲突之中，也使满族贵族和汉族地主阶级处于矛盾之中。国内的民族矛盾，特别是满汉之间的矛盾迅速上升。随着清军向南胜利地推进，一股强大的保卫民族权利和民族文化的感情在广大汉族群众中汹涌奔腾起来。这种民族感情不但滋润培育了大大小小的抗清武装，也使濒于覆灭的明王朝残余势力得到了复苏，这是清朝夺取整个中国统治权的严重阻碍。清朝的武装力量固然强韧善战，但仅仅依靠军事力量还不足以夺取全国的统治，只有在政治上作出重大的努力，逐步减少屠杀掠夺行径，改变某些高压政策，缓和民族之间的矛盾，才能够分化和削弱抗清势力，显示自己的优势，以至赢得全国的统治权。

当清军向弘光政权进攻的时候，李自成的余部已退到湖南。对

---

① 《明季稗史初编》卷十九，佚名：《江南见闻录》。

农民军来说，这是一段喘息和调整的间隙。他们新遭大败，失去了领袖，元气大丧，于是一面休息整顿，恢复力量；一面注视着清朝和南明之间的搏斗，以筹划下一步的战斗方针。张献忠的起义军则还在四川和地主阶级进行苦战。农民军和地主阶级已经作战十余年，彼此之间蕴积的仇恨是不可调和、无法平息的。当形势已经改变之后，双方还不可能自觉地改变战略目标和打击的方向，只有在清军进一步推进时，双方才会在一个强大的共同敌人的压力下，被迫互相靠拢，进行一定程度的合作。双方能否合作以及能在多大程度上合作，将是决定抗清斗争前途的关键。

南明弘光政权由于腐败和内部纷争，理所必然地迅速灭亡了。接着，清军的进攻矛头指向浙、赣、闽、粤东南地区。清军铁蹄蹂躏的范围日益广阔，国内民族矛盾继续激化，人民群众和许多地主士大夫纷纷卷进了抗清斗争的潮流。抗清武装中，既有下层农民和市民对清军残酷暴行的自发的反抗，也有汉族士大夫为恢复明朝统治的狭隘的图谋。他们有的婴城固守，抗拒强敌；有的结寨深山，自保家园；有的困守海岛，矢志不屈。弘光王朝土崩瓦解之日，正是抗清武装风起云涌之时，各地处于民族斗争的鼎沸形势之中。

抗清斗争中，有汉族地主阶级及其知识分子参加在内，甚至，许多次斗争是由他们发动、组织和领导的。他们标榜“君亲之尊”、“华夷之防”，打着恢复“大明江山”的旗号，披发跣足，奔走呼号，激扬民族感情，掀起重重波澜。当然，他们那种冠冕堂皇而鼓动人心的口号背后都有切切实实的阶级利益作为后盾。在残酷的国内民族战争中，除了投降派以外，许多地主分子的利益也受到损害，他们家破人亡，妻离子散，家园被毁，财产和权力被剥夺，生命受到威胁。他们要恢复“大明江山”的大声疾呼，归根到底不过是要重建汉族地主的统治而已。

即使汉族地主士大夫的抗清是从本阶级的利益出发，但是我们也不能把他们和清朝的斗争简单地看做地主阶级内部的狗咬狗。清军入关，进行的是一场野蛮的掠夺战争，对中国社会的经济、文化造成了很大破坏，受损害最严重的是下层人民群众。国内的民族斗争也有一个是非问题，人民群众理所当然要起来反对压迫、反对掠夺。只有在广大下层人民反对民族压迫的高潮中，才会出现像史可法、钱肃乐、张名振、张煌言、黄道周、何腾蛟、堵胤锡、瞿式耜、郑成功等比较英勇坚定的人物。当然，地主阶级参加抗清斗争必然抱有本阶级的动机，但是，评价历史人物及政治口号不能仅仅根据其动机和表面意义，一个历史人物的行为的效果常常会超越其狭隘的动机，而一个政治口号在不同时期、不同阶级的手中也具有不完全相同的意义。地主阶级的抗清武装和农民的抗清武装，自然存在着差别和矛盾，但两者处在同一条战线上，都是抗清力量的组成部分，对于其中抗清比较坚决的人物和集团，理应给以肯定的历史评价。

一六四五年（清顺治二年）七月，在抗清义军、故明官吏、缙绅钱肃乐等的扶持下，由明太祖第十世孙鲁王以海监国于绍兴，建立政权。鲁王政权当时控制着浙东绍兴、宁波、温州、台州等地，拥有浙中义师和驻守浙江的明总兵方国安、王之仁的部队。在当地人民的支援下，他们依凭钱塘江天险，抗击和打败了清军。当时，一个住在附近的外国传教士说："如果他们追过江去，也许会收复省城和其他城镇，但他们没有继续发展胜利，只满足于……在南岸设置防线同鞑靼军队（清军）对垒，鞑靼远征军就这样被阻挡了整整一年。"① 妨碍鲁王政权积极抗清的原因是它的政治腐败，当时，军阀专横，外戚宦官专权，把持有限的兵饷财源，对人民横征暴敛，而真正抗清出力的士兵和"义师"得不到粮饷。正如钱肃乐所说的，"竭小民之膏血，不足供藩镇之一吸，合藩镇之兵马，不足卫小民之一发"②。又由于与福建的隆武政权争夺皇位继承权，内外矛盾重重，无心抗清。到一六四六年（清顺治三年）六月，清军乘天旱水浅，抢渡钱塘江，攻破绍兴。总兵方国安的守军望风披靡，惊慌溃散。方国安等向清朝投降，鲁王出走逃命。这个政权存在不过一年工夫就垮台了。

---

① ［意］卫匡国：《鞑靼战纪》，伦敦，1654。(Martin Martini: *Bellum Tartaricum*)

② 全祖望：《鲒埼亭集》卷七，《忠介钱公神道第二碑铭》。

鲁王监国的同时，在福建军阀郑芝龙、郑鸿逵和明官吏黄道周等的扶持下，明太祖第九世孙唐王聿键在福州称帝，年号隆武。这个政权建立之初，对抗清事业作过筹划，俨若有一番作为。他们以建宁、天兴、延平、兴化为上游，漳州、泉州、邵武、汀州为下游，各设巡抚。对闽北自仙霞岭以外一百七十处设兵把守，以十万兵防镇，十万兵讨伐。

可是，隆武小朝廷的军政大权，完全掌握在福建大军阀郑芝龙手里。郑芝龙又名一官，福建泉州南安县人，原是海盗首领，以后接受明朝招抚，官至都督总兵官，拥兵二三十万，又把持着海上贸易，往来于日本和南洋的商船必须得到他的许可，并向他交纳税款。他是福建最大的地方实力派。他之所以拥立隆武，实为借此捞一政治资本，以便扩大自己的政治权力，对人民进行更残酷的掠夺。当大江南北义军开展英勇顽强的抗清斗争时，郑芝龙精兵利器，马肥粮足，却按兵不发，“坐山观虎斗”。隆武政权实际上无所作为，纵然有黄道周、张家玉这样一意想恢复明朝天下的谋臣，也无济于事。当清军直逼浙闽时，郑芝龙认为隆武已不起任何作用了，为了保存他在福建的权力和巨大家产，他暗中投降清朝。一六四六年六月，清军攻灭鲁王政权后，挥师南进。仙霞岭本是闽浙之间的天险，但郑芝龙丧心病狂地撤退了全部守军，清军在无人防守的山区长驱直入，进入福州。隆武王朝的文官武将，或逃或降，未作有效的抵抗。郑芝龙也薙发迎降，被送往北京。目睹这个小朝廷覆灭的一个外国传教士写道：“那个隆武皇帝表现得像一只懦弱的绵羊，他带着‘强大’的部队逃跑了。我使用‘强大’这个词，不过表示这些没有心肝的人数量很多罢了。但他逃跑也不能挽救自己，鞑靼的敏捷的骑兵追上了他，用箭把这群愚蠢的绵羊都射死了。”①

一六四六年十二月，由明官僚苏观生等拥立隆武的弟弟聿𨮁，在广州称帝，年号绍武。这个政权从未抗击清军，反而为了争夺帝统，和永历政权互相火并厮杀起来。一六四七年（清顺治四年）一

---

① ［意］卫匡国：《鞑靼战纪》。

月清军攻陷广州，存在不到四十天的绍武政权就如同儿戏般散伙了。

一六四六年十二月在肇庆建立的永历小朝廷，是南明最后一个政权。永历帝名由榔，神宗万历之孙。隆武死后，由明两广官吏丁魁楚、瞿式耜等拥立，先监国而后称帝于肇庆。

永历政权刚一建立，就颠沛流离，到处奔跑，没有过一天安稳日子。一六四七年初清军进入广州，永历慌忙离肇庆逃往梧州，梧州告急，他又仓皇逃到桂林，拥立他的大小官僚，或投降清朝，或弃职而逃。以后，永历又从桂林跑到全州，从全州逃到柳州，又逃回桂林。他其实是一个闻警即逃的皇帝。这个人，懦弱寡断，昏庸腐朽，苟且偷安，贪生怕死；而且政治腐败，大权旁落，信赖宦官权臣，内部矛盾重重，相互倾轧，毫无作为。只是在抗清较为坚决的何腾蛟、瞿式耜、堵胤锡、郑成功等的拥护下，特别是在大顺农民军和大西农民军的支持下，这个政权才能够维持了十五六年之久。

六、江南和东南沿海人民的抗清斗争

清军在江南和东南沿海地区节节胜利，连续攻灭了南明的几个小朝廷，兵锋所向，如摧枯拉朽，充分发挥了它的战争机器的效能，显示了在军事上的强大和迅捷。但是，清军每攻取一地，烧杀掳掠，“子女玉帛”，捆载而去，供满族贵族的享受和驱使。东南繁华之区到处是颓垣废墟，变成一片荒凉景象，使生产遭受严重破坏，人民生活更加痛苦。压迫愈深，反抗愈烈，江南和东南沿海地区的人民群众，奋起反抗清军的骚扰侵害。一时，此伏彼起的抗清斗争风起云涌。

江南一带，在清军南下之前，就有反抗地主阶级压迫的农民革命组织。如溧阳潘茂、潘珍领导的削鼻、珐琅诸党。清军南下以后，这些农民组织团结广大贫苦农民，同仇敌忾，开展抗清斗争。仅溧阳一地，其力量发展“遂至十六区”①。徐州的农民队伍，曾一度占据徐州西部，阻止清军南下。② 清军打到南京，腐败的南明官军不

---

① 光绪《溧阳县志》卷八，《兵事》附；《明清史料》丙编第六本。

② 参见《清世祖实录》卷二十七；《贰臣传》卷六，《王之纲传》。

战而溃，但南京周围的农村，如王瑄、金牛、六塘、聂村、陶村、邓村、龙都等地农民，“借练乡兵为名”①，奋起与清军作战。

由于抗清斗争的普遍开展，一六四六年（清顺治三年）八九月间，溧阳、金坛、兴化等县农民军二万人，曾配合明宗室举兵进攻南京，兵抵神策门。虽然由于机事不密，城内策应遭到清军野蛮镇压，攻城未成，可是，农民抗清力量如此迅速扩大，并且敢于攻打大城市南京，的确大出清统治者意料之外。以后又曾多次袭击南京，使清统治者坐卧不安。

抗清斗争发展到太湖地区。太湖广大贫苦农民、渔民，在赤脚张三的领导下，以淀山、长白荡、澄湖为基地，组织抗清起义。农渔民抗清队伍阶级立场鲜明，把地主豪绅、渔霸的粮食财物分发给贫苦农渔民。“虏富家子置山寨，勒千金取赎”，以充军饷。对广大“村农贫人”，“仍公平交易”，“故众多归之”②，得到太湖人民的热烈拥护。

太湖农渔民起义威胁清朝在苏（州）松（江）一带的统治，鼓舞了抗清的各阶层人民的斗争。一六四五年（清顺治二年）七月，太湖农渔民军参加吴江进士吴日生等发动的抗清起义。起义战士一律用白布裹头，称“白头军”。白头军以农渔民军为主力，攻下吴江，活跃在太湖地区。他们主动出击清军，牵制了一部分清军兵力。白头军曾挥师东破浙江的海盐，回攻嘉善，声威震动江南一带。只是由于内部成分复杂，一六四六年七月以后，在清军的围剿下屡遭失败，吴日生被杀。太湖农渔民仍在赤脚张三领导下，坚定顽强，继续奋战。他们攻克宜兴，出没于苏常等地，多次挫败清军，使清军不敢正面进犯，“湖路梗塞，莫可如何”③，成为江南抗清的一面旗帜。

在安徽江北一带，抗清斗争以英霍山区为基地，“内抚有二十四寨，外联络蕲黄四十八寨”④，颇有声势。这些抗清武装，其中有农民起义军，也有当地豪绅官僚拥明宗室建立起来的地主武装。他们

① 《明清史料》丙编第六本。

②③ 顾公燮：《消夏闲记摘钞》卷中。

④ 王葆心：《蕲黄四十八寨纪事》卷二，《皖寨编》。

时而各自为战，时而联合行动，其势力曾扩大到安徽之六安、英山、霍山、舒城、潜山、太湖，河南之固始，湖广之罗田等县。在皖南的池州府属东流、建德等地农民军，联合江西彭泽、鄱阳、都昌等处农民起义队伍，以了悟和尚和赤脚黑先锋为领袖，在建德山区建立抗清基地，“众至数万，弥漫彭都”①，并曾西进到江西的饶州、鄱阳、永丰一带。所有这些农民的抗清起义，“构结招集，一线串合，举动甚大”，吓得江南的清统治者惊呼：“皖庐地方千里，皆起乱萌，可骇可虞”②。

清军对江南地区实行军事控制以后，为了实现对全国人民进一步的统治，清政府采取了一些强制性的措施，企图从制度到生活习俗等方面，清除明朝统治的痕迹和影响。

一六四五年八月，清政府下令剃发梳辫，改换明朝衣冠，强调这是清朝的制度，强迫人民从衣冠装束到精神观念，承认清朝对全国的统治，确立满族贵族对汉族及其他各族人民的主奴关系。③ 清统治者竟然规定：自布告下达后十日之内，各地人民一律薙发。凡是不剃的，迟疑的，上表章请求保存明朝制度的，一律“杀无赦”④。在州县的命令上，更写上“留头不留发，留发不留头”⑤ 等语。与此同时，清政府还派兵丁巡行街头，武装强迫剃头，稍一反抗，就把头砍下来。

本来，由于清军在江南的暴行和一系列民族高压政策的实施，早已激起各地人民的无比愤怒，剃发令的颁布，起着火上浇油的作用。抗清斗争像燎原烈火，在社会各阶层中迅速蔓延。汉族中除一批官僚地主豪绅投诚依附，引导清军加倍压迫和奴役人民以外，广大的农民群众（包括灶丁、渔户）、城市市民、商人和小手工业者，以及不少地主和知识分子，纷纷行动起来。他们组织各种形式的抗清义军，坚持“头可断，发决不可薙”⑥，开展大规模的反剃发斗争。它是第一个全国抗清高潮的组成部分，许多城市，如江苏的常

①② 《明清史料》丙编第六本。

③④ 参见《东华录》顺治四。

⑤⑥ 韩菼：《江阴城守纪》上。

州、无锡、宜兴、江阴、常熟、松江、昆山、华亭、吴江、崇明、金山卫，浙江的嘉兴、平湖、嘉善、湖州、绍兴等地，都先后举行抗清起义。尤其松江、苏州等地城乡，以奴仆为主体的乌龙会，站在反薙发斗争的最前列。①

反薙发令最激烈的江阴人民，于一六四五年八月，举行了抗清起义。江阴是江南大县，所谓“三江之雄镇，五湖之腴膏”。东关外设朝阳驿，扼苏松浙闽往来南京之要冲。城北黄田港，帆船一昼夜可通达海口②，成为长江下游采石以东第一重要门户，关系清军南下的战略要地。江阴人民占领县城后，推举下级官吏、前任典史阎应元指挥作战。阎应元整顿队伍，严密部署了防务，誓死抗击清军。清统治者前后调动了二十四万清军，进行疯狂围攻，双方攻守争夺，十分激烈，尤其远近农民军英勇参战，“距城五六十里者，日入城打仗，荷戈负粮，弃农不顾……虽死无悔”。“乡兵阵伍散乱，进退无节，然清兵所至，尽力攻杀，多有斩获，即不胜，亦未尝附首效顺也……是以清兵不得安处，相对多楚容”③。在二十万农民军的直接支援下，江阴人民坚持守城八十天，最后终因力量悬殊，粮食罄尽，清军用大炮破城，守城人民经过英勇巷战，全部壮烈牺牲④。清统治者残暴地下令屠城，满城杀尽，然后封刀⑤。清军付出了七万多人的代价，占领了江阴城，但江阴人民，主要是周围农民的抗清斗争，并没有停止。在距江阴东南二百多里的嘉定城，也爆发大规模的反薙发起义。嘉定人民在黄淳耀、侯峒曾的领导下，以微薄的兵力，坚守孤城，无所畏惧地对抗清朝大军，连续遭到清军的三次屠城。除此以外，还有陈子龙、夏允彝起兵于松江，联合太湖的抗清义师，攻打苏州，未能成功，此后陈子龙劝说已经降清的提督吴胜兆举兵反正，又告失败；王佐才、顾炎武、归庄、吴其沆起兵于昆山，艰苦支持，力抗强敌，失败后，昆山被屠城；卢象观起兵于茅山，谋袭南京，因消息泄露，失败退入太湖；沈廷扬、荆本彻率舟

---

① 参见王家桢：《研堂见闻杂记》。

②③ 韩菼：《江阴城守纪》上。

④⑤ 参见赵曦明：《江上孤忠录》；韩菼：《江阴城守纪》；许重熙：《江阴城守后纪》。

师退保崇明岛，不久也被清军攻灭；金声、江天一、吴应箕起兵于徽州，联络各地义军，在皖南山区建立了广阔的抗清基地，和清军展开激烈搏战，最后，因一些降清奸细的破坏，被清军镇压。在这些斗争中产生了许多可歌可泣的事迹和英勇坚强的人物，他们"毁弃身家，上灭宗祀，断头碎骨，浩然不顾"①。清统治者痛恨人民的反抗，用血腥的烧杀屠城的手段使这些地区几乎成为废墟。

反薙发斗争是反对满族贵族实行民族高压政策的一种斗争形式，它是汉族大众保卫本民族风俗习惯的斗争，也是广大人民不肯承认清朝对全国的统治权，这场斗争具有广泛的群众基础。但是，它揭起的是"大明中兴"的旗号，其领导权大多数掌握在地主阶级士大夫手里。一部分明朝的遗臣皇族，利用人们的民族感情和传统观念，力图把斗争引向恢复明朝统治的目的上。

清军攻下江南，挥师进入浙江，浙江人民的抗清斗争也迅速开展。当时海宁、平湖一带农民，武装反对清军占领。衢州、严州、处州一带，"十里俱是'贼'巢，邻县悉为'贼'据"②。仅泰顺县农民军，就拥有二万余众，曾攻下福宁、寿宁、福安等县，并且围攻泰顺县城，打得清军"弃城鼠窜，县官印信，俱无下落"③。特别是著名的浙江四明山和舟山岛上的抗清军与清兵相持很久，影响极大。

一六四五年七月，由于南明将领降清引兵进入江西，江西人民的抗清斗争蜂拥而起。赣南农民在宁都首揭义旗以来，农民抗清起义大小不下数十处④，遍及瑞金、石城、兴国、龙南、上犹、九江、南昌等地⑤。这些队伍同福建、广东的农民抗清斗争遥相呼应，声势很大。

江西南安、赣州二府，"逼居东南，远在天末"⑥，是抗清斗争最激烈的地区。这一带地瘠民穷，农民受地主阶级统治压迫最重。

---

① 佚名：《照世杯》，上海，上海古典文学出版社，1956。

②③ 《明清史料》甲编第三本。

④ 参见《贰臣传》卷一，《徐勇传》。

⑤ 参见光绪修《江西通志》卷九十七，《前事志》；《清世祖实录》卷三十。

⑥ 《明清史料》丙编第八本。

山上有开矿的矿工，又有从闽、川、湖广逃来的难民，聚集垦荒，结棚居住，称为“棚民”。这些封建社会的最底层，富有反抗压迫剥削的斗争传统。清军进占江西以后，他们勇敢地担负起抗清使命，组织各种武装，发动起义。其中著名的有以赣州山区鱼骨、莲花、丁田等寨为基地的农民军；在袁州宜春一带的棚民军，曾攻占袁州万载；在兴国一带农民军五万余，曾攻陷兴国州，势力扩大到永丰、万安、泰和、雩都境内。此外，在桂阳的红头军，曾攻克武冈、宝庆；雩都农民军，从雩都进入广东；永丰农民军在九仙山屯积粮草，决心和清军血战到底。所有这些抗清队伍，或据险扼守，或主动出击，造成清军不能长期占领江西和建立稳固统治的困境。清统治者视之为“心腹大患”，对它“束手无策”①。南明官吏万元吉、杨廷麟在广大人民的支持下，坚守赣州，力抗清兵，达二年之久。

清兵进占福建，掳掠抢夺，也激起福建人民的反压迫怒火。抗清起义遍及八闽（福州、兴化、建宁、延平、汀州、邵武、泉州、漳州），尤其漳泉汀一带农民军，发动最早，受到广大人民群众的热烈响应，力量也最雄厚，即使清统治者也惊呼：“闽省遍地皆‘贼’”②。

总之，江南、东南和全国其他各地人民的抗清斗争，持续不断，成为清朝对全国实行有效统治的最大障碍，所以清统治者把主要兵力集中放在消灭农民军上面。只是由于这些抗清斗争，大多数是分散的，即使在一省，甚至一县之内，也是地自为守，人自为战，没有形成联合统一的强大的政治、军事力量，最后被清军各个击破，终于失败。然而，这些抗清斗争打击了清朝劲旅骄横的气焰，拖住了大量清兵，使它在猛冲到广东以后不得不回过头来，用大力扑灭后方的抗清烈火。这样，就有力地支援了战斗在湖南、四川的大顺军、大西军，也使漂泊而濒于覆亡的永历政权得到了喘息和暂时的安定。从此以后，清军进攻的锐气大受挫伤，一败涂地和连续退却的抗清局势开始改观，出现了以大顺军、大西军为主体的抗清武装

① 同治《广信府志》卷五，《兵事》。
② 《明清史料》丁编第一本。

与清王朝长期相持的局面。

七、张献忠大西农民军的抗清斗争

全国第一个抗清高潮的最后一仗，是张献忠大西农民军的抗清斗争。

一六四四年（明崇祯十七年，清顺治元年）初，张献忠农民军跃马扬鞭，从湖南西入四川，提出“暂取巴蜀为根，然后兴师平定天下”① 的响亮口号，决心把农民战争进行到底。九月破成都，分兵攻崇庆、新津、彭县、什邡、绵州、绵竹、仁寿诸县。十一月占蒲江。十二月张献忠在四川称帝，建立农民政权，国号大西，改元大顺，定成都为西京。

大西农民政权设置东阁、五府、六部官员②；造新历，铸“大顺通宝”钱币；开科取士③；派兵镇守各占领地区④，并分兵为一百二十营。以孙可望为平东将军，监十九营；李定国为安西将军，监十六营；刘文秀为抚南将军，监十五营；艾能奇为定北将军，监二十营⑤。四将军掌握大西农民军的主要兵力。

一六四五年（清顺治二年），清统治者派员劝说张献忠投降，妄想大西农民军放下武器，俯首归顺。同年十一月，清帝顺治下诏，认为“张献忠前此扰乱，皆明朝之事”，予以谅解，要张献忠“率众来归，自当优加擢叙，世世子孙，永享富贵……倘稽延观望，不早迎降，大军既至，悔之无及”⑥。然而，诱以官禄也好，胁以杀戮也好，丝毫没有动摇张献忠所代表的农民阶级抗清的决心。大西农民军勇敢地担负起抗清的艰巨任务。

一六四六年（清顺治三年）年初，清统治者派遣肃亲王豪格和

---

① 李馥荣：《滟滪囊》卷二；李天根：《爝火录》卷七；戴笠：《怀陵流寇始终录》卷十八。

② 参见阙名：《纪事略》。

③ 参见珠江旧史：《劫灰录》，《张献忠传节略》。

④ 参见李馥荣：《滟滪囊》卷三。

⑤ 参见彭孙贻：《平寇志》卷十二。

⑥ 《清世祖实录》卷二十一。

吴三桂诸军，南下汉中，准备进犯四川，全力对付大西农民军。当时在四川的明朝残余武装，如总兵官曾英屯兵二十万于重庆；杨展纠合几十万人驻扎嘉定；朱化龙拥兵茂州；曹勋据大渡河所；赵荣贵屯兵来归；明巡抚马乾率军三万守内江；总督樊一蘅领副将侯天锡驻泸州；卫副总兵屠龙屯兵纳溪等等，一直在和农民军进行激烈的战争，反动气焰特别嚣张。此外，自一六四四年至一六四六年三四月间，散布在四川各地的反动地主武装，还有三十九股之多。他们占据城邑村落，凭借山谷险塞，骚扰破坏新生的农民政权，坚决与农民军为敌，川北的反动势力，公然用马粪涂抹大顺年号，改写弘光年号，把大西政权所派置的府县官员，或刺死，或投入水火。① 有到任两三日即被杀害，甚至在一县之内，仅三四个月期间，连续被杀的县官达十余人之多。② 四川官僚地主反动势力对大西农民军进行疯狂的阶级报复，给大西农民政权带来严重威胁。为了保卫胜利果实，张献忠农民军对官僚地主阶级的反攻倒算给以针锋相对的回击。

一六四六年夏，张献忠研究了全国形势，决定乘清军主力南下江南和东南沿海地区的时候，率队伍北上陕西以蹑敌后，揭开反对清朝统治以挽救农民革命的新战斗。临出发前，张献忠以必死的决心，指定孙可望、李定国等四将军组成一个预备性的二线领导集团，以备不虞。

十月，张献忠放弃成都，下令四将军各领大西军十余万北进。当时部队共有五六十万，沿途旌旗蔽野，声势浩大，深受人民群众的拥护和支持。十二月，部队进抵西充的凤凰山。一六四七年（清顺治四年）一月二日，由于叛徒勾结清军的突然袭击，大西军毫无防备，弄不清是哪一路的敌人，仓促应战。张献忠不幸被箭矢所中，英勇牺牲。

张献忠牺牲以后，清肃亲王豪格分兵四出追击，大西军一时失去统帅，队伍大部分溃散。这时，新的大西军领导集团当机立断，改变进军路线，由顺庆南下，一昼夜驰数百里，终于保存了一部分

① 参见徐鼒：《小腆纪年附考》卷九，三五〇页。

② 参见计六奇：《明季南略》卷十二，《张献忠乱蜀本末》。

有生力量，又取得了渠河战役的胜利，扫清了前进的道路。接着，大西军以无比顽强卓绝的勇气，强渡长江天堑，射死总兵官曾英，歼灭前来堵击的二十万残明军队，一举攻占重庆，并乘胜打下綦江，从而获得了休整和收集亡散的时机。

当时，大西军新的领导集团在綦江发布著名文告，指出："皇上（指张献忠）汗马血战二十余年，抚有西土，皆赖众将戮力同心所致也。方欲驰骋燕赵，还定三秦，为天下除残去暴，开万世不拔之基，不意创业未半，中道崩殂……尔等各营大小将领，传谕兵丁人等，各宜同心协力……克成大事。"① 这一"綦江文告"，虽经封建统治阶级及其士大夫的篡改，但字里行间，仍闪烁着它的战斗锋芒和革命精神。文告高度评价和充分肯定进行二十年的农民起义和农民战争的正义性质；缅怀张献忠的功绩，恸悼自己领袖的不幸牺牲；号召全军团结一致，继续战斗，以完成张献忠的未竟事业。据记载："传谕之后，欢声满营……各营帖然。"② 显示了这支农民队伍继续抗清的决心。

第二节　大顺农民军余部的联明抗清斗争

一、大顺农民军余部联明抗清策略的实现

截至一六四六年（清顺治三年），清军占领了黄河以北及东南沿海地区，大顺、大西农民军和南明部队相继失败，撤退到湖南、两广、川南一带继续苦战。但是，经过将近三年的战斗，作战双方的有利因素和不利因素在发生变化。首先，清军占领的地区内，人民群众的抗清斗争如火如荼，日益猛烈，使清朝统治者顾此失彼，疲于奔命；其次，清军八旗兵战斗力虽强，但人数较少，清军推进愈远，占领地区愈广，它的作战线、供应线、驻防地也愈拉得广阔漫长，进攻的势头逐渐减弱；再次，农民军和南明部队面对共同的敌人，相互关系得到调整，开始合作抗清，抗清力量大大

①② 佚名：《蜀记》。

增强；最后，清朝由于兵力不足，起用和借重明朝的降将降兵，这些降将的兵权增大，满族贵族又不能放心，对降将加以防范、限制，他们之间的矛盾尖锐起来，相继发生了倒戈反正事件。由于这些原因，清军锐不可当的攻势受到了抑制，抗清力量在某些重要战役中获胜，甚至在局部地区转入反攻。这样，就出现了双方拉锯争夺的相持局面。

清军占领江南以后，一面向闽浙进军，长驱南下，一面加强了对江西、湖南的压力，抗清局面岌岌可危。南明总督何腾蛟驻守长沙，兵力微弱。“长沙素无武备，腾蛟乃召黄朝宣于攸衡山中……朝宣部卒不满二千人，多羸弱”①。这时，李自成的大顺军余部尚有几十万人，分散成许多支，活动于鄂西和湘北。显然，大顺军新遭失败，失去了领袖，而又分散各地，要阻挡屡获胜仗、气焰盛张的清军并不是容易的任务，它必须尽可能地动员和团结一切抗清的力量，才有可能抵御清军的进攻，扭转危急的局面。农民军领袖们在这种形势下，毅然决定改变战略，顾全抗清大局。一六四五年（清顺治二年）秋冬间，郝摇旗、刘体纯率数万农民军至湘阴，向何腾蛟部队靠拢。南明官吏以为农民军要来攻打长沙，有的主张逃跑，有的主张顽抗。一支南明军队向农民军挑衅进攻，郝摇旗等立即消灭了这支军队，长沙“城中益惧，士女悉窜”②。郝摇旗等认识到即将南来的清军是自己的主要敌人，便向何腾蛟宣示合作抗清的意图，何腾蛟鉴于清军压境，自己又兵微将寡，无力再与农民军对敌，接受了大顺农民军合作抗清的建议。于是郝摇旗等“招其党袁宗第、蔺养成、王进才、牛有勇皆来归，骤增兵十余万”③。不久，大顺军余部中最大的一支，李过（李锦）、高一功等偕李自成之妻高夫人进入湘西，与南明巡抚堵胤锡合作。这样，大顺军与南明军队的抗清联合战线初步形成，湖南有了这批人数众多、英勇善战的农民军，防务大大加强。

---

① 王夫之：《永历实录》，《何腾蛟传》。

② 陈鹤：《明纪》卷五十九，《唐王始末》。

③ 徐鼒：《小腆纪年》卷十一。

大顺军摆脱了孤军作战、腹背受敌的局面，把公开敌对的明朝官军变为抗清的同盟者，消除后顾之患，这是大顺军抗清策略的一个重要转变。由于联明抗清策略的实现，中南一带抗清力量大增，除了大顺军以外，有何腾蛟陆续招来的左良玉余部马进忠、张先璧、黄朝宣等；有由堵胤锡节制的于大海、李占春、袁韬、武大定的四川义军；还有滇军赵印选、胡一清的部队。这些力量，“雄据湖南，乘便窥伺”，迫使清军守将飞报朝廷告急：“我皇上若不急发大兵南下，恐两王已定之疆土，非复朝廷之有也。”① 一六四六年春，平南大将军勒克德浑率满蒙旗兵大举进犯湖广，大顺军联合这些抗清力量，在岳州城下与清军激战十余次，以后又在藤溪打了一次大战，取得重大胜利，有力地阻止清军南下。

一六四七年（清顺治四年）初，孔有德、尚可喜、耿仲明率清军进攻湖南。三月初陷岳州，中旬下湘阴直指长沙，协同何腾蛟守长沙的明军内讧，“相攻杀，城内焚掠一空”②，清军乘乱攻入，长沙失守，督师何腾蛟败走。明军各镇畏缩不前，大顺军孤军无援，时湖南州县大部为清军攻占。七月，李过、高一功和刘体纯、袁宗第大顺军分别退入川东的巫山、巴东一带，“恃倚深山密林，勾连川楚‘伪逆’……势诚叵测。”③

九十月间，清军孔有德部破祁阳，陷宝庆，进攻永历的驻地武冈。当时，明降将李成栋率清军由广州沿珠江进入广西，一直打到桂林。南明在湘桂各军，互相猜疑，骄横无比。清军一到，或大肆抢掠地方而逃，或“下令薙发，自诣有德营门献印剑”④。只是由于广东抗清义军蜂起，攻袭广州，李成栋回师援救，何腾蛟督郝摇旗大顺军等辗转进入桂林。十二月，在全州大败清军，“折级无算，获名马、骆驼而还，诸帅运营阁道亘三百里”⑤。清军败退回湖南，广西形势方转危为安。

---

① 《明清史料》丙编第六本。

② 蒙正发：《三湘从事录》。

③ 《明清史料》丙编第七本。

④ 王夫之：《永历实录》卷二十六。

⑤ 徐鼒：《小腆纪年》卷十四。

一六四八年（清顺治五年）春，在全国抗清高潮的声浪中，何腾蛟、瞿式耜在广西聚兵，粉碎清军对桂林的围攻，进兵湘桂地区，收复靖州、沅州、全州、武冈、宝庆、常德、永州、衡州等地。李过、高一功率大顺军克荆州宜城后，引兵东进湖南，先后攻克益阳、湘潭、湘乡、衡山等县。十二月间，大顺军联合其他明军，合围长沙，直趋汉水北岸，几乎收复了湖南的全部失地。

大顺军联明抗清，不仅挽救了不堪一击、摇摇欲坠的永历政权，阻止清军南下，有力地支持大西农民军在西南地区站稳脚跟；更主要的是开展了以湖广、湘桂为主要战场的抗清斗争，推动并掀起了又一个全国性的抗清高潮。

二、联明抗清阵线形成后的全国抗清高潮

联明抗清阵线形成后，抗清烈火在各地更加炽烈地燃烧，农民军推动了其他阶层抗清斗争的开展，甚至一些降清的明朝将领也在声势浩大的抗清运动面前纷纷倒戈举义，反抗清朝。

广东人民的抗清斗争，给湘桂战场以极大支援。清军入粤后，广东的农民、盐工、疍户、炉丁包括少数民族瑶民等，“各拥众数万”①，“联艅海上”②，“一呼响应”③，在十几个府县先后发动，并影响其他抗清义军的兴起。

一六四七年（清顺治四年）春，广东人民乘李成栋率清军西向桂林，广州清军兵力薄弱的时机，纷起抗清。陈邦彦、张家玉、陈子壮等举兵，分水陆两路，围攻省城广州，迫使李成栋从广西撤师回援，从而解救了永历王朝的困境，支持了大顺军在湘桂的斗争。八月，陈子壮、陈邦彦等联络恩平（王兴）、新会（黄公辅）、阳春（莫廷兰）、新兴（梁位灼）、东安（何士章）、顺德（胡靖、梁斌）等义军，号称骁骑三十万，准备再次进攻广州。虽然后来以失败结束，但斗争坚持了三个月，才被清军镇压下去。

---

①《潮州府志》卷三十三，《宦迹》。

② 邹漪：《南北遗闻》。

③ 屈大均：《四朝成仁录》卷十，《东莞起义大臣传》。

自此以后，广东各地抗清斗争此起彼伏，东莞一带农民军和义军，经常出入于博罗、龙门一带。① 在高明、新会、增城、镇平、阳春、电白等地抗清队伍，“无日不与敌战”②。一六四七年冬，韶州瑶族人民起义抗清。③ 瑶民军一万多人，曾攻乳源、乐昌等城。以后又有番禺疍民（以船为家的水上渔民）和清远炉丁（炼铁工匠）的抗清起义。疍民起义领袖称“恢粤将军”，“所辖缯船数百，其上可以设楼橹，列兵械，三帆八棹，冲涛若飞”④。疍民的抗清斗争延续很久，至康熙元年（一六六二），疍民军曾攻下顺德县，“火光烛天，独于民居一无骚扰”⑤。大埔、连州等地农民也先后爆发抗清起义，起义农民“四面蜂起，漫山遍野而来，共逼州城”⑥，危及清军在华南的老巢。

大顺军高举抗清旗帜在福建引起强烈反响。一六四七年初，福建人民抗清斗争普遍发动，漳州一带农民军围攻县城。七月，莒州洞农民军占据建宁府，闽北许多州县，相继被农民军攻破。汀州农民军于九龙寨起义，攻归化。南安农民军以白布裹头，号白头军，进攻泉州。

使福建地区震动最大的是一六四七年农民军配合抗清义师围攻福州。当时，“义师起，八郡同日发”，“城外皆义师，营头千种”，“农夫渔翁，俱任都督”，“至村妇化僧，亦受职衔掌兵”⑦。城内居民则举火相应。“东关外三十六墩，为官兵焚掠，抢杀殆尽，四方俱起，城中困坐”⑧。福州被围困至第二年（一六四八年，清顺治五年）的六月，由于清军大部队增援，才最后撤围。

清军轻而易举地消灭了福建的隆武政权，却碰到以农民为主体的人民抗清力量这个劲敌。虽然重兵压境，而农民军仍把首府福州包围近一年之久。这是清军南下遇到的罕见情况，甚至当时的清朝

---

① 参见《龙门县志》卷十七，《县事志》。

② 《广东文征》卷七十二，《赖其肖及王兴传》。

③ 参见《韶州府志》卷二十四，《兵事》。

④⑤ 钮琇：《觚賸》卷七，《粤觚上》。

⑥ 《明清史料》丙编第九本。

⑦⑧ 海外散人：《榕城纪闻》。

福建总督，也无可奈何地承认：“国家定鼎以来，干旄所指，无不披靡，未有如建宁之‘贼’，死守难攻者。”为此，他感到：“故闽省虽云已入版图，较之未入版图之地，尤难料理。”① 清统治者这种沮丧的自白，反映福建地区人民抗清斗争的强大威力。

抗清风暴席卷江南地区。江北的邳州、淮阳、海州等府县，“诸山寨并起”，揭旗反抗。斗争较为激烈的淮安地区，农民起义军曾占据岔河，截断南北通道。一六四七年十月，农民军在一日之间，就占领庙湾，把清军守将赶走。江南总督洪承畴调集徐扬大军营救，也无济于事。庙湾、盐场沿海一带人民，纷纷参加抗清队伍，声势浩大。② 农民军直逼淮安府城，使清朝在这一地区的统治“危如累卵”，“势诚岌岌”。洪承畴等向清帝求援，恳发满汉大兵，合同会剿，迟则必致燎原。③

影响较大的，是浙江东部四明山大岚山寨的起义。领导大岚山寨抗清斗争的是两位穷秀才王翊和王江。一六四七年，他们在宁波沿海一带参加抗清斗争失败后，带着一部分队伍退回四明，依山结寨。当时黄宗羲等领导的义军会聚四明山，壮大了抗清阵营。一六四八年春，义军“破上虞，杀摄印官，浙东震动”④。但这支队伍成分复杂，有农民群众参加，也掺杂有封建地主的武装团练。正当他们首战得胜的时候，降清的地主团练勾引清军进行袭击，义军在丁山遭到挫败。以后这支队伍解决了内部的降清派——团练，又吸收大批农民参加，部队在一个月内就增加到一万多人。一六四九年（清顺治六年）春，大岚山义军大败清军，再攻破上虞，占据四明山方圆八百里，势力发展到东边的奉化。⑤

抗清义军对四明大岚山基地进行建设和整顿。设置五营五司，五营专管军事，五司专管后勤。队伍“且耕且屯，不扰于民”，“兵无盗粮”之事。对缙绅富户，“量富以劝，履亩而税”⑥。治理地方，

① 《明清史料》丁编第一本。

②③ 参见《明清史料》甲编第二本。

④⑥ 徐鼒：《小腆纪年》卷十五。

⑤ 参见邵廷寀：《东南纪事》卷七。

“信赏罚，众大悦服”。“四明之有讼狱者，不之官而之大岚；四明二百八十峰之租赋，亦不之官而之大岚。”① 因此，不到一年工夫，人民休养生息，加强了抗清力量，使附近县城的清军，龟缩在城内，连白天也关闭城门。

一六五〇年（清顺治七年）十月，清军集中优势兵力，分两路包围山寨，采取野蛮的洗山暴行。大岚山义军寡不敌众，又由于原先打着抗清旗号的地主武装纷纷投降，势孤力薄，经过激烈战斗后，终于失败。但是，四明山区的农民抗清斗争持续不断，直到康熙年间还有起义斗争。

浙江农民的抗清斗争，到一六五五年（清顺治十二年），还有金华地区的东阳县农民军数千人、永康县农民军六七千人、开化县农民军两千多人、义乌县农民军约万人，“结寨称戈”，袭击县城，抗拒清朝的统治。一六五六年（清顺治十三年）金华地区农民抗清斗争有所发展，战火扩大到金华、衢州、严州、处州四府。虽然清统治者采用恶毒的“剿抚兼施”手段，但农民武装“此击彼逸，东流西窜，枝蔓无穷”。抗清的烽火“几成燎原”②。

山东榆园农民军从一六四七年起，向清军发起攻势。榆园军一支由曹县南下归德，西出兰封，恢复十余州县，逼近开封，大败清军；另一支由归德向东进攻徐州，直抵赣榆。同时派骑数千，突入鲁南，协助鲁南农民起义军攻克峄县。以后又准备与河南农民军会师，直攻河北重镇大名府，大有进迫北京之势。所以，一六四七年以后的二年间，是榆园军力量最强盛时期。一六四八年八月，榆园军在数日之内，攻陷曹州、濮州等四座城市，附近各县农民闻风而动，“饥民归之，号百万”③。清统治者急忙派遣大批清军，用剿抚并用手段，对榆园军进行罪恶的征讨。④ 榆园军在这一地区和清军展开生死决战，一六五一年（清顺治八年），首领张七、黄镇山等在

---

① 徐鼒：《小腆纪年》卷十五。

② 《明清史料》甲编第四本。

③ 乾隆《曹州府志》，《杂志》。

④ 参见《清世祖实录》卷四十五。

黄河南岸战斗牺牲，但榆园军的抗清旗帜岿然不动，坚持了五年。最后因为清军狠毒地决黄河荆隆口，水灌榆园，才被镇压下去。鲁东农民军以栖霞的锯齿山为基地，一六四八年攻占宁海，力量发展很快，一直坚持到一六六二年，清军疯狂围剿，大肆屠杀，这一带的抗清斗争受到严重摧残。

河南农民军，一六四八年左右与山东榆园军合师，由归德、考城西攻开封，使开封岌岌可危。他们利用冀鲁豫边境的有利条件，北上可以进攻河北，威胁北京，南下可以夺取徐州，直抵江淮。就是清统治者也惧怕农民军"顺河而东，占据黄河北岸，接渡南岸'贼兵'"，"而河北一带恐滋蔓延也"①。

在豫南开封、洛阳等地，农民军"各聚数千人"，攻占宝丰、新野、商城，势力颇大。光山、固始农民军，据守大别山一带，曾多次打败清军。灵宝、陕州（陕县）农民军，曾与郧阳的荆襄十三家军互相接应，进攻南阳。自一六五一年农民军攻克卢氏，清军用重兵进攻农民军，河南农民的抗清斗争才走向低潮。

一六四七年，山西农民军攻袭盂县、五台、永宁、静乐、交城等县。第二年十月，吕梁山区交城农民进入炼银山寨，把清军引进炼银山，乘机夺取附近州县，展开广泛的攻势。一六四八年底，由于清大同总兵姜瓖倒戈抗清，农民军配合倒戈官兵，打得清军首尾难顾，狼狈不堪。不到一年时间，就攻占了太谷、文水、徐沟、岢岚、汾州、曲沃等四五十州县。清军困守太原，陷入四面包围之中。

山西农民打开了全省抗清的有利局面。"断截省南平阳、潞安两府大路"，"北路堵塞，音信已绝"②，迫使困守太原城的清军，急请救兵，哀叹"今省城孤悬一土，势切危急……呼吸危亡，朝暮难保"③。因为山西为河北京畿的屏障，地位险要，农民军的攻势引起清统治者极大的震惊。摄政王多尔衮亲自出马，派遣端重亲王博洛为定西大将军，率大军进剿山西，南援太原。农民军经过晋祠大战

① 《明清史料》丙编第五本。

②③ 《明清史料》丙编第三本。

败退以后，全省的抗清高潮日趋低落。

当时仅存的交城农民军，在吕梁山区的炼银山，继续高举抗清旗帜。这一带地形险要，易守难攻，山中筑堡如城，广畜骡马积刍粮①，依靠山区资源足以自给自足。农民军团结当地农民、矿工、樵夫，在吕梁山一带建立了坚固的抗清基地。②交城农民军自一六四六年（清顺治三年）起兵抗清到一六七一年（清康熙十年），前后坚持战斗达二十八年之久，充分表现了农民阶级反抗清王朝的民族压迫和阶级压迫的坚强斗志。

在吕梁山农民军发动广泛攻势时，清统治者曾调集陕西清军合攻山西。陕西农民的抗清斗争进一步发动起来，一六四七年，明旧将与农民军联合，起兵“向攻兴城，克陷紫阳，缚送县令”③。一六四八年，镇安农民军攻袭秦川、蓝田，逼近兴安，“塘路间被梗阻”④。阶州、延安等地农民也爆发了抗清起义。雒南农民、游民组成的杆军，转战于商州、兴安一带，回环起伏，到一六五四年（清顺治十一年）才告结束。⑤

抗清斗争的浪潮波及北京和直隶。一六四七年五月，北京昌平农民又一次发起抗清，以后霸县、文安等地农民也开展斗争。天津农民女英雄张氏率农民军进攻静海、沧州，影响很大。天津的清朝官吏寝食不宁，他们惊呼，“除调精锐者南征并缺额守兵外，实在战兵所存无几，而战马征调一空，分汛城守，无可再调，较之贼势，众寡悬殊，遽难扑灭”⑥。河北的河间、献县、东光、沧州、交河、高阳、蠡县等地农民军，或攻陷县城，或骚扰清军后方，“鼓噪入城”⑦，“放狱而去”⑧。清统治者跌进了群众性抗清斗争的海洋，哀叹“居民为盗者且十之七八，势难尽杀”⑨，置身于惊慌失措、无可

①② 参见夏骃：《交山平寇始末》。

③④ 《明清史料》丙编第六本。

⑤ 参见乾隆《商州志》卷十四，《纪事》；《清史稿》列传二十四，《孟乔芳》。

⑥ 《清代档案·贼匪类》，三号，顺治四年二月初四日天津巡抚张炘奏。

⑦ 康熙《河间府志》卷十九。

⑧ 一九一六年《交河县志》卷十，《事略》。

⑨ 《清代档案·贼匪类》，十七号，顺治四年八月初四日直隶巡按宗教一奏。

奈何的狼狈处境中。

三、全国抗清斗争的深入发展

自一六四七年（清顺治四年）出现的抗清高潮，风起云涌，像咆哮的怒涛，一浪逐一浪，震动全国。它比李自成、张献忠领导的抗清斗争规模更大，各阶层发动的范围更广泛。农民军同各种义军包括明官军一起，配合作战，打击清军，声势日张，从而影响和促使一些降清的明朝将领倒戈，与农民军遥相声援，共同反对清朝统治。其中突出的有江西的金声桓、王得仁，广东的李成栋和山西的姜瓖等的倒戈抗清。此外还有甘肃河西的回民起义和广西的僮族人民的抗清。所有这些，都反映了全国抗清斗争的深入发展。

一六四八年（清顺治五年）二月，江西金声桓、王得仁倒戈，举兵抗清。金声桓，原为左良玉部将，南明的淮徐总兵官，以后随左梦庚降清，率军进据江西。自以为"未费满洲一矢斗粮，孤军传檄，取十三府，七十二州县，以数千里地拱手归之新朝"，从清军入关以来，还没有谁功高于己，"意望旦夕封公王，次亦不失侯耳"①。结果清朝只给了个副总兵兼提督江西军务事，他的副将王得仁只得了个把总，都比原先在明朝时的官衔低下，于是"气沮，大非所望也"②。不仅如此，清统治者对他们不放心，还派来巡抚章于天进行监视和牵制，逼得他们走投无路。正在这时，江西许多州县的农民军和义军四起。在抗清大好形势的影响下，金声桓、王得仁便宣布"奉诏恢复"，杀掉清朝的巡抚、巡按等，倒戈抗清，并迎原弘光政权的阁臣、抗清派人物姜曰广共事。三月，王得仁攻下九江。

但是，他们毕竟缺乏政治远见和军事谋略，不去利用以农民军为主体的全国抗清形势，迅速出击。当时有人建议："以清兵旗号服色顺流而下，扬言章抚院请救者，江南必开门纳君，其将吏文武可以立擒，遂更旗帜，播年号，祭告陵寝，腾檄山东，中原必闻风响应，大河南北，西及山陕，其谁得而为清有也？"③ 这种建议虽然有

①② 徐世溥：《江变纪略》卷一。

③ 同上书，《谋士胡澹献策》。

所夸大，但抗清力量必须打出去的观点是正确的。可是金、王没有这样做，却由九江回师，固守江西地盘，率兵包围赣州，相持七十余天，误中了清军的缓兵之计。六月，清固山额真谭泰、何洛会率领大军自江宁进讨，连陷九江、南康、饶州，围攻南昌。金、王狼狈回师南昌，困守孤城。他们拥有精兵，但“不能出寸步，日夜荒宴，而眼穿外援”①，被清军围困到第二年（一六四七年，清顺治六年）二月，城被攻破。金声桓投湖死，王得仁被杀。

金、王的倒戈抗清，虽有全国抗清高潮的影响，但更主要的是出于私人目的，即他们归明后的安民告示所说的，“劳苦功高，不惟无寸功之见录，反受有司之百凌，血气难平，不得已效命原主”②。但是，这一举动牵制了清军很大的兵力，为抗清斗争增添了声势。

一六四八年五月，李成栋在广东倒戈抗清。李成栋原为史可法部将，以总兵守徐州。清军南下，他率明军投降，充当了清军进攻江南镇压农民军的急先锋。一六四六年（清顺治三年）李成栋率清军迅速攻下广州，立下汗马功劳而得不到主子的赏识，只授给两广提督，“怨望形诸词色”③。一六四七年李成栋从广西撤军镇压广东义军的一系列战斗中，损耗大量兵力，使他胆战心惊，感到有被抗清浪潮淹没的危险。尤其江西方面归明抗清，切断了广东同清朝廷直接联系的通道。李成栋权衡利害，同亲信说：“又闻新天子在粤西（指南明永历帝）……若引兵辅之，事成则易以封侯，事败亦不失为忠义。”④最后宣布倒戈归明，奉永历正朔，擒清朝的总督佟养甲，广东全境一下便纳入永历政权的控制之下。

可是，李成栋同样不去利用大好的抗清形势，没有立即出兵入赣和金声桓的力量汇合，却忙于接受永历的封爵，“备法驾”，迎接永历回粤，“自梧州至肇庆结彩楼数百里，旌旗蔽空，楼船相属”⑤。他独揽永历小朝廷的大权，俨若叱咤一时的风云人物，“朝

---

① 徐世溥：《江变纪略》卷二。

② 徐世溥：《江变纪略》卷一。

③④⑤ 徐鼒：《小腆纪传》卷六十五，《列传》五十八。

政皆成栋父子掌之”[①]，“凡政之大小行止必呈成栋而后奏”[②]。一六四八年九月，江西金声桓受困告急，永历政权议决出兵攻赣州解南昌之围，李成栋这才率兵二十万趋南雄。十一月在赣州城下初战大败，从庾关败退六百里至梅岭，无脸再见永历，一溜烟跑回广州。一六四九年一月再次出师，驻兵赣州的信丰。三月被清军包围，李成栋战败溺死。

正当东南一壁抗清斗争激剧发展之际，在山西爆发了姜瓖的倒戈抗清。姜瓖原是明朝的大同总兵官，李自成农民军打到宁武关时，投降了农民军。以后清军入关，进击山西境内，他又投降了清朝。“部下故多骁勇，久蓄异志，及见交山乱，愈心动思逞”[③]。尤其山西全省抗清斗争的兴起和南方明降将倒戈的影响，终于一六四九年一月在大同宣布奉永历正朔，自称大将军，然后分兵攻陷朔州、忻州，控制了晋北、塞北广大地区，有力地推进全省抗清斗争的深入发展。这一大好形势的出现，促使在山西、陕西、甘肃等地的原明降清的官兵以及占据一方的明朝残存武装力量，纷纷响应，攻占州府城池。他们和分布广泛、人数众多的农民军相互呼应，相互配合，极大地威胁清朝在北方的统治。清统治者坐卧不安，摄政王多尔衮坐镇浑源的寇家寨，调遣英亲王阿济格、敬谨亲王尼堪、端重亲王博洛、巽亲王满达海等各率精兵，集中对付山西的农民军和义军。

在和清军进行多次激烈战斗之后，一六四九年九月，姜瓖被其部将所杀，这支抗清义军也最后被镇压下去。

抗清的烽火蔓延不息，燃烧到甘肃河西的回族地区。在满族贵族统治下，回族人民同样遭受压迫和剥削，“陇右为害无过于各衙门”[④]，使回族人民无法生活。

一六四八年，河西回民乘清统治者策划回军入川进攻巴东农民

① 徐鼒：《小腆纪传》卷六十五，《列传》五十八。
② 计六奇：《明季南略》卷十三。
③ 夏骃：《交山平寇始末》。
④ 《明清史料》丙编第八本。

军的时机，发动了规模浩大的抗清起义。四月间，回民领袖米喇印、丁国栋在甘州起兵，得到广大回民的响应。起义军坚决镇压了甘肃巡抚等清朝官吏，迅速攻下凉州，占领巩昌、岷州、兰州、临洮、渭源，控制了整个陇西地区。这支回民抗清力量，“号召‘土寇’众十万，号百万，关辅大震”①，影响甚大。这是满族贵族对其他民族人民实行民族高压政策的结果。

为了迅速扑灭河西回民的抗清火焰，清统治者命固山贝子吞齐为平西大将军，同固山额真宗室韩岱统率满蒙大兵，对回民抗清军进行残酷围剿。在回民抗清军拒绝清朝的威胁利诱以后，清军分三路进攻，陷巩昌、临洮、兰州等城邑，河东复失。六月，清军渡河而西，回民起义领袖米喇印英勇牺牲于水泉（永昌县西北），清军进入凉州，回民抗清斗争一度受到挫折。丁国栋结集余部，由甘州进据肃州（酒泉），拥立哈密巴拜汗之子土伦泰为王，继续战斗，受到回族人民的支持和拥护，“关内外诸回蜂起应之”②。新疆哈密和吐鲁番一带的维吾尔族人民也来援助。

一六四九年春，回民抗清起义军与山西抗清起义军遥相呼应，陕甘一带再次震动。这年的十二月，清军集中兵力围攻肃州。丁国栋在军事上犯了保守主义的错误，在政治上不注意组织和团结更广泛的回民群众，直至清军围城，只凭少数兵力，孤军死守，最后矢尽粮绝。丁国栋、土伦泰和大部分抗清战士壮烈牺牲，余部坚持斗争，继续到一六五三年（清顺治十年）底，才最后被镇压下去。

广西地处少数民族地区。一六四八年以后，在兴安、关阳、富川等县的僮苗瑶族人民先后发动起义。一六五七年（清顺治十四年），郁林、怀集、富川、太平等少数民族农民军，依山险设塞堡，建立抗清据点。僮族抗清军，曾攻克临桂、永福、荔浦、修仁诸县。他们又曾同贵州的农民军互相声援，配合作战，逼使清统治者不得不改变策略，强调抚剿并用，提出什么“恩诏覃敷，远迩向化”③，

① 魏源：《圣武记》卷七，《国朝甘肃再征叛回记》。

② 魏源：《圣武记》卷七。

③ 《洪承畴章奏文册汇辑》。

以安抚的手段来消弭人民的反抗斗争。

回僮等少数民族人民英勇的抗清斗争，虽然都被清军镇压了下去，但是，它和广大汉族人民的反抗斗争，相互呼应，相互推动，显示了我国各族农民反抗民族压迫和阶级压迫坚韧不拔的斗争精神。

四、联明抗清阵线的弱点及其失败

大顺农民军采取联明的策略，组成了联明抗清阵线，阻遏住了清军的攻势，推动了全国抗清高潮的到来。但是，斗争的形势错综复杂，敌对的双方展开生死的竞争，各自发挥自己的主观能动作用，力图使局势变得对自己有利，决定战争胜负的因素起伏摇摆，不断地消长变化。

清朝统治者鉴于在中南地区的战争受挫，后方又爆发了大规模抗清斗争，为了扭转局势，积极地在军事上、政治上作了调整。首先是努力巩固和安定后方，抽调大批八旗精锐，集中力量对付在后方蔓延的农民起义和降将倒戈事件。刚入关的时候，骁勇善战的亲王、贝勒如多铎、阿济格、豪格等都亲率大军，向南推进。而这时，重要的亲王、贝勒如阿济格、尼堪、博洛、满达海、勒克德浑等经常留在华北作战，镇压抗清起义和防范北边喀尔喀蒙古的进攻。同时，又建立了驻防制度，派八旗兵和绿营在占领区的重要城镇驻扎。其次，满族贵族大力推行“以汉攻汉”的策略，努力改善与汉族降将降官的关系，重予爵赏，授以权力，以死心塌地的投降派洪承畴坐镇南京，稳定南方局势。一六四八年（清顺治五年），以平西王吴三桂建藩汉中，进攻四川。次年（一六四九年，清顺治六年），改封孔有德为定南王、耿仲明为靖南王、尚可喜为平南王，进攻湖南、两广，“军机事务，悉听调度”①。更重要的是在政治上逐步实行转变，停止了大规模圈地等高压措施，采取了某些缓和民族矛盾、促进生产的政策，特别是竭力拉拢汉族地主阶级，分化抗清阵线。这样，经过了一系列调整和改革，清王朝得以渡过了全国抗清斗争的

① 《清世祖实录》卷四十四，顺治六年五月。

高潮，逐个地击破了分散的抗清力量。

南明永历政权依靠大顺农民军和全国抗清力量的支持，虽然一度控制了江西、湖南、两广以及西南广大地区，却没有能推进有利的形势，获取更大的胜利，这主要是南明小朝廷的政治腐败造成的。这个小朝廷出于地主阶级的本性，对大顺农民军猜忌、防范、限制，力图捆绑住农民军的手脚，即使像何腾蛟这样抗清比较坚决的官僚，也不肯信任和重用大顺军。他不但不给大顺军发饷，而且着手改编农民军，派南明军官打入农民军内，掌握各级领导，并用左良玉的余部黄朝宣、张先璧、刘承胤、马进忠等分驻在大顺军周围，进行监视，制造摩擦纠纷。南明的这批军阀部队纪律很坏，毫无战斗力，到处游荡，没有固定的防地和饷源，以劫掠为生。谁发给粮饷，就暂时听谁的节制，“有奶便是娘”，缺乏明确的抗清意识，又相互争讧，钩心斗角，拼命扩大自己的实力，提防别人的暗算。何腾蛟为了供养这批骄兵悍将，尽力搜刮，弄得民穷财尽，“预征一年民田税，每亩至六倍以上。不足则开饷官饷生之例，郡邑长吏皆以赀为进退。又不足则开募奸人告密，讦殷富，罚倾其产，分诸营坐饷。朝宣、先璧、承胤皆效之，湖南民辗转蔓延死亡过半”①，“兵益无纪，粮益不继，诸将瓦解……各招市井无赖，转相凌虐，农甿被迫亦释耒而为兵，更互仇杀。会岁大旱，千里无烟火”②。腐败的永历政权把这样的土匪军队当作靠山，昏昏然苟安于一时。李过、高一功及郝摇旗、刘体纯等率领的大顺农民军虽然英勇奋战，获得了辉煌的战果，但是，农民由于自身的局限性，不可能正确地应付联明抗清这一复杂的局面，他们提不出明确的纲领，在与南明合作中难以保持自己在政治上、思想上、组织上的独立性，他们不但接受了南明的各种封号、赐名，而且服从这个既无抗清意志、又无正确战略的腐朽小朝廷的约束和指挥。他们驰骋战斗，疲于奔命，徒然损耗了力量而无补于大局。又常常遭到军阀军队的排挤和袭击，处境十分困难。一六四八年春，清军孔有德再犯桂林，郝摇旗、刘体纯

---

①② 王夫之：《永历实录》，《何腾蛟传》。

率大顺军在灵川竭力抗击清军，因得不到南明军队的援助而失败，大顺军向桂林撤退。南明将领竟想趁机把大顺军消灭于桂林城下。这种置抗清大局于不顾的并吞异己的行径，使大顺军无处立足。郝摇旗、刘体纯等不得不拉出队伍，北上回到荆襄山区，继续抗清。以后就只有李过和高一功的队伍，仍和南明合作下去，但是留下来的大顺军继续受到南明的歧视和打击，同样也不可能合作到底。

金声桓、李成栋等倒戈以后，全国抗清形势大好，可是永历政权内部却热衷于什么"楚党"与"吴党"的派系之争，什么"扈驾元勋"与"反正功臣"① 的各路军阀的权力之争，当然就无暇顾及将胜利局面继续扩大。大顺军先后都卷入这些矛盾斗争，模糊了农民军的阶级性，严重影响抗清斗争的进展。一六四八年十一月，正当何腾蛟联合各部大举收复湖南各州县准备进攻长沙的重要时刻，归何腾蛟管辖的马进忠部收复常德，堵胤锡和马进忠有隙，堵即调派李过、高一功率领的大顺军自夔州进驻常德，要马进忠撤防让地。马进忠骄纵成性，不理会堵胤锡的调动，又惧怕大顺军"并其军"，"乃焚刍粮廨舍从间道趋湘乡"②，"驱百姓出城，纵火不遗一椽"③，"焚城庐舍及沿江船"④，大掠常德西走。等到李、高大顺军开进去，常德只剩下空城一座，无法防守。大顺军于是引兵东向，十二月收复益阳、湘潭、湘乡、衡山等县，进而围攻长沙，由于清军的增援，未能攻下长沙。

马进忠洗劫常德西走，其他明军"守将皆烧营走"⑤，使新收复的州县为之一空，湖南局面顿时混乱不可收拾。何腾蛟闻讯赶至湘潭，湘潭已成空城。一六四九年二月，清军乘虚而入，何腾蛟坐守湘潭，被清军执杀。永历政权在湘北的官军全部溃败，湖南的地盘也丢失了。四五月间，李、高大顺军由湘西分道退入广西。是年冬天，与李自成共同揭旗举义的农民军领袖李过病逝。大顺军又一次

---

① "扈驾元勋"指驻守浔梧的陈邦傅一派军阀；"反正功臣"指在广东倒戈的李成栋、李元胤一派军阀。

② 王夫之：《永历实录》卷九。

③ 徐鼒：《小腆纪年》卷十五。

④ 温睿临：《南疆逸史》卷二十一。

⑤ 徐鼒：《小腆纪传》卷二十九，《列传》二十二。

受到重大损失，剩下十万人，由高一功及李过的养子李来亨统领。

抗清形势江河日下，而永历小朝廷的内部斗争却日益加剧，“朝端吴楚党局，哄如水火”①。他们热衷权柄，互相倾轧，徇庇同党，朋比为奸，根本没有把心思放在抗清大局上面。一六五〇年（清顺治七年）初，清军打到广东南雄，韶州守将弃城潜逃，广州被围攻。永历帝吓得急忙收拾行装，想溜入广西。瞿式耜闻讯上疏劝阻，认为：“粤东水多于山……赋财繁盛，十倍粤西。材官士兵南北相杂，内可以自强，外可备敌。且肇庆去韶千里，强弩乘城，坚营固守，亦可待勤王兵四至……今乃朝闻警而夕登舟，将退至何地邪!”② 可是瞿式耜的见解没被接受，疏再上，永历帝早已奔抵梧州了。

为了挽救垂危的局势，一六五〇年六月，高一功、党守素专程赴梧州朝见永历帝，向南明诸将倡议：“以兵归兵部，赋归户部，简汰疲弱，分汛战守，较勘功罪，则事尚可为，如因仍离析，兵虽众，将虽尊，皇上求一卒之用，亦不可得有，主臣皆陷而已。”③ 大顺军领袖太幼稚天真了，事实已证明这个腐朽透顶的永历政权已无可挽救，相互对立的各派官僚军阀也绝无团结抗清的可能。这个倡议一经提出，“朝廷翕然歙动”④，不被采纳。“必正（指高一功）知事不可为，意大沮丧”⑤。当时准备派大顺军入粤支援抗击清军，可是军阀陈邦傅等千方百计阻挠，不让入粤，还要想方设法袭击大顺军，“潜遣兵袭其老营”⑥。这才使高一功等认识到已不可能同这些军阀继续合作下去。

十月，清军破全州，十二月陷广州，并兵临桂林城下，守御桂林的各路明军弃城溃逃，督师瞿式耜成为光杆统帅，“危坐府中”，桂林陷落，他终于壮烈就义。瞿式耜、何腾蛟等是汉族地主阶级中坚决的抵抗派，最后不屈而死。瞿式耜的绝命诗：“从容待死与城亡……头丝犹带满天香”⑦，正是反映了这些人慷慨悲壮的激情。这时永历帝已逃到南宁，江西、广东、广西、湖南等广大地区，复被清军占领。

---

①⑦　徐鼒：《小腆纪传》卷二十八，《列传》二十一。

②⑥　徐鼒：《小腆纪年》卷十七。

③④⑤　王夫之：《永历实录》卷十三。

高一功率大顺军由浔州退至庆远，再由庆远西撤贵州。在进入贵州途中，由于陈邦傅的恶毒挑拨，受到大西军孙可望部队的袭击，高一功不幸阵亡。大顺军在李来亨领导下，由贵州的施州卫到达四川巴东的西山屯。一六五一年（清顺治八年）与郝摇旗、刘体纯的队伍会师，“连寨相结”，继续进行抗清斗争。

第三节　大西农民军余部的联明抗清斗争

一、大西农民军余部坚持抗清斗争

由于大顺军被迫转战荆、襄、巴东一带，中南地区的抗清斗争转入低潮。清统治者正集中优势兵力，准备深入西南地区，加紧消灭农民军，肃清明朝的残余势力。一六五一年，以东窜西逃著称的永历帝，已经从南宁溜到极边的濑湍。这个小朝廷，既无诸侯，又没了土地，颠沛流离，朝不保夕。“桂王除扈从外，无一卒一民为朝廷有矣”①。正在这时，大西农民军余部在西南地区严重地打击了清军的嚣张气焰，把抗清斗争重新推向高潮。

西充战斗失败后，大西军余部由张献忠的四个养子孙可望、李定国、刘文秀、艾能奇率领。一六四七年（清顺治四年）二月，大西军由綦江出发，进入贵州，破遵义，渡乌江，陷定番。在当地少数民族的支援下，一举攻占贵阳。四月，大西军挥师直驱云南，五月占领昆明，势力由贵州扩大到云南境内。

云贵等省，在明朝政府和反动土司的长期压迫统治下，兵荒马乱，民不聊生。仅明世袭统治云南的政治代表黔国公沐天波一家霸占的土地，即占云南全省总耕地一万六千多顷的半数以上。其剥削之残酷，“不至膏见髓干不止”②，从而逼使各族人民“饥寒交迫，相率为‘盗’”③。所以云贵地区反对明朝残酷压迫剥削的抗暴起义，史不绝书。大西军进驻这些地区，继续保持农民起义的革命本色，镇压敢于

---

①　王夫之：《永历实录》卷十四。

②③　周嘉谟：《查沐氏田庄册疏》。

反抗的明官僚势力和反动的地主武装；对广大人民群众，则“秋毫无犯”①，受到当地各族人民的拥护，“俱焚香猪酒粮草远迎十里”②。

大西军占领昆明之后，随即分兵向滇西、滇南、滇中、滇东进击，实现对云南的军事占领，然后迅速回师贵州，接受贵州巡抚的投降，又分兵占据四川、湖南、广西的部分地区，形成了以云贵两省为中心的包括四川西南部、湖南西部和广西部分地区的广阔的农民抗清基地。

不久，四将军在云贵同称王，尊孙可望为首领。设六卿，以干支纪年③，以“兴朝”为年号，大力整顿地方，建立农民政权机构。严保甲，定丁赋，榷盐税，铸钱币，造兵器④。为了继承张献忠的革命传统，大西政权建立雄伟壮观的太庙祀张献忠。称张献忠为“老万岁”，“凡有大事，必先告庙而后行”⑤。对农民军及其家属，妥善安排，给以照顾。“凡兵丁日支米一大升，家口月支米一大斗，生下儿女，未及一岁者月给半分，至三岁者如家口支。马分三号：头号者日支料三升，二号者日支料二升，三号者日支料一升。不时查验，瘦者责治有差”⑥。“兵有家口者，每冬人给一袍；无家口者，一袍之外，人给鞋袜各一双，大帽各一顶。如是养兵，果士饱马腾”⑦。部队很快发展至二十余万人。

大西军纪律严明，兵马三日一小操，五日一大操。凡发兵出剿，所到之处，“鸡犬不惊”⑧。对豪绅恶吏，追退饷银以助军需。对外逃百姓，则招抚回家复业，贫穷的借给耕牛、种子，于是，“居民咸集”⑨。对于继续顽抗的地主武装和残害人民的盗匪，则发兵清剿，很快地安定了社会秩序。当时在云南境内，出现了“外则土司敛迹，

---

① 邵廷寀：《西南纪事》卷十二，《孙可望》。

② 佚名：《蜀记》。

③ 参见邵廷寀：《西南纪事》卷十二。

④ 参见佚名：《滇南纪略》，转引自郭影秋：《李定国纪年》。

⑤ 李天根：《爝火录》卷十七。

⑥ 郭影秋：《李定国纪年》，九四页。

⑦⑧⑨⑩ 佚名：《滇南纪略》；丁大任：《永历纪事》，转引自郭影秋：《李定国纪年》。

内则物阜民安”，“兵不扰民，将不欺士……往来有体，安置有方”⑩的大好局面。大西政权还领导“打粮运动”，强制粮商富户缴出囤积居奇的粮食作为军粮和救济粮。最主要的是恢复和发展农业生产，奖励耕种，大力兴修水利，提倡深耕改土。“浚海口，深耕省敛，凡有利于民者，无不备举”①。结果，第二年改变了面貌，“是岁，戊子，滇南大熟，百姓丰造”。接着第三、四、七、八年都是大丰收。真是“云南百姓乐业，插时恬熙，若不知有交兵者。一年土产财富，足供养兵之需”②。人民生活安定，生产得到发展，部队有了足够的给养。又由于大西军执行了比较正确的民族政策，在抗清基地内部，很快消除了开始时产生的民族隔阂和误解，加强了各民族之间的团结。各族农民纷纷参加大西军，军队的素质和战斗力大大提高。大西军在西南地区建立了巩固的抗清基地。

一六四九年（清顺治六年），大西军经过反复慎重的酝酿之后，提出了对永历小朝廷实行“联合恢剿”的策略。根据当时的历史条件，这个策略口号的提出，是必要的也是可能的。其所以必要，就是满族贵族集团勾结部分汉族官僚地主疯狂镇压农民起义，阶级压迫和民族压迫结合在一起。清军和降清的官僚地主势力，是农民军的主要敌人。清军进攻的矛头主要是农民军，同时也要消灭不愿投降的残明势力和汉族地主阶级的抗清力量。因此，为了反对和孤立清王朝这个农民起义的主要敌人，阻止残明势力投向清朝，团结更广泛的力量抗清，大西军提出联明抗清这个策略，是必要的，也是完全正确的。其所以可能，就是大西军经过三年准备时间，建立起一个巩固的抗清基地，训练了一支强大的抗清武装，储备了充足的战争物资，并且能够基本上坚持农民起义的独立政策。对于过着“行踪无定，舟居靡常”的流亡生活的永历小朝廷来说，联合大西军这支生气勃勃的抗清力量，借以保存自己免于被清军扑灭，也是他们已经觉察到的唯一出路。所以，联明抗清，必须具备成熟的主客观条件。大西军领导集团经过三年左右的准

① 佚名：《滇南纪略》；丁大任：《永历纪事》，转引自郭影秋：《李定国纪年》。

② 黄宗羲：《永历纪年》。

备时间，终于在一六四九年五月派出代表团，带着少量礼物，即二十两南金、四块琥珀、四匹马，去南宁与永历小朝廷谈判有关联合问题。①

由于大西军有巩固的基地和强大的武装力量为后盾，谈判中始终掌握了主动权。当时给永历帝的书信用方幅黄纸，不奉朔也不建朔，坚持平等地位。大西军方面明确表示："今之奏请，为联合恢剿之意，原非有意以求封爵也。"② 在带给永历帝的书信中，严正指出："先秦王荡平中土，扫除污吏"，重申张献忠领导的农民斗争的正义性。指出"王绳父爵，国继先秦"，宣布大西农民政权的合法性。③然后提出了联合抗清的两个条件：第一，大西军领导人继续保持张献忠原有的"秦王"称号，以示大西军继承张献忠的遗志的决心；第二，大西军领导集团必须握有控制全军的权力，以此来保证大西农民军在联明抗清中的独立地位。

永历小朝廷在对待大西军的态度方面，内部存在严重分歧。一派反对给大西军领导人以最高权力；另一派则认为，"我势日衰，彼力方壮，我以空名羁之，犹可号召"④，为了利用这支抗清力量，"不如姑饵之"⑤，争论相持不下，谈判拖延了一年多。最后，大西军不得不采取断然措施，一六五一年（清顺治八年）五月，派武装进入南宁，将小朝廷中几个反对联合、破坏谈判的顽固分子抓起来处死，清除了谈判的障碍。尤其当时形势紧迫，清军向广西地区发起进攻，没有大西军的保护，永历政权便无法生存。所以，小朝廷最后不得不接受"联合恢剿"、"合师北拒"的建议。大西军接受永历的年号，奉永历正朔，并把永历帝及其小朝廷从南宁接到贵州的安隆，保护其安全，供应其生活。每月发给薪俸，还要造册开报，称"皇帝一员支米一石，妃嫔八名、太子一口各支米三斗"⑥。从此，大西军消除了后顾之忧患，独立地领导西南地区军民，掀起又

①③　参见叶梦珠：《续编绥寇纪略》卷二。

②　何是非：《风倒梧桐记》，转引自郭影秋：《李定国纪年》，九二页。

④　转引自郭影秋：《李定国纪年》，九七页。

⑤　屈大均：《皇明四朝成仁录》卷十一。

⑥　叶梦珠：《续编绥寇纪略》卷二。

一个新的抗清斗争的高潮。

一六五二年（清顺治九年），大西军领导集团决定北伐抗清，兵分两路。一路由李定国率领，有步、骑、象队共八万多人，取道贵州，出湖广，由武冈、全州直趋桂林，进逼广东肇庆；一路由刘文秀率领，有步、骑、象队共六万多人，由滇东出四川叙州，下重庆，取成都、汉中，直逼关中。并决定大西军统帅部由云南移驻贵州，主帅孙可望居中策应和指挥。

这次北伐抗清，大西军作了周密的战略部署，部队誓师时宣布行兵五要，“一不杀人，二不放火，三不奸淫，四不宰耕牛，五不抢财货”①，严格规定纪律。尤其经过三年时间的政权建设和战备工作，兵强马壮，广大战士斗志昂扬。战争开始时，两路大军都获得赫赫战果。

是年春，当吴三桂率清军由嘉定出叙州进犯川南时，大西军由刘文秀率领，突进川境，一路势如破竹，攻叙州、泸州，破重庆，然后挥师川西，占领成都，把吴三桂率领的清军压缩在川北保宁一带，但刘文秀在屡胜之后，轻敌麻痹，打保宁时，骄兵急攻困敌，不讲战术，结果主力遭到重大损失，致使吴三桂军得以突围跑掉，退往汉中。

李定国率领的一路，由川东入湖南，所向披靡，取得重大胜利。这个战场的主要敌人是定南王孔有德所率领的清军。孔有德督师桂林，企图与从四川南下的吴三桂军钳击大西军于滇黔。因此，大西军必须截断孔有德与川湖清军的联系，攻占桂林，歼灭孔有德部。这是当时具有战略意义的战役。六月，大西军攻下靖州、武冈、宝庆，七月出祁阳，夺回进入广西的门户全州，然后率精兵沿便道直趋严关。全州、严关的战斗，“清兵大败，横尸被野”②。“七月初一日（阳历八月四日），有德再挑精锐，逆于榕江，兵未交而象阵前列，劲卒山拥，尘沙蔽日，马闻象鸣皆颠蹶，有德众逐奔，掩杀大败，有德仅以身免，策马入城”③。大西

① 丁大任：《永历纪事》，转引自郭影秋：《李定国纪年》。

② 徐鼒：《小腆纪传》卷三十七。

③ 瞿昌文：《虞山集》卷十下。

军乘胜追至桂林，数十里之城，包围了三匝。甲仗耀日，旌旗布野，钲鼓之声震天地，使城内清军胆战心惊。八月七日大西军以云梯攻城，孔有德遁走无路，“聚其宝玩于一室，手刃爱妾姬，遂闭门自焚死”①，结束了这个镇压抗清斗争的刽子手的一生。大西军攻下桂林，“下令无妄杀，抚安孑遗之黎庶”②。然后很快地收复了广西全境。九月，李定国率部北攻湖南，取永州（湖南零陵县）。③ 十月克衡州，进行一番休整和补充，又挥师东取阳山、连州，北取长沙，攻占常德、岳州，并东进江西，连下永新、安福、永宁、龙泉，围攻赣西重镇吉安。“兵出凡七月，复郡十六、州二，辟地将三千里。”④ 大西军的战斗力很强，纪律严整，人们评论说：“予至长沙，人皆言定国兵律极严，驻师半载，居民不知有兵。定国所部半为倮㑩瑶佬，虽其土官极难钤束，何定国御之有法也”⑤。李定国攻桂林时“军营城下，寂然无声，师尽撤矣，城中犹不知……纪律如此，可称节制之师。故能以三万之众，出入两广，长驱千里”⑥。一六五二年十二月，清统治者派敬谨亲王尼堪率兵十多万扑长沙，大西军有计划地撤出长沙，在衡州设伏击圈，大歼清军，阵斩尼堪，又一次打了大胜仗。由于桂林、衡州两次战役的胜利，“两蹶名王，天下震动”⑦。败讯传来，清统治者甚至还准备放弃川滇黔粤桂赣湘七省。

一六五三年（清顺治十年），李定国率大西军由广西进入广东，东破开建、德庆，直驱肇庆。这时在福建、浙江沿海一带的郑成功抗清部队，计划南下惠州、潮州，与大西军会师，联合抗清。荆巴一带的郝摇旗、刘体纯、李来亨领导的夔东十三家军，密切配合李定国在两广的进军，北出商洛，西攻湘鄂，牵制了清朝的大量兵力。各地农民军和抗清义军纷纷响应，出现了一个大好的抗清形势。

---

①② 瞿昌文：《虞山集》卷十下。

③ 参见雷亮功：《桂林田海记》，转引自郭影秋：《李定国纪年》。

④ 王夫之：《永历实录》卷十四；《衡州府志》卷二十九。

⑤⑥ 李寄：《天香阁随笔》卷一。

⑦ 黄宗羲：《永历纪年》。

二、大西农民军的失败

大西农民军出师，接连获得大捷，严重地打击了清军，收复了西南和中南各省的大片土地。这是由于广大士兵的英勇奋战和李定国的指挥有方，也是由于大西军在西南经过一段休整以后，力量增强，又实现了“联合恢剿”策略，团结了各阶层、各民族的抗清力量，建立起了比较巩固的后方基地。

这时候的联明抗清阵线，不同于前一阶段，大西军已成为主力。南明的残余部队屡遭挫败，力量削弱。南明军官张先璧、马进忠、王允成等大多在“联合恢剿”的口号下接受大西军的指挥。但是，南明的军队虽已不占支配地位，地主、官僚、军官们却不甘心长期与农民军合作，并接受其指挥。当他们在联合战线中占主导地位的时候，他们恶狠狠地排挤、打击甚至要消灭农民军（如对待大顺军李过、高一功、郝摇旗等）；而当他们丧失了实力，在联合阵线中只是附庸的时候，又千方百计，寻找缝隙，拉拢和腐蚀农民军的领导人，或者挑拨离间，制造分裂。大西军在战场上坚韧不拔，屡挫强敌，表现了高度的英勇气概，却无力克服自身的局限性，防止内部的分裂和蜕变，战胜地主阶级在联合阵线内部的破坏活动。有的领导人如孙可望，在胜利面前滋长了个人野心，为了称王称帝，不惜同室操戈。南明官吏在他的身上大下功夫，挑拨他和李定国的矛盾，怂恿孙可望称帝。如南明官吏杨畏知对他说：“王与三将军比肩而起，不借虚名，无以詟众。昔曹孟德奉迎许都，挟天子以令诸侯，由是得志；今桂藩在肇庆，王其无意乎？”① “又有方于宣者，朝夕劝进，谓可望子微琪曰：‘异日进登大宝，吾乃顾命元勋也’”②。他们为孙可望定仪立制，规定太庙庙享只三王（即明太祖朱元璋主于中、张献忠主于左、孙可望的祖父主于右），在贵州省城大造宫殿，铸新印，立文武百官，设宰相、六部九卿科道，组织驾前军。使这

① 查东山：《东山国语·粤徼语》，转引自郭影秋：《李定国纪年》，九二页。
② 王夫之：《永历实录》。

个皇帝欲膨胀到无以复加的孙可望，把抗清重任置之脑后，甚至害怕李定国抗清功劳太大，今后难以控制，想方设法阻挠李定国一路大西军的抗清斗争。从扣发、削减部队粮饷、犒银，一直到定计杀害李定国，准备大打内战。

李定国是大西军的第二个领袖，抗清坚决，多谋善战，屡立战功。桂王政权中的官僚们也竭力拉拢和影响他，向他灌输种种封建意识。桂王政权中的党派斗争一直很激烈，两派各引孙可望、李定国为奥援，使孙、李之间裂痕日深。李定国在桂林大捷，进军湖南。孙可望密令冯双礼违反预先议定的战略部署，擅自调动部队，使李定国在衡州陷于孤军作战的困境。李定国又在衡州击败清军，阵斩尼堪，声威大震。孙可望怀着嫉妒的心理，约李定国至沅州议事，阴谋杀害李定国。李定国为了避免和孙可望发生正面冲突，放弃了在湖南战场上有利的反攻时机，率军退往广西，转向广东，并致书孙可望："今虽大局稍有转机，而敌势方张，成败尚未逆睹，正吾侪同心协力，共策兴复之秋，不宜妄听谗言，自相残害，以败坏国家。"① 但是，孙可望这个野心家，一意孤行，破坏大局，使大西军将士流血牺牲所得来的胜利，化作了乌有。清军乘李定国撤往广西的机会，进行反攻，孙可望的"驾前军"骄横轻敌，在宝庆战败，逃回贵州。凡湖南所得的州县，俱为清军重新占领。是年，李定国联合广东义师，进兵东围肇庆。八月率兵二万再攻桂林不下，仍驻军柳州。孙可望还要遣冯双礼率兵袭击，只因事泄才避免更大损失。一六五四年（清顺治十一年），为了防备孙可望的寻衅，并同郑成功会师广东，李定国大西军自柳州出师，破广东的高州、廉州、雷州三府，两广义兵，如王兴、陈奇策、朱盛浓等都接受李定国的指挥，协同作战。清将郝尚久也倒戈响应，李定国军扩充至二十万人。一六五四年十月，大西军围攻新会。一直替清朝打前锋的平南王尚可喜、靖南王耿继茂株守广州，一筹莫展，接连向清廷告急。新会在珠江三角洲上，是广州的海上门户。清军拼命死守，利用水师从海

---

① 刘彬：《晋王李定国列传》。

道向围城中供应援兵和粮食。大西军擅长陆战，缺少船只和水上作战经验，因此顿兵坚城之下，久攻而不克。李定国约郑成功会师广东，他给郑成功的信中说："会城两酋（指尚可喜、耿继茂）恃海攖城，尚稽戎索。兹不谷已驻兴邑，刻日直捣五羊，然逆虏以新会为锁钥枢牖，贮粮攸资，是用悉所精神，援饷不绝。不谷之意，欲就其地以芟除，庶省城可不劳而下，故亦合力于斯。在彼望风屏息，遵陆知难，遂恃长舸舰，堵我舟师，非借贵爵星言发夕，其谁收此一捷也。"① 李定国指望郑成功率强大水师，共攻广东。但是，郑成功派出的舟师，一再误期，会师攻粤的计划未能实现，加上大西军中瘟疫流行，死病枕藉，士气低落。这时，清廷派靖南将军朱玛喇率领满汉大军援广东，朱玛喇从江西兼程赴新会。大西军与清兵几次战斗，连续失败，损失惨重。一六五五年（清顺治十二年）三月，李定国大西军由宾州退回广西南宁，广东的高廉雷三府，肇庆、罗定属三州十八县和广西的二州四县，重为清军所陷。"定国力屈不能复出，西南之业衰矣"②。后来，虽然又分兵东下浔州、横州，企图重新打开两广抗清局面，终究难以恢复，至是年底又败归南宁。

孙、李的矛盾使大西军面临着分裂的严重危机。清统治者任用了富有军事经验和剿抚农民军经验的洪承畴，"经略湖广、江西、广西、云南、贵州等处地方，总督军务，兼理粮饷"，到长沙指挥镇压西南抗清斗争的全局。洪承畴利用大西军领导人的矛盾和分裂，提出"两粤合剿"的反动策略，即集中全力压缩南宁，首先消灭李定国大西军的力量，这样永历王朝也就不摧自垮了。而孙可望虽然在前线战败，丢失了湖南的大片土地，野心却毫未减弱。他派关有才率四万人驻于广西田州，阻扼李定国的后路。又称帝心切，对永历帝威逼过甚，任意杀戮大臣。永历小朝廷流亡在贵州安隆僻地，寄居孙可望的篱下，完全没有力量了。不管永历政权怎样腐败、怎样无能，却维系着分散于各地的抗清势力，仍是各阶层合作抗清的一个象征，孙可望骄横粗暴的行为，不得人心，严重

① 杨英：《延平王户官杨英从征实录》。
② 邵廷寀：《西南纪事》卷十。

危害抗清大局。永历帝给李定国送去血诏，诉说孙可望“僭逼”帝位，要李定国迅速前来“救驾”，李定国也表示要“先除逆贼，后议恢复”①，孙、李之间的矛盾愈益尖锐。

一六五六年（清顺治十三年），李定国在清兵的压力下，从广西撤退，经过长期战斗消耗，部下只有六千人。幸而，驻在田州阻扼李定国的关有才部，在李定国的劝说下，放下干戈，投向定国，这样就顺利地打通了向西撤退的道路。三月，李定国抢先奔至贵州安隆，迎永历帝往昆明。这时，孙可望的军队还在贵州东部，留守昆明的军队都归附了李定国。桂王政权封李定国为晋王，刘文秀为蜀王。李定国还想争取与孙可望和解，请刘文秀写血书给孙，又派白文选到贵州进行调解。孙可望废帝自立的阴谋未能得逞，后方反而被李定国占据，更加恼恨，扣留白文选，决心挑起战端，和解成为泡影。

一六五七年（清顺治十四年）九月，孙可望以“清君侧”为名，调兵十几万渡盘江，进攻昆明。永历政权削孙可望秦王号，派李定国、刘文秀迎敌，双方激战于曲靖的交水。李定国兵力很少，众寡悬殊。但孙可望挑起的这场内战是不得人心的，遭到大西军广大官兵的普遍反对，“人心不直可望”②。孙可望军营中的白文选以及孙的部将马进忠、马惟兴、马宝、冯双礼等都和李定国相通，在阵前倒戈内应。孙可望大败，剩下一个光杆司令，向东逃命，投降了清朝。清朝起先封他王爵，后在狩猎时以错射为名，将他射死。孙可望落了个可耻的下场。

李定国也滋长起保守思想和麻痹思想，失去了进取精神。原来把持着桂王政权的马吉翔、庞天寿等善于阿谀逢迎，仍受到李定国重用。特别在打败孙可望以后，昆明城内，灯烟花炮，歌舞升平，一片太平景象。

清朝统治者却并没有睡觉，他们起先害怕大西军的勇猛，在西南战线采取守势，密切地窥视着孙可望和李定国之间的内讧。“四川总督李国英驻宝庆，经略洪承畴驻长沙，大将军辰泰及阿尔津先后驻荆州，尚可喜等分驻肇庆诸州，遇有来犯湖广、川北、粤东者则击却之，出境亦不穷追。以诸将皆百战之余，地险兵悍，姑以云贵

---

① 王夫之：《永历实录》卷十四。

② 温睿临：《南疆逸史》卷五十二。

及川东地委之”①。孙可望降清以后，泄露了大西军的全部军事机密，连云南的地理详图也作为屈膝的礼品献上，使清军对大西军的全部情况了如指掌。当时，清统治者认为“乘此‘贼’党内乱，人心未定之际”②，正是发动进攻的好机会。一六五八年（清顺治十五年）四月，清军分三路进攻贵州：中路主力以靖寇大将军罗托和洪承畴为首，从湖南向西推进；西路以平西王吴三桂和定西将军墨勒根虾（即李国翰）为首，从四川向南推进；东路以征南大将军卓布泰为首，从广西向北推进，又命信郡王多尼统摄三路兵。清兵已大军压境，而李定国还逗留在滇西永昌，弹压孙可望残部的叛乱。清兵分路攻陷遵义、贵阳、独山，前线紧急，李定国才从滇西回师。这时，清兵分路并进，兵力尚未集中，罗托孤军驻于贵阳，大西军若专注一路，积极进攻，击败罗托，还可以挽回局势。但李定国行动迟缓，逡巡不前，只在盘江一带部署抵抗，采取消极防御的态势，失去了出击的时机。十二月，清军经充分准备，三路进犯。北路吴三桂从遵义间道攻天生桥，抄袭大西军的后路；中路清兵直趋水西，攻陷曲靖；李定国率主力在南路与清军卓布泰大战，连败于罗炎、凉水井，全线崩溃，大营陷落，李定国的妻子家属被杀。兵民死难者不下三四十万人，大西军的精锐损失殆尽。

一六五九年（顺治十六年）一月五日，李定国退回昆明。永历小朝廷内人心惶惶，有人主张撄城固守，有人主张逃往四川，南明官僚沐天波、马吉翔等主张逃奔滇西，而李定国则主张退守滇南。七日，永历政权狼狈西逃，吴三桂等率清兵穷追。李定国在滇西磨盘山（马龙县西北）设立三层埋伏圈，准备歼灭清军。由于南明的降官向吴三桂告密，清兵以炮火击伏兵，大西军设伏歼敌的计划未能实现。在磨盘山战斗中虽然杀伤了许多清兵，但众寡悬殊，大西军也遭到很大损失。这时败局已定，李定国撤往孟艮，永历帝等越过边界，逃往缅甸境内。一六六一年（清顺治十八年）八月，吴三桂率清军大举入缅，一六六二年（清顺治十九年）一月俘虏了永历

① 《东华录》，顺治十四年十二月。

② 《清世祖实录》卷十三。

帝，最后一个南明政权宣告瓦解。

李定国的兵力在云南边境，对清军还是一种威胁。但他把部队拉出营救永历帝，屯兵在一个狭小地区，给养无着，瘟疫猖獗，加上军中又携带眷属，累赘不堪。部队已经没有什么战斗力了。一六六二年（清康熙元年），人马病死更多，又由于侦知吴三桂率清军入缅，永历帝被获并被绞死的消息，李定国悲愤交加，于八月十日（阴历六月二十七日）病死。

大西军转战西南十余年，得到各族人民的拥护和支持，建立了巩固的抗清基地，发展生产，稳定和提高人民生活。在抗清斗争中，广大农民军官兵，始终保持农民起义的光荣传统，英勇奋战，不屈不挠。虽然最后失败了，但大西军在抗清斗争中所作出的可歌可泣的英雄业绩，是不可磨灭的。李定国死后，大西军剩下的数千农民战士，宁可就地遣散归农，也不甘屈膝投降，实践了李定国临终的遗言，“宁死荒外，毋降也”①。此后，西南地区农民的抗清斗争，仍此起彼伏，延续了很久。

三、抗清斗争的余波——夔东十三家军

由于大西军的最后失败，西南地区急风暴雨的抗清斗争宣告结束。自此以后，在全国范围内，除了四川、陕西、湖广三省边界的夔东十三家军和隔海一隅的台湾郑成功以外，大规模的抗清斗争已不复存在。

从中南战场被迫撤退的大顺军余部，在郝摇旗、刘体纯、袁宗第、李来亨的率领下先后进入荆襄和川东地区，众推刘体纯为首领，“听节制”②，同时联合驻扎这一地区的原明朝军官，号称夔东十三家军③。他们在全国抗清斗争开始转入低潮时期，仍然坚持战斗。

夔东十三家军组成以后，经过两三年的努力战斗，历尽艰难险阻，在大巴山、武当山、巫山、荆山四大山系之间，开拓了一大块抗清基地。刘体纯驻军于巴东，袁宗第驻军于大昌（四川巫山县北），

① 叶梦珠：《续编绥寇纪略》卷四。

② 张允炘：《湖北通志》，《武备志》。

③ 参见王夫之：《永历实录》，《李来亨传》；彭遵泗：《蜀碧》卷四。

贺珍驻军于大宁（四川巫溪县），西至四川的夔州，称为西线；郝摇旗驻军房县为中心，占有保康、竹山、竹溪，称为北线；李来亨驻军于归州、兴山，以茅麓山为领导核心的所在地，称为东线；南到靖江以南的少数民族地区，西南到利川，为原明朝军官谭文三兄弟和王光兴驻军之地。在他们的周围，还团结了当地各阶层的抗清武装。①

这支大顺军的余部，从战争的经验教训中，认识到抗清基地的重要性，对这块地区积极进行建设。他们在山区里，招集逃亡百姓，开垦荒地，发展生产，革除苛捐杂税，减轻人民负担。"来亨等势稍振，屯耕山田，岁收麦粟草绵，供粮食衣履，亦私遣人市盐铁荆西，居民或与往来市贩"②。在其管辖地区，人民公平交易，安居乐业，"民翕然归之"，得到广大人民群众的拥护和支持③，使这个地区逐渐成为对外可与清军作战，对内"则以课农练兵为本"④ 的一大块抗清基地。

由于采取了正确政策，大批农民纷纷加入十三家军，部队很快扩大到几十万人。自一六五一年（清顺治八年）以来，十三家军经常主动出击，与清军作战，曾经进攻襄阳、彝陵、归州、宜昌等地。一六五八年（清顺治十五年），为了打破清军三路进攻云贵大西军的计划，十三家军不顾长途跋涉，远离基地，先后发动了两次围攻重庆的战役。第一次在一六五八年八月，刘体纯、李来亨、袁宗第联合谭文等，由水道进攻重庆，因为清军吴三桂留兵防守严密，没有得手而退。第二次在第二年（一六五九年，清顺治十六年）一月，十三家军以谭氏三兄弟为先头部队，"战舰蔽江，势甚猖獗"⑤，包围了重庆。因为发生原明军官内讧，谭宏、谭诣杀死谭文，投降清军，致使农民军还未赶到而局势已变，不得不半途折返。两次围攻重庆的战役虽然没有达到预期的战果，但它牵制了部分清军，阻止其南下，支援了李定国大西军的斗争。

---

① 参见费密：《荒书》；同治修《宜昌府志》卷十。

② 王夫之：《永历实录》卷十四，《李来亨传》。

③ 参见王夫之：《永历实录》卷十四，《李来亨传》；高维岳：《大宁县志》卷五；张允炘：《湖北通志》卷六十九。

④ 高维岳：《大宁县志》卷五。

⑤ 《明清史料》丙编第十本。

大西军失败和南明王朝覆灭后，清统治者能够腾出手来，对付仅存的夔东十三家军了。一六六一年（清顺治十八年）川陕总督李国英献“合营进剿”策。清统治者集中清军主力三十万，以权臣鳌拜之弟穆里玛为靖西将军、图海为定西将军，和总督李国英等率领，分兵三路围攻夔东十三家军抗清基地。一六六二年（清康熙元年）开始，调兴安、郧阳兵为一路，攻打房县、竹山；调四川兵为一路，进攻夔州、建始、巫山、大宁、大昌；调荆州、宜昌兵为一路，进攻远安、兴山、巴川、归州。显然，清军以主力三十万投入一隅之地，双方力量对比悬殊，农民军孤立无援，处于十分不利的地位。经过一年多的艰苦奋战，刘体纯、郝摇旗、袁宗第等身经百战的主要将领，都先后牺牲了。① 许多地区也被清军占领，尤其原明朝军官、异己分子的叛变投降，更加深农民军的被动局面。虽然李来亨在房县七里坪大败清军，取得很大胜利，但终究是孤军相拒，被围困在兴山县西的茅麓山上。李来亨凭借有利地形，路径悬绝，高险难攻，继续与清军鏖战，英勇不屈。一直到一六六四年（清康熙三年）九月，清军利用叛徒引兵从后山攀上，攻进山寨。李来亨终因粮尽援绝，无力挽救危局，全家自焚，壮烈牺牲。② 一军三万余人，除百余人被俘外，没有一个投降的，表现了农民阶级反抗阶级压迫和民族压迫的坚毅不屈的精神。

夔东十三家军的抗清斗争，正处在全国抗清斗争趋向低潮时期。清王朝从军事、政治、经济多方面对全国的统治逐步形成。巴东僻处一隅，孤立无援，经不起清军主力的围剿，事实上也无法完成抗清这个任务。但是李来亨等领导的这支农民队伍，继承了李自成、张献忠农民军英勇斗争的传统，坚决反抗清王朝的阶级压迫和民族压迫。他们摒弃了南明政权的各种羁绊和束缚，独立地掌握和指挥军队，在抗清基地内，执行有利于人民的各项政治经济政策，继续保持农民起义军的本色。所以这支部队能够在川陕鄂边界，坚持战斗达十多年之久，这是难能可贵的。

---

① 参见彭遵泗：《蜀碧》卷四。

② 参见光绪《兴山县志》卷十六，《茅麓山记》。

第四节　郑成功领导的抗清斗争和收复台湾

一、郑成功领导的抗清斗争

把抗清斗争坚持到最后的是郑成功领导的海上武装。

郑成功（一六二四年至一六六二年，明天启四年至清康熙元年），原名森，字大木，是郑芝龙的儿子。少年读书，考中了秀才。后来得到南明隆武帝的赏识，赐姓朱，改名成功，因此被称为“国姓爷”。郑芝龙降清，郑成功苦劝不听，遂率部拒降，“不受诏、不剃头，其意如山”①，在广东南澳招兵买马，组织义军，打出“背父救国”的旗号，坚持抗清斗争，先奉隆武后奉永历的年号。

一六四七年至一六四九年（清顺治四年至六年），郑成功率领海上义师，连破福建的同安、海澄、漳浦并攻克泉州、闽南沿海一带地方，进据金门、厦门，在金厦地区建立抗清基地。厦门在明朝称中左所，郑成功占据后改名为思明州，设立“六官”分理庶政，健全行政机构，团结各方面的抗清力量。金厦地区的社会秩序得到相对的安定，海外贸易有所发展。各地商民集中到思明州，“井里烟火，几如承平时景象”②。抗清义师也迅速壮大，势力扩大到广东的潮州、潮阳、惠来、揭阳一带。

一六五二年（清顺治九年）大西军掀起反清高潮，郑成功率兵十万，攻进海澄、长泰、漳州、漳浦等地，遥相呼应，声势大振。一六五三年（清顺治十年），为了接应李定国进军广西，郑成功派水师南下至潮州，又与鲁王旧臣张名振合师北上，入长江，驻军于崇明岛。次年（一六五四年，清顺治十一年），李定国约郑成功会师广东，共攻新会，因郑成功所遣部将失期，会师的计划没有实现，李定国战败，退回广西。一六五五年（清顺治十二年），张名振再入长

① 《明清史料》丁编第二本。

② 刘献廷：《广阳杂记》卷三。

郑成功画像 （黄梓绘）

江，破仪真，泊舟金山，遥祭明孝陵。此后，郑成功一直在福建沿海作战，屡败清军，期待着和李定国一起北伐，“卷甲长驱，鼓行迅击。首尾交攻，共焚济河之表；表里合应，立洗腥羶之穴。然后扫清宫阙，会盟畿辅，岂不大符夙愿哉”①。另外，张名振死后，余部由张煌言率领，和郑成功密切合作。李、郑、张以及刘体纯、郝摇旗、李来亨的夔东十三家军这四支武装力量转战于山区海岛，历尽艰辛，不屈不挠，互相支援，始终高举着抗清的旗帜。

一六五八年（清顺治十五年），清兵大举进攻西南地区的李定国军，郑成功、张煌言认识到自己与李定国军休戚与共的关系，为了

① 郑成功致李定国信函，转引自杨英：《从征实录》。

解救西南的危急局势，举兵攻浙江沿海，准备入长江，不幸在海上遇到飓风，覆舟丧师，被迫撤退。但郑、张不因失败而气馁，在作了充分准备以后，于一六五九年（清顺治十六年）六月又大举北伐。郑成功为招讨大元帅，张煌言为监军，率十七万水陆大军，兵分八十三营。部队在崇明岛登陆，七月至焦山，破瓜州，攻克了长江的重要门户镇江，围困南京。张煌言率一路军沿江而上，攻克芜湖，分兵四出，收复了徽州、宁国、太平、池州三十余府、州、县，在广大的江南、皖南地区再一次点燃起抗清的烽火。当地人民欢呼雀跃，“箪食壶浆”，“纷纷来附”①。攻克芜湖的张煌言的部队，“军不满千，船不满百，但以大义感召人心。而义师所至，禁止抄掠，父老争出，持牛酒犒师，扶杖炷香，望见衣冠，涕泗交下，以为十五年来所未见”②。人民群众以各种形式支持抗清武装，形势十分有利。

这一事件极大地震动了全国，清顺治帝认为局势紧迫，甚至准备亲自出马进行镇压。③ 可是，郑成功骄兵轻敌，满足于附近州郡望风归附，扬言“属邑节次归附，孤城绝援，不降何待”④。认为南京指日可下，可以不费什么气力了。清朝总督郎廷佐困守南京城内，无力抵抗，假装要和郑成功谈判投降，郑成功误信了诡计，竟拖延了两个月之久，没有及时以全力攻取南京。将士们顿兵坚城，无所事事，认为大功即将告成，竟遨游江上，“日夜张乐歌舞”⑤，“释戈开宴，饮酒捕鱼为乐”⑥。清将梁化凤趁着南明军战斗意志松弛的时机，率兵从南京城内突然出击，南明军战败。郑成功的主要将领甘辉被俘牺牲，全军大乱，纷纷溃退。郑成功立脚不住，仓促退出长江，返回厦门。张煌言在皖南陷入孤立无援的境地，清军全力对他进攻，所得城镇，又被清军占领，军队被击败四散。最后，张煌言只身从山间小路逃到浙东天台，图谋再起，但力量消耗太大，不再

---

① 许浩基：《郑延平年谱》。
② 全祖望：《鲒琦亭集》卷九，《鄞张公神道碑》。
③ 参见徐鼒：《小腆纪年》卷十九；彭孙贻：《靖海志》卷三。
④ 杨英：《从征实录》。
⑤ 彭孙贻：《靖海志》卷三。
⑥ 徐鼒：《小腆纪年》卷十九。

能有所作为了。一六六四年（清康熙三年）八月，张煌言在海岛上被清军逮捕，十月英勇就义于杭州。

郑成功北伐江南的失败，陆军几乎损失半数，仅手下将领就牺牲了数十人。回到厦门，正待重整旗鼓，清军已尾随追击，企图一鼓作气把这支抗清力量彻底消灭。一六六〇年（清顺治十七年）五月，郑成功经过半年的休整和补充，在漳州海门港大败清军的围攻，清安南大将军达素仓皇逃走，缴获船只甚多。这一战的结果，恢复了士气，扩大了部队，保证郑成功有足够的力量去驱逐荷兰侵略者，收复台湾。

郑成功领导的义师退出江南以后，清统治者为了防范这支部队再次北伐，以便最后消灭它们，一六六一年（清顺治十八年）发布“迁界令”，命令从山东到广东的沿海居民，内迁三十里。渔舟商舟禁止出海，田园荒芜不得耕种，人民性命财产受到不可估量的损失。

当时，清朝在北方已经形成统一的局面。西南地区以李定国为首的大西军抗清斗争，也转入低潮，清统治者可能集中更多兵力，对付东南一角的厦门。面对这种局势以及把外国殖民侵略者赶出中国的爱国主义思想的激励，一六六一年二月，郑成功“集诸将密议曰……我欲平克台湾以为根本之地，安顿将领家眷，然后东征西讨，无内顾之忧。并可生聚教训也”①。于是决定暂避清军的攻击，收复海岛台湾，作为积蓄力量，继续抗清的基地。

二、郑成功收复台湾，驱逐荷兰侵略者

台湾是我国东南海上的一大岛屿，隔海与福建相望，自古以来就是中国的领土。早在几千年以前的新石器时代，台湾和大陆即有共同的文化联系。汉代台湾和澎湖列岛称为夷洲或澶洲②，三国及隋唐时，祖国大陆人民常往来于台湾。从唐、五代至宋元，东南沿海特别是福建人民，渡海至台湾定居的更加多起来。高山族人民和汉族人民对台湾的开发作出了巨大贡献，他们和大陆人民在政治、经济、思想文化和血缘亲支等方面，都有着极为密切的联系。宋时

---

① 杨英：《从征实录》。

② 参见《后汉书》卷一一五，《东夷列传》。

台湾及澎湖列岛隶归福建泉州晋江县。元朝曾在澎湖设立巡检司，管辖澎台，进一步加强对台湾的管理。明朝仍设巡检司，并派兵汛守澎湖。明末天启时，大陆流民大批移入，郑芝龙就曾组织福建饥民数万移居台湾。①

但是，十七世纪横行东方的殖民主义者荷兰，从一六〇四年（明万历三十二年）起，多次对台湾、澎湖进行侵略，被我国军民击退。一六二四年（明天启四年），荷兰殖民者侵入台湾西南的海港鹿耳门，在沙洲上修建台湾城（热兰遮城，今安平）。第二年（一六二五年，明天启五年）侵占新港社、蚊港，并用谎言和十五匹粗布骗取了大片土地，修建了赤嵌城（普罗文查城，今台南）。一六四二年（明崇祯十五年，清崇德七年），又从西班牙殖民者手里，夺取了台湾北部的鸡笼（基隆）、淡水。

荷兰殖民者侵占台湾，破坏了中国领土主权的完整，对我国台湾人民实行残暴的殖民主义统治。它把若干户台湾人民编为一小"结"，若干小"结"为一大"结"，指定"结"首管理，层层钳制。又把台湾的全部耕地据为己有，以"王田制"的名义，强迫农民交纳苛重的地租。每甲土地（约合十一亩）所交地租，"上田十八石，中田十五石六斗，下田十二石二斗"②。凡七岁以上的人，每年要交纳人头税荷币四盾。又大肆掠夺台湾的土产，每年运往日本出售的砂糖达七八万担，鹿皮五万张，仅从这项贸易中获利就有三十万盾之多。荷兰侵略军还在各地进行征伐，灭绝人性地烧抢屠杀。一个参与这种征伐罪行的瑞士军官写道："我们四队人同时开枪、击鼓、吹号，使他们（指中国居民）非常惊骇。我们的大炮，尤其使他们恐慌，因为他们大多数未曾听见过枪炮之声。有许多'蛮人'给我们打死了，他们惨叫哀号，惊慌失措，纷纷逃出屋外……有些人在逃走时被我们击伤了……我们在那里停留了三天，然后放火烧掉一切。"③ 荷兰侵略者在

① 参见黄宗羲：《行朝录》卷四，《赐姓始末》，见《国粹丛书》。

② 连横：《台湾通史》卷八。

③ ［瑞］赫波特：《爪哇、台湾、前印度及锡兰旅行记》，转引自《郑成功研究论文集》，三〇二页。

中国的土地上杀人放火，无恶不作。正像伟大的无产阶级革命导师马克思所指出："荷兰——它是十七世纪标准的资本主义国家——经营殖民地的历史，'展示出一幅背信弃义、贿赂、残杀和卑鄙行为的绝妙图画'……他们走到哪里，那里就变得一片荒芜，人烟稀少。"① 遭受殖民统治下的台湾，完全证实了马克思这个论断的无比正确。

荷兰殖民者还要把台湾作为侵略我国大陆的跳板。一六三三年（明崇祯六年）至一六三四年（明崇祯七年），他们从台湾侵入福建沿海的厦门、诏安一带，"大肆焚掠"，"劫掠甚惨"②。对于在福建沿海坚持抗清的郑成功义师，殖民者视为他们继续扩大对中国大陆侵略的最大障碍。为此，"福摩萨（即台湾）长官和评议会建议攻击国姓爷的基地"③。侵略者认为，如果把郑成功的义师消灭掉，他们"就会更加兴旺"，"就会在中国牢牢扎根"④。这些自白，充分暴露了殖民主义者贪婪、侵略的本性。因此，收复台湾，维护祖国领土主权的独立完整，反对把我国沦为殖民地，完全是符合中国人民的利益和要求的。郑成功实践了这一符合人民愿望的行动，这是他一生中最光辉的事业。

具有光荣的爱国主义和反侵略斗争传统的台湾人民，从荷兰殖民者侵略开始就进行反抗斗争。规模较大的有一六二四年、一六二九年（明崇祯二年），特别是一六五二年（清顺治九年）郭怀一领导的人民反侵略起义。虽然这些起义前后被残酷镇压下去，但台湾人民反对荷兰殖民者侵略的斗争从未停息，他们是郑成功收复台湾最可靠的支持力量。台湾人民的爱国主义精神，鼓舞着郑成功领导的反荷兰殖民者的斗争。

一六六一年（清顺治十八年）四月二十一日，郑成功率军二万五千人由金门料罗湾出发，次日抵澎湖。四月二十九日到达台湾鹿耳门。荷兰殖民者事先已设防备，抢掠和屯贮了大批粮食，修筑炮台，堵塞航道，并严禁商船、渔民出海。但是，郑成功得到台湾人

---

① 《马克思恩格斯全集》，第二十三卷，《资本论》，第一卷，第二十四章，820页。

② 《重纂福建通志》卷二六七，《明外纪》。

③④ 荷兰东印度公司：《巴达维亚城日志》，一六六一年三月二十三日。

民的热烈拥护，台湾商人何廷斌痛恨荷兰殖民者的蹂躏骚扰，向中国军队提供情报和地图，又引导中国军队绕越荷军炮台和航道中的淤浅险阻，在北线尾岛和禾寮岛迅速登陆。台湾的汉族和高山族人民一听到祖国军队到来，纷纷前来欢迎、帮助。据中外记载：中国军队靠近海岸，“随即有几千中国人出来迎接他们，用货车和其他工具帮助他们登陆”①。“各近社土番头目俱来迎附”，“南北路土社（即高山族人民）闻风归附者接踵而至”，“土民男妇壶浆迎者塞道”②。这样，中国军队很快就站住了脚，开始了收复台湾的战斗。

中国军队从海陆两方面，予荷兰殖民军以沉重的打击。在海战中，他们用木船包围荷兰的战舰，击沉荷兰的主要舰只海克托号，迫使荷兰殖民军狼狈逃窜。中国战船控制了台湾海面，切断荷兰侵略者在台湾城和赤嵌城之间的海上交通联系。在陆战中，荷兰殖民军失败更惨。荷军从城堡中出击，被中国军队包抄，受到前后夹攻。侵略军头子汤玛斯·贝德尔和一百一十八名侵略军被击毙。荷军全副武装，有大量大炮火枪，而中国军队只有弓箭和大刀。用这些简单装备战胜握有先进枪炮的侵略者，充分表现了中国人民维护国家主权领土完整的坚定不移的立场，显示了中国人民反抗外国侵略的不屈不挠的英雄气概。

郑成功军是在极端困难艰苦的条件下进行战斗的。为了减轻台湾人民的负担，部队供给只靠大陆运来，部分从荷兰殖民者缴获补充，同时屯田开垦，发展经济，安定社会秩序。部队规定：“不准搅扰土社”③；“不准混侵土民及百姓现耕物业”④等等。台湾人民踊跃参加斗争，配合郑成功军驱逐侵略者。据荷兰侵略者的记录，“好些居住山区和平原的居民及其长老，还有几乎所有住在南部的居民都投降了国姓爷。每位长老赏到一件浅色丝袍、一顶有金色顶球的帽子和一双中国靴。这些家伙如今辱骂起我们努力传播给他们的基督教真理……他们听到国姓爷来了的消息，就杀了一个我们荷兰人”⑤。

---

① ［荷］揆一：《被忽视的台湾》卷下。（C. E. S. *Formosa Under the Dutch*）

②③④ 杨英：《从征实录》。

⑤ 《热兰遮围城日记摘录》，一六六一年五月十七日。

"他们反而反对我们，拿了船上的桨和棒来打我们，夺了（荷兰）伍长的军刀，在他的头上打了几处创伤"①。

在台湾人民的支持和配合下，郑成功军大获全胜。荷兰侵略者退缩到两个据点——赤嵌城和台湾城，妄图依据城堡工事作垂死顽抗。郑成功率部首先包围赤嵌城，并向荷兰殖民者重申，"该岛一向属于中国的……自应把它归还原主"。"如果你们仍旧不可理喻，违抗我的命令……那么我将立即……下令攻取你方城堡"②。在反侵略军大义凛然、勇猛刚强的气势面前，守城的荷兰殖民军被迫投降，撤出赤嵌城。郑成功部队随即又包围了殖民者的统治首府台湾城。当时，郑成功考虑"以台湾孤城无援，攻打未免杀伤"，决定"围困俟其自降"③。一直到第二年春天，尽管荷兰殖民者采取种种手法，或是用"谈判"拖延时间，或是乞求援兵解围，甚至妄图勾结清军合攻郑成功部队等等。所有这些，都没有动摇郑成功收复台湾、把外国侵略者赶出我国领土的决心。侵略者是不打不跑的，在围困八个多月之后，郑成功决定采取攻势，给贪婪成性的荷兰殖民者以严惩。

一六六二年（清康熙元年）一月，中国军队的大炮轰响了。台湾城附近的防御工事被摧毁殆尽，缩小了对侵略者的包围圈。城内的荷兰殖民军，在被包围的近九个月内，饿死战死达一千六百多人，有战斗力的士兵只剩下六百名。④ 他们的外援毫无希望，即使有援军抵台湾也无法登陆。危在旦夕走投无路的侵略者才不得不放下武器，荷兰殖民军头子揆一（Frederick Coyett）决定"立即写信通知国姓爷，我们愿意和他谈判，在优惠条件下交出城堡"⑤。一六六二年二月一日，荷兰殖民者在投降书上签名。郑成功对投降缴械的侵略者采取宽大政策，照顾他们的生活，允许带走

① ［瑞］赫波特：《爪哇、台湾、前印度及锡兰旅行记》。

② ［荷］揆一：《被忽视的台湾》卷下。

③ 杨英：《从征实录》。

④ 参见《燕·克洛夫牧师写给锡兰巴尔道牧师的信》，见甘为霖：《台湾岛基督教会史》，第一卷。

⑤ ［荷］揆一：《被忽视的台湾》卷下，《可靠证据》。

个人财产。就这样，荷兰殖民军头目“揆一降成功，成功纵其归国，台湾平”①。荷兰侵略者对我国台湾三十八年的殖民统治宣告结束，美丽的宝岛台湾回到祖国的怀抱。

这一伟大斗争的胜利，把“十七世纪资本主义的标准国家”、东方的殖民霸主荷兰侵略者驱逐了出去，严重地打击了西方殖民主义者的凶焰，鼓舞了亚洲及其他地区人民反对殖民主义的斗争。这是世界上反殖民主义斗争前所未有的创举，具有重大的历史意义。

荷兰侵略者向郑成功投降图

台湾收复以后不久，郑成功于一六六二年六月二十三日病逝。他是我国历史上杰出的民族英雄，为保卫国家的主权独立和领土完整作出了辉煌的贡献。同时，郑成功在台湾短短的时间内，努力安定社会秩序，促进经济发展，派士兵在各地垦荒，实行寓兵于农的政策。又严格约束士兵，保护高山族的利益，给他们送去耕牛、农具，传授耕作技术。高山族在他的帮助下，“勤稼穑，务蓄积”、“比户殷富”②。郑成功不仅是反对外国侵略的英雄，又是团结各民族，发展生产，开发祖国台湾的先行者。

① 夏琳：《闽海纪要》卷二；阮旻锡：《海上见闻录》卷二。

② 郁永河：《采硫日记》卷中。

第三章　清朝建立对全国的统治及早期的统治政策

经济是基础，政治、法律制度和各项政策是建立在经济基础之上的上层建筑。清朝入关后，并没有、也不可能根本改变关内广大汉族地区的经济关系，因此，它的政权建设和各项政策只能根据入关后所碰到的经济关系和实际需要，逐步进行调整和改革，建立一个与汉族地主阶级联合的封建专制主义政权。制度和政策是统治阶级利益和意志的集中反映，但它受客观条件所制约，而不能脱离客观实际。清朝统治者为了要长久统治下去，只能适应广大汉族地区的经济关系和实际需要，通常所说的“清承明制”，其实际内容和意义即在于此。

有三种矛盾制约着清初的政权建设和政策措施。

第一种矛盾是广大汉族地区已进入封建后期的经济政治关系与满族所处早期封建农奴制的矛盾（满族还带有浓厚的奴隶制残余以及原始的军事民主制），究竟是把关内广大地区的经济、政治拉向后退，迁就满族所处社会发展阶段？还是适应关内地区的形势而迅速跃进？社会制度的矛盾对满族贵族提出了相反的两种要求，使得清朝统治核心中形成两种明显对立的政治趋势。这两种要求、两种趋势对立斗争，此长彼消表现为清初制度和政策中时而前进、时而后退，时而兴举、时而废革的矛盾性和摇摆性。

第二种矛盾是满汉之间的民族矛盾。满族是少数民族，其统治者为了要统治全中国，不得不在政治上把自己打扮成为整个中华民族利益的代表者，不得不和人数众多的汉族地主阶级结成联盟，建立像明朝那样的专制主义封建政权。但是，满族亲贵又必须防止和抑制汉族地主官僚势力过分强大，以保持自己的权力地位。清朝对汉族地主采取笼络和压制相结合的政策，而笼络是其主要的一面。

第三种矛盾是入关后军事和政治斗争的暂时需要与长久的统治利益之间的矛盾。清初的统治者把建立持久的全国性统治作为自己的最高目标，也懂得稳定秩序、发展生产、减轻赋税、缓和各种矛盾的必要性，他们不断地颁发动听的诏书、命令，向人民和汉族地主许下种种诺言，但是长期的军事斗争和内部保守势力限制了他们采取行动的范围，使他们的大部分诺言化为泡影。

这样，清初的制度和政策显示出十分矛盾复杂而摇摆不定的情形。但是，应该指出：它的长期趋势是在努力适应统治广大汉族地区的需要，随着时间的推移，这一趋势更加肯定、明确。满族的最高统治者多尔衮、顺治帝、康熙帝保持了一定的朝气和较为清醒的头脑，排除了种种阻力和干扰，逐步顺应了历史发展的要求，这是清初取得军事胜利的关键。当清朝统治者建立各种制度、制定各种政策的时候，南方的抗清斗争风起云涌。双方军事上的胜负在很大程度上取决于政治、经济方面的竞争。清朝统治者在调整、改革制度、推行政策的过程中既保持了前进的势头，又保持了内部团结。这样，它就能够在广大地区上逐步建立较为稳定的统治，有效地支持了前方的战争，击败了局面狭小、力量分散而又内部腐败的南明政权。到康熙击败三藩叛乱以后，以满族亲贵为核心的、联合汉族地主阶级的专制主义封建政权已极大地稳定巩固下来。

第一节　以满族贵族为核心的满汉地主阶级政权的建立

一、维护满族贵族特权的措施

清入关以后建立的全国性政权，是以入关前的政权机构、政治制度为基础，进一步采取明朝封建专制主义的政治体制，并努力保护满族贵族的特权。由满族亲贵垄断的"议政王大臣会议"，拥有很大权力，其成员"皆以满臣充之"，"半皆贵胄世爵"①，汉族官僚不能参与，体现了满族贵族在政权中的特权地位。"议政王大臣会议"在清初有"国议"② 之称，处理国家重大机密的军政事务，其权力远远超过汉族官僚所能参加的各种机构。

议政王大臣会议，设有"议政处"，王大臣于"每朝期，坐中左门外会议，如坐朝仪"③。谈迁在《北游录》中说，"清朝大事，诸王大臣佥议既定，虽至尊无如之何"，又说，"六部事俱议政王口定"。康熙时也下令："凡令议政王、贝勒、大臣会议之事，俱系国家重大机密事务，会议之时，理应极其慎密。"④ 这种为维护满族上层政治特权而保持的贵族合议制的遗风越来越不能适应入关以后对广阔而动荡的汉族地区实行有效统治的要求，而专制集权的趋势日益加强。在清朝皇帝与八旗旗主、诸王权力互为消长的斗争中，议政王大臣会议的权力不断受到削弱。议政王大臣会议的权力更加转移到皇帝一人手中。康熙时的南书房拟旨，特别是雍正时设置军机处以后，"议政之权遂微，然犹存其名，以为满大臣兼衔"⑤。到了乾隆五十六年（一七九一），就干脆取消了"有名无实"的"议政虚衔"，废除了"议政王大臣会议"。

保证满族贵族特权的另一项措施是中枢机构中重用满族的贵族和官僚。虽然，越到后来汉族官僚的数量、地位、权力越加上升，但有清一代，满族贵族始终紧紧抓住中枢机关的权力，不使其旁落。早在一六三一年（明崇祯四年，后金天聪五年）初设六部时，就由满族诸王分别掌管：吏部为多尔衮、户部为德格类、礼部为萨哈璘、工部为阿巴泰、刑部为济尔哈朗、兵部为岳托。⑥ 以后在皇权与旗主、诸王权力的斗争中，诸王署理部务也几经反复。多尔衮于一六四三年（明崇祯十六年，清崇德八年）摄政后，不久即取消诸王分

---

①③⑤　昭梿：《啸亭杂录》卷二。

②　谈迁：《北游录》，纪闻下。

④　《清圣祖实录》卷三十一。

⑥　参见《清史稿》各传。

掌六部，到一六五一年（清顺治八年），复以诸王管六部事，但不久又取消了。在诸王署理部务时，实际上是“一人主之”，部中其余满汉各官只能“相随画诺，不复可否……一切皆惟所命”①。在罢诸王管六部事以后，部中事务仍由满族官僚主管，各部尚书开始只有满尚书而无汉尚书，汉族官僚在各部中只能任低于尚书的侍郎。各部中“尚书止满洲一人，左右侍郎凡事皆束于格……而不敢言”②。一六四八年（清顺治五年），设六部汉尚书，但部中大权仍掌握在满尚书手中。清朝为了拉拢汉族地主，任用汉族官僚时以“不分满汉，一体眷遇”相标榜，实际上满汉统治者的合作，并不是一种平等关系，更不是平分政权。在中央，能够接近皇帝的汉族官僚是少数，而“满官左右御前，时领圣谕”③，“汉官思觐龙光而不可得”④。尤其在多尔衮死后，清朝最高统治者更加维护满臣的统治地位，顺治自己就承认，“朕自亲政以来，各衙门奏事，但有满臣，未见汉臣”⑤。平时接近皇帝的是满臣，在中央各级机构中掌实权的也是满臣。“向来各衙门印务，俱系满官掌管”⑥，到康熙时，同样是“满臣权重，汉六部九卿奉行文书而已。满人謦欬，无敢违者”⑦。

在整个清朝统治期间，满族贵族总是极力维护自己的特权地位，防止汉族官员的侵犯。一六五三年（清顺治十年），詹事府少詹李呈祥提出“部院衙门，应裁去满官，专任汉人”的建议。这是对满族贵族特权地位的一次挑战。结果，被皇帝认为是“大不合理”，斥之为“妄言”，李呈祥因此受到流徙盛京的处分。这一年四月，在处理一桩案件时，又发生了吏部尚书陈名夏、户部尚书陈之遴等二十八名汉官与满官意见分歧的事件，于是这二十八名汉官被召集到午门严加训斥，认为出现意见分歧是汉官“心志未协”、“不务和衷”，对满官的意见“恒见乖违”所造成的，并给以罚俸、降级的处分。

---

① 赵翼：《簷曝杂记》卷二。

② 向玉轩：《请罗人才备大僚疏》，见《皇清奏议》卷二。

③⑤ 《清世祖实录》卷七一。

④ 朱鼎延：《请襄泰交盛治疏》，见《皇清奏议》卷五。

⑥ 《清世祖实录》卷一二九。

⑦ 昭梿：《啸亭杂录》卷五。

满族贵族不仅采取一定的机构和制度，把“首崇满洲”的特权地位固定下来，而且通过一些措施企图把这种特权地位永远继续下去。如世袭，“国初开创勋劳不论阶次，咸世袭罔替”①。一六四八年规定：“满洲官员开国以来，屡世从征，劳绩久著……实授官员一概给与世袭诰命。”② 通过世袭的规定，满族贵族已经取得的特权地位，可以直接传给子孙后代。对宗室、王公、贵族的子弟，还有各种取得高官显位的规定。一六四七年（清顺治四年）规定侍卫制度：“在京三品以上，及在外总督、巡抚、总兵等，俱为国宣力，著有勤劳……各准送亲子一人，入朝侍卫，以习本朝礼仪，朕将察试才能，授以任使。”③ 规定中虽然也包括了汉族官僚的子弟在内，但对上三旗的子弟，另眼相看，待遇格外优渥，因“镶黄、正黄、正白三旗，皆天子自将之军，爰选其子弟，命曰侍卫，用备宿卫侍从”；在侍卫中又以御前侍卫最为尊贵，“多以王公胄子勋戚世臣充之，御殿则在帝左右，扈从则给事起居，满洲将相，多由此出”④。因此，八旗子弟与汉族子弟不同，并不专靠科举考试为仕进之阶。

满族贵族在维护自己的阶级特权时，总是极力把自己粉饰成代表整个满族的利益，极力保持民族的差别，提倡满族的衣冠、骑射、语言、文字等等本民族的风俗习惯。满族贵族时存警惕之心，极力避免占人口少数的满族，淹没和被同化于广大的汉族之中。保持本民族的特点与所长，设置民族之间的障壁，加深心理上的隔阂，目的正是维护满族贵族的统治地位。满族擅长骑射，保持满洲八旗军队的作战能力，就能保持政治上的统治权。“若废骑射，宽衣大袖、待他人割肉而后食”⑤，故于每年都要出猎二三次，以练习骑射。为便于骑射，满族有自己的衣冠服式，强令汉族人民辫发衣冠，作为归附满族统治的象征。为了保存旧制，抵制汉俗，又不许满汉通婚，

① 昭梿：《啸亭杂录》卷二。
② 《清世祖实录》卷四十一。
③ 《清世祖实录》卷三十一。
④ 福格：《听雨丛谈》卷一。
⑤ 《清太宗实录》卷三十二。

令宗室子弟“专习满书”，停止学习汉文汉书。但是，满族入关以后，杂居于汉族地区，满汉民族的融合是不可抗拒的历史趋势。满族人口很少，经济发展又落后于汉族，不管自觉或不自觉地要去适应汉族比较高的“经济情况”，经过长期的历史过程，在生活习惯和语言等各方面必然会越来越多地接受汉族的影响而使满汉之间的差别逐渐消失。一六五四年（清顺治十一年）的上谕中，就提出“习汉书入汉俗，渐忘我满洲旧制”① 的警告；后来又说，“今见八旗人民崇尚文学，怠于武事，以披甲为畏途，遂致军旅较前迥别”②。这种“汉化”的趋势越来越显著，到康熙末年，盛京地方已经出现因“旗民杂处，以至满洲不能说满话”③ 的现象。乾隆时甚至连满族宗室也“不能以国语（指满语）应对”。

满族贵族极力维护自己的特权地位，标举和贯彻“首崇满洲”的民族统治的原则，这当然会使满汉地主阶级之间长期发生嘁嘁喳喳的矛盾。但是，满族贵族为使自己相对微弱的力量有效地稳固地统治广大的汉族地区，又不得不拉拢和利用汉族地主阶级，极力保持与汉族地主的联盟，以共同剥削和镇压各族的劳动人民。清朝政府实质上是以满族贵族为核心的满汉地主阶级的联合专政，在它整个统治期间，满汉地主之间的联合是主要的、经常的，矛盾是次要的、暂时的。这一点正是清政府能够维持统治将近三个世纪之久的主要原因。

二、对汉族地主阶级的笼络与控制

满族统治者在入关以前已确定了笼络和利用汉族降官、降将的基本方针。努尔哈赤和皇太极重用范文程、宁完我、洪承畴等文士降官以及李永芳、孔有德、尚可喜、耿仲明等明朝降将。在清朝和明朝的长期战争中，这些降官、降将为满族贵族出了很大的力，成为清朝不可缺少的依靠力量。入关以后，关内广大地区的阶级关系

① 《清世祖实录》卷八四。
② 《清世祖实录》卷一〇六。
③ 《康熙起居注》，康熙五十四年二月二十六日。

发生了急剧变化，满汉统治阶级之间既存在着争夺全国政权的权力冲突，也存在着镇压农民起义的利害一致，汉族地主阶级中发生了更大的分化。一部分汉族地主力求恢复明朝统治，维护自身利益，起而反抗清朝，并走向和农民军余部合作；另一部分汉族地主，遭到起义农民的沉重打击，转而求助、托庇于清朝的统治下。对于满族统治者来说，为了要统治人数众多的汉族及其他各族人民，执行了对汉族地主竭力笼络并加以控制、利用的政策，以扩大和增强自己对全国进行统治的力量基础。

满族贵族进入北京，以“复君父仇”来号召，以便把明朝文官武将的仇恨和打击力量集中到农民起义军身上。又礼葬明崇祯帝后，造陵墓，令官民服丧三日，表示自己对汉族前政权的“宽大”和“恩礼”，以满足汉族地主对明朝的某些眷恋心理，减少他们对新政权的抵触。又对明朝官吏广泛招徕，“官仍其职，民复其业，录取贤能，恤其无告”①，下令：凡明朝“各衙门官员，俱照旧录用……其避贼回籍，隐居山林者，亦具以闻，仍以原官录用”②。又下令：“凡文武官员军民人等，不论原属流贼，或为流贼逼勒投降者，若能归服我朝，仍准录用。”在明朝统治下，本来闹得水火不相容的汉族地主阶级的各派系，却在清政府的笼络、控制下，奔走供职，各得其所。原明朝大学士冯铨因谄事魏忠贤而声名狼藉，降清后仍以大学士原衔“入内院佐理机务”。原依附于东林党的陈名夏也深受多尔衮器重而当上了吏部尚书、弘文院大学士，连参加过李自成农民起义队伍的地主阶级分子牛金星父子，在投降清朝以后，也得到任用。

在录用故明官员时，除了以原官留用外，并准许现任官员“举荐”；要求各地方官“凡境内隐迹贤良，逐一启荐，以凭征擢”③。对明朝的某些知名官员，还由摄政王多尔衮亲自加以“书征”，如，“以书征故明大学士冯铨，铨闻命即至”④。一时故明吏部尚书谢升、户部尚书冯铨、礼部尚书王铎、后来南明福王政权的礼部尚书钱谦益等人，纷纷投靠新政权。

---

①③④　《清世祖实录》卷五。

②　《清世祖实录》卷八。

以孔子为代表的儒家思想，长期以来是封建地主阶级的统治思想，孔子被历代封建统治者捧为神圣的偶像。因此，满族统治者对孔子的态度，就成为对汉族地主阶级政策的重要内容。满族统治者进入北京后，立即“遣官祭先师孔子”；接着又以孔子的后人“仍袭封衍圣公”；一六四五年（清顺治二年）为孔子加上“大成至圣文宣先师”的头衔，多尔衮并亲自“谒先师孔子庙行礼”。汉族地主阶级“只要尊孔而崇儒，便不妨向任何新朝俯首”①，满族统治者的尊孔活动，对拉拢汉族地主阶级及其知识分子起了重要的作用。

科举考试是封建社会选拔官吏的主要途径。通过开科取士，笼络和收买汉族地主阶级知识分子，消除其反抗情绪，是清代初年决定恢复科举考试的重要目的。一六四五年八月，浙江总督张存仁因地方上存在着“反顺为逆者”，建议清朝政府“速遣提学，开科取士，则读书者有出仕之望，而从逆之念自息”②。以开科取士，达到巩固统治的目的，张存仁称之为“不劳兵之法”，一语道出了科举考试的作用。同年十一月，范文程也提出：“治天下在得民心，士为秀民，士心得，则民心得矣，宜广其途以搜之。”③ 于是在这一年开始举行“乡试”，接着在一六四六年（清顺治三年）三月，在京“会试”天下举人，以大学士范文程、刚林、冯铨、宁完我为会试总裁官，四月又举行了“殿试”。

清代初年，汉族地主阶级遭到明末农民起义的沉重打击，正当“寇难以来，士子无不破家失业，衣食无仰”④ 之际，满族统治者开科取士，使“读书者有出仕之望”，自然得到一部分知识分子的拥护。顺治二年，在全国大部分地区尚在进行战争的情况下，初次科举时，顺天乡试“进场秀才三千”，使多尔衮惊叹：“可谓多人!”⑤ 科举考试吸引了一部分知识分子，在一定程度上缓和了汉族地主和知识分子的反抗情绪，也加强了满族统治者的统治力量。

---

① 《鲁迅全集》，第五卷，416 页。

② 《清世祖实录》卷十九。

③ 《清史列传》卷五，《范文程》。

④ 曹溶：《条陈学政六事》，见《皇清奏议》卷一。

⑤ 《多尔衮摄政日记》，顺治二年闰六月二十一日。

满族统治者还广泛招降和收编汉族的降将、士兵，以加强满族统治者在与农民起义军和南明王朝斗争中的力量，减轻占人口少数的满族，面临统治广大地区所遇到的兵力不足的困难。满族统治者在入关前就有汉军八旗的建立，孔有德、尚可喜、耿仲明以及后来的洪承畴、吴三桂皆隶属汉军旗，其中吴三桂功高势重，帮助满族统治者征四川、云南、贵州、广西，镇压了张献忠农民起义军的余部，最后结束了南明的桂王政权。汉军八旗都是汉族人员，但采用满洲八旗的组织形式，具有满汉结合的特点。利用八旗的汉族官僚向各地进行招抚，起到了满族统治者所不能起的作用。清朝前期的地方督抚大多是汉军旗人。清初，以张存仁（汉军镶蓝旗）招抚晋豫浙闽等地，镇压榆园军，后授以直隶、山东、河南总督。以孟乔芳（汉军镶红旗）为陕西总督，招抚陕西各地，镇压回民起义。以洪承畴（汉军镶黄旗）招抚南方，录用了大批汉族官僚，镇压各地零散的起义队伍，“江南湖海诸寇俱削平”；后又以洪承畴经略湖广、江西、云南、贵州等处地方，“西南底定皆其功也”①。汉军旗成为加强清朝统治不可缺少的力量，尤其在地方上，从清代初年到清代中期，以满洲八旗驻防各要地的同时，一直很重视对汉军旗的依靠。据统计，顺治、康熙、雍正时期的地方督抚，“八旗人员之任督抚者，汉军十居其七，满洲十居其三，蒙古仅二人”②，具体说明了汉军旗在巩固清朝统治中所起的作用。

笼络汉族官僚、地主阶级的政策，是以维护满族统治者的领导地位，巩固清朝的统治为目的，因此，笼络是与压制相结合的。在不同的时间对不同的对象，政策会有所不同，会有所侧重。由于各地区，汉族地主阶级的处境不同，对清朝统治者的态度在一定的时期内，也存在着差异。大体上，明末农民起义军所过地区，地主阶级遭到严重打击的，很多地主、官僚较快地归附了清朝统治者，对清朝统治者实行的广为录用的政策“莫不大悦”，表示感恩戴德。至于清军一时尚未到达的南方各地，因南明鲁王、唐王、桂王等抗清

① 赵翼：《簷曝杂记》卷二。
② 福格：《听雨丛谈》卷三。

政权的相继存在，加以清朝统治者采取了强行薙发、“屠城”等落后、野蛮的措施，造成一部分汉族地主在一定时间内，对清朝统治者的对抗态度。另外，在清朝的统治尚未巩固时，对汉族官僚、地主多“以宽大为治”，而在清朝的统治逐步巩固后，态度也就随着严峻起来。

根据汉族官僚、地主对清朝统治的不同态度，一六四六年六月，清朝统治者发布谕令：“将前代乡官、监生名色，尽行革去，一应地丁钱粮，杂泛差役，与民一体均当，朦胧冒免者，治以重罪。”① 原来，明代地主阶级享有各种剥削和压迫农民的政治、经济特权，其子弟为举人、监生、生员的，也能享有优免一定数量差粮的待遇；不仅现任的各级官吏“私派横征，民不堪命”，就连“缙绅居乡者，亦多倚势恃强，视细民为弱肉，上下相护，民无所控诉也”②。清朝政府颁布这项谕令时，已经控制了北方和长江流域一带地方，但在西北地区还有张献忠的农民起义军，在东南一带有明朝官僚、地主拥立的鲁王、唐王政权，进行抗清斗争，一部分汉族官僚、地主还处于与清朝统治者对抗的状态。因此，谕令主要针对汉族官僚、地主中的两部分人：一是不肯与清朝统治者合作，尚未归附的，即“直隶及各省地方，在籍文武，未经本朝录用者”，仍然依靠明代以来地主阶级的特权横行不法，“武断乡曲，冒免徭赋”；另一部分是“闽广蜀滇等处地方，见任伪宫”，即参加了抗清斗争的明朝官僚、地主，“阻兵抗顺，而父兄子弟，仍倚恃绅衿肆行无忌”③。清朝统治者，将他们依靠明朝政权取得的特权加以限制，取消了“乡官”、“监生”的身份，这是清朝统治者在笼络汉族地主阶级的同时，对他们的利益和特权进行一定程度的限制。

一六五七年（清顺治十四年），清朝统治者以顺天、江南等地科举考试舞弊事件为借口，对汉族官僚、地主阶级进行了一次比较大规模的压制。这是清朝统治者入关以后，对待汉族官僚、地主阶级政策上的重要事件，成为后来以案、狱压制汉族官僚、地主、知识

①③ 《清世祖实录》卷二十五。

② 赵翼：《廿二史劄记》卷三十四，《明乡官虐民之害》。

分子的开端。这次科场案所涉及的主考官、考官、举人等被处以斩、绞和流徙，家产籍没，甚至连父母兄弟妻子也被流徙到尚阳堡和宁古塔。据记载说，“凡南北举子皆另覆试。北场（指顺天）为先，天子亲御殿前，士子数里外携笔砚，冰雪僵冻，立丹墀下，顷刻成数艺，兵番杂沓以旁逻之，如是者三试而后已”；“是役也，师生牵连就逮，或就立械，或于数千里外锒铛提锁。家业化为灰尘，妻子流离，更波及二三大臣，皆居间者，血肉狼藉，长流万里”①。

一六六一年（清顺治十八年），江南苏松常镇四府又发生了奏销案。这时，清朝的统治已渐巩固，南明诸王的抗清活动，已先后被扑灭；农民起义军的大规模抗清斗争，也已接近尾声。但在江南的汉族地主阶级知识分子中，以朱明为正统的民族意识还很浓厚，加上清朝对这里的赋役剥削比较重，“江南赋役，百倍他省，而苏松尤重”，常是“旧赋未清，新饷已近，积逋常数十万。时司农告匮，始十年并征，民力已竭，而逋欠如故”②。朱国治为江宁巡抚后，将拖欠赋役的地主、绅士等，造册上报，册上“悉列江南绅衿一万三千余人，号曰抗粮。既而尽行褫革，发本处枷责，鞭扑纷纷，衣冠扫地。如某探花欠一钱，亦被黜，民间有‘探花不值一文钱’之谣”。结果秀才、举人、进士，凡钱粮未完者，皆被革去功名出身，现任官则降二级调用，一时间“仕籍、学校为之一空”③。由于这次对汉族地主士大夫的打击，造成“苏松词林甚少”④ 的状况，经过近二三十年的恢复，到康熙中期才有所好转。

第二节 清初的经济政策与统治阶级的内部矛盾

一、清初社会经济的恢复

清代初期，由于经过长期的战乱，社会经济遭到严重的破坏，

---

① 王家桢：《研堂见闻杂记》。

②③ 董含：《三冈识略》。

④ 王士禛：《香祖笔记》卷七。

耕地大量荒芜，农民死亡逃徙，全国各地呈现一片荒凉萧条的景象。直隶南部“抛荒田亩……逃亡人丁……巡行各处，一望极目，田地荒凉；四顾郊原、社灶烟冷”①。山东“地土荒芜，有一户之中，止存一二人，十亩之田，止种一二亩者……荒多丁少”②。河南“大江以北，积荒之地，无如河南最甚……满目榛荒，人丁稀少，几二十年矣”③。在江南各省，清军先后对南明政权和农民抗清斗争的镇压将近二十年，“大兵所至，田舍一空”④，破坏极为严重。江南省英山县原额人丁为一万一千一百三十五丁，到一六五一年（清顺治八年）只存五百四十二丁；原额田塘地共一千一百九十五顷八十余亩，清初只有熟田二十六顷四十余亩。⑤ 湖南、两广等地，“弥望千里，绝无人烟”⑥，长沙“城内城外，尽皆瓦砾，房屋全无……荒凉景象，惨苦难言”⑦。四川省一直到一六七一年（清康熙十年），还是“有可耕之田，而无耕田之民”⑧。为镇压东南沿海一带的抗清斗争，清朝统治者在浙江、福建、广东等省实行海禁，禁止出海贸易、捕鱼，并几次下令迁海，将沿海各省居民内迁五十里，“尽夷其地，空其人”⑨，使“迁移之民，尽失故业”⑩。

清朝统治者遇到了历代新的王朝开始时所遇到的同样问题：地荒丁亡，财尽民穷，阶级矛盾十分尖锐，清初的统治已不能够取得像明末统治者那样大的剥削量，也不可能完全抄袭从前的剥削方法。这样就出现了所谓“轻徭薄赋”政策。在当时这是清朝统治阶级巩固已经取得的政权的唯一途径。有长期统治经验的汉族官僚地主，从明朝的覆亡中看到，苛重的剥削是造成农民起义的重要原因，“今

① 卫周允：《痛陈民苦疏》，见《皇清奏议》卷一。
② 《清世祖实录》卷十三。
③ 李人龙：《垦荒宜宽民力疏》，见《皇清奏议》卷四。
④ 肖震：《请正人心以维世道疏》，见《皇清奏议》卷十五。
⑤ 参见《明清史料》丙编第八本。
⑥ 刘余谟：《垦荒兴屯疏》，见《皇朝经世文编》卷三十四。
⑦ 洪承畴：《恭报大兵到长沙日期题本》，见《洪承畴章奏文册汇辑》，八六页。
⑧ 《清圣祖实录》卷三十六。
⑨ 屈大均：《广东新语》卷二，《地语》，《迁海》。
⑩ 《清圣祖实录》卷十八。

天下自十余年来，盗贼随在生发，屡图剪扑，卒不得其要领，所以致此者，良由赋役重烦”①，建议清朝统治者“收拾民心，莫过于轻徭薄赋”②，“行蠲免、薄赋敛，则力农者少钱粮之苦，而从逆之心自消”③。一定程度地减轻对农民的剥削，使社会生产有所恢复，阶级矛盾有所缓和，成为清朝统治阶级巩固统治的当务之急。

从一六四四年（清顺治元年）七月开始，根据各地的不同情况，分别减免田赋，或全免，或免二分之一、三分之一；有免一年、两年或三年不等。八月，摄政王多尔衮下令免除明末最苛重的三饷加派："前朝弊政，厉民最甚者，莫如加派辽饷，以致民穷盗起。而复加剿饷，再为各边抽练而复加练饷，惟此三饷，数倍正供，苦累小民，剔脂刮髓，远者二十余年，近者十余年，天下嗷嗷，朝不及夕。更有召买粮料，名为当官平市，实则计亩加征……明是三饷之外，重增一倍催科，巧取殃民，尤为秕政……自顺治元年为始，凡正额之外，一切加派，如辽饷、剿饷、练饷及召买米豆尽行蠲免。"④ 规定赋税的征收，以万历初年《赋役全书》所载为正额，其余各项加增尽行免除。

为了确定征收赋税的依据，免除官吏们收税时任意增减的弊端，一六四六年（清顺治三年）下令重修《赋役全书》，于一六五四年（清顺治十一年）修订完成。《赋役全书》的制定根据以下几条原则：恢复万历年间三饷加派之前的原额；凡赋粮以地肥瘠与丁贫富为差；赋皆以银，粮则米豆麦草，根据所产的不同而定；全书总载地亩人丁赋税定额及荒亡开垦招徕之数，作为征收的依据；十六岁以上成丁者登记，六十以上除名，赋随丁增加。⑤ 从《赋役全书》的规定来看，对农民的剥削，较之万历以后多少有些减轻。又为了使纳税者知道自己应交钱粮的数目，避免官吏从中舞弊，巧取暗派，于一六四九年（清顺治六年）十月颁刻“易知由单”，单内开列各州县应

① 向玉轩：《乞早扑剿近贼疏》，见《皇清奏议》卷一。

② 朱鼎清：《请明纪纲定人心疏》，见《皇清奏议》卷一。

③ 《清世祖实录》卷十九。

④ 《清世祖实录》卷六。

⑤ 参见王庆云：《石渠余记》卷三。

征本折款项，共计起运若干、存留若干、每亩应征银米数目等，将单当众散给，收取本人亲笔领状，如有单外多征者，准许告发。①此外，一六五三年（清顺治十年），又将应解漕粮改为“官收官解，不得仍派小民”②，免除了部分解户的赔累之苦。

“轻徭薄赋”政策是一定历史条件下的产物，并不是统治者的恩赐。长期的战争破坏使得新建立的封建王朝已不可能搜刮到前一王朝搜刮到的巨额财富，而伟大的农民战争又打乱了旧的分配关系的某些环节，新王朝也不可能完全照旧恢复起来，这是导致赋税改革的条件。为了缓和阶级矛盾，巩固自己的统治，新的封建王朝不得不适应既成的客观形势，对赋税征收进行某些调整和改革，这就是“轻徭薄赋”的实质。当然这种政策对清初社会生产力的恢复是起了积极作用的。

但是，应当指出：清朝在顺治和康熙的前期，镇压抗清斗争和平定三藩叛乱的大规模军事行动一直在进行，还不能全面地认真地进行财政经济方面的调整改革。“轻徭薄赋”政策大部分停留在纸面上，农民的赋税徭役负担仍十分繁重。如在河南，因“王师屡出，河工告急，派粮料、派梢草，转运数百里之外，其一二仅存之孑遗，因于征输，颠仆道涂，憔悴家室者，不知其几何矣”③。顺治朝后期用兵于闽浙云贵，“从北至南，阅历数省，供应夫船米粮草豆，所费不赀，而数省皆困”④，“闽浙用兵，百姓摊派之苦，供兵供马、解草料……十室九空”⑤。

战乱不停，地荒丁逃的局面无法扭转，赋税收入不见增加，而维持大规模战争的支出，却有增无减，“一岁所入，不足供一岁之出”⑥，清朝政府因兵饷不足而苦无良策。一六五二年（清顺治九年）的收支统计数字，说明兵饷的支出占用了政府收入的绝大部分，“钱粮

① 参见《明清史料》丙编，三三九页。
② 《清世祖实录》卷七四。
③ 罗国士：《急复驿递原额疏》，见《皇清奏议》卷三。
④ 季振宜：《筹久远以固根本疏》，见《皇清奏议》卷十五。
⑤ 姚延启：《敬陈时务八款》，见《皇清奏议》卷十四。
⑥ 《清世祖实录》卷四十四。

每岁入数一千四百八十五万九千余两，出数一千五百七十三万四千余两，现在不敷银八十七万五千余两。其中各省兵饷一年该银一千三百余万，各项经费不过二百余万，是国家财赋大半尽于用兵”①。

一方面，为了缓和矛盾，巩固统治，不能再增加赋税，竭泽而渔；另一方面，前方战火连天，又不能不筹足庞大的军费，以应急需。清初的财政面临极困难的情况，清朝统治者极为重视这个问题，一六四七（清顺治四年）和一六四九年曾经两次把如何解决减赋与足饷的矛盾作为殿试的试题②。

摆脱困境的根本办法，只有招集流亡人口，开垦荒田，恢复和发展农业生产。最早倡导垦荒、屯田的有山东巡抚方大猷，于一六四四年九月，“以荒地无主者，分给流民及官民屯种；有主无力者，官给牛种，三年起科”③。同年十二月又有河南巡抚罗绣锦，因河北府县荒地达九万四千五百余顷，要求以士兵进行开垦。④ 到一六四九年六月，清朝政府正式决定：“凡各处逃亡民人，不论原籍别籍，必广加招徕，编入保甲，俾之安居乐业，察本地方无主荒田，州县官给以印信执照，开垦耕种，永准为业，俟耕至六年之后，有司官亲察成熟亩数，抚按勘实，奏请奉旨，方议征收钱粮，其六年以前，不许开征，不许分毫佥派差徭……务使逃民复业，田地垦辟渐多。”⑤

一六五七年（清顺治十四年）五月，定官吏督垦荒地劝惩则例：督、抚、按一年内，垦至六千顷以上者，加升一级；道、府垦至二千顷以上者，加升一级；州、县垦至三百顷以上者，加升一级……若开垦不实，及开过复荒，新旧官员俱分别治罪。⑥ 以垦荒多寡作为考核

① 刘余漠：《敬陈开垦方略疏》，见《皇清奏议》卷四。

② 一六四七年殿试题目是：“今当混一之初，尚在用兵之际，兵必需饷，饷出于民，将欲减赋以惠民，又虑军兴莫继，将欲取盈以足饷，又恐民困难苏，必如何而后两善欤？”一六四九年的殿试题目是：“自兵兴以来，地荒民逃，赋税不充，今欲休养生息，使之复业力农，民足国裕，何道而可？”见《清世祖实录》卷三十一、卷四十三。

③ 《清世祖实录》卷七。

④ 参见《清世祖实录》卷十一。

⑤ 《清世祖实录》卷四十三。

⑥ 参见《清世祖实录》卷一〇九。

官吏的一项内容，不少官吏因垦荒有成效而得到升迁。

各地条件不同，垦荒的进行也是不平衡的。从零星的、不完整的资料中可以看出，河南地区的垦荒是有成效的：到一六五八年（清顺治十五年），河南“清察开垦荒地共九万余顷，每岁约增赋银四十万八千余两”①，除河南外，山西宣大等处在顺治十年和十一年，共开垦荒地三千八百数十顷。② 江北垦荒于一六五四年“招垦江北荒屯地九千九百余顷，征银二万一千有奇”③。湖广于“顺治十三（一六五六）、十四两年垦田共八千三百七十五顷二十八亩有奇”④。江宁“庐凤等府，开垦荒田三千余顷”⑤。湖南于一六六〇年（清顺治十七年）“所属州县开垦荒地共二千八百九十顷七十二亩”⑥。此外，还有顺天、广西等地的垦荒也有了一些成绩。

清代初年实行了减免赋税、招徕逃亡、开垦荒田的政策，有利于使遭到战争严重破坏的社会经济慢慢地复苏。劳动人民能在极为艰苦的条件下，恢复农业生产，“招抚流移，哀鸿稍集，毕竟民穷，元气难复，或数家朋买一牛，或人力耕锄数亩……牛种不敷，艰苦万状”⑦。社会生产就这样开始了恢复，人丁与耕地数字都有了一定的增长：一六五一年，人丁户口一千零六十三万余，到一六六一年（顺治十八年）达到一千九百一十三万余，约增长百分之八十。耕地面积，一六五一年田、地、山、荡二百九十万顷，到一六六一年增为五百二十六万顷，约增长百分之八十。社会生产有了一定程度的恢复，为以后进一步的发展打下了基础。

但由于顺治朝战争始终不停，恢复生产各项政策的执行，不能不受到很大影响。开垦了一部分荒田，但仍有很多荒田尚未开垦，“各省民田虽已渐辟，而未能尽辟”⑧。减轻和取消了一部分赋税，

---

① 《清世祖实录》卷一二〇。

② 参见《清世祖实录》卷八十四、卷八十七。

③ 《清世祖实录》卷八十七。

④⑤ 《清世祖实录》卷一一三。

⑥ 《清圣祖实录》卷二。

⑦ 《洪承畴章奏文册汇辑》。

⑧ 刘鸿儒：《请察财赋以重邦计疏》，见《皇清奏议》卷十一。

但有的又以新的名目出现，清朝统治者也承认："蠲免赋税，有名无实"①，三饷虽除，但又"易剿、练等税为草豆名色，加征如故"②。加上清朝统治者，又执行了圈地、投充、惩治逃人等落后的措施，一些地区的阶级矛盾尖锐，社会经济不能得到进一步的恢复。继续大幅度地进行调整改革，采取各种措施，促进农业生产的发展是在康熙时期，平定"三藩"之乱，结束了大规模的战乱以后。

二、圈地、投充和逃人法

清王朝为了维护以皇帝为首的满族贵族的特权地位，并保障八旗士兵的生活，在经济上实行圈地和投充，夺取大量的土地和劳动力，以巩固其政治地位和解决军事上的需要，达到加强统治的目的。

一六四四年（清顺治元年）以后，满族贵族、官吏、满蒙汉八旗士兵以及随从人员、奴仆等大量涌进北京。除满族外，东北境内其他族人民也随同进关。当时，在北京的目睹者一个意大利耶稣会士记载说："大批鞑靼人进入中国，来的不光是女真人，还有奴儿干人，西部的古鞑靼人和鱼皮鞑靼人……不仅这样，我还看见很多来自伏尔加河的人，鞑靼人管他们叫'阿尔加鞑靼'。"③ 随着满族的大量入关，开始大规模地圈占土地。

一六四五年（清顺治二年）一月，以"东来诸王、勋臣、兵丁人等，无处安置"，下令"凡近京各州县民人无主荒田，及明国皇亲、驸马、公、侯、伯、太监等，死于寇乱者，无主地甚多……尽行分给东来诸王、勋臣、兵丁人等"④。这是入关后第一次大规模圈占土地。一六四五年十一月，又第二次大规模圈占土地，将圈占的范围扩大到河间、滦州、遵化等府州县。"凡无主之地，查明给予八旗下耕种"⑤。一六四七年（清顺治四年）二月，以"今年东来满洲，又无地耕种"，下令于顺天、保定、河间、易州、遵化、永平等四十二府

---

① 《清世祖实录》卷四二。

② 李运长：《敬陈保邦富国要图》，见《皇清奏议》卷二。

③ ［意］卫匡国：《鞑靼战纪》。

④ 《清世祖实录》卷十二。

⑤ 《清世祖实录》卷二十。

州县内，第三次进行大规模圈占土地。

清初圈地主要是在顺治四年以前，此后，大规模的圈地已停止。据《直隶通省赋役全书》的记载，顺治四年以前圈地数占圈地总数的百分之八十九，但是，零碎的圈地、换地、带地投充仍不断发生。“俄而此县报圈地矣，俄而彼县又报圈地矣”；与旗地地界相连的土地“已经圈给矣”，与旗地地界相远的土地“亦复圈给矣”①；先是下令只圈占“无主荒田”，后来“不论有主无主”一律圈取；先是在京畿三百里以内，后来“三百里内不足，则远及五百里”②；原来主要圈占顺永保河四府土地，后来“直省九府，除广平、大名二府，远处京南，均无旗庄座落，共计七十七州县，广袤二千余里”③，布满了旗地官庄；不但圈占土地，而且圈占房屋；不仅圈占直隶省土地，而且随同满洲八旗驻防，扩大到山东济南、德州、临清州、江北徐州、山西太原、潞安、平阳、蒲州等处。

在圈占地区内，清朝统治者差遣户部官员，“所至村庄，相度畎亩，两骑前后，牵部颁绳索，以记周四围，而总积之。每圈共得几百十晌……圈一定，则庐舍、场圃悉皆屯有”④。被圈占的州县内，大部分土地被夺取，民地所剩无几。如：武清县“旗圈已去八九，止存一二”⑤；玉田县“旗地多于民地”⑥；满城县“自圈丈给屯以后，田存版图者仅十之一”⑦；通州、永平府“所剩民地无几”⑧；东安县“尽行圈丈讫，并无余剩”⑨；顺义县“旗庄圈残，所余无几”⑩；大兴县“旗屯星列，田在官而不在民”⑪；霸州“自顺治二、三、四等年，已圈种殆尽”⑫。

---

① 赵之符：《请还新圈地亩疏》，见《乾隆宝坻县志》卷十七，《艺文》上。

② 向玉轩：《畿地圈拨将尽本》，见《故宫掌故丛编》第六辑。

③ 《上谕旗务义覆》，雍正八年五月，都统穆森等奏。

④ 姚文燮：《圈占记》，见《皇朝经世文编》卷三一。

⑤ 胡绍安：《痛陈剥船地产苦情详文》，见《乾隆武清县志》，《申详条文》。

⑥ 《光绪玉田县志》卷十三，《田赋》。

⑦ 《乾隆满城县志》卷五，《田赋》。

⑧ 宋荦：《西陂类稿》卷三八。

⑨ 《康熙东安县志》卷四，《赋役》。

⑩ 《康熙顺义县志》卷二，《田赋地商》。

⑪ 《康熙大兴县志》卷二，《食货》。

⑫ 中国科学院民族研究所辽宁少数民族社会历史调查组：《满族历史档案资料选辑》。

在圈地过程中，清朝统治者为占夺靠近京城的土地，曾以“圈拨”、“兑换”、“拨补”的名义，强占大量有主土地。一六四五年三月，规定：“凡民间房产，有为满洲圈占兑换他处者，俱视其田产美恶，速行补给，务令均平。”① 照规定，民地在此被圈，可到他处根据田产的好坏如数拨给，而实际上被圈占的是“膏腴民地”，而得到的是“碱薄屯地”；并且“离其田园，别其坟墓，甫种新授之田，庐舍无依，籽种未备”②，人生地疏，困难多端。有的拨补地“远者七八百里，近者亦三四百里”，所以，虽有拨补之名而大部分自耕农或地主的土地被圈去之后，并没有得到什么补偿。

清初的圈地，首先是由于满族王公贵族的剥削需要造成的。入关之前，满族贵族就在关外各地设置大小不等的各种农庄，驱使农奴或奴隶进行生产，以供剥削。进入北京之后，为继续维持这种剥削，皇帝所圈占的内务府庄田，达到九千顷，属于各旗王公、宗室的庄田达到一万三千三百余顷。③ 造成圈地的另一个原因是出于军事上的需要。保持以满洲八旗为主的军事力量，是关系满族统治者能否取得和巩固政权的重大问题，而圈占的土地，在很大数量上是为了满足八旗军队的需要。与明朝军队不同，清朝政府不负担八旗军队的装备，以骑兵为主的满洲八旗，作战用的马匹、器械，皆由“披甲人”——八旗兵自备，遇有出征，还要带上从人和备用的马匹。为解决马匹、器械的置办，马匹的喂养，清朝统治者在入关前就实行了“计丁授田”，即分给一定数量的土地，八旗士兵的生活和军事装备的需要，都取给于这块土地上的生产收入。所谓“我国家初定中原，凡官属兵丁，俱计丁授田”④，“本朝计丁授田，兵马器械皆从此出”⑤。八旗官兵的旗地，达到十四万余顷⑥，占有圈地总数的绝大部分。

---

①② 《清世祖实录》卷十四。

③ 参见《清朝文献通考》卷五。

④ 《清世祖实录》卷一二七。

⑤ 陈之遴：《大道永计疏》，见《皇清奏议》卷九。

⑥ 《大清会典》康熙，卷二十一。

清朝统治者大规模圈占土地的措施，表现出清朝政权同关内地区的“经济发展处于对立地位”，结果“阻碍了经济的发展，摧毁了大批的生产力”①。

圈地占房之后，呈现出一片萧条景象。满族“诸大人之地广连阡陌，多至抛荒”②，原来很肥沃的耕地长满了野草，被用来牧放马匹、牲口。“以近畿垦荒余地斥为牧场，分亲王、郡王，以里计分；上三旗及正蓝旗以数十里计；余四旗以顷计，亦圈地也”③。分给八旗士兵的土地，“历年并未收成，因奉命出征，必需随带之人，致失耕种之业，往往地土旷废”④，大量土地，由于无人耕治，或年年存水，或碱卤、沙压而变成荒废。

被圈地区人民背井离乡，流离失所，“田地多占，妇子流离，哭声满路”⑤，一遇水旱灾害，“穷民益无以为命”⑥。失去房地的穷民，加入了原已存在的流民队伍，使流民问题更加严重。左都御史魏裔介记载了畿南流民的惨象：“流民南窜，有父母夫妻同日缢死者；有先投儿女于河，而后自投者；有得钱数百，卖其子女者；有刮树皮掘草根而食者；至于僵仆路旁，为鸟鸢豺狼食者，又不知其几何矣。”⑦

失去房地，困苦万端，走投无路，迫使农民起来进行斗争。农民的反抗，几乎和圈地同时开始。一六四六年（清顺治三年）御史卫周胤就指出：圈地之后，“良民失业，铤而走险”⑧；吏科给事中向玉轩也说：圈地之后“民间展转流离，哭声遍野……夫今日之游魂乱贼，即前日皇上之织婢耕奴也”⑨，只要圈地不停，农民的斗争就不会止息。到一六五九年（清顺治十六年），仍然是直隶农民“自圈地圈房之后，饥寒迫身，遂致起而为盗”⑩。农民的斗争使清朝统

---

① 恩格斯：《反杜林论》，见《马克思恩格斯选集》，第三卷，222 页。

②⑨ 向玉轩：《畿地圈拨将尽本》，见《掌故丛编》第六辑。

③ 王庆云：《熙朝纪政》卷四，《纪牧场》。

④ 《清世祖实录》卷八十。

⑤⑧ 卫周胤：《请陈治平三大要》。

⑥⑦ 《魏文毅公奏议》卷一，《流民急宜拯救并请发账疏》。

⑩ 《清世祖实录》卷一二五。

治者极为震动，在上谕中也不得不承认，“被圈之民，流离失所，煽惑讹言，相从为盗，以致陷罪者多”①。

圈地也损害了一部分汉族地主阶级的利益，“圈田所到，田主登时逐出，室中所有皆其有也，妻孥丑者携去，欲留者不敢携”②。这就影响了一部分汉族地主与清王朝之间的关系，加深了他们对清政府的不满。

这种“杀鸡取卵”的专横的圈地政策不可能长期执行下去，它破坏了生产力，使人民逃亡、破产，社会秩序动荡不安，它也不符合清政府长期的统治利益，必然会发生改变。一六四七年清政府下令：“自今以后，民间田屋不得复行圈拨，著永行禁止。”③命令发出后，大规模的圈地停止了，而零散的圈地仍在继续。所以一六五一年（清顺治八年）又下令：“将前圈地土，尽数退还原主。”④ 一六五三年（清顺治十年）又重申：“以后仍遵前旨，永不许圈占民间房地。”⑤再三重申停止圈地，正说明了圈地仍在进行。直到康熙初，鳌拜集团掀起大规模圈换土地事件，引起人民的反抗，触发了康熙反对鳌拜的斗争。康熙在清除了鳌拜集团以后，发展生产，安定秩序，限制贵族王公的不法权利成为清政府政策的重点，一六六九年（清康熙八年）又下令停止圈地：“比年以来，复将民间田地，圈给旗下，以致民生失业，衣食无资，流离困苦……自后圈占民间房地，永行停止。”⑥ 至此，延续几十年之久的圈地，才基本上停止了。

通过圈占土地，清朝统治者夺取的土地数目估计为十五万顷至二十二万顷。⑦ 圈占的土地除清朝皇帝设立皇庄之外，按宗室、王公、官员的等次和所属壮丁数目，给以不同数量的庄田和壮丁地，八旗士兵则只得到壮丁地。于是在圈占的土地上，出现了皇庄、王

---

①③ 《清世祖实录》卷三十一。

② 史惇：《恸余杂记》，《圈田》。

④ 《清世祖实录》卷五十三。

⑤ 《清世祖实录》卷七十八。

⑥ 《清圣祖实录》卷三十。

⑦ 由于所根据的材料不同和估计方法的不同，后人对清初圈地总数的估计有很大出入，较少的估计为十五万顷，较多的达二十二万顷。

庄、官员庄田等各种大小不等的庄屯，“凡属圈占之区，旗庄多十之七八，居民仅十之二三”①。

皇庄也称官庄，由内务府会计司管理，故又称为内务府官庄。主要分布于畿辅和盛京，“国初设近畿官庄百三十二所，每庄给田三百晌，庄头各给绳地（每四十二亩为一绳），隶内务府而征其赋”，后又“以内地不足，展边开垦，移设八旗庄田于盛京等属”②。官庄因生产的不同，又分为粮庄、豆秸庄、稻庄、菜园、瓜园、果园、蜜户、苇户、棉靛户等等。以后官庄的数目不断增加，地区也有所扩大，除畿辅和盛京外，吉林、黑龙江、热河及察哈尔均设有官庄。各庄均有庄头，役使壮丁，进行剥削的项目，有粮、草、菜蔬、家禽等，或折成银两，以供皇室衣食服用，挥霍浪费。

王庄，即宗室王公贵族庄田。入关之初就按照等级授给王公贵族多寡不等的田庄。“大庄每所地一百三十晌（或一百二十晌至七十晌不等），半庄每所地六十五晌（或六十晌至四十晌不等），园每所地三十晌（或二十五晌至十晌不等）”③。此外，王公贵族又可按占有的壮丁，分得大量土地。八旗宗室庄田在畿辅、山海关外、张家口、冷口以外者，有庄一千三百五十五所，半庄二百五十九所，园四百七十五所，半园三十四所，占地一万三千三百三十八顷。④

官员庄田，是指八旗官员、将领的庄田。凡得到封爵、担任官职的八旗人员都按等级分给土地，至少为六十亩。“令参领以下官员各给地六十亩……凡拨给地亩以见在为准，嗣后虽增丁不加，减丁亦不退；各官虽升迁不加，已故、降革不退”⑤。此外，八旗将领又以拥有较多壮丁而占有大量土地，“将不下十壮丁，大将则壮丁数十，连田数顷”⑥，“凡官属兵丁，俱计丁授田，富厚有力之家，得田每至数百晌”⑦。

---

① 宋荦：《条议畿东十事》，见《西陂类稿》卷三十。

② 王庆云：《石渠余记》卷四。

③ 《大清会典》康熙，卷二十一。

④⑤ 《清朝文献通考》卷五。

⑥ 金德纯：《旗军志》。

⑦ 《清世祖实录》卷一二七。

上述各种庄田，主要是在圈地的基础上建立的，此外“投充人”带来的土地也构成各种庄田的土地来源。顺治初，清朝统治者为增加奴仆的数量，实行了逼民“投充”的政策，许各旗招收“贫民”以为“役使之用”，后来竟发展到“不论贫富，相率投充”的地步，许多人或因害怕土地被圈，或因逃避赋役，携带土地，投充旗下，“乃所收尽皆带有房地富厚之家”①，甚至“暗以他人之地投”②。康熙初年，雄县知县姚文燮写了一首《投人谣》，其中有，“一人投身数姓地，人免丁徭地免税”③，反映了当时的普遍情况。旗人贵族以带地投充的办法，又掠夺了大量的土地。

至于八旗士兵只有少量奴仆，一般拥有二三人，多则四五人，还有的并无奴仆，“满洲披甲人，或止父子，或止兄弟，或止一身，得田不过数晌，征役甚烦，授田甚少”④。一般八旗士兵所分得的土地，为数不多，但于二十万左右八旗兵中，八旗将领只占少数，故一般八旗士兵所分得的土地总数，占清初圈地数量的很大比重。由于一般八旗士兵的奴仆很少，分得的土地，主要靠自己或少数奴仆进行耕种，缺乏足够的劳动人手，遇有出征又需奴仆随行，“致失耕种之业，往往地土旷废，一遇旱涝，又需部给口粮”⑤。因此，清政府于一六五四年（清顺治十一年）下令，凡只有四名以下壮丁的出征旗兵可将土地退出，依靠粮饷为生。

被圈占的土地，有的仍由原来耕种的农民向旗人地主交租承种，如孙家淦所说：“定鼎之初，县将民田圈给旗人，但仍系民人输租自种，民人自种其地，旗人坐取其租”⑥，基本上保持自明代以来的封建租佃制。但是，在顺治和康熙前期，旗地上的主要剥削形式还不是封建租佃制，而是由旗人王公贵族组织庄屯，役使农奴和奴仆的封建农奴制。满族的剥削阶级驱使农奴和奴仆种田、牧马、从事家

① 《清世祖实录》卷五十九。
② 刘余祐：《请革投充疏》，见《皇清奏议》卷五。
③ 《民国雄县新志》，第十册，《诗钞》。
④ 《清世祖实录》卷一二七。
⑤ 《清世祖实录》卷八十。
⑥ 孙家淦：《八旗公产疏》，见《皇朝经世文编》卷三十五。

内杂役、上阵随征、外出贸易。直接生产者没有人身自由，也极少自己的独立经济。这种农奴制庄屯可以内务府官庄为代表。“每庄壮丁十名，选一人为庄头，给田一百三十晌，场园、马馆另给饲田四晌，庄丁蕃衍则留于本庄，缺则补足。给牛八头，量给房屋、田种、口粮、器皿，免第一年钱粮”①。关外宁古塔的官庄，壮丁是流放来的罪犯，但其组成情况与壮丁所受剥削，与内务府官庄大体上相同，“每一庄共十人，一人为庄头，九人为壮丁，非种田即随打围、烧炭，每人名下责粮十二石、草三百束、猪一百斤、炭一百斤、石灰三百斤、芦一百束，凡家中所有，悉为官物”②。庄屯内的奴仆，承担着沉重的地租、差徭剥削，不能随意离开庄屯，主人可以对奴婢非刑拷打，任意虐待。康熙二十二年（一六八三）的上谕中说：“朕见旗下仆婢，往往轻生，投河自缢，必因家主责治过严，难以度日，情极势迫使然。”③ 康熙三十七年的上谕中还说：“先时，满洲往往轻毙其家人，朕乃立为差等之罚，今此风则少息矣。”④

满族王公贵族封建主役使的奴婢和农奴，有以下几种来源：第一是战争中的俘虏，“国初时俘掠辽沈之民，悉为满臣奴仆”⑤。在入关以前每次战争中俘掠的人口动辄数十万，这些壮丁被带进关内，称为“东来人”，除一部分用于满族封建主的家内役使外，大部分用以编庄生产，“向来血战所得人口，以供种地牧马诸役”⑥。入关以后，仍以“俘获人口，照例给赏登城被伤之人”⑦，但俘获数量，已较入关前大为减少。

第二是买卖人口。清入关以前就有人口买卖，入关后，贩卖人口为奴仍存在。北京就有“人市”，“顺承门内大街骡马市、牛市、羊市又有人市，旗下妇女欲售者从焉”⑧。买卖人口是清政府法律所

---

① 《清朝文献通考》卷五。
② 吴振臣：《宁古塔纪略》。
③ 《清圣祖实录》卷一〇九。
④ 《清圣祖实录》卷一九一。
⑤ 昭梿：《啸亭杂录》卷二。
⑥ 《清世祖实录》卷九十。
⑦ 《清世祖实录》卷二十。
⑧ 谈迁：《北游录》，《纪闻》下。

许可的，康熙二十二年规定："旗下官兵，须用奴仆，除直隶各省大小文武官员及驻防将军、副都统，不准买所属之民外，其余仍照旧买人。"① 所以，文武官员竞相"买良民为奴，甚至多买馈送亲友"②。

第三是将罪犯及其家属没入为奴。这样的奴婢也占相当数量，凡是犯了重罪的罪犯，往往家产充公，家属发给"披甲人"为奴。《大清律》规定："谋反及大逆"之家属，"男年十五以下，及母女妻妾……给付功臣之家为奴"③。

第四是投充的奴婢。清朝入关后，宣布"贫民无衣无食"者，准"投入满洲家为奴"。实际上，满族封建主依靠权势，强迫大批汉民投充为奴。"距京三百里外，耕种满洲田地之处，庄头及奴仆人等，将各州县庄屯之人，逼勒投充，不愿者即以言语恐吓，威势迫胁。各色工匠，尽行搜索，务令投充"。汉人投充之后，身份降为奴仆，主人可以出卖奴婢，奴婢不能随意离开主人。"此等投充旗下人民，有逃走者，逃人及窝逃之人……俱照逃人定例治罪"④。

哪里有压迫，哪里就有反抗。满族统治者在北京周围地区圈占土地，强迫投充，实行高压与掠夺政策，推行落后的封建农奴制，必然使阶级矛盾和民族矛盾更加激化，发生大批奴仆的逃亡，"逃人"成为当时严重的社会问题。据记载：一六四六年，"数月之间，逃人已几数万"⑤。一六四九年（清顺治六年），奴仆"今俱逃尽，满洲官兵，纷纷控奏"⑥。一六五二年（清顺治九年），"各旗所报逃人，几无虚日，而获者甚少"⑦。一六五四年"一年间，逃人几及三万，缉获者不及十分之一"⑧。

---

① 《清圣祖实录》卷一一三。
② 《清圣祖实录》卷三十。
③ 《大清律》卷二十三，《刑律》，《盗贼上》，《谋反大逆》。
④ 《清世祖实录》卷十五。
⑤ 《清世祖实录》卷二十六。
⑥ 《清世祖实录》卷四十三。
⑦ 魏裔介：《请解责令州县疏》，见《皇清奏议》卷五。
⑧ 《清世祖实录》卷八十五。

一六五七年（清顺治十四年），因逃人众多，严惩窝主，以致“年来秋决重犯，半属窝逃”①。一六五八年（清顺治十五年），“年来逃人犯法者未止，小民因而牵连，被害者多”②。

奴仆的大批逃亡给满族王公贵族的剥削、统治，造成危机。在圈地的基础上建立的各种庄屯，主要是靠驱使奴仆耕作，奴仆的逃亡，直接影响到满族统治者的利益。奴仆的逃亡，也危及满洲八旗武力，“年来用兵，披甲人买马制械，奴仆逃亡，生业凋零，艰难日甚”③，“盖本朝用武开基计丁编甲，丁逃则损甲……则无以慰其主而劝有功”④。

为维护满族统治者的利益，清朝政府制定了严禁奴仆逃亡的“逃人法”。一六四六年规定：“逃人鞭一百，归还本主。隐匿之人正法，家产籍没。邻右九甲长乡约，各鞭一百，流徙边远”⑤。以后又设立兵部督捕衙门，专门缉拿盗贼和逃人。清初“逃人法”的特点是严厉惩治“窝主”，逃人被捉到后，如系初逃、再逃，不过受鞭责，或面上、臂上刺字，归还原主；而窝藏逃人的人，往往处死，将家产没收，赏给告发的人，还要连累邻居。所谓“缉逃事例，首严窝隐，一有容留，虽亲如父子，但经隔宿，即照例治罪。使小民父子，视若仇雠，一经投止，立时拿解”⑥。

以严惩“窝主”为重点的逃人法，为了保护极少数满族农奴主的利益，过分地损害了各阶级各阶层的利益，造成社会上长期的动荡不安。地方上的恶棍无赖，为了贪图财利，往往勾结党伙，诬指平民隐匿逃人；也有贪官污吏，唆使捉到的逃人，诬报窝家，敲诈勒索，“使海内无贫富、无良贱、无官民，皆惴惴焉莫保其身家”⑦。一部分汉族官吏如魏琯、赵开心、李裀等反对严惩窝主的刑律，认

① 《清世祖实录》卷一〇七。
② 《清世祖实录》卷一一七。
③ 《清世祖实录》卷一二七。
④ 张宸：《平圃杂记》。
⑤ 《清朝文献通考》卷一九五，刑一。
⑥ 李元度：《国朝先正事略》卷四，吴正治。
⑦ 《清世祖实录》卷八十八。

为窝主之罪，重于逃人，株连太多，用法不平。要求修改“逃人法”，对窝主从轻处罪。并劝告满族农奴主减轻对奴婢的迫害，改善奴婢的待遇，以减少逃亡。最初，清政府为了维护极少数满族王公亲贵的利益，态度很顽固，坚持“逃人法”，认为“逃人之多，因有窝逃之人”。指责魏琯等“偏护汉人，欲令满洲困苦，谋国不忠，莫此为甚”①，将他们或降级，或流放。

“逃人法”引起的社会动荡以及满汉统治者之间的意见分歧，实质上反映了封建农奴制与封建租佃关系并存的矛盾。清政府凭借政权力量，竭力维护农奴制，可是这种落后的农奴制已不能适应当时生产力发展的水平，它的没落是不可避免的、不可挽救的。严刑峻法扭转不了历史的进程，逃人法也无济于事，所以，“究治愈力，逃者愈多”，“天下嚣然，丧其乐生之心，盗贼蜂起，几成燎原之势”②。“其强有力者，东西驱逐而无所投止，势必铤而走险”③。奴仆的大批逃亡和反抗，沉重地打击了农奴制，使清朝的统治难以稳定，也使旗地庄园上缺少劳动人手，生产凋敝，经济上无利可得。封建农奴制迅速地解体，许多八旗士兵不得不典卖土地，稍后，就是皇庄、官庄也不得不改变经营方式，向租佃制过渡。

封建租佃制代替落后农奴制的过程，也就是逃人问题逐步解决的过程。随着反抗斗争的增强，清政府不得不承认：“若专恃严法禁止，全不体恤，逃者仍众，何益之有”④。逐步放宽了“逃人法”的贯彻，窝主免死，减轻处罪；另外限制贩卖奴婢，又再三命令不得虐待奴婢，如果殴打奴婢致死，家主要治罪。这种命令虽不能真正贯彻，但逃人问题越来越缓和了。一六九九年（清康熙三十八年），将兵部督捕衙门改为督捕司，改隶刑部，督捕司“终岁不劾一失察之官，不治一窝隐之罪”⑤，失去了督捕衙门原先的威权。困扰几十年的逃人问题大为减轻。

---

① 《清世祖实录》卷九十。

② 魏裔介：《兼济堂文集》卷九，《查解宜责州县疏》。

③ 《清世祖实录》卷八十八。

④ 《清世祖实录》卷一〇二。

⑤ 王士禛：《香祖笔记》卷四。

三、统治阶级内部的矛盾斗争与皇权的加强

清朝入关之初，它的制度和政策正在发生重大的变化。经济上，在北京和东北建立的封建农奴制碰到了难以克服的矛盾，正在慢慢地让位于封建租佃制；在政治上，带有原始军事民主的“合议制”也日益没落，而不得不采用汉族的封建专制主义集权制，皇权正在日益集中。政治上的这种演变，从根本上说，并不是皇帝和几个亲信大臣追求权力而阴谋策划出来的，它是历史的产物。中国地区广大、人口众多，又是一个多民族的国家，统一已有近两千年之久，分散的封建小农经济占绝对优势，境内已没有实力强大可以长期相互抗衡的离心势力和地方势力存在。在这样的国家中，封建专制主义的集权制不仅是可能的，而且是统治这个国家所必需的。政治是经济的集中表现，封建专制皇权的长期统治，表现了中国历史上的国情。

因此，清王朝从“合议制”转上专制集权的轨道是必然的。但是，这种必然性又是通过统治者的权力欲、残酷无情的内部冲突以及光怪陆离的阴谋事件而实现的。必然性披上了难以捉摸的偶然性的外衣，而在错综复杂的偶然事件中恰恰体现着，并且实现了历史的必然趋势。清代封建专制皇权的加强，经历了从皇太极、顺治、康熙到雍正一百年时间，皇帝与旗主、诸王以及各种势力集团之间进行了长期斗争，皇权获得了全胜。到雍正时，设立军机处，权力集中于皇帝一身，这标志着以皇权为核心的清代封建专制主义发展到了最高峰。

努尔哈赤统治时，制定了八旗旗主“同心干国”、“共议国政”①的政治体制。皇太极时，八旗旗主与诸王在政治上拥有的权力，体现在议政王大臣会议的设置以及诸王对中央六部的掌管上。在决定军国重事时，皇太极仍需“集众宗藩”商议，“而量加采择”②；但同时也在采取措施加强皇权，限制旗主诸王的权力，逐步改变努尔哈赤所定的体制。一六三〇年（明崇祯三年，后金天聪四年），皇太

① 《清太祖实录》卷四。
② 昭梿：《啸亭杂录》，卷二。

极贬责和圈禁二贝勒阿敏，夺取正蓝旗后，拥有镶黄旗、正黄旗、正蓝旗，即上三旗。打破了各主一旗的均势，开始了清代皇帝自掌三旗的局面，成为加强皇权的实力基础；又设立内三院直接听命于皇帝。但下五旗仍为诸王掌握，各旗主可调发自己旗下的军队，旗下的大臣官吏，奉旗主为君。旗主拥有本旗的军事行政大权，成为中央集权的离心力量。

清朝入关前的半年，皇太极死去。皇太极生前没有指定继承人，清朝统治面临着诸王之间争夺继承人的斗争。当时在盛京的朝鲜使臣，已经看出因“国本未定”，皇太极死后将要发生争夺皇位的斗争。“彼诸王辈皆分党，多有乖争之事，汗（指皇太极）死，则国必乱矣”①。在《清世祖实录》中也有同样的记载，“先帝上宾，诸王兄弟，相争为乱，窥伺神器”②。

当时拥有力量争夺皇位的是豪格与多尔衮。肃亲王豪格是皇太极的长子。由皇太极直接掌握的两黄旗，主张拥立豪格，“两旗大臣，原誓立肃亲王为君”③，“当国忧时，图尔格、索尼、图赖、锡翰、巩阿岱、鳌拜、谭泰、塔瞻八人，往肃王家中，言欲立肃王为君”④。掌握镶蓝旗的郑亲王济尔哈朗，也倾向于立豪格，“和硕郑亲王初议立尔（指豪格）为君，因王性柔，力不能胜众，议遂寝”⑤。当时辈分最高的是皇太极之兄礼亲王代善，也以豪格为“帝之长子，当承大统”⑥。

多尔衮为努尔哈赤第十四子，皇太极之弟，具有杰出的政治和军事才能。曾从征察哈尔、朝鲜及围攻锦州诸役，为皇太极所器重，“爱尔（指多尔衮）过于群子弟，锡予独厚”⑦，赐号“墨尔根代青”（聪明之意），封为和硕睿亲王。多尔衮与其同母兄弟阿济格、多铎拥有两白旗，成为皇位的有力争夺者。

---

① 朝鲜《仁祖实录》卷三十七，十六年八月壬午。
② 《清世祖实录》卷十。
③ 《清世祖实录》卷五十六。
④ 《清世祖实录》卷三十七。
⑤ 《清世祖实录》卷四。
⑥ 《沈阳状启》，癸未年八月二十六日。
⑦ 《清史稿》，《列传》五，《多尔衮》。

以豪格为首的两黄旗势力和以多尔衮为首的两白旗势力发生了尖锐的对立。两白旗坚决反对豪格嗣帝位，说“若立肃亲王，我等俱无生理”①，而拥戴本旗首领多尔衮。“英郡王阿济格、豫郡王多铎劝睿亲王即帝位”②。而两黄旗一定要皇太极的儿子继位，声称：“先帝（指皇太极）有皇子在，必立其一”③。两黄旗剑拔弩张，严加戒备，当“太宗宾天时，图尔格（内大臣，属镶黄旗）等与白旗诸王素有衅隙，传三牛录下护军，备甲胄弓矢护其门”④。诸王于崇政殿商议册立时，“两黄旗大臣盟于大清门，令两旗巴牙喇兵张弓挟矢环立宫殿……索尼及巴图鲁鄂拜首言立皇子”⑤，“帝（指皇太极）之手下将领之辈，佩剑而前曰：‘吾属食于帝，衣于帝，养育之恩与天同大，若不立帝之子，则宁死从帝于地下而已。’”⑥ 在这种情况下，清朝统治者还能够渡过分裂的危机而保持了队伍的统一，产生了一个折中的方案：立皇太极的第九子，年仅六岁的福临为帝，并以多尔衮、济尔哈朗辅政。对两白旗来说，立幼不立长，便于日后对政权的控制。多尔衮虽然没有当上皇帝，但因福临年幼，权力自然落在有辅政名义的精明能干的多尔衮手中。对于两黄旗来说，福临总还是皇太极的儿子，两黄旗仍是“天子自将之旗”，无论在权力上、体面上，都得到了一定程度的满足。

皇位继承问题的折中解决，总算避免了诸王相争的大乱局面。接着，形势急转直下，清兵大举入关，进攻李自成起义军，多尔衮一直是执政者、决策者。他贯彻皇太极的方针，倾注全力，以争夺全国的统治权。当他统率清军进关时，就明确指出了这次军事行动的深远意义，“曩者三次往征明朝，俱为俘掠而行；今者大举，不似先番。蒙天眷佑，要当定国安民，以希大业”⑦。清军攻占北京后，有人安土重迁，想回老家去，主张“留置诸王以镇燕都，而大兵则或还守沈阳，或退保山海”。多尔衮坚决反对这种短视、后退的方

① 《清世祖实录》卷二十二。

②③⑤ 《清史稿》，《列传》三十六，《索尼》。

④ 《清世祖实录》卷三十八。

⑥ 《沈阳状启》，癸未年八月二十六日。

⑦ 《沈馆录》卷七。

针，他说“先帝尝言，若得北京，当即徙都，以图进取。况今人心未定，不可弃而东还”①。在多尔衮的指挥下，清军兵锋所至，势如破竹，席卷了大半个中国。在一片胜利声中，诸王、各旗之间的内部矛盾缓和了，多尔衮的权力和威望更加扶摇直上。一六四四年（清顺治元年）十一月进封为“叔父摄政王”，一六四八年（清顺治五年）十二月又尊为“皇父摄政王”，“代天摄政”、“赏罚等于朝廷”。又因为“信符收贮大内每经调遣，奏请不便，遂贮王府”②，连皇帝的印玺也搬到了多尔衮的家里。一时，“大权在握，关内外咸知有睿王一人”③。多尔衮和同胞兄弟阿济格、多铎已掌握了两白和正蓝三旗④。又对实力雄厚的两黄旗进行分化、拉拢，两黄旗许多大臣，纷纷投靠多尔衮，所以豪格气愤地说：“固山额真谭泰、护军统领图赖、启心郎索尼，向皆附我。今伊等乃率二旗附和硕睿亲王……能者彼既收用，则无能者我当收之”⑤。一六四七年（清顺治四年）八月，罢济尔哈朗辅政，封多铎为“辅政叔德豫亲王”。一六四八年，又以微罪为口实，将豪格监禁致死，除去了自己的政敌。

权力集中是一种不可遏制的必然趋势。公开的政敌固然必须清除，就是妨碍集权的各旗分立、诸王掌权以及政治上的“合议制”也是难以容忍，必须加以限制。多尔衮利用摄政的权力，采取了种种措施，以巩固自己的地位。首先削弱议政王大臣会议的权力，多尔衮以为“前者众议公誓，凡国家大政，必众议佥同，然后结案。今思盈廷聚讼，纷纭不决，反误国家政务”⑥，以议政王大臣议事“纷纭不决”为名，集权力于摄政之手。接着又罢诸王兼理部务，以各部事务由尚书掌管，而听命于摄政王。由于六部设立之后，长期由诸王兼管，虽经停止，诸王对六部仍有一定影响。因此，多尔衮

① 《李朝实录》第三十五册，卷四十五.

② 《清世祖实录》卷二十六。

③ 《清世祖实录》卷八十八。

④ 《清世祖实录》卷五十三。正蓝旗和两黄旗当时是皇帝统率的“上三旗”，多尔衮摄政后，以侍卫需要为名，调归己属。答应将来归政时，交还顺治。

⑤ 《清世祖实录》卷四。

⑥ 《清世祖实录》卷二。

在一六四九年（清顺治六年）又重申，“诸王及诸大臣，有干预各衙门政事及指摘内外汉官……不论其言之是非，即行治罪”，并规定诸王不准以各衙门之事“私行传呼各衙门官至府”①，从而把皇太极以来的中央集权，又向前推进了一步。

多尔衮限制和削弱诸王的权力，虽然具有统治阶级内部矛盾的性质，但由于多尔衮当时处于“代天摄政”的地位，集权于摄政王与加强专制主义中央集权是一致的。

一六五一年（清顺治八年）一月，多尔衮死，顺治亲政，政局大变。此时，地位和权力仅次于多尔衮的豫王多铎已先死，英王阿济格立即被圈禁、赐死。两白旗失去了首领，在两黄旗（顺治）和镶蓝旗（济尔哈朗）的联合反攻下，居于劣势。多尔衮身后被贬削爵，财产籍没。他所重用的王公大臣，有的倒戈反噬；有的以“党附”多尔衮的罪名，或处死，或贬革。

这场宫廷政变使政治上保守的济尔哈朗、鳌拜的势力抬头，某些政策措施发生了后退的倾向。如一六五一年，一度恢复了诸王管理部务的旧制，对汉族官吏和知识分子的控制也更加严厉，对中央各部院的汉官，进行“更定”、“甄别”，根据不同的表现，有的照旧供职，有的降级使用，有的勒令“致仕”，有的革职为民，永不叙用。多尔衮重用的汉族官僚陈名夏、陈之遴、刘正宗等都获罪处死。济尔哈朗要求顺治帝“效法太祖太宗”，与诸王贝勒“讨论政事得失”，并以祖先“常恐后世子孙弃淳厚之风，沿习汉俗”② 的训诫来提醒顺治帝，这表现了保守势力企图维护满族亲贵的特权和抵制汉族文化的努力。

应该指出：保守势力虽然在一定程度上抬头，使政策的侧重点发生了某些变化，但是，清王朝要统治全中国，击败南方的抗清力量，就不得不适应广大地区先进的经济、政治和文化，就不得不笼络汉族的上层，这一总的政策趋势已非保守势力所能扭转。特别是年轻的顺治帝具有比较清醒的头脑，颇想有所作为，他对汉族文化

---

① 《清世祖实录》卷四十四。

② 《清史稿》，《列传》二，《济尔哈朗》。

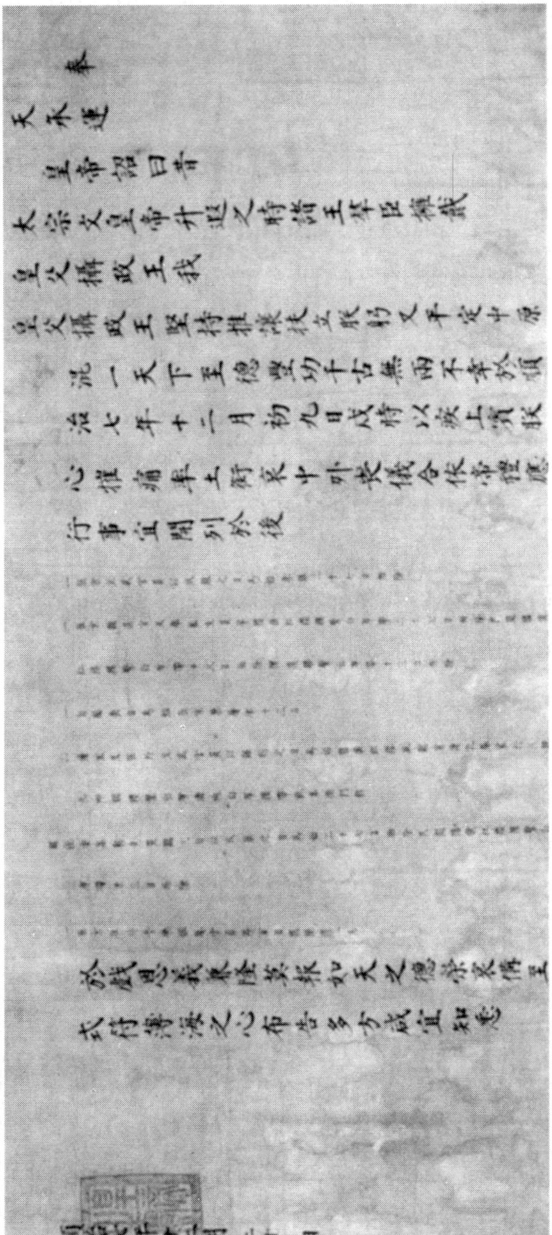

摄政王多尔衮薨逝诏书

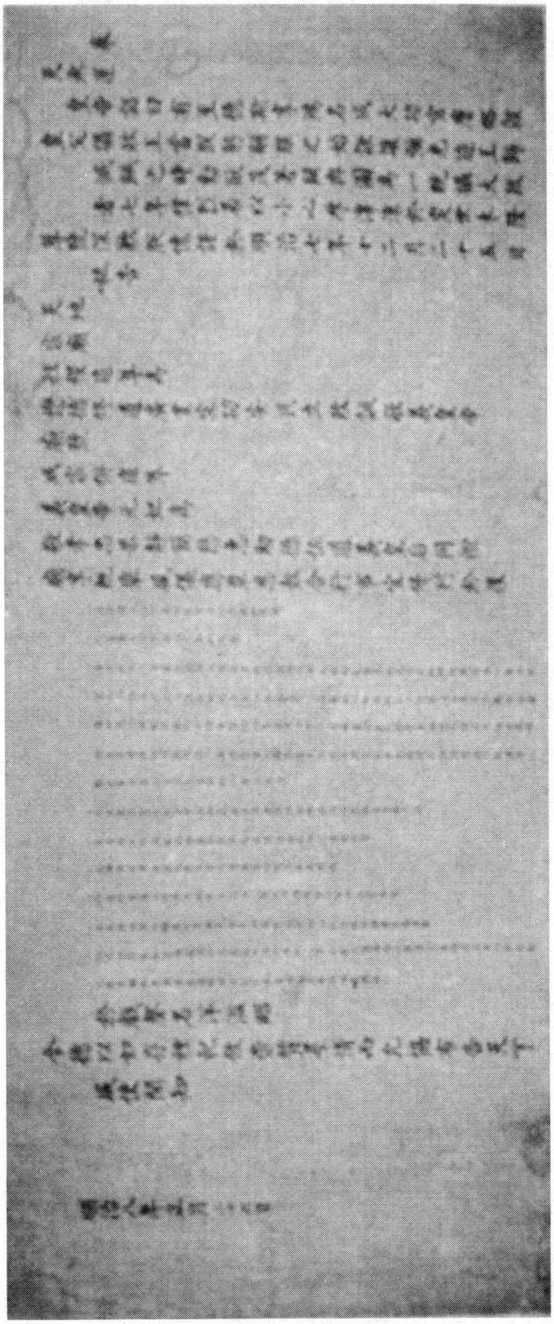

追尊多尔衮为成宗义皇帝诏书

顺治敕谕的铁牌

也有较深的了解。他虽然在政治上与多尔衮处在敌对的地位，但在政策的方向上却一脉相承。他不顾满族大臣的反对，仍重用汉族官吏，提倡汉族文化，沿着多尔衮的道路继续进行内政、司法、财政方面的调整和改革。如：替明崇祯帝立碑，表示继续优礼已经灭亡的明王朝，以拉拢、安抚汉族地主官吏；像范文程、洪承畴、冯铨、金之俊、魏裔介等知名的汉族官员仍得到重用；又将内三院改为内阁，进一步采用了明朝中枢机构的体制。此外，求遗书、修孔庙、御经筵、尊重儒家文化；又改变各衙门只许满官掌印的旧例，汉官亦可掌印；改变铸钱只用满文而兼用满汉文。这些措施引起满族保守势力的不满，反映了顺治与一部分八旗勋贵之间的矛盾、斗争。

一六六一年（清顺治十八年）二月顺治死。八岁的皇太子玄烨（康熙）即位，以索尼、苏克萨哈、遏必隆、鳌拜四人辅政。保守势力又抬头。他们窜改的顺治遗诏中给顺治栽上了十四条罪状，其中有："自亲政以来，纪纲法度，用人行政，不能仰法太祖太宗谟烈，因循悠忽，苟且目前。且渐习汉俗，于淳朴旧制，日有更张，以致国治未臻，民生未遂，是朕之罪一也；满洲诸臣，或历世竭忠，或累年效力，宜加倚托，尽厥猷为，朕不能信任，有才莫展。且明季失国，多由偏用文臣，朕不以为戒，而委任汉官，即部院印信，间亦令汉官掌管，以致满臣无心任事，精力懈弛，是朕之罪一也。”①

在顺治的遗诏中，明显地反映了从济尔哈朗以来到鳌拜等人保守落后的政治观点：要求抵制“汉俗”，保存“淳朴旧制”；要求重用满臣，反对信任汉官。但是，这种逆历史潮流而动的趋势不可能长久维持。此后，康熙帝逐渐长大成人，为了恢复经济，安定秩序，巩固统治，又不得不顺应历史的发展，回到多尔衮、顺治的轨道上来，这样，康熙和鳌拜集团之间的矛盾便不可避免地尖锐起来。

① 《清世祖实录》卷一四四。

第四章　十七世纪后半期的唯物主义进步思潮

第一节　十七世纪后半期的进步思潮是时代的产物

一、明清之际进步思潮的产生

十七世纪是中国历史上阶级矛盾、民族矛盾异常尖锐的时代。大斗争、大动荡的社会条件和瞬息万变的政治风云，有力地推动了思想领域斗争的发展，出现了黄宗羲、顾炎武、王夫之、颜元等人为代表的一代杰出思想家。他们治学的规模宏伟博大，以犀利的笔锋，奔放的激情，抒发了深刻而新颖的政治观点、哲学观点，形成了与宋明以来陈腐反动理学相对立的、具有批判精神和求实精神的新思潮、新学风，谱写下我国思想史上光辉灿烂的一章。

恩格斯说："一切历史上的斗争，无论是在政治、宗教、哲学的领域中进行的，还是在任何其他意识形态领域中进行的，实际上只是各社会阶级的斗争或多或少明显的表现"①。明末，中国封建社会已进入了后期，各种社会矛盾十分尖锐，封建统治机器已运转失灵。波澜壮阔的明末农民大起义，用武器的批判，深刻暴露了封建制度的腐朽性，把不可一世的明王朝和宋明理学的精神枷锁，统统打翻在地，这对于清初进步思潮的兴起，具有决定性的意义。

满洲贵族入关以后，在联合汉族地主官僚镇压农民起义、建立

---

① 《马克思恩格斯选集》，第一卷，《路易·波拿巴的雾月十八日》德文版第三版序言，602页。

清朝统治的过程中，实行野蛮的民族压迫政策，使得民族矛盾十分尖锐，全国政治形势发生了急遽的变化。明朝的顷刻瓦解和满洲贵族入主中原，使一些封建士大夫的思想受到空前震动。他们以惶惑的心情面对这一“天崩地解”的形势，注视着新涌现出的社会问题，思考着招致“社稷沦亡，天下陆沉”的原因。为什么表面坚实、巍峨庄严的明朝统治殿堂崩毁于一旦？为什么统治中国两千年之久的封建制度既不能防止内部和外部的危机，又不能顺利地克服危机？这部统治机器出现了什么毛病？它的整体和各个部分的牢固性如何？由满族建立的新的王朝，承袭了明制，是否能够持续经久？清初的思想家不可能认识封建制度的本质，当然也就不可能完全正确地回答一系列根本的社会和政治问题。但是，他们站在当代阶级斗争和民族斗争的激流中，对于封建社会末期产生的种种弊端却有十分深切的感受，因此，能够以前所未有的深刻程度抨击封建专制制度，批判唯心主义理学，提倡经世致用，反对民族压迫，形成了清初别开生面、气势磅礴的进步的社会思潮。此外，长期流亡不定的生活，使他们有机会接触社会实际和下层民众，大大开阔了认识的源泉，丰富了研究的领域。总之，激烈的阶级斗争和民族斗争给进步思想家的教育要比他们在古代典籍中勤奋钻研之所得，更加直接，更加现实，更加重要。没有前后历时四十年之久的农民阶级对封建制度的武器的批判，就不会有清初进步思想家的批判的武器。阶级斗争是社会历史发展的动力，同时，也是思想发展的渊源。

“人们的观念、观点和概念，一句话，人们的意识，随着人们的生活条件、人们的社会关系、人们的社会存在的改变而改变”①。明末资本主义萌芽对进步思潮的形成，也具有一定的意义。明朝自嘉靖、万历以来，长江流域一带便在商品经济发展的基础上产生了资本主义萌芽，虽然这些发生在封建社会内部的新的经济因素，还极其微弱，但已经开始显露出它的社会影响。清初的思想家大多生活或活动在东南地区，与工商业存在着这样或那样的联系。他们之所

---

① 《马克思恩格斯选集》，第一卷，《共产党宣言》，270页。

以能够透过封建正统思想的重重笼罩，产生出某些民主主义思想的萌芽，是和比较发达的经济条件分不开的。

十七世纪后半期的社会进步思潮，还“具有由它的先驱者传给它而它便由以出发的特定的思想资料作为前提”①。思想家们继承了中国古代历史上的朴素唯物主义传统，但由于他们经历了封建社会后期更为复杂尖锐的矛盾和斗争，因此，涉及的领域更宽广，占有的材料更丰富，所作的贡献更重大。宋元明三代，唯心主义理学泛滥，长期以来，中国古代的唯物主义传统几乎湮没不彰。明末，李贽是反对反动理学的最勇敢的先进思想家，他举起了批判封建政治和封建文化的旗帜，提出了许多发人深思的哲学问题和社会问题。但是，李贽生活的时代稍早一点，他的思想没有在阶级斗争和民族斗争的高潮中经过冲洗，还没有摆脱唯心主义的窠臼，他的世界观类似于出世的，而非入世的，他对理学的批判与其说是深刻，不如说是锐利。只有在经过明末农民大起义以后，明朝覆亡，理学唯心主义的反动性、腐朽性更加暴露，才会产生清初的一批思想家，他们恢复和发展了古代唯物主义的传统，比李贽站在更加坚实的基地上，对理学唯心主义发动了深刻猛烈的抨击。虽然，清初的思想家们不同意李贽那种蔑视礼义伦常的观点和放任不羁的生活态度，但是，在激烈反对宋明理学这一点上，不能不说他们恰好是接过了李贽的批判旗帜。

明末，随着生产的进步，自然科学也相应地发展。李时珍的《本草纲目》、宋应星的《天工开物》、徐光启的《农政全书》反映了当时科学技术所达到的水平，西方自然科学，如天文、数学、地理学也相继传入中国。科学思想的传布，有助于清初思想家们剔除自己宇宙观和历史观中的神秘色彩，摆脱理学观点和迷信思想的束缚，开始用求实的态度和比较科学的方法来观察政治问题和社会问题。

总之，十七世纪后半期进步思潮的形成，有它深刻的社会历史根源，是各种矛盾长期斗争的产物，又是历史上先进思想在新的历

---

① 《马克思恩格斯选集》，第四卷，《恩格斯致康·施米特》，485页。

史条件下的继续和发展。在中国思想历史的漫长发展过程中，每处于社会转折时期，都有人作出自己时代所能作出的总结。清初思想家正是站在急遽变化的社会潮流的前面，总结性地批判过去，揭开了中国思想史上辉煌、瑰丽的新篇章。

二、明清之际的学派和思想家

一种社会思潮常常包括若干个不同的学派，而每个重要的学派必有杰出人物为其代表。杰出人物总是领导着学派，站在时代思潮的前头，为历史发展扫清道路。思潮是某些阶级、某些集团在特定历史环境中的观点、意愿和风尚的总和。属于同一思潮下的各个学派和人物，具有共同的思想倾向性，但是，由于人们的具体经历不同、活动地域不同、师承关系不同、治学方法不同、性情爱好不同，因此，他们的理论观点、著作风格、造诣深浅、研究领域也有极大的差别。一种奔放前进的社会思潮绝不仅仅是刻板单调、千篇一律的重复和模仿，而是在共同的倾向性中显示出丰富多彩的内容与千变万化的风格。它仿佛是春深时节的盛大花圃，万木争荣，千葩竞秀，绚丽多姿，美不胜收。各个学派和众多的思想家，同归而殊途，各有其专长和侧重面，他们彼此影响，互相推动，云蒸霞蔚，俊彩星驰，形成具有时代特色和相当群众基础的社会思潮。

清初杰出的思想家和重要的学派有：

1. 黄宗羲和浙东学派。黄宗羲（一六一〇年至一六九五年，明万历三十八年至清康熙三十四年），字太冲，号南雷，又号梨洲，浙江余姚人，出身于官僚地主家庭。其父黄尊素是东林党的重要人物，在明末腐败的政治环境中被阉党迫害而死。清兵南下，黄宗羲毁家纾难，投身抗清，奋斗十余年。失败以后，隐居乡间，讲学著述，多次拒绝清政府的征聘，著有《明夷待访录》、《南雷文定》、《明儒学案》等书。

黄宗羲的重要贡献主要在政治学和历史学方面，他的《明夷待访录》一书尖锐地抨击封建政治，描绘了带有某些民主主义色彩的"理想国"，对中国近代的思想界发生了重要的影响。他的史学思想着眼于通经致用，以历史的眼光治学术，反对空谈。他说："明人讲

黄宗羲画像

学袭‘语录’之糟粕，不以六经为根柢，束书而从事于游谈，故问学者必先穷经，经术所以经世。不为迂儒，必兼读史。”① 这种认识打破了理学标榜的传统，是对明末学风积弊的一种反抗。正如章学诚所说：“浙东之学，言性命者，必究于史，此其所以卓也。”② 全祖望也说：“前此讲堂痼疾，为之一变。”③

黄宗羲的《明儒学案》一书，总结了明代近三百年的思想发展，是我国古代第一部巨大而较有系统的学术思想史著作。以后，他的弟子万斯大、万斯同和更晚的全祖望、章学诚等，都直接或间接地接受黄宗羲的影响，并完成了黄宗羲没有完成的另一部巨大著作《宋元学案》和明史的纂修工作，在历史编纂、史论和史料学方面都有重要的贡献，形成了以史学研究为其特色的浙东学派。这个学派的特点是：不尚空言，比较注重实践，以经学为根柢，以史学为经世之具，重民族气节，在治学态度上谨慎勤苦，严核是非，考证史

① 《清史稿》，《列传》二六七，《儒林》一。
② 章学诚：《文史通义》内篇二，《浙东学术》。
③ 全祖望：《鲒埼亭集外编》卷十六，《甬上证人书院记》。

实，不凭传闻。但是，黄宗羲虽然倾向于唯物主义，所受王阳明学派的影响却较大，思想上混杂着唯心主义的渣滓，在政治和历史方面，不可能进一步揭示其本质。这些局限性是黄宗羲所无法摆脱的。

顾炎武画像

顾炎武（一六一三年至一六八二年，明万历四十一年至清康熙二十一年），字宁人，号亭林，江苏昆山人，出身于江南大族，青年时期加入以抨击明末弊政为宗旨的“复社”，提倡读书务实，留心经世之学。清兵南下，陷昆山，其生母与两弟均罹于难。养母绝食自誓，这对顾炎武的刺激极深。他曾和“复社”中归庄、吴其沆等人起兵抗清。失败以后，遍游北方各省，结交志士，“其心耿耿未下”[①]，图谋恢复明朝的统治。著有《天下郡国利病书》、《日知录》、《音学五书》、《亭林诗文集》等。

顾炎武在学术上的成就是多方面的，特别擅长经学、音韵学、历史学、地理学。他针对明末士大夫的空疏不学，昏庸无耻，强调“博学于文，行己有耻”，以“明道救世”为治学宗旨，把学术研究

① 全祖望：《鲒埼亭集》卷十二，《亭林先生神道表》。

和解决社会问题联系起来，“自一身以至于天下国家，皆学之事也”①，力图扭转明末极端腐败的学风。为此他树起“经学即理学”的旗帜，与“置四海之穷困不言，而终日讲危微精一之说”② 的理学相对抗，这在当时的思想界激起很大的波澜。

经世致用的学术内容决定了顾炎武别具一格的治学方法。他比较注重调查研究，广求证据，详察山川地理和各种制度的沿革，提倡独创，反对盲从和剽窃。内容浩瀚的《天下郡国利病书》和《日知录》就是实践这个方法论的范例。他“频年足迹所至无三月之淹”，“一年之中，半宿旅店”③，每至一地，则“考其山川风俗，疾苦利病，如指诸掌”④。

由于顾炎武有力地纠正了“束书不观，游谈无根”的恶劣学风，开辟了清代治学方法和学术门类的新途径，对继起的考据学派影响很大，因而在清代学术思想史上占有重要的地位。梁启超说：“清代许多学术都由亭林发其端，而后人衍其续。”⑤ 但是顾炎武接受朱熹的影响较多，政治改革的主张较温和，也没有充分发挥唯物主义的见解，方法上不可能摆脱形而上学。清朝统治者出于统治的需要，贬低顾炎武的经世之学“或迂而难行”，“或愎而过锐”，大肆赞赏他的“考据精详”，企图借助他的声望为考据学派进行辩护。事实上考据学派虽然部分地接受了顾炎武治学精神的传统，但他们把顾炎武的经世之学蜕变为脱离现实政治、单纯追求书本知识的繁琐学术，大大背离了顾炎武的初衷。

王夫之（一六一九年至一六九二年，明万历四十七年至清康熙三十一年），字而农，号薑斋，世称船山先生。湖南衡阳人，出身于没落的小地主家庭。他从青年时起便关心时政、民情，探索历代社会经济与典章制度的变革关系；并参加复社，要求改革。一六四八年（清顺治五年）清兵进占衡州，王夫之于衡山起兵抗清，以寡不敌众失败。后参加桂王政府，又在南明小朝廷的党派斗争中受排挤，

①② 顾炎武：《亭林文集》卷三，《与友人论学书》。
③ 顾炎武：《亭林文集》卷五，《与潘次耕书》。
④ 潘耒：《日知录》序。
⑤ 梁启超：《中国近三百年学术史》。

王夫之画像

几乎丧命。这使他痛感国事糜烂，已不可为，遂愤然离去，长期隐居于荒岩绝壑、苗瑶山洞中，从事著述，借笔墨倾吐匡复之志，“为往圣继绝学，为万世开太平”①。他在极端艰苦中写成了许多著作，主要著作有《周易外传》、《张子正蒙注》、《尚书引义》、《思问录内外篇》、《噩梦》、《黄书》、《读通鉴论》等。

明末清初复杂尖锐的阶级矛盾、民族矛盾，促使王夫之总结历代的治乱、得失、兴衰、存亡的经验教训，他对统治中国达五百余年、已成为社会发展桎梏的唯心主义理学，进行了深入系统的批判，在斗争中建立了朴素唯物主义的宇宙观和进步的历史观。他的哲学思想精深细密，是中国古代唯物主义思想发展史上的巨大丰碑，他的政治思想和社会思想，具有革新色彩，企图从探讨历史规律来提供经验教训。王夫之在学术上的巨大成就，赢得极大的声誉，刘献廷说，“其学无所不窥，于六经皆有发明”②。谭嗣同更推崇为“五百年来真通天人之故者，船山一人而已”③。但由于王夫之的思想

① 王敔：《薑斋公行述》。

② 刘献廷：《广阳杂记》。

③ 谭嗣同：《仁学》。

“别开生面”，是当时占统治地位的官方哲学的反动，因此，他的著作被列为“禁书”，直到十九世纪中叶才得以大量刊印。

作为十七世纪地主阶级的思想家，王夫之无法完全克服哲学思想上的唯心主义残迹。在社会历史观方面地主阶级的烙印尤为明显，他敌视农民起义，诬蔑革命农民，并囿于“华夷之防”，歧视少数兄弟民族。他为挽救社会危机而作的一切探索，也并没有提供一个真正解决社会基本矛盾的正确方案。

2. 颜元和颜李学派。颜元（一六三五年至一七〇四年，明崇祯八年至清康熙四十三年），字易直，号习斋，河北博野人。他生于穷乡，幼年因家贫为朱姓养子，长期贫困的农村生活和青年时期“用力农事”的经历，使他对社会矛盾和人民的疾苦有所了解，从而形成注重“躬行践履”，讲求功利，反对空谈性命的思想。颜元一生主要以行医、教书为业，曾南游访问一些知名学者，与之论学辩道。晚年，一度主持漳南书院，开设文事、武备、经史、艺能四科，企图把积学待用的教育思想付诸实践。其主要著作有《四存编》（包括《存性》、《存学》、《存治》、《存人》四编）和《四书正误》等。

颜元生活的时代略晚于黄宗羲、顾炎武、王夫之，这时程朱理学经过清朝统治者的提倡，已居于压倒一切的显赫地位。面对思想战线袭来的狂潮，颜元没有“惧一身之祸而不言”，而是对程朱陆王进行全面的批判，尤其集中抨击朱熹，表现了勇敢无畏的精神。梁启超说：“其对于旧思想之解放最为彻底……其对于宋学为绝无闪缩之攻击。”①

颜元强调习行对认识的重要作用，反对理学唯心主义的先验论；提倡富国强兵的功利主义，反对空谈著述的主静哲学。他的弟子李塨（一六五九年至一七三三年，清顺治十六年至清雍正十一年），字刚主，号恕谷，继承和宣传颜元的学说，世称“颜李学派”。李塨不同于颜元的长期乡居，经常往来于京师南北，广交当时的名士，著有《大学辨业》、《论语传注问》、《廖忘编》等书，对颜元的思想有所补充发挥。此外，传习颜元学说的还有王崑绳、恽皋闻、程廷祚等人。

① 梁启超：《清代学术概论》。

十七世纪下半期，除黄、顾、王、颜四大思想家以外，还有许多重要的思想家，他们研精覃思、灿若群星，各有特殊的专长和造诣，其中有：

朱之瑜（一六〇〇年至一六八二年，明万历二十八年至清康熙二十一年），字鲁屿，号舜水，浙江余姚人。曾在舟山坚持抗清斗争，失败后流亡日本、安南、南洋等地，继续进行抗清活动，直至客死日本。他的著作被编入《舜水遗书》。朱之瑜是当时士大夫中具有强烈民族意识、坚持抗清斗争的突出代表，写出了许多洋溢着战斗激情的诗文。他鉴于明末学风流弊，强调治学应以“经邦弘化、康济艰难”① 为宗旨，从“日常之能事”做起，达到“明德笃行”，反对空谈性命的唯心主义理学。

陈确（一六〇四年至一六七七年，明万历三十二年至清康熙十六年），字乾初，浙江海宁人，是我国十七世纪的唯物主义思想家和反对程朱理学的战士，曾与黄宗羲同学。在自然观上，他反对天有意志，能祸福人的谬说，并以追求真理的怀疑精神否认《大学》是圣贤之书，攻击程朱理学对学术界的统治。他在《与黄梨洲书》中说：“世儒习气，敢于诬孔孟，必不敢背程朱，时为之痛心。”② 在人性论和认识论上他的激进观点都是针对程朱理学而发的，著有《大学辨》、《葬书》等。

傅山（一六〇七年至一六八四年，明万历三十五年至清康熙二十三年），字青竹（青主），山西太原人。明亡后，隐居不出，拒绝清廷“博学鸿词科”的征聘，他的诗文流露出反对民族压迫的激情。他吸取明朝覆亡的教训，反对宋明理学，称宋儒为“奴君子”③，“理学家法，一味板拗”④。著有《霜红龛集》。傅山的学问广博，长于音韵学和诸子学的研究，又精绘画、医学。

方以智（一六一一年至一六七一年，明万历三十九年至清康熙十

① 朱之瑜：《舜水遗书》，《文集》卷十五，《答问三》。

② 《南雷文定》附录。

③ 傅山：《霜红龛集》卷三十一，《书宋史内》。

④ 傅山：《霜红龛集》卷三十八，《杂记》三。

年)，字密之，安徽桐城人。明末进士，官至翰林院检讨，明亡后，南下广东，参加南明桂王政府，后被排挤辞职。清兵入粤后，为避搜捕，出家为僧。他的学问渊博，对自然科学和哲学很有研究，著有《物理小识》、《通雅》、《药地炮庄》、《浮山文集》等。方以智从研究自然科学出发，坚持唯物主义，认为“盈天地间皆物也”①，并说“火”是一切运动的根源。在认识论上，他主张“藏知于物”，反对理学家的唯心主义，但他的哲学思想中存在着机械唯物论的缺陷。

唐甄（一六三〇年至一七〇四年，明崇祯三年至清康熙四十三年)，字铸万，四川达州人。清初举人，当过十个月知县，后在江南经商，过着“居于市廛，日食不匮”② 的生活，晚年讲学论道，著有《潜书》。唐甄是个勇敢的政治评论家，激烈抨击封建专制主义，把封建帝王看做罪恶的渊薮和杀人的刽子手，他揭露了社会上的贫富不均和政治不平等现象，反对贵贱智愚不可逾越的等级观念。由于他在城市中经营商业，因此重视工商，强调“农安于田，贾安于市”、“农贾乐业，衣食滋殖”③，把被封建统治者视为“末业”的商贾，提高到与农业并重的地位，他自己也拒绝友人要他抛弃商贾贱业的劝告，宁可“伏于户牖，食于贱业”，自称“吕尚卖饭于孟津，唐甄为牙于吴市，其义一也”④。唐甄晚年信奉王阳明的心学，他的思想中保留着较多唯心主义的残渣。

第二节 十七世纪后半期进步思潮的内容

一、反对封建专制主义

十七世纪后期的进步思想家从切身经历中痛感明末专制政治的腐败和专制皇帝的昏庸，又在抗清斗争中长期和清朝专制政府进行对抗，因而对封建专制主义的弊害有比较深刻的认识，对它进行尖

① 方以智：《物理小识自序》。

②④ 唐甄：《潜书·食难篇》。

③ 唐甄：《潜书·善施篇》。

锐的抨击，其中以黄宗羲、唐甄最为激烈。

一六六三年（清康熙二年），黄宗羲怀着士大夫阶级的“亡国”深恨，写了一部以批判封建专制主义为特色的政治专著——《明夷待访录》，在这部书中他比较大胆地突破了纲常名教观念的束缚，剔除了君权神授的神秘色彩，用赤裸裸的“利”、“害”观点，论证了君权的起源及其实质，指出，“君主以天下之利尽归于己，以天下之害尽归于人”，不惜“屠毒天下之肝脑，离散天下之子女”，“敲剥天下之骨髓”，供一己之淫乐，致使天下人的“私”与“利”完全淹没在君主个人的“大私”之中。因此，在天下人心目中君主是“寇仇”与“独夫”。他赞美“以天下为主，君为客”的古代尧舜之世，反对“以君为主，天下为客”的今世，公开宣称“为天下之大害者，君而已矣”①。在君主的淫威笼罩一切并得到理学家百般辩护的专制时代，这个结论确如惊雷霹雳，猛烈震动着黯然窒息的思想界。

针对“君为臣纲”的封建教条，黄宗羲阐述了君臣“名异而实同”，是平等的“师友”关系，有别于宦官宫妾。臣的职分“为天下，非为君也；为万民，非为一姓也”②。他嘲笑鼓吹“臣为君而设”，“君臣之义无所逃于天地之间”的理学家，是见识狭小的“规规小儒”，蔑视他们尊为最高道德标准的忠君思想。说“不以万民之忧乐”为意的君主，其兴亡只是“一姓之兴亡”，臣下无需“从君而亡”，或“杀身以事君”③，这种万民之忧乐重于一姓之兴亡的观念，是对传统的封建纲常的否定。

在反对封建专制主义的思潮中，唐甄以“君臣之伦，不达于我也”④、“不敢言君臣之义”的鲜明立场，向着被儒家神圣化了的君权发起攻击，指出“天子虽尊，亦人也”⑤，“天子之尊，非天帝大神也，皆人也”⑥，从而抹去君主头上的神圣光环，降格与平民同列。他在“天下之人视君主如寇仇”的认识基础上，进一步揭露了

---

① 黄宗羲：《明夷待访录》，《原君》。

②③ 黄宗羲：《明夷待访录》，《原臣》。

④ 唐甄：《潜书》，《守贱篇》。

⑤ 唐甄：《潜书》，《善游篇》。

⑥ 唐甄：《潜书》，《抑尊篇》。

历代君主都是屠杀人民的刽子手，“自秦以来，凡为帝王者皆贼也”，“大将杀人，非大将杀之，天子实杀之……官吏杀人，非官吏杀之，天子实杀之。杀人者众手，实天子为之大手”①。“嗟呼，何帝王盗贼之毒至于如此其极哉！”② 唐甄的激烈抨击不仅清算了历史上君主的罪恶，锋芒也触及清初的社会现实，所谓“近者二三十年……杀人之事……帝王居其半”③，就是指满族贵族的军事镇压活动。但是，无论黄宗羲或唐甄都没有从揭露君主的罪恶中导致废除君主专制制度的结论。他们的激烈抨击确实宣泄了长期积郁的愤懑，黄宗羲甚至还提出了“向使无君也”的假设，然而实际的着眼点仍在于提高相权，限制君权，用宰相传贤制补充天子世袭制。使君主“不以一己之利为利，而使天下受其利，不以一己之害为害，而使天下释其害”④。

黄宗羲还希望通过学校和实行法治来监督君权的行使。主张学校不能单纯“养士”，而应成为具有“公其是非”职能的清议机关。他引古筹今以东汉和宋朝的历史为例论证了学校的作用。提出了太学祭酒应拥有“其重与宰相等”的权力，可以当天子之面直言“政有缺失”，使“天子不敢自为是非而公其是非于学校”⑤，郡县学官对地方官也可以“小则纠绳，大则伐鼓号于众”⑥，这样的学校类似近代的代议机关。它是黄宗羲政治思想中最激进的、具有初步民主主义的思想，表达了极弊之后对于贤人政治的渴望心情。与此同时，黄宗羲提出“有治法而后有治人”的法治思想，即以贯彻“贵不在朝廷，贱不在草莽”，“各得其私，各得其利”为原则的“天下之法”，取代“桎梏天下人之手足”的“一家之法”⑦，借以约束君主个人的“人治”。这种法治思想一定程度上包含有近代君主立宪的因素，反映了工商市民要求法律上平等权利的呼声，虽然它的实质仍

---

① 唐甄：《潜书》，《室语篇》。
② 唐甄：《潜书》，《全学篇》。
③ 唐甄：《潜书》，《鲜君篇》。
④ 黄宗羲：《明夷待访录》，《原君》。
⑤⑥ 黄宗羲：《明夷待访录》，《学校》。
⑦ 黄宗羲：《明夷待访录》，《原法》。

然是封建制的法治。

顾炎武十分推重《明夷待访录》，亲为作序，自称《日知录》同于《明夷待访录》者“十之六七”。他提出的以“众治”代“独治”①，即扩大郡县守令的职权，借以平衡君权和地方权力的见解，以及王夫之“不以天下私一人”② 的“均天下”主张，是和黄宗羲、唐甄反对专制的政治思想相通的。

二、民族思想

清初的抗清斗争是中国内部的民族斗争，不同于近代国与国之间的斗争。但是国内的民族斗争也存在着民族压迫问题，存在着保卫正当的民族利益问题，存在着妥协投降还是进行抵抗的是非问题。由于满族统治者在入关初期的残酷屠杀和执行民族高压政策，引起了汉族广大人民和许多地主知识分子的反抗。投身于抗清斗争的思想家，激发起强烈的民族意识，以笔墨为武器，反对满族统治者的民族压迫和民族歧视，这是有积极意义的。当时，王夫之在许多著作中阐发了保卫民族利益是“古今之通义”，民族败类是“万世之罪人”的思想。并借古喻今，无情地鞭挞了历史上的投降派，热情歌颂了捍卫本民族正当利益的英雄人物。高标民族气节的顾炎武把“国”和“天下”区分为两个概念。“国”是一姓的王朝，“天下”是匹夫的天下，亦即民族的天下，亡国只不过是“易姓改号”，而亡天下则涉及民族风俗习惯与文化的沦丧。因此，他强调“保国”责在君臣百官，“保天下”则“匹夫之贱，与有责焉”③。由于他把民族的利益凌驾于一姓王朝之上，背离了君主绝对神圣的信条，表现了思想上的深刻的时代烙印。顾炎武提出“保天下”必自“正风俗始”，而正风俗又应从提倡“清议始”，也就是要让地主士大夫有发言权。“政教风俗，苟非完善，即许庶人之议”④。这样，他把保卫

① 顾炎武：《日知录》卷六，《爱百姓故刑罚中》。

② 王夫之：《读通鉴论》卷末，《叙论》。

③ 顾炎武：《日知录》卷十三，《正始》。

④ 同上书，《清议》。

民族利益的思想在一定程度上和反对专制主义思想联系了起来。

清初的思想家大多数抱有强烈的民族思想，这种思想虽有积极的一面，但也有消极的一面。他们抱有“夷夏之防”的民族偏见，不可能分辨压迫民族中间的统治者和被统治者，把整个少数民族一概视为敌人，甚至斥为“禽兽”，表现出浓厚的大民族主义情绪。

三、经世致用的思想

清初思想家反对明末浮夸空谈的学风，讲求经世致用的功利主义。顾炎武痛诋王阳明学派“置四海之穷困不言，而终日讲危微精一之说”①，致使“神州荡覆，宗社丘墟”②，他认为治学就是求治道，在自述著书宗旨时说：“有王者起，将以见诸行事，以跻斯世于治古之隆”③，“意在拨乱涤污，法古用夏，启多闻于来学，待一治于后王”④。他强调“多学而识，行必有果”，注意理论和实际、思想和行动的一定程度的结合。虽然顾炎武的哲学思想不如王夫之丰富，政治思想不如黄宗羲激进，却始终贯彻经世致用的主线，构成顾炎武学术思想的突出特点。

朱之瑜、傅山、李颙（一六二七年至一七〇五年，明天启七年至清康熙四十四年）和颜元都非常注重学术的实际效用，赞赏宋朝陈亮、叶适的功利主义。朱之瑜以“经邦弘化，康济时艰”⑤ 为治学的主旨。李颙提倡“匡时要务”，说：“学人贵识时务……学贵实效，学而不足以开物成务，康济时艰，真拥衾之妇女耳，亦可羞已”⑥。特别是颜元在贬斥理学为虚学的同时，积极提倡实学，强调“救弊之道在实学，不在空言”，“实学不明，言虽精，书虽备，于世何功，于道何补”⑦，他曾用二十二个字概括表述了“实学”的内容，“如天不

① 顾炎武：《亭林文集》卷三，《与友人论学书》。
② 顾炎武：《日知录》卷七，《夫子之言性与天道》。
③ 顾炎武：《亭林文集》卷四，《与人书》二十五。
④ 顾炎武：《亭林文集》卷六，《与杨雪臣书》。
⑤ 朱之瑜：《舜水遗书》卷十五，《答问三》。
⑥ 《二曲全集》卷七，《历代名臣奏议》注。
⑦ 颜元：《存学编》卷三。

废予，将以七字富天下：垦荒、均田、兴水利；以六字强天下：人皆兵，官皆将；以九字安天下：举人材，正大经，兴礼乐”①。他尖锐地批判了宋明理学家自命清高、重义轻利的谰言，嘲笑他们“全不谋利计功是空寂，是腐儒”②，把理学家一贯奉行的“正其谊不谋其利，明其道不计其功”的信条，改为“正其谊以谋其利，明其道而计其功”③，一字之改，充分反映了颜元把“义”和“利”、“道”和“功”统一起来，以实际效用为衡量学术标准的反理学思想。

经世致用的思想是清初思想家从总结明亡教训和清算理学的斗争中形成的，目的在于摆脱明末以来封建社会的危机，整顿濒于崩溃的封建秩序，恢复和加强地主阶级对于农民的统治，实际上是发自封建士大夫的“救世”的呼声。但由于它企图从理学教条的束缚中解放出来，追求社会的变革，因此，在当时具有进步的意义，成为清初反理学运动的一个显著的特色。

四、均田说与“工商皆本”

经历了明末农民大起义的思想家们，从此伏彼起的农民反抗中认识到明末官僚贵族大地主疯狂地兼并土地，造成“有田者什一，为人佃作者什九”的严重“不均”，是招致农民大起义的根源。为了改变明末弊政，缓和阶级矛盾，维护封建制度的基础，他们提出以限制官僚贵族大地主的兼并作为社会改革的核心。王夫之反对王者擅取天下的土地，拥护自占自耕。他说，“有其力者治其地”，“王者能臣天下之人，不能擅天下之土”④，“人所自占为自耕者，有力不得过三百亩”⑤。黄宗羲在《明夷待访录》中借恢复井田为号召，提出“授民以田”，“田土均之”。他根据明代的军屯制度设想了恢复井田制的蓝图。顾炎武针对明末官僚地主对农民的繁

---

① 颜元：《存学编》卷三。
② 颜元：《习斋言行录》卷下。
③ 颜元：《四书正误》卷一。
④ 王夫之：《噩梦》。
⑤ 王夫之：《读通鉴论》卷二。

苛剥削①，也力主“均田”和“垦田”②，并在诗文中流露出对于农民现实惨痛生活的一定同情。颜元不仅揭露了“一人而数十百顷，或数十百人而不一顷”③ 的严重社会不均，而且把抨击的锋芒指向了清初的圈地政策，谴责说：“国朝之圈占，几半京辅”。他大声疾呼“天地间田，宜天地间人共享之”④，均田为“第一义”，“田不均则教养诸政，俱无措施处”⑤。他的七字富天下的经济纲领实际也是以均田为基石的。在措施上颜元与黄宗羲相近，借用理想化了的三代井田制度，调整现行的租佃关系，曾经幻想“一月不刑一人，而均一邑之田亩”⑥，继之，李塨、王崑绳也认为，“均田，第一仁政也”⑦。提出收田、献田、买田等等具体办法，补充了颜元的均田主张。

总之，十七世纪思想家的“均田说”，在浓厚的复古色彩的掩盖下具有极其现实的针对性。它从维护封建制度的基础出发，揭露了当时社会发展的主要症结和动乱的根源，抵制了土地兼并的泛滥，反映了岌岌可危的自耕农的呼声和中小地主的要求。均田的主张同他们要求平等的参政权是一致的，因而构成了十七世纪进步思潮的重要内容。但是，这些思想家的均田主张，有的以军屯制度作样板（如黄宗羲），有的参照了当时的租佃关系（如颜元、李塨），都主张实行自上而下的渐进的改革，这种改革不但难以实现，而且仍然给土地兼并留下了广阔的余地。它与明末农民大起义中提出的“均田”纲领，无论阶级内容、实行的手段和追求的目的都是不同的。

此外，黄宗羲还提出“工商皆本”的思想，与传统的“重农抑商”的经济思想、经济政策相对抗。他说：“世儒不察，以工商为末，妄议抑之，夫工固圣王之所欲来，商又使其愿出于途者，盖皆本也”⑧。王夫之很重视富商的作用，他说：“大贾富民者，国之司命也”，并反对封建国家压抑富民，提出“惩墨吏，纾富民，而后国

① 参见顾炎武：《日知录》卷十，《苏松二府田赋之重条》。

② 同上书，《治地条》，《开垦荒地条》。

③④ 《存治编》。

⑤⑥ 《习斋先生言行录》三代第九。

⑦ 李塨：《拟太平策》卷二；王崑绳：《平书订》卷七。

⑧ 黄宗羲：《明夷待访录》，《财计三》。

可得而息也”①。唐甄也把封建统治者历来视为“末业”的商贾，提到与农业并重的高度，认为发展农商是统治者“为政之道”最重要的内容。他曾经幻想通过增加生产与市易的途径，改变“四海之内，日益穷困，农空、工空、市空、仕空”② 的现状。

马克思主义认为：任何思想、理论、观点的产生都不是偶然的，“而要到社会的物质生活条件、社会存在中去寻求，因为这些思想、理论和观点等等是社会存在的反映”③。清初，工商皆本（或农商皆本）的思想是资本主义萌芽的物质关系的产物，是代表市民利益的意识形态。当然，这种思想还是零碎片断的，而非完整系统的。因为，当时城市中工商业者的力量、作用虽有所增长，但还没有形成强大的、可以和封建势力抗衡的社会力量。在现实生活中尚未牢固、尚未充分壮大的力量和事物，反映在思想上也只能是模糊不定的轮廓。清初思想家蒙眬地意识到工商业者的重要作用，在一定程度上寄希望于市民力量的发展，但又不可能对这支相对微弱的力量进行更细致的描述和更大胆的支持。他们所说的商贾，侧重点在商品流通的领域，而非商品生产的领域；他们所说的“富民”，除了工商业者之外，也包括了那些不当权的地主在内。

五、反对宋明理学

清初的思想家从社会的激剧变动中，比较深刻地领会了宋明理学的弊害，几乎都站在反对理学的一边，对理学进行修正、批判和攻击。统治中国思想界达五百年之久的唯心主义理学成为当时进步思想界的众矢之的，它的至高无上的权威发生了动摇。

比较温和的是黄宗羲和李颙，他们和理学有较深的师承关系，但也觉察到它的弊害，企图修正和补充理学。黄宗羲反对理学家的空谈，李颙也说，“道不虚谈，学贵实效”。反对理学稍激进的是顾

① 王夫之：《黄书》，大正第六。

② 唐甄：《潜书》，《存言篇》。

③ 《斯大林文选》上，《论辩证唯物主义和历史唯物主义》，189 页，北京，人民出版社，1962。

炎武、朱之瑜，顾炎武提出理学即经学的命题，“今之所谓理学，禅学也。不取之五经而但资之语录，较诸括帖之文而尤易”①。朱之瑜斥理学家“不曾做得一事”，是“优孟衣冠”、“与今和尚一般”②。王夫之更从理论上对唯心主义理学作了较深入的批判，痛斥陆王心学是误国之学、亡国之学。他说“陆子静出而宋亡”③，王守仁“以良知为门庭，以无忌惮为蹊径，以堕廉耻、捐君亲为大公无我……祸烈于蛇龙猛兽”④。王夫之以“入其垒、袭其辎、暴其恃、而见其瑕”⑤ 的批判精神，发起了对理学的猛烈攻击。但顾、朱、王的批判锋芒集中于陆王学派，而对朱熹的态度较为缓和。

傅山、潘平格等的批判更为尖锐辛辣，淋漓尽致地揭露了理学家的丑态，拆穿了他们所标榜的道统。傅山骂理学家是“奴君子”，他听讲理学后说：“我闻之俱不解，不知说甚，正由我不曾讲学，辨朱陆买卖，是以闻此等如说梦。”⑥ 他反对理学家的道统说，提出：“今所行五经四书注，一代之王制，非千古之道统也。”⑦ 潘平格则把朱熹、陆象山与和尚道士相比，说“朱子道、陆子禅”⑧，甚至把周、程、朱、陆、王这一群传授理学道统的思想界的偶像一概斥为孔庙两庑的一群僧道。

稍后的颜元，生活在清廷重新提倡程朱理学的时代。面对理学逆流的泛滥，他蔑视理学家的围攻和严刑峻法的威胁，高喊出“理学杀人”的呼声。他说：“果息王学而朱学独行，不杀人也？果息朱学而独行王学，不杀人也？”⑨ 他抨击王学“阳明近禅处尤多……所谓与贼通气者”⑩；又指名道姓地谴责朱熹“原只是说话读书度日”，

① 顾炎武：《亭林文集》卷三，《与施愚山书》。
② 朱之瑜：《舜水文集》卷九，《与安东守约》；卷十四，《答安东守约杂问》。
③ 王夫之：《张子正蒙注·乾称篇》上。
④ 王夫之：《老子衍·序》。
⑤ 王夫之：《读通鉴论》卷五。
⑥ 傅山：《霜红龛集》卷四十，《杂记》五。
⑦ 傅山：《霜红龛集》，卷三十六，《杂记》一。
⑧ 李塨：《恕谷后集》卷六，《万季野小传》引潘平格语。
⑨ 颜元：《习斋记余》卷六。
⑩ 颜元：《存人编》卷二，第四唤。

"自误终身，死而不悔"，企图"率天下入故纸堆中，耗尽身心"，使之"成为弱人、病人、无用人"①。他痛斥朱熹"主敬习静"之说"愈谈愈惑……愈妙愈妄"②，是"分毫无益于社稷生民"的"曲学"、"异端"③。如果天下人皆以"读书、著述、静坐"为务，势必"灭弃士农工商之业，天下之德不惟不正，且将无德；天下之用不惟不利，且将无用；天下之生不惟不厚，且将无生"④。因此，理学之为害"不啻砒霜鸩羽"⑤。在清廷日益严厉的思想统治下，他对理学的尖锐抨击，有如石破天惊，使理学家瞠目失色。

六、唯物主义哲学思想

清初思想家在清算唯心主义理学的斗争中，还从哲学的根本问题入手，用唯物主义观点阐明了理气关系、道器关系、知行关系，给予理学的唯心主义基础以沉重的打击。王夫之否定了"理本气末"、"理在气先"的唯心主义谬论，肯定了"理在气中"、"理即气之理"⑥的唯物主义一元论，把程朱颠倒了的物质与精神的关系，重新颠倒过来，建立了超越前人的包括自然观和认识论的较完整的唯物主义体系。方以智从对自然史的研究中得出了"盈天地间皆物也"⑦和"一切物皆气所为也"⑧的唯物主义结论，阐明了处于永恒运动的天地万物都有规律，所谓"物有其故"，这规律就是"物理"，"物则"⑨。顾炎武提出"盈天地之间者气也"⑩的唯物主义命题。李塨也明确地说："夫事有条理曰理，即在事中……离事物，何所为理乎？"⑪

---

① 颜元：《朱子语类评》。

② 颜元：《存人编》卷一。

③④ 颜元：《习斋记余》卷九。

⑤ 《朱子语类评》。

⑥ 王夫之：《思问录·内篇》。

⑦ 方以智：《物理小识》，《自序》。

⑧ 方以智：《物理小识》，《天类气论》。

⑨ 方以智：《物理小识》，《总论》。

⑩ 顾炎武：《日知录》卷一，《游魂为变条》。

⑪ 李塨：《论语传注问》。

在“道”和“器”亦即客观事物的规律和具体事物的关系问题上，王夫之批判了“无其道则无其器”，“道在器先”，“道本器末”，以道为世界本原的唯心主义世界观，精辟地指出：“天下惟器而已矣。道者器之道，器者不可谓之道之器也”①，离开客观存在的具体事物，就无所谓具体事物的规律。正如“未有车马”便不会有“御道”，“未有弓矢”便不会有“射道”。此外，顾炎武提出“非器则道无所寓”②；方以智论证了“物理在一切中”③。所有这些观点都是对物质与精神关系这一哲学根本问题作出的唯物主义的发挥。

在认识论上，清初思想家针对理学家坐而论道、空谈心性的恶劣风气，强调认识来源于“外物”，“知”依赖于“行”。王夫之提出“形、神、物三相遇而知觉乃发”④ 的唯物主义认识论。方以智主张“藏知于物”，认为正确的认识应当符合事物的本来面目，所谓“知至而以知还物”⑤，陈确注重“躬行实践”，强调学习和实践对认识的重要作用，说“物之成以气，人之成以学”⑥，反对求人性于未生之前，驳斥了唯心主义先验论的妄说，鼓舞人们面向实际，力行求治。尤其是颜元标举“习行”的主张，强调直接经验和感性认识在认识过程中的重要作用，给予理学家静坐诵读的“心法”以沉重的打击。他说，“讲之功有限，习之功无已”⑦，“一事不学，则一事不能；一理不习，则一理不熟”⑧，譬如行医不能只读医理，学琴不能只读琴谱，而要“亲下手一番”，“向习行上做工夫”。他的格言就是“讲解千卷不如习行一二也”⑨。他以辛辣的语言戳穿理学家从所谓“穷理居敬”、“静坐读书”中得来的知识，纯属“望梅止渴”、“镜花

① 王夫之：《周易外传·系辞》。
② 顾炎武：《日知录》卷一，《形而下者谓之气条》。
③ 方以智：《物理小识》，《总论》。
④ 王夫之：《思问录》，《内篇》。
⑤ 方以智：《物理小识》，《总论》。
⑥ 陈确：《瞽言》，《性解下》。
⑦ 颜元：《存学编》卷一，《总论诸儒讲学》。
⑧ 李塨、王源：《颜习斋先生年谱》。
⑨ 颜元：《习斋记余》卷六。

水月”，是虚幻而又无用的谎话。揭露他们“全不见梅枣，便自谓穷尽酸甜之理”①，以至“通五百年学术成一大谎”②。在非议程朱要受到刑罚制裁的严峻时代，颜元公然与清朝统治者唱反调，把延续五百年的官方哲学斥之为大谎，表现了坚持真理的可贵精神。

清初的思想家有丰富的唯物主义思想，而相对说来，缺少辩证的观点。但是，王夫之是其中的佼佼者，他不但建立了比较严密的朴素唯物主义思想体系，并且在一定程度上发挥了发展变化和矛盾对立的观点。他认为，“天地万物，恒生于动而不生于静”③，“动者，道之枢、户之牖也”④。并以“相反相仇”、“风雷相搏”的矛盾斗争观点，论证了事物运动的根源，从而有力地批判了理学家的“主静”哲学，把中国古代的朴素辩证法思想提高到一个新的水平。

王夫之还运用事物皆动的观点去解释自然界和社会的发展过程。指出人类社会沿着“世益降，物益备”的历史发展轨道，“生生不息，变化日新”，一代胜过一代。他以长期生活在少数民族中的切身体验，论证了理学家讴歌备至的所谓“天理流行”的三代盛世“无异于今之川广土司”。并举出“吴楚闽越，汉以前夷也，而今为文教之薮”⑤，作为历史进化的实证，这种观点在当时是极为杰出的。

七、人性论和理欲说

人性论和理欲说是清初思想家在和宋明理学斗争中开辟的又一个重要战场。理学家把人性区分为“天命之性”和“气质之性”，说什么“天命之性”即天理，是纯善至美的，但人所禀受的气质有清浊之分，因此，气质之性则有善有恶。恶人、愚人就是由于“禀其昏浊之气，又为物欲之所蔽”。这种反动说教一方面把封建的纲常伦理抬高为“天命之性”，要求人民无条件地遵守服从；另一方面又把

①② 颜元：《习斋记余》卷六。
③ 王夫之：《读四书大全》。
④ 王夫之：《周易外传》卷六。
⑤ 王夫之：《读通鉴论》卷二十。

人们的生活要求以至反封建的思想感情斥为“气质、物欲”的不良影响，理学家拼命鼓吹“存天理，去人欲”，其目的就是要扼杀一切反封建的思想和行动。

清初思想家站在唯物主义的立场上，批判了理学家在人性问题上的唯心主义先验论。他们不承认先天形成的“天命之性”，认为：人性根本不是什么天生就形成的，而是在后天的环境中不断损益变化、发展形成。如王夫之说“习成而性与成也”，“性者，生理也。日生则日成也……未成可成，已成可革。性也者，岂一受成型不受损益也哉”①。陈确说：“物之成以气，人之成以学。”② 颜元说：“心性非精，气质非粗，不惟气质非吾性之累害，而且舍气质无以存养心性。”③ 李塨也说：“除了人，何处是天？除了事，何处是性？使人事之外有天性，则天性为无用之理矣。”④ 虽然这些思想家所说的人性仍是超阶级的，但他们戳穿了“天命之性”的玄虚谎言，认为人性附丽于形体（气质），把人性看做环境的产物，强调后天的习成和熏陶，这种认识是向正确的方向前进了一大步。

清初的思想家激烈地反对理学家“存天理，去人欲”的谬论。他们把“理”和“欲”统一起来，充分肯定情欲私利的合理性，认为“有欲斯有理”⑤，“私欲之中，天理所寓”⑥，“人欲之各得，即天理之大同”⑦，“天理正从人欲中见，人欲恰好处即天理也。向无人欲，则亦并无天理之可言矣”⑧。他们理直气壮地主张顺应和满足作为自然人的本能要求，反对封建理学家冷酷而虚伪的禁欲主义，这种离经叛道的理欲说反映了资本主义萌芽时期的特色和要求。在封建前期和中期的社会中，尽管地主阶级放纵情欲、谋取私利，却掩

① 王夫之：《尚书引义》卷三，《太甲二》。
② 黄宗羲：《陈乾初先生墓志铭》，见《南雷文定》后集卷三。
③ 颜元：《存性编》卷二。
④ 李塨：《大学辨业》卷三。
⑤ 王夫之：《周易外传》卷二。
⑥ 王夫之：《读四书大全说》卷二十六。
⑦ 王夫之：《读四书大全说》卷四。
⑧ 黄宗羲：《陈乾初先生墓志铭》，见《南雷文定》后集卷三。

盖在君父权威和伦理纲常的帷幕之下，而人们正当的情欲和利益反而得不到道德上的承认。只有到封建社会的后期，日益发展的商品交换关系和新经济因素的萌芽，撕裂开封建帷幕的一角，人与人关系之中的封建束缚慢慢地松弛，附加的装饰点缀开始剥落，先进的思想家才有可能面对人的本能要求，以与前不同的眼光来对待个人的情欲和私利，甚至敢于挺身而出，为之辩护。长年经商的唐甄说，“生我者欲也，长我者欲也……舍欲求道，势必不能”①。思想激进的颜元说，“岂人为万物之灵而独无情乎？故男女者，人之大欲也，亦人之真情至性也”②，“嗜欲不作……正如深山中精怪”③。黄宗羲、顾炎武也把自己设计的政治蓝图建立在承认私利的基础之上，黄宗羲反对专制君权，认为君主以一人的私欲侵害了天下人的私欲，主张“人各其私”；顾炎武为了顺应“天下之人各怀其家，各私其子”的“常情”，倡导“寓封建于郡县”的地方自治，这种鼓吹情欲私利的思想成为中国封建社会后期的一股强烈的潮流。从无产阶级的立场上看，这种离开了阶级性而侈谈人性的观点是反科学的，是剥削阶级本性的流露。但在当时，它代表了正当利益得不到满足的中下层被压抑者的呼声，其锋芒针对着封建阶级的特权和道德，有利于资本主义萌芽的发展，是具有一定进步意义的。

八、清初进步思想家的局限性

十七世纪下半期的中国进步思想家激扬意气、健笔纵横，尽情揭露和鞭挞了腐朽的封建制度，冲破了封建理学统治下万马齐喑的局面，使当时的思想界呈现一派生动、活跃、兴旺的景象。但是应当指出，由于当时经济上新的资本主义萌芽还很微弱，政治上市民的力量还没有勃兴壮大，先进的思想家也就不可能超越当代经济和政治发展所能容许的范围，探索到一条正确的出路，勾画出未来的明晰轮廓。他们的思想不可避免地存在着阶级的和历

① 唐甄：《潜书》，《性功篇》。

②③ 颜元：《存人编》卷一。

史的局限性。他们政治上的初步民主主义倾向和哲学上的朴素唯物主义已达到了中国思想史上前所未有的水平，但那些激进大胆的思想往往混杂着落后的成分，表现为模糊蒙眬的幻想或稍纵即逝的闪光，在应该充分阐发而导向更明确、更彻底的结论时，先进思想家们却停下了脚步而犹豫趑趄起来。他们的整个思想体系没有冲破封建的迷雾，摆脱传统的网罗，基本上仍是地主阶级的思想体系。

就其唯物主义思想来说：当时的很多进步思想家发挥了唯物主义的见解，但其中也混杂着唯心主义的渣滓，特别是较少地注意客观事物的运动变化和矛盾对立，因此，他们不过是机械唯物论者。即使像王夫之这样杰出的思想家阐明了发展和矛盾的观点，但是他强调矛盾两个方面的均衡、调和，强调事物的渐变，而抹杀了质变的作用和意义。就其政治观点来说，他们反对封建专制主义，有的激烈地攻击专制君主（黄宗羲、唐甄）、有的鼓吹分权以对抗和限制专制集权（顾炎武、李塨），但是他们全都找不到真正能代替封建专制制度的方案。当社会物质条件还没有发展到可以提供一条解决矛盾的可行的出路时，思想家不可能从自己的头脑中把它发明出来，因此他们只好退而“且求小补”，企图提高相权、提高地方权力、实行贤人政治，在复古主义的各种乌托邦中寄托自己的遐想；就其反对宋明理学来说，思想家们对程、朱、陆、王猛烈抨击，不遗余力，却不敢也不能离开儒家的堂奥，反而声称自己是返回孔孟，复兴圣学；就其重视实际，追求功利来说，他们一反理学传统，把注意力从天上转移到人间，从内心世界转移到客观现实，可是，当时中国封建社会的发展进程还没有为思想家开辟出更加广阔的研究园地，他们研究和探索的对象仍然是狭窄的，仍然限于儒家经典和封建的兵刑钱谷；就其伦理观点来说，他们虽然肯定了情欲私利的合理性，批判了理欲对立说，却仍希望调整理和欲的关系，在封建的政治原则、道德规范与人们的思想行动之间寻求和谐。

总之，清初思想家并没有也不可能冲破层层的封建网络。他们深感封建制度的腐朽、没落，但出路何在？社会将转变到哪里去？他们既害怕封建专制压迫的加强，也恐惧农民战争的风暴，表现出忧心忡忡和无可奈何的思想感情。但是，清初思想家有不可争辩的功绩，即他们是在自己的时代和从自己的立场上对当代现实问题作了极其严肃认真的思索，揭露了封建制度的罪恶，批判了理学唯心主义，发展了中国进步思想的传统，丰富了我国思想历史的宝库，而这是能够也应该要求于这些进步思想家的一切。

第五章 清朝中央集权统治的加强及其政权机构

第一节 清朝中央集权统治的加强

一、康熙亲政与鳌拜集团的被清除

一六六一年（清顺治十八年）顺治帝死，其第三子玄烨即位，以第二年为康熙元年。康熙即位时年仅八岁，国家政务由索尼（正黄旗）、遏必隆（镶黄旗）、苏克萨哈（正白旗）、鳌拜（镶黄旗）四个辅政大臣掌管。四个人都是皇帝掌握的上三旗的功臣贵戚，但不是爱新觉罗的宗室，进关以后十八年，代表封建皇权的上三旗势力已压倒了下五旗，作为旗主的宗室皇族虽然都接受了王公贝勒的高贵封号，锦衣肉食，享受着荣华富贵，但他们的力量已远不能和皇权相抗衡。关外时期八旗分立和四大贝勒共议国政的习俗已成陈迹，就是入关之初多尔衮以皇叔摄政的旧制也不可能再出现。随着满族的日益封建化，封建专制主义的皇权大大地增强了。

但是，满族统治者争取权力集中和进一步封建化的斗争并没有就此结束。康熙初年，妨碍这一趋势的残余力量仍然存在，不过，这场斗争不再在八旗相互之间、皇帝与宗室之间进行，而是缩小到了上三旗内部，表现为皇帝与辅政大臣之间的斗争。

索尼、遏必隆、鳌拜分属于两黄旗，是皇太极的亲信旧臣，长期以来，驰驱疆场，立下显赫战功。他们在思想上、感情上和满族的古老传统相联系，与汉族高度发展的经济、文化制度格格不入，代表着一小撮立有战功的满族亲贵将领的利益。苏克萨哈出身于多尔衮的正白旗，多尔衮死后，他最先依附黄旗势力，起来揭发和攻许多尔衮，因此受重用。

康熙皇帝像

四大臣辅政期间，总的政策倾向是延缓了封建化的进程，努力保存满族的旧制度、旧传统。如：改变了历代汉族政权对宦官的重用，废十三衙门，设内务府，减轻了宦官干政的弊害；为了保持满蒙两族历史上的亲密关系，并进一步拉拢蒙古，提高理藩院（原蒙古事务衙门）的职权，使之与六部并立；降低御史的地位；撤销了从明朝沿袭来的内阁制度和翰林院，恢复关外时代的内三院（秘书院、国史院、弘文院），在考察官吏治绩方面，停止了传统的“考满”制度，外官只行“大计”，以是否完成了赋税征收作为官吏升迁降革的标准；在科举考试方面，一度废除了八股文，只用策论；又大大减少进士的名额，顺治末年每届殿试录取的进士近四百人，一六六七年（清康熙六年）鳌拜执政时只录取一百五十五人。一六六一年发生“通海案”，因郑成功进攻南京时，江南士民起而响应，事

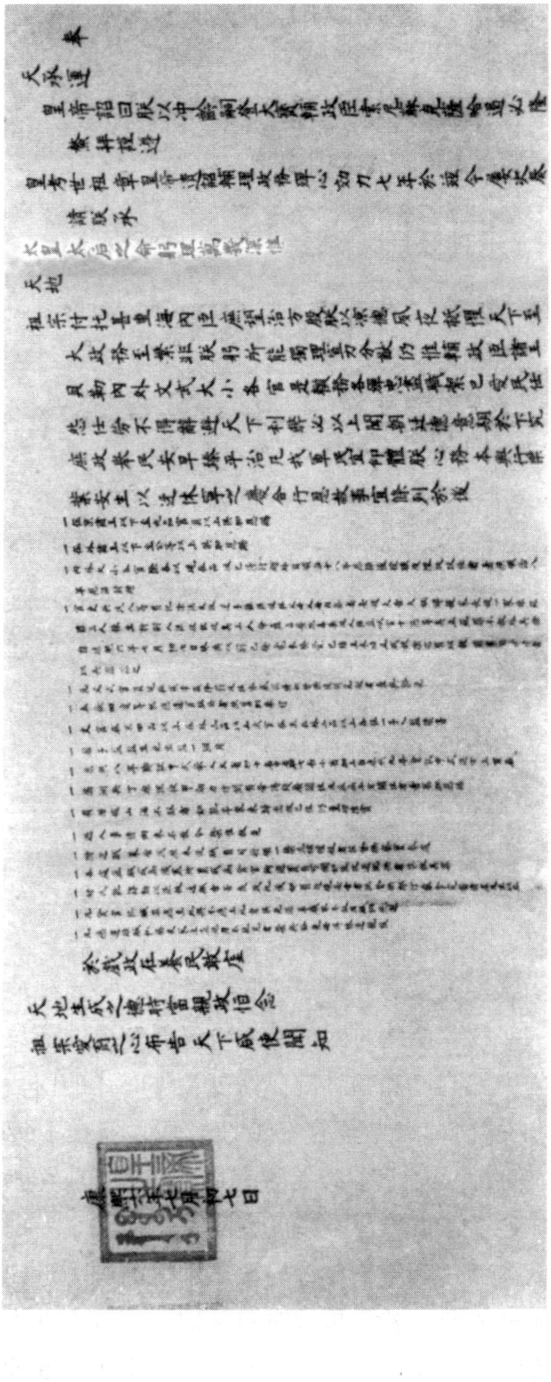

康熙六年七月亲政诏书

后清廷追究穷治，牵连的人极多；同年发生“奏销案”，江南的地主官吏因拖欠钱粮，大批被黜革；一六六三年（清康熙二年）发生“明史案”，因庄廷鑨私修明史而兴大狱。四大臣辅政期间的一系列官制改革与政治案件都显示出反对封建化与打击汉族地主官吏、知识分子的倾向。

应该指出：四大臣辅政期间的政策措施有一定的复杂性，由于中国的封建社会已进入后期，政治制度和政治生活中存在着许多没落腐朽的东西，四辅政在反对封建化的同时，也反对了某些没落腐败的东西，如十三衙门、八股文、乡绅特权等。但是，他们不是站在进步的立场上，而是为了维护更为落后的满族旧制度、旧文化、旧风俗，不加区别地反对一切汉族文化。当时的“汉化”，实质上即是满族的进一步封建化。清王朝要作为一个全国政权继续存在下去，就不能不适应和采用广大汉族地区的经济、政治和文化，这是大势所趋。四辅政大臣，特别是鳌拜坚持倒退，宣扬“率祖制，复旧章”①，凡事都要“遵照太祖太宗例行”②，把“祖宗”之法视为不可改变的信条，反对满族的进一步封建化，最后必定会碰得头破血流。

四个辅政大臣中，索尼年老，遏必隆软弱，苏克萨哈势力小又和鳌拜有矛盾，只有鳌拜最为跋扈。他广植党羽，排除异己，对于“相好者荐拔之，不相好者陷害之”，于是“文武各官，尽出伊门”③，从中央到地方遍布他的心腹。鳌拜依仗权势，专权横行，经常在康熙面前“施威震众”，而且多次背着康熙“出矫旨”，事事凌驾于其他辅政大臣之上，“班行章奏鳌拜旨前列”；他“办事不求当理，稍有拂意，即将部臣叱喝”，轻则辱骂，重则治罪；他甚至把官员给康熙皇帝的奏疏，私自带回去同心腹亲信商议，“凡事在家定议，然后施行”④。鳌拜恣意妄为，独断专行，俨然成了清朝的太上皇。

一六六六年（清康熙五年），鳌拜提出：多尔衮在圈地时偏袒所

① 《清史稿》，《列传》三十六，《索尼》。

② 《清圣祖实录》卷二十三。

③ 章梫：《康熙政要》卷一四，《杜奸邪》。

④ 《满洲名臣传》卷五，《鳌拜传》。

属的正白旗，将正白旗安置在北京东北永平府一带，而将鳌拜所属的镶黄旗移往保定、河间、涿州，这不符合祖宗规定的“八旗自有定序”的原则，要求和正白旗换地，如果土地不足，“别圈民地补之”①，这不但是打击正白旗势力，在上三旗内挑起争端，而且企图以换地为名，再次掀起大规模的圈地高潮。这一主张遭到各阶层的反对，也遭到正白旗的阻挠，辅政大臣苏克萨哈、户部尚书苏纳海（二人都属正白旗）不同意鳌拜的主张。苏纳海奏称：“旗人安业已久，民地曾奉谕不许再圈。”② 但鳌拜不顾反对，于一六六七年三月派遣自己的亲信贝子温齐等人到京畿一带“踏勘”旗地，以这些旗地“沙压水淹，不堪耕种”，“镶黄旗地尤不堪”③ 为理由，坚持要换地。并强令苏纳海会同直隶总督朱昌祚、巡抚王登联前往镶黄、正白两旗所在地，办理圈换旗地事务。此令一出，当地满汉人民十分恐慌，“所在惊惶奔诉”，“哭诉失业者殆无虚日”④，镶黄、正白二旗内的人民也不愿换地，“镶黄旗章京不肯受地，正白旗包衣佐领下人不肯指出地界”⑤，“两旗官丁较量肥瘠，相持不决。且旧拨房地垂二十年，今换给新地，未必尽胜于旧，口虽不言，实不无安土重迁之意”⑥。朱昌祚、王登联目睹实际情形，了解了群众的情绪后，奏称“旗地待换，民地待圈，皆抛荒不耕，荒凉极目”，造成“旗民交困”⑦，请求停止圈换土地。鳌拜大怒，要处死苏纳海、朱昌祚、王登联三人，索尼、遏必隆表示支持，只有苏克萨哈反对。年轻的康熙皇帝虽然不同意圈换土地，但也阻拦不住鳌拜的一意孤行，结果苏、朱、王三人被绞死，家产没收。这次换地事件，共迁移镶黄、正白二旗的壮丁六万余人，圈换土地三十一万余晌，严重地破坏了生产，使大批人民失去土地，生活无着，并且也激化了统治阶级的内部矛盾，鳌拜集团的野心和残酷手段进一步暴露。

---

① 《清史稿》，《列传》三十六，《鳌拜》。

② 《满洲名臣传》卷八，《苏纳海传》。

③ 《清圣祖实录》卷十八。

④ 《碑传集》卷六十三，《康熙朝督抚》上。

⑤ 《满洲名臣传》卷八，《苏纳海传》。

⑥⑦ 《东华录》康熙朝卷六。

斗争还在发展。一六六七年，康熙亲政。鳌拜集团仍把持着权力，不肯归政，要把年轻的康熙变成任凭自己摆布的傀儡。势力已大大削弱的苏克萨哈鉴于康熙已亲政，要求辞去辅政大臣的职务，把权力归还皇帝。这一举动不啻将了鳌拜的军，刺中了鳌拜的要害，因为苏克萨哈既然辞职，鳌拜、遏必隆（此时索尼已病死）势必也要仿效辞职，交出他们手中的权力。鳌拜一贯专权擅政，当然不甘心退出政治舞台，他以极其专横的形式明确地表明自己不愿意交出政权。他诬陷苏克萨哈的辞职是“背负先帝”，“藐视冲主”，“心怀异心”，罗织了二十四条罪状，要把苏克萨哈斩首抄家。康熙不同意，“以核议未当，不许所请”。但是，骄横成性的鳌拜在康熙面前挥拳捶胸，疾言厉色，对康熙进行要挟，连康熙也无法改变鳌拜的决定。结果，苏克萨哈被处绞刑。

鳌拜清除了自己的政敌，权势越来越大，专横行为也更加露骨。他的亲信党羽班布尔善、玛尔赛、阿思哈、济世等进入内三院和政府各部任职，盘踞要津。鳌拜的弟弟穆里玛封靖西将军，是八旗的著名将领。他的儿子与顺治帝的女儿结婚，封额驸，一门贵幸无比。据说一六六九年（清康熙八年）群臣向康熙朝贺新年时，鳌拜身穿黄袍，俨如皇帝，仅其帽结与康熙不同①；又据说，鳌拜托病不朝，康熙亲往探视时，鳌拜卧床，席下置刀②，根本不把已经亲政的年轻皇帝放在眼里。鳌拜专权跋扈的行径威胁了康熙的地位，同时也驱使各种反对势力迅速地集结到康熙一边，寻求保护。在封建专制制度下，皇帝本人的意志和才能是政治斗争中的一个关键因素，康熙虽然年轻，却具有特出的才能和自己的理想，不会甘心充当傀儡皇帝。他的抚养人和保护者是祖母孝庄皇太后。孝庄是皇太极的妻子、顺治帝的母亲，为人精明能干，入关之初，她辅助幼年的顺治帝，周旋于多尔衮、济尔哈朗等权势集团之间，渡过了许多次猛烈

---

①　参见［英］巴克豪司、埃蒙德、布兰德：《清宫秘录》，242 页，波士顿，1914。(Backhouse, Edmund and Bland: *Annals and Memoirs of the Court of Peking*, Boston, 1914)

②　参见昭梿：《啸亭杂录》卷一，《除鳌拜》。

的政治风波，使政权复归于自己的儿子。她在满族亲贵中极有威望，根本不允许鳌拜集团对自己心爱的幼孙有不利的举动。同时，满族统治者中间新的一代已经成长起来，他们对关外时期的生活和传统并无留恋之心，对鳌拜要求恢复旧时代旧生活的倒退政策措施表示反感。这新的一代，以索额图、明珠为代表成为年轻皇帝的心腹和依靠力量。索额图是索尼的儿子，又是康熙皇后的叔父，常年侍卫康熙，被提拔为吏部右侍郎；明珠也是侍卫出身，任内务府总管，与康熙接近，被提拔为刑部尚书、弘文院学士，一个新的势力集团正在康熙周围形成。为了夺回权力，康熙派亲信掌握了京师的卫戍权，又挑选一批少年侍卫，在宫中练习布库①游戏。鳌拜每次上朝，他们也不回避，鳌拜误认为"帝弱而好弄"，"心益坦然"，不加戒备。

汉族官吏对鳌拜排挤汉官的政策极为不满。一六六七年，弘文院侍读熊赐履上书，指责在鳌拜集团把持下的政治腐败，"政事纷更，法制未定"，"职业毁窳，士气日靡"，"百官缄默依阿，不肯树议任事"，"学校废弛，文教日衰"，"风俗僭侈，礼制日坏"，建议从整顿贵族近臣开始，改革朝政，一切施政要以儒学为根据，这分明是针对鳌拜集团而发。第二年（一六六八年，清康熙七年），熊赐履又上书说："朝政积习未祛，国计隐忧可虑"，宣扬程朱理学的政治作用，这些都很投合康熙的心理。鳌拜要严惩熊赐履，康熙坚持不许，鳌拜只能做到"传谕斥其妄行冒奏"。

以皇帝之尊的康熙与鳌拜集团的矛盾日益尖锐，各种势力迅速地转到康熙一面，形势对鳌拜越来越不利。一六六九年六月，康熙以迅雷不及掩耳的手段，逮捕了鳌拜。据说：康熙与索额图等设下计谋，事先在宫中埋伏了布库少年，当鳌拜单身入宫时，出其不意，逮捕了鳌拜，并把他的兄弟子侄心腹党羽一网打尽，又宣布鳌拜三十条罪状，将他永远拘禁，其党羽被处死。康熙夺回政权以后，立即宣布永停圈地，平反苏克萨哈案件，甄别官吏，奖励百官上书言事，开始了清代政治史上新的一页。

---

① "布库"为满语，即摔跤。

康熙清除鳌拜集团扭转了倒退的政策趋势，搬开了阻碍历史前进的绊脚石，使清王朝的进一步封建化得以贯彻实现，为进一步恢复、发展生产，消除割据势力，实现国家统一，反对外来侵略扫清了道路。

二、平定“三藩”之乱

清朝入关后，虽然把声势浩大的农民起义军和各地抗清势力镇压下去，建立起全国的封建统治，但实际上仍然没有能够实现全国的统一。康熙统治初期，南方有“三藩”割据数省，拥兵自重；西北边疆有蒙古准噶尔部上层实行民族分裂割据；东南海上则有郑成功后代，占据台湾。针对着这种分裂割据局面，清朝政府在康熙时代，以极大的努力，先后平定“三藩”，统一台湾，并粉碎了准噶尔部上层制造分裂的企图，基本上实现了国家的统一，为我国疆域辽阔的多民族国家的版图奠定了坚实的基础。

“三藩”是指吴三桂、耿精忠、尚可喜。吴、尚及耿精忠的祖父耿仲明都是降清的明将。① 清朝统治者进入北京后，这些降清的明将，为清军竭力效劳，充当镇压农民起义军和抗清力量的急先锋，从而使他们得到了保存和扩大实力的机会。吴三桂以功封平西王，留镇云南；尚可喜封平南王，留镇广东；耿仲明及其子死后，其孙耿精忠袭爵，封靖南王，留镇福建，形成了“三藩”各自割据一方的状态。

“三藩”各拥重兵，耿、尚二人各有兵力十五佐领及“绿旗兵各六七千”②；而吴三桂则拥有五十三佐领和绿旗兵一万二千③，超过

---

① 据魏源记载：“国朝兵事大者曰前三藩，后三藩。前三藩：明福王、唐王、桂王也。后三藩：平西王吴三桂、平南王尚之信（尚可喜的儿子）、靖南王耿精忠也……”（魏源：《圣武记》卷二，《康熙戡定三藩记》上）

② 魏源：《圣武记》卷二，《康熙戡定三藩记》上。

③ 参见上书。又据外人记载：吴三桂于一六六〇年（顺治十七年）时拥有七万人的武装力量，这七万人是由他的嫡系部队一万人、绿旗兵四万八千人和招抚的一万二千人所组成的。见［美］奥克斯纳：《马上治天下》，142 页，芝加哥，1975。（Oxnam：*Ruling From Horse Back*）

耿、尚二藩兵力的总和，成为清朝政府的巨大威胁势力。“三藩”中，吴三桂最为功高权重，他控制云贵地区，“收召人材，树立党羽”，笼络旧部，倚为心腹，并将知县以上的官吏，“百计罗致，令投身藩下蓄为私人”。他任命的官吏将领，清朝政府的吏兵二部“不得掣肘”①。他的财政户部也不得查核。吴三桂甚至可以向全国选派官吏，称为“西选”，“西选之官几满天下”②。“三藩”又以“边疆未靖”为借口，向清廷“要挟军需，以示额饷必不可减”③，仅就一六六〇年（清顺治十七年）户部所奏，云南俸饷每年九百余万两，加上福建、广东二地一年共需饷两千余万两，而当时全国一年的军饷也不过一千七百余万两④，因而出现了“天下财赋，半耗于三藩”⑤ 的局面，造成清朝政府财政上的巨大困难。

“三藩”在其控制区内，任意把持和掠取当地资源，借以扩充实力。吴三桂在云南，不仅“广征关市，榷税盐井、金矿、铜山之利”⑥，并且“招徕商旅，资以藩本，使广通贸易殖货财”⑦。尚可喜在广东“令其部人私充盐商，据津口立总店”，耿精忠在福建也同样是“横征盐课”⑧，而耿、尚二藩又都与荷兰以及东南亚各地私通贸易，“潜引海外私贩，肆行无忌”⑨。

“三藩”割据势力的恶性发展，给当地人民带来极大的祸害。吴三桂在云南，把明朝黔国公沐氏的田庄全部据为己有，又圈占已归各族农民所有的明代卫所军田，把耕种这些土地的各族农民变为吴三桂的官佃户，恢复明末各种苛重的赋役，强迫农民纳租纳税，其部属更是为虎作伥，“杀人夺货，无所畏忌”，又“勒平民为余丁，不从者则指为‘逃人’”⑩。当时有人记载在吴三桂统治下云南的情

---

① 刘健：《庭闻录》卷四。
②⑦ 《明季稗史汇编》卷十，《四王合传》。
③ 《平定三逆方略》卷一。
④ 参见魏源：《圣武记》卷十二，《武记余事》。
⑤ 魏源：《圣武记》卷二，《康熙戡定三藩记》上。
⑥ 《逆臣传》卷上，《吴三桂列传》。
⑧ 《清圣祖实录》卷九十四。
⑨ 《平定三逆方略》卷一。
⑩ 刘健：《庭闻录》卷四。

形说："昆明三百里内为刍牧之场，其外为奉养之区者又三百余所。其道路之所费，岁时畋猎征求，又不与焉。潴其坟墓，庐其室家，役其妻孥，荐绅士庶及于农工商贾，惴惴焉唯旦夕之莫保"①。尚可喜在广东，因年老多病，"以兵事属其子之信"，而尚之信则是个酗酒嗜杀的恶魔，每以杀人为乐，"酗虐横于粤"。至于耿精忠，也"以税敛暴于闽"，纵使其部下"苛派夫役，勒索银米"。一六六一年（清顺治十八年）时，就已有人指出，在滇黔粤闽等"三藩"控制区内，由于横征暴敛，造成民不聊生，"百姓苦疲难堪"②，"三藩"已经处于与当地人民尖锐对立的地位。

"三藩"割据势力的不断发展，严重威胁着清朝政府的国家统一。康熙亲政后，十分重视国家的统一和权力的集中。他说，"天下大权，唯一人操之，不可旁落"③。又说，"死生常理，朕所不讳，惟是天下大权，当统于一"④，表示了对国家统一的积极态度。鉴于历史上地方割据所造成的危害，蠢蠢欲动的"三藩"割据势力，不能不引起康熙的严重注视，"以三藩及河务、漕运为三大事，夙夜廑会，曾书而悬之宫中柱上"⑤。可见康熙一直把"三藩"视为心腹之患，早已把它列为必须首先加以解决的重大问题。

一六七三年（清康熙十二年），尚可喜上疏要求归老辽东，请由其子尚之信承袭王爵。康熙以此为撤藩的良机，同意尚可喜撤藩，结果触动了吴、耿二人，也不得不提出撤藩的请求，一面试探清廷的态度，一面积极准备叛乱。康熙识破了吴、耿二人表面上请求撤藩、实则图谋叛乱的阴谋，明确指出："吴逆蓄谋久，不早图之，养痈成患，何以善后？况其势已成，撤亦反，不撤亦反，不若先发制之"⑥。围绕着撤藩问题，清朝统治集团内部引起了轩然大波，只有明珠、莫洛、米思翰等少数人支持康熙撤藩的意见，多数大臣害怕

① 刘坊：《天潮阁集》卷二，《云南曲序》。

② 《清圣祖实录》卷二。

③ 章梫：《康熙政要》卷二，《政体》。

④ 《清圣祖实录》卷二七五。

⑤ 《清圣祖实录》卷一五四。

⑥ 昭梿：《啸亭杂录》卷一，《论三逆》。

“三藩”势力强盛，撤藩会惹出大乱子，主张迁就姑息，“言吴三桂不可撤”①。直到吴三桂举兵叛乱后，他们还力图与叛军和解，说什么“昔舜诞敷文德，舞干羽而有苗格，今不烦用兵，抚之自定”②，甚至还有人提出杀掉同意撤藩的大臣，向吴三桂谢罪。撤藩与反撤藩之争，实质上是关系到国家统一还是割据分裂的大问题，多数大臣过高地估计了“三藩”的力量，顾虑重重，不敢在这个重大问题上迈步前进。但康熙并不动摇，勇敢而果断地坚持正确主张，命令撤藩。

撤藩令一下，吴三桂于一六七四年（清康熙十三年）一月发动叛乱，杀掉云南巡抚朱国治等清朝官吏，云贵总督甘文焜自杀。叛军迅速地打进湖南，占领抚州、常德、衡州、长沙、岳州等地，声势浩大，所向披靡。吴三桂自称周王、天下招讨都元帅。清兵措手不及，节节败退。清朝急命顺承郡王勒尔锦为宁南靖寇大将军，总统诸军南下，抵达荆州以后，不敢渡江前进，与吴三桂军隔长江对峙。不久，广西将军孙延龄③、靖南王耿精忠响应叛乱，占据广西和福建。吴三桂的党羽很多，大多是清朝的提镇大员，拥有重兵，散布各地，这时纷纷树起叛旗，归附吴三桂④。特别是陕西提督王辅臣叛于宁羌、杀清朝经略大臣莫洛，攻陷兰州；平南王尚可喜的儿子尚之信据广州叛，使清朝的统治大受震动。整个长江以南，加上陕西、甘肃、四川，不是被叛军占据，就是处于战火纷飞之中。“东南西北，在在鼎沸”⑤，清军调兵遣将，处处设防，着着落后，军事上极为被动。

但是，叛军方面早期取得的胜利仅仅是表面上的，尽管它们兵多

---

① 《清史稿》，《列传》五十五，《米思翰》。

② 《清圣祖实录》卷一六三。

③ 孙延龄是平南王孔有德的女婿。孔有德在桂林战死，只留一女孔四贞，被孝庄太后收养于清宫中，以后嫁给孙延龄。清廷命孙延龄为广西将军，镇守桂林，统率孔有德的旧部。

④ 当时响应吴三桂叛乱的有云南提督张国柱、贵州提督李本深、四川提督郑蛟麟、总兵吴之茂、长沙副将黄正卿、湖广总兵杨来加、广东总兵祖泽清、潮州总兵刘进忠、温州总兵祖宏勋等。

⑤ 赵翼：《皇朝武功纪盛》卷一，《平定三逆述略》。

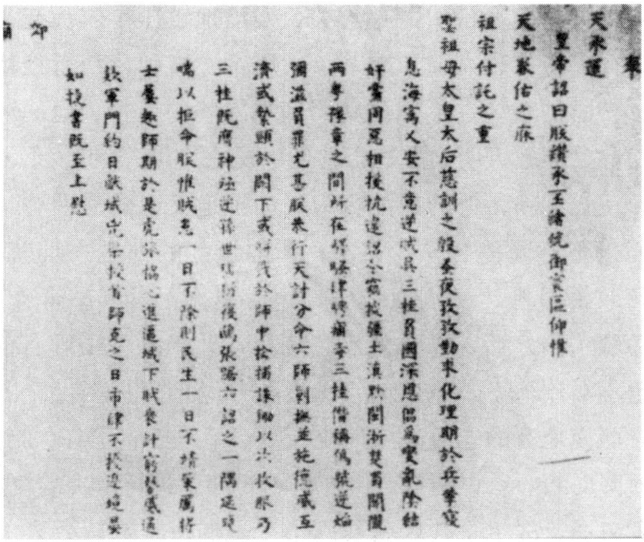

奉
天承運
皇帝詔曰朕纘承丕緒統御寰區仰惟
天地眷佑之庥
祖宗付託之重
聖祖母太皇太后慈訓之殷夙夜孜孜勤求化理期於兵革寧
息海寓人安不意逆賊吳三桂負國深恩倡爲變亂陰結

康熙十三年平定吴三桂敕谕（部分）

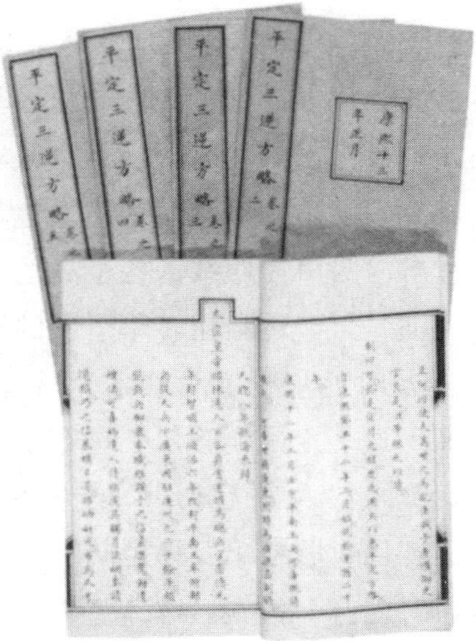

平定三逆方略

地广，声势夺人，但内部存在着不可克服的困难。首先，这场叛乱破坏了刚刚实现的国内统一，人民群众在经历了长期战争之后，渴望安定和统一，反对割据战争。吴三桂也企图利用满汉之间的民族矛盾，可是，他在不久以前国内民族战争中坚决地站在清朝一边，以明朝守关大将的身份引清兵入关，残酷地镇压了农民起义军和南明王朝，一直穷追到缅甸，捕杀了永历帝。这种背叛行径使得吴三桂失去了转圜的余地，不好再利用恢复明朝的口号，他的讨清檄文中虽然声称“共举大明之文物，悉还中夏之乾坤”，但人们对他的所作所为，记忆犹新，他的叛乱行为失去了道义上的号召力，连明朝的遗老们也不肯同他合作。其次，参加叛乱的都是一批骄兵悍将，没有任何政治目标，又不相统属，毫无纪律，没有整个作战方略。吴三桂占领岳州之后，志得意满，按兵不动，既不乘胜直前，渡江北上，也不顺流而下，东取南京，而株守湖南，只图保全既得的胜利，留恋西南地区的老地盘。其他各支叛军，心志不齐，指挥不一，对清朝时降时叛，首鼠两端，同样也不对清朝进行坚决的攻击。

清朝方面，战争一开始就暴露了严重弱点。八旗兵入关已三十年，在优裕生活中磨损了锐气，已没有当初勇敢善战、凌厉无前的气概。新一代带兵的王公贝勒生长于安乐之中，大多庸碌无能，战斗屡次失利。但不管怎样，清政府逐步地放弃了落后、野蛮的政策，执行了比较正确的政策，满汉之间的民族矛盾已较为缓和；它以一个统一的中央政府对付反叛的较为散漫的地方政权，得到群众的拥护；康熙调度全局，勤慎从事，以湖南为主要战场，以江西、浙江为东线，以陕西、甘肃、四川为西线。各个战场，相互配合，把叛军分割开，不使之打通一气，逐渐扭转军事上的不利形势；当叛乱一开始的时候，又能及时地镇压了北京城内杨起隆（称朱三太子）的反清事件，以后又迅速平定了察哈尔王子布尔尼的叛乱，稳定了后方的局面；同时，又采取“剿抚并用”的方针，对吴三桂坚决打击，对随同叛乱的王辅臣、耿精忠、孙延龄、尚之信则打击和招抚并用，投降的叛军，“即与保全，恩养安插”①，大力进行分化、瓦解和争取。在战争中，清政府又注意团结汉族地主阶级，下令“大兵进剿逆贼……其汉人中素有清操及才能堪任烦剧者，不拘资格……据实保奏，发往军前”②。当平叛进入后期，清政府已获得军事优势时，康熙

① 《清圣祖实录》卷五十。

② 《清圣祖实录》卷四十六。

于一六七八年（清康熙十七年）开“博学鸿词科”，次年（一六七九年，清康熙十八年）又下谕纂修《明史》，表示戎马倥偬之际，尚不忘文事，进一步拉拢汉族的地主知识分子；至于忠实而能干的汉族将领更得到封赏提拔，如绿营将领张勇、赵良栋、王进宝、孙思克以及浙江的李之芳、福建的姚启圣、广西的傅宏烈都因作战有功而破格重用。

战斗进行了两年多，战场形势发生逆转。西线的王辅臣态度游移，反清不坚决，起兵后不积极出击而退守平凉，并寄希望于招抚。清政府竭力争取他，表示“往事一概不究”①。一六七六年（清康熙十五年）夏，王辅臣向清朝投降，“贼党解散，全秦悉定”，西线的叛军解体。东线叛军耿精忠也不积极进取江浙而以保固福建为目的，内部困难很大，“闽逆军饷匮乏，军士逃亡，恣意剥削，百姓怨讟”②。又和台湾的郑经发生矛盾，互相攻杀。清军攻入仙霞岭，耿精忠势穷乞降，清朝接受了耿的投降。不久，广东和广西的尚之信、孙延龄等也纷纷放下武器，投降清朝，于是清军集中力量于湖南战场，对付吴三桂。

东西两个战场上的各支叛军不是投降，就是败灭，可是湖南战场上吴三桂叛军仍坚守岳州、长沙，寸步不让，和勒尔锦、岳乐、穆占等率领的清军相持。清政府一面集中兵力，提拔能战的将领，加强了正面攻势，并派兵进攻湖南南部、深入广西，扰乱叛军的后方，一面展开更大的政治攻势，派遣被俘人员在前线向叛军劝降，吴三桂的军心发生动摇，其重要将领林兴珠、韩大任等向清朝投降，又加上兵饷告竭，叛军统治区内被搜刮得民穷财尽。“自癸丑军兴，滇蜀之间屡岁不登，米一石价五六两，盐价三四百钱一斤，军需孔殷则加税田亩地丁额，亩征至五六钱，征催压迫，怨声四起。故所破州县，旋得旋失。加税不足，又于云南丽江等处凿山开矿，采取金银，日役苗夷万人，土司多忿怨”③。

势穷力竭、年已七十四岁的吴三桂，为了鼓舞士气，竟于一六七八年在衡州称帝，国号大周，改元昭武，大封百官诸将。这一

① 《清圣祖实录》卷五十二。

② 《平定三逆方略》卷二十。

③ 《明季稗史汇编》卷十，《四王合传》。

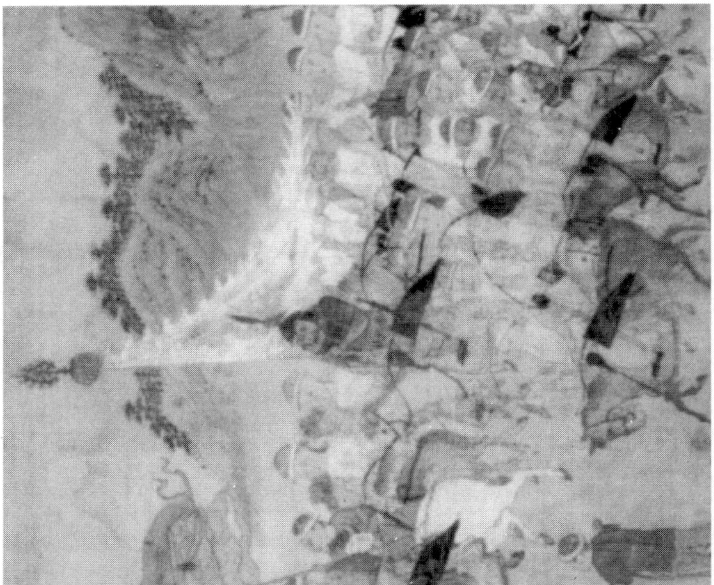

董卫国纪功图卷（平定三藩）

（黄璧绘）

政治行动丝毫不能改善叛军的处境，这年秋天，吴三桂病死，他的孙子吴世璠继承帝位，改元洪化。清军趁机发动进攻，用降将林兴珠的计策，加强水师，进泊洞庭湖，断绝了岳州的饷道，岳州叛军弃城逃走。从此，叛军一蹶不振，先后退出长沙、衡州，清军跟踪追击。清政府命令“倡叛罪首止吴三桂一人，其余均属胁从，投诚者赦罪，有功者叙录”。在清军强大的军事攻势和政治攻势下，叛军的防御瓦解，纷纷投降，清军收复了湖南、广西、贵州、四川的大片土地。一六八一年（清康熙二十年），清军分路攻入云南，这年年底攻破昆明，吴世璠自杀，延续八年之久的“三藩”之乱结束。

清朝政府平定“三藩”的叛乱，适应了我国多民族国家走向统一的历史趋势，符合各族人民的利益和愿望。而吴三桂等逆历史潮流而动，破坏国家统一，坚持割据分裂，残害人民，只求私利，最终必然走向可耻的失败。

三、统一台湾

“三藩”之乱平定以后，统一台湾便成为清朝政府必须解决的问题了。

台湾自郑成功死后，由其子郑经继续统治。这时的国内形势较之清初，已发生了重大变化，国内满汉之间的民族矛盾已相对地缓和，统一与分裂的矛盾，急需解决。但郑经集团仍以南明王朝为正统，割据台湾，已经失去了原来抗清斗争的意义和作用，成为国家走向统一的障碍。

郑成功死后，郑氏集团的内部矛盾加深了，郑经和他的叔父郑袭发生火并，各个派系争夺权力，政治上越来越走下坡路。许多将领和士兵感到没有出路，渡海归降了清朝。“三藩”叛乱时，郑经出兵占厦门，攻泉州，与耿精忠一时勾结，一时又反目相攻，军事行动失去了政治方向，不可能再提出有号召力的政治主张。

一六八一年，即平定“三藩”之乱的这一年，郑经死，由其长子郑克壓监国，因诸弟争位，又发生内讧。郑经部将冯锡范杀克壓，立年幼的郑克塽为傀儡。时台湾郑氏集团政治腐败，内部分崩离析，“人心惶惑未定”①。郑克塽等为了苟延残喘，保存割据的地盘，曾向清政府“遣使赍书，愿称臣入贡，不薙发登岸”②，想要成为一个半归附半独立的国家。可见随着形势的发展，原先“抗清复明”的意识就是在郑氏集团中也已渐澌灭。清政府正确地坚持了国家统一的立场，拒绝了郑克塽的荒谬主张。

在统一台湾问题上，清朝政府内部始终存在着两种对立的意见。早在康熙亲政以前，以鳌拜为首的保守势力，压制进取台湾的正确主张，以“海洋险远，风涛莫测，驰驱制胜，计难万全”③ 为借口，把统一台湾搁置了下来。后来，平定“三藩”叛乱的战争节节胜利，康熙再次提出了统一台湾问题，主张“宜乘机规取澎湖、台湾”以“底定海疆”。在福建沿海调兵造船，布置进取。并重用主张统一台湾的姚启圣为福建总督，施琅为福建水师提督，筹划向台湾进兵。这一统一台湾的正确主张和部署又遭到一些大臣的反对，说什么“天下太平，凡事不宜开端”，主张“征台湾宜缓”④；且极力反对任用施琅，“举朝大臣以为不可遣，去必叛”⑤。康熙排除了这些大臣的干扰，坚持了统一台湾的主张，把认为“台湾难攻且不必攻”⑥ 的原水师提督万正色调为陆军提督，把反对收复台湾、说台湾“断不能取”⑦ 的福建将军喇哈达调回北京，于一六八一年，命福建总督姚启圣“统辖福建全省兵马，同提督施琅，进取澎湖、台湾”。

根据当时台湾的兵力，施琅主张收复台湾，必先攻取澎湖，“以扼其吭，则形势可见，声息可通”⑧，台湾兵力可不攻自溃。清军经过一段海上作战训练之后，一六八三年（清康熙二十二年），施琅率

①⑧　施琅：《靖海纪事》卷上。

②　《清史稿》，《列传》四十七，《姚启圣》。

③　《清圣祖实录》卷一一二。

④　《满汉名臣传》卷二十二。

⑤　《清圣祖庭训格言》。

⑥　《海上见闻录》卷二。

⑦　《圣祖御制文集》三集卷五。

战船三百，水师二万，自福州出海攻取澎湖。郑氏集团集中兵力于澎湖，派善战的刘国轩率军坚守，“缘岸筑短墙，置腰铳，环二十余里为壁垒”①。但施琅等准备充分，指挥得宜，士气旺盛。清军一鼓作气，直前冲击，经七天激烈的战斗，郑军大败，守将刘国轩乘小舟逃回台湾。

台湾以澎湖为门户，清军攻占澎湖，使郑氏集团极为震恐，“群情汹汹”，台湾呈现了“莫不解体”② 的局面。郑克塽率众出降，清军胜利地进驻台湾。

清朝政府统一台湾，得到台湾人民的支持与拥护。施琅率军至台湾时，“百姓壶浆相继于路，海兵皆预制清朝旗号以迎王师”③，当地的高山族人民也纷纷出来迎接清军。

清朝政府在攻占台湾以后，对台湾的处理问题，又出现了分歧。有人荒谬地提出“宜迁其人，弃其地”④，竟然主张放弃台湾。施琅极力主张坚守台湾，以为台湾经过长期开发，不仅已成“野沃土腴，物产利溥”的富庶之区，而且为“东南数省之屏蔽”，在国防上极为重要，如果放弃，必将被“无时不在贪涎”的西方殖民者，重新侵占，西方殖民者“若得此数千里之膏腴，必倡合党伙，窥窃边场，迫近门庭，此乃种祸后来，沿海诸省断难晏然无虞”⑤。康熙支持施琅的意见，指出“台湾弃取，所关甚大”，“弃而不守，尤为不可”⑥，因此，于一六八四年（清康熙二十三年），清朝政府在台湾设一府三县：台湾府和台湾、凤山、诸罗三县，隶福建省。并在台湾设总兵一员，副将二员，驻兵八千，分为水陆八营；于澎湖设副将一员，驻兵二千，分为二营。自古以来就是我国不可分割的领土台湾，至此，又重新统一于清朝中央政府的管辖之下。

---

①④ 《清史稿》，《列传》四十七，《施琅》。

② 《海上见闻录》卷上。

③ 《靖海志》卷四。

⑤ 《靖海纪事》卷下，施琅：《台湾弃留之利害折》。

⑥ 《清圣祖实录》卷一一四。

第二节　清朝封建皇权的加强及其政权组织

一、清朝封建专制主义皇权的加强

清朝是中国封建专制主义的末代王朝。清朝政权是以满族贵族为主体的满汉地主阶级的联合专政，是专制主义中央集权制度的高度发展形态，皇权是这一政治制度的核心。全国的封建统治机器，组织繁复，等级森严，上下左右，紧密联结，形成一个庞大的统治网，皇帝则掌握着这个统治网的张弛与伸缩。皇帝是上天意志的体现者，他的言语就是法律，他的地位神圣不可侵犯。专制皇帝要求一切人和宇宙万物都要匍匐在自己的脚下，不容许任何对立的、离心的倾向。中国历史上，专制皇权在长时期中的发展变化、盛衰隆替是政治史上的大事情，它关系到社会秩序的安定、国家实力的强弱、统治效率的高低以及各阶层、各派系的力量平衡。清朝专制主义高度发展、皇权特别强大，是宋明以来历史发展的必然趋势。一方面，统治一个版图辽阔、人口众多又有许多少数民族的国家，中央权力必须集中。而在封建的经济和政治条件下，这种中央集权必然表现为专制皇权的加强；另一方面，中国封建社会已进入后期，农民以及其他力量反封建的斗争日益尖锐，为维护其经济基础的封建上层建筑必然也要日益加强其镇压和控制的职能。事物总是一分为二的，对封建的中央专制集权也应作如是观。在专制主义恐怖统

“皇帝之宝”及宝文（满文篆体）

治和残酷压迫的一片黑暗中，也能够聆听到历史前进的轻碎的步伐声，而人类所曾完成的灿烂夺目的伟大功绩几乎都带着野蛮性的烙印。

清朝的专制皇权在和各种对立势力、各种离心倾向的斗争中得到了加强与发展。入关以前和入关初期，皇权为维护自身的存在和发展而同诸王旗主发生了激烈的冲突，由此而酿成爱新觉罗皇室内部一幕又一幕的残杀悲剧。在当时，不战胜内部诸王旗主的对立和离心倾向，就不可能有效地打击农民军和南明王朝，不可能平定“三藩”叛乱，也就不可能统治全中国。到了康熙以后，诸王旗主的势力已大大削弱，反映满族亲贵势力集团的意志、曾经左右军国大事的议政王大臣会议已形同虚设，而进一步加强皇权，削弱诸王旗主的努力还在继续进行下去。康熙十八年（一六七九）规定八旗王公府邸官员的名额，各旗设都统、副都统，“掌宣命教养，整诘戎兵，以治旗人”①，各旗都统直接听命于皇帝，各旗王公无权干预旗务。康熙晚年又派自己的儿子们管理旗务，以加强对各旗的控制。雍正上台以后，由于王公旗主与“夺嫡事件”有牵连，更不遗余力打击旗主的势力，进一步打破旗主与属下旗人的隶属关系。雍正说：“五旗之人，竟有二主，何以聊生。”② 严格规定旗主除少数侍从外，若调拨补用旗内人员，必须“列名请旨”。旗主对旗下人“不许擅行治罪，必奏闻交部”③。同时，禁止宗室王公“交通外吏”，将下五旗的护军撤归营伍。从此，消除了干扰皇权的障碍，保证了专制主义中央集权的进一步发展。

清王朝又吸取了历代专制统治的经验，从一开始就严密防范可能动摇、侵犯和篡夺皇帝权力的弊端。在历史上，宰相擅权、母后专政、外戚篡夺、宦官横行、大臣朋党、士民结社，几乎与专制皇权的发展形影不离，使得皇权经常发生剧烈的动荡。而清朝专制皇权，除了到清末慈禧太后擅权数十年之外，没有发生像汉唐宋明母后、外戚、宦官、朋党所造成的政治动乱，主要因为清

① 《乾隆会典》卷九十五。

②③ 《雍正上谕八旗》雍正元年七月十六日，十页。

朝统治者采取了种种防范措施。如顺治时就作出太监干政、结纳官员、擅奏外事，凌迟处死的规定，特立铁牌，世世遵守。太监受内务府衙门的严格管理，不能形成自身的权力系统，各级官吏可以监督外出的太监。乾隆时，一个很低微的热河巡检张若瀛杖责不法太监，受到奖励，特旨擢升七级。又如对于朋党问题，清初就严厉禁止，在各地的府学、县学内设立卧碑。顺治十七年（一六六〇）上谕："士习不端，结社订盟，把持衙门，关说公事，相煽成风，深为可恶，著严行禁止。"同时借奏销案、科场案、通海案、明史案，对江南地主阶级知识分子大肆镇压，明朝以来结社分党的风气遂渐收敛。以后清朝的几个皇帝都再三禁止朋党。康熙说："人臣分立门户，私植党羽，始而蠹国害政，终必祸及身家。"① 雍正痛恨朋党，因此写了一篇《朋党论》，告诫百官，以维护专制皇权集于一身。

清朝前期和中期的几个皇帝都精明干练，勤于政务。康熙说："今天下大小事务，皆朕一人亲理，无可旁贷。若将要务分任于人，则断不可行。所以无论巨细，朕心躬自断制。"② 雍正更是事必躬亲，精力过人，有人评论他管得太琐屑具体，他破口大骂，"无知小人，辄议朕为烦苛琐细，有云：人君不当亲庶务者……此皆朋党之锢习未去，畏人君之英察而欲蒙蔽耳目，以自便其好恶之私"③。为了防止大臣蒙蔽，他还设立特务机构，亲自掌握，"设缇骑，四出侦伺，凡闾阎细故，无不上达"④。乾隆说，"本朝家法，自皇祖皇考以来，一切用人听言大权，从无旁落，即左右亲信大臣，亦未能有荣辱人、能生死人者"⑤，"朕亲阅本章，折中酌定，特降谕旨，皆非大臣所能参予"⑥。这三个皇帝统治中国将近一个半世纪，他们个人能力和性格足以独揽大权，不致旁落，把专制主义中央集权的政

① 《东华录》康熙朝卷二十。
② 《东华录》康熙朝卷九十一。
③ 雍正：《朋党论》。
④ 昭梿：《啸亭杂录》卷一，《察下情》。
⑤ 《东华录》乾隆朝卷二十八。
⑥ 《东华录》乾隆朝卷八十。

体推上历史的最高峰。

二、清朝的政权组织

(一) 中枢机关的演变——议政王大臣会议、内阁、南书房、军机处

封建专制主义政治权力的行使，必须有一支强大的军队和一整套庞大的官僚机构，这是专制皇权的两个主要支柱。

清初，议政王大臣会议是最高的中枢机构。“国初定制，设议政王大臣数员，皆以满臣充之。凡军国重务不由阁臣票发者，皆交议政大臣，每朝期坐中左门外会议，如坐朝仪”①。这种政治体制，权力分散于一小撮王公贵族之手，不适于专制统治的需要，后来，议政制度随着王公旗主势力的削弱而趋于衰落。

有清一代，内阁“赞理机务，表率百僚”，名义上是中枢首脑机关。一六五八年（清顺治十五年）清王朝仿照明制，改内三院为内阁，大学士兼殿阁衔，共分四殿二阁：中和殿、保和殿、文华殿、武英殿、文渊阁、东阁，乾隆时减去中和殿，增加体仁阁，遂成三殿三阁之制。清初，大学士官阶不高，仅为五品，在鳌拜等辅政期间，根据“率循祖制，咸复旧章”② 的原则，废内阁，恢复内三院。康熙清除了鳌拜集团，又改内三院为内阁。内阁制度的时设时废，反映了当时统治集团内部维护满族祖制的势力和倾向于援用汉族历来政治统治形式的另一部分势力之间的斗争。

内阁制度也是专制政治的产物，是废除了宰相以后，为辅助皇帝处理政务而设立。但它毕竟是政府的一个正式机构，班居六部之上，地位崇高，明朝内阁中还能够产生出像张居正一类权力很大的人物。清朝为了进一步提高皇权，压抑阁权，索性把大权交给南书房、军机处一类非正式机关，不肯授权与内阁。大学士虽有草拟诏旨之责，雍正时又提升为正一品，“勋高位极”，却没有实权。清朝

① 昭梿：《啸亭杂录》卷二，《议政大臣》。

② 《大清会典》乾隆卷二。

的皇帝亲自批答内外大臣的奏折，“阁臣不得与闻，天子有诏则面授阁臣，退而具草以进，曰：可，乃下”①。特别是雍正以后“承旨寄信有军机处，内阁宰辅，名存而已”②。由于内阁大学士位虽尊而权不重，因此常常作为对某些大官明升暗降的一种措置，以调整统治集团内部权力关系的平衡。

清代军机处值班房旧址

一六七七年（清康熙十六年），为了集权的需要，选调翰林等官入乾清宫南书房当值，称作“南书房行走”，人数不固定。南书房除了陪着皇帝做诗写字外，也秉承皇帝意志拟写谕旨，发布政令，实际上是皇帝处理政务的机要秘书班子，因此，“非崇班贵僚，上所亲信者不得入”③。康熙还有意识地挑选汉族地主知识分子，如：张英、高士奇等人入南书房，作为一种笼络的手段。但自军机处成立以后，南书房就不再参与机密事务，而专司文词书画等事。

军机处始设于雍正年间，因与准噶尔部作战，为了紧急处理西

---

① 叶凤毛：《内阁小志序》。
② 《清史稿》卷一七四，《大学士年表一》。
③ 肖奭：《永宪录》卷一，六五页。

北军务，“始设军需房于隆宗门内”①，挑选内阁中谨慎可靠的中书办理机密事务，以后改为军机房，又改为军机处。一七二九年（清雍正七年），任命怡亲王允祥和大学士蒋廷锡、张廷玉办理机务。次年（一七三〇年，清雍正八年）添设军机章京，一七三二年（清雍正十年）颁军机处印信。军机处成立的确切日期官书没有记载，据乾隆在四十八年追述，军机处设立于一七三〇年，曾任军机章京的梁章钜也持此说②，现存的军机处档案也是从雍正八年开始的。

军机处的职权既重要，又广泛。它是皇帝私人的工作班子，直接听命于皇帝，“常日值禁廷以待召见”，帮助皇帝出主意，写文件，处理重大政务，如升革文武官员、审理重大案件、制定大典礼节、查考兵马钱粮等等，“军国大计，罔不总揽。自雍乾后百八十年，威命所寄，不于内阁而于军机处”③。

军机处是封建专制主义中央集权高度发展的产物，它的特点是处理政务迅速而机密，但本身没有独立性。所谓“近接内廷，每日入值承旨，办事较为密速”④。军机处起草的谕旨，有的“先下内阁，以次及于部院”，层层下达，叫做“明发”；有的不经过内阁，由军机处封缄严密，由驿马传递，直达督抚，叫做“廷寄”。“廷寄”主要是重要机密事件，根据缓急分为日行三、四、五、六百里，或八百里。地方督抚的奏折也径送军机处直达皇帝，“廷寄”制度的建立进一步加强了中央和地方的联系，使皇帝的意志毫无阻滞而直达地方。军机处关防严密，一八〇〇年（清嘉庆五年）的上谕中强调“军机处为办理枢务，承写密旨之地，以严密为要。军机大臣传达联旨，令章京缮写，均不应稍有泄漏”⑤。召见军机大臣时，不许太监在侧；军机值房防范很严，即使是高级的王公大臣，非奉特旨，不准进入。军机处地位虽然显赫，但绝对地听命附

① 梁章钜：《枢垣纪略》卷二十七。

② 参见《光绪会典事例》卷一〇五，引乾隆四十八年上谕；梁章钜：《枢垣纪略》，自序。

③ 《清史稿》卷一七六，《军机大臣年表一》。

④ 《光绪朝东华录》，光绪三十二年九月奕劻等奏。

⑤ 梁章钜：《枢垣纪略》卷十四。

属于皇帝，没有丝毫独立地行动和决策的余地。“只供传述缮撰，而不能稍有赞划于其间”①，连军机处的组织形式也很特殊，既无官署，亦无专官，又无属吏，不是一个独立的、正式的衙门。军机大臣是兼职，由皇帝从亲王、大学士、尚书、侍郎中特简，不像明代任命内阁大学士还有“廷推”，而单凭皇帝随意指定。首席军机大臣称“领班”，其余按年资地位分别为军机大臣、军机大臣上行走、军机大臣上学习行走，等等。军机大臣无定员，最多时六七人。军机处设军机章京，满汉两班，各八人，轮流担任缮写诏旨、记载档案、查核奏议等具体工作。为了防止泄漏机密，不许使用书吏办事，即使洒扫杂役人员，也“选自内务府童子”，“至二十岁即更出”②。

（二）中央各部院衙门

清朝的中央行政管理机关仍沿袭明制，设吏、户、礼、兵、刑、工六部，每部设满汉尚书各一人，满汉侍郎各二人，以下有郎中、员外郎、主事等属官。六部长官无权向地方官直接发布命令，只能奏请皇帝颁发诏谕。尚书与侍郎间如发生意见争执，均可单独上奏，听候皇帝裁决。六部长官虽设满汉复职，但长时期内，实权操于满族官员之手。康熙说，“汉大臣……若不涉于彼之事，即默无一言”③，“大小汉官，凡事推满官，事之得当者则归功于己，如事失宜，则卸过于人”④。当时人评论康熙中的情形：“大学士备位，不问政事，虽各兼部务，亦见夺于满尚书，间有建白，无关大政。故冯溥、李霨、宋德宜及熙（王熙）仅以文学备顾问，暇则结纳名士，竞尚诗文”⑤。

六部之中，吏部虽列首位，但任命大官出自皇帝的意旨，中下级官吏又由地方督抚委派，因此并无实权，只是办理文官任免的手续而已。户部事务较多，办理全国田亩、户口、财政收支，但所属机构冗杂，分工混乱，事权不一。其下按地区设十四个清吏司，既

① 赵翼：《簷曝杂记》卷一。
② 昭梿：《啸亭杂录》卷二。
③ 《东华录》康熙朝卷八十三。
④ 《钦定吏部则例》卷十一。
⑤ 梁清标：《蕉林诗集》四。

不按业务性质分工，也不完全按地区分工，许多清吏司除管辖本省钱粮事务外，有的兼管他省，有的兼管他事，以至各司名不副实。礼部掌管国家的典礼、学校、科举，但与太常寺、光禄寺机构重复，职责不清。兵部名义上是全国最高的军事机关，实际上，军务由军机处秉承皇帝的意图来指挥，“兵部之职，不过稽核额籍，考察弁员而已”①。刑部管理刑法案件，所属机构的分工也很紊乱。在十七省清吏司中，有的一司管两个省，有的一事属两司管。还有都察院、大理院也管刑法案件，职责混淆，效率低下。工部也是如此，所属虞衡司应当管山泽采捕，实际上却管军装军火；屯田司应当管屯田，实际上却管修建皇帝的陵墓。清末改革官制时，连清朝统治者自己也承认，作为国家正式权力机构的六部，“职任不明”，“权限不分”，“名实不符”，“名为吏部，但司签掣之事，并无铨衡之权；名为户部，但司出纳之事，并无统计之权；名为礼部，但司典仪之事，并无礼教之权；名为兵部，但司绿营兵籍、武职升转之事，并无统御之权”②。

都察院是中央的监察机关，以左都御史和左副都御史执掌院务，右都御史和右副都御史例为地方总督、巡抚的兼衔。为了集中皇权，雍正时取消了六科给事中历来负责封驳皇帝诏旨的职权，将六科并于都察院。都察院的六科给事中和十五道监察御史（清末增至二十二道）合称“科道”，分别负责对京内外官吏的监察和弹劾。自唐朝以来，封建国家监察机关“台”、“谏”并列的局面，至此合而为一。这是清朝监察机关的特点，是适应于加强专制皇权的需要。

为了充分发挥科道官员作为皇帝耳目的作用，一六九〇年（清康熙二十九年）命左都御史为议政大臣，参与议政。皇帝虽然也鼓励御史说话，弹劾权贵不法，康熙说：“自皇子、诸王及内外大臣官员，有所为贪虐不法，并交相比附，倾轧党援，理应纠举之事，务必大破情面，据实指参。”③ 但是在极端的专制制度下，不可能有真

① 《历代职官表》卷十二。

② 《光绪朝东华录》光绪三十二年九月奕劻等奏。

③ 《东华录》康熙朝卷五十九。

正独立的监察权，皇权越强化，监察权则有名无实，御史们唯恐触犯皇帝和权贵，不敢有所评论。康熙三十六年（一六九七）上谕说，“近时言官奏疏寥寥，虽间有入奏，而深切时政，从实直陈者甚少”[①]，乾隆五年（一七四〇）上谕说，“科道为朝廷耳目之官……乃数年中条奏虽多，非猥琐陋见，即剿袭陈言，求其见诸施行，能收实效者何事乎？近日即科道官敷奏者亦属寥寥，即间有条奏，多无可采”[②]。

清王朝在加强和巩固我国多民族国家的统一方面做了大量工作，成绩超过历代王朝。在中央政府机构中设立理藩院，管理少数民族事务，有尚书一人、左右侍郎各一人，皆由满人或蒙人担任。其下有旗籍、王会、典属、柔远、徕远、理刑六个清吏司，“掌内外藩蒙古、回部及诸番部，制爵禄，定朝会，正刑罚”[③]。凡蒙、回部所属旗札萨克都受理藩院管辖，和统治汉族地区的行政系统分开。理藩院还和礼部分管一部分对外国的交涉，在总理各国事务衙门创设以前，理藩院兼管对俄交涉，其下设立招待俄使和俄商的俄罗斯馆。

清朝管理皇族的机关是宗人府，以亲王、郡王充当宗人令，下设左右宗正、左右宗人等官，都从满族贵族中选任。宗人府掌管皇族属籍，纂修“玉牒”，议叙或议处皇族官员，审理皇族中的诉讼案件。为了显示皇族的重要，宗人府排在政府机关的首位，居于内阁、六部之上。凡是努尔哈赤父亲塔失（追尊为显祖）所生的后裔称“宗室”，系黄带子；旁支称“觉罗”，系红带子。宗室、觉罗多居要职，例有养赡银两，遇有婚丧等事额外颁赐恩赏银两，有罪则减轻处理，即使杀人也无死罪。

此外，还有掌管宫廷事务、照料皇帝生活的内务府，有总管大臣。内务府职权广泛、机构庞大、属官众多，下设七个司（广贮、都虞、掌仪、会计、营造、庆丰、慎刑）、三个院（上驷、武备、奉宸），还有管宫内各种手工业的“造办处”和管理太监的“敬事房”。内务府“掌上三旗包衣之政令与宫禁之治，凡府属吏、户、礼、兵、刑、工之事皆掌焉”[④]。

---

①② 《光绪会典事例》，九九九页。

③ 《清史稿》卷一一五，《职官志》二。

④ 《大清会典》光绪卷八十九。

除大批匠役、军丁、太监不计外，内务府职官达三千余人，而六部只有一千七百人，内务府职官数目超过六部将近一倍，这是以皇权为核心的专制主义政治特点在组织上、人事上的突出反映。

（三）地方政权机关

清朝地方政权机关有省、道、府、县四级，层层统属，达于基层。

省是地方最高一级的行政组织。总督一般管辖数省，巡抚管辖一省。督抚在明朝是临时派遣的，清朝成为固定的封疆大吏，代表皇帝总揽一省或数省的军政大权。总督为从一品官，巡抚为正二品官，督抚例兼兵部尚书、兵部侍郎衔，统辖本省的军队。由于督抚统辖一方，权力很大，清朝前期和中期，多用满人和汉军旗人担任总督、巡抚。康熙时，汉人任督抚的“十无二三”，乾隆时，巡抚满汉各半，总督大多是满人。到太平天国革命以后，汉人任督抚的才多起来。为了达到总督和巡抚相互监督和牵制的作用，有的地区既有总督，又有巡抚，还有督抚同驻一城，事权不一，十分混乱，而专制皇权反而从这种混乱中可以更牢固地控制地方。督抚的辅助官员是布政使（藩司）和按察使（臬司）。布政使为从二品官，按察使为正三品官，分管一省的民政财政和司法刑狱，称“两司”。在明朝，地方的常设首脑是三司，其中，都指挥使由于卫所制的废除而裁撤，剩下的布、按两司也成了督抚的附庸。

省下为“道”。按明制“道”是监察分区，并非行政区，“道员”是因事派遣的差使，本身无品级。清代自乾隆时始专设“守道”和“巡道”，道员为正四品官。“守道”有固定的辖区，主要管钱谷政务；“巡道”则分巡某一区域，主要管刑狱案件。“道员”自改为实官后，多加兵备衔，节制境内都司以下武职官员。此外，还有因专门事务而特设的道员，如督粮道、盐法道、河道、海关道等。

道下为府。知府为长官，初为正四品，后改从四品，是承上启下的机构，“掌总领属县，宣布条教，兴利除害，决讼检奸。三岁察属吏贤否，职事修废，刺举上达，地方要政白督抚，允乃行”①。由

---

① 《清史稿》卷一一六，《职官志》三。

于知府以下各官在境内分驻，逐渐形成固定的行政单位——厅，在少数民族聚居地区，不宜设州县，也设厅。此外，州也是府属的行政单位，厅、州分为直隶厅、州和散厅、州，直隶厅和直隶州相当于府一级，散厅、散州相当于县一级，厅设同知，州设知州。厅与州虽为固定的行政单位，但不是一级政权机关。

府下为县，有知县一人，正七品官。其下有县丞、主簿、典史、巡检等官，管理全县政务、赋役、户籍、缉捕、诉讼、文教。由于知县更直接地统治人民，因此被称为“亲民之官”。清末，全国有一千三百五十八县。

县下还有里社制与保甲制，是统治人民的基层组织，但并非正式的行政系统，里正、保正由地方上的富户、地主充当，不是朝廷的正式官吏。清代，里社与保甲并用，前期重里社，后期重保甲。

里社制是在全国普遍编设里（农村）与坊厢（城市），一百一十户为一里，选丁多者十人为里长，其余百户分为十甲，每五年编审一次。里正、坊厢长经常更换，调查田粮丁数，编制赋役册，作为课税的根据。里社的作用着重于征税，雍正以后，摊丁入地，改革了赋税制度，人丁编审失去了意义，里社制渐废弛。但里社仍为辅助官府颁发“易知由单”①、征收地丁、供应差徭的机构。

清初已有保甲，以十户为一牌，十牌为一甲，十甲为一保，牌设牌头，甲设甲长，保设保正。保甲的作用着重于维持治安秩序，防止人民的反抗，每户“给印信纸牌一张，书写姓名、丁男口数于上，出外注明所往，入则注其所来，面生可疑之人，非盘诘的确，不许容留……月底令保正出具无事甘结，报官备查”②。里社制下的户籍统计，以户为主，目的是要弄清一户负担的田粮丁银，称编审册；保甲制下的户籍统计，以人为主，目的是要弄清人口的流动情况。

雍正以后，人民的零散反抗日益增强，清政府为了对付人民的反抗，三番五次命令各地实力奉行保甲，说“弭盗之法，莫良于保甲”③。

---

① 易知由单，是官吏于征收钱粮之前，发给纳钱粮者应纳多少钱粮的通知单。

② 《清朝文献通考》卷二十二，《职役》二。

③ 《东华录》雍正朝卷九。

全国广大的农村，苏州、景德镇等繁荣的手工业城镇，流民丛集的偏僻山区以及少数民族地区，都实行保甲制，责成地主、手工业主、窑主对佃户、雇工严加管束，“如滥留匪人事犯，将田主、雇主一体惩治”①。在少数民族地区，“保甲之法……其村落畸零及熟苗熟僮亦一体编排，地方官不实力奉行者，专管兼辖统辖各官分别议处”②，“山西、陕西、蒙古地方种地人民甚多，其间奸良难以分析，应设立牌头、总甲，令其稽察……如种地人内有拖欠地租……及来历不明之人，即报明治罪”③。

里社和保甲是清朝封建政权的基层组织，它广泛地延伸到全国各地，形成一个庞大的统治网，搜刮民脂民膏，监视人民的思想和行动，反映了封建后期的国家机器对人民群众的控制越来越严密了。

三、清朝的官吏任免制度与科举制度

清朝由于官僚机构膨胀，形成了庞大的官吏群，据清代官书记载的数字约三万余人（超过宋明两代）。封建的官僚机构和封建军队一样都是专制主义中央集权制度的支柱和剥削与压迫人民的工具。马克思曾经指出：“政府当局的**存在**正是通过它的**官员**、军队、行政机关、法官表现出来的。如果撇开政府当局的这个肉体，它就只不过是一个影子，一个想像，一个虚名。”④

清朝官吏，凡由皇帝直接任命的叫“特简”，不受任何法律条例的限制；由大臣互推任用的叫“会推”；有功官员或因公殉难官员的子弟可以“荫袭”得官。同时，还推行荐举制度。康熙二十三年（一六八四）时“命廷臣察举廉洁官”，雍正四年（一七二六）“诏诸行省举贤能吏”，乾隆时多次下令命廷臣密举贤能。荐举有时须回避，如康熙四十一年谕“九卿荐举，毋得保举同乡及现任本省官吏”。有时不需回避，如雍正二年谕“令京官主事以上，外官知县以上举品行才猷，

---

① 雅尔图：《心政录》，《保甲紧要规条》。

② 《东华录》雍正朝卷九。

③ 《皇朝政典类纂》卷三十五，《户役》六，《职役》。

④ 《马克思恩格斯全集》，第六卷，《拉萨尔》，320页。

《康熙南巡图》（绍兴部分）
（清王翚绘）

备任使，即亲戚子弟不必引避”，但如荐举不实，或被荐举人犯罪，荐主应负连坐处分，所谓“得人者优加进贤之赏，舛谬者严行连坐之罚”。

江惠捐官执照

清朝沿袭明制，继续实行科举制度，作为培养和选任官吏的“正途”。凡应考者称童生，童生通过初级考试（县考、府考、院考）取得秀才资格，才能参加乡试、会试、殿试的逐级考试。乡、会、殿试，每三年举行一次，乡试在省城举行，考中的称举人，会试在京城举行，考中的称贡士。然后，再参加由皇帝亲自主持的殿试。殿试分三甲，一甲取三人，状元、榜眼、探花，赐进士及第，可直接授翰林院官职。二甲赐进士出身，三甲赐同进士出身。二、三甲可再考翰林院庶吉士，叫作“馆选”，考中后入院读书，取得未来的高官资格，不中者另授其他官职。虽然规定满汉官员都要经过科举考试，但实际上满人做官靠特权，不靠科举，科举只是为汉官铺设的一道参加政权的阶梯。清朝的科举内容仍然采用八股程式，从四书五经中出题，文章的思想以及段落、格式都有严格规定，以此作为禁锢知识分子思想的一种手段。康熙时为了延揽人才，缓和汉族士大夫的敌对情绪，扩大统治基础，于正科之外，增加特科，如“博学鸿词科”、“经学特科”、“孝廉方正科”为康熙、乾隆南巡时的特别召试。乾隆元年（一七三六）又举行“博学鸿儒科”，二十六年举行“太后万岁恩科”。康熙十七年开“博学鸿词科”，先由内外大臣荐举，不分已仕未仕，均在殿廷召试，只要有些声望的一律录取，在取中的五十人中有“名士”朱彝尊、汤斌、潘耒、毛奇龄、尤侗等人，都授以翰林院官职，这次特科被称为“得人极盛”。清朝广泛推行科举制度，不仅选拔了适合封建统治需要的人才，也确实扩大了清朝政权的统治基础。

此外，清朝还实行捐官制度（又称捐纳）。顺治初，士子可以“纳粟入监”，但不能得官，后被革职的官员，“分别纳粮，许其开复原来官职”①。康熙十三年因平“三藩”叛乱，在所谓“搜集异途人才，补科目所不及”的名义下，实行捐纳制度以补军费的不足，结果三年内收入银二百余万两，捐纳的知县达五百余人②。康熙为了防止捐官的滥用职权，曾规定，捐纳官到任三年，称职者具题升转，不称职者题参③，但实际上不可能贯彻执行。“三藩”之乱平后一度停捐，后西安饥荒、修永定河工及青海用兵，又开捐例。雍正时，除道府不准捐纳，以下各官均可捐纳，并扩大到武职。乾隆时文官可捐至道府、郎中，武官可捐至游击，贡、监生也可以用钱捐得。捐纳制度的实行，为清朝政府补充了一项临时财政收入，开辟了地主、商人选入仕途的捷径，却使封建官僚机构恶性膨胀，促使官吏更加贪污腐化。随着清朝的衰落，捐纳制日益泛滥，成为招致清代政治腐败的一大弊政。有人说，“捐一州县，所费无多，有力者子弟相沿，争为垄断，无力者称贷而至，易于取偿。官不安于末秩，士不安于读书，众志纷然，群趋于利，欲其自爱，其可得耶”④。“捐途多而吏治益坏，吏治坏而世变益亟，世变亟而度支益蹙，度支蹙而捐途益多，是以乱召乱之道”⑤。

清朝官吏的任用方式有以下几种：

署职：初任官试署二年（后改三年），称职，再实授。

---

① 叶梦珠：《阅世篇》，见《上海掌故丛书》，第一集，六四页。

②③ 参见《清史稿》卷八十七，《选举志》七。

④ 《清朝续文献通考》卷九十三，山东巡抚阎敬铭奏折。

⑤ 冯桂芬：《校邠庐抗议》。

兼职：大学士例兼尚书，总督兼兵部尚书、右都御史。

护理：低级官兼高级官为护理。

加衔：于本官外另加品级稍高的官衔，如以道员加布政使衔。

额外任用：是皇帝特殊的优遇，如康熙五十年以徐元梦翻译成绩优异，授额外内阁侍读学士。

革职留任：虽革职，但仍留任主事。

清朝对现任官实行考核制度：每三年考核一次，地方官的考核叫“大计”，京官的考核叫“京察”。“视其称职与否，即可分别去留，以示劝惩”①。考核方法是地方总督巡抚、京官三品以上自陈政事得失；以下由吏部都察院考核，考核一等的加一级，“大计处分官员不得还职”。如有冒滥徇私者按保举连坐法予以处分。但在实践中无论京察还是大计都流于形式。

清朝对官吏的资格限制初期较为严格，所谓“官吏俱限身家清白。八旗户下人、汉人家奴、长随不得滥入仕籍”②，有些官职如詹事府、翰林院、吏部、礼部各司郎官必须科甲正途出身始能充任(旗员除外)，保举或捐纳等异途出身者不能染指。

清朝政权机构的组织和官吏的任免制度，围绕着加强皇权为中心在任用汉族官吏的同时，保证满族官吏的优先特权。在任官制度上，清朝创设了“官缺制”，共分满官缺、蒙古官缺、汉军官缺、汉官缺四种，根据固定的官缺来任用各族的官吏。中央机关的宗人府、理藩院及管理钱粮火药仓库以及各省驻防将军、都统、参赞大臣等重要职官，全都是满官缺，专用满族官吏。地方督抚也大多是满族和汉军旗人，知府以下的官员，汉人占绝对多数。凡属满官缺，不许汉人补任，但京内外的汉官缺，却允许满人担任，这是清朝的民族歧视政策在任官制度上的体现。

清政府既要利用汉族官吏进行统治，又害怕汉族官员结成势力集团与满族亲贵对抗，因此在利用之中又加以防范，建立了“回避制度”和“连坐制度”。汉官不能在本省任职，即便接壤在五百里以

---

① 《清朝文献通考》卷五十九。

② 《清史稿》卷一一〇，《选举志》五。

内者，也要回避；选补外任官，如与上司有宗族亲戚关系，也例应回避，以防止汉官利用乡土、亲族关系形成势力集团。此外，高级官吏荐举低级官吏，如果被荐者有罪，荐主也要受处分，称为“保举连坐”。上下级官员即使没有荐举的关系，也负有连带责任。

第三节　清朝的军队和法律

一、军队

军队是国家机器的主要组成部分，是对被统治阶级进行专政的暴力工具，也是封建专制主义中央集权制度最重要的支柱。清朝政权是在大规模的军事镇压之后建立起来的，军事统治是清朝政权的一个特色。清朝实行的军事制度和军队建设，虽然也参照了明朝的军制，但主要是在原有的满洲八旗兵制的基础上发展起来的。

清入关后，建立起八旗常备兵制，仍严格实行按民族分别编制的原则。共有满洲八旗、蒙古八旗和汉军八旗，兵额约二十二万人，其中以满洲八旗为基干。八旗兵采取世袭兵制，在年十六岁以上的八旗子弟中挑补旗兵，有关八旗内部事务由京师八旗都统衙门统一管理。其职责是“掌满洲、蒙古、汉军八旗之政令，稽其户口，经其教养，序其官爵，简其军赋，以赞上理旗务”①。

八旗兵在清初是以镶黄、正黄、正白、正红、镶白、镶红、正蓝、镶蓝等八色旗帜进行编制的部落武装。入关以后，虽仍沿用以旗统兵的传统建制，但随着统一的清朝政权的建立，八旗兵分为“禁旅八旗”和“驻防八旗”两种，直属于国家而不再归旗主私有。禁旅八旗中一部分负责保卫宫廷的亲军营叫“郎卫”，由正黄、镶黄、正白上三旗官兵充当，由领侍卫内大臣统辖，康熙时期又选拔上三旗子弟和一部分技艺优良的汉人武进士为侍卫。雍正时为了加强对下五旗的笼络，把侍卫的任务也扩大到下五旗。另一部分负责

---

① 《光绪会典》卷四。

拱卫京师，守卫各行宫、京师各门，叫“兵卫”。兵卫中又分护军营、步军营、骁骑营和前锋营，各营均设统领或都统率领，京师步军营由步军统领统辖，兼提督京城九门事务，设步军统领衙门，职掌防守、稽查、门禁、缉捕、断狱、编查保甲等事，所谓“统辖京营，总司缉捕”①。此外，统治人民的各种禁令，如官民住房、服用、乘车不许违背定制僭用，不许编刊謍词、小说，不许夜间行走等，都由步军统领衙门执行。由于步军统领衙门起着警卫京师，监视人民的重要作用，因此，须从部院亲信大臣中任命。此外，又陆续设置了特种兵，如神机营、健锐营、火器营、虎枪营。

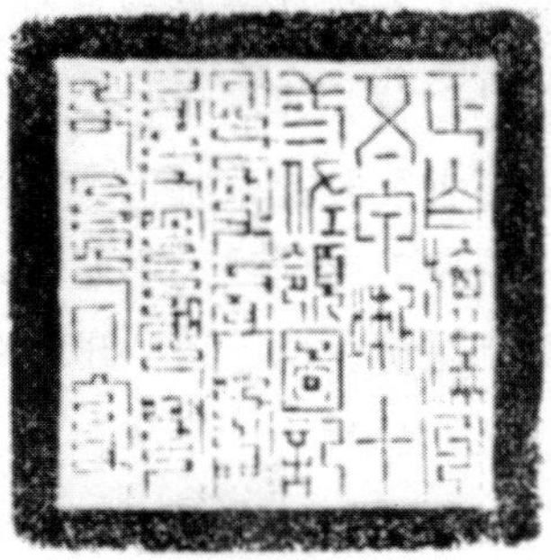

八旗印三颗

“驻防八旗”分驻全国各地。兵力时有增减，驻防的原则以重点驻防和集中机动相结合。畿辅、热河及陵寝围场驻一万七千人，绥远、张家口驻二万余人，东北驻四万人，这是驻防的重点。此外，西北驻一万八千人，东南沿海驻一万八千人，内地各省驻一万六千人。“禁旅八旗”和驻在畿辅、东北、内蒙古的八旗是一支庞大而机动的武装力量，遇有大战争，很快就能调往前线。

由于八旗兵力仅二十二万人，又分驻京师和全国各地，对于维护清朝对全国人民的统治，显然不敷分配。因此，入关以后，便招

① 《光绪会典事例》卷五四六。

募汉人和收编来的汉族地主武装，建立绿营兵。绿营兵以绿旗为标志，以营为建制单位，因而得名。绿营兵分马兵、战兵、守兵和水师四种。驻扎京师的少数绿营兵称为“巡捕营”或京营，由步兵统领统率。绿营兵额不定，最多时达六十六万余人（嘉庆时）。绿营的编制是标、协、营、讯，各省由提督、总兵统率，全国有提督二十三人，总兵八十三人。以下设副将、参将、游击、都司、守备、千总、百总、外委等官。绿营与八旗都是清朝镇压人民维护地主阶级统治的最主要的暴力工具。绿营和驻防八旗一道，屯戍全国各地，共同执行镇压职能。清朝民族统治和民族歧视的政策，在军队中也同样有鲜明的反映，例如，从各方面加强满洲八旗的特殊地位和作用，八旗兵无论装备、政治待遇和兵饷，都优越于绿营兵。绿营中的重要官职也都规定为满官缺。各地驻防的绿营兵要受驻防八旗的监视和控制。绿营的装备和训练远不如八旗兵，粮饷不及八旗兵的三分之一。绿营军内部贪污舞弊，克扣军饷，十分腐败，但仍然是清朝军队的重要组成部分，除驻守全国各地外，还备临时征调。绿营和八旗联合组成的庞大武装是清朝封建专制国家赖以进行统治的最重要的支柱和对全国进行军事镇压的工具。

清朝中期以后，八旗、绿营都腐败不堪，失去了镇压人民起义的作用，又有团练和勇营出现。团练或称乡兵，是汉族地主自募自练的地方武装，无一定营制，人数多少亦不定，战争结束就解散，不是正式的军队。在镇压川楚白莲教起义中，团练起了重要的作用。太平天国革命期间，曾国藩也以湖南团练起家，而改非正式的乡兵为练勇，定营哨之制，优给饷银，称为勇营。曾国藩的湘军、左宗棠的老湘军、李鸿章的淮军，相继而起，清政府依靠这种勇营镇压了太平天国革命，从此，“勇”代替了“兵”。“各省险要，悉以勇营留防，旧日绿营，遂同虚设，绿营月兵饷不及防勇四分之一，升擢拥滞，咸辞兵就勇”①。直到中日甲午战争以后，清王朝命袁世凯仿照外国的军制，编练新军，成为国家的正规陆军。

---

① 《清史稿》卷一三二，《兵志》三。

二、法律

列宁指出："法律就是取得胜利、掌握国家政权的阶级的意志的表现。"① 法律和国家一样是阶级矛盾不可调和的产物，是统治阶级对被统治阶级进行专政的工具。满族在入关以前，建立后金政权时起，就由于阶级矛盾的发展和统治的需要，颁布了一系列军政法令。但总的说来，迄至入关以前仍处于由习惯法向成文法过渡的阶段，法律制度比较简单，"皆因时立制，不尽垂诸久远"②。

清朝入关后，面对尖锐复杂的阶级矛盾和民族矛盾，关外时期简单的旧律，已不能适应全国的新形势。为了统治的需要，一方面暂时采用《明律》，多尔衮下令，"自后问刑，准依明律"；另一方面，加速立法活动，于一六四七年（清顺治四年）制定《大清律》，颁行全国，这是清朝的第一部成文法典。据顺治的《御制序文》中说，这部法律"详绎明律，参以国制"，实际上制订时照《明律》依样画葫芦，无异于《明律》的翻版，因此，有些规定与清初的现实情况脱节。当时的历史学家谈迁批评说："大清律即大明律改名也。虽刚令奏定，实出胥吏手。如内云依大诰减等。盖明初颁大诰，各布政司刊行，犯者呈大浩一本服罪，故减一等。其后不复纳，但引大浩，溺其皆矣。今清朝未尝作大诰，辄引之，何也?"③ 正因为如此，《大清律》颁布以后并没有认真执行。一六五一年（清顺治八年），刑科给事中赵进美在奏疏中说，"今律例久颁，未见遵行"④，对于满官则更无约束力。吏部尚书宗室韩岱等奏称："处分满官，臣部未有一定律例，俱系酌量事情轻重，公同议处。"⑤ 为了整顿吏治，一六五五年（清顺治十二年）决定"参以前朝会典，编为简明则例"。一六八九年（清康熙二十八年），将现行则例附入大清律，并于每篇正文后加总注，疏解律义。至一七〇七年（清康熙四十六

① 《列宁全集》，第十三卷，304页，1959。
② 《清史稿》卷一四二，《刑法志》一。
③ 谈迁：《北游录》，《纪闻》下，《大清律》。
④ 《清世祖实录》卷九十四。
⑤ 《文献丛编》，第二辑，《吏部处分过之满洲官员事件文物》。

年）完成对清律的修订，但未正式颁行。雍正即位以后，积极整顿内政，继续修订律令，至一七二五年（清雍正三年）完成《大清律集解》和《大清律例增修统纂集成》，雍正五年正式公布。一七四〇年（清乾隆五年），重修律例，编成一部比较完整的《大清律例》，清初修订法律的过程长达一百年，清朝统治者积累了越来越多的统治经验，因此，律例所载，十分详尽而严密。

《大清律》以《明律》为蓝本，是中国历史上最后一部封建法典，它的锋芒和任务就是“诘奸除暴，惩贪黜邪，以端风俗，以肃官方”①，实际就是镇压人民反抗，维持地主阶级统治农民的封建秩序。这个立法的指导思想，前后一贯，清楚地反映了清律的阶级本质。由于清朝统治的历史特点，《大清律》中广泛增加了民族压迫的条款，因此又是一个镇压我国各族人民的封建法典。

《大清律》在结构形式上与《明律》相同，共分名例律、吏律、户律、礼律、兵律、刑律、工律七篇，四十七卷，三十门，其中律文四百三十六条，附例一千四百零九条。此外，还制定了压迫维吾尔族、藏族、蒙古族劳动人民的《回律》、《番律》、《蒙古律》、《西宁番子治罪条例》等等。

为了总结国家行政活动的经验，提高官吏的统治效能，从康熙时起，便仿照《大明会典》制定《大清会典》，其后也屡经修改，有雍正会典、乾隆会典、嘉庆会典事例，至光绪时会典正文多至一百卷，事例一千二百二十卷。《大清会典》是清朝也是我国封建时代最完整的行政法典。

《大清律》沿用隋唐以来汉族封建法典中的传统规定，把“十恶”列为最严重的犯罪，尤其着重打击人民的反抗。《大清律集解》明确地把人民反抗封建统治的行为定为“法不容宽”、“其恶已极、其罪至大”的犯罪，一律加重处刑，为了防止人民群众利用宗教或结盟等形式，聚众反抗，组织起义，而将所谓“倡立邪教，传徒、惑众、滋事”列为谋反、谋叛罪的内容。主犯或斩或绞，从犯发往

---

① 《清史稿》卷一四二，《刑法志》一。

极边烟瘴之地充军。凡属谋反、谋逆案主犯之父母祖孙兄弟妻妾子女家属等，都要受到株连。如抗粮聚众，罢考罢市至四五十人，为首者斩立决，从者绞监候；如哄堂塞署，殴打官吏，为首者斩决枭示，同谋者斩立决，从犯绞监候。此外，侵犯帝室，叛逃外国，私藏火药，持械拒捕，也都处以重罪。总之，在清朝严酷的专制统治下，人民的思想、言论、行动稍一不慎，便构成重罪，遭到残酷的镇压。

为了保护地主阶级的财产权和剥削权，清律还明文规定：佃户拖欠地租，按律论杖，所欠之租，勒令追还给地主。对于侵犯地主官僚财产权的强盗罪、盗窃罪，不仅依律惩治，而且在罪犯面颊刺上“强盗”、“窃贼”、“抢劫”、“抢夺”等字样，以便于监督。清代中叶以后，阶级矛盾日趋尖锐，司法镇压也更加严酷。从嘉庆时起，对于所谓“江洋大盗”适用斩首枭示刑。道光元年（一八二一）更扩大到爬城行劫的罪犯，以及京城和大兴、宛平二县境内的劫盗。咸丰时，又实行“就地正法”，地方官不需向朝廷奏报，就可以随便杀人。

清朝封建社会中，人们有不同的身份、等级，通过法律的形式加以明确规定。这种身份、等级实质上是阶级在特定历史发展阶段中借以表现的形式。清律维护身份、等级的森严秩序，不同的身份、等级各有不同的量刑和服罪标准。在法律面前，人与人是不平等的。清代等级中，宗室和品官是最高贵的，其次是“庶人”（良人），再次是雇工人，最底层是奴婢和娼优皂隶（贱籍）。

对于特权等级，清律像历代的法律一样，有“八议”的规定（议亲、议故、议贤、议能、议功、议贵、议勤、议宾）。凡属高贵等级的人犯法，援用“八议”律文，上奏后可以免除或减轻处理。“八议”的范围不限于本人，也扩大到享受八议特权者的家属，凡应八议者之祖父母、父母、妻、子、孙犯罪，也同样需要奏闻取旨，不许擅自审问，更不得径行判决。现任官如涉及婚姻、钱债、田产等法律纠纷，可由家人代理出庭，“不许公文行移，违者笞四十”。《红楼梦》中尤二姐一案，贾蓉派家人去都察院对词，就是这项法定特权的行使。至于对官员的审问、判决，都要履行议拟奏闻，候旨复准的手续，对他们的罪与罚取决于皇帝的意志，不受一般法律的约束。

不同等级之间发生刑事纠纷，法律条文总是有利于高贵者，不利于卑贱者。奴婢骂家长，要处绞刑；而家长即使杀死奴婢，也无死罪。法律对“良”、“贱”区别很严格，被列为“贱籍”的人，被排斥在法律保护之外，不准做官，不准应考，有罪加等处分。

雇工人虽有自由人格不列贱籍，但与雇主发生纠纷，处罚虽较贱民轻，但仍重于一般“良人”。

《大清律》就是这样以严酷的法律维护“尊卑上下，秩序森严”的封建等级压迫关系。

清律还继承了历代法典的传统，以法律的强制力维护封建的族权和父权。律文规定“子孙违反教令”，赋予祖父母、父母以惩治卑幼的广泛权力，直至可以处死。父母也可以用“不孝”的罪名将子女呈送官府，代为惩治，听凭父母的意见处理。所谓“父母控子，即照所控办理，不必审讯”①。子女在家庭中没有独立的财产权，“卑幼私擅用财”，受笞、杖刑。也没有婚姻的自主权，“嫁娶皆由祖父母、父母主婚”②，可见父权在家庭中的权威。族权则是父权的扩大和在更广泛的范围内的行使。族长无异于奉行宗族法律的法官，他的意志是判断是非曲直的根据。例如，择人承嗣，明文规定“从族长依例议立”，族长还握有对族人的生杀权。清律对过失杀害父母者处刑较前代为重，为绞立决。谋杀者凌迟处死。特别是卑幼对于尊长不得使用自卫权。

总之，清律关于维护封建家族主义统治的规定是以封建的伦理道德作为指导思想的，它所要求的对家长尽孝与对君主尽忠，并行不悖，互相补充。因此，这方面的立法在整个法律体系中占有十分重要的地位。《大清律》所以将丧服图列入法典，就在于服制所确定的亲疏尊卑关系对于判定罪与罚具有重要的意义。由于家庭是国家的基本组成细胞，家庭的稳定有助于社会秩序的稳定，因此法律在赋予家长以特权的同时，也要求他们对国家承担更多的法律责任，如“服舍违式”，“居丧之家修斋设醮而男女混杂饮酒食肉者”，只罪家长。

---

① 《大清律》，《刑律》，《斗殴》下，《殴祖父母、父母》，乾隆四十二年例。

② 《大清律》，《户律》，《婚姻》，《条例》。

清代理讼判刑机关，地方由县至省共分四个审级，本省督抚仅能决定流刑以下案件，流刑以上案件须转呈中央刑部审理。刑部执掌全国刑罚政令。死刑案件会同都察院、大理寺组成三法司，或九卿会审（九卿：六部尚书、都察院左都御史、通政使、大理寺卿），是中央最高审级。某些重大案件，皇帝命王公、大学士参加会审或亲自审问。

会审分“秋审”、“朝审”、“热审”三种。秋审于每年八月进行，由三法司审理地方呈送的斩监候及绞监候案件（清代重罪立即处决的叫斩立决，或绞立决。罪行较轻或案情可疑不立即处决的，判为斩监候或绞监候）。对刑部判决的案件和京城附近的斩监候、绞监候案件进行重审，叫“朝审”。朝审于每年霜降后进行，冬至前复审完毕。“热审”于每年小满后十五日至立秋前一日由大理寺左右二寺官员，会同各道御史及刑部承办的有关司（又称“小三法司”）审理京师笞杖刑案件。经过秋审、朝审的案件，分为“情实”（情节属实，罪名恰当）、“缓决”（案情属实，但危害性小，留待下次秋审、朝审时处理）、“可矜”（案情属实，但情节不严重，可免于处死）、“留养承祀”（情节虽较重，但父母、祖父母年老，无人奉养，可免于处死）四类，但都须奏报皇帝最后决定。除情实奏请执行外，其余三类均可免于死刑，因此，秋审、朝审复核案件一般都限于情节不十分严重的案件。这种复审制度的创立，既不会放纵犯罪，又便于减免统治阶级内部的个别罪犯的处罚，甚至可以借此散布一些欺骗性的影响，例如，康熙二十二年曾就秋审下谕：“人命事关重大……情有可原，即开生路。”① 雍正十一年也下谕刑部：“此内有一线可生之机，尔等亦当陈奏。”②乾隆、嘉庆亦有类似上谕。

清代对人民的诉讼权横加限制，如在押囚犯，不得告举他事。卑幼妇女不得控告尊长、丈夫，否则以“干犯名义”论处。同时，禁止越级上告，“军民人等遇有冤抑之事，应先赴州县衙门具控，如审断不公，再赴该管上司呈明，若再有屈抑，方准来京呈诉”③，如

---

①② 《清史稿》卷一四四，《刑法志》三。

③ 《嘉庆六年续章条例》。

径赴上司申诉，即使情节属实也要笞五十。

清代承办司法的机关，每年四月一日至七月三十日间，除重大犯罪外，一般户婚、田土细事，一概不受理。清代还发展了审判回避制度，主审官如与诉讼当事人同旗、同籍，或有亲属关系，须移文回避，以防止偏袒。

清代的刑罚手段，根据加强镇压的原则，在沿用唐律所规定的笞、杖、徒、流、死五刑的基础上，创设了迁徙（将罪犯强制迁出一千里外安置）、充军（分烟瘴、极边、边远、近边、附近五种，由四千里至两千里不等）、发遣（发往边疆地区，充当驻防官兵的奴隶）、凌迟（适用的范围超过明代。明律例中凌迟罪十二条，清律在全部承袭明律的基础上增加九条十三罪，即使罪犯在行刑前自然死亡，仍须戮尸）、枭首（斩首后枭示警众）。

清代的监狱也是极端黑暗的。方苞所写的《狱中杂记》中曾有以下淋漓尽致的描写："康熙五十一年三月，余在刑部狱，见死而由窦出者日三四人，有洪洞令杜君者作而言曰，'此疫作也，今天时顺正，死者尚希，往岁多至日十数人'……余曰，京师有京兆狱，有五城御史司坊，何故刑部系囚之多至此？杜君曰……刑部……十四司正副郎好事者及书吏狱官禁卒皆利系者之多，少有连必多方钩致，苟入狱，不问罪之有无，必械手足，置老监，俾困苦不可忍，然后导以取保，出居于外，量其家之所有以为剂，而官与吏剖分焉。"

从上述《大清律》主要内容的分析中可以看出：司法镇压是清朝国家的一项基本活动，对于维护地主阶级的专政起着十分重要的作用。

由于清朝是以满洲贵族为主体的中国封建社会的末代专制王朝，这个历史特点在《大清律》中也有所反映。

第一，赋予满人在诉讼方面以法定特权。如：满人犯罪不归一般司法机关管辖，而由步军统领衙门和慎刑司审理。宗室贵族则由宗人府审理。满人犯罪依例享有"减等"、"换刑"等特权，笞刑可换鞭责，徒刑一年可换枷号二十日，流刑三千里可换枷号六十日，极边充军可换枷号九十日。死罪虽不能换刑，但可减等，斩立决可减为斩监候。满人犯窃盗罪免于刺字，如系重犯必须刺字，则刺臂（一般刺面）。为了保证八旗军队的编制和战斗力，官兵犯徒流罪，免于发遣，仅鞭责便可了事。贵族宗室除享有“八议”特权外，还可以用金钱赎罪，或暂时革去钱粮。在监禁方面，满人犯罪不入一般监狱，贵族宗室入“宗人府空房”，普通满人入“内务府监所”，待遇比一般监狱为好。如满汉人之间发生纠纷，在京师则满人向该管佐领起诉，汉人向主管衙门起诉，然后由各该管机关将原告口供、证据转呈户部，查明断结。在地方虽由州县官审理，但无权对满人作出判决，只能将证据和审判意见转送满人审判机关处理。

第二，确认皇帝至高无上的司法权力，一切秋审、朝审案件的最后判决权操于皇帝之手。所有京师及地方大小官员犯公、私罪者，都必须事先奏闻请旨，不许上级或有关机关审问。皇帝随时颁发的谕旨，具有最高的法律效力。由于皇帝控制最高的司法而造成了一般司法机关权限的分散与重叠。例如，三法司和九卿会审形式上是中央最高审级，实际并无决定的权力。除法定的司法机关外，步军统领衙门、理藩院、宗人府、内务府慎刑司，都掌握一定的司法审判权，互相牵掣，以保证皇帝对于最高司法权的控制。

第三，广泛推行“比附”断案，充分发挥“例”的法律作用。判处罪行轻重和服刑等级的根本规定叫做“律”，而事实上，诉讼案件的具体情节十分复杂，律文不可能把各种具体情况包罗无遗。因此封建法庭常常把实际案情和有关的律文加以比拟，将犯罪者参照有关律文加等或减等判刑。《大清律》明确规定：“凡律令该载不尽事理，若断罪无正条者，行律比附，应加应减，定拟罪名，议定奏闻。”如：遗失城门钥匙比照遗失印信，考职贡监生假冒顶替比照诈取职官，调戏弟妇比照强奸未遂，等等。比附援引不仅适用于具体案件的处刑，也适用于对于犯罪概念或罪名的类推，如：未婚夫妇，婚前发生关系比照子孙违反教令罪，捕役教令窃盗犯捏造情节或行贿主官比照受财故纵罪。这种比附断案广泛应用，一些有代表性的案件称为“成案”，可作为以后判处同类案件的先例。成案先例不断增加，刑部将某些成案简化为条文，经皇帝批准，附载于律文之后，称为“例”。作为判处同类案件的正式根据，“例”用以补充律之不足，律文是不改动的，而例却经常修订，不断增加。乾隆时《大清律》修竣，律文四百三十六条，附例一千四百零九条。乾隆以后，确定“条例五年一小修，十年一大修”。至同治九年（一八七〇）“例”增至一千八百九十二条。“例”不仅数量多，效力等于律，甚至可以代替律，所谓“有例则置其律”。这说明清朝统治者从历史和现实的统治经验中，认识到“例”是一种更灵活的法律形式，更能适应阶级斗争形势的变化，以确保封建国家和地主阶级的利益。然而把比附审判加以制度化，例文又繁多复杂，使封建司法官吏更加专横武断，更便于他们随心所欲地根据需要援引各种“例”，以达到迫害人民、维护地主阶级统治的目的。

第六章　农业经济的发展和封建租赋制度

第一节　清王朝的农业政策和水利建设

一、康熙年间的农业政策

清初顺治一朝，正在紧张地对劳动人民的抗清斗争进行军事镇压。在这十八年中，虽然也曾采取过取消“三饷加派”、“蠲免赋税”、“奖励垦荒”等积极措施，但由于客观条件的限制而收效甚微。到了康熙初年，在一些地区，仍然存在着“人逃田荒”的严重局面。如四川省是李自成、张献忠余部李定国、李来亨坚持抗清斗争达二十年之久的重要战场，由于清兵对劳动人民进行了惨绝人寰的屠杀，一直到康熙十年（一六七一），还是“有可耕之田，而无耕田之民”①。东南沿海一带，人民抗清斗争最为激烈，清统治者进行了残酷的屠杀，繁华的江南一带，在康熙初年，“所在萧条……人稀者，地亦荒”②。此外，在两湖、两广、云贵、浙闽、江西等省，也无不如此。

康熙对恢复发展农业生产，增加国库收入，巩固统治政权十分重视。特别是一六八三年（清康熙二十二年）收复台湾、平定“三藩”之乱以后，封建统治秩序相对稳定，康熙继承和发展了顺治年间的农业政策，采取了一系列在客观上有利于社会经济恢复和发展的措施，为清前期社会经济的发展，打下了坚实的基础。

首先在“蠲免赋税”方面，康熙初年以后，除水旱灾害照例“全免”外，几乎“一年蠲及数省，一省连蠲数年”③。一七〇一年（清康

---

① 《东华录》康熙朝卷十一，康熙十年六月。

② 《康熙镇江府志》卷六，《赋役》。

③ 《清圣祖实录》卷二四四。

熙四十年）开始，又实行“轮蠲”，即将全国各省分为三批，每三年轮免一次。就在这年，直隶、奉天、浙江、福建、广东、广西、四川、云南、贵州等九省，“漕项”除外，免征“地亩银”、“人丁银”、“历年旧欠”① 等三项，共免除银九百五十六万二千五百两有奇。据户部统计，一六六二年（清康熙元年）起，至一七一〇年（清康熙四十九年）为止，不到五十年中，全部蠲免，“已逾万万”②。

康熙年间的“蠲免赋税”，首先对封建地主阶级有利，而对拥有少数土地的自耕农民，乃至无地的佃户多少也减轻了一些负担。一六九〇年（清康熙二十九年）时，从山东开始，除丁税外，“劝请绅衿富室，当蠲免之年，将其地租，酌量减免一分至五分不等”③。这样，无地的佃户，就可以少交一点地租。一七一〇年时，兵科给事高遐昌奏请，将山东、江南的办法，推及全国，“嗣后凡遇蠲免钱粮，合计分数，业主蠲免七分，佃户蠲免三分。永著为例”④。

其次，在“奖励垦荒”吸收劳动力方面，康熙即位后，云南道御史徐旭令指出，自顺治以来，垦荒“行之二十余年而无效”。其原因有三：“一则科差太急，而富民以有田为累；一则招徕无资，而贫民以受田为苦；一则考成太宽，而有司不以垦田为职。”⑤ 康熙根据这些情况，采取了必要的措施。一六七一年规定：地主阶级中的“贡监生员民人，垦地二十顷以上，试其文义通者，以县丞用；不能通晓者，以百总用。一百顷以上，文义通顺者，以知县用；不能通晓者，以守备用”⑥；对地方官“有田功者升，无田功者黜”，千方百计鼓励开垦荒地，扩大种植面积。从一六七三年（清康熙十二年）开始，又修改了顺治年间的“垦荒定例”，由原来的最高限六年起科，改为“嗣后各省开垦荒地，俱再加宽限，通计十年，方行起科”⑦。对有些省份规定，“流移者给以官庄，

①②④ 《清圣祖实录》卷二四四。

③ 《清圣祖实录》卷一四七。

⑤ 《清圣祖实录》卷二五。

⑥ 《清朝文献通考》卷二，《田赋考》，四八六五页。

⑦ 《清圣祖实录》卷四十四。

匮乏者贷以官牛，陂塘沟洫，修以官帑。则民财裕而力垦者多矣”①。

经过几十年的努力，垦荒大见成效。从四川、广西、云南、贵州等西南四省来看，经过“三藩”之乱的蹂躏，“地方残破，田亩抛荒，不堪见闻”。而自从平定了“三藩”，到康熙五十一年，经过三十余年的经营，这一带“人民渐增，开垦无遗……而山谷崎岖之地，已无弃土，尽皆耕种矣”②。就全国的耕地面积而论，一六五一年（清顺治八年）全国耕地二百九十万八千五百八十四顷，到一七二二年（清康熙六十一年），上升到八百五十一万零九百九十二顷。七十一年的时间，增加了将近六百万顷。

再次，实行“更名田”。康熙八年开始，清政府下令把明王朝藩王的土地，“给与原种之人，改为民户，号为更名地，永为世业”③。

这部分明朝藩产，坐落在直隶、山西、山东、河南、湖北、湖南、陕西、甘肃等八省，共约十七八万顷。这些土地，有一部分，早在明末农民大起义期间，已归农民所有。清政府本来想进行反攻倒算，要求农民出钱购买这些已归农民所有的明朝藩产，“分荒熟酌量变价”，“以租种之人，即可为承买之人”④。而当时的劳动人民，“国家正项钱粮，犹虑其竭髓难供……岂能复有余资置买田业，而可令办输藩产之价”⑤。因此，藩产变价的措施受到人民的激烈反对。康熙在清除了鳌拜集团之后，为了安定社会秩序，发展农业生产，撤销了藩产变价的命令，“将未变价地亩改为民户”，承认了农民的土地所有权。这就是所谓“更名田”。又因为“更名地内，有废藩自置之田，给民佃种者，输粮之外，又纳租银，重为民累”，“令与民田一例输粮，免纳租银”⑥，这样，使一部分农民对“藩产”土地的占有合法化，成为自耕农，免遭“变价”和

① 《清圣祖实录》卷二十五。
② 《清圣祖实录》卷二五二。
③ 《清朝通典》卷一，《食货》，二〇二四页。
④ 《乾隆武清县志》卷十，《章奏》；赵之符：《藩产变价疏》。
⑤ 郭琇：《郭华野先生疏稿》卷三，康熙三十九年二月二十九日，《三请均赋》。
⑥ 《东华录》康熙朝卷十。

“重租”的剥削。

二、治河

自宋元明至清代，黄河下游河道从河南经江苏北部入海，在淮阴附近与淮河、运河会合。由于黄河挟带大量泥沙，河道长年失修，淤沙堵塞，堤防不坚，经常泛滥决口，又影响到淮河、运河，弄得河南与苏北年年闹水灾。据顺治年间的不完全统计，大的决口达十五次，给劳动人民的生命财产造成极大的危害。清王朝虽用“丁夫数万治之，旋筑旋决”①，毫无成效。康熙初年，河患更加严重。从一六六二到一六七七年（清康熙元年至十六年），黄河大的决口达六十七次之多，河南、苏北，大受其害。如康熙元年，河南大水，“大

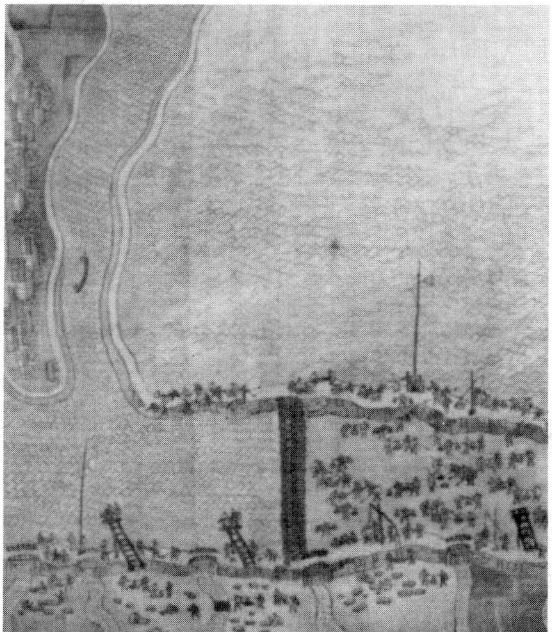

《治淮图》（部分）　（清赵澄绘）

① 《清史稿》卷一二六，《河渠志》一。

梁四面水围毕，余波冲倒郑州城，中牟县去十之七，支派偏满蓬池乡，张杨一市无居室，三十六陂尽泽国”①；一六六七年（清康熙六年），河决桃源，“沿河州县，悉受水患……水势尽注洪泽湖，高邮水高几二丈，城门堵塞，乡民溺毙数万”②；一六七〇年（清康熙九年），黄淮并溢，高堰决口，“以数千里奔悍之水，攻一线孤高之堤，值西风鼓浪，一泻万顷，而江（都）高（邮）宝（应）泰（州）以东无田地，兴化以北无城郭室庐”③。

康熙很重视治河，把“三藩”、河务、漕运当做首先要解决的三件大事，“书而悬之宫中柱上”。特别是黄淮运交织于苏北一隅，黄淮泛滥，倒灌入运，使运河阻塞，南北的交通运输断绝。清朝的政治中心在北京，而北京在经济上需要依赖南方的支持，清政府每年要从南方各省运输四百万石漕粮到北京，供应大批官吏、士兵食用。如果运河梗阻，漕粮不能按时运到北京，就立即会引起混乱、恐慌。清朝统治者十分重视治理黄河，其主要目的就是为了“济运通漕”，以确保秩序的安定和政权的巩固。

在平定“三藩”以前，清王朝还顾不上治理黄河，直到一六七七年，清朝在平定“三藩”的战争中已赢得优势，才决心要大规模治河，任命靳辅为河督。靳辅，汉军镶黄旗人，原任安徽巡抚。他在安徽时就很注意农田水利，进行实地勘查，吸取劳动人民的经验。他在治黄时，“无论绅士兵民以及工匠夫役人等，凡有一言可行者”，“莫不虚心采择，以期得当”④。并识拔和重用一个不知名、无官职的知识分子陈潢，协助治河。陈潢是优秀的水利技术专家，对黄河的特性和治理方法深有研究，认为：“治水者先须曲体其性情，而或疏、或蓄、或束、或泄、或分、或合，而俱得其自然之宜”⑤。陈潢根据前人的论述和自己的经验，比较科学地解释了黄河的水土流失是造成水患的原因，指出“中国之水，唯河源为独远”，

---

① 韩程愈：《白松楼集略》卷四，《黄河水》。

②③ 《清史稿》卷一二六，《河渠志》一。

④ 靳辅：《治河方略》卷六。

⑤ 陈潢口述，张霭生笔录：《河防述言》，《河性》第一。

经历既远，容纳无算，又遭西北沙松土散之区，流愈疾而水愈浊，“浊则易淤，淤则易决”①。他提出不仅要注意治理下游，还应当注意治理黄河的上游。他抱着治河的宏大志愿，“鸿才卓识而复饶胆略，以康济为己任”②。为协助靳辅治河，不辞劳苦，全力以赴。当“疾风猛雨之时，潢独驾轻舠，深冒不测，水之深浅，时之盈涸，了然若指掌”③。“不避寒暑，无分昼夜，与大工为始终者，十年如一日”④。像陈潢这样学识丰富、勤劳任事的知识分子，在当时确是难能可贵的。

靳辅和陈潢治河大致分为两个阶段，第一阶段从一六七七年至一六八三年（清康熙二十二年），主要是堵塞决口，使黄河复归故道。堵塞决口的工程极为艰难，由于黄河水势汹涌，往往把堵决口的巨埽连人一起冲走，使人们“股栗束手无策”。陈潢采取开引河和筑减水坝的办法，使决口的水势缓和，然后堵口合龙。数年之间，完全堵塞了高家堰与黄河其他决口，使黄淮各归故道。又在水流湍急的清水潭修筑长堤，这里是运漕船只必经之地，在湍流的冲击下，船只往往沉没，有人估计在这里修筑堤坝需用银五十七万两，“犹虑功不成”。陈潢改变施工的老办法，不在潭中径直修筑，而是“环潭而筑，稍迂其道，就其浅处施工”，修成数十里的偃月形堤坝，仅费银九万两。“运艘行乎其间，永无漂溺之患，故今谓之曰永安河”⑤。

治河的第二阶段从一六八三年至一六八八年（清康熙二十七年），工程往上游稍稍转移，在河南考城、仪封一带，筑堤七千九百八十九丈，在封丘筑大月堤三百三十丈，在荥阳修埽工三百十丈，以保护堤岸，防水冲刷。特别是开凿中河工程，对于保证运河船只的安全通航，发挥了很大的作用。过去，漕船在运河中航行，出清口后，还要行经一百八十里的黄河，不仅需要增雇许多短工，行速缓慢，而且风涛险恶，漕船往往沉覆。靳辅、陈潢在黄河北岸开挖中河一道，漕船出清

① 陈潢：《天一遗书》。
② 《河防述言》序。
③ 《康熙钱塘县志》卷二十四。
④ 《靳文襄公奏疏》卷八，《义友竭忠疏》。
⑤ 《河防述言》，《杂志》，第十一。

口后，仅在黄河中行驶二十里就进入中河，避开了黄河一百数十里之险，提高了运输效率，大大减少了生命财产的损失。

靳辅和陈潢治河十余年，大见成效，“水归故道，漕运无阻”，苏北一带长期被水淹没的大片土地变成了可耕的肥沃土地，“向之万顷汪洋无涯际者，自今逐渐涸出”，仅沭阳、海州、宿迁、桃源、清河五县，即涸出土地三百万亩。后人评论靳辅的功绩“承明季溃败决裂之河，八载修复，用帑不过数百万”①，“而河以治安者五十年”②。康熙于一七〇七年（清康熙四十六年）第六次南巡，视察河工时也称赞靳辅“自受事以后，斟酌时宜，相度形势，兴建堤坝，广疏引河，排众议而不挠，竭精勤以自效。于是黄淮故道，次第恢复而漕运大通。其一切经理之法具在，虽嗣后河臣互有损益，而规模措置，不能易也。至于创开中河，以避黄河一百八十里波涛之险，因而漕挽安流，商民利济，其有功于运道民生，至远且大。朕每莅河干，遍加谘访，沿淮一带军民，感颂靳辅治绩者，众口如一，久而不衰”③。这段话中肯地评述了靳辅，也包括陈潢的治河成绩。

当然，靳辅和陈潢的治河只能是局部的治理，在封建的社会条件和技术条件下，不可能对黄河进行全面的根治。他们治河十多年，不断地遭到各方面的干扰和反对。河工浩大，水情复杂，时堵时决，短时期内难见功效，于是有些人在旁边说风凉话，有些人要求改变治河办法，如魏象枢指责靳辅花钱太多，不见效果，说什么“所谓一劳永逸者安在?”崔维雅上《河防刍言》，主张废弃靳辅的治河工程；于成龙、慕天颜等反对开中河，认为“无益累民”。靳辅不屈不挠地坚持正确的主张，赢得康熙的信任，使治河工程得以继续下去。特别在一六八五年（清康熙二十四年），靳辅和于成龙之间在排泄里下河洼地积水和修浚入海口的问题上发生了一场大争论，于成龙主张“挑浚海口，俾所潴水，得以通流”④，乍一看来，这个主张似乎

① 《魏源集》上册，《筹河篇》上，三六五页。
② 包世臣：《安吴四种》卷一。
③ 《清圣祖实录》卷二二九。
④ 《清圣祖实录》卷一二三。

有一定的道理，但他忽视了挖低海口之后海水倒灌的问题。靳辅认为，“下河地卑于海五尺，疏海口引潮内侵，害滋大”①，主张“开大河，建长堤，高一丈五尺，束水一丈，以敌海潮”②。还主张“堤内涸出田亩，丈量还民，余招民屯垦，取田价偿工费”③。这一“束水趋海”的办法，高瞻远瞩，不但防止了海水倒灌，而且招民屯田，也有利于农业生产的发展。

挑浚海口还是筑堤攻沙这一治河技术上的争论，由于和统治阶级各派系的利害关系纠缠在一起而形成一场政治大风波。积水泻泄以后，大片土地涸出，地主官僚馋涎欲滴，企图占为己有，还要把应纳的赋税转嫁到劳动人民身上，靳辅实行屯田和取田价的办法，把土地收归政府所有，杜绝地主豪绅的掠夺和隐占，触动了他们最敏感的神经。大批官僚群起攻击靳辅“夺民余田”，大骂陈潢是“小人”，“国之蠹而民之贼”④，甚至要求杀掉靳辅。康熙虽然在一定程度上肯定了靳辅的治河成绩，允许靳辅在廷前答辩，但他对靳辅敢于触犯许多地主的利益也表示不满，并公开袒护地主豪绅隐占土地的行为。他说，“辅为总河，挑河筑堤，漕运无误，不可谓无功，但屯田、下河二事，亦难逃罪”⑤。又说，“各省民田未有不滥于纳粮之额者，若以余田作屯，岂不大扰民乎”⑥。这时，明珠集团被弹劾，靳辅和明珠联系较多，也被卷入这场党争，于一六八八年被革职。陈潢被拘往北京，在入狱以前忧愤病死。一个勤于任事的官吏和一个优秀的技术专家在封建社会的派系斗争中做了牺牲品。

靳辅罢官后，老官僚王新命继任河督，治河无成效。康熙在南巡时了解到，“江南、淮安诸地方，自民人船夫皆称誉前任河道总督靳辅，思念不忘”⑦。一六九二年（清康熙三十一年）又起用靳辅，但靳辅上任仅半年多就病死了。

---

①②⑤　《清史稿》，《列传》六十六，《靳辅》。
③　《清圣祖实录》卷一二三。
④　郭琇：《郭华野先生疏稿》卷一。
⑥　《满洲名臣传》卷二十六。
⑦　《清圣祖实录》卷一四〇。

靳辅和陈潢死后，他们的治河效果经历时间的考验而越来越显著，甚至曾经反对过他们的人也不得不表示佩服。此后三十年，于成龙、张鹏翮等相继任河督，基本上都遵循靳辅的治河方针。于成龙本来是激烈反对靳辅的，后来，康熙问他，“‘尔尝短靳辅，谓减水坝不宜开，今果何如？’成龙曰，‘臣彼时妄言，今亦视辅而行’”①。

第二节　赋役制度的改革

一、清初赋役制度的混乱和赋役负担的繁重

清朝的赋役制度沿袭明制，以“田赋”和“丁役”作为封建国家的主要收入。马克思说：“赋税是官僚、军队、教士和宫廷的生活源泉，一句话，它是行政权力整个机构的生活源泉。强有力的政府和繁重的赋税是同一个概念。”② 毛主席指出：“地主阶级的国家又强迫农民缴纳贡税，并强迫农民从事无偿的劳役，去养活一大群的国家官吏和主要地是为了镇压农民之用的军队。”③

所谓“田赋”，就是土地所有者（包括地主、小土地所有者、自耕农在内）每年按亩向政府交纳一定的税额；所谓“丁役”，就是年满十六岁到六十岁的男丁（称为“壮丁”）每年向政府无偿地负担一定的徭役。“田赋”和“丁役”，历来是封建国家的“正赋”。这两项税收，在封建社会初期，“田赋”是交纳粮食（亦称“本征”），“丁役”是服劳役。封建社会末期，随着商品货币经济的发展，封建统治者需要的货币量日益增加，作为封建国家“正赋”的“田赋”和“丁役”，除仍交收部分粮食（即漕粮）作为军队和各级封建政府的消费外，大部分交收银和钱。这一部分以实物折成银钱向封建国家交纳的赋役，又称“折征”和“丁役银”。

---

① 《清史稿》，《列传》六十六，《于成龙》。

② 《马克思恩格斯选集》，第一卷，697 页。

③ 《毛泽东选集》，第二卷，624 页，1991。

清朝前期的赋役制度十分混乱、复杂。就“田赋”来说，“曰民田、曰屯田，皆分上、中、下三则”。征收田赋的办法，“有本征者，有折征者，有本折各半者。本征曰漕。漕有正粮，有杂粮（正粮：米；杂粮：豆、麦、荞、麻等类）。折征者，始定以银，继则银钱兼纳”①。至于“丁役”，各省多少不等，“率沿明代之旧”。“有三等九则者，有一条鞭征者，有丁随地派者，有丁随丁派者”②。由上可知，清朝前期的田赋，虽然银钱粮三者并征，但主要是征银；“丁役”虽然各省征收的办法有别，主要的也是征银。清初统治者对“田赋”和“丁徭”采取分征的方法，即“丁自为丁，地自为地，本不相涉”③ 的政策。

清统治者，为了欺骗劳动人民，“正赋”的额数并不为高，但“正赋”之外，另有种种名目的“附加税”。有些地区，“附加税”往往比“正赋”高达三五倍不等。④ 所谓“催纳之数不多，供亿之数更繁”⑤，劳动人民“不苦于赋，而苦于赋外之赋”⑥。

清初的“附加税”名目很多。如“耗羡”（亦称“羡余”或“火耗”），即是官府将征收来的散碎银子，要经过再加工铸造，熔炼成一定数量的银锭，再上缴国库，其中的损耗、解运费用，名曰“耗羡”；再如交纳粮食入仓的损耗，称之谓“雀耗”、“鼠耗”，都算在劳动人民的身上，要向人民多征收一部分粮食、银钱。清朝初年，各级文武官僚的薪俸名义上并不为高。一六七八年（清康熙十七年）时，相当于五至六品宫的江宁织造曹玺，“每年应支俸银一百三十两”，“月支白米五斗”⑦。一六九八年（清康熙三十七年），曹玺的儿子曹寅，仍继任其父之职，“每年应支俸银一百五两”，“月支白米五斗”⑧。这样低

---

① 《清朝通典》卷七，《食货志》，典部，二〇五五页。

② 《清朝文献通考》卷十九，《户口考》，考部，五〇二三页。

③ 《雍正朱批谕旨》第三函，第五册，雍正元年六月，《山东巡抚黄炳奏》。

④ 参见《乾隆新安县志》卷二，《食货志》，《革除》。

⑤ 《光绪清远县志》卷十二，《前事》，康熙四年九月，《巡抚王某（王来任）示禁》。

⑥ 《皇朝政典类纂》卷七，《田赋》七，康熙十九年，《给事中许宣承奏》。

⑦ 《关于江宁织造曹家档案史料》，四页。

⑧ 同上书，一二页。

的薪俸，远远不足以维持各级官僚及其家属的豪华生活。因此，清前期官僚的贪污案件层出不穷。为了补贴各级官僚的生活开支，清政府允许各地官吏，在征收“正赋”时，额外附加一定数量的银子，美其名曰“养廉银”。这样，各级地方官可以任意滥征“养廉银”，有的征收数字竟高达“正赋”的百分之十以上。实际上，“养廉银”的征收，使贪污更加合法化了。除此之外，还有什么“浮收”、“杂徭”等，五花八门，无奇不有。这些名目繁多的“附加税”，都落到劳动人民的头上，加重了劳动人民的负担，把劳动人民推向灾难的深渊。

除“附加税”之外，地方官僚还可以假借种种名义，巧立名目，横征暴敛，任意“私派”。康熙四十年（一七〇一）湖南偏沅巡抚赵申乔指出：“百姓憔悴，虐政已非一日，而害民尤甚者，莫如私派。”① 湖南有一种名曰“软抬”的“私派”，“阖邑摊费，其名软抬”，“每粮一石，加派至四五钱不等”；另有一种名曰“硬驼”的“私派”，“各里轮当，其名硬驼”，“每粮一石，加派至四五两不等”②。（按：湖南田赋征收，与他省按亩不同，而是以粮石为计算单位）封建官府“吸髓吮膏”的结果，迫使劳动人民“卖儿鬻产，茕茕孑遗，不死即逃”③。湖南地方官，还要假称“公务，逐事私派。一年之内，难以计数”。如“地丁销算有派，驿站销算有派，刑名费用有派，漕粮南粮费用有派”等等。“甚至州县到府，与府到厅到省，无一不派。上司生辰令节与新官到任，铺设过客，下程代仪，无一不派”④。更有甚者，广东下乡催征钱粮的衙役，“带领家健皂快，多置爪牙以渔猎，私设哨官效用，广布腹心以通绵索。百十成群，沿乡混捉。或妄称欠户，辱及妇女；或指诈里役，害遍鸡豚”⑤。这就超出了“私派”的范围，变成了穷凶极恶的公开抢劫了。

---

① 赵申乔：《赵恭毅公剩稿》卷六，《严禁歇保包揽加派害民示》。

② 《清圣祖实录》卷一九九。

③④ 赵申乔：《赵恭毅公剩稿》卷六，《禁革私派重耗示》。

⑤ 《光绪清远县志》卷十二，《前事》，康熙四年九月，《巡抚王（来任）示禁》。

清朝初年，赋役转嫁、赋役不均的现象，也十分严重。江苏吴江县，明末的“花分诡寄”弊端，一直到清初依然存在。“田无定数，役无成格。甚有田连百顷而不役，有数亩及数十亩者，因役破家或逃亡”的情景，顺治末康熙初年，御史胡秉忠指出：“直隶各省州县卫所，编审花户人丁，俱沿袭旧数。壮不加丁，老不除籍，差役偏枯不均。”劳动人民，在繁重徭役的剥削下，走投无路，“或流入邪教，或逃窜盗薮，或投遁他乡”①。一六六二年（清康熙元年），苏松两府，“名为佥报殷实，竟不稽查田亩”。有的田已卖掉，但仍负徭役。“有田连阡陌，全不应差，挪移脱换，弊窦多端。田归不役之家，役累无田之户”②。当时社会上普遍存在着“人已亡而不肯除册，人初生而责其当差。沟中之瘠，犹是册上之丁；黄口之儿，已入追呼之籍”③ 的局面。

清初在赋役上存在的种种弊端，不但引起了清政府财政上的混乱，直接影响到国库的收入，而且有逼使劳动人民铤而走险，激化阶级矛盾的危险。因此，清统治者设法对赋役制度进行一番整顿改革，就成为势所必然的了。

二、清初赋役制度的整顿与改革

清统治者对赋役进行整顿改革，从入关后就开始了。整顿改革赋役制度，首先遇到的问题就是明末以来户口、土地册籍荡然无存，赋役的征收毫无根据。御史宁承勋早在顺治元年（一六四四）就提出重新编纂赋役全书。他指出，“赋役之制未颁，官民无所遵守”④。一六四六年（清顺治三年），又重申了这个建议，“在内责成各该管衙门，在外责成抚按，将钱粮数目原额，严核详稽，汇造赋役全书”⑤。但在当时，农民起义军的革命声势方兴未艾，全国各地的抗清斗争风起云涌。清统治者重编赋役全书的企图未能实现。

---

① 《东华录》康熙朝卷一，顺治十八年十一月。

② 《乾隆娄县志》卷七，《民赋》。

③ 《皇朝政典类纂》卷七，《田赋》七，《赋则》，引陆陇其：《三鱼堂集》。

④⑤　《清朝文献通考》卷一，《田赋考》一，考部，四八七六页。

顺治《永平府总赋役全书》(封面)

一六五七年（清顺治十四年），西南、东南各地的抗清斗争虽然仍在持续，但清朝的统治已经相对稳定，在全国初步整顿赋役具备了一定的条件。因此，命户部右侍郎王弘祚，以明万历年间的赋役额为准，免除了明末天启、崇祯年间繁重的三饷和杂派，使其“条贯井然”，“纲举目张，汇成一编，名曰《赋役全书》，颁布天下”①。

《赋役全书》编成后，每州县发两本，“一存有司，一存学宫”。另立鱼鳞册（亦称丈量册），“详载上中下田则”；又立黄册（亦称户

① 《清世祖实录》卷一一二。

口册)，“岁记户口登耗”。使鱼鳞册和黄册，“与赋役全书相表里”。在征收赋税时，采用了明万历年间的“一条鞭法”，即“以府、州、县，一岁中，夏税、秋粮，存留、起运之额；均徭、里甲、土贡、雇募、加银之额，通为一条，总征而均支之”①。

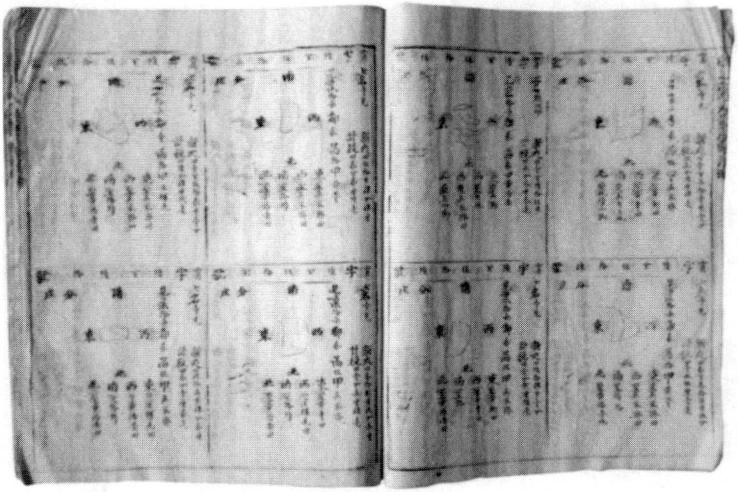

清徽州府清丈鱼鳞册

为了防止各级地方官吏的“私派”，向“花户”（即纳税户）颁发“易知由单”（即通知单）。由单“开列上、中、下则，正、杂、本、折钱、粮”②，最后缀以总数。易知由单，在开征前一个月，颁发给花户作为凭据，以防止发生差错。除易知由单外，还发给“截票”（亦称“串票”，或二联印单）。“截票”开列地丁钱粮的实数，“分为十限，月完一分，完成则截之”。在“截票”票面中间，盖以“钤印”，“就印字中分”两联，“官民各执其半”。此外，还设有“印簿”、“循环簿”“粮册”、“奏销册”、“赤历册”、“序册”③ 等名目繁多、内容芜杂的册籍作为辅助。

顺治年间，清统治者虽对赋役的改革煞费苦心，“定制可谓周且悉矣”，但在那战火纷飞的年月里，这些措施，既不可能禁止地主阶

① 《清史稿》卷一二一，《食货志》二。

② 《清朝通志》卷八三，《食货略》三，志，七二四一至七二四二页。

③ 《清史稿》卷一二一，《食货志》二；《清朝通志》卷八三。

華陰縣易知由單

顺治时华阴县易知由单

级隐匿田亩，将钱粮转嫁给无地少地农民，也无法禁止各级地方官吏“挪用正款，捏称民欠，及加派私征”① 等弊端。

到康熙初年，已经看出了“易知由单”虽名为易知，而实际上“款项繁多，民不易晓”。于是废除了重复无用的“序册”和“赤历册”，又停止了“黄册十年一造，会计册每年一造”的规定，以删繁就简，便于执行。

① 《清朝通志》卷八三，《食货略》三，志，七二四一至七二四二页。

从一六五七年编成《赋役全书》之后，到一六八五年（清康熙二十四年）为止，已经近三十年了。在此期间，全国的户口和土地数字，不断有所变动。如仍按顺治年间编的《赋役全书》征收赋役，不但无法“按户增徭，因地加赋”，而且“条目纷繁，易于混淆”，不利于清统治者的国库收入。因而于当年下令重修赋役全书。这次重修，原则上规定：“止载起运、存留、漕项、河工等切要款目，删去丝秒以下尾数，名曰《简明赋役全书》”①。一六八七年（清康熙二十六年）《简明赋役全书》完成，又应山西巡按的奏请，因各地方官，假借刊刻“由单”之名，任意“指称纸版之费，用一派十，民间受累”，除江苏省情况特殊，“仍听册报如旧”② 外，其他各省免刻由单。

康熙年间，在征收赋税时，仍然沿用顺治朝的“截票”（时称“串票”，亦称二联印票），“一给纳户，一存有司”。但地方官吏在征收时，往往“借称磨对，将纳户票强留不给”，因而“遂有已完作未完，多征作少征者”，官僚从中贪污自肥。为了防止此类事件的发生，一六八九年（清康熙二十八年），改二联为三联票法。三联票：“凡征收钱粮及豆麦等项，俱如数登填”。这三联，“一存州县，一付差役应比，一给纳户执照”。还规定：在纳税时，如果“官吏指不与填，及无票付执”时，“许民间首告，以监守自盗论”③。此后不久，又“刊四联串票”，“一送府，一存根，一给花户，一于完粮时，令花户别投一柜，以销欠”。从二联到三联，进而到四联，统治者为防止弊端而不断改变办法，用心良苦，但手续越来越繁琐，而弊端还是革除不了。因而四联串票实行“未几，仍复三联串票之制”。一七〇〇年（清康熙三十九年），又设立滚单法，以防止各级官僚的“私行科派”。其办法是：每图（即每里）设一“滚簿”，以“易知由单”等项目为准，“共该若干，以为一图之总数”。“每甲每户，亦先贯田数于前，次开实征银数于后，以为花户之撒数，使民一目晓然”④。

---

① 《清史稿》卷一二一，《食货志》二。

②③ 《清朝通志》卷八三，《食货略》三，七二四三页。

④ 刘振清：《居官寡过录》卷二。

为什么叫“滚单”？其办法规定：“于每里之中，或五户或十户一单。于某名下，注明田地若干，银米若干，春秋应完若干。分为十限，发与甲首，以次滚催，自封投柜。一限既定，二限又依次滚催，其有停搁不完不缴者严惩，民以为便。”① 实质上，滚单法之所以有效，是用保甲连坐法催收赋税，从而保证了统治者的收入。

清朝政府尽管颁布了许多法令，实施了种种改革，仍无法清除赋役制度和征收手续上的混乱，无法防止营私舞弊和负担不均。赋役是按地亩、人丁来征收的，而全国的地亩数、人丁数的统计很不准确，每户占有的土地数目经常在变动，清政府“十年大造以清田”，但官绅豪强可以恃势少报土地数目、逃避田赋负担；人丁数目，有生有死，有成丁有除丁，“五年编审以清丁”，清丁时，地主可以隐匿丁口，劳动人民也可以逃亡外地。因此地亩、丁口总是清查不出确实的数目，赋役的征收也就没有比较可靠的依据。

随着经济的恢复发展以及社会的安定、人口的增长，统治者越来越感到有必要进行更大的赋役改革，特别是要改变按田亩数、人丁数征收赋役的原则，以消除征收赋役标准的两重性所带来的混乱和弊端。一七一二年（清康熙五十一年）开始实行“滋生人丁，永不加赋”的办法，康熙的谕旨中说：

> 各省督抚奏：编审人丁数目，并未将加增之数尽行开报。今海宇承平已久，户口日繁，若按现在人丁加征钱粮，实有不可。人丁虽增，地亩并未加广。应令直省督抚，将现今钱粮册内有名丁数，勿增勿减，永为定额。其自后所生人丁，不必征收钱粮。编审时，止将增加实数察明，另造清册奏报。朕凡巡幸地方，所至询问，一户或有五六丁，止一人交纳钱粮，或九丁十丁，亦止二三人交纳钱粮……前云南、贵州、广西、四川等省，遭叛逆之变。地方残坏，田亩抛荒，不堪见闻。自平定以来，人民渐增，开垦无遗。或沙石堆积，难于耕种者，亦间有之。而山谷崎岖之地，已无弃土，尽皆耕种矣。由此观之，民之生齿实繁。朕故欲知人丁

① 《清史稿》卷一二一，《食货志》二。

之实数，不在加征钱粮也……直隶各省督抚及有司，自编审人丁时，不将实数开明具报者，特恐加征钱粮，是以隐匿不具实奏闻。①

“滋生人丁，永不加赋”，从一七一二年开始实行，以康熙五十年全国的人丁户口数字为准，此后到达成丁年龄的，再不承担丁役。

“滋生人丁，永不加赋”，并没有取消人丁税，但把全国征收丁税的总额固定下来，不再随着人口的增加而增税，这对无地少地的劳动人民有一定的好处。在当时，地主阶级田多丁少（或因“优免”，根本不纳丁税），劳动人民丁多地少（或根本没有土地），丁税大部分由劳动人民直接交纳。丁税不再增加，人民的负担比较固定，减少了因丁税太重而到处逃亡，生活得到一定程度的安定。康熙实行这一改革，其目的是把劳动人民重新吸引到土地上来，不但查清了户口，同时也增加了田赋收入。从一七一二年实行“滋生人丁，永不加赋”起，到一七二二年（清康熙六十一年）十年之内，人口增加到二千五百三十万九千一百七十八人，又加永不加赋滋生人丁四十五万四千三百二十人；土地八百五十一万九百九十二顷四十亩；征银二千九百四十七万六千六百二十八两；征粮四百六十六万八千八百三十三石，以此与一六五一年（清顺治八年）比较，人口增加了一千五百一十三万零一百七十二人，增长率近百分之一百五十；土地增加五百五十二万二千一百零七顷七十九亩；征银增加了八百三十七万六千四百八十六两，增长率达百分之四十四。

“滋生人丁，永不加赋”，虽然把丁税负担的总数固定了下来，但并没有解决丁役负担不均的问题。因为丁税按每户的人丁数征收，过一定时间，每户人丁数由于生育死亡而发生变化，丁税的负担者也要随之变化。有势力的地主官僚就可以营私舞弊上下其手，把丁税转嫁到无权无势的贫苦人民身上。根据清朝的规定：“凡载籍之丁，六十以上开除，十六以上添注。”② 当“成丁”年过六十岁之

① 《东华录》康熙朝卷八十九，康熙五十一年二月。

② 王庆云：《熙朝纪政》卷三，《纪停编审》。

后，名曰“除丁”，再“令以新增人丁补足旧缺数”①。如何“补丁”？按规定，“缺额人丁，以本户新添者抵补。不足，以亲戚丁多者抵补。又不足，以同甲粮多者顶补”。在编审时，这种“除丁”曰“擦除”，“补丁”曰“擦补”②。因为“除丁”和“补丁”，不会那样恰到好处，“除”、“补”相符，不多不少。经过几代人的时间，出现了很不合理的情况，“额丁子孙，多寡不同，或数十百丁承纳一丁。其故绝者，或一丁承一二十丁，其户势难完纳”③。

特别是每到五年一次的编审期间，编审工作的一切费用，都加到壮丁头上。官吏衙役，乘机勒索，弊端百出。据康熙末年记载，“民间派费甚多。有里书及州县书吏造册之费，有里长候审饭食之费，有黄绫、纸张、夹板、绳索、棕包之费”，比向封建国家上交的“丁银”还多几倍。此种情况，已成普遍现象，“各省皆然，直隶尤甚”④。而且地丁册、粮册都掌握在“里内图头”手里。这些地主阶级的代表，大权在握，就可以为所欲为，而置清政府“滋生人丁，永不加赋”的法令于不顾，仍年年向穷苦百姓增税。“无田无地，赤手穷民，则现丁当丁；而田连阡陌之家，粮册在手，公然脱漏，浸淫成习”。劳动人民，“复于丁银之外，今年加一二分，明年又加二三分。年复一年，递增不觉。户无毫厘田产，每丁竟有完至二三钱、四五钱者”⑤。

三、“摊丁入地”及其实施概况

清朝实行“滋生人丁，永不加赋”的政策虽然是赋役制度的一个进步，但并不能解决长期以来赋役不均的状况。一些较有眼光的官吏、地主鉴于明末赋役不均引起农民大起义的教训，对此忧心忡忡，提出过一些改革方案。一六五六年（清顺治十三年）江苏吴江知县雷珽主张“田均而役亦均”⑥。一六二二年（清康熙元年）江苏

①② 《皇朝政典类纂》卷三十，《户役》一，《户口》，《丁》中。
③ 吴振棫：《养吉斋余录》卷一。
④ 李绂：《穆堂初稿》卷三十九下，《请通融编审之法疏》。
⑤ 戴兆佳：《天台治略》卷二，《吁宪推广皇仁泽遍穷黎恩垂不朽事》。
⑥ 《乾隆吴江县志》卷二三，《名宦》。

巡抚韩世琦在苏松二府根据当地“田归不役之家，役累无田之户”的情况，提出了“均田均役”① 法，但无法实现。一六七四年（清康熙十三年）江苏布政使慕天颜主张首先在苏松杭嘉四府，实行“均田均役”法。他较详细地提出了整套方案，大体上是，“以一邑田地，均摊各里，每里每甲，田数齐平，粮则相等，差役划一，不许此盈彼缩，田多役少。五年一举，推收户田，汇总办课”②。上面这几个官僚，看到的是问题的表象，提出的是难以实现的空想。康熙二十年（一七五五）左右，直隶乐亭县知县于成龙看出了以田亩数和人丁数两重标准征税所产生的问题。这种自古以来实行了很长时间的征税办法已经不能适应当时的形势了。他认为：赋役不均的原因在于“田与丁分”，主张在乐亭县实行“富户正供之外，所增无几，而贫者永得息肩”的“均田均丁”③ 法。稍晚一些，湖南安乡县，也部分实行了“人丁随粮摊”的尝试。④ 在部分地区短期内实行的“地丁合一”政策，受到种种干扰和反对。于成龙在乐亭县提出的“均田均丁”法没有来得及实行，就被调离。安乡县实行后，受到上司的严加指责和追查。⑤

在康熙年间，较早主张在全国实行“摊丁入亩”的，是一七一三年（清康熙五十二年）御史董之燧。他提出了“统计丁粮，按亩均派”的建议，但结果是“（户）部议不便更张而止”。后来，经康熙默许，先在“广东、四川两省先行之”⑥，作为试点。一直拖延到一七一六年（清康熙五十五年），“广东所属丁银，就各州县地亩摊征。每地银一两，摊丁银一钱六厘四毫不等”，“丁随地起，见于明文者，自广东始”⑦。四川省的试点，大约稍晚些，“康熙末年，四川……先以行之。田载丁而输纳，丁随田而卖买，公私称便”⑧。

一七二三年（清雍正元年）七月，新登上皇帝宝座的雍正，根

---

① 《乾隆娄县志》卷七，《民赋》。
② 《乾隆沙头里志》卷一，《徭役》。
③ 《嘉庆乐亭县志》卷四，《田赋》。
④⑤ 参见赵申乔：《赵恭毅公自治官书类集》卷十三，《批藩司详安乡县优免由》。
⑥ 吴振棫：《养吉斋余录》卷一。
⑦⑧ 王庆云：《石渠余记》卷三，《记丁随地起》。

据直隶巡抚李维钧的建议，正式在全国颁发诏令，推行“摊丁入亩”政策。此后，经过半个多世纪，一直到一七七七年（清乾隆四十二年）贵州省最后宣布实行“摊丁入亩”为止，除奉天省因“户籍无定”没有实行外，全部完成了这一赋役制度的改革。各省“摊丁入亩”实行情况，可见下表。

各省“摊丁入亩”实行情况统计表

省　份	实行摊丁入亩年月	地赋每两摊丁银数	备　　考
广东省	康熙五十五年	一钱六厘四毫。	
四川省	康熙末年		以粮载丁征收。
直隶省	雍正二年	二钱六厘。	
福建省	雍正二年	五分二厘七毫至三钱一分二厘不等。	
山东省	雍正三年	一钱一分五厘。	
云南省	雍正四年		数字暂缺。
河南省	雍正四年	一分一厘七毫至二钱七厘不等。	
陕西省	雍正四年	一钱五分三厘，遇闰加四厘。	固于崇祯八年，南郑、褒城于顺治十三年，丁随粮行。
浙江省	雍正四年	一钱四厘五毫不等。	会典事例作二钱四厘五毫不等。
甘肃省	雍正四年	河东一钱五分九厘二毫，河西一分六毫。	河东遇闰加，河西遇闰不加。
江苏省	雍正五年	一厘一毫至六分二厘九毫不等。	以亩计算。
安徽省	雍正五年	一厘一毫至六分二厘九毫不等。	以亩计算。
江西省	雍正五年	一钱五厘六毫。	
湖南省	雍正六年	一毫至八钱六分一厘不等。	以粮石载丁征收。
广西省	雍正六年	一钱三分六厘不等。	
湖北省	雍正七年	一钱二分九厘六毫。	
山西省	乾隆元年	二钱八分一毫。	只有临汾等十六州县该年实行，其他州县陆续实行，道光二年全部实行。
贵州省	乾隆四十二年		详情待考

注：本表据王庆云：《石渠余记》卷三，《记丁随地起》制定。

从上表可以看出，“摊丁入亩”，虽萌发于康熙初年，但到康熙晚年才得到统治阶级的默许，在广东、四川两省开始试行。自一七二三年向全国推广后，许多省份在雍正年间陆续实行。但是，有一些省份拖延了很久，经历雍正、乾隆、嘉庆整三个朝代，达一百年之久，全国赋役制度的改革才算基本完成。“摊丁入亩”实施的时间，不但各省先后不一，即一省各州县之间，因情况不同，实行的时间也相差很远。如福建省早在一七二四年（清雍正二年）就宣布开始了，但宁洋、寿宁、南平等少数州县迟迟未推行。又如山西省，直到一七三六年（清乾隆元年）才在少数县份开始，又经过八十七年，到一八二二年（清道光二年）才在全省普遍实现了“摊丁入地”。从各省地亩摊丁平均数字来看，最高的湖南省，某些县份高达八钱六分一厘，因为它是“以粮石载丁”征收。其次是福建省部分地区，高达三钱一分二厘。山西省再次之，每亩二钱八分一毫，因山西多“富商大贾，不事田产”，山多地少，地土瘠薄，因此摊入地亩的丁银数额较高。再次是直隶省，每亩二钱六厘，因直隶是贵族官僚最集中的地区，他们依恃特权，地不纳粮，丁不服役，都转嫁给了劳动人民。除上述特殊情况外，一般来讲，地多丁少的省份，地亩摊丁银率较低；丁多地少，人口密集的地区，地亩摊丁银率较高。

清代赋役制度的改革是社会经济发展的必然结果，随着封建社会走向后期，国家对人民的人身控制逐渐削弱，作为人头税的丁役经历了一段漫长的过程而逐渐衰落。汉代的赋税，主要依人口征收，口赋、算赋、更赋、户赋都是不同形式的人头税；唐代的租庸调，一部分税款依土地征收，但作为人口税的“庸”，仍占重要的地位。两税法实行以后，更多地照顾到每个纳税户的负担能力，土地税的重要性日益增加。可是，历宋元明数百年，人口税仍然是国家的一项重要收入，长期以来，国家征税仍按土地与人丁双重标准。随着商品经济的发展、租佃关系的普遍化、全国人口的增长以及农民的大批流亡和激烈反抗，农民的人身依附关系大为削弱，地主阶级和国家已越来越不容易把农民束缚在土地上，直接向农民征收人头税变得更加困难，赋役制度趋于紊乱，国家的税收受到影响，虽经清朝前期的努力改革，按照土地和人口的双重收税标准很难再维持下去。康熙五十一年实行“滋生人丁，永不加赋”，对于新增加的人丁停止收税；雍正元年“摊丁入地”，将丁银摊入地亩，实际上废除了人头税，按土地的单一标准收税，这是经济和政治发展的大势所趋。

“摊丁入地”具有积极的意义，它简化了税收的原则和手续，取消了征税的双重标准，这是赋役制度的重大改革。按土地多少收税实际上就是按人们的财产和负担能力收税，在一定程度上改变了赋役不均的严重情况，减轻了贫苦人民的负担。因为，地主阶级地多丁少，农民阶级丁多地少，摊丁入地，势必使农民负担的一部分税款会摊到地主的身上。因此当时人说：把丁银“摊入田粮内，实与贫民有益，但有力之家，皆非所乐”①。

“摊丁入地”并未违反统治阶级的长远利益，但也遭到不少地主官僚的反对。早在这一政策颁布以前，陕西户县很早就试行过“并丁于粮”的征税办法。一个官吏反对说：“人无贫富，莫不有身丁可役。而一邑之中，有田者什二，无田者什八。乃欲专责富户之粮，包赔贫户之丁，将令游惰复何所惩。”② 浙江各地也较早酝酿过“摊丁入地”，一七〇一年（清康熙四十年），浙江布政使赵申乔坚决反对“按粮户田数之多寡，定人丁之等则，光丁豁除”的征税办法，主张“地丁原属两项，似不应地上加丁”③。他还下令镇压了宁波府“倡照地派丁之说，与巨室相持”的所谓“黠民”④。

一七二三年“摊丁入地”在全国逐步实施后，地主阶级的反对更加激烈。一七二三年春，浙江“田多丁少之土棍”反对摊丁入地，“蛊惑百余人，齐集巡抚衙门，喊叫阻拦摊丁”。吓得刚上任不久的巡抚法海“惊慌失措”，“即令官员劝散，暂缓均摊之议”⑤。一七二八年（清雍正六年）“摊丁入亩”在浙江实行不过两年，钱塘、仁和

---

① 《雍正朱批谕旨》，第二函，第二册，雍正元年七月，李维钧奏。

② 陆耀：《切问斋文钞》卷十五，《财赋》，邱秀瑞：《丁役议》。

③ 赵申乔：《赵恭毅公剩稿》卷五，《查议余杭县编审事宜详》。

④ 《乾隆杭州府志》，卷七十九，《名宦》。

⑤ 《雍正朱批谕旨》，第二函，第二册，雍正四年八月，李维钧奏。

二县地主实行反攻倒算，强迫佃户交租时“每亩米加二升，银加二分，以助产主完丁之费”①。与此同时，直隶肃宁县，“业主借摊丁事端，每亩（向佃户）加租二分”②。一七五七年（清乾隆二十二年），官僚胡泽潢把“丁粮摊入地亩，永不加赋”，说成是造成户口不实的原因而坚决反对这一改革。③

为了减轻赋税负担，劳动人民曾不断起来反抗官僚地主阶级对“摊丁入地”政策的破坏。如前所述，一七〇一年宁波府劳动人民和官僚赵申乔间拥护与反对摊丁入亩的斗争，就是其中的一例。一七二五年（清雍正三年）浙江杭州“有丁无田，情愿均摊”的农民，联合“一班门面丁差”（即工商业纳税户），反对地主阶级的“阻拦摊丁”，也反对巡抚法海的姑息养奸。他们“聚众乡民，围辕吵闹”，“动则打街罢市”，“毫无忌惮”。一直到法海被撤职后，“又聚众进城，闹至县堂”④。一八二八年（清道光八年），山东黄县知县某某，徇私舞弊，不按“摊丁入亩”规定办事，随意加增丁税钱粮。广大劳动人民，“进署恳求，照旧（即按摊丁入亩完纳）完纳。该县痛加杖责”。恰好赶集的人很多，群情愤慨，“遂哄至大堂，将屏门等物挤倒”⑤。“摊丁入地”所以能够实行，主要是劳动人民强烈反抗赋役不均，坚决跟统治者进行斗争的结果。作为地主阶级总代表的雍正皇帝最初对实行这一改革也犹豫不定，雍正元年，山东巡抚黄炳主张实行“摊丁入地”，雍正帝在他的奏折后面批道：“摊丁之议，关系甚重，岂可草率从事……况赋税出自田亩……正供维艰，何堪再有更张之举”，并责骂黄炳“观尔近来所奏，每多涉于孟浪”⑥。但是，赋役制度的改革是不可抗拒的历史趋势，清朝统治者为了保证财政税收，缓和阶级矛盾，终于不得不取消人丁税，实行单一的土地税制，在历史道路上勉强地跨出了前进的一步。

---

① 《乾隆浙江通志》卷七一，《户口》一。

② 《乾隆肃宁县志》卷七，《人物》。

③ 参见《皇清奏议》卷三十三，乾隆二十二年，胡泽潢：《请整饬保甲疏》。

④ 《雍正朱批谕旨》，第二函，第二册，雍正四年八月，李卫奏。

⑤ 《皇朝政典类纂》，卷二十七，《田赋》二十七，《征收事例》。

⑥ 《雍正朱批谕旨》，第三函，第五册，雍正元年六月，黄炳奏。

在封建社会里，任何具有积极意义的制度和政策都会受到反动势力的反对和阻挠。从“摊丁入地”政策正式颁布以后，经过很长时间才推广到全国，其间地主阶级的公开反对和暗中阻挠层出不穷，所以，执行“摊丁入地”的过程充满着激烈的阶级斗争。

实行“摊丁入地”，名义上废止了几千年以来压在劳动人民身上的“丁役”，但是，封建国家和地主阶级总会巧立名目，进行剥削，许多地区的徭役杂差仍很严重，附加税和私派多如牛毛，广大人民群众仍然生活在水深火热之中。

第三节 农业生产的恢复和发展

一、耕地面积的增加和人口的增长

毛主席曾指出：革命就是解放生产力，革命就是促进生产力的发展。明末农民大起义，狠狠地“打击了当时的封建统治，因而也就多少推动了社会生产力的发展”①。清朝康雍乾时期农业生产力的发展，是明末农民大起义的结果。而清朝统治者，为了加强清朝的经济力量，巩固封建统治政权，采取了兴修水利、蠲免田赋、奖励垦荒、更名田、永禁圈地、修改逃人法以及改革赋役制度等各项措施，在客观上也有利于农业生产的发展。

在各族劳动人民辛勤劳动之下，经过几十年向大自然进行了艰苦卓绝的斗争，到康熙中期之后，耕地面积和人口数，扶摇直上，不断增加。马克思说：土地是“人类劳动的一般的对象”②，没有劳动对象，就谈不到人类的生产活动。斯大林说：“人是社会物质生活条件中的必要成分，没有一定的最低限度的人口，便不能有任何社会物质生活。”③ 因此，清代康雍乾时期耕地面积和人口的增长是当时社会生产力发展的主要标志。

---

① 《毛泽东选集》，第二卷，625 页。

② 马克思：《资本论》，第一卷，193 页，北京，人民出版社，1956。

③ 斯大林：《列宁主义问题》，860 页。

清朝的耕地面积和人口无疑都超过以前的任何朝代，它留下了较详细的统计数字，但这些数字存在着很多可疑之处。

拿耕地面积来说，明初（一三九三年，明洪武二十六年）的数字是八亿五千万亩，明末（一五八〇年，明万历八年）是七亿亩。清朝的全国耕地数字，据《大清会典》、《户部则例》、《清朝文献通考》所载，从一六六一年（顺治末年）的五亿五千万亩，至一六八五年（康熙中）增加到六亿亩，一七二四年（雍正初）又增加到七亿二千万亩，一七六六年（乾隆中叶）达七亿八千万亩。①这个数字介于明初和明末之间，比明末多八千万亩，比明初还少七千万亩。清代的版图大大超过明代，为什么经济发展鼎盛的十八世纪中（乾隆中叶）耕地面积还赶不上十四世纪末？明朝全国人口只有六千数百万②，而乾隆中叶人口已达两亿以上，这多余的一亿几千万人口又是靠什么来养活的呢？有的同志根据这个数字认为从十四世纪到十八世纪的四百年间，中国的农业生产并没有发展。

但是，《清实录》记载的全国耕地面积，与上述的数字不同。该书记载：顺治末为五亿二千万亩，康熙中为五亿九千万亩，雍正初为八亿九千万亩（乾隆以后，《清实录》没有记载全国的耕地数字）。这个数字与王庆云所说全国耕地面积九亿多亩③大致相符，比较可信。两种统计数字相比较，《清实录》所载耕地总数要多得多，耕地的增长率要快得多。康熙后期，全国的耕地面积急剧上升，一七〇八年（清康熙四十七年）超过六亿亩，一七一六年（清康熙五十五年）超过七亿亩，一七二二年（清康熙六十一年）更突破了八亿亩大关。

至于清代的人口增长数字，疑点更多，历来的历史学家、经济学家聚讼纷纭，作了种种揣测和解释。明代全国人口的最高数字是六千三百三十余万（据王世贞所说），经过明末长期战乱而人口锐

① 参见李文治：《中国近代农业史资料》，第一辑，60页。

② 参见《明会要》卷五十，《民政》一。

③ 参见王庆云：《熙朝纪政》卷三，《历朝田额粮赋总目》。

减。据《清实录》记载，一六五二年（清顺治八年），只有一千四百万人，一六六一年回升到一千九百万，此后人口增长一直很缓慢，一六八五年全国人口二千零三十四万，一七一二年（清康熙五十一年）颁布“滋生人丁、永不加赋”时，全国人口仅二千四百六十万。从顺治八年至康熙五十一年的六十年间，共增加一千余万人，每年平均增加十七万人，如果以顺治八年的一千四百万人为基数，每年的人口增长率只有千分之一点三。

一七一二年以后，统计人口的方法有了变化，全国人口固定在二千四百六十万，每年再加上“滋生人丁”，自一七一三年至一七三四年（清康熙五十二年至雍正十二年）的二十二年间，“滋生人丁”共一千二百万，数目并不很多。此后，人口统计中断，自一七三五年至一七四〇年（清雍正十三年至乾隆五年），《清实录》没有人口数字，到一七四一年（乾隆六年）“会计天下民数”“大小男妇”竟达到一亿四千万的惊人数字。从一七一二年至一七四一年的二十九年，人口增长竟达七倍，每年净增四百二十万人，人口增长率达千分之一百七十三，这一增长率出乎情理之外，很不可信。

从此以后，全国人口历年大幅度增加，到一八四〇年（清道光二十年）鸦片战争爆发的这年，全国人口已达四亿一千二百八十一万。从一七四一年至一八四〇的一百年间，每年人口平均增加二百七十万，增长率为千分之十八点八。

根据统计，康熙、雍正以前，全国人口很少，增长缓慢，为什么乾隆初突然冒出这样多的人口？许多研究工作者认为：由于过去征收人丁税，人口大量隐匿不报。自从康熙五十一年颁布“滋生人丁，永不加赋”以及雍正元年“摊丁入地”以后，人丁税已取消，人口没有隐匿的必要，都列入了户籍，过去隐匿的人口像一股激流一样，从地下喷射出来。这种解释有一部分道理，但还难以解释人口增长这样多的原因。

从康熙末到乾隆初的三十年间，人口增加七倍，超过了自然生殖率的可能，也不能完全用“隐匿”人口的涌出来解释。人口统计是国家征税的根据，政府对此十分关心，怎能容许隐匿人口达几千万、上亿人之多？怎能坐视这种肆无忌惮地破坏国家税收的不法行为？康熙中叶以后，全国统治秩序渐趋稳定，政府有充分的力量进行户口清查，如果隐匿户口如此之多，为什么清政府努力改革赋税制度时并未把查实户口作为首要的任务？为什么关于改革赋税制度的连篇累牍的议论也没有把清查户口作为急务？

我们认为：自康熙至乾隆初，人口惊人地增加，除了生殖率增加、隐匿人口的涌出以外，更主要的是前后两种统计的方法、范围根本不同。在康熙时，人丁是纳税单位，政府关心的是人丁而非全部人口，其统计数字实为人丁（即十六岁至六十岁的男人）数字而非全部人口数字，现在看到的一些康熙时期的户籍簿，每户只载明人丁数而非该户的人口数，所以，康熙五十一年所谓“全国人丁户口”二千四百六十万指的是全国男丁的数目，全国的实际人口（包括老幼、妇女以及隐匿人口）应为此数的两倍三倍以上。自从取消丁税以后，人丁统计已失去意义，政府对之不感兴趣，因此，雍正末年停止人丁统计，《清实录》缺几年的数字，正是反映了税收和人丁数目已不发生联系，政府也就不去进行人丁统计。到乾隆六年，为了夸耀“盛世”的人口增长，又开始统计全国人口，这才是真正的人口统计。康熙期间，统计名称叫做“人丁户口”若干，乾隆期间，统计名称叫做“会计天下民数……大小男妇”若干，这两种统计的名称不同、目的不同、方法不同、范围不同，把两种不同的统计混在一起，就扞格不可通。一些地方志中也有这种不同统计的存在，如光绪《获鹿县志》，康雍乾时期载明全县有五万人丁，共征丁银五千三百两，而未载全县人口数，但嘉庆以后，丁税已取消，县志中始载明全县共有三万户，十七万人。

从以上所述，可以得出这样的看法：清朝入关后，经顺康两朝七八十年的恢复发展，到康熙末，全国耕地面积已达八亿亩，全国的实际人口数字估计不下八九千万①，都已超过了明朝的最高

---

① 如果以康熙五十一年男丁二千四百六十万作为基准，加上超过六十岁和不满十六岁的老幼，男性人口当在三千五百万人以上，再加上妇女，估计超过七千万人。比外还有隐匿的人口、流亡的农民、不入户籍的奴婢。康熙末年全国人口总数估计不下八九千万人。

数字。

二、农业生产力的缓慢发展

在中国漫长的封建社会里，由于封建地主阶级残酷的经济剥削和政治压迫，劳动人民失去了改革生产工具和改进生产技术的兴趣。因此，农业生产工具和农业技术的进步是迟缓的，生产力长期处于停滞状态。尽管如此，在清朝前期和中期，农业技术和工具，仍然有一定程度的进步。

康雍乾时期，在农业生产部门，为了生产更多、更好的农产品，有一些人——特别是富裕农民，很重视农业生产工具的普及和改革，农业生产技术的改进，某些农产品品种的移植、推广和引种以及对土地、农作物的精耕细作，除草施肥等。

据历史文献记载：在清代前期，农业生产工具有犁、耙、镬、臿（锹）、锋、搭、田荡、长镵、钱（铲）、镈、耨、耰、钽等，品种繁多，各有其不同的式样和用途。就犁来说，就有"冶金而为之者"曰铁犁，分为犁镵、犁壁两大部类；"斲木而为之者"曰木犁，分为底、压镵、策额、箭、辕、梢、犁评、建、槃等九个部件。再如搭，劳动人民没有耕牛，"尝数家为朋，工力相易，日可劚地数亩"①。乾嘉时期，江南地区江宁府江浦县一带的"富农"，生产工具齐备，如锄、犁、耙、耧、耘荡、秧马、水车等农具，无所不有。② 松江府地区，耕田、犁地，普遍使用牛耕。耕耘除草技术上，一般讲求"三耘"③（即耘三遍）。在插秧之后，"一月之内，凡三荡"，"越数日曰头荡，越十日曰二荡，又越十余日曰三荡"④。浙江嘉兴府桐乡县，注意到种田"宁可少而精密，不可多而草率"⑤。要"少种多收"，不要广种薄收，"田多种不如少种好。又省气力，又省田作"⑥。至耘之法，又须去草务尽，培壅甚厚。犁以三覆三率，粪

①④　《檀几丛书》卷四十二，陈玉璂：《农具记》。

②　参见《嘉庆江宁府志》卷十一，《风俗物产》。

③　张履祥：《杨园先生全集》卷四十九，《补农书》。

⑤　《嘉庆嘉兴府志》卷三十二，《农桑》。

⑥　尹会一：《尹少宰奏议》卷三。

则以加倍为准，锄则以四次为常，棉花又不厌多锄。[①] 在水利灌溉方面，由过去经常使用的龙骨水车，进而使用单车、双车、牛车、风车等不同品种。这不但节省了人力，方便了群众，而且普遍的把畜力和自然力用于车水，从而加快了灌溉速度。[②] 在农作物施肥上，总结了劳动人民长时期的经验，根据农作物在成长期各阶段需要的不同养分，而施用含不同成分的肥料。一般来讲：第一次施用草子沤的绿肥，第二次采用猪粪，第三次使用豆饼。[③] 劳动人民通过长期生产斗争的实践，已经充分认识到，"种田肥壅，最为要紧"。而且也认识到，"人粪力旺，牛粪力长，不可偏废。"[④] 在浙江嘉兴府，就有"种田不养猪，秀才不读书，必无成功"[⑤] 的谚语。

通过以上有力措施，使农业生产力有了显著发展，单位面积产量有了不同程度的增加。就以浙江嘉兴府海盐、平湖两县而论，过去亩产多者两石，少者一石四五斗。经过精耕细作，适时施肥之后，一般亩产可达二石五斗，多者增加一倍。[⑥]

在北方一些地区，农业上，结合当地的自然条件，发展了东汉时期汜胜之的"区田法"，生产上有了显著提高。如一七〇七年(清康熙四十六年)，山西蒲县知县朱蕴叔，根据当地"处万山中，高峻陡坡，非雨泽不能有秋"的客观环境，采用"区田法"来发展农业生产。大体上是：长八十尺，宽七十五尺为一亩。行距为一尺五寸，每亩得二千六百五十区。种植办法为"空一行，种一行；隔一区，种一区"。这样的好处是，"留空以便浇灌，且可疏风，不致熟坏，而以余土壅根也"。这样，既预防了旱涝，又保证了"深壅其根，不致被风吹折"，其结果，"大率区田一亩，足食五口"[⑦]，"亩收谷三十石"[⑧]。后来，大通桥监督（管理漕运改转陆运事务的官吏）詹文焕，在通州"于官舍隙地"试用"区田法"

①②③ 参见《嘉庆松江府志》卷五，《风俗》。

④⑤ 《嘉庆嘉兴府志》卷三十二，《农桑》。

⑥ 参见《道光嘉兴府志》卷十一，《食货志》，《农桑》。

⑦ 佘金：《熙朝新语》卷九。

⑧ 赵梦令：《区种五种》。

种植，“计一亩之收，五倍常田”。邓钟音于雍正末年在山东聊城采用此法，“一亩之收，多常田二十斛”①。一七二六年（清雍正四年），直隶巡抚李维钧，在保定试行，“播种灌溉尚未如法，然一亩之地已得谷十六石”。后来雍正皇帝“谕令广行劝导”，在全国推广。在南方苏州城东娄门“照式课种”，“大有成效”。经过劳动人民的多年试验，总结出“区田法”的要点为“深耕、早种、稀种、多收”② 八个大字。

清朝前期，在江南一带，开始大面积的推行双季稻，也成倍地提高了单位面积产量。早在康熙末年，“江南地方，从前止一次秋收，今将变为两次成熟”③。一七一六年（清康熙五十五年）苏州织造李煦，大力推广“李英贵种稻之法”，试验种植双季稻。这种种稻法，特别要掌握“节气早晚”这一成败的关键。“若不留心，鹘突乱来，终无实效”④。从其实验的结果来看，效果很好。如一七一六年试种的双季稻五十亩，早稻“六月初四日收割，每亩得稻子三石七斗”⑤，这是第一季。紧接着“于六月十六日就在原田上第二次插秧，今年九月十五日收割”晚稻。第二季的收获，因为经受了两天大风灾，“每亩只得稻子一石五斗”，两季合计，亩产五石二斗。如不受灾，晚稻“便与第一次所收无异，俱可以到三石之外矣”⑥。次年（清康熙五十六年），又种了八十亩。第一季稻，“六月二十一日收割，每亩约得稻子四石一斗，比上年多收四斗”⑦。晚稻于“十月初二日收割，每亩得稻子二石五斗”。两季合计，亩产六石六斗。而苏州的单季稻，“岁稔时，一亩可收谷三四石”⑧。增产是十分显著的。

---

① 余金：《熙朝新语》卷九。
② 赵梦令：《区种五种》。
③ 《李煦奏摺》，一八二页。
④ 《李煦奏摺》，一八四页。
⑤ 《李煦奏摺》，一八九页。
⑥ 《李煦奏摺》，二〇四页。
⑦ 《李煦奏摺》，二二六页。
⑧ 《李煦奏摺》，二三三页。

乾隆初年，郝玉麟由浙闽总督调两江总督，把福建一种叫“畲粟”的旱稻，带回安徽。因为安徽有些地方，“高阜斜坡，稻谷杂粮，均不宜种”。而“畲粟”是一种“性宜燥，无须浸灌”的旱稻。经过安徽巡抚陈大受的多年推广种植，“化无用之田为有用”。“数年后，种多利广”①，并逐渐推广到北方各省。

康熙时，已把南方的水稻、菱角等，移植于北京。因为“北方地寒，未能结实，一遇霜降，遂至不收”②。后来，接受了失败的经验教训，改进种植方法，一六九一年（清康熙三十年）在玉泉山种植水稻，一亩终于收了一石。③ 成绩虽小，意义很大，以后逐渐改进推广而成为享有盛誉的“京西稻”。

一七〇四年（清康熙四十三年），天津总兵官蓝理建议在天津、丰润、宝坻等地低洼处，“开为水田栽稻”，计划开垦一万顷，并“召募闽中农民二百余人”和“江南等处无业之民，安插天津，给予牛种……限年起科”④。但试种了两年，只种了一百五十顷稻田，还被水淹没，没有成功。又经过几年的反复试种，终于“培植得法”。这一百五十顷水田，其中“有洼地五十顷，时被水浸，不便耕种。又有高地五十顷，不宜种稻……其可作水田种稻者，止五十顷”。这五十顷水稻，在一七〇九年（清康熙四十八年）共收稻谷二千五百余石，平均每亩收了五斗。⑤ 经过康熙末年对洼地的治理，将泄水之处，挑浚设闸，使一百五十顷俱可耕种。⑥ 一直到一七二七年（清雍正五年）这一带“水田稻谷丰收”⑦，变成了北方的鱼米之乡。

清代，作为劳动人民主要食粮的番薯在中国北方地区普遍推广。番薯（亦称甘薯），大约在明初由安南、吕宋等地传入中国南方。番薯既可做菜，又可当粮，且种植方便，“蔓延极速，节节有

---

① 《清史列传》卷十八，《陈大受传》。
② 《清圣祖实录》卷一五三。
③ 参见《清圣祖实录》卷一五五。
④ 《清圣祖实录》卷二一八。
⑤⑥ 参见《清圣祖实录》卷二四四。
⑦ 《清雍正上谕内阁》，雍正五年十一月初八日。

根，入地即结”，尤其是产量很高，“每亩可得数千斤，胜种五谷几倍”①。所以，到明中叶已经在南方各省普遍传播，颇受人们欢迎。北方河南、山东等一带地区种植番薯，是在明末清初逐步从南方各省传播来的。薯类是耐旱的高产作物，很适宜在北方种植。乾隆中叶，河南、山东等地，连年旱涝成灾，“频岁不登，小民艰食”。以河南怀庆和山东沂州二府为中心，将番薯“广为种植，接济民食”。但薯秧每年要从福建运来，“番薯藏种在霜降以前，下种在清明之后”，然后由“闽省乘时采择”，寄到北方。在当时交通十分不便的情况下，经过长途跋涉，薯秧“易烂、易干，须用木桶装藤，拥土其中，方易携带……藤本须带根者，力厚易活”②。运输途中损耗多，成本高，非常麻烦。一七八五年（清乾隆五十年），福建闽县八十多岁的老农陈世元，“自愿携带薯子，契同孙仆，前往（北方）教种，甚属急公”③。此后，在北方数省，即能育秧，就地栽种。既节省了大量劳动力，又降低了成本，为以后在北方推广番薯种植，创造了有利条件。清政府因陈世元“教种有效……赏给举人职衔，用示奖励”④。嘉庆时人吴其濬在谈到清代某些农作物迅速传播时指出：“近时木棉、番薯，航海逾岭，而江，而淮，而河，而齐秦燕赵，冬日之阳，夏日之阴，不召自来，何其速也。”⑤

三、农产品的商品化

农业生产力的发展，单位面积产量的增加，不但为社会上提供了大批商品粮食，而且也进一步为手工业部门提供更多的原料。

马克思指出：“资本主义生产方式开始于工业，只是到后来才使农业从属于自己”⑥。明中叶以来，在中国封建社会内部，已经孕育着资本主义的萌芽。明清之际，虽然一度遭受到封建统治阶级的破

① 陆耀：《甘薯录》，引《金薯传习录》。
② 《清高宗实录》卷一二三四。
③④ 《清高宗实录》卷一二三五。
⑤ 吴其濬：《植物名实图考》卷六，《甘薯》。
⑥ 《马克思恩格斯全集》，第二十六卷，第三册，443 页。

坏和阻挠，但经过清初一段时间的恢复与发展之后，在某些地区一些手工业部门，资本主义生产关系萌芽有了进一步发展和增长，同时也必然需要农业部门提供大量的原料。因此，在清代前期和中期的中国广大农村里，封建的自给自足的自然经济，虽然仍占统治地位，但在经济较发展的地区，某些农业生产部门，已出现了大量为商品出卖、为获得利润而生产的现象。

康雍乾时期，农产品的商品化，首先是由于手工业部门对原料的需求而开始的。而商业性的农业，在农业各个部门的发展有快有慢。即是在同一部门，不同地区的发展也是不平衡的。

农业部门的商品性生产，先从广大劳动人民最需要的棉花种植业开始。

在我国古代封建社会里，广大劳动群众，一般是用麻织品作为衣料来保温御寒的。由于棉花和棉织品与麻织品比较，价格便宜，牢固耐用，保温力强。因此，自宋元以来，棉花的种植，由海南岛传播到南方各省，逐渐代替了麻类。明中叶以后，随着棉纺织业的发展，棉花的需要量大大增加，棉花的种植也更加普及，几乎遍布全国。

到康雍乾时期，棉花的种植更加盛行。原来作为自种、自纺、自织、自用，与农业牢固地结合在一起的家庭副业，到这时，随着商品经济的发展，社会分工的扩大，在一些地区，已经从家庭手工业中分离出来，成为一门专门的行业。

当时著名的产棉区是长江三角洲及东南沿海地区。一七七五年(清乾隆四十年)，高晋指出：松江府属太仓、海门、南通等州县，“逼近海滨”，“率以沙涨之地，宜种棉花”。这些地区，“种花者多，而种稻者少”。每个村庄“知务本种稻者，不过十分之二三，图利种棉者，则有十分之七八”①。上海县也是滨江倚海，嘉庆年间，“植木棉多于粳稻”②。华亭县莘庄，“其地产花少稻”③，南汇县在黄浦

---

① 《皇朝经世文编》卷三十七，高晋：《请海疆禾棉兼种疏》。

② 《嘉庆上海县志》卷一，《风俗》。

③ 《光绪华亭县志》卷一，《疆域》，引《郭府志》。

江以东，“宜棉不宜稻”①。乾隆年间，该县为了提高单位面积产量，采用了“今岁稻，明年花”② 的轮番种植法。嘉定县，男子“以种花为生”，妇女“以棉布为务”③。乾隆末年，储玉衡的《煮粥谣》指出，“嘉定县，近海边，不产米，多种棉”④。江阴县地处长江南岸，土地肥沃，西乡及沙洲一带，也大量种棉。⑤

浙江省杭州府各县，临近钱塘江，“数十年来，遍莳棉花，其获颇稔。今远通商贾，为杭州土物矣”⑥。余姚县虽然“地多田少”但“民以种棉为生”⑦。

河南省也是一个重要的产棉区。乾隆初年，河南巡抚尹会一说：“棉花产自豫省，而商贩贩于江南”⑧。这是因为河南产棉多，而织布少，因此，所产棉花运往江南。河南孟县不仅是一个产棉布的中心，而且也大量种植棉花。特别是“县西高坂，产棉花甚盛”⑨。豫北内黄县，“东南两乡沙土，多种棉花，收成不为不盛”。每年秋收之后，“山西客商，多来此置局收贩”⑩。

河北保定一带，“种棉花之地，约居什之二三”⑪。宁津县“种棉花几半县”⑫。乾隆初年，直隶巡抚方观承指出：“冀、赵、真定诸州属，农之艺棉者，十之八九”⑬。

经过劳动人民的多年精心培育，各地所产的棉花，出现了许多优良品种。有以产地而命名的“江花”（产地湖北）、“北花”（产于山东、直隶）、“浙花”（产于浙江余姚等地）、“吴中花”（产于长江以南）；有以开

① 《光绪南汇县志》卷二十，《风俗志》，引《钦志》。
② 《乾隆南汇县志》卷十五，《风俗》。
③ 《乾隆嘉定县志》卷十二，《风俗》。
④ 《光绪嘉定县志》卷五，《风俗》。
⑤ 参见《道光江阴县志》卷十，《物产》。
⑥ 《乾隆杭州府志》卷五十三，《物产》。
⑦ 傅雪堐：《果报闻见录》，《雷击蜈蚣》。
⑧ 《皇朝经世文编》卷三十六，尹会一：《敬陈农桑四务疏》。
⑨ 《乾隆孟县志》卷四上，《物产》。
⑩ 《河北采风录》卷二，《内黄县水道图说》。
⑪ 《御制棉花图》，《收贩》。
⑫ 《光绪畿辅通志》卷七十四，《物产》，引《河间府志》。
⑬ 《御制棉花图》，《方观承跋》。

花的颜色不同而命名的“黄蒂”、“穰蒂”、“紫花”等品种。还有以棉核的色泽差异而称为“青核”、“黑核”① 者。这些不同的名称和不同的品种，因产地的气候、土壤等条件不同，产棉量不同，而各有不同的优缺点。

各地棉花的普遍种植，固然也有不少属于自给自足自然经济范畴的（包括种植棉花最盛的江浙地区在内）。但从植棉区种植面积与其他粮食作物比较，有许多地区，棉花地在一半以上，多者竟达百分之八九十，显然这是为商品而生产的。清初人褚华说：“北土、吉贝（棉花）贱而布贵，南方反是。吉贝则泛舟而鬻诸南，布则泛舟而鬻诸北。”② 这说明了当时南布北运，北花南贩，互相交流，商品经济发展繁荣的情况。有的地区，织布手工业很发达而当地并不盛产棉花，如无锡县，“不种草棉，而棉布之利独盛”③。苏州地区，虽然“纺之为纱，织之为布，家户习为恒业”，但“产木棉花甚少”④。嘉兴府也是“地产棉花甚少，而纺之为纱，织之为布者，家户习为恒业。不止乡落，虽城中亦然”。这些地区织布业所需的棉花由周围的产棉区供应，“商贾从傍郡贩棉花列肆吾土”⑤。

专门从事棉花买卖生意的商人，携带大量金钱资本，到产棉区“坐庄”收购，然后再捆载而去，贩运他处，大赚其钱。如奉贤县的金汇桥，不过是一个小市镇。平时人烟稀少，每到“木棉收获时，市最繁盛”⑥。清人张春华，对上海的棉花市场，有形象细致的描绘。他写道：“晓郭喧阗花市开，主人握算费量裁。贸迁自古通有无，看顶应教价值抬。”他解释说：每到东方晓起，从乡下赶来上早市的棉农，“肩花入市。有司其值者，两造具备，衡其轻重，别优劣以定价，而于中取百一之利，名花主人家。价之极贵者，名曰看顶”⑦。河北保定一带，每当棉花“收获，场圃毕登野，则京坻盈望。户则苇箔分买，擘孥如云，堆光若雪”⑧。“每

---

①② 褚华：《木棉谱》。

③ 黄印：《锡金识小录》卷一，《备参上》，《力作之力》。

④ 《民国吴县志》卷五十一，引《康熙长洲县志》。

⑤ 《乾隆嘉兴府志》卷三十二，《物产》。

⑥ 《乾隆奉贤县志》卷二，《市镇》。

⑦ 张春华：《沪城岁事衢歌》。

⑧ 《御制棉花图》，《拣晒》。

当新棉入市，远商翕集，肩摩踵错。居积者列市以敛之，懋迁者牵车以赴之。村落趁墟之人，莫不负挈纷如”①。在上海等地产棉中心，不但设有经常性的“花行”、“花局”、“花市”，而且还设有闽广等省商人开的“洋行铺户”，贱价收购，贩运国外。②

清代前期，有些地区，植桑的商品生产也十分普遍。

植桑养蚕，抽丝织绸，在我国有着十分悠久的历史。丝织品在很早以前，不仅是人们主要的衣料，而且早在历史上就成为著称于世的出口商品之一。随着封建社会的发展，商品经济的繁荣，特别到了清代，由于丝织行业中资本主义萌芽的出现与发展，所需求的丝料日益增多，在江南一带，种桑树、卖桑叶，成为农业商品生产的一个重要部门。

清代植桑养蚕

清代有些地区的农村开始大量种桑养蚕，其目的是为了出卖商品而获得货币。如浙江省，“蚕桑之利甲天下，而三吴组缃所需，皆资市贩”③。湖州府种桑，为全省之冠，明代中期，已经是“富者田连阡陌，桑麻万顷”了。清朝时期，“尺寸之堤，必树之桑”，达到

① 《御制棉花图》，《收贩》。

② 参见杨光辅：《松南乐府》：“棉花之上白者，碾去核，曰花衣。洋行铺户，代闽粤诸贾贱价收之。”

③ 《清高宗实录》卷五十一，乾隆二十年九月。

了浸浸无弃土的地步。乌程县，更是“耕桑之富，甲于浙右，土润而物丰”①。嘉兴府石门县，康熙时仅六个乡植桑共六万九千四百余株，到雍乾时期，“民皆力农重蚕”，“树桑不可以株数计”②。桐乡县，“土沃人稠，男服农桑，女尚蚕织，易致富实”③。海盐县，“地狭人众，力耕不足糊口，比户养蚕为急务”。所以，“墙隙田旁，悉树桑”④。杭州附近的廉市，“阡陌间强半植桑”；荡西镇，“桑益多，盖越，蚕土也，故皆树桑”⑤。唐栖镇，“遍地宜桑”。每至春天，“一片绿云，几无隙地”。到了田间旷野，只听到“剪声”，只看到“梯影”，这样的情景，“无村不然”⑥。

除浙江的杭嘉湖三府大面积种桑而外，江苏的苏松宁等地区，种桑也驰名海内。甘熙记载说：“蚕桑盛于苏浙，金陵间亦习之”⑦。特别是江宁的南乡，种桑特盛。丹阳县“邑南黄丝岸等处”，在鸦片战争前，“蚕桑之利，颇具盛名”⑧。苏州府的震泽县，地处太湖之南，与湖州府交界。乾隆年间，“桑所在有之”。特别靠近乌程县的西南境，“植桑尤多，乡村间殆无旷土”。每到春夏之交，“绿阴弥望”。桑的品种“不下二三十种”⑨。

广东省广州附近郊区农民，种桑养蚕，已成为当地农村经济活动的重要组成部分。南海县农民，池中养鱼，岸边种桑，“以桑鱼为业”⑩。顺德县之桑园围地方，“周回百余里，居民数十万户，田地一千数百余顷，种植桑树，以饲春蚕”⑪。

这样大面积的种桑，有两种可能：一种是植桑、养蚕，抽丝出

① 《同治湖州府志》卷二十九，《风俗》。
② 《光绪嘉兴府志》卷三十二，引《石门县志》。
③ 《光绪桐乡县志》卷二，《风俗》，引《张杨园集》。
④ 《嘉庆嘉兴府志》卷三十二，《农桑》。
⑤ 张仁美：《西湖记》。
⑥ 《光绪唐栖志》卷十八，《事纪》。
⑦ 甘熙：《白下琐言》卷八。
⑧ 《光绪丹阳县志》卷二十九，《风土》。
⑨ 《乾隆震泽县志》卷四，《物产》。
⑩ 《乾隆广州府志》卷十，《风俗》。
⑪ 张鉴：《雷塘庵主弟子记》卷五。

售丝斤；另一种是直接出卖桑叶。当时，某些地区的种桑业已普遍商品化，由于丝织业发展，促进了对桑叶的需求，种桑可以获得厚利，胜过种植粮食。例如乾隆年间，湖州府长兴县，亩产桑“可得叶八十个”（每个约二十斤）。一年每亩“垦锄、壅培”等费用不过二两，而出卖桑叶之后，“其利倍之”①。清朝初年，嘉兴府桐乡县，种桑与种稻相比，每亩桑收入可抵稻四五亩，多者至十余亩。②

桑叶的价格贵贱高下，在当时是受供求关系所制约的。如桑叶丰收之年，而养蚕者少，则叶价贱，对蚕农有利；反之，桑叶少，而养蚕的多，则叶价昂贵，对蚕农不利。所以，每年春天，“叶市开秤”之时，那些“蚕多叶少”的蚕农，驾驶着木船去采购桑叶。对于无桑树的蚕农来说，“叶贱之年，侥幸获利。若遇昂贵”③，只好向高利贷者借债买叶了。在南浔镇上，有些蚕农，“贷钱于富户。至蚕毕，每千钱，偿息百钱”④，利率高达百分之十。有的蚕农，因桑叶价贵，债台高筑，甚而达到“破家荡产独难偿”⑤的境地，康熙年间，桐乡县东门外官庄地方，有个叫曹升的人，种植了大片桑树，又养了三十筐蚕。因这年叶贵，唯恐养蚕不如卖桑有利，将蚕倾倒河里毁掉，而出卖大量桑叶，发了大财。⑥有的倾家荡产，有的发财致富。这两个不同的例子，可以使我们看到商品货币经济和高利贷资本，深入到江南某些农村，达到何等程度。

清代，烟叶的商品生产也是一个非常繁荣的部门。

烟叶又名“淡巴枯”，原产自外国，明中叶以后，传入中国。清代前期，由于吸食者日众，种植面积不断加广，几乎遍布我国南北各省。清初人王世禛记载说：“今世公卿大夫，下逮舆隶妇女，无不嗜烟草者。”⑦

---

① 《乾隆长兴县志》卷十，《物产》。
② 参见张履祥：《杨园先生全集》卷五十一，《补农书》下。
③ 《同治双林镇志》卷十四，《蚕事》。
④ 《同治湖州府志》卷三十，《蚕桑》上。
⑤ 《光绪桐乡县志》卷七，《农桑》，引毕槐：《桑叶叹》。
⑥ 参见《光绪桐乡县志》卷二十，《补遗》。
⑦ 王世禛：《香祖笔记》卷三。

嘉庆年间包世臣也指出："数十年前，吃烟者十人而二三，今则山陬海澨，男女大小，莫不吃烟。"① 安徽怀宁县，吸烟成为人们的一种嗜好，"人之耽烟者，视为日用不可缺之物"②。

在福建汀州府所属"八邑之膏腴田土种烟者十居三四"，"其所获之利息数倍于稼穑"③。陕西汉中、安康、南郑、城固等县，"沃土腴田，尽植烟苗，盛夏晴霁，弥望野绿，皆此物也。当其收时，连云充栋"④。浙江嘉兴府，到嘉庆时，"郡多知种烟，乡城区圩，布种林立。不惟供土著之需，抑且比闽广之所产矣"⑤。乾隆时，广西"种烟之家，十居其半。大家种植一二万株，小亦不减二三千株"⑥。湖南岳州府，"烟叶多种山坡隙地，市卖长（沙）衡(阳)"⑦。其他如"江南、山东、直隶等省，上腴之地，无不种烟。而耳闻于他省者，亦如之"⑧。

农民为什么种植烟草这样普遍？固然吸食者日益众多，需要量大增是其重要原因之一。但更重要的是利润高昂。所以，方苞指出："种烟之利独厚。视百蔬则倍之，视五谷则三之。"⑨ 一七二七年（清雍正五年）闽广督抚，指责"广东本处之人，惟知食财重利"⑩，土地多种烟草等经济作物，因此而发财致富。浙江桐乡县，农田大量种烟。一七八五年（清乾隆五十年）时，该地大旱，禾苗干枯，但烟苗耐旱，因而"种烟者收值数倍于谷，由是种者渐多"⑪。道光时，安徽怀宁县，"一亩之烟，较厚于一亩田"⑫。

---

① 包世臣：《安吴四种》卷二十六，《齐民四术》二，《庚辰杂著》。
② 《道光怀宁县志》卷七，《物产》。
③ 《皇朝经世文编》卷三十六，郭起元：《论闽省务本节用疏》。
④ 《皇朝经世文编》卷三十六，岳振川：《安康府志食货论》。
⑤ 《嘉庆嘉兴府志》卷三十三，《农桑类》。
⑥ 《清代文字狱档》卷五，吴英：《拦舆献策案》，附《策书》。
⑦ 《乾隆岳州府志》卷十二，《物产》。
⑧⑨ 方苞：《望溪先生文集》，《奏札》，乾隆元年，《请定经制札子》。
⑩ 《乾隆广州府志》卷首，《典谟》，雍正五年，《谕闽广百姓各务本业》。
⑪ 《光绪桐乡县志》卷七，《物产》，引《濮录》。
⑫ 《道光怀宁县志》卷七，《物产》。

烟草这样大面积的种植，当然不会专供自己吸食，而是运往他处贩运图利。如陕西安康府所产烟叶，大商人坐庄收购之后，“历全川以抵襄樊鄂渚者，舳舻相接，岁糜数千万金”①。安徽怀宁县，每年六七月间，“扬州烟贾大至，洪家铺、江宁牙行填满，货镪辐辏，其利几与米盐等矣”②。

随着烟叶种植面积的不断扩大，烟叶的加工与出售行业也大量出现了。陕西汉中城里，“商贾所集，烟铺十居其三四”③。广西省，“大市烟铺二三十间，中市小市亦十余间。大铺用工人二三十人，中铺小铺亦不减十余人或七八人”④。嘉道年间，“出产以烟叶为大宗”的山东济宁城内，共有六家烟铺，“每年买卖至白金二百万两，其工人四千余名”⑤。江西玉山县，“淡巴枯之名，著于永丰，其制之精妙，则色香臭味，莫与玉比”。所以，玉山县“日佣数千人，以治其事。而声价驰大江南北，骡马络绎，日不绝”⑥。那些大大小小的烟铺里雇佣的工人，有“作烟、打捆、包烟”⑦等各种工序。根据烟叶采摘的季节和质量不同，把烟叶分成伏烟、秋烟、顶烟、脚烟等不同的种类和等级。⑧全国驰名的湖南“衡烟”（即衡阳府所产的烟叶），工人们一包包打成“京包、广包”，然后再“鬻之各省”⑨。

除以上所述外，茶叶、蓝靛、苎麻、蒲葵、甘蔗等经济作物部门，在某些地区，存在为商品而生产的事实，它们在当时经济生活领域里，都占有一定的地位。

农业部门经济作物生产的发展，必然产生与粮争地的现象。经济作物生产面积越扩大，生产粮食的土地面积就势必愈来愈缩小；

---

①③　《皇朝经世文编》卷三十六，岳震川：《安康府志食货论》。

②　《道光怀宁县志》卷七，《物产》。

④　《清代文字狱档》卷五，《吴英拦舆献策案》，附《策书》。

⑤　包世臣：《安吴四种》卷六，《闸河日记》。

⑥　《道光玉山县志》卷十一，《风俗》。

⑦　包世臣：《安吴四种》卷二十六。

⑧　参见《光绪桐乡县志》卷七，《物产》，引《濮录》。

⑨　《乾隆清泉县志》卷六，《食货志·物产》。

经济作物种植越发展的地区，粮食缺乏就越严重，如江浙两省，便是如此。

江浙地区，在很早以前，就是我国的粮仓。这个地区，土地肥沃，气温宜人，水利资源丰富，适于农作物生长，一般单位面积产量很高。最晚在两宋时期，就有“苏湖熟天下足”的谚语。到清朝康雍乾时期，由于经济作物，特别是棉桑的大量种植，严重地影响了粮食生产；再加上这个地区生齿日繁，人口密集，不得不依靠外地的粮食来接济。以苏州一带为例，尽管在康熙年间，大规模推广双季稻，粮食增长率成倍增加，但仍不够本地人民的食用。又如松江府一带，乾隆年间，种稻面积较小，缺粮现象严重，每年都靠从外地大批运进粮食维持。又如崇明一县，在一七五五年（清乾隆二十年）前，一年从外地运进粮食“不过二十余万石”，此后“递年加增”，到一七七五年时，“已买至三十余万石”①，二十年功夫，增加了三分之一。一六八五年（清康熙二十四年）时，“关东豆麦，每年至上海者，千余万石”②。嘉庆时，“苏州无论丰歉，江广安徽之客米来售者，岁不下数百万石”③。雍正、乾隆之际，福建用大量土地种植经济作物，劳动人民所需要的米麦，“仰食于江、浙、台湾”④。一七二七年时，广东人也大量种植烟草获利，而大批粮食依靠广西。

湖南、四川、江西、湖北等地区，在清朝初年，经过长期战乱，土广人稀，物产并不十分丰富。经过一段恢复与发展，到雍正、乾隆时期，农业生产有了很大的发展。这些地区，代替了江浙地区，成了供应粮食的重要基地了。

一七二六年（清雍正四年）李卫谈到南方各省的情形，如浙江，因“户口繁多，本地所产米谷，不足供食用”⑤。其他省份亦如此，如“福建之米，取给于台湾、浙江；广东之米，取给于广西、江西、

① 《皇朝经世文编》卷三十七，高晋：《清海疆禾棉兼种疏》。
② 包世臣：《安吴四种》卷一，《海运南漕议》。
③ 包世臣：《安吴四种》卷二十六，《齐民四术》，《庚辰杂著二》。
④ 《皇朝经世文编》卷三十六，郭起元：《论闽省务本节用疏》。
⑤ 《雍正朱批谕旨》，第十三函，第一册，李卫奏，雍正四年六月一日。

湖广；而江浙之米，取给于江西、湖广”①。过去的“苏湖熟天下足”，变成为“湖广熟天下足”② 了。

在这些产米区，形成了许多商品粮食的市场，如重庆是四川省稻米的集散地。凡外省到四川买米的商贩，都“接踵而至”重庆，然后再“外贩又运下江，络绎不绝”，所以，重庆在雍正时，已变为西南地区“兵民聚处，户口实繁”③ 的重要城镇。湖南省的大米集散地，是湘潭和衡阳。在康熙末年，这两个地方已是“有名马头大店。凡邻近州县及本地所产米石，皆运往出卖，商贩交易，多聚于此”④。到雍正时，湘潭县运米之船，“千艘云集，四方商贾辐辏，数里市镇，堆积货物”⑤。

四川、江西、两湖等省的米谷，运往下江时，都要通过汉口。所以，汉口又成了西南各省的交通要道和总枢纽。例如，一七二六年时，李卫指出，“汉口地方，向来聚米最多者，皆由四川”⑥ 运来。王景灏也指出，“江浙粮米，历来仰给于湖广。湖广又仰给于四川”⑦。江浙的米贩，极少直接到湖南来买米，而是由湖南的米贩，运到汉口，江浙商贩“多在汉口购买”。这样，“湖北转运江浙之米，即系湖南运下汉口之米”⑧。从一七三一年（清雍正九年）十一月，至次年（一七三二年，清雍正十年）二月，三个月中间，“汉口地方……外贩米船，已有四百余号”⑨。按此计算，一年之中，由汉口往下江运米，船只不下一千六百余号。一七二六年五月，“湖广之米，日至苏州者，不可胜数”⑩。一七三四年（清雍正十二年），湖广总督迈柱指出，“江浙商贩，已运米五百余万石”⑪。

---

① 《雍正朱批谕旨》，第三函，第三册，何天培，雍正四年七月二十日。
② 《雍正朱批谕旨》，第九函，第七册，鄂尔泰奏，雍正八年四月二十日。
③ 《雍正朱批谕旨》，第八函，第一册，任国荣奏，雍正五年十二月十三日。
④ 赵申乔：《自治官书》卷六，康熙四十八年九月，《湖南运米买谷人姓名数目稿》。
⑤ 《雍正朱批谕旨》，第六函，第四册，王国栋奏，雍正七年八月。
⑥ 《雍正朱批谕旨》，第十三函，第一册，李卫奏，雍正四年六月一日。
⑦ 《雍正朱批谕旨》，第四函，第二册，王景灏奏，雍正二年八月二十日
⑧ 赵申乔：《自治官书》卷六，《奏疏》。
⑨ 《雍正朱批谕旨》，第十七函，第二册，迈柱奏，雍正十年二月二十四日。
⑩ 《雍正朱批谕旨》，第二函，第五册，毛文铨奏，雍正四年五月十四日。
⑪ 《雍正朱批谕旨》，第十七函，第二册，迈柱奏，雍正十二年七月八日。

湖广一带产米区的农民，大多是把多余的粮食，拿出来粜给商人和牙行，商人和牙行用低价收购，而后再高价卖出，从中渔利。湖南长沙，每至秋收后，“各属大贾携金行户之家，行户利其佣钱，带客沿乡收买”①。各行户商人，为了大赚其钱，拦阻米船，强行购买，往往发生抢购斗殴。如乾隆初年时，“衡湘河下”，奸商牙侩，“跳船接买米谷”之风盛行。“一见船将泊岸，或自恃强跳买；或请无耻亡命之徒，代跳占买，甚至船离河岸数丈，先于别河稍上站立，强拿竹篙，押跃过船，遂为伊应得买之谷；或更驾小船，拦河接买。竟使弱者空守河岸，强者尽数买囤”②。此种情形，虽屡经严禁，但总无实效。湖南米商运至汉口之后，仍“必落牙行。有等牙行，串通光棍，诱骗商人货物，将客本侵吞不给，苦累远商，为害实甚”③，不仅如此，商人牙行，还囤积居奇，唯利是图，任意抬高米价。有的捏造谣言，“或云风为旱兆，或云雨系水征”，“一日之间，频增价值，一店长价，诸店皆然”④。运米的船只经过关卡，处处勒索，层层加价，一旦运到江浙，米价增加了数倍，受剥削最深重的，还是江浙一带的劳动人民。但如果“湖广米不至”，江浙之米谷，立刻“价值腾贵”⑤。

湖广、四川的米谷运往江浙，还往往再流入别省。一七二七年时，苏州从湖广运来的米，当年再被贩运到福建二万余石，以致“苏州米价高昂，小民艰食”⑥。浙江米靠湖广供应，而徽州五县，“山多田少，户口蕃庶”，一年之收，不敷半年之食，还要“仰给浙江、江西等处商贩之米”⑦。山西、陕西二省，“地瘠民稠，即丰年亦不足。本省食用，全凭东南各省”⑧。由此可以看出，农产品的商

---

① 《湖南省例成案》，《刑律·贼盗》卷一，乾隆十年，《示禁凶徒强借谷名以及富户高抬时价并违禁取利纵放牲畜各条》。

② 《湖南省例成案》，《户律·把持行市》卷三十四，乾隆四年，《严禁牙行高抬米价》。

③ 《雍正朱批谕旨》，第六函，第一册，法敏奏，雍正三年九月六日。

④ 《雍正朱批谕旨》，第十七函，第六册，鄂尔达奏，雍正十一年五月十日。

⑤ 《清圣祖实录》卷一九三，康熙三十八年六月。

⑥ 《雍正朱批谕旨》，第二函，第三册，陈时夏，雍正五年四月十一日。

⑦ 《雍正朱批谕旨》，第六函，第二册，伊拉齐，雍正四年五月六日。

⑧ 朱轼：《轺车杂录》卷下，《康熙六十年序》。

品化，不但增加了各地区的经济联系，而且引起了各农业部门之间的连锁反应和相互依赖。

第四节　封建的土地占有和地租剥削

一、封建的土地占有形式

在封建社会中，地主阶级的土地所有制是生产关系的基础，各种类型的地主占有大部分土地，驱使农民耕种，残酷地剥削、压榨农民，土地分配极不平均，特别是明朝末年，皇室诸藩和大官僚、大地主，田连阡陌，兼并之风极盛。

明末农民大起义严重地打击了明朝的宗室、大官僚、大地主，破坏了封建的土地关系，部分土地转归农民所有，因此，清朝前期的土地分配有分散的趋势。地主阶级在一段相当长的时间内还不可能把农民手里的土地全都反攻倒算回去，小土地所有制和自耕农户较占优势。据当时皖南地区的许多份家书、鱼鳞册记载：地主阶级占地大多在一百亩左右，几百亩以上的较少见。方苞说，康熙年间，"计一州一县，富绅大贾，绰有余资者不过十数家或数十家。其次中家，有田二三百亩以上者，尚可挪移措办。其余下户，有田数亩或数十亩，皆家无数日之粮，兼采樵负贩，仅能糊口"①。可见，一县之内，大地主户数很少，中小地主稍多，而绝大多数是少地无地的"下户"，即农民，他们长年生活在饥饿贫困之中。山东的记载中也表现类似的情形，如山东蒲台县，"蒲人生计惟恃耕织，富室无田连阡陌者，多不及十余顷，次则顷余或数十亩及数亩而已……农家终岁勤动，不免菜根糠核，仅供朝夕。地产木棉，户勤纺织，被服不尚华丽，虽饶裕不过布素"②。

现在所存十八世纪前期直隶获鹿县九十一个甲的土地占有统计，是我国封建末期进行大面积土地统计的珍贵资料。统计包括二万余

① 方苞：《方望溪全集》，《集外文》卷一，《请定征银两之期札子》。

② 《乾隆蒲台县志》卷二，风俗。

户，三十一万余亩土地，占获鹿全县的大部分户口和土地，主要是雍正时的情况，少数地区是康熙末和乾隆初的情况。（见下表）

直隶获鹿县九十一个甲土地占有分类统计表

各类户别	户数（户）	%	土地数（亩）	%
无地户	5 331	25.3		
不足一亩	888	4.2	439	3.4
1—5 亩	3 507	16.7	10 207	
5—10 亩	3 172	15.1	22 948	7.3
10—15 亩	2 137	10.1	26 157	8.3
15—30 亩	3 332	15.8	70 006	22.2
30—40 亩	967	4.6	33 205	10.5
40—50 亩	498	2.4	22 313	7.1
50—60 亩	334	1.6	18 195	5.8
60—100 亩	540	2.6	40 534	12.8
100 亩以上	340	1.6	71 225	22.6
合　　计	21 046	100.0	315 229	100.0
全甲户平均			15.0	

如上表所示：全部二万一千零四十六户，共有土地三十一万五千二百二十九亩。按占地多寡可分成三类：第一类是无地和占地不足一亩的赤贫农户共六千二百一十九户，占人户总数的百分之二十九点五；占地一亩至十亩的贫苦农户共六千六百七十九户，占人户总数的百分之三十一点八，两者共计一万二千八百九十八户，占人户总数百分之六十一点三。他们只有土地三万三千五百九十四亩，占全部土地百分之十点七。第二类是有地十亩至六十亩的中等农户，共七千二百六十八户，占人户总数百分之三十四点五，共有土地十六万九千八百七十六亩，占土地总数百分之五十三点九。第三类是占地六十亩以上的地主八百八十户，占人户总数百分之四点二，却拥有十一万一千七百五十九亩土地，占土地总数百分之三十五点四。

从这个统计中可见：第一，土地分配不均仍很严重，占百分之六十一点三的贫苦农户只有耕地的百分之十点七，而占百分之四点二的地主户却占有土地的百分之三十五点四，这是封建社会中土地分配不均的常态。广大农民无地少地，只能在地主的土地上佃耕佣耕，受其剥削。地主阶级通过种种手段，继续进行兼并，土地集中超过一定的限度，广大农民无法生活下去，就必然要起来反抗，这是爆发起义和革命的经济基础，也是理解中国封建社会政治历史的锁钥。第二，中等农户，拥有一半以上的土地，他们是中国农村中举足轻重的力量。这种小土地所有制或自耕农户在经济上很不稳定，是地主所有制的补充，其土地是地主兼并掠夺的对象。一遇天灾人祸，往往田产被夺，本身沦为无地少地的贫苦农户，小土地所有者和自耕农户的贫困、破产是政治风暴即将来临的讯号。第三，地主户只占人户总数的百分之四点二，却占有全部土地的百分之三十五点四，他们通过经济的和超经济的手段对广大农民进行穷凶极恶的剥削，不断增殖其财富和土地。总的来看，地主户中的中小地主占多数，每户占地百亩或二三百亩，至于五百亩以上的大地主在获鹿县只有几户。

当然，清初也有不少占地极多的大地主。清朝皇帝本人就是全国最大的地主，据不完全统计：他一人占有的内务府庄田计一千多个庄，占地三百九十三万亩①；宗室王公也拥有大批田庄，直隶和东北有宗室庄田一百三十三万亩②。南方的大地主如吴三桂在苏州为其婿王永康置田三千亩，高士奇在浙江“平湖县置田产千顷”③，徐乾学“买慕天颜无锡田一万顷”④，衍圣公孔府仅在直隶的武清、香河、东安、宝坻即拥有土地三万八千亩⑤，这些都是大贵族、大官僚依靠政治权势侵占掠夺来的。但由于清初一般地主阶级的政治特权已经削弱，因此，从全国范围来看，这类大地主的数量较明末要少些。

而且，清初的农业生产力尚未恢复，人口稀少，荒地较多，土地的产量也比较低，加以税收紊乱，赋役负担很重，土地能给土地所有者带来的经济收益并不十分显著，所以兼并还不激烈，据孟乔芳在顺治十年（一六五三）说：陕西“镇安等州县，田多荒芜，官给牛种招垦，尚且无人承种，又安有买地纳税者”⑥。康熙时，

---

① 参见《大清会典》嘉庆卷七十六。

② 参见《大清会典事例》嘉庆卷一三五。

③④ 《东华录》康熙朝卷四十四。

⑤ 参见《清代档案》，揭帖类，敷陈，田赋，衍圣公孔胤植揭帖，顺治二年二月。

⑥ 《清代档案》，揭帖类，田赋九号，孟乔芳：《为仰遵除荒之例验地酌税以苏残邑事》，顺治十年。

魏裔介也说："连岁以来，天下初定，田亩新辟，土旷人稀，豪强之兼并者尚少"①。有些小地主和自耕农户因赋役太重，反而以有田为累，如康熙初年江南一带"里中小户有田三亩、五亩者，役及毫厘，中人之产，化为乌有……（民）视南亩如畏途，相率以有田为戒矣，往往空书契券，求送缙绅，力拒坚却，并归大户，若将浼焉。不得已委而弃之，逃避他乡"②，湖南的中小地主和自耕农也因"漕重役繁，弱者以田契送豪家，犹惧其不纳"③，有人在诗里说："欲逃籍在官，将弃何方鬻，遗田如遗冤，祖父智不足"④。

但是，这种情形不久以后就发生了变化，随着社会经济的恢复和发展，农业生产力提高，赋役制度进行了一系列改革，土地的收益逐步增加，社会财富也增多，这本来是广大农民胼手胝足、辛勤劳动的成果；可是，首先伸手摘桃的是有权有势的地主、官僚，他们利用政治和经济的优势，向农民群众进攻，争先恐后地购田置产，兼并土地，把增殖起来的社会财富掠归己有，农民赖以安身立命的小块土地逐渐地向地主、官僚手中集中。这一土地集中过程在康熙中叶已经开始，如清河县，当时已是"有田者率不耕而代耕于海沭一带之流民"⑤，浙江汤溪县，农民"多佃种富室之田"，"其有田而耕者什一而已"⑥，江浙地区"小民有田者少，佃户居多"⑦，山东的情形是"东省与他省不同，田野小民，俱系与有身家之人耕种"⑧。由于土地集中，土地价格也在逐步提高。据康熙五十二年（一七一三）的记载"先年人少田多，一亩之田，其值银不过数钱，今因人多价贵，一亩之值，竟至数两不得"⑨。

大体上，江南及沿海省份没有遭到明末农民大起义的直接冲击，

---

① 魏裔介：《魏文毅公奏疏》卷二，《请立限田授荒土以重农功疏》。

② 叶梦珠：《阅世编》卷一。

③ 《光绪湘潭县志》卷十一，此为追叙康熙初年事。

④ 孙宗彝：《爱日堂诗集》一，《贡田》。

⑤ 《康熙清河县志》卷二。

⑥ 《康熙汤溪县志》卷一。

⑦ 《东华录》康熙朝卷八十。

⑧ 《东华录》康熙朝卷七十二。

⑨ 《东华录》康熙朝卷九十二。

封建生产关系未受严重破坏，所以土地集中过程开始较早，也较激烈。雍正以后，土地集中进一步加快，阶级矛盾更尖锐化。在全国范围内刮起了经济兼并之风，随之而政治上日益动荡不安。关于这方面的情形，将在本书第二册中叙述。

二、以租佃关系为主的封建剥削形式

清代的农村中，存在着多种多样的剥削形式，从北方旗地上的农奴制、南方某些地区的佃仆制，直到各种类型的租佃制以及雇佣制。这种种剥削形式在全国同时并存，表现了各个地区经济发展的极不平衡。伴随着这些剥削形式存在着或强烈、或松弛的超经济强制，地主阶级和农民之间有程度不同的人身隶属关系。但是，总的发展趋势是：落后的农奴制、佃仆制正在没落，租佃制普及于全国，农业雇佣也越来越多，封建的人身依附关系正经历着漫长曲折的道路而逐步松弛下来，农民和地主之间单纯的纳租关系进一步发展。

在北方，满族王公贵族的旗地上实行的是封建农奴制，壮丁和投充户实际上是封建农奴。他们并无人身自由，常遭责打凌辱，甚至虐待致死。壮丁拖欠了地租、差银，即被锁拿关押，非刑拷打，“当其冰天雪地之寒，以冷水灌顶之惨，夜间铁锁加头，缧绁床沿，便溺不与，辗转尤难”，“各王府虽无生杀之权，而暗有瓮扣之黑刑，历数二百余年，扣死者几许多矣”①。旗地上的壮丁过着非人的奴隶生活。此外，地主官僚都蓄养大批奴婢，他们也没有人身自由。但这些奴婢一般不从事生产，专供家内服役，“督抚置买奴仆太多，有至千人者”②。《红楼梦》中的荣宁二府就是囚禁着大批奴婢的黑暗地狱。

落后的农奴制不能适应当时生产力发展的水平，旗地制刚刚建立，就出现了农奴的逃亡和反抗，土地抛荒，生产锐减。清政府起

---

① 《关于清朝庄头差丁事项档案》，转引自李国普：《清代东北的封禁与开放》，载《吉林大学社会科学学报》，1962。

② 福格：《听雨丛谈》卷五，《满汉官员准用家人数目》。

初制订了严厉的逃人法，但也无法挽救旗地农奴制的没落。康熙二十七年（一六八八）一年内，“八旗逃走男妇子女共八千八百一十四名”①，到雍正时，“现今旗下仆人一年之内逃避者至于四五千人”②，这样巨大的、连续的逃亡浪潮严重地冲刷着农奴制的基础，使旗地上的劳动人手极为缺乏，生产无法维持下去。许多八旗士兵则不得不出卖他们占有的小块旗地，发生了大量越旗交易和民典旗地的现象。清政府多次动用国库的巨额资金回赎旗地，也不可能维护旗地农奴制。另一部分旗人地主不得不改变经营办法，将乏人耕种的旗地出租给农民，每年索取定额地租，所谓“民人自种其地，旗人坐取其租”③，旗地上的农奴制向着封建的租佃制过渡。

南方某些地区，也还有各种农奴制的残余，如湖北麻城“大户多用价买仆，以事耕种，长子孙，则曰世仆”④，江西“吉赣俗，以佃为仆，子孙无得与童子试”⑤，江南地区“将佃户随田转卖，勒令服役，不容他适”⑥。这些都是农奴制的残余形态。农奴佃仆掀起了一次又一次的反抗斗争，特别在清初，南方各省“苍头蜂起，佃甲厮役群不逞者从之”⑦，大大削弱了农奴制的残余，因此，“康熙间各富室不敢蓄奴”⑧。一七二七年（清雍正五年），清政府下令将皖南地区依附于地主的伴当世仆“开豁为良”，这是从法律上肯定了伴当、世仆身份地位的变化，进一步削弱了封建农奴制的残余。

清代社会还存在“贱民”阶层，他们被剥夺了种种权利，是社会的最底层，地位接近于农奴。雍正时，一部分因各种原因而被列为贱民籍的人取得了良民的身份，脱离了贱籍。一七二三年（清雍正元年）四月，清政府下令“除山西、陕西教坊、乐户籍”，九月“除绍

---

① 《明清档案》，题本，兵部督捕侍郎石柱题，康熙二十八年四月十六日。
② 《八旗通志》卷首十，敕谕四，雍正六年六月十三日上谕。
③ 《清朝经世文编》卷三十五，孙嘉淦：《八旗公产疏》。
④ 《麻城县志》卷一，方舆志，风俗引旧志。
⑤ 《碑传集》卷八十一，邵长蘅：《邵延龄墓碑》。
⑥ 《康熙江南通志》卷六十五，《特参势豪勒索疏》。
⑦ 《同治永新县志》卷十五，《武备志》。
⑧ 皇甫氏：《胜国纪闻》。

兴府惰民丐籍”，一七二九年（清雍正七年），广东部分疍户“准其在近水村庄居住，与齐民一同编列甲户”，一七三〇年（清雍正八年）将常熟、昭文的丐户“照乐籍惰民之例，除其丐籍，列为编氓”。这些是清政府在人民反抗下，不得不采取的适合于历史趋势的措施，它从另一个侧面反映了历史的前进和封建农奴制残余的没落。

从全国范围看，租佃制已成为封建剥削的主要形式。地主依靠封建土地所有权，将土地出租给无地少地的农民，索取地租。在租佃关系下，佃耕农民仍受地主阶级的残酷剥削，对地主仍有程度不等的人身依附关系。但比较起来，租佃制下农民对地主的单纯纳租关系正在逐步取代浓厚的人身依附关系，一般说来，租佃制是较为进步的制度，农民争取到了更多的人身自由和经营农田的独立权利。

封建的租佃制，按照农民对地主人身依附关系的强弱，地主对农田事务干预的多少以及交纳地租的方式，可以分为两种方式：一种是分成地租制，即地主和农民按一定比例分取田场作物，农产品的丰歉和地租收入多少直接有关。地主常常供给农民农具、耕牛、种子以至房屋和部分生活资料。分成地租制盛行于经济比较落后的北方；一种是定额地租制，即地主向农民征取固定数量的地租，不论农田荒熟与生产的丰歉，地主完全脱离农业生产。定额地租制在南方较多。据史籍记载：“直隶业主佃户之制，亦与江南不同。江商业主自有租额，其农具籽种，皆佃户自备，而业主坐收其租；直隶则耕牛籽粒多取给于业主，秋成之后，视其所收而均分之”①，“北方佃户，居住业主之庄屋，其牛犁谷种，间亦仰资于业主……南方佃户自居己屋，自备牛种，不过借业主之块土而耕之，交租之外，两不相问”。“北方佃户，计谷均分，南方计亩征租”②。

从分成租制到定额租制的过渡，表现了农业的发展和历史的进步。在分成租制下，地主有干预农事的较大权力，农民在获得农具、耕牛以至生活资料方面更多地依附于地主，缺少独立地经营农田的资金、手段和自由，身份地位较低。如直隶沧州“绅士田产率皆佃

① 孙嘉淦：《孙文定公奏疏》卷八，《蠲免事宜疏》。

② 《明清档案》，朱批奏折，乾隆朝，财政类，两江总督那苏图奏，乾隆四年八月初六。

户分种，岁取其半，佃户见田主，略如主仆礼仪"①，"北方佃种人田，有主仆名分，南方则否"②，"北方田主，鱼肉佃户，有百倍于奴隶"③。随着经济的发展和农民地位的提高，人们克服灾害、向自然作斗争的能力增强，农业产量逐年稳定，才有向定额租制过渡的可能。在定额租制下，农民得以发挥更大的生产积极性，有利于农业发展，但是地主的地租收入也固定下来，有了可靠保证，"不论旱干水涝，不得短少"④，"丰年不增，凶年亦不减"⑤。从一定意义上说，佃农的劳动强度提高了，地主对佃农的剥削更为加重了。

应该指出：不论是哪一种租佃制，地主对农民的剥削都是很苛刻的，农民要将收获物的五成、六成、七成甚至八成以上，作为地租，奉献给地主，地主阶级侵吞了农民的全部剩余劳动乃至部分的必要劳动。例如直隶一带，"佃户分种，岁取其半"⑥，安徽"佃人田者……收而均分之"⑦。陕西乾县某地的租佃契约规定："秋成后公同按半分收"。贵州黔西州某地的租佃契约规定："主佃各分收谷一石"⑧。南京一带，佃户全家，佃耕地主水田十亩。丰收之年，收获不过三十余石，"主人半之"⑨，这些租佃事例中，剥削率都是百分之五十。浙江余姚，"每年业六佃四分租"⑩。福建上杭佃户，"与业主四六均分"⑪。江苏淮安地主与佃户，或"三分之"⑫，地主得三分之二。山西盂县也规定"客一主二"⑬，剥削率百分之六十六点

---

① 《畿辅通志》卷七十一。

② 《嘉庆太平县志》卷十八，《风俗》。

③ 黄中坚：《蓄斋集》卷四，《征租议》。

④ 《镇江谢宗友承佃邹府水田契约》，道光四年三月。

⑤ 陈芳生：《先忧集》，第十六册，《减私租》，第四十。

⑥ 《光绪畿辅通志》卷七十一。

⑦ 《皇朝经世文编》卷三十六，李兆洛：《凤台县志论食货》。

⑧ 经济研究所藏刑部档案抄件，转引李文治：《中国近代农业史资料》，第一辑，72页。

⑨ 方苞：《望溪先生文集》卷十七，《家训》。

⑩ 农也：《清代鸦片战争前的地租、商业、高利贷与农民生活》，载《经济研究》，1956（1）。

⑪ 《东华录》乾隆卷二四，乾隆十一年九月。

⑫ 李程儒：《江苏山阳收租全集》，道光七年闰五月望日，《新安齐康序》。

⑬ 《乾隆盂县志》卷三，《风俗》。

六。河南汲县，分夏秋两季交租。夏租收麦，“二八分”；秋租收粮，“三七分”，再加“柴草俱归主人”①，剥削率高达百分之八十以上。

清代农业中除了农奴制、租佃制以外，还出现了不少农业雇工。据经济研究所藏刑部档案抄件，雍正、乾隆、嘉庆三朝关于各省农业雇工的案件共有七百零八件，雍正时十二件、乾隆时二百五十九件、嘉庆时四百三十七件②，平均雍正时每年不到一起，乾隆时每年约五起，嘉庆时每年在十七起以上。雇工案件的增加可能是由于雇工反抗斗争的加强和农业雇佣劳动普遍化的结果。乾隆末，英国马戛尔尼使团来中国，据他们所见，除租佃制以外，“一般情况是地主雇用农民耕种，给农民一部分收成。雇农的所得全部自用，地主从所得中取出一部分来交农业税”③。

农业雇佣有长工和短工之分，“受雇耕田者谓之长工，计日佣者，谓之短工”④，“无产者雇倩受值，抑心殚力，谓之长工；夏秋农忙，短假应事者谓之忙工”⑤。长工都是农村中没有土地的赤贫者，他们一无所有，生产工具以至生活资料都由雇主供给，对雇主的封建依附关系较强。短工在农忙时雇佣，农闲时解雇，没有长期固定的雇主。短工往往是少地的佃农、半自耕农，并没有完全脱离土地，有时还以自己的简单农具在雇主的土地上耕作。

农业雇工的工资视工种、地区、季节、劳动强度而异，各地的工资差别很大，劳动力价格很不稳定。据刑部档案抄件和刑科题本中土地债务类的材料看，农业雇工的月工资大多在二百文至五百文之间，这是不足糊口的微薄数目，比手工业雇工的工资更低。但是某些技术性较高、劳动强度较大的雇工，工资较高，如四川彭县雇工采药，月工资六百文，浙江汤溪雇工种靛，月工资七百文，奉天海城雇工放蚕，月工资高达一千七百文。

---

① 《乾隆汲县志》卷六，《风土》。

② 参见李文治：《中国近代农业史资料》，第一辑，111页。

③ 《英使谒见乾隆纪实》，四八六页。

④ 祁雋藻：《马首农言》，二〇页。

⑤ 《乾隆湖州府志》卷三十九，《风俗》。

由于经济不发展，农业雇佣很不稳定。以出卖劳动力为生的贫苦人民，经常失去工作，饥寒交迫。特别是遇到水旱灾荒，无法就雇，颠沛流离，生活无着，造成严重的社会动荡。

雇工对雇主存在封建的人身依附关系，并不是完全自由的。明清法律将雇佣关系纳入封建的宗法伦理关系中，雇主是“家长”，“恩养”了雇工人。统治阶级就这样颠倒了“谁养活谁”的问题，把“立有文契、议有年限”的“雇工人”当作雇主的子孙卑幼，以剥夺雇工的自由和权利。“雇工人”这一名词，在法律上不具备自由雇佣劳动的意义。法律规定：凡雇主殴杀“雇工人”，减等治罪；反之，“雇工人”殴杀雇主及雇主亲属，就是以下犯上，要加等治罪。雇工人控告雇主，如果诬告，要处绞刑，即使告实，也要治罪。① 雇工人和雇主在法律面前不是平等的。

随着农业雇佣劳动制的普遍化，雇工的反抗斗争增强，雇工的地位逐渐提高。实际生活冲破了法律条文，使律文不得不再三修改。明末的律文中已将“短雇月日，受值不多”的短工，排除出“雇工人”之外，在审案时以“凡人”论，也就是说：短工首先在法律上取得了与雇主平等的地位。清朝政府在改变着的现实生活面前也屡次修改“雇工人”的法律条文，不断缩小“雇工人”律文的应用范围，使一大批农业雇工摆脱了“雇工人”律文的约束。特别是一七九〇年（清乾隆五十五年）有如下的修改：“如系车夫、厨役、水夫、火夫、轿夫及一切打杂受雇服役人等……素有主仆名分者，无论其有无文契年限，均以雇工人论。若农民佃户雇倩耕种工作之人并店铺小郎之类，平日共坐共食，彼此平等相称，不为使唤服役，素无主仆名分者，亦无论其有无文契年限，俱以凡人科断。”②

这次修改律文，推翻了用是否立有文契年限来判断受雇者是否属于“雇工人”，而强调了劳动的性质和实际的关系。凡是从事家内劳动的雇工，仍属“雇工人”；而从事农业劳动、商业服务的雇工，

① 参见《大清律例》道光五年，卷二十七至三十。

② 《大清律例》乾隆五十五年，卷二十八。

在实际生活中与雇主“共坐共食、彼此平等相称，不为使唤服役，素无主仆名分”，在刑律上都以“凡人”科断，不再属于“雇工人”范围。这样，即使是立有文契、年限的长工，也在法律上和雇主处于平等的地位了。

生活决定法律，法律不得不随着生活的改变而改变。经历了很长时间、农业雇工正在摆脱对雇主的人身依附关系，从短工的解放到部分长工的解放，这是缓慢、曲折而痛苦的过程。但是历史毕竟在前进，农业雇工更趋向于单纯地出卖自身的劳动力，向着自由的雇佣劳动者过渡。

三、清代的实物地租

在清代，实物地租是最通行的地租形态。在分成租制下，地主阶级按一定比例，分取田场上的实物；在定额租制下，也有很多地区，以实物交租。经济研究所藏刑部档案抄件涉及地租形态的一百三十九例中，实物地租有一百零二例，占百分之七十三，货币地租有三十七例，占百分之二十七①，大体上反映实物地租占着优势。

实物地租的盛行，与自给自足的封建自然经济相适应，反映着商品货币关系的发展尚不充分。农产品主要作为使用价值而生产，不是作为价值而生产，较少投入商品流通过程中去。“对这种形式来说农业经济和家庭工业的结合是必不可少的，由于农民家庭不依赖于市场和它以外那部分社会的生产运动和历史运动，而形成几乎完全自给自足的生活，总之，由于一般自然经济的性质，所以，这种形式完全适合于为静止的社会状态提供基础，如象我们在亚洲看到的那样”②。

到了康雍乾时期，在一些地区商品经济有了进一步发展，农民的剩余生产物大量地进入市场，变为货币。同时地主阶级更加奢侈，对货币的需要更加迫切，于是出现了更多的货币地租，即农民不是直接把生产品，而是把生产品的价格，以地租形式交给地主，地主

---

① 参见李文治：《中国近代农业史资料》，第一辑，111页。

② 马克思：《资本论》，见《马克思恩格斯全集》，第二十五卷，897页。

也乐于接受货币而不是生产物。如雍正年间，湖南善化县“上田一顷售至千四百金、二千金者，佃田则每亩一两至二两不等”①。种植经济作物的田地，货币地租较普遍，如广东新会种植蒲葵的乡村，“周回二十余里，为亩六千有余，岁之租每亩十四五两”②。此外，集体田产和官地为了征收方便，也多货币地租，如镇江邹姓地主，有祖茔祭田二亩二分三厘，由佃户承种“每年夏纳干麦五斗，秋租艮五钱，以时交纳”③；另有祠田四亩二分五厘，每年收地租七千四百文④。

实物地租向货币地租转化是一个缓慢而相当困难的过程，不仅需要生产力的提高和农业生产的稳定，而且农产品还要有一个市场价格。在清代，这一转化还只是在部分地区实现了，在全国范围内存在着实物地租与货币地租两种形态，而前者更占优势。乾隆时，大学士讷亲说：“业主置业，则有分收、包纳之殊；佃户偿租则有交谷、交银之例。”⑤ 这里所说的就是指剥削形式的分成租制与定额租制以及地租形态的实物地租与货币地租的同时并存。

尽管清代的农业生产有了一些进步，劳动者的地位有了一定程度的提高，剥削形式和地租形态相应地发生了某些变化，但当时毕竟仍是封建性的农业，地主阶级的剥削建立在超经济的统治和隶属关系之上。地主除收取地租外，可以用各种强暴的手段，压榨农民，进行名目繁多的额外剥削。这种额外剥削通常有：

（1）“押租钱”。因各地区不同，而名称各异。如江西宁都县称“批佃银”，福建汀州称“根租”，安徽泾县称“顶手稻”，江苏靖江称“系脚钱”，湖南善化县称“规礼银”，道州称“写田钱”，四川称“压佃”。名称虽异，而实质相同。

地主收“押租钱”的目的，在于害怕佃户不交或交不起地租，在出租之前，佃户须预交押金。湖南《平江县志》记载，地主、佃

---

① 《乾隆善化县志》卷四，《风土》。

② 屈大均：《广东新语》卷十六，《器语》，《蒲葵扇》。

③ 《江苏镇江佃户金洪虞承种邹府祭田租契》，乾隆五十一年十月。

④ 参见《江苏镇江佃户孙桂林承租邹府祠田租约》，嘉庆十二年十月。

⑤ 《定例续编》增补，讷亲：《免粮之年劝民减租节俭》，乾隆十年七月。

户在“议佃之初”，先交押租钱，“以杜抗租不完之弊”①。巴陵县佃户向地主借贷“些须”，秋后计息偿还，否则“准于押租钱内扣除”②。福建汀州地主，并不把“押租钱”退还佃户，而是“岁易一人”，地主则“岁获此利”③。从“押租钱”的数量来看，各地相差悬殊，极不一致。福建汀州“每亩三四钱不等”，数量较轻。湖南善化县“佃耕每石田，须押规礼银三十两内外”④。四川省“每五千缗，可压田一亩；五百千缗，可压田一百亩”⑤，相当于每亩地价的十分之一。江苏靖江县，一七四五年（清乾隆十年）时，田共一千三百六十六亩，“历年收各佃系脚钱……共钱六千钱”⑥。福建政和县，收实物不收钱。嘉庆十一年（一八〇六），某地主有田十一亩一分，分别佃于陈景良兄弟三人，佃前交“顶手稻六百余斤”⑦。

（2）“夺田另佃”。也称“增租夺佃”。这是地主阶级加强对佃户榨取，无故提高地租额的手段之一。当清朝初年，到处荒地遍野，贫苦农民开荒谋生，地租较轻。但佃户经过多年的辛勤劳动，将荒地变为沃野，地主就无故增租，佃户不允，就“夺田另佃”。如一七四五年，漳州有“学田”九十九亩三分一厘四毫。原以粮七十三石租给谢、陈两家佃户，每亩地租七斗强。到一七五〇年（清乾隆十五年），经过佃户五年的垦殖培壅，地租无故增加到八十三石，每亩增加到八斗，如陈、谢两家不同意，就不租与他们⑧。广东顺德县，“田时易主”，“设有少增其租者，其田即为增租者所夺”⑨。江西省，每到春天插秧之前，地主多“谋夺顶种”。佃户虽已车水灌田，犁地育秧，穷凶极恶的地主，“辄敢毁种牵牛，强行夺踞”，或于“禾稻将登之际，纠众抢割”。其目的是为了增加地租，“另行佃”。

---

① 《同治平江县志》卷九。

② 刘衡：《庸吏庸言》。

③ 王简庵：《临汀考言》卷六，《谘访利弊八议条》。

④ 《光绪善化县志》卷十六，《风俗》。

⑤ 李调元：《童山文集》卷十一，《卖田说》。

⑥ 《咸丰靖江县志稿》卷六，《义学》。

⑦ 《民国政和县志》卷九，《赋税》。

⑧ 《光绪漳州府志》卷七，《学校》。

⑨ 《乾隆顺德县志》卷四，《田赋》。

（3）大斗进，小斗出。这是地主挖空心思，想方设法向佃户榨取地租的另一花招。地主阶级收租时，不但交好谷，用“风扇”，或“双风扇”，“抛飏洁净，压解交兑”[①]，而且还利用大斗进，小斗出，从中剥削。如福建汀州地主收租，用“租桶”，二十一升为一桶；地主粜出用“官桶”[②]，十六升为一桶，进出每桶相差五升。上杭县地主收租，“于常额之外，巧计多取。乃制大斗取租，每斗外加四五升不等”[③]。江西石城县，“租额一石，收耗折一斗，名曰桶面”[④]。建昌府“富家多苛削，庄佃租税之入，或用大斗收，小斗粜”[⑤]。广东惠州府，“租斗有加一、加二至加五六者”[⑥]。江苏奉贤县白沙乡，有个大地主，“私营巨斛受租，佃人多饮恨”[⑦]。浙江吴兴县，“收租斛，视常有加至三升者。其俗，大率收租极大……粜冬米极小”[⑧]。虽然早在一七〇四年（清康熙四十三年）时，清政府由于“各地民间用斛，大小不一，升斗面侈、底狭，弊端易生”，所以“敕造铁斛斗升，颁行中外”，“划一定制”[⑨]。但贪婪成性的地主，是不会遵守这个“定制”的。

（4）“勒索送礼”。佃户之所以被迫向地主送礼，是害怕地主“夺田另佃”而引起的，后来在一些地区，逐渐形成了一种无形的“成规”。乾隆年间，江苏崇明佃户向地主“揽田”，“先以鸡鸭送业主，此通例也”[⑩]，不送礼就不租给土地。松江“名门望族”董葵初，因佃户种田，“其四围余地，俱植蔬茹”。因而在收租时，每收租米一石，佃户“须要瓜干一斤，随租并纳”[⑪]，这也是额外勒索的

---

① 《福建永安县黄历乡夔玉山佃某某水田契约》，乾隆五十一年三月初六日。
② 《道光清流县志》卷十，《寇变》。
③ 王简庵：《临汀考言》卷十八，《批上杭县民郭东五等呈请较定租斗》。
④ 《道光宁都直隶州志》卷十四，《武事志》。
⑤ 《同治建昌府志》卷十，《杂类·轶事》。
⑥ 《康熙惠州府志》卷五，《郡事下》。
⑦ 《光绪奉贤县志》卷二十，《杂志》，引《府志》。
⑧ 《咸丰南浔镇志》卷二十一，《农桑一》。
⑨ 王庆云：《石渠余记》卷六，《纪铁斛铁尺》。
⑩ 褚人获：《坚瓠集》卷四，《揽田》。
⑪ 曹家驹：《说梦》。

一种。安徽芜湖佃户，每到重阳节，“群规粉粢为饼，以馈主人，名曰送节”[1]。绍兴佃户，每到“祈年报赛”，俱送鸭豚与业主[2]。福建闽清，每至“收成之日，农民则具鸡鸭奉业主，谓之‘田牲’”[3]。仙游县，每当交租完毕，佃户“以只鸡、白粲米二三斗”送给地主，以示明年“续佃”[4]。河南“佃户，惟恐地主夺田另佃，往往鸡豚布帛，无不搜索准折”[5]。湖南道州，地主向佃户索取“新鸡一项”，每租地十亩，“自一只至两三只不等”。另外还“需索鸡鸭蛋、柴薪、糯米、年节肉”，以及送给替地主收租的狗腿子“执荡、小利等项，层层剥削”[6]。云南地主更是残酷。佃户交租之外，“索派随田公费及猪羊鸡酒等物”。佃户嫁女，寡妇改嫁，向地主交“出村礼”。“佃户家丧事”，地主索取“断气钱”。佃户身死无后，地主可以“收其牲畜什物”[7] 归为己有。这就完全超出“勒索送礼”的范围了。

（5）无偿徭役。这是封建社会末期，进入以实物地租为主的阶段，劳役地租的残余，也反映了在某些地区佃户政治上身份的低下。尽管清律上规定：地主与佃户，“平日共坐同食，彼此平等相称，不为使唤服役”，“并无主仆名分”，但不少地区，主佃关系仍不平等。佃户除交地租外，还要无偿负担当差、打杂、浆洗、做饭、抬轿子等名目甚多的差徭，这是政治上不平等的具体表现。如江苏泰兴大地主季氏，每夜有六十个佃户给他打更巡逻，看家护院。[8] 崇明佃户每年除交夏冬二季地租外，还要向地主提供抬轿钱、折饭、家人、杂费等差役。[9] 湖南道州，“田主之家，婚丧等事，常唤佃民，扛轿

---

① 《嘉庆芜湖县志》卷一，《风俗》。

② 参见张履祥：《杨园先生全集》卷十九，《附绍兴佃种法》。

③ 《民国闽清县志》卷八，《杂录》。

④ 《乾隆泉州府志》卷二十，《风俗》。

⑤ 雅尔图：《雅公心政录》卷二，《奏为请定交租之例以恤贫民事》。

⑥ 《湖南省例成案》卷五，《户律·田宅》，乾隆十一年十二月十四日，按察使周人骥详文，引《道州知州段汝霖申请》。

⑦ 陈宏谋：《培远堂存稿》卷二，《再申禁约示》，雍正十二年二月。

⑧ 参见钮琇：《觚賸续编》卷三，《季氏之富》。

⑨ 参见《雍正朱批谕旨》，第四二册，李卫奏，雍正八年六月。

役使；平日唤令帮工，几同仆厮。稍不如意，辄行批颊辱骂”①。江西宁都地主，“派家人上庄收租，佃户计其田之多寡，量给草鞋之费”②，而佃户“则有送河、交斛、送仓之乡例”③。河南地主对待佃户，“肆行役使，过索租课。甚至呼其妇女至家服役，佃户不敢不从”④，如此等等，不一而足。

四、高利贷资本渗入农村

高利贷是很古老的资本形态，它在资本主义生产方式确立之前，很早就存在了。高利贷资本，最早产生于城市，到封建社会后期，商品货币经济更加发展，农村农产品进一步商品化，高利贷资本逐渐由城市渗入农村。农村高利贷的剥削对象是经济基础不稳固的自耕农民和广大的贫苦农民。自耕农民拥有少量土地，由于经济力量十分薄弱，经不起封建统治者的剥削和天灾人祸的突然袭击。恩格斯指出：“快到收税的时候，高利贷者、富农——往往是同一公社的富裕农民——就跑出来，拿自己的现钱放债。农民无论如何需要钱用，所以只得无可奈何地接受高利贷者的条件”⑤。高利贷者，乘机渗入农村，通过放印子钱和粮食来牟取暴利。

清朝前期和中期，高利贷者在农村十分活跃。

江苏松江府华亭县农村，地主、商人、高利贷者三者结合在一起，大肆进行高利贷活动。“富者出本，贫者出利”，当春夏间青黄不接之时放出，冬天粮食收获之日收回，“岁岁皆然”⑥。青浦县农民，春耕时向高利贷者贷米，到秋后偿还，“其息甚昂，有一石偿二石者”⑦，利息倍增。江阴县高利贷者，“乘人之急”，敲诈勒索，借银

---

① 《湖南省例成案》卷五，《户律·田宅》，乾隆十一年十二月十四日，按察使司周人骥详文，引《道州知州段汝霖申请》。

② 《民商事习惯调查报告录》，第一册，四三二页。乾隆，《江西宁都仁义乡横塘茶亭内碑记》。

③ 《道光宁都直隶州志》卷十一，《风俗志》。

④ 《嘉庆汝宁府志》卷二十三，金镇：《条议汝南利弊十事》。

⑤ 《马克思恩格斯选集》，第二卷，619页。

⑥ 《光绪华亭县志》卷二十三，《杂志》。

⑦ 《光绪青浦县志》卷二，《风俗》。

十两，给八九两，“契约仍写足数”，“或索五六分之息……瞬息之间，已子过其母”。如过时不还，将所欠之利银，“积算作本，利上盘利”，“久之，计所还之数，数月数倍于本”，名为“驴打滚”。贫苦农民，“筋疲力竭，实无可措”，只好“偿田房，子女听其准折”①。

康熙年间，浙江“民间放银勒谷，利倍于本，利复起利”。“青黄不接之时，值穷民枵腹之际”，高利贷者，“乘机迫促，假名应急”，“不论时价高低，贷银一两，勒写批约，限至秋登，还谷十石，以至十一二石不等”。贫苦的农民，“只得俯首听从，忍恨领归”②。湖州府高利贷者规定：借银十两以上者，每月一分五厘起息；一两以上者，每月二分起息；一两以下，每月三分起息。③ 这就是说，农民愈穷，借银愈少，利息愈高，剥削愈重。

安徽省在乾隆初年，有地数亩或数十亩的自耕农民，当青黄不接之时，官府追税，地主逼租，陷于“典当无物，借贷无门”的境地。只得“指苗为质，履亩计租”④，高利贷者往往以借债放利的手段，吞并农民的土地，“称贷者其息恒一岁而子如其母，故多并兼之家”⑤。

广东南海县，在雍正年间，“世道人心”，“贪饕为性，浇薄成风”。那些“贪利营私之徒，乘人匮乏，勒索重利”。农民“偶尔窘迫，止顾目前”，向高利贷者借贷米谷，“不但加三起息，竟有加五或多至加倍者”，农民辛勤劳动了一年，到“禾稼登场”，“不能复为己有”。即是丰收之年，“仅足供偿债之需”，一旦遇到歉收，农民“束手无策”，借债不能偿还，“必致息上起息，累年不能清结，且贻累于子孙”⑥。

河南省，在雍正三年（一七二五），高利贷者违禁取息，“竟有每月加五六分，至大加一五不等。穷民任其盘算”⑦。乾隆五年

① 吴震：《澄江治绩》卷二，乾隆七年三月，《严禁重利告示》。
② 赵申乔：《赵恭毅公剩稿》卷六，《严禁轻价勒谷示》。
③ 参见《乾隆长兴县志》卷十二，《杂志》。
④ 方苞：《望溪先生文集》，《年谱》，《上征收地丁银两之期疏》。
⑤ 《皇朝经世文编》卷三十六，李兆洛：《凤台县志·论食货》。
⑥ 《道光南海县志》卷一，雍正八年，《圣谟》一。
⑦ 田文镜：《抚豫宣化录》卷四，雍正三年二月。

(一七四〇)时，山西商人和河南当地地主勾结，“专以放债为事”。春天以八折借债，“逐月滚算。每至秋收之时，准折粮食，其利竟至加倍有奇。贫民生计日促，种种耗民，难以枚举”①。

河北省行唐县高利贷者，多“外来富商，挟资放债”。“明扣暗加，日积月累。既违禁以索息，复滚利以作本。层层积算，子倍于母。稍有拖欠，即强逼当地典房”。贫苦农民，“终岁勤动，罄其所有，尚未饱壑”②。无极、满城等县，高利贷者，多为山西商人，“挟资而来，放债盘利”。每月利息，“少者四五分，多者六七分”。有的农民，借了高利贷者七斗麦，竟有经过“五年而折二十金之产者”③。

当铺是一种以物品作抵押的高利贷形式。它在我国封建社会中期的唐代，已经有了记载。最早的当铺，主要开设在工商业发达、人口密集的城市里。到了封建社会后期，商品流通扩展到农村，作为高利贷的当铺，也逐渐深入到接近农村的市镇。在清朝前期，当铺遍布于全国的城市和农村。据一七四四年(清乾隆九年)鄂尔泰奏：“京城内外官民大小当铺共六七百座”④，可见开设当铺之多。

在康熙年间，江西省开设的当铺，布满城乡市镇。高利贷者——当铺，残酷剥削劳动人民。“凡民间典质物件，如价值一两，仅可当银三钱”，而当铺的“当本”，“勒取息银七八钱，方准取赎”。“稍不遂欲，亦措不给赎”。更有甚者，高利贷者，还在当票上，故意将数字书写草率模糊，“令人莫识”⑤，以达浑水摸鱼，欺蒙贫民的目的。嘉庆年间，江西还有一种“听农民以物质抵押”，“以谷为当本”的“质铺”。这一种“当谷”的“质铺”，是专门为青黄不接之时，农民缺少吃食而设立的。开设“质铺”的掌柜，是农村的“富户”。这些高利贷者，资本雄厚，“少则百余石至数百石”，多者达数千石。被剥削的对象，“类皆附近农民，高挑步运，以资日食”。

---

① 《清高宗实录》卷一一三，乾隆五年三月。

② 《乾隆行唐县新志》卷十五，吴高增：《禁重利盘剥》。

③ 《乾隆无极县志》卷六，《附录》。

④ 《东华录》乾隆朝卷二十，乾隆九年十月。

⑤ 佚名：《西江政要》卷九，乾隆三十二年。

每次借贷谷子，自数石以至十余石不等。当谷的抵押品，都是“粗布衣服”，以及农具、家具等物件，变低价抵押。在当赎谷石时，一进一出时的“搬量折耗”，“气面廒底，鼠耗霉变之患”①，以及“当”、“还”谷石时之时价差额，都算在当谷农民的身上。

乾隆五十九年的当票

早在康熙年间，湖南农村的典当业非常发达。湖南的当铺，利息率非常之高，规定，“当银则戥有出入轻重之分，成色高低之别；当钱则不论时价之贵贱”。当本按月计息，每超过五天，即按一月计算。年满过期不还，抵押物品“不允取赎”，立即变价“发卖”②。康熙四十二年（一七〇三），喻成龙任湖广总督时，长沙府各县的当铺，盘剥小民，“肥进瘦出”。名义上不超过三分利息，事实上大大超过。“除本月之外，有一日二日零期者，亦算一月扣利”。当铺借

① 《皇朝经世文编》卷四十，户政，仓储下，嘉庆九年，江西巡抚秦承恩：《劝民间质谷谕》。

② 赵申乔：《赵恭毅公自治官书类集》卷九，《禁当铺违例取息示》。

出时，银两只有九四、九五成色，从而“每两必重三分二分”；当铺“进银”时（即借户还债时），“则要十分足色”，每两又“必重秤三分二分”。一进一出，当铺利息，“各虽加三，实则加四加五”①。

在商品经济比较发展的江浙一带，典当商与囤积商勾结在一起，向农民进行双层剥削。典当商向囤积商提供资金，到农村“乘贱收买”囤积米谷、蚕丝、棉花等农产品，然后再“随收随典，辗转翻鳞”②，坐享厚利。在乾隆年间，浙江典当商人，“俱系有力之家”开设，这些当铺，“获利盈千累万”，“皆饶裕”③。湖州府各县的贫苦农民，向当铺借贷时，以衣物作抵押，所值无几。如过期不能取赎，“每多没入”④。江苏泰兴县，开当铺“息权子母”者，“五城门及各镇皆有”⑤。

乾隆年间，直隶无极、满城等县，典当商人，“重利盘剥”农民。劳动人民，春天借贷少许，以棉衣为质，十冬腊月，“赎取冬衣御寒”。每到冬天，赎取棉衣的贫苦人，在当铺门前，排成长蛇队，“自黎明至定更不绝”⑥。

乾隆十三年时，广东、广西两省的广大农民，“耕作之际，家中所有，靡不在质库之中”。每年到秋后稼禾收成，再“逐件清理御寒工具”。劳动人民，冬天“以食米转换寒衣，交春又以寒衣易谷”⑦，几乎年年如此。

在雍正年间，福建仙游县，共有“典铺七十余家”⑧，主要剥削对象是广大的佃户。

高利贷者利用开当铺，对劳动人民进行残酷剥削，无情榨取，引起了广大劳动人民的激烈反抗。因而，在清朝前期，全国各地抢

---

① 《乾隆长沙府志》卷二十二，《政迹》，《檄》，总督喻成龙：《檄谕知府条规》。

② 《皇清奏议》卷三十，乾隆十二年，汤聘：《请禁当米谷疏》。

③ 《治浙成规》礼集，乾隆二十一年六、七月。

④ 《同治湖州府志》卷九十五，《杂缀》上。

⑤ 《嘉庆泰兴县志》卷六，《风俗》。

⑥ 《乾隆无极县志》卷六，《附录》。

⑦ 《清高宗实录》卷三一一，乾隆十三年三月。

⑧ 陈盛韶：《问俗录》卷三，《仙游·二分息》。

劫、焚掠当铺的事件，时有所闻。如在康熙四十三年六月，湖广镇筸劳动人民王汉杰等三百余人，“将在城当铺，肆行抢掠”，并“逼官索结”①。康熙四十六年十一月，江苏太仓州浏河地方，有劳动人民多人，“行劫开典铺生员陆三就家，放炮进门。金珠细软，尽被劫去”②。雍正十三年四月，昆山县大典商汪正泰家，被群众烧掉“贮包当楼十八间”③。乾隆十一年十二月十八日半夜，固原县城内外群众，“打开守门……夺门而入，抢掠当铺”④。乾隆十六年，江苏上元县进兴号当铺，被群众焚烧殆尽。地邻郑三等，“从中包揽，立局赔偿”。郑三从中渔利，“克减钱文”，激起当户的不满，将进兴当掌柜陈自中“鞭打押禁”⑤，并把郑三的房屋拆毁。乾隆五十年，河南柘城县发生了以刘振德为首的“掠抢当铺”事件。⑥ 嘉庆二十一年（一八一六），福建省漳浦县，蔡本猷所开的当铺，夜间被魏粹等二十二人“行劫”⑦。

地主、商人、高利贷者三位一体，通过放高利贷活动向农民进行残酷剥削，使自耕农民分化破产，沦为佃户。各地劳动人民抢掠当铺事件的不断发生，是劳动人民反抗高利贷剥削的结果。

---

① 《清圣祖实录》卷二一六，康熙四十三年六月。

② 《李煦奏摺》，四一页。

③ 《雍正朱批谕旨》，第十八函，第一册，雍正十三年四月十八日，江南总督赵弘恩奏。

④ 《清高宗实录》卷二八二，乾隆十二年正月。

⑤ 《清高宗实录》卷三九一，乾隆十六年闰五月。

⑥ 参见《清高宗实录》卷一二三〇，乾隆五十年五月。

⑦ 《清仁宗实录》卷三一九，嘉庆二十一年六月。

第七章　手工业和商业的发展

第一节　手工业的发展和资本主义萌芽

一、手工业的恢复和发展

中国古代的手工业，种类繁多，产品精美，历史悠久，技术和工艺水平居于世界的先进行列。明末清初，经过长期战乱，许多重要城镇被烧抢洗劫。明代发展起来的一些手工业基地受到严重破坏。

景德镇在历史上就是享有盛誉的制瓷业中心，明朝中叶以来，这里的官窑、民窑十分发达，但经过清初的长期战争，破坏很大，景德镇的窑区几乎变成了一片废墟。山西潞安的织绸业，明末有织机

清景德镇的陶瓷业

三千余张，至顺治十七年（一六六〇）仅余二三百张，而且封建官府盘剥，朝廷每年勒索贡绸，“本省衙门之取用以及别省差官差役织造者，一岁之中，殆无虚日”，“各机户焚烧绸机，辞行碎碑，痛哭逃奔”①。四川成都的“蜀锦”也著称于世，但经过战乱，“锦坊尽毁，花样无存”②。其他著名的手工业城市，如南京、苏州、杭州以及广州、佛山等地，都遭到严重的破坏和损失。

清蜀锦机

康熙中期以后，封建社会秩序相对稳定，经济得到了恢复发展，手工业工人的生活有了一定的保障，各个手工业部门与明末比较，也有了进步和发展。

清代手工业的恢复和发展，首先表现在生产工具一定程度的进步和革新。如南京织缎业，织机构造相当复杂、精细，“织缎之机，名目百余”、“其精密细致，为海内所取资”③，杭州的丝织业，“观其为器，则有杼、有轴、有疌、有幐、有榎、有楼、有鹿卢、有蹑、有综；佐之者有杓、有梭、有籆、有繀车。盖一器而工聚焉”④。江

---

① 《乾隆潞安府志》卷三十四，王鼐：《请抚恤机户疏》（顺治十七年）。
② 《民国华阳县志》卷三十四，《物产》。
③ 陈作霖：《凤麓小志》卷三，《志事》。
④ 厉鹗：《东城杂记》卷下。

西景德镇的瓷窑比明代普遍加大，技术也有改进，因此瓷器产量和质量有所提高，分工亦极为细密，各个窑户和各道工序，各有专门的技能和工具。云南的采铜业，有槌、尖、凿、风柜、亮子、龙等工具，寻找铜矿，必须有一定的地质学知识和经验，“矿有引线，亦曰矿苗，亦曰矿脉。其为臧否，老于厂者能辨之，直攻、横攻、仰攻、俯攻，各因其势，依线攻入”①。进行采掘时，“镶头”是重要的技术人员，他指挥生产，关系全矿的成败，“每峒一人，辨察闩引，视验墏色，调拨槌手，指示所向，松墏则支设镶木，闷亮则安排风柜，有水则指示安龙，得矿则核定卖价。凡初开峒，先招镶头，如得其人，硐必成效”②。江苏的棉纺织业，工具亦有显著的改进，如上海“他邑止用两指拈一纱（名手车），吾邑一手三纱，以足运轮（名脚车），人劳而工敏”③。布机也有了改进与革新，过去普遍使用“腰机”，不仅劳动强度大，而且速度慢。清代前期，在一些地区“腰机”已被淘汰，被更先进的织机所代替。纺织机具由专门的铺户制造，精益求精，青浦县黄渡徐氏所产之布机“坚致而利于用，价亦稍昂”，甚受织户欢迎。此外，锭子出金泽、纺车出谢氏，远近驰名，当时有“金泽锭子谢家车”④ 的谚语。四川井盐业中凿井、设枧都是耗资多、难度大、工程复杂、技术要求很高的工程。凿井用锉，重一百余斤或二百余斤，长一丈内外。锉的种类很多，有不同的用途和操作方法，“落大锉者用埽链，落小锉者用偏肩，落筒者用木龙，落索者用穿鱼刀，落蔑者用独脚棒，其器之机巧，不能名状，有时神明变通，并不能拘成法也”⑤。凿井的深度“自百数十丈至三四百丈”，“凿井匠作，皆黔省人。偶坠物件，能以竹竿捡取，遇井内有渗漏，能补塞之，洵称绝技”⑥。从盐井内汲出卤水后，要送到有火井的地方熬煮，原来都用人挑畜驮，清代有福建人林启公发

---

① 吴其濬：《滇南矿厂图说》，附《浪穹王崧矿厂采炼篇》。

② 同上书，附《铜政全书谘询各厂对》。

③ 《乾隆上海县志》卷一。

④ 《光绪青浦县志》卷二，《土产》，引旧志。

⑤ 李榕：《十三峰书屋文稿》卷一，《自流井记》。

⑥ 严如煜：《三省边防备览》卷九。

明“置枧”技术，即用竹管输送卤水，“竹枧，整竹中通，外敷油灰，束以麻……注盐水由此达彼，多行地中。有沿山置架，高下纡折，行一二十里者；有置河底，复以石槽，潜注彼岸者，运用绝巧。”①

清代手工业的恢复和发展，也表现在分工的细密、生产规模的扩大以及产品种类的繁多。手工业日益细分为许多专门行业或连续工序，如棉织业分为轧花、纺纱、织布及染、踹等，矿冶业分为采掘、冶炼、铸造等，专业部门的数量增多了。又如制瓷业的分工很细：一种分工是按照产品类别在各窑户之间进行分工，每个窑户只生产某种瓷器，如大器作只生产大的盘碗，小器作生产小的盘碗，脱胎器作生产精致的盘碗，大件作生产大型的瓷瓶瓷缸，雕刻作生产瓷人和玩具饰物，汤匙作生产汤匙。这种分工以户为单位，每户只制造某种产品，该户即称某某作；另一种分工是按照生产过程中的不同工序在工人之间进行分工，大致分为“陶泥工、拉坯工（俗呼做坯）、印坯工（俗呼拍模）、旋坯工（俗呼利坯、挖坯）、画坯工、舂灰工、合泑工（有配灰者、有合色者）、上泑工、抬坯工、装坯工、满掇工、烧窑工（俗呼把压，然分三手：有事溜火者、事紧火者、事沟火者）、开窑工”② 等，这种细密的分工，促使产品的数量和质量提高了，“工益举而制日精，一岁之成，恒十数万器”③。制纸的分工也很细，有推、刷、洒、梅、插、托、表等工序④，所以有“片纸非容易，措手七十二”⑤ 的俗谚。

清代手工业机具和工人的数量比明代有所增长，生产规模有所扩大。乾隆年间“苏州东城比户习织，专其业者，不啻万家”⑥。道光年间，南京“缎机以三万计，纱、绸、绒、绫，不在此数”⑦。杭

① 卢庆家等：《民国富顺县志》卷五。
② 蓝浦：《景德镇陶录》卷三。
③ 《道光浮梁县志》卷九，年希尧：《重修风火神庙碑记》。
④ 参见《江苏省明清以来碑刻资料选集》，68 页。
⑤ 《光绪江西通志》卷四十九。
⑥ 《乾隆长洲县志》卷十七，《物产》。
⑦ 《续纂江宁府志》卷十五，《拾补》。

州的织丝业也极盛，“东北隅数万千家之男女，俱需此为衣食之谋”，“机坊机匠，未有若此之盛者”①。苏州的踹坊，“在阊门外一带，充包头者共三百四十余人，设立踹坊四百五十余处，每坊客匠各数十人不等，查其踹石已有一万九百余块，人数称是”②。

在采矿和某些行业中，存在着规模很大的手工业，运用巨额资本，拥有庞大而复杂的生产设备，雇佣着大批手工业工人，如云南铜矿，“民厂之大者，其人以数万计，小者以数千计”③。广东的铁厂，“凡一炉场，环而居者三百家，司炉者二百余人，掘铁矿者三百余，汲者烧炭者三百余，驮者牛二百头，载者舟五十艘”，“故一铁炉可养活千人”④。又如上海的沙船业，船只很多，每艘船的载重量很大，沙船商多拥有雄厚的财力。包世臣说：“沙船聚于上海，约三千五六百号。其船大者载官斛三千石，小者千五六百石。船主皆崇明、通州、海门、南汇、宝山、上海土著之富民，每造一船须银七八千两。其多者至一主有船四五十号。”⑤ 四川的井盐，工程大、费时久、耗资巨，“大盐厂如犍富等县，灶户佣作商贩各项，每厂之人，以数十万计。即沿边之大宁、开县等厂，众亦以万计”⑥。

生产工具的革新，社会分工的扩大，必然引起手工业产品花色式样的增多。如南京所产的丝织品，供皇宫所享用的绸类，分为宁绸、宫绸、亮绸。缎类，分为花缎、锦缎、闪缎、妆花、暗花、五丝。民间所织绸缎，分头号、二号、三号、八丝、冒头、鞾素等。⑦ 苏州所产之缎，最初仅有素缎，到乾嘉年间，“西塔子巷李宏兴，古市巷杭禄记等”机户，“加织花纹，并发明纱货，同时又织造百子被面、三元绸等”⑧。

① 《光绪仙居县志》卷十，张丽生：《杭州机神庙碑》。

② 《雍正朱批谕旨》，第四十二册，李卫等奏，雍正八年七月。

③ 《续云南通志稿》卷四十三，《矿务》。

④ 屈大均：《广东新语》卷十五，《货语》。

⑤ 包世臣：《安吴四种》卷一，《海运南漕议》。

⑥ 严如煜：《三省边防备览》卷九。

⑦ 参见《同治上江两县志》卷七，《食货》。

⑧ 宇鸣：《江苏丝织业近况》，《工商半月刊》，第七卷，第十二期，1935。

苏州所产之“吴绫”，也“名品不一”，分方纹、龙凤纹、天马辟邪纹等。① 杭州的丝织品有锦、剪绒、绫、罗、纻丝、纱、绢、绸等。② 松江府各县所产之布匹，非但长宽不一，而且花色品种繁多。其著名者，就有扣布、稀布、飞花、斜纹布、梭布、药斑布、紫花布等名品。③

清广东佛山铁锅

清代手工业的恢复、发展，还表现在产品市场的扩大，销路遍及全国，有些产品还销往国外。如南京的绸缎，“北趋京师，东并辽沈，西北走晋绛，南越五岭、湖湘、豫章、七闽，溯淮泗，道汝洛”，“商贾载之遍天下”④，并且输往日本、南洋和欧洲。广东的铁器也有广大市场，所谓“佛山之冶遍天下”，“锅贩于吴越荆楚而已，铁线则无处不需，四方贾客各辇运而转鬻之”⑤。景德镇的瓷器是传统的出口商品，“景德镇陶器，行于九域，施及外洋，于是豪商大贾，咸聚于斯”，所以有“工匠来八方，器成天下走”⑥ 之誉。织布业虽然是分散的家庭手工业，十九世纪前期却大量出口，质量压倒了称雄于资本主义国家的英国布匹。每年出口平均在二十万匹以上，当时，外国人评论说，“中国织造的南京土布在颜色和质地方面仍然保持其超过英国布匹的优越地位。价格每百匹为六十至九十元不等”⑦。

二、手工业中的资本主义萌芽

清代的手工业比前代有了一定程度的进步和发展，资本主义的萌芽也有所增长。

---

① 参见《乾隆震泽县志》卷四，《物产》。

② 参见《康熙杭州府志》卷六，《物产》。

③ 参见《嘉庆松江府志》卷六，《物产》；《乾隆宝山县志》卷四，《物产》。

④ 《嘉庆新修江宁府志》卷十一。

⑤ 《乾隆佛山忠义乡志》卷六，《物产》。

⑥ 蓝浦：《景德镇陶录》，《陶说杂编》上，卷八。

⑦ *The Chinese Repository*，Vol. Ⅱ，No. 10，Feb. 1833，p. 465.

但是，中国封建经济还十分强大，地主阶级对农民的剥削十分残酷，农业和小手工业相结合的自然经济结构十分顽强，在这一经济基础上树立起来的上层建筑，包括政权、行会以及意识形态，从各方面维护和加强封建经济，压抑着新的经济因素的生长。直到鸦片战争爆发以前，中国封建的经济和政治，虽然由于内部、外部的矛盾而经历着持续的、严重的危机，但是，中国的资本主义萌芽仍很幼小。它犹如挣扎在巨石压迫之下的嫩花弱草，犹如覆盖在无边沙碛中的小块绿洲，还不可能战胜和取代庞大的封建经济。十七世纪到十八世纪初，西欧地区已经掀起了资产阶级革命的风暴，腐朽的封建制度正在土崩瓦解，资本主义近代工业正以一日千里之势蓬勃发展，而中国社会还缠绕在各种封建关系的网络中，手工业生产发展缓慢，步伐大大落后于西欧国家。

当然，历史总是要前进的。一切新生事物，不论遭到多么严重的阻挠和压抑，归根到底是不可战胜的。萌芽状态的资本主义关系仍然存在着，生长着，斗争着，不断冲击着封建主义的躯壳，它总有一天会取得胜利，脱颖而出。正像毛主席所说："中国封建社会内的商品经济的发展，已经孕育着资本主义的萌芽，如果没有外国资本主义的影响，中国也将缓慢地发展到资本主义社会。"①

由于各个手工行业内部和外部条件的不同，资本主义萌芽的存在形态和发展道路在各行业中不尽相同。封建经济的发展，必然要产生资本主义，这是普遍性；而各行业中资本主义萌芽将以什么形式发展起来，它所遇阻力之大小，发展速度之快慢又各有差异，这是特殊性。纺织和矿冶是当时最为发达的手工业部门，具有典型意义。我们将以棉织、丝织、各种矿产的采掘冶炼为例来考察中国资本主义萌芽的具体形态。

棉纺织业供应全国数亿人民的衣着，有广大的市场，在手工业生产中居于首要地位，而且机具革新较简便，所需资金也不多。在世界经济史上，棉纺织业中的资本主义发展得最早也最快，但中国

---

① 《毛泽东选集》，第二卷，589页。

的棉纺织业却只是作为农村的家庭副业而存在，如“上海一县，民间于秋成之后，家家纺织，赖此营生，上完国课，下养老幼”①，纺织业和农业强固地结合在一起，“既耕既织”、“以织助耕”，明显地表现出自给自足的生产特色。在这种经济结构中，生产成本极低，所需工具简单，农民不仅不会去购买自己在农闲时可以生产的布匹，并且还能以少量的产品供应市场需要。资本无法与它竞争，难以取得稳定的产业利润。如同马克思所说，“在印度和中国，小农业和家庭工业的统一形成了生产方式的广阔基础”，“因农业和手工制造业的直接结合而造成的巨大的节约和时间的节省，在这里对大工业产品进行了最顽强的抵抗”②。因此，鸦片战争以前，很少看到棉织业手工工场，仅有的一例是一八三三年（清道光十三年）佛山的情形，“从事织造各种布匹的工人共约五万人，产品需求紧迫的时候，工人就大量增加。工人们分别在大约二千五百家织布工场作工，平时每一工场平均有二十个工人”③。这种把织布工人集中在工场里的大规模生产，大概是十九世纪前期布匹大量出口所刺激起来的。

大量的棉纺织业属于家庭副业和小商品生产，但由于市场需求的增长，商业资本极其活跃，首先在流通领域打开了缺口，出现了一批控制生产的包买商。这些商人拥有大量资本，他们可以沟通棉花原料的产地、棉布小生产者以及远方市场三者之间的联系。起初，他们只是为赚取商业利润而活动，买进是为了卖出，逐渐地垄断了棉花的供应和棉布的收购，从经济上控制了小生产者，开始把织工创造的剩余价值纳入自己的腰包。织工仍按照原来的分散的方式继续劳动，而实际上受包买商的统治和剥削，只为包买商劳动。“它不变革生产方式，只是使直接生产者的状况恶化，把他们变成单纯的雇佣工人和无产者”④。

商人垄断棉花供应和棉布收购的情况是相当多的，事实上，棉纺织业在某些地区已形成一定程度的专业化，它就离不开起中介作

---

① 《李煦奏折》，《请预发采办青蓝布疋价银折》，六页。

② 《马克思恩格斯全集》，第二十五卷，373 页。

③ *The Chinese Repository*，V01.Ⅱ，N0.7，Nov. 1833，p. 305.

④ 《马克思恩格斯全集》，第二十五卷，374 页。

用的商业资本。如在上海附近，商人大量收购棉花，“天未明，棉花上市，花行各以竹竿挑灯招之，曰收花灯”①，“闽粤人于二三月载糖霜来卖，秋则不买布，而止买花衣以归，楼船千百，皆装布囊累累，盖彼中自能纺织也”②。即使在山西也有商人囤积棉花，使织工缺乏原料而不能工作。“富商六七人，故以高价尽数买积（棉花），以专其利，每驼非六七十千不售。夫有六、七、八人之专利致使一邑停机住纺，衣着无物”③。商人垄断棉花的进一步发展就是把棉花或棉纱分配给纺织工人，以换取纱布产品，在棉纺织业繁盛的江苏松江府、浙江南浔镇以及广州，正是出现了这种商业资本支配手工业生产的例证，如松江早在明代就有这种情形，“纺织不止乡落，虽城市亦然。里媪晨抱纱入市，易木棉以归，明旦复抱纱以出，无顷刻闲”④。南浔“市之贾俟新棉出，以钱贸于东之人，委积肆中，高下若霜雪，即有抱布者踵门，较其中幅，以时估之，棉与布交易而退。随有西之人赍钱来计布值，合则书剂与之去，而钱存焉。姻家盛氏业此者久”⑤。广州“织造棉布匹头的老板和纺工之间，通常总是由老板供给纺工棉花二斤，收回棉纱一斤，棉花和棉纱的售价极其低廉”⑥。这样，商人拿原料来换取制成品，既切断了织工与制成品市场的联系，又切断了职工与原料市场的联系，使他们完全屈服于商业资本的权威，这“意味着在资本主义关系的发展上跨了很大一步”，“在商业资本的最高形式下，包买主把材料直接分配给‘手工业者’使其为一定的报酬而生产。手工业者 de facto 成了在自己家中为资本家工作的雇佣工人，包买主的商业资本在这里就变成了工业资本。于是资本主义的家庭劳动形成了”⑦。

---

① 杨光辅：《淞南乐府》。

② 褚华：《木棉谱》。

③ 祁寯藻：《马首农言》，二五页。

④ 《康熙松江府志》卷五，引明代旧志。

⑤ 《咸丰南浔镇志》卷二十四，施国祁：《吉贝居暇唱自序》。

⑥ ［英］格林堡：《不列颠的贸易和中国的开放》，100 页（Michael Greenberg *British Trade and Opening of China*）。

⑦ 《列宁全集》，第三卷，328～329 页。

与棉布纺织业中主要是家庭手工业的情况不同，在棉布染踹行业中出现了小作坊。染踹业原来并不是一个独立的生产部门，而是布商所开的一个分支机构，它是青蓝布匹加工生产的一个环节。苏州阊门的布店字号，是“自漂布、染布及看布、行布，一字号常数十家赖以举火”①。我们在康熙末年苏州的一块染坊碑文中，看到最后有六十四户染坊字号具名。而其中吴益有、程益美等十六家字号，又分别在其他布业碑刻中，以布商名义出现过一次到数次不等。可见，这十六家染坊，都是布商开设的。② 其中程益美字号，原是清初新安布商汪某所开之汪益美号，后来由于某种原因，被程姓吞并，故汪益美号改为程益美号。益美号所产之青蓝布匹，“遍行天下”，一年内售布“百万匹”。二百年来，“滇南漠北，无地不以益美为美也”③。踹坊和染坊一样，也从属于布商。一六七〇年（清康熙九年）一块碑文中记载，“饬谕徽商、布商、踹布工匠人等知悉：嗣后一切踹工人等，应听作头（即工头）稽查，作头应听店家约束”④。一七二三年（清雍正元年）时记载，“染踹二匠，俱系店家雇佣之人”⑤。这里清楚地说明了布商与染踹匠的剥削关系。

随着染踹业的发展，有些染踹坊便逐渐脱离了布商的控制而独立出来。雍正时，苏州一地已有踹坊四百五十处，踹匠一万余人。原来作坊的作头，也开始了分化，有的变成了作坊主人——包头。有的包头开了几个作坊，剥削着“客匠各数十人”⑥ 不等。这些包头，拥有众多的元宝石、木滚等生产工具，备有大量房屋出赁给踹匠居住，给踹匠垫支柴米饭费，并依恃生产资料所有权，按月向踹匠每人剥削三钱六分银子，相当于踹布三十三匹的工价，作为“偿房租家伙之费”⑦。那些依靠出卖劳动力备受剥削的染踹

① 《民国吴县志》卷五二上，《风俗》一，引《乾隆长洲县志》。

② 参见《江苏省明清以来碑刻资料选集》，58～60 页。

③ 许仲元：《三异笔谈》卷三，《布利》。

④ 《江苏省明清以来碑刻资料选集》，33 页。

⑤⑦ 《雍正朱批谕旨》第八册，雍正元年五月，何天培奏。

⑥ 《江苏省明清以来碑刻资料选集》，43 页。

匠，“在苏俱无家室”，都是“孑身赤汉”①，一无所有的无产者。他们身受布商、包头的双层剥削，工资低廉，生活赤贫，富于反抗精神，这里比较明显地表现了资本主义的剥削关系。苏州的染踹业集中在一些作坊里，已经专业化，这为资本主义生产的发展创造了某些有利的前提。但是，在这里，资本的职能分解为两个部分，布商只提供加工对象和工资，包头只提供生产设备并管理工人，两者分沾剩余价值，棉布生产与加工的全过程还没有统一到一个资本家的指挥之下。而包头更带有封建把头的气息，包头在封建官府的支持下严密约束踹工，编设保甲，“踹匠投坊佣趁，必须坊长识认来历，方许容留”，“踹匠进作，必须四匠互保”，甚至“日则做工，夜则关闭在坊”②，在包头管辖和监督下，踹匠所受的封建束缚还是十分严重的。

江南地区的丝织业比棉纺织业更加集中，更加专业化，除了大规模的官营织造以及停留在“家杼轴而户纂组”的家庭手工业之外，出现了机户开设的手工工场。康熙前期，清政府为了限制民间丝织业工场的发展，规定“机户不得逾百张，张纳税当五十金”，后来江宁织造曹寅奏免额税，民间的织机大大增加，“至道光间，遂有开五六百张机者”③。这类丝织业手工工场雇佣着大量工人，在一个资本的指挥下进行生产，“苏城机户，类多雇人工织，机户出（资）经营，机匠计工受值……至于工价，按件而计，视货物之高下，人工之巧拙为增减”④。如当时江宁著名的机户李扁担、陈草包、李东阳、焦洪兴等，“咸各四五百张”⑤ 织机。这些机户，“除自行设机督织外，大都以经纬交与织工，各就职工居处，雇匠织造”⑥。也有的人自已不开设作坊，只是“散放丝经，给予机户，按绸匹计工资”⑦。由此可

① 《雍正朱批谕旨》，第四十八册，苏州织造胡凤翚奏。
② 《江苏省明清以来碑刻资料选集》，《长吴二县踹匠条约碑》，44 页。
③ 《光绪续纂江宁府志》卷十五。
④ 《江苏省明清以来碑刻资料选集》，《奉各宪永禁机匠叫歇碑记》，6 页。
⑤ 《申报》，光绪十二年二月六日。
⑥ 《民国吴县志》卷五十一，《物产》二。
⑦ 徐珂：《清稗类钞》，《农商类》。

见，江南一带的丝织业，除了被织造局控制的一部分外，也有少数带有资本主义性质的工场手工业。有些民间小户，虽然本身资金不多，织机甚少，但为工场手工业的资本所控制，为他们加工订货，成为大作坊的“场外部分”了。

工场手工业耸立在广大的自然经济的基础之上，既是它的点缀品，又缓慢地分解着、冲击着封建的经济和政治，成为它的对立物。“在工场手工业中……由许多单个的局部工人组成的社会生产机构是属于资本家的。因此，由各种劳动的结合所产生的生产力也就表现为资本的生产力”①。工场手工业的进一步扩大发展，必将与封建主义产生严重的冲突，导致封建制度的崩解。

当然，清代的工场手工业并没有强大到能够与封建主义争衡的程度，相反，开设织丝工场的机户们自身带着浓厚的封建性，不能不接受封建官府的控制，甚至，还依赖官府的庇护，镇压工人，以维持自己剥削工人的权利。这里呈现了极为复杂、极为矛盾的经济关系和阶级关系。一方面，机户以资本的力量剥削工人，并借助封建政权的暴力压迫工人，在层出不穷的劳资纠纷中，官府总是和机户站在一边。如一七三四年（清雍正十二年），清政府在苏州立碑，禁止机匠罢工。内称：“嗣后如有不法棍徒（指织工），胆敢挟众叫歇（罢工），希图从中索诈者，许地邻机户人等，即时扭禀地方审明，应比照把持行市律究处，再枷号一个月示儆”②。一八二二年（清道光二年）所立石碑中又称“查民间各机户，将经丝交给机匠工织，行本甚巨，获利甚微，每有匪匠，勒加工价，稍不遂欲，即以停工为挟制……此种恶习，甚为可恶……倘机匠人等故违不遵及借端生事，苛敛良匠，有妨工作，许各机户指名禀县究治”③。机户在政治上依附于封建官府，正表明他们经济力量还很薄弱；另一方面，封建官府和行会又对机户任意鱼肉，严加限制。清初沿用明代的“领织制”，凡官府所需丝织品，

① 《马克思恩格斯全集》，第二十三卷，398～399页。

② 《江苏省明清以来碑刻资料选集》，《奉各宪永禁机匠叫歇碑记》，6页。

③ 同上书，《元和县晓谕机匠揽织，不得倡众停工碑记》，13页。

由机户领银雇匠包织，织成后解官结价。后来又实行“领机给帖”办法，织造衙门将官机交给民间织户，发给印帖，从此“机户名隶官籍”，有织造任务时，机户向织造衙门领取丝料、工银，雇工织造。机户接受官府的加工订货，不可能独立经营和自由发展，备受官府的盘剥，“机户以织作输官，时或不足，至负官债，而补置无术者，亦往往然也”①。机户与官府之间存在着深刻的矛盾。此外，机户机匠都要受行会组织的种种束缚，难于获得自由的发展。

矿冶业也是历史悠久的重要手工业部门，关系到广大人民生产工具、生活用具的供应，也关系到政府军事、财政方面的需要。清代矿冶业中出现了雇佣劳动和大规模的工场，出现了资本主义的萌芽。和明代相比，清代的矿冶业，无论在生产规模、产量以及矿冶业内部关系方面大大地前进了。在明代，官营矿场占很重要的地位，民营的矿冶也处在政府的严密控制下，而且劳动者很多是缺乏人身自由的卫军、匠役以至囚犯。而清代矿冶绝大多数由商民开采，即使是政府控制最严的云南铜矿也采取了官借工本、官收余铜的政策，矿场经营的主权仍属于私人而不属于政府。其他煤铁矿更普遍由私人投资。矿冶业中使用卫军匠户的劳役制也已被淘汰。卫所已不存在，匠役已普遍废除。矿冶业中都是“富者出资本以图利，贫者赖佣工以度日”② 的雇佣劳动制。当然清代的矿冶业仍发展得不充分，带着浓厚的封建性。封建政府的触角伸进矿冶业，还在严密控制和干预矿业的开采、冶炼和流通，使矿冶业不能正常地、迅速地发展起来。

资本雄厚、产量很高、生产规模最大的是云南的铜矿，“从前大厂动辄十数万人，小厂亦不下数万，非独本省穷民，凡川湖两粤力作功苦之人，皆来此以求生活”③。投资开采铜矿的有来自四方的地主豪商，“从前开办皆系川湖江广大商巨贾，每开一厂，率费银十万、二十万两不等”④。从事采矿的劳动者，一部分是不领

① 《乾隆重修元和县志》卷十。

② 《皇朝经世文编》卷五十二，田畯：《陈粤西矿厂疏》。

③ 《皇朝经世文续编》卷四十九，岑毓英：《奏陈整顿滇省铜政事宜疏》。

④ 唐炯：《成山老人自撰年谱》附录，二页。

固定工资而按一定比例分取产品的“亲身弟兄”，有比较浓厚的人身依附关系；另一部分则是常年受雇佣的“月活”，有固定工资，保持着人身自由，“按月支给工价，去留随其自便”①，是具有资本主义性质的雇佣劳动。铜矿的生产分工很细，组织严密，生产的基层单位是“硐”，每个礌硐又分路开采，称为“尖”，负责冶炼的单位是“炉”。“硐”、“尖”、“炉”集中在一个地区，形成一个大矿厂。矿厂除官府派来的官役以外，场务由场民推举出来的“七长”（客长、课长、炉长、锅头、硐长、镶长、炭长）主持。炉长、锅头都是投资铜矿的商人，而硐长、镶长则是工程技术人员。

云南铜矿虽然规模很大，组织形式较完备，但是它的发展是适应清政府铸造货币的需要，并且得到了政府的大力扶植。当康熙平定“三藩”、收复云南之后，就鼓励采铜，实行“听民开采”的政策，最初只抽取百分之二十的矿税，后来由于铸币需要大量铜斤，又实行“放本收铜”政策，政府每年拨款银一百万两，作为预借铜本，发给各厂，所采之铜，由政府收购。由于清政府投入巨额资金，铜矿发展很快，产量迅速上升，最高时年产量达一千数百万斤。但“放本收铜”政策导致了封建政权势力渗入铜矿内部的严重恶果，使铜矿走上一条畸形发展的道路。商民预支铜本的条件是将采得的铜斤以固定价格售给政府，是为“官铜”，只有极少部分作为“通商铜”允许进入市场，自由买卖。而政府收铜的价格很低，每百斤起初给价银三四两，后来加至六两四钱，市场上的铜价则在九两以上，“夫矿民开采铜斤，其费甚大，有油米之费，有锤凿之费，有炉火之费；其运至省店也，有脚价之费，所费甚大，而官价不足以偿之”②。“厂民受价六两四钱，尚须贴费一两八九钱而后足。问所从出，不过移后以补前，支左而绌右。他日之累，有不可胜言者。夫铜价之不足，厂民之困疲，至于如此”③。矿民预借铜本以后，所交

① 吴其濬：《滇南矿厂图略》附，《铜政全书谘询各厂对》。
② 李绂：《穆堂初稿》卷四十二，《与云南李参政论铜务书》。
③ 吴其濬：《滇南矿厂图略》，《论铜政利病状》。

产品，不够偿还借本，造成大量的厂欠。清政府榨取了矿工创造的全部剩余价值，夺走了矿商的利润，矿场不但不能积累资金，改革技术，扩大再生产，甚至连简单再生产也维持不下去，“厂民无复纤毫之赢溢”，以致矿民欠债累累，盗采、私卖或者停止生产，逃亡反抗。清政府渗入铜矿，给企业带来严重的危害，但由于铸造货币，必须用铜作原料，因此不得不把这种不死不活的局面拖下去。时而增加铜价，时而减免厂欠，时而放宽通商铜的限制。可是这种一点一滴的改良仍然无法治疗封建主义对云南铜矿所造成的致命创伤，乾隆的上谕中说：“滇省采办铜斤，近年以来，屡形竭蹶。节经降旨该督抚等，设法调剂，实力筹划，终无成效。”①此后，清政府日益腐朽，人民斗争风起云涌，国库也无法支放巨额资金作铜本，云南铜矿更加衰落，“云南之铜，年年缺产”②，一蹶而不振。

采铁、冶铁既供应人民生产和生活用具，又供应制造兵器的原料，这是国民经济中极重要的部门。封建官府的资金并没有渗入铁矿业内，而一概由商民自行开采、冶炼。全国各地有不少规模较大的采铁、冶铁工场。如广东佛山“炒铁之炉数十，铸铁之炉百余，昼夜烹炼，火光烛天”③，“计炒铁之肆有数十，人有数千，一肆有数十砧，一砧有十余人，是为小炉”④。雍正时，“粤省铁炉不下五六十座，煤山木工，开挖亦多，佣工者不下数万人”⑤。湖北汉口，嘉庆时“有铁行十三家，铁匠五千余名……派买铁行之铁，督各匠昼夜赶造农器数十万事，约工价五万”⑥。安徽芜湖也是著名的冶铁炼钢中心，“惟铁工为异于他县。居于廛治钢业者数十家，每日须工作不啻数百人”⑦。浙江桐乡炉头镇“居民以冶铁为业，釜甑鼎鬲之制，大江南北，咸仰赖焉”⑧。福建政和县的铁炉“每炉

---

① 《清高宗实录》卷一一〇六，乾隆四十五年五月戊子。

② 梁章钜：《退庵随笔》卷七。

③ 《乾隆佛山忠义乡志》卷六，《乡俗志》。

④ 屈大均：《广东新语》卷十五。

⑤ 《皇朝经世文编》卷五十五，鄂尔达：《请开矿采铸疏》。

⑥ 包世臣：《安吴四种》卷三十四，《筹楚边对》。

⑦ 《嘉庆芜湖县志》卷一。

⑧ 《嘉庆桐乡县志》卷二。

一座，做工者必须数十百人，有凿矿者、有烧炭者、有搧炉者，其余巡炉、运炭、运矿、贩米、贩酒等役亦各数十人，是以一炉常聚数百人”①。陕西省冶铁也很发达，“供给一炉，所用人夫，须百数十人。如有六七炉，则匠作佣工，不下千人。铁既成板，或就近作锅、作农器。匠作搬运之人又必千数百人。故铁炉川等稍大厂分，常川有二三千人，小厂分三四炉，亦必有千人数百人。利之所在，小民趋之如骛”②。在采铁冶铁业中，有的是挟重金以经营采冶的工场主人，也有的是受雇佣的采矿冶铁工人，开始形成两种社会力量，如佛山镇，“四方商贾萃于斯，四方之贫民亦萃于斯；挟资以贾者什一，徒手而求食者则什九也”③。

铁的采冶和云南铜矿不一样，封建官府的资金没有渗入手工业内部，控制比较松弛，但这并不是说清朝政府听任它自由发展，不加干涉。一方面，由于铁器是生产和生活中不可缺少的用具，清政府不能不在一定程度上允许铁的采冶和流通；另一方面，清政府又非常害怕铁的广泛使用和自由流通将使被压迫人民容易得到斗争的武器，因此又将铁的采冶运销置于严密的监视之下。清政府规定：除征收铁税百分之二十以外，凡采铁冶铁地方、炉座的数目、产量，工场主以至矿工、铁工的姓名、履历均须详细报官，发给执照。贩卖铁斤，某商在某处向某炉户买铁若干，运往何处何店，也要呈报给单，过关验单，严禁无照的私铁。如乾隆年间，湖南官府命令，“设炉之时，令山主止许雇觅本地人夫，毋得招集外来人民，勿使商贩渐生事端，并将采砂捶炼人夫实在数目，填明姓名年貌，与经管执事协同保甲邻右户首，出具甘结，会同营员加具印结，详送存案，准其开采”④。嘉庆的上谕中也说：“销铁斤经由江海贩运者，均应给与印照采买，运回交销。无照不准采买或照外多买，运回不将印照交销，即行查究”⑤。尤其是铁器运销海外，禁止更严，连已

① 《民国政和县志》卷九，《赋税》。
② 严如煜：《三省边防备览》卷九。
③ 《道光佛山忠义乡志》卷五，《乡俗志》。
④ 《光绪兴宁县志》卷六。
⑤ 《光绪兴宁县志》卷六。

铸成的铁锅也不准出口，即使船上自用的锅壶炊具也改用铜锅、砂锅。船舶出洋，须经官府查明，发给“并无铁斤出海”的证明。在这样严密的控制和监督下，采铁和冶铁铸铁手工业的发展当然也受到了很大的阻碍。

乾隆四十九年北京门头沟窑商徐友松采煤执照

清代的采煤业也极为普遍，各地有许多煤窑。政府除按照一般田赋则例外，没有特殊的煤矿税，管制比铜铁矿更加松弛。河北、山西是主要的产煤区，特别是北京城户口众多，燃煤的需要量很大，郊区煤窑林立。据一七六二年（清乾隆二十七年）工部衙门的报告，北京西山和宛平、房山两县，共有旧煤窑七百五十座，在采的煤窑有二百七十三座①，

① 参见《清代抄档》，史贻直等奏，乾隆二十七年正月十一日。

可见其数目之多。所谓“京师百万户，皆仰给于西山之煤数百年于兹，未尝有匮乏之虞”①。其他各地，如直隶磁州“向有产煤炭窑口，俱系小民自备工本开采”②。山西井陉“阜县产煤地方，历来听民间自行开采，以供炊爨”③。热河承德“所属地方，原系产煤之处，前已详蒙督院题明，檄饬召商开采在案”④。陕西白水“西南两乡有煤井四十眼，挖煤搅煤人工，约计三五百人”⑤。河南巩县“巩邑产煤，开窑凿井，千百为群”⑥。山东煤矿也很多，如峰县开采规模较大，不受官府干涉，出现了拥有巨额资本的煤矿主，据记载，峰县“煤矿最盛，岭阜处处有之。人采取者，任自经理，不复关诸官吏。方乾嘉时，县当午道，商贾辐辏，炭窑时有增置。而漕运数千艘，连樯北上，载煤动数百万石，由是矿业大兴。而县诸大族，若梁氏、崔氏、宋氏以炭故皆起家，与王侯均富。间以其羡遗诸官吏，是为窑规，岁糜金钱无算，然未尝有税也”⑦。

以北京门头沟煤矿为例，这里的煤窑资本多采取分股合伙的制度。民窑内部初步具备了资本主义关系，一方面有“自备工本，赴窑开采”的“窑户”，有协助“窑户”管理窑务的“掌柜”和“管账”；另一方面有大批受雇佣的“窑夫”以及担任技术指导的“作头”。采出的煤斤作为商品，在市场上自由出售，各煤窑相互之间进行竞争，有时几个煤窑也联合经营。煤窑之间、股东之间订有规章，违者处罚。经过长期发展，出现了焦姓、阎姓等大窑主，到乾隆时就看到大窑主有“垄断”、“鲸吞”的现象，并吞了许多小民窑，资本显示一定程度积累和集中的趋势。

清政府对煤矿的管制虽较松弛，但它害怕开矿聚众，容易闹事造反，也常无缘无故地禁止采煤。史籍记载，煤矿“大江以北，所在多有，即臣籍泰安、莱芜、宁阳诸郡县，悉皆采煤，此臣所素知者。特以上无明示，地方有司恐聚众滋扰，相沿禁采，遂使万民坐

---

① 《清代抄挡》，工部尚书哈达哈等题，乾隆五年十一月初九日。

②③④ 《清代抄挡》，工部尚书哈达哈等题，乾隆五年十一月初九日.

⑤ 卢坤：《秦疆治略》，20页。

⑥ 《乾隆巩县志》卷七。

⑦ 《光绪峰县志》卷七。

失其利”①。可见清政府的禁令仍是煤矿业发展的一大障碍。另外，各地煤窑虽很普遍，但多数还停留在小商品生产的阶段，资本很少、设备简陋、产量不多，如陕西汉阴厅“仅有炭窑灰窑数处，每处不过三五人”②。陇州“东乡有煤窑炭厂七座，佣工之人无多”③。山西蔚州“所开均属小煤窑，每日出煤无多”④。广东花县“该处山场细小，所出煤泥微薄”⑤。这类小煤窑要积累资本、改进技术、提高产量、发展到大规模开采，显然还需要经历漫长曲折的路程。

三、资本主义萌芽发展道路上的障碍——官府压力与行会束缚

综上所述，清代手工业中存在着资本主义的萌芽，而且比明代有所增长。中国封建社会按照自己的发展规律，也将缓慢地走上资本主义社会。

学术界对中国资本主义萌芽程度的高低有两种不同的意见。一种是估计甚高，认为萌芽的增长“惊人迅速”，“除了技术不发展的情况以外，一切资本主义生产方式所需要的物质条件都具备着”，封建社会已在发生“本质的变化”；另一种意见估计甚低，认为萌芽十分微弱，微弱到几乎并不存在。棉纺织业是自给性的家庭手工业，丝织业是封建的行会手工业，矿冶、制瓷则完全受封建官府所支配，这些行业中无资本主义关系立足的余地，雇佣工人都有人身依附关系，不是自由的雇佣关系。

我们不同意以上两种各走极端的意见。前一种意见，夸大了尚占很少数的先进的经济因素，把它过度地拔高，用局部的先进地区、先进行业、先进手工业户来代替了全局，用片面的、非主流的东西来掩盖了全面的主流。后一种意见，无视当时经济生活中出现的某些新东西，用比较纯粹的近代资本主义大工业作为标准，来衡量和

① 《清代抄档》，工部尚书哈达哈等题，乾隆五年十一月初九，引赵国麟奏。

② 卢坤：《秦疆治略》，六〇页。

③ 同上书，四八页。

④ 《清代抄档》，工部尚书哈达哈等题，乾隆五年十一月初九。

⑤ 《清代抄档》，工部尚书托庸等题，乾隆三十二年三月十二日。

要求还孕育在封建母腹中的资本主义萌芽，把当时手工业必然具有的浓重的封建痕迹看做手工业本身的不可改变的本性，把封建官府的控制视作永远冲不破的桎梏，这同样也不是全面的、辩证的、发展的观点。

毫无疑问，在清代，农业和小手工业相结合的自然经济占着强大优势。农民生产粮食和其他日用品，主要是供自己食用，并向地主交租。除了江浙、广东以外，大多数地区的农民跟市场的联系是偶然的、稀少的。自给自足的农业和小商品生产性质的手工业占社会生产的绝大部分。全国的土地被分割为无数零星的小生产单位，农民被束缚在小块土地上，从事艰苦的劳动，受尽灾难和折磨，手工业又强固地附着于农业生产，阻碍着技术的提高和劳动分工的发展。而且中国的版图极为辽阔，各地的经济发展很不平衡，少数先进地区已出现了资本主义的萌芽，但广大的腹地和边疆经济很不发达，有的还停留在奴隶制或原始公社阶段。只看到少数先进的地区和行业，看不到周围辽阔广大的封建自然经济的海洋，就不可能对当时中国经济的全面情况作出实事求是的估价。没有全国各地较大幅度的经济发展和文化提高，单靠沿海沿江先进地区是无法冲破封建主义的整个顽固壁垒的。

但是，中国并不是注定要永远停滞下去，历史显示得步履蹒跚，但仍在曲折前进。在清代，我们已经看到了经济生活中的进步和变革，看到了萌芽状态的资本的活动，看到了商品经济对封建壁垒的撞击，看到了分工发展、技术进步、雇佣劳动、工场手工业等等，看到了一片静止沉寂的死水中荡漾起微小的波澜。“风起于青萍之末”，生活的变化最初总是静悄悄地，总是以微小的、个别的、不易觉察的量的变化作开端。变化一旦开始了，它就必将继续增长扩大而不会停下步伐，最终必将卷起危及整个封建主义统治的强大革命风暴，这是不以人们意志为转移的客观历史规律。

清代，仅仅出现了资本主义萌芽，还没有出现一个持续的、强有力的、扫荡旧经济的历史运动。在经济发展道路上，清朝政府是一个最严重的障碍。它拼命维护旧的经济基础，敌视一切新事物，对工商业控制、压抑、打击，把工商视作“末业”，有意贬低工商业在国民经济中的地位，这是清政府的封建本性所决定的。雍正帝说：“农为天下之本务，而工贾皆其末也。今若欲于器用服玩之物，争尚华巧，必将多用工匠。市肆之中多一工作之人，即田亩之中少一耕稼之人。且愚民见工匠之利，多于力田，必群趋而为工。群趋为工，则物之制造者必多。物多则售卖不易，必至壅滞而价贱。是逐末之人多，不但有害于农，而并有害于工也。小民舍轻利而逐重利，故逐末易而务本难。苟遽然绳之以法，必非其情之所愿，而势所难行，惟在平日留心劝导，使民知本业之为贵，崇高朴实，不为华巧，如此日积月累，遂成风俗，虽不必使为工者尽归于农，然可免为农者相率而趋于工矣。”① 当时商品经济对封建自然经济带来的某些腐蚀作用以及手工业发展对封建统治可能造成的危害，雍正帝表现了忧心忡忡，这是建立在封建自然经济基础之上的、反映着地主阶级利益的经济理论，相应地在政府法令和政策中也贯彻着这一思想。对于某些具有政治重要性而又有利可图的手工业，政府仍然揪住不放，设立官营工场，而对占大多数的民间手工业在经济上实行高额征税，低价收购，无偿摊派；在政治上或则限制其开设，或则控制其流通，或则严格约束工人，或则指定特许的商人，对工商业的发展千方百计地压抑阻挠。封建政府滥施淫威，而工商业者还没有公开进行对抗的力量，只能匍匐在政权的脚下，任其蹂躏。

但是，不管政权力量多么强大，它也不可能完全遏止历史的潮流。雍正帝也懂得，用法律的力量来禁止经济发展是“势所难行”，他不要求禁绝工商，只希望维持现状，“不必使为工者尽归于农，然可免为农者相率而趋于工”。这一维持现状的愿望也办不到，工商业在政权压力的夹缝中顽强地生长着，发展着，这是一场无声的、持久的战斗，工商业者在迂回、包抄、前进，不受人注目地从政权手中接管一个又一个阵地。与前代相比，在工商业领域中，政府的势力正在缓慢地后退，它不得不放弃对工商业的直接经营和粗暴干涉，

① 《清世宗实录》卷五十七，雍正五年五月初四。

控制的形式和方法改变得隐蔽一点，巧妙一点，它不得不给工商业者让出更多更大的活动余地。在前代，官营手工业是很普遍的，清代的官营手工业只局限在铸造兵器和钱币，供应宫廷需用的织造和瓷窑以及内务府造办处所属各类作坊，就是在这些官营手工业内，进行劳动的已不是带有徭役制性质的军户、匠户、坑冶户，而大多是雇佣来的工人了。明以前，官营矿坑很多，清代已极为少见，就是财政上极为重要的铜矿，政府也无力收归国营，而只能采取"官借铜本"政策，在一定程度上允许私人经营，不过收购其产品而使矿场完全为自己服务。煤铁矿多属私营，连宫廷和衙门所需煤炭都仰赖于西山的民间煤窑。丝织业中，苏州、南京、杭州三地仍有官营织造，但三地官营织造的工匠不过五千余人，而三地的民间织匠超过十几倍。制瓷业中，御窑官窑仍勉强维持着，但经营腐败，生产萎缩，宫廷中需要的大量瓷器实行"官搭民烧"的办法，依靠民窑来完成生产任务，甚至连对外贸易这一极为重要而有利可图的领域，清政府也不能独自垄断，恢复从前的市舶提举衙门，而不得不实行公行制，借助十三行商人来处理贸易业务。经济领域有自身的发展规律，而封建政府的活动也有自己的方式和准则，清政府不可能抛弃自己的活动方式和准则去适应工商业活动的规律。因此，在实际生活面前，它不得不在工商业领域中逐步退却而让商人们去处理经济业务。

当然，政权势力的退让并不意味着它的溃败和全面撤退，而只是改变了控制的方式和某些手段。在经济进程和现存政权的矛盾中，政权依然享有无可争辩的权威，拥有绝对的优势。但是经济前进的脚步声已搅扰了它的宁静，它已经不能完全按照自己的主观意愿行事了。以矿冶业为例，一方面民间的矿冶业发展，与封建阶级的利益、观念相抵触，清政府尤其害怕聚集起来的矿工揭竿起义，反对自己，另一方面社会生活和政府活动，迫切需要越来越多的各类矿物，禁绝开矿固然不可能，全部收为官营矿场也办不到，索性放任自由又不放心。因此，时而允许开采，时而又严厉禁止，"议开议停，已非一次"①，

① 《清朝政典类纂》卷一三二，《矿政》三，《两广总督那苏图奏》。

清政府的政策处在欲开不敢、欲禁不能的犹豫矛盾之中。统治阶级中一部分人主张禁止矿业发展，如康熙五十二年（一七一三）议开矿，著名理学家、大学士李光地反对商人集资开矿，“请著令：止土著贫民无职业职事者，许人持一铫，而越境者有诛，则奸民不致聚徒山泽，以生事端矣。议遂定，一时大豪辇金谋首事者，皆啮指自悔”①。雍正时，有些官吏主张在广东招商开矿，雍正帝就表示反对，“今若举开采之事，聚集多人，其中良顽不一，难以稽察约束，恐为闾阎之扰累。况本地有司，现在劝民开垦，彼谋生务本之良民，正可用力于南亩，何必为此徼幸贪得之计，以长喧嚣争竞之风”②。另一部分官吏则主张开放矿禁，如乾隆初，大学士赵国麟奏请，“凡产煤之处，无关城池、龙脉及古昔帝王圣贤陵墓，并无碍堤岸通衢处所，悉听民间自行开采，以供炊爨”③。嘉庆时严如煜说，“若不准开厂，则工作之人无以资生，添数十万无业流民，难保其不附从为乱，故只当听其经营，不可扰事”④。总的来说，清朝政府不得不有限度地放松矿禁，有时还违反自己意愿地奖励和扶植某些矿场。如乾隆、嘉庆时，西山煤矿减产，北京的煤价昂贵，一般平民以至官吏地主都感受到威胁，在市场需求的压力下，清政府几次下令勘查煤矿，“妥议规条，准令附近村民开采，以利民用”⑤，又在香山附近开山修路，以利煤的运输，并且拨借帑银，由窑户领用，兴修各煤窑的泄水沟。由此可见，清政府不可能完全压抑私营工商业的发展，经济规律的无情力量正在迫使顽固的封建政权缓慢地后退。

除了政权的压抑之外，封建行会的束缚是经济发展的另一严重阻碍。行会产生于封建社会中期，它是在工商业有了一定程度的发展，商品经济较为活跃的历史条件下产生的，在初期，它是工商业者保护自己，对抗外力侵袭的组织，但它又是工商业者和商品生产相对地发展不足的产物。中国的行会，大约开始产生于隋唐，唐宋

---

① 平步青：《霞外攟屑》卷二，《开矿》，一六〇页。
② 《东华录》雍正朝卷二十六，雍正十三年四月。
③ 《清高宗实录》卷一〇九，乾隆五年正月。
④ 严如煜：《三省边防备览》卷十一，《策略》。
⑤ 《清高宗实录》卷六五〇，乾隆二十六年十二月上谕。

时称“行”，宋元一直到明初称“团行”，从明中叶以后多称“会馆”，后来又称“公所”。名称虽异，其性质基本上相同。

清代虽然已经发展到了封建社会的后期，但在一些工商业较发展的城市里，行会组织也很发达。据不完全统计，苏州在鸦片战争

萬古流芳

重建公館碑記

古帝神農氏史言其嘗百草以作醫藥著靈素本草之書以療

疾病所以濟稼穡之功而扶民生者其教歷億萬祀而無窮也

京師商賈雲集貿易藥材者亦水陸舟車輻輳而至奈人雜五

方莫相統攝欲使之萃渙合離非建立會館不為功爰邀眾公

議樂捐輸金卜築于城南隙地鳩工落成堂廡巍峩臺榭崚嶒

美哉斯舉不特貿遷有居而且春秋享祀朔望告虔此所以崇

報古聖功德者典禮俱隆矣公議規條謹列于左

告

大清嘉慶二十有二年歲在丁丑季秋月　　穀旦

嘉庆二十二年《药行会馆碑》拓文

陶藝花盤行規

光绪二十五年重刊乾隆六年广东石湾《陶艺花盘行规》

注：花盘行主要烧造陶制建筑饰件。

以前，有七八十个会馆与公所。[①] 据我们了解，清前期北京的工商会馆，也有近四十个之多。在乾隆年间，汉口“盐、当、米、木、花布、药材六行最大，各省会馆亦多”[②]。嘉庆、道光年间，“金陵五方杂处，会馆之设，甲于他省”[③]。稍晚一些记载，金陵就有新安、浙江、徽州、山西等商人会馆二十六个。[④] 道光年间，佛山镇有熟铁行、新钉行、金箔行、陶艺花盘行、兴仁帽绫东家行、兴仁帽绫西家行等会馆十九个。[⑤] 由此，可以概见清代行会组织发展之一般。

行会组织是封建商人和手工业者的组织。它的封建性表现在：

① 参见《江苏省明清以来碑刻资料选集》。

② 《皇朝经世文编》卷四，晏斯盛：《请设商社疏》。

③ 甘熙：《白下琐言》卷二，三页。

④ 参见《同治上江两县志》卷五，《城厢》。

⑤ 参见《道光佛山忠义乡志》卷五，《乡俗》。

一是行会内部阶级关系十分复杂。由拥有资金的行东、掌握技术的师傅（在通常情况下，行东本身也就是师傅），受剥削受压迫的学徒等三部分人组成。他们之间的关系，是剥削和被剥削的关系。二是行会组织经常地、大量地和同乡组织密切结合在一起，因而有严重的地域性和排他性。三是行会组织和封建官僚有着千丝万缕的联系，并接受他们的捐款和保护。四是行会组织和封建迷信紧密结合在一起。它不但是工商业者开会议事的场所，而且也是祀神祭祖（本行本业的祖师）的地方。

行会的封建性质，决定着它的作用。

行会行规规定：第一，排挤外行外地商人加入本行，限制同行扩大经营另开新行。北京猪行公所规定："新开猪店者，在财神庙前献戏一天，设筵请客"，否则"同行之人不准上市生理"①。苏州小木公所行规规定："外行开张吾业，先交行规银四两八钱"；"本城出师开张，先交行规银二两四钱"，"倘有不交行规（银）私开，照规加倍"②。第二，限制同行招收学徒，限制学徒参加行会。北京糖饼行（糕点）行规，不但规定招收学徒要交纳较重的入行费，还有名额和年限的限制。道光年间规定，"暂行停止（收）徒弟五年"③。苏州印书业崇德公所，不但"霸持各店，收徒添伙，勒加印价"，"各店收徒，勒增节礼"，还"讹诈外来印手入行钱文"④。第三，规定工人的工作量和工资，加强对徒工的剥削。如乾隆年间，苏州造纸业仙翁会馆行规规定，"纸匠每日刷纸六百张为一工"，每工工价"给九九平九五色银七钱二分"⑤。杭州丝织业行规规定，工匠"倘辞工另就，应将预支辛工账头完清，机东方准另就"⑥。除此之外，行会组织还负有规定商品价格、制定统一度量衡等职能。

从清代前期行会组织的性质和作用来看，行会组织的存在，和

---

① 道光二十九年九月十七日，《北京猪行公议条规碑》。

② 《江苏省明清以来碑刻资料选集》，107页。

③ 道光二十八年六月初九日，《北京马神庙糖饼行行规碑》。

④ 《江苏省明清以来碑刻资料选集》，72页。

⑤ 同上书，69～72页。

⑥ 道光二十五年十二月，《杭州绸纱绒缎料房业户条规碑》。

封建政权一样，对手工业的发展，起着束缚、延缓的作用。马克思说："行会，要限制一个老板所能使用的劳动者数，使不得超过极小的最高限，以便强力地，防止手工业老板转化为资本家"①。恩格斯说，"中世纪地方行会的手工业生产使大资本家和终身的雇佣工人不可能存在"②，"生产仍然被纯粹行会手工业的形式束缚着，因而本身还保持着封建的性质"③。

但是，学术界的某些同志过分强调行会组织的牢固性及其对工商业的束缚作用，因此，对清代资本主义的萌芽估计极低。他们把行会看成是铁板一块，既不能从内部改变，又不能从外部击破。他们认为：行会和资本主义萌芽绝对地排斥，凡是有行会存在的行业中，就绝没有资本主义萌芽，我们不赞成这种机械呆板的看法。应该看到行会内部存在的矛盾，行会组织不可能阻挠企业之间的自由竞争和企业内部阶级斗争的开展。例如南京丝织业中有行会组织，但行会已不能把当地丝织业的生产规模限制在固定的限额之内，该地民间织机竟发展到数万张之多，有的机户拥有织机五六百张。这是竞争的力量突破了行会的规定，而行会又无力进行干涉的明证。清代各地的工商业会馆普遍地"重申"、"再申"行规，并把行规镌刻在石碑上，希图"以垂久远"，这并不表明行会的强大牢固。相反，它正好表明在经济发展的洪流中行会作用的削弱和行会秩序的紊乱，因而出现了普遍地不遵守行规的事例。

行会势力的衰落还表现在行会内部阶级斗争的激化和帮工行会的出现。帮工和学徒是行会手工业内的下层被剥削者，他们联合起来，开始建立自己的组织，和工商业主、封建官府进行斗争。行会组织已难于维持其内部的统治秩序，如广州出现了"东家行"和"西家行"的对立，工商业主和工人分别设立自己的组织。北京有手工业工人的"九皇会"，"京师瓦木工人，多京东之深、蓟州人，其

---

① 马克思：《资本论》，第一卷，363～364页。

② 恩格斯：《反杜林论》，见《马克思恩格斯选集》，第三卷，187页。

③ 《马克思恩格斯全集》，第二十一卷，449页，北京，人民出版社，1965。

规颇严。凡属徒工，皆有会馆，其总会曰九皇。九皇诞日，例得休假，名曰关工”①。苏州踹匠，人数众多，斗争性强，几次准备成立踹匠会馆，对工商业主造成很大威胁，工商业者已不能利用行会力量平息踹匠的斗争浪潮，不得不再三求助清政府。如一七一五年（清康熙五十四年）踹匠邢春林、王德等“倡言欲作踹匠会馆”，“蛊惑众匠，以增添工价为由”。苏州的七十二家布商联名向清政府控告，“倘会馆一成，则无籍之徒，结党群来，害将叵测”②。清政府将邢春林等“各拟重杖”，“驱逐递回原籍”。此后苏州的蜡烛业、硝皮裘业都曾“创立行头”，对抗业主行东掌握的行会组织，也遭到清政府的镇压。由此可见，行会内部的阶级斗争在激化，行会的统治权威发生了动摇，它对工商业发展的限制、对帮工学徒的束缚作用正在削弱下去。

第二节　城市和商业

一、大城市的繁荣

随着社会分工不断扩大，商品经济不断发展，城市以及一些市镇也日益繁荣起来。到康雍乾时期，扬州、苏州、江宁、杭州、佛山、广州、汉口、北京等都已发展成为具有相当规模的工商业城市了。

扬州自隋唐以来就是一个因盐业而著称的繁盛都市。清初扬州人民进行了坚决的抗清斗争，大批人民惨遭屠杀，昔日繁华的扬州，变为断垣废墟。到了十七世纪、十八世纪之交，扬州盐业和其他商业，不但有所恢复，而且更加发展。

扬州地处长江以北，淮河以南，西濒运河，东临大海，方圆数百里之内，河湖纵横，水陆交通方便，尤富渔盐之利。扬州城，不但是我国中部各省食盐供应基地，也是清王朝南漕北运船舶必

---

① 枝巢子：《旧京琐记》卷九，《市肆》。

② 《江苏省明清以来碑刻资料选集》，《驱逐踹染流棍禁碑》，41页。

经之咽喉。

到了乾隆年间，两淮一带，“其煮盐之场较多，食盐之口较重，销盐之界较广，故曰利最夥也”。因此，扬州城“四方豪商大贾，鳞集麇至。侨寄户居者，不下数十万”①。

扬州“官盐”运销长江中上游各省。盐商通过残酷的剥削手段，获得巨额利润，积累了雄厚的资本，“富者以千万计”②。到雍正、乾隆时期，扬州盐商已经成了囤积居奇、垄断专利的最大商业资本之一了。

扬州盐商与清政权的关系十分密切。如康熙年间，刑部尚书徐乾学，曾把十万两银子交给大盐商项景元从事投机贸易活动。扬州

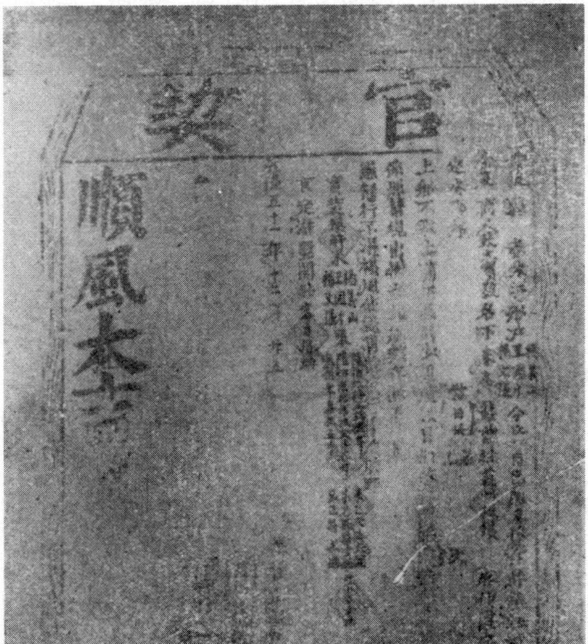

乾隆五十一年丹徒县船户揽运米商货物合同

① 《乾隆淮安府志》卷十三，《盐法》。

② 《清朝野史大观》卷十一，《鹾令之解国》。

大盐商安麓邨是大学士明珠家仆的儿子。一七八六年（清乾隆五十一年）清政府镇压林爽文起义，盐商江广达捐了二百万两银子“以备犒赏”。嘉庆年间川楚陕白莲教起义，清政府极感军饷匮乏。扬州盐商鲍漱芳积极向清政府“输饷”，因此，清政府赏了他一个盐运使头衔。清政府治河经费不足时，盐商们“集众输银三百万两以佐工需”。

这些声势煊赫的盐商们，“衣服屋宇，穷极华靡”，“金钱珠宝，视为泥沙”①，为了给乾隆南巡修建临江行宫，就花去二十万两银子。据说，为了讨好乾隆，八大盐商之一江春，在扬州“大虹园”一夜之间修了一座白塔②，这一传说可能有所夸大，但可以看出盐商们财力之雄厚。

給商照驗

乾隆二十九年两浙盐运使司发给盐商汪岫云执照

① 丁宝桢：《四川盐法志》卷首，雍正元年八月上谕。

② 参见徐珂：《清稗类钞》，第二册，《大虹园之塔》。

《姑苏繁华图》（部分） （清徐扬绘）

由于盐业、漕运的发展，到乾隆年间，扬州商业十分繁盛。如供应富商大贾、达官贵人衣着的绸缎铺，集中在缎子街；供有闲阶级消遣的酒楼茶肆，集中在北门桥、虹桥附近。① 乾隆南巡到达扬州时，有“广陵风物久繁华”，“广陵繁华今倍昔”的诗句。②

苏州是我国明清以来工商业最发展的城市之一，丝绸生产尤其著名。由于工商业的迅速发展，到明清之际，“苏城衡（横）五里，纵七里，周环则四十有五里”③，已成为很大的城市。到了乾隆年间，“都城之户，十万烟火。郊外人民，合之州邑，何啻百万”④。如果每户以五口计算，郊区除外，仅城内不下五十万人口。

苏州城水陆交通十分发达。“控三江，跨五湖而通海。阊门内外，居货山积，行人流水，列肆招牌，灿若云锦。语其繁华，都门不逮”⑤。一七五九年（清乾隆二十四年），苏州画家徐扬所画《盛世滋生图》卷，共画有二百三十余家有市招的店铺，共有五十多个行业。除了本乡本土的产品外，还有川广云贵闽赣浙苏鲁等九省中外驰名的特产。如山东茧绸、濮院宁绸、汉府八丝、崇明大布、松江标布、京芜（南京、芜湖）梭布、金华火腿、宁波淡鲞、南京板鸭，川广云贵杂货、药材等，名目繁多，不胜枚举。

康熙之后，由于海外交通方便，我国传统的丝绸、茶叶、瓷器大量出口。康熙五十五年（一七一六），仅苏州一地，每年出海贸易的船只“至千余”。随着中国商品的大量出口，也必然伴随着洋货的大量入口，所以，到乾隆年间，苏州城“山海所产之珍奇，外国所通之货贝，四方往来千万里之商贾，骈肩辐辏”⑥，我们在徐扬的《盛世滋生图》上，还看到有两家悬挂“洋货行”市招的店铺。苏州洋货业的发展，到嘉庆中期，成立了洋货业“咏勤公所”。

国内外贸易的繁荣，苏州城市人口激增，于是出现了市区向城

---

① 参见李斗：《扬州画舫录》卷九、卷一、卷十三。

② 参见《嘉庆扬州府志》卷二，《巡幸》。

③ 顾炎武：《天下郡国利病书》，第五册，《苏下》；曹自守：《吴县城图说》。

④⑥ 《皇朝经世文编》卷三十三，沈寓：《治苏》。

⑤ 孙嘉淦：《南游记》卷一。

郊扩展的现象。阊门外南濠之黄家港，明朝时“尚系近城旷地，烟户甚稀”。到了清朝，“生齿日繁，人物殷富，闾阎且千，鳞次栉比”①。南濠在明末时，“货物寥寥”，并不是一个热闹的地区，清朝初年以后，这里逐渐“人居稠密，五方杂处”，到了“地值寸金”②的程度。一六八五年（清康熙二十四年），康熙南巡时，“南濠为苏州最盛之地。百货所集，商贾辐辏”③，已是工商业最繁华的地区了。其他如苏州的盘门（西南门）、葑门（东门），在乾隆初年，还不甚热闹，有人把很华丽的房子“减价求售”，没有人购买；过了五十余年，即乾隆末年，这些地方，已经是“万家烟火”，像那样的好房子，已经是“求之不得”④ 了。

南京（清朝名江宁或金陵）在历史上很早就发展成为我国著名的丝织业中心。到了清朝前期，丝织业更加发展。乾嘉年间超过了苏杭，“民间所产，皆在聚宝门内东西偏，业此者不下千数百家”⑤。南京所产的丝织品名目很多，有绸、缎、纱、绢、罗等品种，质地优良，不仅供朝廷之用，而绝大部分供应国内外市场，故享有“江绸贡缎甲天下”的荣誉。

“机业之兴，百货萃焉”。由于丝织业的发展，作为“织户之附庸”的其他一些工商业，也相应地发展起来。如绸缎的包装行业，以及与包装有关的纸坊，与染丝有关的漂染，和织机有关的机店、梭店、筘店、簟子绺、梭竹店，与织绸有关的桃花、拽花、边线等行业，都十分发达。⑥

此外如书坊，在状元境，“比屋而居有二十余家”，都是江西人所开，“虽通行坊本，然琳琅满架，亦殊可观”。又如南京的纸扇，也“素有盛名”，全城“不下数十家”，但“张氏庆云馆”远近驰名，在扇骨上雕刻字、画，有取红楼女名者，远方来购，其价较高。⑦

在乾隆时代，据统计，江宁城不下八万余户，四五十万人口，

---

① 徐熙麟：《熙朝新语》卷十六。

②③ 顾公燮：《消夏闲记摘钞》中册，《芙蓉塘》。

④ 叶梦珠：《阅世编》卷四，《宦迹》。

⑤ 甘熙：《白下琐言》卷八。

⑥⑦ 参见甘熙：《白下琐言》卷二。

"惟皖鄂两省人居十之七，回回户又居土户三之一"①。雍正年间，江宁"五方杂处，街市宽阔，巷道四通八达"。每到夜间，"一更二更，街市灯火不断，正买卖吃食之时"。在秦淮河上，"客船游船，往来不断"②。乾隆年间，江宁的利涉、武定两桥之间，"茶寮酒肆，东西林立"③。道光初年，五亩园地方，"开设茶馆甚多，吃茶闲谈者百十为群。且悬挂雀笼，卖奉水烟"④。吴敬梓在所著《儒林外史》一书中，描写江宁的繁华时也指出，"城里几十条大街，几百条小巷，都是人烟凑集，金粉楼台"，"大街小巷合共起来，大小酒楼六七百座，茶社有一千余处"，可以想见其繁荣景象。

杭州是吴越的古都，也是南宋的都城。自宋元以来，成为我国三大丝织业中心之一。因为杭嘉湖三府，"桑土饶沃"，"产丝最盛"。从而为杭州的丝织业发展，提供了良好的条件，因而杭州"杼轴之利甲于九州。操是业者，较他郡为尤夥"⑤。

杭州丝织业，集中于东城。"官局民家，凡为缯者"，"东北隅数万千家之男女，俱需此为衣食之谋"。到乾嘉年间，"机坊、机匠，未有若此之盛者"。官营的丝织业，"恒以内务重臣董其事"；民间机户所织绸匹，多运往国外，"以番舶日充贸易者，且遍于远洋绝岛，获利不资"⑥。因此，在东城"机杼之声，比户相闻"⑦，"东园中，轧轧机声，朝夕不辍"⑧。

杭州的锡箔业也驰名全国。康熙年间，城内孩儿巷、贡院后及万安桥西一带，制造锡箔的"不下万家。三鼓则万手雷动"。锡箔这种迷信用品，"远自京师，抵列郡取给"⑨。锡箔有两种：一是银锡箔，色白如银；另一种是金锡箔（亦名黄箔），色黄如金。金锡

---

① 《同治上江两县志》卷七，《食货》。

② 《雍正朱批谕旨》，第十二函，第六册，雍正七年三月，江南安徽布政使噶尔泰奏。

③ 余怀：《板桥杂记》。

④ 喻德渊：《默斋公牍》卷下，《禁添设茶馆示》。

⑤ 杨文杰：《东城记余》卷上，《机神庙碑》。

⑥⑧ 《光绪仙居县志》卷十一，张丽生：《杭州机神庙碑》。

⑦ 厉鹗：《东城杂记》卷下，《织成十景图》。

⑨ 《康熙杭州府志》卷六，《物产》。

箔的制作方法是用“银箔搭在竿上，用茅草、松柴发烟熏为度”①而成。

乾隆年间，杭州的机匠、染匠、锡箔匠以及桥埠脚夫等大多来自外地，“外郡人民在杭织机、捶箔、摩纸、挑肥营生者众多”。这些受剥削受压迫的劳动人民，不时地起来反抗，使地主官吏们极为恐慌。

杭州的其他工商业也十分发展，如茶叶、藕粉、纺绸、纺扇、剪刀等，还有其他地方运来的商品，如湖州的毛笔、绉纱，嘉兴的铜炉，金华的火腿，台州的金橘、鲞鱼等，“擅土宜之胜，而为四方之所珍者”②。因为杭州，“南连闽粤，北接江淮”，所以，福建、广东商人，也到杭州大量收买丝斤，丝绸以及其他货物，“风帆浪泊，出入于江涛浩渺，烟云杳霭之间”③，运往世界各地。

到康熙年间，杭州城已经是“广袤四十里”，有十万户人家，五十万人口的“东南重镇”④了。到雍正年间，杭州城更加发展，“城廓宽广，居民稠密”⑤，自北关至江头，南北长三十余里。

佛山原来是广州附近的一个小市镇。到宋代，已发展成为我国著名的四大市镇之一。到清代前期，佛山是“岭南一大都会”，“四方之估走如鹜”⑥，工商发展十分繁盛。

佛山主要是一个手工业城镇。其中最著名的是冶铁业，特别是铁锅的生产驰名中外。铁锅分为“牛锅、鼎锅、三口、五口之属，以大小分”。铁锅“贩于吴越荆楚”⑦等南方各省，还大量向国外出口。据雍正年间统计，外国船只大量贩运佛山铁锅。每只船“有自一百连，至二三百连，甚至五百连、一千连者”。每连重二十斤，有三口一连的，有五口一连的。这样算来，每只船少者运二

① 《治浙成规》礼集，乾隆十七年十一月二十六日，《杭城救火抢火等各事宜》。

② 陆以湉：《冷庐杂识》卷八，《土物》。

③ 《康熙钱塘县志》卷二，《城池》。

④ 《康熙钱塘县志》卷七，《风俗》。

⑤ 《雍正朱批谕旨》，第十四函，第一册，雍正四年八月，浙江巡抚李卫奏。

⑥ 《乾隆佛山忠义乡志》卷一，《佛山镇论》。

⑦ 《乾隆佛山忠义乡志》卷六，《物产》。

千、四千、六千斤，多者达一万、两万斤，一年“出洋之铁，为数甚多”①。不久，清政府下令禁止铁锅出口。

佛山的铁线（即铁丝）也很有名。“铁线有大缆、二缆、上绣、中绣、花丝”等，“以精粗分”。“铁线则无处不需。四方贾客，各辇运而转鬻之”，铁线经过加工后，再制成铁钉，“以熟铁枝制成，大小不一”。到道光时，“铁线行……为最盛，工人多至千余”；“铁钉行……为最盛，工人多至数千”②。清人梅璿枢的《汾江竹枝词》描写佛山冶铁业在清代前期繁荣的情况，和冶铁工人的辛勤劳动，“铸锅烟接熸锅烟，村畔红光夜烛天。最是辛勤怜铁匠，拥炉挥汗几曾眠”③。

佛山也出产丝织品。但“纱以土丝织成，花样用印。生丝易裂，熟丝易毛，牛郎绸质重而细密，本于女红所自织”④，正因为用“本土之丝，则黯然无光，色亦不显。止可行于粤境，远贾多不取佛山纱”⑤。

佛山除铁器业、丝织业外，其他商业、小手工业也很发展。商业如白糖、龙眼、荔枝干、陈皮糖、梅糖榄等“皆贾贩弥市”。小手工业如“灰炉、砖炉、土工、木工、石工、金工”，“钮、针、鞋、帽”、“门神、门钱、金花、蒲花、条香、灯笼、爆花”等，“皆终岁仰食于此”⑥。

清代前期，佛山市面繁荣的盛况，是“万瓦齐鳞，千街错绣。棋布星罗，栉比辐辏，炊烟乱昏，灯火连昼”⑦。雍正时，已“绵延十余里，烟户十余万”⑧。乾嘉时，店铺作坊如林，大街小巷共有六百二十二条。⑨

① 《清雍正上谕内阁》，雍正九年十二月初四日，广东布政使杨永斌奏。
② 《民国佛山忠义乡志》卷六，《实业》。
③ 《民国佛山忠义乡志》卷十五，《艺文》，梅璿枢：《汾江竹枝词》。
④ 《乾隆广州府志》卷四十八，《物产》。
⑤ 《道光佛山忠义乡志》卷五，《风俗》。
⑥ 《道光南海县志》卷八，《舆地》四。
⑦ 《道光佛山忠义乡志》卷十一，《艺文》下，梁序镛：《佛山赋》。
⑧ 《雍正朱批谕旨》，第十六函，第四册，雍正十一年三月，广东巡抚杨永斌奏。
⑨ 参见《道光佛山忠义乡志》卷一，《疆域志》。

广州是对外贸易城市，“中华帝国与西方列国的全部贸易都聚会于广州。中国各地物产都运来此地，各省的商货栈在此经营着很赚钱的买卖。东京、交趾支那、柬埔寨、缅甸、麻六甲或马来半岛、东印度群岛、印度各口岸、欧洲各国、南北美各国和太平洋诸岛的商货，也都荟集到此城”①。从广州出口的中国商品，主要是茶叶、丝绸和土布；进口的外国商品，最初主要是毛织品、棉花、金属、香料等，十九世纪，鸦片才成为最主要的进口货。许多外国船只都从广州进港，十八世纪下半叶，每年约有几十艘，最多时达八十三艘（清乾隆五十四年（一七八九）），到十九世纪初增至一二百艘。也有许多中国商船从广州出口，往南洋各地贸易。由于广州的贸易繁盛，故有“金山珠海，天子南库”之称，“富商大贾，各以其土所宜相贸，得利不赀”②。

广州的丝织业生产也很发达，从江浙一带请来师傅传授，并且从江南贩运一部分丝斤和土丝混合织造，“广纱”、“广缎”，“质密而匀，其色鲜艳，光辉滑泽”，“苏杭皆不及，然必用吴丝，方得光华，不褪色、不沾尘、皱折易直”③。广州的丝织工场都集中于上下西关、下九甫等处。

广州一带所产之物品，统称曰“广货”，在国内外享有盛名。广州所产之“珠贝”、“玻璃、翡翠、珊瑚诸珍错”，不但供应封建王公贵族之用，还大量卖与外商出口。

广州最繁华的地区在西城。这里“皆起楼榭，为夷人居停”④。另外，“异省商人杂处”⑤，尤其是福建商人贩来的福建商品尤多。南城“多贸易之场”⑥。西角楼地方，“南临濠水，朱楼画榭，连属不断，皆优伶小唱所居，女旦美者鳞次”，是地主豪绅、富商大贾游乐的场所。与西角楼“隔岸，有百货之肆，五都之市，天下商贾聚焉”⑦，故有“东村、西俏、南富、北贫”⑧ 的谚语。鸦片战争前夕，外国

① *Chinese Repository*, Vol. Ⅱ, 1833, p. 294.

②③ 屈大均：《广东新语》卷十五，《货语》。

④ 《道光香山县志》卷二二，《纪事》。

⑤ 《乾隆广州府志》卷十，《风俗》。

⑥⑦ 《道光南海县志》卷八，《风俗》。

⑧ 屈大均：《广东新语》卷十七，《宫语》。

人估计广州的人口已达一百万，“有机会到过广州，走过它的街道，看一下各街道熙攘的情景的人，就会认为此城人口绝不会少于一百万人”①。

汉口与武昌、汉阳鼎足三立，号称武汉三镇。后来逐渐合为一体。在明清之际就十分发展。据记载：“商贾之牙侩，丝帛之廛肆，鱼米之市魁，肥其妻子，雄视里闬，下至百家技艺，土木食工……趋利于阛阓者，又未尝不距相错，踵相接也。”②

汉口水陆交通方便，为“九省通衢”③。不但是湖北之咽喉，而且云贵川湘桂秦豫赣等省货物“皆于此焉转输”④。

汉口是淮盐的集散地。每年大批淮盐运来汉口，然后再供两湖、江西、四川、河南等省之食用。⑤ 当时汉口有“醝商”“咸数十处”⑥。典当业也很发展，乾嘉时有“典商七十余户”，盘剥劳动人民。汉口也是米粮的集散地。它把两湖及四川之米汇集到汉口，然后再供应“江浙商贩之需”⑦。其他如桐油、铁炭等行业也很发展，早在乾隆初年，汉口“盐、当、米、木、花布、药材”⑧ 等六行最大，各省商人都设会馆。因商业的发展，作为中间剥削人的牙行，在乾隆九年时，“不下数百户”⑨ 之多。

乾隆时，汉口的仁义、礼智二道，“为通省极繁剧之地。商贾云集，五方杂处”⑩。武昌更为繁华，“水陆之冲，舟车辐辏，百货所聚，商贾云屯……南北两京而外，无过于此”⑪。

汉口在乾隆初年，已有“户口二十余万”。每天消费米谷，不下数千石⑫，乾隆末年，有一次失火，烧掉运粮船一百余只，商客船三四

---

① 琼斯塔德：《关于在中国的葡萄牙居留地和罗马天主教会的历史概述》，284页。

② 《古今图书集成·职方典》，卷一一二〇，武昌府部，《汇考六》。

③⑦ 《清高宗实录》卷二四七。

④ 刘献廷：《广阳杂记》卷四。

⑤ 参见黄钧宰：《金壶浪墨》卷一，《盐商》。

⑥ 范锴：《江口丛谈》卷三。

⑧ 《光绪武昌县志》卷三，《风俗》。

⑨⑪ 晏斯盛：《楚蒙山房集》奏疏，乾隆九年：《清厘牙行》。

⑩ 《嘉庆丹徒县志》卷二一。

⑫ 参见《皇朝经世文编》卷四，乾隆十年，晏斯盛：《请设商社疏》。

千只，大火两日不息。一八一〇年（清嘉庆十五年）四月，又一次大火，烧了三天三夜，烧毁“商民店户八万余家”①。由此可以看出汉口在当时发展繁荣的情况。

北京是一座历史悠久的城市，它曾作为金元明清四个朝代的京都达八百年之久。清朝前期，北京不仅是政治、文化中心，也是我国北方商业贸易的著名城市。当时北京的交通十分方便，已经初步形成了四通八达伸向全国各地的水陆交通网，这给北京工商业发展提供了极为有利的条件。

北京最繁华的地区并不在达官贵人聚集的内城，而是在宣武、正阳、崇文三门外。那些富商大贾，拥有成千累万的资本，在三门以外经营工商业。到乾隆时期，正阳门外大栅栏一带，已经形成了商业林立，市招繁多，小商摊贩蜂攒蚁聚，酒楼茶肆鳞次栉比的热闹去处。

北京的工商业，几乎完全掌握在行帮商人手里。这些行帮商人，企图保持市场的垄断，防止外乡、外行商人竞争，纷纷为开会、存货、订立行规、统一度量衡而设立了商人会馆。乾隆时“各省争建会馆，甚至大县亦建一馆”②，以致引起三门以外地基房价的直线上涨。随着工商业的发展，工商业会馆如雨后春笋般地出现。到鸦片战争前夕，北京“货行会馆之多，不啻什百倍于天下各外省。且正阳、崇文、宣武三门外，货行会馆之多，又不啻什百倍于京师各门外”③。

北京是全国的政治中心。上自皇室贵族，下至官僚、地主、商人，都过着豪华奢侈的生活。为了适应剥削阶级的需要，北京工商业走上了畸形发展的道路。北京最发展的手工业，要算珐琅、玉器、雕漆、氆氇等高级奢侈品。与此相反，和广大劳动人民生活密切相关的手工业产品当地很少生产，绝大多数仰赖全国各地运来北京。如土布来自山东和河北高阳，纸张来自安徽、福建、江西，烟叶来

① 钱泳：《履园丛话》卷十四，《汉口镇火》。
② 汪启淑：《水曹清暇录》卷十。
③ 道光十八年《北京颜料行会馆碑》。

自关东和河北易县。因此，北京的商业比手工业发达，专供统治阶级消费的手工业比劳动人民需要的手工业兴旺。在乾嘉时期，北京并不是一个生产的城市，而是一个消费的城市。

我们上面所谈的只是八个规模较大的城市商业发展的情况。此外如镇江，在康熙年间，“四方商贾，群萃而错处，转移百物以通有无”①。芜湖在嘉庆年间，“附河距麓，舟车之多，货殖之富，殆与州郡埒。今城中，市廛鳞次，百物翔集，文采布帛鱼盐，繦至而辐辏，市声若潮，至夕不得休”②。江西景德镇，“列肆受廛，延袤十数里，烟火近十万家，窑户与铺户当十之七，土著十之二三”③。湖南郴州，“南通交广，北达湖湘，为往来经商拨运之所。沿河一带设立大店、栈户十数间。客货自北至者，为拨夫、为雇骡；由南至者为雇舡。他如盐贩运盐而来，广客买麻而去。六七月间收焉，九十月间取茶桐油。行旅客商，络绎不绝。诚楚南一大冲会也”④。山东济宁，“百货聚集之地。客商货物必投行家，或时值情滞，岂能悉得现银交易，不得不将货物转发铺户”⑤。河北宣化，“市中贾店鳞比，各有名称，如云南京罗缎铺、苏杭罗缎铺、潞州绸铺、泽州帕铺、临清布帛铺、绒线铺、杂货铺。各行交易铺，沿河长四五里许，贾皆争居之”⑥。厦门，“人民商贾，番船辏集，等诸郡县。市井繁华，乡村绣错，不减通都大邑之风”⑦。这些地方，已经是商品经济相当发展的中等城市了。

仅仅商品经济本身的发展，不足造成整个生产方式的变革，但是到了封建社会后期，商业的繁荣、城市的发展、交换的扩大、大量货币的流通仍具有重要的意义。它对旧的生产方式起了腐蚀和分解的作用，而对新的生产方式的萌芽起了促进的作用。

---

① 《康熙江南通志》卷九。
② 《嘉庆芜湖县志》卷一，《风俗》。
③ 《道光浮梁县志》卷二，《风俗》。
④ 《嘉庆郴州总志》卷二一，《风俗》。
⑤ 《乾隆济宁直隶州志》卷二，《风俗》。
⑥ 《康熙宣化县志》卷十五，《风俗》。
⑦ 《道光厦门志》卷十五。

二、农村市场

鸦片战争之前，我国广大的农村中，经济作物的种植不断扩大，农产品商品化有了相当程度的发展。作为手工业原料的经济作物和某些作为商品的农产品，远销全国各地农村和一些大城市，必须通过农村的市场来集中，然后再辗转运往各地销售。而大城市所加工制造的手工业产品，要销售到广大的农村，也运到农村市场集散。这样，农村市场活跃起来，发展起了大大小小的行商和坐贾，也发展起了不少的家庭手工业和雇佣少量学徒工人的小作坊。这种农村市场和城市一起，遍布在辽阔广大的土地上，形成一个商业网。它交流货物，调剂有无，在封建自给自足的社会生活中越来越起着重要的作用。

清朝前期，全国各地的农村市场，因地区不同，商品经济发展的程度不同，其内容与名称也各有差异。

江苏、浙江的苏松杭嘉湖五府的农村市场，名为市（有些地方称行）镇。一般来说，“市”与“镇”相比，工商业发展的程度上有所不同。“市”多是商贩和“行商”，商业规模较小；“镇”则“坐贾”较多，商业规模较大。因为“镇”的工商业较发展，在经济上对封建统治者来说至为重要，因而要设“官”以收税，设“将”以弹压。所以有人说，有商贾贸易者谓之市，设官将防遏者谓之镇。①

如果“市”的工商业发展到一定规模，也可以上升为“镇”。如苏州府吴江县的盛泽、八斥、梅堰，在明朝嘉靖年间都称市，到康熙二十三年（一六八四），盛泽上升为镇，到康熙中期以后，八斥、梅堰也相继上升为镇。②而自明以来工商业就十分发展的震泽镇，到清朝，则由吴江县划出，而称震泽县了。③

苏松杭嘉湖是我国商品经济较为发展的地区，农村市场，星罗棋布。许多著名的镇都有一个历史发展的过程，有些镇到清代才繁盛起来，成为手工业品和农产品的集散地。

---

①② 参见《乾隆震泽县志》卷四，《镇市村》。

③ 参见《乾隆吴江县志》卷四，《镇市村》。

浙江湖州府的乌青镇，本来是乌程县乌镇和桐乡县青镇的合称。两镇原是隔河相望，相距十里，到清朝前期，升平既久，户口日繁，十里以内，居民相接。后来“二镇联而为一”，“因合呼曰乌青镇”①。乌青镇因水陆交通方便，成为江浙二省，苏嘉湖三府，吴兴、吴江、秀水等七县的交通总汇。到乾隆年间，乌青镇工商业繁华，“市逵广袤十八里”，“烟火万家”，号称“南浙之门户”②。又如归安县之荻冈镇，宋元时成市，明嘉靖年间遭倭寇焚掠，到清朝才恢复并进一步发展，雍正之后，“民物浩穰，烟户约三千数百家”③。浙江嘉兴府秀水县之濮院镇，宋建炎以前，原名永乐市，仅一草市。南宋理宗时，改称濮院镇④。清乾嘉年间，“居民务织丝绸，亦业农贾，商旅辐辏”⑤，发展成户口万余家的大镇。善化县之枫泾镇，原名牛村市，元朝改枫泾镇，清朝康熙年间，发展成为棉布及染踹中心，乾嘉年间，“物阜民殷，商贾辐辏”⑥。

江苏苏州府震泽县之平望镇，东汉时称乡，宋元间，沿河两岸，“邸肆间列，以便行旅”。明初有“居民千百家，百货贸易如小邑”。明朝弘治年间开始繁华，一直到乾隆年间，“货物益备，而米及豆麦尤多。千艘万舸，远近毕集”。当时人以“小枫桥称之”。震泽镇，元朝时十分萧条，只有数十家居民。明朝成化年间，发展到三四百家，“嘉靖间倍之，而又过焉”。到乾隆年间，“居民且二三千家”，“栋宇鳞次，百货俱集，以贸易为事者，往来无虚日”。严墓市，明初以村名，“时已有邸肆”，而居民只有百余家。嘉靖年间倍之，“货物颇多，始称为市”。乾隆年间，“居民日增，贸易亦益盛矣”。檀邱市，明成化年间，居民只四五十家，“多以铁冶为业。至嘉靖间，数倍于昔。凡铜、铁、木巧、乐艺诸工皆备”。到乾隆时，“居民日增，货物并集，亦颇繁盛”。梅堰市，明初以村名，嘉靖

①③ 《同治湖州府志》卷二二，《村镇》。

② 《乾隆乌青镇志》卷二，《形势》。

④ 《濮院纪闻》卷一，《总叙》。

⑤⑥ 《嘉庆嘉兴府志》卷四，《市镇》。

年间，居民五百余家，“自成市井，乃称市”。乾隆年间，“居民货物日盛，俗遂称为镇云”①。

江苏松江府嘉定县之南翔镇，“宋元间创，以寺名”，为布商、染踹坊集中之地。乾隆年间，南翔镇已发展到东西长五里，南北宽三里。② “商贾云集，烟户众多”③，“市易甲于诸镇，商贾争尚侈靡”④。宝山县之罗店镇，元朝至元年间里人罗升创建，故而得名。乾隆年间，罗店镇亦大大发展，“东西三里，南北二里，出棉花纱布，徽商丛集，贸易甚盛”⑤。南汇县之新场镇，宋建炎年间，两浙盐运司在此设盐场，北桥税司来此收税，故形成市镇。鸦片战争前，新场镇已“南北街长四五里，东西各二里许”，“歌楼酒肆，商贾辐辏”，有“赛苏州”⑥ 之称号。

以上江浙地区的许多大镇都坐落在农村中，它们的工商业也都面向农村，但历史上它们不过是些乡僻小市。到明清时代，特别是清代，才成为著名的镇。它们的发展繁盛标志着江浙地区生产和交换的发展，标志着商品货币关系日益深入到广大的农村之中。

随着商品经济的发展，这个地区，市镇的数目在逐步增加。如：苏州府的震泽县，在明弘治年间，莫江所编的《吴江县志》中，记有平望、黎里、同里、震泽等四镇；县市、江南、新杭等三市。到嘉靖年间，徐师曾所编的《吴江县志》中，亦载四镇，而市增其七，曰八斥、双杨、严墓、檀邱、梅堰、盛泽、庵村。康熙二十四年，屈运隆所编的《吴江县志》，盛泽上升为镇，变为五镇，市又增加了黄溪，仍为七市。到康熙中期以后，八斥、梅堰两市上升为镇，变为七镇五市。因此，到乾隆十一年（一七四六）时，有人针对这种变化的情况指出“盖自明初至我朝，三百余年，民物滋丰，工商辐辏，月异而岁不同，故三志所载市镇，递有增易也”⑦。

---

① 《乾隆震泽县志》卷四，《镇市村》。
②⑤ 《乾隆嘉定县志》卷一，《市镇》。
③ 《清高宗实录》卷八三四，乾隆三十四年五月。
④ 《乾隆嘉定县志》卷十二，《风俗》。
⑥ 《光绪南汇县志》卷一，《疆域志》。
⑦ 《乾隆震泽县志》卷四，《镇市村》。

松江府之嘉定县，明朝只有南翔、安亭、黄波、罗店、大场、江湾、清浦（一名高桥）七镇。此后，“历年已久，市易为镇者五”，即纪庙、娄塘、新泾、广福、真如等。“行易镇者二”，即徐家行、杨家行。清初以来又增加了外冈、葛隆、月浦三镇。乾隆时再增加了栅桥、方泰市两镇。乾隆时，嘉定县总共已有十九镇。① 上海县在明朝时，地方志记有吴会镇、乌泥泾、新场镇、周浦镇、龙华镇、三林塘、闵行等十八个市镇。到清康熙年间，新增加了马桥市、梅源市、洋泾市、漕河泾镇等十七市镇，合起来上海县共有三十五个市镇了。②

杭州府之海宁县，宋朝嘉定年间，陈耆卿、齐硕等所修的《赤城志》（梁始置赤城郡，此志沿用古名），海宁县只记有一市。到清朝前期，海宁“为市之地二十有四”③。

台州府之仙居县，在宋朝所修的《仙居志》上，仙居县只有五个市，万历三十六年（一六〇八）顾震宇所纂的《仙居县志》上，增加为十个市。康熙十九年郑录勋所修《仙居县志》，增加为十三市，到鸦片战争前，仙居县增加为十六市了。④

华南地区，如广东省的农村市场不称市镇，而称墟市。墟市的含义在广东各地也不一致。广东东部，“墟市并称”，“谓市为虚”，并无差异。广东中部，则市大而墟小，故“先市而后墟”⑤，有些县分，如东莞县则相反，“大曰墟，小曰市”⑥。

墟市是广大农民与商人进行交易的场所。农民“就近居要地设墟”，“为买贩鱼盐懋迁布粟”⑦，“菽粟布帛，鸡豚酒蔬之属……趁墟贸易”⑧。所以，墟市对广大农民的柴米油盐、衣食服用等日常生

---

① 参见《乾隆嘉定县志》卷一，《市镇》。
② 参见《康熙二十二年上海县志》卷一，《镇市》。
③ 《光绪海宁县志》卷三，《市镇》。
④ 参见《光绪仙居县志》卷七，《建置、坊市》。
⑤ 《道光新会县志》卷四，《墟市》。
⑥ 《嘉庆东莞县志》卷九，《坊都附墟市》。
⑦ 《康熙龙门县志》卷二，《疆域》。
⑧ 《乾隆东安县志》卷一，《风俗》。

活用品的交换，关系十分密切。

劳动人民去市场交易称“趁墟”。交易的日期，因商品经济的发展程度而有所不同。江南的市镇很多是常市，“一月之中，靡无市焉”①。广东的墟市，除少数“逐日市”外，一般都是“有常期”的。有的五日一趁，有的每月“取寅申巳亥为度，三日一趁”，有的每十天四次趁墟不等。总之，趁墟的日期愈多，市场交易愈频繁，说明商品经济愈发展。

在墟市的场地上，大多设有永久或临时性的建筑物，以供商民交易之用。如东莞县的墟市，设有“市肆”（即店铺），顺德县悦来墟，康熙四十七年“里人陈德送出己地建廊”②。番禺县黄陂墟，嘉庆十九年（一八一四）“建铺四百余”。石冈墟，有“铺五十余间”。回龙市，“道光己亥年，两乡陆姓建铺四十余间”③。嘉庆年间，三水县的墟市，设有“店房”④，以备商人存贮货物之用。有的墟市，并“无实铺”，设有简易的临时“墟亭”，“以便买卖”。如潮州府普宁县的溪东仔墟，“无廛舍，逢市架木覆茅，以为贸易”。军埔墟，“无村店，逢市听民架木覆茅”⑤。从化县的墟市，“于村围适中之地，架木为梁，覆茅代瓦，以蔽风雨”⑥。

封建统治者，对墟市商民的交易，进行敲诈勒索，征收繁重的租税。阳山县的墟埠，每年要向政府交纳地皮“租艮三十三两七钱”⑦。乾隆年间，潮州府普宁县流沙溪墟，“有店，民间贸易于此者，每年有官租”⑧。东安县河头、永丰两墟，在康熙二十六年度，征收耕牛交易税十五两正。⑨ 南海县的墟市，每年向商人征收“坐肆之租”。

广肇潮惠等府，在清前期工商业十分发展，农产品商品化程度

---

① 《光绪海宁县志》卷三，《市镇》。
② 《咸丰顺德县志》卷五，《墟市》。
③ 《同治番禺县志》卷十八，《墟市》。
④ 《嘉庆三水县志》卷一，《墟市》。
⑤ 《乾隆潮州府志》卷十四，《墟市》。
⑥ 《雍正从化县志》卷一，《疆域》。
⑦ 《乾隆阳山县志》卷五，《墟埠》。
⑧ 《乾隆潮州府志》卷十四，《墟市》。
⑨ 参见《康熙东安县志》卷四，《食货》。

很高，尤富鱼盐之利。这一地区，不仅发展起了广州、佛山等著名的城市，作为农村市场的墟市，也如雨后春笋般地出现。

广州府南海县的九江大墟，可与江南的市镇媲美。在清朝前期，九江大墟工商业发展，“货以鱼花土丝为最，甲于邑内”，“次谷、次布、次蚕种、次六畜，五蔬、百果、袭帛、药材、器皿、杂物，俱同日贸易”。紫岩墟，多买卖“棉布、络麻、菽粟、花生、油麸、薯芋、姜瓜、竹缆”等土产品。此外，南海县，还有不少专业化的墟市。如竹墟，“以贩灯笼竹料得名”。瓜菜市，“贩卖瓜菜”。还有菜市、猪谷市、猪仔墟、官窑墟、丝墟、桑市等名称的墟市。① 番禺县著名的花市，“在珠江之南，有花地，以卖花为业者数十百家，市花于城（广州）”，还有合浦的珠市、罗浮的药市、东莞的香市，合称广东“四市”。② 东莞县的石龙墟，“商贾凑集，当郡（广州）与惠潮之冲，其民侨寓多，而土著寡”③。到乾隆年间，发展成了“邑之北户，交通惠广，商贾如云，而鱼盐之利，蕉荔橘柚之饶，亦为东南诸邑之冠”④。东莞县之篁村、石涌、牛眠诸墟市的商人，“渡岭峤，涉湖湘，浮江淮，走齐鲁间，往往以糖香牟大利”⑤。顺德县之龙江墟，专门出卖丝经、线斜、丝斜、纯丝等。

潮州府揭阳县之渡头庵墟，乾隆年间，为“海（阳）潮（阳）揭（阳）澄（海）四邑，商贾辐凑，海船云集”。棉湖市，“人烟稠密，百货聚集之所”。当时，揭阳县共有二十五个墟市为“逐日市”⑥。这说明了农村的商品经济已很发展，交易量大增，许多农村市场上每天都有了商业活动。大埔县石上埠市，乾隆时期，“为闽广要隘，各处贸易者，舟楫至此过山”。三河坝市，“舟楫辐凑……凡鱼盐、布帛、菽粟、器用，诸货悉备”。长兴墟，“上通闽省，下达小河，多产柴炭”。太平墟，“乡民环处，廛舍稠密”。白堠墟，与枫朗（墟）、

---

① 参见《道光南海县志》卷十三，《建置略》。

② 参见《乾隆番禺县志》卷十七，《风俗》。

③ 《雍正东莞县志》卷二，《风俗》。

④ 《乾隆广州府志》卷二，《舆图》。

⑤ 《乾隆广州府志》卷十，《风俗》。

⑥ 《乾隆潮州府志》卷十四，《墟市》。

同仁（墟）相接，“乡民辐凑，市店纵横”。乾隆时，大埔全县共有八个市墟为“逐日市”①。饶平县南门街市，“商贾辐凑，诸货毕集”，黄冈市，“依山背海，鱼盐之利，旁及邻邑。通货贸财，颇为繁盛”。大埕所市，“多鱼虾、瓜果、布疋、麻铁”。教场埔墟，“此墟宋元时已有之”，清乾隆时，“其地宽敞，为牛市，通江右、闽汀，诸贾自秋迄春，无日不聚散”。石溪头埠，“海外鱼盐小舟装运至此，三饶之民，以粟易之”。乾隆时饶平全县有十一个市墟为“逐日市”。此外，澄海县有十个墟市为“逐日市”，普宁县有三个墟市为“逐日市”，丰顺县有四个墟市为“逐日市”，惠来县有八个墟市为“逐日市”②。

惠州府归善县之东新桥墟，“有货船二十余，贸易繁盛”③，龙川县之坪越墟，“业粗纸及石灰”。黄洞墟、果埔墟，“业薪竹”。河门潭墟“业杉木”④。陆丰县之乌墩市，“多贸易海产”⑤。东海滘墟，“枕山面海，园廛林木，鱼盐唇蛤，无不毕集。又兼闽商海贾，阜通货贿，其利甚溥”⑥。

肇庆府广宁县之石狗墟，为广宁通四会之要道。自乾隆四十八年开墟，“贸易者日众，往来船只络绎”⑦。广宁县各墟市，多南海、顺德、三水、高要等县的商人在活动。这些商人，“懋迁货物，如绸缎、布疋以及山珍海错，与各色服食之需，皆从省会、佛山、西南陈村各埠运至，非本土所有”⑧。

此外，如南雄州的阳山县，多产煤炭。靠近矿山附近的墟市，日渐增多。煤炭工人日常“所需酒米、茶盐、菜蔬、鱼肉、油烛、器皿等项，听与附近墟阜及就地铺家肩贩人等，公平贸易，则开张店铺既得因开采人多，以销售其货”⑨。罗定州之东安县，“山多产

---

①② 《乾隆潮州府志》卷十四，《墟市》。
③ 《康熙归善县志》卷九，《政经志》。
④ 《乾隆龙川县志》卷五，《风俗》。
⑤ 《乾隆陆丰县志》卷二，《墟市》。
⑥ 《乾隆陆丰县志》卷九，《赋役》。
⑦ 《道光广宁县志》卷十六，《抄录杂志》。
⑧ 《道光广宁县志》卷十二，《风俗》。
⑨ 《乾隆阳山县志》卷六，《矿冶》。

铁，向设炉座，或煽或停。盐则归总埠销售，二者皆非土著之民”。这些人所需之“菽粟、布帛、鸡豚、酒蔬之属，不过趁墟贸易”①。韶州府之乳源县营埠市，“异省商民杂居五百余家，水陆通郴桂各处。出棉花、芝麻、葛苧，交通最繁，商总多粤西人”②。

鸦片战争以前，广东的墟市数目有很大增长，这反映了农村商业的日趋活跃。其增长情形见下表。

清代广东墟市数目增长表

		时　间	原有墟市数			时　间	增长后墟市数		
			市	墟	墟市合计		市	墟	墟市合计
广州府	南海县	乾隆六年	8	38	46	道光时	51	13	64
	番禺县	康熙二十五年	22	51	73	乾隆三十九年	22	60	82
	东莞县	雍正八年	12	37	49	嘉庆三年	25	58	83
	顺德县	康熙十三年	4	39	43	乾隆十五年	7	42	49
	香山县	康熙十二年	4	8	12	道光八年	21	12	33
	三水县	康熙十二年			10				30
	新远县	康熙十一年	12	4	16	乾隆三年	15	4	19
	从化县	康熙元年			11	雍正八年			13
	新安县	康熙二十七年	5	23	28	嘉庆二十四年	7	34	41
潮州府	潮阳县	康熙二十三年			5	乾隆二十八年	9	8	17
	揭阳县	康熙时			5	乾隆四十四年			26
	海澄县	康熙时			5	乾隆时			10
	惠来县	康熙时			2	乾隆时			11
	饶平县	康熙时			3	乾隆时			19
	大埔县	康熙时			3	乾隆时			20
	海阳县	康熙时			9	乾隆时			9
惠州府	博罗县	康熙二十七年			25	乾隆二十八年			31
	归善县	康熙时			13	乾隆四十八年			13
	龙川县	康熙时			无	乾隆二十七年			13
	海丰县	康熙时			18	嘉庆时			14
	陆丰县	康熙时			无	乾隆十年			13
	高要县	康熙时			28	道光时			39
	开平县	康熙时			10	道光时			26
	广宁县	乾隆十四年			6	道光四年			15
罗定州	东安县	康熙二十六年			11	乾隆五年			17
南雄州	阳山县	顺治十五年			8	乾隆十二年			41

注：此表根据清代广东各府州县地方志中所列墟市数目制成。

---

① 《乾隆东安县志》卷一，《风俗》。

② 《康熙乳源县志》卷四，《街市》。

北方农村市场的情形可以山东作为代表。清代，山东的工商业相当发展，出现了济南、济宁、临清等繁荣的城市。农村种植经济作物的也很多，如鲁西南一带种植烟叶，鲁中一带山区种柞养蚕，还有一些地区种植棉花，如清平县种棉“连顶遍塍”、“过于种豆麦”。每到新棉上市，各处集市，“四方贾客云集，每日交易，以数千金计”①。但总的情况，远远落后于长江下游苏杭嘉湖，也赶不上广东珠江流域的繁盛农村市场。

山东的农村市场，或为集市，或为庙会。乾隆年间临清直隶县志上说：“定期者曰集，不定期者曰会。”与广东的墟市含义相同，“四乡各有集，南方所谓墟也”②。集和墟，就是农村进行贸易，时聚时散的场所。南方广东等地“从散”而称墟（虚），北方山东等地“从聚”而称集。农民去农村市场进行交易称“赶集”或“赶会”。

山东的定期集市，最普遍的是“市一六日”、“市二七日”、“市三八日”、“市四九日”、“市五十日”等这样排列组合，辗转轮回地五日一集。间或有十天四集的。如康熙时齐东县的石家店集，“每月逢一、四、六、九日”③为集。长山县周村集，“三八日小集，四九日大集”④。陵县的神头镇集，原来是“二七大集”，到康熙时，因“二七相距日远”，后经地方士绅商议，“益以四九两市”，“名曰小集”⑤。道光时，长清县，有张夏等十集为“大集”，潘村等二十六集“皆为小集”。都是五日一集。独有仁里集，“每十日有一六三八”，称“中集”⑥。

除定期的集市之外，还有“庙会”。赶“庙会”期间，比集市更加热闹喧嚣。道光年间，武城县“集之外有会，四方商民，辐辏于此，视集物陈肆，又倍蓰焉”。其实“庙会”也有定期，不过不是几

① 《嘉庆清平县志》，《户书》。
② 《乾隆临清直隶州志》卷二，《市衢》。
③ 《康熙齐东县志》卷一，《镇集》。
④ 《嘉庆长山县志》卷一，《市集》。
⑤ 《道光陵县志》卷十七，《金石》。
⑥ 《道光长清县志》卷二，《风俗》。

天一次，而是一年一次，会期数天。“集”适应于农村的频繁交易，规模较小，故短期内轮流，可使交易经常化。“庙会”适应交通不便和农业季节性的特点，每年一二次，多在农闲时，会期较长，交易的规模较大。以武城县为例，城隍庙会，为每年“二月初二日起，初六日止”，会期五天。子游庙会，每年“三月二十日起，二十三日止”，会期四天。娘娘庙会，则每年“四月二十二日起，二十五日止”，“十月初十日起，十三日止”①，两次会期。也有三日会期的，如平原县什方院等九个庙会，每年“俱大会三日”②。有按季节赶庙会的，都在夏冬农闲季节。如乐陵县的西关庙会，称为“夏会”定为“五月十三日至十七日”麦收、夏种之后为会期。北关庙会，称“冬会”，定于“十月十三日至十七日”③秋收之后、初冬季节赶庙会。每到赶庙会时节，大小男女，老弱妇幼，“四方云集，平地张幕，画界成巷，炫采居奇，以相贸易”④。除庙会之外，山东还有“山会”。如诸城县的百龙山会，“每岁二月朔日，十月望日，百货毕集，即地列肆，五日而罢。土人云山会也”⑤。

山东的集市，有“官集”与“义集”之分。所谓“官集”，即由封建官府设的集市，“集场设有额课”者为“官集”。所谓“义集”，由民间设立，“免其课程”者，为“义集”。“官集”设有“官牙”，向封建政府领有牙帖，也称“领司帖”集。“义集”不设牙行，由民间自行交易，或设“私牙”，不领牙帖，也称“无帖”集。山东集市，以规模的大小，交易的多寡，又有大小集之分。一般说来，大集，多“官集”，小集多“义集”。“义集”与“官集”，都不是一成不变的，“义集”在一定的条件下，也可以上升为“官集”⑥。集市根据交易额的多少，每年向封建政府交纳一定的税银，称“课税”，也称为“交易银”。如以乾隆年间乐陵县的十六个集市为例，多者一

① 《道光武城县志》卷二，《城市》。
② 《乾隆平原县志》卷二，《建置》。
③ 《乾隆乐陵县志》卷一，《市集》。
④ 《嘉庆禹城县志》卷四，《街市》。
⑤ 《乾隆诸城县志》卷五，《疆域》。
⑥ 《康熙长山县志》卷一，《市集》。

集“年征税银三十六两二钱九分七厘五毫”，少者一集“年征税银二两四钱二分二厘五毫”不等。十六集合计，年征“课税银九十七两八钱五分”①。有些“义集”，名义上不向封建政府交税，规定“永禁税课”，但也交纳一定的“交易银”作为集市的经费开支。

集市进行交易，必须经过中间人“评议市价”。这种中间人，叫“经纪”或称“牙人”。“牙人”又有“官牙”、“私牙”之分。“官牙”要通过向官府申请，发给牙帖，方能充当。牙人在交易中，收取佣金，从中渔利。清初牙帖由各州县衙门发给，帖有定数，税有定额。长清县丰齐集等十集，共有“布、花行帖十张，牛驴行帖五张”②。乐陵县花园等六集，年交“牛驴税六十两七钱七分”，“牙杂银六十七两八钱七分”③。临邑县的集市，年交“牛驴税银十五两八钱八分一厘”，“牙杂税银三两三钱八分一厘”④。许多地区，地痞流氓和衙役勾结，任意滥发牙帖，随便征收税银，商民深受其苦。雍正年间，临邑县集市的牙帖，“岁有增加”，本来集市上的“杂货小贩，向来无借牙行者，今概行给帖，而市井奸牙，遂借此把持，抽分利息”。因此，“集场多一牙户，即商民多一苦累”。为了防止滥设牙行的弊端，清政府“额设牙帖，俱由藩司衙门颁发，不许州县滥给，所以防增添之弊，不使贻累于商民也”⑤。

一般来说，“官牙”只有在“官集”上才设立，而“义集”系无税集市，理应不准设置。但随着交易的频繁，义集上出现了未经官府允许的“私牙”。为了抵制私牙的滥收税额，剥削商民，往往由集市自行设置牙行经纪。如陵县神头镇的四九小集，由“镇间士民公议，设官斗二枚，官秤一枝，牲口经纪二人”，至于“充行人役，必镇民公议忠实之人，皆由雇充”。这样“既不领押帖完课税，自无从借口官例，鱼肉商民”⑥。齐东县的九扈镇义集，也是自己“雇觅斗秤人役，在集应役，并不取集场分文。商民办税，十

---

①《乾隆乐陵县志》卷二，《课税》。
②《道光长清县志》卷五，《杂税》。
③《乾隆乐陵县志》卷三，《课税》
④⑤《道光临邑县志》卷三，《杂税》。
⑥《道光陵县志》卷十七，《金石志》。

有余年，一方称便”①。

在清朝乾嘉道时期，山东集市在数量上与以前比较也有所增加，但与江南的市镇与广东墟市比较，增长较为缓慢。章邱县在乾隆二十年时，有集市四十五处，到道光十三年（一八三三）只增加了三处。长山县在康熙五十五年时，有集市二十一处，到嘉庆时上升到三十七处。临邑县在康熙五十二年时，有集市十四处，到道光年间上升到十九处。长清县在康熙十一年时，有集市二十七处，到道光时上升到三十七处。高苑县在康熙五十五年时，仅有集市五处，到乾隆二十二年时上升到十处。诸城县在康熙十二年时，有集市三十六处，到乾隆二十九年时仍为三十六处。潍县在康熙时有集市十九处，到乾隆时上升为二十四处。平原县在明万历十八年时，有集市十七处，到乾隆十四年时上升为二十七处。②

山东的集市与以前比较，交易更加频繁，人口更加增多，但与江南、广东相比则较为落后。如邹平县，在康熙时，“僻处山隅，不通商贾，民间逢集贸易，不过粮食牛驴等项”③。高苑县的窑王庄集，“而市亦无他货，徒器器者，贸丝枲粟而已”④。淄川县是手工业比较发展的地区，到乾隆年间，还是“舟车不至，商贾罕通，落落市廛，不过卖丝枲谷而已”⑤。齐河县，一直到乾隆时，还是“四关及各乡，非定期不集，非集不得贸易，且花布鸡豚粮草果蔬之外，无他奇货”⑥。这种情况说明北方的农村经济比较落后，自给自足的特点更加明显。即是集市上有一些商品交换，也基本上限于自身的生活必需品的交换。有的地方，如章邱县的一些穷乡僻壤，劳动人民还是“有白首不至城市，不见长官者”⑦。

山东也有市镇的名称，而且镇集分开。如济阳县，乾隆年间，

---

① 《康熙齐东县志》卷八，《详文》。

② 山东各县的集市数目，均采自各县的地方志。

③ 《康熙邹平县志》卷七，《详文》。

④ 《康熙高苑县志》卷二，《集市》。

⑤ 《乾隆淄川县志》卷二下，《乡村》。

⑥ 《乾隆齐河县志》卷二，《衢市》。

⑦ 《道光章邱县志》卷五，《赋役》。

城关除外，就有回河镇、夏口镇等十三个镇。惠民县也有清河镇、永利镇等十六镇。康熙年间，肥城县也有沙沟镇等五处。道光年间，章邱县也有旧军镇、明水镇等十八处。但规模不大，人口不多，商业也不够繁荣。“即镇集往来处所，亦不满百家”①。只有少数的市镇，可和南方市镇媲美。如号称“齐鲁间巨镇”，素产柞蚕丝绸的长山县周村镇，就是其中之一。“相传镇之设，已百有余年”，大约从明末清初就开始了。到嘉庆年间，周村“烟火鳞次，泉货充牣，居人名为旱马头”。为什么叫“旱马头”呢？“马头者，商贾往来停泊之所。若汉口、佛山、景德、朱仙镇之属”。因为周村“不通水路，无巨舰飞艟，破浪翻风之概，故号之曰旱马头”。镇西的兴隆街最为繁华。这条街上，“琳宫宝刹，阛阓肆厂，咸依绕岸，而服贾牵牛，负贩而过者，日不啻千百计”②。乾隆三十九年，修周村镇的天后阁，“工作鸠庀，约费六千余金，皆出自外省本省客商”③。由此可见，周村镇在乾嘉年间商业之繁荣昌盛。另一个是东阿县的张秋镇，“枕寿张、阳谷之境，三县之民，五方之商，辐辏并至”④。“襟带（东）阿阳（谷）寿（张）三邑，为南北锁钥”⑤。张秋镇元朝时名景德镇，当时“占籍镇中者，仅八家为市”。到明朝弘治年间，运河决口，惨遭湮没。重新建镇后，改名安平镇。明末改称张秋。清朝康熙、乾隆时期，张秋镇已是“幅员数里，自南而北，则漕渠贯其中”。这里有几十条街巷，二十七个专业化市街，“为行者二三十而有奇”，牙人有“二百八十而有奇”，每年收牙税，“为缗者，二百金而有奇”⑥。张秋镇的南京店街，“盛时江宁、凤阳、徽州诸缎铺，比屋居焉。其地百货亦往往辐辏，乃镇之最繁华处”⑦。此外，还有

① 《康熙日照县志》卷三，《乡里》。

② 《嘉庆长山县志》卷十三，《记》，嘉庆三年邑孝廉王衍霖：《周村重修兴隆桥碑记》。

③ 同上书，乾隆三十九年，邑令闽县叶观海：《天后阁记》。

④ 《道光东阿县志》卷二，《镇集》。

⑤ 康熙九年修乾隆三十二年补《张秋志》，《林芃序》。

⑥ 康熙九年修乾隆三十二年补《张秋志》卷六，《课税》。

⑦ 康熙九年修乾隆三十二年补《张秋志》卷二，《街市》。

历城县的泺口镇、陵县的神头镇、博山县的颜神镇，都是较繁荣的市镇。

总上来看，清朝前期的农村市场，无论在数量上，还是在商品交易频繁的程度上，已大大超越于明朝，就以鸦片战争前的乾嘉道与清初的顺康雍来比较，也有了较大的发展。

农村市场的活跃和数量的激增，是农村经济作物大量种植、农产品商品化，以及城市商业、手工业发展的必然结果。因为农村不仅是城市的广阔市场，而且是为城市提供手工业原料与生活资料的基地。所以，城市经济的高度发展，是与农村市场的活跃密切相关的。

但是，我们也应该看到，在清前期农村市场的发展是不平衡的。大体上来说，自然条件较优越的东南各省，要比荒旱频仍的北方各省发展；而交通闭塞的内地（特别是少数民族聚居的边远地区），要比沿江（河）、沿海（特别是东南沿海各地）一带落后得多。在大的范围内的不平衡之中，也还有小的不平衡。就是在自然条件较好、交通十分方便的南方某些县里，也是有的地区农村市场非常发展，有的山区还处在刀耕火种、以物易物的状态之中。

就全国范围来看，各地的农村市场，虽然较前都有不同程度的发展，但还没有突破自然经济的范畴，这是毋庸置疑的。我们一方面既要看到农村中商品经济的发展和农村集市的增多；但另一方面，对落后的地区也不能视而不见。对于农村市场作过高的估计，片面地夸大了农村市场的繁荣，是不科学的。

戴逸文集

简明清史
（第二册）

中国人民大学出版社
·北京·

目　录

第二册

插图目录

第二册

第八章　清代的阶级结构和十八世纪前期的阶级斗争

第一节　阶级和等级

在阶级社会里，人们分属于各个不同的阶级和阶层。阶级的结构、各个阶级的相互关系和彼此的斗争，决定着社会的面貌和历史发展的趋势。因此，历史唯物主义认为，必须运用阶级分析的方法，剖析各阶级的地位、利益、特性，研究它们之间的相互关系、力量对比以及盛衰兴替，才能够深入理解阶级社会的各个时期的历史，而不致被各种纷乱繁杂的历史现象所迷惑。列宁说："马克思主义给我们指出了一条指导性的线索，使我们能在这种看来迷离混沌的状态中发现规律性。这条线索就是阶级斗争的理论。"①

人们在社会生产中所处的地位不同，对生产资料的占有关系不同，这是区分阶级的主要标志。因为，它决定着各个社会集团的地位和相互关系，决定着社会财富的分配方式。经济上居于统治地位的阶级，在政治上也居于统治地位。它们利用经济和政治的优势可以去占有、掠夺被统治阶级的劳动果实，使社会分裂成剥削阶级和被剥削阶级两大阵营的对立。人们的不同的阶级地位决定着他们的不同的政治立场和世界观。

在封建社会中，存在着地主和农民两大阶级的对立。封建社会的历史，围绕着这一基本轴线而展开。但是地主阶级内部还有不同的阶层，他们之间有着不同的利益和意志，或相勾结，或相争夺。

---

① 《列宁选集》，第二卷，《卡尔·马克思》，587页，北京，人民出版社，1972。

在农民内部也有自耕农、佃农、雇农以及富裕农民和贫苦农民的区别。地主和农民两大阶级之外还有商人、手工业主、手工业工人、游民、贱民、奴婢等等。

在古代，众多的阶级、阶层错综地、层累地构成了自上而下的、统治与被统治的多层阶梯。阶级和阶层的区别常常表现为复杂的等级制度。就像《共产党宣言》中所说："在过去的各个历史时代，我们几乎到处都可以看到社会完全划分为各个不同的等级，看到由各种社会地位构成的多级的阶梯……而且几乎在每一个阶级内部又有各种独特的等第。"① 列宁也说过："在奴隶社会和封建社会中，阶级的差别也是用居民的等级划分而固定下来的，同时还为每个阶级确定了在国家中的特殊法律地位。所以，奴隶社会和封建社会（以及农奴制社会）的阶级同时也是一些特别的等级……社会划分为阶级，这是奴隶社会、封建社会和资产阶级社会共同的现象，但是在前两种社会中存在的是等级的阶级，在后一种社会中则是非等级的阶级。"②

所谓"等级"，是由国家以诏旨和法律的形式允准和承认的、具有一定权利和义务的社会集团。这些社会集团的经济、政治地位大相径庭，即使同一阶级内的各个等级也不是平等的。专制皇帝处在多层的等级宝塔的尖顶，他的地位至高无上，权力无限膨大，生杀予夺，"天下莫予毒也"。在他一人之下，清代社会的最高等级是皇室、贵族和官僚，尤以满蒙贵族最为显赫。清朝的皇族，凡努尔哈赤之父塔克世（清朝追尊显祖）的直系子孙，都是宗室，系金黄色带子为标志，称"黄带子"；塔克世叔伯兄弟的旁系子孙，都是觉罗，系红色带子为标志，称"红带子"。宗室、有功者得封爵，爵位依次为和硕亲王、多罗郡王、多罗贝勒、固山贝子、奉恩镇国公、奉恩辅国公、不入八分镇国公、不入八分辅国公、镇国将军、辅国将军、奉国将军、奉恩将军。无爵位者称闲散宗室。有清一代，王爵"世袭罔替"的有十二家，即开国初期的礼亲王（代善）、睿亲王

① 《马克思恩格斯选集》，第一卷，《共产党宣言》，251页。

② 《列宁全集》，第六卷，《关于俄国社会民主党的土地纲领》注文，93页。

(多尔衮)、郑亲王(济尔哈朗)、豫亲王(多铎)、肃亲王(豪格)、承亲王(硕塞)、顺承郡王(勒克德浑)、克勤郡王(岳托)。其后，康熙子允祥封怡亲王，道光子奕䜣封恭亲王、奕譞封醇亲王，还有乾隆子永璘封庆亲王，其孙奕劻，清末封亲王，加“世袭罔替”。这十二家各以特殊的功勋和其他缘故，世袭亲王。其他亲、郡王则世降一等。膺封王、公等高级爵位的还有许多满蒙贵胄，或以姻亲，或以功勋。汉人自“三藩”叛乱后，无封王者，封爵依次为公、侯、伯、子、男。这批王公贵族，得到朝廷的恩荫赏赐，拥有富厚的家财，田连阡陌，奴婢成群，他们是社会的统治者和寄生虫。但应该指出：宗室觉罗、贵族功臣的末裔旁支，封爵递降，日趋衰败没落，他们虽然还保留着黄带子、红带子的身份，名义上享有特权，但大多数人谋生无术，坐吃山空，穷困潦倒，和普通的旗民情况相同。

还有一批职位较高的现任官吏与退职官吏，他们席丰履厚，财多势大，为官则营私枉法，居家则鱼肉乡里。这些人构成官僚集团，与贵族世爵一样，属于高高在上的等级，享有不同程度的特权，在法律上、礼制上，他们的地位高出于平民百姓。还有各地的绅衿，虽未出仕，可是或者祖辈是官僚，或者捐纳得虚衔，或者考上了秀才、举人，他们在诉讼和纳税方面也有一定的特权。总之，贵族、官僚、绅衿一般拥有较多土地，依靠政治势力，巧占豪夺，官爵越高，财富也就越多。

从根本上说，清政府代表地主阶级的利益，它同这类拥有特权的地主、官僚在政治上是一致的。贵族、官吏、绅衿地主在封建政权的庇护下，才能够横行乡里，欺压良善，而清政权也把这批拥有特权的地主作为自己的统治基础，需要赢得他们的拥护和支持。可是，特权地主暴虐不仁，贪得无厌，为非作歹，常常激起人民的反抗，扰乱地方治安。有时，他们的势力膨胀，又会削弱清朝中央的统治，影响、减少政府的税收。因此，清政府和他们又有一定的矛盾。清朝允许贵族、官僚、绅衿们享有法定的权利，但又采取某些抑制政策，限制他们的法外权利。如：禁止官绅暴力夺田；规定官员生监只免本身一人之丁银；限制他们优免赋役的范围；惩办拖欠钱粮的缙绅地主；禁止乡绅压佃为奴、压良为贱；禁止私置板棍、擅责佃户等等。因此，贵族官僚地主和绅衿地主的权利和势力比明代大为削弱。当然，清朝的限制措施是很不彻底的。缙绅大户欺压农民以致欺压庶民地主的事例，层出不穷。农民遭到“大户苛派诈害，不啻几上之肉”①。官府收取田赋时，也往往“以小户之浮收，抵大户之不足”②。

与贵族、官僚、绅衿地主并存的是大批无特权的庶民地主。经过明末农民大起义以后，再加上在清廷奖励垦荒的政策下，这类庶民地主有所发展。清初，农村中一些较富裕的自耕农或佃农，从明末特权地主的暴力掠夺和赋役转嫁的压迫下，得到一定程度的解脱，经济地位上升。他们起初，或因劳动力较多较强，或因耕作经营得法，或则凭借优越的自然条件，零星地积累财富，购进土地，由贫到富，由小到大。当他们占有的土地超过自家劳动力所能承担的界限时，就雇工耕种，或出租土地。量变终于引起质变，他们的阶级地位也就发生变化，从自食其力的农民变成为剥削他人的地主。清代的文献资料中，有“力田发家”的记载。所谓“力田”，往往不仅仅依靠自家的劳动，作为地主阶级，在发家致富的过程中总是要剥削佃农和雇工的剩余劳动的。但这些地主，起初也是贫穷农民，有许多是从外地流徙到异乡垦荒谋生的，他们并没有政治特权，却能勤苦力田，节衣缩食，积攒余钱剩米，逐步改善自己的经济状况而发家致富。当然，能够上升为地主的农民仅是极少数，而大多数农民则在两极分化中更加贫困化。清代前期由于地广人稀，荒地很多，劳动力较强的农家易于扩大种植面积，因此，庶民地主有较大的发展。我们现在所看到的清代文书契约、鱼鳞册、编审册、分家文书中，有大量的中小地主，占地在一百亩上下。他们主要是依靠经济力量购买土地，由于财力所限，每次购入土地的数量不多，土地累积的速度较慢，往往要经历几十年、上百年方能积聚大批的土地和

① 《乾隆溆浦县志》卷九，二页。
② 《乾隆桐乡县志》卷七，二页。

财富。他们和贵族、官僚、缙绅地主依恃政治特权，鲸吞土地、迅速发家是有明显区别的。这类庶民地主，加上商人、自耕农、佃农、手工业者、士兵等人，在清代法律中都称作“凡人”，也就是俗称的“平民”、“百姓”。它是人数最多、内涵极为复杂的等级，也是清朝主要的纳税者、服役者和统治对象。“凡人”中既包括像庶民地主那样的剥削者，又包括大量的劳动人民。所有“凡人”的权利义务在法律上是平等的，彼此没有隶属依附关系。“凡人”中的剥削者并不享有国家赋予的特权，“凡人”中的被剥削者从法理上说享有人身自由，并有应试科举、担任官职的权利；但实际上，“凡人”中的各种成员经济条件很不相同，地主富商在政治上和贵族、官僚、绅衿一个鼻孔出气。清政府实行捐纳制度，地主富商可以捐银纳粟，买得一官半职而跻身于绅衿之列。

清代的租佃制日益发展，佃农是人数众多的基本劳动者。在我国的地主经济制度下，劳动者并不紧密地附着于土地，清代的佃户一般可以离开土地，自由迁徙。流民力田觅食，律无禁条。地主阶级虽拥有地权，却并不能任意支配承租其土地的农业劳动者。佃户与地主的人身隶属关系，较之前代更为松弛。佃户在经济上依附于地主，而在政治上、法律上与庶民地主一样，同属“凡人”。他们之间应该是收租者与纳租者的契约关系。清律上规定：佃户与地主“平日共坐同食，彼此平等相称，不为使唤服役”、“并无主仆名分”。当然，由于佃农在经济上贫穷无力，因此社会地位必然低下。在实际生活中，地主拥有不同程度的超经济特权，欺压凌辱佃户的行为，极为普遍。

一七二七年（清雍正五年），河南巡抚田文镜鉴于绅衿地主视佃户为奴隶，私刑拷打，淫其妇女，佃民饮恨吞声，地方官徇私纵虐，弊害甚深，请求朝廷立法禁止。后由吏部、刑部议定限制地主虐待佃户的条例。雍正皇帝在同意这一限制的同时，提出应防止佃户拖欠地租和轻慢地主。最后，吏部和刑部议定例文如下：“凡不法绅衿私置板棍，擅责佃户者，乡绅照违制律①议处，衿监吏员革去衣顶

---

① 所谓“违制律”，指《大清律例》吏律、公式、制书有违律：“凡奉制书有所施行而（故）违（不行）者，杖一百”。

职衔，杖八十。地方官失察，交部议处；如将妇女占为婢妾者，绞监候。地方官失察徇纵及该管上司不行揭参者，俱交部分别议处。至有奸顽佃户拖欠租课，欺慢田主者，杖八十，所欠之租照数追给田主”①。这是清代封建法典中明确规定的主佃关系的准则。它的前一段，禁止绅衿仗势责打佃户、奸占妇女，保护佃户的人身不受随意侵犯，削弱了地主阶级超经济强制的权力，使主佃之间的人身依附关系进一步松弛；它的后一段又维护地主阶级的利益和尊严，以政权力量勒追拖欠的地租，保障地主阶级法定的剥削权利，保护封建的土地私有制。

清代法律中，低于“凡人”的还有“雇工人”和“贱民”。“雇工人”不是自由的人，它对雇主有一定的人身依附关系。在法律上，雇主与雇工人犹如家长和子孙卑幼的关系，雇工人服从雇主的使唤，不得违犯“教令”，其劳动带有一定程度强制的性质。清代，随着经济的发展，雇佣关系逐渐普遍，不断地修改“雇工人”的律例，使其应用的范围渐趋缩小，使大批农业雇工摆脱了“雇工人”的法律地位，而以“凡人”科断，向着自由的雇佣劳动者过渡②。

清代，处在社会最底层的是“贱民”。民、军、商、灶，称为“四民”，其下还有贱民。“四民为良，奴仆及倡优隶卒为贱”。区分良贱是重要的等级界线，是待人处事的原则。

“贱民”中最底层的是奴婢，清代社会虽然已经发展到封建的后期，但奴隶制残余仍很浓重，蓄奴养婢之风极盛，“仕宦之家，僮仆成林”③。奴婢的地位最低，没有人身自由，只能听凭主人的役使虐待，和牲口一样。所谓“奴婢贱人，律比畜产”。清代奴婢主要有以下几种：一是入关前后战争中所获的俘虏；二是入关以后汉人投充为奴；三是有罪发遣为奴；四是贫民卖身为奴。清初，前两种占极大数量，到后来，典身卖身成为奴婢的主要来源。如《红楼梦》中晴雯、袭人、鸳鸯以及芳官、龄官都是价买来的丫头和伶人。当时，

① 《大清律例通考》卷二十七，四四页。

② 参阅本书第一册，三一六页。

③ 《乾隆光山县志》卷十九。

为供应达官贵宦人家对奴婢的需要，出现了专门贩卖人口的职业和市场。如“苏郡有等囤户，见穷人家女儿，即行谋买，在家蓄养，贪得多金，卖与远省为妾为婢。离人骨肉，陷人终身，莫此为甚”①。有的地方，每逢集期，“百货俱陈，四远竞凑，大至骡马牛羊奴婢，小至斗粟尺布，必于其日聚焉”②，也有的地方，因水旱灾荒，贫苦人家不得不鬻儿卖女。如康熙二十年（一六八一），“大同、宣府等处，连岁荒败，贫民卖鬻男女，幼稚不过数百文，丁壮不过银一二两，闻者伤心……大车小车，络绎而来，辗转贩卖”③。还有的地方，贩奴活动很猖獗，人口贩子组成集团，勾结官兵胥吏，施用拐骗、绑架、掠夺手段，明目张胆，为所欲为。如四川，“有一种棍徒，名为土豹，聚数十人，抢掠妇女。用棉塞口，装入口袋，背负而奔，号为开堂子。由川江用船满载，掠往湖北贩卖。所过关口，长随胥役，得钱私放，路人目击不敢过问，州县虽知，亦皆缄默”④。

奴婢和雇工人都是被编制在宗法家长制体系下的受压迫者，而奴婢的地位更加低下。家长与奴婢之间具有严格的“主仆名分”。不仅家长个人，而且家长亲族中的全体成员都是奴婢的主人。主仆之间，不但是终身关系，而且延及子孙。除了婢女可由主人自纳或赠人为妾外，奴婢不能和良人结婚，良贱之间有不能逾越的壁垒。奴只能与婢相配，所生子女为“家生子”，仍是主人的奴婢。统治者为了便于奴役奴婢，炮制了一套主奴关系的歪道理。雍正说：“夫主仆之分，所以辨上下而定尊卑，天经地义，不容宽纵……夫主仆之分一定，则终身不能更易。在本身及妻子，仰其衣食，赖其生养，固宜有不忍背负之心，而世世子孙，长远服役，亦当有不敢纵肆之念。”⑤宣扬这种压迫有理、颠倒是非的谬论，目的就是要使广大奴婢永远听命于其主子。

清初，最大量的奴婢是皇庄和贵族庄田上的“壮丁”。他们被严

---

①《玉华堂两江示稿》，五七页。
②张心泰：《粤游小识》卷三。
③《内阁大库档案》，《都察院缮御史条奏满汉册》。
④《清仁宗实录》卷九十七，嘉庆七年四月。
⑤《东华录》雍正朝卷九，雍正四年十一月。

格地束缚在土地上，从事极为繁重的农业劳动，备受虐待，毫无人身自由，地位实是奴隶或农奴。“壮丁”不堪欺压，反抗和逃亡甚多，清廷虽立法严禁，并不能制止逃人之风。以后，由于经济的发展和奴婢的不断逃亡、反抗，奴隶制关系难以维持下去，逐步趋于衰落。以一七四五年（清乾隆十年）畿辅皇庄为例，在五百一十八名庄头中，据四百六十余名庄头的呈报，他们所辖壮丁共一万六千八百余名，大部分不从事生产劳动，而庄头能“驱使年久有益农务”的壮丁仅二百九十余名，不到壮丁总数的百分之二。可见，以农奴制为主导的皇庄已经走入日薄西山的末路，不能再继续维持下去。内务府官员被迫承认，“庄头名下壮丁过多，实属无益”。清廷只好允许将各地皇庄上的壮丁交地方官“载入民籍，听其各谋生计”①。这是一次农奴的解放，结果四百六十余庄头向内务府会计司呈报，共有一万六千名壮丁拨出为民，只留下二百九十余名仍保留农奴身份。此后又一再颁布“出旗为民”的诏谕。各地内务府所属庄田陆续放出大批壮丁为民，而且准许他们将“契买民地并开垦地亩”，“带往为业”②。这样，许多处于农奴和奴仆地位的“壮丁”取得了“良民”身份，他们有的已有了自己的土地，有的虽仍在皇庄上耕种，但只向庄头交纳租课，已转变成了封建的租佃关系。其他王公贵族的庄园上，也因壮丁逃亡众多，只得招佃收租。到十八世纪中叶，在庄田上耕作的“壮丁”已十分稀少了。

还有一批奴隶，主要是家内使唤的奴仆婢女，通过交付给主人一定的身价银钱而“赎身为民”。清初，对“赎身”的限制较严格，奴婢即使积攒了钱财，也不能随意赎身。但后来赎身的限制逐渐放宽，奴婢买卖有“红契”、“白契”之分。“红契”是指经过官府抽税登记的卖身契，“白契”是指民间凭中作证而未经官府的税契。两者在法律上同样有效，但红契奴婢法律地位低，一概不准赎身；而白契奴婢在一定年限之内，一般允许赎身。清朝律例载明，“雍正元年以后，白契所买单身及带有妻室子女之人，俱准赎身。若买主配有

① 转引自《满族简史》，84页。

② 《清朝文献通考》卷五。

妻室者，不准赎。是红契即为家人，白契即为雇工”①。清乾隆朝，红契家奴大大减少，白契奴婢显著增多，卖身赎身的事例越来越普遍。据乾隆中期的档案内说：“近年以来，有等无籍游民，白契投身，充当仆役，迨稍稍有积累，则不安服役，百计设法赎身”②。在整个社会经济发展的潮流中，商品货币关系渗透到各个方面，使得蓄奴制度发生了变化，奴婢通过“赎身”，可以购买到人身自由，这意味着奴隶主权力的削弱和人身依附关系的日益松弛。

清廷下令贬余姓为程氏地主家奴

还有一些贱民和奴仆通过政权的干预而得到了人身自由，这是由于经济的发展冲击了政治的禁锢，使蓄奴制度变得越来越无利可图，也是由于贱民、奴仆进行持续的斗争，清廷为了稳定统治秩序，不得不顺应历史的发展，命令各地“除贱为良”。如山西、陕西的乐户，浙江绍兴的惰民，皖南的伴当、世仆，江苏常熟、昭文二县的丐户，广东的疍户。他们由于政治和经济的原因，世世代代，列为贱籍，社会地位极低，不与平民相等，深受歧视压迫。据记载，浙江的惰民，“男子只许捕蛙、卖锡、逐鬼为业，妇女则习媒，或伴良家新娶嫁为人髻冠梳发，穿珠花，群走市巷，兼就所私……有流入他方者，人皆贱之”③；徽州府的伴当，宁国府的世仆，“本地呼为细民，几与乐户、惰民相同。又其甚者，如二姓丁户村庄相等，而此姓乃系彼姓伴当世仆，凡彼姓有婚丧之事，此姓即往彼服役，稍有不合，加以箠楚”④；广东的疍户，“以船为家，捕鱼为业，通省

① 《清朝文献通考》卷一九八。
② 档案《内务府来文》，乾隆二十五年六月，刑部咨内务府文。
③ 《雍正朱批谕旨》第三十九册，八九页。
④ 《东华录》雍正朝卷十，雍正五年四月。

河路，俱有疍船，生齿繁多，不可胜计。粤民视疍户为卑贱之流，不容登岸居住，疍户亦不敢与平民抗衡，畏威隐忍，跼蹐舟中，终身不获安居之乐”①。雍正元年三月下谕，“除山西、陕西教坊乐籍，改业为良民”②，九月下谕，“除浙江绍兴府惰民丐籍”；雍正五年四月下谕，凡伴当、世仆“年代久远，文契无存，不受主家豢养者，概不得以世仆名之”③；雍正七年下谕，准许广东疍户上岸“在于近水村庄居住，与齐民一同编列甲户，以便稽察，势豪土棍不得借端欺凌驱逐”④；雍正八年五月又将常熟、昭文旧有丐户，“照乐籍、惰民之例，除其丐籍，列为编氓”⑤。这一系列谕旨废除了相当众多的人的“贱籍”，使他们列入四民，在法律上承认他们与一般平民具有同等的地位。尽管在执行这些谕旨时，各地情况很不相同，有的地方阳奉阴违，直到二十世纪仍保留很少部分的“贱民”，但雍正时的“除贱为良”，对残存的蓄奴制是一次削弱和打击，对生产力和社会发展起了积极的作用。

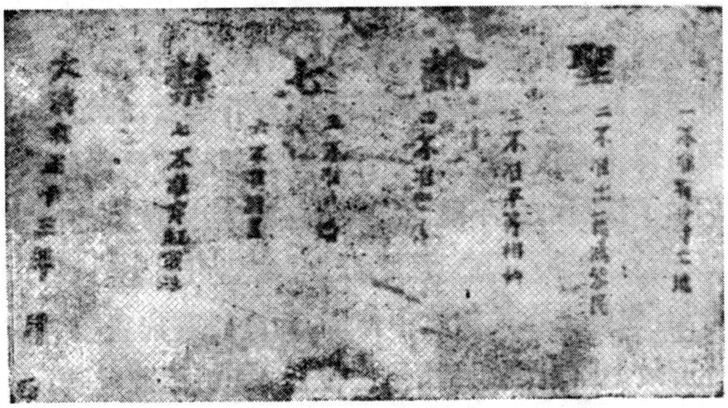

雍正十三年圣谕“七禁”

由于我国的地域十分广阔，有众多的民族居住在各地，他们的社会经济发展极不平衡，有的处在封建农奴制阶段，有的处在奴隶制阶段，也有的还停留在原始社会阶段。他们的社会和阶级的结构

---

①④ 《清世宗实录》卷八十一，雍正七年五月。

② 《东华录》雍正朝卷二，雍正元年三月。

③ 《东华录》雍正朝卷十，雍正五年四月。

⑤ 《清世宗实录》卷九十四，雍正八年五月。

各自具有历史的和民族的特色，情况极为复杂，和汉族地区是很不相同的。例如，蒙古族正处在封建农奴制时期，其封建领主拥有大片牧场、大量畜群以及一部分属民，这种属民称“随丁”，由领主直接控制并可随意役使。封建领主得到清朝政府的荫庇，大多受封为王、公、札萨克。除“随丁”以外，其他大多数劳动人民称“箭丁”，他们实际上是受国家役使的牧奴，要向清政府贡纳和服役。随着经济的发展，在“箭丁”中也分化出了较富裕的或较贫困的农牧户。另如藏族也处在封建农奴制阶段，有许多封建领主的庄园，农奴被固定在庄园中，人身依附于农奴主，以繁重的劳役和贡纳换取一小块份地，身份极为低下。农奴主和农奴之间的等级区分极为严格，在衣着服饰上表现出来。西藏的农奴主和喇嘛教寺院势力关系很密切，具有僧俗一体、政教合一的鲜明特色。

还有，像居住在四川、云南交界凉山地区的彝族，则处在奴隶制阶段，其阶级的构成有黑彝和曲诺、阿加、呷西等。黑彝是富有的奴隶主，阿加、呷西均为奴隶，而曲诺则是有隶属关系的农民。

在清代，有一些民族尚处在原始社会阶段，尚无明显的阶级区分，只有氏族和部落组织，如东北的鄂伦春、鄂温克以及云南的一些民族。

第二节　宗族制度

一、族长、族规、祠堂、义田

中国古代的父权制宗法关系的残余，至宋明以后得到加强，逐渐形成以族长权力为核心，以家谱、族规、祠堂、族田为手段的严密的宗族制度。在清代，这种以血缘关系为纽带的宗族组织遍布全国城乡，成为封建的社会结构的有机组成部分。一姓子孙，往往世代聚居，结合成庞大的宗族团体。乾隆初，江西巡抚陈宏谋说，“直省惟闽中、江西、湖南皆聚族而居，族皆有祠”①。苏州府属各地，

① 《皇朝经世文编》卷六十六，陈宏谋：《寄杨朴园景素书》。

“兄弟析炊，亦不远徙，祖宗庐墓，永以为依。故一村之中，同姓者至数十家或数百家”①，还有张海珊说：“今强宗大姓，所在多有。山东、两江左右及闽广之间，其俗尤重聚居，多或万余家，少亦数百家”②。子孙繁衍，有成千上万户的大族，其中有不少源远流长的世家。如常州张姓是宋代名将张浚之后，无锡、金匮有唐陆贽，宋周敦颐、范仲淹、秦观、胡瑗之后，桐城有望族方姓、张姓、姚姓，福建各地有林、郑、陈、王等姓，都是族大人多，叶茂根深。有的地区，“一族所聚，动辄数百数十里，即在城中亦各占一区，无异姓杂处”③。孔子的后裔更是一个显赫的大宗族，分南北二宗。北宗居曲阜，封衍圣公，南宗居浙江衢州，世袭五经博士。明初，孔氏已有六十户，也就是分成六十个孔氏宗族的分支。乾隆时修谱，今在谱者已不下二万人④，至咸丰时，六十户已丁满四万⑤。

宗族组织，特别是一些弱小宗族，在以分散的小农经济占绝对优势的封建社会里，也带有团结、互助的性质，具有某些养老恤贫的救济和社会保障的职能。所谓“廪其谷若干，以周族之贫者、老废疾者、幼不能生者、寡不嫁者。粜其余谷，为钱若干缗，以佐族之女长不能嫁者，鳏不能娶妻者，学无养者，丧不能葬者”⑥。但应当指出：宗族制度更主要的是地主阶级统治和镇压广大人民的工具，它和政权机构相互勾结，相互渗透，有效地维护着封建剥削制度。

宗族制度是按父权家长制的原则组织起来的。族长是一宗之主、合族之长，位尊望崇，掌握很大的权力，他是“族权”的体现者。一族之内又按昭穆亲疏分成若干支，支下又有“房”，房有房长。大的宗族还有“族正”、“宗直”、“户头”一类的执事人员，佐助族长，处理各种事务。族长的产生多按照辈分、年龄、德行、威望、官爵来推举。如四川云阳涂氏家族规定：“族中立族长一人，族正二人，

① 《同治苏州府志》卷三引《区县志》。

② 《皇朝经世文编》卷五十八，张海珊：《聚民论》。

③ 《光绪石埭杜氏宗谱》卷一。

④⑤ 参见《曲阜孔府档案史料选编》，第三编，第一册，六页，一一二四之一。

⑥ 《魏源集》下册，《庐江章氏义庄记》，五〇二页。

管理全族事务。由合族择廉能公正，人望素孚者，公举充任。”① 实际上，官高禄厚是担任族长的最重要的条件，因为官职越高，在族内的号召力越大，在族外也有足够的权势，以庇护族人。顾栋高说：“夫使宗子（即族长）无禄，何以收族人；不得爵于朝，何以为族人主。”② 有的宗族明文规定，宗族事务要“以族中有科名者掌之”③。族长权力的凭借是“礼”与“法”。从“礼”来说，根据宗法和纲常名教的一套礼制，族长处于“尊尊”的地位，“名分属尊，行者宜恭顺退让，不可渎犯”④。另外，族长又可执行“家法”，有如官吏之执行“王法”。“家之有长，犹国之有官。敢有詈骂尊长，越礼犯分者，通族权其轻重，公同处置”⑤。

“族规”（或称“宗约”、“家规”、“家训”）是全族人员必须恪守的行为规则。它是宗族制度的支柱，也是族长“管摄”族人的统治工具。“族规”几乎和国法相似，具有强制服从的性质。“王者以一人治天下，则有纪纲；君子以一身教家人，则有家训。纪纲不立，天下不平，家训不设，家人不齐矣。夫家中之有长幼内外之殊，公私亲疏之别，贤愚顽秀之不同，苟非有训以示之，而欲一其性情、遵模范，绝无乖戾差忒之虞，虽圣人不能强也”⑥。可见“族规”、“家训”对于约束宗族成员是十分重要的。族规的思想基础是封建的纲常伦理。在宗族内部，祖宗父辈最为尊严，他们的命令、意志不得违拗，“子孙受上诃责，不论是非，但当俯首默受，毋亟自辩理。媳事姑舅亦然”⑦。“其尊于我者，诸事本宜顺受，即有委曲，不妨从容待白，若以激烈之气行之，则犯上矣”⑧。清律中规定：父有罪，除大逆不道外，子应为之“容隐”，如告官，触“干犯”律，即使告实，父可减免而子却要判刑。在宗族内部，绝对服从父母尊长，

①④ 《云阳涂氏族谱》卷十一，《族范志》。
② 《皇朝经世文编》卷六十四，顾栋高：《书适孙葬祖父母承重议后》。
③ 《京兆归氏世谱》卷上，《春祭田考》。
⑤ 《陈氏宗谱》卷一，《罚恶》。
⑥ 《张氏宗谱》卷二，《家规》。
⑦ 《京江王氏族谱》，《家教》。
⑧ 《续修徐氏家谱》上册，《家训》。

在宗族以外，就要求移孝作忠，所谓“求忠臣于孝子之门”。把国家当做一个扩大了的宗族，在政治关系中渗透着宗法伦理的精神。一般人都把应试出仕、加官晋爵，看做“光宗耀祖”的盛举。所以，在宗法制度下，最适宜于培养熏陶忠于专制皇帝的官吏和顺民。

“族规”、“家训”的另一个基本思想是宣扬“安分”、“睦族”、“听天由命”，企图用温情脉脉的宗法关系掩盖尖锐的阶级对立。随着社会经济的发展和土地兼并的加剧，宗族内部不可避免地会发生贫富分化，少数族人成为地主富豪，大多数人沦为被剥削者。一家之内“有兄贫而弟富，有嫡荣而庶寒”。就像曲阜孔氏这样的大宗族，大宗主世袭衍圣公自然是权倾当世，富可敌国。可是孔门后裔中的绝大多数人是贫苦农民。所谓“孔氏子孙，支派繁多，多属贫难无以糊口，甚至有鬻身佃户、庙户等家者”①。正因为宗族内部的分化迅速，所以“族规”、“家训”反复告诫族人，无论贫富贵贱，都是同一祖先的后裔，“我看来是千百人，祖宗看来是一人”②。用调和论和天命论的说教，要求宗族成员承认“富贵贫贱，自有定分”。要“睦亲族”、“笃伦理”，贫者不可有非分的想望和举动，“本枝一脉，必有荣枯，倘自剪伐，则枝叶有害，本实先拔矣”③。这样来唤起宗族成员“木本水源之思”，而泯没其阶级意识的觉醒。

在“族规”中虽然也有富不欺贫、贵不压贱、强不凌弱的规定，要求族中的富人要“怜贫”、“恤族”，但真能这样行事的人并不多。

宗族制度的重要组成部分是祠堂。张履祥说，“今欲萃人心，莫大于敦本收族，欲敦本收族，莫急于建祠堂”④。祠堂是宗族的象征，其中供奉着祖先的牌位，又是全族集会办事的场所。巨室大宗的祠堂，规制宏大，富丽堂皇，耗费巨大，“乡中建祠，一木一石，俱极选采，在始建者务求壮丽，以尽孝敬而肃观瞻”⑤。较大的祠堂

---

① 《曲阜孔氏档案史料选编》，第三编，四九九三。

② 《竹溪沈氏家乘》卷一。

③ 《陈氏宗谱》卷一，《家规》。

④ 《皇朝经世文编》卷六十六，《家堂》。

⑤ 吴荣光：《佛山忠义乡志》卷五，《乡俗》。

“上建龛堂，所以安神主而序昭穆也；中树厅事，所以齐子孙而肃跪拜也；前列回楼，所以接宾朋而讲圣旨也；左右两庑，所以进子弟而习诗书也”①。祠堂又称“家庙”，值春秋祭祖时，仪式隆重，气氛肃穆。一般由族长主祭，“合族晨兴，齐集于祭所，随班次行礼”，“尊者在前，卑者在后，务整齐而严肃，如祖考临之在上，不可戏谑谈笑，参差不齐”②。有官爵者必须官服，其他人也必须衣冠整肃，“短衣赤足者，不得列班行礼”③。其实，对于死去的父家长——列祖列宗的尊崇，即是为了抬高活着的父家长——族长、家长的地位，提高他们对族人、家人的支配权力。同时，也是为了激发宗族成员对先祖的敬仰，使他们产生同宗共祖的荣誉感、亲密感，以增强宗族内的联系，加深族人对族长、家长的依附关系。

祠堂又是款待宾朋、教育子弟、处理族中事务、执行家法的地方。有的“祠规”内说：“凡有族中公务，族长传集子姓于家庙，务期公正和平，商酌妥协。”④许多“族规”中规定，族人发生纠纷，先在族内祠堂中调解解决，不可先告官兴讼。如四川云阳涂氏族规规定：“族人有田土、坟墓、钱债等项纠葛，或口角微嫌，须入祠凭族房长公同理论，不得擅兴词讼。”⑤ 洞庭严氏族规规定：“各支如有田土、钱债细故争执，不得遽行兴讼，先宜禀达族长支长，相约谒祠理讲，毋得徧袒。如理讲不服，始可到官告理。”⑥ 有的“族规”内干脆规定：“不告各支长而竟告官者，无论曲直，必传至祠内，重责重罚。”⑦ 族内的调停处理有很大约束力，一般说，族人必须服从，“族中或有故相争，必各据实呈词，禀明宗祠。祠主定期约同族尊、族贤……询其颠末，代为排解。如退有后言，擅敢兴讼者，祠主责治，公议量罚”⑧。

当宗族成员有悖礼违法的行为，也不必经过官府，即由“族长

①④ 《云阳涂氏族谱》卷十二，《祠堂碑记》。
② 同上书，《祠规》。
③ 《京江王氏族谱》，《祭约》。
⑤ 《云阳涂氏族谱》卷十一，《族范志》。
⑥ 《严氏族谱》卷十二，《族规》。
⑦ 《竹溪沈氏家乘》卷七，《祠规》。
⑧ 《陈氏宗谱》卷二，《宗约》。

传单通知合族，会集家庙，告于祖宗，家谱削去名字，祠墓不许与祭。此外，凡有过失，另酌其轻重以示罚”①。祠堂内执行家法，俨然如衙门之执行国法。

宗祠与义田（族田）互为表里。有祠必有田，二者不可缺一。有人说：“祠堂者，敬宗者也。义田者，收族者也。祖宗之神依于主，主则依于祠堂，无祠堂则无以安亡者。子孙之生依于食，食则给于田，无义田则无以保生者。故祠堂与义田并重，而不可偏废者也。”②“义田”也是宗族制度重要的组成部分，是族权的物质基础。

义田都由族人中的富贵者捐赠，即地主、官僚、富商出其剥削所得的一部分，沾惠宗族成员。清政府大力提倡这种“捐田赡族”的义举，由巡抚“造具事实清册送部（礼部）”。由礼部题请皇帝予以旌表，所捐田产价值在银千两以上者，由地方官给银建坊。在清政府的鼓励下，一些巨家大族的义田动辄以千亩计。按规定：义田出租的收入，用于周济鳏寡孤独、残废贫穷的族人，“其婚嫁之失时也，则有财以助之；其寒也则为之衣；其疾也则为之药；其死也则为之殓与埋”③。有的还开设义学以教育本族子弟，举办义赈以减轻水旱灾荒，也有用于表扬孝子节妇，奖励入学中举。在敦宗睦族、尊亲敬老的名义下，对族人作有限的经济帮助，以加强族人的宗法观念，缓和宗族内部的阶级矛盾。

义田是封建土地所有制的一种特殊形式，管理权都在族中官宦绅富的手中。在义田上耕作的农民，或为本族成员，或为族外贫民，都要交纳苛重的地租，处在封建剥削之下。义田的收入，实际上常被族长及掌管者侵蚀吞没，有时因为分赃不均，还争吵涉讼，所谓“争祠产而阋墙，则近世巨宗，多狃此习，于尊敬之本义乖谬甚矣”④。有的土豪恶霸，不肖子孙，甚至盗卖义田族产。如道光初，太湖水利同知刘鸿翱撰写《杜盗祭款立碣记》，立碑昭示，禁止盗卖

---

① 《竹溪沈氏家乘》卷七，《祠规》。

② 《皇朝经世文编》卷六十六，张永铨：《先祠记》。

③ 《京兆归氏世谱》第四，《归氏义田记》。

④ 李兆洛：《昭义归氏祭田书田记》。

义田，保护宗族制度。其中说，“丙戌（道光六年），余分守来此，甫下车，即有（洞庭）西山沈氏盗卖祭田一案，立予惩责，追还原物，并给示两山祠堂。越数月，东山严国涛等控严昭宇侵吞祠项七百余千”①。短时间内，连续发生侵吞祠产案件，可见这类事件之多。

二、宗族制度和封建政权的结合

宗族制度和以族长、房长为代表的族权在维护封建剥削制度、巩固封建专制统治方面发挥了十分重要的作用。毛泽东主席把族权、夫权与政权、神权看做“代表了全部封建宗法的思想和制度，是束缚中国人民特别是农民的四条极大的绳索”②。

在我国古代封建社会中，家庭和宗族是社会的细胞和基层结构。社会的是否安定，要看家庭、宗族能否有效地控制其成员，中国的古训是：必先“齐家”，然后才能“治国平天下”。中国地广人众，各族人民分散居住在广阔的土地上。专制皇帝高高在上，官僚机构腐败无能，效率很低，很难周察遍访，对人民进行严密的控制。因此，必须利用遍布城乡的宗族制度，以辅助官府统治之不足。通过家族同宗的关系、父兄亲长的情谊，对族中成员进行教育、感化、监督，使他们的言论行动遵循封建的礼法，以“弭乱于未萌”。有人说：“天下人情，未有无所维系而即安也，而其道必由近者始……盖君之于民远矣。立宗子（即族长）而维系一族，则势近而情易通。”③ 因此，收摄人心，管制民众，巩固统治，“莫重于宗法”。有人甚至认为：清代所以能有康雍乾一百多年的盛世，也是由于清政府提倡宗族而形成的结果，“我国家以孝治天下。凡而世家巨族，沐浴熏陶，感发蓼莪念深纤芾者，类皆敬祖敬宗……靡不宣讲圣谕，与父言慈，与子言孝……百余年来，太平长享”。在统治者看来：宗族制度和封建政权相互支持，两位一体；宗法伦理关系，推而广之，即是对朝廷的忠诚，故讲求宗法，可以“移孝作忠”，巩固

① 《严氏族谱》卷十二。

② 《毛泽东选集》，第一卷，《湖南农民运动考察报告》，31页。

③ 《归氏世谱》卷四，孙原湘：《书归氏义庄记后》。

封建统治。而宗族制的盛行又归之于政府的提倡、支持，“盖圣朝之培养有素所使然”①。

清朝统治者很重视宗族制的作用，有的甚至想用它来代替保甲制。雍正初，广东肇庆的官吏在整顿保甲制度时，“因议州县有巨堡大村，聚族满百人以上，保甲不能编者，宜选族中品行刚方之人，立为族正，以察族之不肖，徇情者治罪”②。乾隆初，江西巡抚陈宏谋，鉴于当地民众多“聚族而居，族各有祠”，决定由官府正式赋予族长、族正管束族人的权力，特颁布《选举族正族约檄》，谕令所属州县，将境内祠堂数目、族长姓名，造册上报，由官府给以官牌，授予权力。他说：“族房之长，奉有官法，以纠察族内子弟。名分即有一定，休戚原自相关，比之异姓之乡约保甲，自然便于觉察，易于约束。”③ 把官府权力交给族长，使政权和族权直接结合，自然更能收到约束子弟、统治人民的效果。这样以“保甲为经，宗族为纬”而交织起来的统治网，远至穷乡僻壤，成为清政府得心应手的统治工具。后来，魏源就说：“天下直省郡国各得是数百族，落落参错县邑间，朝廷复以大宗法联之，俾自教养守卫，则鳏寡孤独废疾者皆有所养，水旱凶荒有恃，谣俗有所稽察，余小姓附之，人心维系，磐固而不动，盗贼之患不作矣。不有是也，三代事不几全无效于后世哉！”④

宗族制度还对国家收取赋税起了保证作用。很多族规中告诫族人要“以国课为先”、“照限完粮”、“不可拖欠”。有的还着重解释政府与族人（地主）休戚与共的关系，督促宗族成员交纳粮课。“朝廷之取钱粮也，非以入私帑也，文武之俸出于是，士卒之养出于是，驱逐寇兵之用出于是。取之百姓者，还百姓用之。故百姓得以从容安乐，以成其耕耨，以享其安保也。此何必务官府之催征，衙役之追促哉！世有拖欠以希宥赦，侵欺以饱私囊者，必不容于天地鬼神。凡我家族，夏熟秋成，及期完纳，毋累官私，实亦忠之一端也，而

① 《陈氏宗谱》卷一，蒋熊昌：《毗陵陈氏续修宗谱序》。

② 《（广东）肇庆府志》卷二十二，《事记》。

③ 《皇朝经世文编》卷五十八，陈宏谋：《选举族正族约檄》。

④ 《魏源集》下册，《庐江章氏义庄记》，五〇三页。

实保家之道也”①。

当阶级斗争激烈，农民纷纷起义的时候，各地的巨宗大族，往往组织起对抗农民起义的武装力量，盘踞堡寨，屠杀农民，成为封建政府的帮凶。例如，明清之际，全国处在大动荡之中。顺治四年（一六四七），福建宁化邱民滋率众起义，向地主官绅追赃拷饷，大大搅乱了当地的封建秩序。宁化大族的首领李世熊聚集宗族，自称“热血洒地，醒眼哀时，登坛誓众，设险自雄”②。他认为：“崇祯甲申而后，贼风大炽，攻城掠邑，在在见告，城守不如保寨之逸。”③因此率领族众，构筑麻布岡寨堡。此堡四周一百六十丈，城高一丈七尺，城墙厚达一丈，堡外浚壕沟。堡门连接铳城，三面列炮眼。堡内设立宗祠，建筑房舍，挖掘水井，作被围固守之计。寨内有七条街，房屋都面街背城，建屋一百三十八所，以居农户。屋为三层，与堡墙齐，“城上马路，即其后户，有警登城，如就寝闼也”④。堡中居住着族人和依附的小姓、农户，又立服役征饷之法。当起义军攻打寨堡时，族众和农民鸣锣树旗，持刀执铳，进行战斗。这支武装队伍，有宗亲关系相维系，有寨堡作掩护，平时又有训练，因而有较强的战斗力。后来，在白莲教起义，以至太平天国、捻军起义时，这类以宗族为核心的乡兵、寨堡，仍很活跃，成为起义军的劲敌。

族权在政权的提倡下得以发展，而政权又在族权的支持下才能巩固，两者密切结合，相得益彰，这是事情的主要一面，但是，另一方面，族权和政权也会发生矛盾。宗族的强大，意味着地方势力的膨胀，使政权失去控制力。那些强宗大族，人多势盛，源远流长，在当地处于举足轻重的地位，“其耳目好尚，衣冠奢俭，恒足以树齐民之望”⑤。宗族内部因血缘关系而有较大的凝聚力，尤其是族长、族正的一言一动，视听所系，往往可以得到多数族人的响应。他们联宗通谱、广植势力、武断乡曲，甚至包揽词讼、聚赌宿娼、纠众闹事，也使封建官府穷于应

---

① 《张氏家宗谱》卷二，《家规》。

② 李世熊：《寇变记》，见《清史资料》，第一辑，46页。

③ 同上书，55页。

④ 同上书，57页。

⑤ 《皇朝经世文编》卷五十八，张海珊：《聚民论》。

付，感到很头疼。因此，尽管族规中都规定要“忠于朝廷”、“奉公守法”，而乾隆帝却说：“各处族正，鲜有奉公守法之人”。清政府希望宗族的发展不要超过本村本镇的局部地区，并严格以纲常名教为规范。

大族恣横的又一表现是相互间的械斗。族规内规定：如果遭到外姓的欺负，本族人应该挺身相助，这样就常因口角嫌隙、钱财争执，各自聚众斗殴，酿成杀伤人命的惨案，激起冤冤相报的长期械斗。这种风气在广东、福建、江西一带尤为盛行。地主豪绅为谋取私利，操纵和蒙蔽族人，挑起并利用械斗。在大规模械斗中，死伤的多是下层农民群众，他们是封建宗法思想毒害下的牺牲者。

第三节　康熙中叶至乾隆中叶的阶级斗争

一、朱三太子案

康熙前期，平定了吴三桂等“三藩”之乱，收复了台湾，清朝的统治秩序渐趋稳定，大规模的抗清战争消歇下来。从十七世纪末至十八世纪下半期，除在边疆和少数民族地区以外，已没有长期用兵的情况，经济上得到恢复和发展，政治上争得了近百年相对的安定和承平。

当然，在这近百年相对的承平下，社会矛盾和阶级冲突也没有停息，全国各地依然存在着各种形式的阶级斗争，表面静谧的历史长河的底层，许多漩涡和暗流正在回旋、激荡。

明王朝的统治已一去不复返了。南明几个小朝廷的腐败与内部倾轧使得汉族地主阶级在争夺全国统治权的斗争中彻底败北了。但在许多汉人心目中仍然厌憎满族新政权，眷恋朱明旧统治，因此，恢复明朝仍然是许多反清志士对抗现政权的一面旗帜。康熙年间，扰攘不息的朱三太子案件就是这种旧时代的回光返照。早在顺治年间，当抗清战争还在如火如荼地开展的时候，全国就发生了许多起冒称崇祯帝的儿子，逃出北京，组织反清活动的事件。例如一六五五年（清顺治十二年），扬州捕获的朱周镇，称朱三公子，在苏北组织反清活动。次年（一六五六年，清顺治十三年），直隶平山拿获的朱慈焞，自称是崇祯之子，谋在正定举事。一六七三年（清康熙十二年），北京有杨起隆，冒称朱三太子，准备在京城起兵，响应吴三桂的反清叛乱。由于事机不密，被清廷迅速镇压，杨起隆逃出了北京。以后全国经常发生朱三太子的案件，清朝统治者风声鹤唳，饱受虚惊。一六七九年（清康熙十八年）安亲王岳乐奏报捕获崇祯的太子朱慈灿，康熙不承认是真太子，上谕中说："朕曾以此事问之在内旧太监。据云：彼时朱慈灿年甚小，必不能逸出，今安得尚存？大约是假"①。翌年（一六八〇年，清康熙十九年），四川又报告捉到了冒充朱三太子的杨起隆，审讯质对的结果，此人不但是冒牌的太子，而且也不是杨起隆，"面有刺字疤痕，明系旗下逃人，入杨起隆伙内，知其缘由，遂假借杨起隆之名，于陕西造反"②。直至一七〇八年（清康熙四十七年）捕获了在浙江大岚山起兵抗清的张念一（念一和尚），供出与朱三太子有联系，并探明他在山东藏匿，清廷才捉获朱三太子。据康熙说："朱三者乃明代宗室，今已七十六岁。伊父子游行教书，寄食人家。"尽管这位七十六岁的老人隐姓避祸，教读糊口，并无不法行为，但是，单单听到他的名字和身世就令清朝统治者如芒刺在背，寝食不安。因此，这位无辜的老人被凌迟处死，全家老幼均遭杀害。当时，以明室后裔作号召的反清活动甚多。雍正帝说："康熙年间，各处奸徒窃发，动辄以朱三太子为名，如念一和尚、朱一贵者，指不胜屈。近日尚有山东人张玉假称朱姓，托于明之后裔，遇星士推算有帝王之命，以此希冀鼓惑愚民。现被步军统领衙门拿获究问。"③

顺康年间众多的朱三太子中，究竟哪一个是真太子？由于文献不足，今天要确凿地证明朱三太子的真伪虚实是很困难的了。历史上像这类不易彻底弄清楚的事件和人物不知有多少。重要的不是朱三太子这个人，而在于这个名字曾唤起许多人对旧王朝的眷念和对新政权的憎恨。他是当年抗清斗争的象征。明清之间的战争已经终结，而其余

① 《清圣祖实录》卷八十六，康熙十八年十二月。
② 《清圣祖实录》卷九十三，康熙十九年十一月。
③ 《大义觉迷录》。

波荡漾，长时期平息不下来。一场持久的、激烈的国内民族斗争在以后许多世代内给历史打上深刻的印记，许多反对压迫和剥削的斗争，往往打着朱明的旗号。应当注意的是：以朱三太子为号召的反清起事虽然颇能耸动耳目，却都停留在秘密活动阶段，都没有发展成公开的大规模运动。可见仅仅是“名义”、“旗帜”，并不能造成阶级斗争的高涨，大规模的群众斗争应具有深刻的内容和必要的条件。当时，社会的主要矛盾已不再是满汉之间的矛盾，而是地主和农民之间的阶级矛盾，这一历史的内容决定着阶级斗争的新形式。

二、抗租斗争

地主和农民之间矛盾的表现形式之一就是分散、细小却尖锐、频繁的抗租斗争。马克思说过：“不管地租的起源怎样，只要它存在，它就是土地经营者和土地所有者之间激烈争执的对象。”① 清代，在租佃关系比较发展的地区，特别是南方的许多省，抗租斗争风起云涌。就是在阶级斗争处于低潮，清政府统治较巩固的康雍乾时期，抗租斗争也十分频繁、普遍。例如：江西，“顽梗不逞之佃户，据田抗租，与田主为难者，十室而九”②；福建，“业主佃户，并无情意浃洽，彼此视为仇雠，佃户以抗租为长技”③；湖北，“近来一切佃户，驯善者少，刁顽者多”④；江苏，“吴中佃户抗租，久成锢习”⑤；湖南，“每多抗租踞庄之弊”⑥；广东，“顽佃视逋租为固有，玩田主于掌上”⑦。甚至在南方少数民族地区，也时常发生抗租斗争，如广东，“傜人混杂良民，佃田易货，霸耕负租，时见强梗”⑧；两广的僮族也“佃耕荒田，聚众稍多，因逼胁田主，占据乡落”⑨。

---

① 《马克思恩格斯选集》，第一卷，《哲学的贫困》，145 页。
② 《同治瑞金县志》卷十一，《艺文志》，佚名：《答张邑侯书》。
③ 德福：《闽政领要》卷中，风俗。
④ 《汉阳龙霓载氏宗谱》，第二册，《家训》。
⑤ 《清高宗实录》卷二四五，乾隆十年七月。
⑥ 《光绪巴陵县志》卷五十二，《杂识》二。
⑦ 《光绪潮州府志》卷三十三，《宦绩》。
⑧⑨ 《乾隆广州府志》卷六十，《杂录》二。

北方的租佃关系不及南方发展，主佃关系和南方不同，抗租斗争也较少。可是直隶的旗地上，也在特殊条件下形成了租佃关系。清初，大片土地圈给了满族，但不少旗人不娴耕作，不得不仍由原来的农民耕种，故很多旗地"仍系民人输租自种，民人自种其地，旗人坐收其租"①。年深日久，欠租抗租，层出不穷。一七八二年（清乾隆四十七年）直隶总督英廉说："直隶各属有旗租者，统计七十七州县，积欠旗租者四十二州县，其积欠至二十年之久，数至二十四万余两之多"②。特别是在一些拨补地上，地主都住在外乡远地，完全脱离了生产，连自己的土地坐落何处也不清楚，因此，农民就常常发生欠租、抗租事件。有时也发生"鸣钟擂鼓，聚刁佃百有余人"③，进行较大规模的抗租斗争。

信票

乾隆五十一年孔府拘捕郓城佃户的信票

引起抗租斗争的导火线是多种多样的。有的因发生水旱灾荒，农民无力交纳地租，如康熙中，"松郡（松江）大荒……田有全荒

① 孙嘉淦：《孙文定公奏疏》卷四，《八旗公产疏》。
② 《清高宗实录》卷一一六九。
③ 档案《内务府来文》，乾隆二十年十月初二日。

者，有及半者，有每亩止收一二斗者。奸佃借口岁凶，粒米不偿，甚至结党抗拒”①。也有因清廷蠲免田赋，地主不向政府交粮，佃农也要求将地租相应减少。如一七四六年（清乾隆十一年）福建上杭发生以罗日光、罗日照为首的纠众抗租事件，起因是由于清王朝“蠲免钱粮，乡民欲将纳业户田租，四六均分”②。引起主佃冲突，官府干预，酿成拒捕抗官的案件。乾隆帝袒护地主，为此而大发雷霆，他说：“朕之蠲租赐复，出自特恩，非民间所能自主。佃户之与业主，其减与不减，应听业主酌量，即功令亦难绳以定程也。岂有任佃户自减额数，抗不交租之理”③。也有的是佃农为了要保持长期佃种的权利，反对夺田另佃，争取永佃权而发生主佃冲突。

更多的抗租斗争是由于地主阶级的苛重剥削和强暴手段所引起。那些贪得无厌的豪门，为富不仁，收租的时候，或大斗收进，多取浮征；或任意搜刮，增租夺佃；甚至私设公堂，刑责佃户。如雍正年间，崇明恶霸施大受于地租之外，加收轿钱、折饭钱、家人杂费。他勾结官府，认了一个和他同姓的施总兵为本家，“将美女金帛送施总兵，通家来往，倚势多索麦租”④。农民反对恶霸和官府的侵凌，起而反抗。又如福建的抗租常因“较桶”而引起，“较桶”就是佃农要求校正地主用来收租的米桶，“田主欲于常数之外，巧计多取，乃制大斗取租。每斗外加四五升不等，自不足以服佃户之心。于是土棍乘衅勾连，奸佃私立斗头，一呼百应，以抗田主。此亦理势所必然者，流弊至今，为害不浅”⑤。有一位在浙江台州做官的人看到地主鱼肉佃户的情形，也深感不平，他说：“台人多为富不仁，惟利是视。访闻每于岁暮封印之后，差遣悍仆豪奴，分头四出，如虎如狼，逼取租债。举其室中所有，搜攫一空。甚而掀瓦搬门，拴妻缚子，又甚将本人锁押至家，百般吊打。如此肆横胡行，非惟干犯王章，不亦大伤天理乎！”⑥ 康熙时，长沙知县在条陈当地利弊时，

---

① 董含：《三冈识略》卷十。

②③ 《东华录》乾隆朝卷二十四，乾隆十一年八月。

④ 《雍正朱批谕旨》，第十八函，六册，雍正八年六月初三日尹继善奏。

⑤ 王简庵：《临汀考言》卷十八，《批上杭县民郭东五等呈请较定租斗》。

⑥ 戴兆佳：《天台治略》卷六，《劝谕富室岁暮善取租债，以苏民困，以保天和事》。

也说到地主对佃户的苛刻剥削和侮辱，他说："从来雇工佃户，原为力役之人，非同臧获可比。近见湖南人情浅薄，以强欺弱……愚民饮恨吞声，莫敢辩理，殊堪矜悯。又有擅将佃户为仆，恣行役使，过索租粒，盘算磊利。甚有呼其妇女至家服役，佃户不敢不从者。且有佃户死亡，欺其本宗无人，遂卖嫁其妻若子，并收其家资者"①。还有的地主，"纵容豪奴悍仆，如虎如狼，成群结队，恣意胡行。一到佃户债主之家，先索酒食，饕餮醉饱，方逼银钱。倘或无献或献不如数，不论布帛粟菽，鸡鹅猪鸭，举凡室中所有，罄掠一光，甚至锁缚拷打，辱及父母妻孥"②。总之，地主阶级进行敲骨吸髓的剥削，他们狠如豺狼，毒如蛇蝎。农民们忍气吞声，苟全存活而不可得。为了保卫身家性命不得不铤而走险，进行反抗。

抗租斗争的初级形式是个别佃户和个别地主之间因欠租、索租，口角冲突、争吵斗殴，或死或伤。这类民刑诉讼案件经常发生，在清廷档案《刑科题本》内，比比皆是。在这类个别冲突中，地主阶级占着经济和政治优势，佃户往往吃亏受欺，官府审理这类案件大多袒护地主业户。慢慢地佃农们在共同利益的基础上相互联系，用演戏、赛会、歃血、结盟的方式团聚起来，有组织地和地主进行斗争。如康熙末，苏州的"乡曲佃民，无不醵金演戏，诅盟歃结，以抗田主"③。有时，佃户们团结一致，也能在某次斗争中，获得一些胜利，迫使地主减轻租额。而这类胜利，又会鼓舞群众的斗争，推动抗租斗争进一步发展，使之更有组织、更带群众性。有的地方出现了铁尺会、乌龙会、长关会等，成为贫苦佃农进行抗租斗争的组织。如一七四八年（清乾隆十三年）御史陆秩奏称："福建汀州、兴化等府，民风刁悍，宁化县地方有所谓铁尺会，又有十三太保。铁尺会者，自宁化、上杭、清流等县，以至汀州府治，所在多有，一味行凶为事，欺侮善良藐视王治。"④ 一七五三年（清乾隆十八年），

① 《同治长沙县志》卷二十，《政绩》二。

② 戴兆佳：《天台治略》卷六，《劝谕富室岁暮善取租债，以苏民困，以保天和事》。

③ 黄中坚：《蓄斋集》，《征租议》。

④ 《清高宗实录》卷三二九，乾隆十三年十一月。

福建邵武佃农杜正祈等“结无赖子数十人，屡与田主搆难。恃拳勇，入市强横，久之党渐众，遂阴蓄异谋，人给一铁尺，号铁尺会”①。有的地方则设立会馆，推举佃长，甚至组织武装，与地主阶级公开对抗。如江西兴国，佃农“创为会馆，远近传关。每届有秋，先倡议八收、七收有差。田主有执原额收租者，即号召多人，碎人屋宇，并所收租，攫入会馆”②。兴国的佃农会馆在地主阶级和官府的围攻下，坚持斗争，从康熙五十二年（一七一三）成立，至雍正四年（一七二六）被查禁取缔，存在十四年之久。江西雩都的佃农推举“佃长”，作为自己的领袖。其人大都为人正直，侠义肝胆，能够维护贫苦佃农的利益，“号召同辈，间有与田主搆隙者，则佃长醵金助之。甚至公然以身当其冲，小则抗租结讼，大则聚党据抢”③。福建、江西各州县的佃农还组织“佃兵”，拿起武器和地主作斗争。最早是一六四六年（清顺治三年），福建宁化黄通集合农民，要求“较桶”。当地地主收租时用大桶，二十升为一桶，称“租桶”；而地主出售粮食时却用小桶，十六升为一桶，称“衙桶”。“通倡谕诸乡，凡纳租，悉以十六升之桶为率。一切移耕、冬牲、豆稞、送仓（按：都是地主为剥削农民而巧立的名目）诸例皆罢。乡民欢声动地，归通惟恐后”④。黄通组织了佃兵，设立“千总”职衔，夺取了部分乡镇的政权，“词讼不复关有司，咸取决于通……由此，城中大户与诸乡佃丁相嫉如仇”⑤。黄通率佃兵攻破宁化，给不法地主以严惩，同时，福建清流，江西石城、瑞金、宁都也都组织了佃兵。瑞金何志源组织的佃兵，“旗帜号色皆书‘八乡均田’。均之云者，欲三分田主之田，而以一分为佃人耕田之本。其所耕之田，田主有易姓，而佃夫无易人，永为世业。凡寄插之家，苟有龃龉，立焚其屋，杀其人。故悍者倡先，懦者陪后，皆蚁聚入城，逼县官印均田帖，以数万计”⑥。这里可以见到当时农民们渴望得到土地的要求，也表现出

① 《光绪邵武县志》卷十三，《寇警》。
② 《同治兴国县志》卷四十六，《杂记》。
③ 《同治雩都县志》卷十三，《文艺》。
④⑤ 《同治重刊康熙宁化县志》卷七，《寇变》。
⑥ 《同治瑞金县志》卷十六，《兵寇》，杨兆年：《上督府田贼始末》。

他们在和地主、官府作斗争时的果敢行动与浩大声势。此后，这一带还有田兵的活动，如一六七〇年（清康熙九年），石城又有吴八十等，“起田兵，借永佃为名，抬碑直竖县门”，“率众围城三日”①；一六八八年（清康熙二十七年），宁都又有“李矮、李满、王焕英等纠佃户抗租，据寨行劫，名曰佃兵”②；浙江瑞安则有黄小吴“号召饥民，揭竿响应”，并自号“均平王”③。他们组织武装，杀地主，抗官兵，围州县，从抗租斗争走向武装起义。

清王朝是地主阶级的政权，当然要维护地主的利益，当抗租斗争发展到一定规模，就必定要出面干预、镇压。雍正时规定：佃户拖欠地租、欺慢地主者，杖责八十。所欠之租，追还地主。所以，各地衙门帮着地主催租索欠，经常拘押着很多农民，杖责枷示，大施淫威。如苏州，“佃欠课租，业主追呼罔应，往往控官押交，动辄至数十名及数百名之多”④。元和县署前面“负欠佃农，拘系铁索者不下数百人”⑤。昆山县，“城厢内外之以抗租枷示者，相望于途”⑥。江苏山阳县，定规条，立碑石，禁止抗租，大骂佃农是“恶佃”、“奸佃”、“顽佃”、“强佃”、“刁佃”。乾隆帝也再三下谕，要从重惩处抗租农民。他说，“减租起衅，逞凶不法，此风断不可长，着严拿从重究处，以儆刁顽”⑦。“其为首重犯，毋得姑息完事，必当严处，以警刁风”⑧。

抗租斗争，按其性质来说，是一种经济斗争。农民提出减免租课的经济要求，锋芒针对个别地主或某个地区的地主。一般说，这种斗争，事前没有一定的计划和组织。佃农之间虽有类似的经济利益，却无共同的政治信念，带有浓厚的地区性和自发性，难以在大

---

① 《乾隆石城县志》卷七，《兵寇》。
② 《道光宁都直隶州志》卷十四，《武事志》。
③ 《嘉庆瑞安县志》卷十，《杂志》。
④ 裕谦：《裕靖节公遗书》卷四。
⑤ 《道光元和唯亭志》卷二十，《杂记》。
⑥ 《江苏省明清以来碑刻资料选集》，437页。
⑦ 王先谦：《东华续录》乾隆朝卷二十四，乾隆十一年八月。
⑧ 《清高宗实录》卷二七四，乾隆十一年九月。

道光七年江苏山阳县严禁佃户抗租碑

范围内号召群众，卷起巨大的革命风暴，故而倏起倏落，容易被地主和官府扑灭。

但抗租斗争具有深刻的社会根源，它产生于封建的租佃剥削关系，产生于地主和农民之间的基本矛盾。只要这种剥削制度还存在，就每日每时地在产生矛盾，形成对抗。抗租斗争虽然容易被镇压下去，难于直接发展成大规模的起义，可是它却更难于防范和根绝，今年镇压下去，明年又重新发动；这里平静无事，那里又开始斗争，形成此伏彼起、绵延不断的局面，具有经常性和广泛性。

抗租斗争和农民起义都发生在封建社会基本矛盾的基础上，两者又是相互连接、相互渗透的。当秘密结社和一定的政治信念渗入农民中，抗租斗争便会成为公开的武装起义，经济斗争走向政治斗争。可以说，抗租斗争是农民起义的准备和预演，而农民起义则是抗租斗争的延续。

三、城市手工业工人的斗争

随着封建社会后期社会经济的发展，城市的手工业和商业有所增长。因此，除了广大农村中的抗租、抗粮、抢米以及农民起义之外，城市人民的斗争也经常发生，成为整个反封建阶级斗争的一个组成部分。

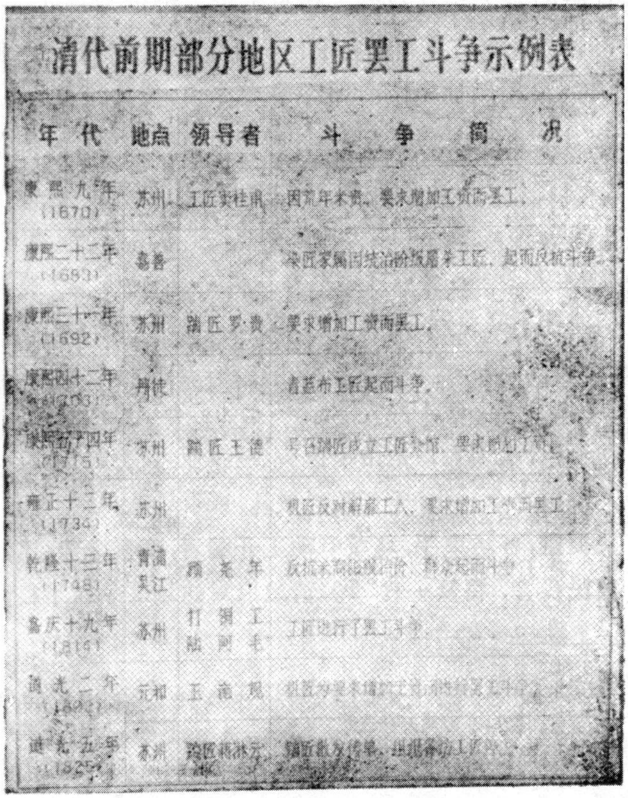

清代前期部分地区工匠罢工斗争示例表

年代	地点	领导者	斗争简况
康熙九年(1670)	苏州	工匠窦桂甫	因荒年米贵，要求增加工资而罢工。
康熙二十二年(1683)	嘉善		染匠家属因[illegible]工匠，起而反抗斗争。
康熙三十一年(1692)	苏州	踹匠罗贵	要求增加工资而罢工。
康熙四十二年(1703)	丹徒		青蓝布工匠起而斗争。
康熙五十四年(1715)	苏州	踹匠王德	号召踹匠成立工匠会馆，要求增加工[illegible]
雍正十二年(1734)	苏州		机匠反对解雇工人，要求增加工资而罢工。
乾隆十三年(1748)	青浦 吴江	顾尧年	反抗米商抬高米价，聚众起而斗争
嘉庆十九年(1814)	苏州	打铜工[illegible]	工匠进行了罢工斗争。
道光二年(1822)	元和	王南观	[illegible]
道光五年(1825)	苏州	踹匠蒋林元[illegible]	[illegible]

清代前期部分地区工匠罢工斗争示例表

在城市人民的斗争中，最可瞩目的是苏州一带踹匠和机匠的斗争。苏州一向是棉织和丝织业的中心，在织布的染色工序上，需用众多的匠人，脚踹巨石，将染色布匹整压光洁。踹匠多为精壮的青年工人，生活贫困，身无长物，他们相互团结，富于斗争性。所谓"此匠业者，非精壮而强有力不能，皆江南江北各县之人，递相传授，牵引而来。率多单身乌合，不守本分之辈。因其聚众势合，奸民不一"①，有清一代，苏州踹匠的反抗斗争连续不断。一六七〇年（清康熙九年），踹匠领袖窦桂甫"倡言年荒米贵，传单约会众匠停踹，索添工银"②。布商呈请官府弹压，窦桂甫被决杖驱逐。一六九二年（清康熙三十一年），又有罗贵、张尔惠等"煽惑齐行增价，以致聚众殴抢，复毁官示"，"纠众科敛，倡议加价，肆凶打诈"③。清政府出头干预，踹匠被枷责，罗贵等十六人逃走。结案后，七十六家布商将官府的命令刻立石碑，踹布工价，仍定为每匹一分一厘，"永遵成例，毋容增减"，"别有不法棍徒，效尤作奸，亦即指名呈报，立拿解宪，大法惩处施行，断不轻宥"④。一七〇〇年（清康熙三十九年）踹匠又发动斗争，起因大约是由于包头（踹布业主）克扣工钱，酿成巨大风波，"流棍之令一出，千百踹匠景从，成群结队，抄打竟无虚日，以致包头畏避，各坊束手，莫敢有动工开踹者，变乱之势，比诸昔年尤盛。商民受害，将及一载"⑤。清政府对这场斗争留下很深刻的印象，为了防患于未然，对踹匠严加管理，"嗣后在苏踹匠，俱听两县（长洲、吴县）典史协同城守营委员督率包头约束，平日申明条教所开，察其行藏，不许夜行生事，酗酒赌博，及聚众倡□"，包头要负责盘查踹匠来历，设立循环簿，"将踹匠登填籍贯、保引、进坊、出坊。每逢朔望，交与坊长，具结倒换，务必互相稽察，盘查来历。如或妄收匪类，贻祸地方，一家有事，九家连坐"⑥。官府

---

① 《雍正朱批谕旨》，第四十二册，八年七月李卫等奏。

② 《江苏省明清以来碑刻资料选集》，《奉督抚各大宪核定踹匠工价给银永遵碑记》，33页。

③④ 同上书，《苏州府处理踹匠罗贵等聚众行凶肆凶科敛一案并规定以后踹布工价数目碑》，34页。

⑤⑥ 同上书，《遵奉督抚各宪定例永禁碑记》，39页。

道光二年元和县禁止机匠停工碑

的管束不为不严，但踹匠的斗争仍很活跃。到康熙末年，仍经常闹事，所谓“日久法弛，奸匠得以逞志……兼有一班流棍，寄迹寺院，隐现踹坊……煽惑众匠，齐行增价，代告扣克，科敛讼费，再索酬金，流棍贪婪，作俑倡乱不绝”①。一七二三年（清雍正元年），踹匠栾晋公等计划“放火劫库”，发动抗清起义，事泄未成。一七二九

① 《江苏省明清以来碑刻资料选集》，《长吴二县踹匠条约碑》，43 页。

年（清雍正七年），栾晋公之侄栾尔集等“拜把结盟，祀神饮酒”，和凌虐工匠的包头钱裕远进行斗争，遭到清政府的镇压。这时，苏州的踹匠已有两万人，清廷视为“藏奸纳污之薮”，为了防止踹匠闹事，再次进行整顿。一七三一年（清雍正九年），在踹匠中编立保甲，浙江总督节制江南的李卫奏称“此等踹匠，多系单身乌合，防范宜严，请照保甲之法，设立甲长，与原设坊总互相稽查”①。至乾隆年间，物价渐涨，踹匠屡次要求增加工钱，至乾隆四十四年（一七七九），才争得了“每布一匹，给发工价，连薪菜米加等，总计银一分三厘”②。苏州踹匠进行长期的斗争，仅取得这一点具体的成果。苏州丝织业中的机匠也多次聚众“叫歇”，“苏城机户，类多雇人工织，机户出资经营，机匠计工受值，原属相需，各无异议。惟有不法之徒，不谙工作，为主家所弃，遂怀妒忌之心，倡为帮行名色，挟众叫歇，勒加银□，使机户停织，机匠废业”。清政府在丝织业主的请求下，出面干预，声称“嗣后如有不法棍徒，胆敢挟众叫歇，希图从中索诈者，许地邻机户人等，即时扭禀地方审明，应比照把持行市律究处，再枷号一个月示儆”③。在清政府的高压政策下，踹匠和机匠的活动未能有更大的发展，斗争常常以失败告终。但斗争一直在继续，至道光初年，苏州丝织业中“每有匪匠，勒加工价，稍不遂欲，即以停工为挟制，以侵蚀为利薮。甚将付织经纬，私行当押，织下纱匹，卖钱侵用，稍向理论，即倡众歇作，另投别户”④。踹布业中亦有踹匠蒋淋云，“散发传单，勒令各匠停工毁物”⑤。

除了苏州的踹匠、织工以外，北京的铸钱工人也多次进行了斗争。户部和工部的宝泉局、宝源局所属铸钱工厂，工头常常克扣工

---

①《皇朝政典类纂》卷三十五，《户役六》。

②《江苏省明清以来碑刻资料选集》，《苏州府规定踹匠每布一匹工价连薪菜米加等计银一分三厘碑记》，49页。

③ 同上书，《奉各宪永禁机匠叫歇碑记》，6页。

④ 同上书，《元和县为机匠王南观等借口减轻洋价集众向机工庄上滋闹……碑记》，13页。

⑤ 同上书，《长元吴三县永禁烛匠霸停工作聚众敛钱逞凶滋事碑》，218页。

资，侵吞料钱，对工人凌虐苛待，“设立刑具、板子、枷号、桚子、皮鞭，如有炉役人等玩法情弊，分别惩处”①。工人们不堪虐待，起而反抗。一七四一年（清乾隆六年）宝泉局所属四个工厂的两千多名工人，反对工头克扣工资，停炉罢工。步军统领衙门出兵弹压，工人们“俱登厂内土堆，抛砖掷瓦喊叫”，官兵竟向手无寸铁的工匠施放鸟枪。事后，乾隆帝还嫌官兵镇压不力，朱批：“办理殊怯矣！此等刁民，即枪伤一二何妨。”“此等刁风，甚属可恶……着舒赫德等严访为首之人，务必重处，以警其余”②。一八一六年（清嘉庆二十一年）又因炉头独吞增发的料银，引起工人罢工，“户局（指宝泉局）匠役，只于围逼炉头，在大使厅前喧闹；工局（指宝源局）匠役，公然守闭厂门，将司官扣留，尤属目无法纪”③。其他行业中，手工业工人的叫歇斗争，也时常发生，如景德镇的制瓷工人，统治阶级说他们“锱铢必较，睚眦必复。即银色饭食之类，少有龃龉，动即知会同行，罢工罢市，以为挟制。甚至合党成群，恣行抄殴”④。“每窑一座，需工数十人，一有所拂，辄哄然停工”⑤。又如一七五六年（清乾隆二十一年）苏州制纸工人张圣明等“妄思增价，混以坊主折扣平色为辞，纠众停工”⑥。一八二六年（清道光六年）苏州制烛工人邵贤昭等，“将浇烛各伙拉出结党，霸停工作，向各店敛钱逞凶”⑦。嘉道年间，山东济宁有六家制烟作坊，“其工人四百余名，好勇斗狠，每为守土者之累”⑧。

手工业工人斗争的对手不仅是本行业的工场主、商人，而且有站在工场主、商人背后的强大的封建政府。力量的对比悬殊，封建

---

① 《铜政便览》卷四，《酌定两局画一木牌章程》。

② 《乾隆朱批奏折》，六年八月二十二日。

③ 《清仁宗实录》卷三一九，嘉庆二十一年六月二十七日。

④⑤ 凌焘：《西江视集纪事》卷四，《条教》。

⑥ 《江苏省明清以来碑刻资料选集》，《奉各宪严禁纸作坊工匠把持勒增工价永遵碑》，67页。

⑦ 同上书，《长元吴三县永禁烛匠霸停工作聚众敛钱逞凶滋事碑》，218页。

⑧ 包世臣：《安吴四种》卷六。

政府采取最野蛮无情的手段去对付进行反抗的手工业工人，工人们别无其他斗争的手段，而只有依靠自己队伍的团结，而封建政府以及工场主、商人总是千方百计破坏和阻挠工人队伍的团结。手工业工人们已经意识到建立组织的重要性。一七一五年（清康熙五十四年），苏州踹匠王德等倡议成立踹匠会馆，清朝官吏极力反对，指责王德等“蛊惑众匠，以增添工价为由，包揽告状，肆行科敛”，“倘会馆一成，则无籍之徒，结党群来，害将叵测”①。结果，王德等六人被杖责，驱逐回原籍。雍正时，苏州织工“倡为帮行名色，挟众叫歇”。这种“帮行”与“会馆”正是那时手工业工人要求成立的组织，而封建统治者是不会轻易允许工人组织出现的。又乾隆以后，直到同治、光绪年间，苏州的许多手工业和运输业中有称作“小甲”、“行头”者，颇似手工业工人的领袖。据称“苏郡地方，凡有生意行档，动称‘小甲’，从中滋事需索，殊堪发指”，“木行小甲，虽由来已久……彼系簰夫之头”②。清政府不能容忍“小甲”、“行头”的存在，“严饬革除，勒碑永禁”。但实际上，手工业工人的组织要求不可能根本禁绝，故苏州各行业中仍有“小甲”、“行头”，其他地方也有工匠的组织，如“京师瓦木工人，多京东之深，蓟州人，其规颇严，凡属徒工，皆有会馆”③。这种“会馆”有点像同乡会，但成员都是徒工，带有行业工人组织的色彩。此外广州的织工，组织“西家行”，以与机户组织的“东家行”相对立。此后，手工业工人仍不断地要求增加工资，改善待遇，但设立“会馆”、“公所”，推举“行头”、“小甲”，越来越成为他们的迫切要求和斗争目标，这一点延至鸦片战争以后，反映得更加突出了。

手工业工人由于切身的利害关系，开始常常把斗争的锋芒对准直接剥削和压迫他们的工场主、商人，但斗争的发展必然会危及封建秩序的安定，因此官府总要出头，站在工场主和商人一边，积极

---

① 《江苏省明清以来碑刻资料选集》，《奉钦差部堂督抚各宪驱逐踹染流棍禁碑》，41页。

② 枝巢子：《旧京琐记》卷九，

③ 《江苏省明清以来碑刻资料选集》，《长洲县革除木簰小甲碑》，100页。

干预，严加镇压，使得工人们的历次斗争几乎都以失败告终。尽管作为企业所有者的工场主和商人与封建官府也有矛盾，他们也反对官府的贪污不法、横征暴敛，可是工场主和商人们与封建势力有密不可分的联系，他们在很大程度上必需仰赖官府的鼻息，才能够生存下去。在当时，得不到政府的允准和庇护，个别的工商业根本没有活动的余地。工商业者宁肯忍受官府的勒索，也不甘向工人的要求让步，当他们身后出现了工匠们罢工叫歇的威胁时，就毫不犹豫地投向清政府的怀抱，要求得到援助和庇护。在鸦片战争前的清代历史上，很少看到城市工商业者联合手工业工人，一道去反对封建政府的压迫，如同西欧历史上见到的市民阶级发动的那种斗争。中国社会经济发展的高度和特点，决定了城市中等阶层的软弱性和不独立性，始终未能形成可以和封建政权抗衡的力量。尽管城市中手工业工人发动了多次斗争，却非但得不到中等阶层的奥援，两者反而相互敌对，削弱了反封建的力量。因此，城市中的斗争从未发展成大规模的武装起义，反对封建统治的主要力量源泉仍在辽阔的农村和广大的农民中间。

四、抗清起义

十八世纪最早而规模较大的农民起义首推一七二一年（清康熙六十年）的台湾朱一贵起义。这是发生在清朝统治稳定和经济上升时期的阶级斗争，它显示了在封建社会繁荣昌盛的背后孕育着不可调和的社会矛盾。

朱一贵，福建漳州府长泰县人。家贫穷，于一七一三年（清康熙五十二年）渡海赴台湾，以养鸭为生。为人侠义，结交各方友人。清朝吏治腐败，台湾知府王珍“税敛苛虐，捕私伐山木之民二百人刑之”①。朱一贵等为反对贪官污吏的迫害，于一七二一年五月十四日在罗汉门举旗起义。南路亦有杜君英等“在下淡水、槟榔林招集粤东种地佣工客民”② 起而响应。清游击周应龙率兵剿捕，

---

① 龚柴：《台湾小纪》，见《小方壶斋舆地丛钞》，第九帙。

② 蓝鼎元：《平台纪略》。

滥杀乡民，焚掠村庄，激起群众更大的愤怒，“由是各乡纷纷响应，竖贼旗帜”①。五月二十三日，起义军大败清军于赤山，周应龙狼狈逃窜。总兵欧阳凯率兵一千五百人，在春牛埔扎营抗敌，军中夜惊，清兵不战自溃。二十六日，起义军攻克台湾府城。清朝大小官员争先恐后地渡海逃跑。朱一贵据台湾府，又攻下诸罗县、凤山县，“凡七日而全台陷”②。朱一贵称中兴王，建年号永和，分封部属为国公、将军、尚书等，并发布讨清檄文，声称：“横渡大海，会师北伐，饮马长城，捣彼虏廷，歼其丑类”③。但起义军刚刚控制了全台，内部就发生了分裂，抱有野心的杜君英，想立他的儿子杜会三为王，不服朱一贵的约束，而且纪律败坏，“每事骄蹇，掠妇女七人闭营中”④。朱一贵等制止他的淫掠行为，杜君英出兵对抗，发生争战。清政府因承平日久，将骄兵惰，猝遇变故，不知所措。在起义数十天以后才组织起兵力，发动进攻。水师提督施世骠、总兵兰廷珍先后率军一万二千人、水手六千人，分乘船只六百余艘，渡海赴台湾。起义军内有纷争，外抗强敌，台湾的地主武装又纷纷活动，起义军与清军作战失利。七月底，朱一贵败退至沟尾庄，部众四散，地主武装欺骗他“椎牛饷之，许号召六庄乡壮相助”⑤。夜间，伏兵出，一贵被俘获。朱一贵虽失败，但坚强不屈，审讯时“一贵尚自尊大，欲与提军抗礼，昂然而立。廷珍至，叱之跪，一贵犹妄称孤家，词甚不逊”⑥。被槛送北京，凌迟处死。杜君英战败后，伏匿山林中，至十一月受抚投降，亦被清廷斩决。

朱一贵的起义发生在康熙末年，尽管清朝正处在全盛时期，但各地零星的反抗斗争此落彼起，日益频繁。一七二四年（清雍正二年），山西万泉知县私派苛税，有数千群众进城，焚毁衙署，知县跳墙逃走；临汾也因知县酷待百姓，群众冲入衙门，“裸其眷属，缚之于柱，跪官于堂上使观焉……近闻山东火耗，每两加八

① 蓝鼎元：《平台纪略》。
② 龚柴：《台湾小纪》。
③ 连横：《台湾通史》卷三十。
④⑤⑥ 蓝鼎元：《平台纪略》。

钱，民不聊生，河南亦然”，各地方并不太平，所以有人说：“围城事近颇屡见”①。雍正统治时期，较大的斗争有湖南沅州谢禄正于康熙末年起事，官兵长期剿捕，竟未能镇压下去。谢禄正坚持斗争，“负固八载”。雍正四年，清兵一千三百人，大动干戈，堵截追捕，由于将领的无能，竟未拿获。雍正帝十分恼怒，朱批：“可笑之极。好总督，好提督，可谓知人善任，调度有方矣”②。一七二九年（清雍正七年）广东、广西发生群众的抗清起事，以李梅为首，扬言要进攻恩平县城。清兵出动一千人，搜获人犯五十名和印信旗帜等物，但李梅逃逸无踪。事隔十二年，至一七四一年（清乾隆六年）又有李梅之弟李彩与李梅之子李开化，集合数百人，“执持凶器，打大旗数杆，旗书‘天与道行’四大字，各头上俱包黄巾，为首之人，穿黄衣，乘轿，闻系来攻打迁江县城”③。此后，李梅和李开化的名字屡见于抗清运动中，成为抗清斗争的象征。据乾隆初年官吏们的报告：“广东逆匪李梅，逃匿西省之后，每有挖窖取银之说，造说愈妄，结伙愈多，即湖南滇黔，在在有之”，湖北襄阳也有人“捏造李梅姓名，妄写悖逆伪示”④。至于李开化之名在各地起义中更屡见不鲜，白莲教和天地会等秘密团体，也常用他作为号召。

雍正年间，各种形式的抗清斗争已经相当多。一七二九年无锡知县“残酷性成，草菅人命”，“村民为追呼所迫，胡埭山中，啸聚数百人，几至大乱”⑤。翌年（一七三〇年，清雍正八年），崇明发生抗租事件，发展到“店户罢市”，抗官拒捕，殴打巡检。同年，四川忠州，因反对清丈田地，科派需索，发生群众斗争。这些斗争，规模虽还不大，清廷尚能够控制局面，加以镇压，但各地的盗劫、抗官案件，已很频繁。全国各地，阶级斗争的星星之火，时常迸溅。当时的官方文件透露：两江地方“一月之内，所报盗案，竟有一百九件”⑥。“不但

① 汪景祺：《读书堂西征随笔》。
② 《雍正朱批奏折》，四年八月初三日。
③ 《军机处录副奏折》，乾隆六年七月十八日杨锡绂等奏。
④ 《清高宗实录》卷一八七，乾隆八年三月二十九日。
⑤ 黄印：《锡金识小录》卷四。
⑥ 《东华录》雍正朝卷六，雍正三年七月。

江南地方，盗贼素多，近闻河南、湖广路上，有过往官员被劫者。州县官贿赂事主，通同隐匿”①。“直隶盗案，往往多于他省”②。“广东盗案繁多，民俗犷悍，应设观风整俗吏一员”③。“湖广地方……人情狡悍……楚民素不知法，其视聚众罢市，如同儿戏”④。江西“习俗蛮野，每有抗官拒捕抢犯之事”⑤。雍正朝号称法治严明，秩序稳定，其实也并没有什么真正的太平乐土。清廷对这种情况当然忧心忡忡，雍正再三强调要严厉镇压各地的反抗活动。他说：“戢盗乃安民之首务”⑥，并且采取了一系列措施。一七二五年（清雍正三年），各省设巡察官，专司缉捕盗匪。一七二六年（清雍正四年），规定越境捕捉盗匪，不必先行知会，可以“一面密拿，一面移文关会，以期迅速”⑦。一七二七年（清雍正五年），对盗匪加重处置，上谕说：“畿辅重地，理宜严肃。乃近来盗案，较他省居多……圣祖法外施仁……止将为首起意并伤人之犯拟斩，余俱减等发落……自雍正五年正月初一日为始，直隶盗案事发，仍照旧例，不分首从皆斩”⑧。同年又规定佃户不得欠交地租、“欺慢”地主。还禁止教习拳棒，以防聚众谋反。统治阶级费尽心机，周密防范，采用严刑峻法，但仍不能遏制反抗斗争的发展。

到了乾隆的前期，斗争更进一步发展，比雍正时又要频繁、激烈得多。例如四川的官吏说：“遐稽川省，康熙年间每年秋审不过十余案，雍正年间渐增至百余案、二百余案。迄今岁乾隆七年，秋审竟多至四百十三案。”⑨ 人民群众的反抗活动潜滋暗长，无数的涓涓细流，必将汇成滔滔江河，成为冲击封建统治的巨大力量。尽管乾隆前期，清朝的统治如日方中，正在兴旺时期，但某些有识之士已

---

① 《东华录》雍正朝卷七，雍正三年八月。

② 《东华录》雍正朝卷十四，雍正七年六月。

③ 《东华录》雍正朝卷十五，雍正七年十二月。

④ 《雍正朱批奏折》，六年九月初八日湖北按察使王肃章奏。

⑤ 《雍正朱批奏折》，十一年十月廿五日署江西布政使宋筠奏。

⑥ 《东华录》雍正朝卷十三，雍正六年七月。

⑦ 《东华录》雍正朝卷八，雍正四年二月。

⑧ 《东华录》雍正朝卷九，雍正四年八月。

⑨ 《乾隆朱批奏折》，七年九月十九日四川按察使李如兰奏。

感到了隐伏着的危机。一七四三年（清乾隆八年），朝鲜的赵显命在出使中国，返回朝鲜以后，谈到清朝的情况，“外似升平，内实蛊坏。以臣所见，不出数十年，天下必有大乱”①。果然，他说这话之后三十年，爆发了山东王伦起义，成为社会大动乱的序曲；五十年后又爆发了川楚白莲教起义，清朝统治由极盛而走向没落。

乾隆前期，较大的群众斗争集中在一七四三、一七五二（清乾隆十七年）。乾隆七八年间，长江以南，连年水灾，饥民群集，抢米案件蜂起，如江西“袁州一带于二三月间，即有抢案一百六十余起。南吉抚饶各属，闻风效尤，旋拿旋息，此息彼起，抢案不一而足”②。“乾隆七年之冬、八年之春，湖广、江西、江南等处，抢粮之案，俱未能免，而江西尤甚，一邑中竟有抢至百余案者”③。这年，福建的情况也很严重，“奸民百十成群，或穿白衣为号，或竟揭旗执械，吹海螺，捆头布，肆行抢掳”④，特别是在漳浦、诏安一带，出现了“子龙会”、“小刀会”等组织，漳浦知县捉拿入会的群众，被刺杀，酿成杀官围城的变乱。古田、闽清也有罗惠能等聚集多人，屯踞山寨，抢掠富室，制造绫扎合同，上书“兰龙天子李开花”字样。台湾则有佃农郭兴等，因地主蛮横“遏绝水道，不能灌溉”，愤而反抗，树旗号召群众，抢夺营汛。江苏于乾隆七年也是多事之年，“崇明、靖江、丹徒、宝应捏灾藉赈，赖租冒躏，罢市抗官”⑤，第二年又有高邮、宝应、山阳等县，“聚众罢市，抬神哄闹公堂衙署，勒要散赈”⑥。这年，湖北也遭水灾，京口、江陵一带，“灾民借荒为匪，名曰箩筐会，聚集男妇，以借为名，强索米谷”，“安陆、荆门、荆州，壤地相连，无知乡愚，闻风效尤”⑦。湖南的醴陵、巴陵、耒阳、兴宁、衡山因富户抬高粮食价格，发生

① 《朝鲜李朝实录中的中国史料》，第十册，4518页。
② 《乾隆朱批奏折》，八年八月初四日两江总督尹继善奏。
③ 《清高宗实录》卷二三〇，乾隆九年十二月十五日。
④ 《乾隆朱批奏折》，八年五月二十六日福建提督武进升奏。
⑤ 《清高宗实录》卷一五九，乾隆七年正月初五日。
⑥ 《乾隆朱批奏折》，八年正月二十六日两江总督德沛奏。
⑦ 《乾隆朱批奏折》，八年二月二十七日湖广提督王天觉奏。

贫民抢米的风潮。贵州亦有“毕节县乡民索借米谷以及铜仁县街民罢市”① 之举。四川省则出现“啯噜”的活动，据乾隆八年的官方文书说，“有湖广、江西、陕西、广东等省外来无业之人，学习拳棒，并能符水架刑，勾引本省不肖奸棍，三五成群，身佩凶刀，肆行乡镇，号曰‘啯噜子’”②。从以上种种记载，可见乾隆七八年间，长江以南，事端迭起，矛盾十分尖锐。

如果说当时频繁的闹赈、抢米、结党、抗官事件，规模还比较小，多出于经济要求，自发性较大，那么，十年以后，即一七五二年，反抗活动在经历了相对低落之后，又达到了新的高峰，这时的特点是：斗争矛头直接针对清政府，政治色彩更加强烈。这年破获了马朝柱的抗清案件，马朝柱在湖北罗田、安徽霍山活动多年，捏造神迹，联络群众，自称获得兵书、宝剑、神旗等，组织反清活动，托名明朝后裔朱红锦及李开花，信从者多“挖山烧炭穷苦农民”。其徒党遍及安徽、湖北、湖南、河南、四川、江西等地。清廷破获此案，马朝柱率众据守“天堂寨”，抗击官军失败。二百余人被捕，但马朝柱逃逸。清廷多方搜拿，始终未能抓到。七年以后（清乾隆二十四年），耶稣会的洛欧神父叙及搜捕马朝柱，几乎谈虎色变。“为了逮捕一个有名的叛逆者……好多无辜民众，因为一点点的嫌疑，被逮捕、讯问、下狱了……有风声传说的马朝柱的姓名，不仅大家一听就不安，而且在周围散布一种恐怖……我被看成他的同伙而被逮捕过两三次，我的同行者十分吃惊，幸而不久我被释放了”③。同年，江西上饶何亚四，以“耕种烧炭为生”，挖地得藏银三百七十两。算命先生李德先说他命中要大贵，唆使他出资铸印信、制旗帜、造刀杖，说有天兵暗助，飞刀杀人等等。也借托李开化、朱红竹的名字，聚集当地乡民和清兵对阵。同时，福建漳州的秀才蔡荣祖与道士冯珩，结盟祭天，招集群众，制办军器火药，共谋起兵，立

① 《清高宗实录》卷一九七，乾隆八年七月三十日。

② 《清高宗实录》卷二〇三，乾隆八年十月三十日。

③ 《耶稣会中国书简集》（日译本），乾隆编（三），210页。按：马朝柱声称其根据地在“西洋寨”，故在搜捕马朝柱时耶稣会传教士受到牵累。

“大宁国”，因事机不密，被破获。另外，广东的东莞、番禺、博罗、增城等地，有莫信丰等聚众结盟，捆兵抢犯，刻有印札，也托名李开化、朱红竹纷纷起事。乾隆前期和中期的斗争还有很多，除了乾隆七八年和乾隆十七年的斗争高潮之外，一七三九年（清乾隆四年），河南伊阳有梁朝凤传习“邪教”，树旗起事。他与伏牛山内的女教主蔡氏结为姊弟，蔡氏绰号“一枝花”。民间谣言：“一枝花，十七八，能敌千军万马。”“众人崇奉，呼为女总领，其所煽惑附和者颇多……或称玉兰老母，或称上神爷，俱有邪术。所奉邪神系三教祖母、十二老母、九龙圣母，朔望哄骗乡民烧香，勾引入教”①。一七四六年（清乾隆十一年），清廷破获了大乘教。其教首张保太，居住云南大理鸡足山。张开堂传教，自称四十九代收圆祖师，早在雍正十年，张已被官府拿获，监毙狱中。但大乘教传布极为广泛，云南、贵州、四川、两湖、江西、江苏、直隶，到处都有徒党，乾隆十一年发动了一场大搜捕，株连的人很多。一七四八年（清乾隆十三年），福建瓯宁老官斋教（即罗教）集合千余人，竖旗跳神，供奉“无极圣祖”，欲入县城抢米劫狱，还打出了“代天行事”、“劫富济贫”的旗号。一七六八年（清乾隆三十三年），福建古田、屏南有“烧炭营生”的萧日安等，拜盟起事，置备旗帜印信，设立“护国将军”、“提督主帅”等官称，图谋攻打古田县城，劫夺仓库。同年，台湾冈山的黄教等抗官拒捕，聚众起事，焚烧营房，与清军作战达半年之久。一七七一年（清乾隆三十六年），湖北京山严士龙、何士荣等，聚众结拜，私置衣帽，设立官称，谋劫仓库，刻有“匡复中原”的印文，并以“天运”作为年号。这些反抗斗争，规模仍不很大，有许多次还未及公开发动，就被清廷破获镇压。但明显的趋势是从单纯的经济要求发展到具有某些政治目标，利用宗教、神迹、烧香、结盟的形式，以增强号召和团结，并且设立官称，提出简单的政治主张，招兵制械，有意识有计划地准备武装斗争。这些反抗活动，较之抗租抗粮、索赈抢米更有组织、更加持久，对封建政权

① 《乾隆朱批奏折》，五年正月十七日河南巡抚雅尔图奏。

更具有威胁性。人民群众的反抗情绪和战斗意志日益昂扬，终于一七七四年（清乾隆三十九年）爆发了山东临清王伦的清水教起义，揭开了清代中叶农民大起义的序幕。此后，如白莲教、天地会等民间宗教和秘密结社风起云涌，抗清斗争连续不断，规模越来越大，形成了十八世纪末如火如荼的阶级斗争的新局面。

第四节 民间宗教和秘密组织

一、白莲教的传播

有清一代，民间宗教和秘密结社盛行，许多大规模的农民起义，都利用了宗教和结社，如白莲教起义、天地会起义、太平天国起义、义和团运动都是如此，连资产阶级领导的辛亥革命也和会党有密切的关系。这一历史现象，给人以一种错觉，似乎民间宗教和秘密结社的传布产生了起义和革命，事实当然不是这样。宗教和结社本身不是产生斗争的原因，恰恰相反，它们是斗争的产物，正是群众斗争的尖锐化，才使得以拜佛行善与结盟互助为宗旨的民间秘密组织走向革命化，成为人民群众发动起义的工具。当然，民间宗教和秘密结社在推动反封建斗争中曾经起过非常重要的作用，在起义发动之前，它是革命方面隐藏和积蓄力量、宣传革命性主张的有效手段；在起义发动之后，它又是指挥群众队伍进行武装斗争的组织形式。当社会矛盾日益尖锐，群众中的反抗怒火长期郁积，必然要喷发宣泄。而清朝统治者对人民反抗活动的防范十分周密，镇压十分严厉。革命人民迫切需要有宣传群众、组织群众的手段，以适应形势的发展，避开清朝的注意，迅速地把群众吸引到革命的一边。不这样，革命和起义就不能够发动。而这种手段必须适应农民群众的觉悟水平，它既能捍卫农民的利益，又能为群众所理解、所接受。在封建社会中，农民普遍地缺乏文化，受不到教育，他们相信神灵、奇迹、超自然力量，希望在和地主阶级的斗争中得到上天保佑。民间宗教和秘密结社正是给下层人民提供了组织手段和精神力量。表面看来是荒诞不经的教义和神话，却能引导群众否定现实、起而反抗，并能激发他们斗争的欢乐和胜利的信心。恩格斯说过："这些起义同中世纪的所有群众运动一样，总是穿着宗教的外衣……但在宗教狂热的背后，每次都隐藏有实实在在的现世利益。"①

清代最重要的民间宗教和秘密结社有两大系统，一是白莲教，一是天地会。

白莲教是传布极广，且曾多次发动大规模起义的民间宗教。它存在的历史很久，可以追溯到东晋，源于佛教的净土宗，以西方净土白莲池的理想为最后归宿。它早期只是一个一般宗教组织，在下层民众中传布，经历种种演化，才变成了反对封建统治的组织。元末，韩山童传白莲教，烧香聚众，发展成元末农民大起义。明朝统治下，白莲教继续活动，组织了多次起义。明朝后期"白莲结社，遍及四方，教主传头，所在成聚"②。一六二二年（明天启二年），爆发了徐鸿儒领导的白莲教起义，震撼了明朝的统治。清初，白莲教的活动仍时有所闻，如一六四五年（清顺治二年）宣化与朔州一带有皇天清净善友会组织群众，抗拒清兵，声势浩大，"满山遍野，俱是贼兵，各持枪刀弓矢"③。又如直隶藁城、无极的王凤喈、董百仙等，传白莲教，"假称邪教真主以眩惑之。于是，一时顽冥之徒，俱着魔鬼，如醉如狂，竟敢揭竿而忽逞"④。这支队伍曾围攻真定府城。

清朝从一开始就严禁民间宗教的活动，曾三令五申，加以取缔，采取种种镇压措施。"迨至我朝定鼎以来，圣圣相传，惟依尧舜文武之治为治，因于邪教严定律例，所有枷杖徒流，绞斩凌迟，各依造罪之深浅，为用刑之重轻"⑤。顺治三年（一六四六），"敕令都察院、五城御史、巡捕衙门及在外抚按等官，如遇各色教门，即行严捕，处以重罪"⑥。

---

① 恩格斯：《论早期基督教的历史》，见《马克思恩格斯全集》，第二十二卷，526页。

② 《明史》卷二二六，《吕坤传》。

③ 《明清史料》丙编第五本。

④ 兵部尚书固山额真噶洪达题本，《为恭报续获诈城党贼并参疏忽官员》。

⑤ 黄育楩：《续破邪详辩》。

⑥ 《清世祖实录》卷二十六，康熙三年六月十一日。

由于清朝统治者的严厉镇压和民间宗教组织的分散、松懈，各地教首秘密设立支派，独自发展力量。结果白莲教的支派林立，名目繁多。比较著名的有闻香、大乘、龙华、混元、无极、无为、先天、收元、八卦、天理、清水、园教、三阳、长生、青莲、罗祖、弘阳、皇天、善友、九门、十门、燃灯、西来、清茶门等等。如此众多的教派，有些虽与白莲教不属同一系统，但其教义和经典却基本雷同。有些是为了避免清政府的追踪而改名，名异实同，全为白莲教的衍化。这些教派，分散在全国各地，以广大的下层群众为依托，活动秘密，流传广泛，任何强大的武力和严酷的刑法都不可能将它们全部摧毁。民间宗教，犹如埋藏在群众中的地雷火种，一旦条件成熟，引线燃点，便会爆发迸溅，酿成燎原的大火。

秘密宗教在民间传布过程中，创作和刊印了许多经卷，"每立一会，必刻一经"①。各个教派的教义各有特点，但也有着共同的内容，大体上包含着以下三个方面：

（一）创世说

这是白莲教等教派的根本教义。它认为世界原是混沌一股气，后来化成一个神，叫无生老母，所谓"无生老母先天立"。然后，"无生母，产阴阳"②，一叫伏羲，一叫女娲，结为夫妻，繁殖出九十六亿皇胎儿女，落到东土红尘世界，于是就出现了人世间。由于这种创世说，他们认为世上凡人全是"无生父母之儿女，初皆生于天宫，故以天宫为家乡"③，叫做"真空家乡"。"真空家乡"是凡人的出生地，也是归宿地，无生老母差遣弥勒佛下凡，救度众生，只要入教修持便可免沦地狱，升入"安养极乐国"，叫做"还元归乡"。所谓"来东土，尽迷在红尘境界。捎家书，吩咐你，龙华相逢"，"无生母，度化众生，同上天宫"④，于是，所谓"无生老母"，便成为人间的"创世主"和"救世主"。白莲教等教派崇奉诵念的"八字真言"，所谓"真空家乡，无生老母"，就是概括了这个"创世说"

① 那彦成：《那文毅公奏议》卷三十二。

②③ 黄育楩：《破邪详辩》，引《古佛天真考证龙华宝卷》。

④ 黄育楩：《破邪详辩》，引《佛说无为金丹炼要科仪宝卷》。

的根本教义。

这种创世说，乍一看，仅仅是关于宇宙、世界形成的一种非科学的观念，丝毫也没有触动封建统治的思想内容，更不是农民进行斗争的纲领。它只是憧憬“真空家乡”的“极乐”生活，向往在“无生老母”处得到永生。所以，即使当时的统治者，也认为“始闻教匪之所以愚民者，‘真空家乡，无生老母’八字，其词无理而悖”①。

白莲教咒语单

像这样看来毫无意义而且十分荒诞的“八字真言”，为什么成为动员农民群众起来造反的强有力的口号呢？这是因为白莲教等教派具有一般宗教所没有的特点，它的教义紧密联系着现实生活，可以随着社会矛盾的变化而对“八字真言”进行新的解释。它引导人们向往追求“真空家乡”、“天宫”、“安养极乐国”，也是直接对现实世界的否定，对“红尘境界”的不满。明朝时，它们提出“八牛（指朱明王朝）江山坐不牢”；清朝时，它们又提出“保辅牛八”，“日月复来属大明”②。伴随封建剥削的加深，社会矛盾日趋激化，广大农民处于水深火热之中，教义在一定程度上反映了贫苦农民的要求，渴望“无生老母”率领他们改变现实世界，走向“真空家乡”，以此来结束现实的苦难。这些对于个体农民小生产者来说，已经是最高的理想了。

“八字真言”宣扬的极乐国，与现实社会制度是根本对立的，所谓“真空家乡”是作为对现实世界的不满而出现的，当然也就被清统治者视为“异端邪说”，而白莲教等教派也就被斥之为“邪教”，并受到严厉镇压。

① 周凯：《内自讼斋文集》卷一，《纪邪匪齐二寡妇之乱》。

② 那彦成：《那文毅公奏议》卷四十一。

（二）三际说

为了适应穷苦人民不满现状和追求理想未来的愿望，白莲教等教派认为世界的发生发展，经历了过去、现在、未来三个阶段或三个时期，称之为“三际说”。

三际说实际是佛、道、明教等某些观点的大杂烩。它认为“过去”叫无极，青阳当道（指青色太阳），由燃灯佛掌管；“现在”叫太极，红阳当道（指红色太阳），由释迦佛掌管；“未来”叫皇极，白阳当道（指白色太阳），由弥勒佛掌管。三际说的核心是宣扬世界的发展变化，过去的苦难生活将会结束，未来的美好世界可以期待和争取。现在正是红阳和白阳交替的时刻，这种交替，即所谓“劫变”，“红阳劫尽，白阳当兴”。“劫”是佛教中的概念，原意是时间的延续，引申之则为灾祸。佛教宣扬整个宇宙和人类的经历充满着无数大大小小的劫，宇宙是个大劫海，经过无数的劫变后，世界归于空无。佛教用否定物质的现实世界，引导人们去向往和追寻非物质的彼岸世界。但在一定条件下，民间秘密宗教的劫变说，却包含着否定当前的封建统治。现实的红阳世界，带来了无穷灾祸，百姓要遭殃，天下要大变。只要皈依无生老母，由弥勒佛掌盘，白阳当道，就会进入“天地无圆无缺，人无老少、无生死，亦无女相”① 的欢乐天堂。“三际说”和“劫变说”提出了一个即将到来的美好世界以和浑浊的现实世界相对立。一旦群众坚定地相信：沉重的苦难可以摆脱，幸福的新纪元将会降临，他们便会毫不犹豫地为之斗争，为之献身。所以统治阶级说：这种宗教思想“以造福逃劫，引诱痴愚”②，“暗图未来，实为谋逆之由”③，“入其教则登天堂，不入其教则堕地狱；入其教则可免劫而登极乐，不入其教则大劫将临，同归苦海”④。白莲教等教派正是从这种虚妄荒诞的教义中取得了发动群众、宣传群众的思想力量。

---

①③　那彦成：《那文毅公奏稿》卷四十二。

②　《钦定平定教匪方略》卷首。

④　祥亨：《重刻破邪详辨序》。

（三）“同财同色”的平等观

所谓“同财”，即规定入教时，“按贫富出根基钱多少不差，又按季出升丹银多少不等”①。“入教之后，教中所获赀财，悉以均分。”② “习教之人，入彼党伙不携赀粮，穿衣吃饭，不分尔我。”③不仅如此，他们还主张“有患相救，有难相死，不持一钱可以周行天下”④。所谓“同色”（色即种类的意思），就是主张取消各种类的区别，包括取消世界上老幼、男女等的区别，从而排除一切欲望。其经卷中有“或是男，或是女，本来不二；都仗着，无生母，一气先天”⑤，又说，“吩咐合会男和女，不必你们分彼此”⑥。这种均财产、泯类别的平等观念，对苦难深重的下层群众是具有极大的吸引力的。

各教派的经卷带着浓厚的民间色彩，大都以当时民间流行的曲调写成，其中有用昆曲的清江引、驻云飞、黄莺儿、白莲调等，也采用歌谣如五更调、打拾不闲、打莲花落和梆子腔的说唱词。以人们喜闻乐见的形式进行传教，通俗易懂，便于诵唱，容易被下层人民所接受。此外，他们还“或充医卜，或充贸易，遍历各村，亲去传徒”⑦，通过行医替穷人治病，传授拳艺武术、赈济灾民等等，扩大影响，深受广大农民、小手工业者和无业游民的欢迎。

当然，这些民间教派，以分散的个体小生产者作为群众基础，有其思想的局限。它们长期在封建社会中流传，又必定会接受封建正统思想、等级观念的影响，因此，宗教教义中包含着许多封建迷信、落后保守的思想糟粕。它既吸取佛教、道教的教义，也采纳儒家的思想；既崇奉无生老母、弥勒佛，又把玉皇大帝、孔夫子和各种神话传说人物拉来作陪。许多经卷中，充斥着行善修持的滥调和

---

① 《同治房县志》卷六，《事记》。

② 严如煜：《三省边防备览》卷十七。

③ 严如煜：《三省边防备览》卷十二。

④ 周凯：《内自讼斋文集》卷一，《纪邪匪齐二寡妇之乱》。

⑤ 《救苦忠孝药雪宝卷》。

⑥ 《古佛天真考证龙华宝卷》。

⑦ 黄育楩：《破邪详辩》卷一。

忠义孝悌、三纲五常、守命安分、轮回报应的观念。在平常时期，不少教派被少数世袭的传教家族所垄断，成为他们敛钱发财的工具。教首们拥有特权，逐渐变成了面团团的富家翁，教派内部也是尊卑有序、职守分明、等级森严。只有到了阶级斗争激化时期，大批破产、失业的下层人民涌入秘密宗教组织，革命的因素大大增强、活跃起来，改变了这些教派活动的方向和范围，使之从潜伏状态中脱颖而出，以蓬勃昂扬、矫健英猛的姿态，迎接和召唤着革命暴风雨的到来。

二、天地会的创立

白莲教是一个流传历史很久的民间秘密宗教，而天地会则是在清代才开始出现的下层秘密结社。

天地会成立的具体年代与创始人，至今说法不一。辛亥革命时，革命党人陶成章做发动会党的工作，探究它的来历和宗旨，研究了会党内部的许多情况，写了《教会源流考》一书，认为天地会是明朝遗民建立的反清组织，“始倡者为郑成功，继述而修整之者，则陈近南也”。按这种说法，郑成功死于康熙元年（一六六二），则始倡天地会的时间不能晚于此时。第二种说法是根据广西贵县修志局发现的天地会文件中所说：“大清康熙年间，甲寅年，三月二十五日，洪家结拜之期”①，康熙甲寅即是一六七四年（清康熙十三年），故有人认为，“考天地会创始年代，洪门相传，始自清康熙十三年甲寅”②。第三种说法认为“甲寅”应是雍正的甲寅，非康熙的甲寅。其根据是萧一山辑《近代秘密社会史料》中所收《西鲁叙事》中，指明天地会创立于“雍正甲寅年七月二十五日丑时”。这样就把创立天地会的时间推迟了六十年，推至一七三四年，亦即雍正十二年甲寅。③第四种说法认为天地会创立于一七六一年（清乾隆二十六年）④，这

① 《天地会》一，33页。

② 罗尔纲：《天地会文献录》。

③ 荷兰人施列格以及萧一山均持这种看法。

④ 持此说的有蔡少卿同志，见《关于天地会的起源问题》，《北京大学学报》，1964（1）。

主要是根据嘉庆四年（一七九九）福建巡抚汪志伊的奏折，他说："臣遵查天地会匪，始于乾隆二十六年间。漳泉匪徒，谋为不轨，潜相勾结，蔓延台湾"①。汪的另一奏折中又说："查闽省天地会起于乾隆二十六年，漳浦县僧提喜首先倡立。"② 还有第五种说法，认为创立于一七六七年（清乾隆三十二年），主要是根据两广总督孙士毅在乾隆五十二年的奏折，其后附有天地会员许阿协的供词。许阿协解释天地会的暗语"木立斗世知天下"，"木字，系指顺治十八年；立字，系指康熙六十一年；斗字系指雍正十三年，世字系因天地会起于乾隆三十二年，故借这世字暗藏的"③。由于天地会是一种秘密结社，乾隆五十一年（一七八六）台湾林爽文领导的天地会起义以后，始为世人所知。在此之前，清朝政府并未发现天地会的活动，因此，在政府档案以及私人记述中并无有关天地会的记载，天地会本身也没有留下任何文件或资料。所以，在目前尚难断定天地会成立的准确时间。但从迄今所见到的资料来看，天地会创立于乾隆中叶之说似较可信。因为：第一，前三种说法，说该会创立于康熙、雍正或更早，主要是根据天地会本身的文件《西鲁序》④。《西鲁序》实为天地会中后出增益的神话故事，不是真实的历史，不能据此断言天地会创立的时间。早期的天地会员似乎并不知道《西鲁序》故事，因为林爽文起义后，清廷花了很大力气在俘获的天地会员中追问该会的起源，许多会员的供词中尚未谈

---

① 《军机处录副奏折》嘉庆四年十月二十九日批，汪志伊奏。转引自《天地会》一，141页。

② 《皇朝经世文编》卷二十三，汪志伊：《敬陈治化漳泉风俗疏》。

③ 《许阿协等人供单》，转引自《天地会》一，70页。

④ 《西鲁序》是天地会文件内的一篇，叙述本会的起源故事梗概如下：康熙年间，少林寺僧众助清廷征服西鲁番，得胜后回寺居住，被奸人进谗言，清廷发兵攻打并焚烧少林寺，僧众大多被惨杀。有五人逃出与万云龙结盟，拥立崇祯太子朱洪英，发动起义，又被清兵打败，万云龙身亡。此五人逃到各省，誓志反清复明，是为"五祖"，成为各省天地会支派的创立者。这个悲剧性故事包含着恩仇相报，迷信神迹，武术技击，反清复明，是情节曲折很有鼓动性的一篇宣传文字。《西鲁序》有各种版本，现在所见最早的版本应推嘉庆十六年查抄的广西东兰州天地会首领姚大羔家所藏的手抄会簿所载的故事，与后来的版本对照，早期版本写得简略粗糙。越到后来，写得越是细致动人，故事也更加详细严密。

到这个故事。第二，康熙、雍正时，清廷破获的秘密组织尚少，乾隆时大大增多，秘密组织的名称达几百个。直到乾隆五十一年之前，从无天地会的名称。如果天地会创立很早，在长时期的传播和活动中，清政府不会毫无觉察。第三，当年清朝官吏大力追究天地会的创立人和创立年代，从未有创立于康熙、雍正年间的说法，孙士毅说创立于乾隆三十二年，汪志伊说创立于乾隆二十六年。此两种说法，孙士毅说提出时尚在追查之初，追查工作还在继续（清乾隆五十二年年初），而汪志伊说提出时已在追查工作结束之后（清嘉庆四年），汪志伊当是追查的最后结论，应更为可信。

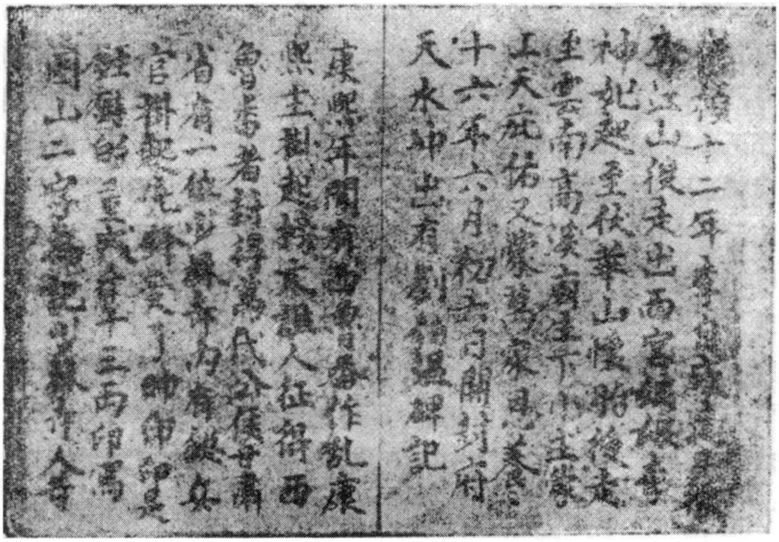

广西东兰州天地会首领姚大羔所藏天地会会簿（嘉庆十六年五月初七日）

同白莲教一样，天地会的出现也是乾隆以后阶级矛盾逐渐激化的产物。清代档案中，秘密结社类共二百一十五宗，其中乾隆二十年以后破获的达一百九十九宗，在此以前只有十六宗，天地会的出现与阶级斗争的尖锐化有关。

根据现有的资料来看，天地会最早出现于福建和广东地区的水陆运输沿线，既不是在农村，也不在手工业集中的城市。清代雍乾时期，由于土地兼并激烈，许多农民被抛出土地，另一方面，商品经济的发展却需要大批从事商品运输的劳动力，有很多离开土地丧失生计的农民从事这种不需要多少技术而劳动却极繁重的搬运工作。他们的生活很不稳定，无固定的雇主和固定的岗位，有事可做，即是就雇就业，无事可做，即成失业游民。这是一批浪迹江湖以求温饱的人们。他们离开了自己生长并熟悉的环境和工作，来到人地生疏的地方，从事自己所不熟悉的工作，过着饥饱不定的生活。他们孤身一人，四处飘零，举目无亲，无力抗拒各种灾祸的打击和恶势力的压迫。命运相同的弱者要求组织起来，相互扶助，以保护自己生存的权利。下层群众因维持生活的目的，相互联系组织起来，成了一支强有力的社会力量，这就是天地会的源起。如同清朝官吏所说："所有天地会名目，起自内地，辗转私传。又有一种游手匪徒，生事扰民，名为罗汉脚，以天地会人众势强，利于纠抢，无不听从入会。若非会内之人，即行抢夺。是以稍有身家及负贩营生者，亦多畏其抢夺，不得不从，以致南北两路，日聚日多"①，"遇事互相帮助，会内亦有本处之人，而系客籍者十居八九"②。

早期天地会员大多是穷苦的劳动者，包括运输工人、小商贩、手工业工人、无业游民、农民。从档案馆内所藏林爽文起义军被俘人员供词可以看出台湾天地会早期的首领和骨干的职业情况（起义爆发后参加者不计）：

小商贩	11 人
佣工	9 人
农民	6 人
差役	1 人

到了嘉道年间，天地会有了很大的发展。有些穷苦的下层知识分子参加，也有个别富裕有身家的人入会。到了嘉道年间，天地会有了很大的发展，成员越来越混杂，但大体上仍然是小商贩、雇工占有较大的比重。据中国第一历史档案馆保存的嘉道年间天地会系统一百二十八起案例中首领和骨干二百二十六人的职业构成如下：

① 《钦定平定台湾纪略》卷五十八，福康安奏，乾隆五十三年四月十四日。

② 那彦成奏，嘉庆七年十二月十六日。

小商贩	32人
种田兼商贩	58人
雇工贸趁者	36人
雇工	9人
耕田者	9人
手工业者（包括兼种田者）	8人
穷苦知识分子	18人
僧侣	4人
家道殷实者	2人
差役	6人
身份不明者	44人①

以上两个不完全的统计数字所反映的天地会成员的职业分布情况，有两个特点：一是穷，乾隆时家道殷实的无一参加者，嘉道时不过百分之一；二是职业的流动性。前一个特点说明天地会初起时主要的还是穷苦劳动者的自发组织，是于无可奈何之中一种本能的求生存的斗争。说天地会一开始就是具有反清复明宗旨的地主阶级操纵的反满组织，是缺乏史料根据的。后一个特点使天地会这一秘密组织具有自己的特色，它既不同于历史上的民间秘密组织，也不同于同时存在的白莲教系统等秘密组织。它有浓厚的平等色彩而缺乏思想上的权威；它组织发展迅速而缺乏统一领导；它战斗勇敢而缺乏纪律。天地会组织本身的这些特点，随着它的迅速发展而越加明显，尽管在以后的很长一段时间里，它发展迅速，会员众多，声势浩大，但在反对封建政府的斗争中，始终没有形成一股雄伟的打击力量，它的早期没有能像白莲教那样组织发动席卷五省坚持十年的大起义，它的晚期也不可能有像拜上帝会那样的战绩。一直到清朝灭亡，在历次的伟大斗争中，它始终只是偏师而不是主力军。

天地会最早出现的时候，很难说是政治性的，它带有浓厚的自卫和互助的性质。乾隆五十三年被捕的首先在台湾传播天地会的严

① 参见《历史档案》，1981（1），113页。

烟在供词中说："要入这会的缘故，原为有婚姻丧葬事情，可以资助钱财；与人打架，可以相帮出力；若遇抢劫，一闻同教暗号，便不相犯；将来传教与人，又可得人酬谢。所以愿入这会者甚多。"① 在此以前被捕的广东、福建天地会员的供词，也大体相同。一般天地会员入会并没有什么明显的政治目的，日常的活动也没有反政府的性质。但政府既不能保护人民，也不许人民自保。中国历代封建政权对人民的集会结社，例皆严禁，因为封建专制政府最讨厌社会组织。国家就是唯一的社会组织。当人民只能以散沙般的个人来对付国家权威的时候，国家权威才是最巩固的，因此任何结社都被禁止或控制，在政府看来，这种结社或许就是叛逆组织的外壳。乾隆五十一年，台湾天地会活动暴露以后，官吏严厉镇压，穷究不已，罪及无辜，遂使天地会员陷于反也死不反也死的境地，终于爆发了林爽文起义。在现存林爽文起义军的二十多件文件中，还是以官逼民反、铲除贪官污吏之类为号召。林爽文起义之后，清政府对天地会防禁甚严，且增入《大清律》。而天地会的矛头所向，也直接指向了清朝政府，明确地提出了"反清复明"的口号，在传播过程中，通过许多不知名的小知识分子之手编制了许多宣传"反清复明"的作品，其中最著名的即是《西鲁序》。它是天地会的政治宣言，其中并无宗教的说教，也无晦涩难懂的语言，它通过一个悲壮的故事，揭露了清朝统治者的恩将仇报，迫害忠良，不仁不义，以证明清朝统治者是一些丧尽天良的昏君，只有推翻他们，重建汉族江山，才能"黄河澄清"，过太平日子。天地会从早期的自卫互助组织发展为有明确政治目标的政治组织，这个变化的过程，是同当时社会阶级矛盾的激化、清朝政府吏治败坏密切相关的。

天地会于乾隆年间由福建移民渡台而传到台湾，嘉庆以后先后传至江西、广西、湖南、湖北、浙江、贵州等省，并通过华侨传至南洋各地，逐渐成为大江以南重要的反清秘密组织。天地会的传播是在清政府严厉禁止之下进行的，为了躲避官府耳目，曾经使用不

---

① 《严烟供词笔录》，见《天地会》（一），111页。

同的名称，如添弟会、靝黰会（乾隆五十七年福建泉州同安人苏叶、陈苏老所创）、小刀会（乾隆五十九年台湾彰化郑光彩等人结会，以入会者皆置小刀一把随身携带得名）、合义会、三点会、龙华会、洪莲会、双刀会、百子会、江湖串子会、仁义三仙会、父母会、担子会（嘉庆末年传入湖南，入会者多系肩挑负贩者，故名担子会）、平头会（嘉庆二十五年出现于福建，因“会内之人皆系平等称呼”，取名平头会）、三合会（最早见于道光十一年）、保家会等等。① 可能还有许多至今还未发现的名称。不管这些组织在不同时期和不同地区用什么名称出现，它们的宗旨、组织形式和活动方式都保持了天地会的面貌，在鸦片战争以前的南方各省，天地会是最有力量的反清组织。

第五节　康雍时期统治阶级的内部斗争

一、皇太子的两次被废

在历史上，除了统治者与被统治者、剥削者与被剥削者之间的斗争以外，统治阶级内部的斗争也时起时伏。争权夺利、尔虞我诈、倾轧排挤，这是封建社会中统治阶级内相互关系的常态。父子之间、兄弟之间、夫妻之间为了争权夺利，发生冲突，达到你死我活的地步。篡窃相仍、残杀凌夺，史不绝书。完全抛弃了天伦之间的温情关系，撕破了孝悌仁义的薄薄面纱，赤裸裸地暴露出统治阶级狰狞的、嗜血的本性。清朝，作为一个封建王朝，同样存在着统治阶级内部的权力斗争，不过，它和以前朝代中权力斗争的重点和表现形式有所不同。清代的封建专制权力最为集中，皇权压倒了其他权力。清统治者鉴于前代的教训，对可能会侵犯或窃夺皇权的各种势力采取了一系列防范措施，母后、外戚、权臣、宦官、朋党、疆臣的权力和活动范围严格地受到压抑和控制，因此，清代的三百年间，除

① 参见中国第一历史档案馆藏：秘密结社类。

了晚清的慈禧太后干政以外，没有像汉唐宋明那样严重的母后、外戚、宦官、朋党、藩镇之祸。清朝前期和中期的皇帝，一般都亲理政务，大权独揽，稳稳地掌握中枢的权力，既没有其他势力公开篡位弑君的威胁；也没有大权旁落，权臣窃国柄，天子受操纵的情形。清朝统治阶级的内部斗争主要表现在皇权的继承交替方面，老皇帝死去之后，由哪一个皇子继承帝位，在皇室内部往往发生激烈的争夺。皇太极和顺治的即位都曾掀起政治风波，而康熙至雍正的皇权交接更经历了长期的白热化的斗争，酿成统治秩序的动荡不安。

康熙一共生了三十五个儿子和二十个女儿，儿子长大成人的有二十人，女儿长大成人的有八人。康熙第一个皇后——孝诚皇后，是辅政大臣索尼的孙女，与康熙甚为恩爱。一六七四年（清康熙十三年）孝诚皇后生子胤礽（皇二子），因难产身亡。第二年（一六七五年，清康熙十四年），康熙立胤礽为皇太子，这一建储措施是遵照了前朝汉族帝室立嫡立长的礼法，却不符合满族的传统。立嫡立长的建储办法是为了及早明确地选定继承人，以杜绝觊觎，防止争夺，但过早地预立太子也会使大臣们希图将来的荣利而趋奉门下，结党营私，无形中产生第二个权力中心，甚至引起皇帝和太子之间的激烈冲突，如汉武帝之于戾太子、唐太宗之于太子承乾。正是在这一点上，康熙重蹈了历史的覆辙。

胤礽聪明俊秀，能文能武。康熙对他十分钟爱，说他“骑射、言词、文学，无不及人之处”。当时在北京宫廷供职的法国神父白晋称赞说：“皇太子博览群书，熟谙汉学”，“他那英俊端正的仪表在北京宫廷里同年龄的皇族中是最完美无缺的。他是一个十全十美的皇太子，以致在皇族中，在宫廷中没有一个人不称赞他”①。康熙给他聘请了最有名的学者张英、李光地、熊赐履、汤斌、耿介做师傅，教他读书。康熙经常带他和其他皇子出去打猎或巡视。有时康熙出征，命胤礽留京，代理政务，以资历练。重要事务，皇太子可作决定。

长期的皇储地位在胤礽周围集结起一批依附和拥戴他的势力，

---

① ［法］白晋：《康熙帝传》，见《清史资料》，第一辑，242、243页。

这股势力以索额图为首。索额图是索尼的儿子，胤礽生母孝诚皇后的叔父，康熙前期，索额图甚得信用，一门勋贵，势倾朝野，和另一权贵明珠相互倾轧。“索额图生而贵盛，性倨肆，有不附己者显斥之，于朝士独亲李光地。明珠则务谦和，轻财好施，以招来新进，异己者以阴谋陷之，与徐乾学等相结。索额图善事皇太子，而明珠反之，朝士有侍皇太子者皆阴斥去。荐汤斌傅皇太子，即以倾斌”①。

明珠集团于康熙二十七年被御史郭琇弹劾，明珠被罢去大学士，授内大臣，不再被重用。此后，皇太子长大成人，势力逐渐发展，开始与康熙本人发生了矛盾。一六九〇年（清康熙二十九年）乌兰布通之战，康熙亲征，路上生病，召胤礽和皇三子胤祉进见，胤礽等驰驿至行宫请安，“略无忧戚之意，见于词色。上以胤礽绝无忠爱君父之意，心甚不怿，令即先回京师”②。统治阶级对中枢的权力争夺，讳莫如深，没有留下文字记录，因此，今天我们几乎不知道当时发生了什么事情，只能从一些蛛丝马迹看到康熙和皇太子之间的关系日益恶化。一六九四年（清康熙三十三年）礼部拟定祭祀的仪式，将皇太子的拜褥放置奉先殿槛内，康熙命移置槛外，礼部尚书沙穆哈怕将来皇太子怪罪，请求将谕旨记档，这说明大臣对太子党的畏惧。康熙很不高兴，将沙穆哈革职。一六九七年（清康熙三十六年）康熙又将“私在皇太子处行走”的膳房人花喇等处死。可见康熙父子之间已有重大芥蒂，康熙已在动手削弱和剪除太子的势力。第二年（清康熙三十七年），又大封诸皇子，皇长子胤禔封直郡王，皇三子胤祉封诚郡王，皇四子胤禛、皇五子胤祺、皇七子胤祐、皇八子胤禩俱封贝勒。诸皇子有了爵位，也在培植自己的亲信，觊觎储位，蠢蠢欲动，使矛盾更加复杂，太子党人也更加惴惴不安。

一七〇一年（清康熙四十年），索额图因老退休。第二年（清康熙四十一年），康熙带着皇太子南巡，至德州，突然宣布停止南巡，銮驾返回北京，理由是皇太子得病，留德州疗养，奇怪的是召命已退休的索额图至德州侍奉太子。这可能是发现了太子党人的阴谋，

---

① 《清史稿》卷二六九，《明珠》。

② 《清圣祖实录》卷一四七，康熙二十九年七月。

召索额图审讯，南巡因此推迟了两个月。翌年（一七〇三年，清康熙四十二年），南巡刚刚结束，即拘囚索额图，罪名是“背后怨尤，议论国事”、“结党妄行，威吓众人”。根本的原因是胤礽、索额图等失去了康熙的信任，感到皇太子的地位已受威胁，因此大发牢骚，怨恨康熙，并且迫不及待地纠集党羽，有所企图。故康熙指责索额图，“尔背后怨尤之言，不可宣说”，“朕将尔行事指出一端，可就在此正法”，“朕若不先发，尔必先之”，“施威恐吓，举国之人，尽惧索额图乎？”① 不久，康熙即将索额图处死。多年之后，康熙对他还深恶痛绝，说“索额图诚本朝第一罪人也”②。

这场突如其来的风暴是长期积累起来的矛盾的爆发，而一旦两个权力中心公开发生了对抗，便不会有妥协调和的余地。虽然在惩处索额图之后又沉寂了五年，档案中无所透露，但斗争仍在暗中进行，康熙、皇太子、诸皇子之间的关系极为紧张，胤礽处在上受康熙猜疑，下受诸皇子倾害的不利地位，下一个更大的打击必然会降落到他的身上。一七〇八年（清康熙四十七年）十月，康熙在热河发出一道谕旨，指责诸皇子挞辱大臣，“是欲分朕威柄以恣其行事也。岂知大权所在，何得分毫假人”。这时，他的第十八子胤祄病重，康熙似乎有什么重大的事，急切要赶回北京，匆匆启程回銮，行至中途，迫不及待地宣布废掉皇太子。他“召诸官，垂涕而谕：‘……今观胤礽不法祖德，不遵朕训，惟肆恶虐众，暴戾淫乱，难出诸口，朕包容二十年矣！乃其恶愈张，僇辱在廷诸王贝勒大臣官员，专擅威权，鸠聚党羽，窥伺朕躬起居动作，无不探听……更可异者，伊每夜逼进布城裂缝，向内窃视。从前索额图助伊潜谋大事，朕悉知其情，将索额图处死。今胤礽欲为索额图复仇，结成党羽，令朕未卜今日被鸩，明日遇害，昼夜戒慎不宁。似此之人，岂可付以祖宗宏业。’谕毕，上复痛哭仆地”③，可见权力的争夺使父子关系恶化到了你死我活的地步。康熙不是一个庸懦无能的人，在太子党的逼

① 《东华录》康熙朝卷七十一，康熙四十二年五月。
② 《东华录》康熙朝卷九十一，康熙五十二年二月。
③ 《东华录》康熙朝卷八十一，康熙四十七年八月。

胁下不得不废掉皇太子，将他圈禁起来。

康熙的其他儿子们也卷进了这场冲突。他们都很有才干，据外国传教士说：他见到的年龄较大的十四个皇子中“有十个长得都仪表堂堂，才气焕发”①。他们中许多人都和胤礽对立，在康熙和胤礽的关系上不起好作用。一旦胤礽被废，储位虚悬，他们便争先恐后地出来争夺。皇长子胤禔也受康熙钟爱，常奉命出征，或处理政务，年长于太子，但因是庶出，未立为太子。胤礽废黜，他痴心妄想，以为按照“立长”的规矩皇冠将会落到自己的头上。他露骨地怂恿康熙杀掉胤礽，对康熙说：“今欲诛胤礽，不必出自皇父之手”，表示自己可以下手，康熙极为恼怒，斥胤禔为“乱臣贼子，天理国法，皆所不容”。皇三子胤祉又揭发胤禔曾请喇嘛用巫术镇魇胤礽，使胤礽精神失常。康熙相信皇太子行为乖谬，是由于胤禔的镇魇坑害所致，革去胤禔郡王衔，并终身监禁。

康熙的第八子胤禩能量最大，才具优长，善于邀结人心，党羽甚众，野心亦不小。他和胤礽的矛盾也很深，企图谋害胤礽，有一个相面人张明德，“曾相胤禩，后必大贵”。这些阴谋被揭穿，遭到康熙的痛骂：“八阿哥到处妄博虚名。凡朕所宽宥及所施恩泽处，俱归功于己，人皆称之。朕何为者，是又出一皇太子矣！如有一人称道汝好，朕即斩之，此权岂肯假诸人乎?”“胤禩柔奸性成，妄蓄大志，朕素所深知，其党羽早相要结，谋害胤礽，其事皆已败露，著将胤禩锁拿，交与议政处处理。”②

这次一起被拘囚的还有皇三子胤祉、皇四子胤禛（即雍正帝）、皇五子胤祺。据弘旺（即胤禩之子）所著《皇清通志纲要》载：康熙四十七年十一月“上违和，皇三子同世宗皇帝、五皇子、八皇子、皇太子开释”。可见第一次废太子时，至少有六个皇子被囚，皇长子胤禔因罪恶太大，未得释放。而被囚的皇子中也有后来登基为帝的胤禛在内，可是胤禛争夺嗣位的活动及被拘囚的情节，在官书和档案中均无所见，大概这些文件都已被销毁。后来雍正已当了皇帝，

---

① ［法］白晋：《康熙帝传》，见《清史资料》，第一辑，241页。

② 《东华录》康熙朝卷八十一，康熙四十七年九月。

有一段自我表白，反映了他和胤礽的矛盾。他说："或有疑朕与二阿哥不睦者。夫二阿哥为皇太子时，乃国之储君也，二阿哥未得罪之先，朕但尽弟道臣道，凡事敬谨，因皇考隆恩，笃爱朕躬，二阿哥恐有妨于己，遂至以非礼相加。然朕惟有尽己之道，恭敬巽顺而已，此皆众所共知"①。雍正的这些话，想把自己打扮成安分守己、毫无野心的老实人，但残存的片段史料和他自己的话却说明在储位的争夺中他也是十分起劲的一个。

一个长期位于权力顶峰的年老的封建专制统治者，往往担心大权旁落，害怕出现一个自己所不能控制的权力中心，因此多疑善变，处处提防，办事反复无常，犹豫不决，难以用普通人的心理去忖度，康熙晚年似乎就属于这种情形。就在废黜胤礽以后两个月，即四十七年十一月，康熙命令朝臣商议立嗣，出乎康熙意外的是，朝臣们竟众口一词，保举皇八子胤禩为皇太子，其中有国舅佟国维（康熙的妻兄）、武英殿大学士马齐、领侍卫内大臣阿灵阿（遏必隆子、康熙贵妃之兄）、鄂伦岱（佟国纲子）、揆叙（明珠子）以及汉尚书王鸿绪等，还有皇室中的裕亲王保泰（康熙侄）、安亲王的子孙玛尔浑、伍尔占、色亨图、贝子苏努，以及皇九子胤禟、皇十子胤䄉、皇十四子胤祯（后改名胤禵）都和胤禩交好。胤禩深孚众望，不但没有使老皇帝高兴，反而引起猜疑，康熙对佟国维、马齐大加斥责。四十八年三月，康熙采取了一个出人意料的行动，复立胤礽为皇太子。理由是胤礽因被镇魇，得了狂疾，故举动失常。今狂疾已愈，复立他为皇太子。这一措施在大臣中造成混乱和恐慌，由于康熙征求立嗣的意见，大臣们公开表态，拥戴胤禩，结果康熙责怪他们结党营私，又复立胤礽，大臣们感到不知所措，发出"两处总是一死"的叹息。连当时朝鲜使臣也议论康熙的措置不当，"乍废太子，旋复其位，殴曳马齐，仍官其子，处事已极颠倒"。"皇长子在囚四年，尚不许放……此外诸子，多有不合意事，故皇帝心甚不快，频有乖常之举。大小臣僚如在针毡云"②。

在这场政治权力的争夺中，康熙和胤礽的关系既已破裂，断难

---

① 《东华录》雍正朝卷五，雍正二年八月。

② 《朝鲜李朝实录中的中国史料》十，4254页、4281页.

弥缝复合。事实表明，康熙对太子的废和立都是仓促的决定，没有周密的考虑和善后的措施。而胤礽长期养成的骄纵性格以及迫不及待的抢班的野心，也非一时病态，而是极难改变的。据当时朝鲜人的记载："太子性本残酷，百姓公传道之曰不忠不孝，阴烝诸妹。若其诸子（指康熙的诸皇子）之暴虐，乃甚于太子云"。"太子沈酗酒色，常习未悛，分遣私人于十三省富饶之处，勒征货赂，责纳美姝，小不如意，诉谗递罢……而近则上自内阁，下至部院，随事请托，必循其私而后已"。又说，"闻太子性甚悖戾，每言古今天下，岂有四十年太子乎？其性行可知"①。胤礽复立为皇太子后，周围很快聚集起一批党羽。康熙警惕地注视着他们的活动，立即将依附太子的步军统领托合齐、尚书耿额、齐世武等处死。康熙五十一年九月底再废太子，谕旨中说："胤礽狂疾未除，大失人心，祖宗宏业，断不可付托此人"。"胤礽秉性凶残，与恶劣小人结党。胤礽因朕为父，虽无异心，但小人辈惧日后被诛，倘于朕躬有不测之事，则关系朕一世声名"②。这次皇太子的再废似乎和其他皇子也有关系，意大利传教士马国贤在清宫廷供职，随康熙从热河返回北京，目睹再废皇太子的场面，他记载说："当我们到达畅春园，我们惊恐地看到花园里，有八到十个官员和两个太监跪在那里，光着头，双手背绑着。不远处，皇子们一排站立，也光着头，双手绑在胸前。不久，皇帝乘坐肩舆从房间里出来，到皇子们面前，暴发出虎吼一样的愤怒，责骂太子，把他关在宫内，公开宣布废掉这个不幸的皇子"③。

围绕立储的长期纷争，闹得康熙愤懑抑郁，心力交瘁。此后，直到康熙去世为止，没有再立皇太子，而且这一问题成了康熙心中的隐痛，不许人们议及。朝臣中有建议立储的，或被杀（朱天保）或被谴（王掞、陶彝等）。诸皇子仍在暗中大肆活动，结交党羽，培植亲信，窥测时机，所谓"诸王互相树党，康熙若死，则国事可知"④。经过两

① 《朝鲜李朝实录中的中国史料》十，4281、4311、4322页。
② 《东华录》康熙朝卷九十，康熙五十一年九月、十月。
③ ［意］马国贤：《京廷十有三年记》，第十五章。
④ 《朝鲜李朝实录中的中国史料》十，4322页。

度废立，诸皇子争夺储位的机会和力量组合发生了变化。原太子胤礽和皇长子胤禔均遭失败，永被禁锢，虽然他们仍有所活动，希冀死灰复燃，但实际上已没有继承帝位的希望。另一个遭到严重失败的是皇八子胤禩，他才能出众，党羽甚多，似乎很有中选的可能，但他的势力太大，活动太积极，反而引起康熙的疑虑和憎厌，受到严厉的斥责。康熙五十三年谕旨中说："胤禩系辛者库贱妇所生，自幼阴险，听相面人张明德之言，遂大背臣道，觅人谋杀二阿哥，举国皆知……与乱臣贼子等结成党羽，密行奸险，谓朕年已七迈，岁月无多，及至不讳，伊曾为人所保，谁敢争执，遂自谓可保无虞矣，朕深知其不孝不义情形……自此朕与胤禩父子之恩绝矣。朕恐后日必有行同狗彘之阿哥，仰赖其恩，为之兴兵搆难，逼朕逊位而立胤禩者，若果如此，朕惟有含笑而殁已耳……胤禩因不得立为皇太子，恨朕切骨，伊之党羽亦皆如此。二阿哥悖逆屡失人心，胤禩则屡结人心。此人之险，百倍于二阿哥也。"① 康熙的话说得这样绝情，他和胤禩的关系已弄得水火不能相容，胤禩也不可能合法地继承皇位，他和皇九子胤禟、皇十子胤䄉等转而支持胤禵。

这时，最有希望成为皇位继承人的似乎轮到了皇十四子胤禵。胤禵原名胤祯，和皇四子胤禛（即后来的雍正）是一母所生。康熙曾称赞他"确系良将"、"有带兵才能，故令掌生杀重任"②，胤禟说他"聪明绝顶"、"才德双全，我弟兄内皆不如"③。胤禵年龄较小，在早期的储位争夺中卷入得不深，但他和胤禩交好，当康熙四十七年第一次废太子时，康熙拘囚胤禩，胤禟和胤禵曾冒着康熙的盛怒，乞求宽恕胤禩。一七一八年（清康熙五十七年），由于准噶尔进兵入藏并侵犯哈密，西线紧张，胤禵被任命为抚远大将军，主持西部军务，这是一项重大的任命，涉及青海、西藏和西北地区的安危和清朝统治的稳定。大将军的权力很大，礼仪规格很高。胤禵当时仅是一个贝子，可用正黄旗纛，亲王体制，称大将军王。这一任命至少

① 《东华录》康熙朝卷九十四，康熙五十三年十一月。

② 《抚远大将军奏议》。

③ 《文献丛编》，《允禩允禟案》，秦道然口供。

给一些人造成了老皇帝意有所属的印象，故胤禵出兵时，胤禟说："十四爷现今出兵，皇上看的也很重，将来这皇太子一定是他"①。胤禵驻兵青海、甘肃四年，打败了准噶尔，立有功勋，因军务未竣，尚未班师。这时，北京突然发生了变故，康熙病逝。一度看来似有继承可能的胤禵远在西陲，鞭长莫及，取得皇冠的美梦落了空。

二、雍正的继位

康熙之死和雍正之立，距今已二百六十多年。有关这一历史上的疑案，至今没有发现充分而可信的文件，其真相和细节难以窥知。根据官方记载，事情的经过是这样的：

雍正像

一七二二年，即康熙六十一年八月，康熙在热河行围一个多月，返京后又去南苑行围，看来身体还很正常。阴历十一月初七日，回畅春园，说是"偶冒风寒"，似乎不是大病，且病情逐日好转。这时命皇四子胤禛出居斋所，以便代行冬至日的南郊大祀。十三日凌晨，

① 《文献丛编》，《允禩允禟案》，秦道然口供。

病情忽然恶化，传诸皇子入见。寅刻皇三子胤祉、皇七子胤祐、皇八子胤禩、皇九子胤禟、皇十子胤䄉、皇十二子胤祹、皇十三子胤祥以及步军统领、理藩院尚书隆科多至御榻前，传遗诏如下：

皇四子胤禛人品贵重，深肖朕躬，必能克承大统，著继朕登基，即皇帝位。

下达这道诏书，胤禛并不在场。他赶到畅春园已在巳刻，三次进见康熙问安，这时康熙还能说话，“告以病势日增之故”。直到夜间戌刻，康熙去世，方由隆科多向胤禛宣述遗诏，据说胤禛尚无当皇帝的思想准备，“朕闻之惊恸，昏仆于地”。胤祉等向他叩首，遂即皇帝位，改元雍正。

对于这一官方记载从来有两种态度，一种认为官方的记载基本可信，雍正的继承是合法的，是根据康熙的临终末命；另一种则不相信官方记载，认为雍正出于矫诏篡立。康熙病危，雍正和隆科多控制着当时的形势，假传遗诏，夺得了皇座，甚至连康熙之死也很可怀疑。以上两种看法，都有某些根据，但根据也都不够充分。康熙朝的《实录》记载康熙传位之事甚详，但那是雍正在位时纂修的，所说自然对雍正有利。现存的档案也经过了雍正的篡改或销毁，没有留下篡立的明显证据。如果完全相信这些资料，据之而编写历史，必然会承认雍正继承的合法性，这等于在审判中只听信一面之词，进行判决，而不听另一方的申诉。可是，在当时严酷的环境中，另一方也不可能提出并留下充分有力的申诉，我们目前只看到保留在《大义觉迷录》中的一些传言，所说雍正篡立的情节，曲折离奇，和官书记载大相径庭。“圣祖皇帝原传十四阿哥允禵天下，皇上将‘十’字改为‘于’字。又云圣祖皇帝在畅春园病重，皇上就进一碗人参汤，不知何故，圣祖皇帝就崩了驾，皇上就登了位。随将允禵调回囚系，太后要见允禵，皇上大怒，太后于铁柱上撞死。皇上又把和妃及他妃嫔都留于宫中”。我们同样也要估计到这些流言出自雍正的政敌之口，究竟有几分可信？斧声烛影，是千古难决的历史疑案，今天要判断雍正是否篡立，很难提出充分确凿的根据。

综观各种材料以后，雍正的继承帝统存在着疑点和破绽，授受之际不清楚，辩解之词有矛盾。我们只能抱着疑以存疑的态度，把问题提出来。

官书记载的康熙临终传位雍正的情节，存在着明显的破绽。据《大义觉迷录》说：康熙病危，在雍正赶到畅春园以前已向八人（胤祉、胤祐、胤禩、胤禟、胤䄉、胤祹、胤祥、隆科多）下达传位的诏谕，而胤禄、胤礼、胤祎、胤祎，“俱在寝宫外祇候”，这是雍正合法继承的最有力的证明。但是，在研究了各种材料以后，有理由怀疑，根本不存在八人同受遗诏的事，因为，在“八人受谕”以后一个时辰，雍正就赶到了畅春园，在十个小时之内三次晋见康熙，这时康熙还能说话，“告以病势日增之故”，却一字未及已向八人面谕传位雍正的事，是康熙遗忘了吗？是向雍正本人保密吗？这都是于理不通的。而且这八个人居然也不向雍正说起这样一件头等重要的事情。直到康熙死后，隆科多才传达遗命，雍正后来说：“朕向者不特无意于大位，心实苦之。前岁十一月十三日，皇考始下旨意，朕竟不知，朕若知之，自别有道理。皇考宾天之后，方宣旨于朕”①。而且雍正听到了传位诏谕，还“闻之惊恸，昏仆于地”，这一过程离奇得难以令人相信。合理的解释是根本不存在“八人受谕”这回事，而是雍正捏造出来的现场以证明自己的合法继承。因为，《大义觉迷录》出笼于雍正七年（一七二九）九月，在这以前的文件中从来没有“八人受谕”的记载。雍正元年八月谕：“圣祖……命朕缵承统绪，于去年十一月十三日仓卒之间，一言而定大计。”② 这里，还一点没有“八人受谕”的痕迹。雍正五年十月开始出现了诸皇子受谕的记载，但还没有具体指名是哪些皇子，上谕说：“皇考升遐之日，召朕之诸兄弟及隆科多入见，面降谕旨，以大统付朕，是大臣之内承旨者，惟隆科多一人”③。《大义觉迷录》中指名七个皇子和隆科多，可以为雍正的合法继承作证。可是这八人中，胤禩、胤禟已被害死，隆科多被禁锢死去，胤䄉则在禁锢中，都不能出来否认这件事。胤祉、胤祹得罪，一个已革去亲王，一个已革去郡王，胤

① 《上谕内阁》雍正二年八月二十二日谕。

②③ 《东华录》雍正朝卷三，雍正元年八月。

祐则吓得战战兢兢，唯求苟全活命，雍正褒奖他“安分守己，敬顺小心”。这三个人哪里敢出来捣乱，胤祥则是雍正的心腹，雍正称赞他“自古无此公忠体国之贤王”。矫诏篡立，他很可能出过力。雍正在康熙死去七年之后制造这“八人受谕”的场面，当然没有一人能够出来否认的。再看雍正自己说过的一些话和“八人受谕”也是矛盾的。雍正说，胤禩、胤禟都亲承康熙遗诏，方才“肯贴无一语，俯首臣服于朕之前”。但雍正又说，“皇考升遐之日，朕在哀痛之时，塞思黑（胤禟）突至朕前，箕踞对坐，傲慢无礼，其意大不可测。若非朕镇定隐忍，必至激成事端”①，“圣祖仁皇帝宾天时，阿其那（胤禩）并不哀戚，乃于院外倚柱，独立凝思，派办事务，全然不理，亦不回答，其怨愤可知”②。胤禩、胤禟的举止不像在八个多时辰前已知道传位的遗诏，倒像是刚刚听到雍正要即位的消息而胸怀激愤的神情。还有，“八人受谕”的现场有皇十七子胤礼等在寝宫外伺候，而隆科多却说：“圣祖皇帝宾天之日，臣先回京城，果亲王（即胤礼）在内值班，闻大事出，与臣遇于西直门大街，告以皇上绍登大位之言。果亲王神色乖张，有类疯狂，闻其奔回邸，并未在宫迎驾伺候”③。看来，胤礼根本不在寝宫外伺候，也不知道传位雍正的遗诏。他在城内宫中值班，听到康熙去世，赶往畅春园，在西直门大街碰到了隆科多，才听说雍正继位，大出意外，甚为惊骇，逃回家去。不过胤礼很能见风使舵，后来依附雍正，弹劾胤禩，封为果亲王。雍正去世，他还受遗诏辅政。还有更可怪的是隆科多得罪，雍正五年的上谕中说：“圣祖仁皇帝升遐之日，隆科多并未在御前，亦未派出近御之人，乃诡称伊身曾带匕首，以防不测”④。隆科多是康雍之际继承一案的关键人物，康熙去世他肯定在旁，而雍正为了罗织罪状，信口胡说，甚至又否认隆科多在场。可见他所说“八人受谕”的真实性是极可怀疑的。

当然民间的传言不可全信。如说康熙遗诏“传位十四皇子”被改

---

① 《大义觉迷录》。

② 《清世宗实录》卷四十五，雍正四年六月。

③ 《上谕八旗》，雍正八年五月初九日。

④ 《东华录》雍正朝卷十一，雍正五年十月。

成“传位于四皇子”，这种说法已被专家们否定，因为按清朝的书写格式，胤禵写作“皇十四子”，胤禛写作“皇四子”，头一个“皇”字是不可省略的，因此改“十”字为“于”字是不可能的，但否定这一民间传言，并不排斥雍正的矫诏篡立。康熙的意旨可能要传位胤禵，也可能未及指定继承人就死了。他的仓促去世，给雍正造成了机会。

据当时在京的传教士马国贤说：“雍正即位，发布了一个使全国震惊的命令，赵被拘执，处死刑，财产抄没，子女为奴”①。赵即赵昌，地位虽不高，却是康熙晚年的近侍，常传达康熙的命令。为什么雍正一上台就要把他杀掉？为什么此人被杀使全国震惊？合理的解释是赵昌知道的事太多，而且不肯附和雍正，雍正必须立即把他解决掉。又雍正在自己即位后的第八天，即康熙六十一年十一月二十七日发布命令，要大臣们交回康熙的朱批谕旨，“所有皇考朱批谕旨，俱著敬谨封固进呈，若抄写、存留、隐匿、焚弃，日后发觉，断不宽恕，定行从重治罪”。他这样匆忙地要收回老皇帝的亲笔，是否担心其中有不利于自己继位的证据？接着雍正就把矛头指向诸兄弟，首先是把掌握兵权而且是最有可能继承皇位的胤禵召回北京，胤禵发现皇位被夺，感到愤懑不平，雍正斥其“无知狂悖，气傲心高”。胤禵一回北京，即遭幽禁，送去看守陵墓，同时又对其他皇子分隔处理，排挤打击，胤䄉被发往张家口，不久被永远禁锢。胤禟先被发往西宁，后召至保定害死。胤禩留在北京，此人既有才干，又有势力，最初被封为廉亲王，总理国务，这是雍正对他进行麻痹，胤禩也心里明白，底下向人说“皇上今日加恩，焉知未伏明日诛戮之意。其目下施恩，皆不可信”②。果然，胤禩不断受指责打击，他的亲信或被杀戮，或遭流放，最后胤禩也在幽囚中被不明不白地害死。还有胤祉以“与阿其那、塞思黑、胤禵交相党附。其子弘晟凶顽狂纵，助父为恶”③ 的罪名被革爵禁锢。胤祹也因事革爵。雍正对胤禩、胤禟最为痛恨，胤禩被改名阿其那（狗），胤禟被改名塞思黑（猪），这一方面固然由于在

① 马国贤：《京廷十有三年记》，第二十二章。

② 《东华录》雍正朝卷十五，雍正七年十月。

③ 《清史稿》卷二二〇，《允祉》。

康熙晚年，彼此嫌隙已成，积怨甚深；另一方面也是因为他们不肯阿附新皇帝，而且揭露篡立情况，使雍正的政治名誉大受损失。

等到诸皇子党渐次解决，雍正又掉转刀锋对向帮助自己登上皇帝宝座的年羹尧与隆科多。年羹尧本是雍邸旧人，他的妹妹是雍正的妃子。多年担任四川陕西总督，替西征大军办理后勤，处在可以牵制和监视胤禵的有利地位上。隆科多是佟国维之子，他们一家本来都是胤禩一党，但隆科多本人却在关键时刻倒向雍正一边。他既是康熙病中唯一的顾命大臣，又以国舅之亲，任步军统领，掌握着拱卫北京和畅春园的兵权。没有他的协助，雍正是不可能夺取皇座的。雍正即位之初，对这两个有功之臣恭维感激，尽心笼络，脱略了君臣的形迹。如对年羹尧说："舅舅隆科多，此人朕与尔先前不但不深知他，真正大错了。此人真圣祖皇考忠臣，朕之功臣、国家良臣，真正当代第一超群拔类之希世大臣也"。又雍正二年批年羹尧的奏折："从来君臣之遇合，私意相得者有之，但未必得如我二人之人耳！尔之庆幸固不必言矣；朕之欣喜亦莫可比伦。总之，我二人做个千古君臣知遇榜样，令天下后世钦慕流涎就是矣。朕实实心畅神怡，感天地神明赐佑之至"①。这类甜言蜜语，听来令人肉麻，出自皇帝之口，实为罕见。不想说得最甜，干得却最毒，笑里藏刀，口蜜腹剑。一年之后，言犹在耳，年羹尧即因"自恃己功，显露不敬之意"遭斥革，雍正三年底，罗织九十二款罪状，责令自裁。同时隆科多也被革去太保、公爵，雍正五年，又因私藏玉牒罪被禁锢至死。雍正的继统如果有不可告人的秘密，除了已被剪除的诸皇子外，可担心的就是年羹尧和隆科多，他们完全掌握了雍正的隐私，这可能是他们突然失宠、遭到杀身之祸的原因。

如果雍正出于矫诏篡立，又用残酷手段处置了诸兄弟，那就不能不受良心的谴责。后来乾隆说：胤禩、胤禟"觊觎窥窃，诚所不免，及皇考绍登大宝，怨尤诽谤，亦情事所有，特未有显然悖逆之迹。皇考晚年屡向朕谕及，愀然不乐，意颇悔之"②。这是不是透露

① 转引自孟森：《明清史论著集刊》下册，549、554页。

② 《清史稿》卷二二〇，《允禩》。

了雍正内心的愧恧不安呢？他的举动也很反常，他口口声声说自己是最受康熙爱重的孝顺儿子，即位以后，似乎害怕和回避康熙的亡灵。康熙住在畅春园，这是规模最大、富丽堂皇的皇家园林，雍正弃而不用，另营新居，花钱扩建圆明园，作为自己起居的行宫。康熙经常去热河避暑山庄，一年几乎有四五个月在那里活动，行围打猎，练兵习武，接待蒙古王公，雍正先前也常陪侍往热河，但他即位以后的十三年，一次也没有去过避暑山庄。顺治、康熙的陵墓都在北京以东遵化马兰峪，此处形势雄峻，地面宽阔，雍正偏要换个地方，到北京西南易县去另建西陵，仿佛在故意躲着康熙。这是否全是无意义的巧合？须知：尽管雍正本人雄才大略，很有识见，但头脑中有浓重的迷信思想。他说："鬼神之事，即天地之理，不可以偶忽也。凡小而丘陵，大而川岳，莫不有神焉主之，故皆当敬信而尊事"①。"朕于天人感应之际，信之甚笃，知之甚明"②。一个相信天命鬼神的人如果做了对不起父亲和兄弟的罪行，那就会心中有鬼，无论起居、娱乐、埋葬的地方都要远远地躲开他的父亲。这虽然算不得篡立的直接证据，但如有其他证据，也不失为一个旁证。

雍正的继位存在很多疑点，可能出于矫诏篡立。我们这样说并不是要抹杀雍正的历史作用。应该说：统治阶级的相互残杀是经常发生的，一个很英明的君主也往往要用阴谋手段和残酷斗争来为自己开辟道路，雍正并不是个例外。但作为一个最高统治者，他具有杰出的统治才能，勤于政务，洞悉世情，办事认真，御下严格，以雷厉风行的姿态纠正了康熙晚年吏治疲沓、贪污公行的弊端，结束了皇族内部的长期争夺。他在西北用兵并在西南实行"改土归流"，保证了喀尔喀蒙古、西藏、青海、云贵、四川的安宁，巩固了国家的统一。他整顿财政、清查钱粮，实行"地丁合一"、"耗羡归公"等政策，有利于经济发展、政治安定。雍正统治十三年，时间不算很长，却是清朝统治的重要时期，他继承和发扬了康熙的政绩，促进了我国封建后期的经济、政治和文化，为以后的乾隆"盛世"打下了基础。

---

① 《东华录》雍正朝卷五，雍正二年八月。

② 《东华录》雍正朝卷二十四，雍正十二年正月。

第九章　沙俄早期对中国的侵略和中国各族人民的反侵略斗争

第一节　沙俄武装入侵我国东北

一、波雅科夫、哈巴罗夫入侵我国东北

十七世纪，满族崛起于东北，建立清王朝，并入关夺取了对全国的统治权。这时候，世界上正值早期殖民主义势力猖獗、大肆扩张，许多国家和民族惨遭劫掠、奴役和蹂躏。葡萄牙、西班牙、荷兰、英国、法国接踵来到了中国的东南沿海，沙皇俄国也窜到中国的北部和东北边疆。早期的殖民主义势力，像一把钳子一样从南北两个方面钳住了中国。清王朝，从它建立了全国的统治时候起，就遇到了复杂而棘手的和西方国家的矛盾，面临着中国历代王朝从未经历过的险恶的国际形势。特别是沙皇俄国武装入侵我国东北地区，在黑龙江流域长期进行劫掠骚扰，侵犯了中国的领土完整，破坏了中国边疆各族居民的和平生活，也威胁到了清朝政府的统治。中国各族人民和清政府不得不增强防御，对俄国侵略势力进行自卫反击。

俄国是一个欧洲国家，原来的疆界远在乌拉尔山以西，和中国相距万里，并不接壤。十五世纪末到十六世纪初，俄罗斯在莫斯科公国的基础上形成统一的国家，逐步向外扩张。一五五二年（明嘉靖三十一年），俄国首先吞并喀山汗国，一五五六年（明嘉靖三十五年），征服阿斯特拉罕汗国，侵占了整个伏尔加河流域。十六世纪末，以冒险家叶尔马克为首的哥萨克队伍，在沙皇政府和富商斯特罗干诺夫家族的支持下，越过了乌拉尔山，侵入西比尔汗国。十七

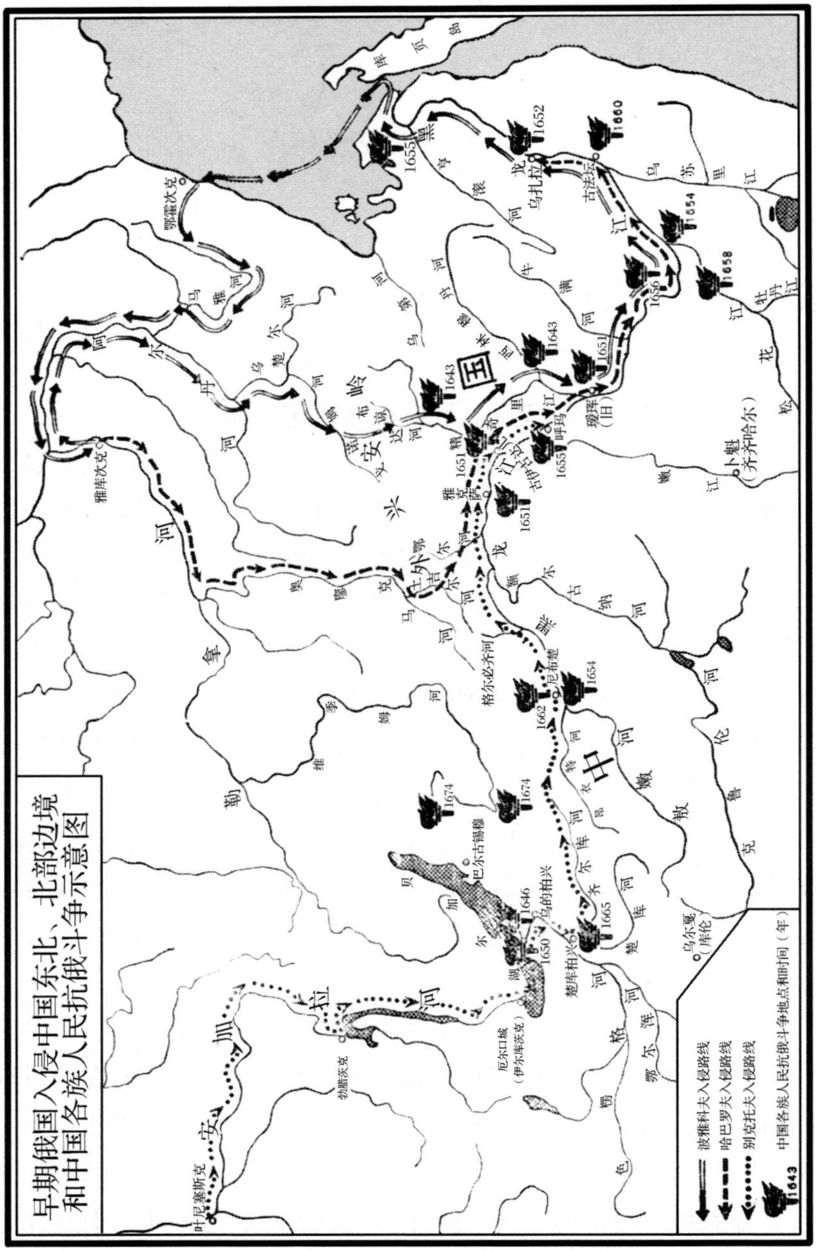

早期俄国入侵中国东北、北部边境和中国各族人民抗俄斗争示意图

世纪初，俄国军队从鄂毕河推进到叶尼塞河，一六一九年（明万历四十七年，后金天命四年）建立叶尼塞斯克；接着又向勒拿河推进。《苏联通史》的作者写道：“一群一群想发财的人，几乎是同时从叶尼塞斯克和曼加捷亚两方面向勒拿河奔去。他们进攻住在勒拿河畔的雅库梯人，夺取他们的皮货与牲畜，俘虏妇女和小孩。叶尼塞斯克及曼加捷亚的军役人员不仅接二连三地抢劫居民，并且彼此也常为劫掠物而战斗。”①

俄国向东方扩张的速度十分迅速，从十六世纪下半叶越过乌拉尔山以后，仅仅几十年的时间，就一直到了鄂霍次克海，在辽阔的西伯利亚土地上陆续建立起稀疏的侵略据点，到十七世纪的三十年代就逼近中国的东北边境。

一六三六年（明崇祯九年，清崇德元年），一队在阿尔丹河上建立据点的俄国哥萨克第一次听到了有关黑龙江的消息。一六四三年（明崇祯十六年，清崇德八年），雅库次克督军戈洛文派出以文书官瓦西里·波雅科夫为首的一支远征军，共一百三十三人，携带枪支弹药向黑龙江窜犯。他们在这年冬天跨越外兴安岭侵入中国国境，由于他们缺乏粮食，在冰天雪地中行走，情况十分狼狈，一直走到乌姆列坎河口才找到我国达斡尔族居民的村庄。当地居民以好客的态度接待了这批不速之客，送给他们食物并介绍了情况，告诉他们这里的居民向中国皇帝交纳赋税，皇帝是个“伟大的人”②，治下人口众多，每年两三次派兵到这里来巡逻。

尽管他们明知已经深入中国国境，尽管当地居民殷勤地招待了他们，但这帮侵略者探知西里姆底河口的达斡尔人村庄贮存粮食之后，就派出一个分队前去抢劫。他们抓住前来迎接的人作为人质，并企图冲进村庄。达斡尔人民为了保卫祖国的领土和自己的家园，用简陋的武器和侵略者作战，打死了十名侵略军。

一六四三年的整个冬天，精奇里江上的达斡尔族人民对俄国侵略者进行了英勇的战斗。俄国强盗大肆屠杀劫掠，甚至兽性大发，

① ［苏］潘克拉托娃主编：《苏联通史》，第一卷，253页，莫斯科，1955。

② ［英］拉文斯坦：《俄国人在黑龙江上》，英文版，11页，伦敦，1861。

吃起人肉来。据波雅科夫的同伙回到俄国后所写的报告中说："波雅科夫把他们（俄国哥萨克）赶出据点，命令他们吃被杀的当地居民的尸体。"① 根据他的命令，这年冬天一共吃了五十个人。一六四四年（清顺治元年）春，波雅科夫等窜往黑龙江下游，一路上烧杀抢劫，无恶不作，直到一六四六年（清顺治三年），才取道鄂霍次克海返回雅库次克。波雅科夫等在黑龙江上骚扰达三年之久，在中国各族人民的打击下，全队一百三十三人，只有五十三人生还俄国。

波雅科夫用自己的残暴行径写下了沙皇俄国侵华历史的第一章。一个外国学者写下了这样的评语："波雅科夫的行动，给人的印象是如此深刻和如此可怕，以致阿穆尔河上的居民，只要一说'哥萨克来了'，便足以使他们在脑海里浮现出一幅酷刑、绑架、死亡和吃人生番的图景"，"中国的税吏不管有多大的弊病，但是他们从来没有像俄国人那样对当地居民犯下惨无人道的罪行。如果让黑龙江的居民自由选择愿意做哪一个国家的臣民，他们将毫不犹豫地对中国保持忠诚"②。

一六四九年（清顺治六年），沙皇俄国又对我国东北地区发动了第二次武装入侵。这次侵略活动是由叶罗菲·哈巴罗夫组织和指挥的。一六五〇年（清顺治七年）一月，哈巴罗夫率领七十名哥萨克越过外兴安岭，侵入我国国境，窜到雅克萨以西。这一带是我国达斡尔族首领拉夫凯的辖区。当地居民探知俄国强盗即将到来，已经全部坚壁清野疏散了。哈巴罗夫扑了一个空，搜索了三个村庄，阒无一人。当他们在村庄中搜索的时候，拉夫凯亲自来侦察，和哈巴罗夫会面。哈巴罗夫用尽欺骗和威胁的手段，一面说是来做买卖的，一面又荒谬地要达斡尔人向俄国纳税，接受沙皇的保护。拉夫凯断然拒绝了这种侵略要求，对哈巴罗夫说："你骗谁呢？我们是了解你们这帮哥萨克的……你们想把我们所有的人都杀死，抢走牲口，绑架我们的妻子儿女"③。拉夫凯还说，达斡尔人"早已向博克多汗

① 弗纳德斯基主编：《俄国历史资料集》，第一卷，269页，美国，耶鲁大学，1972。

② ［美］戈尔德：《俄国在太平洋的扩张（1641—1850）》，英文版，40、38页，克利夫兰，1914。

③ ［俄］瓦西里耶夫：《外贝加尔哥萨克史纲》，俄文版，第一卷，65页，赤塔，1916。

(即清朝皇帝)交纳贡税,手里已经没有貂皮了"①。说完这些话,拉夫凯率领从人飞驰而去。哈巴罗夫等到了第四个村庄,抓住了一个达斡尔族的老大娘。哈巴罗夫用拷打和火炙的酷刑要她说出达斡尔人的去向。老大娘说,达斡尔人就在前面不远,将打击侵略者,而达斡尔人的后面还有强大无比的博克多汗。

哈巴罗夫看到中国人民已有准备,自己力量单薄,决定回雅库次克求援。他搜刮了粮食,放火烧了村庄,匆匆回到雅库次克,向雅库次克督军作了汇报。哈巴罗夫招募了一百一十七人的队伍,雅库次克督军又拨了二十名哥萨克火枪手。哈巴罗夫再次出发前,督军法兰次别科夫给了他一道训令,训令说:

> 要博克多汗(指清朝皇帝)率领他的氏族、部落和全体的人接受全俄沙皇阿列克塞·米哈伊洛维奇大公的统治,永远做奴隶……博克多汗本人和他的同族应当向沙皇进贡金银、宝石和刺绣织物……
>
> 如果博克多汗和他的氏族、部落、全体的人不服从沙皇,不向沙皇交纳实物税和交出人质,那么,叶罗菲(即哈巴罗夫)应当率领军役人员和猎手去秘密地用战争镇压他们……把他们统统杀死、绞死、毁灭掉,打到最后,把他们的妻子、儿女抓起来当俘虏。②

哈巴罗夫带着这道训令于一六五一年(清顺治八年)初再次窜到我国黑龙江上。他首先进攻雅克萨,侵占了这个战略重地。同年六月哈巴罗夫向黑龙江中下游窜犯,在古伊古达儿村进行了骇人听闻的大屠杀。

古伊古达儿村"大约住有一千人,包括妇女、儿童和一些满族人"。"那一整个夏夜,俄国人的大炮轰击村屯的土墙,打开大的缺口,震恐了那些从来没有见过炮火的妇女和儿童。清晨,两个村屯的土墙已成废墟,受惊的居民挤到第三个村,也是最后一个村的土墙后面,但很快也被轰坍。居民们薄弱的抵抗已经停止,想要逃走,

---

① [俄]瓦西里耶夫:《外贝加尔哥萨克史纲》,俄文版,第一卷,65页,赤塔,1916。

② [俄]齐赫文斯基主编:《十七世纪俄中关系》,第一卷,第五十六号文件,莫斯科,1969。

但时间太晚了，敌人已在眼前。一整夜的战斗激起了哥萨克们嗜血的兽性，他们的喊杀声湮没在儿童和妇女的哭声中，儿童和妇女被沾满着他们父亲、丈夫和兄弟鲜血的哥萨克们的双手所屠杀或擒捉。听听哈巴罗夫的'胜利'的歌声：'靠上帝保佑，托沙皇的福，我们把俘虏来的达斡尔人全部砍下脑袋。在激烈战斗时，有四百二十七个达斡尔大人和小孩被杀。所有在集会的达斡尔人，所有参加猛攻和战斗的达斡尔人全被杀死，杀死了大人和小孩六百六十一人……托皇上的福，我们攻下了这个村屯，有牲畜，还有俘虏，抓到的妇女俘虏：年老的、年轻的和小姑娘，共有二百四十三人，俘虏小孩一百一十八人；我们从达斡尔人那里夺得马匹，大小二百三十七匹，夺得牛羊牲畜一百一十三头'"①。

哈巴罗夫的下一个目标是精奇里江口的多伦禅屯，这是这一带最富庶的村庄。屯长是多伦禅和他的两个兄弟托因奇、乌穆奇。多伦禅是清朝额驸巴尔达齐的亲属。哈巴罗夫为了防止中国居民及时疏散，采取了远道奔袭的手段。一六五一年八月的一个傍晚，俄国强盗突然冲进了村子。一场力量悬殊的战斗开始了。多伦禅领导居民赤手空拳进行抵抗。许多村民被屠杀，多伦禅和托因奇力竭被俘。俄国侵略者抓住了二百七十个中国人。哈巴罗夫要他们臣服沙皇，向他们勒索貂皮。沙俄侵略军把居民圈禁在村子里，把多伦禅、托因奇监禁起来作为人质。

中国人民不愿意做牛马，当奴隶。一六五一年九月十三日凌晨，当哥萨克还在睡梦中，整个村子的人集体逃出了虎口。哈巴罗夫对多伦禅等进行严刑拷打，逼问居民的去向。多伦禅等表现了大无畏的英雄气概，回答说，"既然我们已经落到你们手中，宁肯让我们死，决不能让我们的人灭亡"②，"砍掉我们的头吧！我们视死如归！"③ 最后，多伦禅被侵略者绑架带走，托因奇则拔刀自尽，他们

---

① ［美］戈尔德：《俄国在太平洋的扩张（1641—1850）》，59页。

② 佛拉迪米尔：《俄国在太平洋上和西伯利亚铁路》，英文版，105页，伦敦，1899。

③ ［俄］瓦西里耶夫：《外贝加尔哥萨克史纲》，第一卷，76页。

为祖国和人民受尽折磨，献出了生命。

哈巴罗夫沿着黑龙江继续下窜。一六五一年十月，来到乌扎拉村（在伯力以东六百余里，今苏联境内宏加力河口），在这里休整过冬。这一带是我国赫哲族（亦称阿枪人、纳特克人）居住的地区，赫哲人一方面以简陋的武器抵抗俄国侵略者；一方面派人向驻守宁古塔的清军报警。当时清军主力已经入关，东北只有少数部队留守。但是边境上发生了这样严重的入侵事件，当然不能置之不理。在得到盛京方面的命令以后，宁古塔的驻军立即出动。可是，宁古塔驻军将领大大低估了俄国入侵的严重性，以为仅仅是少数匪徒的胡作非为。对敌情的估计不足，招致了初期战斗的失利。

宁古塔章京海色率领六百名士兵前往乌扎拉村，赶来助战的有黑龙江流域的各族居民，"五百名达斡尔人，四百二十名从满泾站来的人，一百零五名从松花江来的杜切尔人"①。一六五二年（清顺治九年）四月三日黎明，当侵略者还在睡觉的时候，中国军民逼近乌扎拉村。但是海色不是采取掩袭的方法，而是在老远就放炮鸣枪，把敌人从梦中惊醒。战斗开始后，由于清军和各族人民英勇杀敌，突破了敌人的堡墙，冲进营地，把二百多个沙俄侵略者压缩成一团。就在这转眼即可全歼敌人的关键时刻，海色却发出了荒谬的命令：对沙俄侵略者只能生俘，不能击杀。这就缚住了清军自己的手脚，不能放手消灭敌人，结果转胜为败，战斗失利，清军从乌扎拉村撤退。

虽然初战失利，但是战士们的鲜血没有白流，中国军民的联合反击，使俄国侵略者胆战心惊，哈巴罗夫不敢再往前走，急忙向黑龙江上游撤退。在撤退中，又遭到清军和沿江各族人民的袭击，俄国侵略者坐立不宁，一夕数惊，内部士气低落，发生哗变，陷于进退两难的窘境。一六五二年八月，哈巴罗夫在给雅库次克督军的呈文中哀叹："我们不知道怎样过冬，不敢呆在吉雅河口（精奇里江口）或松花江口的达斡利亚土地上……不可能征服当地居民，这里

① 《哈巴罗夫呈文（一六五二年八月）》，转引自列别吉夫等编：《苏联历史文选》，第一卷。

人很多，他们有武器。但是，没有得到君主的命令，我们也不敢离开阿穆尔河。”①

哈巴罗夫正在窘急的时候，沙皇给他派来了增援部队，并把哈巴罗夫调回莫斯科去报捷领赏。为了嘉奖他侵略扩张的功劳，沙皇赐哈巴罗夫以贵族称号及大片田产，从此，这个侵略中国的急先锋被沙皇的御用文人吹捧成“开发新土地”的英雄。

二、斯捷潘诺夫侵略军的覆灭

哈巴罗夫回国以后，他的侵略军仍留在黑龙江上，由斯捷潘诺夫接任指挥。

斯捷潘诺夫率领几百个哥萨克，在中国境内骚扰横行，无恶不作。中国军队和中国各族人民，保家卫国，和沙俄侵略军展开了浴血战斗。一六五三年（清顺治十年），清政府设立宁古塔昂邦章京，任命沙尔虎达为第一任昂邦章京，以抗击俄国侵略，保卫边境安宁。

一六五四年（清顺治十一年），沙尔虎达率领满兵三百、虎尔哈兵三百和前来助战的朝鲜兵一百，前往松花江口，与斯捷潘诺夫所率三百七十名俄国侵略军遭遇。俄军倚仗着船大枪多，猖狂地向清军和朝鲜军队寻战。清军和朝军利用地形，设置埋伏，引诱俄军登陆，狠狠进行反击。俄军战败，气焰低落，狼狈逃跑。据斯捷潘诺夫自己说：“许多军役人员（指俄军）受了伤，他们已经不能同博克多人（指中国人）作战了”②。

一六五五年（清顺治十二年）初，清政府“命固山额真明安达理统率官属兵丁，往征罗刹于黑龙江”③。斯捷潘诺夫侵略军龟缩在呼玛尔城内，利用坚固的工事和精利的武器进行顽抗，清军攻城，战斗十天，未能攻克呼玛尔。清军由于大部队作战，长途进军，携带粮食不足，不能持久作战，只得退却。史籍中记载：“（顺治）十

---

① 转引自弗纳德斯基主编：《俄国历史资料集》，第一卷，272页。

② ［俄］齐赫文斯基主编：《十七世纪俄中关系》，第一卷，第七十五号文件，《斯捷潘诺夫致雅库次克督军的报告》。

③ 《清世祖实录》卷八七，一八页。

二年，尚书都统明安达礼（理），自京师往讨，进抵呼玛尔诸处，攻其城，颇有斩获，旋以饷匮班师。”①

除斯捷潘诺夫的正规部队外，还有许多俄国匪徒窜入我国境内，到处烧杀掳掠。他们同样遭到了中国人民的抵抗和打击。以索罗金兄弟三人为首的侵略者共有三百人，于一六五五年窜到中国境内，在松花江口和我国虎尔哈人发生了战斗，侵略强盗全部被歼。据俄国历史学者斯洛夫佐夫说：俄国人“十年期间，到阿穆尔河（即黑龙江）去的不下一千五百人，但都在那里死掉了”②。

一六五八年（清顺治十五年）七月十日，斯捷潘诺夫带领五百名哥萨克窜到松花江上。沙尔虎达率清军分乘四十七只小船，在松花江和牡丹江的会流处严阵以待，另有朝鲜兵二百六十人赶来助战。俄国侵略者陷入重围，顿时大乱，一百八十名侵略者脱离大队往回路逃窜。斯捷潘诺夫和三百多侵略者已无法脱身。经过一场鏖战，二百七十多个侵略军被打死或活捉，漏网四十七人，侵略军的头子斯捷潘诺夫被击毙，缴获船上赃物貂皮三千零八十张。中国史籍记载：“镇守宁古塔昂邦章京沙尔虎达等疏报：击败罗刹兵，获其人口、甲杖等物。命兵部察叙，以所俘获，分赐有功将士。”③ 一六五九年（清顺治十六年），沙尔虎达去世，其子巴海继任宁古塔昂邦章京。一六六〇年（清顺治十七年），清军在巴海率领下又在黑龙江进行扫荡，肃清了中下游的俄国侵略军残部。

三、尼果赖出使中国和俄国的进一步侵略扩张

斯捷潘诺夫侵略军被消灭，但斗争并没有结束，俄国侵略军并没有完全撤出中国领土，他们仍窃据着黑龙江上游（石勒喀河）的尼布楚城，等待援军，窥测时机，蠢蠢欲动。一六六五年（清康熙四年），有一伙俄国侵略军重占了雅克萨。俄军在尼布楚和雅克萨建筑寨堡，设置工事，勒索贡税，绑架人质，建立殖民农庄，奴

① 《平定罗刹方略》卷一。
② ［俄］瓦里西耶夫：《外贝加尔哥萨克史纲》，第一卷，101页。
③ 《清世祖实录》卷一一九，四页。

役和镇压当地的中国各族居民，并不断向黑龙江中下游进行骚扰、扩张。

俄国政府为了配合在黑龙江上的武装侵略活动，曾多次派外交使节前来中国，收集情报，刺探消息，向清政府提出种种无理要求，进行恫吓讹诈。一六五六年（清顺治十三年）巴伊可夫使团来到北京，当时，斯捷潘诺夫一伙正在黑龙江上横行作恶，清政府官员对巴伊可夫说："你作为使节到这里来，可是哥萨克却在向我们作战。"① 巴伊可夫无言可对。一六七〇年（清康熙九年），俄国又派米洛瓦诺夫等来到北京，荒谬地要求康熙皇帝向老沙皇称臣纳贡，它给清朝政府的文件中声称："俄皇阿列克歇伊·密哈依洛维赤陛下，皇威远届，已有多国君主归依大皇帝陛下最高统治之下……彼中国皇帝亦应尽力求得俄皇陛下之恩惠……阿列克歇伊·密哈依洛维赤陛下必将爱护中国皇帝于其皇恩浩荡之中，并保护之使免于敌人之侵害，彼中国皇帝可独得归依大君主陛下，处于俄皇陛下最高统治之下，永久不渝，并向大君主纳入贡赋"②。这个文件充分地暴露了老沙皇企图并吞中国的野心。

一六七六年（清康熙十五年），俄国政府又派尼果赖使团来到北京。清政府隆重接待了俄国使团，康熙两次接见，希望和俄国使团谈判解决中俄边界的争端。可是，尼果赖以上国钦差自居，态度骄横，咄咄逼人。清朝官员要求俄军停止入侵中国，"嗣后勿于边界地方侵扰，若能如此，两国方能修好，派使交易"③。尼果赖却装聋作哑，推诿抵赖，假装对俄军入侵中国的活动毫无所知，拒绝谈判边界问题，并且吹嘘沙俄的强大，对清政府进行恫吓，说什么"沙皇是天上的太阳，照亮了月亮和所有的星星。沙皇的恩德不但荫庇了俄国的臣民，而且任何国家的君主都受沙皇的荫庇，好像星星受太阳的照耀一样"④，无理要求清政府每年运送四万斤银子

① ［英］巴德利：《俄国、蒙古、中国》，第二卷，339页。

② 《故宫俄文史料（清康乾间俄国来文原档）》，267页，北京，故宫博物院，1936。

③ 《理藩院为俄使尼果赖呈递国书及会谈经过情形送内阁抄奏咨文》，康熙十五年七月初一日，故宫博物院明清档案部藏。

④ ［英］巴德利：《俄国、蒙古、中国》，第二卷，296页。

和大批丝绸、宝物到俄国去，还勾结在北京的耶稣会传教士，窃取大量情报。

尼果赖的傲慢无礼和撒谎哄骗引起清政府的疑虑和不信任。清政府官员在和尼果赖谈判之后认为，“来使之言及察罕汗（指沙皇）奏文内，虽有修好之意，亦不可相信。如此可疑之处，甚为明显”，“尼果赖之言，俱不可信”①。后来，康熙帝也说：“从前尔国尼果赖到中国时，行止悖戾”②。尽管这样，清政府还是希望尼果赖回国之后能够向沙皇转达自己的要求，停止俄军对中国的入侵，保持边界的和平。

事实上，清政府的愿望完全落了空，沙皇政府派出尼果赖使团并不是为了和中国谋求和平，而恰恰是为了配合武装侵略，窥探中国的虚实，以便部署进一步的侵略活动。当时，中国正发生吴三桂等发动的“三藩”叛乱，清政府以全力和叛军作战，尼果赖向沙皇报告了中国国内动荡的局势，说“如果达斡里亚地区（指贝加尔湖以东，包括整个黑龙江流域）现在有两千名陛下的正规军，那么，不仅达斡里亚地区，而且中国长城以外的所有土地都可能臣服于陛下的统治”③。尼果赖回国时，途经嫩江、呼伦贝尔，他对中国广大肥沃的土地垂涎三尺，命令尼布楚的俄军“在额尔古纳河或海拉尔河上建立一个城堡，那么在尼布楚和嫩江之间的居民都可以臣服于俄国”④。

就在尼果赖出使中国的这一年，俄国在黑龙江上的侵略活动更为加紧。俄国政府派许多哥萨克，调拨了大批枪炮、物资到尼布楚、雅克萨，以加强侵略力量，并命令俄军分路四出，向中国内地蚕食扩张，正像一个俄国历史学家所说：“一六七六年是在东西伯利亚推行积极政策的开始。”⑤

---

① 《理藩院为俄使尼果赖呈递国书及会谈经过情形送内阁抄奏咨文》，康熙十五年七月初一日，故宫博物院明清档案部藏。

② 图理琛：《异域录》。

③ ［英］巴德利：《俄国、蒙古、中国》，第二卷，257页。

④ 同上书，420页。

⑤ ［俄］瓦西里耶夫：《外贝加尔哥萨克史纲》，第一卷，146页。

从一六七六年到一六八二年（清康熙二十一年），俄军分路推进，到达黑龙江的各条支流上，建立寨堡，设置据点，强征贡税，迫害中国的各族居民。一六七六年在葛篓河（即古里河，明代曾设古里河卫）上设侵略据点；一六七八年（清康熙十七年）在精奇里江上游，建立结雅斯克堡；一六七九年（清康熙十八年）又在西林穆丹河上建立西林穆宾斯克，在精奇里江口建立多伦禅（俄人称多伦斯克）；一六八一年（清康熙二十年）在额尔古纳河上建立额尔古纳堡，劫持当地中国居民首领阿里汗和巴久汗作为人质，强征贡税，并在这里勘察和开采银矿；一六八二年，雅克萨俄军当局又派出大批哥萨克，窜扰黑龙江下游，“他们遇到近三百名那脱基人和基立亚克人（即中国的赫哲族和费雅喀族），他们打败了这些人，并把这些人的东西一抢而光”①。俄军在黑龙江下游及沿海一带建立了杜吉根斯克、乌第斯克、图古尔斯克、聂米伦斯克等侵略据点。俄军的侵略魔爪，越伸越远，就像中国史籍中所说，“恃雅克萨城为巢穴……数扰索伦、赫真、斐雅喀、奇勒尔居民，掠夺人口，俾不得宁处”，“深入内地，纵掠民间子女，构乱不休”②，“梭伦（索伦）时被其害，子女参貂，抢掳殆尽”③。清朝官员屡次劝说阻拦，要求俄军停止侵略，一六八一年康熙特派大理寺卿明爱前往卜魁（今齐齐哈尔），向雅克萨俄军当局交涉，要求拆除俄军所建寨堡。清朝官员警告俄方，“多伦禅原系我地，尔等造庐舍令人居住，殊为不合。尔等应徙尔人，如不徙，则边境起争，我以众力，必驱尔徙，彼时悔无及矣”④。

可是，不断的交涉、劝说，多次的警告、抗议都无济于事，俄军不但置若罔闻，而且侵略活动更变本加厉。清政府忍无可忍，为了保卫国家的领土完整和人民生命财产的安全，不得不做好自卫反击的准备，一场反侵略战争已经是不可避免的了。

---

① ［俄］帕尔申：《外贝加尔边区纪行》下篇，第四章，莫斯科，1844。

② 《平定罗刹方略》卷一、卷二。

③ 刘献廷：《广阳杂记》卷二。

④ 《命遣大臣宣谕罗刹退还侵地探彼情形》，康熙二十年五月十一日，故宫博物院明清档案馆藏。

第二节　雅克萨战争和《中俄尼布楚条约》

一、第一次雅克萨战争

沙俄侵占东北边境，侵犯了中国的领土、主权，威胁了中国人民的安全和清朝的统治，而且黑龙江流域是满族的故乡，是清朝的发祥地，清王朝自然不能容忍俄军侵占这里，驱逐俄军，收复失地是清朝统治者的强烈愿望。康熙说："朕十三岁亲政之后（康熙亲政在一六六七年，即康熙六年），即留意于此（指俄国侵占黑龙江流域），细访其土地形胜、道路远近及人物性情"①。可见康熙早已看出来自沙俄的侵略势力不可低估，即位后即密切注意着东北的边防，他的抵抗侵略的决心是不可动摇的。但是，在入关以后很长的时间内，清政府正集中全力，争夺对全国的统治，不可能用很多力量去顾及黑龙江的防务。直到一六八一年（清康熙二十年）平定"三藩"叛乱之后，才把注意力集中到东北，作武装驱逐侵略者的准备。

清政府奉行的方针是军事斗争、外交谈判和充实边防三者并举。清政府在和俄国长期交涉的过程中逐渐地懂得：没有强大的武装，不建立巩固的边防，不经过激烈的战争，不可能劝说俄军放弃侵略，撤出中国领土。同时，清政府也懂得：中俄两国都是封建大国，不可能用军事力量彼此压服，只有通过和平谈判，商定两国都可以接受的边界线，才能有边境上的安定，才能保持长期的和平。所以军事斗争的结果还是要举行谈判，用兵的目的是为了自卫，为了求得比较公正的和平。正像一个美国历史学家所说："康熙不想征服俄国，而是要向俄国表明：自己有力量和俄国进行谈判解决"②。

康熙总结了我国军民三十多年来和俄国侵略者进行斗争的经验，制定了周密的计划，进行了细致的准备工作。一六八二年（清康熙二十一年），即平定"三藩"之乱的第二年，康熙在四月到盛京（沈

① 《清圣祖实录》卷一二一，一一页。

② ［美］曼考尔：《俄国和中国》，115页，美国，哈佛大学，1971。

阳）谒陵后，由抚顺、兴京、哈达城（今西丰），出柳条边，五月到船厂（或称吉林乌喇，即今吉林市），航行于松花江上，亲自视察边防情况。同年九月康熙派副都统郎谈、公彭春率领几百人，以捕鹿为名，到雅克萨附近侦察地理形势和水陆交通。一六八三年（清康熙二十二年）一月，郎谈等回到北京报告，“攻取罗刹甚易，发兵三千足矣”①，并建议立即行动。康熙没有同意这种单纯从军事上考虑的意见，认为必须作更充分的准备，先在黑龙江（即瑷珲）和呼玛尔两地建城驻兵，贮存粮食，修造船只，筹划屯田，开辟驿路，以求战而能胜，胜而能守。

一六八三年夏天，第一批乌喇宁古塔官兵一千人在副都统萨布素率领下到达瑷珲。一六八四年（清康熙二十三年）秋，又有乌喇宁古塔官兵及增派的达斡尔官兵一千人携带家属到黑龙江屯田驻守。这两批军队共两千人，是守卫边境、对俄作战的主力。一六八三年冬，为了协同作战，从北京派兵五六百人往黑龙江。一六八五年（清康熙二十四年）初，为了对付俄国的火枪，又调安插在山东、山西、河南的福建藤牌兵四百二十人到前线。这两批军队共一千人，参加战斗后即撤回原地。

清军到达瑷珲，即在黑龙江东岸古城的废墟上建立城堡，城名黑龙江，设将军驻守，萨布素任第一任黑龙江将军。又在当地屯田，“康熙二十四年，分盛京官兵至黑龙江垦地一千五百余晌”②，并派人教导不习农事的达斡尔、索伦族，得到了“课耕有法，禾稼大收”③ 的成绩。为了保证驻守黑龙江的士兵的粮食供应，还从科尔沁十旗、锡伯、乌喇官屯征集粮食一万二千石，备三年之需，又派人在索伦族居住地区购买牛羊牲畜。

要向雅克萨进军，需要大批战船和运输船。清政府积极准备木料，调集工匠，在吉林设厂，大规模造船。特派户部尚书伊桑阿监督，造成各种类型的船只，征调士兵、奴仆和流放的罪犯充当水手。

---

① 《清圣祖实录》卷一〇六，二三页。

② 《盛京通志》卷二四，田赋。

③ 西清：《黑龙江外纪》。

并从盛京（沈阳）到黑龙江（瑷珲）之间组织分段运输，这条运输线路长达五千里，经辽河、松花江、黑龙江，设防兵，招夫役，浚河道，设粮仓，派人在各段实地勘察道路远近和水流深浅，确定所造船只的大小和运载量。还在通州到瀛台之间，装米行船，作了试验性的航行。此外，又从乌喇到瑷珲开辟了一千三百四十里的新驿路，中途设十九个驿站，以传递公文、军情。

清军进驻黑龙江，首先着手清扫俄军在黑龙江中下游设置的侵略据点。一六八三年七月，萨布素部下索伦族军官博克率领的前锋部队，进至精奇里江口，遇到了从雅克萨窜来的六十六名俄国侵略军，这批侵略军由梅利尼克率领，准备袭扰黑龙江下游。清军在当地人民的协助下，包围了俄国侵略军，除少数人跳水逃命外，梅利尼克率大部分人缴械投降。驻在多伦禅和西里姆宾斯克据点中的俄军，得知清军出动后，撤出据点逃走了。在精奇里江上游新泽斯克据点中的俄军，没有得到清军出动的消息，被清军包围，很快也投降了。

东北地区的中国各族人民也纷纷拿起武器，展开斗争，狠狠地打击沙俄侵略者。牛满河上的奇勒尔族奚鲁噶奴等打死俄军十余人；精奇里江上的鄂伦春族朱尔铿格等也击毙许多侵略军；黑龙江下游的费雅喀族和奇勒尔族，与俄军展开激烈战斗，“击杀罗刹甚众”①，俄军从鄂霍次克海赶来增援，费雅喀族人民也向清军求援，清将鄂罗舜率兵三百，冒着冰雪严寒赶去支援，与俄军战于恒滚河口，俄军战败，有的弃械投降，有的向鄂霍次克海逃走。清军在当地人民的配合下拔除了许多侵略据点，收复了大片中国领土。

清政府并不是单纯采取军事手段，每次战斗都先礼后兵，派人进行政治劝说，表明只要俄军停止侵略，就愿意和俄国保持和平。并且，优待被俘的俄国官兵，要求“所司加意赡养，时其饮食，毋得缺乏，以示轸恤之意”②。一六八四年，让俄俘携带中国政府咨文前往雅克萨，咨文内抄录康熙的谕旨，仍希望俄兵撤离中国的领土，免兴干戈。其中说：“今雅克萨、尼布潮（楚）罗刹等若改前过，急

① 《平定罗刹方略》卷一。

② 《清圣祖实录》卷一一一，七页。

回本地，则两相无事，于彼为益不浅。倘犹执迷不悟，留我边疆，彼时必致天讨，难免诛罚”①。但是，许多次劝说、警告并未生效，单方面的和平意愿并没有能使侵略者放下屠刀，清政府除了用武力驱逐侵略者以外，已经没有其他选择了。

一六八五年一月，康熙派都统公瓦山等赴黑龙江和萨布素等会议，决定春暖后发兵收复雅克萨。康熙发布谕旨：“兵非善事，不得已而用之。向者罗刹无故犯边，收我逋逃，后渐越界而来，扰害索伦、赫哲、飞牙喀、奇勒尔诸地，不遑宁处；剽劫人口，抢掳村庄，攘夺貂皮，肆恶多端。是以屡遣人宣谕，复移文来使，罗刹竟不报命，反深入赫哲、飞牙喀一带，扰害益甚。爰发兵黑龙江，扼其来往之路，罗刹又窃据如故，不送还逋逃，应即剪灭。”同时，再次表示了中国方面的和平意图：“尔等欲相安无事，可速回雅库，于彼为界，捕貂收赋，毋复入内地构乱。归我逋逃，我亦归尔逃来之罗刹。果尔，则界上得以贸易，彼此晏居，兵戈不兴。”②

在大军向雅克萨进发以前，清政府又作了一次和平努力，由康熙皇帝直接给沙皇写信，希望沙皇“迅速撤回雅克萨之罗刹，以雅库等地为界居住。朕即令征讨之大兵停止前进。如此则边界地方可得安宁，而无侵扰之忧，互相贸易遣使，和睦相处”③。这封书信由六个俄俘从喀尔喀蒙古出境，送往俄国。

尽管清政府作了很大努力争取和平解决边界争端，但俄国方面野心不死，准备顽抗到底。俄国政府将黑龙江地区殖民占领的军事指挥机构作了全盘调整，任命熟悉情况并以精悍骁勇著称的弗拉索夫和托尔布津分别担任尼布楚和雅克萨的督军，增调援军、贮存粮食物资、构筑工事、加固城防，准备赖在这里，长期盘踞下去。此外，俄国政府又委派一个普鲁士军官拜顿在托博尔斯克招募哥萨克，编组军队，开到中国来作战。

---

① 《清圣祖实录》卷一一二，五页。

② 《清圣祖实录》卷一一九，六至八页。

③ 《康熙帝为使俄国速撤罗刹，停止滋扰，致察罕汗敕谕》，康熙二十四年三月十七日，故宫博物院明清档案部藏。

一六八五年六月，清军进抵雅克萨，先遣返俄俘费咬多里等三人进雅克萨，带去两件公文，一件是康熙致沙皇的信，一件是清军统帅彭春给雅克萨俄军的咨文，要求俄军撤离中国，对侵略者发出最后警告。六月二十三日清军统帅部移至雅克萨城下和俄方对话，“罗刹负固，出言不逊”①，二十四日，清军列阵，包围雅克萨。二十五日，有一队俄军从黑龙江顺流而下，企图冲进雅克萨，被清军拦截，在江上展开激战，毙伤俄军四十多人。接着，清军架设大炮，向雅克萨猛烈轰击，城内到处起火，俄军伤亡严重，心胆俱裂，走投无路。清军又多次把劝降信射入城内，投降条件十分宽大，俄军只要撤出雅克萨，保证不再重来，就可以保全生命，并允许俄军带走自己的武器和财产。至此，俄军头子托尔布津竖起了降旗，清军准许七百多名俄国人撤出雅克萨，清军把他们送到额尔古纳河口。另有巴什里等四十五名俄兵不愿回国，要求留在中国，随清军回到瑷珲。雅克萨据点内还有一百六十多名被俄军扣押作人质的中国索伦族、巴尔虎族人民，全部获得释放。第一次雅克萨战争以俄军的战败、投降和撤出雅克萨告终。

二、第二次雅克萨战争

托尔布津率领俄军从雅克萨退到了尼布楚，但侵略的野心不死，仍想卷土重来。这时，由拜顿率领的六百名援军到达尼布楚，俄军的力量增加了。同时，他们打听到，清军战胜后已全部撤回瑷珲，并没有在雅克萨留兵驻守。因此，托尔布津和拜顿立即率军重新占据雅克萨，并全力构筑城堡工事，妄图负隅顽抗。

俄军再占雅克萨，清政府就不得不再次出兵。一六八六年（清康熙二十五年）三月，康熙下令：“今罗刹复回雅克萨筑城盘踞，若不速行扑剿，势必积粮坚守，图之不易。其令将军萨布素等……速修船舰，统领乌喇、宁古塔官兵，驰赴黑龙江城（瑷珲）。至日酌留盛京兵镇守，止率所部二千人，攻取雅克萨城”②。七月，萨布素率

① 《八旗通志初集》卷一五三，《郎谈传》。

② 《清圣祖实录》卷一二四，一六页。

清军二千余名进抵雅克萨，先释放俄俘鄂克索木果，令他带信入城，再一次警告俄军："你们又偷偷返回，重建城堡，据守其中。你们还欺凌我方渔民猎户……今我大军已兵临城下，我方决不轻易舍弃，你们对此是一清二楚的。你们将被逐出，无力卷土重来，结局便是如此。"①

在雅克萨据点里的俄国侵略军共有八百多人，已做好顽抗的准备。俄军火器较多，有充足的弹药、粮秣，还有坚固的城防工事。他们频繁地从雅克萨出击，不让清军的炮位和攻城器械逼近城垣。清军除了一些大炮之外，只有火枪五十支，士兵们全用刀矛弓箭作战，杀伤力较小，不利于攻坚，因此未能迅速攻下雅克萨。但清军士气高昂，又有当地各族居民助战，屡次挫败出城搦战的俄军，在战斗开始以后的几天内，就打死了一百多个侵略军，俄军头子托尔布津也中炮毙命。

清军和俄军在雅克萨相持，黑龙江上寒冷的季节很快就来到。清军由于缺少火器，为了避免太大牺牲，停止了强攻，在雅克萨周围筑垒挖壕，团团围困。经过长期的战斗和包围，俄军大多战死病死，八百多俄军最后只剩下六十六人，粮食弹药亦消耗殆尽，尼布楚方面也无力派来援军，困守雅克萨的侵略军只有坐以待毙。

清政府的军事行动虽然取得了很大成功，但是为了求得边界上稳定的和平，清政府仍努力争取和俄国进行谈判。一六八六年九月，清政府委托从北京回国去的荷兰使臣宾显巴志带信给俄国沙皇，建议两国休兵，举行谈判，"仍望察罕汗（沙皇）撤回其属下，以雅库某地为界，各于界内打牲，互相和睦相处"②。又把同样内容的信件，交葡萄牙传教士闵明我带往欧洲，设法转送沙皇。总之，清政府想尽一切办法，争取和俄国谈判解决边界的冲突。一个法国历史学家评论说："发出这些信件，就足以表明中国方面有希望达成谅解的意愿。"③

---

① ［俄］齐赫文斯基主编：《十七世纪俄中关系》，第二卷，769页。

② 《兵部为通告俄国撤回罗刹于雅库立界致察罕汗咨文》，康熙二十五年七月三十日，故宫博物院明清档案部藏。

③ ［法］加恩著、江载华译：《早期中俄关系史》，8页，北京，商务印书馆，1961。

一六八六年十一月，正当雅克萨围城旦夕可下的时候，一批俄国信使，由文纽科夫和法沃罗夫率领，从莫斯科星夜奔驰，来到了北京，路上经历一年之久。原来，俄国政府已知道了雅克萨战争的消息，康熙的几封信件也先后带到了莫斯科，俄国政府知道：中国的自卫反击，将会使自己多年侵略所得的成果化作乌有，因此十分焦急。可是，当时俄国正由彼得一世的姐姐索菲亚公主执政，贵族们争权夺利，统治很不稳定，又在西方连年作战，兵疲财尽，不可能再派大量军队到中国去，困守在雅克萨的俄军眼看有被歼灭的可能。沙俄政府为了缓和远东方面的紧急局势，决定接受清政府的建议，举行边界谈判，并派出了以戈洛文为首的谈判使团。文纽科夫和法沃罗夫奉俄国政府之命，先期赶到北京，递送沙皇给康熙的书信，要求清政府停止攻打雅克萨，等待戈洛文使团到达，进行谈判。

清政府表现了极大的和平诚意，以礼接待俄国信使。在雅克萨城唾手可得的情况下，同意了俄国的请求，停止战斗，解除包围，并实现单方面撤军。康熙派人向前线将领宣谕："萨布素等撤回雅克萨之兵，收集一所，近战舰立营，并晓谕城内罗刹，听其出入，毋得妄行攘夺，俟鄂罗斯后使至定议。"① 雅克萨围城五个月，俄军死亡殆尽，城内缺少粮食木柴，清军送去了粮食，还准备派医生入城为俄军治病。一六八七年（清康熙二十六年），清军单方面撤离雅克萨返回瑷珲，等待俄国使团到来。

由于中国方面倡议和平谈判并停火撤军，第二次雅克萨战争才得以结束。此后，中俄关系的历史进入了谈判阶段。

三、中俄派出谈判使团及各自的谈判方针

沙俄政府考虑当时的形势和自己的实力，权衡利弊，不得不接受清政府的谈判建议，派出了以戈洛文为首的谈判使团。但是，派出谈判使团并不意味着放弃侵略，也不意味着停止使用武力。对俄国来说，这仅仅是策略和手段的调整。由于肆无忌惮的武装侵略遭

---

① 《清圣祖实录》卷一二七，二四页。

到了中国的坚强反击，俄国不得不改变部署，将军事入侵与外交谈判交替地使用，以达到扩张的目的。戈洛文使团的组成和所奉的命令都体现了俄国把战争与谈判结合起来的特点。

戈洛文使团拥有官吏士兵一千九百余人，包括炮兵、火枪兵、龙骑兵等，沙俄政府授予戈洛文广泛的权力，不但可以和中国谈判缔约，也可以在认为有利的情况下，调动西伯利亚地区的军队，和中国作战。沙俄政府规定了戈洛文使团的任务和谈判方案，谈判方案中的最高要求是以黑龙江为界，即占领黑龙江的整个北岸；如果达不到这个要求，则以比斯特拉河（即牛满河）或结雅河（即精奇里江）为界，占领黑龙江中游北岸；再达不到要求，则以雅克萨为界，但要在牛满河和精奇里江保留中俄两国共同的渔猎场。还训令戈洛文："如果中国人坚持原有主张，毫不让步，不愿根据上述条件缔结和约，大使必须依照沙皇陛下的命令和西伯利亚部的军事训令采取行动（关于作战的行动）。"① 可见，沙皇政府虽然派出了谈判使团，但并不是放弃了用战争手段来达到侵略目的。

一六八六年（清康熙二十五年）二月，戈洛文从莫斯科出发，一六八七年（清康熙二十六年）九月到达贝加尔湖东岸。这时，俄国的国内外形势发生了变化，一六八七年春爆发了俄国和土耳其的战争，俄军在克里米亚战败，沙皇政府经不起在远东再和中国发生另一场战争，因此不得不稍稍收敛它在远东的扩张活动，相应地改变它和中国谈判的立场。一六八七年六月，沙皇政府对戈洛文颁发训令，指示戈洛文可以接受俄军撤出雅克萨的主张，但要求中俄双方都不在雅克萨驻军筑城。②此后，戈洛文根据俄国政府的指示，制订具体的谈判方案，其中一个方案是俄军除撤出雅克萨外，还准备做些其他让步。总之，俄国由于面对着国内外的困难局势，不敢贸然和中国决裂开战，因此不得不考虑吐出一点侵略的果实，以求和中国达成妥协。

戈洛文使团到达贝加尔湖东岸，在这一带停留两年之久，这时清军已实现了在雅克萨停战撤军的诺言，戈洛文就不急于和中国谈

---

① 转引自［法］加恩：《早期中俄关系史》附录，153～155页。

② 参见［俄］齐赫文斯基主编：《十七世纪俄中关系》，第二卷，178页。

判。他一面窥探着中国方面的虚实和清政府的意图；一面对中国喀尔喀蒙古各部进行威胁利诱，企图使蒙古各部脱离中国，臣服于俄国。这一卑鄙伎俩被蒙古领袖土谢图汗和哲布尊丹巴所识破，并遭到坚决拒绝。戈洛文本来带来了一封沙皇给土谢图汗的国书，要求土谢图汗帮助俄军，率兵攻打中国，戈洛文这时甚至不敢投递这封国书，“他为什么没有把该国书交给蒙古使节，或者为什么没有派遣某个能干的军役贵族随身带到蒙古去呢？戈洛文之所以没有这样做是因为在他的印象中，土谢图汗和温都尔格根（即哲布尊丹巴）与满洲皇帝康熙关系密切（后来，在军事行动业已展开的情况下，政治力量布局已非常清楚的时候，这种看法得到了充分证实）。可是，沙皇给土谢图汗的国书里却建议蒙古王‘在必要时予以协助’，共同反对康熙。戈洛文认为转交这份国书不会达到预期的效果，这是有根据的，因为‘蒙古领主与中国人互有好感’”①。可见蒙古的领袖们具有爱国热忱，他们紧密地团结在清朝中央政府的周围，俄国的挑拨分化未能得逞。

戈洛文使团表面上肩负着谈判的和平使命，实际上却是一支凶残的远征军。在利诱分化失败之后，立即诉诸武力，对中国喀尔喀蒙古人民发动突然袭击，进行血腥的镇压。戈洛文借口俄军丢失了牛羊马匹，诬蔑蒙古人民偷盗，命令俄军闯进蒙古牧地，大肆烧杀抢劫。戈洛文歇斯底里地叫喊：要“对那些居心不良的边境蒙古居民的反复无常和偷盗行为加以约束”，“要去袭击他们蒙古兀鲁思”，“捣毁帐幕，俘虏他们的妻子儿女，报仇雪恨”，“大军一到，蒙古人就要遭殃”②。

喀尔喀蒙古人民不堪俄军的践踏蹂躏，奋起反抗。一六八八年（清康熙二十七年）初，蒙古军民在楚库柏兴（色楞格斯克）一带打败俄军，戈洛文躲在楚库柏兴的城堡里，不敢动弹。可是，正当蒙古人民抗俄获胜之际，在俄国的唆使和支持下，蒙古族的败类准噶尔部首领噶尔丹大举侵入喀尔喀蒙古，与俄军配合作战，夹击喀尔

① ［苏］沙斯季娜：《十七世纪俄蒙通使关系》，118页。
② ［俄］齐赫文斯基主编：《十七世纪俄中关系》，第二卷，223、217、222页。

喀蒙古军民。喀尔喀战败，土谢图汗和哲布尊丹巴率部众南走，要求清朝中央的保护和援助。这时，戈洛文趁火打劫，和噶尔丹相互呼应，派俄军分路出动，对喀尔喀蒙古大举“讨伐”。还荒谬地提出“归顺”条款，要求中国的蒙古族“永世臣服沙皇陛下崇高的专制统治”，“协同沙皇陛下军队作战”，要求向俄国交纳牛羊贡税，“提供尽可能多的差马骆驼”，并威胁蒙古各部的台吉和牧民要与清政府以及土谢图汗、哲布尊丹巴断绝一切来往。① 蒙古的台吉和人民虽处在俄军的兵威劫持之下，但心向祖国，不肯屈服，有的举兵起义，有的伺机逃亡。戈洛文也懊丧地承认自己的失败，说蒙古各部的台吉和牧民们，“态度顽固，一再推诿”、“坚持己见，不愿称臣效劳”②。

清政府方面，在一六八八年派出了以领侍卫内大臣索额图和都统、皇舅佟国纲为首的谈判使团，取道蒙古，前往楚库柏兴。临行时，康熙表明了收复失地的决心，他说，“尼布潮（楚）、雅克萨、黑龙江上下，及通此江之一河一溪，皆我所属之地，不可少弃之于鄂罗斯”③。索额图等走到蒙古地区，正碰到噶尔丹的进攻，喀尔喀蒙古各部南逃，使团北上的道路被堵塞，索额图使团不得不折回北京。

一六八九年六月，索额图使团再次出发，谈判地点改在尼布楚。这时，由于噶尔丹打败了喀尔喀蒙古，他违抗中央、发动叛乱的罪迹已很明显。清政府急需腾出手来，对付噶尔丹，因此更加希望和俄国保持和平，以免俄国和噶尔丹进一步勾结。北方边疆局势的这一重大变化，促使清政府重新研究谈判立场，愿意作出更大的让步。康熙表示：为了争取达成协议，实现和平，准备将尼布楚城让给俄国。他指示索额图等：“今以尼布潮（楚）为界，则鄂罗斯遣使贸易，无栖托之所，势难相通。尔等初议时，仍当以尼布潮为界，彼使者若恳求尼布潮，可即以额尔古纳为界。”④

从两国谈判使团接奉的指示可以看出：中俄双方都忙于其他事

① 参见《十七世纪俄中关系》，第二卷，383～386页。

② ［俄］齐赫文斯基主编：《十七世纪俄中关系》，第二卷，413、419页。

③ 《清圣祖实录》卷一三五。

④ 《清圣祖实录》卷一四〇。

务，彼此不愿作战，希望获得和平，俄国政府指示：可以让出雅克萨，中国政府指示：可以让出尼布楚，这样就有了一个获致协议的基础。未来的边界线必然是在雅克萨和尼布楚之间的某条线上，这是两国都可以接受的边界线。因此，外国学者如巴夫洛夫斯基这样写道："双方代表团来到尼布楚所携带的训令，在措辞上表明，早在会议之前，它们之间实际上已有共同的意见"①，曼考尔也说："每方对指示的不断修改提供了协议的基础"②。

四、中俄谈判和《中俄尼布楚条约》的签订

一六八九年（清康熙二十八年）七月底，中国使团先到达尼布楚。使团共有官兵不到三千人，还有水手、仆役、运伕，此外有供食用和运输用的大批牛羊马匹。使团分两路行进，一路由索额图、佟国纲率领，自北京出古北口，经达尔泊、克鲁伦河、温都河，至尼布楚；一路由郎谈、萨布素率领，自瑷珲溯黑龙江而上，经雅克萨，至尼布楚。

这时，戈洛文仍停留在贝加尔湖东岸，迟迟不来尼布楚，他一方面还在征伐喀尔喀蒙古，强迫蒙古各部"归顺"俄国；一方面又在加强尼布楚的军事力量，"令伊凡（即尼布楚督军弗拉索夫）在涅尔琴斯克（尼布楚）及其附近尽可能构筑工事"③，企图利用谈判现场的优势武力迫使中国使团就范。

中国使团到达尼布楚已经十九天，戈洛文还没有来到，却多次派遣信使到中国使团的驻地，进行指责和刁难。戈洛文指责中国使团没有谈判的诚意，违反国际法准则。说什么中国使团带来的人太多，"是不是要来打仗？""如果真心想要讲和，恐怕不会带这么多的队伍同来"④。又说中国的士兵行为粗暴，"杀人行凶之事也屡有发生"⑤，在路经雅克萨时杀死了两个俄国人，还提出中国使团的驻地

① 巴夫洛夫斯基：《中俄关系》，124页，纽约，1949。
② ［美］曼考尔：《俄国和中国》，156页，美国，哈佛大学，1971。
③⑤ ［俄］齐赫文斯基主编：《十七世纪俄中关系》，第二卷，462页。
④ 《张诚日记》，一六八九年八月二日。

离开尼布楚城太近，要求退往额尔古纳河口。

很显然，戈洛文的指责是毫无道理的。中国使团耐心地说明了自己的和平意愿，也严正地驳斥了俄方的谰言。索额图说明，自己“仅带侍从以及派遣使用之官兵”，此外“我驻防东北将军萨布素等，系专为管辖黑龙江等处之人，勘界事宜完毕后，将交付伊等管理。故伊等亦由水路从雅克萨前来尼布楚”①，使团此行“不是为了打仗，而是抱着缔结永久和约的目的而来的”②。事实上，中国使团所带军队不到三千人，而尼布楚的俄军也有二千六百人，谈判现场的军事力量大体上相当，中国方面并无以兵多压人的意思。索额图还指出：“你前年来文内称：带官员五百、兵丁五万人前来议事”③，可见虚张声势，摆出一副打仗架势，想以兵多压人的恰恰是俄国而不是中国。

中国使团向俄方指出：已严令官兵遵守纪律，所谓雅克萨两名俄人被杀之事，与中国无关。事实上，这完全是戈洛文捏造的。雅克萨俄国当局也承认：“中国人平静地驶过阿尔巴津（即雅克萨），并没有寻衅”，中国军队路经雅克萨，“似乎是为了进行会谈，而对阿尔巴津以及其附近所种的庄稼并未受命采取任何行动”④。至于戈洛文要求中国使团撤到额尔古纳河口，更是十分荒谬的，因为额尔古纳河口距尼布楚城约有九百里，中俄使团相距如此遥远，怎能进行谈判？中国使团指出：“既然你我以和好之礼相会议事，住于近处，也仅为便于行走议事，并无恶意”⑤。在谈判前夕，戈洛文提出的种种指责和刁难都被中国使团顶了回去。

八月十九日，戈洛文使团姗姗来迟，到达尼布楚。接着双方就会谈的时间、地点和方式进行磋商，决定会谈从八月二十二日开始，在尼布楚城外二百俄丈处搭设的帐篷里举行。进入谈判现场的官兵各三百人，除刀剑外不得携带火器，另外，中国木船可载

① ③ ⑤ 《索额图等奏抵尼布楚以来与俄方官员往返交涉情形本》，康熙二十八年六月二十五日，故宫博物院明清档案部藏。

② ［俄］齐赫文斯基主编：《十七世纪俄中关系》，第二卷，493 页。

④ 同上书，461 页。

五百名士兵停泊于离会场二百俄丈处，以和尼布楚城内的俄军力量取得平衡。

八月二十二日双方进入会场，俄方先声夺人，排场阔绰，行进时仪仗森严，鼓乐齐鸣，俄方帐篷内陈设豪华，三名使臣（戈洛文、弗拉索夫、科尔尼茨基）衣饰华丽，神态傲慢。俄方的卫队违反不带火器的协议，暗藏手雷。中国方面搭设了一座比较精致的黑帐篷，但没有什么陈设，也没有仪仗、乐队，七位使臣（索额图、佟国纲、郎谈、班达尔善、萨布素、马喇、温达）并坐在一起，显示出朴素、自然和亲密一致的气氛。

谈判一开始，索额图和戈洛文之间就展开了针锋相对的激烈辩论。戈洛文一口咬定黑龙江流域“自古以来即为沙皇陛下所领有”，可是拿不出任何证据来，其实他所说的“自古以来”不过是指四十年以前波雅科夫和哈巴罗夫的入侵活动。戈洛文还倒打一耙，指责中国“突然派兵侵犯沙皇陛下国界……制造流血事件”，“由于这样一些小小纷争而挑起战端”①，要求中国政府赔偿俄国的损失，惩办有关的人员。

索额图严正地驳斥了戈洛文的无稽谰言，指出，“黑龙江一带，沙皇陛下的人从未领有过，贝加尔海这面的所有土地都隶属于中国皇帝方面”②。他列举了很多确凿的事实，说明：“鄂嫩、尼布楚皆为我茂明安等诸部落原来居住之地，雅克萨为我虞人阿尔巴西等居住之地”③，又是“我达斡尔总管倍勒儿故墟”④，这些土地上的人民一直向中国政府交税，他们的首领和子孙至今健在，由于俄国哥萨克的侵扰而逃到了中国内地。

索额图简单回顾了俄国侵略黑龙江的历史，指出：当地的中国各族人民，“多年以来遭到不堪忍受的蹂躏，财产被劫走，妻孥被抢去，本人则被打死”⑤。戈洛文把俄军在中国领土上杀人放火的罪行

---

①②⑤　［俄］齐赫文斯基主编：《十七世纪俄中关系》，第二卷，506～513页。

③　《索额图等奏报会同俄使议定边界本》，康熙二十八年七月二十七日，故宫博物院明清档案部藏。

④　《平定罗刹方略》卷四。

轻描淡写成“小小纷争”，真是荒谬已极。中国政府再三地劝说、警告，俄方置若罔闻，索额图说：“数年以来，等待你等醒悟”，“我圣主屡次行文宣谕，惟不得回音，反而犯边不息，故于黑龙江等地屯兵驻守”①。中国政府忍无可忍，进行自卫还击，驱逐侵略者，这是正义的行动。“挑起战端”的责任在于俄国的侵略，如果要说“惩凶”、“赔偿”，那就应该由俄国惩办自己方面的凶手并赔偿中国受害者的损失。索额图表示：中国为了争取和俄国实现和平，只谈边界的划分，力求达成协议，而不向俄国提出“惩凶”和“赔偿”的要求。

这场争辩涉及黑龙江流域的归属以及谁是侵略者，谁挑起了战争等重大的原则问题，戈洛文在事实和证据面前理屈词穷，哑口无言。

接着，戈洛文提出第一个划界方案，即以黑龙江为中俄两国边界。索额图断然拒绝了这个荒谬的方案，提出以勒拿河与贝加尔湖作为中俄国界，双方再次交锋，没有结果。

八月二十三日举行第二次会议。会上戈洛文坚持以黑龙江划界，施展了种种手段，时而声势汹汹，时而甜言蜜语，但中国使团不为所动。最后，戈洛文故作姿态，假装让步，提出以牛满河为界，这个方案仍把黑龙江上游和中游的北岸划归俄国，中国使团当然不会同意。可是索额图等误以为俄国使团已在让步，立即提出了以尼布楚为界的新方案。中国使团缺乏外交谈判的经验，没有制定一个逐步退让的方案，一下子就把康熙指示的最后分界线摊了出来，把尼布楚让给了俄国，殊不知这就上了戈洛文的当，失去了回旋的余地。戈洛文听到中国政府肯于让出尼布楚，心中十分高兴，因为俄国政府预定的目的已可达到。但是为了在谈判桌上勒索更多的利益，他故意和中国使团继续纠缠，拒绝中国的划界方案。

中国使团不懂得戈洛文的假表演，看到自己的最后方案被拒绝，

---

① 《索额图等奏报会同俄使议定边界本》，康熙二十八年七月二十七日，故宫博物院明清档案部藏。

以为谈判已经破裂，自己已无话可说，极为失望，准备返回北京。这时，戈洛文通过在中国使团内充当译员的两名外国传教士——徐日升（葡萄牙人）和张诚（法国人），劝中国使团继续留在尼布楚谈下去。徐日升断言："缔结和约仍有很大希望。"① 张诚则说："俄国人将放弃雅克萨。"② 从八月二十四日至九月六日，两个传教士奔走往来于中俄使团的驻地，进行会外活动。戈洛文在徐日升和张诚的帮助下，把中国使团拴在尼布楚，一方面使谈判不至于破裂；另一方面又迟迟不肯达成协议，在一切问题上讨价还价，极尽哄骗讹诈的能事。中国使团急切希望谈判成功，除了已经让出尼布楚以外，又作了如下的许多让步：第一，中国使团已提出中俄中段边界，即中国喀尔喀蒙古地区和俄国的划界问题，戈洛文害怕在中段划界会影响俄国正在向南扩张的势头，因此极力反对。中国使团为了迅速划定东段边界，同意了戈洛文的要求，暂时搁置了中段边界的划分。据索额图八个多月以后追述尼布楚谈判时的情形，"我曾声明欲议定喀尔喀事宜，明确地方。你声称喀尔喀尚未定，我察罕汗（指沙皇）又无旨意，暂且不议，以后再议"③。第二，中国使团将黑龙江上游北岸的分界线退让至尼布楚以东约四五百里的格尔必齐河，这已超过了康熙的指示。据传教士说："钦差大臣奉有中国皇帝的最后谕旨，即沿绰尔纳河划定边界，而钦差大臣已越过其君主的谕旨，把边界划到了绰尔纳河后面的格尔必 7 齐河"④。第三，中国使团又将黑龙江上游南岸的分界线让到额尔古纳河，额尔古纳河口距尼布楚九百里，这一广大地区有银矿、盐湖以及大片耕地、牧场，是沙皇政府最垂涎的富饶地区。

中国使团步步退让，实已无可再让，而戈洛文仍在玩弄外交手段，勒索不已。这时候，受尽俄国压迫、被俄军驱赶到山林里去的中国各族人民，听到中国使团到达的消息，纷纷前来寻找从祖国来

① 《耶稣会士徐日升关于中俄尼布楚谈判的日记》第三十一节。

② 《张诚日记》，一六八九年八月二十四日。

③ 《为俄罗斯大使咨文告知额尔古纳河村舍因冬季所迫未及迁徙等事我大臣寄俄罗斯大使之满文复文》，康熙二十九年五月二十二日，故宫博物院明清档案部藏。

④ ［俄］齐赫文斯基主编：《十七世纪俄中关系》，第二卷，567 页。

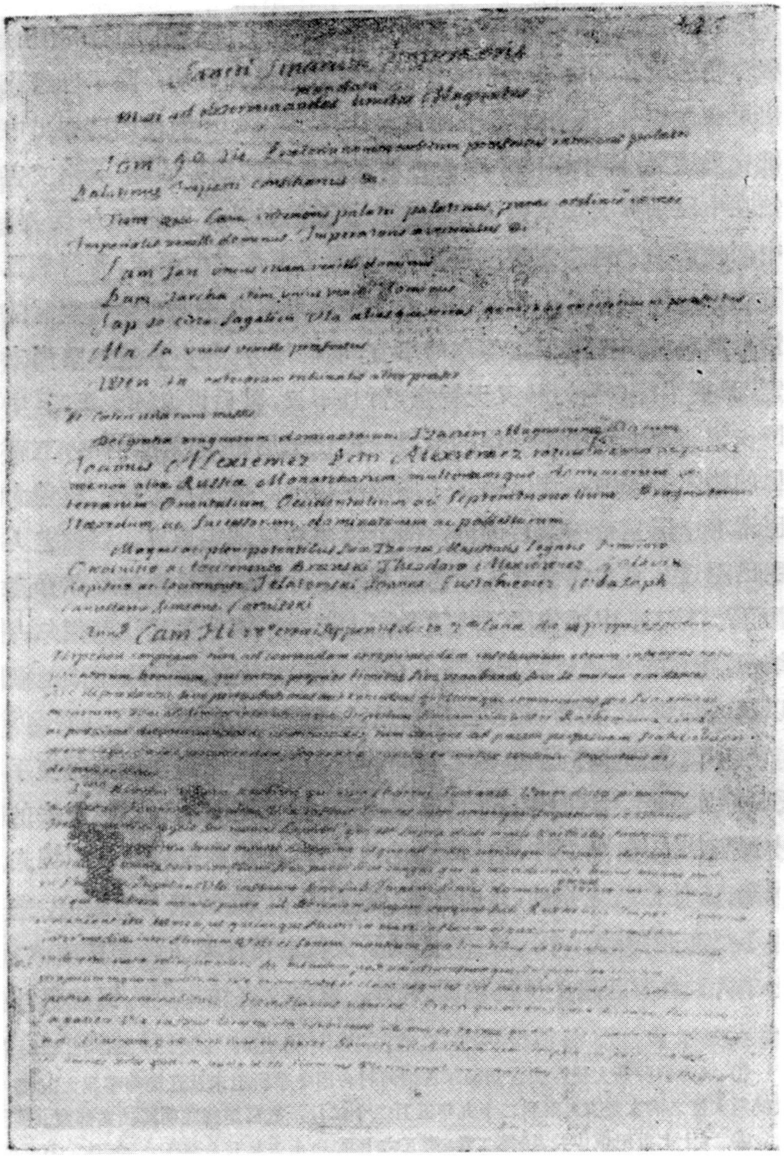

《中俄尼布楚条约》拉丁文本（部分）

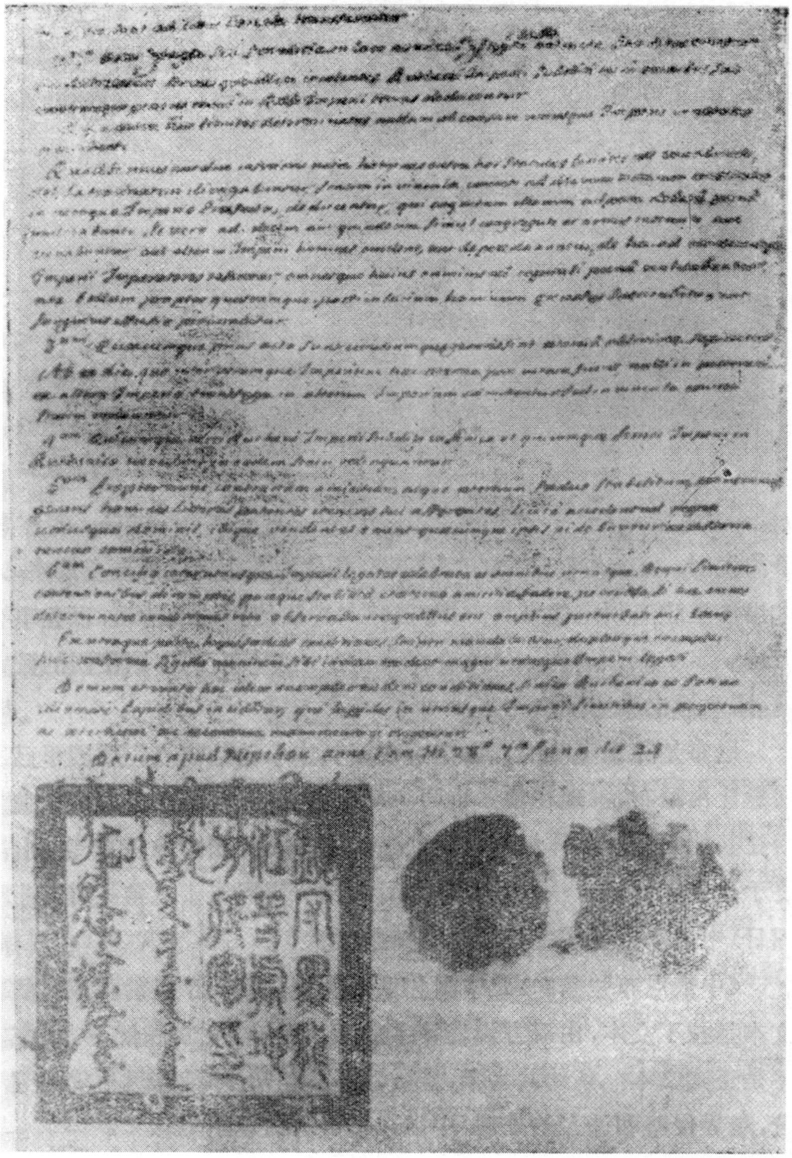

《中俄尼布楚条约》拉丁文本（部分）

《中俄尼布楚条约》满文本（部分）

的亲人，他们扶老携幼，带着帐篷，赶着驼羊，突破俄军的封锁，来到了尼布楚附近。中国使团“遇到了大批的喀尔喀人，至少有六七千人，他们已起义反抗俄国人”①。戈洛文害怕中国人民抗俄斗争的发展，将会使自己的一切殖民利益化为灰烬，赶紧改变策略，拿出沙皇政府预定的划界方案，迅速与中国使团达成协议，以免事态进一步扩大。这样，他才在深夜里急忙派使者到中国使团的驻地，同意撤出雅克萨。

尼布楚和雅克萨的归属是这次谈判中争论的焦点，中国早已同意让出尼布楚，现在俄国也同意撤出雅克萨，问题已经解决。此后在其他问题和具体细节方面又经过了一系列艰难曲折的谈判，终于达成了协议。一六八九年九月七日（农历七月二十四日）中俄双方正式签订了尼布楚条约。

《中俄尼布楚条约》是中国和俄国签订的第一个条约。正式的文本是拉丁文本，由双方代表签字盖章，另有满文本和俄文本，都不是正式文本。条约共六条，实质性部分包括：中俄东段边界的划分，

① 《耶稣会士徐日升关于中俄尼布楚谈判的日记》，第四十二节。

越界侵略和逃人的处理，中俄往来贸易的规定等。

中俄东段边界的划分是条约中最重要的部分。条约明确规定以格尔必齐河、石大兴安岭（即外兴安岭）和额尔古纳河为两国的分界线。又规定外兴安岭和乌第河之间的地区暂行存放，留待后议。清政府在领土方面作了重大让步，将尼布楚及其以西直至贝加尔湖原属中国的领土让给了俄国，以换取俄军撤出雅克萨。所以条约中又规定了俄国在雅克萨和额尔古纳河南岸的据点全部拆毁、迁移。

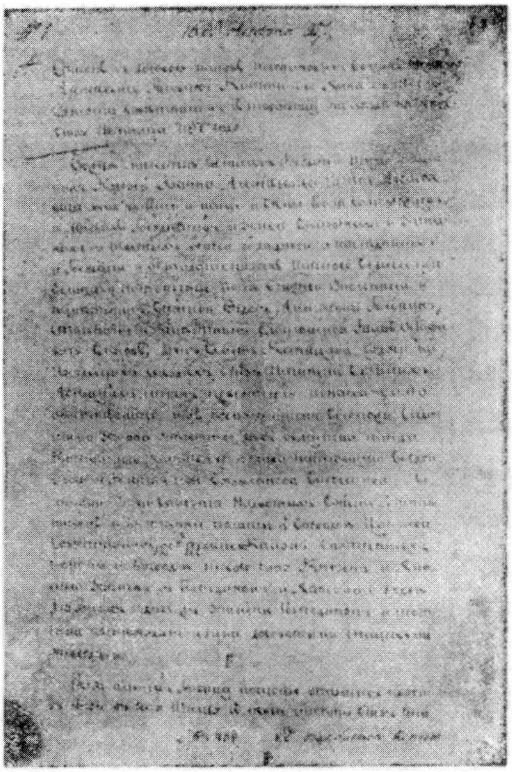

《中俄尼布楚条约》俄文本（部分）

《中俄尼布楚条约》严禁彼此越界入侵，双方不得收容逃亡者，以减少边境争执。又规定：中俄两国人民持有护照者，可以过界来往，贸易互市，这是俄方长期以来的要求。一个法国历史学家评论说：“俄国国库由于不断增长的行政开支和在西方进行的历次战争，十分空虚，急需金银。只要俄中两国间能够达成一种协议，那末，随之而来的两国间的贸易必然不在少数，并且会给俄国方面带来可观的利益”①。

《中俄尼布楚条约》是一个平等的条约。双方代表都在各自政府事先指示的范围之内进行谈判交涉，没有也不可能用武力把自己的意志强加于对方，最后达成的协议并没有越出中俄两国政府愿意接受的范围之外。条约明确地划分了中俄两国的东段边界，从法律上肯定了黑龙江流域和乌苏里江流域的广大地区都是中国的领土。条约在领土和贸易方面也满足了俄国的要求，一些苏联的书籍中说“一六八九年订立的尼布楚条约实质上是莫斯科外交极大的胜利”②，“尼布楚谈判是正式的、平等的谈判”，“该条约巩固并扩大了两国人民的和睦关系”③。在尼布楚条约签订后的一段时间内，中俄的东段边界稳定了下来，边境相对比较平静，两国人民之间的和平往来和贸易也有所发展。

第三节　《中俄布连斯奇条约》的签订和外国利用宗教侵略中国

一、《中俄布连斯奇条约》的签订

包括贝加尔湖一带在内的蒙古地区，自古以来就是中国的领土。早在战国时期，中国匈奴族就在这里建立了强盛的奴隶制国家，至三国、北魏、周隋时，鲜卑、柔然、突厥继起，领有其地。唐朝打败了突厥，在此置官设治，建立了安北都护府。辽金时代，原住在额尔古纳河的蒙古部逐步西迁，成吉思汗崛起于此，统一漠北，进行远征，建立了蒙古帝国，大漠以北、贝加尔湖一带归元朝岭北行省管辖。明时归蒙古的瓦剌部和鞑靼部，明末又成喀尔喀蒙古的辖境。喀尔喀蒙古分为土谢图汗、车臣汗、札萨克图汗三部，和清朝

---

① ［法］加恩：《早期中俄关系史》，9页。

② ［苏］鲍爵姆金：《世界外交史》，第一分册，215页。

③ ［苏］葛罗米柯等主编：《外交辞典》，403～404页。

早就建立起密切的政治和经济关系。一六三八年（明崇祯十一年，清崇德三年）喀尔喀三汗正式臣服于清，向清政府献九白之贡①。

沙俄在侵略我国东北黑龙江流域的同时，也向蒙古地区侵略。俄军在乌丁斯克、色楞格斯克（楚库柏兴）、尼布楚建立城堡，奴役和镇压当地的布利亚特人、喀尔喀人。蒙古领袖土谢图汗等曾派使者至莫斯科，向沙皇要求停止入侵，但俄国置之不理，蒙古军民忍无可忍，进行反抗。一六八八年（清康熙二十七年），沙俄勾结并支持准噶尔部的噶尔丹，夹击并打败喀尔喀蒙古，喀尔喀遭到巨大的损失，纷纷南迁。俄军趁火打劫，大批出动，向南进攻，蚕食我国的北部疆土。就像一位俄国历史学者所说："色楞格斯克哥萨克……成功地夺取了色楞格斯克以南相当远的一块地方。他们首先派出宿营兵进行占领，然后设立哨所，利用这种办法预先规定了今天色楞格斯克的边界线。这条边界线不过是将实际占领在法律上巩固起来而已，这是哥萨克对国家的一项功绩。"②

十七世纪末至十八世纪初，一方面由于《中俄尼布楚条约》的签订，两国的贸易有很大发展，俄国商队频繁地前来北京，销售大量毛皮，又从中国运出大批丝织品、布匹、药材。俄商所获利润很大，例如一七〇五年至一七〇九年（清康熙四十四年至康熙四十八年），由彼得·库狄雅柯夫率领的商队，据说获利高达二十七万卢布；另一方面俄国哥萨克不断侵入蒙古，掳掠人口，劫夺牛羊，在中国的土地上建屋盖房，设立据点，中俄中段边界的形势，日益紧张。清政府不断向俄国提出抗议，要求迅速划定中段边界，但俄国政府置若罔闻。一七一七年（清康熙五十六年）康熙指出："因定议喀尔喀事，曾行文于察罕汗（即沙皇），今十余年，未尝回文。"③由于沙俄对中国蒙古地区的入侵骚扰越来越严重，清政府决定于一七一八年（清康熙五十七年）起，暂停贸易。

---

① 张穆：《蒙古游牧记》卷七，"崇德三年，三汗并遣使来朝，定岁贡"。下注："三汗各贡白马八、白驼一，谓之九白之贡，岁以为常"。

② ［俄］瓦西里耶夫：《外贝加尔哥萨克史纲》，第二卷，5页。

③ 《清圣祖实录》卷二七三，六页。

一七二〇年（清康熙五十九年），俄国政府所派特使伊兹玛依洛夫来到北京，交涉恢复中俄之间的贸易。伊兹玛依洛夫受命要为俄国取得广泛的商业和政治利益，谋求和中国缔结“自由通商条约”。这个使团在北京停留三个多月，康熙接见了十多次，再三向使团表明中国方面的和平意愿。康熙说，“朕始终欲与贵国皇帝陛下保持巩固之和平。且我两国岂有必争之理乎？……两国皆有许多土地，战争究于两国有何利益”①，希望划定中俄两国在蒙古地区的边界，以保持边界安定。但伊兹玛依洛夫避而不谈，划界问题继续拖延下去。

伊兹玛依洛夫使团回国时，清政府允许使团秘书郎克留在北京。郎克留京期间，明目张胆地进行间谍活动。同时，俄国在我西北地区进行侵略颠覆活动，妄图诱迫准噶尔部领袖策旺阿拉布坦“臣服”于俄国，清政府获知这个消息，实在无可忍耐，又于一七二二年（清康熙六十一年）宣布停止中俄贸易，并令郎克离开北京，中俄关系又趋紧张。

一七二二年康熙去世，雍正即位。一七二五年（清雍正三年）彼得一世亦病死，其妻叶卡捷琳娜一世根据彼得生前意图，于一七二五年派出萨瓦·符拉迪斯拉维奇为使华全权公使到中国来谈判贸易和边界问题。临出发前，沙皇政府给萨瓦的训令中指示必须要中国让出“外贝加尔区、乌丁斯克、色楞格斯克以及尼布楚等地”；“若中国人对俄罗斯绝对需要的地方坚持不让，特派使节对此切勿稍加迁就”②。萨瓦带了一批测绘人员、东正教传教士，另外还带了一千五百人的武装部队，由在准噶尔部活动过多年的巴赫尔兹上校率领。一七二六年（清雍正四年）萨瓦到达中国边境，给在北京的耶稣会传教士巴多明写了一封密信，“请求他在情报方面予以协助”③。经巴多明的拉线，萨瓦收买了大学士马齐，窃取了中国政府和谈判代表团内部的大量机密情报，使中国方面处于极其被动和不利的地位。

一七二六年十一月，萨瓦到北京祝贺雍正登基并和中国政府举

---

① 王之相、刘泽荣编译：《故宫俄文史料》，10页。

② ［法］加恩：《早期中俄关系史》，111页。

③ 同上书，114页。

行谈判。中国方面参加谈判的有吏部尚书察毕那、理藩院尚书特古忒、兵部侍郎图理琛。北京谈判没有达成具体协议，只是讨论了一般原则，并商定在波尔河继续举行边界谈判。在谈判过程中，马齐把清政府的决策和意图透露给了萨瓦，这就给俄国方面种种可乘之机。萨瓦向俄国政府报告，“事情看来是很顺利的，中国皇帝热望和平”，“康熙时代的老臣们已被不称职的年轻人取代”①。但是，尽管如此，萨瓦也看到，当时中国也还有力量收复失地，所以他建议尽速加强占领区的据点，“在边境上增加沙皇陛下的兵力”，“希望用威胁或其他手段，使其为沙皇陛下的最高利益服务”②。

一七二七年（清雍正五年）六月，勘界会议在波尔河畔举行。中国方面的谈判代表是隆科多和图理琛。当时雍正已决定清除隆科多，可是却让他去主持边界谈判，而事先又说：“若心怀叵测，思欲偾事，所定边界，不合机宜……朕必将伊治罪。”③ 再加喀尔喀蒙古内部又隐藏着一个被沙俄收买了的噶尔丹台吉，向俄方透露许多机密消息，因而中国代表团的工作十分困难。在谈判初期，隆科多的态度比较坚决，拒绝俄国方面的无理要求。萨瓦通过马齐，十分了解清朝政府的内情，就命令巴赫尔兹抢占战略要地，摆开战斗阵势，公然以武力威胁中国，并扬言：“俄国在欧洲的战争已结束，现在可以把它的注意力集中于另一方面的边界了。”④ 八月初，雍正下令，以隆科多“不实心效力，则留伊在彼，反致妄行搅扰，毫无裨益”⑤，撤销了他的职务，另派多罗郡王和和硕额驸策凌、伯四格会同图理琛继续进行谈判。在这种情况下，代表团接受了俄方的全部要求，把恰克图以北的大片领土让给了俄国。同年八月三十一日签订了《中俄布连斯奇条约》。萨瓦不等边界正式划定，就在恰克图修筑要塞，又在各处布兵设防，任意占领中国的领土。

签约后，中俄双方派出界务官，勘分了中俄中段的整个边界，

---

① ［法］加恩：《早期中俄关系史》，116 页。
② 同上书，197 页。
③ 《东华录》雍正朝卷八。
④ ［法］加恩：《早期中俄关系史》，118 页。
⑤ 《清世宗实录》卷五十八。

设置了界标。一七二七年十月二十三日，订立《阿巴哈依图界约》，确定了从恰克图向东至额尔古纳河的边界；十一月七日，订立《色楞额界约》，确定了从恰克图向西至沙宾达巴哈的边界。

中俄双方在北京和波尔河畔谈判的基础上，又在一七二八年（清雍正六年）六月二十五日签订了《中俄恰克图条约》。这项条约是确认前此各项条款的总条约，规定了中俄在政治、经济、贸易、宗教各方面的相互关系。条约共十一款，确认了《中俄布连斯奇条约》规定的中俄边界：以恰克图和鄂尔怀图山之间的鄂博作为两国边界起点，东至额尔古纳河，西至沙毕纳伊岭（即沙宾达巴哈），以南归中国，以北归俄国；重申"乌第河及该处其他河流既不能议，仍保留原状"，双方均不得占据这一地区。《中俄恰克图条约》规定俄商每三年可来北京一次，人数不得超过二百，此外可以在尼布楚、恰克图通商。条约还规定俄国可以派东正教教士数人来北京，同时中国方面接受俄国学生来北京学习中国语文。

《中俄布连斯奇条约》和《中俄恰克图条约》对俄国十分有利。条约签订后，萨瓦在给沙皇叶卡捷琳娜一世的奏折中说：通过条约，"不仅使中国在边境上割让有利之地带，且从未属于俄者，亦获而领有之"①。俄国使团的其他官员的证词中说：条约对俄国"极其有利"，"现今俄国人在所有县份深入蒙古境内达数日行程，某些地方甚至达数星期行程之远，目前已在这些地方顺利地竖立界碑，边界的划分，使俄罗斯帝国的国土扩大了"②。沙皇政府对萨瓦出使的成功十分满意，任命萨瓦为枢密院大臣，并授予他圣亚历山大勋章级的爵士头衔。

二、俄国东正教会的侵华活动

随着罗马帝国分裂为东西两部分，基督教也出现了罗马和君士坦丁堡两个中心，最终于一〇五四年（北宋至和元年）公开分裂。西方

① ［法］加恩：《早期中俄关系史》，122 页。

② ［俄］班蒂什—卡缅斯基：《1619—1792 年俄中外交文献汇编》，344 页。

教会以罗马为中心，称为罗马公教会，也就是天主教会；东方教会以君士坦丁堡为中心，称为东方正教会，简称东正教。

北堂

东罗马帝国灭亡后，俄罗斯东正教会逐步强大，居于领导地位。东正教在俄国是“国家的普通工具，变成了对内进行压迫和对外进行掠夺的工具”①。沙俄的侵略军窜到哪里，东正教教士就跟到哪里，“在安定被占领区方面，俄国东正教会起了很重要的作用”②。

一六六五年（清康熙四年），俄国侵略军强占我国黑龙江上的要地雅克萨，修筑了阿尔巴津据点。随军的东正教教士叶尔莫根在据点内修建了一座纪念“耶稣复活”的教堂。一六七一年（清康熙十年），又在据点外高地上修建了另一座“仁慈救世主”教堂。这是在中国最早建立的东正教教堂。

从十七世纪六十年代开始，中国军民在东北各地抗击入侵的沙俄侵略军的战斗过程中，先后俘虏了不少俄国士兵。中国政府宽大处理了这些俘虏和投诚的哥萨克。有的先后释放了，有的安插在盛京和北京安家落户，有的就在清军中服役。后来人数增多，专编一个俄罗斯佐领，属镶黄旗，住在东直门内。为了让这些俄罗斯人过他们原有的宗教生活，清朝政府赐给他们一块庙地作为教堂，这就是尼古拉教堂，俗称“罗刹庙”，又称北馆，或北堂，由俘虏中的一名东正教司祭列昂捷夫主持。这些已入旗籍的俄罗斯人的宗教活动受到政府保障，体现了中国政府对正当的宗教信仰不加歧视的政策。

俄国政府对北京的东正教堂极为重视，彼得一世的谕旨中也要求选派传教士到中国来，企图使中国的皇帝、大臣和全体居民皈依

---

① 《马克思恩格斯全集》，第十卷，马克思：《希腊人暴动》，142页。

② 塞比斯：《耶稣会士徐日升关于中俄尼布楚谈判的日记》，30页。

东正教。俄国方面以“北馆”教士列昂捷夫已年老，要求另派教士到北京接替，清政府同意了这个要求。一七一五年（清康熙五十四年），图理琛等出使土尔扈特回国，途经俄国，带回了劳伦特等十名“行教番僧”①。这些人在“罗刹庙”内建立传教据点，进行活动。

《中俄恰克图条约》给予俄国向北京派遣教士的权利。条约规定：俄国可派遣教士数人驻在北京，并允许随带学生六人。此后，在东江米巷（东交民巷）建立了“圣玛利亚”教堂，俗称“南馆”。“南馆”的东正教布道团由俄国的外交部管辖，定期轮换。清政府负担其部分生活费用，沙俄政府给予优厚津贴，布道团还接受俄国商队的资助。从这个布道团的领导关系、经济来源以及活动情况来看，它不是一般的宗教团体，而是一个十分露骨的俄国政府间谍情报机关。

从一七一五年俄国东正教驻北京布道团建班起，布道团人员就积极着手窃取中国各方面的情报。一七五六年（清乾隆二十一年）原为布道团第二班随班学生的俄国商队领队阿历克塞·弗拉迪金伙同北京布道团人员，以一千五百卢布的高价，根据清宫藏品偷偷地摹制了一套中国全国行省和京师地图，交给俄国枢密院。被称为“俄国汉学之父”的雅金甫·俾丘林，在他从一八〇九年（清嘉庆十四年）到一八二〇年（清嘉庆二十五年）担任布道团第九班领班期间，经常改变服装，到处勘访，用目测和步测的办法绘制了一份《北京城郭图》。在他离开北京回国的时候还带走大批图书和地图，一共用了十五头骆驼驮运。

他写的有关我国边疆的许多作品都是极重要的情报资料。所以有人说：俾丘林“用自己的知识为一八一九年成立的（俄国）外交部亚洲司效劳”②。

一八一八年（清嘉庆二十三年），沙皇政府给布道团下达训令：“今后的主要任务不是宗教活动，而是对中国的经济和文化进行全面研究，并应及时向俄国外交部报告中国政治生活中的重大事件”③。

---

① 图理琛：《异域录》。

② ［苏］巴托尔德：《欧洲和俄国的东方研究史》，271页。

③ 布纳科夫：《十九世纪前期的俄中关系》，转引自《沙俄侵华史》，第一卷，267页。

东正教布道团积极执行了这项命令，如：第十二届布道团的首领佟正笏收集的政治、军事情报，被称为“非常周到细致”，“他向圣彼得堡外交部提供情报时，俨然以此指导外交部的行动路线”①。佟正笏还密切地注视着中国的市场，对中俄贸易的主要商品毛皮、布匹、茶叶等的质量、价格、销售情况提出详细情报，“他忠告俄国商人，哪些商品能在中国市场畅销，告诉他们市场行情……他给俄国商人指出毫无差错的行动方针……显示出非比寻常的才能和创造力”②。

十九世纪中叶以前，外国在北京没有外交机构和外交代表，俄国的东正教会是常驻在北京的唯一的外国团体，所以他在搜集情报方面的作用十分重要。后来，俄国西西伯利亚军区参谋长巴布科夫说，“设立这个布道团是我国对中国外交政策事务中的一项重要措施”，“我国政府从这个来源可以获得关于中国的最确实和最新的材料”③。

一八六〇年（清咸丰十年），俄国在北京设立公使馆，布道团改组，归宗教事务部管辖，俄国东正教驻北京布道团的前期活动至此告一段落。

第四节　天主教会的侵略活动和清政府禁止传教

一、耶稣会传教士的活动和清初历法之争

十五世纪末以后，欧洲殖民国家向全世界扩张，他们通过野蛮屠杀和血腥镇压，到处建立殖民统治，残酷地剥削当地的居民。在这席卷世界的殖民浪潮中，宗教起了极重要的作用。欧洲国家的军

---

① 格列勃夫：《北京东正教传教士团的外交职能》，转引自《沙俄侵华史》，第一卷，269页。

② 同上书，273页。

③ ［俄］巴布科夫：《我在西西伯利亚服务的回忆》，俄文版，127页，彼得堡，1912。

旗往往同十字架一起插到殖民地的穷乡僻壤，大批传教士被派到海外各地。他们“不单是遵照征服海外者所走的路程，并且还时常和他们坐在一只船上”①。侵略军每占领一地，传教士便来充当殖民管理者的角色，“管理归教的居民，征收货币税或实物税、香料税”②，并用宗教迷信来麻痹被奴役人民的反抗意志。

但是，在中国，殖民主义者碰到了另一种情况。中国具有悠久的历史和灿烂的古代文明，而且当时又是强盛的大国，在很长一段时期内，殖民国家的舰队不可能打开中国的门户。因此，传教士尾随军队的那种传统的侵略方式并不适用，尽管天主教的许多教派，如方济各会、多明我会仍坚持武装传教的主张，屡次吁请西班牙国王派军队到中国来，但在那时，任何殖民国家也无力派出一支能和中国作战的远征军，因此，到中国来武力传教的主张只是一种狂妄的空想。这些教派也曾派遣一些传教士到福建、广东沿海活动，他们和在其他殖民地传教时一样，趾高气扬，蔑视中国的法律和风俗习惯，因而受到中国人民和政府的强烈反对，这些教派在中国的传教活动，收效甚微。

只有耶稣会采取了与其他教派很不相同的策略。耶稣会的领袖们认为：借助武力传统的传教方式“在远东的伟大帝国是不能使用的”③。他们主张采取迂回、温和的手段，服从中国的政令法律，遵循中国的礼仪风俗，学习中国的语言文化，并利用正在发展的西方科学技术，来吸引中国的官吏和知识分子，日积月累地进行和平渗透，去缓慢地影响和劝化中国人。由于耶稣会采取了这种策略，传教活动得到了一些官吏和知识分子的支持，有了较快进展。十七世纪前期，利玛窦、熊三拔、庞迪我、邓玉函、龙华民、汤若望等耶稣会传教士先后在北京钦天监供职，他们为明朝政府修历法、造火炮、译书籍、制仪器。这些传教士熟知西方科学技术的先进成果，

---

① ［法］裴化行著、萧浚华译：《天主教十六世纪在华传教志》，156页，上海，商务印书馆，1936。

② ［法］德·穆朗：《在华法国耶稣会士的功勋》，法文版，15页，巴黎，1928。

③ ［法］裴化行：《天主教十六世纪在华传教志》，320页。

他们口操流利的北京话，穿戴中国儒生的冠服，也能谈论孔孟之道，和明廷的达官贵人交结往还，把西方的基督教义、中国的儒家学说以及当代先进的科学技术，奇特地结合在一起，开展传教活动。到明朝末年，他们已在中国各地建立了不少教堂，招收了成千累万的教徒。

耶稣会创立于一五四〇年（明嘉靖十九年），是罗马教廷用来镇压新教和向海外进行殖民扩张的工具。耶稣会组织严密，纪律严格，策略灵活，手段多样化。耶稣会规定：各地分会每周必须向省区汇报一次，所有省区每月必须向总会汇报一次，而各分会每月又必须直接向总会汇报。人们称它是“自上而下，自下而上，深入各种细节的合法的密探制度”①。

耶稣会受葡萄牙王国的保护和支持，葡萄牙把它当做海外扩张的得心应手的工具，“只要葡萄牙或其他欧洲强盗到了哪里，耶稣会传教士就跟到哪里”，“毫无疑问，葡萄牙刺刀的权威，更有甚者，葡萄牙刺刀造成的恐怖，给沙勿略（耶稣会领袖）及其同伙的伟大成就作出了很大贡献”②。

明朝覆亡和清朝入关，并没有打断耶稣会在华的活动，留在北京的汤若望很快得到清朝统治者的信任。中国从十三世纪以后，一直采用郭守敬的历法，相沿日久，推算有不少错误，利玛窦看到了中国历法存在的问题，开始制订新历法，邓玉函、汤若望等继续这一工作。清朝入关，需要换代改历，第二年（一六四五年，清顺治二年）就采用了传教士们创制的新历，称为“时宪历”。并派汤若望掌管钦天监，赐号“通玄教师”。汤若望和顺治帝交往很密切，“顺治帝宠眷若望，迥异常格，与长谈时，乐闻其言”，顺治时常宣召汤若望进宫，并亲自去汤若望的教堂游览叙谈，“帝与若望欢洽，有如家人父子”③。汤若望出入宫廷，结交权贵，传教事业有较大的发展。顺治末年，全国各省都有传教士的足迹。耶稣会中国副省区长

---

① 格里辛格尔：《耶稣会士》，英文版，77页，伦敦，1903。

② 同上书，91页。

③ ［法］费赖之著、冯承钧译：《入华耶稣会士列传》，198页。

傅汎济写信给总会会长为汤若望请奖，信中说："他的工作和他在北京代表教会底事务的勤奋热心，使我们在这一个大国内所作的一切事情，大有实现的可能"①。

耶稣会传教士在华活动的性质和作用是比较复杂的问题。一方面，由于他们以科学技术为传教的手段，所以给中国带来了数学、物理、天文、历法以及测绘术、造炮术、地图学等先进的知识，这是进入近代史以前中西文化的一次大交流，传教士在其中起了有益的作用；另一方面，耶稣会作为殖民主义的先遣队，又带有侵略性。尽管耶稣会士采取灵活的策略，表面上循规蹈矩，小心谨慎，但暗中收集情报，偷窃机密，插手中国的内政外交，又在各地遍设教堂，广收教徒，欺压良善，因此，传教士的活动与中国人民、清政府存在着严重的矛盾。对于围绕着耶稣会所发生的一系列斗争，不能笼统地对待，不能简单地肯定或简单地否定，而应该作细致的具体分析。

清初，采用了以西法修订的"时宪历"，引起保守派的强烈不满。顺治末，钦天监回回科的吴明烜和新安卫官生杨光先就先后上书，指责汤若望等造历谬误。不过，在实测时，西洋历法与实际天象符合的程度，胜过传统的历法，因此，顺治帝并没有理睬保守派的讦告。

顺治帝死后，鳌拜专政，政治气候发生了变化。杨光先再次上书，更加激烈地对汤若望等西方传教士进行全面的攻击。杨光先说，"时宪历面敢书'依西洋新法'五字，暗窃正朔之权以尊西洋，明示天下以大清奉西洋正朔，毁灭我国圣教，惟有天主教独尊"②。又指责汤若望，"选择和硕荣亲王安葬日期，误用洪范五行"，而"洪范五行是灭蛮经，用之不吉"③，还说汤若望不该将"历祚无疆"的大清历书只编至二百年，意思是要大清王朝短命而亡。杨光先的攻击不仅是对西洋历法的批评，而且扯到政治问题，耸人听闻地控告传

---

① ［德］魏特著、杨丙辰译：《汤若望传》，299页，上海，商务印书馆，1949。

② 杨光先：《不得已》，四页。

③ 《正教奉褒》，五九页。

教士等图谋颠覆清朝，“假以修历为名，阴行邪教”，“藏身金门，窥视朝廷机密”，“已在香山岙（指澳门）盈万人，踞为巢穴，接渡海上往来”，要求将汤若望等“依律正法”①。这番蛊惑人心的煽动，果然引起了清廷的疑虑，社会上仇视外来宗教的儒家、佛家等传统势力也起而支持，推波助澜。执政的鳌拜集团根本弄不清历法争论的是非曲直，但他们不满意顺治帝推行的比较开放和进步的政策，对顺治所重用的传教士抱着敌意，受理了杨光先的控告，将传教士汤若望及其助手南怀仁、利类思、安文思及赞成西洋历法的钦天监官员李祖白等下狱。

康熙三年（一六六四）的秋冬，由吏部、礼部进行审讯和调查。这场审讯从狭隘的排外主义出发，而不问科学上的是非，因而是不公正的。杨光先指控汤若望屯兵澳门、颠覆清朝，纯属捏造。清廷派人到广东调查，并未查实。但审讯的结果，仍是杨光先胜诉，将汤若望等分别判处凌迟、斩首、流徙。恰逢北京发生强烈地震，京师人心恐慌，以为狱讼不公，天象示警。而汤若望等也得到宫廷中的支持，康熙帝的祖母孝庄太皇太后出面干预，“辅政大臣以汤若望罪案奏请太皇太后懿旨定夺，太皇太后览奏不悦，掷原折于地，责诸辅臣曰：‘汤若望向为先帝信任，礼待极隆，尔等而欲置之死地耶？’遂命速行释放”②。传教士们幸免于死，但李祖白等五名中国官员仍被处决。汤若望这时已年老中风，被黜革，杨光先接任钦天监监正。时宪历被废弃，复用大统历，不久，大统历差错太多，又改用回回历。

杨光先虽然取得了胜利，但他盲目排斥西法，而实际的历算知识甚低。自从他任职钦天监，监内的工作陷入一片混乱，屡次错测节气时日，错报日月食的时间。无论大统历或回回历，都是过时的历法，不能与天象符合，须作根本改订，而杨光先、吴明烜都不能承担这一任务。杨光先自知力难胜任，不得不承认，“今候气法久失传，乞许臣延访博学有心计之人，与之制器测候”，“今访求能候气

① 杨光先：《请诛邪教疏》。

② ［法］费赖之著、冯承钧译：《入华耶稣会士列传》。

者，尚未能致。臣病风痹，未能董理”①，再三要求辞职，但未获准许。

一六六八年（清康熙七年），康熙已长大成人，他和鳌拜之间的矛盾日益尖锐，在历法这一敏感的问题上首先表现出来。当时，钦天监历法工作中的错误已闹得满城风雨，而鳌拜集团仍回护掩饰。康熙召集杨光先、吴明烜和南怀仁一起讨论天文历法，“务须实心，将天文历算详定”②，命大学士李霨和他们到观象台，预推正午日影所止之处，经过十一月二十四、二十五、二十六日（阴历）三次实地测验，南怀仁推测无误，杨光先、吴明烜都有误差。康熙命南怀仁审查杨光先、吴明烜所订历书，结果查出了置闰的错误，历书中的康熙八年闰十二月应是康熙九年正月，又一年内误置两春分、两秋分。为了进一步验证南怀仁的意见，康熙又安排了立春、雨水两个节气以及月亮、火星、木星运行的五项测验，令大臣们共同观察，结果，南怀仁所言“逐款皆符”，而杨光先、吴明烜“逐款不合”。西洋历法以实际测算的准确性而取得胜利，杨光先被革职，他仍喋喋不休，进行驳辩，说：“南怀仁欲毁尧舜相传之仪器，使尧舜之仪器可毁，则尧舜以来之诗书礼乐、文章制度，皆可毁矣。”③ 杨光先不承认科学，表现了顽固保守的态度，最后，被康熙斥骂一顿，驱逐回原籍，中途病死。

历法争议的结果，传教士得到胜利。南怀仁接任钦天监正，此后，许多传教士在南怀仁的推荐和引进下，来到北京，他们挟带着科学技术知识或艺术才能，在清廷任职，如徐日升、张诚、白晋、闵明我、冯秉正、雷孝思、戴进贤等。他们有的从事天文历法，改造北京的观象台，制作天文仪器；有的出入宫廷，充当皇家教师，给康熙讲授数学、天文、物理知识；有的把文艺复兴以后的欧洲艺术传到中国，搞音乐、绘画、雕刻；有的在清宫造办处，指导工人们制作自鸣钟和其他机械；还有的协助清政府制作全国地图，在各省奔

① 《清史稿》，《列传》五十九，《杨光先》。

② 《正教奉褒》，四七页。

③ 同上书，四八页。

波忙碌，进行实地测绘，完成了著名的《皇舆全览图》，这册地图比较正确、比较详细地记录了封建后期中国的版图疆域、山川河流。

耶稣会传教士在传播西方科学技术知识方面起了有益的作用，他们在中国和西方之间架设了一道文化交流的桥梁，使中国人能够稍稍拨开封建的帷幕，窥到了正在迅速发展中的近代科学的某些侧面。当然，传教士们由于宗教偏见，只能采用与宗教教义不相冲突的那部分科学知识，不能传播所有的先进科学，但是他们确实给保守、自大的中国知识界带来了一阵清新之风。由于当时中国的社会条件，传来的西方科学文化仅仅限制在狭小的圈子内，只被很少数知识分子所知晓，得不到普遍应用和广泛推广。而且官方和知识界的有影响的人物仍把理学、八股文放在最重要的地位，视先进的科学技术为外来的“末技”，因此，先进的科学技术没有也不可能在当时的中国生根、开花、结果。

当然，传教士是西方国家殖民扩张的先遣队，传布科学文化仅是他们宣传天主教的一种手段，在肯定他们传布科学文化的积极作用的时候，还应该看到传教士们的侵略作用，他们在中国刺探消息，盗窃情报，干涉内政和外交。清政府的许多机密文件，通过传教士而传到外国，例如传教士参加绘制的《皇舆全览图》是当时的机密地图，绘成不久，巴黎就出现了副本。耶稣会传教士定期向其上级写秘密汇报，其中有大量政治、经济、军事、外交的重要情报。清政府和俄国举行谈判，耶稣会传教士担任译员，把中国的内部机密和谈判策略都泄露给俄国，向俄国索贿讨好，甚至帮同俄国人收买中国官吏，例如：教士巴多明替俄国收买了大学士马齐，使中国在《中俄布连斯奇条约》的谈判中处于很不利的地位。俄国使臣萨瓦向沙皇政府报告说：“当我在北京逗留期间，通过耶稣会的神父们，并利用礼物，找到一些善意的人……在这些人中，现任大学士马齐给我很大援助，并答应今后继续协助我。我通过商队给他送去一千卢布的皮货作为礼物，并给中间人巴多明神父一百卢布。”① 巴多明和

① ［法］加恩：《早期中俄关系史》，194 页。

马齐长期勾结，每当传教士犯法得罪，巴多明就要求马齐援救。巴多明说："马齐一直对一般西洋人有好感，对我则特别如此，我和他三十六年来，互相通信并建立了友谊关系。"① 又如南怀仁在传布西方科学中的功绩较大，表面上也恭顺小心，临死前给康熙帝上书还说："皇帝，余毕生为陛下效劳，死而无憾"②，可是，这个南怀仁在北京遇见沙皇的使臣尼果赖，就表示"乐意竭尽所能，为沙皇效劳"，破口大骂康熙是一个"变幻无常的人"，骂中国是一个"野蛮民族"③。

康熙晚年，一直为立嗣问题而苦恼，皇子之间明争暗斗，各植私党，耶稣会传教士也插手其间，企图浑水摸鱼。他们最初想拉拢皇太子胤礽，教士洪若翰曾向法国教会汇报："这位皇子有朝一日要登基，而他现在已倾向于我们，因而把他彻底争取过来是十分重要的"④。胤礽失势后，传教士又转向其他皇子，妄想一朝得势，能为其所用。雍正即位后，处决了传教士穆经远，因穆经远卷入了皇子之间的斗争，为胤禟传递密信。雍正的上谕中说"塞思黑（即胤禟）收西洋人穆经远为心腹，夸称其善，希图储位，众所共知"⑤。罗马教廷传信部红衣主教发表第三九八号备忘录，也承认，"此神父之死因，盖因干预帝国事务而致罪，此事使新君及其大臣深具戒心"⑥。

由于耶稣会士的长期活动，到康熙晚期，全国已建立天主教堂近三百座，受洗教徒近三十万人，北京则有三座教堂，一所公学。教堂从中国教徒的手中募集资金做买卖，"每座天主堂实际都有五六万两银子的赚钱买卖"，北京三座天主堂"算在一起有七十万法郎，每年进款十八万法郎"⑦。传教士还向教徒、官吏和平民放债，

---

① 《启示和奇妙信札》，法文版，第三卷，470页，巴黎，1877。

② 李明：《新回忆录》，法文版，第一卷，75页。巴黎，1696。

③ ［英］巴德利：《俄国、蒙古、中国》，英文版，第二卷，337、368、411页，伦敦，1919。

④ ［英］拜克豪斯、勃兰德：《中国宫廷纪年》，英文版，240页，纽约，1914。

⑤ 《东华录》雍正朝卷三十八。

⑥ 托马斯：《北京教会史》，法文版，361页，巴黎，1923。

⑦ 罗柏杉：《传教士和官吏》，英文版，154页，加利福尼亚，1942。

进行高利贷剥削。连罗马教廷的使臣也“谴责他们高利盘剥和粗暴逼债”①。在各省的传教士更是广置田产，开设字号，巧取豪夺，横行不法。一七一五年（清康熙五十四年），直隶真定县天主堂传教士高尚德因逼租殴打武举人张逢时，打得“逢时吐血晕地”②。北京钦天监内的传教士出面包庇，传教士不但无罪，并且还要向张逢时继续索逼典金租价，他们对有功名的武举人尚且如此专横，对一般老百姓就更可想而知了。

总之，传教士虽然带来了一些先进科学知识，但他们在中国出入宫禁，结交权贵，盗窃情报，泄露机密，高利盘剥，欺压良善百姓，他们和中国人民以及政府之间经常发生矛盾，到十八世纪初，清政府不得不采取了禁止传教的措施。

二、清政府禁止传教活动

中国是个宗教很多、信仰自由的国家，佛教、道教、伊斯兰教、萨满教长期在中国自由传播，各有不同的偶像与信条，各有众多的信徒，并未受到政府的干涉或限制。但是，中国有悠久的文化，各个民族各有传统的礼仪风俗，外来的宗教要在中国传播，必须根据中国的情况，适当调整自己的教义和仪式，以适应于中国社会，佛教、伊斯兰教传入中国都有一个长期调整的过程。当耶稣会士刚刚来到中国，他们也是采取了特殊的传教方式，表示尊重中国固有的礼仪风俗，尊重儒家学说。明清时代统治阶级中的一些人误认耶稣会的传教是用另一种形式阐发孔孟之道。有人称赞汤若望，“主教尊天，儒教亦尊天；主教穷理，儒教亦穷理……谓先生为西海之儒，即中国之大儒，可也”③。耶稣会士也常常自称是“海外鄙儒”，他们传教的方式尽量适应中国的礼仪习俗，正由于这样，才能够在中国站住脚跟，在开展传教活动方面，取得了一定的效果。但是，耶稣会士的传教方法，遭到其他教派的激烈反对，明朝末年，已有其

---

① 罗柏杉：《传教士和官吏》，英文版，154页，加利福尼亚，1942。

② 《文献丛编》，第十二辑，三七页。

③ 《中国哲人孔夫子》，110页，巴黎，1687。

他教派向罗马教廷控告耶稣会在中国的布道方式违背天主教的教义。一六四五年（清顺治二年），罗马教廷命令耶稣会改变传教的方式，在华的耶稣会士意识到，如果采取在殖民地那样的传教方式，势必不能在中国立足，因此向教廷提出申辩。当时，耶稣会受葡萄牙的支持和庇护，葡萄牙的海外势力很大，耶稣会更垄断了在远东的宗教活动，罗马教廷不得不倾听耶稣会士的意见。一六五六年（清顺治十三年），教廷颁发命令，认可了耶稣会士在中国的活动方式。

但是，事情并没有终结，随着形势的发展，葡萄牙、西班牙的海外力量逐渐衰落，荷兰、英国、法国的势力兴起。在海外传教事业方面，葡萄牙也日益失去控制权，罗马教廷在法国的支持下，力图把海外传教活动置于自己的统一领导下。一直受葡萄牙庇护的耶稣会在欧洲受到非难，耶稣会内部，非葡籍的传教士越来越多，力图摆脱葡萄牙的控制。在这种背景下，耶稣会在华的传教方式是否适当的问题，又被重新挑起。

由于传教士中对耶稣会啧有烦言，十七世纪下半期教皇派法国外方布道会的神父玛格利特到中国做调查，玛格利特极端反对耶稣会的活动方式，指责它和异教（指中国的儒学和礼仪风俗）合流，要求耶稣会改变传教的策略和方式，耶稣会不予理睬。罗马教廷决心进行干预，一七〇五年（清康熙四十四年）教士铎罗作为教皇的特使，带着教皇的命令到了北京。教皇的命令中禁止中国入教者祭孔祀祖，并要传教士防止把“上帝”、“天主”和中国人一向崇奉的“天”、“帝”相混淆。铎罗到达北京后，康熙多次接见了他，向铎罗解释：祭孔是尊重圣人之意，祭祖是不忘养育之恩，敬天事君是“天下之通义”①，这是中国传统的伦理观念、风俗习惯，决不能废弃。西方国家不应该要求中国人对圣经教义句句照办，正像中国人不应该要求外国人按四书五经办事一样。在中国的传教士必须“谨守法度”，凡愿服从中国法令的教士，可以领票留在中国，不愿服从中国法令的一律离境回国。康熙还要求铎罗暂缓公布教皇的命令。可是铎罗离开北京，到达南京，

① 《康熙与罗马使节关系文书》，北京，故宫博物院，1932。

就公布了教皇的命令。康熙十分气愤，逮捕了铎罗，押送澳门监禁。

当罗马教廷知道这个消息后，态度更加强硬，要和中国政府对抗到底。一七一五年（清康熙五十四年），教皇重申禁令，要求在远东的传教士必须服从，否则将处以严刑。一七二〇年（清康熙五十九年），教皇的另一特使嘉乐来到北京，传达教皇的命令，在中国的全体传教士不得不表示服从。当然，康熙不会接受罗马教廷强加的命令，清政府和罗马教廷的关系破裂。原来对耶稣会士颇有好感的康熙体会到西方教会势力的骄横，也蒙眬地觉察到欧洲国家将成为中国很大的威胁。他说，“以后西洋人在中国行教，禁止可也，免得多事”①。又说，“海外如西洋诸国，千百年后，中国恐受其累”②。

由于罗马教廷态度强横，教会和清政府的关系大大恶化，加以各地传教士横行不法，清朝官员深抱戒心。一七一七年（清康熙五十六年）广东碣石镇总兵陈昂奏：“天主一教，设自西洋，今各省设堂，招集匪类，此辈居心叵测。目下广州城设立教堂，内外布满，加以同类洋船丛集，安知不交通生事，乞饬早为禁绝，毋使滋蔓。”③ 清廷接受陈昂的建议，下令禁止传教，但这一命令并没有大力贯彻。雍正即位后，由于传教士插手皇室内部斗争，支持胤禟、胤禩，促使雍正帝增强了禁教的决心。一七二四年（清雍正元年）初，礼部议复闽浙总督觉罗满保奏：“西洋人在各省起盖天主堂，潜住行教，人心渐被煽惑，毫无裨益。请将各省西洋人除送京效力外，余俱安插澳门，应如所请。天主堂改为公所，误入其教者，严行禁饬”④。这一年七月，雍正向教士巴多明等表示禁止传教的决心，他说：“汝等欲中国人人为天主教徒，此为汝教之宗旨，朕所稔知。果尔，则朕等将为何种人，将为汝国君之臣属耶？汝等所劝化之教徒，目中唯有汝等，一旦有事，彼等唯汝言是听。朕知今日无所惧，然洋船千百沓至，必将生事”⑤。此后，除尚有少数传教士留居北京，在内

---

① 《康熙与罗马使节关系文书》，北京，故宫博物院，1932。
② 《东华录》康熙朝卷二十四。
③ 《东华录》康熙朝卷九十九。
④ 《东华录》雍正朝卷三。
⑤ 《启示和奇妙信札》法文版，第三卷，364页，巴黎，1877。

廷和钦天监工作外，各地的传教士都迁往澳门，教堂关闭，传教活动停止。

雍正禁教之后，传教士还不死心，偷偷地到各地活动，“西洋神父之潜入内地者，陆续不绝，正不知为数几何”①。故乾隆、嘉庆、道光三朝一再重申禁止传教的命令。至于留在北京的传教士，虽然人数日益减少，但他们仍积极搜集情报，传递到国外。十八世纪末，巴黎出版了大量有关中国情况的书籍，都出自传教士之手，还有许多情报至今仍藏在欧洲教会的档案库内。一八〇五年（清嘉庆十年），江西查获广东人陈若望为北京的传教士德天赐递送书信和机密地图到澳门去。嘉庆下令严加惩究，德天赐“解往热河，在额鲁特营房圈禁”。一八一一年（清嘉庆十六年），清廷又下令：“除在钦天监有推步天文差使者，仍令供职外，其余西洋人著交两广总督，俟有该国船只到粤，附便遣令归国”②。一八三七年（清道光十七年），传教士中担任最后一任钦天监正的高守谦回国，次监副毕学源病故，从此钦天监中不再有外国传教士，早期的天主教传教士的在华活动到此结束。不久，鸦片战争爆发，在大炮轰鸣声中，传教士卷土重来，西方国家在中国的传教活动进入了另一个阶段。

---

① ［法］萧若瑟：《天主教传行中国考》，370页，河北献县天主堂，1931。

② 《清仁宗实录》卷二四三。

第十章　边疆少数民族地区的统一与多民族国家的巩固与发展

第一节　清朝政府平定准噶尔部噶尔丹割据势力　统一漠北地区

一、十七世纪后期我国西部、北部边疆地区的少数民族

“中国是一个由多数民族结合而成的拥有广大人口的国家”①。清朝入关建立起全国统治后，分布在我国西部、北部广阔边疆地区的蒙古、藏、回、维吾尔、哈萨克、布鲁特等少数民族人民，先后同清朝中央政府建立了政治与经济联系，日益成为我国多民族国家不可分割的成员。

地处于我国北部边疆的漠北地区，在东起黑龙江呼伦贝尔，南至瀚海，西至阿尔泰山，北至俄罗斯，“东西延袤五千里，南北三千里”② 的辽阔土地上，是我国喀尔喀蒙古族长期居住和游牧的地方。喀尔喀蒙古的领袖本为元朝之宗室，是元太祖十五世孙达延汗之幼子格埒森扎・札赉尔的后裔。据记载：自达延汗死后，其子孙割据蒙古全境，“独其季格埒森扎・札赉尔珲台吉留故处，号所部曰喀尔喀，析众万余为七旗，授七子领之”③，称“喀尔喀・多伦・和硕”(喀尔喀七旗)。早在清朝入关以前，喀尔喀蒙古的三大封建主——土谢图汗、札萨克图汗和车臣汗就与清朝政府建立了联系。一六三八年

① 《毛泽东选集》，第二卷，622 页，1991。

②③　张穆：《蒙古游牧记》卷七，《外蒙古喀尔喀四部总叙》。

(明崇祯十一年，清崇德三年)，喀尔喀三部“遣使来朝”，清廷规定喀尔喀三部每年各贡“白驼一，白马八，谓之九白之贡”①，已正式臣属于清朝。但一六四六年（清顺治三年），车臣汗硕垒乘清兵入关，无力兼顾北疆的时机，诱使内蒙古苏尼特部长腾机思发动反清叛乱。车臣汗与土谢图汗两部皆出兵助乱，由于清军迅速出动进剿，叛乱很快被平定下去。一六四八年（清顺治五年），腾机思向清朝乞降，车臣汗硕垒、土谢图汗衮布等复遣使贡驼马，“上表引罪”②。一六五五年（清顺治十二年），土谢图汗衮布子察珲多尔济、车臣汗硕垒子巴布、札萨克图汗诺尔布及赛音诺颜部长丹津喇嘛，“各赍表遣子弟来朝”③。同年，清政府又在喀尔喀设八札萨克，分左右翼，因而使喀尔喀蒙古与清朝中央政府的政治联系更加密切起来。

在喀尔喀蒙古之西，是我国厄鲁特蒙古族游牧的地方，他们“皆聚牧天山之北、阿尔台（泰）山之南”④，巴尔喀什湖以东、以南广大地区。

厄鲁特蒙古本是我国蒙古族的一支，在元代称斡亦剌惕，明代称瓦剌，在清代也称为卫拉特、卫剌特或额鲁特。⑤ 西方史家把厄鲁特蒙古称作加尔梅克，加尔梅克“并非他们自己的称呼”⑥，而是欧洲人从他们的突厥族邻部和俄国人那里借用来的⑦。厄鲁特蒙古长期以来就是我国多民族国家的成员。早在元朝建立之前，当时的斡亦剌惕即归附了成吉思汗，成吉思汗将自己的女儿嫁给斡亦剌惕部的领袖，从此结成了世代的姻亲关系。斡亦剌惕部成为我国蒙古族的一个重要组成部分。元朝建立之后，中央政府在斡亦剌惕牧区设“行尚书省”进行统治，元朝还派其宗室、大臣管理

---

① 《皇朝开国方略》卷二十二。

② 祁韵士：《皇朝藩部要略》卷三，《外蒙古喀尔喀要略》一。

③ 何秋涛：《朔方备乘》卷三，《喀尔喀内属述略》。

④ 祁韵士：《皇朝藩部要略》卷九，《厄鲁特要略》一。

⑤ 参见洪钧：《元史译文记补》；柯劭忞：《新元史》；张穆：《蒙古游牧记》。

⑥ [日] 矢野仁一：《近代蒙古史研究》，17 页。

⑦ 参见 [英] 霍渥斯：《蒙古史》，第一卷，497～498 页；[英] 巴德利：《俄国、蒙古、中国》，第二卷，16 页。

斡亦剌惕部，其后代子孙一直为厄鲁特蒙古各部首领，到清代仍能数其世系。① 元亡后，明朝在西北地区继续行使中央政府的统治权，设置卫所，对瓦剌首领加以册封，授以指挥、千户、百户等官②；瓦剌则不断向明朝中央政府“进贡”。永乐年间，瓦剌部首领马哈木、太平及把秃孛罗等“来朝贡马”，请求册封，明朝封他们为顺宁王、贤义王和安乐王，“赐印诰”③。十五世纪初，顺宁王马哈木之孙也先，反明割据，和明王朝作战，在离北京不远的土木堡（今河北怀来县）击溃明军，俘获明英宗朱祁镇，史称“土木之变”。也先统治着“中亚细亚的东半部，并自认完全代表中国行事的”④。也先死后，其后代仍不断遣使入贡服从明王朝管辖，在经济上也和明朝中央政府有密切的联系，厄鲁特蒙古每年向明政府贡马，多达几千匹，以换取中原地区的粮食、丝绸、布匹、铁器等。明朝政府并向它遣使收税，一六一〇年（明万历三十八年）俄国使者托密尔柯·彼得洛夫到达厄鲁特蒙古，曾经碰到了中国政府派来这里收税的官员，彼得洛夫向这个中国官员询问了有关中国的土地、人口和宗教等问题。⑤

大约十六世纪后期，厄鲁特蒙古已分成和硕特、准噶尔、杜尔伯特、土尔扈特四部，“分牧而居”⑥，“部自为长”⑦，“逐水草，无城廓”⑧。他们主要活动于伊犁河谷、额尔齐斯河两岸、塔尔巴哈台、乌鲁木齐地区，有的部族，沿额尔齐斯河游牧，远至鄂毕河和塔拉地区。厄鲁特蒙古很早就有一个最高的联盟会议，称“丘尔干”，由各部的封建贵族参加，共同决定内外大政，调和内部的利害冲突。“丘尔干”设一至两个首领，一直由和硕特部的贵族担任。

① 详见祁韵士：《皇朝藩部要略》卷九，《厄鲁特要略》一；张穆：《蒙古游牧记》卷十三。

② 参见《明永乐实录》卷六十三。

③ 《明史》卷三十八，《瓦剌传》。

④ ［英］巴德利：《俄国、蒙古、中国》，第二卷，44页。

⑤ 参见上书，39页。

⑥ 邓廷桢：《蒙古诸部述略》。

⑦ 祁韵士：《皇朝藩部要略》卷九，《厄鲁特要略》一。

⑧ 《西域图志》卷一，《图考》一，《西域全图说》。

十七世纪初，和硕特部的拜巴噶斯担任“丘尔干”的首领。

这时，厄鲁特蒙古的游牧经济发展得很快，人口和畜群大量增加，原有的牧场不敷分配。因此，和周围的喀尔喀蒙古人、诺盖人、哈萨克人经常发生冲突，厄鲁特内部也因争夺牧场而发生频繁的内争。准噶尔游牧在伊犁河流域的肥沃牧场上，并且和中原地区、漠南北蒙古、西藏以及中亚细亚的贸易较发达，经济发展最快，力量也最为强大。准噶尔的首领哈喇忽喇起而与拜巴噶斯竞争，后来两人共同担任“丘尔干”的首领。

到了哈喇忽喇的儿子巴图尔珲台吉的时候，准噶尔的势力更加强大。巴图尔珲台吉不但依靠日益繁荣的畜牧经济，而且大力发展农业和手工业，使用俘获的布哈拉人开辟耕地，种植麦和黍；拥有一批木匠、泥水匠、铁匠、铠甲匠；还建立了几座以喇嘛寺庙为主体的定居村镇。在政治上，巴图尔珲台吉进一步巩固了权力，迫使厄鲁特四部服从自己的统治。原来游牧在塔尔巴哈台地区的土尔扈特部首领和鄂尔勒克，与巴图尔珲台吉的关系不睦，不愿服从其统治，率所部五万余帐（大约二十余万人）于一六二八年（明崇祯元年，后金天聪二年）向西迁徙，辗转至伏尔加河下游。接着，约在一六三七年（明崇祯十年，清崇德二年）和硕特部首领拜巴噶斯的弟弟图鲁拜琥（即顾实汗）也因和巴图尔珲台吉发生冲突，率所部离开原来牧区乌鲁木齐地区，向东南迁移，到达青海一带。一六四〇年（明崇祯十三年，清崇德五年），为了缓和各部蒙古的内部矛盾，在巴图尔珲台吉的主持下召开了大会，参加的有厄鲁特蒙古各部首领，包括已迁往伏尔加河下游的土尔扈特部和鄂尔勒克以及已迁往青海的和硕特部图鲁拜琥，还有喀尔喀三汗，但没有漠南蒙古参加。会议上制定了蒙古——卫拉特法规，调整了蒙古各部的相互关系，巩固了封建贵族、牧主对牧民的剥削权利，并保证要在对外作战中统一部署，相互支援。但是，会议以后，蒙古内部的矛盾仍十分激烈，巴图尔珲台吉和喀尔喀蒙古札萨克图汗所属的阿尔泰汗（或称阿勒坦汗）多次作战，厄鲁特蒙古的内部也经常冲突，战祸频仍。一六五三年（清顺治十年)，巴图尔珲台吉死去①，其子僧格继为厄鲁特“丘尔干”的主持人，内部发生了激烈斗争，僧格联合和硕特的鄂齐尔图为一方，僧格的弟弟车臣台吉卓特巴巴图尔联合鄂齐尔图的弟弟阿巴赖为另一方，展开了争夺战。起初，僧格在斗争中占上风，巩固了自己的统治，但到一六七〇年（清康熙九年）却被阴谋刺杀，准噶尔陷入了群龙无首的状态。噶尔丹是巴图尔珲台吉的第六子，从小在西藏学习喇嘛教。僧格被杀，他立即赶回准噶尔，声称奉达赖喇嘛的命令要为其兄僧格报仇，平定准噶尔内乱。他驱逐了僧格的敌人车臣台吉，却又杀掉僧格的儿子索诺木阿拉布坦，囚禁自己的叔父楚琥尔乌巴什，攻杀自己的岳父鄂齐尔图车臣汗，“顺我者昌，逆我者亡”，噶尔丹用血腥手段建立了恐怖统治。他曾进兵青海，攻打和硕特部，又乘“回部”的教派之争，进兵天山南路，灭叶尔羌国，并勾结沙俄，向喀尔喀蒙古进攻。噶尔丹“自称博硕克图汗，因胁诸卫拉特奉其令”②。十七世纪下半期，在噶尔丹的统治下，准噶尔发展为一支强大的割据势力，控制着天山南北，威胁青海、西藏和喀尔喀蒙古，成为巩固国家统一、实现民族团结的严重阻碍。

当时，在天山南路维吾尔族地区，形成了以元蒙的察哈台汗后裔为统治阶级的地方封建政权——叶尔羌汗国，即清代书籍中所说的“回部”③。清朝入关后，叶尔羌汗国就和清政府建立了“朝贡”与贸易关系。顺治初，叶尔羌国的哈密当局曾支持甘肃回汉人民的抗清斗争，一度与清政府断绝联系。至一六五六年（清顺治十三年）叶尔羌国阿布杜勒汗又和清廷恢复关系，“贡使至京，初议遣十人入觐，请益，乃定额三十人。从者三百留肃州，请给粮赏”。这次带来的贡物有骆驼、马和璞玉，清廷赏赐缎三百三十八匹、绢七百二十匹，并议定五年一贡，只许三十人入京，其余留甘肃，“所带货物，许在京会同馆，照例互市”④。叶尔羌汗国的人民早已皈依伊斯兰

---

① 据《咱雅班第达传》，但有的记载说巴图尔珲台吉死于一六六五年。

② 祁韵士：《皇朝藩部要略》卷九，《厄鲁特要略》一。

③ 魏源称：“回部者，天山南路也。天山为葱岭之干，袤数千里，抵哈密。其左右为准回两部。”（见魏源：《圣武记》卷四，《乾隆戡定回疆记》）

④ 祁韵士：《皇朝藩部要略》卷十五。

教。在明朝末年，察哈台后王拉什德汗统治时期，有个名叫玛赫杜米·阿札木的人，从撒马尔罕到喀什噶尔传教，自称“和卓”，即教祖穆罕默德的后裔，被笃信伊斯兰教的拉什德汗奉若神明。玛赫杜米·阿札木的子孙世居喀什噶尔与叶尔羌，有很大的权势和影响①，“回部以为贵种，所至辄拥戴之”②。玛赫杜米·阿札木后代家族的势力不断扩大，成了天山南路的实际统治者，察哈台后王已完全被和卓所控制。

在南疆地区伊斯兰教传播过程中早已出现了教派之争，即“黑山派”与“白山派”的斗争，到了清初愈演愈烈。康熙初年，南疆的察哈台后王伊斯美耳汗赞助“黑山派”，驱逐“白山派”，“白山派”首领阿拍克求援于其北邻准噶尔部，因而给早已形成割据势力的准噶尔部进侵南疆以可乘之机。一六七八年（清康熙十七年），准部首领噶尔丹乘机进兵，“尽执元裔诸汗，迁居天山以北。回部及哈萨克皆为其属”③，从此，叶尔羌汗国灭亡，察哈台后裔在维吾尔族地区的统治结束，准噶尔控制了天山南路。

二、沙俄对我国西部、北部地区的侵略与噶尔丹发动反清战争

“俄国毫无疑问是一个有侵略野心的国家”④。自十六世纪以后，由于国内大农奴主和大商人的推动，俄国迅速地向外进行侵略扩张。在欧洲同波兰、立陶宛、瑞典进行争夺战争的同时，积极向东方进侵，它越过乌拉尔山，征灭了喀山汗国、阿斯特拉罕汗国、西比尔汗国，长驱直入，席卷西伯利亚。到了十七世纪中叶以后，沙俄的东侵势力一面越过贝加尔湖和外兴安岭，侵入我国东北部黑龙江流域；一面侵略我国北部的喀尔喀蒙古地区和西部的厄鲁特蒙古地区。

沙皇俄国对我国厄鲁特蒙古的侵略，是采用武力征服或“怀柔”

---

① 参见［日］羽四明：《明末清初的东土耳其斯坦——其回教史的考察》，载《东洋史研究》，第七卷，第五号，14页。

② 阙名：《回部政俗论》，见《小方壶斋舆地丛钞》，第二帙，二。

③ 魏源：《圣武记》卷四，《乾隆戡平回疆记》。

④ 《马克思恩格斯全集》，第九卷，18页。

手段来进行的。当他们感到这些剽悍善战的游牧民族，在草原上纵横驰骋、力量甚强而“无法征服”时，便改变武装入侵的方式，采取“派外交使节的办法”①，以威胁利诱手段，诱使厄鲁特各部首领“转入俄国国籍”，从而实现其分裂我国民族、侵占我国领土的罪恶阴谋。一六〇七年（明万历三十五年），塔拉将军加加林根据莫斯科的命令，派遣了一个代表团去准噶尔部，劝诱其首领“转入俄国国籍”。紧接着，一六〇九年（明万历三十七年），沙俄政府从塔拉又派出一个以戈鲁平为首的代表团到准噶尔地区活动，建议其首领“发誓忠于沙皇，签订相应条约”②。一六一六年（明万历四十四年），沙俄政府从托波尔斯克派出彼得罗夫与库尼津的代表团，“劝诱其台吉归顺”③。第二年（一六一七年，明万历四十五年），又派出沙维列夫到准噶尔部进行劝诱活动。但沙俄侵略者的多次劝诱和无理要求，均遭到准噶尔部首领巴图尔珲台吉等的拒绝。后来，由于准噶尔部势力逐渐强大，更加引起沙皇政府的注视。在僧格统治准噶尔部期间，沙皇政府仍不断派遣使者，要求僧格屈服于沙俄政府，均遭到僧格的严词拒绝，僧格曾对俄国掠去他的属民提出强烈的抗议。一六六七年（清康熙六年），僧格率领准噶尔部军民四千余人，围攻了沙俄侵略准噶尔部的前哨据点克拉斯诺雅尔斯克，愤怒了的准噶尔部军民给沙俄侵略者以应得的惩罚。

沙皇俄国在侵略厄鲁特蒙古地区的同时，又极力向我国北部的喀尔喀蒙古地区进侵。早在十七世纪上半期，沙皇政府便对喀尔喀蒙古采取了侵略步骤。一六一六年，俄国托波尔斯克地方当局派秋曼尼茨和彼得洛夫为使节，到阿尔泰汗④处进行特务活动，得到不

---

① 以上所引均见约瑟夫·塞比斯：《耶稣会士徐日升关于中俄尼布楚谈判日记》的《徐日升神甫日记导论》。

② ［苏］兹拉特金：《准噶尔汗国史》，126 页。

③ ［英］巴德利：《俄国、蒙古、中国》，卷二，37 页。

④ 阿尔泰汗亦称阿勒坦汗，居于蒙古西北部乌布苏泊附近。十七世纪初，是蒙古族中很强大的一支，势力和名声远达西伯利亚和中亚细亚。第一个阿尔泰汗名叫硕垒乌巴什，他是札萨克图汗素巴第的叔父。此后，硕垒乌巴什的儿子俄木布和孙子罗卜臧台吉额林沁相继称阿尔泰汗。一六三七年（明崇祯十年，清崇德二年），阿尔泰汗随同喀尔喀蒙古全体向清朝进“九白之贡”，一六五五年（清顺治十二年），清政府封喀尔喀蒙古八个最强大的领袖为札萨克，额林沁就是其中的一个。

少关于明王朝的情报。一六三六年（明崇祯九年，清崇德元年），沙俄政府又先后派库尔查宁和斯塔尔科夫出使阿尔泰汗处，劝诱阿尔泰汗臣服于俄国。十七世纪四十年代，俄国殖民势力越过贝加尔湖后，一六四七年（清顺治四年），沙俄的一队“探矿队”，闯进喀尔喀的车臣部。同年又有一个名叫波哈包夫的特务分子，也窜到车臣汗的庭帐，向车臣汗提议加入沙皇俄国的国籍，遭到车臣汗的拒绝。但沙俄侵略者仍不死心，“为了继续和车臣汗谈判并递交俄国沙皇赠给他的礼物”①，沙俄当局于一六四九年（清顺治六年）从托波尔斯克派出扎包洛茨基为首的使团。但扎包洛茨基被抗击入侵的布里亚特蒙古人民所击毙，他的使团由译员潘菲尔·谢苗诺夫率领来到车臣汗的庭帐，劝诱车臣汗硕垒的寡妻塔伊哈加入俄国国籍，又遭拒绝。到了十七世纪下半叶，沙俄的侵略势力已直接侵入色楞格河流域土谢图汗管辖的地方，先后建立起色楞格斯克（即楚库柏兴）和伊尔库茨克等据点。沙俄对喀尔喀的入侵，遭到中国的喀尔喀蒙古领袖土谢图汗的强烈抗议，多次派人去莫斯科交涉，要求俄国退出侵占的中国领土。一六七二年（清康熙十一年），土谢图汗和他的兄弟哲布尊丹巴·呼图克图（喀尔喀蒙古的喇嘛教领袖）派使者到莫斯科，要求俄军撤出色楞格斯克，并向俄国政府表示，如果俄国停止扩张，他们愿意同俄国和睦相处，友好往来，但如果俄国继续侵略，蒙古将起而抵抗。一六七五年（清康熙十四年），另一个以比利克图为首的蒙古使团到达莫斯科，抗议俄国哥萨克的种种罪行，“攻打向我们交毛皮实物税的人，劫走了很多妇孺和财产，捣毁向我们交毛皮实物税的布利亚特人的住处，使我们的人不得安生，四处逃亡，无法就业”，“对蒙古居民百般欺凌，抢劫掳掠，殴打至死”②。但是，俄国侵略者对蒙古当局多次的抗议和警告置若罔闻，侵略活动一天比一天更加厉害，蒙古军民忍无可忍，开展了频繁的抗俄斗争，如一六六八年（清康熙七年），蒙古某部的谢伊贡台吉曾经攻打俄国的侵略据点巴拉甘斯克等地；一六七一年（清康熙十年），俄国

---

① ［苏］兹拉特金：《蒙古近现代史纲》，44页。

② ［苏］沙斯季娜：《十七世纪俄蒙通使关系》，110、112页。

叶尼塞斯克的督军接到侵占尼布楚的俄国哥萨克的求救信，说他们“被蒙古人围困在这些城堡里，饿得奄奄待毙”，又接到色楞格斯克的告急文书“请求给他们增派军役人员以抵御邻近的蒙古台吉”①。

一六八四年（清康熙二十三年），清政府进兵黑龙江，决心收复被沙俄侵占的领土，雅克萨战争已迫在眉睫，土谢图汗与清朝中央政府密切配合，加紧抗俄斗争，严正要求俄军撤出蒙古，他的使者向色楞格斯克俄国殖民当局警告：“你们不得在我领土内居住，你们之城堡将不复存在”，并指出蒙古领袖们是热爱祖国、维护中央政府的，“我们的斡齐赉赛音汗（即土谢图汗）与博格德汗（即康熙帝）协同一致”②。

这时，俄国政府派遣以戈洛文为首的使团前来中国，与清政府谈判中俄东段边界的划分。戈洛文率领二千军队于一六八七年（清康熙二十六年）行抵贝加尔湖，借口蒙古人偷盗了俄军的马匹，蛮横入侵喀尔喀各部，烧杀抢掠，将蒙古兀鲁思洗劫一空。还派遣使者向蒙古领袖要求赔偿“失盗”的马匹，惩罚“偷盗者”。戈洛文给蒙古领袖的书信中进行战争恫吓，声称如不接受俄国的要求，俄军“势必要袭击他们蒙古兀鲁思”，“捣毁帐幕，俘虏他们的妻子儿女，报仇雪恨”，“大军一到，蒙古人就要遭殃”③。

中国的蒙古族人民具有反对外来侵略的坚强意志和勇敢精神，任何压力和威胁都不可能把他们吓倒。为了防范俄军的进攻，蒙古军民在鄂尔浑河一带集结，和俄军发生冲突。俄军虽有精利的武器，但蒙古军民团结在土谢图汗和哲布尊丹巴·呼图克图的周围，英勇奋战，打得俄国侵略军丢盔卸甲，抱头鼠窜，戈洛文率俄军龟缩在色楞格斯克城堡里，蒙古军民士气大振。就在沙俄侵略军被喀尔喀蒙古军民包围、军事上极为不利的时候，准噶尔部封建主噶尔丹竟丧心病狂，趁喀尔喀蒙古与俄军作战的机会，突然发动攻势，率兵越过杭爱山，大举进攻土谢图汗，从背后向喀尔喀

① 《一六八九年的中俄尼布楚条约》，112页。

② ［苏］沙斯季娜：《十七世纪俄蒙通使关系》，118页。

③ ［俄］齐赫文斯基主编：《十七世纪俄中关系》，第二卷，217、222页。

军民施放暗箭。

这时，噶尔丹已统一准噶尔部，并吞天山南路，影响及于青海、西藏。噶尔丹的野心越来越大，“恃其强盛”，“四出剽掠”[①]，他对喀尔喀的进攻，蓄谋已久。在此以前，喀尔喀内部纷争，札萨克图部的封建主额林沁（即阿尔泰汗）杀死札萨克图汗旺舒克，部内大乱“属众溃散，多依土谢图汗”[②]。土谢图汗察珲多尔济（斡齐赉赛音汗）联合赛音诺颜部长丹津喇嘛出兵击败额林沁，额林沁投奔准噶尔。旺舒克的儿子成衮承继札萨克图汗位，成衮死后，又传位其子沙喇。札萨克图部一直要求土谢图汗归还逃散部众，土谢图汗拒不交还，因而引起札萨克图部与土谢图部之间的矛盾。清政府与达赖喇嘛都派出使者前去调停，但未得到解决。就在这时，对喀尔喀“久涎富庶”的噶尔丹，却乘机插手，拨弄是非，阴谋扩大事态，以土谢图汗及其弟哲布尊丹巴·呼图克图“卑视达赖喇嘛使人为辞”，遣其弟多尔济查布对土谢图汗“肆行凌辱”[③]，激怒了土谢图汗，杀死多尔济查布。噶尔丹以此为借口，向喀尔喀大举进攻。

噶尔丹向喀尔喀的进攻，是在土谢图汗抗击沙俄入侵的紧要时刻，以“掩其不备，发兵猝至”的突然袭击方式进行的。土谢图汗的军队猝不及防，处于腹背受敌的不利地位。尽管喀尔喀蒙古军民在土谢图汗的统率下，奋起抗击，在鄂罗会诺尔同噶尔丹军“鏖战三日”，但终因双方力量悬殊，在噶尔丹军的猛烈进攻下被全部击溃，“各弃其庐帐器物，马驼牛羊，纷纷南窜”[④]，“溃卒布满山谷，行五昼夜不绝”[⑤]，“迁徙者蚁聚蜂屯，其色惊惶”[⑥]。这时，俄国侵略者趁喀尔喀战败，秩序混乱之机，向其上层人物利诱威逼，要他们投降俄国，即可得到保护。在这一重要关头，哲布尊丹巴·呼图克图挺身而出，坚持爱国的路线，向蒙古的上层人物晓示民族团结的大义。

---

① 敖福合译：《圣驾亲征噶尔旦方略》（钞本）。

② 何秋涛：《朔方备乘》。

③ 程穆衡：《准噶尔考》卷上。

④ 《清圣祖实录》卷一三五，康熙二十七年五月二日。

⑤ 张鹏翮：《奉使俄罗斯日记》。

⑥ 钱良择：《出塞纪略》。

他说："'俄罗斯素不奉佛，俗尚不同我辈，异言异服，殊非久安之计。莫若全部内徙，投诚大皇帝（指康熙），可邀万年之福。'众欣然罗拜，议遂决"①。俄国逼降喀尔喀蒙古的险恶阴谋宣告破产。

应该指出：噶尔丹向喀尔喀的进攻，是在沙俄的怂恿支持下发动的，俄国为了扩张领土，实现侵华的目的，培植并利用噶尔丹。戈洛文在给俄国外务衙门的报告中，就提出建立俄国和准噶尔联盟的主张，建议"由托波尔斯克派出使团去见厄鲁特汗（即噶尔丹）"②。正如一个法国史学家所说：虽然当时俄国和准噶尔没有成立正式的军事联盟，但"俄国至少是一直赞助和袒护这一强大邻居（指准噶尔），因为得到它的支持是非常重要的"③。因此，戈洛文"决定向他（指噶尔丹）送去沙皇国书和沙皇赐给他的礼物"④，积极支持噶尔丹割据势力。而噶尔丹为了实现兼并喀尔喀蒙古的野心，在沙俄的勾引下，走上了依靠沙俄、分裂祖国的罪恶道路。从一六七四年（清康熙十三年）到一六八三年（清康熙二十二年）间，噶尔丹几乎每年都派使者去俄国勾结，"企图同俄国订立军事同盟和求得俄国给予'军队和枪炮'的援助"⑤。根据《戈洛文出使日记》所载蒙古领主的谈话，"卡尔梅克博硕克图汗（指噶尔丹）是根据陛下（指沙皇）的谕旨发动战事的。有大批俄国军队，并有大量火器大炮协同他作战。战场上相遇时，卡尔梅克人就以皇家部队（指俄军）的名义来恫吓他们"⑥。戈洛文于一六九〇年（清康熙二十九年）给噶尔丹的信中写道，"你曾集结所部全体官兵武装进攻（喀尔喀蒙古）……而我至尊的大君主沙皇陛下方面也曾发动同样武装进攻，许多蒙古领主被随从全权大使的官兵击溃，另一些被生擒"⑦。可见沙俄侵略者武装进攻了喀尔喀，直接参与了噶尔丹叛乱，对中

---

① 松筠：《绥服纪略图诗注》，转引自张穆：《蒙古游牧记》卷七。
② ［俄］齐赫文斯基主编：《十七世纪俄中关系》，第二卷，18 页。
③ ［法］加恩：《早期中俄关系史》，25 页。
④ ［苏］沙斯季娜：《十七世纪俄蒙通使关系》，162 页。
⑤ ［法］加恩：《早期中俄关系史》，73 页。
⑥ ［俄］齐赫文斯基主编：《十七世纪俄中关系》，第二卷，360 页。
⑦ 同上书，623 页。

国蒙古族人民犯下了血腥的罪行。

三、乌兰布通之战与多伦会盟

噶尔丹为了彻底吞并喀尔喀，进一步充实其反清实力，更加无所顾忌地投靠沙皇俄国。当清廷正和俄国举行尼布楚谈判，要求收复被俄国侵占的中国领土的时候，噶尔丹密派使者达尔罕宰桑，去见伊尔库茨克总督吉斯良斯基和戈洛文，请求俄国派军与噶尔丹军队合作。噶尔丹给戈洛文的信中要求俄国侵略军“驰赴约定之地会合，以便并肩作战”①。噶尔丹还丧心病狂地出卖祖国神圣的领土，他给使者的指示中说什么“阿尔巴津（即雅克萨——引者）建寨的地方原本是蒙古的，不是博格达汗（指清朝皇帝）的，统辖蒙古人和这个地区是他——博硕克图汗，倘若沙皇陛下有意在这里建城堡，博硕克图汗愿意将这个地区让给陛下”②。而戈洛文的复信中，则“保证以俄国军队的相应行动支持厄鲁特部队对土谢图的进攻”，并派基比列夫随达尔罕宰桑来到噶尔丹处，“继续就可能共同出兵对付土谢图汗及其支持者一事进行谈判”③。

清政府对噶尔丹叛乱早有警惕。当清政府于南方平定“三藩”、在东北抗击沙俄的紧急时刻，就密切注视着西北地区噶尔丹势力的发展。早在一六七八年（清康熙十七年），清政府就派人至甘肃一带探听“厄鲁特部落噶尔丹台吉信息，不时以报”④。清政府起初希望和平解决少数民族之间发生的纠纷，努力避免使用战争手段。一六八三年（清康熙二十二年），清政府派内大臣奇塔特到达准噶尔，抚慰噶尔丹并赏赐物品，使其服从中央命令，与各部和好相处。那时的噶尔丹羽毛未丰，和俄国也没有勾结好，不敢显露叛乱的形迹，装出一副十分恭顺的样子。噶尔丹“跪受敕书”⑤，并贡马四百匹、骆驼六十头、貂皮三百张、厄鲁特鸟枪四杆。第二年（一六八四年，

---

① ［俄］齐赫文斯基主编：《十七世纪俄中关系》，第二卷，623 页。

② 同上书，30 页。

③ ［苏］兹拉特金：《准噶尔汗国史》，281 页。

④ 《平定三逆方略》卷三十六。

⑤ 《清圣祖实录》卷一一〇，一六页，康熙二十二年七月二十九日。

清康熙二十三年），噶尔丹派了以古尔班拜为首的三千人的庞大队伍，去北京纳贡通商①，并矢志服从清朝中央政府的命令，说什么“我并无自外于中华皇帝”②，“向在中华皇帝道法之中，不敢妄行”③，但背地里却在捣鬼，加紧与沙俄勾结，时刻准备袭击喀尔喀蒙古。直到噶尔丹进攻喀尔喀，打败了土谢图汗以后，康熙还希望通过调解，解决他们的纠纷。提出在清朝中央的主持下，举行会议，有达赖喇嘛的代表以及噶尔丹、土谢图汗等参加，由土谢图汗赔礼道歉，而噶尔丹则罢战撤兵，归还土谢图汗等的领地、居民。康熙的这个建议遭到拒绝，噶尔丹气焰嚣张，要求康熙交出土谢图汗与哲布尊丹巴·呼图克图，叫嚷：“我尽力征讨五六年，必灭喀尔喀，必擒哲布尊丹巴。”④

一六九〇年（清康熙二十九年）六月，噶尔丹以为有俄国的支持，有恃无恐，以追击喀尔喀为名，举兵南犯，深入内蒙古的乌珠穆沁，在乌尔会河打败了清廷理藩院尚书阿喇尼率领的骑兵。据在噶尔丹军营内的俄国使者报告这场战争的情形，“博硕克图汗（即噶尔丹）略为整顿了武器装备之后，便率兵与中国人作战，从黎明打到午后。博硕克图汗大杀中国军队……缴获大车五百多辆以及全部辎重”⑤。噶尔丹初战获胜，更加趾高气扬，逼近乌兰布通（内蒙古昭乌达盟克什克腾旗的南境），距北京仅七百里。北京震动，人心惊慌，清廷急忙调兵遣将，“京师戒严，每牛录下枪手派至八名，几于倾国矣。曲廨尽闭，米价至三两余”⑥。清政府采取分兵合击的战略，命裕亲王福全（康熙之兄）为抚远大将军，率左翼清军出古北口；命恭亲王常宁（康熙之弟）为安北大将军，率右翼军出喜峰口。

---

① 后来，清政府因噶尔丹派来的贡使人数太多，只准其中二百人进北京。参见《清圣祖实录》卷一一六，康熙二十三年九月十二日。

② 《清圣祖实录》卷一三七，康熙二十七年十一月。

③ 温达：《亲征平定朔漠方略》卷七。

④ 《清圣祖实录》卷一三六，康熙二十七年八月。

⑤ 苏联中央国家古代文书档案库，第一一二一号档，转引自［苏］兹拉特金：《准噶尔汗国史》，286页。

⑥ 刘献廷：《广阳杂记》卷一。

康熙亲自出塞，准备亲临前线，后因病停驻在波罗和屯（今河北隆化县城），指挥各路大军。

噶尔丹在乌兰布通摆好了阵势，“骑数万，阵山下，依林阻水，以万驼缚足卧地，背加箱垛，蒙以湿毡，环列如栅，士卒于垛隙发矢铳，备钩距，号曰驼城”①。康熙二十九年八月一日，清军向乌兰布通推进，“隔河而阵，以火器为前列，径攻中坚”②。这次战役打得十分激烈，炮声隆隆，声震天地，据当时一个外国传教士的记述：这次“大战以大炮火枪互轰开始，继而两军士卒肉搏”③，双方展开了殊死的战斗。在清军的英勇进攻下，噶尔丹的“驼城”被攻破，“阵断为上”，清军乘势进击，大败叛军，“噶尔丹乘夜遁去”④。清军的伤亡也很严重，康熙的舅舅佟国纲中枪身死。狡诈的噶尔丹于兵败之后，派人去清营“卑词乞和”，施用缓兵之计，作为清军前线统帅的福全，在惧战、妥协思想指导下，未能乘胜追剿，致使噶尔丹逃逸而去。

清政府为了进一步平定沙俄支持下的噶尔丹叛乱、巩固北部的边防，一面在木兰行围习武，“秣马厉兵，教营伍，练攻战，激励将士，申明赏罚”，以提高士气和战斗力；一面对“纷纷溃散，来求归附”的喀尔喀蒙古人民及时地采取了措施，命喀尔喀三部人民“附牧苏尼特诸部界，发归化城仓米赡之”⑤，进行了安顿。乌兰布通战后，康熙又亲自与内外蒙古各部首领于多伦诺尔会盟，联合喀尔喀各部力量，以进一步统一漠北地区。

多伦诺尔⑥在今承德市西北，地势平旷，饶有水草，向来是“内外札萨克来朝者，道里适中”⑦之所。一六九一年（清康熙三十年）五月，康熙自北京出发，亲率上三旗官兵，出古北口，溯滦河

---

①　马思哈：《出塞纪程》。

②　魏源：《圣武记》卷三，《康熙亲征准噶尔记》。

③　张诚：《张诚日记》。

④　马思哈：《塞北征程》。

⑤　《清史稿》，《列传》三百八，《藩部四》。

⑥　据记载：多伦诺尔一名七星潭。“土人呼多伦诺尔，多伦华言七，诺尔华言河泊也。”（见张穆：《蒙古游牧记》卷七，《外蒙古喀尔喀四部总叙》）

⑦　康熙：《汇宗寺碑记》。

而上；下五旗官兵出独石口，会师于多伦诺尔。参加会盟的清军，布营设哨，军容威武，气势雄壮。据记载，“上三旗亲军居中，八旗前锋营二，护军营十，火器营四，共十六营，分二十八汛，各环御营而峙”①。喀尔喀各部首领及内蒙古科尔沁等四十九旗的王公台吉，早已“豫屯于会阅之地百里以外”，听候传谕。康熙首先调解了喀尔喀三部之间的纠纷，责备土谢图汗不该吞并札萨克图部的牧场，尤其不该攻杀札萨克图汗沙喇。土谢图汗“具疏请罪”，康熙以沙喇之弟策妄札卜代统札萨克图部，并封为和硕亲王。在调解了他们之间的纷争之后，喀尔喀三部首领在理藩院大臣及鸿胪寺官员引导下，逐次被引进御帐，朝见康熙。“内外王、贝勒、贝子、公、台吉等列于左，喀尔喀汗等列于右”②，共进御宴，奏乐进茶，在隆重而和睦的气氛中举行了会盟大典。次日，康熙又设宴招待了土谢图汗、哲布尊丹巴、车臣汗吴默赫以及策妄札卜等三十五名首领。会上，康熙郑重宣布：保留喀尔喀三部首领的汗号，取消蒙古贵族原来的济农、诺颜的名号，按满洲贵族的封号，各赐以亲王、郡王、贝勒、贝子、镇国公、辅国公的爵位。其行政体系也如内蒙古四十九旗一样，实行札萨克（旗长）制。“照四十九旗编为旗队，给地安插”③，共分为三十四旗，旗下设参领、佐领，结束了喀尔喀各部长期以来“并无法度，不能约束，以强凌弱，自相劫夺”④ 的混乱局面，加强和巩固了中央政权对喀尔喀各部的管辖。

清廷用喇嘛教作为统治蒙古的手段，因此，会盟以后，应蒙古贵族“愿建寺以彰盛典”的要求，在多伦建立了一所巨大的喇嘛庙，取名“汇宗寺”。它成为暂居内蒙古地区的喀尔喀各部的宗教中心，哲布尊丹巴·呼图克图在这里主持宗教活动，经常率蒙古贵族去多伦以东一百里的木兰围场朝见康熙，康熙“或间岁一巡，诸部长于此会同述职”⑤。后来，乾隆说，“昔我皇祖之定喀尔喀也，建汇宗

---

① 魏源：《圣武记》卷三，《国朝绥服蒙古记》。

② 张穆：《蒙古游牧记》卷七，《外蒙古喀尔喀四部总叙》。

③ 《清圣祖实录》卷一五二，康熙三十六年六月。

④ 《清圣祖实录》卷一四二，康熙二十八年十月。

⑤ 康熙：《汇宗寺碑文》。

寺于多伦，以一众志”①，反映了康熙建立汇宗寺的目的和作用。

多伦会盟对于加强中国统一，巩固北部边防，具有重要的意义，它进一步发展了清朝中央与内外蒙古的关系，加强了对喀尔喀部的管理，正如康熙所说：“昔秦兴土石之功，修筑长城，我朝施恩于喀尔喀，使之防备朔方，较长城更为坚固”②。在沙俄入侵和噶尔丹叛乱的形势下，清廷采取的措施是有积极作用的。

四、昭莫多战役与噶尔丹败亡

噶尔丹自乌兰布通溃败后，逃至科布多，一面集合残部，休养生息，以图东山再起；一面派人去莫斯科，乞求沙皇俄国继续支持。一六九一年（清康熙三十年），俄国托波尔斯克将军又派马特维·尤金“去科布多河流域见噶尔丹”③，继续策动叛乱。

一六九四年（清康熙三十三年），康熙仍抱着和平解决叛乱的希望，屡次约噶尔丹会盟，促其服从中央的命令，但噶尔丹抗命不至，反而“遣兵侵掠喀尔喀益甚”，屡次致书清廷索取土谢图汗及哲布尊丹巴，并密派使者策动内蒙古科尔沁等部叛离清朝。这时沙皇俄国又派使者与噶尔丹相约，“至青草出后，助鸟枪手一千及车装大炮，发至东方界上”④。一六九五年（清康熙三十四年），噶尔丹自以为力量已充足，向东进攻。率骑兵三万，沿克鲁伦河而下，到达巴颜乌兰一带，扬言“借俄罗斯鸟枪兵六万，将大举内犯漠南”⑤，在沙俄的支持下，噶尔丹又点燃起反清的战火。

清兵要远赴漠北广大地区作战，条件是很困难的。正像康熙所说：“朕亲历行间，塞外情形，知之甚悉。自古以来，所谓难以用兵者是也。其地不毛，间或无水。至瀚海等砂碛地方，运粮尤苦，而雨水之际，樵爨为难，区画不周，岂可妄动。”⑥ 但噶尔丹气焰嚣

① 乾隆：《普宁寺碑文》。
② 《清圣祖实录》卷一五一，康熙三十年五月。
③ ［苏］兹拉特金：《蒙古近现代史纲》，55页。
④ 《亲征平定朔漠方略》卷二四。
⑤ 魏源：《圣武记》卷三，《康熙亲征准噶尔记》。
⑥ 《东华录》康熙朝卷五十九，康熙三十六年二月。

张，和沙俄勾结，拒绝清廷中央的招抚，不进行讨伐，就不能保证边疆的安定和统一。清廷“诏武臣三品以上，咸陈灭贼方略，会同详议。举朝皆以为难”。康熙力排众议，主张排除一切困难，进兵漠北。“昔朕欲亲征噶尔丹，众皆劝阻，惟伯费扬古言其当讨，后两次出师，皆朕独断”①。一六九六年（清康熙三十五年），清军分三路大举出击，黑龙江将军萨布素率东三省军队，会内蒙古科尔沁部出东路，“沿克鲁伦河进剿”；大将军费扬古、将军孙思克“率陕甘兵出宁夏西路”，邀其归路；康熙“亲率禁旅，由独石出中路”，采取裹粮长驱，分进合击的战略，期于捕捉主力，速战速决。当时噶尔丹叛军已窜至克鲁伦河流域，知道康熙亲率大军前来征讨时，吓得“尽弃庐帐、器械，乘夜逃去”②。康熙密谕西路费扬古军截击噶尔丹“脱逃之路”，清军于昭莫多与噶尔丹叛军相遇，双方展开了激烈的鏖战。

昭莫多（蒙古语大树林之意）在肯特山之南、汗山之东、土拉河之北，地势平旷，自古以来即为漠北战场。费扬古采取“以逸待劳”、诱敌深入的战术，把噶尔丹叛军诱入包围圈中。费扬古按照康熙“预授之策”，令官兵“皆下马步战，约闻角声始上马”。噶尔丹率叛军万余人进攻，清军“据山顶临之”，“据险俯击，弩铳迭发，藤牌继之，每进则以拒马列前自固”③，双方展开了殊死战斗。在清军浴血奋战下，自午至暮，大败噶尔丹军，杀死叛军三千余人。噶尔丹之妻阿奴勇敢善战，率队冲锋，被炮弹击毙。“其余被创逃窜，死于山谷中者，尸骸枕藉”，噶尔丹仅“引数骑逃去”，其余零星逃散，叛军二千余投降了清军。

昭莫多一战，基本上歼灭了噶尔丹的叛军力量，清军取得平叛战争的决定性胜利。

噶尔丹战败后，率残部流窜于塔米尔河流域，成为一股走投无路、日暮途穷的流匪。他的根据地伊犁，早在他进攻喀尔喀时已被其侄策妄阿拉布坦所占据，而这时策妄阿拉布坦已遣使于清朝，表

① 《东华录》康熙朝卷五十九，康熙三十六年五月。

② 《亲征平定朔漠方略》卷二十二。

③ 魏源：《圣武记》卷三，《康熙亲征准噶尔记》。

示服从中央的命令，与噶尔丹决裂。噶尔丹进退失据，“穷蹙已极”，“士兵不到五千人，他们的牲畜寥寥无几，许多人连帐篷也没有……在即将来临的严冬，他们的处境非常艰难，没有食物，没有住处，没有可靠的供应来源”①。但他顽固到底，拒不接受清政府的招抚，继续坚持分裂祖国的叛乱，作最后的垂死挣扎。

康熙认为，噶尔丹对国家的统一危害极大，“一日不可姑留”②，必须乘其新败之后，“速行剿灭，不可稍缓”③，因而他决定在昭莫多战役后的第二年，即举行第三次平叛的军事行动。

一六九七年（清康熙三十六年）春，康熙亲赴宁夏，命费扬古、马思哈两路出兵，进剿噶尔丹残部。这时噶尔丹残部大多已逃走，只剩下五六百人，食尽粮绝，“每日杀马而食”④，沙俄对噶尔丹已不感兴趣，噶尔丹“欲北赴鄂（俄）罗斯，而鄂（俄）罗斯拒不受”，在进退无地的情况下，自知末日已到，遂得暴病而死。至此，在沙俄支持下噶尔丹的民族分裂叛乱被清政府平定下去。

第二节　清政府再平准噶尔及其对西藏、青海地区的管辖

一、策妄阿拉布坦进攻西藏与清政府护送达赖六世入藏

噶尔丹叛乱虽被平定下去，但清政府同准噶尔部割据势力的斗争并没有就此结束。到了康熙末年和雍正年间，以策妄阿拉布坦父子为首的准噶尔部又逐渐强大起来，和清政府发生矛盾冲突。

策妄阿拉布坦是僧格的长子，噶尔丹之侄。噶尔丹篡夺准部统治权后，策妄阿拉布坦因与噶尔丹争夺权力的矛盾，逃离准噶尔，据雍正帝说：策妄“与伊叔噶尔丹不相和睦，带领七人潜逃至吐鲁番地方居住。

---

① ［苏］兹拉特金：《准噶尔汗国史》，311页。

② 《亲征平定朔漠方略》卷四十七。

③ 《亲征平定朔漠方略》卷三十五。

④ 《清圣祖实录》卷一八三。

圣祖仁皇帝以策妄阿拉布坦与伊叔不睦，惧其诛害，遁迹逃生，加以恩泽。且圣心仁慈，不忍遣兵将噶尔丹余剩部落，悉行剿灭，恩加格外，遣使赏给策妄阿拉布坦。彼时，策妄阿拉布坦力弱势微，甚为恭顺”①，及至噶尔丹进攻喀尔喀发动叛乱后，策妄阿拉布坦乘势返回噶尔丹的根据地伊犁，“收其父旧属及噶尔丹余众，复成部落”②。

策妄阿拉布坦占据伊犁后，向清政府“请安纳贡”，表示为清廷“效力尽瘁”③，协助并配合清军对噶尔丹叛军的清剿。噶尔丹死后，策妄初时也尚能服从中央的命令，献出噶尔丹的骨灰以及噶尔丹的女儿钟齐海。在准噶尔内部则发展经济实力，不仅扩大了牧地，发展了畜牧业，而且把南疆许多维吾尔族人民迁到北疆伊犁地区从事农业生产，“习耕佃者，延袤相望”④，致使伊犁河流域、额尔齐斯河流域以及乌鲁木齐等地相继出现了大片的肥田沃野。与此同时，策妄阿拉布坦还利用外籍俘虏和工匠，发展手工业，先后建立了皮革、造纸、布匹、呢绒、印刷、制炮等手工业“作坊”。由于上述一系列措施，准噶尔部的社会经济迅速发展起来，而策妄阿拉布坦的实力也随之日益壮大，正如文献资料记载：准噶尔部“历十余年，部众繁滋，渐骄横”⑤。

策妄阿拉布坦一面在部内休养生息，加强实力；一面和其西邻哈萨克的头克汗发生多次战争，占领了哈萨克部大玉兹的全部地区（楚河、塔拉斯河一带）和中玉兹的大部分地区（锡尔河一带），小玉兹也向西逃避。塔什干、撒马尔罕等城市均在策妄的控制之下。据史籍记载“塔什干城内，向日驻扎回人阿奇木一员、厄鲁特哈尔罕一员，此系策妄阿拉布坦时相沿旧制”⑥。当初，策妄曾把自己和头克汗作战的原因向清廷呈报。

但随着准噶尔经济和军事实力的增长，它对清朝中央政府的态度也

① 《东华录》雍正朝卷十四，雍正七年二月。

② 《西域图志》卷首，《准噶尔全部纪略》。

③ 《清圣祖实录》卷一二八。

④ 《清高宗实录》卷六一二。

⑤ 《西陲总统事略》卷一，《初定伊犁纪事》。

⑥ 《清高宗实录》，乾隆二十年九月。

在发生变化，越来越不愿意接受中央的命令，并要求向东扩大牧场，觊觎从前噶尔丹一度占领的阿尔泰山以东和哈密附近。一七一四年（清康熙五十三年），准噶尔“以兵二千，掠哈密”①，哈密札萨克达尔汉白克额敏向清廷告急，康熙一面派兵赴援，一面遣使准噶尔，要求与策妄会盟，和平解决分配牧场的纠纷，策妄拒绝。并且还趁西藏内部纷争的时机，于一七一六年（清康熙五十五年）进兵西藏，暴露了他企图吞并西藏，分裂国家的野心。清政府为了击败策妄的分裂活动，也调遣大军入藏，至此，清廷与准噶尔部的战火又重新燃起。

策妄阿拉布坦的进攻西藏，固然由于准部割据势力不断膨胀所促使，但同时也与当时西藏内部政局变化有着密切关系。

西藏地方早在清朝入关之前，即与清朝政府发生了联系。皇太极于建号清朝的第四年，即一六三九年（清崇德四年），便致书达赖，宣布清政府崇敬黄教的政策。此时，厄鲁特蒙古中的和硕特部首领顾实汗迁往青海，他和西藏的黄教首领达赖五世、班禅四世合作，进兵入藏，击败并杀死了统治西藏的藏巴汗，在西藏建立了和硕特蒙古与黄教的联合统治。从此，达赖、班禅成为西藏的最高教主，西藏政务由达赖与顾实汗共同委任“第巴”来掌管，而实际权力掌握在和硕特汗王的手中。顾实汗一直和清朝保持着密切的关系。在顾实汗的引荐下，一六五二年（清顺治九年），达赖五世罗桑嘉措至北京朝见顺治帝，受到清廷极隆重的接待，清廷册封达赖为“西天大善自在佛所领天下释教普通瓦赤喇怛喇达赖喇嘛”，并赐以金册金印。

顾实汗死后，其子达延汗、达赖汗兄弟相继主持西藏政务，至一七〇一年（清康熙四十年）达赖汗死，其子拉藏汗继位。和硕特贵族主藏政达六十年，不肯放弃自己的特权，不可避免地产生了与西藏当地上层人物之间的冲突。这时，达赖喇嘛的势力也在扩张。一六四三年（明崇祯十六年，清崇德八年），动工扩建布达拉宫，使之成为全藏的宗教圣地，又令其他教派改宗，扩大黄教势力，增加黄教的寺院和僧众，并直接和清朝皇帝联系。在蒙古汗王缺位的情

① 祁韵士：《皇朝藩部要略》卷十，《厄鲁特要略》二。

况下，任命“第巴”，取得行政官员的任免权。一六七九年（清康熙十八年），达赖五世的亲信桑结嘉措被任命为“第巴”，一六八二年（清康熙二十一年），达赖五世逝世，桑结嘉措竟匿丧不报，“伪言达赖入室，居高阁不见人。凡事转达赖命行之”①，匿丧事做得很严密，长达十五年之久。清政府击败噶尔丹以后，才隐约听到达赖五世已死，严厉责问第巴桑结：“厄鲁特降人告曰：达赖喇嘛久已脱缁矣。尔以久故之达赖喇嘛诈称尚存”②。第巴桑结见事已败露，清廷震怒，遂派代表进京，向康熙请罪，并解释“恐唐古特民人生变，故未发丧”③。康熙虽未深责，但甚为不快。

一六九七年（清康熙三十六年），第巴桑结公布达赖五世之丧，同时宣布自己择定的仓洋嘉措为转世灵童，正式坐床，称达赖六世。这件事激怒了和硕特部的汗王，认为这是第巴桑结玩弄阴谋，扶植傀儡，排挤自己在西藏的势力。双方的矛盾日益尖锐。而新立的达赖六世仓洋嘉措，虽才华出众，却不是虔敬的佛教徒，而是风流倜傥的诗人。他十分厌倦布达拉宫里清教徒式的禁欲生活，一心追求自由、放任的爱情。拉藏汗视之为假达赖，向清廷上报他“行为不端”。一七〇四年（清康熙四十三年）双方发生冲突，拉藏汗率兵从其在藏北的驻地进向拉萨，幸三大寺的代表努力调解，达成协议，第巴桑结被迫退位，由他的儿子继任第巴。但是，和硕特汗王与西藏上层势力的矛盾并未解决。一七〇五年（清康熙四十四年），战端又起，藏兵战败，第巴桑结被杀。康熙皇帝因第巴桑结长期匿丧，又曾和噶尔丹勾结，对他很不满，所以在斗争中袒护拉藏汗，封他为“翊教恭顺汗”。拉藏汗捕拿达赖六世仓洋嘉措，解送北京，又引起藏族人民的愤怒，后来，仓洋嘉措在解经青海的途中死去④。

---

① 魏源：《圣武记》卷五，《国朝抚绥西藏记》。

② 《清圣祖实录》卷一七四。

③ 《清史稿》，《列传》三一二，《藩部八》，《西藏》。

④ 关于仓洋嘉措的死和下落，说法不一。魏源说：“谋执献京师，行至青海病死。”（魏源：《圣武记》卷五，《国朝抚绥西藏记》上）；德斯得利则说，是在解送途中被拉藏汗派人杀死的（《西藏纪事》第十章）；但据法尊：《西藏民族政教史》说：仓洋嘉措“行至青海地界时……大师乃弃舍名位，决然遁去，周游印度、尼帕尔、康藏、甘、青、蒙古等处。”（卷六，一〇页）

拉藏汗清除桑结嘉措后，于藏中立伊喜嘉措为六世达赖，但“青海诸蒙古，复不信之”，而另立裹塘噶桑嘉措为真达赖。清政府为了缓和青藏双方的争执，命噶桑嘉措暂住西宁塔尔寺主持教务，并于一七〇九年（清康熙四十八年）派侍郎赫寿去西藏，协同拉藏汗办理事务。尽管如此，西藏存在着一股反对拉藏汗的强大潜流，局势并未稳定下来。

策妄阿拉布坦对西藏的侵略是蓄谋已久的，一直在窥测着西藏事态的演变。他表面上通过与拉藏汗联姻的关系，先娶拉藏汗姐姐为妻，而后又招拉藏汗长子丹衷为婿，借以麻痹拉藏汗的警觉。另方面却暗地“采取其他措施同三大寺即色拉、哲蚌和甘丹寺的喇嘛取得联系”，并“用说服和收买的手段使喇嘛倒向他们一边，这导致了拉藏汗的一些大臣和侍从的连锁反应”①。经过一系列准备之后，策妄阿拉布坦遂于一七一六年冬，派其弟大策凌敦多布“领精兵六千，徒步绕戈壁，逾和阗南大雪山；涉险冒瘴，昼伏夜行”②，于次年（一七一七年，清康熙五十六年）七月，乘拉藏汗不备，由藏北腾格里海直入西藏，击败藏兵，进据拉萨，围攻布达拉宫，杀死拉藏汗，“虏其妻子，搜各庙重器送伊犁”③。准噶尔军进入拉萨后，大肆烧杀，造成西藏局势的混乱。据当时一个目击者传教士的记述：“策凌敦多布一踏入王宫，就下令洗劫拉萨。那些加入他的部队的僧人，就是最为贪婪和残忍的强盗。他们拿着武器，闯入民房，连同伙的家也不放过，还冲入寺庙，进行洗劫，抢掠庙宇积存和藏匿的财物，他们还不满足，再三闯入民房，不管男女老少，把一些人予以污辱和毒打，把另一些人背绑着吊到梁上折磨，逼使他们讲出财富埋藏的地方。这种洗劫连续两昼夜，直到每件有价值的东西都被取走为止。”④ 准噶尔军的入侵，给西藏人民带来了一场巨大的浩劫。

清政府得知消息后，立即命西安将军额伦特及侍卫色棱率兵赴援，但清军仓促进军，准备不足，兵力薄弱，于喀喇乌苏作战失利，

---

① ［意］伯戴克：《十八世纪前期的中原与西藏》，33 页，莱登，1972。

②③ 魏源：《圣武记》卷五，《国朝抚绥西藏记》上。

④ ［意］德斯得利：《西藏纪事》第十章。

额伦特战死。

康熙认为："西藏屏藩青海、滇、蜀"，倘为准部所占据，"将边无宁日"①。为了维护国家的统一，安定西藏地方，遂决计厚集兵力，进藏平叛。一七一八年（清康熙五十七年），命皇十四子胤禵为抚远大将军，统帅大军，"驻节西宁，调饷征兵"②，指挥进藏平叛的各路清军；以年羹尧为四川总督，协助办理军务，又命傅尔丹及富宁安分兵出巴里坤及阿尔泰等地，以牵制准噶尔的援藏兵力。一七二〇年（清康熙五十九年），将军延信及噶尔弼分领满汉及蒙古官兵，自青海和四川两路进军西藏。清军以岳钟琪为先锋，自里塘、巴塘进兵察木多（昌都），轻装急进，直抵拉萨。这次平乱行动，受到了西藏人民的广泛支持。清军大败准噶尔军，大策凌敦多布"计穷力竭，狼狈而遁"③，率残军逃回伊犁。

与清军胜利进藏的同时，清政府将住于西宁塔尔寺的噶桑嘉措正式册封为"宏法觉众第六世达赖喇嘛"，命"满汉官兵及青海之兵送往西藏"。一七二〇年九月十五日，在将军延信主持下，"在晴朗天气中，举行达赖喇嘛坐床"④ 大典，确立了六世达赖喇嘛的正式职位⑤，恢复了西藏的社会秩序。

二、沙俄对准噶尔地区的侵略与准噶尔军民的抗俄斗争

策妄阿拉布坦统治准噶尔部期间，沙俄并没有改变对准噶尔部的侵略政策。当时，俄国正是彼得一世（一六八二年至一七二五年（清康熙二十一年至雍正三年））在位。彼得一世是个"深谋远虑的、向自己的继承者指示种种侵略方针的帝王"⑥，从他开始，沙皇俄国便走上了争夺世界霸权的道路。彼得及其继承者对其欧洲邻国发动

---

①　魏源：《圣武记》卷五，《国朝抚绥西藏记》上。

②③　《卫藏通志》卷十三上，《纪略》上。

④　《抚远大将军胤祯奏报延信护送达赖入藏安床折》（康熙五十九年十月二十日），见《西藏地方历史资料选辑》，93页。

⑤　清政府已先于康熙四十八年（一七〇九）命侍郎赫寿进藏时，将拉藏汗所立之伊喜嘉措定名为六世达赖，因此，后世称噶桑嘉措为七世达赖。

⑥　《马克思恩格斯全集》，第十二卷，637页。

一系列侵略战争的同时，也在东方积极推行扩张政策。

一七一三年（清康熙五十二年），一个名叫和卓奈甫斯的土克曼人，经由阿斯特拉罕来到俄京彼得堡，说阿姆河注入里海，可复兴“如古代地理学者所说印度洋与里海之间的水路”①，并说阿姆河流域有大量沙金，而这一说法也被当时在彼得堡的基瓦王国使臣阿苏尔伯克所证实②。与此同时，彼得又接到西伯利亚总督加加林递交的一份报告，报告中说：中国南疆叶尔羌地区盛产黄金。他建议“由额尔齐斯河起修建一些碉堡”③，直到叶尔羌。得到上述消息后，彼得一世欣喜若狂，为实现“复兴通往印度的道路与得到沙金的野心”，决定对中亚的基瓦王国和中国西北边疆采取侵略行动。

为了实现上述侵略目的，彼得一世组织了两支远征队：一路由近卫军陆军中尉贝柯维奇统率六千六百人，一七一六年（清康熙五十五年）横渡里海，于里海沿岸建立三座要塞④；一路由陆军中校布赫戈利茨指挥的四千余侵略军，于一七一五年（清康熙五十四年）向额尔齐斯河进发。后来贝柯维奇的侵略军，遭到基瓦王国人民的抗击，作战失败，侵略军六千余人全军覆没。布赫戈利茨率领的侵略军，于一七一五年十月，侵入额尔齐斯河的中上游，偷偷地窜到我准噶尔管辖的亚梅什湖畔，修筑堡垒，设置工事，准备在那里过冬。

在布赫戈利茨侵略军出动之前，加加林根据彼得一世的指示，派人送信给准噶尔部首领策妄阿拉布坦进行威胁和利诱，“希望他（指策妄阿拉布坦——引者）对于这个远征队的目的不要担心”，并提出如果策妄阿拉布坦“不干涉这一军队，将来他（策妄阿拉布坦）便可以得到帮助和声援”⑤。

准噶尔人民在与沙俄长期“交往”中，早已识破沙俄口蜜腹剑的伎俩，没有听信侵略者的谎言。一七一六年二月，准噶尔部军民

① ［苏］巴托尔德著、日本外务省调查部译：《东方研究史》，338 页，日本，生活社，1942。

② 参见［英］霍渥斯：《蒙古史》，第二卷，906 页。

③ ［法］加恩：《早期中俄关系史》，77 页。

④ 参见［日］佐口透：《俄国与亚洲草原》，94 页，日本，吉川弘文馆，1953。

⑤ ［法］加恩：《早期中俄关系史》，77 页。

同仇敌忾，集合约有万余人的队伍，在大策凌敦多布率领下开赴沙俄盘踞的亚梅什湖要塞，要求侵略者的军队撤离。大策凌敦多布向侵略者发出警告：如果赖着不走，“我将围困城堡，不准你们的人外出……待你们粮尽挨饿时，我定将攻占此城”①。然而布赫戈利茨非但不听劝告，反而威胁准噶尔军民，说什么“他有大量的供应品，同时援军很快就会从托波尔斯克到来”②。

面对着侵略成性的沙俄匪帮，准噶尔军民在警告无效之后，为维护祖国神圣的领土，不得不拿起武器同侵略者进行斗争。他们以大刀、长矛和弓箭等武器，不断袭击侵略军，打得敌人丢盔卸甲，溃不成军。与此同时，沙俄从托波尔斯克派出的增援部队也被英勇的准噶尔军民所歼灭。一七一六年四月，布赫戈利茨不得不炸毁亚梅什湖要塞，率领残部乘船沿额尔齐斯河狼狈逃跑，退至鄂木河口，修筑鄂木斯克要塞。

亚梅什湖之战，是准噶尔人民为保卫自己领土、反抗沙俄入侵的正义战争。这次战争沉重地打击了沙俄侵略势力，在中华民族反抗外来侵略的斗争史上，写下了辉煌的一页。

沙俄侵略者虽然在亚梅什湖遭到可耻的失败，但仍不死心，一七一九年（清康熙五十八年），彼得一世又派利哈列夫为首的一支四百四十人组成的侵略军，从托波尔斯克出发侵入斋桑湖，于湖边修筑要塞。这支侵略军又遭到准噶尔军民二万人的截击，不得不退回托波尔斯克。

一七二一年至一七二二年（清康熙六十年至康熙六十一年），策妄阿拉布坦在西藏势力被清军驱逐后，处境十分狼狈，为了摆脱困境，策妄愿意向俄国让步，保持和平。沙俄政府以为有机可乘，立即把侵略魔爪伸向准噶尔部。彼得一世派翁科夫斯基来准噶尔活动，劝诱策妄臣属于俄国，沙皇“就可以下令像保护自己的臣民一样保护他免遭别人侵犯，并可首先发函说服中国皇帝不要欺凌珲台吉（指策妄），因为他已是皇上的臣民。假如中国皇帝不听，则要设法用强力迫使他同意”③，还要“设法使策妄阿拉布坦让与领土，以便

① ［苏］兹拉特金：《准噶尔汗国史》，344页。
② ［英］霍渥斯：《蒙古史》，第一卷，647页。
③ ［苏］兹拉特金：《准噶尔汗国史》，354页。

在这些领土上建筑堡垒要塞，修筑一条连续不断的堡垒线会使西伯利亚与前哨站连接起来，并且可以保护探矿队的全部旅程”①。俄国政府的这些要求，充分暴露了它觊觎中国领土，进行挑拨离间的丑恶面目。

沙俄对准噶尔人民和策妄阿拉布坦作了错误的估价，认为他们与清政府作战失败，必定会投靠俄国，这种估价大错而特错了。准噶尔的人民是热爱祖国的，策妄虽然割据了西北，和清朝中央大动干戈，但在准噶尔人民的推动下，他面对俄国的利诱威胁，仍保持了严正的立场。策妄阿拉布坦“拒绝转入俄罗斯国籍，并且没有接受翁科夫斯基所提出的关于在汗国领土上修筑要塞并派俄军驻防其中的建议”②。翁科夫斯基使团虽然在准噶尔活动两年之久，但这次出使的“收获似乎既含糊，又贫乏”③。

三、平定罗卜藏丹津叛乱与清政府对青海地区的管辖

一七二三年，清帝康熙逝世的翌年——雍正元年，青海和硕特蒙古贵族罗卜藏丹津乘抚远大将军胤禵回京奔丧的时机，公开发动了武装叛乱。

罗卜藏丹津本为顾实汗之孙，其父达什巴图尔是顾实汗的第十子。④ 一六九七年（清康熙三十六年），达什巴图尔曾偕青海“诸台吉入觐”，康熙赐以“御用冠服朝珠”，翌年（清康熙三十七年）被清政府封为和硕亲王。罗卜藏丹津于一七一四年（清康熙五十三年）承袭其父的新王爵位，并于一七二〇年（清康熙五十九年），作为青海和硕特代表，“率所属兵”，参加了清军护送达赖喇嘛入藏的队伍。

罗卜藏丹津之所以发动反清叛乱，是有其深远历史原因的。顾实汗自从控制青藏地区后，在青海则分其部众为左右两翼，由其诸子率领。顾实汗在世期间，一直与清政府保持朝贡关系。但自从顾

① ［法］加恩：《早期中俄关系史》，80页。
② ［苏］兹拉特金：《准噶尔汗国史》，354页。
③ ［法］加恩：《早期中俄关系史》，81页。
④ 参见《外藩蒙古回部王公表传》卷八一，《青海厄鲁特部总传》，见《耆献类征》初编卷一九三。

实汗于一六五六年（清顺治十三年）死后，青海和硕特失去了统一各部的约束力，其留在青海的诸子，相互纷争，并不断“率番众掠内地，抗官兵”，清廷“屡谕不悛”①，成为清政府西北地区的“边患”。直至一六九七年，清政府平定噶尔丹叛乱后，才致力于青海地区的招抚工作。同年，康熙命额驸阿喇布坦以及西宁喇嘛商南多尔济等于察罕托罗海会盟，招抚青海和硕特诸台吉，接着，又把顾实汗诸子中仅存的幼子达什巴图尔，如前所述招至北京，封他为亲王。这样，青海和硕特蒙古又与清朝政府恢复了朝贡关系。然而当时清政府并没有在青海设置行政机构，清朝中央对青海和硕特部的管辖关系很松散，地方割据势力十分强大。罗卜藏丹津的叛乱正是青海地方割据势力在特定的历史条件下引发的。

应该指出，罗卜藏丹津叛乱与清军进藏后加强对青藏地区的管辖有着直接的关系。清军进藏后，为了安定西藏地方社会秩序，组织了西藏地方政府。将藏官中归附清廷最早的第巴康济鼐、阿尔布巴封为贝子，隆布奈封为辅国公，共同管理前藏事务。“颇罗鼐授札萨克一等台吉，理后藏事务，各授噶卜伦”②，从此，结束了和硕特蒙古对西藏的统治。

与此同时，清政府对青海也采取了相应措施，以分化地方势力，防其尾大不掉，以青海诸台吉入藏“効力”有功为名，给罗卜藏丹津“加俸银二百两，缎五匹”的微薄赏赐，却晋封原为郡王的察罕丹津（顾实汗曾孙）为亲王，封原为贝勒的额尔德尼额尔克托克托鼐为郡王，其余诸台吉也都被封为贝勒、公等不同爵位。

罗卜藏丹津本是青海和硕特蒙古贵族中唯一的亲王，爵高位崇，因而他一直怀有“阴觊复先人霸业，总长诸部”③ 的政治野心。还希望恢复和硕特对西藏的统治权，所谓“希冀藏王，已非一日”④。在罗卜藏丹津看来，他作为和硕特贵族的最高领袖，于西藏乱事平

---

① 《外藩蒙古回部王公表传》卷八十一，《青海厄鲁特部总传》。

② 《清史稿》，《列传》三一二，《藩部八》，《西藏》。

③ 魏源：《圣武记》卷三，《雍正两征厄鲁特记》。

④ 年羹尧：《奏复西海等处军务情形折》，雍正元年四月十八日，见《年羹尧奏折》专辑（上），三页。

定之后，理应由他接替拉藏汗统治西藏。然而事实却使其大失所望，清政府在青藏地区的措施不仅没有能使他在西藏捞到任何权势，就是在青海也因察罕丹津等人的晋升而使其势力受到抑制与削弱。因此，罗卜藏丹津对清朝中央政府强烈不满，作为青海割据势力的代表，竟悍然发动了反清的武装叛乱。

这次叛乱是从一七二三年八月，罗卜藏丹津胁迫青海各台吉于巴尔巴罗海会盟开始的。罗卜藏丹津自称达赖珲台吉，强令诸台吉“呼旧日名号，一律不许呼王、贝勒、贝子、公封号”①。郡王额尔德尼额尔克托克托鼐与亲王察罕丹津因拒绝参加叛乱，先后遭到罗卜藏丹津的袭击。额尔德尼额尔克托克托鼐“属下人等尽被抢掳”，率妻子“投至甘州”② 报警；而亲王察罕丹津也在“与罗卜藏丹津相持”不敌之后，“率妻子及所属百四十余人，至河州老鸦关外”向清朝求援。

清政府闻变后，一面命川陕总督年羹尧办理平叛军务；一面命侍郎常寿去罗卜藏丹津驻地沙拉图，宣布谕旨，令其“罢兵和睦”③。罗卜藏丹津非但不听，反而拘禁常寿，“与同党阿拉克诺木齐、阿尔布坦温布、藏巴扎布等益肆猖狂”④。

雍正元年十月，叛军首先在西宁府周围的南川申中堡、西川镇海堡与北川新城等发动进攻，“每处有贼二三千人，以势驱逐附近番子，攻城放火，烧毁民间积聚草谷，抢掠财物，其未受蹂躏者，西宁城外十余里”⑤，西宁四周已遍地燃起叛乱的烈火。

与此同时，西宁附近喇嘛寺院的僧人，在罗卜藏丹津煽惑之下，亦多起而叛乱，“西宁数百里之内，一切有名寺院喇嘛皆披甲执械，率其佃户僧俗人等，攻城打仗，抢掳焚烧，无所不至”⑥。喇嘛寺院

---

① 《清世宗实录》卷十。

②③ 《平定准噶尔方略》前编卷十一。

④ 《西宁府新志》卷二〇，《武备》。

⑤ 年羹尧：《附奏查防西宁近日民情片》（无年月），见《年羹尧奏折》专辑（上），四九页。

⑥ 年羹尧：《附奏西宁寺院喇嘛不法片》（无年月），见《年羹尧奏折》专辑（上），四六页。

的叛乱，首先是由塔尔寺大喇嘛察罕诺们汗发动的。察罕诺们汗在青海是个“番夷信响”的宗教领袖，他站到了叛乱势力一边，“于是远近风靡，游牧番子喇嘛等二十余万，同时骚动”①。接着，郭隆寺、郭莽寺②等寺院喇嘛也相继参加叛乱。

针对当时叛乱形势，清政府立即采取措施，命川陕总督年羹尧为“抚远大将军”，征调川陕官兵，进驻西宁；又命四川提督岳钟琪为“奋威将军”，前赞军务。清军为防止叛军内犯，分兵于永昌布隆吉河防守；又于巴塘、里塘、黄胜关等处驻兵，截断叛军入藏之路；复命富宁安等屯吐鲁番及噶斯涧，防止它与准噶尔沟通。清军部署就绪后，便分兵进攻西宁周边各处叛军，“溃其党羽”，罗卜藏丹津率军西逃。于是镇南、申中、南川、西川、北川等地尽为清军收复。一七二四年（清雍正二年）初，清军又先后剿平塔尔寺、郭隆寺等处的喇嘛叛乱。

清军在解决周围战斗后，平叛战争便进入专力征伐罗卜藏丹津叛军的阶段。年羹尧采取岳钟琪“乘春草未生”，“捣其不备”③的作战方针，于雍正元年二月八日，分兵三路进剿：总兵吴正安由北路；总兵黄喜林出中路；岳钟琪与侍卫达鼐由南路进剿叛军。先擒获叛军头目阿尔布坦温布、藏巴扎布及罗卜藏丹津母阿尔太喀屯，罗卜藏丹津“衣番妇衣，携其妻妾，走噶尔顺”④，以后又逃到准噶尔策妄阿拉布坦处。

这次战役清军取得的胜利是十分神速的，据清朝官书记载：“计师行深入，自雍正二年二月八日至二十有二日，仅旬有五日，成功之速，为史册所未有”⑤。雍正皇帝也把这次战役的胜利，看作“十年以来”从所未立的“奇功”⑥。

---

①③　魏源：《圣武记》卷三，《雍正两征厄鲁特记》。

②　郭隆寺位于西宁东北一百三十里，“雍正元年随青海谋逆，被官兵焚毁，雍正十年春，奉旨重建，赐额佑宁寺”。郭莽寺位于大通城东七十里，后称广惠寺，见《西宁府新志》卷十五，《祠祀·番寺》。

④　《岳钟琪行略》。

⑤　《平定准噶尔方略》前编卷十二。

⑥　年羹尧：《附奏官兵凯旋宣读谕旨片》（无年月），见《年羹尧奏折》专辑（上），五二页，雍正朱批。

罗卜藏丹津叛乱被平定后，清政府采取年羹尧的建议，实行了一系列善后措施。

第一，对青海地区蒙古族各部，仿内蒙古札萨克制，编旗设佐领。共编二十九旗。还规定了会盟与朝贡制度。各旗每年会盟一次，由西宁办事大臣主持，“奏选老成恭顺之人，委充盟长”。并规定朝贡制度：“自雍正三年起，于诸王、台吉内，派定人数，令其自备马驼，由边外赴京，请安进贡”，分为三班，“三年一次，九年一周”①。

第二，在经济上采取了发展农业生产、安定人民生活的措施。对西宁周边“可耕之地”，实行开垦屯种，征调直隶、山西、河南、山东、陕西等地“军罪人犯”，发往大通、布隆吉尔等处，“令其开垦”，同时又招募西宁一带农民与驻军家属在西宁周围耕种，由地方官发放牛具种子，三年之内，免于起科。

对青海与内地之贸易也作了明确规定：每年二、八月两次，于西宁西川边外那拉萨拉地方，“指定为集”，进行贸易。对生活必需品，诸如茶、布、面等，则规定一年四季贸易，以满足蒙古族人民生活需要。

第三，对喇嘛教寺院也大力进行了整顿。自明末清初以来，随着喇嘛教传播日广，喇嘛教寺院的修建也日益增多。康熙年间，青海喇嘛教寺院已达数千余所，以致“西海境内诸民尽衣赭衣，鲜事生产者几万户”②。据年羹尧说：“查西宁寺庙喇嘛，多者二三千，少者五六百，遂成藏垢纳污之地。番民纳喇嘛租税，与纳贡无异，而喇嘛复私藏盔甲器械”③，竟至参加叛乱。有鉴于此，清政府于平叛后，对叛乱的重要据点塔尔寺，只选留喇嘛三百名，给予执照，其余遣散；并规定“寺庙之房，不得过二百间，喇嘛多者三百人，少者十数人”④。但后来塔尔寺又发展成房屋七千间，僧众三千人的大寺院，寺院每年由政府稽查两次。清政府通过上述措施，将一度作为地方割据势力重要支柱的喇嘛教寺院置于政府控制之下。

---

①③④ 《清世宗实录》卷二十。

② 《西宁府新志》卷二四，《艺文》。

清政府在推行上述善后措施的同时，还对青海地区的行政建制作了重大改革。一七二五年（清雍正三年），改西宁卫为西宁府，下设两县、一卫，即西宁县、碾伯县、大通卫，命副都统达鼐为首任“办理青海蒙古番子事务大臣”（简称西宁办事大臣），管理青海政务。从此，青海地区完全置于中央政府的直接统治之下。

四、和通泊之战与光显寺之战

一七二七年（清雍正五年），策妄阿拉布坦死，其子噶尔丹策零继为准噶尔领袖。噶尔丹策零的内外政策基本上遵循他父亲的路线，在内部努力发展生产，使农业经济的比重不断增加，在额尔齐斯河、额敏河、伊犁河一带，农业很茂盛，“除了黑麦外，各种春播作物都有”①。一个俄国少校记录下他所目睹的、属于噶尔丹策零本人所有的庄园，“这个园子坐落在伊犁河谷哈沙图诺尔湖畔，园子围有砖墙，周围约五俄里或更多一点……其中还有不少其他砖砌的建筑物和禽舍……后来又给看了一些植有颇多果树和蔬菜的园子”②。噶尔丹策零还努力发展手工业，主要是武器制造、纺织业和某些日常生活用具的生产，一个被俘的瑞典军官列纳特曾负责军工生产，铸成一些火炮，甚至还开采铁矿、银矿和铜矿。

噶尔丹策零面临强大而贪婪的北部近邻沙俄的压力，俄国不断地向南扩张，侵占了准噶尔的土地，噶尔丹策零再三提出抗议。一七二九年（清雍正七年），他向俄国使者说：“看！你们的城市造在额尔齐斯河和鄂毕河上是为什么呢？那可是我的领土啊！”③ 一七四二年（清乾隆七年），噶尔丹策零派遣使者到彼得堡，递交一封信件，详细分析了边界纠纷的历史，指出：准噶尔曾和沙俄约定以鄂木河为界，“可是，后来另一个沙皇（指彼得一世）执政时，你方却在黑鄂木河口外建造了要塞，为拿下要塞我们曾出兵，为此当时发

---

① ［英］巴德利：《俄国、蒙古、中国》，第二卷，189页。

② 转引自［苏］兹拉特金：《准噶尔汗国史》，362页。

③ 同上书，383页。

生了不小的冲突（指一七一六年准噶尔击败俄国布赫戈利茨侵略军），现在你们的人又在我们的地方筑堡、捕兽、挖金、取铜……如果你们在我国土地上依旧这样呆下去，那就是把我的土地攫为己有，而我是不能交出这些土地的……为此，请下令撤出你们的上述人员，否则，我决不能容忍他们在我的土地上生活"①。

噶尔丹策零的北边有俄罗斯的强大压力，西边连续与哈萨克作战，而对东边也没有放弃向喀尔喀扩展的意图，因此和清朝中央政府、喀尔喀蒙古的关系也很紧张。一七二九年，清廷因噶尔丹策零屡次骚扰喀尔喀，而且藏匿青海叛军头子罗卜藏丹津，廷议发兵征讨，命领侍卫内大臣傅尔丹为靖边大将军，屯阿尔泰，出师北路；命川陕总督岳钟琪为宁远大将军，屯巴里坤，出师西路，分进合击。噶尔丹策零闻讯惊恐，遣特磊赴京，声称本欲将罗卜藏丹津解送清廷，但听说清兵出动，暂行中止，如果能赦其既往，仍愿听从清廷命令，解送逃犯。雍正"谕以受封、定界，遣回逃人，当宽宥其罪，进兵之期，暂缓一年"②。想不到在缓兵期间，准噶尔出兵二万突袭西路清军大营，清军损失很大，清政府与准噶尔贵族之间的关系进一步破裂。

一七三一年（清雍正九年）四月，北路傅尔丹统率的清军进驻科布多。噶尔丹策零侦知后，于同年六月，命大小策凌敦多布率军三万，进犯北路。准噶尔军先派人至傅尔丹军中诈降，诡称：噶尔丹策零大军未到，仅有小策凌敦多布率军"不过一千"，驻于距清营"止三日程"的察罕哈达，而大策凌敦多布"因途中有病，留驻和博克山"。"勇而寡谋"的傅尔丹，对敌谍的这些消息，不加核实，贸然遣兵四千往袭。当清军进入准噶尔军包围圈后，早已埋伏于山谷中的二万余准噶尔军，立即向清军发动攻势，顿时"笳声远作，毡裘四合，如黑云蔽日"③，把傅尔丹派出的四千前锋部队紧紧包围在和通泊地方④，

① 转引自［苏］兹拉特金：《准噶尔汗国史》，384页。

② 《东华录》雍正朝卷十六，雍正八年五月。

③ 昭梿：《啸亭杂录》卷三，《记辛亥兵败事》。

④ 和通泊位于科布多西二百里。

傅尔丹又派兵六千往援，但这时清军前锋部队已被击溃，准噶尔军乘胜“直犯大营”，傅尔丹命索伦蒙古兵御之，亦为准军所破。只有一部分满洲兵，护卫辎重，且战且走，逃回了科布多。

和通泊战役，清军的损失十分惨重，“副将军巴赛、查纳弼以下皆战死”①，西路清军共三万人，逃回科布多者仅两千人。这次战役所以遭到惨败，主要是由“将帅骄慢”所致。傅尔丹骄傲轻敌、刚愎自用，轻率地听信敌谍的假情报，又不听部下劝阻，“副都统定寿、永国、海兰等，交谏不听”②，一意孤行，贸然出兵，以致遭到敌军的围歼。

噶尔丹策零取得和通泊战役的胜利后，进一步滋长了扩展势力的野心。他在西北两路备兵，“令诸台吉环峙乌鲁木齐”，以伺清军的西路；“又屯田于鄂尔齐斯河”③，以窥清军北路，并把主攻方向放在北邻的喀尔喀。不久，便遣大小策凌敦多布率兵二万六千人进犯喀尔喀，以科布多、察罕廋尔等地的清军“兵力强盛，防守严密”，未敢轻进，遂进抵克鲁伦，分兵掠鄂尔海、喀喇乌苏等地。喀尔喀亲王丹津多尔济、额驸策凌于鄂登楚勒截击准噶尔军，给予沉重的打击，准噶尔军被迫撤退。

鄂登楚勒战斗的挫败，并未改变噶尔丹策零进攻喀尔喀的野心。一七三二年（清雍正十年）六月，噶尔丹策零命小策凌敦多布率兵三万，由奇兰至额尔德尼必拉色钦，喀尔喀亲王额驸策凌“偕将军塔尔岱青，御之于本博图山”④。准噶尔军侦知额驸策凌率军赴本博图山，遂潜袭塔米尔河额驸策凌牧地，“掠其子女牲畜”。额驸策凌得知消息后，怒不可遏，“断发及所乘马尾誓天”，立即“反旆驰救”，并急报顺承郡王锡保，“请师夹攻”。额驸策凌率蒙古兵二万，“夜半绕间道出山背，迟明，自山顶大呼压下”，准军梦中惊起，弃其军资，“仓皇奔溃”⑤。额驸策凌率军紧紧尾追准军，转战十余次，追至鄂尔浑河边之额尔德尼昭（即光显寺），此地“左阻山，右限大

①②③　魏源：《圣武记》卷三，《雍正两征厄鲁特记》。

④⑤　张穆：《蒙古游牧记》卷八，《外蒙古喀尔喀齐齐里克盟游牧所在》。

水”，准军无路可走，策凌率军“乘势蹴之，击杀万余，尸满山谷，河水数十里皆赤”①，小策凌敦多布乘夜突围，自推河逃出西窜。

在这次光显寺的战役中，清政府以额驸策凌战功卓著，晋封他为超勇亲王，赐黄带，并命其“佩定边左副将军印，进屯科布多，授盟长便宜行事”②。清政府又从土谢图汗部分出二十一旗，隶属于额驸策凌的赛音诺颜部，“由是赛音诺颜部始为大札萨克，与三汗部并列”。

光显寺一战之后，准噶尔部因损失惨重，元气大伤，转而倾向与清廷议和。而清政府连年于西北两路用兵，也感到有休养生息的必要。自一七三四年（清雍正十二年）至一七三九年（清乾隆四年）间，双方派人几经交涉，终于划定喀尔喀与准噶尔的牧区界限，即以阿尔泰山为界，准噶尔部在山后游牧，不得越阿尔泰界东；而喀尔喀部在阿尔泰以东游牧，不能越过界西。清政府与准噶尔部割据势力之间的矛盾，暂时得到缓和，以后维持了将近二十年的和局。

第三节　清政府统一天山南北

一、准噶尔的内部分裂与清政府平定阿睦尔撒纳的叛乱

一七四五年（清乾隆十年），准噶尔部首领噶尔丹策零死后，准噶尔部的封建贵族为争夺汗位，展开了斗争。噶尔丹策零留下三子，长子喇嘛达尔札，十九岁；次子策妄多尔济·纳木札尔，十三岁；幼子策妄达什，七岁。喇嘛达尔札虽年长，因系庶出不得立。次子策妄多尔济·纳木札尔遂“以母贵嗣汗位”③。但年纪最小的策妄达什却为准噶尔部权势显赫的大小策凌敦多布所拥护。登了汗位的策妄多尔济·纳木札尔，“童昏无行”，肆意荒淫，不听其姊鄂兰巴雅

① 赵翼：《皇朝武功纪盛》卷二，《平定准噶尔前编述略》。

② 何秋涛：《朔方备乘》卷三，《喀尔喀内属述略》。

③ 魏源：《圣武记》卷四，《乾隆荡平准部记》。

尔的劝告，反诬说鄂兰巴雅尔“欲效俄罗斯自立为扣肯汗（即女皇），拘而系之”[①]；对当时扎尔固（部族会议）对他的谏阻，更是置若罔闻，并“处死了许多名宰桑”[②]，引起准噶尔内部多数贵族的不满。一七五〇年（清乾隆十五年），策妄多尔济·纳木札尔的姐夫萨奇伯勒克“助其庶兄喇嘛达尔札，攻而弑之”[③]。喇嘛达尔札取得了准部的汗位。

喇嘛达尔札虽然取得准部的统治权，但争夺汗位的斗争并没有就此而结束，一场新的夺权斗争仍在暗地里继续酝酿着。因为喇嘛达尔札出身微贱，不孚众望，遭到一些准噶尔贵族的反对。一直拥戴策妄达什的策凌敦多布家族达什达瓦（小策凌敦多布之子），为了夺取喇嘛达尔札的汗位，便联合同绰罗斯家族有亲密血统关系的辉特部台吉阿睦尔撒纳与和硕特部台吉班珠尔，共同谋划拥立策妄达什为汗。但这个计划被喇嘛达尔札发觉，杀死策妄达什及达什达瓦，造成准噶尔部更大的动乱。准部贵族内部夺权斗争而造成的混乱局面，给出身于辉特部的阿睦尔撒纳以可乘之机。

阿睦尔撒纳本为辉特部台吉，策妄阿拉布坦的外孙[④]，与准噶尔部贵族有着密切的血缘关系。当策划谋立策妄达什失败之后，便转而拥戴准部的另一贵族达瓦齐。

达瓦齐是巴图尔珲台吉之后，大策凌敦多布之孙，“依照传统的习惯，达瓦齐有合法的继承汗位的理由”[⑤]，阿睦尔撒纳投向达瓦齐，双方建立起反喇嘛达尔札的联盟，两人在哈萨克中玉兹经过一段密谋之后，于一七五二年（清乾隆十七年）底，“率精锐卒一千五

---

①③ 祁韵士：《皇朝藩部要略》卷十二，《厄鲁特要略》四。

② ［法］古朗：《十七和十八世纪的中亚细亚——卡尔梅克帝国还是满洲帝国?》，98页，巴黎，里昂，1912。

④ 阿睦尔撒纳是和硕特拉藏汗长子丹衷的遗腹子，其母博托洛克为策妄阿拉布坦女，与丹衷结婚，先生班珠尔，后又怀阿睦尔撒纳，及丹衷死后，博托洛克带着身孕改嫁辉特部台吉韦征和硕齐，生阿睦尔撒纳。

⑤ ［苏］兹拉特金：《有关阿睦尔撒纳的俄国档案资料》，见《蒙古民族的语文与历史》，293页，莫斯科，1958。

百人，裹粮怀刃，于山岭僻境绕道入伊犁，乘其不备，夤夜突入其幕。达尔札方围炉拥妾饮酒，阿逆（阿睦尔撒纳）趋而斩之，抚定其部落。迎达瓦齐入，立之”①。达瓦齐与阿睦尔撒纳的联合本来就是相互利用，他们的共同敌人被打倒以后，内部又产生矛盾，而且愈演愈烈。阿睦尔撒纳本游牧于塔尔巴哈台地区，为了扩展实力，他凶残地袭杀他岳父杜尔伯特台吉达什，迁帐于额尔齐斯河，因而与据守伊犁的达瓦齐势力发生了直接的冲突。据俄国档案资料记载，阿睦尔撒纳与达瓦齐之间的火并是在一七五四年（清乾隆十九年）春夏之间，“在额尔齐斯河源进行的”。起初，阿睦尔撒纳“集聚各地约六千士兵的部队”进攻达瓦齐，而达瓦齐“也调集了大量军队”，双方经过一场厮杀之后，阿睦尔撒纳大败②，率所部二万余人，投归了清朝政府。

阿睦尔撒纳之投归清朝，是想利用清朝中央政府的兵力，消灭其政敌达瓦齐。一七五四年冬，他在热河避暑山庄被乾隆帝召见，封为亲王，他力陈“伊犁可取状”，请求清廷出兵，攻打达瓦齐。

清政府对准噶尔部的动乱十分关心。从十七世纪以来，准噶尔崛起西北，割据称雄，对于清朝政府长期抗命、对峙，并且屡次兴兵进犯喀尔喀、青海、西藏，干戈扰攘数十年，成为国家实现统一、安定的主要障碍。在乾隆帝看来，平定准噶尔割据势力是头等重要的大事，是祖、父（康熙、雍正）两朝“筹办未竟之事”，“准噶尔一日不定，其部曲一日不安”③。但在策妄和策凌的统治下，准噶尔政局清明、内部安定、兵力强盛。如果贸然出兵攻战，长途跋涉，道路艰险，粮运不继，势难取胜，雍正九年（一七三一）的和通泊之败，即是前车之鉴。所以，乾隆前期，只能与准噶尔划定牧区界线，求得暂时和平。到了策凌死后，准噶尔内部纷争，局势大乱。达瓦齐夺得汗位后，内部矛盾更激烈。达瓦齐庸碌无能，却贪婪残暴，为

---

① 昭梿：《啸亭杂录》卷三，《西域用兵始末》。

② 参见［苏］兹拉特金：《有关阿睦尔撒纳的俄国档案资料》，见《蒙古民族的语文与历史》，295页。

③ 《清高宗实录》卷四八九。

了掠夺财富和牧场，多次兴兵攻打各部，烧杀抢劫。广大牧民受苦极深，不少贵族牧主也受到达瓦齐的掠夺，达瓦齐弄得众叛亲离。在准噶尔人民和上层中间，归附清朝，拥护统一的倾向迅速增强，他们盼望摆脱达瓦齐的专横统治，结束长期的混乱局面。这就为清政府进行平准战争、统一西北边疆创造了前提。早在阿睦尔撒纳归附清朝以前，已有许多厄鲁特蒙古族脱离达瓦齐的统治，投向清朝。

最早归附清廷的是达什达瓦部的宰桑萨喇勒。一七五〇年，当达什达瓦在内讧中被杀，萨喇勒就逃出了准噶尔，投向清廷。一七五三年（清乾隆十八年），达瓦齐洗劫杜尔伯特部，其部长车凌、台吉车凌乌巴什、车凌孟克“集族谋曰：依准噶尔非计也，不如依天朝为永聚计”①，率领属下三千多户、一万余人离开原牧地额尔齐斯河，越阿尔泰山，到达清朝定边左副将军的驻地乌里雅苏台。在清朝和准噶尔割据势力的长期斗争中，厄鲁特蒙古族像这样大规模内迁还是第一次，这反映了厄鲁特蒙古广大牧民对准噶尔统治者制造的混乱和战祸极为不满，反映了他们要求统一安定的强烈愿望。乾隆对杜尔伯特部三车凌的内附极为重视，妥善地安排他们的生活，接济牛五百头、羊二万一千只、粮食四千余石。一七五四年五月，乾隆在热河避暑山庄隆重接待三车凌，封车凌为亲王、车凌乌巴什为郡王、车凌孟克为贝勒，连续宴会八次。乾隆通过三车凌进一步了解准噶尔的内部情况，决定出兵平准，剪灭割据势力，宣布：“今车凌、车凌乌巴什等来到，问其情形及准噶尔来使敦多布等光景，彼处人心不一，甚属乖离，乘其不备，议定明年由阿尔台（泰）、巴里坤二路进兵”②。不久，阿睦尔撒纳归附清廷，更增强了乾隆帝的平准决心。

一七五五年（清乾隆二十年）春，清政府以班第为定北将军、阿睦尔撒纳为定边左副将军，由乌里雅苏台出北路；以永常为定西将军、萨喇勒为定边右副将军，由巴里坤出西路，约期会于博罗塔拉河。在清军两路进攻之下，准噶尔军纷纷归降，“自大兵前进，准

---

① 张穆：《蒙古游牧记》卷十三。

② 《清高宗实录》卷四六五。

乾隆帝在万树园宴请三车凌图

噶尔部落人众，各带领鄂拓克，陆续前来投诚者甚多”①，“各部大者数千户，小者数百户，无不携酒牵羊”②，接应清军。达瓦齐军土崩瓦解，失去了抵抗力，清兵几乎兵不血刃地进抵伊犁，前锋部队都是归附的厄鲁特蒙古军。

达瓦齐见形势不妙，退往格登山，负崖临水，结营顽抗。清兵分两路追击，直捣敌营，达瓦齐军惊愦奔窜，自相蹂躏，降者六千余骑，达瓦齐仅率数十人，向南疆逃窜。这时，南疆的维吾尔族纷纷起来响应清军，摆脱准噶尔统治，达瓦齐逃经乌什，被维吾尔族领袖霍集斯擒获，押送清营。从此准噶尔割据政权结束。达瓦齐被俘后，乾隆赦其罪，封为亲王，住在北京，受到清廷的优待。

达瓦齐割据势力被平定下去，阿睦尔撒纳隐藏着的攫夺厄鲁特部统治权的野心必然要逐渐显露出来，而与清政府统一国家的基本方针相对抗。乾隆原想在平定伊犁之后，为削弱准噶尔部的割据势力，采取“众建以分其力”的方针，把厄鲁特四部“封为四汗，俾各管其属”③。但一心想作“四部总台吉，专制西域”④的阿睦尔撒纳，施用一系列阴谋伎俩，想让清廷承认他为厄鲁特四部总汗。尽管清政府加

① 转引自《新疆简史》，299页。

② 昭梿：《啸亭杂录》卷三，《西域用兵始末》。

③④ 魏源：《圣武记》卷四，《乾隆荡平准部记》。

以特殊的荣宠，晋封他为双亲王，食双俸，但他欲壑难填，制造民族分裂的野心恶性地膨胀起来。他独断专行，任意杀掠，不穿清朝官服，不用清朝官印，“自用浑台吉菊形篆印”①，行文各部，“以总汗自处”，并遣人四出，招兵买马，竭力扩展割据势力，积极准备叛乱。

阿睦尔撒纳图谋割据的野心，已明显暴露出来，清政府采取对策，命他于一七五五年九月到热河避暑山庄入觐，欲以调虎离山之计，消患于未萌。但狡诈的阿睦尔撒纳已看出了清廷的用意，在赴热河的路上，一再迁延，行至乌隆古河，“诡言暂归治装”，把副将军印交给与他同行的喀尔喀亲王额琳沁多尔济，间道逃回塔尔巴哈台，公开扯起反清叛乱的旗帜。

当时驻在北疆地区的清军大部分已经撤走，仅有班第、鄂容安所率五百清军驻守伊犁处理善后，遭到阿睦尔撒纳叛军的围攻，寡不敌众，班第、鄂容安兵败自杀。而永常所率西路清军，虽有数千劲旅驻于乌鲁木齐，但闻变不敢赴援，疑惧退却，致使天山南北变乱四起。

在阿睦尔撒纳发动叛乱后不久，喀尔喀和托辉特部封建主青滚杂卜也揭起反清叛旗。青滚杂卜随班第平定伊犁有功，被清朝授以喀尔喀副将军，封为郡王。在进军伊犁过程中，青滚杂卜见阿睦尔撒纳“潜谋叛志，亦隐有二心”②，遂与阿睦尔撒纳勾结起来。由于平准战争中，清政府在喀尔喀地区征丁征马，骚扰很大，群众中非常不满，青滚杂卜利用了这种不满情绪，特别是当喀尔喀大活佛呼图克图的兄弟额琳沁多尔济，以放走阿睦尔撒纳的罪名被清廷“赐死”后③，更加引起一些喀尔喀封建领主的疑惧与不安，因而在阿睦尔撒纳揭起叛旗之后也发生了叛乱，青滚杂卜“自军营私行逃归，遂将伊（指青滚杂卜）卡伦、台站兵丁尽行撤回”④，使清政府北路台站，从十台到二十六台，全部瘫痪，联络中断。

---

①　魏源：《圣武记》卷四，《乾隆荡平准部记》。

②④　《平定准噶尔方略》正编卷三十。

③　据《钦定外藩蒙古回部王公表传》载：“额琳沁多尔济为喀尔喀土谢图汗察珲多尔济之重孙。乾隆八年，袭札萨克和硕亲王，二十年以罪诛，削爵。”（卷七，表第七，《喀尔喀土谢图汗部》）

针对当时喀尔喀蒙古与准噶尔地区的叛乱形势，清政府采取平叛措施。命成衮札布等出兵，迅速镇压青滚杂卜的叛乱，稳定了喀尔喀的局势。一七五七年（清乾隆二十二年），清廷命成衮札布为定边将军，舒赫德为参赞大臣，出北路；命兆惠为伊犁将军，富德为参赞大臣，出西路，进剿阿睦尔撒纳。时准噶尔地区“瘟疫盛行，死亡相望”①，清军长驱直入，锐不可当。阿睦尔撒纳在清军进剿下仓皇失措，逃往哈萨克，不久，又率领几名亲信逃往沙皇俄国。

应该指出：尽管清政府的平准战争对于恢复国家统一，维护西北国防有着极为重大的意义，但是正像历史上的很多进步事业都要付出重大的代价一样，清政府实现统一的手段是十分残酷的。由于准噶尔长期割据，时服时叛，清朝统治者对之抱着根深蒂固的敌视和不信任心理。清军乘准部内乱，驱兵直入，烧杀抢劫，波及无辜，杀人之多，超过了一般战争的范围。“凡山陬水涯，可渔猕资生之地，悉搜剔无遗”，“草薙禽猕无噍类”②。有些部落已经归降，但清军疑虑重重，也悉数屠杀，使准噶尔部遭到严重的灾难。清政府采取这种残暴的手段是应予揭露批判的。

清朝政府对阿睦尔撒纳的漏网脱逃，深感忧虑。乾隆认为，“逆贼一日不获，西路之事一日不能告竣”③，决心要把阿睦尔撒纳逮捕回来。特别侦知阿睦尔撒纳逃入俄境后，更加不安。乾隆认为：“俄罗斯既收留叛贼，必且抚而用之。”④因而命理藩院一再向沙皇政府发出照会，要求俄国“遵照原定不匿逃犯之条”⑤，把阿睦尔撒纳引渡回来。但沙俄政府支吾推脱，说阿睦尔撒纳已“落水身死”。实际上，阿睦尔撒纳逃到俄国后，西伯利亚总督格拉勃连洛夫“担心此事会泄露出去，就决定把阿睦尔撒纳安置在离托波尔斯克二十俄里已经废弃的库杜斯克酒厂的一所房子里”⑥，以后，阿睦尔撒纳患天

---

① 魏源：《圣武记》卷四，《乾隆荡平准部记》。

② 昭梿：《啸亭杂录》卷三，《西域用兵始末》。

③④ 《清高宗实录》卷五四七。

⑤ 《清高宗实录》卷五五五。

⑥ ［苏］兹拉特金：《有关阿睦尔撒纳的俄国档案资料》，见《蒙古民族的语文与历史》，310页。

花病死，在清政府再三交涉下，沙俄政府才把阿睦尔撒纳的尸体送到恰克图，交给清政府官员验视。

二、大小和卓叛乱与清政府统一天山南路

清朝政府在平定准噶尔部割据势力叛乱之后，紧接着天山南路维吾尔族地区又爆发了大小和卓的叛乱。

大小和卓是玛赫杜米·艾扎木和卓之后。其祖阿布都什特于噶尔丹进攻天山南路时，被移居北疆伊犁。噶尔丹败亡后，阿布都什特“自拔来归”，清政府送他返归叶尔羌。策妄阿拉布坦父子割据新疆时，阿布都什特之子玛罕木特为和卓，为维吾尔族人民“众所尊服”，命其“总理回地各城”①。后因玛罕木特企图摆脱准噶尔贵族统治，被噶尔丹策零俘至伊犁禁锢。玛罕木特生二子，长曰波罗尼都，次曰霍集占，即所谓大小和卓。玛罕木特死，霍集占兄弟仍禁锢于伊犁。清军平定达瓦齐割据势力后，霍集占兄弟始得释放。清政府以霍集占兄弟为“回部头目”，遣波罗尼都返归叶尔羌，“使统回部”，而留霍集占于伊犁，掌管伊斯兰教。

阿睦尔撒纳在伊犁发动叛乱时，霍集占曾“率众助逆”，参加了叛乱。及至阿睦尔撒纳叛乱被平定，霍集占自伊犁逃回叶尔羌，唆使其兄波罗尼都阴谋策划叛乱。

清朝政府本想利用霍集占兄弟在宗教上的影响，去“招服叶尔羌、喀什噶尔人民”②，从而和平地统一南疆。波罗尼都本愿服从中央，“欲安集回地各城人民，听候大皇帝谕旨，而霍集占不从”③。霍集占被权力的欲望弄得头脑发昏，低估了清朝中央实现平叛统一的力量和决心。他蛊惑人心地煽动波罗尼都：“若听大皇帝谕旨，你我二人中必有一人唤至北京以为质，当与禁锢何异？莫若与中国抗拒，地方险远，内地兵不能即来，来亦率皆疲惫，粮运难继，料无奈我何。且准噶尔已灭，近地并无强邻，收罗各城，可以自立”④。

---

① 椿园：《西域闻见录》卷六。

② 《平定准噶尔方略》正编卷十四。

③④ 《回疆通志》卷十二。

不幸，这种割据分裂的路线占了上风，波罗尼都也不得已参加了叛乱。一七五七年（清乾隆二十二年），清政府派往南疆的使臣阿敏道等被杀害，南疆的叛乱蔓延起来。

一七五八年（清乾隆二十三年），清朝政府命雅尔哈善为靖逆将军，率满汉官兵万余人，由吐鲁番进攻库车。库车是通往“回部”的门户，库车一经攻克，“则诸城必溃”，是清军必攻的战略要地。但库车“其城依山岗，用柳条沙土密筑而成”①，修筑坚固，易守难攻，叛军据城固守，清军屡攻不下。霍集占率军来援，为清军中途截击，伤亡大半，霍集占退保库车城。但清军未能乘霍集占入踞库车时机，发动强大攻势，聚而歼之；反而因雅尔哈善“坐守军营”、“略不设备”②，致使霍集占乘夜突围遁走。雅尔哈善因贻误军机被撤掉军职，清政府随即命刚刚平定天山北路叛乱的兆惠，率军往天山南路。

霍集占退出库车后，逃往阿克苏，阿克苏维吾尔族人民“闭城拒敌”，其首领鄂对伯克早就归附了清军，这时阿克苏的人民纷纷欢迎鄂对的返回。霍集占又逃往乌什，乌什伯克霍集斯亦“闭城不纳”，并派人迎接清军。霍集占又逃归叶尔羌，而波罗尼都则返回喀什噶尔，妄图各据一城，相互掎角，负隅顽抗。

一七五八年十月间，兆惠率清军进攻叶尔羌。霍集占于叶尔羌城外坚壁清野，掘壕筑垒，修筑工事。当时据守叶尔羌的叛军有一万三千人③，而兆惠所率之清军，仅三千人，孤军深入，攻城不下，遂至叶尔羌城东的黑水河“有水草处，结营自固”。叛军大举出动，以两翼夹攻，包围了清军。清军“掘壕结寨”，“筑长围以相持”④，同一万余叛军坚持了长期的苦斗，这就是有名的黑水营之围，叛军施用炮轰、水淹、偷袭等办法，而清军勇敢迎敌，历三个月之久，黑水营仍岿然不动。

一七五九年（清乾隆二十四年）初，定边右副将军富德所率清

---

① 昭梿：《啸亭杂录》卷六，《平定回部本末》。

②④ 赵翼：《皇朝武功纪盛》卷二，《平定准噶尔方略正编述略》。

③ 据［法］古朗：《十七和十八世纪的中亚细亚——卡尔梅克帝国还是满洲帝国?》一书记载：“霍集占在叶尔羌严加戒备，有四千骑兵和六千步兵，加上波罗尼都从喀什噶调去的三千骑兵。”（见第九章，117 页）

军自乌鲁木齐到达南疆赴援，包围黑水营的霍集占叛军在清军内外夹攻下土崩瓦解，狼狈逃窜，黑水之围遂解。

一七五九年夏，清军分两路大举出击，一路由兆惠统率由乌什进攻喀什噶尔；一路由富德率领由和阗进攻叶尔羌。霍集占兄弟在清军大举进剿之下，弃城逃走，清军追击，连续打败逃窜中的叛军。最后在巴达克山界伊西洱库尔两岸全部歼灭叛军。霍集占兄弟被巴达克山首领擒杀，至此，大小和卓发动的叛乱被清朝政府平定下去。

清朝政府平定准噶尔部和“回部”叛乱、统一天山南北地区后，建立了军府制，于天山南北两路设立统治机构。一七六二年（清乾隆二十七年），清政府于惠远城设伊犁将军，其职权范围：“凡乌鲁木齐、巴里坤所有满洲、索伦、察哈尔、绿旗官兵，皆听将军总统调遣。至回部与伊犁相通，自叶尔羌、喀什噶尔以至哈密等处驻扎官兵，亦归将军兼管。其地方事务，有各处驻扎大臣，仍照旧例办理。再叶尔羌、喀什噶尔等回城，皆在边陲，如有应调伊犁官兵之处，亦准各处大臣咨商将军，就近调拨”①。可见伊犁将军是“总统新疆南北两路事务”的最高军政长官。在伊犁将军之下，于乌鲁木齐设都统，统率乌鲁木齐、古城、巴里坤及吐鲁番等地驻军；于塔尔巴哈台设参赞大臣，统率塔城地区的驻军。在南疆地区，清廷在喀什噶尔、叶尔羌、英吉沙尔、和阗、乌什、阿克苏、库车、辟展等城设“办事大臣”和“领队大臣”，对当地维吾尔族人民实行军事统治。上述各地的办事大臣或领队大臣均由“喀什噶尔参赞大臣辖之”，而喀什噶尔的参赞大臣又直接受伊犁将军的节制。军府制的实行，不仅进一步加强了新疆地区与清朝中央政府的关系，增强了清朝政府对西北地区的统治与边防；而且在客观上也起到了维护国家统一和领土完整的积极作用。

三、土尔扈特蒙古反抗沙俄压迫与重返祖国的斗争

自十七世纪二十年代末期，以和鄂尔勒克为首的土尔扈特部五万余帐牧民，离开了他们原来在塔尔巴哈台的牧地，向西南方向移

① 《平定准噶尔方略》续编卷十九。

《土尔扈特全部归顺记》碑

动，在驱逐诺盖人之后，越过哈萨克草原，渡过乌拉尔河，来到了当时俄国还没有控制的“人烟稀少的伏尔加河下游各支流沿岸”①，土尔扈特蒙古人就在这里“放牧牲畜，逐水草围猎之利”②，“置鄂拓克，设宰桑”③，俨然形成一个独立游牧部落。

然而，伏尔加河下游并不是土尔扈特人的理想“乐园”。他们虽然把已经衰落了的诺盖人赶到伏尔加河西岸，但他们的北邻却是侵略成性的沙皇俄国。俄国为了巩固它对新征服的喀山汗国和阿斯特拉罕汗国的统治，并进一步于伏尔加河流域和顿河流域扩张其侵略势力，游牧于伏尔加河下游的土尔扈特部便成为它的侵略对象。但沙皇俄国要想完全征服这些慓悍善战的游牧民族，也并非那么容易，直到十七世纪末十八世纪初，沙俄政府通过威胁利诱手段，同土尔扈特部订立六个条约，获得了优惠的政治经济特权，土尔扈特部才逐渐为沙俄所控制。但是，土尔扈特人民并没有屈服于沙皇政府的残暴统治；他们多次起而反抗，参加伏尔加河流域各族人民反抗沙皇统治的斗争。

早在十七世纪六十年代，俄国历史上著名农民领袖拉辛领导顿河流域的农民起义发动后，伏尔加河两岸的土尔扈特人同当地各族人民纷起响应，积极地参加了起义。④ 十七世纪末，伏尔加河流域

① ［苏］帕里莫夫：《留居俄国境内时期的卡尔梅克人史纲》，6页，阿斯特拉罕，1922。

② 椿园：《西域总志》卷二，《土尔扈特投诚纪略》。

③ 祁韵士：《西陲要略》卷四，《土尔扈特源流》。

④ 参见［苏］潘克拉托娃：《苏联上古中古史》，268页。

又爆发了巴什基尔人起义，土尔扈特人在阿玉奇汗领导下“起而支持巴什基尔人”①。一七〇六年（清康熙四十五年），阿斯特拉罕人民起义爆发，沙俄政府要求阿玉奇汗出兵，镇压起义，阿玉奇汗却联合巴什基尔人，于一七〇八年（清康熙四十七年），袭击沙俄统治下的奔萨斯卡亚和坦波夫斯亚等城镇。由于土尔扈特人不断掀起反抗沙俄政府的斗争，致使沙俄统治者一直未能实现对土尔扈特部的完全征服，而土尔扈特部在政治上也一直保持着基本独立的状态。

尽管如此，远离祖国的土尔扈特人，在沙俄经常的侵略威胁之下，不能不怀念他们的家乡故土。土尔扈特部迁到伏尔加河下游不久，就几次想重返祖国，由于路途遥远、旅途艰难而未能付诸行动。但他们与厄鲁特蒙古各部依然保持着密切联系。一六四〇年（明崇祯十三年，清崇德五年），巴图尔珲台吉在塔尔巴哈台召开喀尔喀各部与厄鲁特各部的首领会议，土尔扈特部首领和鄂尔勒克率领他的儿子们也从万里之外赶来参加会议。远在伏尔加河的土尔扈特部一直和居住在天山以北的其他厄鲁特蒙古人保持着十分密切的关系，和鄂尔勒克的女儿嫁给巴图尔珲台吉为妻，而和鄂尔勒克之孙朋楚克又娶巴图尔珲台吉女儿为妻，朋楚克之子阿玉奇自幼留在巴图尔珲台吉处抚养。后来策妄阿拉布坦又娶阿玉奇女儿为妻。这种频繁的通婚关系，正是两部密切的政治联系的反映。

土尔扈特西迁伏尔加河下游后，也一直和清朝中央政府保持密切联系。早在顺治时期，土尔扈特部就不断遣使入贡。一六五五年（清顺治十二年），和鄂尔勒克的长子书库尔岱青遣使锡喇布鄂尔布向清朝“奉表贡”。一六五七年（清顺治十四年），土尔扈特部的罗卜藏诺颜及其子多尔济，遣使沙克锡布特向清政府“贡驼马二百余，复携马千，乞市归化城”②，清政府同意他们的请求，进行马匹贸易。到康熙时期，土尔扈特部同清朝的联系更加密切。一六九七年（清康熙三十六年），清政府平定噶尔丹叛乱后，土尔扈特汗阿玉奇派诺颜和硕齐等随策妄阿拉布坦使者，一起“入贡庆捷”。策妄阿拉

---

① ［苏］潘克拉托娃：《苏联上古中古史》，262页。

② 何秋涛：《朔方备乘》卷三十八，《土尔扈特归附始末》。

布坦割据新疆，中断了从准噶尔通往嘉峪关的贡路之后，土尔扈特仍然没有断绝与清朝中央政府的联系。一七一二年（清康熙五十一年），阿玉奇汗遣使者萨木坦等，“假道俄罗斯，达京师表贡方物”①。康熙为了表示对远离祖国、寄居异乡的土尔扈特部的关怀，派内阁侍读图理琛等组成使团，前往伏尔加河下游，探望土尔扈特部，图理琛等于一七一二年夏出发，经色楞格斯克、叶尼塞斯克、托波尔斯克、喀山，于一七一四年（清康熙五十三年）六月到达伏尔加河下游阿玉奇汗的驻地，受到土尔扈特人的热烈欢迎与隆重款待，“留旬余，筵宴不绝”②。阿玉奇汗向图理琛详细询问了祖国的政治、经济情况，表现了土尔扈特蒙古人民对祖国的无限怀念。使团于一七一五年（清康熙五十四年）四月底回到北京，后来图理琛用满汉文字写成《异域录》一书，记载了这次出使的经过情形。十八世纪二十年代后，尽管沙俄政府加强了对土尔扈特的控制，但土尔扈特部冲破沙俄的种种阻挠，仍努力与清朝保持联系。一七五六年（清乾隆二十一年），土尔扈特汗敦罗布喇什遣使吹扎布，绕道俄罗斯，经过三年的艰苦旅程，回到国内与清政府联系。乾隆在承德避暑山庄万树园热情地接待了吹扎布。翌年（一七五七年，清乾隆二十二年），乾隆又在北京召见了他，吹扎布向乾隆陈诉了土尔扈特人民在沙俄压榨下的痛苦，他说：土尔扈特对沙俄只是“附之，非降之也。非大皇帝有命，安肯为人臣仆？”③ 吹扎布对乾隆的陈诉，说明了土尔扈特虽然远离祖国，却始终认定自己是多民族祖国的成员，与清朝政府一直保持着密切的臣属关系。

一七二四年（清雍正二年），沙俄当局利用阿玉奇汗病逝的时机，取得任命土尔扈特新汗的特权。④ 自此之后，沙俄对土尔扈特的控制从政治、经济、宗教等方面步步加紧，到十八世纪六十年代，即渥巴锡（阿玉奇之曾孙）开始执政时期，沙俄当局再一次利用汗位交替的动荡局面，实行前所未有的高压政策，妄图达到完全控制整个部落的目的。

---

①② 祁韵士：《皇朝藩部要略》卷十，《厄鲁特要略》二。

③ 祁韵士：《皇朝藩部要略》卷十三，《厄鲁特要略》五。

④ 参见［俄］诺伏列托夫：《卡尔梅克人》，17页，彼得堡，1884。

首先，沙俄当局通过改组扎尔固（部落会议）限制汗王的权力。本来在土尔扈特汗王之下设有自己的权力机构，即扎尔固，这是由汗王信任的八名王公组成的，“实际上是汗手下的辅助大臣和助手”①。根据《一六四〇年蒙古厄鲁特法典》的规定，“扎尔固的一切决定只有经过汗的批准方能在法律上生效”②。但沙俄政府于一七六二年（清乾隆二十七年）八月二十日颁布新的扎尔固条例中规定：扎尔固成员不得由汗任命，它的“组成必须经过俄国政府批准”，汗不能随意改变扎尔固的决议，这就从政治上极大地削弱了渥巴锡汗的权力。

不仅如此，沙皇俄国还在“改革”的幌子下，妄图扶植已经东正教化了的土尔扈特贵族敦杜克夫家族③，以取代渥巴锡的统治，“让敦杜克夫重建土尔扈特部政权”，从而使土尔扈特部“成为（俄国）一个新的行政区域”④。更有甚者，沙俄政府在与其邻国瑞典、土耳其的争夺战争中，向土尔扈特部无休止地强行征兵，造成土尔扈特民族的巨大灾难。一七六五年（清乾隆三十年）后，沙俄政府“屡征土尔扈特与邻国战”⑤，“拣土尔扈特人众当其前锋”，死于战争者数万之众，而其“归来者十之一二”⑥，因而造成了“人人忧惧”和整个部落的动荡不安。沙皇当局的残酷迫害，必然引起土尔扈特部全体人民的强烈反抗，同时也更坚定了他们重返祖国的决心。

一七七一年（清乾隆三十六年）一月五日，渥巴锡与土尔扈特部台吉、喇嘛等经过周密准备之后，发动了反抗沙俄的武装起义，率其所部三万三千余户、十六万九千余人，浩浩荡荡地走上重返祖国的征程，就像乾隆撰写的《土尔扈特全部归顺记》中所说，“（渥巴锡）以

---

① ［英］德昆赛：《鞑靼人的反叛》，7页，波士顿，1898。

② 《卡尔梅克苏维埃社会主义自治共和国史纲》，181页。

③ 敦杜克夫家族是指一部分东正教化了的土尔扈特贵族。这一家族主要成员是敦杜克奥木巴（汉文史籍中称敦罗卜旺布，一七三五年至一七四一年（清雍正十三年至乾隆六年）土尔扈特部首领），后妻贾恩和他的儿子道迪比和阿沙莱。敦杜克奥木巴死后，家族长期居于彼得堡，接受了东正教的洗礼，改姓为敦杜克夫（见［俄］诺伏列托夫：《卡尔梅克人》，26页）。

④ ［英］贝克曼：《土尔扈特族自俄返华记》，见《东方文化》，第二卷，95页。

⑤ 何秋涛：《朔方备乘》卷三十八，《土尔扈特归附始末》。

⑥ 椿园：《西域总志》卷二，《土尔扈特投诚纪略》。

俄罗斯征调师旅不息，近且征其子入质，而俄罗斯又属别教，非黄教，故与各族台吉密谋，挈全部投中国兴黄教之地，以息肩焉”。为了行军方便，土尔扈特人抛掉他们所有锅灶用具，他们仅以八天的时间就通过了伏尔加河和乌拉尔河之间的草原。在乌拉尔河，他们攻下库拉金那沙俄堡垒之后，渡过乌拉尔河，迅速地进入大雪覆盖的哈萨克草原。

沙俄当局得知土尔扈特部东走的紧急情报后，立即派出大批哥萨克士兵，在其头目马特洛索夫的指挥下，紧紧尾追，土尔扈特的东返队伍，英勇地击退了追击的俄军。但是，土尔扈特人东返的道路并不是一条畅通无阻的坦途，当他们进入哈萨克草原后，困难接踵而至，长途跋涉中的艰苦行军与沿途水草、供养的缺少，给土尔扈特人带来了空前未有的苦难，饥寒交迫，疫病流行，人口锐减，牲畜大量死亡。不仅如此，沙俄奥伦堡当局又派出追兵，并唆使哈萨克小帐首领努尔阿里汗联合巴什基尔人不时发动袭击，更给在苦难行军中的土尔扈特人造成巨大损失。然而土尔扈特蒙古不愧为英雄的民族，在其首领渥巴锡的领导下，不仅克服了行军中的种种困难，而且在与敌军作战中，以机智灵活的战略战术和顽强勇猛的作战精神，战胜了敌军的阻击与围攻，“逾坑格尔图喇”①，进入中国境界，实现了他们重返祖国的美好愿望。

土尔扈特部进入祖国境内后，沿巴尔喀什湖向南，经斋桑湖进入沙喇伯勒地区，遂与清朝政府地方当局发生接触。清政府伊犁将军伊勒图接见了渥巴锡等首领，渥巴锡等向清政府“呈献伊祖受之前明永乐八年汉篆玉印一颗”②，表现了他们重返祖国的爱国精神和投归清朝的坚决态度。

清朝政府对土尔扈特部的归来非常重视。乾隆帝在热河木兰围场的伊绵峪接见了渥巴锡等人，回到避暑山庄后，又赐宴于万树园。当时，正好清政府在承德仿照西藏布达拉宫修建的普陀宗乘庙竣工，就在庙内立了《土尔扈特全部归顺记》和《优恤土尔扈特部众记》两块石碑，乾隆亲撰碑文，记载土尔扈特部历尽艰难、返归祖国的过程。

---

① “坑格尔图喇者，鄂（俄）罗斯边界之卡伦也。此南即中国地界。”（见椿园：《西域总志》卷二，《土尔扈特投诚纪略》）按此地在今苏联乌斯季卡缅诺哥尔斯克。

② 椿园：《西域总志》卷二，《土尔扈特投诚纪略》。

清政府对土尔扈特部首领及其部众都作了妥善安置，封渥巴锡为卓里克图汗，其他随来的各部首领也被封为亲王、郡王、贝勒、贝子、辅国公、台吉等。分土尔扈特为新旧两部，各设札萨克。旧土尔扈特部由渥巴锡统领，下分东西南北四路，共十旗，由伊犁将军统辖；新土尔扈特部由郡王舍稜统领，下分二旗，由定边左副将军节制。对其部众，清政府则采取“口给以食，人授之衣”① 的措施，发帑银二十万两购买大批牲畜、米、茶、布匹、毡庐等生活用品，加以赈济。

土尔扈特返回祖国的爱国主义行动和清朝政府对土尔扈特部的妥善安置，使沙俄政府恼羞成怒，竟然行文清政府，无理地要求把土尔扈特部交还俄国，甚至蛮横提出，如不交回，“恐兵戈不息，人无宁居”②。针对沙俄政府的无理要求，清朝政府作了明确的回答：“土尔扈特渥巴锡等，与尔（指俄国——引者）别一部落，原非属人”，只因为“尔国征调烦苛，不堪其苦”，才返回祖国的。对沙俄的武力恐吓，清政府明确表示，“或以兵戈，或守和好，我天朝惟视尔之自取而已”③，表明了绝不屈服于俄国武力威吓的严正态度。

土尔扈特部的这次返归祖国的大迁徙，是从一七七一年一月到同年八月间完成的。前后历时八个多月，长途跋涉，行程万余里，历经多次战斗，克服种种艰难险阻，到达伊犁时，人口“仅以半计”④，只剩下七万多人。土尔扈特人民为了反抗沙俄压迫、热爱祖国，作出了重大牺牲，在我国民族关系史上写下了可歌可泣的辉煌篇章，他们的英雄业绩是值得称颂的。

第四节　清政府加强对西南地区的统治及其对西藏政治与宗教制度的改革

一、“改土归流”

“改土归流”是清朝政府废除西南各少数民族的土司制度，改由

①④ 《优恤土尔扈特部众记》。
②③ 《清高宗实录》卷九一四。

中央政府委派流官进行统治的措施。这种措施开始实行于明代，清代雍正年间在西南地区大规模推行。

我国西南部的云南、贵州、广西、四川以及湖南等地区，历来是少数民族集居或与汉族杂居的地区。苗瑶壮白彝等兄弟民族，从很早的古代起，就劳动、生息、繁殖在这一广阔的区域里。自元明以来，我国中央王朝的统治阶级，就采取土司制度统治这一地区的少数民族。

土司制度是兼指土司与土官两种统治制度而言。前者包括有宣慰司、宣抚司、安抚司等，这些官爵职称虽受封于中央政府的皇帝，但实际上是割据一方的地方政权；后者包括土知府、土知州、土知县等，是按照汉族地区行政建制设立的府、州、县中由少数民族头人所担任的官职。这种土司制度，是在西南少数民族地区经济落后、交通梗阻条件下，中央政府在军事征服或政治招抚之后所实行的“羁縻”政策和特殊的统治制度。这种制度在其创建之初，虽有其可行的一面，但随着社会经济的发展，与中原地区政治、经济与文化联系的进一步加强，不仅阻碍了少数民族地区社会生产的发展，更不利于多民族国家的统一。因此，从明朝开始，便在一些条件成熟的地区，改用流官代替土司，实行和中原地区完全相同的行政制度，这就是“改土归流”。

清朝初年，当时的中央政府，因忙于巩固国家的统一和抗击沙俄入侵，一时无力来加强对西南地区的统治，仍沿用过去土司制度。康熙初年，虽于局部地区实行改流，但就整个西南地区来说，仍处于土流混杂、行政体制混乱的局面，有些大土司，辖地数百里，拥兵数千累万，骄恣暴戾，横行不法。土司对于土民“可以任意取其牛马，夺其子女，生杀任情。土民受其鱼肉，敢怒而不敢言”①，土司向清朝纳“钱粮不过三百余两，取于下者百倍。一年四小派，三年一大派，小派计钱，大派计两。土司娶子妇，土民三载不敢婚。土民被杀，亲族尚出垫刀钱数十两，终身不见天日”②。有的地方已

① 《清世宗实录》卷二十，雍正二年五月。

② 《清史稿》，《列传》七十五，《鄂尔泰》。

经实行改土归流，但土司的势力根深蒂固，十分顽强，“土目盘踞，文武长寓省城，膏腴四百里无人敢垦”。

随着中原和边远地区政治、经济关系的发展以及清朝统治力量的增强，各族人民愈来愈要求挣脱落后、残酷的土司制度的统治，清王朝也不允许在自己的版图内存在着许多个不听号令、不服管束的独立王国。于是，改土归流又提到了日程上。一七二六年（清雍正四年）云贵总督鄂尔泰上疏请求将原属四川的东川、乌蒙、镇雄三大土府，就近划归云南，实行改土归流，接着在云南、四川、贵州、广西、湖广的广大区域中推行改土归流。据不完全统计，雍正一朝，西南地区的土州、土府、长官司、宣慰司、安抚司、招讨司等土司被改流者达六十多个。革除土司后，清政府在各地分别设置府、厅、州、县，委派有一定任期的、非世袭的流官进行统治，实行了和内地同样的政权体制。

“改土归流”的推行经历了一场严重的斗争，引起一些土司的武装叛乱。因为，土司制度维护这些地区原有落后的政治、经济结构，保留少数民族上层头子的世袭地位和特权，使他们得以把持地方政权，过着奢侈糜烂的生活，并对土民实行残酷的剥削和压迫。“改土归流”意味着他们的世袭地位被取消，特权被限制，因而必然会遭到少数民族上层头子的强烈反对，甚至发动叛乱，以阻挠“改土归流”的贯彻实行。

鄂尔泰针对各地的不同情况和土司们对改流所持的不同态度，采取和平招抚和武力镇压两种手段，而以前者为主，就像他自己所说：“改流之法，计擒为上，兵剿次之；令其自首为上，勒献次之”①。从改土归流的整个进程来看，大致上，广西、四川和湖广多采招抚手段，而云南、贵州二省，则曾大规模用兵。

清政府首先将原属于四川省的东川、乌蒙、镇雄划归云南，改土归流。乌蒙土司禄万钟、镇雄土司陇庆侯即发动叛乱，鄂尔泰遣刘起元、哈元生等率兵讨平之。不久镇沅土目刀如珍“戕官焚掠”，

---

① 《清史稿》，《列传》七十五，《鄂尔泰》。

广西泗城土知府岑映宸“纵其众出掠”，很快也被平定。云南是土司势力很雄厚的地区，斗争也显得特别激烈。当禄万钟叛乱时，其叔禄鼎坤因先受清政府招降，所以保持了手中的兵力，他不满“改土归流”措施，“觊袭土职，故调遣不听命”①，一直在窥测时机，图谋叛乱。移镇乌蒙的清总兵刘起元贪黩暴戾，军律不肃，“私派公费，侵欺粮饷，客民被劫，混将头人枵比”②，激起少数民族的愤怒。禄鼎坤利用和煽动群众中的不满情绪，率其族人禄鼎新、禄万福等于一七三〇年（清雍正八年）发动叛乱，杀死刘起元，攻陷乌蒙，“江外凉山、下方、阿驴，江内巧家营、者家海诸寨及东川禄民诸土目皆起而应之……杀塘兵，劫粮运，堵要隘，毁桥梁，所在屯聚为乱”③。鄂尔泰调集清兵万余人进行镇压，分兵三路，总兵魏翥国攻东川、哈元生攻威宁，参将韩勋攻镇雄。这场战争十分激烈，清兵大烧大杀，鄂尔泰“亲督军鏖战”④，最后，把禄氏土司的叛乱镇压了下去。至于滇南地区，自从平定刀如珍的叛乱后，清兵深入澜沧江的下游，“官兵各持斧锹开路，焚栅堙沟，连破险隘，直抵孟养……深入数千里，无险不搜，惟江外归车里土司，江内地全改流，升普洱为府，移沅江协副将驻之，于思茅、橄榄坝各设官戍兵”⑤。

贵州是苗族聚居的地区，也是清朝统治力量比较薄弱的地方，尤其在许多“无君长不相统属”的“生苗”地界，无论是土司或流官都没有建立过有效的统治。一七二六年清政府进攻仲家苗，总兵石礼哈等率兵克贵州西部广顺府的长寨，镇压了当地苗民的反抗，又乘胜招抚了广顺、定番、镇宁、永宁、永丰、安顺等地千余处苗寨，贵州南北西三面的局势逐渐稳定下来。接着，鄂尔泰集中兵力，开始向黔东苗岭山脉和清江、都江流域进兵。这一地区，即贵州著名的“苗疆”地区，据鄂尔泰说：“贵州土司向无钳束群苗之责，苗

---

① 魏源：《圣武记》卷七，《雍正西南夷改流记》。

② 《东华录》雍正朝卷十七，雍正八年十月。

③ 《清史稿》，《列传》七十五，《鄂尔泰》。

④ 李元度：《国朝先正事略》卷十三，《鄂尔泰》。

⑤ 《清史稿》，《列传》三〇一，《土司》三。

患甚于土司。苗疆四围几三千余里，千三百余寨，古州踞其中，群寨环其外。左有清江可北达楚，右有都江可南通粤，蟠据梗隔，遂成化外。如欲开江路通黔粤，非勒兵深入遍加剿抚不可”①。可见这一地区对巩固清政府在西南的统治与沟通南北的交通，都有重要意义。一七二八年（清雍正六年），鄂尔泰任用熟悉此处地形的张广泗，率兵赴“都匀、黎平、镇远、清平诸地化导群苗，相机剿抚”②。张广泗倡议在山区要隘诸葛营设镇驻兵，“扼吭控制”，并用兵讨平了不肯降服的苗寨。于是，贵州东部广大苗区的形势逐渐稳定下来，清政府在各地设官驻兵，并开辟了通向湖南、广东的水陆交通。

但是，派往苗区的官吏和将领欺虐苗民，勒征钱粮，又引起了苗疆的动荡。一七三五年（清雍正十三年），清江、台拱的苗民起来反对清朝官吏的压迫，攻陷凯里、黄平州，苗疆大震，广大苗区掀起了反清斗争的高潮。清廷派刑部尚书张照往贵州平定苗民的斗争，张照反对鄂尔泰“改土归流”政策，“密奏改流非策，致书诸将，首倡弃地之议”③。而且，他不谙军机，调遣兵将，混乱纷更，以致大兵云集，旷日无功。乾隆新即位，即罢黜张照，又令张广泗入黔，经营苗疆。张广泗“暂抚熟苗，责令交凶献械，以分生苗之势”④，并分兵三路，对各苗寨大烧大杀，苗民退入险要的牛皮大箐，清军合围，严密封锁，步步进逼，攻破牛皮大箐，杀死一万多人，又回过头来可耻地对已归降的熟苗进行剿杀，“复乘兵威，搜剿附逆熟苗，分首恶、次恶、胁从三等，涉秋徂暑，先后扫荡，共毁除千有二百二十四寨，赦免三百八十有八寨，阵斩万有七千六百有奇，俘二万五千有奇”⑤，黔东的苗区淹没在清军大屠杀的血泊之中。

四川凉山是彝族聚居的山区，宁远、越嶲、峨边、雷波、马边等都是彝民劳动、生息之地。凡汉彝交界、入山不深之地，均有土司土目，深山僻壤则彝民散居。清政府在云贵推行改流的同时，也

---

① 《清史稿》，《列传》七十五，《鄂尔泰》。

② 《清史稿》，《列传》八十四，《张广泗》。

③④⑤ 《清史稿》，《列传》三百二，《土司》四。

派兵进入凉山，“自小金沙江外沙马、雷波、吞都、黄螂诸土司地，直抵建昌，袤千余里，皆置营汛”①，并将一些土司土目革除，派设了流官。

至于湖南西部的苗民聚居地及广西的土司地区，因在此之前，已经历了一段“流土共管”的时期，土司的势力已有很大削弱。雍正年间，改土归流的声势很大，清廷临之以兵威，讨伐了云南的乌蒙、镇雄土司和贵州的“苗疆”，其他的大多数土司也只好接受改流的措施。大体上，从雍正四年至九年，清政府已在云贵川湘桂的广大地区，基本实现了“改土归流”。

“改土归流”措施必然伴随民族压迫的因素，清兵在平定土司叛乱的战争中进行烧杀抢劫，给少数民族带来了灾难。但是，从历史的长远观点来看，“改土归流”是有积极作用的，它打击和限制了土司的割据势力和特权，加强了中央和地方的关系，巩固了国家的统一，并且发展了各族人民之间的经济、文化联系，有利于少数民族地区生产的发展和人民生活的改善。

二、平定大小金川

大小金川，是大渡河上游的两个支流，地处四川西北部，因沿河诸山有金矿而得名。金川地区为藏族集居之处，其地“万山丛矗，中绕洶溪，皮船笮桥，曲折一线”②，形势险峻，交通梗阻，居民皆住石碉中。明代属杂谷安抚司，其地与绰斯甲布等九土司地壤相接。一六五〇年（清顺治七年）清廷授小金川的头人卜尔吉细为土司，一六六六年（清康熙五年），又授嘉勒塔尔巴“演化禅师”印。一七二三年（清雍正元年），清政府以嘉勒塔尔巴之孙莎罗奔随岳钟琪进藏平乱有功，授为安抚司，是为大金川，而旧土司泽旺仍居小金川。

莎罗奔被授予安抚司后，势力日益强盛，谋并小金川。他先以女儿阿扣嫁给小金川土司泽旺为妻，泽旺性懦弱，受制于其妻。一七四六年（清乾隆十一年），莎罗奔劫持泽旺及其印信，四川总督下

---

① 魏源：《圣武记》卷七，《雍正西南夷改流记》上。

② 同上书，《乾隆初定金川土司记》。

令申斥后，“始还泽旺于故地”。一七四七年（清乾隆十二年），莎罗奔发动叛乱，出兵攻掠革布什扎及明正两土司，四川巡抚纪山派军弹压，反为所败。清政府得报后，命“征苗有功”的云贵总督张广泗统兵进剿。

张广泗调集三万大军，分两路进攻金川地区。“一由川西入攻河东，一由川南入攻河西。”① 期以一举告捷。但因山高路险，碉卡并立，叛军恃险抵抗，致使清军“阻险不前”，“诸将多失事”。清廷又派大学士讷亲前往督师，并起用已被革职的岳钟琪以提督衔随行。讷亲位高气盛，一至前线，“限三日克刮耳崖，将士有谏者，动以军法从事，三军震惧，极力攻击，多有损伤。讷自是慑服，不敢自出一令，每临战时，避于帐房中，遥为指示，人争笑之，故军威日损。有三千军攻碉，遇贼数十人哄然下击，其军即鸟兽散”②。讷亲打了败仗，只好依靠张广泗，张“轻讷不知兵而事权出己上，阳奉而阴忮之，诸将无所禀承，率观望不前”③。张广泗又用良尔吉为向导，不料良尔吉是莎罗奔派遣的间谍，与莎罗奔暗通消息，清军动静，莎罗奔早就知道，“故兵老气竭，株守半载，无尺寸功”④。乾隆十分震怒，杀张广泗和讷亲，派大学士傅恒为经略。傅恒调集精兵三万五千人，采用岳钟琪的进军方略，分兵两路进攻。这时，清政府在金川用兵两年，劳师糜饷，杀大臣讷亲、张广泗，革大将哈元生、董芳，狮子搏兔，用尽全力，却未能收功。乾隆帝不想把战争继续下去了，命傅恒撤兵，谕旨中说：“金川用兵，本欲禁遏凶暴，绥辑穷番，并非利其人民土地……朕思蕞尔穷番，何足当我王师？经略大学士傅恒乃中朝第一宣力大臣，顾因荒徼小丑，久稽于外，即使擒渠扫穴，亦不足以偿其劳！”⑤ 傅恒以金川旦夕可平，请仍进兵，乾隆不许，赐诗三章，中有“壮志何须学贰师”，“速归黄阁赞元功”之句。当时，岳钟琪已率军攻扑莎罗奔的老巢勒乌围，莎罗

① 魏源：《圣武记》卷七，《乾隆初定金川土司记》。
② 昭梿：《啸亭杂录》卷一，《杀讷亲》。
③④ 昭梿：《啸亭杂录》卷四，《金川之战》。
⑤ 转引自萧一山：《清代通史》中，第一篇，72页。

奔恐惧。他从前曾隶岳钟琪部下，随岳入西藏，这时就向岳求降，岳钟琪抓紧时机，亲率十三骑驰入敌军营中，与莎罗奔议事，示以诚信，莎罗奔等“稽颡膜拜，衷甲持弓矢迎”①，“请奉约束，顶经立誓②”。清政府得以兵不血刃，平定了金川，莎罗奔被赦免，仍为土司。

此后，大小金川仍属土司管理，土司之间，相互争斗，时起战乱，问题并未彻底解决。十多年后，又发生了更大规模的叛乱。

乾隆中期，大金川土司莎罗奔已老，由其侄郎卡主持土司事务。郎卡不断侵掠邻近土司，一七五八年（清乾隆二十三年）攻掠小金川及革布什扎土司，四川总督开泰下令劝阻，但郎卡仍“侵邻境不已”③。一七六六年（清乾隆三十一年），清政府命四川总督阿尔泰征调与大金川土司邻近的“九土司”④ 之兵进行会剿。阿尔泰希图息事宁人，从中调解，且许郎卡与绰斯甲布土司“结姻”，郎卡又以其女嫁给小金川泽旺之子僧格桑为妻。这样便使“有夙怨，不甚联络”的大小金川，反而因“姻党联结”，互相联合起来，其“附近十八家土司推两金川为雄长”⑤。一七七一年（清乾隆三十六年），莎罗奔之孙索诺木诱杀革布什扎土司，小金川僧格桑亦再攻鄂克什及明正土司，并公然与清政府所派援军作战。阿尔泰率军进剿，按兵打箭炉半载不进。乾隆将阿尔泰赐死，命大学士温福由云南赴四川督师，以尚书桂林代阿尔泰为四川总督，再度率兵进讨。开始时，进兵颇顺利。清军连夺关隘，逼近了小金川土司的驻地美诺，僧格桑逃往大金川，与索诺木合。清廷复命温福为定边将军，阿桂、丰伸额为副将军，攻大金川。索诺木“全力抗守，增垒设险，严密十倍于小金川”⑥，清兵分六路进攻。但统帅温福“为人刚愎，不广谘方略”⑦，

---

① 昭梿：《啸亭杂录》卷四，《金川之战》。

② 《清史稿》，《列传》八十三，《岳钟琪》。

③ 魏源：《圣武记》卷七，《乾隆再定金川土司记》。

④ 据赵翼：《皇朝武功纪盛》卷四载：“九土司”为绰斯甲布、革布什扎、巴旺、布拉克底、丹坝、鄂克什、工噶、梭磨、卓可采。

⑤ 李心衡：《金川琐记》，见《小方壶斋舆地丛钞》，第八帙，第一册。

⑥⑦ 《清史稿》，《列传》三〇〇，《土司》二。

又重蹈张广泗的覆辙，采取以碉逼碉的办法，建筑碉卡以千计，二万士兵都分散于碉卡，战兵反不足。一七七三年（清乾隆三十八年）夏，温福屯兵于大金川之东木果木，“惟日与董提督天弼辈置酒高宴”①。索诺木出兵切断粮运，扑攻木果木大营与各碉卡，温福战死，“师遂大溃，我兵自相践踏，终夜有声。渡铁锁桥，人相拥挤，锁崩桥断，落水死者以千计”②。

清廷自然不甘心于失败，重新部署了军事力量，命阿桂为定西将军，丰伸额、明亮为副将军，征调健锐营、火器营和索伦兵参加战斗，大大增强了进攻力量。清军先克小金川，以后向更加险峻的大金川进军，索诺木倚险设碉坚守，逐碉争夺，战斗极为艰苦，逐渐逼近勒乌围。索诺木鸩死僧格桑，向清军献尸求降，阿桂不允，继续进攻。叛军守勒乌围之外围屏障逊克宗垒，清军攻击半年方能攻，而勒乌围，“其官寨碉坚墙厚，西临大河，迤南有转经楼，与官寨相犄角，木栅石卡，长里许，其东负山麓，有崖八层，层各立碉，各路败回之敌，咸聚守之”③。清兵先破栅卡，断其犄角，又毁桥绝其逃逸之路，用大炮轰击其寨。一七七五年（清乾隆四十年）中秋夜，清军攻破勒乌围，时索诺木已逃往刮耳崖（噶尔崖）。一七七六年（清乾隆四十一年）初，清军包围刮耳崖，索诺木走投无路，与其祖父莎罗奔及家族部众两千人出降。大小金川平，清廷于此处设置懋功厅。

三、驻藏大臣的设立与西藏行政体制的改革

清政府于康熙末年改组西藏地方政府（噶厦）后不久，到雍正时，执政的西藏贵族内部又爆发争夺权利的斗争。以阿尔布巴为首的一小撮贵族，企图夺取拥护清朝中央政府的康济鼐的权力，因而与康济鼐、颇罗鼐的斗争日趋激化。清政府得知情况后，于一七二七年（清雍正五年），正式任命内阁学士僧格和副都统马喇为驻藏大臣，“差往达赖喇嘛处”，直接监督西藏地方政府，调解西藏贵族之间的内部纠纷。但在驻藏大臣未抵西藏之前，阿尔布巴勾结隆布鼐、

---

①② 昭梿：《啸亭杂录》卷七，《木果木之败》。

③ 转引自萧一山：《清代通史》中，第一篇，102页。

札尔鼐等人已经发动叛乱，杀害了康济鼐，并起兵进攻管理后藏政务的颇罗鼐。颇罗鼐奋起反击，击败了阿尔布巴叛军，阿尔布巴等皆为颇罗鼐擒获。清廷此时已派了左都御史查郎阿率兵万五千余赴藏平乱，而驻藏大臣也赶到了拉萨。清政府下令处决了阿尔布巴等叛乱头目，奖赏颇罗鼐，升颇罗鼐为郡王，接替原康济鼐的职务。

驻藏大臣的设立，加强了清政府对西藏的管辖，同时，由于颇罗鼐管理藏务，“克尽忠诚，实心效力”①，积极维护国家的统一，使西藏地区保持了二十余年的稳定。

一七四七年（清乾隆十二年），颇罗鼐病故，其次子珠尔墨特那木扎勒承袭其父的郡王爵位，但珠尔墨特那木扎勒一反其父之所为，企图独揽大权，与达赖喇嘛发生冲突，又反对清政府中央的管辖，攻击驻藏大臣纪山，企图实行分裂割据。纪山向清廷建议，把驻在后藏阿里地区的珠尔墨特的长兄策布登调来拉萨，与珠尔墨特共管藏政，以分其权。珠尔墨特先发制人，派人到阿里地区杀死长兄，进攻其兄统辖的军队。他又“广布私人，凡驻藏大臣一举动，辄侦逻之。禁邮递不与通，潜结准噶尔为外援。藏中有异己者，将尽逐之，势且延及达赖喇嘛为雄长一方之计”②。这时，清廷又擒获了珠尔墨特派往准噶尔的使者，“得其逆书并馈献诸物”，清廷忍无可忍，乃密令新任驻藏大臣傅清：“珠尔墨特那木扎勒乖戾诡谲，留之终必生事。或乘伊与兄构兵，令四川总督策楞等带兵助战为名，相机擒戮；或俟明年章嘉呼图克图赴藏熬茶，遣川督带兵护送至彼，俟间歼除。二者孰为便利？傅清至藏可察看情形，熟筹具奏。”傅清带着乾隆帝密谕，必诛珠尔墨特，与另一驻藏大臣拉布敦先后赶到拉萨。

这时，西藏的形势已十分危急，叛乱迫在眉睫，傅清与拉布敦商议，与其束手待毙，坐视叛乱蔓延，不如诱杀珠尔墨特，冒险一击。一七五〇年（清乾隆十五年）十一月，二大臣以有圣旨召珠尔墨特至驻藏大臣衙门议事为名，引至楼上，将他杀死。珠尔墨特党羽极多，围困衙门，“枪炮齐发，环攻之，墙高而固，不能入。贼乃

① 《清高宗实录》卷二八六，乾隆十二年三月。

② 福康安：《双忠祠碑记》。

积薪楼下，烈焰四起，楼焚，贼遂攀援而登”①。傅清自杀，拉布敦跳楼与叛众格斗，被杀。

清政府得知叛乱消息，派四川总督策楞与提督岳钟琪率兵入藏平乱。还没有等到清兵入藏，七世达赖喇嘛和西藏僧俗人员击败了叛众，安抚藏地。清军入藏后，逮治了叛乱的首要分子，并奖励了达赖喇嘛和其他有功人员。为了纪念傅清与拉布敦，于北京和拉萨建立“双忠祠”，以表彰两位驻藏大臣维护国家统一的功绩。由于珠尔墨特那木扎勒生前“肆虐逞威”，致使“番众人人怨恨”，因此，傅清与拉布敦为民除害而殉职的事迹，深受藏族人民的尊敬，据后来福康安说，事过四十余年后，他仍看到“双忠祠”前，藏民“岁时奔走，香火不绝”的情景。

清政府从这次事件中认识到珠尔墨特那木扎勒之所以“敢怀逆志”，发动叛乱，就在于西藏封建农奴主势力强大，他们“地广兵强，事权专一”②，不服从中央的号令。为了防止藏族贵族权势过重，清政府本着“多立头目，以分其势”的原则，于一七五〇年至一七五一年（清乾隆十六年）间，对西藏的行政体制进行了一次改革。这次改革的主要内容是，废除了西藏郡王的封授，规定西藏地方政府——噶厦由四名噶隆组成，“噶隆事务，不可一人专办”。清政府根据四川总督策楞于一七五一年所奏《西藏善后章程》，又作了一些具体规定，主要有如下几个方面：

（一）规定西藏地方政府的噶隆人数，按照旧例，仍为四人，但“应选放深晓黄教一人”，赏给其“札萨克大喇嘛名色”，以便与其他三人“公共办理”③ 藏务。

（二）噶隆办理政务，应在噶厦公所衙门，不得“于私宅办事”；裁革过去噶隆“私行添放之官”，噶隆在处理事务方面，“凡地方些小事务”，应由“众噶隆秉公会商，妥协办理”，但上奏朝廷的重大政务，须“请示达赖喇嘛并驻藏大臣酌定办理”④ 。

（三）对补放第巴头目等，噶隆不得私放，必须“公同禀报达赖

---

① 福康安：《双忠祠碑记》。
② 祁韵士：《皇朝藩部要略》卷十八，《西藏部要略》二。
③④ 张其勤辑：《藏事辑要》卷六。

喇嘛并驻藏大臣酌定”；而对官员革除治罪，亦“务须秉公查明，分别定拟，请示达赖喇嘛并驻藏大臣指示遵行”①。

（四）各寺院之堪布喇嘛，“或遇缺出”，均“由达赖喇嘛酌行”选派，各噶隆“不得仍按陋规，专擅办理”②，私自选派。

这次改革，还涉及其他一些行政事项，均载于策楞所奏的《西藏善后章程》里。

清政府在实行上述行政体制改革的同时，决定在西藏长期驻军一千五百名，“令提督大员弹压，三年一换”，此后，成为定制。

一七五七年（清乾隆二十二年），七世达赖噶桑嘉措病死，政教事务一时无人主持，而新立的八世达赖因年纪太小不能执政，清政府遂命第穆诺门呼图克图暂代达赖职权，明确指示当时的驻藏大臣伍弥泰和萨喇善二人，“务宜留心，遇有一切事务，但照达赖在时之例，与第穆呼图克图商办，毋令噶隆等擅权滋事”③。这一摄政制度的建立，也是为了防止噶隆的专权，可以说是上述改革的补充。

清政府的这次对西藏行政体制的改革，虽然还不够完善，但限制并削弱了噶隆的权限，提高了驻藏大臣的权力，加强了中央政府对西藏的统辖。

珠尔墨特叛乱被平息之后，西藏政局稳定了近四十年，直到十八世纪末廓尔喀的入侵，又引起西藏局势的动荡。

四、清军击退廓尔喀入侵与《钦定西藏章程》的订立

十八世纪中叶，廓尔喀族统治了尼泊尔，建立起新王朝，不断向外扩张势力。一七八八年（清乾隆五十三年），以西藏当局征收贸易税太重为口实，廓尔喀派兵进犯我国西藏的聂拉木、宗噶、济咙等地，从而破坏了西藏人民与尼泊尔人民长期的友好关系。清政府派巴忠等率兵入藏援助，不想巴忠以迁就敷衍了事，令西藏地方当局与廓尔喀议和，“廓尔喀以聂拉木、宗噶、济咙三处地方，系他自

①② 张其勤辑：《藏事辑要》卷六。

③ 《清高宗实录》卷五三五。

已抢得，不肯退回，经噶布伦等许以每年西番银元宝三百个，作为地租，合内地九千三百两，令其退还地方”①。这样，巴忠用“地租”买回了被占的领土，却谎报廓尔喀已归顺退兵，蒙骗清廷。一七九一年（清乾隆五十六年），廓尔喀又兴兵索取“地租”。先时，六世班禅于乾隆四十五年到热河觐见，清廷隆重接待，特仿日喀则扎什伦布寺的型制，在承德建筑“须弥福寿之庙”作为班禅的行宫，六世班禅不久即患天花死于北京西黄寺。乾隆皇帝赏赐和在京各王公及内外蒙古供养的“金银不下几十万金，此外宝冠、念珠、晶玉之钵、镂金之袈裟、旃檀、华旛、磁器、采帛、珍珠，不可胜计”②。这笔巨大财富都被班禅的兄弟仲巴呼图克图所侵占，而班禅的另一兄弟沙玛尔巴是红教的活佛，受黄教的排斥，未能染指这笔财产。沙玛尔巴极为不满，逃往尼泊尔，唆使和带领廓尔喀侵略军进犯西藏，深入到日喀则，占领扎什伦布寺，将六世班禅遗留的金银财物、法器珍宝抢劫一空，并到处烧杀掠夺，使西藏僧俗人民遭到巨大灾难。但驻藏大臣保泰，一闻廓尔喀进侵，“即心慌胆落，懦怯已极”，竟想把达赖与班禅“移至泰宁”，更加造成人心不稳，清政府闻讯，即派福康安为将军，海兰察、奎林为参赞，调兵入藏，迎击入侵的敌军。清军所到之处，沿途受到藏族人民的欢迎与支持，达赖喇嘛亲自“带领僧俗人等，办理火药乌拉等事”③，积极支持清军的反侵略战争。清军很快把廓尔喀人逐出西藏，并越过喜马拉雅山，到达距加德满都仅二十英里的纳瓦科特，廓尔喀统治者向清政府表示：退回在扎什伦布寺所劫掠的财物，承允今后永不侵犯西藏。福康安接受停战条件，撤兵返回西藏。

这次廓尔喀入侵事件，虽然取得了反侵略战争的胜利，但也暴露出如下两个方面的问题：一是西藏地方政府的极端腐朽性，内部纷争不息而又没有能力防止外来的侵略；二是地方政治体制仍不够健全，如关于驻藏大臣与达赖、班禅以及噶厦之间的相互关系和职权范围，并不十分

---

① 《东华录》乾隆朝卷一一六。

② 《西藏通览》，第二编。

③ 《总理藏务和琳奏谒见达赖、班禅折》乾隆五十七年闰四月十五日，转引自《西藏地方历史资料选辑》，115页。

明确，其他各项政治、军事、财政、宗教、外事制度等也存在不少弊端。总之，清政府还没有在西藏地区形成一个强而有力的政治统治中心。针对这种情况，清政府决心大力整顿和改革西藏的政治与宗教制度。

一七九二年（清乾隆五十七年），清廷命福康安会同八世达赖、七世班禅等共同筹议西藏善后章程。从当年十月起，经前后会商共提出一百零二项条款，第二年（一七九三年，清乾隆五十八年），经清政府修订为二十九条，正式颁布执行，这就是著名的《钦定西藏章程》（以下简称《章程》）。这个《章程》，不仅吸收了以前一些行之有效的制度，而且还大大地加以充实和改革，成为中央政府为西藏地方政权所制定的最高法律。

《章程》的主要内容可归纳如下几个方面：

（一）在《章程》中占重要地位的，是重新规定了驻藏大臣和达赖、班禅的职权和地位。《章程》的第一条即规定："驻藏大臣督办藏内事务，应与达赖喇嘛、班禅额尔德尼平等"，自噶伦以下所有西藏政教官员，均为驻藏大臣之属员，"事无大小，均禀驻藏大臣办理"。这个规定，大大地提高了驻藏大臣的权力，实际上是把西藏地方政府置于驻藏大臣监督管理之下，这对防止西藏农奴主贵族独揽藏政、实行分裂割据有着重大意义。

（二）《章程》还规定，驻藏大臣有拣选西藏地方官吏之权力，即前后藏的噶伦、戴琫①、商卓巴特②以下大小官员，凡有缺出，"统归驻藏大臣会同达赖喇嘛拣选，分别奏补拣放"。又鉴于过去地方政府官吏"迁转补放，毫无等级"，职官制度紊乱，《章程》中还规定了官员的品级，如规定噶伦为三品，戴琫、商卓巴特为四品等。地方官员的升黜赏罚，亦由驻藏大臣主持。

（三）《章程》规定，达赖、班禅和各地黄教呼图克图的转世③，

① 戴琫，亦作代本，为统率五百人的军官。

② 商卓巴特，为掌管大活佛仓库之僧官。

③ 按黄教内部有所谓"呼毕勒罕"制度，即是说达赖、班禅和其他呼图克图皆为佛的化身。而佛是长生不灭的，死去的只是躯体，其灵魂可以"转世化生"。而黄教又规定达赖、班禅不准结婚，无法世袭，为保持"法统"不断，便实行"转世化生"的特殊方法，即每当达赖、班禅和其他呼图克图（活佛）圆寂（死）后，在一年内将于某地"转生"，这个"转生"的"灵童"，即称之"呼毕勒罕"（藏语，意为化身）。

必须在驻藏大臣监视下，采取金瓶抽签来决定，即所谓“金瓶掣签”（金奔巴）制度。过去每当前一辈达赖、班禅和其他活佛圆寂后，在指定新的“呼毕勒罕”即“转世灵童”时，“俱凭吹忠（巫师）作法指定”①。这种制度行之既久，往往被一些封建农奴主贵族所利用，他们以收买、拉拢吹忠的手段，指定其后代子孙为“呼毕勒罕”，从而夺取政教大权，操纵整个政局，致使“达赖喇嘛与班禅额尔德尼之呼毕勒罕，及喀尔喀四部落供奉之哲布尊丹巴呼图克图，皆以兄弟叔侄姻娅相传袭”，形成“几与封爵世袭无异”② 的局面。这种制度既不利于清朝中央政府对西藏政教的管理，也易于使西藏封建农奴主割据势力膨胀扩展。因此，清政府于《章程》中明确规定：每当达赖、班禅死后，将各地呈报之“呼毕勒罕”姓名、出生日期等，交由驻藏大臣以满、汉、藏三种文字写于牙签之上，放入清政府颁发的金瓶之中。在驻藏大臣亲自监视之下，于大昭寺宗喀巴佛像前抽掣，抽中者，即确定为新的“呼毕勒罕”。而这个新的“呼毕勒罕”长大后，亦须在驻藏大臣主持下，举行“坐床”典礼。

金奔巴瓶

（四）根据巩固国防的需要，《章程》中规定建立西藏的地方常备军。清政府鉴于廓尔喀两次入侵，“藏内番兵乘间即逃，遇敌即退”的情况，决定对藏兵“给钱粮口粮，加以训练”③。于前后藏“各设番兵一千名”，并于“冲途要隘之定同、江孜地方安设番兵各五百名”，总共于西藏地区设军队三千名。同时还规定了军队的编制、粮饷和赏罚等一系列制度。

---

① 《卫藏通志》卷五。

② 乾隆：《御制喇嘛说》，见《卫藏通志》卷首。

③ 《钦定廓尔喀纪略》卷四十七。

（五）在西藏对外交涉方面，《章程》中规定：“俱由驻藏大臣主持。”如廓尔喀、布鲁巴克、哲孟雄等毗邻国家写给达赖、班禅的书信，必须“报明驻藏大臣译出查验，并代为酌定回书”，至于噶伦以下官员，不得对外“私行发信”。在外事方面，“来藏布施瞻礼”的外国商旅，必须由“边界营官查明人数，禀明驻藏大臣验放进口，事毕后查点人数，发给照票，再行遣回”。

（六）在财政制度方面，《章程》也作了明确规定。西藏地方政府的财政收支，“统归驻藏大臣稽查总核”，并设立机构，铸造银币，统一货币的成色与折算比价。

从上述《章程》的主要内容来看，清政府对西藏地方政府政治与宗教制度等方面作了重大的改革，通过这些改革，加强了清朝中央政府对西藏地区的管辖，密切了中原与西藏人民之间的关系，在巩固国防与安定社会秩序方面起着一定的积极作用。

第五节　清政府的民族统治政策和边疆地区的开发

一、清政府的民族统治政策

我国是一个多民族国家，有许多少数民族。我国一半以上的国土，特别是辽阔的边疆地区，大多是少数民族居住的地方，对少数民族采取什么样的政策是一个涉及国家能否稳定统一，社会能否发展前进的极为重要的问题。我国历代的封建统治者都根据本阶级的利益和当时的力量对比，制定相应的民族政策，必然具有强烈的阶级压迫和民族压迫的性质，清政府的民族政策也不例外。但是，清政权本身是由少数民族——满族的上层贵族所建立，它和另一个重要的少数民族——蒙古族结成了密切而持久的联盟，另外又吸取了前朝民族统治的经验，制定了比较完整而行之有效的民族政策，逐步加强了对边疆少数民族地区的管辖。当然，在清朝统治下，也曾对少数民族进行残酷的战争和血腥的屠杀，也存在着民族的压迫和歧视，但比之从前朝代那样，战祸连年，边患不息，各个割据政权长期对峙，甚至中央政权被倾覆，社会经济遭到严重破坏的局面要好得多。总的说，清代的民族统治政策是比较成功的，在一定程度上增强了民族之间的团结，促进了边疆地区的经济、文化发展，维护了国家的统一，为今天中华人民共和国的辽阔版图奠定了基础。周恩来同志曾经高度评价清朝在形成我国多民族统一过程中的重要作用："清代以前，不管是明、宋、唐、汉各朝代，都没有清朝那样统一。"①

清朝民族统治政策的基本方针是，"修其教不易其俗，齐其政不易其宜"。也就是保持各少数民族的社会习俗和宗教信仰，笼络和利用其上层分子，根据各民族的不同情况进行统治和管理。清代民族工作的重点是蒙古族，包括内外蒙古和厄鲁特蒙古，他们人口众多，部系繁杂，力量强大，住地辽阔，活动在东起大兴安岭、呼伦贝尔，经大漠南北、天山两侧，还控制着回部、青海和西藏。他们居住和控制的地区占半个中国。对蒙古的征战与和平，构成有清一代民族问题的中心内容，也是清代前期、中期政局变化的关键。清政府对民族问题极为重视，在中央特设理藩院（原名蒙古衙门）以管理蒙古和其他少数民族事务，其地位与六部平行。

清政府的民族统治政策主要包括以下内容：

1. 根据不同地区的情况，设置不同的行政机构，加强中央对少数民族地区的管辖。例如，沙俄垂涎并且发生过战争的东北和西北地区，驻兵永戍，着重边防，实行军府制，设立将军，兼管军政和民政。东北的奉天将军驻盛京，吉林将军驻吉林乌喇，黑龙江将军驻齐齐哈尔。又在各地建城，设官驻兵，如呼伦贝尔、布特哈衙门设总管，瑷珲、墨尔根、伯都讷、宁古塔、三姓设副都统，驻兵则大部分从当地索伦、达斡尔、鄂伦春、鄂温克人中，选拔丁壮，令其编旗披甲，保卫家国。还有边远地区未编旗的少

---

① 周恩来：《关于我国民族政策的几个问题》，载《人民日报》，1979-12-31。

数民族，则采用原有的地域组织和氏族组织，设乡长（喀喇达）和姓长（噶珊达）。十八世纪初，到过黑龙江下游和库页岛的日本人间宫林藏说："林藏所到东鞑地方（按：指黑龙江下游），有费雅喀、山旦、赫哲、基门阿以诺等夷人，大抵各部落均设喀喇达、噶珊达指挥当地夷人"①。喀喇达、噶珊达大多是世袭，接受三姓副都统的指挥，负责督促所属按时纳贡，供应官差，维持治安，执行清政府的法令等。

在西北地区，设伊犁将军，总统天山南北的军务与民政，各地亦派兵驻守，并设参赞大臣、办事大臣、领队大臣等，此类职官，虽有统兵之责，但不像东北各地区的副都统纯属军事体制。特别在天山南路维吾尔族的聚居地，利用原有的伯克制，各城设阿奇木伯克等官员，品级自三品至七品不等，由清廷派授，管理民政。至于乌鲁木齐、巴里坤等地，因迁来的汉民较多，实行与内地相同的府州县制，乌鲁木齐改为迪化州，巴里坤改为镇西府。

自从平定准噶尔以后，清廷在内外蒙古基本上不驻兵，只在外蒙的边陲地区因防御沙俄的需要，设乌里雅苏台定边左副将军。整个蒙古地区实行盟旗制，在原来鄂拓克（领地）的基础上设置"旗"，每旗由札萨克管理，札萨克由本旗的上层担任，但与原来领主不同，而是国家的行政官员，履行清政府委派的职责，而无独立处理政务的权力。"旗"以上是"盟"，设盟长，由理藩院委本盟的王公贵族充当。为防止盟长专权，盟长不得直接向所属各旗发号施令，但可以监督其军政事务，盟有固定的会盟日期和地点。盟旗制的建立标志着清朝中央对蒙古族地区统治的加强。全国的蒙古族共有十九盟二〇三旗，内蒙古六盟四十九旗，外蒙古四盟八十六旗，青海及准噶尔九盟六十一旗。但同属蒙古地区，清政府根据不同情况而有所变通，有的地区不设旗札萨克而设总管，这些地区大多是曾经抗拒清朝，因而被剥夺了"自治"权力，如察哈尔、归化城土

① ［日］间宫林藏：《东鞑纪行》附录。

默特、准噶尔和呼伦贝尔的某些地方。

至于西藏的地方行政已在前节内叙述，主要也是通过西藏的上层，实行政教合一的统治体制，树立起达赖喇嘛的权威，废除了藏王，抑制西藏贵族农奴主的势力，又逐步完善了达赖和驻藏大臣协同管理下的西藏噶厦（地方政府）体制。

2. 笼络和利用少数民族的上层分子进行统治。清政府对少数民族的上层分子极力拉拢，一般均保留和承认他们统治其本民族的权利，并且减免其赋税差徭，给以优厚的俸禄，崇高的爵位，爵位可以世袭，保证他们的利益和特权世代相传。特别是对蒙古贵族，清廷授予亲王、郡王、贝勒、贝子的爵级，这些都只有满族亲贵才能获得（汉族人只有在清初很少人得授王爵，如吴三桂等），蒙古贵族中功劳特大的还食双亲王俸，待遇甚为优渥。清皇室还和蒙古族通婚联姻，皇帝常常娶蒙古贵族的女儿为后妃，满族王公娶蒙古族女子作福晋，而公主、格格又下嫁给蒙古族子弟，通过婚姻关系加强了政治上的联系。清廷常常强调“满蒙一体”，正是依靠了许多蒙古族上层分子的效忠，清政权才能够巩固，才能够有效地统治广阔的领土，维护国家的统一。

为了联络各族的上层分子，增强其政治向心力，清廷规定了“年班”和“围班”制度。凡少数民族的上层，已出痘症、不怕染病者，定期轮番到北京觐见皇帝，叫做“年班”。凡未出过痘症，到北京因气候与水土关系，易染天花，因此不宜进京，则轮番到木兰围场，随同皇帝行围打猎，在避暑山庄觐见皇帝，叫做“围班”。进京觐见或随同围猎的人都由清政府提供食宿，隆重赐宴，赏给金银绸缎。所以，木兰行围除了训练士兵的骑射武艺之外，在联络少数民族方面也起了重要的作用。所以乾隆帝说：“自秦人北筑长城，畏其南下，防之愈严，则隔绝愈甚，不知来之乃所以安之。我朝家法，中外一体，世为臣仆，皇祖辟此避暑山庄，每岁巡幸，俾蒙古未出痘生身者，皆得觐见、宴赏、锡赉，恩亦深而情亦联，实良法美意，超越千古云。”①

---

① 《热河志》卷二十一，乾隆：《出古北口》。

3. 利用和提倡喇嘛教，作为思想统治的工具。清政府本着“修其教不易其俗”的原则，在蒙古族、藏族中大力提倡喇嘛教，就像乾隆所说，“兴黄教即所以安众蒙古，所系非小，故不可不保护之”①。因此，清廷在各地大兴土木，修建喇嘛庙，如北京的西黄寺、雍和宫，承德的普陀宗乘之庙、须弥福寿之庙、安远庙、普宁寺、普乐寺等，多伦的汇宗寺、善因寺，外蒙古的庆宁寺，里塘的惠远寺，五台山的咸通寺。这些寺庙建筑均耗资巨万，美轮美奂，并拥有大批喇嘛和牧奴、牲畜、财产，活佛和上层喇嘛有清朝授予的封号、特权，能够支配下层喇嘛和牧民的生活和思想。凡是出家当喇嘛，可以免除赋税差役，所以喇嘛的人数越来越多，寺庙的权威越来越大，形成了庞大的僧侣集团势力。全国的喇嘛教有四大首领，即达赖喇嘛、班禅额尔德尼、哲布尊丹巴呼图克图和章嘉活佛，分别主持前藏、后藏、漠北与漠南的宗教事务。清朝所以尊崇喇嘛教是为了适应并利用少数民族原有的宗教信仰，以之作为统治的工具。有人评论说：清廷对喇嘛教，“凡祈祷雨雪，救护日月食，皆令演法唪经，而长年承应内廷者至数十百人之众。出则横行街市，莫与谁何，糜帑惑民，于义无取。盖本朝龙兴之初，喇嘛效顺最早，而其术盛行东土，又夙为蒙古诸部落所崇信，故优礼彼教，正以羁縻外藩”②。清廷利用喇嘛教，顺应了少数民族的信仰，密切了中央和各地少数民族的关系，在一定程度上维护了安定和统一的局面。但是，利用宗教终究带来了严重的消极后果，对人民群众的思想起了麻醉腐蚀的作用，而且少数民族中的僧侣势力恶性膨胀，不事生产和生育的喇嘛，人数大增，严重地阻碍着蒙古族经济和文化的发展。

4. 建卡伦以固边防。为了维护少数民族地区的安定，防御外来的侵略，清政府在东北、外蒙古和西北边境，设置一系列军事哨所，名为“卡伦”。有的是“常驻卡伦”，常年固定，有士兵永驻；有的是“移设卡伦”、“添撤卡伦”，并不经常固定，随着不同的季节或

---

① 乾隆：《喇嘛说》。

② 陈康祺：《郎潜纪闻》卷一。

设、或撤、或移。东北地区的许多卡伦设在黑龙江两岸和额尔古纳河东侧，如呼玛卡伦就是一个“添撤卡伦”，该卡伦设在呼玛河与黑龙江会流处的一个岛上，“岛屿上展延着一片草地，草地上有三架圆锥形窝棚和一栋茅舍，全都覆盖着苇秸。窝棚和茅舍里住着满洲官员和一支不大的部队，这支部队驻守呼玛卡伦，封河以前一直在这里驻扎，一俟河面结冰，这支部队就开赴瑷珲过冬”①。在呼玛卡伦下游的乌鲁苏木丹卡伦，则是“常驻卡伦”，设于康熙年间，“驻防官一员，领兵十七名”，位于瑷珲西北三百里的黑龙江北岸。至十九世纪中叶，沙俄入侵黑龙江流域时，该卡伦被拆毁，驻防官兵被驱逐。据俄国人的记载，“这个卫戍部队的驻地，也是各边防卡伦的集结地。各该卡伦通常于五月中旬在此地集结，然后由此溯航阿穆尔河（即黑龙江），前往格尔必齐河”②。又如在黑龙江北岸牛满河（今苏联境内布列亚河）流域，就设有布特哈检貂卡伦，是为了稽查捕貂的猎户而设，“每年三月派兵往驻，河冻撤回”③。额尔古纳河东岸的呼伦贝尔一带，雍正五年（一七二七）设卡伦十二处，每卡伦设官一员、兵三十名，其任务是巡阅边界，“遇有越境俄罗斯及偷盗牲畜者，归总管呈报办理”④。东北地区还规定巡边制度，每年六月，从齐齐哈尔、墨尔根、瑷珲三城，派出官兵，巡察中俄边界河流格尔必齐河和额尔古纳河；布特哈衙门每年派官兵至精奇里江、牛满河、西林穆丹河上游巡察，每三年则至外兴安岭巡察。巡边官兵，“各书衔名月日于木牌，瘗山上。明年察边者取归以呈将军、副都统，又各瘗木牌以备后来考验，此为定例”⑤。一七六五年（清乾隆三十年）黑龙江将军爱僧阿曾重申巡边的规定，“（布特哈总管）每年派章京、骁骑校、兵丁，六月由水路与捕貂人同至托克、英肯两河口及鄂勒希、西里木第两河间遍查，汇报总管，转报将军。三年派副总管、佐领、骁骑校，于冰解后由水路至河源兴堪山（按即外

---

① ［俄］马克：《黑龙江旅行记》，第二章，98页。

② 同上书，101页。

③ 《盛京通志》卷十六。

④ 《盛京通志》卷五十二。

⑤ 西清：《黑龙江外纪》。

兴安岭）巡查一次，回时呈报。其黑龙江官兵每年巡查格尔必齐河口照此，三年亦至河源兴堪山巡查一次，年终报部”①。

在北部边境线上，“自喀尔喀、杜尔伯特、阿尔泰乌梁海之北沿边一带，东接呼伦贝尔”，均设置卡伦，由蒙古官兵驻守，并定期巡边。由库伦办事大臣负责北边的防务，与定边左副将军、科布多参赞大臣会同办理。

在西北边境，也于山川隘口、交通要道设置卡伦。卡伦以外的辽阔地区则由伊犁、塔城、科布多等地派出官兵，按规定的路线，进行巡逻和会哨，巡逻地区包括巴尔喀什湖和伊塞克湖一带。乾隆中叶，由于沙俄侵略分子偷越边界，进入我科布多参赞大臣管辖的哈屯河流域，清朝边防部队驱逐了侵略者，“将俄罗斯木栅屋宇，尽行拆毁”。此后为了防止沙俄的入侵，又把对这一地区的巡边，从三年一次改为每年一次，清政府并下令给边防部队，如果发现越界潜入中国领土的俄国人，“即行斥逐”。

5. 设台站以通驿路。清政府在边疆地区设置台站，开辟驿路，以利交通。东北地区的驿路早在康熙年间已开辟，自盛京可达吉林、齐齐哈尔、瑷珲、三姓等地。又疏浚了从辽河经易屯河（伊通河）、松花江至黑龙江的水路航道，此航道是联结东北广大地区的交通大动脉。

蒙古地区的台站，在康熙中设置，雍正、乾隆时不断添设，形成了密集的台站网。“自古北口至于乌珠穆秦置台九，又自独石口至于蒿齐忒置台六，又自张家口至于四子部落置台五，又自张家口至于归化城置台六，又自杀虎口至于吴喇忒置台九，又自归化城至于鄂尔多斯置台八，又自喜峰口至于扎赖特置台十有六”，外蒙古的台站则分为东路、后路、西路，由阿尔泰军台还可以到达边境各卡伦。

自北京到西北地区的可分两路，均出嘉峪关，南路走腹地行省，经保定、太原、西安、兰州，至嘉峪关，称皇华驿；北路走内蒙古沿边，经张家口、大同、陕北、宁夏，亦至嘉峪关，称捷报处，然

---

① 《清高宗实录》卷七四三。

后西出哈密，或走天山北路，至乌鲁木齐、伊犁、塔城；或走天山南路，经吐鲁番，通往喀什噶尔。

二、边疆地区的开发

我国边疆地区，都是少数民族居住的地区，经过各族人民世世代代的辛勤劳动，经济、文化都有所发展。随着清王朝政治局面的稳定，边疆地区先后归于清朝中央有效的管辖之下，这就为进一步的经济开发创造了有利的条件。

清代前期和中期，边疆地区的开发情形如下：

1. 东北地区。这里本是清朝的发祥地，但清朝入关，把东北的大批人口和财富带进了关内，造成该地的经济衰落。后来，清朝陆续抽调八旗官兵回防东北，又有许多罪犯流放东北，特别是关内的大批汉民，为生计所迫，或渡渤海，或出山海关，往东北垦荒。这样，东北地区的人口迅速增加，一度残破的经济有所恢复和发展。

应该指出：清朝统治者企图独占东北的经济利益，并隔断满汉下层人民之间的联系，严密地封禁这片所谓“龙兴之地”，不让汉人进入东北。顺治年间，在明代辽东边墙的基础上，“修浚边壕，沿壕植柳”①，建立了“柳条边”，以限制人民的出入。又在山海关严密稽查，凡出关者须持官府“印票”。尽管清政府想尽办法，封禁东北，但人民用种种办法，冲破清朝的禁令，大批前往东北谋生。如康熙中，从关内前往东北山林中偷采人参的“岁不下万余人”②。以后，到关外垦荒种田的人越来越多，势如潮涌，清廷禁令，形同虚设。来到东北的汉民，在此安家落户，“不但不肯回籍，抑且呼朋引类，日积日多”③，当地官府也乐于剥削对象的增多，对在此落户的人，睁一眼，闭一眼，“总以该流民等业已聚族相安，骤难驱逐为词，仍予入册安插”④。

---

① 《奉天通志》卷七十八。

② 杨宾：《柳边纪略》卷三。

③ 《清宣宗实录》卷二五〇。

④ 刘锦藻：《清朝续文献通考》卷二五，《户口》一。

在各族劳动人民的努力下，东北地区农业生产发展很快，垦地迅速增加。如奉天旗地，顺治年间有四十六万垧，康熙中叶增至一百一十六万垧，雍正时增至二百三十六万垧，乾隆中叶又增至二百八十九万垧。又如吉林的耕地，雍正十二年（一七三四）有旗地八千顷、民地二百顷；乾隆四十六年（一七八一），旗地增至两万四千顷，民地增至一万一千顷。黑龙江地区早在康熙中，因抵抗沙俄侵略，就地解决军粮，在瑷珲附近的黑龙江东岸实行屯田，这里，“地土膏腴，无干旱水溢之虞，每垧年终获粮，较之江右各田，浮收一倍有奇”①，以后发展成为著名的“江东六十四屯”。还有乌苏里江以东，也有大批劳动人民从事采参、捕猎和垦荒。十九世纪中叶，这里的农业生产已达到相当高的水平。俄国人维纽科夫于一八五八年（清咸丰八年）来到这里，有如下的记述：“从伏锦河源到它与三道沟合流处，凡七十五英里，沿河两岸有许许多多中国人从事农业生产。他们种植小米、大麦、小麦、燕麦、大麻、马铃薯、黄瓜、南瓜和各种蔬菜，产品完全足够他们自己和采人参者的需要。天朝人民以他们特有的勤劳从事这些田地的经营”②。

随着人口的增加和农业的发展，东北地区新兴起一批军政据点和商业城市，有“边外七镇”，包括：吉林乌喇、齐齐哈尔、宁古塔、伯都讷、三姓、墨尔根、瑷珲。其中，吉林乌喇是吉林将军的驻地，造船业很发达，又名船厂，“建木为城，倚江而居。所统新旧满洲兵二千名，并徙直隶各省流人数千户居此。修造战舰四十余艘，双帆楼噜与京口战船相类。又有江船数十，亦具帆樯，日习水战，以备老羌（按指沙俄）”③。康熙中，这里已很繁华，“中土流人千余家，西关百货凑集，旗亭戏馆，无一不有，亦边外一都会也”④。其他如宁古塔“人烟稠密，货物客商，络绎不绝”⑤，齐齐哈尔，“商业夹街而居，市声颇嘈嘈”⑥。

---

① 《瑷珲县志》。

② 《阿穆尔河、中国和日本游记》，151 页。

③ 高士奇：《扈从东巡日录》。

④ 杨宾：《柳边纪略》。

⑤ 吴振臣：《宁古塔纪略》。

⑥ 方式济：《龙沙纪略》。

除了这些新兴的城市以外，还有各民族进行贸易的特殊形式，如齐齐哈尔郊外有每年一度的“楚勒罕”，“岁五月于齐齐哈尔幕府输贡貂，贡有定额，不中选者得市易，号曰楚勒罕，译言盟会也”①。届时，黑龙江、松花江、嫩江以及大兴安岭、呼伦贝尔草原的猎户牧民扶老携幼，运载各种货物，前来交易，换取一年所需的生产用具和生活必需品。“楚勒罕”对边境少数民族的经济生活有重要的作用。乾隆末年，清政府的调查中说：“打牲人等，每年交貂会盟（即指“楚勒罕”），俱将伊等妻子带来。且客商云集，伊等一年所用之物，全赖此次置买”②。

2. 内外蒙古。这里很早就和清朝中央政府建立了密切的联系，政治局面一直比较稳定。清政府在这一地区采取了一些促进生产的措施，如划分旗界，固定牧场，救济灾荒，建立仓储，并派人传授农业耕作技术，发放农具种子等。在蒙古族人民的辛勤劳动下，经济有了较快的发展，各地牧草丰茂，牛羊成群，一些王公贵族拥有的畜群，动辄以千头、万头计。在农业方面，内地的汉族农民大批流入蒙古地区，垦荒种植。如一七〇七年（清康熙四十六年）的上谕中说：古北口外“各处皆有山东人，或行商，或力田，至数十万人之多”③。清朝也像对东北地区那样，禁止汉民流入蒙古地区，实行民族隔离政策，但是，由于内地的封建剥削苛重，灾荒频仍，人口激增，谋生维艰，所以汉族劳动人民大批流向边疆，流向土地尚未垦殖的地方，这是不可抗拒的历史趋势，政府的禁令不可能加以扭转。人民千方百计冲破禁令，而蒙古王公为了增加收入，扩大剥削量，也乐于把自己的牧地改为农田，租给汉民佃种，越来越多的汉族农民在蒙古地区落户。例如，热河迤北，清初并无汉人，至一七八四年（清乾隆四十九年），汉民增至五十五万，四十年后，至一八二五年（清道光五年），汉民增至八十八万。有清一代，长城沿边，西起鄂尔多斯，经归化城土默特旗、察哈尔、卓索图盟、昭乌达盟以至科尔沁

---

① 《黑龙江志稿》卷四十九。

② 《清高宗实录》卷一四八七。

③ 《东华录》康熙朝，康熙四十六年七月。

东部，汉人屯聚甚密，形成了蒙汉杂居的广大的半农半牧区。

农业的发展，使蒙古人民的经济生活有所改善，由于畜牧业和农业两大部门得以交流产品和生产技术，牧区人民能获得更多的粮食和其他农产品，逐步改变了单纯食肉的饮食习惯。农业的发展，又提供了大量的农作物秸秆，一定程度上满足了冬季饲料和燃料的供应，有利于牧业的发展。居住方面，有些地方更多采用土木结构，为过渡到定居或半定居创造了条件。

外蒙古地区也有少量的农业耕作，但在整个经济生活中的比重很小。清廷曾在科布多地区和鄂尔浑河实行屯田，由驻军轮流耕种，以供军粮。平定准噶尔以后，屯田废弃，故在外蒙古的经济生活中没有发生大的影响。另外，土谢图汗和哲布尊丹巴呼图克图都在自己的领地上，召汉族农民，开垦种植。

内外蒙古与内地建立了频繁的贸易交流。蒙古的王、公、台吉逢“年班”到北京觐见，总要带着商队和土特产赴北京交易，他们在北京住在理藩院特设的里馆（在东交民巷）或外馆（在安定门外），这一带形成了汉蒙交易的繁华市场。另外，汉族商人也分路进入蒙古各地，带去粮食、布匹、砖茶、绸缎、铜铁器等，购进毛皮、牲畜、药材。在各地寺庙的周围或驻兵地点，形成了一些定期的集市，在这种小的集市之上，又形成了较大的商业城镇，如张家口是蒙古入京的要道，商业的发展很快。据说康熙时只有商店十余家，雍正时增至九十余家，乾隆末增至一百九十余家，嘉庆末又增至二百三十余家，“凡内地之牛马多取于此，贾多山右人（山西人），出口率以茶布兑换”①；又如归化城也是商贾云集，旧城太狭小，雍正末，在城东五里另建新城绥远，后来新旧城合称归绥，成为今天呼和浩特市的基础。还有多伦则是以寺庙为中心的集市地点，十八世纪以后，一些商人和垦荒农民逐渐定居，成为内蒙古重要的宗教和商业中心。

3. 天山南北。自从平定准噶尔以后，清政府在天山南北，特别

---

① 秦武域：《闻见瓣香录》卷甲。

是北疆地区，大力发展农业生产，屯田实边，促进了这里的经济恢复和发展。屯田分为许多种，有兵屯（绿营兵）、旗屯（八旗兵）、回屯（维吾尔族）、遣屯（发遣的罪犯）、民屯（内地移民）等。屯垦的规模和效果大大超过前代。据统计：一七七七年（清乾隆四十二年）兵屯、旗屯、遣屯共二十八万七千余亩，民屯亦达二十八万亩①，都集中在北疆。乾隆以后，民屯大量增加，而其他类型的屯田未再扩大，如一七七五年（清乾隆四十年）乌鲁木齐的民屯土地有十五万亩，至一八〇八年（清嘉庆十三年）增至六十八万亩，增加了数倍，可见民屯增加之快。还有“回屯”，是指乾隆中叶从南疆地区迁到伊犁进行垦殖的维吾尔族的屯田。这些维吾尔族农民素有农业耕作的技术，迁至伊犁河流域“分为九屯，建宁远城居之，选回人为阿奇木伯克管辖回屯事务”②。他们的后代被称为“塔兰奇”人，嘉庆时已蕃殖至三万四千余人，垦种的面积也很广大，“自宁远城以东三百里，皆回民田（指回屯）”③。至于南疆并没有大规模的屯田，但这里是传统的农业区，人口也较稠密，乾隆中叶以后，承平日久，秩序安定，故生产亦有较快的发展。当时人的记载说：阿克苏“土田广沃，芝麻、二麦、谷、豆、黍、棉，黄云被野，桃、杏、桑、梨、石榴、葡萄、苹婆、瓜、菜之属，塞圃充园”，喀什噶尔也是“地土膏腴、粮果多收”，和阗“土田平旷，沃野千里，户口繁多……瓜果咸备……男力为耕作，女勤于刀尺”，还有吐鲁番“土产麦、谷、胡麻，而甜瓜、西瓜、葡萄，种类甚多，无不佳妙，甲于西域，土田肥沃，亦多棉豆之利”④，还有哈密地区“田畴沃衍，园林蕃庑，气候温暖，泉甘土肥，山泉竞辏，号称殷庶”⑤，从这些记载，可见当地农业生产发达，物产丰盈的情况。

新疆也有一定的手工业，清政府于一七七三年（清乾隆三十八年）曾从阿克苏调来熟悉采铁的维吾尔族三十户在伊犁河南山索果

① 参见曾问吾：《中国经营西域史》，276页。
② 同上书，275页。
③ 徐松：《西域水道记》卷四。
④ 椿园：《西域闻见录》卷二。
⑤ 傅恒等：《西域图志》卷九。

尔地方采炼生铁，南疆多黄金、白玉，“按回部金玉并产，而玉石尤良”①。“喀什噶尔回城……习技巧，攻玉缕金，色色精巧”②；纺织工业也较发达，如和阗“原蚕山茧极盛，所织细绢茧布极缜密，光实可贵”③，北疆所需布匹，一部分从内地运来而大部分取给于南疆。

随着生产的发展，天山南北的商业也很繁盛。清廷积极鼓励内地商人来此贸易，凡商人愿意出塞者，“即给予印照，毋使胥吏需索”，并且减轻了商业税收。乾隆上谕中说，“自回部荡平，内地商民经由驿路及回人村落……行旅并无阻滞。若晓示商民，不时前来贸易，即可与哈密、吐鲁番一体，于官兵亦有裨益”④。当时，在南北疆出现了一批商业城市，如伊犁是最高军政长官将军的驻地，既是政治和军事中心，又是商业中心。每年三月至九月，各地的哈萨克族、布鲁特族赶着大批牲畜来到伊犁各城，交换从内地运来的绸缎、茶叶、布匹、瓷器。乾隆年间流放于此地的洪亮吉有诗描述贸易的情况，“谁跨明驼天半回，传呼布鲁特人来，牛羊十万鞭驱至，三日城西路不开”。又据赵翼述伊犁的繁盛，“内地之民争趋之，村落连属，烟火相望。巷陌间羊马成群，皮角毡褐之所出，商贾辐辏。至如绍兴之酒、昆腔之戏，莫不坌至”⑤。至于其他城市的商业也很繁荣，如乌鲁木齐“字号店铺，鳞次栉比，市街宽敞，人民杂辏”，“繁华富庶，甲于关外”⑥。阿克苏“内地商民，外番贸易，鳞集星萃，街市纷纭，每逢八栅尔会期，摩肩雨汗，货如雾拥”⑦。叶尔羌“中国商贾，山陕江浙之人，不辞险远，货贩其地。而外藩之人，如安集延、退摆特、郭酣、克什米尔等处，皆来贸易”⑧。

4. 西藏和西南地区。清代的西藏尚处在农奴制的统治下，经济比较落后，又地处高寒，不宜于农作物生长，只在地势较低、气候

---

① 傅恒等：《西域图志》卷四十二。
②③ 椿园：《西域闻见录》卷二。
④ 傅恒等：《平定准噶尔方略》续编卷十六。
⑤ 赵翼：《皇朝武功纪盛》卷二。
⑥ 椿园：《西域闻见录》卷一。
⑦⑧ 同上书。按八栅尔是南疆维吾尔族传统的集市。

温暖的河谷地带，种植青稞、豆、麦等，高原草地则放牧马、羊和牦牛。由于西藏人民的辛勤劳动，加以清政府加强了管理，西藏的秩序有一较长时期的稳定，因此经济也有一定的发展，出现了“黄教日兴，民生亦日安乐”的景象。西藏和内地的经济、文化联系也日益频繁，西藏的僧俗人员经常到北京朝贡和觐见，蒙古族人民入藏“朝圣”、“熬茶”，汉族的官兵轮番驻防，各地的客商往来贩运，西藏和祖国各地的联系日益密切，内地的绸缎、布匹、茶叶运入西藏，而西藏的皮毛及其他土特产也输送到祖国各地。由于政治和经济联系的加强，人们频繁地往来于从四川、青海、云南和南疆进入西藏的几条大道上，沿路形成了一批城市，如打箭炉，“为汉夷杂处，入藏必经之地，百货完备，商务称盛”，“常年贸易，不下数千金，俗以小成都名之”①。

其他西南的一些边远地区，自从雍正年间实行改土归流以后，革除了土司的暴虐统治，改变了少数民族中某些落后的规章制度，促进了当地的经济发展。原来被土司垄断和封禁的许多土地，招民垦种，当地少数民族的劳动群众得到了土地，内地汉民也来到了从前不准去的荒远偏僻的地方，进行垦荒，如乌蒙府改土归流后，从前被土司霸占的“所有地亩定为水、旱、生、熟四项，分给兵民倮户及土人耕种”②，又如云南的一些边远地方，“楚蜀黔粤之民，携挈妻孥，风餐露宿而来”③，“携眷依山傍寨，开挖荒土”④。又如云贵交界的平越、安顺“垦辟汗莱，焚烈山林，久荒之土，亩收数倍”⑤。湘西地区“凡土司之新辟者，省民率挈孥入居，垦山为垄，列植相望”⑥。经过长期战争的大小金川地区，改流后也出现了“户口日增，报垦几无隙地”⑦ 的情况。内地大批汉民迁入西南地区，

---

① 徐珂：《清稗类钞》，第十七册，农商类。

② 《清世宗实录》卷一一七，雍正十年四月。

③ （道光）《广南府志》。

④ （道光）《普洱府志》卷首，梁星源序。

⑤ 魏源：《圣武记》卷七，《雍正西南夷改流记》上。

⑥ （乾隆）《芷江县志》卷五，风土物产。

⑦ 李心衡：《金川琐记》。

得以谋生糊口，也带来了先进的生产经验和生产工具，如兴修水利，建设梯田，积粪沤肥，加强作物管理，改良耕作技术，推广高产作物和经济作物等，促进了西南地区经济的发展。例如，云南普洱府从内地学习种茶的技术，开辟茶园，所产茶质地优美，产量亦丰富，成为著名的产茶区，各族人民“入山作茶者数十万人”①。云贵地区，盛产铜、锡、银、铅，矿场很多，最盛时期，采矿工人不下数十万人，这些工人也大多来自两湖、四川、江西等省。

在农业生产发展的基础上，西南地区的商业也更加兴盛起来。汉族商人络绎不绝地来到各地，既有车载船运的大商贾，也有肩挑手挽的小商贩。他们虽要谋取较多的中间剥削，但在交流物资、沟通各族的经济联系、满足人民的生活需要方面起了积极的作用。如云南的情形，“历年内地民人，贸易往来，纷如梭织”②，又如湖南的情形，“辰州苗民与汉民交易，辄以牛马驮载杂粮布绢之物，以趋市集，届期必至，易盐、易蚕种、易器具，以通有无”③。还有贵州东部苗民聚居的山区，交通梗阻，改土归流后，清政府“雇苗船百余，赴湖南市盐布粮货，往来畅通，民夷大忭，估客云集”④。

5. 台湾。一六六一年（清顺治十八年），郑成功收复台湾，结束了荷兰殖民主义对台湾的统治，使这个美丽富饶的宝岛重新回到了祖国的怀抱。在郑成功收复台湾以前，当地人烟稀少，土地荒芜，荆榛未辟，生产十分落后，并无铁制的农具，“访其开垦，不知犁耙锄斧之快”⑤。郑成功及其后继者招徕移民，奖励垦荒，兴修水利，传播农业技术，台湾的经济得到了迅速的发展。二十多年后，清政府统一台湾，施琅向清政府奏报台湾物产丰富的情形说：“奉旨征讨，亲历其地，备见野沃土膏，物产利溥，耕桑并耦，海盐滋生，

① 檀萃：《滇海虞衡志》卷十一。

② 《临安府志》，江浚源：《条陈稽查所属夷地事宜折》。

③ 徐珂：《清稗类钞》，第十七册，农商类。

④ 魏源：《圣武记》卷七，《雍正西南夷改流记》上。

⑤ 杨英：《从征实录》。

满山皆属茂树，遍处俱植修竹，硫磺、水藤、糖蔗、鹿皮以及一切日用之需，无所不有。向之所缺者布帛耳，兹则木棉盛出，经织不乏，但舟帆四达，丝缕踵至，饬禁虽严，终难标绝，实肥饶之地，险阻之区。”① 此后，清政府在台湾建置府县，设官驻兵，取消海禁，召民垦种。台湾土地极为肥沃，气候宜于农作物的生长，故农业发展很快，所谓“台疆初辟，地力甚厚，三熟四熟，收获丰稔，漳泉粤东之民，趋之若骛”②。一些有钱的地主“凿陂圳，大兴水利，招佃垦荒”，“出资募佃，建村落，筑陂圳”③，内地的贫苦人民纷纷渡海，承佃耕作。各地出现了许多“汉庄”，“各庄佃丁山客，十居八九，靡有室家，漳泉人称之曰客仔，客仔称庄主曰头家。头家始借其力以垦草地，招而来之，渐乃呼类引朋，连千累百”④。台湾农业以种植稻米、甘蔗为主，据清朝官吏称，“台湾地广民稀，所出之米，一年丰收，足供四五年之用”⑤，多余的稻米，行销于福建、广东、浙江等缺粮省份，或远销东南亚。蔗糖业也十分兴旺，“全台仰望资生，四方奔趋图息者，莫此为甚”⑥。

在汉族人民农业垦殖的影响下，当地高山族人民的农业耕作水平也大大提高。高山族大多在自己的“社田”上耕种。他们“亦知以稼穑为重，凡社中旧管埔地，皆芟刈草莱，垦辟田园”，“亦学汉人筑圳，疏引溪流，以资灌溉”⑦，“耕种犁耙诸器，均如汉人”⑧。

由于农业的迅速发展，商品经济十分活跃，台湾和大陆或东南亚的海上交通很发达。台湾府、鹿港、艋舺是三大港口，大批船只经常往来于厦门、泉州。还有不少经营远洋贸易的大商人“各拥巨

① （康熙）《台湾府志》卷十五，施琅：《请留台湾疏》。

② 《厦门志》卷六，《台运略》。

③ 连横：《台湾通史》，《抚垦志》。

④ 《诸罗县志》卷八，风俗。

⑤ 连横：《台湾通史》，《农业志》，转引闽浙总督高其倬奏。

⑥ 《台湾经济史初集》。

⑦ 六十七：《番社采风图考》。

⑧ 《台湾府志》卷十四，《番社风俗》。

资，以操胜算，南至南洋，北至天津、牛庄、烟台、上海，舳舻相望，络绎于途”①。台湾的米和蔗糖运销国内外各地，而从内地运回布匹、绸缎、瓷器、铁器、杂货等。

总之，清代由于政治统一，边疆地区的秩序比较稳定，所以经济上也有了较大的发展，这是各族人民辛勤劳动的成果，也是汉族和少数民族经济、文化交流的成果。

① 连横：《台湾通史》，《商务志》。

第十一章　清朝的文化政策和汉学的发展

第一节　清朝的文化统治政策

一、提倡理学，编纂书籍

清王朝是以满族亲贵为核心的满汉地主阶级的联合专政。它一方面采取种种军事和政治措施，镇压汉族及各族人民的反抗斗争；另一方面又十分注意利用汉族的儒学、藏族蒙古族的喇嘛教，在意识形态领域中加强控制，以巩固自己的统治。清朝竭力吸取并利用汉族和其他民族的思想文化，以服从于自己的统治需要。在这方面，它比历史上各少数民族建立的其他王朝花费了更多的精力，也收到了更大的成效。

清朝入关以后，很快就举行科举考试，大力提倡尊孔读经。给孔子上尊号，称"大成至圣文宣先师"（后又称"至圣先师"），大修孔庙，每年举行祭孔典礼，给孔子的后裔衍圣公以种种荣耀和特权，给孔府增拨土地、赏赐财物。康熙南巡，过曲阜，谒孔庙，召集官吏儒生，讲论经义，甚至以天子之尊，向孔子行三跪九叩首之礼。对历代重要的儒家代表人物都优礼有加，为他们建祠庙，立牌坊，赐匾额。"先儒"的后裔都世袭五经博士，备加荣宠。一六七〇年（清康熙九年），根据儒家学说，制定和颁发了"圣谕"十六条，作为人们的行为准则，其内容是：敦孝弟以重人伦，笃宗族以昭雍睦，和乡党以息争讼，重农桑以足衣食，尚节俭以惜财用，隆学校以端士习，黜异端以崇正学，讲法律以儆愚顽，明礼让以厚风俗，务本业以定民志，训子弟以禁非为，息诬告以全良善，诫窝逃以免株连，完钱粮以省催科，联保甲以弭盗贼，解仇忿以重身命。雍正又给十六条做了注释发挥，称为《圣谕广训》。它是宗法社会中封建专制统治者对被统治者的政治和道德训诫，典型地表现了儒家的社会理想和生活信条。雍正二年（一七二四），将《圣谕广训》颁发全国，广为宣传。吏部通知各省督抚，在各地遴选秀才，进行宣讲，“句诠字释，阐发音义，毋得虚应故事”。例如，直隶获鹿县“每月朔望为讲约期，于西门外为讲约所，上供圣谕牌，设讲案于中间，令生员一人，以为讲约正，再选二人以为值月。是日清晨，县官率僚属士民齐集讲所行礼，令约正宣讲圣谕十六条……各乡村则于居民稠密之处，或就义学相近，设讲约所。本乡所举约正与文学师会同宣讲”①。清政府千方百计把儒家思想贯彻到全国的每一个角落里去。

清朝对程朱理学，尤其用力提倡。康熙特别尊崇朱熹，他说，“宋儒朱子，注释群经，阐发道理。凡所著作及编纂之书，皆明白精确，归于大中至正，今经五百余年，学者无敢疵议。朕以为孔孟之后，有裨斯文者，朱子之功，最为宏巨”②。又说朱熹的“文章言谈之中，全是天地之正气，宇宙之大道。朕读其书，察其理，非此不能知天人相与之奥，非此不能治万邦于衽席，非此不能仁心仁政施于天下，非此不能外内为一家”③。对朱熹的推崇，达到无以复加的程度。并且，把朱熹从孔庙两庑的先贤中抬出，放在大成殿四配十哲之次，成为第十一哲。清代科举，考四书五经要以朱熹的注释作为准则。因此，程朱理学成为官方哲学，炙手可热。善于拍马屁的大臣李光地揣摩皇帝的心意，鼓吹道统说，说朱熹承接了尧舜禹汤文武周公孔孟的道统，“五百年必有王者兴”，“自朱子而来，至我皇上，又五百年，应王者之期，躬圣贤之学……伏维皇上承天之命，任斯道之统，以升于大猷”④。李光地吹捧康熙上接儒学道统，而且把道统与治统结合在一起。康熙听了，非常高兴，说“知光地者莫若朕，知朕者莫若光地”⑤。在清廷的奖励提拔下，除李光地外，还

① 寿颐：《光绪获鹿县志》卷八，学校。

② 《东华录》康熙朝，康熙五十一年二月。

③ 《御纂朱子全书》序言。

④ 李光地：《榕村全集》卷十，《进读书笔录及论说序记杂文序》。

⑤ 章梫：《康熙政要》卷四，《任贤下》。

有大批信奉程朱的“理学名臣”，如魏裔介、熊赐履、汤斌、张伯行等都位居极品，很受重用。清王朝所以大力尊崇孔子，倡导儒学，目的是用以巩固封建秩序，加强专制统治，雍正帝有一段话说得很清楚：“若无孔子之教……势必以小加大，以少陵长，以贱妨贵，尊卑倒置，上下无等，干名犯分，越礼悖义，所谓君不君，臣不臣，父不父，子不子，虽有粟，吾得而食诸？其为世道人心之害，尚可胜言哉！”①

为了笼络汉族知识分子，表示“稽古右文，崇儒兴学”之意，清政府招罗大批知识分子，大规模地搜集、编纂和注释古代典籍，属于儒家经典的四书五经，自然最受重视。一大批“御纂”和“钦定”的注经作品连续出版。顺治时有御注《孝经》，康熙时有御纂《周易折中》、《日讲四书解义》、钦定《诗经传说汇纂》、《书经传说汇纂》、《春秋传说汇纂》等。雍正时有御纂《孝经集注》。乾隆时有御纂《周易述义》、《诗义折中》、《春秋直解》以及钦定《周官义疏》、《仪礼义疏》、《礼记义疏》，又修《明史》、续三通、编方略。此外，又编纂《古今图书集成》，此书由陈梦雷主持编纂，分列门类纲目，荟萃群书，是一部大型的类书，从各种典籍中按类采择摘录，汇编成书，但每种书籍不是完整地著录保存。《古今图书集成》分六汇编，三十二典，全书一万卷，历康熙、雍正两朝，全书才编印完竣。

最大规模的编书是乾隆朝所编的《四库全书》。这是我国历史上最大的一部丛书。它把我国古代重要的典籍首尾完整地抄录下来，分编于经、史、子、集四部四十四类之下，共收图书三千四百五十七种，七万九千零七十卷，包罗宏大，丰富浩瀚，为我国古代思想文化遗产之总汇。编纂工作从一七七三年（清乾隆三十八年）正式开设四库馆起，至一七八七年（清乾隆五十二年）《四库全书》缮写完毕止，历时十五年。以后又检查书籍内容，校对错误缺漏，并补充一批书籍入四库，直至一七九三年（清乾隆五十八年）编纂工作

① 《东华录》雍正朝，雍正五年七月。

才完全结束。《四库全书》共缮写七部，另有底本一部，分藏于北京宫中文渊阁、圆明园文源阁、沈阳文溯阁、承德避暑山庄文津阁、扬州文汇阁、镇江文宗阁、杭州文澜阁，底本藏于北京翰林院。①参加编纂工作的有三百六十名官吏和知识分子，集中了当时的大批名流学者，其中出力较多、名声较高的有于敏中、金简、纪昀、陆锡熊、任大椿、陆费墀、戴震、邵晋涵、程晋芳、周永年、朱筠、姚鼐、翁方纲、王念孙等。四库著录的书除小部分御制作品和奉旨撰述的官书之外，都是从全国搜罗来的历代典籍，其来源：有的是内

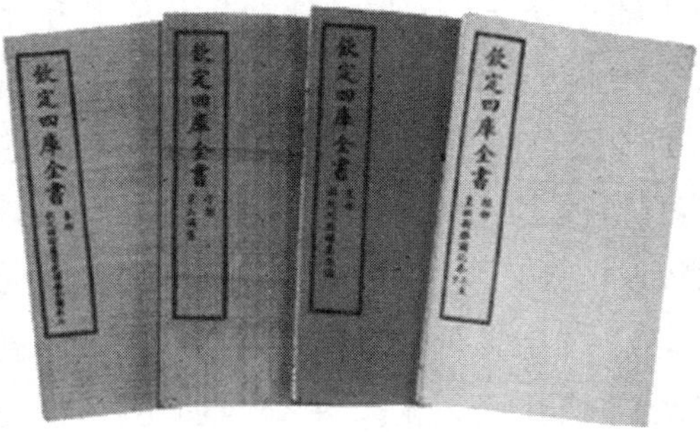

《四库全书》书影

文澜阁

① 《四库全书》圆明园文源阁本毁于英法联军之役；翰林院底本毁于八国联军之役；扬州文汇阁、镇江文宗阁本毁于太平天国战争时期。

廷藏书，有的从各省采进，有的是各地官吏和藏书家私人进献，也有的是从明代《永乐大典》中辑出的已散佚的古书。在编纂过程中，纪昀等作《四库全书总目提要》，共二百卷，对著录的三千四百五十七种书籍以及未著录而存其目的六千七百六十六种书籍都作了介绍和评论，简要地叙述每部书籍的内容，评论其优劣得失，探讨其学术源流和版本同异。阮元评论说："高宗纯皇帝命辑《四库全书》，公（纪昀）总其成。凡六经传注之得失，诸史记载之异同，子集之支分派别，罔不抉奥提纲，溯源彻委。所撰定总目提要，多至万余种，考古必衷诸是，持论务得其平。"①《四库全书》在我国学术文化史上占有很重要的地位，我国古代的书籍，在战乱和社会动荡之中，损失严重，清政府投入大量的人力物力，搜集全国图书，辑录已佚书籍，保存下许多有价值的古代典籍。但应该指出：封建专制统治者即使是在干一些好事的同时，往往也在干着坏事和蠢事。乾隆帝趁编纂《四库全书》的机会，对全国书籍作了一次大规模的检查，查禁、销毁和删改了许多所谓"悖逆"和"违碍"书籍。就在开设四库馆征求天下遗书的第二年，即一七七四年（清乾隆三十九年）上谕中提出："明季末造，野史甚多，其间毁誉任意，传闻异词，必有诋触本朝之语。正当及此一番查办，尽行销毁，杜遏邪言，以正人心而厚风俗，断不宜置之不办。"② 此后，各地"刊刷誊黄，遍贴晓谕"，劝令呈交"违碍"书籍。一方面，官府派人各处查访，对各类书籍进行甄别，将查交的禁书送往北京；另一方面，四库全书馆从采进本中查寻禁书。这两方面的书籍都送到军机处，然后由翰林院详细审查，将"悖谬"之处写成黄签，贴在书眉上，由乾隆帝过目批准后，将书籍烧毁。违禁书籍的范围越来越大，"初下诏时，切齿于明季野史。其后，四库馆议，维宋人言辽金元，明人言元，其议论偏谬尤甚者，一切拟毁……隆庆以后，至于晚明，将相献臣所著，靡有孑遗矣"③。明末清初时，黄道周、张煌言、袁继咸、钱肃乐、顾炎武、黄宗羲、孙奇逢诸人的

① 阮元：《揅经室三集》卷五，《纪文达公集序》。

② 《东华录》乾隆朝，乾隆三十九年八月。

③ 章太炎：《訄书》，《哀焚书》第五十八。

著作，均干例禁。后来稍稍放宽，有些人的著作，只要“改易违碍字句，无庸销毁”。但对钱谦益、吕留良、屈大均、金堡以及戴名世、王锡侯、尹嘉铨诸人的作品，查禁特别严厉。乾隆时被销毁的书籍“将近三千余种，六七万卷以上，种数几与四库现收书相埒”①。

二、文字狱

清王朝除了销毁、篡改不利于自己统治的书籍之外，还大兴文字狱，以达到消灭异端、钳制思想的目的。文字狱就是以文字作品定罪，绝大多数的文字狱都是望文生义，捕风捉影，任意罗织罪状的。文字狱是封建社会中没有政治民主和言论自由的必然产物，也是专制皇帝用以震慑官吏、知识分子的重要手段。在中国两千多年封建社会里，文字狱屡见不鲜，而清朝的文字狱，次数之频繁、株连之广泛、处罚之残酷，超过以往的朝代。

清代文字狱是从康熙朝开始的。顺治时，镇压南明的武装斗争非常激烈，文化思想领域中的禁网尚不苛密。尽管那时候反对清朝统治、鼓吹民族思想的诗文作品极多，却很少以文字获罪。清廷通过“通海案”、“奏销案”、“科场案”，也对汉族官吏、知识分子多次打击，但它在戎马倥偬之中顾不上检查诗文著作的内容。对文化思想领域进行严密控制，则是在王朝的统治比较稳定之后进行的。

清朝最早的文字狱是对清初十分流行的民族思想和反清意识的一种反应，是清廷为了阻遏反清复明思潮而采取的严酷措施。但康熙一朝，文字狱还不多，最大的案件是庄廷鑨的《明史》案和戴名世的《南山集》案，这两大案件都是由于作品中有眷念明朝的民族意识而引起的。

《明史》案发生在康熙二年（一六六三）鳌拜当权的时候。浙江富户庄廷鑨购得明末人朱国祯所撰《明史》，攘为己作，并补写了崇祯朝和南明史事，其中奉南明弘光、隆武、永历的正朔，又有指斥清朝的词句，被人告发，酿成大狱。时庄廷鑨已死，剖棺戮尸，诛其弟廷钺。此案株连甚众，“名士伏法者二百二十一人，庄、朱（指南浔人朱佑

① 孙殿起辑：《清代禁书知见录·自序》。

明，牵连在此案内）皆富人，卷端罗列诸名士，盖欲借以自重。故老相传，二百余人中，多半不与编纂之役，甚矣，盛名之为累也”①。

《南山集》案发生在康熙后期，翰林院编修戴名世著《南山集》，其中有根据方孝标所作《滇黔纪闻》来议论南明史事，用南明诸帝年号，触犯忌讳。康熙五十年，左都御史赵申乔告发戴名世“妄窃文名，恃才放荡……私刻文集，肆口游谈，倒置是非，语多狂悖”。康熙处理此案，最初也追根刨底，雷厉风行，除戴名世、方孝标两族外，牵连甚众，为《南山集》作序的、刊刻的、贩卖的，与戴名世交往的很多人，均得罪被捕，其中有名士方苞、王源等。但最后结案，还算宽大，除戴名世外，其他许多人得以宽释。

雍正时，统治阶级内部矛盾激化，文字狱除了镇压具有反清思想的知识分子外，又成了统治阶级内部斗争的工具。案件数目增多，罪名苛细，吹毛求疵，故意罗织成狱。许多案件，并不单纯由于文字内容获罪，而是雍正以文字为借口，打击政治上的异己势力。例如大将军年羹尧恃功骄纵，雍正蓄意诛杀他，给年羹尧制造了很多罪状，其中重要的一条是年在奏折内将“朝乾夕惕”错写成“夕惕朝乾”，雍正指责“年羹尧非粗心办事之人，直不欲以朝乾夕惕归之于朕耳……观此，年羹尧自恃己功，显露不臣之迹，其乖谬之处，断非无心”②，这分明是罗织罪状。汪景祺写《西征随笔》，因其中有讥讪康熙的字句，被处决；钱名世是当时名士，雍正很讨厌他，给他一块“名教罪人”的匾额羞辱他，因为汪、钱二人都是年羹尧的羽党，汪是年的记室，钱则在诗文中吹捧了年，这是他们得罪的真实原因。考官查嗣庭，出了“维民所止”的试题，被认为是将“雍正”二字砍去了脑袋；谢济世注释《大学》，被告发诽谤程朱；陆生楠写《通鉴论》，反对郡县制，赞扬分封制。其实，这些案件都和党争有关，查嗣庭依附隆科多，谢济世、陆生楠依附李绂、蔡珽。雍正通过这些案件，要惩戒官吏知识分子，不得依附权门，朋党勾结，非议朝政，所以处分很严厉。

---

① 陈康祺：《郎潜纪闻》卷十一。

② 《东华录》雍正三年三月。

雍正朝最重要的文字狱是曾静、张熙案。一七二八年（清雍正六年），湖南人曾静令其徒张熙投书川陕总督岳钟琪，称他是岳飞的后裔，劝他起兵反清，并列举雍正有弑父篡立、杀兄屠弟的罪行。岳钟琪向朝廷告发，穷治主使，查出曾静的反清思想是由于读了吕留良的著作而产生的，又查出他对雍正的指责是从已被镇压的雍正诸弟胤禩、胤禟手下太监那里听来的。于是雍正把打击的锋芒指向了吕留良的子孙、门徒以及胤禩、胤禟的余党。

吕留良画像

吕留良是清初的著名学者，已死去四十余年。他的著作中有强烈的反清思想，极力申明华夷之辨，认为这比君臣之义更为重要。又抨击清朝统治，称“今日之穷，为羲皇以来所仅见”，这本来是清初很流行的思想。雍正为了消弭下层人民中以反清复明为号召的起义，进一步泯灭汉族的民族意识，借此案大做文章，多次发布谕旨，并把这些谕旨刊刻公布，称《大义觉迷录》。其中极力驳斥传统的华夷之辨，认为这种区别是由于古代疆域不广的原因，其实华夷都是一家人，“三代以上之有苗、荆楚、猃狁，即今湖南、湖北、山西，在今日而目为夷狄可乎？”舜为东夷之人，周文王为西夷之人，“本朝之为满洲，犹中国之有籍贯”，满汉是一体的。对人的看法、评价应以五伦为准则，而不应该以民族来区分。“惟有德者可为天下君。我朝肇基东土，德教宏敷，仰承天命，为中外生民之主，为臣民者不得以华夏而有异心”①。雍正提出的这种观念有一定道理，反映了中国国内各地区政治、经济、文化联系的更加紧密和各民族融合的日益加深，是不同于儒家传统的华夷之辨的。但他发布这些谕旨的目的在于巩固自己的统治地位，打击反对势力，借题做文章。

雍正对吕留良一家和门生处理极严，吕留良及其长子吕葆中开棺戮尸，吕的学生严鸿逵监毙狱中，戮尸枭示；吕的另一儿子吕毅中和另一学生沈在宽斩首。此外，吕的私淑弟子，刊刻、贩卖、私藏吕留良书籍的人有的斩首，有的充军，有的杖责，吕、严、沈三族妇女幼丁给功臣家为奴。奇怪的是主犯曾静、张熙却免罪释放，据雍正的解释，曾静、张熙是误信了吕留良的邪说和胤禩、胤禟余党的流言，是受迷惑的从犯，故免罪释放，予以自新之路。并声明“朕之子孙将来亦不得以其诋毁朕躬而追究诛戮”。但乾隆即位后，不理睬雍正的遗言，仍将曾静、张熙处死。

雍正帝开了很恶劣的先例，他大兴文字狱，以之作为控制思想、打击政敌、提高自己权威的手段。从此以后，清政府经常以文字罪人，而且都以大逆不道论处，治罪重，株连众。乾隆朝，文字狱成了家常便饭，案件比康熙、雍正两朝合计增加四倍以上。康熙、雍正时的文字狱，主要打击对象是具有反清思想的士大夫或政治上的反对势力，获罪的大多是官吏和上层知识分子，尽管也是随意罗织罪状，但多少还抓了点治罪的理由；乾隆时的文字狱，更是望文生义、捕风捉影，硬加上莫须有的罪名，获罪的人有很多是下层知识分子。除了有几起追查清初人著作中的反清思想之外，乾隆朝的极大部分文字狱并没有反清抗清的政治倾向，纯属深文周纳，滥杀无辜。它的唯一作用就是在知识分子中造成浓重的恐怖气氛，显示皇

---

① 《大义觉迷录》。

帝生杀予夺的专制淫威。

在那时，吟诗作文，很容易触犯忌讳，经常是莫名其妙地祸从天降。譬如，“明”、“清”两个字是常用字，但如果诗文中使用这两个字，往往被曲解成反清复明，招来杀身灭族之灾。胡中藻《坚磨生诗抄》内有“一把心肠论浊清”；方芬《涛浣亭诗集》内“问谁壮志足澄清”、“兼葭欲白露华清，梦里哀鸿听转明”；徐述夔《一柱楼诗集》内有“明朝期振翮，一举去清都”，还有咏正德盃诗“大明天子重相见，且把壶儿（胡儿）搁半边”；戴移孝《碧落后人诗集》内有“长明宁易得”；李驎《虬峰集》内有“翘首待重明”，这类诗句都被认为是意在影射，诅咒清朝，图复明朝，构成叛逆大罪。杭州卓长龄著《忆鸣诗集》，“鸣”与“明”谐音，被指为忆念明朝，图谋不轨。乾隆帝对卓氏一家深恶痛绝，称他们“丧尽天良，灭绝天理，真为复载所不容”。

在这种望文生义、故入人罪的风气下，缀文属辞都有被引申曲解而得罪的可能。“发短何堪簪，厌此头上帻”被说成是反对薙发；“布袍宽袖浩然巾”被说成是反对清朝服制；“天地一江河，终古自倾泻”被说成是希望天下大乱，因为天地是平坦的，怎么会倾泻；“老佛如今无病病，朝门闻说不开开”被说成是讥刺皇帝不上朝，乾隆说“朕每日听政，召见臣工，何乃有朝门不开之语”①；有人因遭风灾，米价昂贵，表示感叹，写《吊时文》，被斥责“生逢圣世，竟敢以吊时为题”②；还有人写了一本教育儿童的历史课本《续三字经》，被指为“心怀悖逆，胆敢品评历代帝王，任意褒贬”③。

有些字句是专制帝王的专用品，如果不慎误用了这些字句，就是僭越犯上。山西王尔扬为别人父亲作墓志铭，用“皇考”两字，这是习用语，屈原《离骚》和欧阳修《泷冈阡表》内都称父为“皇考”，却被斥为“于考字上擅用皇字，实属僭逆”④；江苏韦玉振为

---

① 故宫博物院文献馆编：《清代文字狱档》一，《胡中藻坚磨生诗钞案》。

② 故宫博物院文献馆编：《清代文字狱档》八，《朱思藻吊时案》。

③ 故宫博物院文献馆编：《清代文字狱档》四，《祝廷诤续三字经案》。

④ 故宫博物院文献馆编：《清代文字狱档》三，《王尔扬撰李范墓志称皇考案》。

父刊刻行述，中有“于佃户之贫者，赦不加息”，不料“赦”字只能由皇帝使用，韦玉振被指责“乃敢竟用赦字，殊属狂妄”①；湖南监生黎大本为母亲做寿，祝寿文内有“女中尧舜”等字句，被斥为“拟不于伦，谬妄干分”，黎大本充军乌鲁木齐；湖北秀才程明禋为人作祝寿文，内有“绍芳声于湖北，创大业于河南”，“创大业”被曲解为做皇帝，程明禋“语言悖逆”，斩立决；大理寺卿尹嘉铨，年过七十，自称“古稀老人”，这是根据杜甫诗“人生七十古来稀”而取用的普通名号，不料乾隆也自称“古稀老人”，触犯御名，构成“僭妄不法”的一大罪状。其他触犯庙讳、御名以及提到皇帝应该换行抬写而没有换行抬写，因此获罪的，不可胜数。有一个河南人刘峨，编印《圣讳实录》一书出售，本来是为了告诉人们应当怎样避讳，所以把应避讳的清代诸帝的名字“各依本字正体写刻”，却被控大不敬，惨遭斩首。

乾隆时的文字狱，不仅说不上是真正的反清思想，有不少案件，甚至是因为向清朝统治者歌功颂德、献书献策，不过，因马屁拍得不得法，犯了忌讳，也会遭到杀身之祸。直隶容城一个走江湖的医生智天豹，编了一部《万年历》，祝颂清朝国运久长，其中说“周朝止有八百年天下，如今大清国运，比周朝更久”，可是这万年历中把乾隆的年数只编到五十七年为止，犯了大忌，被认为是诅咒乾隆短命，“罪大恶极，人人发指，非碎磔不足以蔽辜”，结果，将智天豹处死。还有个冀州秀才安能敬，写了一首颂扬清朝的诗，其中有“恩荣已千日，驱驰只一时，知主多宿忧，能排难者谁”，这四句诗被曲解为咒骂皇帝有忧有难，无人辅佐，其实，就像安能敬自己在审讯时所说，“原要竭力称颂，无奈说不上来”，顶多是颂诗写得不好，哪里是什么讥讪诽谤呢？乾隆朝的文字狱很多是这类莫须有的冤案。

哪里发生了重大的文字狱，哪里的地方官就有“失察”之罪。因此，一旦发生案件，官吏们十分重视，不敢稍有疏忽，整个统治

① 故宫博物院文献馆编：《清代文字狱档》七，《韦玉振为父刊刻行述案》。

机器立即全速转动起来，捕人抄家，四出搜查，如临大敌，株连宁多勿少，处理宁严勿宽，唯恐被皇帝认为是包庇罪犯，办案不力。刘震宇献《治平新策》，“感颂圣明，尚无悖逆诽谤之语”，不过其中发了些迂腐的议论，本来没有什么治罪的口实。湖南巡抚范时绶将刘震宇革去生员，杖一百，永远禁锢，已经是故入人罪，判得很重了，可乾隆还觉得判得太轻，将刘震宇即行处斩。并斥责范时绶，“仅将该犯轻拟褫杖，甚属不知大义，著交部严加议处”①。十年以前，刘震宇曾将《治平新策》献给江西巡抚塞楞额，塞没有看出问题，还奖励了几句。此案发生时，塞楞额早已死去，乾隆还大发雷霆，说“塞楞额为封疆大吏，乃反批示嘉奖，丧心已极。若此时尚在，必当治其党逆之罪，即正典刑”②。江苏发生了殷宝山案，乾隆责问“该地方官平日竟置若罔闻”，大骂总督、巡抚等“所司何事，应得何罪”，并要彻查司、道、府、县各级官吏的责任，“一并参处”③。在这种情况下，文人士子惴惴自危，各级官吏也惶恐不安，人们“往往挟持睚眦之怨，假借影响之词，攻讦诗文，指摘字句，有司见事生风，多方穷鞫，或致波累师生，牵连亲故，破家亡命”④。例如，浙江天台齐周华，因所著《名山藏》等书“语多悖逆”，被凌迟处死，首先株连子孙四人，斩监候，又牵连他的堂弟著名地理学家、原任礼部侍郎齐召南，在原籍禁闭，家产抄没。其他曾与齐周华诗文酬答的二十多人，都被抄家，在谢济世家中抄出《梅庄杂著》一书，“议论乖谬，语多怨怅”；在吕抚家中抄出《圣学图》、《一贯图》，“虽无狂悖语句，但语多摭拾杂书，附会穿凿”；在李绂家中抄出诗文“怨望讥讪”，这三个人早已死去，累及他们的子侄，几乎遭杀身之祸；另外在房演家中没有抄出什么，只是房演承认曾为齐周华诗文作过序，还留齐周华在家住宿过，房演被充军伊犁，给种地兵丁为奴。齐周华一案，牵连数十家。

十八世纪，中国的知识分子处在文化专制主义的统治下，缀文

①② 故宫博物院文献部编：《清代文字狱档》一，《刘震宇治平新策案》。

③ 《掌故丛编》，乾隆四十三年八月二十七日廷寄。

④ 《掌固零拾》卷二，八页。

命笔，动辄得咎，因此大家都提心吊胆，不敢议论当代的社会问题，也不敢编写历史，脱离实际，逃避现实，埋头于故纸堆中，养成了烦琐的学风，窒息了思想，摧残了人才。当时就有人说："今人之文，一涉笔惟恐触碍于天下国家……人情望风觇景，畏避太甚。见鳝而以为蛇，遇鼠而以为虎，消刚正之气，长柔媚之风，此于世道人心，实有关系"①。直到十八世纪的八十年代，大约一七八二年（清乾隆四十七年）以后，文字狱才较为放宽。这主要是由于阶级矛盾日益尖锐，各地人民纷纷起义，清朝统治动摇不稳。清廷连镇压武装起义也来不及，顾不上在文字上吹毛求疵，无中生有，同时，统治者放松文网，以此缓和矛盾，希望拉拢知识分子，共同对付下层人民的反抗。这时，乾隆帝对文字狱的态度有较大的改变。如一七八二年广西抄获回民经卷书籍，"语多悖逆荒唐"，照往例会严厉追查，治以重罪。但这时甘肃的回民起义刚刚镇压下去，清廷不敢因文字细故，再激起回民的反抗。所以乾隆说"书内字句，大约鄙俚者多，不得竟指为狂悖。此等回民，愚蠢无知，各奉其教，若必鳃鳃绳以国法，将不胜其扰……若此等回教书籍，附会其词，苛求字句，甚非朕不为已甚之意。此事……竟可毋庸办理，嗣后各省督抚，遇有似此鄙俚书籍，俱不必查办"②。显然，像这类案件，如果都要彻底查究的话，势必是案件山积，株连甚众，"将不胜其扰"。在人民已拿起武器，纷起反抗的时候，清廷不得不稍稍收敛其淫威，对文字犯罪，从宽予以发落了。

有些清朝官员仍按乾隆中期的成规，对文字苛求挑剔，乾隆帝为了要缓和社会矛盾，迅速扭转苛求的风气，对这些官员进行训斥。乾隆四十七年，发生高治清编《沧浪乡志》一案，署湖南巡抚李世杰签出书中的所谓"悖逆不法字句"，其实都是望文生义，罗织罪名。乾隆指出："书中如'德洋恩溥，运际升平'等语，乃系颂扬之词，该抚亦一例签出，是颂扬盛美，亦干例禁，有是理乎？书内如

① 李祖陶：《迈堂文略》卷一，《与杨蓉诸明府书》。

② 故宫博物院文献馆编：《清代文字狱档》七，《回民海富润携带回字经及汉字书五种案》。

此等类，不一而足。各省查办禁书，若俱如此吹毛求疵，谬加指摘，将使人何所措手足耶？此事总因李世杰文理不通，以致办理拘泥失当如此”。又说“李世杰任听庸劣幕友属员，谬加签摘……滋扰闾里。若办理地方事务，皆似此草率，漫不经心，何以胜封疆重任耶？”① 李世杰挨了一顿臭骂，其他官员对文字也不敢再苛求过甚了。

十八世纪末，历史进入了武装斗争时期，人民起义如火如荼，清朝统治者不得不改变高压手段，放宽文网，文字狱大大减少了，知识界不敢议论现实的风气才开始稍有改变。但即使如此，直到十九世纪初，文字狱的阴影仍笼罩着文坛，知识分子余悸尚存，所以龚自珍有“避席畏闻文字狱，著书都为稻粱谋”，以及“万马齐喑究可哀”的叹息。

第二节 汉学的盛行

一、向汉学演变

康熙朝提倡程朱理学，靠着政治力量的支持，理学炙手可热，占显赫的地位。可是，宋明理学经过清初进步思想家的批判后，已经走过了全盛时期，不可能重振旗鼓，恢复昔日的盛况。清代理学没有第一流的思想家、学问家，没有新的创造，就像章太炎所说：“清世理学之言竭而无余华”②。

清代思想的主流和宋明理学走不同的道路，力图离开理学，摆脱理学。它是从以顾炎武、黄宗羲为代表的清初的思潮发展来的。当然，发展不是简单的重复，而是按照当时的社会条件、政治状况逐步地变化。一种社会思潮在被某个阶级运用和传布的过程中，必定会遵循这个阶级的利益和意志进行修改，发生演变，一些思想和统治阶级的利益、意志能够适应的方面被保存和发扬；另一些思想和统治阶级的利益、意志相抵触的方面则被修正或抛弃。十八世纪

---

① 故宫博物院文献馆编：《清代文字狱档》七，《高治清沧浪乡志案》。

② 章太炎：《訄书》，《清儒》第十二。

初，思想界、学术界正处在演变过程中，即：从清初奔放、务实而反对空谈的学术思想和学术作风，转化为更为朴实，重视实证，却拘守烦琐的清代汉学或清代考据学。

这时，清朝的统治已趋稳定，经济逐渐恢复，满汉之间的民族矛盾渐渐缓和。以明朝孤臣孽子自命的遗老死亡殆尽，在清朝统治下成长的新一代的知识分子走上了舞台。知识界承认了清王朝统治的合法性，从反清变为附清，那种慷慨激昂、充满强烈反满意识的思想文字越来越少，向清朝献颂献策的越来越多，知识界的政治转向必然会反映为学术内容和学术风格的转变。同时，清朝专制主义的文化统治政策扼杀了清初以来思想界生动活泼的局面，人们变得谨小慎微，不敢议论朝政，不敢接触现实，也不敢撰写历史，研究的领域十分狭窄，知识分子的聪明才智被引向对古文文献的整理、诠释上去。

阎若璩、胡渭、毛奇龄、陈启源、姚际恒、万斯同、顾祖禹等人是清代汉学的先锋，是由清初思想过渡到十八世纪汉学的中间站。他们的思想和学术有如下特点：

1. 他们与清初的进步思想家不同，反满意识渐趋泯灭。他们虽然不同于做了清朝大官的程朱理学家魏裔介、李光地、张伯行等，仍保持着“布衣”和“处士”的外观，实际上已和清朝密切合作。阎若璩、胡渭、顾祖禹等都是清朝大官僚门下的食客，他们都参加了大学士徐乾学奉旨开设的一统志局。阎若璩晚年受雍亲王胤禛的礼聘，入其府邸，死后，胤禛给他办丧事。康熙第四次南巡，胡渭以七十一岁高龄迎驾，得到御书“耆年笃学”匾额的赏赐，被视为不世之荣遇。万斯同接受尚书徐元文的聘请，参加明史馆，但仍自署“布衣万某”。毛奇龄早年参加抗清斗争，而后来应清廷博学鸿儒科考试，得翰林院检讨，向清帝献书献颂，以邀得新统治者的顾盼为荣，章太炎说他“晚节不终，媚于旃裘”。他们的著作中丝毫没有反清抗清的痕迹。

2. 他们大体继承了清初思想家强调读书，反对空谈的学风。黄宗羲曾说“读书不多无以证斯理之变化”；顾炎武提倡“博学于文”，

“多学而识”。他们的后继者保持了勤学苦钻、学识广博的特点。阎若璩自题楹联“一物不知，以为深耻；遭人而问，少有宁日”，可以想见其学风；毛奇龄淹贯群籍，知识渊博；顾祖禹“经史皆能背诵如流水”①；万斯同“博通诸史，尤熟于明代掌故，自洪武至天启实录，皆能暗诵”②。可是，他们读书虽勤且多，经世致用的精神却淡薄了，钻进古书堆里，从事字句的考证，对当代的政治和经济问题不敢问津。例如，顾炎武研究地理学，作《天下郡国利病书》，论列山川形势、城邑关隘，着眼的是现实。他的后继者也都精于地理学，顾祖禹作《读史方舆纪要》一百三十卷，可称巨著，胡渭作《禹贡锥指》、阎若璩作《四书释地》，都被誉为佳作，但都是诠释古书古史，进行古地理考证，离开了经世致用的目的。

3. 阎、胡等人颇具怀疑精神，考证方法也渐趋精密，从事具体的研究，形成了和高谈天理、性、命的宋明理学迥不相同的学风。阎若璩、胡渭以具体的证据推倒了伪古文尚书，辨明河图洛书之后出；姚际恒作《古今伪书考》，列举伪书数十种，开辟辨伪学的途径，他说“造伪书者，古今代出其人，故伪书滋多于世。学者于此，真伪莫辨，而尚可谓之读书乎？是必取而明辨之，此读书第一义也”③。在封建时代，人们把古代经籍看做知识的第一来源，现在这些经籍被证明是伪书，这不能不引起知识界的震动。毛奇龄更大胆地指摘朱熹，作《四书改错》，他说“四书无一不错……然且日读四书，日读四书注，而就其注文以作八比，又无一不错……真所谓聚九州四海之铁，铸不成此错矣”④。这些学者以怀疑的精神回顾过去，主要是对宋明以至魏晋以后流传的经籍，先儒的经注、经说提出种种疑问，希望探索经籍的本来面目。像陈启源的《毛诗稽古篇》是颇有代表性的。诗经的研究，从来分为两派，对诗小序、毛氏传、郑康成笺或是尊信、推崇，或是贬低、反对，郑樵、朱熹属于后一

① 江藩：《汉学师承记》卷一。

② 钱大昕：《潜研堂文集》卷三十八，《万先生斯同传》。

③ 姚际恒：《古今伪书考自叙》。

④ 毛奇龄：《四书改错》卷一。

派。朱熹作《诗集传》，站在理学家的立场上诠释诗经，猜度诗人的美刺、作诗的动机，甚多曲解，而对训诂名物很疏略。以后，朱熹的书为政府所尊崇，成为通行本，诗序、毛传、郑笺很少人去研究了。陈启源一反朱熹的态度，尊信诗序、毛传和郑笺，并着重名物考证，驳斥朱熹派的说诗。《四库全书总目提要》评论陈启源的《毛诗稽古篇》："训诂一准诸尔雅，篇义一准诸小序，而诠释经旨则一准诸毛传，而郑笺佐之。其名物则多以陆玑疏为主……所辨正者，惟朱子《集传》为多……所掊击者惟刘瑾《诗集传通释》为甚，辅广《诗童子问》次之（辅广、刘瑾都是朱熹学派的传人，他们的书都是阐明《诗集传》的思想）……其间，坚持汉学，不容一语之出入。虽未免或有所偏，然引据赅博，疏正详明，一一皆有本之谈"①。从陈启源的著作，已经可以看到继起的专门汉学家的特点。

在汉学发轫之初，最重要的代表人物是胡渭和阎若璩。

胡渭（一六三三年至一七一四年，明崇祯六年至清康熙五十三年），字朏明，浙江德清人。作《易图明辨》、《禹贡锥指》、《洪范正论》等书，尤以《易图明辨》最有名。易经本来是古代的占卜书，并没有图像，道士陈抟造河图洛书，传给李之才、邵雍、周敦颐，说是由龙马神龟所负出，还有所谓太极、无极、先天、后天之说，附会增益，都和易经混在一起，托之于伏羲、文王、周公、孔子。易经的诠释弄得神秘玄妙、乌烟瘴气。朱熹作《易本义》，采用这些说法，于是道士家的易说流行了几百年。胡渭的《易图明辨》一书证明了河图洛书不过是道士的修炼术，是宋代晚出之说，"引据旧文，互相参证，以箝依托者之口"，他说："诗、书、礼、春秋，皆不可无图，惟易无所用图，六十四卦、二体、六爻之画，即其图也"②。胡渭的考证，对宋明理学是一次很大的打击，梁启超说："须知所谓无极、太极，所谓河图洛书，实组织宋学之主要根核，宋儒言理、言气、言数、言命、言心、言性，无不从此衍出。周敦颐

① 《四库全书总目提要》卷十六，《经部·诗类》。
② 江藩：《汉学师承记》卷一。

自谓‘得不传之学于遗经’，程朱辈祖述之，谓为道统所攸寄，于是占领思想界五六百年，其权威几与经典相埒。渭之此书，以易还之羲文周孔，以图还诸陈邵，并不为过情之抨击，而宋学已受致命伤”①。胡渭以易还之羲文周孔，仍是错误的，但以图还之陈（抟）邵（雍）是很正确的，这样就在很大程度上消除了易经研究中附加的神秘观点。

阎若璩（一六三六年至一七〇四年，明崇祯九年至清康熙四十三年），字百诗，山西太原人，生长于淮安，作《古文尚书疏证》八卷。《尚书》至秦火后，西汉伏生所传为二十八篇，加上《泰誓》为二十九篇，是为今本。后来从孔氏壁中得古文《尚书》，比今文多出十六篇。东汉末，此十六篇又失传。东晋梅赜献古文《尚书》，变成了二十五篇，还有所谓《孔安国传》。唐代孔颖达作《正义》，包括二十五篇在内，历代有人对古文《尚书》表示怀疑。阎若璩证明此二十五篇和《孔安国传》都是伪书，从《尚书》的篇数、篇名、字句、书法、文例等方面提出很多证据，并引用《孟子》、《史记》、《说文》等书作为旁证。经过阎若璩的考证，古文《尚书》之伪，铁案如山，不可动摇。《四库全书总目提要》称赞他“引经据古，一一陈其矛盾之故，古文之伪乃大明”，“反复厘剔之，祛千古之大疑，考证之学则固未之或先矣”②。伪古文《尚书》，一千多年以来被人讽诵学习，视作神圣的经典，也是宋明理学家的重要依据。例如被理学家们视为孔门心传的十六个字，“人心惟危，道心惟微，惟精惟一，允执厥中”，就出自伪古文《尚书》的《大禹谟》篇。古文《尚书》既是伪书，所谓“孔门心传”那套骗人的鬼话也就被戳穿了，理学家们进退失据，非常狼狈。所以，阎若璩的《古文尚书疏证》和胡渭的《易图明辨》一样，其价值不仅在考证方法和文献整理方面，更主要的是打击了宋明理学，甚至在某种程度上触动了儒家经典的权威，其思想影响是比较深远的。

---

① 梁启超：《清代学术概论》。

② 《四库全书总目提要》卷十二，《经部·书类》。

二、汉学的形成——以惠栋为代表的吴派

胡渭、阎若璩等都是过渡性的人物，他们治学重视审音读字和具体的证据，但并没有打出“汉学”的旗帜，也没有完全摆脱宋明理学的影响。当时，宋学与汉学还在进一步分化，要到下一代，即乾隆时代，才形成了壁垒分明的对立。章太炎说：胡渭、阎若璩“皆为硕儒，然草创未精，时糅杂宋明谰言。其成学著系统者，自乾隆朝始”①；皮锡瑞也说：“国初汉学方萌芽，皆以宋学为根底，不分门户，各取所长，是为汉宋兼采之学。乾隆以后，许（慎）郑（康成）之学大明，治宋学者已尟，说经皆主实证，不空谈义理，是为专门汉学”②。

任何一个自成体系、别立门户的思想学术派别都有自己的思想宗旨、治学方法、研究重点和学术风格，这是需要长期积累的。到了惠栋时，一切才完全具备，才能构筑起“汉学”的牢固阵地，形成和宋学抗衡的局面。惠栋和他的学生们都是江南人，被称为清代汉学中的“吴派”。

惠栋（一六九七年至一七五八年，清康熙三十六年至乾隆二十三年），字定宇，江苏吴县人。祖父惠周惕、父亲惠士奇、直至惠栋都是著名的学者，世代传经，家学渊源。惠氏继承了顾炎武以来的传统，治经从研究古文字入手，重视声音训诂，以求经书中的意义。惠士奇说：“礼经出于屋壁，多古字古音。经之义存乎训，识字审音，乃知其义，故古训不可改也。”③ 据戴震叙述惠栋的治学途径，“松崖先生（即惠栋）之为经也，欲学者事于汉经师之故训，以博稽上古典章制度，由是推求理义，确有据依”④。惠氏父子所说由文字音训以求义理，是汉学家共同信奉的原则，也是区别于宋明理学家的治学特色，惠栋的后学王鸣盛、钱大昕说得更清楚，王鸣盛说，“经以明道，而求道者不必空执义理以求之

---

① 章太炎：《訄书》，《清儒》第十二。

② 皮锡瑞：《经学历史》十，《经学复盛时代》。

③ 江藩：《汉学师承记》卷二。

④ 《戴东原集》卷十一，《题惠定宇先生授经图》。

也。但当正文字，辨音读，释训诂，通传注，则义理自见，而道在其中矣”①。钱大昕说，“六经者，圣人之言，因其言以求其义，则必自诂训始”②。就是吴派以外的汉学家包括戴震等人也大多持同样的观点，所以汉学的反对派方东树说，“此是汉学一大宗旨，牢不可破之论矣”。“此论最近信，主张最有力，所以标宗旨，峻门户，固壁垒，示信学者，谓据其胜理，而不可夺矣”③。汉学家们共同尊奉、再三强调的原则当然是正确的，要理解古代经籍中的思想内容，应该弄清楚文字的音义。可是魏晋以后，人们已不大懂得古文字，对其声音训诂茫然不晓，有的人牵强附会随意解释，也有的人将古字胡乱换成俗字，篡改古书。从顾炎武开始，直到惠栋、戴震正是针对这种不良的学风，强调要从声音、训诂、校勘、考据的基本功夫入手，来整理古代文献，这样才能够消除几千年来附加在古书上的误解和歪曲，认识其原来的意义，这是比较科学的治学方法和治学态度。这一主张，改变了宋明以来学者空谈心性，废书不观的习气。有人说：“乾隆中叶，海内之士，知钻研古义，由汉儒小学训诂以上溯七十子六艺之传者，定宇先生为之导也。”④ 当然，声音、训诂、校勘、考据仅仅是研究古代经籍的手段，如果不适当地强调其作用，以此来代替和排斥思想内容的研究，那也就会成为舍本逐末的烦琐主义学术。

惠栋治学的另一个重要特点是尊信和固守汉儒的说经。因此，惠栋以后的整个学派被称为“汉学”，这个名称并不能完全表明整个学派的治学态度和治学方法，特别是不能表明戴震以后的发展，但颇为恰当地反映了以惠栋为代表的吴派学者的特色。惠栋的父亲惠士奇已很重视汉人对经籍的注释，他说：“易始于伏羲，盛于文王，大备于孔子，而其说犹存于汉。”又说：“康成三礼，何休公羊，多引汉法，以其去古未远。”⑤ 但惠士奇还不是专宗汉学的，到了惠栋才高举“汉学”的旗帜，“凡古必真，凡汉皆好”，完全抛开魏晋以

① 王鸣盛：《十七史商榷序》。
② 钱大昕：《潜研堂文集》卷二十四，《臧玉林经义杂识序》。
③ 方东树：《汉学商兑》卷中之下。
④ 《国朝耆献类征初编》卷四一七，经学七，陶澍：《书四世传经遗像后》。
⑤ 江藩：《汉学师承记》卷二。

后的经说，回复到汉以前去，所以焦循说："吴人说易，父子殊方。惠士奇易说，独申己意。其子栋《周易述》，则持守旧说。"①

清代学者回复到汉儒的经说，这是从清初以来学术思想发展的必然归宿。尽管清朝政府大力提倡程朱理学，可是理学的权威已经失坠，人们看到：宋儒释经，连经书中的文字句读、名物典制都没有搞清楚，甚至经书的真伪不辨，恰如盲人摸象，猜度臆说。知识界已不能再建立起对宋学的虔诚信念，解除宋学的束缚，摆脱宋学的影响，这是思想潮流的大势所趋。有头脑的知识分子从笼罩数百年之久的宋儒说经的迷雾中冲出来，将走向何处？新的近代知识宝库的大门还是紧闭着的，他们不可能打开它。于是探本溯源，回到古代，希望从遥远的过去寻找到思想依据。在他们看来，汉代去古未远，遗说尚存，是求知的宝藏，要寻求古代经籍的本来面目，只有回复到汉儒的经说。惠栋批评魏晋以后的学术，"盖魏晋以后，经师道丧，王肃诋郑氏而禘郊之义乖，袁准毁蔡服而明堂之制亡，邹湛讥荀谞而周易之学晦。郢书燕说，一倡百和，何尤乎后世之纷纭也"②。又推崇汉代经学，"汉儒通经有家法，故有五经师。训诂之学，皆师所口授，其后乃著竹帛。所以汉经师之说，立于学官，与经平行……古字古音，非经师不能辨……是以古训不可改也，经师不能废也"③。从反宋走向复汉，这是清代前期学术思想发展的大势所趋，吴派是这段路程的顶点，表现了强烈的复汉色彩。

反宋与复汉是当时思潮相互联系的两个方面。反宋，意味着摆脱传统学术，在一定程度上是思想解放的表现。反宋的结果必定会回复到汉学去，而回到汉学，才能另立壁垒，与宋学旗鼓相当地对抗。但应该指出，离开宋学而完全回到汉学，表明思想学术界走上了新的歧路，是思想解放的夭亡。宋学固然主观穿凿，是替封建主义服务的学术，汉学也多附会曲解，同样也是为封建主义服务的。当时的社会条件还没有成熟到可以突破封建思想的羁绊，因此，出

① 焦循：《雕菰楼集》卷十二，《国史儒林文苑传议》。

② 钱大昕：《潜研堂文集》卷三十九，《惠先生栋传》。

③ 惠栋：《九经古义首说》。

于此，即入于彼，仍旧在封建主义经学的老框框里兜圈子。这是吴派的局限性，大体说来也是整个清代汉学的局限性。

吴派的代表人物惠栋专精周易，著有《周易述》、《易汉学》、《易例》、《九经古义》、《古文尚书考》等书，他反对宋人说易，也反对魏晋王弼、韩康伯崇尚老庄，以空言注易，而“专宗虞仲翔（虞翻），参以荀（爽）郑（康成）诸家之义。约其旨为注，演其说为疏，汉学之绝者千有五百余年，至是而粲然复章矣”①。惠栋的注意力集中于构筑汉学的森严壁垒，对汉人的易说搜辑钩稽，不遗余力。汉儒说经，有精华，也有糟粕，惠栋不加别择，全盘继承。汉代经学有今古文之分，惠栋尊信古文经，也采用今文家说，兼收并蓄，相互抵触。汉人说经，多阴阳灾异、谶纬之学，惠栋的作品也明显地受其影响，其学术凌乱驳杂，过分地强调回复到汉学，就必然会产生流弊。《四库全书总目提要》评惠栋“其长在博，其短亦在于嗜博；其长在古，其短亦在于泥古”②。王引之也说：“惠定宇先生考古虽勤，而识不高、心不细。见异于今者则从之，大都不论是非……来书言之，足使株守汉学而不求是者，爽然自失”③。

与宋学的空谈相反，惠栋治经，“笃于尊信，缀次古义，鲜下己见”④。但也并非绝对不正面发挥自己的思想。他的《明堂大道录》，自诩是弄清了长期没有弄清的古代明堂之制的真面目，其实不过是依据汉人之说，发挥自己的政治理想，“立明堂为治天下之大法”。又他在《易微言》中对“理”作了诠释，引《韩非子·解老》为根据，说“理字之义，兼两之谓也。人之性，禀于天，性必兼两。在天曰阴与阳，在地曰柔与刚，在人曰仁与义”，这是以事物矛盾对立的普遍性来解释“理”字，和宋儒说“理”，根本不同。又说，“好恶得其正，谓之天理……后人以天人、理欲为对待，且曰：‘天即理也’，尤谬”⑤，直接驳斥了程朱理学，而和戴震

① 钱大昕：《潜研堂文集》卷三十九，《惠先生栋传》。
② 《四库全书总目提要》卷二十九，《经部·春秋类》。
③ 王引之：《王文简公文集》卷四，《与焦理堂先生书》。
④ 章太炎：《訄书》，《清儒》第十二。
⑤ 惠栋：《周易述》，《易微言》下。

的理欲说极为接近。

惠栋的朋友学生有沈彤、江声、余肖客、王鸣盛、钱大昕以及钱大昕的弟侄钱大昭、钱塘、钱坫等。他们都是苏南人，恪守惠氏尊崇汉儒的宗旨，被称为汉学中的吴派。戴震说："先生（惠栋）令子秉高与二三门弟子，若江君琴涛（江声），余君仲林（余肖客），皆笃信所授，不失师法……而吴之贤俊后学，彬彬有汉世郑重其师承之意。"①

沈彤的代表作是《周官禄田考》。欧阳修曾怀疑《周礼》，认为按《周礼》所述，官多田少，禄田将不足数。沈彤考证其实施情形，以解答欧阳修的疑难。惠栋称誉此书"二千年来聚讼，一朝而决"②。其实《周礼》是战国时写成的书，书中所言均托之西周，未必是西周的实际情形，沈彤把它当做西周实际制度，加以考订证明，拘泥过甚，这也是信古太深之弊。余肖客作《古经解钩沉》，搜辑唐以前已失传的经注，开辑佚的门径，但成书匆促，精审不足。当时学者王鸣盛批评此书"好古而不知所择"，"有本系后人语妄摭入者，有本是汉注反割弃者"③。戴震也批评此书名为"钩沉"，"有钩而未沉者，有沉而未钩者"④。江声与王鸣盛都是研究《尚书》的专家，学风和惠栋一致，其尊汉崇古的程度甚至更变本加厉。江声作《尚书集注音疏》，"取马（融）郑（玄）之注及大传（伏生大传）、异义（许慎《五经异义》)，参酌而辑之，更旁采他书之有涉于《尚书》者以益之"⑤。江声好古成癖，"生平不作楷书，即与人往来笔札，皆作古篆，见者讶以为天书符箓"⑥。王鸣盛也是十分尊汉信古，他作《尚书后案》，专尊郑玄，对郑玄钦佩得五体投地。他自己说，"《尚书后案》何为而作也？所以发挥郑康成一家之学也"⑦。杭世骏为之作序，也说王鸣盛是"当世之能为郑学者也"，"钻研群籍，爬罗剔

---

① 《戴东原集》卷十一，《题惠定宇先生授经图》。

② 惠栋：《松崖文钞》卷二，《沈君彤墓志铭》。

③ 王鸣盛：《采集群书，引用古字》，转引《清儒学案》卷七十七。

④⑥ 江藩：《汉学师承记》卷二。

⑤ 江声：《尚书集注音疏述》。

⑦ 王鸣盛：《尚书后案·序》。

抉，凡一言一字之出于郑者，悉甄而录之，勒成数万言，使世知有郑氏之注，并使世知有郑氏之学”①。王鸣盛的长处是别择甚严，尊重师承关系，避免了惠栋那样兼收并蓄、混淆今古文的缺点。可是他独尊郑氏，既不重视其他人的研究，也没有自己的见解，完全被郑康成牵着鼻子走。他自己说：“治经断不敢驳经……经文艰奥难通，但当墨守汉人家法，定从一师，而不敢他徙”②，可见他的治学态度是多么保守，也就谈不上创造性的研究。王鸣盛还以治经的方法治史，作《十七史商榷》，“主于校勘本文，补正讹脱，审事迹之虚实，辨纪传之异同，最详于舆地职官、典章制度，独不喜褒贬人物，以为空言无益也”③。

钱大昕画像

在吴派学者中，学识最博、成绩最大的要推钱大昕。他的研究领域，极为广泛，精通经学、史学、天文、历算、音韵、训诂、金石、词章，“不专治一经而无经不通，不专攻一艺而无艺不精”④。他虽然也恪守汉学家的宗旨，但态度不像其他吴派学者那样绝对化。他认为：对古人的学说，既不可轻易诋毁，也不应过分株守，“愚以为学问乃千秋事，订讹规过，非訾毁前人，实以加惠后学”⑤，“惟有实事求是，护惜古人之苦心，可与海内共白”⑥。他以毕生精力，撰《二十二史考异》，对篇幅浩繁的“正史”作了系统而细致的研究

① 杭世骏：《道古堂文集》卷四，《尚书后案序》。
② 王鸣盛：《十七史商榷序》。
③④ 江藩：《汉学师承记》卷三。
⑤ 钱大昕：《潜研堂文集》卷三十五，《答王西庄书》。
⑥ 钱大昕：《潜研堂文集》卷二十四，《二十二史考异序》。

考证。他的方法是用二十二史的不同版本互勘，也用其他书籍碑版作比较，指明了“正史”中的错误、缺漏和矛盾，订正了传抄或刊刻上的讹误。钱大昕不多谈义理，可是，偶尔发表的议论中也有一些突破封建框框的思想。例如，封建社会中，君道最尊，弑君是大逆不道，而钱大昕议论春秋时弑篡频仍的历史，却认为：被弑的君主都是无道之君，如果君主贤明，也就不会产生乱臣贼子，“君诚有道，何至于弑”①。又如：封建的伦理观念，要求妇女从一而终，不许改嫁。钱大昕却认为：如果夫妇之间，恩爱已尽，“去而更嫁，不谓之失节……而嫁于乡里，犹不失为善妇，不必强而留之，使夫妇之道苦也”②。这些看法，在当时条件下还是比较进步而大胆的。但钱大昕在某些问题上也很保守，譬如不承认西方文化相对优越性，钱大昕精通数学，但只尊信中国的古算，轻视西方的数学。江永钻研西方数学较有成绩，钱大昕却不以江永为然，讥刺江永“为西人所用”③。又中国有反切，这是语音学的一大进步，与佛教传入有关，受佛经梵文拼音的影响。钱大昕否认这一点，硬说《诗经》中已有反切的萌芽，他不承认外国的文化有高于中国之处，他说，“岂古圣贤之智乃出梵僧下耶”，“吾于是知六经之道，大小悉备，后人詹詹之智，早不出圣贤范围之外也”④。这种想法反映了中国知识界信古守旧、夜郎自大的一面。但尽管这样，钱大昕仍是清代学者中的佼佼者，江藩对他评价是“学究天人，博综群籍。自开国以来，蔚然一代儒宗也。以汉儒拟之，在高密（郑康成）之下，即贾逵、服虔，亦瞠乎后矣”⑤。

三、皖派学者戴震的学术成就

清代的汉学中，与吴派并称的是以戴震为主要代表的皖派。“吴”和“皖”都是地名，吴派学者都是苏南人，而皖派学者，有一部分是

① 钱大昕：《潜研堂文集》卷七，《答问》四。
② 钱大昕：《潜研堂文集》卷八，《答问》五。
③ 钱大昕：《潜研堂文集》卷三十三，《与戴东原书》。
④ 钱大昕：《潜研堂文集》卷十五，《答问》十二。
⑤ 江藩：《汉学师承记》卷三。

安徽人（如江永、戴震、金榜、程瑶田、洪榜、凌廷堪），有一部分不是安徽人（如段玉裁、王念孙、王引之、汪中、焦循、阮元）。但他们或是戴震的学生，或是戴震的私淑，所以也往往被归入皖派。

吴派和皖派并不是两个对立的学派，两派的学术主张有很多共同点，因此相互影响，互为师友。皖派稍后出，学术成就超过吴派。吴派多治《周易》、《尚书》；皖派则精于小学、天算，尤擅长三礼。吴派提倡复古，唯汉是好；皖派强调求真，方法严密，识断精审。王鸣盛论惠栋、戴震的区别："方今学者，断推两先生，惠君之治经求其古，戴震求其是。究之，舍古亦无以为是。"① 王鸣盛是惠派学者，袒护复古，认为越古的越近于真，这是偏见。但他所说惠栋"求古"和戴震"求是"的不同学风，是颇有见地的。章太炎论两派区别时也说："吴始惠栋，其学好博而尊闻；皖南始戴震，综形名，任裁断，此其所以异也。"又说吴派"皆陈义尔雅，渊乎古训是则者也"，而"戴学数家，分析条理，皆参密严瑮，上溯古义，而断以己之律令，与苏州诸学殊矣"②。章太炎的这种看法，和王鸣盛之说相近。

皖派的出现，是清代汉学发展的高峰。吴派虽然已能和宋学分庭抗礼，但还不能排挤宋学。自皖派出，局面为之一变，"震（戴震）始入四库馆，诸儒皆震竦之，愿敛衽为弟子……震为《孟子字义疏证》，以明材性，学者自是薄程朱"③。此后，理学更加失去了吸引力，汉学取代了宋学的地位，成为文化学术的主流，知识界"株守考订，訾议宋儒，濂洛关闽之书无读者"④。

汉学所以能支配学术界是和当时的社会条件以及清政府的文化政策分不开的。乾隆时，清朝的统治已历一百多年，进入全盛时期，政治稳定，经济繁荣，承平而富裕的社会提供了学术研究的良好条件。北京以及扬州、苏州、杭州，政治经济文化尤为发展，才士辈出，书院林立，刻书藏书，蔚为风气。而雍乾时代，文字狱更加苛密，知识分子多埋头故纸堆中，不敢议政撰史，唯以钻研古代经籍

---

① 转引自洪榜：《初堂遗稿》卷一，《戴先生行状》。

②③ 章太炎：《訄书》，《清儒》第十二。

④ 昭梿：《啸亭杂录》卷八。

为事。清朝的官方政策也倡导注释经籍，继博学鸿词科之后，乾隆十四年（一七四九）诏举“潜心经学”之士，命呈览著述，召对勤政殿。如果说：康熙朝专尊程朱理学，那么，到乾隆时，统治者已觉察到理学已难以维系知识界，而必须同时提倡汉学，使这两个学派都为自己的统治服务。阮元说：“我朝列圣，道德纯备，包涵前古，崇宋学之性道，而以汉儒经义实之，圣学所指，海内响风。”① 在汉学家的倡议下，清政府编纂《四库全书》，许多著名的汉学家均参与其事，还有一批身居要职的官吏，如朱筠、朱珪、纪昀、王昶、毕沅、卢见曾、阮元等，他们本人就是有造诣的汉学家，奖掖提倡，不遗余力。因此，“乾隆以来，家家许郑，人人贾马，东汉学灿然如日中天矣”②。

皖派的主要代表戴震（一七二三年至一七七七年，清雍正元年至乾隆四十二年），字东原，安徽休宁人。家境贫寒，曾为商贩，又以教书为业。青年时，就学于著名学者江永，“永治经数十年，精于三礼及步算、钟律、声韵、地名沿革，博综淹贯，岿然大师”③。江永的贡献，一为礼学，撰《礼经纲目》等礼学著作多种，录入《四库全书》，被誉为“精核之作”；一为声韵学，江永批评顾炎武的音学研究“考古之功多，审音之功浅”④，改变顾氏古韵十部的分法而成十三部；一为天算，改正了梅文鼎论岁实消长之误。江永的学生除戴震外还有金榜、程瑶田等，都是研究礼经的名家。戴震对江永非常推崇，称“先生之学，自汉经师康成后，罕有俦匹”⑤。戴震在学术上受江永的熏陶、影响。乾隆二十年，戴震三十三岁，还是个穷秀才，因避仇家的陷害，逃往北京，穷困潦倒，“困于逆旅，饘粥几不继，人皆目为狂生”⑥。他带着自己的著作去拜访青年学者钱大昕，钱誉之为“天下奇才”。从此，戴震认识了一批新科进士、学问家王鸣盛、钱大昕、卢文弨、王昶、纪昀、朱筠等，他们都很钦佩戴震的学识，“耳先生名，往访之。叩其学，听其言，观其书，莫

① 阮元：《揅经室一集》卷二，《拟国史儒林传序》。
② 梁启超：《清代学术概论》。
③ 段玉裁：《戴东原年谱》。
④⑤ 《戴东原集》卷十二，《江慎修先生事略状》。
⑥ 钱大昕：《潜研堂文集》卷三十九，《戴先生震传》。

不击节叹赏。于是声重京师，名公卿争相交焉”①，刑部侍郎秦蕙田邀他参加编纂《五礼通考》，吏部尚书王安国请他教读儿子王念孙。乾隆二十二年，戴震至扬州，客于盐运使卢见曾的雅雨堂，结识惠栋，“惠、戴见于扬州，交相推重”②。戴震四十岁才考中举人，会试不第，此后往来于江西、江苏、直隶、山西，受官吏们的聘请，修志编书。五十一岁奉召以举人充《四库全书》纂修官，五十三岁会试又落第，特准参加殿试，授翰林院庶吉士，五十五岁病死。他的学生很多，段玉裁、王念孙、任大椿、孔广森都在门下受业。

戴震的学术成就，在清中叶的学者中最为特出。他学问渊博，识断精审，而且和其他汉学家不同，写了许多理论文章，抨击程朱理学，创造性地阐发自己的思想，闪耀着唯物主义的战斗光辉。稍后的学者汪中评论清代的学术，“国朝诸儒崛起，接二千余年沉沦之绪……亭林（顾炎武）始开其端；河洛图书，至胡氏（胡渭）而绌；中西推步，至梅氏（梅文鼎）而精；力攻古文者，阎（阎若璩）氏也；专治汉易者，惠（惠栋）氏也；及东原（戴震）出而集大成焉”③。汪中对戴震的推崇，并不算过誉。

戴震的学术成就，还在音韵、文字方面。他对古韵分部和声类分析均有贡献。顾炎武分古韵为十部，江永分为十三部，戴震则分为九类二十五部。他长于审音，从审音入手，区分声类，音声相配，平衡韵部，在继承顾炎武、江永的基础上有所创造、有所前进。他又从古文字的音与声，推求其意义，发现了“故训音声相表里”的规律。他说：“字书主于故训，韵书主于音声，然二者恒相因。音声有不随故训变者，则一音或数义，音声有随故训而变者，则一字或数音。大致一字既定其本义，则外此音义引伸，咸六书之假借。其例或义由声出……或声同义别……或声义各别……六书假借之法，举例可推。”④ 他说明必须通音声而明转注、假借，才能弄清楚许多

① 段玉裁：《戴东原年谱》。

② 王昶：《春融堂集》卷五十五，《戴东原墓志铭》。

③ 江藩：《汉学师承记》卷七。

④ 《戴东原集》卷三，《论韵书中字义答秦尚书蕙田》。

古文字的意义。由于戴震精通小学，从音韵、训诂的基本工夫入手，所以治经的成绩较大。戴震总结自己的治学特点说，“仆之学，不外以字考经，以经考字”①，“一字之义，当贯群经，本六书，然后为定”②。纪昀称赞说，“戴君深明古人小学，故其考证制度字义，为汉已降儒者所不能及，以是求之圣人遗经，发明独多”③。

除了音韵、训诂之外，戴震对名物、制度、经籍的考证很多，如《考工记图》一书，对《考工记》本文和郑康成的注，多所订正。又如《尚书·尧典》有“光被四表”一语，历来从未有人怀疑，戴震却根据《孔安国传》、《尔雅》等书，认为“光”是个错写，应作“横”。他说：古代“横”字与“桄”通，“桄”被误写作“光”，“横被”就是“广被”的意思。他断定“《尧典》古本必有作‘横被四表’者”④。这话说过以后几年中，他的朋友、学生、亲戚果然从各种古书里找到了“横被四表”或“横被”的好几个例子，证明戴震的论断是正确的。

戴震在古天算、古地理的研究方面，也有不少成绩。他把古代天文理论和古籍中的有关资料结合起来，解决了古天算中的一些疑难，如对“璇玑玉衡”进行了考证，又从《永乐大典》中辑出古代算书多种，使长期失传的古代数学理论，重见于世。在古地理方面，戴震整理郦道元的《水经注》，此书在流传中将经文和注文混到了一起，颠倒错乱，无法读通。戴震整理此书，“审其义例，按之地望，兼以各本参差是书”⑤，细心地把经文和注文分开，基本上恢复了《水经注》的本来面目⑥。

戴震不但是个卓越的考据学家，也是个卓越的哲学家，他在注

---

① 陈奂：《说文段注跋》。

② 《戴东原集》卷九，《与是仲明论学书》。

③ 纪昀：《纪文达公遗集》卷八，《考工记图序》。

④ 《戴东原集》卷三，《与王内翰凤喈书》。

⑤ 《戴东原集》卷六，《水经郦道元注序》。

⑥ 早于戴震的有全祖望、赵一清也整理《水经注》，和戴震取得的结果十分相似。因此学术界有两派意见：一派认为戴震抄袭了赵一清的研究成果，如魏源、杨守敬、王国维主张此说；另一派认为全、赵、戴各自独立研究，得到了大体相同的结果，并非抄袭，如段玉裁、胡适、熊会贞主张此说。

经的外衣下，阐发唯物主义哲学，放射出反封建的思想光芒。他一方面十分重视声韵、训诂、名物、制度的考释，他说："今人读书尚未识字，辄目训诂之学不足为。其究也，文字之鲜能通，妄谓通其语言，语言之鲜能通，妄谓通其心志"①。他认为只有弄清楚古代经籍中的文字、名物、制度，才能懂得其中的意义；但另一方面，他并不停留在音韵、训诂、考据上，而是再三强调作品的思想内容，也就是所谓"义理"和"大本"。他说自己是"志存闻道"，至于音训考据不过是"闻道"的手段。他虽是汉学家的领袖，却不满意大多数汉学家墨守古经注，绝口不谈"义理"。他说，"义理者，文章、考核之源也。熟乎义理，而后能考核，能文章"②，"君子务在闻道也。今之博雅能文章、善考核者，皆未志乎闻道，徒株守先儒而信之笃"③，他不赞成这种只做考据、株守成说而不谈思想内容的治学态度。他似乎预见到了别人会拿自己在音训考据方面的成就来抹杀自己发表的哲学思想、社会思想。因此特别声明："六书九数等事，如轿夫然，所以舁轿中人也。以六书九数等事尽我，是犹误认轿夫为轿中人也。"④《孟子字义疏证》是戴震最重要的哲学著作，戴震说："仆生平著述之大，以《孟子字义疏证》为第一，所以正人心也"⑤。可是一般人，包括戴震的朋友和学生并不理解戴震的学术宗旨，往往推崇他在考据方面的成就，却并不重视他的哲学思想。

戴震继承了清初的唯物主义传统，对唯心主义的程朱理学进行激烈的抨击。他反对理学家所说的"理在气先"，认为"气"才是第一性的，"气"是宇宙万物的本源，自然界的发生、发展就是"气化流行"，换句话说，就是物质的运动。他说："气化流行，生生不息，是故谓之道。易曰：一阴一阳之谓道。洪范五行，一曰水，二曰火，三曰木，四曰金，五曰土，行亦道之通称。"⑥他在这里所说的"道"和"阴阳五行"都是物质的。在戴震看来，"理"只是"气"

---

① 《戴东原集》卷三，《尔雅注疏笺补序》。

②④⑤ 段玉裁：《戴东原集序》。

③ 《戴东原集》卷九，《答郑丈用牧书》。

⑥ 戴震：《孟子字义疏证》。

的运动变化的法则，是第二性的。“生生者化之原，生生而条理者，化之流”①，“理”就是事物的条理，只能分别地存在于各个具体的事物之中，而并不在事物之上，也不在事物之外，所以又叫做“分理”。他说：“就事物言，非事物之外别有理义也。有物必有则”，“物者，事也。语其事，不出乎日用饮食而已矣。舍是而言‘理’，非古圣贤所谓‘理’也”②。戴震强烈反对理学家标榜的高出于万物之上的“理”，认为这种玄妙空虚的“理”是不存在的，是从佛教里搬来的，“认为‘理’为‘气’之主宰，如彼（佛教）以‘神’为‘气’之主宰也；以‘理’能生‘气’，如彼以‘神’能生‘气’也”③。

戴震从唯物主义的立场出发，提出了人性论和理欲说，这是他思想中最精彩、最富有战斗精神的部分。他反对宋儒把人性分成“义理之性”和“气质之性”，宋儒把“气质之性”视为产生“人欲”的罪恶渊薮，戴震根本不同意这种论点。他认为：“性”就是自然的化分，“性者，分于阴阳五行以为血气心知，品物区以别焉”，“血气心知，性之实体也”④。因此性就是“气质之性”，宋儒吹嘘的先天的“义理之性”根本不存在。人有人的性，物有物的性，人性得自然化分之“全”，物性得自然化分之曲，故人性“善”。戴震非常尊重人性，他认为：人性包括欲、情、知三方面。“欲”是对于声色嗅味的要求欲望；“情”是喜怒哀乐的感情；“知”是分辨美丑是非的能力。他说：“人生而后有欲、有情、有知。三者，血气心知之自然也。给于欲者，声色嗅味也，而因有爱畏；发乎情者，喜怒哀乐也，而因有惨舒；辨于知者，美丑是非也，而因有好恶。声色嗅味之欲，资以养其生，喜怒哀乐之情，感而接于物；美丑是非之知，极而通于天地……是皆成性然也。”⑤他认为：有了人的生命形体，就有欲、情、知。因此，反对宋儒所说的“存天理、灭人欲”和“惩忿窒欲”，在戴震看来：“欲”是每人都具有的自然的生理要求，是不可能灭掉的。“欲”不像理学家认为的那样是“万恶之源”，只要在理智的指导下，“欲”合乎规律地发展，有节制地得到满足，就是

---

①　戴震：《原善》。

②③④⑤　《孟子字义疏证》。

“善”，就是“仁”。他说：“欲也者，性之事也……欲不先之私则仁”、“人之有欲也，通天下之欲，仁也”、“圣人治天下，体民之情，遂民之欲而王道备”①。戴震的道德观和理学家截然相反，建立在尊重人性、承认人欲的基础上。他认为：程朱理学把老百姓的“饥寒愁怨”、“常情隐曲”都说成是万恶的“人欲”，因而抹杀了群众正当的生存要求，这是极其残忍而虚伪的说教。他针对朱熹所说的“天理、人欲不能并立”，提出“理者，存于欲也”②，“有欲而后有为，有为而归于至当不可易之谓理。无欲无为，又焉有理？”③

戴震大胆地揭露理学家的所谓“理”，并不是真理，而不过是主观成见，是强者欺凌和压迫弱者的口实。他指出现实世界以强权为公理，批判和鞭挞了封建制度和封建理学。他说：

> 今虽至愚之人，悖戾恣睢，其处断一事，责诘一人，莫不辄曰理者。自宋以来，始相沿成俗，则以理为如有物焉，得于天而具于心，因以心之意见当之也。于是负其气，挟其势位，加以口给者，理伸。力弱气慑，口不能道辞者，理屈。呜呼！其孰谓以此制事，以此制人之非理哉！④

> 尊者以理责卑，长者以理责幼，贵者以理责贱，虽失谓之顺。卑者、幼者、贱者以理争之，虽得谓之逆……上以理责其下，而在下之罪，人人不胜指数。人死于法，犹有怜之者，死于理，其谁怜之。⑤

> 后儒不知情之至于纤微无憾，是谓理。而其所谓理者，同于酷吏之所谓法。酷吏以法杀人，后儒以理杀人，浸浸乎舍法而论理，死矣！更无可救矣……后儒冥心求理，其绳以理，严于商韩之法，故学成而民情不知。天下自此多迂儒，及其责民也，民莫能辨。彼方自以为理得，而天下受其害者众也。⑥

真是字字血泪，声声痛切，不知有多少无辜的弱者牺牲在“理”

①②④⑤　《孟子字义疏证》。

③　《原善》。

⑥　《戴东原集》卷九，《与某书》。

字之下。“后儒以理杀人”，这是对封建礼教的悲愤控诉和猛烈抨击，打中了理学的要害。封建专制主义除了用军事力量直接镇压人民的反抗以外，就是用法律和礼教作为绳索，捆绑住人民的手脚。戴震把封建的“法”和“理”相提并论，看做统治者的屠刀，这是非常深刻而大胆的言论。

应该注意到：戴震生活在雍正、乾隆时期，封建专制主义对文化的控制极为严密，文字狱层出不穷。程朱理学是清朝政权的思想支柱，是维护旧制度、压制新事物的工具。清政府大力尊崇理学，有几起文字狱即因反对程朱理学而起。戴震对程朱理学的批判不仅仅是思想学术之争，而是用训释《孟子》字义的巧妙形式，开展了一场政治斗争，他的批判锋芒实际上对准着封建专制主义和清朝的残酷统治。章太炎正确地指出了这一点，“戴氏……生当雍正、乾隆之交，见其诏令谪人，辄介程朱绪言以玩法，民将无所措手足，故为《原善》、《孟子字义疏证》，斥理欲异实之谬……其所诃固在此不在彼也”①。

当然，戴震是朴素的唯物主义者，在很多问题上并不彻底，例如，他不懂得真理的客观性，说“心之所同然，始谓之理”②。他也不重视实践的作用，说“重行不先重知，非圣学也”③。特别是接触到社会历史问题时，更明显地陷入了唯心主义，戴震离开了人的社会性和阶级性，抽象地把人性归结为自然的情欲，这是不科学的，因此也就不可能正确地解释人的本质和道德、人欲等等。戴震对封建礼教、程朱理学进行了勇敢的斗争，他的思想中带有争取个性解放的色彩。但总的来说，戴震仍是个封建阶级的思想家，他尊崇孔孟，以恢复和继承圣学自居，他的研究范围仍局限于儒家的经典内，还不可能冲破封建学术的牢笼。

四、汉学的延续

一种学术派别和思想潮流发展到高峰以后，便会发生分化。站在这一学派和潮流以外的人固然会对它进行抨击，就是属于这一学

① 章太炎：《菿汉微言》。

②③ 《孟子字义疏证》。

派和潮流中间的人，也会由于时代变迁，立场互异，对本学派的宗旨产生不同的理解和评价，从而在治学实践中进行修正、改进，以至蜕化、创造出新的学派、新的思潮。思想、学术的发展犹如滚滚不尽的长河，各种观点进行诘辩，各种风格相互影响，精英荟萃，波澜激荡，后浪催动着前浪，永不停息地奔腾前进。

戴震是清代汉学发展的高峰。他不但以渊博的学识、精密的考据，开辟了与宋明理学不同的学术路径，树立起新风格，做出了新成就，而且他的思想深刻邃密，对程朱理学的唯心主义说教进行了尖锐的批判，这就激怒了一批理学的卫道者们。他们不能不承认戴震在考据方面的成就，却拼命地反对他的“义理之学”。与戴震同时的诗人翁方纲说：“近日休宁戴震，一生毕力于名物象数之学，博且勤矣，实亦考订之一端耳！乃其人不甘以考订为事，而欲谈性道，以立异于程朱。”① 还有一个桐城派古文家姚鼐攻击戴震“不读宋儒之书，故考索虽或广博，而心胸常不免猥鄙，行事常不免乖谬”②。“戴东原言考证岂不佳，而欲言义理，以夺洛闽之席，可谓愚妄不自量之甚矣”③。姚鼐特别不满戴震对程朱的批判，甚至咒骂说，“程朱犹吾父师也，程朱言或有失，正之，可也。正之而诋毁之，讪笑之，是诋讪父师也……安得不为天之所恶。故毛大可（奇龄）、李刚主（塨）、程绵庄（廷祚）、戴东原（震）率皆身灭嗣绝”④。

戴震不但遭到宋学家们的攻击辱骂，就是在汉学家内部对戴的学术宗旨也有决然不同的理解。戴震死后，他的学生洪榜为他作《行状》，全录戴震逝世前一个月所写《答彭进士允初书》，此书阐明唯物主义思想，揭露佛老程朱陆王思想的唯心主义实质。对戴震的考据之学深表钦佩的朱筠反对在《行状》中录载此书，他说：“可不必载，性与天道，不可得而闻，何图更于程朱之外复有论说乎？戴氏所可传者不在此。”⑤ 洪榜因此写信给朱筠进行辩论。可见在戴震

---

① 翁方纲：《复初斋文集》卷七，《理说》。

②③ 姚鼐：《惜抱轩尺牍》卷五、卷六。

④ 姚鼐：《惜抱轩文集》卷六，《再复简斋书》。

⑤ 江藩：《汉学师承记》卷六，《洪榜》。

的朋友和学生中，认识亦有不同。很多人只取戴震天算、音训、名物、典章方面的成就。朱筠的学生、也是戴震的朋友，著名史学家章学诚，是站在汉学营垒之外，也是最早批评汉学的人，他对戴震的学术思想又和朱筠的认识不同。章学诚说："凡戴君所学，深通训诂，先于名物制度而得其所以然，将以明道也。时人方贵博雅考订，见其训诂名物，以合时好，以为戴之绝诣在此。及戴著《论性》、《原善》诸篇，于天人理气，实有发先人所未发。时人则谓空说义理，可以无作，是固不知戴学者矣。"① 这段议论似乎正好是针对他的老师朱筠等人而发。

汉学尽管遭到了种种批评，但它仍然执学术思想界的牛耳，所谓"人人许郑，家家贾马"，继起的学者无不受汉学的强烈影响。十八世纪后期的学术界：一派是继承戴震音训考据之学，方法更加严密，成绩更加突出，但不谈抽象的"义理"，放弃了反宋学的传统，如段玉裁和王念孙、王引之父子；一派是兼治音训考证和义理之学，继续发挥戴震的哲学思想，但议论更趋平和，汉宋渐趋合流，如汪中、凌廷堪、焦循、阮元；一派则从汉学中分化出来，从尊崇东汉的经古文学上溯到经今文学，另辟蹊径，创造新的学派，如庄存与、孔广森；一派始终站在汉学之外，对考据学进行批评，建立自己的思想体系，如章学诚；另一派则站在宋学家的立场上，不遗余力地抨击汉学，如翁方纲、姚鼐，直到方东树、唐鉴等。

戴震的嫡传弟子是段玉裁、王念孙和王念孙的儿子王引之。他们学识广博，治学态度严谨，方法比较科学，把音训考据之学推上了新的高峰。段、王都善于"发凡起例"，即运用归纳法，从纷繁的古书中，探求"条例"，然后再以此"条例"作演绎，来弄清楚古文字的音读训诂，改正古书中的错误。他们运用这种方法获得很大成绩，使很多古代文献恢复本来的面貌。

段玉裁（一七三五年至一八一五年，清雍正十三年至嘉庆二十年），字若膺，江苏金坛人。他最重要的著作是《说文解字注》，《说

---

① 章学诚：《朱陆篇书后》，《章氏遗书》。

文解字》是东汉许慎所作的字书，收字九千三百余个，一一说明字义、字形和读音，是后人阅读古文献、研究古文字的最重要的工具书。段玉裁给许慎的说文详细作注，改正其讹误，并创通条例，阐明音韵、训诂。卢文弨称段氏的《说文解字注》“悉有佐证，不同臆说，详稽博辨，盖自有说文以来未有善于此书者”①。王念孙称“盖千七百年来无此作矣”②。王国维也称赞此书，“千古卓识，二千年来治说文者，未有能言之明白晓畅如是者也”③。

段玉裁画像

王念孙画像

王念孙（一七四四年至一八三二年，清乾隆九年至道光十二年），字怀祖，江苏高邮人。作《读书杂志》八十二卷和《广雅疏证》二十二卷。《读书杂志》用校勘以及分析语法的方法，结合王氏渊博的知识，考订了多种古书中的文字讹误和音训句读，“一字之

---

① 卢文弨：《抱经堂文集》卷三，《段若膺说文解字注序》。

② 王念孙：《王石臞先生遗文》卷二，《段若膺说文解字读序》。

③ 王国维：《观堂集林》卷七，《说文今叙篆文合以古籀说》。

证，博及万卷，析心解颐，他人百思不能到”①。“凡立一说，必列举古书，博采证据，然后论定，故最足令人信服，苟无强有力之反证，不足驳其说也。清代考证学之成功，由其方法之精密，此书其代表也”②。例如《淮南子》一书，脱误甚多，王念孙以道藏本和明刻本为主，参以其他刻本以及古书中的引文，订正讹误九百余条，并能归纳出该书致误的若干原因。《广雅疏证》是对张揖《广雅》一书的校勘和训释，改正原书错字五百八十，漏字四百九十，衍字三十九，颠倒错乱一百三十二处，正文和音内字混淆者六十九。并且根据古文字音近义通的原则，从一个字的训释考证，“引伸触类”，联系到很多字，找出它们之间的相通之迹。阮元称：“凡汉以前，《仓》、《雅》古训，皆搜括而通证之。谓训诂之旨，本于声音，就古音以求古义，引伸触类，扩充于《尔雅》、《说文》之外，似乎无所不达，然声音文字部分之严，则一丝不乱，此乃借张揖之书，以纳诸说，实多张揖所未及知者，而亦为惠氏定宇、戴氏东原所未及。”③

王引之（一七六六年至一八三四年，清乾隆三十一年至道光十四年），字伯申，王念孙之子，官至工部尚书，著《经传释词》十卷和《经义述闻》三十二卷。《经传释词》是研究古文虚字的作品，共收虚字一百六十个，考订其源流演变，解说其意义和用途；《经义述闻》是研究古书中音韵训诂并订正其讹脱的，但此书已将零星的考据成果，写成系统的学术论文。因其中有不少研究成果是王引之述其父念孙之说，故名《经义述闻》。王氏父子在语言文字和校勘方面，贡献很大。他们的著作都是归纳大量材料，得出结论，因而有较高的科学价值。阮元说：“高邮王氏一家之学，海内无匹。”④章太炎说：“高邮王氏，以其绝学，释姬汉古书，冰解壤分，无所凝滞，信哉千五百年未有其人也。”⑤ 就是站在宋学家立场上，竭力攻击汉学的人，也不能不敬佩王氏父子的学术成就，如方东树的《汉学商

---

①③④　阮元：《揅经室续集》卷二之下，《王石臞先生墓志铭》。

②　萧一山：《清代通史》中，640页。

⑤　章太炎：《訄书》，《订文》，第二十五，附《正名杂义》。

兑》中说："高邮王氏《经义述闻》，实足令郑、朱俯首，汉唐以来，未有其比。"①

另一部分学者和段、王不同，虽然也从事音训考据，却并不局限于考据而兼谈"义理"，治学途径和戴震很相似，虽未直接受业于戴震，却都很佩服戴震，大多是戴的私淑弟子。他们是汪中、凌廷堪、焦循、阮元。

汪中（一七四四年至一七九四年，清乾隆九年至乾隆五十九年），字容甫，江苏江都人。出生于贫苦知识分子的家庭，幼年丧父，由母亲抚育成长，生活很艰苦。曾在书店当学徒，因得有读书的机会。他考上拔贡以后，放弃举子业，为了谋生，长期游幕在外。他也搞校勘音训，但很重视致用。他自述治学的宗旨，"实私淑诸顾宁人处士，故尝推六经之旨，合于世用。及为考古之学，惟实事求是，不尚墨守"②。他继承了反理学的传统，指出理学家尊奉的《大学》一书不是孔子所作。他说："门人说孔子之言，必称'子曰'、'子言之'、'孔子曰'、'夫子之言曰'，以显之。今《大学》不著何人之言，以为孔子，义无所据。"③ 汪中认为，宋儒为了控制学术思想，把不知何人所作的《大学》，置于四书之首，硬说成了孔门心传。他又激烈抨击旧礼教，反对要妇女守节、殉节。汪中还很注意诸子的研究，先后校勘考释老子、墨子、荀子、贾谊新书、吕氏春秋，开拓了研究的范围。他对荀子评价很高，认为荀子才是孔子学说的真正传人。他又为墨子辩护，认为孟子说墨学"无父"是诬蔑之词。汪中敢于评议古今人物，在当时算是思想比较解放的，因此遭到某些人的嫉恨。卢文弨说他"不恕古人，指瑕蹈隙，何况今人，焉免勒帛。众畏其口，誓欲杀之"④。汪中打算写一部规模庞大的古代学术史，书名《述学》，可惜未能完成，现存《述学》一书是他儿子把汪中所写文章编集在一起，不是原来的预想计划。

---

① 方东树：《汉学商兑》卷中之下。
② 汪中：《述学・别录》，《与巡抚毕侍郎书》。
③ 汪中：《述学・补遗》，《大学平议》。
④ 卢文弨：《抱经堂文集》卷三十四，《公祭汪容甫文》。

凌廷堪（一七五五年至一八〇九年，清乾隆二十年至嘉庆十四年），字次仲，安徽歙县人。他极推崇其同乡江永、戴震的学术，反对宋明理学，认为朱熹和王阳明都袭取了佛、老的思想，违背了儒学正统。他的诗中说，“阳明学亦考亭学，窃钩窃国何讥焉，至今两派互相诟，稽之往训皆茫然”①。凌廷堪精研礼学，作《复礼》三篇，认为：礼是身心的矩则，行为的规范，“圣人之道，一礼而已”②。他反对理学家提倡的“理”，主张以“礼”代替“理”，“圣人不求诸理而求诸礼，盖求诸理必至于师心，求诸礼始可以复性也”③。凌廷堪可称是反宋学的后劲，但他主张回到烦琐陈腐的“礼”，仍没有越出封建意识形态的樊篱。凌廷堪作《礼经释例》，认为《仪礼》十七篇，“其节文威仪，委曲繁重，阅之如治丝而棼，细绎之皆有经纬可分也”，必须贯通全书，用归纳的方法，寻找出书中的“例”，“例”就是此书的经纬途径，“其宏纲细目，必以例为主”④。此外，他对古乐也很有研究，考述唐代的燕乐，作《燕乐考原》。

焦循（一七六三年至一八二〇年，清乾隆二十八年至嘉庆二十五年），字理堂，江苏甘泉人，中年中举人，以后即放弃科举，绝意仕进，闭门读书。他很佩服戴震，自称“循读东原戴氏之书，最心服其《孟子字义疏证》”⑤。他精通天文、算学、音训，治毛诗、三礼、论语、孟子，而尤其擅长易学，著《易通释》、《易图略》和《易章句》，称《易学三书》。他认为：易经中有“相错”、“旁通”、“时行”三种法则，贯穿于全书。所谓“相错”，就是对立物的统一；所谓“旁通”，就是按照和谐的秩序发生变化；所谓“时行”，就是变化的循环反复。焦循在经学的外衣下建立了自己的哲学思想体系，承认矛盾，强调变化，但又倾向于调和论、循环论。在当时的汉学家中，大多只搞烦琐考证、文字游戏，像焦循这样的成就确是出类

① 凌廷堪：《校礼堂诗集》卷十四。

② 凌廷堪：《校礼堂文集》卷四，《复礼》上。

③ 同上书，《复礼》下。

④ 凌廷堪：《礼经释例》自序。

⑤ 焦循：《雕菰楼集》卷十三，《寄朱休承学士书》。

拔萃的。他以数学知识运用于易经研究，“以数之比例求易之比例”，又注重“实测”。他说：“夫《易》犹天也。天不可知，以实测而知……本行度而实测之，天以渐而明。本经文而实测之，《易》亦以渐而明，非可以虚理尽，非可以外心衡也。”① 他这种研究方法突破了历代注疏的藩篱，因而获得了新成果。王引之推崇他，“奉手书，示以说易诸条。凿破混沌，扫除云雾，可谓精锐之兵矣。一一推求，皆至精至实。要其法，则比例二字尽之。所谓比例者，固不在他书而在本书也”②。

焦循的哲学是变化的哲学。他推崇“变通”，认为，“仁义由于能变通。人能变通故性善，物不能变通故性不善”③。正因为世界是变化的，所以典章制度和圣人言论都是有条件的，并不是终极真理，“井田、封建，圣人所制也，而后世遂不可行，则圣人之言且不定也。故有定于一时，而不能定于万世者。有定于此地，而不能定于彼地者；有定于一人，而不能定于人人者；此圣人所以重通变之学也”④。他认识到事物具有矛盾着的两个方面，要求把握两个方面而达到全面性的认识。他说：“盖异端者生于执一，执一者生于止知此而不知彼”⑤，“执其一端为异端，执其两端为圣人”⑥。他的学术宗旨是融会众说，兼容并包，反对学术界党同伐异，门户相争，他说：“九流诸子，各有所长，屏而外之，何如择而取之”⑦。焦循虽属于汉学家营垒，但对拘守汉儒传注并不满意，称：“据守者信古最深，谓传注之言，坚确不易，不求于心，固守其说，一字句不敢议……其弊也跼蹐狭隘”⑧，所以，他颇倾向于调和汉学与宋学。

阮元（一七六四年至一八四九年，清乾隆二十九年至道光二十

---

① 焦循：《雕菰楼集》卷十六，《易图略自序》。
② 王引之：《王文简公文集》卷四，《与焦理堂先生书》。
③ 焦循：《孟子正义》，《性犹杞柳章》。
④ 焦循：《雕菰楼集》卷十，《说定》下。
⑤ 焦循：《论语通释》，《释知》。
⑥ 同上书，《释异端》。
⑦ 同上书，《释据》。
⑧ 焦循：《雕菰楼集》卷八，《辨学》。

九年），字伯元，号芸台，江苏仪征人。进士，历任督抚要职，官至体仁阁大学士。他积极提倡学术研究，编印书籍，开设书院，奖掖人才。治学途径和戴震相似，主张通过音韵训诂，弄清古代经典的意义，并进一步求其“义理”。他说：“圣贤之道存于经，经非诂不明，汉人之诂，去圣贤为尤近。”① 但是阮元不同于段玉裁、王念孙等，段、王不谈“义理”，作为一个学派来说，病在琐屑、褊枯；阮元则把音训看做寻求“义理”的必要工具，他的最后目的还是要寻求“义理”。他说：“圣人之道，譬若宫墙。文字训诂，其门径也，门径苟误，跬步皆歧，安能升堂入室乎？或者但求名物，不论圣道，又若终年寝馈于门庑之间，无复知有堂室矣！”②

阮元画像

阮元用自己的方法，对“仁”字作了考释。他统计《论语》中一百零五个“仁”字的意义和用法，认为“仁”的原意是“人之相偶”，指人与人的关系，这是从古训以求古义的方法。他反对宋学家“生生之谓仁”的空洞解释，也反对端坐静养以求仁。他说：“凡仁，必于身所行者验之而始见，亦必有二人而仁乃见。若一人闭户斋居，瞑目静坐，虽有德理在心，终不得指为圣门所谓之仁矣。”③ 阮元说过一些调和汉学、宋学的话，也没有直接批评过程朱，但他的思想是和理学家不同的。他对“性”、“命”的考释也有反理学色彩，他举出《召诰》和《孟子·尽心》中对性命的用法和意义，然后排列

① 阮元：《揅经室二集》卷七，《西湖诂经精舍记》。
② 阮元：《揅经室一集》卷二，《拟国史儒林传序》。
③ 阮元：《揅经室一集》卷八，《论语论仁论》。

诸经古训，认为古代经典中所说的“性”和理学家的解释根本不同。阮元说，“性字从心，即血气心知也”，“味色声臭喜怒哀乐皆本于性，发于情者也”①。而理学家说“性内无欲”、“欲即是恶”，主张“惩忿窒欲”。阮元反驳说，“欲生于情，在性之内，不能言性内无欲，欲不是善恶之恶。天既生人以血气心知，则不能无欲，惟佛教始言绝欲……此孟子所以说味色声臭安佚为性也”②。阮元承认情欲的合理性，显然和戴震的思想是一脉相承的。

①② 阮元：《揅经室一集》卷十，《性命古训》。

第十二章　清代前期的文学艺术与科学技术

第一节　清代的文学艺术

明清之际，是一个社会大变动时期。激烈的阶级斗争和民族斗争，必然会在文艺作品中有所反映，因此，清初出现了一批具有较强现实主义精神的作家。随着清王朝统治的巩固，特别是由于清统治者推行了封建的文化专制主义，现实主义的文学渐趋衰落，产生了大量的为封建统治阶级服务的文学作品。复古主义和形式主义在诗、词、散文中占了统治地位。尽管诗人、词人和散文作者人数很多，作品丰富，风格各异，但总的说来，已成强弩之末，没有超过前代的成就。可是，在被封建统治阶级排除在文学“正宗”之外的戏剧和小说却得到了突出的发展。一些杰出的作家，继承和发展了我国古典文学的优良传统，创作了《长生殿》、《桃花扇》、《聊斋志异》、《儒林外史》、《红楼梦》等在思想和艺术方面都具有高度成就，在中国文学史上占有重要地位的优秀作品。这些作品像一颗颗灿烂的明星照耀着我国的文坛，形成了我国文学发展史上的又一个高峰。

一、诗

清初诗人，最著名的有钱谦益和吴伟业。

钱谦益（一五八二年至一六六四年，明万历十年至清康熙三年），字受之，号牧斋，江苏常熟人。明末官礼部侍郎。福王时为礼部尚书。清军攻陷南京，被留用，未几去官。著有《初学集》、《有学集》。钱谦益论诗主张“有本”。他认为：古代的《国风》、《小雅》、《离骚》，皆从肺腑中出，无不有本。反对明代七子所标榜的“文必秦汉，诗必盛唐”之说，对拟古主义的作品攻击甚烈。他认为诗乃“志之所之”，不过是陶冶性灵，流连景物，各言其所欲言而已。他很推崇白居易、苏轼、陆游的诗，诗歌风格接近晚唐和宋代，技巧纯熟，有创造性。他的理论和创作对当时和他以后的诗文创作有一定影响。

吴伟业（一六〇九年至一六七一年，明万历三十七年至清康熙十年），字骏公，号梅村，江苏太仓人。崇祯进士，官至少詹事。明亡后隐居十年，后被迫出仕，为国子监祭酒。他在清初诗坛上很有名，其诗长于七言歌行。辞藻华丽，音律谐调。既委婉含蓄，又沉郁悲凉。但语言欠简练，常因好用典故，致使意义隐晦。就其诗的内容看，大多以明清之际的历史事实为题材，有“诗史”之称。他的长诗如《圆圆曲》、《永和宫词》、《楚两生行》，为一时传诵的作品。《四库全书总目提要》说他“格律本乎四杰，而情韵为深；叙述类乎香山，而风华为胜”①，颇能道出其诗歌的艺术特色。有《梅村家藏稿》、《梅村集》。

在清初著名诗人中，对社会现实有所反映的，还有宋琬与施闰章，时称“南施北宋”。

宋琬（一六一四年至一六七三年，明万历四十二年至清康熙十二年），号荔裳，山东莱阳人。顺治进士。他宦途坎坷，屡遭危难，长期漂泊。所以他的诗中忧患伤感之作颇多。如《悲落叶》、《写哀》、《九哀歌》、《感怀》等，都非常悲愤沉痛，哀婉动人。他的诗以五言歌行较胜。七律趋步放翁，对仗工整。著有《安雅堂集》。

施闰章（一六一八年至一六八三年，明万历四十六年至清康熙二十二年），号愚山，安徽宣城人。顺治进士。康熙中，应博学鸿儒科，官至侍读学士。他主张作诗要言之有物，反对空泛虚华。所以他的诗作反映社会现实的较多，如《湖西行》、《冬雷行》、《临江悯

---

①《四库全书总目提要》卷一七三，《集部·别集类》二十六。

旱》等篇，都反映了人民的痛苦与吏治的黑暗。他的作品字稳句炼，以工力法度著称，著有《学余堂集》。

这一时期还有不少诗人，表现了崇高的民族气节和坚强不屈的斗争精神。他们在参加抗清斗争失败后，始终坚持不与清廷合作的态度，不赴考试，不受官职。有的隐迹于空门，有的流寓于山林，其中成就较高的，有顾炎武、黄宗羲、王夫之、杜濬、钱澄之、归庄、屈大均、陈恭尹等人。他们的诗有的歌颂抗清斗争的志士，有的揭露清军的残暴，有的反映劳动人民的苦难，有的抒发自己的故国之思和怀旧之感，以及建功立业，光复故国的强烈愿望。他们在艺术上的成就虽有不同，但具有深厚的民族感情和坚强的斗争意志，则是他们的共同特点。

康熙年间，政权日趋巩固，抗清意识逐渐消沉，一些新起诗人民族感情逐渐淡薄，其作品多重形式技巧，其论诗则喜立派别门户。著名的有王士禛、赵执信诸人。

王士禛（一六三四年至一七一一年，明崇祯七年至清康熙五十年），字贻上，号阮亭，又号渔洋山人，山东新城人。顺治进士，官至刑部尚书。王士禛论诗，推崇唐代的王维、孟浩然，倡“神韵”之说，鼓吹“妙语”与“兴趣”，以“不著一字，尽得风流”为诗的最高境界。这种诗歌理论来源于唐代司空图的《诗品》和宋代严羽的《沧浪诗话》。他的诗，长于描写景物，清新淡泊，自然流畅，风致蕴藉。如《方山道中》云：“前山白云外，缭绕一江横。渔舍参差见，风帆自在行。烟花怜故国，湖海寄浮生。洗盏船头坐，一声沙鸟鸣。”①《江上》云：“吴头楚尾路如何，烟雨秋深暗白波。晚趁寒潮渡江去，满林黄叶雁声多。”② 将清冷幽僻的景物，勾画得令人神往。总之，王士禛对于纠正当时尚缛丽、讲学问的诗风曾起过一定作用。但他强调神韵，易于脱离现实；追求典雅，刻意修饰。其所标举“多流连山水，点染风景之词”③，没有多少社会意义。他著有

① 王士禛：《精华录训纂》卷五下。
② 王士禛：《精华录训纂》卷五上。
③ 《四库全书总目提要》卷一九六，《集部·诗文评类》二。

《带经堂全集》、《渔洋诗话》等。

当王士禛雄踞诗坛，神韵说风行士林的时候，堪与之较量的是赵执信。

赵执信（一六六二年至一七四四年，清康熙元年至乾隆九年），号秋谷，晚号饴山老人，山东益都人。他不赞同王士禛的神韵说，认为王诗专以风流相尚，实是“诗中无人”。主张诗中有人，诗外有事，以意为主，言语为役。他的诗，着重反映现实生活，笔力遒劲。王、赵二人论诗不同，风格各异。《四库全书总目提要》说：“王以神韵缥缈为宗，赵以思路劖刻为主”①，很能说明二人的特点。赵执信所著有《谈龙录》、《饴山堂诗文集》等。

王士禛、赵执信以后，在诗坛上发生较大影响的，有沈德潜的格调说。沈德潜（一六七三年至一七六九年，清康熙十二年至乾隆三十四年），字确士，号归愚，江苏长洲人（今苏州）。乾隆进士，曾任内阁学士兼礼部侍郎。他所作的诗大都平正典雅，为台阁体诗人的典型。沈德潜论诗主格调，古体宗汉魏，近体尊盛唐。在诗的内容上，主张“诗之为道，可以理性情、善伦物、感鬼神、设教邦国、应对诸侯”②。反对专以嘲风雪、弄花草为事。在诗的风格上，强调要“温柔敦厚”、“怨而不怒”、“一归于中正和平”。他的诗虽也有反映民间疾苦的篇章，但很多颂圣赞德的作品，削弱了诗歌讥刺时弊、抨击黑暗的社会作用。这个诗派是康雍乾“盛世”的产物，他的诗论比“神韵派”更有利于封建统治。他根据自己论诗的宗旨编选的《古诗源》、《唐诗别裁》、《明诗别裁》、《国朝诗别裁》等，在辨析源流、指陈得失、对古典诗歌的借鉴与流传方面也曾起过一定作用。

与沈氏同时，有不为格调所拘，直抒性情而自成一派的郑燮。郑燮（一六九三年至一七六五年，清康熙三十二年至乾隆三十年），字克柔，号板桥，江苏兴化人。乾隆进士，曾作过山东范县、潍县知县，后弃官归扬州，卖画度日。他出身贫苦，颖悟好学，蔑视权

① 《四库全书总目提要》卷一七三，《集部·别集类》二六。
② 沈德潜：《说诗晬语》卷上，一。

贵，同情人民，赋性旷达，人以为狂。他能诗、工书、善画，世称“三绝”。他主张作诗必须反映社会生活，不同于王士禛的神韵说和沈德潜的格调说。在他的诗里，有许多同情民间疾苦、暴露封建社会黑暗的作品。如画竹诗“衙斋卧听萧萧竹，疑是民间疾苦声。些小吾曹州县吏，一枝一叶总关情”① 及《潍县竹枝词》“绕郭良田万顷赊，大都归并富豪家，可怜北海穷荒地，半篓盐挑又被拏”等，都是反映社会矛盾的现实主义诗篇。有《郑板桥全集》。

《墨竹》（郑燮画）

更彻底反对拟古主义和形式主义的，是晚于郑燮的袁枚。

袁枚（一七一六年至一七九七年，清康熙五十五年至嘉庆二年），字子才，号简斋，浙江钱塘人。乾隆进士，作过江宁、溧水等地的知县。后辞官，于南京小仓山筑“随园”，世称“随园先生”。著有《小仓山房诗文集》、《随园诗话》等。

袁枚是性灵派的主将，他认为诗应该抒发人的性情。他说“诗人者，不失其赤子之心者也”②。又说“作诗不可以无我，无我，则剿袭敷衍之弊大”③，反对将诗歌作为单纯载道卫道的工具。主张诗既可阐述伦常道德之理，亦可抒发山水男女之情。他还反对追求格调，夸耀学问，而强调“性情”、“灵感”的作用。“但肯寻诗便有诗，灵犀一点是吾师，夕阳芳草寻常物，解用都为绝妙词”（《遣兴》）。袁枚的诗作，确能写出自己生活感受，直抒“性情”，清新灵巧，别具风格。其缺点是过分强调“性灵”，大多抒写个人的遭际游

---

① 《郑板桥集》五，题画《潍县署中画竹呈年伯包大中丞括》。

② 袁枚：《随园诗话》卷三。

③ 《随园诗话》卷七、卷一八。

乐，题材狭窄，社会意义不大。

最后要提到的是翁方纲。翁方纲（一七三三年至一八一八年，清雍正十一年至嘉庆二十三年），号覃溪，直隶大兴人。乾隆进士。官至内阁学士，是著名的诗人、书法家，著有《复初斋文集》。翁方纲论诗主肌理说。他说，“诗必研诸肌理，而文必求实际”①。又说，“为学必以考证为准，为诗必以肌理为准”②。他认为对于一个诗人来说，重要的不在于神韵、格调、性情，而在于学问。应把思想（义理）、结构（文理）、材料（肌理）三者结合起来。在嘉庆中，他成为诗坛的领袖人物，与性灵说互相抗衡，影响颇大。翁氏为饱学之士，其诗质实充厚，但因喜以诗言学，致使金石考证，填塞于作品之中，而缺少生活气息。洪亮吉误闻翁方纲卒，曾作挽诗云“最喜客谈金石例，略嫌公少性情诗”③，这个评价是不过分的。该诗派是汉学兴盛时期的产物。

二、词

词这种文学形式兴于唐，盛于宋，衰微于元明。到了清代，词人辈出，词学遂呈复兴之象，对词的创作、词论、前人词集的整理均有一定成就。清之词派，可分为三：陈维崧推崇苏、辛，高歌壮语，雄浑豪迈，称阳羡词派；朱彝尊标榜南宋，辞句工丽，格律精巧，创浙西词派；张惠言提倡风骚，强调比兴，鼓吹寄托，成常州词派。此外尚有与陈、朱齐名的纳兰性德，其词以小令名世，词采浓艳，凄婉动人，对清初词坛，影响颇大。

陈维崧（一六二五年至一六八二年，明天启五年至清康熙二十一年），字其年，号迦陵，江苏宜兴人。康熙时，晚年被召，应博学鸿儒试，授翰林院检讨。陈氏工诗能文，尤善于词，计得词一千六百余首，数量之多，词家罕出其上者。有《湖海楼集》。陈氏学问渊博，才华横溢。他的词气势豪壮，长调小令，舒卷自如。其中有

---

① 翁方纲：《复初斋文集》卷四，《延晖阁集序》。

② 同上书，《志言集序》。

③ 洪亮吉：《北江诗话》卷一。

些反映了民间疾苦，具有积极的社会意义，但也有不少世俗应酬之作。

朱彝尊（一六二九年至一七〇九年，明崇祯二年至清康熙四十八年），字锡鬯，号竹垞，浙江秀水（今嘉兴）人。康熙中，举博学鸿儒，为翰林院检讨，入值南书房。他的词宗法姜夔、张炎，推究声律，琢炼字句，有一定的艺术成就。著有《曝书亭集》。又曾选辑《词综》，为词的创作和研究提供了资料。

纳兰性德（一六五四年至一六八五年，清顺治十一年至康熙二十四年），字容若，满洲正黄旗人。大学士明珠之子，康熙进士，官侍卫。著有《饮水集》、《侧帽集》。他的词不事雕饰，婉丽凄清，缠绵悱恻，词风与李后主相近。

张惠言（一七六一年至一八〇二年，清乾隆二十六年至嘉庆七年），字皋文，江苏常州人。他主张词要以比兴寄托为重，缘情造端，感物而发，反对一味的“雕琢曼辞”。其创作态度，较为严谨，他的《茗柯词》只收四十六首，其词朴实自然，所辑《词选》对后世影响颇大。

三、散文

清初作家以散文见称者有侯方域、魏禧、汪琬三人。

侯方域（一六一八年至一六五四年，明万历四十六年至清顺治十一年），字朝宗，河南商丘人。少有才名，曾参加复社。有《壮悔堂集》。其文潇洒流畅，鲜明清丽，但有些文章，纵笔出之，未免浅薄。《李姬传》、《马伶传》、《癸未去金陵日与阮光禄书》等篇，均能代表其散文特色。

魏禧（一六二四年至一六八一年，明天启四年至清康熙二十年），字冰叔，号叔子，江西宁都人。有《魏叔子集》。他的散文，以人物传记最为突出，文字简洁，叙事生动，且长于议论。《大铁椎传》是他的代表作。

汪琬（一六二四年至一六九一年，明天启四年至清康熙三十年），字苕文，号钝庵，又号尧峰，江苏长洲（今苏州）人。顺治进士。康熙时举博学鸿儒，授翰林院编修。他和侯方域、魏禧等都是唐宋派古文的倡导者。所作《江天一传》，记述简明，刻画精细，可称佳构。著有《尧峰类稿》。

清代中叶，散文领域内的复古主义倾向有所发展。从方苞开始，经刘大櫆、姚鼐等人的努力，形成了桐城派古文运动。

方苞（一六六八年至一七四九年，清康熙七年至乾隆十四年），字灵皋，号望溪，安徽桐城人。康熙进士，乾隆时官礼部侍郎。有《望溪文集》。他一生致力于古文复兴运动，建立了桐城派古文的基本理论。他主张作文的目的在于通经明道。所以必须重视义理，求其根源，继承孔孟程朱的道统。所谓“学行继程朱之后，文章在韩欧之间”①，是桐城派所追求的最高标准。他轻视诗词歌赋，认为这类作品不过是“瞑瞒于声色之中”。他提出了“古文义法”，说：“南宋元明以来，古文义法不讲久矣。吴越间遗老尤放恣，或杂小说家，或沿翰林旧体，无一雅洁者。”②“义”就是“言有物”；“法”就是“言有序”。“言有物”是说文章要有内容；“言有序”是说文章要讲究形式。“义以为经，而法纬之，然后为成体之文”。他所讲内容与形式相统一的文学理论是正确的，对于纠正空疏芜杂的文风也有一定的作用。但是方苞受程朱理学的影响很深，思想迂腐，他要求的文章内容是“阐道翼教，有关人伦风化”，而文章的语言则要求古朴淳厚，定下的框框太多太死。他说：“古文中不可入语录中语，魏晋六朝人藻丽俳语，汉赋中板重字法，诗歌中隽语，南北史佻巧语。”③因此，他倡导的文章义法，实际上是使散文局限于通经明道，变成为封建统治阶级服务的工具。但方苞也写出过一些语言简洁、寓意深刻的好文章。他的《狱中杂记》、《左忠毅公逸事》等篇，都是清代散文中的优秀作品。

刘大櫆（一六九八年至一七八〇年，清康熙三十七年至乾隆四十五年），号海峰，安徽桐城人。有《海峰文集》。他是方苞的弟子，对散文的主张，与方苞稍有不同。方重“义法”，而刘只重

① 王兆符：《望溪文集序》。

②③ 沈廷芳：《隐拙斋文钞》卷四，《书〈方望溪先生传〉后》。

“法”。认为好文章，必须重视方法技巧，音节字句。故其所论的“法”，也是偏重于修辞一个方面而已。他的记事文虽有佳作，但总的说来成就不高。

姚鼐（一七三一年至一八一五年，清雍正九年至嘉庆二十年），字姬传，号惜抱，安徽桐城人。乾隆进士，任四库馆纂修官，有《惜抱轩全集》。他选辑的《古文辞类纂》流行颇广。他是刘大櫆的弟子，到了姚鼐，桐城派的文学理论更加系统化。他将方苞的“古文义法”加以发挥，提出神、理、气、味、格、律、声、色等八个具体方面。神、理、气、味是文章的精神和内容；格、律、声、色是文章的修辞和形式。他所说的义理，仍然没有超出方苞提出的内容。姚鼐的散文较好的有《朱竹君先生传》、《登泰山记》、《游媚笔泉记》等篇。

四、小说

清代文学领域，成就最辉煌的是小说。最著名的有蒲松龄的《聊斋志异》、吴敬梓的《儒林外史》和曹雪芹的《红楼梦》。

蒲松龄（一六四〇年至一七一五年，明崇祯十三年至清康熙五十四年），字留仙，山东淄川（今淄博）人。他出生于一个地主兼商人的“书香门第”，但到他的时候，家境已经衰落。蒲松龄十九岁以优异成绩考中秀才，此后却屡试不中，一生的大部分时间都在塾馆教学，直至七十一岁才援例出贡，四年后去世。

《聊斋志异》是蒲松龄的代表作，他四十岁左右就已经基本完成此书，以后不断增补修改。书中的许多故事，是在民间传说基础上进行加工，有些故事则是记述作者的见闻或为作者所创作。他自称《聊斋志异》是“孤愤之书”，其中，花妖狐魅、幽鬼神灵，都是有所“寄托”① 的。

在《聊斋志异》中，蒲松龄揭露了封建政治的黑暗。对那些贪官酷吏、豪绅恶霸剥削压迫人民的罪行进行了无情的鞭挞。《促织》

---

① 蒲松龄：《聊斋志异·自序》（铸雪斋钞本），影印本，上海，上海人民出版社，1974。

蒲松龄画像

一篇，通过宫中喜好斗蟋蟀而给人民带来灾难的故事，将批判的锋芒直接指向封建社会的最高统治者。《席方平》、《红玉》等篇有力地鞭挞了腐败的封建官场和暴虐的官僚。

《聊斋志异》还揭露和批判了腐朽的科举制度。蒲松龄笔下的试官，是一批不学无术、营私舞弊、贪赃枉法的人物，在他们主持下，只能是“黜佳才而进凡庸”。他在揭露科举考试中各种弊端的同时，还深刻地剖析了封建士子肮脏的灵魂。他们读书的目的，不过是“宫室妻妾，无所不有”，作威作福，倚势欺人。有的篇章又淋漓尽致地描绘了士子应试时那种可鄙而又可怜的形象，揭露了科举制度对知识分子的摧残。

在一些篇章里，蒲松龄通过花妖狐魅和人的恋爱故事，表现了追求婚姻自由、向往幸福生活、反对封建礼教的进步思想。他出色地塑造了许多无视封建礼教、大胆而温柔、勇敢而美丽的女性，和一些尊重女性的男主人公。在一些篇章里，作者还揭露了封建的婚姻制度，从各个不同的侧面，批判了封建的买卖婚姻，抨击了嫌贫爱富的势利观念，斥责了玩弄女性的丑恶行为。

《聊斋志异》的题材非常广泛。作者以现实生活为基础，用传奇的手法志怪志异，创作出许多情节曲折、形象生动、具有社会意义的优秀作品。由于《聊斋志异》在思想上和艺术上的卓越成就，两百多年来，一直为人民所喜爱。由于阶级和历史的局限，《聊斋志异》中也有一些消极落后的东西，如：宣扬封建的伦理信条和因果报应等，在一定程度上削弱了作品的思想光辉。

《儒林外史》是一部杰出的讽刺小说。作者吴敬梓（一七〇一年至一七五四年，清康熙四十年至乾隆十九年），字敏轩，安徽全椒人。出身于官僚地主家庭，世代簪缨，诗礼传家，生活很优裕。

吴敬梓年幼聪颖，“读书才过目，辄能背诵”①。二十三岁时，父亲去世，生活起了变化。接着，他考上了秀才，以后却屡试不中。由于他不善于理财，又慷慨好施，不到十年，把产业都卖光了，遂迁居南京。后来生活十分贫困，“短褐不得完”，“灶突无烟青”。正是由于家道中落和生活道路的坎坷，他历尽了世态炎凉，洞察科举制度的弊端。吴敬梓的思想产生了剧烈的转变，他痛恨封建统治阶级和知识界的卑劣和丑恶。《儒林外史》就是他清醒地观察现实，如实地揭露生活中矛盾的杰出作品。

吴敬梓画像

《儒林外史》第一回，吴敬梓借王冕之口对科举制度进行了批判：“这个法却定的不好，将来读书人既有此一条荣身之路，把那文行出处都看得轻了。”在吴敬梓的笔下，贪赃枉法的官僚，横行乡里的豪绅，利欲熏心的士子，附庸风雅的名士，招摇撞骗的清客，一个个被刻画得栩栩如生。吴敬梓通过对儒林群丑的描绘，对科举制度及其影响下的社会风气进行了猛烈的抨击。如果说蒲松龄揭露了科举制度中的种种弊病，吴敬梓更进一步否定了科举制度本身，反映了封建社会末期政治的腐败和文化道德的堕落。

《儒林外史》在揭露浮沉在科举场中的文人名士官僚乡绅种种丑态的同时，把一些“市井小民”作为正面人物来描写，赞美他们高尚的品质和纯洁的灵魂，表现了作者的理想。

吴敬梓猛烈地抨击了科举制度，但是，他却找不到解决问题的途径。他理想中的人物，只是王冕、杜少卿等恬淡避世的逸人隐士。他一方面揭露了封建礼教的反动和虚伪，一方面又赞扬儒家的礼乐刑政，表现出作者思想上的矛盾。尽管如此，《儒林外史》仍然是一

① 程晋芳：《勉行堂文集》卷六，《吴敬梓传》。

部优秀的古典小说。鲁迅先生指出：《儒林外史》“秉持公心，指擿时弊”，“其文又戚而能谐，婉而多讽，于是说部中乃始有足称讽刺之书”①。

《红楼梦》是我国文学史上最优秀的一部古典小说。作者曹雪芹，名霑，字梦阮，生于一七一五年至一七二四年间（清康熙五十四年至雍正二年），死于一七六二或一七六三年（清乾隆二十七年或二十八年）。他的家庭属内务府正白旗汉军，是清皇室的“包衣”(奴隶)。曹雪芹的曾祖母，是康熙的乳母，曹雪芹的祖父曹寅，曾作过康熙的“侍读”。康熙即位以后，曹家就得到重用。曹雪芹的曾祖父曹玺就当了江宁织造，曹玺死后，其子曹寅，其孙曹颙、曹頫继任江宁织造。织造衙门是专为皇家织造绸缎的机构。织造一职，由内务府的郎中或员外郎选派，多属皇帝的心腹。没有一定的品级，但可以直接向皇帝上奏章，呈密折，报告吏治民情，充当皇帝的耳目。曹寅博学能文，著《楝亭诗抄》，曾主持刻印《全唐诗》，并以藏书著称，有许多著名的学者文人和他交往。康熙对于曹寅特别赏识。康熙六次南巡，四次都住在曹寅的江宁织造署内。康熙一朝，曹雪芹的祖父辈备受恩宠，这是曹家的鼎盛时期。康熙死后，曹家的厄运就开始了。雍正初年，雷厉风行地整顿财政经济，曹家长期担任织造、盐政等要职，财务亏空很大，受追查。又当时雍正和弟兄们斗争很激烈，曹家也可能受到了牵连。雍正五年（一七二七），曹頫被革去江宁织造，家产被抄没，给他留下北京的部分财产，“以资养赡”。但是，这时的曹家，还没有一败涂地。一七二八年（清雍正六年），年幼的曹雪芹随着父母，由南京回到北京。乾隆初年，曹家大概又遭到一次祸变，从此，这个“赫赫扬扬将近百年”的家族完全败落下来。后来，曹雪芹迁往北京西郊，过着穷愁潦倒的生活，“瓮牖绳床”，“举家食粥”，在贫病交迫的情况下，从事《红楼梦》的创作，不到五十岁就与世长辞了。曹雪芹的一生，从幼年豪富到中年败落，使他能从各个方面广泛地接触社会生活，深刻地体察一个封建大

---

①　鲁迅：《中国小说史略》，见《鲁迅全集》卷八，181页，北京，人民文学出版社，1957。

家族中表现的复杂的矛盾，为《红楼梦》的创作奠定了基础。

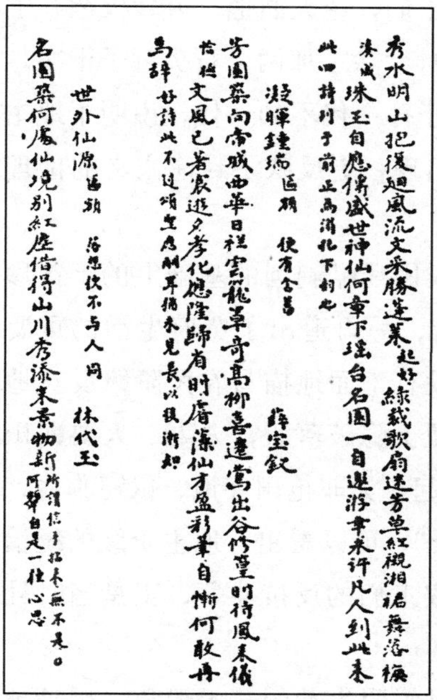

秀水明山抱復迴風流文采勝蓬萊 起好 綠裁歌扇迷芳草紅襯湘裙舞落梅
湊成 珠玉自應傳盛世神仙何幸下瑤台名園一自邀遊賞未許凡人到此來
此四詩列于前正爲消化下韵也
凝暉鍾瑞 匾額 使有含蓄
薛寶釵
芳園築向帝城西華日祥雲籠罩奇高柳喜遷鶯出谷修篁時待鳳來儀
恰極 文風已著宸遊夕孝化應隆歸省時睿藻仙才盈彩筆自慚何敢再
爲辭 好詩此不過頌聖應酬耳猶未見長以後漸知
世外仙源 匾額 落想仗不與人同
林代玉
名園築何處仙境別紅塵借得山川秀添來景物新 所謂信手拈來無不是 阿顰自是一種心思

《石头记》己卯本

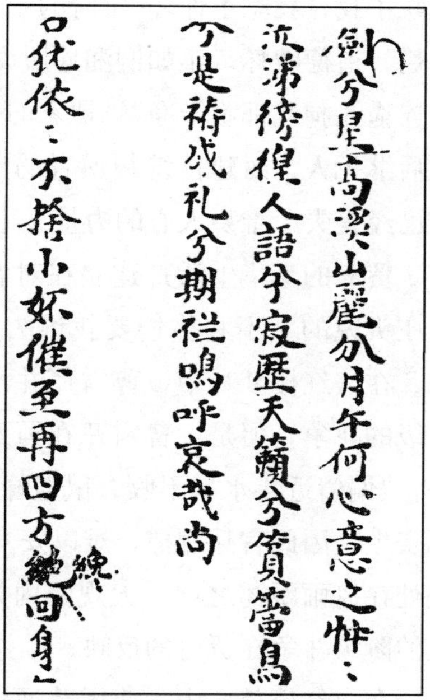

劍兮星高溪山麗兮月午何心意之怍怍
泣涕徬徨人語兮寂歷天籟兮篔簹鳥
下是禱成禮兮期祥嗚呼哀哉尚
口猶依依不捨小婢催至再四方纔 繞 回身

《石头记》庚辰本

贯穿《红楼梦》的一条主线，是贾宝玉和林黛玉的爱情悲剧。他们的爱情，是建立在反封建传统的共同的思想基础上的，这个爱情悲剧本身就具有深刻的社会意义。但是，《红楼梦》的伟大并不仅仅是因为它写了这个爱情悲剧，更重要的还在于围绕着这条主线塑造了众多的、栩栩如生的人物形象，反映了封建末世的社会生活，揭露了封建统治阶级的反动腐朽及其必然灭亡的命运，对封建社会进行了全面的批判。

《红楼梦》中的贾、史、王、薛四家，是四大封建家族，它们通过婚姻关系联结在一起。上通朝廷，下结州县，成为封建社会的支柱。一张“护官符”，不仅显示了四大家族显赫的政治地位和雄厚的经济实力，而且充分揭露了封建社会国家机器的阶级实质以及封建社会走向没落时期官场的腐败和政治的黑暗。

贾家号称“诗礼簪缨之族”，但是，就在这富丽堂皇的帷幕后面，父子之间、婆媳之间、兄弟之间、妯娌之间、夫妇之间、嫡庶之间，围绕着财产和权力进行激烈的斗争，“象乌眼鸡似的，恨不得你吃了我，我吃了你”。贾府的主子们，花天酒地，穷奢极欲，生活糜烂，道德败坏，正如柳湘莲所说，“除了那两个石头狮子干净，只怕连猫儿狗儿都不干净”。贾家的子孙一代不如一代，说明了地主阶级后继无人，封建传统叛逆者的出现，更反映了封建主义的伦理纲常已经丧失了维系人心的力量。

贾府的豪华生活是建立在对农民残酷剥削的基础上的。贾珍对乌庄头说的“不和你们要找谁去”，一语道出了贾府生活的重要来源。在《红楼梦》中，曹雪芹并没有正面地描写农民阶级反对地主阶级的斗争，但是，曹雪芹在写甄士隐破落后，夫妻二人要回田庄去，“偏值近年水旱不收，鼠盗蜂起，无非抢田夺地，鼠窃狗偷，民不安生，因此官兵剿捕，难以安身”，可以看出，地主阶级的统治已经处在风雨飘摇之中，大观园内奴隶们的反抗斗争，正是当时社会上的阶级斗争在贾府的反映。

在《红楼梦》中，曹雪芹通过鲜明生动的艺术形象，生动地反映了封建后期的社会矛盾，它不仅具有高度的思想性，而且具有高度的艺术性。鲁迅先生说：“自有《红楼梦》出来以后，传统的思想和写法都打破了。”① 《红楼梦》是中国封建社会的百科全书，是一部伟大的现实主义的杰作。尽管曹雪芹还有补封建制度之天的幻想，对君权有保留，对农民起义采取敌视的态度，对孔孟之道的批判也不彻底，但是，曹雪芹的名字是可以列于世界伟大作家之林而毫无逊色的。

曹雪芹仅仅留下了《红楼梦》的前八十回，后四十回为高鹗续作。高鹗，字兰墅，籍隶汉军镶黄旗，乾隆六十年（一七九五）进士，曾做过内阁中书、刑科给事中等官。他的续书，完成了贾宝玉、林黛玉的爱情悲剧，使故事首尾完整，便于流传。但是，后四十回的思想性和艺术性都远不如前八十回，特别是宝玉中举和贾家“兰桂齐芳”、“家道复初”，更是严重地违背了曹雪芹的原意。

---

① 鲁迅：《中国小说的历史的变迁》，见《鲁迅全集》卷八，350页。

《镜花缘》是在《红楼梦》之后出现的一部优秀小说。作者李汝珍（一七五八年？至一八三〇年？清乾隆二十三年至道光十年），直隶大兴（今北京市）人，曾作过河南县丞，学问渊博。《镜花缘》是他晚年的作品，计划写二百回，结果只写了一百回。在《镜花缘》中，作者通过唐敖、林之洋、多九公等人游历海外诸国的见闻，描写自己的社会理想，抨击封建社会的黑暗，表现了进步的倾向。

《镜花缘》突出地赞扬了妇女的才能。书中的一百多个才女都是些巾帼奇才。作者要求提高女权，对封建社会中压迫妇女的某些制度和风俗，进行了揭露和批判。但《镜花缘》在思想上没有完全摆脱封建思想的束缚，在艺术上有炫耀学识、忽视人物塑造的缺陷。

五、戏曲

中国的戏曲，历史悠久，种类繁多。元杂剧和明传奇，标志着中国戏曲已经达到了成熟的阶段。到了清代，又有进一步发展，产生了戏剧理论家李渔和优秀的剧作家洪昇、孔尚任等。

李渔（一六一一年至一六七九年，明万历三十九年至清康熙十八年），字笠翁，浙江兰溪人。他写过许多剧本，并自蓄家伎，到处演出。在总结前人和自己的经验的基础上，写成了他的戏剧理论著作《闲情偶寄》。李渔的戏剧理论，包括创作和演出两个部分。在戏剧创作方面，他不同于那些专从一个曲牌、一些字句出发的评论家，而很注意作品的全局。他主张一个剧本应该有“主脑”，用今天的话来讲就是要有“主题”。要有中心人物和中心事件。从这一要求出发，他提出了“密针线”、“减头绪”，“凡此剧中有名之人，关涉之事，与前此后此所说之话，节节俱要想到”。要有“照映”、有“埋伏”，使剧本成为一个有机的整体。在塑造人物方面，他主张要写出人物的个性，写什么人，就像什么人。他要求作者“设身处地”为剧中人着想，把剧中人心灵深处的东西表现出来。在语言方面，他主张通俗易懂，重视演出效果。

洪昇（一六四五年至一七〇四年，清顺治二年至康熙四十三年），字昉思，浙江钱塘人。他一生潦倒，在北京作了二十多年国子监生，没有得到一官半职。在这期间，他又遭家难，父亲得罪遣戍。艰难的生活道路养成了他清狂孤傲的性格，常常“白眼踞坐，指古摘今”①。他的《长生殿》一剧写成于一六八八年（清康熙二十七年），轰动一时，“爱文者喜其词，知音者赏其律”②，“朱门绮席，酒社歌楼，非此曲不奏”③，以至妇孺皆知“洪先生”之名。一六八九年（清康熙二十八年）因在佟皇后丧期内演唱《长生殿》，洪昇遭弹劾，被革去国子监生，回到故乡，过着郁郁寡欢的生活。康熙四十三年，在浙江吴兴夜饮失足落水而死。

《长生殿》是写唐明皇李隆基与贵妃杨玉环的爱情故事。作者以现实主义和浪漫主义相结合的手法，把传说和历史融合在一起，围绕着李、杨之间的爱情，展现了安史之乱前后尖锐复杂的阶级矛盾、民族矛盾以及统治阶级的内部矛盾。一方面赞美李、杨之间生死不渝的爱情，一方面揭露和批判封建帝王豪华生活给人民带来的严重苦难，使这个传统的题材具有丰富的社会内容，在思想和艺术方面，取得了超越前人的成就。特别值得注意的是，作者在揭露封建统治阶级的罪恶，描写劳动人民苦难的同时，塑造了一系列爱国者的光辉形象，对权奸、叛将、降官进行了严厉的批判，表现了作者的兴亡之感和故国之思。

清代另一优秀剧作者孔尚任（一六四八年至一七一八年，清顺治五年至康熙五十七年），字聘之，号东塘，山东曲阜人，孔子第六十四代孙。康熙二十四年，康熙南巡，过曲阜，谒孔庙。孔尚任在御前讲经，得康熙的赏识，授国子监博士，来到北京，开始了他的仕宦生涯。康熙二十五年，他被派往苏北治水，往来于南京、扬州等地，亲身体验了人民的苦难和官场的黑暗，结识了许多明朝遗老，加深了他对南明王朝历史的了解。康熙二十八年，他回到北京，迁任户部员外郎，但他已不再热衷仕进了，决心最后完成他构思已久的《桃花扇》。

---

①③ 《长生殿》，徐麟：《长生殿序》，225页，北京，人民文学出版社，1958。

② 同上书，吴舒凫：《长生殿序》，226页。

一六九九年（清康熙三十八年），《桃花扇》脱稿，获得了很大成功。“长安之演《桃花扇》者，岁无虚日”①。但是，也就在这一年，孔尚任被罢官。一七〇二年（清康熙四十一年），他回到故乡，晚景颇为萧条。

《桃花扇》以复社文人侯方域与秦淮名妓李香君的爱情故事为线索，集中反映了明末统治阶级内部的矛盾和斗争。作者把侯、李爱情故事的开展和当时的政治形势紧密地联系在一起，通过鲜明的艺术形象，再现了南明王朝兴亡的历史。作者虽然没有正面去写民族矛盾，但是，这种“借离合之情，写兴亡之感”② 的历史剧，不能不引起有亡国破家之痛的人们的强烈共鸣。当《桃花扇》演出的时候，故臣遗老，“掩袂独坐”，“唏嘘而散”，表明了《桃花扇》的政治影响。孔尚任在《放歌赠刘雨峰》诗中说：“命薄忍遭文字憎，缄口金人受诽谤。”他的罢官，很可能和创作《桃花扇》有关。

孔尚任在创作《桃花扇》的时候，十分重视历史的真实。“朝政得失，文人聚散，皆确考时地，全无假借”③。但是，他对于戏剧本身的特点，也并不忽视。为了塑造典型人物，对某些事实也“稍有点染”④，比较正确地解决了历史真实和艺术真实的关系，使《桃花扇》成为一部思想性和艺术性相统一的古典戏剧名著。

《长生殿》和《桃花扇》都是昆曲，但在清初昆曲盛行的同时，全国各地还有很多地方戏。戏曲舞台上，百花齐放，竞秀争妍，有所谓“南昆、北弋、东柳、西梆”之说。“昆”即昆曲；“弋”即弋阳腔，明代传至北方，清初已盛行于北京；“柳”指山东的柳子戏；“梆”指陕西的“梆子”，亦即“秦腔”。乾隆时期，出现了“花部”与“雅部”争雄的局面，“雅部”指昆曲，“花部”是各种地方戏的总称，或称“乱弹”。“两淮盐务，例蓄‘花’、‘雅’两部，以备大戏。雅部即昆山腔；花部为京腔、秦腔、弋阳腔、梆子腔、罗罗腔、二簧调，统谓之‘乱弹’”⑤。地方戏的曲文虽不如昆曲，但音调优

---

① 孔尚任：《桃花扇》，《本末》，6页，北京，人民文学出版社，1963。

② 孔尚任：《桃花扇》，《先声》，1页。

③④ 孔尚任：《桃花扇》，《凡例》。

⑤ 李斗：《扬州画舫录》。

美，语言通俗，表演生动，富于生活气息。著名学者焦循评论说：昆曲“盖吴音繁缛，其曲虽极谐于律，而听者使未睹本文，无不茫然不知所谓”；而地方戏曲“其词质直，虽妇孺亦能解。其音慷慨，血气为之动荡”。所以“花部”在民间极受欢迎，“郭外各村，于二八月间，递相演唱，农叟渔父，聚以为欢，由来久矣”；“天既炎暑，田事余闲，群坐柳荫豆棚之下，侈谈故事，多不出‘花部’所演”①。

昆曲由于脱离群众，变成了封建士大夫的消遣品，日益失去生命力。清初，北京戏曲舞台上已有弋阳腔与昆曲争衡，后来，其他地方剧种入京。乾隆中叶，秦腔表演艺术家魏长生来京演出，“名动京城，观者日至千余”②。乾隆五十五年（一七九〇），因祝贺皇帝八十岁寿辰，安徽三庆班入京。徽班以二黄调为主，并改造秦腔的唱法而形成西皮，产生了“皮黄”戏，遂形成后来的京剧。又进一步吸收昆曲和各种地方戏的优点，清朝后期，京剧的剧目、唱腔和表演艺术不断革新，名家辈出，成为全国广泛流行的最大剧种。

六、绘画

清代绘画，繁荣兴旺，人才辈出，流派之多，如雨后春笋。清统治者如康熙、乾隆都喜爱绘画，大力提倡。先后下诏编纂了《佩文斋书画谱》、《祕殿珠林》、《石渠宝笈》（正、续编）等中国绘画名著。一些优秀的画家，供奉内廷，备受礼遇。

但是，在封建文化专制主义的影响下，复古主义和形式主义的风尚较严重地影响了清代画坛。尽管流派很多，但是，大都以模仿古人为能事。“远师（黄）公望，近宗文（徵明）沈（周）。”他们的代表人物，有清初的王时敏、王鉴、王翚、王原祁、恽格和吴历。其中影响最大的是王翚和王原祁。方薰说，“海内绘事家，不为石谷（王翚字）牢笼，即为麓台（王原祁号）械杻”③。他们的画风，形成了清代画坛的正统。

---

① 焦循：《花部农谭》。

② 吴太初：《燕兰小谱》，《杂咏诸伶》。

③ 方薰：《山静居画论》下，一三三页。

在复古主义和形式主义画风盛行的时候，出现了一些反对模仿、提倡独创的画家。他们信笔挥写，直抒胸臆，不拘成法。因此，正统派的画家称之为“狂”、为“怪”。他们的代表人物，有清初的“四僧”（弘仁、髡残、道济、八大山人）和清中叶的“扬州八怪”（有不同的说法。一般的说法是汪士慎、黄慎、金农、高翔、李鱓、郑燮、李方膺、罗聘）。清初的“四僧”，有的是明王朝的宗室，有的是明末遗民。“扬州八怪”则是一些仕途坎坷和隐居不仕的有正义感的知识分子。他们把亡国之痛和愤世嫉俗的心情通过自己的画笔表现出来，为清代画坛带来了新的气息。

王时敏（一五九二年至一六八〇年，明万历二十年至清康熙十九年），字逊之，号烟客。江苏太仓人。明大学士王锡爵之孙，以荫官至太常寺少卿，人称王奉常。他从小就酷爱绘画，擅长山水，对于宋元诸家，特别是对黄公望刻意揣摹，深受董其昌的赏识。他运腕虚灵，布墨神逸，随意点染，峰壑浑成。到了晚年，艺术上更加成熟，被奉为清初画坛的领袖。但是，由于他只知临摹，不事创造，所以他的作品，始终不能超出黄公望、董其昌二家的范围。

王鉴（一五九八年至一六七七年，明万历二十六年至清康熙十六年），字圆照，号湘碧，江苏太仓人。他是王时敏的宗侄，他们的年龄却相差不多，齐名艺苑。他也喜好临摹，凡是宋元以来的名画，他一定要临摹到惟妙惟肖的境地方肯罢手。对于董源、巨然的笔法，有更深的造诣。他的画沉雄古逸，皴染兼长，但是，大都出于临摹，缺少创造性。

王翚（一六三二年至一七一七年，明崇祯五年至清康熙五十六年），字石谷，号耕烟散人，又号乌目山人，江苏常熟人。少年时就长于山水画，王鉴游虞山，见到了他画的扇面，非常惊异，载与俱归。在王鉴的指导下，进步很快。后来，王鉴又将他推荐给王时敏作学生，王时敏对他十分器重，以钦佩的口吻说：“此烟客师也，乃师烟客耶！”他和王时敏一起，游历大江南北，饱览收藏家的秘本，在创作思想和艺术技巧上都有了突破。他认为当时画坛的衰微，是由于宗派主义造成的。“右云间者深讥浙派，祖娄东者辄诋吴门。”

他主张“以元人笔墨，运宋人丘壑，而泽以唐人气韵”①。他把自董其昌以来视为中国绘画史上水火不相容的南北二宗不同的表现手法熔于一炉，赢得了“画圣”的称誉，成为虞山派的开山。康熙时，供奉内廷，奉诏作《南巡图》，康熙看了，非常满意，赐书“山水清晖”四字，因号“清晖主人”。他的画工整艳丽，蹊径深远，在“四王”中，他的成就最为突出。

王原祁（一六四二年至一七一五年，明崇祯十五年至清康熙五十四年），字茂京，号麓台。王时敏之孙。康熙庚戌进士，官至户部侍郎，人称王司农。他童年时代，就表现出了绘画的才能。偶作山水小幅，粘在书斋的墙上，王时敏以为是自己的作品，惊讶地说：“吾何时为此耶！”当他得知是王原祁所作的时候，称赞说：“是子业必出吾右。”在王时敏的指导下，学业精进，对于黄公望的画法，钻研更深。王时敏曾对王鉴说：“元季四家，首推子久（黄公望），得其神者，惟董宗伯（其昌）；得其形者，余不敢让；若神形俱得，吾孙其庶乎！”② 康熙时，供奉内廷，充《佩文斋书画谱》总裁，《万寿圣典》总裁。由于他得到清统治者的赏识，学之者遍天下，形成娄东一派，俨然成为一代宗师。他的作品，深醇浑逸，但较拘束，跟在古人的后面亦步亦趋。他的《麓台题画稿》共五十三条，有四十七条是标明“仿”的。其中仿黄公望的就有二十五条之多。他这样拜倒在古人的脚下，自然谈不到创造了。

恽格（一六三三年至一六九〇年，明崇祯六年至清康熙二十九年），字寿平，又字正叔，号南田，江苏武进人。早年好画山水，后来，他认为自己在这方面超不过王翚，于是改学花鸟，斟酌古今，一洗时习，独开生面。他的画，简洁精美，赋色明丽，成为清代花卉翎毛的正统。“江南、江北，莫不家南田而户正叔”③。这一画派，被称为“常州派”。他亦偶画山水，高旷秀逸。有人说他的画，宛如李白之诗，非人力所可及。他的作品以斗方尺页最为精妙，大幅巨

① 张庚：《国朝画征录》卷上，二六页。

② 张庚：《国朝画征录》卷下，五一页。

③ 同上书，五五页。

嶂，则欠雄伟，有力不从心之感。

吴历（一六三二年至一七一八年，明崇祯五年至清康熙五十七年），字渔山，自号墨井道人。江苏常熟人。他与王翚同学画于王时敏。他也是追踪宋元，特别是师法黄公望的。他的画，荒远萧散，气韵高迈。王原祁极为推崇，曾对他的学生温仪说："迩时画手，惟吴渔山而已，其余鹿鹿，不足数也"①。吴历晚年信仰天主教，弃家游海上，并老死于澳门。因此，有人认为他的画参用了西洋画法，其实并非如此。他在《墨井画跋》中说："我之画不求形似，不落窠臼，谓之神逸；彼全在阴阳向背形似窠臼上用工夫。即款识我之题上，彼之识下。用笔亦不相同。"他之不同于西洋画法，是非常明显的。

弘仁（一六一〇年至一六六三年，明万历三十八年至清康熙二年），字渐江，本姓江，名韬，字六奇，安徽歙县人。明末生员。明亡后，削发为僧。他善画山水，初学宋人，后变为元人一派，深得倪云林笔意，开创了新安派画家以倪氏为宗的风气。他好游山水，往来于黄山、雁荡之间。所画层峦怪石，老树虬松，流水澄潭，丹岩巨壑，无不使人恍如身历其间。江南的士大夫以家中有无他的绘画作为衡量雅俗的标准。死后，友人在他的墓旁种梅花数百株，因此，人称梅花古衲。

髡残（约生于一六一二年，明万历四十年，卒年不详，大致活到六十多岁），字介邱，号石谿，自称残道人，晚署石道人，湖广武陵（今湖南常德）人。本姓刘，参加抗清斗争，失败后出家，遍游名山，后至南京，住牛首寺。他一方面学习宋元人的技法，另一方面则以天地为师。他的山水画，奥境奇辟，林壑幽深，笔墨高古，引人入胜。张瑶星评他的画说："举天下言诗，几人发自性灵；举天下言画，几人师诸天地；举天下言禅，更几人抛故却纸，摸着自家鼻孔也。介大师个中龙象，直踞祖席，然绝不作拈椎竖拂恶套，偶然游戏濡吮，辄擅第一。"②

① 张庚：《国朝画征录》卷中，四六页。
② 周亮工：《读画录》卷二，二四页。

《墨荷图》 （朱耷画）

八大山人（约一六二六年至一七〇五年，明天启六年至清康熙四十四年），本姓朱，名耷，字人屋，又字雪个，号八大山人，江西南昌人。明王朝宗室。明亡，出家为僧，后又当道士，住南昌青云谱道院。他擅长花鸟山水，笔墨恣纵，不拘成法，苍劲圆晬，时有逸气。在清初写意画派中，他是一个有独创风格的大画家。他的画，以简略胜，寥寥数笔，即能概括出物象的神态，开辟了我国绘画的新途径。他因国亡家破，忧愤不平，画风沉郁苍凉。他的书画题款，把“八大”、“山人”两两各相联缀，类似“哭之”、“笑之”字样。郑板桥题他的画说：“国破家亡鬓总皤，一囊诗画作头陀，横涂竖抹千千幅，墨点无多泪点多。”① 这样的评论是十分中肯的。

道济（一六三六年至一七一〇年，明崇祯九年至清康熙四十九年），本姓朱，名若极，字石涛，号大涤子、清湘老人，又号瞎尊者、苦瓜和尚，广西全州人。明王朝宗室。明亡后，出家为僧。他精于画理，擅长山水兰竹，是一位富有革新精神的大艺术家。他对于当时画坛模仿的风气非常不满，认为山水画家应该是山川的代言人，要与山川“神遇而迹化”。今人之所以不能“出一头地”，就是由于人们“师古人之迹而不师古人之心”②。“搜尽奇峰打草稿”③，就是他自己创作经验的总结。对于传统的技法，他认为是应该学习的，但是，不能“泥古不化”，“知有古而不知有我”④。他说：“画有

① 《郑板桥全集》卷三。
② 《大涤子题画诗跋》卷一，《跋画》。
③ 《苦瓜和尚画语录》，《山川章》。
④ 同上书，《变化章》。

南北宗，书有二王法。张融有言，不恨臣无二王法，恨二王无臣法。今问南北宗，我宗耶？宗我耶？一时捧腹曰：我自用我法。”由于他重视对大自然的观察体验，不拘泥古人成法，所以他的作品，构图新奇，变化多端，粗细兼具，干湿并用，有浓郁的生活气息。王原祁对他也非常佩服，说“大江以南，当推石师第一，予与石谷皆有未逮”。他的《画语录》，是他一生艺术实践的总结，对后世影响颇大。

在清初“四僧”之后，继之以扬州“八怪”。他们虽然并不都是扬州人，但都长期生活在扬州，并有共同的绘画风格。他们处于清朝的康雍乾盛世，但都不得志，思想上不满现实，反对封建礼教的束缚，在艺术上不为成法所囿，努力表现新内容，探索新技巧。他们多数从事花鸟画，其次是人物画，而山水画较少。

汪士慎（一六八六年至一七五九年，清康熙二十五年至乾隆二十四年），字近人，号巢林，别署溪东外史，安徽休宁人，流寓扬州。他善画花卉，特别是精于墨梅。笔致疏落，清妙独绝。他和金农是好朋友，两人唱和甚多。晚年双目失明，尚能以意运腕，书作狂草，为人作画，工秀不减当年。

黄慎（一六八七年至一七六六年，清康熙二十六年至乾隆三十一年），字恭懋，号瘿瓢，福建宁化人，侨居扬州。他擅长人物、山水、花卉，用笔酣畅，纵横驰骋，富于变化，与正统派的画风迥然不同。所画人物，大都属于社会下层的流民、乞丐、渔夫、贫僧，由于他对这些人物非常熟悉，寥寥数笔，就能将其神态惟妙惟肖地表现出来。

金农（一六八七年至一七六四年，清康熙二十六年至乾隆二十九年），字寿门，号冬心，浙江仁和（今杭州）人。好古力学，精鉴赏，善于识别古书画的真伪。五十岁以后，才开始从事绘画。侨居扬州，以卖画自给。他善用焦墨，以竹、佛像最为著名。亦善画马及花鸟山水。苍劲疏拙，风格高，尽脱时习。他的别号很多，每因画的内容不同而落款亦异：画竹号稽留山民、画梅号昔涯居士、画花鸟号龙梭仙客、画人物号耻春翁、画马号冬心先生、画佛号心出家盦粥饭僧、画山水号曲江外史，有《冬心题画》、《冬心画记》等行世。

高翔（一六八八年至一七五三年，清康熙二十七年至乾隆十八年)，字凤冈，号西堂，江苏甘泉（今扬州）人。善山水。他取法弘仁的静简而又参以道济的纵恣。用笔简洁，气势豪迈。又善画梅，颇得金农笔意。晚年右手残废，便以左手作字，苍劲奇古，世以为宝。

李鱓（一六八六年至一七六二年，清康熙二十五年至乾隆二十七年)，字宗扬，号复堂，又号懊道人，江苏兴化人。康熙举人，一度供奉内廷，后任滕县知县，颇有政声，因忤犯大吏，被罢去。侨居扬州，卖画为生。与郑板桥交谊甚深。他善画花鸟，随意点染，不拘绳墨，却有一种天然的情趣。生平爱画五松图，老干杈枒，笔飞墨舞，尝以此自许。

郑燮是清中叶著名的诗人、书法家，也是一个很有成就的画家。他在文学上的成就，我们在前面已经讲过了。在绘画方面，他擅长花卉木石，尤工水墨兰竹。笔墨劲秀，风致潇洒，给人以清新之感。板桥作画，重视对自然的观察。他说："凡吾画竹，无所师承，多得于纸窗粉壁日光月影中耳。"① 但他的作品，又并非自然主义的描摹，而是经过精心提炼的。他在一段题词中，记述了自己画竹的情景，"江馆清秋，晨起看竹，烟光、日影、露气皆浮动于疏枝密叶之间。胸中勃勃，遂有画意。其实胸中之竹，并不是眼中之竹也。因而磨墨、展纸、落笔，倏作变相，手中之竹，又不是胸中之竹也"②。他对客观事物既能作深入的观察，又能用高超的技巧把它再现出来，这就是他的作品赢得人们赞誉的原因。板桥题画，也颇具特色。他曾有题画竹云："乌纱掷去不为官，囊橐萧萧两袖寒，写取一枝清秀竹，秋风江上作渔竿。"③ 这首诗表达了他无意仕进和清高绝俗的操守，写得十分自然真挚。

李方膺（一六九五年至一七五四年，清康熙三十四年至乾隆十九年)，字虬仲，号晴江，又号秋池，江苏南通人。雍正时以诸生保举为县令，为人耿直，屡忤上司而去官，后久寓金陵，以卖画为生。他善画松、竹、梅、兰，尤以梅为最。纵横排戛，不守寻常法度。有人说他的画像"乱头粗服"。但乱中有理，有苍莽浑成的气概。他

---

①② 《郑板桥全集》，《板桥题画》，《竹》。

③ 同上书，《予告归里画竹别潍县绅士民》。

画的梅花，有幅大至一丈多的，夭矫蟠塞，为古法所未有。他在一首题画梅的诗中说："写梅未必合时宜，莫怪花前落墨迟。触目横斜千万朵，赏心只有两三枝。"① 通过这首小诗，可以看出这位画家孤高傲世的情怀。

罗聘（一七三三年至一七九九年，清雍正十一年至嘉庆四年），字遁夫，号两峰，晚号花之寺僧。原籍安徽歙县，后迁居扬州，尝受业于金农，得其真传。人物、山水、花卉，都很精妙，尤善画神怪。他的《鬼趣图》，是对社会生活中丑恶现象的讽刺。一时王公大人、骚人墨客题咏几遍。清代人的笔记中常常提到它，把它描绘得鬼气拂拂。其影响之大，可以想见。

综观清代画坛，山水画和花鸟画占绝对优势，而反映现实的人物画和风俗画则为数不多。尽管在创作思想上有取法自然和模仿古人之分，在表现技巧上有因循守旧和推陈出新之别。但是，在题材上却没有多大差异。题材的狭窄，也是清代文人画成就不大的一个重要原因。

清代的民间绘画，以版画和年画成就最高。我国版画发展到明代已经达到了相当成熟的阶段，不仅出现了许多优秀的小说和戏曲的插图，还出现了"饾版"、"拱花"的印制方法，使版画更加生动精彩。清代版画继承并发展了明代版画的优良传统，产生了像萧尺木的《太平山水图》、《离骚图》，王槩的《芥子园画传》，焦秉贞的《耕织图》，上官周的《晚笑堂画传》，李笠翁的《十种曲》插图，改琦的《红楼梦图咏》等优秀作品。与版画差不多同时兴起的年画，更为广大人民群众所喜爱。在清代，年画产地最有名的是苏州的桃花坞、天津的杨柳青、山东的潍县、河南的朱仙镇。年画的题材比较广泛，能够反映现实生活、民间风尚以及历史故事，线条明快，色彩艳丽，对文化艺术的传播和普及，起了很大的作用。仅以杨柳青戴增廉一家而论，最盛时期"每年就需要印制一百万张年画"②。这样大的产量以及它影响的广泛，不是一般文人画所能与之相比的。

明代末年，西洋画传入中国以后，有的画家就开始吸收一些西

① 袁枚：《随园诗话》卷七。
② 阿英：《中国年画发展史略》，27页。

洋画法。清代的焦秉贞、冷枚、唐岱都以擅长西法见称于世，但不久即归于消沉。因为中国画和西洋画各有自己的传统，西洋画的表现手法和刻意仿古的正统派画家们更是格格不入。张庚在谈到焦秉贞的作品时说："非雅赏也，好古者所不取。"① 所以西洋的画法对清代绘画的影响是不大的。

第二节　科学与技术

清代前期，随着多民族国家的统一和巩固，社会经济逐渐由恢复进入繁荣发展阶段。相应的，科学和技术也在明代的基础上，继续有所发展。明末清初，西方科学技术知识以传教士为媒介，陆续传入我国后，更进一步促进了我国某些传统科学的变革。尤其在天文历法、数学和地图测绘方面，有显著的进步和成就。

然而，正如恩格斯曾经指出过的，"科学的发生和发展一开始就是由生产决定的"②。整个清代前期，社会经济的发展始终没有超出封建经济的范围。政治上没有发生新的变革。文化思想上则尊崇儒家经典，提倡理学，并以八股取士。在这种环境中，科学技术不可能有飞跃的发展，不可能挣脱封建经济和政治的制约而进入近代科学的行列。

清前期各门科学发展的基本状况见下。

一、天文历法

我国古代的天文历法本有较高的水平，历代政府都十分重视历法的颁行和修订，在历史上曾经多次进行过历法的改革。至明代，通行的《大统历》采用了郭守敬的《授时历》，但相沿日久，误差渐大。钦天监预报的日月食，"往往不验"③，迫切需要改订。只因缺乏天文测算的人才，改历的工作，一直未能着手进行。明末，耶稣

---

① 张庚：《国朝画征录》卷中，三二页。

② 恩格斯：《自然辩证法》，92页，1971。

③ 《清史稿》，志二十，时宪一。

会传教士利玛窦等来到中国，带来了西方的天文数学知识，在中国士大夫徐光启、李之藻等的引荐支持下，应用西法，设局修历，请传教士熊三拔、庞迪我、邓玉函、汤若望等参加，编成了规模宏大的《崇祯历书》。

不久，清朝入关，汤若望向清廷提出改历建议。一六四四年（清顺治元年）九月一日发生日食，“令大学士冯铨同汤若望携窥远镜等仪器，率局监官生，齐赴观象台测验，其初亏、食甚、复圆时刻分秒及方位等项，惟西洋新法，一一吻合，大统、回回两法俱差时刻”①。清廷决心采用西方历法，于顺治二年（一六四五）颁行汤若望制订的《时宪历》，并任命汤若望为钦天监监正。

《时宪历》是一部应用西洋法数，保留旧历结构的历法。这部历法与旧历法的不同之处表现在以下三个方面：

第一，它的天文计算方法是建立在比较科学的宇宙理论基础之上的。我国的传统历法虽然也有理论，但往往偏重计算，没有达到自觉地建立天文理论的地步。古代改历，重在修改数据和计算公式。而《时宪历》所依据的是丹麦天文学家第谷、布拉赫的天体运行论。② 这种理论虽然比哥白尼的日心地动说落后，但从历法的观点来看，它对天体运行规律的解析，要比我国传统的宇宙模型更为合理和科学。

第二，在计算方法上，新历完全采用了欧洲几何学的计算系统，引进了经纬度、球面三角学、蒙气差、时差等新观念。分周天为三百六十度，改一百进位制为六十进位制。用二十四小时九十六刻记时。这和我国传统历法所用的内插法经验公式的代数学体系，完全不同。

第三，在二十四节气的规定方法上，新历采用了定气注历制度。也就是以太阳在黄道上实际移动的位置做标准来判明节气，废弃了我国传统历法所使用的“平气”③ 注历制度，从而使节气的安排更

---

① 《清世祖实录》，顺治元年八月初一。

② 第谷的天体运行说是把地球当做宇宙中心，静止不动。太阳、月亮、恒星三者绕地球旋转，而其他行星又绕太阳旋转。这是一种介于哥白尼的日心说和托勒密的地心说之间的折中性宇宙理论。

③ 平气就是把测定好的岁周平分为二十四等分，每一等分就是一个节气，每一节气的日数都是相等的（十五日）。

符合太阳运动的实际规律，有利于农事的安排。

新历的颁行标志着欧洲古典天文学的精华已被我国所吸收。这是我国最早接触近代科学的一个领域，对于天文学的发展和农业生产活动有很大的影响。可是，这一进步却遭到守旧派的抵制和反对。康熙初，在鳌拜执政时期，爆发了一场激烈的历法之争，汤若望等下狱。这场斗争的情况我们已在第九章中叙述。康熙亲政以后，通过实测证明西方历法更符合于科学，此案得以平反，仍颁行《时宪历》。此后，康熙命汤若望的继承人南怀仁按欧洲的先进方法和度量衡制度，督造天文仪器，制成赤道经纬仪、黄道经纬仪、地平经仪、地平纬仪、纪限仪、天体仪等，装备了北京观象台，钦天监曾利用这些新仪器，对全天星座进行多次测算。在耶稣会传教士的参与下，钦天监还编纂了《历象考成》和《历象考成后编》，这是清代很重要的天文学著作，特别是《后编》，从理论到计算方法，已抛弃了第谷的天体运行说，改用了地心系的椭圆运动理论和牛顿测定的新数据。但是，来到中国的传教士，囿于宗教偏见和限于科学水平，并没有把当时欧洲最革命的哥白尼的天文学说系统地传到中国来，中国的学者们也只能跟着传教士们在欧洲古典天文学的圈子里转来转去。中国封建社会对天文学的需要是制定历法，传教士带来的天文知识对于制历已经够用了，故而没有动力和条件继续进行新的探索和提

天体仪

浑天仪

高，而中国封建政府对于新的思想学说也往往认作是异端邪说。一七六〇年（清乾隆二十五年），法国传教士蒋友仁献《坤舆全图》，向我国介绍哥白尼的日心说和刻卜勒的行星运动三定律，竟引不起清政府和学者们的兴趣，像阮元这样的著名学者竟也攻击哥白尼，“其为说至于上下易位，动静倒置，则离经叛道，不可为训，固未有若是甚焉者也”①。

由于清政府对天文历法的重视，民间的天文学研究也很活跃，主要代表人物有王锡阐等。

王锡阐（一六二八年至一六八二年，明崇祯元年至清康熙二十一年），字寅旭，号晓庵，江苏吴江人。他终生不应科举，不入仕途，专心致力于天文历算。他自立圭表，长期坚持天文观测，“每遇天色晴霁，辄登屋卧鸱吻间，仰察天象，竟夕不寐”②，“每逢交会，必以所步所测课较疏密，疾病寒暑无间”③。当中西历法激烈斗争时，王锡阐独自对中西二法进行深入细致的比较和研究。“考古法之误而存其是，择西法之长而去其短”。由于他的刻苦钻研和频年实测，使他终于成为既明于理、又习于测的学贯中西的历算名家。著有《晓庵新法》和《五星行度解》等书。

在《晓庵新法》中，王锡阐提出了一种正确计算日月食初亏和复圆方位角的方法。首创太白食日法，即计算金星凌日和水星凌日的凌始和凌终的方位角的方法。同时他还提出了细致计算月掩行星和五星凌犯的初、终时刻方法。他的方法很完备，比过去的中西历法都要先进。他“兼采中西”的科学态度、长期实测的钻研精神以及在天文学上的贡献，博得同时代学者的极高赞誉。顾炎武说，“学究天人，确乎不拔，吾不如王寅旭”④。梅文鼎说，“近代历学，以吴江为最”⑤。

---

① 阮元：《畴人传》卷四十六，《蒋友仁》。

② 阮元：《畴人传》卷三十四，《王锡阐》。

③ 王锡阐：《推步交朔》序。

④ 顾炎武：《日知录·劝学篇》。

⑤ 杭世骏：《道古堂文集》卷三十，《梅定九征君传》。

二、数学

数学是我国人民很擅长的学科，在古代，我国的数学成就曾名列世界前茅，到明代衰落下来，古算几成绝学。明末，西算传入中国，从徐光启翻译《几何原本》前六卷起，直到康熙时编成《数理精蕴》，这是我国历史上第一次西算输入时期，雍正以后到鸦片战争以前，又为古算复兴时期。介绍西算和复兴古算构成了清前期数学发展的两大内容。

清初的历法大辩论，新法以计算精确战胜旧法，这件事使知识界对数学重视起来。康熙又聘请传教士徐日升、白晋、张诚、安多等入宫，讲授几何、代数、天文、物理等科学知识，这就推动了数学的蓬勃发展，出现了方中通、梅文鼎、梅瑴成、明安图、王元启、董佑诚、项名达等著名数学家。

梅文鼎（一六三三年至一七二一年，明崇祯六年至清康熙六十年），字定九，号勿庵，安徽宣城人。他毕生致力于数学和历学研究，为学兼采中西。他说“法有可采，何论东西；理所当明，何与新旧”①。由于当时西方的数学刚刚传到中国来，书籍不多，论证和图解不易理解，梅文鼎做了大量的整理、疏解和阐述工作，语言通俗流畅，“往往以平易之语，解极难之法，浅近之言，达至深之理”②。

梅文鼎对三角、几何造诣甚深。三角是钻研历学的工具，“不明三角，则历书佳处必不能知，其有缺处亦不能正矣”③。他的《平三角举要》一书，系统阐述了三角的定义、定理、三角形的解法以及在测量中的应用，是当时学习三角的一本入门书。他的《弧三角举要》、《环中黍尺》对球面三角学作了详细阐发，并创造了球面三角形的图解法。他在几何学方面，用勾股定理证明了《几何原本》前六卷中的许多命题，认为“几何不言勾股，而其理莫能外。故其最难通者，以勾股释之则明”④。他在《几何补编》一书中又提出了对

---

① 梅文鼎：《堑堵测量》卷二。

② 阮元：《畴人传》卷三十七，《梅文鼎》。

③ 梅文鼎：《平三角举要》。

④ 《清史稿》，《列传》二九三，畴人一，《梅文鼎》。

当时尚未从欧洲传来的各种等面体体积的计算方法和原理；他对“理分中末线”（即黄金分割线）的作用也做了多年探索，找到了此线在量各种多面体体积中的用途。梅文鼎对历法的研究也很有成就，主要是研究古历，弄清楚明朝所用的《大统历》导源于郭守敬的《授时历》，而《授时历》则是我国历法史上一部“集古法之大成”的最优秀的历法。

梅文鼎治学态度非常严肃认真。每得一书，皆为正其讹缺，指其得失，残编散帖，手自抄集，一字异同，不敢忽过，再三推求，往往废寝忘食。他的著作十分丰富，共有八十八种，其中算学书二十六种，历学书六十二种。他在数学方面，成就尤其突出。一七〇五年（清康熙四十四年），康熙南巡途中，曾一连三天召见他，同他讨论数学和历法，并赐给他“绩学参微”的匾额。后辈学者尊他为清代算学第一。

梅文鼎的数学研究成果直接为康熙末年编制《数理精蕴》提供了基础。

《数理精蕴》是明末清初西算输入时期一部带有总结性的数学巨著，也是代表我国当时最高水平的数学百科全书。它收集了明末清初传入我国的各种西算，系统而有条理地作了编排，也收集了当时有传本的中算精华。该书是在康熙亲自主持下，由梅文鼎的孙子梅瑴成会同陈厚耀、何国宗、明安图等学者，在清宫内蒙古养斋进行编纂的。并以康熙御制的名义颁行全国，因而流传很广，影响很大，是清代学习数学的必读书。

明安图（一六九二年至一七六五年，清康熙三十一年至乾隆三十年）是清代前期另一位成绩卓著的数学家。他是蒙古正白旗人，幼年入钦天监当官学生，是康熙亲自培养的数学人才，参加了《历象考成》、《数理精蕴》的编纂工作。当时，法国传教士杜德美来华，带来了格里哥里三公式，即“圆径求周”、“弧背求通弦”、“弧背求正矢”（亦即三角函数展开式和 π 的无穷级数式的公式），但没有介绍证明这三个公式的方法，明安图经长期刻苦钻研，用几何连比例的归纳法，证明了杜德美所介绍的三公式，并进一步推导出另外六个新公式，即“弧背求正弦”、“弧背求矢”、“通弦求弧背”、“正弦求弧背”、“正矢求弧背”、“矢求弧背”，总称“割圆九术”。他撰写了《割圆密率捷法》，把三角函数和圆周率的研究提高到一个新水平。到十九世纪初，又有数学家董佑诚撰《割圆连比例图解》，应用了和明安图不同的方法，同样证明了这些公式。另一数学家项名达，撰《象数一原》，推广了明安图的研究成果，得出用连比例求椭圆周长的公式，其计算程序符合椭圆积分的法则。

雍正以后，由于清政府禁止在中国传播天主教，来华的传教士大大减少，西学的输入也渐趋中断。数学研究便从接受西学转向挖掘和整理古算，贡献最大的是戴震，他参加《四库全书》的编纂工作，从《永乐大典》中发现和整理出久已失传的许多古典算书。如《海岛算经》、《五经算术》、《周髀算经》、《九章算术》、《孙子算经》、《五曹算经》、《夏侯阳算经》。他又从南宋刻本的毛扆影抄本中抄辑出《张丘建算经》和《辑古算经》两种，连同明刻本的《数术记遗》共计十种。这十部算经于乾隆三十八年（一七七三）由孔继涵刻入《微波榭丛书》，正式题名为《算经十书》。戴震还从《永乐大典》中抄辑出宋秦九韶的《数书九章》及杨辉的各种算书。算经十书和宋元算书是我国汉唐以来数学成就的结晶，是我国人民极为珍贵的文化遗产。这些著作在长期失传后，经戴震之手，又复与世人见面。清代学者对戴震“网罗算氏，缀辑遗经”① 的功劳，十分重视。自此以后，整理、校勘、注释古代天算著作的学风大盛。乾嘉时期，李锐校订注释了元代李冶的《测园海镜》、《益古演段》两书。李潢校注了《九章算术》、《海岛算经》、《辑古算术》，并撰写了详细的解题图说。阮元和罗士琳先后找到了元代朱世杰的名著《四元玉鉴》和《算学启蒙》，罗士琳用了十二年时间，钻研天元术和四元术，补漏正误，推演订正，写出《四元玉鉴细草》一书，于一八三四年（清道光十四年）刻印出版，使亡佚了五百年之久的天元四元术又重放异彩。

我国古代的数学成就激起了清代学者的民族自尊心和深入钻研

① 阮元：《畴人传》卷四十二，《戴震》。

古算的兴趣。有清一代，数学人才辈出，著作繁多，大约有五百人写了一千多种数学著作，超过了以往任何一个朝代，但因受乾嘉汉学的影响，多集中在对古算的整理、注释方面。在若干领域内，清代学者也作出了创造性的贡献。如陈世仁发展了宋元以来垛积术的研究，即高阶等差级数求和的方法；焦循注释《九章算术》，提出了加减乘除的交换律；还有汪莱和李锐继承宋代天元术和四元术，发展了方程论的研究，对方程根的性质以及根和系数的关系等进行探讨，都获得了很大的成绩。

三、地图测绘

我国古代的地图测绘，虽有古老的历史和杰出的成就，但为科学水平所限制，不了解大地是球形的，因此，绘制的地图都是平面图，计算里程不能够精确地反映地球表面的曲率。传教士来到中国，带来了西方的地理知识和采用经纬度的测绘方法，开拓了中国学者们的眼界。康熙帝对此十分重视，令传教士收集西方的地图，购置测量的仪器，并亲自学习测算的方法。康熙在西征厄鲁特、南巡江南、视察东北的旅行中，常令传教士随行，测量各地的地形、距离与经纬度。一七〇八年（清康熙四十七年），全国的统一已经巩固，政治局面日益安定，清廷乃开始了全国地图的大规模测绘工作，邀请法国传教士雷孝思、杜德美、白晋等协助，并有中国学者何国宗、明安图等参加。

这次测绘工作采用了当时世界上最先进的经纬度测绘方法。测定纬度，主要用天文测量，采用“太阳午正高弧定纬度法”，在冬至日测太阳的垂角来推算纬度，纬度以北极星出地高度为标准；测定经度，则用月食观察的方法，即在不同地点观察月食的时差来计算经度，经度以北京为中线，分为东经和西经。为了统一里程的计数，规定以工部营造尺为标准，五尺为步，三百六十步为里，凡纬度一度合二百华里。

从康熙四十七年开始实地测量，清廷分派人员，前往全国各地，东北至黑龙江以北，北至蒙古，西南至西藏、青海，东南至台湾。测量人员跋山涉水，历尽艰辛，经十年之久，勘测了各省重要地方，查阅了各地的志书，询问了当地父老和官员。一七一八年（清康熙五十七年）将实测的结果汇总，绘制成全国地图，即《皇舆全览图》，绘制方法采用梯形投影法，比例尺为一比一百四十万。这是我国运用近代的科学方法，经过实地测量而绘制的第一幅详细的全国地图，“关门塞口，海泛江防，村堡戍台，驿亭津镇，其间扼险，环卫交通，荒远不遗，纤细毕载”①，这是我国地图绘制史上的鸿制巨篇，这部地图的水平极高。李约瑟博士称它“不但是亚洲当时所有的地图中最好的一幅，而且比当时的所有欧洲地图更好、更精确”②。直到民国初年的中国地图，仍以此图为根据。

由于绘制《皇舆全览图》时，天山南北尚处在准噶尔部的控制之下，与清廷处在敌对地位，不能派人去实测，故此图西部只到哈密为止。乾隆时，平定了准噶尔和回部，清廷即派刘统勋率领何国宗、明安图及外国传教士到伊犁和南疆进行测量，“所有山川地名，按其疆域，方隅，考古验今，汇为一集”③。他们到达了今我国新疆境内的许多地方，并且远至塔什干、萨马尔罕、克什米尔一带，积累了大量资料，后来编成了《皇舆西域图志》。一七六〇年（清乾隆二十五年），清廷在《皇舆全览图》的基础上进行修订增补，改正了西藏部分的一些错误，又增加了新疆地图，范围包括巴尔喀什湖以西，称为《乾隆内府舆图》，比康熙朝的地图更加详细完备了。

四、农业生产技术

清代继承了历朝以农立国的方针，十分重视农业生产，注意总结前人的经验，编撰劝农的书籍。一七〇八年（清康熙四十七年）汪灏等奉康熙之命在明代著作《群芳谱》的基础上，经增补删订，编成《广群芳谱》一百卷。这是一部包括五谷、桑麻、瓜果、蔬菜在内的植物学巨著，对每种植物详细叙述其形态、特征及栽培方法。一七四二年（清乾隆七年），鄂尔泰等奉乾隆之命，从旧文献中搜辑

---

① 《清圣祖实录》卷二百八十三。

② 李约瑟：《中国科学技术史》，第五卷，第一册，235页。

③ 《皇舆西域图志》卷首，谕旨。

有关农业的资料，编成《授时通考》七十八卷，内分天时、土宜、谷种、功作、劝课、蓄聚、蚕桑、农余等八个部门。这两部著作，都以御制的名义颁行，对清代农业发展的影响很大。

清代，有一些生活在乡村的知识分子，参加并观察研究了农业生产过程，写作了一些有价值的农学著作。其中有清初张履祥所著的《补农书》。此书系统地记载了明末清初江南地区农家经营与农业生产技术的各项具体措施。它继承了我国农业精耕细作的优良传统。讲究农作物的栽培制度，强调深耕通晒、施足基肥、培育壮秧、合理密植。对除草、中耕、追肥、烤田与防虫、收割、收藏等方法都做了详细规定，“凡田家纤悉之务，无不习其事而能言其理”①。清初的另一位农学家陈淏子，著《花镜》一书，记载了三百多种花木果树的品种和栽培方法，是我国现存最早的一部园艺著作。他强调“人力可以回天”，人工培养可以改变植物的特性，对植物嫁接的作用与原理做了新的探讨。他说：“凡木必须接换，实有至理存焉。花小者可大，瓣单者可重，色红者可紫，实小者可巨，酸苦者可甜，臭恶者可馥，是人力可以回天，惟在接换之得其传耳。”还有雍乾时代陕西兴平县的村塾教师杨屾，长期参加农业生产，著《知本提纲》，对耕稼、园圃、蚕桑、树艺、畜牧进行了研究，详细地介绍了各种农业生产技术，以便向学生进行讲授；他的另一部著作《豳风广义》总结了自己在陕西栽桑养蚕的经验，对桑树品种、栽桑和剪枝技术、蚕种选择、育蚕时间、养蚕方法以及缫丝、织帛均有详细的说明，书中贯穿着因时、因地、因物制宜的原则。

五、武器制造和日用技术

明末，西洋的火炮传入中国，威力大，杀伤力强，是攻坚和野战中的重要武器。清朝入关以前，已从明朝军队那里缴获了这类武器，并且也能进行仿造。入关以后，长期处在战争环境中，清廷很

---

① 陈克鉴：《补农书》引。

重视武器制造。顺治初年，京营八旗都设炮厂和火药厂。清朝与南明作战，打前锋的吴三桂、孔有德、耿仲明、尚可喜等军中都拥有大量火器，以此攻坚陷阵，所向披靡。三藩乱起，吴三桂军中多大炮，清军屡遭败衄，康熙命传教士南怀仁督造适宜于在南方山地作战的轻便炮位，“着南怀仁尽心竭力，绎思制炮妙法，及遇高山深水轻便之用”①。此后，南怀仁制造了各种类型的许多炮位，深得康熙嘉奖。康熙曾屡次到卢沟桥炮场视察大炮的演放，检验所造大炮的性能。一六八一年（清康熙二十年）的一次演习和训练，历时三个月，八旗炮手共发实弹二万一千余枚，有几门炮，连放三四百发炮弹而并未损坏。康熙感到很满意，对八旗都统和炮手们赏赉有加，赐南怀仁御服貂裘。康熙前期，造炮很多，这些大炮在征讨三藩、抗击沙俄侵略以及平定噶尔丹叛乱中发挥了很大的作用。

清初，我国出现了杰出的火器专家戴梓，他是浙江仁和（今杭州）人，平定三藩时，他以布衣从军，发明“连珠铳”和“冲天炮”。连珠铳“形如琵琶，火药铅丸皆贮于铳脊，以机轮开闭。其机有二，相衔如牝牡。扳一机则火药铅丸自落筒中，第二机随之并动，石击火出而铳发，凡二十八发乃重贮”②。这种可以连续发射的火器，构造原理与近代的机关枪相似。“冲天炮”也叫“子母炮”，炮身仅长二尺五寸，重七百五十斤，弹道弯曲，炮弹形似瓜状，威力大，射程远，“子在母腹，母送子出，从天而下，片片碎裂，锐不可当”③。康熙曾当面试验，封此炮为“威远将军”，还令刻上制造者戴梓的名字。清初的火器制造曾盛极一时。但从康熙中叶以后，国内承平日久，大规模的激烈战斗减少了，清廷也不再注意武器的改进和发展。雍正时，“以满洲夙重骑射，不可专习鸟枪而废弓矢”④，对弓弩刀矛的强调更胜于火器，此后，火器制造日益衰落。

明末清初，西方的一些机械制造原理和日用技术也传到中国来，

---

① 《清文献通考》卷一九四。

② 《清史稿》，《列传》二九二，《艺术》四。

③ 徐珂：《清稗类钞》工艺类。

④ 《清史稿》，兵志十。

引起知识分子和手工艺人的兴趣，仿制者不断出现。清初，苏州的民间手工业艺人孙云球以水晶为原料，磨制镜片，制成近视眼镜、远视眼镜。他是苏州眼镜制造业的创始人。他又制成“千里镜”，登上虎丘试看，“远见城中楼台塔院，若接几席，天平、灵岩、穹窿诸峰，峻嶒苍翠，万象毕见”①。他总结制镜的经验，写成《镜史》一书，可惜现已失传。清初，江苏的另一位青年科学家黄履庄曾经根据西方机械学原理，制造和仿制了许多自动机械和仪器，如机械自行车、望远镜、显微镜、体温表、温度计、瑞光灯以及多级螺旋水车等。他发明的瑞光灯，大者口径五六尺，夜以一灯照之，光射数里。他还制造“验燥湿器，内有一针能左右旋，燥则左旋，湿则右旋，毫发不爽，并可预证阴晴”②。可惜这些发明都被视作“雕虫小技”，不受重视，不久即失传。

清初，我国的某些地区，应用机械原理制造耕作机器，如曾在广东使用的“木牛”。据记载：“木牛，代耕之器也，以两人字架拖之，架各安辘轳一具，辘轳中系以长绳六丈，以一铁环安绳中，以贯犁之曳钩。用时一人扶犁，二人对坐架上，正转则犁来，彼转则犁去。一手而有两牛之力，耕具之最善者也。”③ 还有人介绍了西方的水车和风车，述及其构造和作用，“其制，用一木柱，径六七寸，分八分，桔囊如螺旋者，围于柱外，斜置水中而转之，水被诱则上行而登田，又以风车转之”，“数百亩田之水，一人足以致之，大有益于农事”④。嘉庆年间，华亭诸生徐朝俊精于天文数学，曾试制龙尾车，作灌溉之用，“一车以一童运之，进水退水，无立踏坐踏之劳”⑤。但因中国处在封建制度之下，农村又有大量人口，劳动力过剩，不需要新技术，因此，这类农业生产工具的零星改革旋生旋灭，未能推广。徐朝俊还能研制自鸣钟，将钟表的原理写成《高蒙厚求》一书，这是我国第一部关于钟表的著作。道光年间，郑复光所写

① 《吴县志》卷七十五。
② 戴榕：《黄履庄小传》，见张潮：《虞初新志》卷六。
③ 屈大均：《广东新语》卷十七。
④ 纳兰性德：《通志堂稿》卷十七。
⑤ 徐珂：《清稗类钞》物品类。

《镜镜诊痴》一书，介绍了透镜原理及三棱镜、望远镜等光学仪器的制造，是一部较有系统的光学著作。还有杭州的一位女科学家黄履钻研天文、数学、物理，亲自制造各种仪器，她制造的“千里镜”，颇为新颖，“于方匣上布镜器，就日中照之，能摄数里之外之影，平列其上，历历如绘”①。

总之，从明清之际，西方科学技术传入中国以后，中国不乏聪明才智之士，努力学习钻研，并加以发展、创造，取得了一些可贵的成果。可惜在封建社会中，这种研究工作被视为“奇技淫巧”，得不到提倡、推广、应用、继承。因此，这些发明创造，自生自灭，大多失传无闻。今天只能从零星的记载中了解其一鳞半爪了。

六、建筑

清代前期，随着政治统一的增强以及经济文化的发展，政府和地主商人们大兴土木，宫殿、园林和寺庙建筑盛极一时，在工程技术和建筑艺术上都达到了很高的水平。康熙初年，大内火灾，曾重修和扩建太和殿，由梁九设计，将原九间改为十一间，这是宫廷内的主殿，气势雄伟庄重，富丽华贵，殿内各种漆画藻饰，光彩夺目，是我国最大、最巍峨的木结构建筑。清代，对大内屡次增修扩建，重重殿阁，层层楼台，千门万户，气象堂皇，形成庞大壮观的建筑群。清初，著名匠师梁九是修建大内宫殿的设计师和督造人，“大内兴造匠作，皆九董其役”。在动工以前，梁九先按缩小的尺寸制成模型，工程即按照模型进行，“康熙三十四年，重建太和殿，九手制木殿一区，以寸准尺，以尺准丈，大不逾数尺许，四阿重室，规模悉具，工作以之为准，无爽”②。北京城内，与宫廷毗连的三海（中、南、北）是皇帝游乐宴息之地。城外西北郊海淀一带河泊相连，树木葱郁，远山辉映，是天然的风景区。清朝统治者在这里大兴土木，经长期的经营修筑，形成了许多大小园林，最著名的是三山五园，即香山静宜园、玉泉山静明园、

① 陈文述：《西泠闺咏》。

② 《清史稿》，《列传》二九二，《艺术》四。

万寿山清漪园以及畅春园、圆明园等。

故宫太和殿

清廷在平定“三藩”之乱后，即在海淀镇之北修建第一座皇家园林畅春园（位于今北京大学西门以西）。该园有万泉河流经其侧，园内有宽阔的水面，临水布置各种建筑物，栽木莳花，饲禽养鱼。它是康熙游乐和听政的所在，一八六〇年（清咸丰十年）被英法联军烧毁。

清代园林中首屈一指的是圆明园，它在畅春园之北，本是雍正在当皇子时所居住的“赐园”。雍正即位以后，加以扩建，此后历经一百五十年增修扩充，花费大量的人力物力，建成规模极大的皇家园林。共占地五千二百亩，包括原来的圆明园和后来合并过来的长春园和绮春园（万春园），在大面积的平地上挖湖引水，堆山叠石。全园以水景为主题，回环萦绕的河渠溪流把大大小小湖泊水面串联起来，其间有假山、土岗、石堤、岛屿，还有众多的宫殿、楼阁、亭轩、馆榭，错落散布，或富丽堂皇，雍容华贵；或诗情画意，妙趣天成；或素洁淡雅，意境高远。长春园之北，还有一群西式建筑群和喷泉，是由外国传教士郎世宁、蒋友仁、王致诚等按西方建筑原理和风格设计督造的。全园各处栽植各种嘉树翠竹，奇花异草，形成了许多丰富多彩、千姿百态的景观，其中最有名的是“圆明园四十景”。整座园林体现了我国古代造园艺术的精华，被誉为“万园之园”。乾隆帝也得意地夸耀说，“天宝地灵之区，帝王游豫之地，无以逾此”。

西郊的另一座著名园林清漪园，即是颐和园的前身。这里本有土山，名瓮山，山前玉泉等水流注汇集，形成宽阔的湖泊，名西湖，一向是民间游乐之处。明代皇室在此修建了一些零星的建筑。一七五一年（清乾隆十六年），乾隆帝为他母亲钮祜禄氏庆祝六十岁生日，在此大兴土木，建清漪园，并改瓮山名万寿山，改西湖名昆明湖，工程历时十五年，耗银近四百五十万两。清漪园前山的殿堂亭阁，长廊石舫与今天颐和园的布局大体相似，它被英法联军破坏后，由慈禧太后重建，但建筑形式和名称已多更改。至于后山的建筑群和景观则未曾恢复，至今仍为一片废墟。

清中叶除了在北京的西北郊建筑了许多皇家园林外，又在承德建避暑山庄。承德地区，群山起伏，景色幽美，气候凉爽，是避暑的胜地。而且水源丰足，有温泉，故称热河。一七〇三年（清康熙四十二年）开始在这里修建规模宏大的离宫，占地八千余亩，工程至乾隆末年才基本完成，历时八十多年。其建筑手法，模拟全国各地的自然地理风貌，集中、融合南北园林的特点，既有丰草长林、鹰翔鹿鸣的草原风光，又有怪石嶙峋、岗峦回绕的山区佳胜，也有亭轩玲珑、湖光月色的江南景色。山庄以山为突出的特点，山势巍峨，占地广阔，是整个园林构造的骨骼，因山置景，错落有致，而又配以湖区的曲水澄波。园内建筑，殿堂廊庑、桥亭楼阁、寺庙塔碣，形式多种多样。大部分建筑不施彩绘，不用琉璃瓦，比较精致素雅，不同于北京大内金碧辉煌的大开间宫殿。康熙和乾隆经常住在避暑山庄，处理朝政，举行大典，接见臣工、各少数民族领袖以及外国的来使，这里成为当时的第二个政治中心。

在避暑山庄周围，又修建了宏伟的寺庙群，称为“外八庙”（实际上有十一座庙宇，今尚存七座），融合了我国各民族的建筑风格，体现了丰富多样的宗教艺术。其中，普陀宗乘之庙是仿造达赖喇嘛在拉萨居住的布达拉宫，须弥福寿之庙是仿造班禅在日喀则居住的扎什伦布寺，安远庙是仿造伊犁河北准噶尔部的宗教中心固尔扎庙，殊像寺是仿造五台山供奉文殊菩萨的殊像寺，普乐寺内的旭光阁是仿造北京天坛的祈年殿。这些寺庙是为了接待少数民族的上层人士，供他们观瞻或居住而修建的，体现了多民族建筑风格的结合，显示了古代各族劳动人民的智慧和创造才能，也反映了清代中叶多民族国家统一和发展的历史盛况。

在皇家建筑工程的设计和督造上，与清初的匠师梁九同时，又有具有卓越才能的雷发达（一六一九年至一六九三年，明万历四十七年至清康熙三十二年），他原籍江西南康，后迁居南京，从小就喜爱瓦木工技艺，努力学习设计、绘图和工程技术。康熙初应召入京，参加皇宫的设计修建，后担任工部“样式房”掌案，积累了丰富的经验，总结了一套建筑设计的技术。从此世代相传，雷发达及其子孙六代主持“样式房”，先后担任皇宫、三海、圆明园、玉泉山、香山、颐和园及东西二陵的工程设计，被称为“样式雷”。

七、医药学

清代，中国传统的医药学有所发展，这表现在医学理论的研讨，药物、方剂学的进步，温病学派的形成以及临床各科的成就等各方面。

1. 医学理论的研讨：清代医家对《内经》、《难经》、《伤寒论》、《金匮要略》等医学典籍的注解和阐发方面，作过不少工作。张志聪（字隐庵，浙江钱塘人）的《素问集注》和《灵枢集注》，以“惟以参解经义，不工词藻”① 为原则，阐明了为历代医家所忽略或回避的若干疑难问题。徐大椿（一六九三年至一七七一年，清康熙三十二年至乾隆三十六年，字灵胎，晚号洄溪老人，江苏吴江人）的《难经经释》是以《内经》的经义解释《难经》，“训诂诠释，则依本文；辨论考证，则本《内经》”②，颇能“逐难发挥，考证详明”③，“深思体认，通贯全经”④，对《难经》所论及的经络、脏腑等功能多有独到的见解。喻昌（约一五八五年至一六六四年，明万

① 《素问集注·纪略》。

②④ 《难经经释·凡例》。

③ 周中孚：《郑堂读书记》卷四十一。

历十三年至清康熙三年，字嘉言，江西新建（今南昌）人）的《尚论篇》，此书是研究张仲景《伤寒论》的著作。首论《伤寒论》大意；次辨王叔和编次，林亿、成无己校注之失；继则以六经各自为篇。纲目分明，条理井然。能“发仲景之精微，补正叔和之遗阙，参以妙悟，得之神解”①。柯琴（一六六二年至一七三五年，清康熙元年至雍正十三年，字韵伯，号似峰）的《伤寒来苏集》，尤怡（？至一七四九年，清乾隆十四年，字在泾，号拙吾）的《伤寒贯珠集》不仅对仲景理法研求有所心得，而且对临证治疗也有指导意义。此外，尤氏的《金匮要略心典》、《金匮翼》二书，则是攻读《金匮》的著作。前书对《金匮》重加寻绎，就其“深文奥义”多有体会；后书为“足补《金匮》之所未备，实能羽翼《金匮》”②者。清代诸医家对古代医学典籍的编纂、整理及对经文的解释等方面，意见不同，争论激烈，但这种辩难的结果却有益于对祖国医学宝库的发掘，并有助于传统医学理论的发展。

2. 药物、方剂学的进步：清代，药物学亦有某些发展，特别是新的品种不断出现，故继李时珍《本草纲目》之后，又有赵学敏（约一七一九年至一八〇五年，清康熙五十八年至嘉庆十年，字依吉，号恕轩，浙江钱塘（今杭州）人）著《本草纲目拾遗》。《拾遗》共载药九百二十一种，其中有七百十六种为《纲目》所未收载的新药。在分类方面，增加了“藤”和“花”两部，删去“人”部，并将“金石”一分为二，共为十八部，较《本草纲目》的分类方法更为合理。此书还对《本草纲目》的某些错误，作了订正。在赵学敏以后，吴其濬（一七八九年至一八四七年，清乾隆五十四年至道光二十七年，字瀹斋，河南固始人）的《植物名实图考》是一部药用植物学专著。全书共三十八卷，收录植物一千七百一十四种，分十二类。每种植物均详记形色、性味、产地、功用，并附插图，重点说明药用价值。对同物异名或异物同名作了考订，还对历代本草中的某些谬误有所匡正，颇具创见。有些医家还编写一些由博返约、

---

① 周中孚：《郑堂读书记》卷四十一。

② 《中国医学大成总目提要》卷七，内科类。

切合实用的本草书籍，如汪昂（字讱庵）根据《本草纲目》等著作辑成《本草备要》（后有增订本）一书，载药四百六十余种，附图四百余幅。对每味药品，“既著其功，亦明其过，使人开卷了然”①。后来，吴仪洛（字遵程）又在该书的基础上，编成《本草从新》，载药七百二十种，以扩《本草备要》未尽之旨。

在方剂学方面，清代也有不少新的著作。汪昂的《医方集解》、吴仪洛的《成方切用》，均系选录有效良方，本经按证，以发其微，阐述方剂理论，指导临床实用的著作。汪昂的《汤头歌诀》、陈念祖（字修园）的《时方歌括》，则是便于诵读，有助初学的方剂书籍。蔡烈先的《本草万方针线》、年希尧的《本草纲目类方》、曹绳彦的《万方类编》，都是将《本草纲目》的附方，按病分类编排，以供临证查检参考的方书。赵学敏删订“走方医”赵柏云医方而编著的《串雅》（内外编）一书，搜集了大量的民间秘方、验方，包括内治、外治等法。这些处方大多具有“贱”（药价贱）、“验”（奏效快）、“便”（得来易）的特点，颇能适合人民群众需要，为整理并保存民间医疗经验作出了可贵的贡献。

3. 温病学派的形成：温病是包括传染性和非传染性等多种热性病的总称。在积累了有关温病的丰富知识的基础上，在清代医学领域中产生了较有体系的温病辨证论治的理论，形成了温病学派。影响较大的有叶桂、吴瑭、王士雄。

叶桂画像

叶桂（一六六七年至一七四六年，清康熙元年至乾隆十一年，字天士，江苏吴县人），祖、父两代俱业医。叶氏究心医学，先后从学于十七人。其理论经验，十分丰富。处方不执成见，治病每多奇效，“于

① 《本草备要·（初版）自序》。

疑难证，或就其平日嗜好而得救法；或他医之方，略与变通服法；或竟不与药，而使居处饮食消息之；或于无病时预知其病；或预断数年后皆验。当时名满天下”①。叶天士的主要成就，是进一步总结了前人的经验，发表《温热论》，为温病学说的发展提供了理论与辨证的基础。

吴瑭（一七三六年至一八二〇年，清乾隆元年至嘉庆二十五年，字鞠通，江苏淮阴人），为继叶天士后的又一温病学家。其学本于叶氏，“采辑历代名贤著述，去其驳杂，取其精微，间附己意以及考验，合成一书”②，名《温病条辨》。该书首引经文，原温病之始，次详风温、温热等九种温病之治。后附杂说、救逆、病后调治及产后、小儿等篇，层次分明，内容严谨。人评此书说：“其为方也约而精，其为论也闳以肆”③。后来，王士雄（字孟英）又纂辑《温热经纬》，前载《内经》、《伤寒论》中有关温病的记述为经，后录叶天士等五家著作为纬，并附章楠等注文及自己的见解，使温病诸家的零散专著汇为一编，采集精当，方便学者，影响亦较大。

4. 临床各科的成就：清代的临床各科均有所成就，而且还出现了中医探索人体脏腑部位的著作。

清代不少医家，内外妇儿诸科兼通，编纂刊行了一些综合性医学著作。如张璐的《张氏医通》，乃取历代名家方论，“荟萃折衷，以成是编”④。前十二卷，自中风至婴儿，凡十六门。每病先列《内经》及《金匮》论述，次引诸家之说，最后附以治验医案。后四卷为诸门方论，共九十四门。所论方药主治，虽多本前人，而以己意参定之。沈金鳌所撰《沈氏遵生书》，包括药物、脉象、伤寒、杂病等类，采集各家理法，研审其意旨，参互考订，抒以己见，积数十年而成。对临床经验，每有总结。重视气功疗法为其特点。由吴谦等主编的《医宗金鉴》，共九十卷。包括：《订正伤寒论注》、《订正金匮要略注》、《删补名医方论》及“四诊”、“运气”、“伤寒”、“杂

① 《清史稿》，《列传》二八九，《艺术》一。

② 《温病条辨·自序》。

③ 《温病条辨·朱彬序》。

④ 《郑堂读书记》卷四十三。

病"、"妇科"、"幼科"、"痘疹"、"种痘"、"外科"、"刺灸"、"眼科"、"正骨"等心法要诀。全书系采取历代各家之说，加以删订而成。对各科之辨证及治疗，叙述系统，内容全面，且有图、有说、有歌诀，使学者既易考求，又便诵习，是一部图文并茂的临证重要参考书籍。人们评论此书"大都理求精当，不尚奇邪；词谢浮华，惟期平易；酌古以准今，芟繁而摘要。古今医学之书，此其集大成矣"①。林佩琴（字云和，号羲桐，江苏丹阳人）的《类证治裁》是以内科为主的著作，对外科、妇科及杂病亦有概要论述，能博采各家之长，取舍颇为审慎，并附有医案，较切实用。值得指出的是王清任（一七六八年至一八三一年，清乾隆三十三年至道光十一年，字勋臣，河北玉田人）的《医林改错》。他深感了解脏腑情况对医生的重要，说："著书不明脏腑，岂不是痴人说梦；治病不明脏腑，何异于盲子夜行。"② 对古籍中有关生理和病理的论述大胆提出怀疑，为此曾亲至义冢、刑场，观察尸体脏器，还与动物内脏相比较，发现古书所绘脏腑图形与实际多有不符，遂将四十二年的观察所得绘成《亲见改正脏腑图》，连同其他医学论述，一同收载于《医林改错》中。王清任在该书中明确提出"灵机记性不在心在脑"③ 的观点。此外，他还订正了古人关于脏腑记载的某些错误。他并在《医林改错》中，根据其对气血的理解，就内科之血瘀和其他杂证，创用一些补气活血和逐瘀活血的方剂，具有良好疗效。

王清任画像

① 《郑堂读书记》卷四十三。
② 《医林改错·脏腑记叙》。
③ 《医林改错·脑髓说》。

在外科学中，成就较大的是王维德（约一六六九年至一七四九年，清康熙八年至乾隆十四年，字洪绪，江苏吴县人）的《外科证治全生集》，此书将其家传四代的外科经验公之于众。王氏认为："痈疽无死证，痈乃阳实，气血热而毒滞；疽乃阴虚，气血寒而毒凝。皆以开腠理为要，治者但当论阴阳虚实。"① 其论为前人所未发。他还主张"凡治初起以消为贵，以托为畏，尤戒刀针毒药"②。所创"阳和汤"、"犀黄丸"等名方，甚有疗效，为医林所重。后来马培之著《外科传薪集》，对《外科证治全生集》作了补充和发挥，较为实用。高秉钧所著《疡科心得集》，善于从内科角度来治疗外科疾病，注重辨证，强调因病施治，有其可取之处。

清代对妇科影响较大的是傅山的《傅青主女科》，此书对各种妇科疾病，均有论述。立法以调和气血，培补脾胃为主。于病有定见，于药有专方，实为妇科辨证施治之圭臬。

清代儿科临证经验更加丰富，儿科的综合性著作和麻疹、痘疮、惊风等专著日多。夏鼎（字禹铸）的《幼科铁镜》对儿科各证寒热虚实，辨析甚明。陈复正（字飞霞）的《幼幼集成》"自胎禀护持，迄于甫生稍长，诸凡病因治要，罔不备具于册"③。其论痘科，独有灼见。这两部著作，均对儿科疾病的各种症状及疗法，作了全面的论述。

5. 其他方面：由于印刷技术的进步，清代编纂和刊行了大型医学类书和许多丛书。其中《古今图书集成》的《医部全录》共有五百二十卷，辑录从《内经》到清初的医籍一百余种，内容丰富，叙述较为系统，各科证治有论有方，是一部具有较高参考价值的医学文献汇编。

---

①② 《清史稿》，《列传》二八九，《艺术》一，《王维德》。

③ 《郑堂读书记》卷四十三。

第十三章　社会矛盾的激化和统治阶级日益腐朽

第一节　土地兼并　人口增长　自然灾害

一、土地兼并的加剧

明末清初，经过长期战乱，经济受到很大破坏。人口锐减，田地荒芜，赋役繁苛，出现有田无人、田多人少的局面，土地兼并还不太严重。但是，进入十八世纪，大约在康熙中叶以后，全国已经统一，大规模战争已经停止，清政权得到巩固，统治秩序安定下来，社会经济逐步恢复、发展。这时，土地的收益增加，而赋税负担相对减轻。在商品货币经济冲击之下，土地流转加速，土地兼并又日益严重。地主、官僚、商人通过各种手段，纷纷购置土地。以下分别从各省的情况来考察当时土地兼并的趋势和特点。

江苏的苏南地区，土地肥沃，气候宜人，物产丰盈，素称富庶之区。但这里地少人多，又是达官富户麇集之地，因此，土地兼并剧烈之程度，堪居全国首位。以苏州府各县为例，此处既有明末的遗老遗少，又有清朝的权臣新贵，他们竭力追求土地。康熙初年，平西王吴三桂的女婿王永康，凭借特权，在苏州一次“买田三千亩”，在城内霸占“大宅一区”，即“齐化门内拙政园”①。吴三桂的侍卫赵虾，也是苏州“豪横无比”的大地主，曾和“富甲三吴”的阳山大地主朱鸣虞，争奇斗富②。康熙末年，大官僚徐乾学，在昆山县占田千余顷。③ 康熙

---

① 钱泳：《履园丛话》卷一，《王永康》。

② 同上书，《斗富》。

③ 参见《东华录》康熙朝卷四十四。

之后，土地流转加速，土地买卖频繁，地主阶级对土地的争夺更为激烈。当地有一句谚语："'百年田地转三家'。言百年之内，兴废无常，必有转售其田至于三家也"。到乾隆年间，苏州田地"十年之间，已易数主"，与康熙年间比较，加速了十倍以上，"富者益富，贫者益贫"①。乾隆年间，吴县官僚地主范芝岩，不到三十年，"增置良田一千八百余亩，市廛百余所"②。道光年间，元和县"田多大户"③。吴江县地主沈懋德，"有田万余亩"④。常熟县在清初就已"豪强兼并之家，膏腴满野"。有一户大地主，"一家而占数甲"⑤之田（每甲平均田三百三十七亩），算来至少在一千亩以上。有人指出鸦片战争前苏州府各县土地占有的情况"有以万计者，有以千计者"⑥，有"分列数县版图"⑦者。松江府与苏州府一样，是长江三角洲最为富庶的地区。明清以来，"苏松田赋之重"成为江南严重的社会问题。清初，曾因追交欠赋，酿成大狱，一度造成人们"视南亩如畏途，相率以有田为戒"的情形。但康熙以后，赋税有所减轻，兼并土地之风又渐盛。乾隆时，金山县的土地，每亩值二十至四十千文的高价，亦竟有"置产数万亩"的大地主。华亭县更有一户拥有一二万亩、三四万亩的。崇明岛孤悬于长江中，荒地较多，"强者侵渔潜窃，田连阡陌，而弱者拱手他人，身无立锥"⑧。有一个大地主陈朝玉，在岛上围海造田，达四十五万亩，虽多荒沙卤碱之地，但数量之大，实在惊人。常州府的兼并之风也不在苏松二府之下。无锡县是该府最富庶的地区，雍正以前，由于田赋很重，田地成为负担，"故弃田之家多，而置田之家少"。此后，清廷"大赦旧欠，闾阎无扰，又米价腾涌，益见田之为利"。因此，在乾隆年间，田价

① 钱泳：《履园丛话》卷四，《协济》。

② 钱泳：《履园丛话》卷六，《芝岩太史》。

③ 《道光元和唯亭志》卷二十，《杂志》。

④⑥ 《光绪吴江县志》卷十九，《人物》。

⑤ 《光绪常昭合志》卷七，《户口》。

⑦ 《光绪苏州府志》卷十三，《田赋》三。

⑧ 《皇朝经世文编》卷二十二，沈寓：《治崇》。

虽然猛涨，“田值之昂，较雍正间不啻倍蓰”，可是购买田产之风日盛，“置田之家多而弃田之家少”①。嘉道年间，无锡的土地集中更加剧烈，“大抵豪家巨族，田连阡陌，盈千累万”②。那些拥有大量土地的地主，大多居住城内，每至收成，派人到乡下收租。江阴县位于长江以南，乾隆时“农无田而佃于人者十居五六”。以后，土地进一步集中，绝大部分农民失去土地，或很少土地，成为佃农、雇农。到嘉道年间“贫富之相去，不可倍蓰，贫民之食于富民者，十室而九”③。江宁府的土地集中也很激烈，鸦片战争前夕，有人描述上元县的情形，“豪富之家，动连阡陌”④。

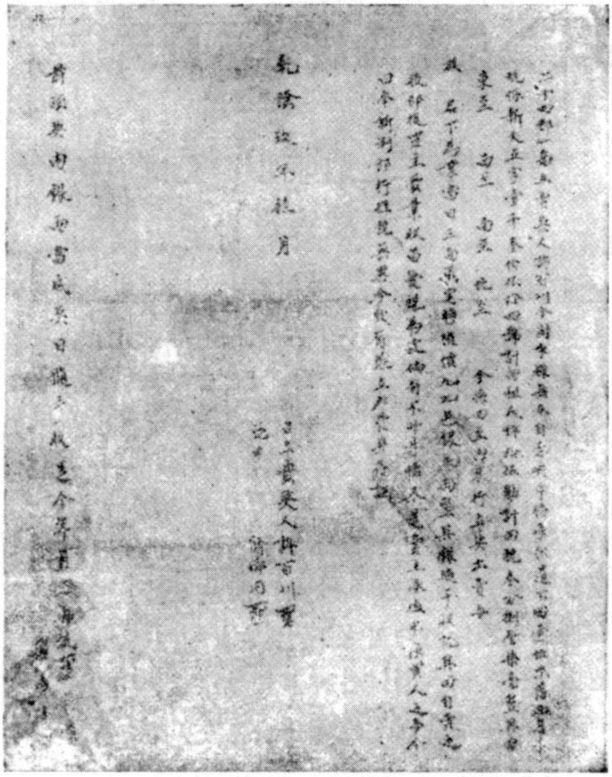

乾隆九年许百川卖地契约

① 黄印：《锡金识小录》卷一，《备参》上。

② 李兆洛：《养一斋文集》卷九，《蒋氏义庄记》。

③ 李兆洛：《养一斋文集》卷十四，《祝君赓飏家传》。

④ 管同：《因寄轩文初集》卷八，《甘节妇传》。

苏北地区，经济比江南落后。但地处两淮盐场，是富商大贾聚集之地，购买土地之风甚至还早于江南地区。安东县早在康熙初年，就已经“富者膏腴连于阡陌”，清河县老子山镇，“有渔盐稻塍之利”，“苏徽大贾，招贩鱼盐，获厚利，多置田宅，以长子孙”①。道光初年，山阳县有一小官僚地主丁晏，在半年当中，三次共“契买”农民的土地一百二十四亩有奇。② 扬州府各县，是淮南盐场的所在地，盐商都在当地“市买土地”，争夺草荡盐场。东台县流传着一首童谣：“乾隆钱，万万年，先买瓦房后买田。”③ 高邮州在乾隆时，也是“士庶之家，多恃田产”④。处于东海之滨的海州直隶州，乾隆时有个地主叫孟思鉴，占有土地约五千余亩。⑤ 徐州府铜山县，是雍正年间历任直隶、浙江督抚李卫的老家。他家世代地主，为当地“首户”。他死后，其子孙仍拥有大量祖遗田产⑥，由此可见，清代自康熙以后，无论是富饶的江南，还是经济条件稍差的苏北，整个江苏全省，尽管各地土地集中的程度与时间的早晚有所不同，但土地集中的总趋势，却是愈来愈严重了。

浙江也是我国富庶的省份，特别是杭嘉湖各府，土地膏腴，人口众多，每人平均耕地甚少，要依靠种桑养蚕等副业为生。但地主、官僚也在这里购买大批土地，如康熙中，大官僚高士奇，在平湖县“开张缎号”，有资本银四十万两，又“置田产千顷，大兴土木，修整花园”，并在“杭州西溪，广置园宅”⑦。平湖县“城周广数里余”的土地，一部分为“新安富人”以高利贷资本所收购；另一部分被“世家巨室”所占有。康熙末年官僚李陈常，“原属贫寒之家”，他当了两淮盐运使之后，在他的原籍秀水县王店镇，“有好田四五千亩，市房数十处”⑧。

---

① 《康熙清河县志》卷一，《镇集》。

② 参见丁晏：《石亭记事》。

③ 《嘉庆东台县志》卷七，《祥异》。

④ 威妥玛：《文件自迩集》，转引自李文治：《中国近代农业史资料》，第一辑，67页。

⑤ 参见《刑部档钞》抄件，转引自李文治：《中国近代农业史资料》，第一辑，68页。

⑥ 参见《清高宗实录》卷七三八。

⑦ 郭琇：《郭华野先生疏稿》卷一，《特参近臣》。

⑧ 《李煦奏摺》，一九六页。

湖州府以盛产“湖丝”而著称于世，江宁、苏州、广州所织之绸缎，都以“湖丝”为经。清前期湖州府各县，盛产“桑麻”等经济作物，“尺寸之地，必植之桑”，达到浸浸无弃土的地步。但这一带，仍然有很大的地主。如德清县大地主胡东樵（康熙至雍正时人），在城郊拥有大量肥沃土地，另“有田数十顷在远乡”①。杭州府属各县，土地几乎被地主豪绅瓜分殆尽，就连著名的西湖，都被那些“豪贵”、“奸民”“作坝蓄鱼及植菱”，随即“占为私产”②。金华府汤溪县，位于浙西山区，在康熙年间，农民“多佃种富室之田，而私其租之半，以仰事俯蓄。其有田而耕者（即自耕农民），什一而已”③。绍兴府诸暨县，在鸦片战争前，人民群众把当地的豪绅地主根据其占有土地的多寡，“以象、牛、鸡、狗”来分等级。万亩以上比于象，千亩以上比于牛，几百亩比于鸡，一二百亩比于狗。当时诸暨县有“四象八头牛，三十六只陈阉鸡，七十二只灰狗”④。总之，浙江各地，在清初，荒地遍野，赋役繁重，购买土地的人少，有的地方地主反以有田为累。但康熙以后，人口繁殖，土地兼并日盛。所谓“户口日众，所在田土，价值高昂，较之数十年前，几至数倍”⑤。

安徽省与江浙两省比较，自然条件较差，有的州县山多田少，有的州县土瘠民贫。但清朝前期土地问题仍然十分严重。如安庆府所属各县是本省条件较好的地区，土地也比较肥沃。康熙年间桐城县，“膏腴沃壤，则大有力者为之”。而当过多年尚书、大学士的张英，在原籍桐城，“置田千余亩”⑥。方苞说：长江南北岸各州县，土地为“百姓所自有者，不过十之二三”，其余十之七八，“皆绅衿商贾之产”⑦。庐州府庐江县，清朝初年，“自经兵燹，十室九空，

---

① 杭世骏：《道古堂文集》卷三十八，《胡东樵先生墓志铭》。

② 《康熙杭州府志》卷三十四，《杂志》。

③ 《康熙汤溪县志》卷一，《风俗》。

④ 转引自《中国经济史论文集》，191页，福州，福建人民出版社，1981。

⑤ 《定例汇编》卷九，乾隆十八年五月初三日。

⑥ 张英：《恒产琐言》。

⑦ 方苞：《望溪先生文集》，《外文》卷一，《奏札》。

田归富户。富者益富，贫者益贫”。到鸦片战争前，“庐邑田产，招佃者十过其五”①。安徽南部的徽州、宁国两府，山高地贫，闻名于世的新安商人就出于此地。特别是两淮盐商，大多是徽宁两府人氏。如康熙年间扬州八大盐商的项鼎元、鲍漱芳、江春等，都是“腰缠万贯”的富商巨子，他们在原籍占有大量土地。据盛枫说：淮南江北，范围百里的小县，“户不下万余，丁不下三万”，在康熙时已有“坐拥一县之田”，“安然食租衣税”② 的大地主。皖北颍州府的阜阳县，城西南二十余里，有一倪姓大地主。在鸦片战争以前，他家的土地几占半个县，在邻县也有数百顷土地。

湖南省是我国著名的粮仓，盛产稻米。清初，因遭战乱，人民死亡流散，田地缺人耕种，如善化县在康熙初年，“兵燹后，田不值价，召佃户以耕，犹恐其或去”。以后土地兼并逐渐加剧，雍正末，田价暴涨，“上田一顷售至千四百金、二千金者”，到乾隆时，大地主很多，有“万金之产者”还不算“大富”③ 之家。浏阳县在清初地多人少，无人耕种，而赋役又很重。地主“愿弃己业”，“世家大族，或百石，或数十石，愿弃价……特思苟全身命，以避征徭”。康熙中叶以后，广东流民纷纷进入浏阳，借机占荒。“多者承田不过百亩，少不过七十亩”。他们“身秉耒以耕，力皆出诸己……丰歉皆属己有”④，形成了一批中小地主和自耕农民。长沙县地主李象鹍兄弟，于一八一二年（清嘉庆十七年）奉父命分家，成了两家，“各收租六百余石”。后来，李象鹍服官中州后，禄入较丰，积俸所赢，置产数倍于前，过了近三十年，于一八四〇年（清道光二十年）时，“仍合旧产为二析之”，与嘉庆十七年第一次析产时比较，土地增长了五六倍，即达万余石田。⑤ 桂阳直隶州，地主邓仁心、邓仁恩兄弟，“国朝诸生，居州北，兄弟田数百顷，以富雄一方”。邓氏“用担石程田契，乘马不牧，游食田野数十

① 《光绪庐江县志》卷二、卷十四。

② 《皇朝经世文编》卷三十，盛枫：《江北均丁税》。

③ 《乾隆善化县志》卷四，《风土》。

④ 《同治浏阳县志》卷六，《食货》。

⑤ 参见李象鹍：《棣怀堂随笔》卷首，《合郡呈请入祀乡贤祠履历事实》。

里，不犯人禾”①，可见其土地的广阔。衡阳府衡阳县，地主刘重伟，以伐木起家致富，号称“万金之家”。嘉庆年间，刘家大量投资于土地，一跃而变为“子孙田至万田”② 的大地主了。常德府武陵县地主丁炳鲲，道光年间，亦拥有土地四千亩以上。③ 由此可见，湖南省在康熙中期以后，土地兼并也是很剧烈的。

广东省是我国经济作物种植最为发达的地区。在清朝前期，它的发展，不但远远超过了明中叶本省的水平，而且也超过了经济作物种植发展的长江下游。广东到处是一望无际的甘蔗、蒲葵、桑树、烟草、茶叶等经济作物和绿树成荫的柑橘、菠萝、椰树、香蕉、龙眼、荔枝、槟榔等。广东省山多、水多、田少，经济作物发达，因此，它的土地从清初以来，就成为地主阶级激烈争夺的对象。如广州府顺德县，康熙初年就有“富者田数十百顷”④ 的大地主。乾隆时期，拥有田产的人“多不自耕。力耕者多非其田，抑且田时易主。主者或惟知租之入，而不知田之处。耕者纳租或在当年，或在上年。设有少增其租者，其田即为增租者所夺耕”⑤。乾隆时，琼州府定安县有柯风翔、柯风集兄弟二人，购置了大片荒地，种植了槟榔树五万多株，从种植槟榔树，到每年收割槟榔，都是雇工劳动，或典于他人⑥。肇庆府广宁县，道光年间，“邑中农民，多向富室佃耕”。这些“富室”地主，占有大量土地。他们之中，有的是“祖孙相继不易者”的老地主，“又有新起家，而仍自力作者”⑦ 的新兴中小地主。嘉应州兴宁县的名门望族，于嘉庆年间，大量向“宗祠”捐赠“学田”，有的一次捐“数十亩”，多者捐“百亩”⑧，可见这些地主本身当拥有更多的土地。乾隆十七

---

① 《同治桂阳直隶州志》卷二十，《货殖》。

② 《同治衡阳县志》卷十一，《货殖》。

③ 转引自李文治：《中国近代农业史资料》，第一辑，69 页。

④ 屈大均：《广东新语》卷十四，《食语》。

⑤ 《乾隆顺德县志》卷四，《田赋》。

⑥ 转引自黎民：《乾隆刑科题本中有关农业资本主义萌芽的材料》，载《文物》，1975 (9)。

⑦ 《道光广宁县志》卷十二，《风俗》。

⑧ 《嘉庆兴宁县志》卷十，《风俗》。

年，廉州府合浦县陈大恒，租种地主大量土地，雇佣工人种植甘蔗，并设有大规模的制糖作坊，熬糖变卖，由佃户一跃而变为经营地主兼营工商业。① 乾嘉年间，广东沿海沿江各州县，涨出来的“沙地”，很快被无地农民垦荒为熟。有些豪强大族，“影占他人已熟之田为己物”，“谓之占沙”。每当“秋稼将登，则（地主）统率打手，驾大船，列刃张旗……是谓抢割”②。这样，用武装占领田地成为广东地主阶级无偿掠夺农民的一种手段。此种情况，沿海各州县皆然，以地处珠江三角洲的顺德、香山为尤甚。

四川省在明清之际，经历了几十年战乱，土地大片荒芜，人口大量减少，破坏较其他各省尤其严重。由于土地肥沃而又地广人稀，对外省无地人民很有吸引力，大批流民纷纷从湖北、湖南进入四川，在这里落户开荒。有些农民逐渐上升成为中小地主，也有很少数上升成为大地主。如成都府金堂县的曾玉壶，他曾祖原籍广东长乐，后入川，“卜居金堂，遂家焉”。祖父早死，祖母陈氏带着三个儿子，耕植起家，购置一些田产。父亲又早死，母亲李氏抚育曾玉壶，“矢志如陈，而勤苦又过之”。嘉庆初，白莲教起义，四川的许多地主出售田产逃亡，而李氏乘机“出所积金买田菽数百亩”，雇人耕种，“遂以此起家，称巨富”。而曾玉壶又“与戚某合财，业屯粜，渐有赢”，成为大地主兼大商人，“以财雄一乡”③。在四川或其他地方，像曾家那样几世积累，以土地和商业发家致富的，不在少数，具有典型的意义。又如汉州地主董嘉会，原籍湖南武冈州。其高祖董全凤“跋涉来川，居州治之铁匠营。插占土地，躬耕传家”。凡五世至董嘉会时，“承祖父余业田五百亩”。到道光年间，“增至二千五百有奇”④，土地增殖五倍，成为很大的地主。温江县的刘儒山，少年时代家境贫寒，“及长，兄弟四人析爨，各分钱数十贯”。他以此为本钱，“勤耕苦，积置

---

① 转引自黎民：《乾隆刑科题本中有关农业资本主义萌芽的材料》，载《文物》，1975（9）。

② 《同治番禺县志》卷五十四，《杂记》二。

③ 《民国金堂县续志》卷十，《传》，曾省三：《诰封武显将军玉壶曾公行略》。

④ 《同治汉州续志》卷二十二，《艺文中》。

产百亩”，招佃耕种收租，逐渐起家，成为中等地主。① 绥定府大竹县江国荣的高祖“由楚入蜀”，传到国荣时，年幼丧父，家境还很困难，“承前业田十亩，地约百弓，屋不过三椽”。江国荣除耕种自田以外，“更佃邻田五十余亩，而并耕之”，经过二十年后，也上升成了地主，“殖产至六百亩，俨然富家矣”②。夔州府云阳县“土田较沃，富民亦多。彭、薛旧家，租额动盈千石以上”。彭水、汤水之间，“巨室相望，连阡接畛，田不一庄。众佃所耕，输租自百石以下，少亦四五十石。压桩之费，常逾千两或百两”。这些多是清康熙以后由外省迁来的客户，“担簦入川，多致殷阜。来者缁属，族姓旋增。二百余年以来，占田宅，长子孙”③。云阳县的外籍客户，在此垦荒耕植，渐至发家的不在少数，如乌世文的曾祖，康熙末由湖南湘乡迁来，一八四〇年乌世文已是一个“以银二千余两，购腴田数十顷”④ 的大地主；李茂亮的祖先，一七〇五年（清康熙四十四年）自湖南邵阳迁来，后来地产很多，其土地“延袤数十里，沃壤相属，遂为县北著族”⑤；还有涂开盛于一七六二年

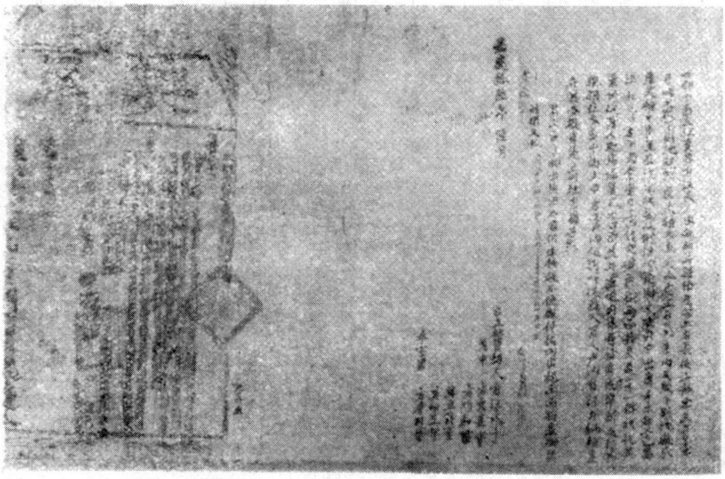

嘉庆十六年方汪氏卖地契约

---

① 参见《民国温江县志》卷八，《人物》。
② 《民国大竹县志》卷九，《人物志》上。
③ 《民国云阳县志》卷十三，《礼俗》中。
④⑤ 《民国云阳县志》卷二十六。

(清乾隆二十七年)随父由湖北蒲圻迁来,“披荆斩棘,辟良田数十顷”,“以单姓成一邑巨室”①。当然,能够上升成为地主的是流民中的很少数,绝大多数人只能沦为佃农、雇农或无业游民。

明清之际,山东省经历了农民起义的扫荡,地主阶级受到很大打击,“大姓素封者,鲜克自全”②,“土著大姓,百无一焉”③。阶级矛盾有所缓和,封建关系得到一定的调整。但为时不久,一旦社会秩序安定,地主阶级又用种种办法,把农民手中的土地夺为己有,土地集中又严重起来。一六八四年(清康熙二十三年)山东巡抚张鹏翮就已指出:“今见山东人民逃亡京畿近地及边外各处甚多,皆由地方势豪,侵占良民田产,无所倚靠,乃至如此。”④鲁南胶东各府州县是大地主集中的地区。如沂州府莒县大店镇庄姓大官僚地主,自明至清三百余年,世代相承,占有土地五万多亩,横跨苏鲁两省七县,共有田庄七十多个,佃户两千多家。⑤日照县丁氏大地主起于清朝康熙年间,到道光时,丁家父死子继,积有土地四五千亩,出租于佃户耕种,丁氏“坐地分租”⑥。莱州府潍县,在乾隆时,有丁、岳、郭、王四大姓,土地几占半县,都是有名的大地主。郑燮于乾隆前期出仕潍县令,曾作《潍县竹枝词》四十首,其中有:“绕郭良田万顷赊,大多归并富豪家”⑦的诗句。登州府文登县,明朝末年,“政烦赋重,民不聊生,往往弃其田庐”,贫苦农民,多“投身著姓,甘为奴仆,以避徭役”。到清朝初年,“巨家世族,田亩遍野”,大地主出租土地,“编户之民,类皆佃田自给”⑧。胶州在道光时期,“田多归于仕宦与士商之家,散在四乡,不能自种,佃于人”⑨。济南府章丘县东矾硫村地

① 《民国云阳县志》卷二十六。
② 《光绪益都县图志》卷四十一,《孝义传》。
③ 《光绪峄县志》卷六,《风俗》。
④ 《光绪山东通志》卷首,《训典》一。
⑤ 参见《大店庄阎王罪恶史》,载《文史哲》,1965(4)。
⑥ 《日照丁氏族谱》。
⑦ 郑燮:《郑板桥集》,《潍县竹枝词》。
⑧ 《民国文登县志》卷一下,《风俗》。
⑨ 《道光胶州志》卷十五,《风俗》。

主太和堂李家，从乾隆初年发家，后来发展到土地四百七十二亩。同县旧军镇孟家是一个商人兼地主。从康熙末年起，即以经营土地兼营商业，并在北京、天津、济南等地，开设谦祥益、瑞蚨祥等“祥”字号绸缎庄，是一个全国闻名的大商人兼地主。淄川县栗家庄树荆堂毕家，雍正年间只有土地三十多亩。到乾隆年间增加到一百余亩土地，嘉庆到道光二十年前，已经达到土地九百亩。与此同时，毕家还在乾隆年间开设了恒盛丝织机坊。最初只有一张木机，到道光二十年，已经发展到二十几张木机的作坊了。① 鲁西南的曹州府单县，康熙末年，“膏腴之产，恒归素封。胼胝小民，仅守洼瘠，操耒耜者，虽十之七八，要皆佣佃居多，与业主分收籽粒”②。单县有个大市镇本名兴元镇，因被曹、马两家大地主霸占，“主其集”，后来兴元镇改称“曹马集”③。山东有广植经济作物的经营地主，如汶上、郓城两县交界之处，康熙年间“多殷实之家”，“其地肥饶，木棉一亩，可拾（棉）二百斤，有万亩之家者”④，这样大面积种植经济作物，在全国实属罕见。也有经商起家，积资购置土地的商人地主。如濮阳刘滋世，少年家贫，以微薄的资金贩运食盐和小麦，获大利，以后又放高利贷，“二十余年，田连阡陌，家累数万金”⑤。还有的历代做官，是具有政治特权的官僚地主，如朝城县有名的孙、谢、吴、江、岳、孟、魏、贾等八大姓，乃是本县远近驰名的八家大地主。“八姓在前明皆簪缨世继。入国朝，子孙繁衍，散居城乡，甲于他族”⑥。济宁直隶州玉堂孙家，更是官僚、世家而兼大地主、大商人。嘉庆年间，孙玉庭官至两江总督、体仁阁大学士，光绪年间，孙毓汶官至军机大臣、刑部尚书。孙家在独山湖一带兼并土地，达三万余亩，又在济宁开设玉堂酱园，资本达四万吊制钱，产品驰名全国。至于兖州府曲阜县孔

① 参见景甦、罗伦：《清代山东经营地主的社会性质》。
② 《康熙单县志》卷一，《风俗》。
③ 同上书，《乡村故名》。
④ 《康熙濮州志》卷二，《风俗》。
⑤ 《康熙濮州志》卷四，《货殖传》。
⑥ 《光绪朝城县乡土志》卷一。

府这个世袭罔替、历代相传的贵族大地主。在清朝最盛时占有一百多万亩土地，遍及山东、江苏、直隶、河南、安徽等五省广大农村。土地的来源，有的是“钦赐”，有的是假手官府霸占，有的是乘人之危，贱价收购。① 总的来说，山东各地遍布各种类型的地主，拥有田产极多，土地集中的程度居于全国的前列。

山西省山多田少，自然条件稍差，但土地兼并也在进行。一六九七年（清康熙三十六年）汾阳县灾荒，有少量土地的自耕农“持田契求售，踵接于（地主之）门，皆自贬损价值”。“其愿售之价，视平时盖不及十之二”。有个叫张瑛的地主，乘机兼并土地，“于是得田且千亩”。张瑛家住西官村，他家亭台楼阁，房舍华丽，“环村而沟……广一丈有奇，深倍于广，东西设吊桥各一”②。临汾县有个大地主亢时鼎，本人又是著名的大盐商，在扬州有豪华的住宅，在淮南有大片土地，在家乡临汾也是“宅第连云，宛然世家”，号称“亢百万”。康熙年间，山西大旱，人心惶惶，而“亢百万”得意地声称：“上有老苍天，下有亢百万。三年不下雨，陈粮有万石”③，可见他在山西田产之多。潞城县贾庆余早年家贫，十四岁“从父贾山东禹城县”，“积二十余年，竟成巨商，南北懋迁，奇货辐辏其门”，并大量购买土地，成为“沃壤连阡”④ 的大地主。山西因多大商人，他们将商业资本投入土地，不数年即“沃壤遍野”，兼并的速度也是较快的。

河南省是李自成起义军频繁活动的地区，起义军所到之处，打击了世家大族，没收了明藩王的土地。所以，清初，河南土著的大地主较少，雍正以后，土地兼并逐渐严重起来。一七四〇年（清乾隆五年），河南巡抚雅尔图奏称：河南“民生贫富不齐，富者类多鄙吝刻薄，贫者则无营生，大约佃种他人田地者居多”⑤。在土地兼并的浪潮中，一种是官僚豪绅仗势侵夺田产，如豫南光山、固始一带，清初，小农“苦地粮重重”，往往带地“投献”于豪绅，成为佃仆。当地豪绅“僮

---

① 参见《罪恶累累的孔府》，北京，人民出版社，1974。

② 《乾隆临汾县志》卷六，《孝义》。

③ 马国翰：《竹如意》卷下，《亢百万》。

④ 《光绪潞城县志》卷四，《耆旧录》。

⑤ 雅尔图：《雅公心政录》卷二，《奏疏》，乾隆五年五月。

仆成林”，顺治末曾发生佃仆们“纠聚党类，挟刃操戈，逼主退约”① 的反抗斗争。又如乾隆时曾任布政使的彭家屏，“为富不仁”，在家乡夏邑“拥有厚资，田连阡陌”②。另有一种是外省大商人，乘着灾荒年份，挟资到河南购买田亩。如一七八六年（清乾隆五十一年）河南巡抚毕沅奏称：“豫省连岁不登，凡有恒产之家，往往变卖糊口。近更有于青黄不接之时，将转瞬成熟麦地，贱价准卖。山西等处富户，闻风赴豫，举放利债，借此准折地亩”③。这类商人兼并土地的事例，不在少数，如洛阳县在道光年间“值岁饥，土人多鬻田他徙”，山西长治商人宋良弼“亦以贱值得膏腴田数百亩”④。又如康熙年间，“豫省被灾，惟郏（县）为重。而郏人在籍置产者，尚不及十之一二”，而山西商人来此，“射利居奇者，已不啻十之八九”⑤。由于土地逐渐集中，河南省也出现了很大的地主，如仪封县地主周伯章，他家“田连四邑，亩以万计”，“东西南北各十里”之内，“田皆为周氏”⑥，可见其土地数量之多。

直隶是清王朝的心脏地区，也是王公贵族官僚地主最集中之地。入关后，直隶北部的很多土地被圈占。满族亲贵们的大小庄园，星罗棋布，田连阡陌，广大汉族农民沦为旗庄的农奴、佃户。但就在这些地区，也存在一些汉族大地主，如怀柔县郝氏就是一个“膏腴万顷”、豪富异常的大地主。据说，有一次乾隆皇帝“驻跸其家”，郝家“进奉上方水陆珍错至百余品，其他王公近侍以及舆儓奴隶，皆供食馔”。皇帝一日之餐，郝家“费至十余万”⑦。另如保定府的束鹿县“土沃人稠”，该县被圈占的土地较少，汉族的“阀阅世家”和“乡宦”就占有很多土地。⑧ 直隶南部各府州县，土地未被圈占或圈占较少，地主也在用各种方式兼并土地，如献县就形成了“富

---

① 《乾隆光山县志》卷八，《风俗》。
② 《清高宗实录》卷五四〇，乾隆二十二年六月。
③ 《清高宗实录》卷一二五五，乾隆五十一年五月。
④ 《光绪长治县志》卷六，《列传》。
⑤ 孙珩：《归田文稿》卷六，《复同寅议赎地书》。
⑥ 刘睛：《片刻余闲录》卷一。
⑦ 昭梿：《啸亭续录》卷二，《本朝富民之多》。
⑧ 参见《康熙束鹿县志》卷八，《风俗》。

者田连阡陌，而贫者无立锥之地”的局面。那些“田连阡陌”的都是汉族地主，“不能自耕自耘”，“分假于贫者而佃种之”，“而后与分秋获之半”①。还有大名、广平二府，嘉庆时连年灾荒，“民间地亩，多用贱价出售，较丰年所值，减到十倍”。因此，“本处富户及外来商贾，多利其价贱，广为收买”②。

此外，如湖北省邻近洞庭湖北岸各州县，有“席、翁、吴、许四姓皆巨富”③，各自占有大量土地。在康熙年间，广西省全州，“州民置田，多寄居大户名下。久之，豪强者遂夺其田”④。福建漳州府，康熙年间“豪强大户，阡陌连绵”⑤。雍正年间，台湾“田地大半归于富户……上者数百万金，中者百万金，数十万金之富户所在多有”。他们“霸占田业”，百姓“敢怒不敢言”⑥。江西抚州府东乡县，嘉庆年间“富者田连阡陌，贫者无立锥”⑦之地。云南省楚雄府姚州“土同知”高德厚，“以巨富通势，强占民产三百四十里”⑧，共有田地七千余顷。

通过以上对我国许多省份土地情况的考察，可以看出：清初，由于农民起义沉重地打击了地主阶级，土地问题比较缓和。康熙中期以后，随着经济的恢复，土地收益增加，土地流转加速，土地兼并激烈起来。特别是乾嘉以后，土地高度集中，虽然各省因具体条件不同，集中的程度和方式有所差别，但兼并日益加剧的趋势却是普遍的。乾隆前期，即有人指出：“近日田之归于富户，大约十之五六，旧日有田之人，今俱为佃耕之户”⑨，因此出现了向两极分化的贫富悬殊的严重情况，“一家而有数千百家之产，则一家而致失业者数千家”⑩。

---

① 《乾隆献县志》，《食货》。
② 《清仁宗实录》卷三一〇，嘉庆二十年九月。
③ 东轩主人：《述异记》下，《许七遇仙》。
④ 《乾隆淮安府志》卷二十二上，《仕迹》。
⑤ 《康熙漳州府志》卷十一，《赋役》。
⑥ 陈盛韶：《问俗录》卷六，《鹿港头家》。
⑦ 《嘉庆东乡县志》卷三十三，《艺文》。
⑧ 《乾隆直隶通州志》卷十四，《人物》。
⑨ 《皇清奏议》卷十三，乾隆十三年，杨锡绂奏。
⑩ 《皇朝经世文编》卷十一，钱维城：《养民论》。

在土地兼并的浪潮中还可以看出：在清代，土地兼并的手段和明代有一定的差异。明代的藩王、贵戚、官僚、缙绅有蠲免和转嫁赋税徭役的特权，他们利用这些特权作为吞并土地的武器，通过“投献”、“投靠”的方式，无代价地掠夺土地。而小地主、自耕农为了逃避繁重的赋税徭役，不得不将土地无偿地拱手送给特权地主，以换取政治上的荫庇和经济上的豁免。清代，鉴于明朝灭亡的教训，对官僚、地主的特权加以限制。因此，除了清初用暴力手段在华北进行了大规模的圈地以外，“簪缨门第”、“世家大族”，较少利用政治特权掠夺土地，而更多的是通过买卖关系。地主阶级发家的主要途径就是积资购地，土地是火烧不毁、水淹不坏、盗窃不动而又能永贻子孙、带来无穷财源的物质财富，“凡置产业，自当以土地为上”①。地主阶级千方百计，通过一批批购买田产，逐步积累，像滚雪球一样，从小到大，形成了拥有累千上万亩土地的大地主。在兼并过程中，商业和高利贷常常起着重要的作用。官僚、地主、商人利用小农经济经不起打击的特点，利用天灾人祸或青黄不接的机会，渗入农村，囤积居奇，贵卖贱买，重利盘剥，乘人之危，夺取土地。这种更多地用经济手段兼并土地和明代许多地主利用政治特权有所不同。

此外，清代的租佃制剥削形式日益普遍，越来越多的地主采用招佃垦种。定额地租也有一定的发展，地主不和佃户分成，而把地租的数量固定下来。这种额租制，使佃户的劳动强度增强了，意味着封建剥削的加强，但额租制也提高了佃户精耕细作的兴趣和积极性，从而提高了单位面积的产量，提高了生产力。还有，农业中的雇佣劳动制也在发展，地主、富农采取雇佣长工和短工的办法，自己经营土地，农村的雇佣劳动者——长工、短工，没有或只有很少的生产资料，以出卖劳动力为生，他们虽与资本主义制度下的雇佣劳动不完全相同，但与佃农比较，政治身份上较多自由。地主自己经营土地，较租佃形式也有一定差别，这些经营地主，有的专门种

---

① 钱泳：《履园丛话》卷四，《产业》。

植粮食，有的专门生产茶叶、甘蔗、桑树、槟榔、蓝靛、棉花、水果等经济作物，绝大部分的产品要进入流通领域。他们正在向着为市场而生产的商品生产者转化。

二、人口增长，耕地不足

在土地激烈兼并的同时，清代的人口急剧增长，而耕地数目又远远赶不上人口的增长。这样就形成了土地集中、人口激增、耕地不足的突出矛盾，这是清朝中叶直至近代社会动荡不安的一个重要原因。

关于清代人口和耕地的数字，已在本书第一册第六章内有所说明。从一七四一年（清乾隆六年）到一八四〇年（清道光二十年）鸦片战争爆发时，全国人口从一亿四千万增至四亿一千万。一百年内，人口增加三倍，平均每年增加二百七十万人，年增长率为千分之十八点八。但耕地面积的增加却很缓慢，从顺治末至乾隆末，大约一百四十年间，耕地面积从五亿亩增至九亿亩。这九亿亩数字，可能计算偏低，会有一些隐匿未报的土地，也会有一些边远地区新垦的土地未统计在内。但大致的趋势是清楚的，即：耕地的增长大大落后于人口的增长。再加上土地兼并日益剧烈，地少人多，无田可耕的矛盾越来越尖锐。如乾隆末（十八世纪末）全国人口约为三亿，耕地面积约九亿亩，平均每人只有三亩耕地；到了道光时（十九世纪前期），人口增至七亿，耕地却并没有增加，每人平均耕地只有二点二五亩了。

乾隆、嘉庆时代，一些地区，土地开发已达饱和点，很难再找到可以开垦的余地。如直隶保定府各州县，“生聚日蕃”，现有土地不足以养活当地人口，于是“其近山者，争觅地于闲旷之地”。一些“悬崖幽壑，靡不芟其翳，焚其芜而辟之以为田”①。再不足，只好移民于内蒙古和东北。山东东部各州县，山多地少，人烟稠密，“山峦海滩，开垦无遗”，登莱二府人民，大量漂泊异乡，到“关外觅食”②。

① 崔述：《无闻集》卷一。

② 《清仁宗圣训》卷十五，《爱民》一，嘉庆二年十月。

甚至边远的云南省，在乾隆中叶，“水陆可耕之地，俱经垦辟无余”①。至于江南苏松杭嘉湖五府富庶地区，更是生齿日众，人满为患，而土地狭窄。大凡田边塘畔，宅前屋后，无不见缝插针，种植桑麻果蔬，达到浸浸无弃土的地步。又如四川省，在清初地广人稀，而到乾隆十八年（一七五三），全省人口还只有一百三十七万人，这年全省的耕地面积达四千五百九十万亩，每人平均耕地达三十四亩之多，生计自属优裕，秩序也很稳定。这时，湖南、湖北、广东、广西、江西、陕西的大量移民入川，人口猛增，十九世纪初全川人口达二千一百万人，而耕地仍只有四千六百五十万亩，几乎没有增加，平均每人耕地下降到二点二亩多。② 这时，四川省每人的耕地平均数字，接近于道光年间官方记载的全国每人的耕地平均数字。

我国土地广大，幅员辽阔，各地区之间经济发展很不平衡。东南沿海地区及长江三角洲、珠江三角洲经济最为发达，广大的内地各省经济发展则较迟缓，至于边疆地区的经济更加落后，有的地方尚处于原始的状态。即是在同一地区、同一县之内，经济发展也往往相去甚远。造成这种经济上发展不平衡的重要因素之一，是由于气候、雨量、土质、水利等自然条件的不同和耕作水平、农业技术的差异。因此，不同地区农作物亩产量的相距悬殊，不同的经济状况决定了居住人口的密度。因此，笼统地讲某地人口、土地、人均地亩等多少，并不能完全科学地说明问题。为了进一步说明情况，将经济发展不同地区的情况，选样列简表（见下页）。

从表中所列属于四省六地的耕地、人口数字来看，人均耕地最高者为河南彰德府林县及山西大同府（领有八州县），人均耕地分别为六点三七亩与五点五九亩，都在五亩以上。最少者为浙江杭州府于潜县，人均耕地只有零点六四亩，不足一亩。属于中等水平者，为湖南长沙府善化县、衡州府衡阳县及河南开封府杞县，人均土地分别为一点零八亩、一点五八亩及一点五六亩，处于不足二亩的水

① 《清高宗圣训》卷八十，《爱民》十一，乾隆三十一年七月。
② 参见高王凌：《清代中叶四川的农村市场及其在农村社会经济中的地位》。

年　　代	省府县	人　　口	土　　地	人均地亩	出　　处
乾隆三年	山西大同府	722 401(口)	4 040 230(亩)	5.59 亩	《乾隆大同府志》卷十三，《赋役》。
嘉庆二十三年	湖南衡阳县	410 553(口)	649 497(亩)	1.58 亩	《嘉庆衡阳县志》卷八、九，《户口・赋役》。
嘉庆二十一年	湖南善化县	542 132(口)	590 032(亩)	1.08 亩	《嘉庆善化县志》卷六、七，《户口・田赋》。
乾隆十年	浙江于潜县	86 427(口)	55 308(亩)	0.64 亩	《嘉庆于潜县志》卷十一，《田赋・户口》。
乾隆十六年	河南林县	122 387(口)	780 209(亩)	6.37 亩	《乾隆林县志》卷六，《赋役・户口》。
乾隆年间	河南杞县	314 655(口)	491 640（亩)	1.56 亩	《乾隆杞县志》卷七，《田赋志》。

平。如果以这三种类型，一府五个州县人口和耕地数字来计算，共有人二百九十一万八千五百五十五口，土地六百六十万零六千九百一十六亩，人均土地为三点二六亩。由于我们表中所列都是乾嘉年间方志中的记载，时间还略早于道光时，表中反映的情况，大体上与全国估算的人均耕地数字是相符的。

表中所载各府县人均耕地数颇有差距，其原因是很复杂的。自然条件的差异和土地肥瘠的不等是重要的原因。一般说来，富庶地区，同样数量的土地可以养活更多的人口，故人口密度高，人均耕地少；而贫瘠地区则与之相反。如浙江于潜县在杭州以西，山多田少，但土地肥沃，雨量充沛，物产丰盈，富蚕桑茶竹之利。虽然人均耕地只有六分四厘，但产量高，经济作物多，粮食可以自给，经济作物可以出售获利。湖南善化、衡阳两县分别为省城所在及衡州府之附廓首邑，位于湘江流域，物产丰饶，单位面积产量高，为清代之重要米粮基地。每人平均耕地在一亩至一亩半左右，勉强可以温饱。至于河南杞县人均耕地与湖南衡阳相差无几，但此地在开封东南靠近黄河泛滥之区，历年水灾频仍，再加上地少人多，劳动人民生活十分艰难，常年出外逃荒者甚多。山西大同府所属八州县，位于晋北高寒地带，河南彰德府林县，位于太行山东麓，都是地瘠民贫，亩产量约及江南十分之一，尽管人均地亩最高，都在五六亩以上，但经济发展反较落后。由此可见，人均亩数较多，并不表明人民生活水平较高。与此相反，人均耕地数往往与人民生活恰成反比例。即人均耕地越多的地区，往往是自然条件较差，人民生活较困难的地区；人均耕地很少的地区，往往是自然条件较好（一些特殊情况，如河南杞县例外），人民生活条件较高。

在清代，大概需要多少土地，才能维持劳动人民最低限度生活呢？由于土地质量不同，亩产量相差悬殊，很难有统一的标准。明末清初人张履祥说："荡田虽瘠，二亩当一亩。百亩之土，可养二三十人"①。张履祥是浙江嘉兴府桐乡县人。桐乡地处杭嘉湖三角地带，土地沃饶，尤富蚕桑之利。但他说的"荡田"，系指嘉兴、松江以西一带的湖荡滩地，水利条件不好，土地并不肥美，与当地上好水田比较，易旱易涝。所谓"二亩当一亩"，系指"荡田"与当地的肥田比较而言的。"荡田"的产量，可能相当或略高于冀鲁豫各省的旱地。"百亩之土，可养二三十人"，平均每人三至五亩，方可不至挨饿。洪亮吉在乾隆末年指出："一岁一人之食，约得四亩；十口之家，即须四十亩矣。"② 洪亮吉是指全国的情况而言，维持生活每人每年须有耕地四亩左右，与张履祥所说的三至五亩，恰好相同。

在清代，每亩土地的产量有多少？每人每年需要多少粮食才能维持生活？据史料记载，康熙末年浙江湖州府的乌程、归安、德清三县，佃户"终岁勤动，计十亩所入，得半不过十石"③。这里所谓的"得半"，即指佃户以一半交地租，另一半（即十石）归自己，可见这三县的亩产量为二石。顾炎武指出，清初江南苏松二府，每亩产一至三石不等。④ 又有人指出，嘉庆初年，土地"以中年（即平常年景）约之，一亩得米二石"⑤。由此看来，每年每亩平均产二石，大概是江南一带土地的平均产量。至于其他地区，亩产量当低

① 张履祥：《杨园先生集》卷五。
② 洪亮吉：《卷施阁文甲集》卷一，《意言·生计》。
③ 凌介禧：《程安德三县赋考》卷二。
④ 参见顾炎武：《日知录》卷十。
⑤ 《皇朝续文献通考》卷七十二。

于此数。康熙的上谕中说，“朕巡视南方，见彼处稻田，岁稔时一亩可收谷三四石。近京玉泉山稻田一亩不过一石”。以全国情况估计，每亩收获一二石，就算很不错的了。“内地之田，虽在丰年，每亩所收止一二石”①。每人每年需要多少粮食才能温饱？洪亮吉说，“一人之身，岁得布五丈即可无寒；岁得米四石即可无饥”。他又说，一人“日不过食一升”②，每年三百六十五升，共计三石六斗五升，亦接近四石。由此看来，每人每年四石粮是维持生活的最低标准。但前面我们引用洪亮吉的话，“一岁一人之食约得四亩”，这是指全国情况而言，每亩平均产量约一石，即所谓“今日之亩，约凶荒计之，岁不过出一石”。四亩的产量正好也是四石。

如果每人有土地四亩、得粮米四石，可以维持生活的话，那么，一七九〇年（清乾隆五十五年），全国人均耕地只有三亩，粮食只有三石，已经不足。一八四〇年，全国人均耕地只有二亩二分五厘，粮食只有二石有余。这时，全国至少有三分之一的人口处于饥饿和半饥饿状态。

由于土地兼并剧烈，人口增长很快，而耕地的增加却很缓慢。因此，清朝中叶与清初相比，地价与粮价扶摇直上。乾嘉时人钱泳谈苏南地区的情形，“本朝顺治初，良田不过二三两。康熙年间长至四五两不等。雍正间，仍复顺治初价值。至乾隆初年，田价渐长。然余五六岁时（乾隆三十年左右），亦不过七八两，上者十余两。今阅五十年（约嘉庆二十年），竟长至五十余两矣”③。从康熙年间的每亩四五两，到乾隆中期的每亩七八两至十余两，再到嘉庆二十年（一八一五）每亩五十余两，地价增加十倍，其原因是多方面的，但人多地少的矛盾，乃是主要原因之一。关于米价上涨的情况，钱泳亦有论述。他说：“康熙四十六年，苏松常镇四府大旱，是时米价每升七文，竟长至二十四文。次年大水，四十八年复大水，米价虽较前稍落，而每升不过十六七文。雍正、乾隆初，米价每

① 《东华录》康熙朝卷八十，康熙四十六年十月。

② 洪亮吉：《卷施阁文甲集》卷一，《意言·生计》。

③ 钱泳：《履园丛话》卷一，《旧闻·田价》。

升十余文。二十年虫荒，四府相同，长至三十五文，饿死者无算。后连岁丰稔，价渐复旧，然每升亦只十四五文为常价也。至五十年大旱，则每升至五十六七文。自此以后，不论荒熟，总在二十七八至三十四五文之间为常价矣。”① 他所讲的江南苏松常镇四府米价涨落的情况，虽然是受水旱虫灾的影响而上下波动幅度很大，但从中可以看出，康熙年间米每升只有七文，乾隆五十年后，米每升二十七八文至三十四五文为常价，八十多年，米价上涨四至五倍，也是由于人口迅速增加，粮食供不应求，货币逐渐贬值而造成的。与钱泳同时代的洪亮吉也说，“闻五十年以前（约当雍正时）吾祖若父之时，米之以升计者，钱不过六七（文）。布之以丈计者，钱不过三四十（文）”。到乾隆末，米价上涨“昔之以升计者，钱又须三四十矣；昔之以丈计者，钱又须一二百矣”②。照洪亮吉的说法，五十年内米价上涨六七倍，布价上涨四五倍。洪亮吉认为，物价上涨的原因是人口增加太多。从前“一人食力，即可以养十人……今则不然，为农者十倍于前而田不加增”，“户口既十倍于前，则游手好闲者更数十倍于前”。在这种情况下，劳动人民生计维艰，常有挨冻受饿的威胁，社会也日趋动荡不安。即所谓“终岁勤动，毕生皇皇，而自好者居然有沟壑之忧，不肖者遂至生攘夺之患矣”。

清朝统治者对当时人口与土地之间存在着的尖锐矛盾，早已有所察觉。早在康熙四十六年时，玄烨就已看出，“地亩见有定数，而户口渐增，偶遇岁歉，艰食可虞”③。不过在当时，人口虽很快增加，但尚有多余的土地可供开垦，问题并不十分严重，只是在灾荒之年，人民生活才“艰食可虞”。康熙四十九年南巡时，他看到“民生所以未尽殷阜者，良由承平既久，户口日蕃，地不加增，产不加益，食用不给，理有必然”④。他指出人口太多，正是人民生活难以改善的

① 钱泳：《履园丛话》卷一，《旧闻·米价》。
② 洪亮吉：《卷施阁文甲集》卷一，《意言·生计》。
③ 《清圣祖实录》卷二三一，康熙四十六年十一月。
④ 《清圣祖实录》卷二四四，康熙四十九年十月。

原因。康熙五十二年（一七一三）他又说：“今岁不特田禾大收，即芝麻棉花皆得收获。如此丰年，而米粟尚贵，皆由人多田少故耳。”①

雍正即位后，试图用奖励农业的办法解决地少人多的矛盾。雍正二年（一七二四）的上谕中说：“我国家休养生息，数十年来，户口日繁，而土田止有此数。非率天下之民，竭力耕耘，兼收倍获，欲家室盈宁，必不可得。”他希望各地能精耕细作，提高单位面积产量，以解决耕地不足的问题。他还命令地方官，“悉心劝农”，充分利用地力，在“舍旁田畔”、“荒山旷野”，因地制宜，种植各种树木，“桑柘可以饲蚕，枣栗可以佐食，桕桐可以资用，即榛楛杂木，亦足以供炊灶”，还提倡发展畜牧渔业，北方牧羊，南方饲猪，近海捕鱼，山区狩猎，“使人力无遗，而地力始尽”②。雍正的这些措施对发展生产力，缓和矛盾是有裨益的，但也不可能解决人多地少的矛盾。

人多地少的矛盾到十八世纪末（乾隆末年）已十分严重。一七九三年（清乾隆五十八年），乾隆在阅读康熙朝《实录》时，见一七一〇年（清康熙四十九年）全国人丁户口才二千三百三十一万多，而一七九二年（清乾隆五十七年）全国大小男妇达三亿七百四十六万多，“计增十五倍有奇”（实际上远不至十五倍，因前者只是男丁数，后者才是人口数）。在两相对比之下，乾隆十分感慨，他说，“我国家承天眷佑，百余年太平天下，化泽涵濡，休养生息。承平日久，版籍益增，天下户口之数，视昔多至十余倍”。“以一人耕种而供十数人之食，盖藏已不能如前充裕。且民户既日益繁多，则庐舍所占田土不啻倍蓰。生之者寡，食之者众，于闾阎生计，诚有关系”。他最后说，“日食不继，益形拮据，朕甚忧之”③。乾隆皇帝这一番议论，虽看到了当时社会问题的症结之一，但他除了感叹一番，也提不出任何实际解决的办法来。

当时，一些有识之士，也看出了人口问题的严重性。乾隆年间

---

① 《清朝文献通考》卷二，《田赋》二。

② 《清世宗实录》卷十六，雍正二年二月。

③ 《清高宗实录》卷一四四一，乾隆五十八年十一月。

著名的学者洪亮吉在研究了耕地、人口、田价、米价等种种社会现象之后，提出了颇有见地的见解。他认为；人口无限制的繁殖生育，乃是人民生活贫困的原因之一。他说，“治平至百余年……然言其户口，则视三十年以前，增五倍焉；视六十年以前，增十倍焉；视百年、百数十年以前，不啻增二十倍焉”。他又认为，人口的增长快于耕地的增长，必定会造成社会动荡。他说，“高曾之时，隙地未尽辟，闲廛未尽居也。然亦不过增一倍而止矣，或增三倍五倍而止矣，而户口则增至十倍二十倍。是田与屋之数常处其不足，而户与口之数常处其有余也”。他为此算了一笔账，“试以一家计之，高曾之时，有屋十间，有田一顷，身一人，娶妇后不过二人。以二人居屋十间，食田一顷，宽然有余矣。以一人生三计之，至子之世而父子四人，各娶妇即有八人；八人即不能无佣作之助，是不下十人矣。以十人而居屋十间，食田一顷，吾知其居仅仅足，食亦仅仅足也。子又生孙，孙又娶妇，其间衰老者或有代谢，然已不下二十余人。以二十余人而居屋十间，食田一顷，即量腹而食，度足而居，吾以知其必不敷矣。又自此而曾焉，自此而玄焉，视高曾时口已不下五六十倍，是高曾时为一户者，至曾玄时不分至十户不止”。由于人口过剩，超过了社会能够供养的能力，从而出现了米价昂贵，田价上涨，劳动人民势必少衣缺食，无田耕种，“又况有兼并之家，一人据百人之屋，一户占百户之田，何怪乎遭风雨霜露，饥寒颠踣而死者之比比乎!”人口过剩，耕地短缺，兼并日盛，贫富不均，这就造成阶级矛盾的尖锐化。没有生活保障的老百姓，“遇有水旱疾疫，其不能束手以待毙也明矣”①。这就是洪亮吉所感到当时社会“甚可虑者”的根本原因。

由于时代和阶级的局限以及科学的不发达，洪亮吉不可能有什么灵丹妙药来控制人口的增长。只能是听其自然，任其增殖。洪亮吉提出的“君相调剂法”，只不过是：移民垦荒、减轻赋税、提倡节俭、禁止浪费、储粮救荒、抑制兼并等办法，并没有超出封建统治者所倡导的范围。

---

① 洪亮吉：《卷施阁文甲集》卷一，《意言·治平》、《意言·生计》。

三、自然灾害流行，人民生活痛苦

在封建社会中，旱涝、冰雹、蝗虫等自然灾害是连年不断的常见现象。灾害的发生，乃是生产力不发展、科学技术不发达、劳动人民无力胜天、人类对自然界无能为力的必然结果。但在阶级社会，自然灾害的严重程度以及对人类生命财产破坏的大小，都不是偶然的、孤立的，而总是和那个时代的封建统治有着密不可分的联系。当封建社会政治清明，比较关心人民疾苦，把预防自然灾害和赈荒救灾的措施放在重要地位，这一时期，自然灾害就会相对减少减轻；与此相反，如果政治腐败，吏治废弛，统治者荒淫无道，置劳动人民死活于不顾，自然灾害就会接踵而至，灾情加重，造成人民生命财产的重大损失。因此，封建社会中，人们总是习以为常地把遭受“天灾”与“人祸”联系在一起。

清康熙、雍正年间，封建统治阶级重视农田水利事业的兴建，动用了大批人力、物力，对黄河、淮河、运河、海河、永定河、浙江海塘等进行治理，防止和减轻了水旱灾害。到乾隆中叶以后，清朝统治由盛转衰，政治腐败，经济拮据，阶级矛盾尖锐，统治者无心顾及水利的修治。因此，广大的农村中，连年水旱，灾害频仍。每逢大雨，堤坝残破，洪水四溢。每逢大旱，河湖干涸，赤地千里，严重威胁农业生产和人民生活。

以下，我们举出自然灾害较多的几个省的情形，以窥一斑。

山东省是历史上的老灾区，康熙时即不断发生水旱灾荒。乾隆以后，重灾大灾，相继发生。乾隆十一年（一七四六），胶莱一带大水，各府州县城乡内外，尽成泽国，人民纷纷出外逃荒。当时的潍县知县郑板桥作诗《逃荒行》记之，“十日卖一儿，五日卖一妇，来日剩一身，茫茫即长路。长路迂以远，关山杂豺虎……豺狼白昼出，诸村乱击鼓，嗟予皮发焦，骨断折腰膂，见人目先瞪，得食咽反吐……道旁见遗婴，怜拾置担釜，卖尽自家儿，反为他人抚”①。这次大水灾，经过三四年之久，才得以恢复。但十年之后，到乾隆二十二年，潍

① 郑燮：《郑板桥集》诗钞，《逃荒行》。

水灾图

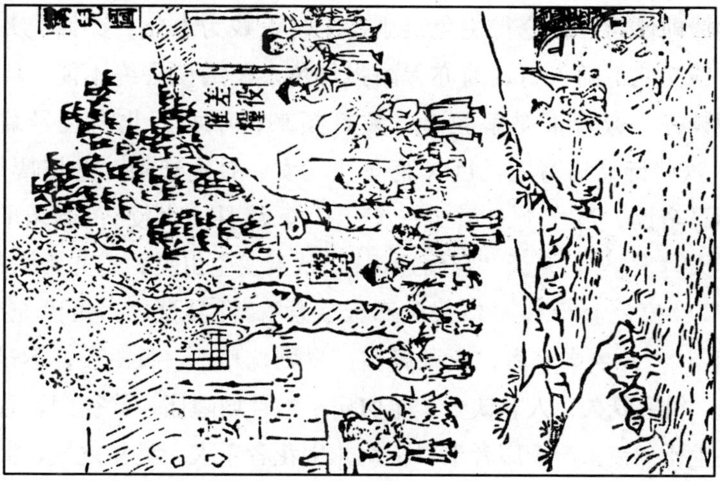

鬻儿图

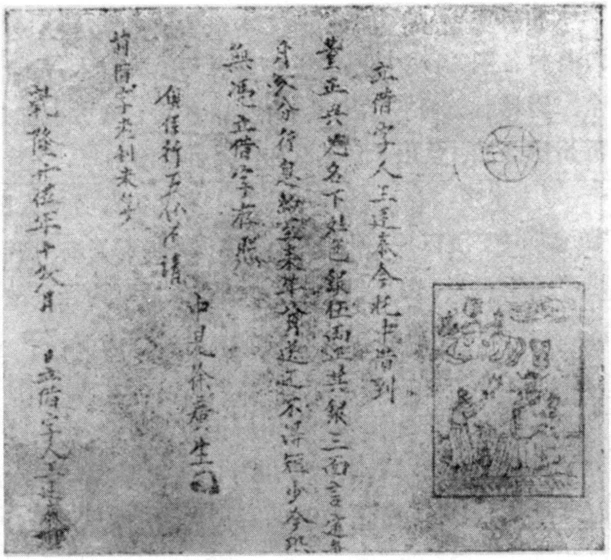

乾隆二十五年王廷泰借据

县又发生灾荒。魏来朋的《鬻子行》写道：“潍北邑当丁丑年，沿海村落少炊烟。无麦无禾空赤地，家家真乃如磬悬。膝下娇儿莫能蓄，百许铜钱即便鬻，但令得主免饥饿，宁甘下贱为人仆。交钱交儿说分明，钱交儿不随人行，翁亦无耐强作色，驱之使去终不能。望儿挥手频频打，旁观谁是解救者，频打频来怀中藏，儿声长号翁如哑。”① 这些诗篇描写人民因灾荒卖儿卖女、骨肉离散，悲惨凄切，令人不忍卒读。道光十三年（一八三三），潍县“大疫”；道光十五年，春天“大旱”，夏天“霪雨连绵”，秋天发生虫灾；道光十六年，“大饥”，“瘟疫流行”，“饥民赴奉天就食”。潍县城内，饥民充斥，道殣相望。“凡乡中来者，夜则露宿，昼则枕藉。一日一夜，不过食粥一瓢。饥寒既久，人非铁石，能勿病乎？且城隍庙，武衙门，昼夜聚处，生死杂错。产于庙者十口，幼儿生花者千人。臭秽之气，溢于街巷。至五六月，各村各隅，死者相属，虽小康者不能具材木，贫者皆以土掩之。全家毙尽者无算”②。潍县如此，山东其他地方也都是这样。如鲁南沂州府郯城、兰山，地势低洼，久而不雨则旱，一旦遇雨

①② 《民国潍县志稿》卷三。

则涝。这一带“本水乡，村外之田辄曰湖，十岁九灾”，劳动人民，迫于饥寒，“游食四方，浸以成俗”①。逃荒的人，北走关东，南渡江淮，远至福建，“携孥担橐，邀侣偕出，目曰逃荒，恬不为怪。故兰（山）郯（城）之民，几与凤阳游民同，到处流亡，以四海为家”②。

每当农村发生水旱灾害之际，正是官僚、地主、商人乘机盘剥，趁火打劫之时。乾隆三十三年，曹州府钜野县发生灾荒，“富户多囤积居奇”，引起“米价腾踊，贫者不堪”③，几乎发生暴动。嘉庆六年（一八〇一）登州府文登县“大饥”，邻县黄县的富商大贾，闻风而至，以十万两银子在文登县东关“开设大当三座”④，发放重利，盘剥灾民。乾隆五十年，邹平县“大旱，岁歉，夏大热”。次年春，米粮奇缺，地主阶级囤积贩运，高价以图利，因此“米价涌贵，米一斗值制钱二千二百五十”⑤。乾隆十七年，威海卫发生水灾，次年春“饥甚”。当地商人漂洋过海，从奉天运来大批粮食，“粮艘衔尾而来”⑥，名为“救荒义举”，实则高价出售，取得暴利。

山西省也是自然灾害很严重的地区。顺治、康熙年间，水旱蝗雹，连年不断。乾隆以后，灾情更为严重，几乎无年无灾，无地无灾。汾河是纵贯山西最大的河流，注入黄河，但每到夏秋雨季，黄河水势湍急，滚滚河水，挟带着大量的泥沙，倾泻而下，倒灌进汾河内，泥沙沉淀，河床堵塞，经常造成汾河的漫溢和决堤，酿成大灾。如乾隆三十二年七月，连日大雨，汾水陡涨，冲决河堤。平遥县的几十个村庄被洪水吞没，“汪洋浩淼，一望无际”。有一个村庄，“居人二百户，屋宇尽坍，妇女乘木板，漂泊巨津中。号呼望救，人争逃命，虽兄弟妻子不相保”。另一个村庄，“汾水浸没庐舍，村人数百家，殆无完屋。男女露立洪流中，哭声震野”⑦。这次大水灾，使千百万人生命财产遭受重大损失。山西的旱灾也经常发生，灾情

①② 《乾隆沂州府志》卷四，《风俗》。

③ 《道光钜野县志》卷十三，《义举》。

④ 《道光文登县志》卷三，《赋役》。

⑤ 《道光邹平县志》卷十八，《灾祥》。

⑥ 《乾隆威海卫志》卷一，《灾祥》。

⑦ 《光绪平遥县志》卷九，《人物志》卷十一，《艺文志》。

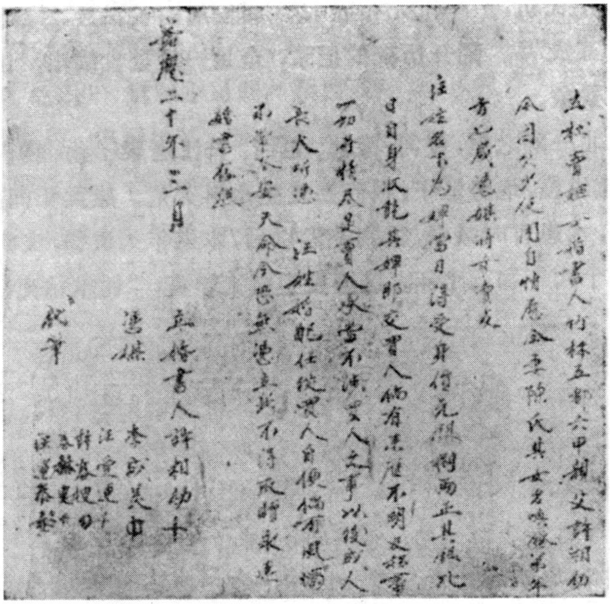

嘉庆二十年许相仂出卖女儿为婢文契

重大。如乾隆二十四年大旱，受灾面积很大，包括晋中和晋东南的几府数十州县。其中汾州府的介休县，“值岁大旱，斗米千钱”，“穷民食草木，形骨立”①。平遥县“大旱无雨，斗米至八钱有零”②。孝义县“大旱、民饥……饿死相继”③。潞安府的长治县，“旱饥”、“时斗米银五钱”④。翻开历史的记录，全是一片觅食维艰、饿殍遍野的悲惨景象。

苏北一隅之地，黄河、淮河、运河、长江逼聚于此，境内湖泊密布，水道纵横，地势低下，很容易发生水旱灾荒。康熙年间，大力治理黄淮，水患暂时减轻，但到乾隆以后，水道年久失修，灾祸频仍。乾隆四十六年和五十年，这里发生特大旱灾，“树木枯死，运河几涸”⑤，“（乾隆）五十年，大旱连数省……米价日高，至次年

① 《乾隆介休县志》卷五，《宦迹》。

② 《光绪平遥县志》卷十二，《杂录志》。

③ 《乾隆孝义县志》卷八，《胜迹祥异》。

④ 《光绪长治县志》卷八，《大事纪》。

⑤ 《同治山阳县志》卷二十一，《杂记》二。

春，升米至五十文，百物皆绝。中产之家，尽食麦麸、野菜以度命。饿殍载道，空旷处积尸，臭秽不可闻。稍留残喘，唯以抢夺为生者，街市不敢携物而行，郊野更甚。羸者乞食，挤入门，终不肯出，呜呜之声，惨不忍听”①。苏北地区，既容易发生旱灾，也经常发生水灾。有时，一年之内春夏大旱，秋后大水，如山阳县于乾隆四十七年，久旱不雨之后，忽于八月间大雨，“平地水深二尺。冬，米谷踊贵，大饥”②。嘉道年间，更因水利不修，雨即成灾，人民深受苦难。如嘉庆十三年，“淮安大水”，地方官以赈灾为名，“捏开侵冒，私饱己囊，香员贪图分润，通同作弊”③。翌年，“运河决状元墩”；第三年，“运河决三铺南七涵洞，田禾尽没”。到道光四年又逢大水，洪泽湖决十三堡，山阳县“大水漂没庐舍”，宝应县“田庐多淹没，

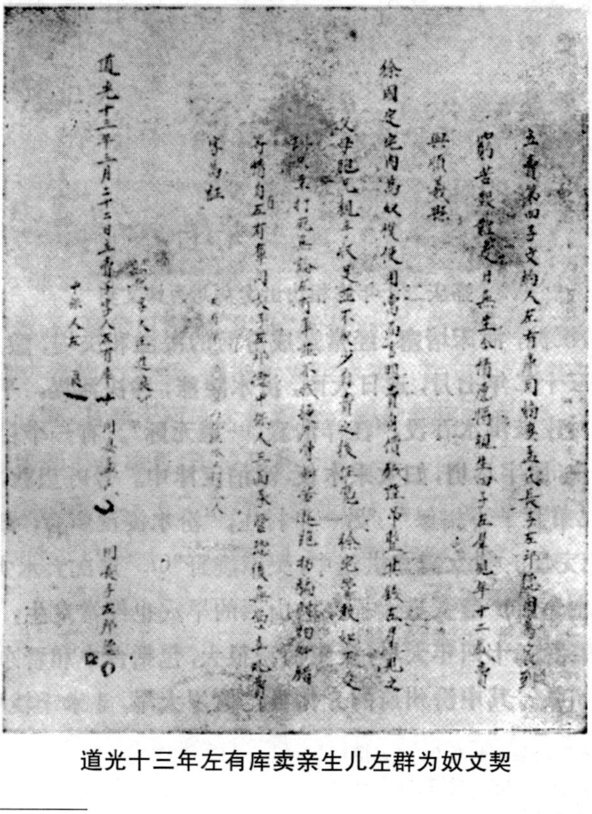

道光十三年左有库卖亲生儿左群为奴文契

① 曹镳：《淮成信今录》卷五，《记事》。

②③ 《同治山阳县志》卷二十一，《杂记》二。

湖西村落，皆成巨浸，灾民升树缘屋，危在呼吸之顷”①。又如安东县地处黄河旁，自乾隆十三年开始，至道光十三年为止，在八十五年当中，安东县大旱十余次，雨涝和河堤决口二三十次，小灾大荒无计其数。乾隆五十一年安东县发生了一次最大的灾荒，这年“春大饥，斗谷千钱，米倍之。居民食树皮，面肿多死。麦熟时，至无能收获者”②。

河南省历来是水旱频仍的重灾区。黄河自上游急流入境，进入本省，地形突然平坦，水势缓慢，大量泥沙沉淀淤积，使河道高于地面，堤岸越筑越高，从而造成不时决口，所以黄灾被称为河南的第一大灾。有人写了如下的诗篇，描述黄河给人民带来的灾难。“黄河之滨古纶城，半是泽国半榛荆，丰稔犹自若不给，况值雨霖逢灾祲。连年水溢没乡井，桑田飞还鸳凫影，耕云锄雨浑无用，嗟彼夫子罕遗秉。仓箱那得一粒存，粟菽不饱度朝昏，闻之树衣堪下咽，急取权作瓮与飧。未几树衣已告竭，清宵僵卧共谁说，踉跄出门图称贷，称贷无门瓮徒设。展转只有鬻儿女，斗米得来聊充饥，母子相看惨别离，牵衣号天不肯去”③。黄河经常泛滥，严重的时候，千里泽国，一片汪洋。乾隆十六年，黄河与沁水并涨，祥符等州县受灾极重，田舍尽没，直到十一月“天寒地冻”之时，河水尚未退尽，以致冬麦也无法播种。乾隆二十六年，黄沁再次泛滥，水势汹涌，武陟、阳武等地决堤十五处，“大水猝至，室庐一空，灾民嗷嗷”④。道光二十一年六月，黄河在祥符县决口，黄水滔滔，围困了开封省城，从南门进水，城内积水“深及丈余，庐舍湮没，人皆露居城上，市肆尽闭，物价腾贵”，有钱人皆“买舟逃去”。“民房城垣浸久坍塌”，人们都在树杪、屋脊上呼救。此次水灾之后，开封城乡“人失故业，富者贫，贫者丐，迫于饥寒”。事后，河南巡抚牛鉴，曾上奏朝廷，建议迁移省城⑤以避黄灾。河南除了黄河水患之外，旱灾、

① 《道光宝应县志》卷九，《灾祥》。
② 《光绪安东县志》卷五，《灾异》。
③ 《光绪虞城县志》卷九，《艺文》。
④ 《清高宗圣训》卷一四五，《蠲赈》八。
⑤ 参见《光绪开封县志》卷六，《黄河》。

风灾、蝗灾也屡见不鲜。就拿开封府而言，乾隆四十九年，大旱不雨，河水干涸。次年春“多暴风扬沙，大旱，禾尽枯，秋冬大饥”。乾隆五十一年，“瘟疫遍行，死者无数，蝗生蔽野，伤稼”。次年，“遍地生蝗，积三寸许，秋禾被伤”①。其他如虞城县在乾隆四年大旱无雨，次年春“民乏食，米价涌贵。市鬻者，日高其价以邀利，民益困”②。永城县在乾隆五十一年“岁饥”，“人相食”。道光五年四月，“蝗蝻遍野”③。卫辉府在嘉庆十八年，“因枯旱已久，大田仍未能翻犁耕种，贫民皆以草根树皮糊口度日。经过官道，两旁柳叶，采食殆尽”④。由此可见，河南省各种自然灾害，遍及各州县，而且灾情十分严重。

除了山东、山西、苏北、河南是清代的重灾区，其他各省的自然灾害也不少。如直隶获鹿县，“嘉庆六年大雨水；八年春，雨雹损麦；九年秋旱歉收；十年秋旱歉收；十五年旱；十七年旱歉收；十八年旱歉收，城中井水皆竭；十九年大有；二十年八月十四日风霜损禾稼；二十一年春三月风霜损麦，夏四月雨雹伤人畜无数；二十二年大饥，知县王业懋请粮放赈；二十三年夏四月初八日大风损麦，诏蠲田租之半，近京等处更甚，所伤人畜不可胜计；道光三年夏六月大水，坏民房屋无数；十六年大旱；十七年大旱，粮价涌贵，斗米八百余钱，斗麦千余钱”⑤。乾隆四十三至四十四年，湖北、四川发生大灾荒，受灾面积很大，各地记载的灾情，令人触目惊心。如湖北当阳县，“民食树皮殆尽”⑥；枝江县“饥民冻死无算，民掘观音土及榔树皮、葛枝充食，然赖以存活者仅十之二三”⑦，枣阳县“民采树皮石面为食”⑧；长阳县“民食树皮、草根、观音土，死亡相踵”⑨；四川重庆

① 《光绪开封县志》卷二十三，《祥异》。
② 《光绪虞城县志》卷六，《人物》。
③ 《光绪永城县志》卷十五，《灾祥》。
④ 《清仁宗实录》卷二六七，嘉庆十八年三月。
⑤ 《光绪获鹿县志》卷五，《世纪》。
⑥ 《同治当阳县志》卷二，《祥异》。
⑦ 《同治枝江县志》卷二十，《杂志》。
⑧ 《同治枣阳县志》卷十六，《祥异》。
⑨ 《同治长阳县志》卷七，《灾祥》。

府“饿殍盈道”①；邻水县“饥饿者多”②；忠州“道殣相望，人相食”③；潼州府“立人市，鬻子女”、“饿殍于道者累累”、“此岁凶荒，为百余年仅见也”④。

综上所述，有清一代，自然灾害遍及各地，乾隆以后，尤其严重。贫苦人民，饥寒交迫，苦难备尝。清政府为了维持自己的统治，虽也采取了一些措施，治黄河，修水利，捕蝗蝻，蠲赋税，赈粮米，各地也设立了一些常平仓、社仓、义仓，但这些零星的措施，无补于大局。清代中叶以后，灾区日广，人口日多，流民遍地，社会矛盾十分尖锐，清朝的统治更加动荡不安。

第二节　封建统治阶级日益腐朽

一、封建统治阶级的奢侈生活

乾隆时代，清朝统治达到了鼎盛的阶段，经济已恢复，并且得到较大的发展，社会财富大量积累起来。所谓“本朝轻薄徭税，休养生息百有余年，故海内殷富素封之家，比户相望，实有胜于前代”⑤。当然，社会财富对于各个阶级并不是均衡地增加的，财富实际上都落在官僚、地主、商人们的手里。他们依仗政治和经济的特权，压榨农民手工业者，掊克聚敛，贪婪无餍。他们过着骄奢淫逸的生活，而广大劳动人民仍处在水深火热之中。

生活最荒淫奢侈的当然要首推封建皇帝。在皇帝看来，天下的人都是供自己随意奴役驱遣的对象，人民的劳动果实完全可以由一人侵吞和挥霍。康熙皇帝是比较注意节约、力戒浮费的，但是，就以他的六次南巡而论，费用浩大，把银子花得像淌海水似的，不知挥霍掉多少劳动人民的血汗。康熙三十九年（一七〇〇）十月，适

---

① 《道光重庆府志》卷九，《祥异》。

② 《道光邻水县志》卷一，《祥异》。

③ 《道光忠州志》卷四，《祥异》。

④ 《乾隆蓬溪县志》卷七，《杂记》。

⑤ 昭梿：《啸亭续录》卷二，《本朝富民之多》。

值皇太后六十寿辰，仅王公贵族、各级官僚“进献礼物”一项，见于记载的计有：“佛三尊，御制万寿无疆赋围屏一架，御制万寿如意太平花一枝，御制龟鹤龄花一对，珊瑚进贡一千四百四十份，自鸣钟一架，寿山石群仙拱寿一堂，千秋洋钟一架，百花洋钟一架，东珠、珊瑚、金珀、御风石等念珠十九，皮裘十九，雨缎十九，哆啰呢十九，壁机缎十九，沉香十九，白檀十九，绛香十九，云香十九，通天犀、珍珠、汉玉、玛瑙、雕漆、官窑等古玩九十九，宋元明画册卷九十九，攒香九十九，大号手帕九十九，小号手帕九十九，金九十九，银九十九，缎九十九，连鞍马六匹”①。可谓豪华至极。

乾隆时期，清政府的财力更加充裕，奢靡之风更盛。乾隆的豪侈远远超过他的祖父和父亲。他仿效康熙六次南巡，到处游山玩水，寻欢作乐，靡费特甚。巡幸所至，地方官为了讨好皇帝，大肆铺张，修行宫、搭彩棚、办筵席，酒无虚日，城开不夜，“有司一意奉承，其流弊及于百姓”。自北京至杭州，南巡往返，每次近六千里，途中建筑行宫三十处，以备驻跸，又每隔二三十里设尖营。巡幸的队伍，沿运河南行，共有船千余艘，舳舻相接，旌旂蔽空。随行的有后妃、王公、亲贵、文武百官，还有担任警卫扈从的大批士兵。皇帝和后妃乘坐的安福舻、翔凤艇等五船，共用纤夫三千六百名，分六班轮流拉纤。搬运帐篷、器物、用具、衣饰的队伍，浩浩荡荡，动用马六千匹，骡马车四百辆、骆驼八百只，征调夫役近万人。沿运河两岸，所过道路，皆泼水清尘，石桥石路皆用黄土铺垫。御舟所经，水港河汊、桥头村口，都安设围站，派兵丁驻守。所经之处，地方文武官员身穿朝服，前来接驾，还有耆民老妇、绅衿生监焚香俯伏于道侧。皇帝每天赐酒、赐食，所费不赀。不仅地方官要进献山珍海错、土产方物，还要从全国各地运来许多食物。连饮水都是远道供应的，在直隶境内，用香山静宜园的泉水；到德州，入山东境，用济南珍珠泉水；过红花埠，入江苏境，用镇江金山泉水；到浙江，用虎跑泉水。路过繁华街市，都搭建牌楼、彩棚、点景、香亭。例

---

① 《清圣祖实录》卷一〇一，康熙三十九年十月。

如“直隶保定府长芦隘口，即各省富商辏集之所。众商预输苏杭间彩缎与奇玩，路旁结棚如物形，或楼台状，穷极眩彩，横亘数十里。店铺之间，待皇帝经过，众商山呼如雷”①。每次南巡，扬州的大盐商们纷纷报效，建筑园林楼阁，置备戏班乐部，铺修跸路御道，竞奇斗富，穷极奢丽。扬州平山堂本来没有梅花，乾隆第一次南巡时，盐商们捐资植梅一万株，以供皇帝观赏。有一次演放烟火，盐商们不惜重金，但求壮观，“遥望岸上，著大桃一枚，硕大无朋，颜色红翠可爱。御舟将近，忽烟火大发，光焰四射，蛇掣霞腾，几眩人目。俄顷之间，桃砉然开裂，则桃内剧场中峙，上有数百人，方演寿山福海新戏”②。这种别开生面的盛大演出，博得乾隆的赞赏。又如大盐商江春千方百计要取得皇帝的欢心，乾隆南巡时，“某日，高宗（乾隆）幸大虹园，至一处，顾左右曰：‘此处颇似北海之琼岛春阴，惜无塔耳’。江闻之，亟以万金贿近侍，图塔状。既得图，乃鸠工庀材，一夜而成”。连乾隆皇帝也叹服盐商财力之雄厚。巡幸所至，例必演戏，所以梨园戏曲，“南巡时为最盛，而两淮盐务中尤为绝出。例蓄花雅两部，以备演唱，雅部即昆腔，花部为京腔、秦腔、弋阳腔、梆子腔、罗罗腔、二簧调，统谓之乱弹班”③。由于乾隆六次南巡，扬州城大兴土木，几经修缮，市容完全改观。据袁枚为《扬州画舫录》所写的序言中说：“记四十年前，余游平山，从天宁门外拕舟而行，长河如绳，阔不过二丈许，旁少亭台，不过匽潴细流，草树卉歙而已。自辛未岁天子南巡，官吏因商民子来之意，赋工属役，增荼饰观，奢而张之。水则洋洋然回渊九折矣，山则峨峨然隥约横斜矣，树则焚槎发等，桃梅铺纷矣，苑落则鳞罗布列，闸然阴闭而霅然阳开矣。猗欤休哉，其壮观异彩，顾、陆所不能画，班、扬所不能赋也。”

到了乾隆十六年（一七五一），适值皇太后寿辰，“中外臣僚，纷集京师，举行大庆。自西华门至西直门外之高梁桥，十余里中，各有

---

① 《朝鲜李朝实录中的中国史料》十一册，468页。

② 徐珂：《清稗类钞》，第二十四册，《豪奢类》。

③ 钱泳：《履园丛话》，《艺能》。

分地，张设灯彩，结撰楼阁。天街本广阔，两旁遂不见市廛。锦绣山河，金银宫阙，剪彩为花，铺锦为屋。九华之灯，七宝之座，丹碧相映，不可名状。每数十步间一戏台，南腔北调，备四方之乐。侲童妙伎，歌扇舞衫，后部未歇，前部已迎。左顾方惊，右盼复眩，游者如入蓬莱仙岛，在琼楼玉宇中，听霓裳曲、观羽衣舞也”①。乾隆四十五年，皇帝在避暑山庄过七十岁生日，各级官吏，借口进贡祝寿，搜刮百姓，闹得全国骚然。官员们抢运贡品到避暑山庄成了头等大事，以致古北口外道路阻塞。当时的朝鲜使臣目睹沿途的情况说："余……出长城，昼夜兼行，道见四方贡献，车三万辆，又人担、驼负、轿驾而去，势如风雨。其杠而担者，物之尤精软云。每车引马骡六七头，轿式联杠架四骡，上插小黄旗，皆书'进贡'字。进贡物皆裹猩猩毡、诸色氆氇、竹簟、藤席，皆称玉器。”浩浩荡荡的运输队伍，拥挤在狭窄的山道上，入夜以后“见车乘争道催促，篝火相照，铃铎动地，鞭声震野”②。这样奢侈阔绰的排场，笔墨难以形容。类似这种皇室的婚丧寿庆，长年不断，每次都穷奢极丽，尽情挥霍。例如乾隆五十四年，乾隆的女儿固伦和孝公主下嫁和珅的儿子丰绅殷德，“宠爱之隆，妆奁之侈，十倍于前驸马福隆安时。自过婚翌日，辇送器玩于主第者，概论其值，殆过数百万金。二十七日，皇女于归，特赐帑银三十万，大官之手奉如意珠贝，拜辞于皇女轿前者，无虑屡千百”③。第二年，又逢乾隆八十寿辰，阿桂、和珅等办理庆典，“务极侈大，内外宫殿、大小仪物，无不新办。自燕京至圆明园，楼台饰以金珠翡翠，假山亦设寺院人物，动其机括，则门窗开阖，人物活动。营办之资无虑屡万万，而一毫不费官帑，外而列省三品以上大员，俱有进献，内而各部院堂官悉捐米俸，又以两淮盐院所纳四百万金助之”④。其实官僚和盐商捐纳的银两无非是从老百姓身上搜刮来的民脂民膏。

① 赵翼：《簷曝杂记》卷一，《庆典》。
② 朴趾源：《燕岩集》卷十四，《山庄杂记》中，《万国进贡记》。
③ 《朝鲜李朝实录中的中国史料》十一册，4809 页。
④ 同上书，4807 页。

乾隆还大兴土木，修建宫殿、苑囿，劳民伤财。北京的圆明园是雍正修建的，雍正共修二十八景，乾隆时扩建成四十景。又在圆明园东南修建长春园、绮春园。避暑山庄是康熙时始建的，初只三十六景，乾隆又扩充成七十二景。至于承德外八庙的大部分都建于乾隆时。乾隆经常住在避暑山庄，处理政务。有一次，他对内大臣博尔奔察说："此地气候极清淑，大胜京师。洵无愧避暑山庄也"。博尔奔察回答说："陛下就宫内言之耳。若外间城市狭隘，房屋低小，人民皆蜗处其中。兼之户灶冲接，炎热实甚。故民间有谚曰，'皇帝之庄真避暑，百姓仍是热河也'。"① 连乾隆自己也感到大兴土木，过劳民力。他说："朕临御四十余年，凡京师坛庙、宫殿、城廓、河渠、苑囿、衙署，莫不修整。皆物给价，工给值。然究以频兴工作，引为己过。辛丑岁（乾隆四十六年），曾著'知过论'以自箴。"② 尽管乾隆承认自己靡费太大，可是，乾隆晚年，奢侈之风并未减轻。

皇帝的生活这样豪华，下而王公贵族、文武百官、大地主、大商人，无不过着纸醉金迷的生活，尤其是满族亲贵，沾染奢华没落的风气最严重。所谓"起居服食之美，首以旗员为最"③。例如乾隆的内侄福康安，既是椒房之亲，又有特殊功勋，宠贵无比，"其家奢汰异常，舆夫皆著毳毲之衣，姬妾买花，日费数万钱"④，"在军中，习奢侈，犒军金币辄巨万。治饷吏承意旨，糜滥滋甚"⑤。他的弟弟户部尚书福长安是和珅的党羽，和珅失败，福长安也得罪被抄家，仅他的一座花园就有房六百七十四间，游廊楼亭二百八十二间；又在福长安的热河寓所内抄出器物六千四百五十件，多属贵重的珠玉宝玩。⑥ 还有一个旗人阿克当阿，任淮关监督十余年，搜刮大量民脂民膏，豪富无比，"人称为'阿财神'，过客之酬应，至少无减五百金者"，"阿之书籍字画三十万金，金玉珠玩二三十万金，花卉食

---

① 《清史拾遗》甲编，《某武臣讽谏》。

② 《钦定日下旧闻考》，《御制〈日下旧闻考〉题词二首》。

③ 《清朝野史大观》卷六，《阿财神》。

④ 昭梿：《啸亭杂录》卷十，《权臣奢俭》。

⑤ 《清史稿》卷三百三十，《福康安》。

⑥ 参见档案，《宫中杂件》，《查抄福长安家产清单》。

器几案近十万，衣裘车马更多于二十万。僮仆以百计，幕友以数十计。每食必方丈，除国忌外，鲜不演剧。即其鼻烟壶一种，不下二三百枚，无百金以内物。纷红骇绿，美不胜收。真琪瑜朝珠用碧犀翡翠为配件者一挂，必三五千金，其腻软如泥，润不留手，香闻半里外。如带钩佩玉，则更多矣。司书籍之仆八人，随时装潢补订又另有人。宋元团扇多至三千余，一扇值四五两，乃于数万中挑选而留之者”①。

满族亲贵的生活如此豪侈，汉族官僚的情形也一样。例如，嘉庆时，因贪污被斩的湖南藩司郑源琇“在署家属四百余人外，养戏班两班，争奇斗巧，昼夜不息。昨岁九月，因婚嫁将家眷一分送回，用大船十二只，旌旗耀彩，辉映河干。凡此糜费，皆民膏脂”②。又如道光时的闽浙总督颜伯焘罢职回乡，随从夫役之多，比得上一支军队。路过漳州时有人目睹，十天之内，每日有六七百名杠夫过境，扛抬细软财物。颜伯焘到达漳州的那天，“大雨如注。随帅兵役、抬夫、家属、舆马仆从几三千名，分住考院及各歇店安顿，酒席上下，共用四百余桌”③。这支队伍所到之处，犹如蝗虫过境，白吃白喝，骚扰得鸡犬不宁，在漳州一住五天，“县中供应，实不能支，必求设法促之起行”。后来，用了贿赂，走了门路，才送走了这尊瘟神。当时大官僚的家里都是宅第巍峨，婢仆成群。有人说，“今之督抚司道等官，盖造房屋，买置田园，私蓄优人壮丁不下数百，所在皆有，不可胜责”④。就是小小的州县地方官，也是“多置僮仆以逞豪华，广引交游以通声气，亲戚往来，仆从杂沓，一署之内，几至百人”⑤。

还有那些大地主、大商人，剥削了大量钱财，挥金如土，穷奢极欲。如北京米商祝氏，“自明代起家，富逾王侯。其家屋宇至千余间，园亭瑰丽，人游十日，未竟其居。宛平查氏、盛氏，其富丽亦

① 《清朝野史大观》卷六，《阿财神》。

② 姚元之：《竹叶亭杂记》卷二。

③ 张集馨：《道咸宦海见闻录》，六十五页。

④ 《光绪桃源县志》卷十三，罗人倧：《敬陈末议疏》。

⑤ 《朱批奏折》乾隆二十五年，安徽按察使王检奏，第一历史档案馆藏件。

相仿”①。又如江苏泰兴的大地主季氏，“尤称豪侈，其居绕墙数里，中有复道周巡，健儿执铃析者共六十人”。他家因连日霖雨，怕潮气浸蚀皮袍，“命典衣者曝裘于庭，张而击之。紫貂、青狐、银鼠、金豹、舍猁狲之属，脱毛积地，厚三寸许。家有女乐三部，悉称音姿妙选。阁宴宾筵，更番佐酒，珠冠象笏，绣袍锦靴，一妓之饰，千金具焉”②。特别是在那些繁华的城市里，地主、商人、官僚、士大夫过着荒淫糜烂的生活，如南京的秦淮河、扬州的平山堂、苏州的虎丘山塘都是他们挟邪冶游、寻欢作乐的场所，“画船箫鼓，殆无虚日”③。有人记载扬州的情况，“重城妓馆，每夕燃灯数万，粉黛绮罗甲天下”④，“当乾嘉之际，盐法全盛，商人多治园林庖厨，传教歌舞以自侈”⑤。大盐商们平日的起居饮食，异常奢侈，“名园巨第，络绎至于平山，歌童舞女，图画金石，衣服肴馔，日所费以巨万计”⑥，“扬州盐务，竞相奢丽。婚嫁丧葬，堂室饮食，衣服舆马，动辄费数十万”⑦。

清初的风俗，比较俭朴。地主的衣服、冠帽、鞋履都用土布、黄麻制成，“尚古朴”，冬天穿皮衣的人极少。可是，乾隆以后，社会风气，由俭入奢，变化很大，“男人俱是轻裘，女人俱是锦绣”⑧，“争为新色新样”。农民流尽汗水，辛勤一年，种植十石粮食，还不够地主豪绅一顿饭食、一件衣服。

奢侈淫靡的风气是社会衰败和动荡的标志。清朝在经历了一段政治稳定和经济繁荣的全盛时期之后，到乾隆后期，习俗日侈，风气日坏，贫富对立，日益尖锐。统治阶级的骄奢淫逸正是社会问题日益严重的反映，而这种腐化之风又促使社会矛盾的更加尖锐化。从此，人民的反抗斗争日形激烈，如风起云涌，统治阶级再也过不

---

① 昭梿：《啸亭续录》卷二，《本朝富民之多》。
② 钮琇：《觚賸》续编卷三，《季氏之富》。
③⑧ 钱泳：《履园丛话》卷七，《骄奢》。
④ 李斗：《扬州画舫录》卷九。
⑤ 《光绪江都县续志》卷十五。
⑥ 杨钟羲：《意园文略》卷一，《两淮盐法录要序》。
⑦ 李斗：《扬州画舫录》卷六。

上安稳太平的日子了。

二、吏治败坏，贪污公行

与贵族官僚们的奢侈生活相伴随，政权机构中贪风日盛，贿赂公行，这是统治阶级腐朽和社会风气浇薄的鲜明标志。本来，在封建专制统治下，官场的贪赃枉法是不可能治愈的痼疾，但当封建政治较为清明之际，这一痼疾，处在不很明显的潜伏期，而到了王朝统治走下坡路的时候，它就像溃烂的脓疮，恶性发作，败坏整个肌体。

清朝的俸禄制度，存在重大的缺陷，主要是俸禄很低不足以维持官吏本人和家属的生活，这不啻是驱使各级官吏对人民进行勒索和掠夺的动力。一个七品知县岁俸银仅四十五两，即使是总督、巡抚这样的封疆大吏，每年俸银也只有一百五十至一百八十两，这戋戋之数，还不够大官僚们一衣和一餐之费。当国家财政困难的时候，还要在官吏的俸禄上打主意，要他们减俸、捐俸。还有地方上存留的公费，本属地方办公开支，数额本就很少，清初因军需孔亟，一再裁减。康熙说："从前各州县有存留银两，公费尚有所出。后议尽归户部，州县无以办公。"① 这样，官吏们不但生活费用无保证，连办公费用也予以克扣，因此不得不从老百姓身上进行搜刮。这种体制实际上就是鼓励各级官吏的层层朘削。上谕中也承认，"今部中每遇事，辄令地方官设法料理，皆掩饰美名，实则加派于地方耳"②。有的官吏也说，"远则西征之雇车，北口之运米（指征讨噶尔丹时的后勤供应），近则修葺城垣，无不责令设法"③。所谓"设法"，就是贪污勒索的别名。

康熙时，官场贪污之风已渐盛。当时掌握权力的大官僚都敛财纳贿，如索额图"贪侈倾朝右"，明珠"簠簋不饬，货贿山积"④。

---

① 李元度：《国朝先正事略》卷十二，《陈瑸》。

② 《清圣祖圣训》卷四，《圣德》，康熙四十九年十月。

③ 宋荦：《西陂类稿》卷三十八，《条陈畿东十事》。

④ 《清史稿》卷二六九，《索额图》、《明珠》。

还有徐乾学、高士奇等也是贪赃不法，声名狼藉，“徐健庵昆仲（指徐乾学、徐秉义、徐元文兄弟）与高江村（士奇）比昵，时有‘九天供赋归东海（指徐乾学），万国金珠献澹人（指高士奇）’之谣。上知之，惟夺其官而已。尝谕近臣曰：‘诸臣为秀才，皆徒步布素，一朝得位，便高轩驷马，八驺拥护，皆何所来，可细究乎？’”①

康熙也曾有志于整饬吏治，煞住贪风。他把治河与惩贪当做两项要政，希望做到“河清”与“官清”。他一度惩办了一批贪官污吏，并表扬了于成龙、彭鹏、张伯行、张鹏翮等，作为清官的榜样。可是在实践过程中，他逐渐懂得在封建的政治体制之内，是不可能根绝贪污行为的。所以康熙晚年不再强调澄清吏治，对官吏的贪污纳贿行为多加宽容，睁一眼闭一眼不作深究。康熙说：“所谓廉吏者，亦非一文不取之谓。若纤毫无所资给，则居官日用及家人胥役，何以为生。”② 又说：“今张鹏翮居官甚清，在山东兖州为官时，亦曾受人规例。张伯行居官亦清，但其刻书甚多，刻一部书非千金不得，此皆从何处来者？此等处亦不必深究。两淮盐差官员送人礼物，朕非不知，亦不追求。”③ 由于康熙的放纵宽容，各级官员肆无忌惮地勒索攘窃，吏治更加败坏，“各省库项亏空，动盈千万”④。

雍正上台，锐意改革积弊，整顿吏治，限期各省补足藩库的亏空银两。并严厉打击贪污犯，追赃索赔，查抄家产。例如川陕总督年羹尧和吏部尚书隆科多的得罪，虽有其他政治原因，但列举的罪状中贪污是很重要的原因。年羹尧的九十二条罪状中，贪黩罪达三十三条；隆科多的四十一条罪状中贪黩罪达十六条。雍正为了清理财政，杜绝贪污，也从赋税和俸禄制度的改革入手，实行“耗羡归公”。所谓“耗羡”，是指征收赋税、交纳钱粮时，对合理损耗的补贴，例如熔铸银两时会发生零星损失，粮米收放也会有一些亏损，

---

① 昭梿：《啸亭杂录》卷一，《优容大臣》。

② 《东华录》康熙朝卷八十四，康熙四十八年九月。

③ 《东华录》康熙朝卷八十七，康熙五十年三月。

④ 《清世宗实录》卷三，雍正元年正月。

所以允许地方官在收税时每两银子加征二三分，称为“火耗”、“耗羡”，这本来是为了抵补合理亏损而增收的附加税。可是，地方官在实际征收时，每两银子常常加至一钱以上，“重者每两至四五钱”①，甚至“数倍于正额者有之”②。此项“耗羡”一向由地方官征收支配，分作不同份额，馈送各级官吏，各地征收也轻重不等，弊端很大。雍正实行“耗羡归公”，规定“每两加耗五分”，作为政府的正常税收，统一征收，存留藩库，从中提取“养廉银”，发给官吏作为生活补贴和办公费用，而且“养廉银”的数量大大超过正俸。“耗羡归公”是雍正时的一项重要改革，这一措施集中了征税的权力，减轻了人民的负担，对整顿吏治，减少贪污，有了一定的作用。当然，这并不是根本的办法，乾隆以后，贪污之风又恶性发展，吏治废弛，官常大坏。

乾隆后期，和珅任职最长，权力最大，贪名最著。他是满旗正红旗，姓钮祜禄氏，少年家贫，为文生员，承袭三等轻车都尉，在皇宫内任低级职务。因机灵善辩，仪表俊伟，受乾隆宠爱，加官晋爵，很快就升为内务府大臣、户部尚书、文华殿大学士，晋封一等忠襄公，任军机大臣二十四年。“和珅柄政久，善伺高宗意，因以弄窃作威福。不附己者，伺隙激上怒，陷之。纳贿者则为周旋，或故缓其事，以俟上怒之霁。大僚恃为奥援，剥削其下以供所欲。盐政、河工素利薮，以征求无厌，日益敝。川楚匪乱，因激变而起，将帅多倚和珅，糜饷奢侈，久无功”③。和珅的专权和贪婪，臭名远扬，连当时来到中国的外国使者也听到很多议论。例如朝鲜来华的使臣郑东观回国后的报告中说：“阁老和珅用事将二十年，威福由己，贪黩日甚，内而公卿，外而藩阃，皆出其门。纳赂谄附者，多得清要，中立不倚者，如非抵罪，亦必潦倒。上自王公，下至舆儓，莫不侧目唾骂”④。英国马戛尔尼使团来华，也听到有关消息，有如下的记

① 《清世宗实录》卷三，雍正元年三月。

② 《皇朝经世文编》卷二十七，钱陈群：《条陈耗羡书》。

③ 《清史稿》卷三一九，《和珅》。

④ 《朝鲜李朝实录中的中国史料》十一册，4881 页。

载："这位中堂大人（指和珅）统率百僚，管理庶政，许多中国人私下称之为二皇帝。"① 一七九五年（清乾隆六十年），乾隆禅位于嘉庆，称太上皇，但仍然抓住大权。嘉庆身为皇帝，有事要奏禀太上皇，还要通过和珅代奏，可以想见和珅的得宠和地位的重要。一七九九年（清嘉庆四年）二月七日，乾隆死。嘉庆立即将和珅治罪，查抄了他的家产，"楠木房屋，僭侈逾制，仿照宁寿宫制度，园寓点缀与圆明园蓬岛瑶台无异"，"蓟州坟茔，设享殿，置隧道，居民称和陵"②。还有田地八十万亩、当铺七十五座、银号四十二座、赤金五百八十万两、生沙金二百万余两、金元宝一千个、银元宝一千个、元宝银九百四十万两，其他如珍珠、白玉、珊瑚、玛瑙、钟表、宝石、绸缎、磁器、古鼎、人参、貂皮等不计其数。查抄的家产共有一百零九号，其中已估价者二十六号，值银二亿二千多万两。当时国库每年的收入为四千多万两，这部分已估价的财产即相当于五年多的国库收入，可见其赃物之多，财产之富。甚至和珅的两个仆人抄没的家产也值银七百万之多。③ 嘉庆抄了和珅的家，没收了数量很可观的财物，民间有"和珅跌倒，嘉庆吃饱"的谚语。

以乾隆的奢靡，加上和珅的贪黩，在他们二人的影响下，吏治的败坏，可想而知。从科举出身的官吏，十年寒窗，很多人的目的就是要做官发财。郑板桥曾一针见血地指出："一捧书本，便想中举、中进士、做官，如何攫取金钱，造大房屋，置多田产。"④ 另一部分从捐纳出身的官吏，花了许多银钱，才买得一官半职，做官犹如做买卖，将本求利。有朝一日，补上实官肥缺，自然要不遗余力地大捞一把。这样，人人聚敛，上下交征，贪风益炽。当时的记载说："督抚司道等则取之州县，州县则取之百姓，层层朘削，无非苦累良民，罄竭膏脂，破家荡产。"⑤ 又说："大抵为官长者，廉耻都丧，货利是趋。知县厚馈知府，知府善事权要，上下相蒙，曲加庇

① ［英］斯当东：《英使谒见乾隆纪实》，370页。

② 《清史稿》卷三一九，《和珅》。

③ 参见薛福成：《庸庵笔记》卷三，《查抄和珅住宅花园清单》。

④ 郑燮：《郑板桥集》，家书，《范县署中寄舍弟墨》第四书。

⑤ 《清仁宗实录》卷七十五，嘉庆五年十月。

护，恣行不法之事。”① 类似这类揭露官场贪赃枉法的记载，多得不胜枚举。

乾隆时，发生了不少大贪污案件，惩办了一些不法官僚。如一七五七年（清乾隆二十二年），云贵总督恒文和云南巡抚郭一裕，为了讨好乾隆，议制金炉进贡，在采买黄金时，压低金价，中饱入己。事情败露后，乾隆责恒文“以进献为名，私饱己囊”②，赐恒文自尽，将郭一裕充军。同年，山东巡抚蒋洲，因在山西藩司任内，亏空库款，令下属纳银弥补，被告发，诛蒋洲。此事牵连到陕西巡抚明德和其他很多官吏，均问罪。一七六八年（清乾隆三十三年），两淮盐政以筹措乾隆的南巡费用为名，私自规定每一盐引交银三两。此项银两的征收、支用从未向清廷奏明，据以后调查：历年所提盐引银达一千零九十万两，除供南巡费用外，大部分被两淮盐政所侵吞，曾任盐政的高恒、普福和盐运使卢见曾均被诛。一七八一年（清乾隆四十六年），浙江巡抚王亶望因在甘肃藩司任内，贪污捐纳监生所交的赈灾粮，被斩。此案牵连的官吏有六十多人，杀了二十二人，连陕甘总督勒尔谨也赐令自尽。这件事尚未处理完毕，不料旧案之中又出新案，闽浙总督陈辉祖在查抄王亶望的家产时，竟敢以银换金，隐藏玉器，抽换朝珠，将王亶望的赃物，窃归己有。事情被揭发，又因闽浙两省钱粮亏空甚多，亦令陈辉祖自尽。一七八二年（清乾隆四十七年），又有山东巡抚国泰、布政使于易简的贪污案。国泰等贪黩营私，向下属勒索钱财，以致山东各州县仓库亏空。国泰是和珅的心腹，和珅虽通风报信，竭力营救，亦未能逃罪，国泰等亦被赐令自尽。一七八四年（清乾隆四十九年），江西巡抚郝硕以“征属吏纳赇”之罪，赐死。一七八六年（清乾隆五十一年），闽浙总督伍拉纳、福建巡抚浦霖“惟以贪酷用事，至倒悬县令以索贿，故贪吏充斥，盗贼纵横”③，被揭发。伍拉纳、浦霖均得死罪。查抄伍拉纳的财产，仅如意一项即多达一百余柄。一七九二年（清乾隆五

① 《朝鲜李朝实录中的中国史料》十一册，4810页。

② 《清史稿》卷三三九，《恒文》。

③ 昭梿：《啸亭杂录》卷一，《诛伍拉纳》。

十七年），浙江巡抚福崧又因索贿十一万两、侵吞公款六万两，得罪自尽。乾隆后期，诛戮了一批贪官污吏，不少是总督、巡抚、布政使、按察使等大官僚，但官场的贪风并未收敛。其重要的原因是“上梁不正下梁歪”。乾隆本人挥霍钱财如泥沙，各级官吏争先恐后地进贡、接驾、祝寿、献礼，花费不赀。而掌握大权的和珅“性贪黩无厌，征求财货，皇皇如不及。督抚司道，畏其倾陷，不得不辇货权门，结为奥援”①。在这种情形下，官吏们如不贪污纳贿，何来大批银钱孝敬皇帝和上司。所以，乾隆和和珅，实是官场贪污之风的总根子，“明为惩贪，其实纵贪。故当时有‘宰肥鸭’之诮。乾隆所诛督抚，皆事已不可掩覆者。其由罚款而不问，或弥缝无迹者，不可胜数，故惩贪而贪不止”②。所以，后来薛福成评论说：乾隆朝“诛殛愈众而贪风愈甚。或且惴惴焉惧罹法网，惟益图攘夺刻剥，多行贿赂，隐为自全之地。非其时人性独贪也，盖有在内隐为驱迫，使不得不贪者也”③。

当时的官场明明十分腐败，可是乾隆还在粉饰太平，不听规谏。一七九〇年（清乾隆五十五年），内阁学士尹壮图上奏说：“各督抚声名狼藉，吏治废弛。臣经过地方，体察官吏贤否，商民半皆蹙额兴叹。各省风气，大抵皆然。请旨简派满洲大臣同臣往各省密查亏空。”这番话道出了实情，乾隆极为不快，追问尹壮图：“至称经过诸省商民蹙额兴叹，竟似居今之世，民不堪命。此闻自何人，见于何处，仍令指实复奏。”④ 以后，乾隆命尹壮图等赴各省查察亏空。各地事先已得知消息，东挪西借，暂时补足亏空，自然查不出弊窦。尹壮图自承虚诳，奏请治罪，下刑部狱，以挟诈欺公、妄生异议罪，判斩决。还是乾隆觉得太过分了，免去死罪，降职为内阁侍读。

在这种上下相蒙，但知求财纳贿的风气下，官吏们因循苟且，阿谀逢迎，百务废弛，效率极低，钱粮亏空，讼案山积。刘蓉有一段话论述清朝吏治的败坏说：

---

① 薛福成：《庸庵笔记》卷三，《入相奇缘》。

② 邓之诚：《中华二千年史》卷五，中，二一九页。

③ 薛福成：《庸庵笔记》卷三，《入相奇缘》。

④ 《清史稿》卷一〇九，《尹壮图》。

> 今天下之吏亦众矣，未闻有以安民为事者，而赋敛之横，刑罚之滥，朘民膏而殃民命者，天下皆是，此其患岂小故哉……国家设官分职，本以为民，而任事者非惟不恤，又从而鱼肉之，使斯民之性命膏血，日呼号宛转于豺狼之吻而莫之救以死，斯亦极人世伤心之故矣！又有甚者，府吏胥徒之属，不名一艺，而坐食于州县之间者以千计，而各家之中，不耕织而享鲜美者，不下万焉。乡里小民，偶有睚眦之故，相与把持愚弄，不破其家不止。则夫玩法舞文，罗织无辜之苦，其尚可问也哉！夫以数十里弹丸之邑，主以豺狼之吏，而又纵百千鹰犬，螳捕而蚕食之，使毒归闾里，怨归朝廷……今之大吏，以苞苴之多寡，为课绩之重轻，而黜陟之典乱；今之小吏，以货贿之盈虚，决讼事之曲直，而刑赏之权乖……今州县之中，稍有洁己自好者，不惟白首下僚，无望夫官阶之转，而参劾且随之，而贪污者流，既以肥身家，乐妻子，而升擢之荣，岁且数至。彼此相形，利害悬绝。彼廉吏者，名既未成，利亦弗就。而独舍天下之所甚利，犯当世之所甚忌，此岂其情也哉！宜乎竞通私贿，煽起贪风，虽或负初心、亏素守，然犹每顾而不悔也。①

刘蓉当时还是个未出仕的一般地主，这段话把官场的弊端说得相当透彻。

当时的大官僚们唯知恋位食禄，苟且墨守，不以政务为重。乾隆朝的主要大臣，每人的性格、作风不同，但品行操守均有严重问题，“讷亲横，于敏中贪，傅恒奢，和珅兼而有之。余皆旋进旋退，缄默取容而已”②。嘉庆初，毕沅任两广总督、福宁任广东巡抚、陈淮任广东布政使，三人朋比为奸，“毕（沅）性迂缓，不以听政为事；福（宁）阴刻，广纳苞苴；陈（淮）则摘人瑕疵，务使下属倾囊解橐而后免”。当时人骂他们“毕不管，福要钱，陈倒包”③。道光时，当权最久的曹振镛“晚年恩遇极隆，身名俱泰，门生某请其术。文正（曹

---

① 刘蓉：《养晦堂文集》卷三，《致某官书》。

② 邓之诚：《骨董琐记全编》卷三，《乾隆诸相》。

③ 徐珂：《清稗类钞》，第十二册，《讥讽类》。

振镛的谥号）曰：‘无他，但多磕头少说话耳’”①。这六个字成为大官僚们的金科玉律，有人写了《一剪梅》讽刺腐朽的官场：

仕途钻刺要精工，京信常通，炭敬常丰；莫谈时事逞英雄，一味圆融，一味谦恭。大臣经济在从容，莫显奇功，莫说精忠；万般人事在朦胧，议也毋庸，驳也毋庸。

八方无事岁年丰，国运方隆，官运方通；大家赞襄要和衷，好也弥缝，歹也弥缝。无灾无难到三公，妻受荣封，子荫郎中；流芳后世更无穷，不谥文忠，便谥文恭。

这首词淋漓尽致地刻画了官僚的丑态。

恩格斯曾经讲过十八世纪德国的国内政治状况：“到处都是一片混乱……狂妄自大的王公对其臣民之专横残忍简直令人难以置信。这些只知寻欢作乐、骄奢淫佚的王公们，授与其大臣和官吏无限的权力，使他可以肆无忌惮地压迫不幸的人民，只要他们能装满主子的金库，供给主子足够的娇妻美妾就行……这是一堆正在腐朽和解体的讨厌的东西。没有一个人感到舒服。国内的手工业、商业、工业和农业极端雕敝。农民、手工业者和企业主遭到双重的苦难——政府的搜刮，商业的不景气。贵族和王公都感到，尽管他们榨尽了臣民的膏血，他们的收入还是弥补不了他们的日益庞大的支出。一切都很糟糕，不满情绪笼罩了全国……一切都烂透了，动摇了，眼看就要坍塌了，简直没有一线好转的希望。”② 乾隆以后，中国政治状况的腐败，有过之而无不及。

三、军队腐化，军纪废弛

军队是政权的组成部分，又是政权的主要支柱。在封建社会里，政权机构中的贪污腐败风气，不能不对军队起着严重的腐蚀作用。

清朝的正规军由八旗和绿营组成。八旗是义务兵，凡满族男丁都有“披甲”出战的义务；绿营则是雇佣兵，招募汉人入伍。八旗

① 李岳瑞：《春冰室野乘》。

② 《马克思恩格斯全集》，第二卷，恩格斯：《德国状况》，632～634页。

和绿营每月都有“饷银”，每年都有“岁米”，此项军饷是封建国家财政支出中最大的一项。在平时，军饷“居国用十之六七”，如遇战争，数额还要大得多。

清朝入关以前和入关之初，八旗兵是强悍善战的军队，但仅仅过了一代人的时间，八旗兵已渐腐败，战斗力大大削弱。康熙时平定“三藩”之乱，八旗兵军纪废弛，士无斗志，上谕中指出：“用兵地方，诸王将军大臣于攻城克敌之时，不思安民定难，以立功名。但志在肥己，多掠占小民子女。或借名通贼，将良民庐舍焚毁，子女俘获，财物攘取。”① 这些军队只知烧杀抢劫，蹂躏平民，作战中屡次败绩。因此清廷不得不依靠绿营兵将，经过长期作战，才把三藩平定下去。此后八旗兵越来越腐败，“八旗将佐，居家弹筝击筑，衣文绣，策肥马，日从子弟宾客饮”②。“都统、副都统于会议之时，多不到班。其到班者，往往不以正务为意，或彼此相谑，言笑无忌”③，“有入班唱戏者，亦有不入戏班自行演唱者”④。八旗高级将领，养尊处优，玩忽职守，把勤习骑射，训练武艺，处理公务，整顿营伍，一概置之脑后。而一般士兵，长期住在北京或驻防各省，过着太平岁月，清廷不许他们从事各种生产劳动，养成游手好闲、浮华喧嚣的习气。嘉庆的上谕中说，“我满洲淳朴旧风，衣服率多布素。近则狃于习俗，兵丁等竞尚鲜华，多用绸缎，以穿着不如他人为耻”⑤。他们在生活中摆阔气、讲排场，可是收入却有限，家中人口增多，开支浩大，而饷银岁米有定数，遂至入不敷出，生活穷困。“饷银一经入手……辄先市酒肉，以供醉饱，不旋踵而资用业已告竭”⑥。清朝中叶，八旗子弟很多穷困潦倒，靠着预借饷米、典卖旗地、领取救济度日，八旗兵也成了一支徒有其名、不能打仗的老爷兵。白莲教起义时，八旗将领也曾请缨赴战，要求到湖北、四川前线，实际上是为了抢劫发财，“其在京谙达、侍卫、章京无不营求赴

① 《东华录》康熙朝卷二十四，康熙十八年七月。
② 《旗军志》，二页。
③ 《东华录》乾隆朝卷二，雍正十三年十二月。
④ 《清高宗实录》卷七十七，乾隆三年九月。
⑤⑥ 《例案汇编》卷上，嘉庆七年八月二十七日。

军，其归自军中者，无不营置田产，顿成殷富”①。以致前线的统帅请求朝廷把这些从北京派来的老爷兵赶快撤回去，以免影响作战。嘉庆四年（一七九九），总督勒保上奏称：“健锐、火器两营京兵不习劳苦，不受约束，征剿多不得力。距达州七十里之地，行二日方至。与其久留糜饷，转为绿营轻视，请全撤回京，无庸续调”②。这支不能打仗的军队，抢劫财物、骚扰百姓却很有本领，如驻防太原的八旗兵，“慓悍，窝盗为匪，肆无忌惮，居民指满城为‘梁山泊’”③。

后来，清廷遇大战事，均依靠绿营。绿营也在逐渐蜕化，弊端也十分严重。乾隆说：“此等兵丁，奉派随征及防守县城，一遇贼匪攻扰，即纷纷散失。绿营恇怯积习，最为可恶。”④ 嘉庆未即位时，随乾隆南巡，曾目睹军队积弊。他后来说：“朕于甲辰年（乾隆四十九年）随驾南巡至杭，营伍骑射，皆所目睹。射箭，箭虚发；驰马，人堕地。”⑤ 在台湾林爽文起义之后，清廷曾调查该地的武备情况，发现高级将领“贪纵营私，废弛营务，并令兵丁私回内地贸易，每月勒交银钱……台湾戍兵，多有卖放私回，以致缺额，其留营当差之兵，亦听其在外营生，开赌窝娼，贩卖私盐。镇将等令其每月交钱，经年并不操练”⑥。又如广东、福建的水师，本应是抵抗外国资本主义侵略势力的主要武装力量。可是，贪污中饱，弊端重重，建造船只，十艘中至少缺少二三只，造船的经费，均入私囊，“该防营弁及州县官员，通同作弊，将所领帑银，侵蚀入己”，就是建造了的船只，也“有不肖官员，令子弟亲属，截贩外省，或赁与商人，前往安南、日本贸易取利”⑦。更可怪的是，水师从来没有缉拿海盗的事，因为“水师与洋盗是一是二，其父为洋盗，其子为水师，是所恒有”⑧。至于内地各处的防兵，情况也十分糟糕，军营中领吃空额，克扣军

① 魏源：《圣武记》卷九。
② 转引自萧一山：《清代通史》中，209页。
③ 张集馨：《清咸宦海见闻录》，三八页。
④⑥ 《清高宗实录》卷一二九七，乾隆五十三年正月二十三日。
⑤ 《东华录》嘉庆朝卷七，嘉庆四年正月。
⑦ 《道光重纂福建通志》，《福建通纪》，《清纪五》。
⑧ 张集馨：《道咸宦海见闻录》，六三页。

饷的弊病，十分普遍。往往册上有名，实际无兵，所发饷银，均被将领所侵吞。再加上清廷财政困难，常常拖欠饷银，士兵生活无着。许多地方，有营无兵，或有兵而兼做买卖营生，不事操练。例如陕西“汉中镇额设马步七千余人，今乃并无一人。看城门者系营中现雇，日给百文，否则亦无人受雇”，“榆林一镇，兵如乞丐，军械早已变卖糊口”①。由于八旗、绿营的腐败，失去战斗力，所以白莲教起义时，清廷不得不利用乡勇团练。作战时“各路官军临阵辄令乡勇居前，绿营兵次之，满兵吉林索伦又次之”②。但乡勇团练系临时雇募的地方武装，不是国家的正规军。有事招募，人数不定，事平即撤。到了太平天国运动以后，湘军、淮军才代替绿营，成为常设的军队。到了中日甲午战争以后，又出现了改用西法编组、装备和训练的新军。

清朝中叶以后，吏治败坏，武备废弛，大大削弱了镇压的作用，这是当时人民反抗斗争风起云涌、如火如荼地发展起来的一个重要的条件。

---

① 张集馨：《道咸宦海见闻录》，三五二页。
② 魏源：《圣武记》卷九。

第十四章　以白莲教为主的各族人民大起义

第一节　十八世纪下半期各族人民的起义

十八世纪下半期，清王朝经历了康雍乾统治的鼎盛时期之后，由盛转衰，逐渐走下坡路。社会矛盾进一步激化，统治机构更加腐朽，起义活动渐趋频繁、激烈。从前，人民群众分散的、零星的反抗活动，日益汇合成汹涌澎湃的反封建斗争的巨流。十八世纪下半期至十九世纪初，人民群众的反清起义有以下两个特点：

第一，斗争首先在边疆和少数民族地区爆发，如乌什的维吾尔族起义，甘肃的撒拉族、回族起义，台湾的林爽文起义，湖南、贵州的苗民起义。这些地区，情况复杂，阶级压迫和民族压迫严重，矛盾很尖锐，清朝的行政机构大多是新建，距中央很远，统治力量较薄弱，反清斗争首先在这样的地区酝酿和爆发，然后转移到中原地区，燃点起如川楚白莲教起义那样全国规模的抗清斗争。在这些斗争中，少数民族和汉族的人民群众，有着共同的打击目标，同仇敌忾，相互支援，形成了一支亲密有力的战斗队伍。

第二，这一时期的农民起义，很多是利用了宗教和秘密结社，如川楚白莲教大起义、王伦起义、李文成起义、华南地区的天地会起义、甘肃的回民起义等等。由于封建社会后期，统治阶级积累了长期的统治经验，它对下层群众的控制是相当严密的，人民群众的起义一般需要有一个酝酿、准备的阶段，宗教和秘密结社是准备和发动起义的有效工具。它可以在不十分引人注目的情况下，团结和联系群众，宣传反抗思想，组织武装力量。因此，十八世纪下半期，随着阶级斗争的激化和清王朝的衰落，各种形式、各种名称的宗教和秘密结社风起云涌，遍布于全中国。这种披着宗教外衣而又具有一定社会理想的下层结社成为当时农民群众反对封建统治的最为普遍的形式。

一、乌什和昌吉维汉人民的抗清起义

清朝政府统一南疆地区后，虽然增强了中央政府对西北边疆的统治，但它却给南疆各族人民带来了残酷的剥削与压迫。当地人民每年向清政府缴纳繁重的“正供”之外，还要担负名目繁多的苛捐杂税。清朝派往南疆的大小官员，还与维吾尔族上层分子相勾结，进行敲骨吸髓的剥削，官吏衙门中的“日用所需”，全部摊派到维吾尔族下层群众的身上。由阿奇木伯克向每户摊派红钱①二十五文。据那彦成说：“其各衙门服食日用所需，无一不取给于阿奇木，虽有发价之名，并不发价。从前，喀城每月费红钱五六百串至七八百串不等，叶城每月费红钱一百五六十串至三百串不等。甚至各城于月给供应之外，尚有随时需索海龙、水獭、骨种羊皮、珊瑚、黄金、绸缎、茶叶、金花布、塔连布等物。遇有差使过境，索取车价元宝二十三锭、红钱一二百串……大小衙门，相习成风，阿奇木伯克等又复指名加倍苛敛，有因无革，遂成相沿陋规。”② 官员们到任、离任、生日、过节也要勒索礼品，“各大臣自到任时，所属本城及各庄阿奇木均馈送回疆所产之金丝绸缎、回子锦、花布、玉玩、皮张等件……节寿一律呈递。任满回京，该阿奇木致送程仪元宝数十锭，亦系摊派”③。清朝官吏的勒索都要通过当地的伯克们取得，这些伯克们狐假虎威，恣意掠夺，“鱼肉乡民，为所欲为，毫无顾忌”④。他们生活奢靡，居室华丽，“甚或园林台榭，景物幽雅，南八城阿奇木伯克等并尚奢侈”⑤，“西四城阿奇木伯克到任，凡动用

---

① 红钱是通用于南疆的货币，以红铜铸成，亦称普尔钱。

②③ 那彦成：《那文毅公奏议》卷七十七。

④ 《皇朝经世文续编》卷十八，刘锦棠：《酌裁各城回官并恳赏给出力回目顶戴疏》。

⑤ 萧雄：《听园西疆杂述诗》卷二。

什物，如绒毡、花毡、铜、锡、木、磁器等器皿，无不周备无遗。计其所值，为费不赀，而皆摊派于所属回庄，实属扰累”①。

维吾尔族人民不仅在经济上遭到苛重的剥削，而且在政治上还受到清朝官吏和伯克的残暴压迫。清政府派往南疆的军政官员作威作福，“每借战胜之威，凌虐所属”②，“狎玩其民，辄以犬羊视之”③，而各地的伯克也是贪婪残暴，仗势欺人，有的强迫穷民携带牛具，为自己的田地耕作；有的囤积居奇，巧取豪夺，朘削人民；有的私设公堂，滥用酷刑，草菅人命；有的霸占民女，无法无天。如那彦成所说：“兵丁任意出入回庄，不加禁约，以致奸淫回妇，欺凌回子，习以为常”④。哪里有压迫，哪里就有反抗。维吾尔族人民为了摆脱清朝官吏和当地伯克们的暴虐统治，不断掀起反抗。一七六五年（清乾隆三十年）乌什人民的起义是其中发生最早、规模较大的一次。

乌什起义是在阶级对立极为尖锐的基础上爆发的。乌什的阿奇木伯克阿卜都拉是一个残暴的封建统治者，他本是哈密郡王的儿子，被清廷派到乌什做官。他“性情残暴，将乌什人鞭责凌辱，日以为常。且贪纵之极，多方需索。而哈密随来之人，尤为不法，四出诈骗。乌什回人不堪其虐”⑤。而清朝派驻乌什的办事大臣素诚更是清朝官吏中凶残、腐朽的典型代表，“昏愦不治事，又酗酒宣淫”⑥，“平日将回人种种科派、苦累，伊父子及笔帖式等任意奸淫回人妇女”⑦。乌什人民对这些骑在自己头上的老爷痛恨已极，因此在运送沙枣树事件上一触即发，发动了大规模的反抗。

一七六五年春，素诚强征乌什维吾尔族人民二百四十人运送沙枣树，派赖和木图拉负责押送。但运送地点不明，被征的夫役向阿

①④ 那彦成：《那文毅公奏议》卷七十七。
② 印鸾章：《清鉴纲目》卷七。
③ 阙名：《新疆建行省议》，见《小方壶斋舆地丛钞》，第二帙。
⑤ 和宁：《回疆通志》卷十二。
⑥ 魏源：《圣武记》卷四。
⑦ 《东华录》乾隆朝卷六十一。

奇木伯克阿卜都拉询问，而阿卜都拉不但不告诉他们，反而将他们鞭责棒打，致使“群回疑忿含冤”①。赖和木图拉亦因其妻曾被素诚留宿衙署，积有仇恨。这些被征夫役就在赖和木图拉的率领下，拿起武器，进攻驻守乌什的清军，素诚和阿卜都拉登山抗拒，被起义人民包围，素诚自杀，阿卜都拉被擒。清廷派驻阿克苏的办事大臣卞塔海闻讯，率兵四百人进抵乌什，乱放枪炮。乌什起事本只有数百人，其他居民并未参加，而卞塔海的军队一到，不加区别，一律剿杀，迫使全城的维吾尔族团结一致，进行反抗。卞塔海不堪一击，大败而逃。接着，起义人民又击败了库车办事大臣鄂宝所率的清军。影响所及，叶尔羌、库车、阿克苏等地的维吾尔族人民，“人情汹汹”，准备起而响应，南疆出现了“远近汹沸”的形势。

清廷调派南疆参赞大臣那世通，从喀什噶尔率兵至乌什，与卞塔海分屯于乌什之东西，夹攻维吾尔族起义者。清朝将领内部矛盾，互相争功，反被起义者打败。以后，伊犁将军明瑞率清军万余人到了乌什，猛烈攻击起义者，起义者坚守城垣，顽强抵抗，战事陷于僵持。清廷又增派阿桂协助明瑞，并将贻误战机的卞塔海、那世通处死。

阿桂到乌什后，以大炮攻城，加强火力向起义军进攻，起义军在其领袖赖和木图拉领导下，“依恃城坚粮足”，“以死拒守”②，同清军坚持了半年的英勇抵抗。起义领袖赖和木图拉于作战中牺牲，其子额色木图拉领导起义人民守城，继续抗拒清军。在清军长期围攻下，城内“口粮将绝”，因而使起义逐渐失利。起义队伍内部不稳，出现了叛变者的投降活动，这给起义带来更大的不利。最后，在清军“直进围之，汲樵路绝”③的情况下，乌什城终于被清军所攻陷，起义乃告失败。

在乌什人民起义时，叶尔羌、库车、阿克苏等地维吾尔族人民也积极准备响应，但由于清政府利用维吾尔族的上层分子进行分化、欺骗，如叶尔羌维吾尔族闻乌什起义，“人情汹汹，动摇可危”，贝勒鄂对和他的老婆把准备起来响应的小伯克和阿浑请到府中，劝诱

---

①③　和宁：《回疆通志》卷十二。

②　那彦成：《阿文成公年谱》卷三。

他们放弃行动计划，并“将伯克、阿浑等灌之大醉，而使其心腹回目，一面将各家器械（指武器）查出，呈交办事大臣收库；一面将各家马匹城外放牧者，悉驱之数百里深山中放养。次日众等皆醒，无可如何”①。又如阿克苏的维吾尔族人民亦准备起义，其阿奇木伯克色提卜阿勒第，“赴京入觐，回至肃州。闻风，七日夜驰行六千余里，入阿克苏城，回众乃不敢动”②。清政府正是通过了维吾尔族上层分子的支持和协助，消弭了南疆地区的一场反清斗争的风暴。

乌什起义被镇压下去了，清政府也知道这场起义是大大小小的统治者的残酷压榨所引起的。乾隆帝说：“朕以回人断无无故作乱之理，必是彼处官员等将伊等苦累不堪，致起衅端。”③ 为了巩固统治，在镇压起义之后，清廷在南疆地区作了某些改革，如取消摊派，明定赋额，平均差役，分减阿奇木伯克的权力，规定伯克与清廷所派大臣相见的礼节等，企图缓和矛盾。但清朝统治愈来愈腐朽，这些改革措施并不能很好贯彻，更不能从根本上解决矛盾，此后，各族人民仍不断起来反抗。

就在乌什起义两年之后，昌吉又爆发了汉族屯田户的反清斗争。昌吉是重点的屯田区，屯田中有一种遣屯，是由内地流放来的罪犯耕种。他们所受的压迫最严重，耕种所得，大多要上交给政府，所剩无几，不足以糊口，平时又受屯官的欺侮凌辱，没有政治自由。遣犯们积恨在心，图谋反抗。一七六七年（清乾隆三十二年）的中秋夜间，遣犯们趁屯官过节的机会，聚众起事，杀死屯官，抢夺武器，占领昌吉城，掀起了反清斗争。次日，向乌鲁木齐进攻，遣犯们仓促起事，平时没有训练，缺乏战斗经验，又缺少武器和战马。行至红山咀，遭到清军的伏击，战斗失利，退至玛纳斯河，最后被清军镇压下去。

二、王伦起义

在新疆乌什人民起义后不到十年，一七七四年（清乾隆三十九

①② 和宁：《回疆通志》卷十二。

③ 《东华录》乾隆朝卷六十一。

年），山东又爆发了王伦领导的农民起义。这次起义，拉开了清代中叶以后各族人民大规模反抗清朝统治斗争的序幕。

山东、直隶一带，很久以来就在民间秘密流传着白莲教，王伦起义就是由白莲教的一支——清水教组织和发动的农民武装起义。王伦是山东寿张县党家庄人，精拳棒、善医术，能运气功，往来于寿张、堂邑、阳谷等县，念经聚会，传授符箓咒语，图谋反抗清廷统治。王伦性慷慨，济危扶困，为人治病，不受酬报，在乡民中威信很高，许多穷苦农民受他的救济，“均感其惠，愿为义儿义女以报德”①，王伦在这里长期活动，清水教有了一批基本群众。

一七七四年，山东寿张县等地“年岁歉收，地方官妄行额外加征”②，在农民群众中已普遍蕴藏着不满情绪，不断发生零星的武装反抗活动。在阶级矛盾日益加剧的形势下，清水教发展很快，甚至“县役营兵，纷纷归教”③。这种情况引起了地方官府的注意，寿张知县沈齐义令差役搜捕教徒，王伦闻讯后，立即聚集教徒，准备反抗。

一七七四年九月，王伦派首领孟灿到堂邑张四孤庄“传人起事”，通知“八月二十八日（公历十月四日）有风雨，是时正好动手”④。十月三日夜，王伦在寿张党家庄，王经隆在堂邑张四孤庄分别举行武装起义。王伦领导农民乘夜攻入寿张县城，杀死知县沈齐义。王经隆亦率堂邑起义队伍至寿张与王伦会合。

王伦攻占寿张后，自称“真紫微星”，设置元帅、先行、国公等官职。十月六日，起义军乘胜攻打阳谷，该县“胥役皆党羽，故陷之倍易”⑤。击毙游击赵福，兖州镇总兵唯一败逃张秋。王伦率军“横刀跃马入阳谷”⑥，八日又攻克堂邑。

---

①⑤　俞蛟：《梦厂杂著》卷六，《临清寇略》。

②　《清高宗实录》卷九六八。

③　秦震钧：《守临清日记》。

④　于敏中、舒赫德：《钦定剿捕临清逆匪纪略》卷十四。

⑥　《守临城日记》载当时一首民歌，称起义军“振臂一呼寿张破，横刀跃马破阳谷”。

起义队伍在节节胜利中不断壮大。在寿张、阳谷、堂邑、临清等地，数日之内，聚集义军二千余。起义军所到之处，向殷实富户摊派粮草，没收当铺财物分给贫苦人民。① 起义军纪律严明，深受群众的拥护。“不杀掠，一切食物均易之以价，有一贼食人梨而少与值，立斩之而倍以偿。于是无知细民，咸谓贼无所害，而稍有知识者亦图苟安，不思远避”②。

起义军的胜利发展，使清朝统治者大为惊慌，当时正在热河行在的乾隆，命大学士舒赫德“调钦差大臣关防，由天津驰赴山东督师”，又命额驸那旺多尔济、左都御史阿思哈，率健锐、火器二营一千人及“索伦善射手”，前去镇压。

起义军于九月初攻克仅距临清四十里的柳林，临清位于山东西北运河东岸，“绾毂南北水陆咽喉”，是清朝控扼漕运的要地。但清军“不扼运河岸，惟知闭城守‘贼’”③，起义军遂于十月十六日占领临清旧城。

起义军“所执器械，半皆镰刀菜刀等物，尚无火器马匹”④，但作战十分英勇。他们“临阵并不畏惧枪炮，连次交锋，俱执短刀，纵跃直冲”⑤，亲见其领队入阵之人，“两手持刀，故矬其腿，疾走如飞，宛如猕猴，其余亦俱憨不畏死，不避枪炮”⑥。相反，清军士气低落，遇义军“先胆怯手振，枪不得施，放又远不中。贼掩至，马步齐发喊走，曰是果有神术，难与敌，贼以是益无忌”⑦。清山东巡抚徐绩率士兵轻进，“适遇大风，官兵望见贼影，即将枪炮放尽，及至贼人蜂至，无法抵御”⑧。总之，这次作战中，充分暴露了清兵的腐朽无能。

---

① 参见《东华录》乾隆朝卷八十，《王望云供词》。
② 俞蛟：《梦厂杂著》卷六，《临清寇略》。
③ 魏源：《圣武记》卷八，《乾隆临清靖匪记》。
④ 《军机处录副奏折》山东布政使国泰奏，乾隆三十九年九月九日。
⑤ 《军机处录副奏折》舒赫德奏，乾隆三十九年九月十日。
⑥ 《军机处录副奏折》山东巡抚徐绩奏，乾隆三十九年九月十二日。
⑦ 戚学标：《纪事》，见《国朝耆献类征》。
⑧ 《军机处录副奏折》舒赫德奏，乾隆三十九年九月十七日。

起义军占领临清旧城后，挖掘地道，准备攻夺新城，并用夺取的大炮向城内敌军轰击。城内清军吓得肝胆俱裂，“飞弹入城，声如饿鸱，人人慌恐”①。当时的形势对起义军十分有利，可惜王伦未能乘胜攻下临清新城，使清军得以坐待援军的到达。

十月下旬，舒赫德率军抵临清，与当时清军、地主武装一齐向起义军进行反扑。十月二十七日，清军兵分两路攻打临清旧城，起义军出城迎战，给清军以有力回击，但终因寡不敌众，被迫退入旧城，利用城内“街巷逼窄，房屋鳞比”的地势，与敌人巷战。起义军“到处直前迎扑，复上屋抛掷砖瓦”，与清军进行英勇顽强的战斗。首领杨五见清军于街内烧杀抢掠，纵身从房上跳下，挥刀猛杀敌人。女首领乌三娘，“年二十许，娟媚多姿而有膂力，工技击……率诸女巷战，短兵相接。诸女次第死，三娘独挥两刃，能捍蔽锋镝”②，与敌人血战，直到最后牺牲。

城破后，王伦坚守原河南巡抚汪灏院内，继续与清军战斗。为了不被敌人生俘，王伦决定在院内小楼上举火自焚。据目睹者回忆，“火势炎烈时，王伦须发已经焦灼，仍坐楼不动”③，王伦遂壮烈牺牲。

王伦起义只有一个月即被镇压下去，时间不长，规模亦不甚大，但在清代历史上有着重大意义。清朝在乾隆中叶以前，承平一百多年，各地虽有零星、分散的聚众结社、抗租抗粮，却很少有攻城夺地的大规模农民起义，当时，清王朝还能够有效地控制着全国。而王伦起义是清代大规模农民起义的先声，它发生在清朝统治力量较强的山东运河沿岸，起义军同清朝军队公开对垒，其影响极大，是对清朝统治权威的一次严重挑战。“一叶落而知天下秋”，这次起义标志着休眠一百多年的农民起义的火山再度咆哮，再度喷发，社会的各种矛盾更加尖锐化，清朝统治无可挽回地走向衰落。王伦起义之后，一系列农民起义相继发生，形成连锁反应，首先是边远和少

① 秦震钧：《守临城日记》。
② 俞蛟：《梦厂杂著》卷六，《临清寇略》卷七。
③ 于敏中、舒赫德：《钦定剿捕临清逆匪纪略》卷九。

数民族地区发生连续不断的抗清斗争，然后在湖北、四川爆发了轰轰烈烈的白莲教大起义。

三、甘肃撒拉族、回族人民起义

一七八一年（清乾隆四十六年），在甘肃循化（今属青海）爆发了由苏四十三领导的撒拉族人民起义，紧接着于一七八三年（清乾隆四十八年）又爆发了田五领导的回民起义。这两次人民反清起义是由撒拉族、回族内部新老教斗争引发转化的。

撒拉族、回族都是信奉伊斯兰教的民族。按照伊斯兰教“天课制度”的规定，凡有资财与收入者，除生活的必要开支外，其余财产要按一定比例交纳清真寺。伊斯兰教最初规定“天课制度”的目的，“主要的一方面是征集教徒的货币与生产品作军饷薪俸，附属的方面则是用作救济还在被压迫环境中教内的穷民”①。但在我国西北地区，这种“天课”，事实上被清真寺的教长、阿訇所独占。随着社会生产的发展与个人财富的增加，教长与阿訇们占有的“天课”也日益增多。教长们利用教民缴纳的“天课”购置土地，又租给农民耕种，进行地租剥削。这样，土地日益集中于清真寺，而教长也逐渐变成大地主。与此同时，教长为控制清真寺的土地与财富，也从教民推选变为世袭，这就形成了“门宦”制度。“门宦”制度是一种披着宗教外衣的封建大土地占有制，而“门宦”也自然成为广大农民的最大剥削者。当时信奉伊斯兰教的下层群众反对封建剥削的斗争，首先表现在反对“门宦”的斗争。在乾隆年间，甘肃撒拉族与回族地区的反封建斗争，正是以反“门宦”的教派斗争的形式而展开的。

甘肃安定（今定西县）回民马明心，一七六一年（清乾隆二十六年），于长期留居中东与中亚各地后归国。② 他适应农民反对“门宦”制度的要求，“慨然欲革除门宦制度”③，创立新教，反对老教

① 民族问题研究会编：《回回民族问题》，54页。
② 参见莫里斯·洛沙比：《中国与内陆亚洲》，172页，伦敦，1975。
③ 幕少堂：《甘宁青史略》正编卷十八。

的"多收布施，敛钱惑众"。这一主张遭到狄道（今临洮）、河州一带门宦势力的强烈反对。马明心便到门宦势力薄弱的循化撒拉族地区传播新教。新教"念经时则摇头，念毕则要拳舞手……入其教者，皆有周济"①，因此，"附之者日众"，新教迅速得到撒拉族、回族人民的广泛信仰，在撒拉族一千多户中，很快有八百多户改奉新教②。连乾隆的上谕中也说："近闻旧教念经须用羊只布匹，所费较多，而新教念经仅取忏钱五十六文，是以穷民愿归新教者较众。"③ 新教的迅速传播，引起旧教"门宦"地主的仇视与反对，新老教之间多次发生械斗，双方斗争愈演愈烈。清政府偏袒老教，把马明心逐出循化，但马明心的助手苏四十三与贺麻路乎继续传播新教，坚持与老教进行斗争。

由于清朝统治者采取"帮扶老教"、"尽洗新教"的政策，使原来新老教的斗争迅速转化为反抗清朝的武装起义。一七八一年二月四日，苏四十三的助手韩二个率新教徒千余人，攻入清水工④河东老教区，杀死哈尔户长（总头人）韩三十八，苏四十三"戴大红顶"，自称"回王"，立旗号，撒拉族人民正式发动了武装起义。陕甘总督勒尔谨闻讯后，派兰州知府杨士玑、河州协副将新柱前去镇压。苏四十三率新教教徒千余人，全部歼灭前来镇压起义的清军，并处死了杨士玑与新柱，乘胜攻破河州，勒尔谨急忙到狄道防守。时清朝统治者深知马明心为新教群众所信服，遂设计擒马明心，押于兰州省城狱中，苏四十三通过"山僻小道"，乘虚直取兰州，得到各处回民的支援，顺利渡过洮河，杀得清军"伤折过半"，胜利到达兰州城下，准备攻城营救马明心。

清政府急调固原、西宁、凉州等地清军及循化撒拉族土司韩煜等往兰州救援。清统治者为缓和起义军的进攻，将马明心拥上兰州

① 龚景瀚：《循化志·回变》卷八。

② 参见《兰州纪略》卷六。

③ 《清高宗实录》卷一三四一，乾隆五十四年十月二十二日。

④ "工"为撒拉族地区基层行政单位，每工包括几个村落，循化撒拉族共分十二个工。

城头，强迫劝说起义军撤围，马明心坚不从敌，把头巾掷于城下，表示誓死反清到底的决心，而起义军攻城益急，统治者气急败坏，将马明心杀害。这时，勒尔谨已由狄道“驰回兰州”，不久，又有西宁将军伍弥泰、提督马彪等“奉急诏率满汉兵至”①，共调兵二万余人，而这时起义军仅二千余人。因而起义军主动撤离对兰州的包围，转移至距兰州三十里的华林山一带。

五月中，和珅率京兵到达兰州，大举进犯华林山，起义军人数不多，但战斗力很强，“众虽千余，皆新教死党，素业射猎，精火枪，又负地险。官兵万余皆营于城东，与贼辽隔，屡衄挫锐，每夜辄惊扰，枪炮达旦”②。义军奋勇作战，击毙固原总兵图钦保等，歼敌近千人。

清政府又赶忙命阿桂为钦差大臣，统一指挥，并从北京调来二千名火器营兵，从四川调来一千名善于在山地作战的藏兵及七百名阿拉善蒙古兵。但阿桂所率清军仍不断为起义军所击败。最后，阿桂仗着兵员众多、武器精利，将起义军团团围困，并切断起义军去黄河取水的通道，又把水磨沟处小河从上游引往他处，因而使起义军陷入断水的严重境地。撒拉族起义初起，攻势凌厉，斩关夺隘，以摧枯拉朽之势下河州，趋兰州，但他们并没有考虑好进一步的行动计划。在兰州进行攻城，未能成功，顿兵坚城之下，消耗了实力，失去了时间，此后，退守华林山，凭着勇敢精神和险要地势，与清军周旋。但是，他们的老家循化和已攻下的河州并未派兵驻守，也没有很好地联络和组织各地回民起而响应，因此，没有后方的支援，没有友军的策应，孤军作战，陷于被动地位。起义军在困难之中，团结一心，“断水数日，尚能死守”③。八月初，清军攻破起义军的防线，夺取寨堡，起义领袖苏四十三在战斗中牺牲。起义军余部退入华林寺，“俱尽力抗拒，不肯束手就缚”④，清军放火焚烧华林寺，义军全部壮烈牺牲，无一人投降。

①③　那彦成：《阿文成公年谱》卷二十三。

②　魏源：《圣武记》卷七，《国朝甘肃再征叛回记》。

④　那彦成：《阿文成公年谱》卷二十四。

这次起义被镇压后，清政府对新教和撒拉族实行高压政策，阿桂向清廷奏请："将新教礼拜寺概行拆毁，如查有私行传习，阳奉阴违者，照邪教律从重办理……日后如有复倡新教者，即行首告指拿"①，并规定：撒拉族"不许私行出入内地，贸易者土司呈厅给照，移明所至州县，变货毕，速令回巢"②。陕甘总督李侍尧于事后大举查办余党，株连罗织，乾隆帝恶毒地命令他："不动声色，密行查办远遣，断绝根株。"③ 清朝政府残酷的镇压措施，并不能完全消弭少数民族群众的斗争，反而激起更加猛烈的反抗，不到三年又爆发了石峰堡回民起义。

石峰堡起义的主要领导人田五、张文庆、马四娃都信奉新教，对清廷压迫新教回民十分愤怒，在固原州、通渭一带团结回民，要为马明心报仇。当撒拉起义军失败后不久，他们就在通渭北六十里的石峰堡修葺营寨，制造旗帐武器，准备在一七八四年（清乾隆四十九年）六月二十二日起义。不料事机泄露，有人向清政府告密，田五遂于六月二日（农历四月十五日）在盐茶厅小山地方提前起义，攻破距盐茶厅三十里之西安土堡，向西北发展，进入靖远县境。攻靖远、会宁，皆不克，不幸田五在作战时中枪牺牲，义军折向东南，与通渭的回民会师，攻克通渭城。西安副都统明善率兵一千二百人，"由静宁进捣，长驱深入"④，陷入起义军的埋伏，全军覆没，明善被击毙。清廷急派福康安、阿桂、海兰察等调集大军，齐赴甘肃，这时，起义军连续进攻伏羌、秦安，均未能攻克，而清军蚁集，义军乃分别据守于静宁之底店山与通渭之石峰堡，与清军对抗。

福康安、阿桂至甘肃，首先夺取起义军各个分散的小据点，七月底，清军攻下底店山，起义军全都撤退到石峰堡，"石峰在万山中，其高插天，石路甚险，惟北面一线可上。贼踞为巢穴，筑垒开

① 《兰州纪略》卷十六。

② 《循化志》卷八，《回变》。

③ 《石峰堡纪略》卷六。

④ 魏源：《圣武记》卷七，《国朝甘肃再征叛回记》。

沟，为负隅计，实绝地也。福公（福康安）既至，为相度地势，断其樵汲，立栅设卡。时当三伏，七日无雨，贼下视四面重围，勺水不得，遂大困。七月四日（公历八月二十二日）夜半，贼有佚围而出，夺路奔逃者，官兵四面截杀，贼投崖堕阱无算，生擒万余，贼无一脱者”①。起义就这样被镇压了下去。

清政府在镇压起义军时施用了极残酷的手段，屠杀撒拉族、回族人民以万计，事后又把大批人充军边疆。许多少数民族的聚居点被消灭，如田五的故乡小山和张文庆的故乡草芽沟都成了废墟。少数民族群众的许多土地财产被没收，计没收的土地五万余亩、房屋近四千间，都贱价售给汉民，不准回民购买。这样就给以后许多汉回争产的纠纷，埋下了民族不和的种子，这是清政府挑拨民族关系、破坏民族团结的反动罪行。

苏四十三和田五领导的起义，以新旧教派斗争开始，实质上是少数民族内部的反封建斗争，进而发展为反对清朝统治的起义。但两次起义都带着浓厚的自发性，阶级矛盾和教派矛盾、民族矛盾错综复杂地结合在一起。起义军未能提出明确的政治纲领和长远的战略计划，未能进一步动员群众，团结其他民族的下层群众，军事上陷于消极防御。撒拉族和回族起义军英勇善战，给清朝反动统治以沉重的打击，但孤军作战，困守一隅，最后仍不免于失败。

四、台湾林爽文起义

继王伦起义之后，一七八六年（清乾隆五十一年）在台湾又爆发了林爽文领导的汉族、高山族农民的大规模起义。

清朝统治者对台湾人民的政治压迫和经济剥削极为严重，由于台湾物产丰富，土地肥沃，内地的官僚、地主们到台湾做官，拼命地进行搜刮，因而引起当地人民的反抗，乾隆的上谕中明确指出："今细思徐访，知逆匪林爽文等起事之由，皆因该地方官平日废弛贪

---

① 钱泳：《履园丛话》五，《景贤》。

黩，视台湾缺分为利薮，不以冒险渡海为畏途，转以得调美缺为喜。督抚之无能者，又或徇情保荐，明知不察，暧昧牟利，皆不可知，而劣员等并不整顿地方，抚绥安戢。于作奸犯科者又不及早查办，惟知任意侵渔肥橐，以致敛怨殃民，扰累地方，遂使桀骜奸民，有所借口。”① 而清朝派驻台湾的武装力量又十分腐败，贪污贿赂之风严重地腐蚀了军营，使它失去了战斗力和震慑作用。台湾总兵柴大纪是个被人民和士兵痛恨的贪官，“贪纵营私，废弛营务，并令兵丁私回内地贸易，每月勒交银钱……台湾戍兵，多有卖放私回，以致缺额，其留营当差之兵，亦听其在外营生，开赌窝娼，贩卖私盐。镇将等令其每月交钱，经年并不操练”②。这些大大小小贪官污吏的贪婪掠夺大大地激化了农民群众与封建统治者之间的矛盾。因此，起义军把反贪官作为重要的政治目标，林爽文起义军张贴的告示中说：“照得本盟主因贪官污吏，剥民脂膏，爰是顺天行道，共举义旗，剿除贪污，拯救万民。”③

林爽文执政印文

高山族人民所受剥削与压迫较之汉族人民更为严重。汉族官僚、地主任意侵占他们的土地，迫使他们迁入未经开发的“内山”。据福康安在镇压林爽文起义后清查土地时的数字，汉族地主侵占土地达一万一千二百甲④之多。在政治上对高山族人民压迫尤甚，地方官常因案子无法处理而以莫须有的罪名归之高山族人民，“狱有不能结者，则诱杀生番以归狱”⑤。一七八二年（清乾隆四十七年），淡水

① 《清高宗实录》卷一二八三，乾隆五十二年六月二十四日。

② 《清高宗实录》卷一二九七，乾隆五十三年正月二十三日。

③ 《顺天大盟主林爽文告示》（顺天丁未年三月），转引自《康雍乾时期城乡人民反抗斗争资料》下册，781页。

④ 一甲等于内地十一亩三分稍多。

⑤ 魏源：《圣武记》卷八，《乾隆三定台湾记》。

同知被杀，清政府找不到凶手，便硬说被高山族所杀，一次就屠杀高山族无辜人民三十二人，因而激起当地人民的反抗。林爽文起义正是在清统治者残酷的政治压迫与经济剥削下发生的。

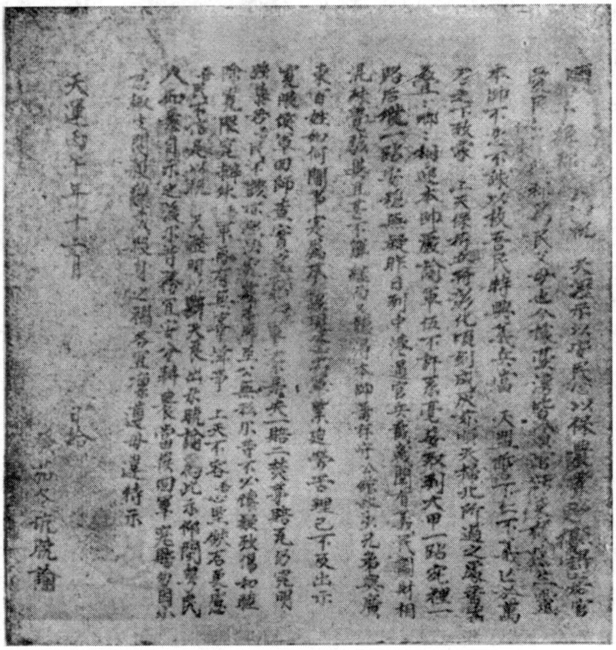

天运丙午林爽文起义安民告示

林爽文，福建漳州平和县人，因家贫难以度日，于一七七三年（清乾隆三十八年）随其父迁至台湾彰化县大里杙庄，以耕田赶车为业。一七八二年，天地会首领、漳州人严烟渡海至台湾彰化，开设布店，传播天地会教义，发展极为迅速。次年（一七八三年，清乾隆四十八年），林爽文入会，其他入会的重要领袖有彰化的陈泮、王芬，诸罗的杨光勋、张烈，淡水的王作、林小文，凤山的庄大田等。他们通过天地会的组织，团结在一起，“有事大家相帮，不怕人家欺侮，也不怕官役拘拿”①，天地会深得群众的拥护、支持，入会的人越来越多，形成了相当强大的势力。

---

① 中国人民大学清史研究所、中国第一历史档案馆合编：《天地会》（一），二五一页，《高文麟供单》。

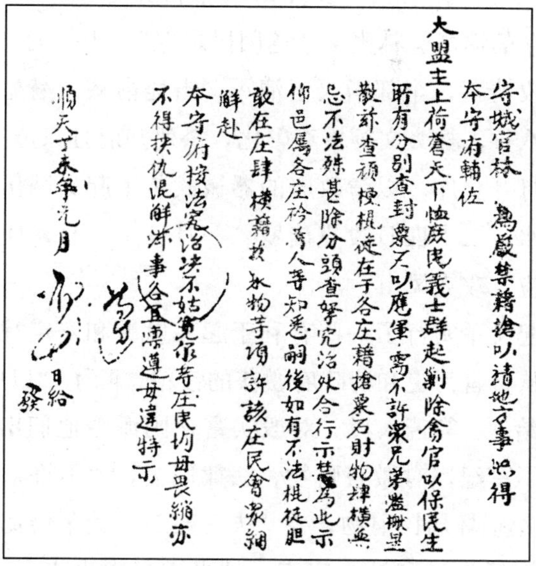

守城官林　為嚴禁藉搶以靖地方事照得
本守府輔佐
大盟主上荷蒼天下恤庶民義士群起剿除貪官以保民生
所有分別查封衆犬以應軍需不許衆兄弟濫擄異
散亦查頑梗棍徒在于各庄藉搶衆名財物肆橫無
忌不法殊甚除分頭查拏究治外合行示禁為此示
仰邑屬各庄衿耆人等知悉嗣後如有不法棍徒胆
敢在庄肆橫藉掠物等項許該庄民會衆綑
解赴
本守府按法究治決不姑寬俾等庄民均毋畏縮亦
不得挾仇混解滋事各宜凜遵毋違特示
順天丁未年元月　日給
發

顺天丁未林爽文起义军守城官告示

副元帥黃、左都督林　單傳番社口庄將軍賴提兄知悉
本月十三日奉
大盟主軍令札到命仍照前轄下衆兄弟于此月二十四五六七一
連四日俱應於毋值四更飽飯各帶飯包赶至留坑仔隘口
守把以防敵人犯界仍為將軍必須親督陣人馬均應奮
出各宜盡心竭力如果敵人來侵須率兄弟向前衝殺俟
他庄甲不回勿得臨时進內不前是按軍法如違須軍
伍月　日傳
帥府

林爽文起义军军令

清政府对民间的结社，视如蛇蝎，大举搜捕天地会员。一七八七年（清乾隆五十二年）一月彰化知县俞峻与副将赫生额、游击耿世文率兵六百余搜捕林爽文，驻扎在离大里杙五里的大墩，“勒村民

擒献”林爽文等，并放火“焚无辜数小村怵之”①，对村民进行威胁，激起群众的愤慨。林爽文“遂因民之怨”，于一七八七年一月十六日深夜进攻清营，全部消灭了清军，击毙俞峻、赫生额、耿世文等。一月十八日，林爽文等攻克彰化，杀死知府孙景燧等贪官污吏，释放狱囚，打开仓库，以清政府的器械武装了起义队伍。一月十九日又攻克淡水，二十四日攻克诸罗。一月三十一日，庄大田在台湾南路起兵响应，攻克凤山。

林爽文起义军实行了一些有利于起义发展和安定社会秩序的措施。起义军从贪官污吏和清政府缴获的钱粮，除了“以应军需”外，还“广为散给”② 贫苦人民。对殷实富户则派令他们出银“助饷”。起义军严明了军纪，对缴获财物，一律归公，“不许众兄弟滥搬星散”③，起义军损坏居民财物，要“失一赔二，焚茅赔瓦”④。起义军也非常注意恢复生产和社会安定。林爽文多次出告示“祝天沥示，以安民心，以保农业”⑤，号召军民“军归伍，民安业”⑥，“务宜安分耕农”⑦。起义军的这些措施深受群众的欢迎。连清朝官史也承认：起义军占领的地区，物价低廉，秩序安定，人心归附，故参加起义者日众。如清军统治下的鹿港，“米价腾贵，每石三千。而贼巢大里杙、水沙连诸处，窝积甚多，每石仅需八百。各贼匪借以收拾人心，故贫穷而贪生者，俱为纠入”⑧。

起义军取得初步胜利以后，林爽文率军南下，庄大田率军北上，会攻台湾府城，未能攻下。这时，清军福建水师提督黄仕简、陆路提督任承恩纷纷率兵赴台湾。在当地地主武装的配合下，清军夺占了彰化、诸罗。林爽文不得不放弃攻打府城的计划，回师北上，打

---

① 魏源：《圣武记》卷八，《乾隆三定台湾记》。

② 《清高宗实录》卷一二七九，乾隆五十二年四月二十日上谕。

③ 《林爽文起义军守城官告示》（顺天丁未元月初四日），转引自《康雍乾时期城乡人民反抗斗争资料》下册，780页。

④⑤ 《顺天盟主林爽文告示》（天运丙午年十二月初八日），转引同上书。

⑥ 《顺天大盟主林爽文告示》（顺天丁未年三月），转引同上书，781页。

⑦ 《顺天盟主林爽文告示》（顺天丁未元月初四日），转引同上书，780页。

⑧ 《台湾同知杨廷理禀报》乾隆五十二年二月，转引《天地会》（一），775页。

败清军，再克彰化，包围诸罗。

清廷命闽浙总督常青为将军到台湾镇压。常青到台湾后，“止知结营自守”，而起义军“着着占先，通联一气，而官兵止办接应，并无制胜之策，转致疲于抵御”①。

一七八七年三月，南路起义军将清将赫壮猷诱入风山空城，一举歼灭清军近两千人。庄大田约林爽文再次联合攻打府城。庄大田号称拥有十万大军，直逼府城十里之外。林爽文派起义军两三千人前往支援。这时府城清军，“日益馁怯”，士气低落，因水土不服，“病者千余”。正当胜利在望的关键时刻，负责攻打府城南门的庄锡舍，与清军暗中勾结，率两千人降清军，致使起义军“登时哄乱”②，不得不撤离对府城的围攻。

在联合攻打府城失败后，林爽文率北路起义军集中围攻诸罗。诸罗系台湾南北孔道，地势十分重要，起义军围攻诸罗达半年之久，清总兵柴大纪困守孤城，清兵先后三次派兵增援诸罗，皆被起义军击败，只有少数军队进入围城，“诸罗之围益密，入者不能再出，大纪告急之文，用小字书寸纸，募人间道夜行，始得达府（指台湾府城，今台南市）”③。不但诸罗告急，就是常青驻守的府城“周围十里之内，村庄尽被胁从，不惟诸罗受困，即郡城亦在围中”④。整个台湾岛上，起义军声势浩大，处于主动地位，“南北两路，贼匪处处相连。而官兵各守一方，相距辽远，声势转不能联。道路窄狭，数人不能并行，贼匪潜伏道旁庄内，伺我兵经过，行至半途，即突出从中抄截”，“每每官兵赴救，冲过贼庄，道路旋被阻截，以致郡城、诸罗两处，受困日久，村庄港社告急频闻，全郡官弁兵丁俱不免心怀惶惧”⑤。

形势虽然对起义军有利，但起义军内部存在着严重的弱点，因此不能够进一步发展胜利。名义上林爽文是起义军的领袖，而实际

---

① 《清高宗实录》卷一二八四。

② 《钦定平定台湾纪略》卷十五。

③ 昭梿：《啸亭杂录》卷六，《台湾之役》。

④⑤ 福康安奏，乾隆五十二年十月四日，转引自《康雍乾时期城乡人民反抗斗争资料》下册，791页。

上各军分散作战，不相统一，起义军之间又有地域上的矛盾。参加起义军的很多是失业和半失业的流民，斗志不够坚决，敌我界限模糊，易受地主阶级的影响，小遇挫败，或受利诱，便倒戈降敌。各地的地主分子没有受致命打击，到处活动，组织地主武装，袭扰和牵制起义军，这样，诸罗城和台湾府未能攻克。

一七八七年十一月，福康安到达台湾，代替常青为统帅，清朝从大陆各省抽调的军队，先后抵台，声言进攻大里杙，实际上，只以少量兵力攻大里杙，以作牵制，而以主力进攻包围诸罗的起义军。清悍将海兰察冲阵，林爽文率军奋勇迎战，寡不敌众，一败于仑仔顶，再败于牛稠山。在清军优势兵力的攻击下，起义军被迫撤离诸罗，半年围城战斗，功败于垂成。

林爽文退守大里杙，清军云集，义军战败，大里杙弃守。林爽文又退至集集埔，“其地前临大溪，溪之上就高岸垒石为陡墙，长数里，其所预营扼险处也”①。但起义军屡遭挫败，力量损失殆尽，集集埔又为清军攻陷。林爽文走入高山族居住的深山密林中，至一七八八年（清乾隆五十三年）二月十日，林爽文被清军俘获，解往北京。他在敌人的刑讯面前，大义凛然，“匿不吐供”，最后壮烈牺牲。

林爽文起义军失败后，清军全部压向南路起义军。庄大田率义军抵抗，亦因力量对比悬殊，屡遭挫败，凤山城被清军攻陷。庄大田退入台湾最南端的郎峤。清军水陆两路，将郎峤团团围住，起义军“冲突不能出，阵杀者数千，溺海者数千，擒而戮者亦千余”②，庄大田亦被俘遇害，林爽文起义被镇压下去。此后，林爽文的部属陈周全、陈光爱、陈容、黄朝等又集合天地会会员，在台湾各地起义，亦被清军和地主武装镇压下去。

五、湖南、贵州苗民起义

我国贵州、湖南接壤之处，一向为苗瑶等族聚居的地区。自雍

①② 昭梿：《啸亭杂录》卷六，《台湾之役》。

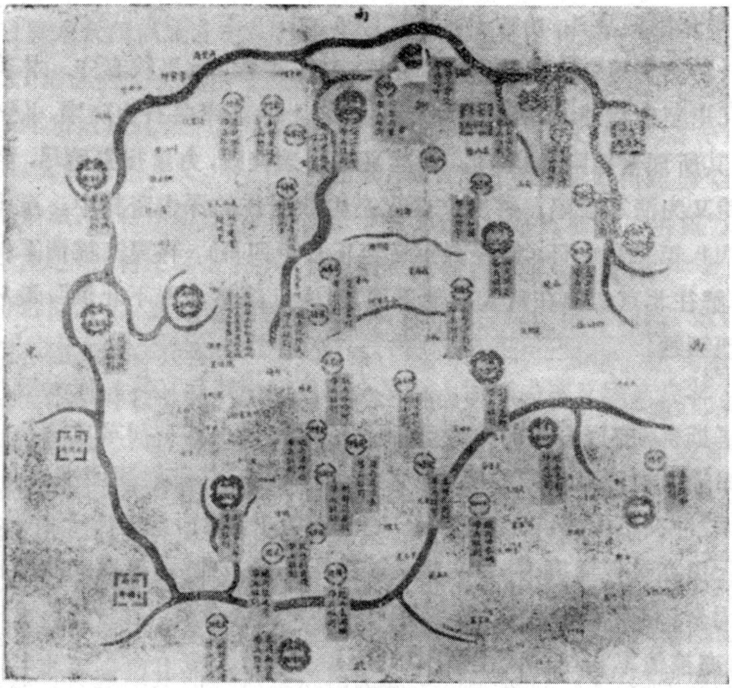

福康安镇压苗民起义布防图

正年间实行“改土归流”以后，清政府加强了对苗族地区的直接统治，先后设置流官和营汛。“改土归流”从长远来说是一项进步的政策，但由清王朝来执行，又必然具有严重的民族压迫和阶级压迫的性质。来到苗族地区的大小官员与苗族上层统治者相勾结，对苗族人民掠夺压榨，“专肆欺凌”，无所不至，致使苗族人民“畏隶如官，畏官如神”①。“改土归流”后，汉族地主阶级和高利贷势力也进入了“苗疆”，他们通过高利贷剥削，大量兼并土地，役使广大贫苦苗民。据记载，“苗寨中富民放账，其息甚大。钱一千，谷一石，一二年加息数倍。不能偿，折以山地衣服，虽受其盘剥而仰以为生，或即所折山地转求佃耕，或易以他山地为之佃耕，听其役使，生死惟命”②。每至青黄不接时，苗民受到汉族地主的高利贷盘剥则更为严

① 魏源：《圣武记》卷七，《乾隆湖贵征苗记》。

② 严如熤：《苗防备览》卷八，《风俗》。

重。向地主“借谷一石，一月之内，偿至三五石不等，甚至一酒一肉，重利朘削，积日既久，竟以百十金田产抵偿，苗产既归汉民，而采买差徭，仍出原户”①。因而在苗族人民中经常出现“收获甫毕，盎无余粒；此债未清，又欠彼债；盘剥既久，田产罄尽”② 的悲惨景象。苗族人民胼手胝足开发出来的土地，便逐步为汉族地主、高利贷者所兼并。结果，“苗众转致失业，贫难度日者日众”，这样，就不能不造成以清王朝为代表的满汉地主阶级与广大苗族人民的尖锐对立。乾嘉时期的湘黔苗民起义，正是在上述社会条件下爆发的。

一七九四年（清乾隆五十九年）末，贵州松桃厅（今松桃苗族自治县）大塘汛大寨营苗民石柳邓、湖南永绥厅黄瓜寨苗民石三保等，于凤凰厅鸭保寨百户吴陇登家歃血为盟，秘密集会，约于次年（一七九五年，清乾隆六十年）二月七日同时起义，提出“焚杀客民（指满汉地主），夺回田地”的口号，“穷苗闻讯，无不攘臂相从”③，于是很快形成了一支以贫苦苗民为骨干的武装队伍。由于起义计划被汉族地主察觉，石柳邓领导松桃苗族人民提前发动起义，起义群众一举攻占大塘、长行铺等地，树立起反清起义的大旗。紧接着湖南永绥厅石三保按预定时期于正月十八日起义，凤凰厅苏麻寨吴半生、乾州厅平泷吴八月及保靖县各寨苗民也纷起响应，分头攻打永绥、乾州。清永绥副将伊萨纳等率兵六百，镇筸总兵明安图率兵八百进行顽抗。起义的苗民击毙了伊萨纳、明安图，于是起义军声势大震。

石柳邓率领的起义军于二月初围攻铜仁府正大营，铜仁、镇远、思南、石阡等地苗民纷起响应，“苗疆大震”。这时起义军已发展到八九万人，形成一支巨大的反清起义势力。清朝政府赶忙派云贵总督福康安率安笼镇总兵花连布，由云南赴贵州铜仁，派侍卫额勒登保、德楞泰参赞军务，又令四川总督和琳于四川秀山一带“堵截”。清政府动员了云贵川湘等省兵力数万人，由福康安统率，分路向起

① 黄钧宰：《金壶七墨》。

② 严如煜：《苗防备览》卷二十二。

③ 《永绥厅志》卷四。

义军大举进攻。苗民起义军充分依靠群众和有利地形，同各路来攻的清军进行了顽强的斗争，他们灵活地运用了“官有万兵，我有万山；其来我去，其去我来”的流动战术，给清军以有力打击。三月四日（阴历二月十四日），福康安率清军到达铜仁，起义军力战三路清军，终因寡不敌众，撤离对正大营的包围。福康安又率军至松桃，以放火烧山的办法，解除了起义军对松桃的包围。石柳邓留下少数队伍牵制清军，其主力移至湘西同石三保会师。

湘西起义军控制着永绥、凤凰、乾州三厅的广大地区，清军龟缩在几个孤立的城镇里。石柳邓转移湘西后，清军也尾随而来。三月十五日，花连布抵永绥，起义军与之激战三日，撤离对永绥之围。福康安同湖广清军会合后，又大举进犯黄瓜寨。起义军为保卫黄瓜寨，“凡危坡陡坎俱挖断，又于田内创沟放水，阻陷官兵”①。不久，清军又集中兵力以火弹攻烧，陷黄瓜寨。石三保、石柳邓等早已率军转移。此后两三个月内，清军一直在乌草河一带寸步不敢移动。

这时，起义军趁机整顿队伍，八月间在平陇建立起各部起义军的统一领导机构，吴八月称为苗王，石柳邓、石三保为将军。吴八月出身贫苦，勇敢机智，富有胆略，在苗民中有很高的威信，以他为首组成了起义的领导核心，对清军采取“避实就虚，节节阻击”的策略。七月以后，清方调集大军，渡过乌草河，向起义军大举进攻。又收买起义军中不坚定分子，对“苗酋皆许官爵花翎，散苗优以金钱”。在清统治者引诱下，叛徒吴陇登以擒献起义军首领作为进见之礼，与清统治者暗中勾结。他先后将起义军首领石三保的幼子、首领陇五登、陇老三及起义军主要领导人吴八月献与清军，使起义军受到重大损失。

一七九六年（清嘉庆元年），川楚陕白莲教起义的规模不断壮大，石三保决定打通湖南，同湖北的白莲教起义军联合。清统治者对此极为害怕，退居“太上皇”的乾隆急忙指示福康安“务宜倍加奋勉，迅速带兵剿捕，勿使湖北匪徒与苗匪勾结，此为最要”②。可

① 《铜楚平苗纪略》。

② 《湖北通志》卷首之三。

惜与白莲教起义军联合的计划遭清军破坏，未能实现。后来，起义军主要领导人石三保被叛徒诱骗到坳溪，遭清军俘虏。九月初，清军在当地汉族地主协助下，大举进犯平陇。石柳邓率众展开了英勇的保卫战，一直坚持了三个月，击毙清将守备王泰和等人，给敌人以重大杀伤。最后，起义首领吴八月的儿子吴廷礼、吴廷义遭叛徒出卖，石柳邓也在战斗中受重伤，壮烈牺牲，平陇才被清军攻陷。

石柳邓牺牲后，大规模苗民起义虽然被暂时镇压下去，但各地苗民的反抗斗争仍此起彼伏，一直坚持到一八〇七年（清嘉庆十二年），才最后平息下去。

第二节　川楚陕白莲教起义

一、湖北的白莲教起义

十八世纪末，清代社会矛盾日益尖锐，一七九六年（清嘉庆元年）终于爆发了川楚陕白莲教起义。这次规模巨大的起义，历时九年半，波及四川、湖北、陕西、河南、甘肃五省，严重地打击了清王朝的统治。

川楚陕三省边境，是一片崇山峻岭、层层叠叠的森林地带。它的范围，包括由陕西南部至湖北西北部的"南山老林"，以及由陕西、四川和湖北交界的"巴山老林"①。这些地区，历史上就是被压迫被剥削的广大无业流民麇集之处。"自乾隆三十七八年以后，因川楚间有歉收处所，穷民就食前来……而河南、江西、安徽等处贫民亦多携带家室，来此认地开垦，络绎不绝"②。三省交界的老林地带，"万山丛杂，界连川楚，袤延千余里。各省就食贫民，挈眷前

① 据《三省边防备览》卷十四，卓秉恬：《川陕楚老林情形亟宜区处疏》中记载："由陕西略阳、凤县迤逦而东，经宝鸡、郿县、周至、洋县、宁陕、孝义、镇安、山阳、洵阳至湖北之郧西，中间高山深谷，千枝万脉，统谓之南山老林；由陕西之宁羌、褒城迤逦而东，经四川之南江、通江、巴州、太平、大宁、开县、奉节、巫山，陕西之紫阳、安康、平利至湖北之竹山、竹溪、房县、兴山、保康，中间高山深谷，千峦万壑，统谓之巴山老林"。

② 《三省边防备览》卷十四，《兴交升府疏》。

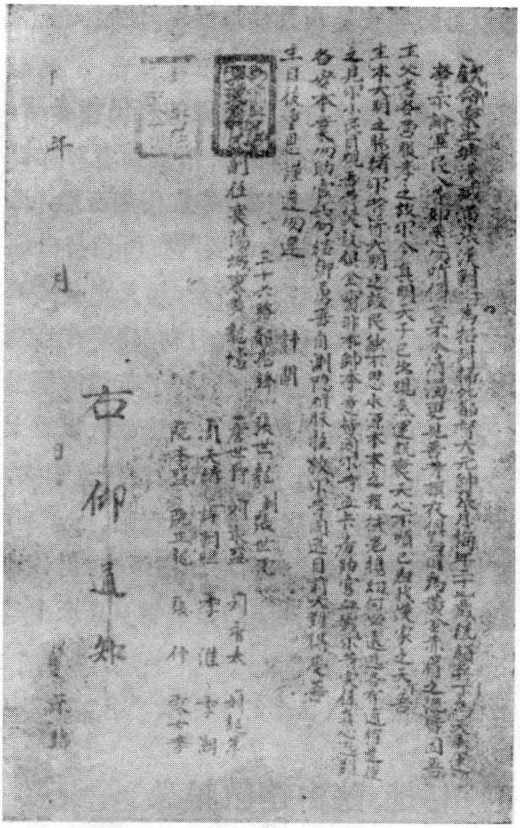

白莲教起义军告示之一

来，依亲傍友，开垦山地，所在多成村落，五方杂处，良莠不齐”①。流徙迁入的贫苦人民“侨寓其中，以数百万计”②。他们“遇有乡贯，便寄住写地开垦，伐木支椽，上复茅草，仅蔽风雨，借杂粮数斗作种。数年有收，典当山地，方渐次筑土屋数椽；否则仍徙他处”③。因为他们伐木支椽，搭棚栖身，故统称为“棚民”。老林区可供开垦耕地甚少，所以他们“除种地以外，多资木厢、盐井、铁厂、纸厂、煤厂雇工为生”，“佃户散布岩谷雇作，去来棚厂”④，既

① 《钦定剿平三省邪匪方略》卷二十八，秦承恩奏，嘉庆二年二月十四日。

② 《三省边防备览》卷十四，卓秉恬：《川陕楚老林情形亟宜区处疏》。

③ 《三省边防备览》卷十一，《策略》。

④ 《三省边防备览》卷十四，《老林说》。

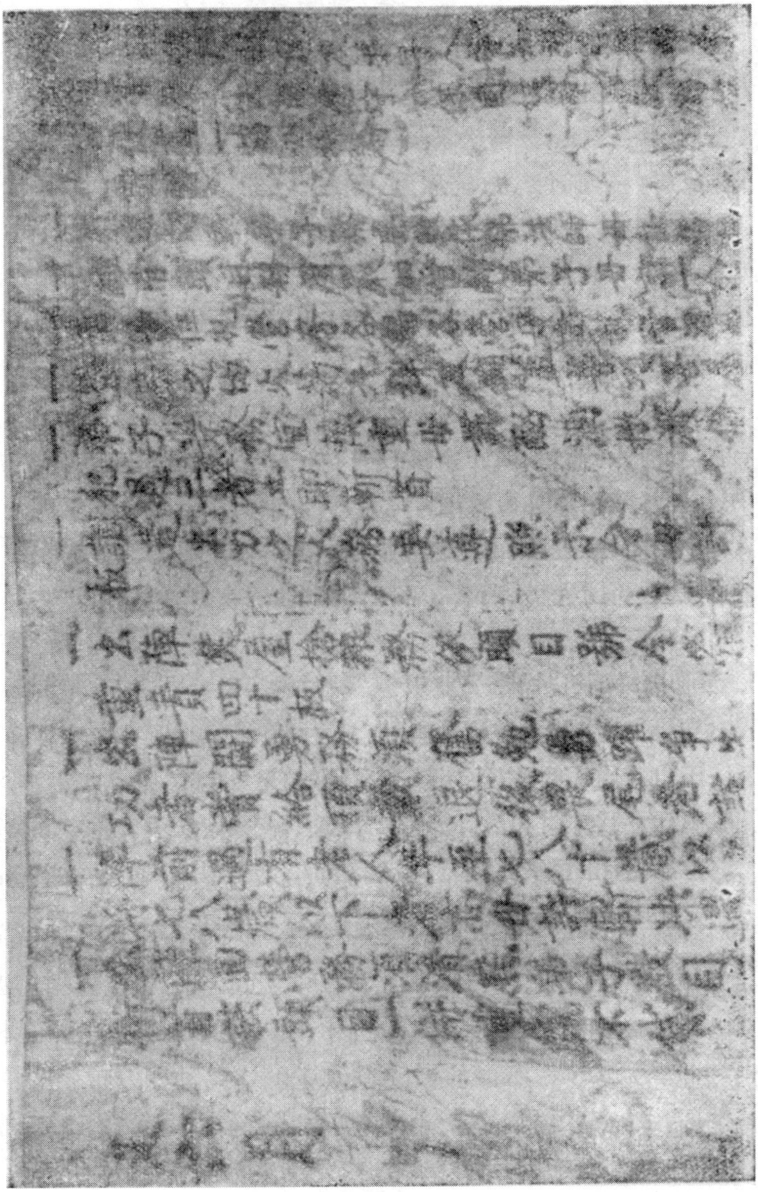

白莲教起义军告示之二

是佃户，兼作雇工，或者时佃时佣。有些厂坊，雇工数百、数千甚至上万人不等。如南山老林大园木厂，“匠作水陆挽运之人，不下三四千”，“林内开设木厢，冬春匠作背运佣力之人，不下数万”。铁炉规模，“一炉所用人夫须百数十人，如有六七炉，则匠作佣工不下千人”①。四川开县盐井厂，“所用夫匠水陆运煤及商贩运背之人，井旺时日以万计”②。这些人生活极不安定，雇主遇“山内包谷值贱，则厂开愈大，人聚愈众；如值包谷清风，价值大贵，则歇厂停工，而既聚之众，不能复散”③。

川楚陕三省交界地区，积聚着人数众多的农民（佃户、山民、棚民）、无业游民（长江一带失业水手，被侦缉的私盐贩卖者）和当地的啯噜党④等，他们不仅身受地主、雇主的残酷剥削，并遭到种种超经济压迫。当地的差役、讼棍、地痞等，“无风生浪，遇棚民有事，敲骨吸髓，弁兵亦附和为奸。如今日檄令查某案，明日差令禁某事。地方遥远，山民受其凌辱，无可告诉，无为申理”⑤，往往逼得人们走投无路，不得不铤而走险。只要有人揭竿而起，很快就会群起响应。“楚之房、竹、兴、归，蜀之保宁、绥定，秦之兴安、商州，教匪滋事时，各郡均有附从之众”⑥。如果说，乾隆末年，大规模反抗清朝统治的斗争成为不可避免的历史趋势，那么川楚陕三省交界的广大地区，贫民聚集，矛盾尖锐，而统治阶级的控制却相对薄弱，自然地成为起义斗争的基地。

乾隆统治后期，民间秘密结社白莲教在各地的活动更加活跃，它的支派很多，名目不一。大多信奉“真空家乡，无生老母”八字真言，宣传“弥勒转世，当辅牛八，入教者可免诸厄”⑦。“地方有传教之人，久之引诱渐广，村落中则乡约、客头吃教；城镇中则差役、书办吃教。所用稽查之人，即为教中之人。教首窜伏大村庄，互相蔽护，难于拘捕也。”⑧ 这一期间，白莲教活动的特点，已经从

①②③ 《三省边防备览》卷九，《山货》。

④ 乾隆三十八年（一七七三），清政府攻打大小金川失利，败兵溃入老林，加入啯噜党，形成一股势力。参见《三省边防备览》卷十四，《平定教匪总论》。

⑤ 《洋县志》卷四，《风俗》。

⑥ 《三省边防备览》卷十四，《平定教匪总论》。

⑦ 关于白莲教的思想和组织情况，请参阅本书第八章。

⑧ 《三省边防备览》卷十一，《策略》。

秘密传教逐渐转向公开传教，从宗教活动逐渐转向组织群众斗争。

一七七四年（清乾隆三十九年），河南鹿邑县人樊明德创立混元教（白莲教支派），传经授徒，提出“换乾坤，换世界”等具有政治内容的口号。第二年（一七七五年，清乾隆四十年）三月，混元教被清政府破获，樊明德被捕，惨遭杀害，樊的弟子王怀玉逃脱，王怀玉的弟子刘松则被遣戍于隆德县。一七八八年（清乾隆五十三年）四月，刘松与其弟子刘之协把混元教改名三阳教，将《混元点化经》改为《三阳了道经》，推刘松为老教主，称刘松之子刘四儿为弥勒佛转世，扬言入其教者，可免水火刀兵之灾，继续传教授徒。一七八九年（清乾隆五十四年）三月，刘之协因感力量单薄，前往湖北襄阳，吸收原收元教教首宋之清加入三阳教。

宋之清系湖北襄阳人，原为收元教教首孙贵远的三传弟子，一直在湖北、河南交界处秘密传教。转奉三阳教两年后，一七九二年（清乾隆五十七年），又发生分裂。“宋之清因传徒日多，不肯将敛得银钱与刘之协、刘松分用”，并以“刘之协从未将牛八与其看过，斥为虚词哄骗”。于是，另创西天大乘教，“另拜河南南阳人李三瞎子为师，称为真弥勒佛转世，并以李三瞎子之子名叫卯金刀，小名又叫卯儿，将来必定大贵，将刘之协教内之人尽行勾去”①。“以李三瞎子为弥勒转世，李卯儿为牛祖（即牛八）”②。宋之清手下有齐林、宋显功、伍公美、冉文俦、樊学鸣、李成贵、高成功、孙赐俸、宋相、萧贵、薛国玺等精明强干的弟子，分赴各地，广为传经，各自收徒，开始了反清斗争的准备工作。西天大乘教的活动深入到湖北、四川、河南、陕西等广大地区，成为白莲教一支颇大的力量。

与此同时，即乾隆五十七年三月，收元教教徒王应琥与其师艾秀，扬言弥勒佛转生河南无影山张家，扶助牛八起义，大力发展收

① 《军机处录副奏折》革命运动类，《习教》，卷号 49－52（2），乾隆五十九年十月十三日阿桂等奏。

② 《军机处录副奏折》农民运动类，《秘密结社》，乾隆五十九年十一月十七日福宁奏。

元教，在湖北、四川边界地区发展很快。

很明显，当时白莲教各支派得以存在和发展，一个重要的原因，就是它们满足了农民、小生产者的反清愿望，树立起一个“弥勒佛转世”和一个“牛八”，表示坚决“反清复明”。刘松、刘之协的混元教，宋之清的西天大乘教，王应琥的收元教，这三个白莲教的支派，都在楚豫川陕地区活动，各有自己的弥勒佛转世和牛八，反映了组织上的分散性。但它们的目标是一致的，即在宗教活动中注入反清的政治内容，从而使白莲教各教派具有推动农民起义的重要作用。此后，在河南、湖北、四川、陕西等地，民间宗教竞相传播，一呼百应，加入者日众。

白莲教的迅速发展及其鲜明的反清性质，直接威胁清王朝的统治。一七九四年（清乾隆五十九年）七八月间，清政府在陕西兴安府地区破获西天大乘教组织，逮捕重要骨干萧贵、萧正杰、薛文斌、张大用等六七十人。接着在四川大宁县破获收元教组织，逮捕骨干分子谢添绣、谢添锦、萧太和、谢添明、唐国太等九人。奏折飞报朝廷，乾隆帝立即下旨，“调补河南巡抚（福宁）……接奉此旨，务即驰赴河南……彻底根缉，按名拿获……勿使漏网；湖北省著专交毕沅，查照折内各犯，按名缉获，从严究办；陕西省著专交秦承恩，亲赴该处一体督缉，该督抚等务须设法购线跟踪踾缉，将案内各犯全数拿获，毋使一名漏网，倘不能搜查净尽，别经发觉，惟该督是问”①。于是，在湖北、四川、陕西、河南、安徽、甘肃等省，掀起了搜捕白莲教的恶浪。

一七九四年九月，清政府在湖北先后逮捕西天大乘教教首宋之清以及齐林、樊学鸣、宋相、伍公美等一百多人。十月四日（阴历九月十一日）又在房县石岭沟捕获收元教教首王应琥以及廖勇富、王应凤等数十人。在河南，西天大乘教的主要首领宋显功、高成功、张思瑶等也相继被捕。十月上旬（阴历九月中旬），清政府在陕西捕获三阳教老教主刘松及其子刘四儿。十一月，在安徽

① 《高宗纯皇帝圣训》乾隆五十九年八月甲戌。

逮捕了三阳教的“牛八”王双喜以及教首刘之协的母、兄、妻子等数十人。三个月之间，白莲教支派各组织几乎全部遭到破坏，其主要教首除刘之协等少数人逃脱外，大部分被捕。著名首领刘松、宋之清、王应琥、齐林、樊学鸣、宋相、伍公美、萧贵、谢添绣、韩陇、刘四儿等全被处死。王双喜被发遣黑龙江为奴，后被杀害。

这一疯狂搜捕和血腥杀戮，祸及数省地区，广大贫苦百姓面临厄难。各地官吏，更视此举为搜刮民脂民膏的大好机会，“竟以查拿邪教为名，四处搜求，任听胥吏多方勒索，不论习教不习教，但论给钱不给钱”①。“不遂所欲，即诬以邪教治罪。”② 湖北武昌府同知常丹葵，奉檄在荆州、宜昌，逮捕百姓数千人，“凡衙署寺庙，关锁全满，内除富家，吓索无算，及赤贫者按名取结，各令纳钱若干释放。其有少得供据者，立予惨刑，至以大铁钉钉人手掌于壁上……或铁锤排击多人，足骨立断。若情节尚介疑似，则解送省城，每一大船，载至一二百人，堆如积薪……未至而就毙大半，浮尸于江，余全殁狱中”③。四川达州知州戴如煌私设衙役至五千名之多，向民间挨户搜查，百般威逼，“凡有习教之人，无不遭其索诈”，“赃私狼藉，民怨沸腾”④，加之当时在贵州东南部和湖南西部爆发苗民大起义，清政府加紧对川、湘、粤、黔等省的控制和剥削。“苗氛不靖，派及数省，赋外加赋，横求无已”⑤，“而湖北最近，差徭尤多……不肖官吏，更从而奉一派十，渔利侵肥”⑥，造成大批人民的贫困破产，流离失所。

正是在这种形势下，白莲教以“官逼民反”为号召，起而反抗清朝的镇压。一七九五年（清乾隆六十年），湖北各地的白莲教首领密商决定于辰年辰月辰日辰时（即一七九六年四月十七日，清嘉庆元年三月初十日）在各地同时发动起义。为了进行准备，荆州地区

---

① 《清仁宗实录》卷七十二，嘉庆五年八月乙丑上谕。

②⑥ 《皇朝经世文编》卷八十九，梁上国：《论川楚教匪事宜疏》。

③ 包世臣：《安吴四种》，《齐民四术》，《给事中谷先生家传》。

④ 《清仁宗实录》卷七十二，嘉庆五年八月癸丑上谕。

⑤ 《皇朝经世文编》卷八九，洪亮吉：《征邪教疏》。

的枝江、宜都两县白莲教徒，以防苗为掩饰，制造刀枪，搬运和囤积粮食，缝做红白衣帽，被当地政府发觉，赶往捕拿。教徒们不得不起而反抗，他们在首领张正谟、聂杰人的率领下，于一七九六年二月十五日起义，据守灌脑湾，比原定的起义时间提前两个月。近邻宜昌地区的长阳、长乐两县教徒，在林之华、覃加耀的率领下，立即响应。各地白莲教组织，闻风而起。三月间，杨起元、熊道成、陈德本等攻占当阳县城；曾士兴等攻破竹山、保康两县城；杨子敖起于来凤之小坳；谭贵起于旗鼓寨。四月，襄阳地区的白莲教组织奋起抗清，王聪儿、姚之富、王廷诏、刘启荣、樊人杰、张汉潮、高均德、齐帼谟、张添伦、王光祖等“聚万人，屯黄龙垱”①；还有楚金贵、鲁维志起于孝感的胡家砦。一时，汉水两岸，义军蜂屯蚁聚，声势浩大。据记载说：“当阳、枝江，相继作乱。由是勾连裹胁，日聚月滋，而无赖不法之徒，如四川之啯噜子、南山之老户、襄郧之棚民、沿江私盐之枭，各省私铸之犯，乘间阑入，鼓煽劫掠，纷纷而起”②。数月之内，南至四川酉阳、贵州青溪，北至河南的邓州、新野，在湖北西部的五府（襄、郧、荆、宜、施）一州（荆门州）之内，燃起了反对清朝统治的冲天火焰。各路义军，“所在充斥，多且数万，少者数千人”③。其中，尤以襄阳黄龙垱一支最为强大，首领王聪儿，是齐林的妻子，齐林被捕杀时，她藏匿于郊外青莲庵中，幸免于难，起义时，被群众推为总教师；另一首领姚之富，是杰出的宣传家、组织家，他和儿子姚文学，长期奔走于鄂西北山区，宣传和组织群众，“其辗转传授，亦只各知其师，同教者不能一一认识。起事时，或以稍裕之家，或以强健之人，即各推为头目，每处三、四、五人不等，均称为掌柜的。又供出姚文学并其父姚之富系从前在此一带初倡传教者，称为老师傅。今年二月，姚之富、姚文学父子俱来保康说，现应起事避劫之时，姚文学即往房县、竹山一带传信，各集匪徒起事，姚之富即回襄

① 石香村居士：《戡靖教匪述编》卷九。

② 石香村居士：《戡靖教匪述编》卷二。

③ 史善长：《弇山毕公年谱》。

阳原籍。是郧属竹山、房县、保康一带，竟系姚文学、姚之富父子为首恶也”①。襄阳起义后，王聪儿、姚之富等率领义军于五月六日（嘉庆元年三月二十九日）焚烧吕堰驿，并进攻樊城，“襄阳贼数万，最猖獗，界连河南。贼首姚之富、齐王氏（即王聪儿）、刘之协皆在其中，为四方群盗领袖”②。

湖北各地白莲教纷纷起义，清政府急忙调兵遣将，湖广总督毕沅、湖北巡抚惠龄、西安将军恒瑞等，相继出动，赴各地镇压。清廷又命都统永保为总统，前四川总督侍卫鄂辉、前西安将军侍卫舒亮为领队大臣，调遣陕西、广西、山东兵五千人联合会剿。经过最初半年多的时间，毕沅率领的清兵“围当阳数月不下”，惠龄率清兵“剿枝江贼亦无效”。正如毕沅奏报中所说的：“官兵先后杀贼不下数万，而贼起益炽。”③ 清廷又加派直隶提督庆成、山西总兵德龄，各率兵二千赶来镇压，同时赦免在湖北、河南的蒙古“窃马谪犯”，将其编为骑兵，协助清兵作战。

六月，白莲教势力控制了归州、巴东、安陆、京山、随州、咸丰等地。等到清兵由樊城分攻吕堰、双沟时，起义军已分道出随州、安陆、钟祥，进逼孝感，同孝感白莲教相呼应。当时，起义军的锋芒东距军事重镇汉阳仅百里，迫得清政府宣布“武昌戒严”。只因大雨滂沱，义军受阻无法前进。七月，清兵救援孝感，白莲教军“蚁聚数万，总统永公保屡为所败，先后征兵数千，皆全军覆没”④。清政府又从湖南抽调两万正忙于镇压苗民起义的清兵，驰援湖北。

除了从各省调来的清军以外，当地的地主富户也纷纷组织团练乡勇，他们在镇压白莲教起义中凶狠残酷，始终是一支重要的反革命力量。据将军明亮的奏报，“湖北教匪，滋事蔓延多处。各府县于

---

① 《军机处录副奏折》，农民运动类《秘密结社》，第1946号（2），祁中耀、曾世兴供词。

② 魏源：《圣武记》卷九，《嘉庆川湖陕靖寇记》一。此处魏源误记刘之协在襄阳起义军中。其实，刘之协已于乾隆五十九年（一七九四）秋离开襄阳。起义时，他并未参加，“在新野、邓州闲散地方同教的人家藏躲”（见《剿捕档》，编号1679（一），刘之协供单）。

③ 史善长：《弇山毕公年谱》。

④ 昭梿：《啸亭杂录》卷四，《孝感之战》。

官兵未到之先，均各团聚乡勇，以资捍御。富绅大户亦各自纠集，保护村庄，或奋勇杀贼，或助官兵声势，于地方诚为有裨”①。又据总督毕沅的奏报，“绅衿士庶，无不齐心杀贼。臣令各属招集乡勇，或愿保守村庄，或愿从兵打仗，俱听自便”②。这些地主武装协同官军作战，搜捕教民、防守村镇关卡，极为卖力，例如：为了阻止汉水两岸的起义军会师，需沿江驻守，可是汉水千里，处处可渡，官军不敷分守，清朝政府“劝谕绅士人等，厚集精壮乡勇，多则一二千名，少亦数百名，分头把守”③。光化、老河口一带，“迤上迤下，卡勇林立，查有四千余名，声势颇为壮盛。其谷城、均州水陆各要隘，每处俱有乡勇六七百名，一二百名不等”④。地主阶级的团练武装一开始就给白莲教起义军造成很大的威胁，严重地削弱和牵制着起义军。从这里也可以看出：这场大起义中，站在一方的是贫苦受压迫的信教群众，站在另一方的则是官府和各地的地主，这场披着宗教外衣的战争，实质上是阶级之间的大搏斗。

白莲教起义一开始，就表现出农民小生产分散保守的弱点。虽然起义犹如雨后春笋，争先萌发，表面轰轰烈烈，但派支繁多，互不统属。州府与州府之间，县与县之间，甚至一县之内几股起义军之间，主要是独立行动，各自为战。起义之初，军事上大多采取消极防御，盘踞县城或山深林密的山寨中，株守一隅，不主动出击，缺乏灵活性。起义军的这种状态，恰好为清兵各个击破提供了条件。一七九六年三月，义军首领、原枝江地主聂杰人投降被杀。自八月以后，陕甘总督宜绵、提督庆成所部破竹山、保康，义军首领曾士兴等被杀；四川总督孙士毅所部攻陷来凤小坳，义军首领杨士敖等被杀；湖广总督毕沅、西安将军舒亮攻当阳，义军首领杨起元、熊道成、陈德本等被杀；九月，湖北巡抚惠龄所部攻陷枝江，首领张正谟在清兵围攻灌湾脑时被俘杀；代四川总督福宁与荆州将军观成

① 《军机处录副奏折》农民运动类，卷号1961（1），嘉庆元年七月初八明亮奏。

② 《军机处录副奏折》农民运动类，卷号1928（4），嘉庆元年三月十一日毕沅奏。

③ 《军机处录副奏折》农民运动类，卷号1955（3），嘉庆元年八月二十五日毕沅奏。

④ 《军机处录副奏折》革命运动类，《秘密结社》，卷号1986（8），嘉庆二年五月初三日汪新奏。

所部破龙山旗鼓寨，首领谭贵被捕。福宁用欺骗手段坑杀放下武器的义军二千余人。十月，福宁、惠龄移师椰坪，败林之华、谭加耀的起义军。十一月，惠龄所部清兵，于凉山剿灭由谭正潮率领的枝江起义军余部。至此，湖北各地白莲教起义多被镇压下去，队伍被打败打散，剩下的“北惟襄邓，南则归宜，势渐蹙”①。起义军初起，组织不严密，缺乏作战训练，又没有精利的刀枪火器，和清军硬拼，或死守据点，总是被动失利。唯有襄阳的起义军，和其他各支起义军不同，他们并未据守一城一地，从一开始就在汉水以东的广大地区回旋活动。八月间，起义军集中在钟祥一带，清军从四面八方合围，起义军鉴于硬拼或困守都无益，遂于十月并力向北突围到双沟，又在陈家河设下埋伏，清兵追至，“两旁林内，隐藏贼人，直前舍死，持矛扑入大队，与官兵搅为一处，短兵相接”②，清兵大败，起义军北走鄂豫陕边境。义军的领袖们在战斗中逐渐摸索到战争的规律，认识到采取流动作战的必要性。姚之富再三告诫部下，“断莫与官兵接仗，遇见时即四散奔走，总要官兵不知我们出没才好”。又说，“倘要遇见，即行分散，各领一股逃窜。俟官兵赶逐疲乏之时，再拼死上前抗拒，若敌不住，再逃不迟”③。事实证明：这种“敌来则走，敌疲则打”的流动战是以弱胜强的正确战术，所以，起义一年之后，湖北各支义军相继失败，而襄阳义军岿然独存，驰骋于广大地区。并且，襄阳义军在政治上和组织上也有了一定的进步，由于史料缺乏，我们目前对白莲教起义军的政治主张和组织状况尚难详细叙述，但档案中现存起义军的告示，申明十条纪律，要求“经管头目，务须严加管约弟子，毋许一人滋事”，“弟子住扎营房，各归各营，毋许乱营混杂”，“毋许酗酒撒泼，偷窃物件”，“出阵斗勇，务须奋勉踊跃，争先上前，毋许一人退后”，“阵前遇有老人，毋许斩首，或遇幼男小女，亦毋许斩决，遇有妇女，毋许奸淫，违者立斩”，“出阵回营，务须清点弟子数目，毋许脱逃”等等。从

① 魏源：《圣武记》卷九，《嘉庆川湖陕靖寇记》一。
② 《钦定剿平三省邪匪方略》正编卷十八，嘉庆元年九月十九日永保奏。
③ 《钦定剿平三省邪匪方略》正编卷三十一，嘉庆二年二月二十四日惠龄奏。

这个告示可以看到：白莲教起义军在政治上和组织上做了很大的努力，明确斗争的目标，整顿组织，严申军纪，因此在战斗中锻炼出一支比较坚强的队伍。许多战士信仰坚定，作战勇敢，视死如归。据清朝将领的奏报中说："此等习教之人，冥顽不灵，仍固结不解。即生擒各犯，无不凶悍，察其就戮情状，亦无悔心"①，"贼匪犹愍不畏死，分投冲突，妇女儿童，亦手执刀矛助势，实出情理之外"②。许多起义军被俘后，在敌人的严酷刑讯下坚强不屈，"诘其姚之富等现在何处，据供不知，只求快杀。再三严讯，该犯惟闭目不语，加以重刑，终无一词"③。由于襄阳起义军作战英勇、纪律严明、指挥得宜，而又得到当地群众的拥护，因此，清政府虽然集中很大兵力，却不可能捕捉和扑灭起义军的主力。

一七九七年（清嘉庆二年）二月，起义军分三路进入河南。一路王廷诏、高均德等攻下叶县的保安驿，又围清兵于裕州，折而西入陕西；一路李全、樊人杰等活动于鄂豫边的信阳、应山，转奔豫西淅川、卢氏；一路王聪儿、姚之富等袭南阳、攻嵩县，又折回湖北郧西，在煤炭坡歼灭惠龄指挥的清兵。起义军流动的范围越来越大，路线越来越长，队伍十分灵活，"不整队，不迎战，不走平原。唯数百为群，忽分忽合，忽南忽北，以牵我（清）兵势"④。清兵长途尾追，疲惫劳顿。而且，义军所到之处，群众踊跃参加，队伍迅速扩大，据清朝官吏说"陕楚接壤一带大山，素习邪教之人，处处皆有，愚民无知，已被奸匪勾引，执迷不悟，形同疯癫。此番各股贼匪窜过郧西、商南、商州一带，随入逆伙者不下数千。甚至携带刀矛，误到官兵营盘，尚称寻觅某师傅。见人则口念咒语，合掌叩头。山阳县属，山僻村庄，邪教尤多，竟有自焚其屋随去者。邪教煽惑，一至于此，极堪痛恨"⑤。

---

① 《军机处录副奏折》革命运动类，《秘密结社》，卷号 1978（8），嘉庆二年十一月初八日额勒登保、福宁奏。

② 《军机处录副奏折》农民运动类，卷号 1935（6），嘉庆元年十一月十七日永保奏。

③ 《军机处录副奏折》革命运动类，《秘密结社》，卷号 1991（5），嘉庆二年三月二十五日惠龄奏。

④ 魏源：《圣武记》卷九，《嘉庆川湖陕靖寇记》二。

⑤ 《军机处录副奏折》革命运动类，《秘密结社》，卷号 1989（6），嘉庆二年四月二十五日庆成奏。

白莲教起义军流动作战，灵活矫健，越战越强，队伍日益壮大。清军被牵着鼻子在大山丛林中乱转，疲于奔命。清朝将领惊呼，“邪匪滋事以来，蔓延四省，辗转两年，处处有贼，处处需兵，负固则经年累月不能克，奔窜则过都历郡不能御”。“贼之往来可以自如，我之进退反不能自主；贼分而我兵不得不分，贼合而我兵不能复合……贼愈杀而愈多……兵日添而日少……贼势益张，兵气益畏，日延一日，事恐不可问矣”①。清兵害怕在流动战中被消灭，只敢合兵尾随，不敢分兵堵击，行动迟缓，观望避战。清廷上谕中指出，“闻各路剿贼，名为绕截，其实畏贼远避。民间有‘贼至兵无影，兵来贼没踪，可怜兵与贼，何日得相逢’之语。又闻有‘贼来不见官兵面，贼去官兵才出现’一语”②，这是清朝兵将懦怯无能的自供状。

一七九七年春，起义军活动于陕西南部的秦岭山区。五月，王聪儿、姚之富与王廷诏、李全等三路义军会师于镇安，在表带铺击败清军，毙清朝护军统领阿尔萨瑚等，接着又在王家坪设伏，重创清军。六月，起义军由汉阴、石泉直趋紫阳，强渡汉水。当时任清军统帅的惠龄奏报，“黄龙垱西窜之贼，在紫阳县之白马石抢船渡江”（阴历五月十二日），并有“钱万正等……为贼雇船偷渡……张三清为贼渡送妇女老幼”③。紫阳白马石等处，居汉水上游，水深不过三四尺，船只只载义军中的老幼妇孺，其余多系骑马浮渡，身体强壮的战士，每两人挽手划水而过，甚为壮观。直到襄阳义军渡江五天后，惠龄才率兵姗姗而来。起义军顺利渡过汉水，为进军四川铺平了道路。清朝最高统治者又急又气，大骂“惠龄等竟已放贼全数偷渡汉江，尚敢靦颜陈奏，无耻之至。惠龄、恒瑞、庆成、柯藩、艾如文均着传旨严行申饬”④。惠龄被“夺官衔、世职、花翎，易宜绵总统军务，降惠龄为领队，听节制”⑤。

---

① 石香村居士：《戡靖教匪述编》附录，龚景瀚：《坚壁清野并招抚议》。

② 石香村居士：《戡靖教匪述编》卷四，嘉庆四年正月上谕。

③ （民国）《湖北通志》卷六十九，《兵事三》。

④ 《钦定剿平三省邪匪方略》正编卷三十九，嘉庆二年六月上谕。

⑤ 《清史稿》，《列传》一三二，《惠龄》。

襄阳起义军渡过汉水以后，七月，又重新分兵三路进入四川，穿越大巴山区，到达通江、达州。这时，四川的白莲教已响应湖北义军，纷纷起义，但由于缺乏战斗经验，被清军分割包围，形势危急。襄阳起义军到来，与四川起义军会师，击败清军，声势大振，战局顿时改观，从此，农民战争进入了一个新阶段。

二、四川白莲教响应起义和襄阳起义军的失败

白莲教广泛传布于鄂川陕豫等省，教徒们声息相通，休戚与共。所以湖北的教徒发难以后，四川的教徒也积极准备，欲起而响应。当时，苗民起义尚未平息，湖北的教民又起，四川的清军都调去作战，川省空虚。一七九六年（清嘉庆元年）十月五日，四川达州的白莲教领袖徐天德首先在亭子铺举起义旗，群众纷纷参加抗清的武装队伍，“旬日间，有众万人”①。接着东乡的白莲教首领王三槐、冷天禄、张子聪等，聚众万人响应。四川的起义，一开始来势很猛，起义群众“陕楚籍居三之二”，“一旦揭竿，战斗如素习。而川东数州县，皆界连汉南大小巴山，袤延千余里，贼巢踞其中”②。陕西巡抚秦承恩屯兵兴安，四川总督英善、成都将军勒礼善率兵进剿，都慑于起义军的声势，畏缩不前。英善派中营游击尚维岳、左营游击范懋率两千人驻扎娘娘庙，令左营都司清福出东乡之天星桥为犄角。徐天德义军居亭子铺数日后，转屯麻柳场，乘清兵不备，夜袭娘娘庙，打死尚维岳、范懋、清福及把总多人，清兵全军覆没。然后，扫荡了达州、东乡、太平、新宁、渠县、大竹等地的团寨乡勇武装。于是白莲教起义“辗转蔓延……遂不可遏”③。十一月，太平的白莲教首领黄富才、卿有义起事，徐天德便率起义军经太平进入陕西境内，分兵攻打兴安府的安康、平利、紫阳等县。此后，陕西各地白莲教也纷纷举起义旗。十二月，安康冯得仕起于将军山；翁禄玉、林开泰起于大小米溪；王可秀、成自知起于安岭；胡知和、廖明万、

---

① 石香村居士：《戡靖教匪述编》卷九。

② 魏源：《圣武记》卷九，《嘉庆川湖陕靖寇记》一。

③ 石香村居士：《戡靖教匪述编》卷一。

李九万起于汝洞二河。

是月，四川总督英善令重庆总兵袁国璜，率清兵至东乡，直逼徐天德起义军的后方营垒。义军乘清兵扎营未定，发起攻击，激战三昼夜，恰值陕西兴安总兵何元卿率兵增援，清军始脱离险境。于是，袁国璜、何元卿“遂合兵老营湾，四围树巨木、编竹，缚以生牛皮，外坎长壕，埋铁棱其下……官兵每黎明黄昏，例百人出营放鸟枪三周，喊号三声”①，以为这样即可安然无恙。一天凌晨，浓雾重霾，起义军发起突然袭击，“火球如流星百万，掷入营内，外用长绳飞钩，拔栅倒复壕上如平桥，营中惊起，仓猝未及披衣，火光满帐，贼万众扑入，杀声闻数十里”②。结果，袁国璜、何元卿及都司高杰等官员均被击毙，起义军大获全胜。

第二年（一七九七年，清嘉庆二年）一月，巴州白莲教首领罗其清及苟文明、罗其书、鲜大川等于方家坪起义，称巴州白号；通江首领冉文俦及冉天元、冉天泗、王士虎等于王家寨起义，称通江兰号；太平首领龙绍周及徐万富、龚建等于南津关起义，称太平黄号。此外，还有云阳月兰号林定相，奉节线号龚文玉等，也纷起响应。巴州、通江、太平、东乡等地，“俱毗连陕楚，于是三省之贼，互相出入，益肆猖狂”③。一月二十七日（农历除夕），徐天德、王三槐等攻破东乡城，击毙哈密办事大臣佛住，至此，四川的起义斗争如火如荼地发展起来。

四川起义军一开始虽然获得了胜利，但随后又重蹈湖北起义军的覆辙，他们也株守山寨，没有主动出击，越来越陷于被动。起义军踞守的山寨，地势险峻，都在悬崖峭壁、深林密箐之间，易守难攻。可是，由于起义军没有乘胜进击，清军赢得了喘息和重新部署的时机，大队人马陆续调至四川，悍将明亮、德楞泰在攻灭苗民起义军后，移师入川，军容颇盛。同时，地主武装蜂起猬集，其中著名的有南充知县刘清组织的乡勇。刘清为官清廉，民间有“刘青天”之称。他在起义军中有极大的欺骗性，起义军与刘清相遇，往往避

①②③ 石香村居士：《戡靖教匪述编》卷一。

道不战。刘清还只身进入起义军的营寨中，招抚劝降，有些人受了他的诱惑而放下武器。另外，还有罗思举、桂涵等率领的乡勇，他们都是当地土著，慓悍善战，熟悉地理乡情，与官军协同作战，成为起义军的劲敌。

一七九七年春，清军和乡勇陆续攻破起义军的据点张家观、清溪场、金峨寺、重石子、香炉坪，义军的重要领袖孙士凤牺牲。孙与各地的白莲教徒均有密切联系，享有很高的威信，据清朝奏报中说：孙士凤“在教匪中辈分最高，贼众均称孙老师父，即徐天德等无不拱手听命。凡陕西之兴安，四川之达州、巴州，湖北之来凤等处，该犯传徒甚众，实为三省传教首恶。去岁从太平起事，旋又窜至东乡”①。孙士凤战死于川鄂起义军大会师的前夕，分散的各支起义军之间少了一位识大局、有谋略、孚众望的联络人，对各支起义军的团结抗清极为不利。七月，徐天德、王三槐、冷天禄等和清军苦战，屡遭失败，部队大量减员，仅余两千多人，情况十分危急。恰好襄阳义军数万人分三路入川，给四川起义军解了重围，局势顿时出现了转机。

襄阳义军由通江竹峪关进抵东乡，与四川义军会合。王聪儿、姚之富等驻开县南天洞，李全与徐天德、王三槐等部驻温汤井，“分屯山冈，延亘三十余里”②。各路义军决定重新按青、黄、兰、白分号，并设掌柜、元帅、先锋、总兵等职，确立各路义军的建制。于是，川省方面，达州首领徐天德所率义军称达州青号，徐天寿、王登廷、张泳寿、赵麻花、汪瀛、熊翠等附之；东乡首领王三槐、冷天禄所率义军称东乡白号，张子聪、庹向瑶、符日明、汤思蛟、张简等附之；太平首领龙绍周所率义军称太平黄号，龚建、唐大信、徐万福等附之；巴州首领罗其清所率义军称巴州白号，罗其书、鲜大川、苟文明等附之；通江首领冉文俦所率义军称通江兰号，冉天元、冉天泗、王士虎、陈潮观等附之。襄阳义军方面，襄阳黄号以王聪儿、姚之富、王廷诏、王光祖、樊人杰为首领，伍金柱、辛聪、

① 《钦定剿平三省邪匪方略》卷四十一，嘉庆二年六月二十二日宜绵等奏。

② 魏源：《圣武记》卷九，《嘉庆川湖陕靖寇记》二。

辛文、庞洪胜、齐国谟、伍金元等附之；襄阳白号以高均德、张天伦为首领，宋国富、杨开甲、高天升、高天得、马学礼、魏学盛、杨开第等附之；襄阳兰号以张汉潮为首领，李朝、李槐、詹世爵、陈杰、刘允恭、张什、冉学胜、戴世杰等附之。

东乡会合并没有提出统一的斗争纲领和口号，张汉潮义军在进入四川时，曾经张贴过一布告，宣扬清朝“气运既衰，天心不顺，已归我汉家之天下”，并明确提出“兴汉灭满”的号召。所谓“兴汉灭满”虽然不是全部起义军的共同口号，而且口号本身带着浓厚的民族主义色彩，但是，经过与清朝政府一年多的殊死血战，起义军在东乡会合前后对这场斗争的目的的认识，从过去的“官逼民反”到这时的“兴汉灭满”，应该说在认识上是深入了一步。

这时，清军从四面八方围攻川楚起义军，总统川陕军务的陕甘总督宜绵、广州将军明亮、都统德楞泰、提督庆成、柯藩等，率兵汇集于东乡一带。惠龄和侍卫舒亮也从陕西赶来，形成三面夹击的态势。义军虽有好几万人，但在那里久屯并与清兵周旋却极不适宜。一方面因为川东山区地瘠物竭，人烟稀少，无法解决部队足够的给养；另一方面，川楚两部义军在联合问题上存在分歧，农民小生产者保守散漫，心胸狭隘，把地方利益放在首位，各支义军之间甚至猜疑防范，不能团结对敌。据王三槐说：王聪儿、姚之富“他们曾差人来说要合伙……后来大家商量，我们四川地方犯不着教他们湖北的人来糟蹋，不肯与之合伙”。他们甚至害怕遭到湖北义军的暗算火并，相见时小心提防，“俱系马上与之见面，都未到过营盘”。又以“大家分散便于逃走”① 为理由，拒绝襄阳义军“合伙”对敌的要求，带领一部分队伍撤向西北方的通江、巴州地区。鉴于这种情况，襄阳义军决定李全、樊人杰、王光祖等部继续留在四川，而主力军重返湖北，经万县、云阳、奉节、大宁，沿长江而下，各地白莲教徒纷纷起义，“人数顿至数万，分股四扰，复有新起之贼，响应愈多”②。

---

① 《军机处录副奏折》，《王三槐供词》，载《文物》，1976（3）。

② 《钦定剿平三省邪匪方略》卷四十五，嘉庆二年八月明亮奏。

七八月间，襄阳义军分两路进入湖北，前队王聪儿、姚之富等约二万人，由兴山北上，攻保康、南漳，以襄阳为目标。后队王廷诏等一万人，趋远安、当阳，佯攻荆州，实为王、姚义军的后卫。清廷急忙调兵遣将，拼命阻击，“诏发吉林、黑龙江索伦兵三千，令侍卫惠伦、都统阿哈保以木兰进哨兵百余为先锋，并解察哈尔马八千匹赴河南、湖北”①。明亮率清兵于宜昌、远安城外截击，又设重兵扼守荆门州。九月，王、姚军与王廷诏军会合，分三路攻扑襄阳，先在关庙河歼灭副都统丰绅等二千清兵，又在郧县草甸设下埋伏，击毙护军统领、御前侍卫公惠伦。因清兵防守严密，义军放弃攻城计划，向西直插房县、竹山，佯走陕西，欲引清兵追入山，而乘间北渡汉水。当时清兵对汉水早有戒备，义军未能北渡，遂继续向西进入陕西境内。十月，原先留在四川的襄阳义军李全部从川北折返陕西，在兴安与襄阳义军的大部队会师。

自一七九七年二月至九月，襄阳义军沿着河南、陕西、四川几省边境，迂回流动，行程数千里，返回湖北，又进入陕西。半年多时间内，绕了一大圈子，发动了广大贫苦百姓，打击和威胁清王朝的统治。

所以取得这样的胜利，首先是起义军在老林地区有深厚的群众基础。他们“行不必裹粮，住不借棚帐，党羽不待征调”，所到之处，“有屋舍以栖止，有衣食火药以接济，有骡马刍草以夺骑更换”，并有各地教徒“为之向导负运”。“是以自用兵以来，所杀无虑千万，而贼不加少”②，可见，起义军处处得到人民的支持。相反，清兵行军，不得不携带大量“锣锅帐房”，每人“身所佩带，不下二三十斤”。因为得不到百姓支持，“负粮夫马日只行数十里，兵行一日，粮两三日始达，干粮难以多携，不能不住扎等粮”。因为没有群众当耳目，清兵“行必按队，止必安营，挖壕树栅，守卡站墙，日夜不得安歇”。这就是清朝官吏所哀叹的“贼常饱，而我兵常饥；贼常逸，而我兵常劳”③ 的主要原因。

---

①② 魏源：《圣武记》卷九，《嘉庆川湖陕靖寇记》三。

③ 石香村居士：《戡靖教匪述编》附录，龚景瀚：《坚壁清野并招抚议》。

其次，起义军流动作战，机动灵活。他们“倚恃老林无忌惮”，“万山之中任奔走”①。各路义军，“忽分忽合”，分合无定；清兵前后夹击，则左右分驰；清兵东西并攻，则南北各奔。部队以分散行动为基本的作战形式，“合则数千人只成一股，分则二三百人亦可作两股三股”②。各路起义军的分号编制，也机动灵活，“从大股分出小股”，“一股分为数股”。白莲教义军分成许多营，如“曹家营”、“冉家营”、“齐家营”、“杨家营”、“张家营”、“魏家营”等等，营以下又有旗，旗是基层组织，经常独立活动。如义军战士说“我等是齐家营分出之一股，共有四十杆旗，一杆旗内二三百人不等”③，又如进入甘肃的义军，“立有各色旗一百八十余杆，每旗聚人六七十不等”④，这种营旗组织，分合自如，是为了适应分散作战的需要而组成的。清最高统治者嘉庆帝深深地感受到起义军流动分散作战的威力。他惊呼：“追捕稍疏贼合队，官兵既至贼又分；倚恃蚕丛肆奔窜，忽聚忽散劳我军。”⑤ 当时的湖广总督勒保也不得不承认：“以言兜剿，即数十路难以圈围；以言堵御，虽数十万兵亦不敷分布。”⑥ 加上起义军善走善战，利用天时地利条件，“善用伏、用诈、用偷营”，常使清兵猝不及防，时遭损折。

一七九七年十一月，清将领明亮、德楞泰，根据襄阳士绅梁有谷等“筑堡团守”，防御起义军的经验，向清廷上了一个奏折，建议责成地方政府和地主豪绅组织乡勇，用堡寨深沟对付流动分散的义军，断绝其与人民群众的联系，使义军“所至，野无可掠，夜无可栖，败无可胁”。显然，这是对付起义军流动作战的比较有效的作战方式。可是当时清朝最高统治者迷信清兵的力量，没有看出这个主张的重要意义，认为“以筑堡烦民，不如专擒首逆”，拒绝了这一建议。

---

① 《清仁宗御制诗初集》卷二十六、卷三十一。
② 《钦定剿平三省邪匪方略》正编卷一八一，嘉庆五年五月二十一日台布奏。
③ 《钦定剿平三省邪匪方略》正编卷六十四，嘉庆三年二月十七日柯藩奏。
④ 《钦定剿平三省邪匪方略》正编卷一六八，嘉庆五年四月二十三日国霖奏。
⑤ 《清仁宗御制诗初集》卷四十四。
⑥ 《钦定剿平三省邪匪方略》正编卷五十九，嘉庆二年十二月二十八日勒保奏。

由于襄阳义军第二次入陕，清统治者又重新部署兵力：任命勒保为湖广总督，以明亮、德楞泰一路专门追剿王聪儿、姚之富义军。上谕特别指出：清军主力，“劲兵健马，俱在明亮、德楞泰一路，其所剿姚之富、齐王氏二贼，尤贼中首逆。朕所盼惟明亮、德楞泰二人，不得……稍存观望”①。同时责成宜绵率清兵对付四川王三槐、徐天德、罗其清、冉文俦等部义军；责成额勒登保率清兵对付巴东覃加耀、林之华等部义军；责成观成、刘君辅率清兵对付大宁老木园的陈崇德部义军；责成惠龄、恒瑞、庆成对付安康的李全部义军。并且明令规定，各路清兵，“各办各贼，原不相统，不拘何路擒贼，即此路将帅之功，何路养贼，即此路将帅之罪，其各自为战”②。清统治者采取分兵追击、各负责任的办法，以对付起义军的分股流动战术。

一七九七年年底，襄阳起义军在陕川边境与清兵周旋，作大幅度的迂回运动，忽而入川，忽而返陕，清兵捉摸不定。十一月，襄阳义军在陕西平利、镇坪、安康、洵阳、紫阳、石泉等地分散出击。十二月，经过艰苦奋战，在汉中以西会师，连营二十余里，并折入川北。

为了打破清兵围堵阻击的局面，襄阳义军决定发起新的进攻。即与川省起义军配合，利用汉水上游及其两侧南巴老林山区的有利条件，迂回盘旋，甩掉追击的清军，抢渡汉水，奔袭西安，东出河南，进一步发动群众，扩大队伍，变被动为主动。为此，起义部队作了相应部署，将襄阳各号重新组成四路大军，以王聪儿、姚之富率领的为一军；以王廷诏、高均德率领的为一军；以李全、樊人杰率领的为一军；以张汉潮、刘永泰率领的为一军。这时，汉水两岸有大批清军和乡勇防守，明亮、德楞泰又紧紧咬住起义军紧追不舍。起义军几次抢渡未成。一七九八年（清嘉庆三年）一月，起义军采取巧妙的战术，王聪儿、姚之富率主力从川北进抵汉中之东，引诱清军跟追。高均德乘敌不备，趋汉中之西，在汉水上游抢渡成功，奔城固、

①② 魏源：《圣武记》卷九，《嘉庆川湖陕靖寇记》二。

洋县，深入秦岭，指向西安，“全陕震动”。其实高均德所部人数不多，并无攻取西安的可能，但清军害怕西安有失，惊慌失措。正在追击王聪儿、姚之富义军的明亮、德楞泰等，只好撇下了王、姚义军，回师尾蹑高均德。就像明亮所说：“以贼情，则齐王氏首逆；以地势，则高均德将东惊西安，扰豫楚，而景安、秦承恩等防守步兵不能驰击。”明亮“遂舍齐王氏，率大兵八千驰赴汉中”①。这就给襄阳义军大部队一个机会，得以乘虚由西乡奔石泉，在黑石头蹦浅渡汉水。消息传至朝廷，“上大怒”，责斥明亮“舍重就轻，堕贼计，使齐王氏得乘间北渡。尽夺世职、紫缰、孔雀翎，戴罪立功”②。

起义军各路渡汉水以后，三月，王聪儿与高均德会师，吸引明亮、德楞泰、额勒登保主力，长驱东北，出入镇安、山阳、商州一带。而李全、王廷诏义军，则分路由城固、洋县老林山区，北出宝鸡、岐山，合攻郿县、周至。李全的先头部队王士奇义军，逼近西安，严重威胁陕西首府的安全，陕西巡抚秦承恩匆忙撤兵，回师西安防守。秦承恩“性懦弱不知兵事”，“惟闭城独守，日夕哭泣，目皆肿”③。当时，义军王士奇部与清总兵王文雄部，在焦家镇、屹子村展开激烈战斗，可惜王士奇部是义军的一支偏师，战斗力较弱，清军拼死力战，义军损失惨重，王士奇战死，余部败回。从总的形势看，清军在川陕有较多机动兵力，尤其地方乡勇众多，敌我双方力量对比悬殊甚大。而且，德楞泰取代了明亮的职权，跟追十分卖力，额勒登保也从川东赶来助战。王聪儿、姚之富率领的义军被清兵死死缠住，未能与李全军会合，失去了会攻西安的时机。从此，白莲教起义军又陷入了被动地位，在德楞泰、明亮的追逐下，折向东南，在山阳的石河、宽坪与清军激战，连遭挫折。起义军且战且走，退到湖北郧西的三岔河，两旁都是高山峻岭，起义军走进山沟，“彼时，贼匪如从沟口窜出大路，即毫无阻拦。（清兵）因别无路径绕出贼前，正在焦急”④，郧西知县孔继榭率领乡勇数千人，赶在起

①② 魏源：《圣武记》卷九，《嘉庆川湖陕靖寇记》二。

③ 昭梿：《啸亭杂录》卷四，《王文雄》。

④ 《钦定剿平三省邪匪方略》续编卷十七，嘉庆八年八月十三日上谕。

义军的前面，堵住了沟口。起义军被装进了口袋里，前有乡勇堵截，后有清兵追赶，两侧俱是山梁，“贼众男女尚有八九千人，犹敢舍死冲破，占住山梁，奔突沟口”①，冲击多时，未能突出包围，义军集结在左右两个山梁上。清军侦知王聪儿、姚之富被困在名为卸花坡的左山梁上，于是全力攻扑，“该逆尚率男妇三千余人，滚石放枪力拒”，清军与乡勇，人多势众，蜂拥而上，义军中有很多老弱妇幼，力战不支。王聪儿与姚之富“率众奔逃至险峻之处，弃马爬越”②，清军团团围住了山梁，义军已无路可走，仍奋力抵抗，纷纷倒在血泊之中。王聪儿率领女战士十余人，与姚之富等攀登山顶，誓不做俘虏，不遭侮辱，相继跳崖，壮烈牺牲。时王聪儿年仅二十二岁。两年多来，她领导数万起义群众，驰骋疆场，转战万里，与强敌搏战，打得清兵狼奔豕突，惊惶失措。在中国封建社会农民斗争的漫长岁月里，王聪儿树立了一位起义女英雄坚贞不屈的光辉形象。

这时，湖北白莲教起义军还有李全、高均德、张汉潮等三大支，除张汉潮军远在湖北荆门州以外，李全、高均德和四川的阮正隆起义军，聚集在陕南的镇安、山阳一带。他们收集了王聪儿、姚之富的残余部队，悲愤填膺，欲为王、姚报仇，奋力与清兵厮杀。但当时，清廷已起用勒保为四川总督，代宜绵总统军务。各路清军云集于陕西南部，起义军新遭败衄，士气不扬，战斗屡失利，部队的情绪大受影响。许多楚豫战士想返回湖北、河南老家，而川陕籍的战士又不愿东走，队伍发生了分裂。阮正隆部下多四川人，脱离大队，单独行动，渡汉水南下，进入四川。李全、高均德的义军与清军的两大主力额勒登保、德楞泰周旋于秦岭大山之中，长途奔绕，时合时分，但无法冲破清军的阻拦，进向河南。是年七月，高均德、李全抢渡汉水，全军南下宁羌、广元，进入四川，与川北的冉文俦义军会合，德楞泰阻击不及，这个被誉为“英勇超伦，战必身先陷阵”的凶恶将领因此受处分，“诏斥纵贼，夺爵职，留副都统衔”③。

---

①② 《钦定剿平三省邪匪方略》正编卷六十七，嘉庆三年三月十三日德楞泰奏。

③ 《清史稿》，《列传》一三一，《德楞泰》。

一七九八年下半年，除张汉潮仍在湖北、陕西活动外，白莲教起义军，都集中于四川，此后，原襄阳义军已蹶而不振，只能起配合作用，而四川的义军力量仍很强大，成为继续斗争的主力。

三、四川起义军的防御和进击

这时，四川起义军中最强大的有冉天俦、罗其清、王三槐、冷天禄、徐天德等支。冉、罗活动于川北的仪陇、营山、巴州一带，与湖北义军的余部合作，利用险峻的地势，扼守山寨，抗击清军；王、冷、徐等则进出川东，转战于开县、梁山、垫江一带，发动当地人民起来抗清。李全、高均德率领的湖北义军余部再入四川，虽然增强了四川义军的实力和声势，但原在陕西的清军主力也跟踪入川，集中优势兵力，追击围剿；额勒登保、德楞泰、明亮等在川北作战，攻冉文俦、罗其清与李全、高均德部；勒保与惠龄、恒龄在川东作战，攻王三槐、冷天禄、徐天德部；陕甘总督宜绵专防由川入陕的义军；湖广总督景安专防由川入楚的义军。诏各路清兵，"各专责成，互相援应，毋东驰西击，各不相顾"，"齐心蹙贼，毋致窜逸"①。于是，一场反抗清朝统治和镇压的风暴，汹涌澎湃，迅速地在四川东北部展开。

东乡白号王三槐、冷天禄部和达州青号徐天德部，是川省白莲教起义军的主力，曾被清政府称为"川匪最悍者"。一七九八年（清嘉庆三年）初，清军围困林亮功义军于白岩山，形势危急，王三槐、冷天禄、徐天德等率兵援救，大战于云阳、开县之间，切断自重庆至川东的粮道。围攻白岩山的清兵"缺饷两月，乡勇四散，贼林亮功遂倾巢突出与王三槐合营围开县，水陆并进，势张甚"②。王三槐、冷天禄义军与清兵激战于开县梓橦庙、九龙山、铁索桥，接着在太平金盆池一仗，使总兵朱射斗惨遭败绩，清兵大炮丢弃沟渠，被义军缴获，皆掷入金盆池。六月，勒保派观成、舒亮率清兵截击林亮功部，义军受挫，余部两三千人返回东乡安乐坪，与王三槐义

---

①② 魏源：《圣武记》卷九，《嘉庆川湖陕靖寇记》三。

军会合。徐天德、王克祖等义军，则出没于太平、开县之间，屡与清兵周旋。

当时，四川义军实力相当雄厚，可是东乡白号首领王三槐意志不坚，对清统治者的招抚、诱降阴谋认识不清。他过分相信南充知县刘清，誉他为不欺压百姓的"刘青天"，甚至曾跟随刘清进入清帅宜绵大营，企图用诈降手段袭击清兵，"官军预设备，击败之"①。八月，勒保设下毒计，派遣都司马龙和贡生刘星渠两人，入安乐坪劝说王三槐谈判招安事。王三槐"恃前此入军中无忌，乃留星渠为质，而自诣大军"②，终于被勒保逮捕，解京处死。勒保假冒阵前生擒王三槐报功朝廷，骗得了"一等威勤公"的爵位。王三槐之死，对四川义军虽为一大损失，但东乡白号在冷天禄率领下，仍踞安乐坪，抗拒清兵如故。十一月，勒保率兵包围安乐坪，因义军寨中盐粮将尽，冷天禄诈称请降，于夜里率部突围，安全转移。"诏责勒保拥大兵，攻粮尽援绝之贼，旷日持久"③，毫无成效。其他如王光祖、包正洪、萧占国、张长庚等义军，也分别进攻江北涪州、忠州等地。徐天德则率师直趋大竹、邻水。

川北义军罗其清、冉文俦两支部队，一七九八年六月占据大神山，连营数十里。七月，德楞泰、惠龄等率兵围攻，义军转移到营山县的箕山。箕山围径百余里，三面陡绝，只有东南方向可通道。当时恰好王廷诏、高均德、张天伦等率襄阳义军余部至，与罗其清会合。箕山义军阵地，"排栅三层，山后寨卡林立，晓夜鼓角，与大营相闻，高均德、张正隆、唐大信、王廷诏、李全，左右立寨依之"④。义军防守严密，无懈可击。可是，川北义军的两大主力罗其清和冉文俦不睦，不能团结合作，冉文俦在大神山战败，逃往箕山，罗其清"惟与冉文俦有隙，不许上山"⑤。九月，德楞泰引诱义军下山，伏兵邀击，罗其清中计战败，高均德、龙绍周、唐大信等北走

① 《清史稿》，《列传》一四八，《刘清》。

②③ 魏源：《圣武记》卷九，《嘉庆川湖陕靖寇记》三。

④ 石香村居士：《戡靖教匪述编》卷四。

⑤ 《钦定剿平三省邪匪方略》卷七十五，嘉庆三年八月惠龄奏。

广元，与徐天德、樊人杰、王登廷等义军合兵直趋陕西。德楞泰见义军大队北上，惧怕清廷责怪，急忙舍弃罗其清、冉文俦部，分路追截北上的义军。罗其清乘清兵北追之际，分兵五六千攻打营山县，抄袭清兵后路，徐天德等则东扼渠县饷道，截留清兵粮草，与罗其清犄角相应。最后，罗其清等被迫放弃箕山基地，与王廷诏、李全等部退据大鹏寨。额勒登保、德楞泰、惠龄、恒瑞率四路清兵接踵而至，义军开始了大鹏寨的艰苦战斗。

大鹏山地势险绝，“宽广一百余里，半属悬崖，山上水泉堰塘甚多”①，西北有观紫山、龙台山；东北有高峻的双山子，山后“悬削数十余丈”，易防难攻，山前“各隘皆垒石严守”。居民旧寨建在双山子上，木栅石墙，均极坚固。义军在宝珠寺，囤积粮食，山寨周围，分立卡隘，严防密守，并派队伍在营山、仪陇、巴州一带截断清兵粮道。同时由徐天德、冉文俦义军分别攻打大竹、梁山等地以为声援。十一月，清兵四路围困大鹏寨，开始总攻，昼夜轰击，纵火焚寨。经过近一个月的激战，清兵从南面、西面方向突破山寨，罗其清率部撤退，且战且走，退据虚空寨，再次被围。又因虚空寨无粮无水，无法防守，被迫突围至方家坪，部队遭受严重挫败，溃散殆尽，罗其清被俘，英勇就义。

罗其清部失败后，通江兰号冉文俦率义军退据通江，在地势险峻的脂麻坝建造工事，分筑寨门，外设木城三座。一七九九年（清嘉庆四年）一月，惠龄、德楞泰等率清兵逼寨下营。德楞泰、额勒登保攻东面；惠龄攻西面；总兵朱射斗、阿穆勒塔攻南面。义军奋力还击，打死清将多人，“官兵将不支”②。冉文俦手执大旗，身先士卒，率众突围，击毙清守备何胜华等，因目标太大，被清兵用枪击伤，落入清兵之手，因伤重牺牲。

大鹏寨之战，四川义军罗其清、冉文俦部损失惨重。清统治者一面利用这一难得机会，大肆渲染胜利，令清兵统帅将出力员弁，开单具奏，论功行赏；一面忧心忡忡，觉得仅仅杀死一些“首逆”，

---

① 《钦定剿平三省邪匪方略》卷八十一，嘉庆三年十月十五日惠龄奏。

② 石香村居士：《戡靖教匪述编》卷四。

使局部义军遭受挫折，并未能使整个局势根本改观。嘉庆帝在上谕中指出：严重的问题是各路清兵“畏贼远避”，“领兵诸将，懦弱无能”，“将权不一，互相推诿，迄无成功”。有时官军得到一些小的胜利，即夸大其词，报功邀赏，“竟置余匪于不问，是以王三槐、罗其清拿获后，余党仍四出焚掠，未见廓清”①。这种情况，使太上皇乾隆帝在嘉庆四年正月初三日临死时，很不甘心，据嘉庆说，乾隆“亲执朕（嘉庆帝）手，频望西南，似有遗憾”。

一七九九年，川楚陕的战局又发生了变化，革命和反革命双方都在重新部署力量，研究对策，采取措施，竭力使战争向着有利于自己的结局发展。这年年初，乾隆帝死去，嘉庆原来只是个名义上的皇帝，凡事都由太上皇乾隆通过和珅调度指挥。乾隆死后，嘉庆才真正掌握了权力，为了迅速剿灭白莲教起义，他在行政、用人、战略等方面作了重大的整顿，表示要有一番作为。他扬言：“若军务一日不竣，朕即一日负不孝之疚，内而军机大臣，外而领兵诸将，同为不忠之辈。”② 嘉庆最重要的措施就是罢黜和珅，赐令自尽，铲除和珅势力，指出军事上的腐败，“从前军营带兵各大员皆以和珅为可恃，只图迎合钻营，并不以军事为重，虚报功级，坐冒空粮，其弊不一而足”，告诫统兵将领应革除积弊，“勉力蒇功”③。其次，以总督勒保为经略大臣，节制川陕楚豫甘五省军务。明亮、额勒登保均以副都统授参赞大臣，分领官军，各挡一路。此外，鉴于惠龄“为贼所轻”，令回京守制；宜绵“从未与贼交锋，且已老病，令解任来京”；秦承恩“不即督兵剿贼，且官声平常，交刑部治罪”；景安“本和珅族孙”，对义军“惟尾追不迎截，致有迎送伯之号”，“特逮下狱拟重辟”④。撤换了一些将领，惩治了一些贪官，奖赏了一些有功人员。再次，令勒保会同各督抚，晓谕州县，建立地主武装团练，并在地方推行“坚壁清野”的恶毒政策，

---

① 石香村居士：《戡靖教匪述编》卷四。

② 《清仁宗实录》卷三十七，嘉庆四年正月初四日。

③ 同上书，嘉庆四年正月初九日。

④ 魏源：《圣武记》卷九，《嘉庆川湖陕靖寇记》四。

强令各地百姓“并小村入大村，移平地就险处，深沟高垒，积谷缮兵”①，切断起义军与广大农民的联系，使义军在人员补充、粮食、武器供应方面造成很大困难。最后，大力推行招抚政策，“诏许悔罪投诚”，在义军中传示“被胁之人，有能缚献贼首者，不惟宥罪，并可邀恩。否则，临阵投出，或自行逃散，亦必释回乡里，俾安生业”②，妄图以此瓦解起义部队。

这时，起义军在四川作战并不顺利，祖师观、箕山、大鹏寨的战斗，暴露了起义军的弱点，兵力过分集中，固守几个山寨，易被分割包围，处于被动挨打的地位。一七九八年内，各据点纷纷失守，重要领袖被杀被俘，起义军遭到很大的损失。川东尚余徐天德、冷天禄等大股以及原襄阳义军高均德、樊人杰等部；川北各支挫折较重，溃散殆尽；此外张汉潮一支盘旋于陕南；张开甲、张士龙西窥甘肃。起义军吸取了血的教训，放弃固守据点战术，完全采取流动作战方式，并且把兵力更加分散，牵着清兵团团乱转，用各种办法，打击清军，补充给养，扩大队伍，力争掌握战争的主动权。起义军的许多领袖虽然有很多牺牲了，但战争仍在继续，队伍尚在扩充，新的领袖也在斗争中出现、成长，就像清朝方面的奏报中所说：“各股贼匪，多者万余，少则数千及千余不等，或窜扰市场，或攻围山寨，甚或假扮兵勇商客，往来游奕，乘乡民无备，肆其裹胁。故党与日见其多，首逆亦日见其众。除旧有贼目徐天德、王登廷、包正洪、张子聪、鲜大川、卜三聘、张天伦、辛聪、龚建、樊人杰、龙绍周、唐大信之外，复新添谯诚、颜中考、方文祥、冉天元、王珩、罗丰年、雷思榜、张纪、李光辅、于纲等匪，率其丑类，四出纷扰。其余黄号、蓝号、白号、黑号之零星股匪，不知贼首姓名者尚多。”③

在川东，起义军诸路出击，徐天德部于垫江，南下进攻长寿、涪州，然后北向开县，遇清兵德楞泰部阻挠，又北上太平，靠近陕西边境。云阳月蓝号包正洪在广安，受清兵杨遇春部袭击。三月，

① 魏源：《圣武记》卷九，《嘉庆川湖陕靖寇记》四。
② 石香村居士：《戡靖教匪述编》附录，龚景瀚：《坚壁清野并招抚议》。
③ 《钦定剿平三省邪匪方略》卷一〇七，嘉庆四年六月二十六日福宁奏。

月蓝号萧占国、张长庚义军闻讯，急攻清兵后卫，部队至营山为清兵朱射斗部阻截，被逼上谭家山，因孤军失援，萧占国、张长庚阵亡。此时，包正洪已与仪陇的东乡白号张子聪会合，东进邻水。四月，冷天禄义军从忠州向西挺进，攻打大竹，行抵岳池，被额勒登保的大军追及。冷天禄麻痹轻敌，自率八百人断后。当时，杨遇春、杨芳、穆克登布等凶悍刽子手均在军中，眼看能擒捉要犯，争功心切，冒雨追赶。额勒登保“令穆克登布据石头堰以待，杨遇春潜出贼后，（额勒登保）自将索伦劲骑冲之。贼死斗，天禄毙于箭”①。冷天禄牺牲，起义军失去了指挥。次日，义军的大部队正乘船渡石笋河，杨芳率少数清兵追及，乘义军半渡之际，突出攻击，义军大败，五艘渡船倾覆，损失惨重。

五月间，川东义军各部首领包正洪、张子聪、卜三聘、樊人杰、龚建、徐天德等，将部队集中在开县、东乡之间，决定进入川陕老林地区。于是，张子聪向西佯取江口（今平昌）清兵粮饷，吸引额勒登保回师，而卜三聘义军即乘机北上直插大宁。其他义军则兵分两路，一路由徐天德、龚建率领，流动在大宁、太平（今万源）靠近大巴山老林地区；一路由樊人杰、龙绍周、唐大信、张天伦等率领，进出于川东和陕西境内的安康、紫阳地区，时而分散活动，时而集中攻击。七月，包正洪在战斗中牺牲。额勒登保追击张子聪于通江，为了支援张子聪部，义军冉天元、王登廷等袭清兵后路，骚扰其运输线，然后在东乡、大竹、邻水、长寿一带活动。王登廷义军以部分兵力插向大竹、渠县，牵制清兵，自率大队进入陕境，“火光绵延三十里”，声势大振。

在川北，白号杨开甲、蓝号张士龙义军，四月攻打甘肃的阶州（今武都），曾一度北上深入到巩昌（今陇西）、会宁地区，并在秦州（今天水）、成县、徽县、两当一带流动作战，牵引清军大批兵力。六月，杨开甲义军夺渡白水江，进抵陕西略阳。张士龙义军则由嘉陵江上游过江，与杨开甲部会合，共同进入川北。此举使清统治者

① 《清史稿》，《列传》一三一，《额勒登保》。

惊慌失措，恼怒万分，诏责将军富成，“拥兵七千，专剿蓝白二贼，徒尾追不迎击，任蹂躏秦陇，褫职逮问，旋留军效力”[①]。当时张士龙在栈道西，张汉潮在栈道东，而张天伦由平利、竹谿进攻湖北，号称陕西“三张”，威慑一时。

张汉潮义军初在陕甘边境的徽县、凤县一带作战，后进入秦岭，分路在镇安、商州、兰田地区活动。清兵明亮部专责追堵张汉潮义军。但义军行动灵便，往来自如，官军无可如何。正如明亮奏言所说，“臣自去秋至今，日夜追贼，往返五省，所领兵三千，除落后留养外，仅存千余，堵剿不能兼顾……是以奔驰半载，未能殄灭”[②]。当时，勒保令永保率陕甘兵二千，又令庆成率直隶兵千余支援明亮。然而张汉潮义军忽而西进，忽而东撤，往返驰突，如入无人之境。先在终南山设伏败清军，又由子午谷越秦岭，趋商州转山阳，准备进入楚省郧西、郧县两地。以后又西返回陕，把永保、明亮、庆成、恒瑞、兴肇等部清兵拖得精疲力竭。九月，张汉潮分兵攻山阳、汉阳，牵制清兵，并以大部队北趋兰田、五郎。诏责庆成、永保不敢夹击义军，其实，正如嘉庆帝派松筠调查所报告的：永保自与义军作战以来，屡败手下，“气已馁，不敢迎击”。他的大部队总以分堵义军为名，久屯孝义厅，两旬有余。此人“无谋无勇，惟知利己，归过于人”。而明亮虽然久经战阵，然“精力已惫，追贼不能神速”。论他们的罪过，“永保为上，明亮、庆成次之，上褫逮永保”[③]。由此可见官军在陕西的狼狈境地。

五月，张天伦义军由陕西平利趋竹谿欲入楚，当时流动在川东太平、陕西紫阳一带的高均德、樊人杰部，也准备突进湖北，两军依势并进，引起清廷的莫大恐慌。湖广总督倭什布急调兵力迎战，义军杀死清参将董宁川，大队又折回陕境。但是，川陕边境的这部分义军，原系襄阳白号，战士多为湖北人，思乡心切，尽管清廷在湖北屯扎重兵，他们还是要打回老家。六月间，张天伦率队首先突破竹谿，高均德、樊人杰、龚建等分小股十数路，轮番出击，钳制

---

①②③ 魏源：《圣武记》卷九，《嘉庆川湖陕靖寇记》四。

清兵，大队则乘间隙攻入楚境。据倭什布向嘉庆帝报告，川东义军，“接踵入楚，不下二万，有北越荆襄之势”。

自一七九九年初至七八月，上述各路义军，分散流动出击，利用南山、巴山老林地区，在四川、甘肃、陕西、湖北等省迂回作战，给清兵以沉重打击，扭转了原先被动挨打的局面。形势有所恢复，队伍也重新发展起来。“贼以胁从而日增，兵以分防而见少”，“据川东北各府厅州县禀报，多者万余，少者数千，其不知首逆姓名者尚不知凡几。新起之贼，实多于剿除之数”，“贼愈剿而愈炽”①。清统治者一七九九年初围剿起义军的战略计划，只经过半年多时间便告吹了。嘉庆帝找了个替罪羊，历数勒保的四大罪状，责他“经略半载，莫展一筹”，“上负两朝委任之恩，下贻烝民倒悬之苦”。撤去勒保五省经略大臣之职，即令尚书魁伦、副都御史广兴“赴川逮问治罪”，由明亮暂代经略事务。九月，因明亮与永保之间矛盾暴露，嘉庆帝又任命战功最高的副都统额勒登保为五省经略大臣，补授正白旗汉军都统，德楞泰为参赞大臣，尚书魁伦为四川总督。同时惩处了一批带兵官员：“除景安、永保逮交刑部拟重辟外，秦承恩、宜绵均遣戍伊犁，英善以四品顶戴驻防西藏，惠龄……降级调用”，“戍庆成、兴肇于新疆，永保、明亮皆逮入京。”②

额勒登保上任，向嘉庆帝提出剿灭白莲教起义的方略，其中最恶毒的有两条：一是企图把起义军引出老林地区，追逐至川北聚而歼之；一是加紧坚壁清野，建立团练，修筑寨堡。这些方略得到清统治者的赞赏，“有诏嘉奖”，并积极地推行。

十月，在陕西战场，襄阳蓝号首领、白莲教起义发动者之一张汉潮英勇战死。十一月，高均德、冉天元、张天伦、龙绍周、唐大信、高天升（即高二）、马学礼（即马五）等几路义军，欲于紫阳、西乡一带抢渡汉水北上，在放马场地方与德楞泰部激战，襄阳白号首领、白莲教起义发动者之一高均德不幸被俘杀。张汉潮、高均德的牺牲，给起义军带来严重的损失，起义军由陕西退入川北通江、

① 魏源：《圣武记》卷九，《嘉庆川湖陕靖寇记》四。

② 同上书，《嘉庆川湖陕靖寇记》五。

南江一带。进入楚境的徐天德、王登廷部也由湖北折回四川，在开县与清兵激战，打死乾清门侍卫安禄，然后活跃在东乡、太平之间，与陕西返川的冉天元义军会合。“恃其党众，时时分突，以牵官兵，阻运道。”①

年底，冉天元率所部义军向西挺进，驻屯苍溪。一八〇〇年一月（清嘉庆四年十二月），经略额勒登保集中清兵主力，将冉天元义军包围于苍溪，开始了一次规模较大的决战。冉天元是冉文俦的侄子，冉文俦牺牲后，通江蓝号义军由冉天元率领。天元英勇善战，“专用伏以陷官军”②，在义军中有较高威信。苍溪大战前，额勒登保作了周密部署，令参将杨遇春、穆克登布从左右两翼合围攻击，同时分队迂回绕袭。战斗开始，穆克登布恃勇轻进，绕至义军占据山头前面，杨遇春则袭义军于山后。冉天元率部自山巅下冲，直压穆克登布后帐，并以全力攻击额勒登保的指挥营，打乱了清兵的部署，使其指挥失灵，双方白刃相见，“短兵格战”，“血战竟夜”。“诸帅远却，遇春亦退”③。清兵近山结营，入夜，义军四面攻击，点燃草团、火把掷山下，将清营照亮，射以强弓利箭，打得清兵无处逃窜。义军取得重大胜利，冉天元率部从容向巴州、开县一带转移。这一仗，打死清副将以下军官二十四名，使刚上任不久的额勒登保不得不向嘉庆帝“具奏请罪”。

当时，在川北的杨开甲、王廷诏、高天升、马学礼、辛聪等各路义军，乘机由潘家山老林北上陕西的城固、南郑等地，然后兵分两路以牵制清兵，前路向西由略阳强渡嘉陵江，又一次进入甘肃的秦州、巩昌，势焰大张。在陕西西乡、汉阴、石泉、紫阳、江岸的张汉潮余部冉学胜义军，也纷纷出击接应，陕省告急。而樊人杰、张天伦义军，则自陕西平利东进湖北的竹谿、竹山地区，清廷又起用明亮为领队大臣，驰赴湖北。鉴于陕甘形势，额勒登保奏请亲自率兵赴甘肃征剿，将川省军务交总督魁伦代管，令朱射斗、百祥与

① 魏源：《圣武记》卷九，《嘉庆川湖陕靖寇记》五。

② 《清史稿》，《列传》一三一，《德楞泰》。

③ 石香村居士：《戡靖教匪述编》卷四。

德楞泰合剿川北的义军。

一八〇〇年二月八日，冉天元乘额勒登保、德楞泰赴陕甘作战，川境空虚，联合各路义军经由定远县的石板沱夺渡嘉陵江，江防的乡勇正忙于欢庆元宵节，观赏春灯，疏于防守。义军夺船过江，打得江防乡勇措手不及，大队人马顺利进入川西。部队经南部、盐亭、射洪等地，与东乡白号张子聪，奉节线号陈得俸，太平黄号徐万富，达州青号赵麻花、汪瀛等义军联合，更由于老林山区啯噜党的纷纷加入，部队很快由几千人发展到五万人。

冉天元等义军大举向川西挺进，进攻蓬溪县城，引起清统治者极度震惊，清吏说：起义军“前在蓬溪，敢于恃众攻城，已属数年来所未有”①。四川总督魁伦因此被革职留任。当起义军进抵蓬溪县的高院场时，恰与赶来征剿的总兵朱射斗部相遇，双方展开激烈搏斗。二月十二日，朱射斗被义军数重包围，寡不敌众，魁伦拥兵不救，朱射斗这个镇压白莲教起义的凶恶刽子手，遇坎落马，被起义战士斩于阵前。射斗既死，反动派十分懊丧，而广大起义将士，则拍手称快，斗志昂扬。②

高院场战斗之后，为了接应进入甘肃的义军，冉天元率大队北上梓潼、剑州（今剑阁），清廷急令德楞泰自陕西回师，屯兵广元阻挡。冉天元、徐万富、陈得俸、汪瀛等部集中于江油县的马蹄冈，德楞泰率清兵自广元南下，据龙安各要道。双方于白家坝遭遇，各分五路，进行激烈战斗，义军早有埋伏，且战且走，将清兵引至新店子，此处，是起义军主力所萃，“蚁聚蜂屯，占据九座山包，排列整齐”，清兵进入圈内，“伏贼突出，三面环绕，我兵初犹枪箭齐发，继则愈聚愈多，不避枪箭，刀矛交错，鏖战两时之久。赛冲阿、温春、阿穆勒塔等忽被重围，箭支射尽，持刀砍杀”③。这次遭遇战中，虽然奉节线号首领陈得俸及冉天元之弟冉天恒牺牲，冉天元本人也受伤，但清兵被包围截杀，伤亡惨重。至暮，德楞泰率残部乘

① 《钦定剿平三省邪匪方略》卷一五三，嘉庆五年二月二十二日庆兴奏。

② 参见石香村居士：《戡靖教匪述编》卷五。

③ 《钦定剿平三省邪匪方略》卷一六四，嘉庆五年三月德楞泰奏。

黑突围，冉天元也率队撤走，未穷追。德楞泰很快得到了增援，重新摆开架势，四路分兵，以赛冲阿等攻包家沟；阿哈保等攻火石垭；温春等攻龙子观；德楞泰自率大队攻马蹄冈，双方仍在江油马蹄冈进行决战。冉天元仍用伏击战术将主力集中于马蹄冈，并伏兵于火石垭，待清兵主力进入埋伏圈，义军猝然并起，用湿棉絮裹毛竹牌抵挡清兵的弓箭火炮，轮番向前冲杀，“前贼却步，后队刃之，誓致死决胜负”。清兵被层层围困，饥渴疲劳，激战昼夜，数路皆败。清兵统帅德楞泰仅率数十亲兵，下马据山巅，以为必死。冉天元率众登山，直取德楞泰。在此关键时刻，左路地主团练头目都司罗思举，“乃急令兵多拾雹石”，纵乱石雨击，义军“皆弃竹牌反走，绊蹶满路……遂救参赞于前山”①。冉天元的坐骑中箭，跌入山涧，不幸被俘遇害。义军失去指挥，溃不成军，咫尺相及，转胜为败。

川西江油县马蹄冈战役，其规模和激烈程度，为白莲教起义以来所罕见，交战双方损失惨重。尤其壮烈就义的冉天元，“雄黠冠川贼……曾败经略（额勒登保）兵于苍溪，号令群贼，横行川东、川北、川西”②。他的牺牲，给义军带来无可弥补的损失。

马蹄冈决战后，义军尚有万余人，由张子聪、汪瀛率领，自剑州南下。清兵将领心有余悸，闻风而逃。义军巧袭射洪县潼河渡口太和镇，过了潼河，迅速向西行进，插入“川西完善腹地”，成都宣布戒严。嘉庆帝闻讯大惊，斥责四川总督魁伦“两次纵贼渡江，使川西无完地”，革职逮京，赐令自尽。重新任命勒保为四川总督，参赞大臣德楞泰授四川将军，阻截起义军。

清兵主力开始集结川西，并且加强了成都的防备力量。五月起义军决定兵分两路，一路留张子聪、庹向瑶所率义军，仍在川西转战流动，牵制清兵；一路汪瀛、徐万富等所率义军，再渡潼河，沿射洪、西充、盐亭、阆中，趋嘉陵江上游，北上与甘肃阶州、岷州的起义军会合。可是，形势已经大大不如从前了，清军在四川的兵力占优势，马蹄冈决战的转胜为败和冉天元的牺牲，严重影响起义

① 魏源：《圣武记》卷十，《嘉庆川湖陕乡兵记》。
② 魏源：《圣武记》卷九，《嘉庆川湖陕靖寇记》五。

军的士气。经过几次激烈战斗，达州青号首领汪瀛被俘杀，杨开甲、鲜大川先后为叛徒所杀害。起义军退出川西撤入川东北，进入南山和巴山老林中，坚持长期斗争。

四、起义军后期的艰苦奋战与失败

一八〇〇年（清嘉庆五年）下半年，白莲教起义军更加衰落下去。此后，起义军虽然英勇作战，在个别战役中仍能取得胜利。但从全局看，义军在粮饷兵源方面遇到无法克服的困难，斗争的规模和声势每况愈下，失散离开队伍的现象与日俱增。而清统治者在几年的战争中吸取教训，针对起义军本身的弱点，采取了有效的镇压措施，尤其是“坚壁清野”、“寨堡团练”政策发生了效用。

关于“寨堡团练”、“坚壁清野”，早在白莲教起义初期就曾提出过，但未被推广。以后，清统治者逐渐认识到，单纯的尾随追击，使清兵疲于奔命，不仅不能奏效，反而经常被伏击歼灭。况且此时的八旗兵已腐败不堪，“不习劳苦，不受约束，征剿多不得力”，基本失去战斗力。即使讨伐起义军的清兵主力绿营，也是“将领不能约束兵丁，所过甚于盗贼”，“贼势益张，兵气益馁”①。一七九八年（清嘉庆三年），龚景瀚上《坚壁清野并招抚议》，系统提出用团练乡勇协助清兵作战，用坚壁清野的寨堡政策对付起义军的分散流动战术。

坚壁清野的内容，是“并小村入大村，移平处就险处，深沟高垒，积谷缮兵，移百姓所有积聚，实于其中。贼未至则力农、贸易，各安其生。贼既至则闭栅登陴，相与为守，民有所恃而无恐，自不至于逃亡”②。寨堡建成以后，必须有防守寨堡之人，于是又有“团练壮丁”之说。团练本地壮丁，分乡勇与团勇两种，“随营打仗守卡隘，官给盐菜口粮，听候调拨者谓之乡勇。百姓等自出己赀修筑堡

① 魏源：《圣武记》卷九，《嘉庆川湖陕靖寇记》五。

② 龚景瀚：《坚壁清野并招抚议》。

寨，择年力精壮者，各备器械，里民自行捐给口粮，以为守御者谓之团勇”①。推广坚壁清野政策以后，各省招募团练甚多。自嘉庆三年至五年，仅四川巡抚福宁就报称四川团练已有十六万人。以镇压白莲教起义起家的刽子手罗思举、桂涵等，就是四川乡勇的头目。

一七九九年（清嘉庆四年）二月，嘉庆帝充分肯定“寨堡团练”、“坚壁清野”是镇压白莲教起义的“良策”。下诏“令勒保会同各督抚，晓谕州县居民，扼要团练，使贼无可虏掠，与官军犄角”②。于是，这个险恶政策由勒保大力推行于川东、川北，接着由那彦成、松筠、台布、长麟推行于陕甘，以后又由书麟、吴熊光推行于湖北。一八〇〇年，由于川北推行“寨堡团练”、“坚壁清野”的结果，起义军不得不离开四川，转战甘肃。清统治者以为“守御成效”，又下令各地加紧推广，“其令陕甘湖广督抚，严饬所属，山地则扼险结寨，平地则掘濠筑堡。其团练防守，有效者保奏，违者罪之”③。

“坚壁清野”政策产生了重大影响。在这以前，起义军所以能够纵横五省广大地区，实行大规模的流动作战，根本的原因是得到人民群众在人力、物力和道义上的支持。实行“坚壁清野”以后，筑寨堡，并村落，驱百姓移居其中，集中所有粮秣给养，“清查户口”，“稽查出入”，“经营银粮”，“训练丁壮”，“修饬守备”。用种种手段强行隔断起义军与贫苦百姓的联系。结果，“据险之贼，不能不下山掠食。今民皆团聚，粮不露处，冬春之交，野无青草，附近已无所掠，远出则近山之堡寨，皆得邀而击之，其势又不敢出。坐困月余，积粮既竭，终亦归于死亡逃散而已”④。这些情况确是起义军前所未遇的困难，稍有活动，即被寨堡、乡勇缠住，进不得战，退无所食，处处受阻。“川东、川北，寨坚民（乡、团勇）奋，遇贼逼近，则各寨民百十成群，乘夜劫营，使贼不得休息。”⑤白莲教起义的形势，因此从根本上发生变化。嘉庆“五年以前，贼势之炽者，以其到处

---

① 《东华录》嘉庆九年六月壬戌。

②③⑤ 魏源：《圣武记》卷九，《嘉庆川湖陕靖寇记》五。

④ 龚景瀚：《坚壁清野并招抚议》。

裹人，胁从日众，抢掠民食，因粮于我也；自寨堡之议行，民尽倚险结寨，平原之地，亦挖濠筑堡，牲畜粮米，尽皆收藏其中，探有贼信，民归寨堡，凭险据守。贼至，无人可裹，无粮可掠，贼势自衰矣”①。

清统治者还提出“剿抚并用”政策，妄图分化瓦解白莲教起义军。一七九八年王三槐被诱骗擒杀，罗其清、冉文俦处境十分艰难，嘉庆帝在上谕里指出：“至罗其清、冉文俦等果被官兵剿急，或探听王三槐信息，希图免死，竟行投出，亦未可定。着勒保、惠龄等察看贼情，一面鼓励兵勇上紧进剿……设该犯等有真正弃械自缚投诚者，亦可酌量宽其一线，予以生路。”② 接着，明确提出“不妨剿抚兼施，以期解散贼党”。可是招安政策并没有发生预期的效果，起义军勇敢坚定，不受清廷的欺骗。一七九九年，四川总督魁伦说：“本年皇上屡颁宽大之诏，剿抚兼施，数月以来，投出者寥寥无几”③。所以嘉庆咬牙切齿地痛骂起义军，“看来此等匪徒，怙恶已深，愍不畏死，势难借招抚为解散之计”④。

一八〇〇年下半年，四川白莲教起义转入低潮，嘉庆帝发布一篇所谓《邪教说》，标榜白莲教“苟能安静奉法，即烧香治病，原有恻怛之仁心，在朝政所不禁。若借此聚众弄兵，渐成叛逆之案，则王法之所不容”⑤。这就是所谓“但治从逆，不治从教”的说法。其实，被剥削被压迫的广大贫苦百姓，正是利用白莲教的形式作为联络纽带而发动起义的，“从逆”和“从教”确是不可分割地联系在一起，清统治者从来就把白莲教看做大逆不道的异端，严禁宗教活动，而这次大起义也是清吏滥杀白莲教徒所引起。这时提出的所谓“但治从逆，不治从教”完全是虚伪骗人的把戏。白莲教的许多战士是认识这一点的，尽管斗争十分艰苦，他们并不理睬统治者的甜言蜜语，仍然旗不倒，刀不下，“诛之不畏，抚之不降”，面临失败和死

① 严如熤：《三省边防备览》卷十二，《策略》。

② 《清仁宗实录》卷二十，嘉庆三年十月丁酉。

③ 《钦定剿平三省邪匪方略》卷一一六，嘉庆四年八月十七日魁伦奏。

④ 《清仁宗实录》卷五十八，嘉庆五年正月二十八日。

⑤ 《清仁宗御制邪教说》。

亡，奋战不息，表现了大无畏的顽强斗争精神。所以，招抚政策在实施过程中，并无显著成效。

一八〇〇年初，撤入甘肃的起义军，转战秦州、岷州、阶州等地，与张天伦、张士龙义军汇合，清兵统帅额勒登保亲自出马，调遣那彦成、杨遇春、穆克登布、庆成等各路清兵，分兵围剿。四月，义军被逼至渭水以南，后分东南两路进击。王廷诏、杨开甲、张士龙等一路，东走秦州，将趋北栈；高天升、马学礼等一路，南下文县。五月，为声援川西义军的战斗，高天升、马学礼部打下四川龙安，分兵袭击松潘一带，川西震动。六月（阴历闰四月），义军在竹子山口大败清兵，杀总兵施缙，后折回甘肃文县。不久，起义军先后进入陕西，因为五郎以东推行坚壁清野，各路义军汇集于镇安的深山老林。又由于清兵追剿，义军再东向商雒，折向湖北，分路进攻郧西、平利一带，后又折回陕西。七月，与清军激战于镇安的茅坪，襄阳白号首领杨开甲阵亡。冉学胜、张士龙部突过栈道，进逼甘肃秦州；高天升、马学礼部也由岷州至秦州。八月，伍金柱、张士龙、冉学胜、高天升、马学礼等，“皆至秦州……合队顺流而东，众二万，夜袭长麟军于徽县之伏家镇，官军败绩，游击台清阿以下将弁死者十七员，阵亡兵千余，前四川将军富成……败死”①。九月，高天升、马学礼及戴家营等部合队向东南入陕，破略阳、沔县、西乡等地，先后杀死总兵札勒杭阿、提督王文雄、副将鲍贵等将领二十九名。“王文雄心腹受矛伤十余处，并被断割左臂”，这个凶残屠杀起义军的刽子手，落得其应有的下场，“此外受伤阵亡官兵乡勇甚多”②。起义军虽有如此胜利，但各地寨堡林立，乡勇扼守，清兵没有后顾之患，专门寻找义军决战。义军几次计划渡汉水北上，均为北岸寨堡团练所阻，襄阳黄号首领伍金柱等阵亡。

进入湖北之徐天德、樊人杰、张天伦、苟文明等部，转战于兴山、秭归、巴东、谷城等鄂西北地区。清兵明亮部坐镇房县、均县，分兵对垒。六月，在宜城、荆门和天柱山等地展开激烈战斗，

---

① 宣统《甘肃新通志》卷四六，《戎事》中。

② 《剿平三省邪匪方略》正编卷一九六，嘉庆五年八月初六日台布奏疏。

义军西撤抵南漳，在马家营击溃清兵，杀总兵王凯及佐领、千总、把总多人。不久，张天伦部进入陕西镇安，樊人杰部进入陕西平利。十月，樊人杰、冉天士、张士龙等义军，三路赴楚，在远安县牛鹿坡打败前来追击的清兵，杀死总兵李绍祖、参将沈庆春等多人。

一八〇〇年八月十八日，三阳教的重要领袖刘之协因叛徒告密，在河南叶县被捕。刘之协在早期传教活动中起过很重要的作用，可是，起义爆发之后，他潜居河南，没有参加实际斗争，他的被俘本来跟战局没有多少关系，但清政府为了瓦解起义军的斗志，并给自己的将士们壮胆打气，张大其事，大肆宣传，说什么“今刘之协已在豫省被拿，足见白莲邪教获罪于天，自取灭亡”，并命令各路统兵将帅及地方督抚，“将刘之协擒获一事，广为宣播，并传谕贼营……即实系同教匪徒，闻知刘之协被获，畏罪乞命，弃械归诚，亦必贷其一死”①。清廷除了加强军事攻势，组织团练武装之外，又利用一切机会，进行政治宣传，以动摇起义军的军心，企图及早把白莲教起义镇压下去。形势对起义军日益不利。清统治者的寨堡团练和坚壁清野，逼使起义军不得不向南山、巴山老林退缩，以后的战斗，主要在老林地区周围府县进行。“时各贼分合靡常，大势集三省之边缘；南山老林，人烟稀疏，居民虽建寨硐，无器械积聚；楚剿急则遁川陕，川剿急则遁陕楚，兽骇鸟翔，官军疲于奔命。”②

起义后期，斗争所表现出来的特点，是起义军补给困难，行动受阻，部队不断减员，不可能进行大规模的迂回流动作战。但是，起义军越是在艰难困苦的情况，即使饥肠辘辘，衣衫褴褛，濒于被歼灭的边缘，越是冲锋在前，视死如归，在敌强我弱、敌优势我劣势的条件下，毫不畏缩，依托老林地区，继续高举白莲教起义的旗帜。

一八〇一年（清嘉庆六年）二月，嘉庆帝下诏：“朕思招抚之旨频颁，而投出甚少。现在群贼中，徐天德、王廷诏为起事首犯，高

① 《剿捕档》1679（一），嘉庆五年七月十三日谕。
② 民国《湖北通志》卷七十，《兵事》四。

二、马五、高三屡经戕害大员，元恶大憝，不容复载，万无自首贷以一线之理，惟有刑兹无赦。因通谕立格，五逆擒歼一名者，官擢二等，兵勇超补守备，赏银二千；贼党缚献者，拔用千总，赏银一千。余如樊人杰、冉学胜、龙绍周、苟文明等，视此降一等有差。”① 清统治者重金悬赏，企图捕杀起义军首领，并由经略额勒登保和参赞德楞泰各率一军，两路会剿，以肃清川陕交界地区的义军，使斗争态势更加严峻。二月，高天升（即高二）、樊人杰部被清兵夹击于汉北山阳，高天升遇伏阵亡。三月，襄阳义军首领、白莲教起义最早领导人之一王廷诏在川陕边界鞍子沟被俘，“搜获画像经卷，槛送京师”②。四月，义军首领马学礼（即马五）、高天得（即高三）于大宁的二郎坝被俘。仅两个多月工夫，陕西境内的义军损失惨重，自王廷诏、高天升以下首领十余人，先后牺牲，仅存者大多向湖北转移。

当时活动在川陕边境的另一支义军冉学胜部，乘清军兵力空虚，袭击留坝的杨奎猷部，清军大败，“兵勇全行败散，杨奎猷仅以身免。闻有李姓游击被贼捉去，汪姓同知被贼戮毙，原任副都统和兴额同时阵亡，粮合银米骡马俱为贼有”③，义军声势一时大振。但个别战斗的胜利已不能拯救革命的败局。额勒登保自率大兵正面进击，长麟率清兵追蹑西北，庆成率清兵扼其东南，又令沿江团练寨堡阻遏，冉学胜部不得不转入巴山老林。

在湖北，徐天德、苟文明等部转战于郧阳、竹山、兴山、房县之间。一八〇一年三月，龙绍周部联合其他义军万余人，进趋川陕楚通衢的镇坪，德楞泰急调清兵围攻。四月，龙绍周分遣唐明万部直奔太平老林，欲引清兵西追，而自率大队突入楚境，后因受阻，部队被逼入川，当时川陕灾荒歉收，义军给养日艰。五月，徐天德与樊人杰、王国贤、陈朝观、曾芝秀等合队东向，由于清兵大部队的追击和寨堡团练的堵截，义军进入楚境后不得不分散作战。陈朝

---

① 石香村居士：《戡靖教匪述编》卷十。

② 魏源：《圣武记》卷十，《嘉庆川湖陕靖寇记》六。

③ 《军机处录副奏折》农民运动类，嘉庆六年三月二十一日窝星额奏。

观受伤跳崖被俘杀，王国贤、孙万林、戴仕杰等由郧阳走房县、保康，其余大多西返退入陕境。六月，达州青号首领、白莲教起义最早领导人之一徐天德，在陕西西乡两河口因舟覆不幸溺死。

至一八〇一年下半年，白莲教起义军龙绍周、苟文明等部在陕西平利一带；王国贤、戴仕杰、曾芝秀等部在陕西洵阳、湖北竹山一带；辛聪、冉学胜等部在川东白土关一带。起义部队基本上被局限在川陕楚边界，转战于万山老林寨堡较少之地。据《圣武记》记载，这时起义军人数合计不过二万四千余人，而清王朝各路兵勇却十倍于起义军。

显然，白莲教起义已经处于十分危急阶段，义军退入三省边界老林山区，再也无法越出雷池一步。一八〇一年七月，清兵统帅经略大臣额勒登保、参赞大臣德楞泰等于陕西平利，重新部署战略计划。决定德楞泰率部由西南逼攻；额勒登保率部由东北邀击，围剿三省交界地区。尤其恶毒者，“德楞泰乃选兵勇每二百为队，冒教匪服色旗号，以降贼为响导，或佯与合队，或乘夜袭营”①，骚扰义军阵地，危害极大，使义军被逼向川边集聚。

八月，义军首领冉天士、王士虎被杀于简池坝。冉学胜联合齐家营、高家营等义军，迂回川北南江、广元地区，不意受清兵三路围攻，冉学胜被捕牺牲。龙绍周率队复出老林，在和冈溪击毙清参将唐玉龙。九月，太平黄号首领龙绍周在平利盘龙山与清军作战时阵亡。此后，起义军各路，如汤思蛟部、刘朝选部、李彬部、苟文明部、樊人杰部、戴仕杰部、张天伦部、曾芝秀部、高思奇部、魏学盛部、冉天璜部等，被清兵围攻袭击，均遭严重挫折。各部所剩千、百、数十人不等，纷纷深入老林山区。据额勒登保、德楞泰奏报，“惟汤、刘、李、苟、樊、戴六贼尚称大队，每队不过千余，均逼入四川界内，并其余窜匿陕楚无名之贼，统计不过一万有奇”②。

起义军损失极大，清统治者大吹大擂自己的“胜利”，认为“川

---

①② 魏源：《圣武记》卷十，《嘉庆川湖陕靖寇记》七。

陕楚军务将竣”，剩下的只是“善后事宜”，并限期于一八〇一年冬将起义军全部剿灭。为此，清兵统帅进一步采取措施。其一，在三省交界地区重镇增设提督、总兵、副将、守备等，派兵驻守，并根据各地通衢要道，重划府州隶属，便于管辖。其二，下令三省提镇，各尽本省兵力，按地区大力搜剿。各地官吏，联合寨堡乡勇，以数十寨为一处，协助清兵，佐兵力之不足。其三，重申剿抚兼施政策，进一步瓦解起义队伍。

局势的变化，并不完全按照清统治者的如意算盘拨弄。巴州白号首领苟文明，联合其他义军的零星部队，约二千余人，骡马数百，驰骋在嘉陵江上游。一八〇二年（清嘉庆七年）初，起义军到达川东开县、大宁，与通江蓝号的李彬余部会合，由于德楞泰三路追剿，部队转入老林。清统治者以额勒登保撤防江兵勇移于川陕边界，及是复追剿落后，致义军渡汉北入南山，“夺其伯爵，降为一等男，并褫双眼孔雀翎”①。求胜心切的嘉庆帝十分懊丧，多次下诏指责统兵将帅，认为他们眼看战事旷日持久，毫无方略，劳师糜饷，甚至将他们革职惩罚。统兵将帅则抱怨发牢骚，认为隐藏在深山老林中的分散的义军很难对付，“剿大贼易为功，剿小贼难为效”，“贼皆徒步，知四面皆兵，一出平原必为劲骑所蹙，始终不敢离老林，屡为官兵驱逼出山，旋复窜入”②。清军在战争中虽已占明显的优势，可是胜利却可望而不可即，朝廷上下，吵成一片，可谁也无法迅速地扑灭白莲教起义军。

由于清兵大部队的围剿，由于寨堡林立和乡勇团练地头蛇的袭击，白莲教起义军的力量已被严重削弱，失去了向清军正面出击的能力，而且战乱日久，地方凋敝，团练猖獗，起义军得不到粮食给养，形势已十分不利。为了摆脱困境，起义军首领们曾经提出办法，第一是鉴于历年来各支义军分散作战，胜不相助，败不相救，缺乏联合的行动方针，拧不成一股巨大的力量，因此号召大家齐心协力，各支军队配合行动，加强联络；第二是利用三省交界的有利地形，

① 《清仁宗实录》卷九十三，嘉庆七年正月初三日。

② 魏源：《圣武记》卷十，《嘉庆川湖陕靖寇记》七。

拖着清军转圈子、捉迷藏，并要求各支义军逐步向湖北界岭集中，准备抢船渡过长江，前往施南，再向川南富庶地区进军。如果这一计划不能实现，则北渡汉水，进入河南，发展队伍，继续斗争，并提出“过了戌亥年，赛过活神仙”① 的口号，鼓舞群众，度过困难，迎接胜利。据好几个白莲教徒的供词说，“这是五、六年（嘉庆五年、六年）间，樊人杰、徐天德、苟文明在湖北时见白莲教的人越来越少，他们商量的话：若各号聚齐二三万人，分作几路，一齐抢船过大江南岸，或过汉江、或冲过河南、或到川西坝里，那些地方是没有去过的，人马也多，吃用都有，他写信各处商量”②。“据青号人传说：从前总因众心不齐，你要东，我要西，所以都打散了，如今各伙剩不多人，在山里打转……从今以后要各人齐心。说湖北界岭地方山又大，路又多，与陕西、四川交界，若是川陕兵多，我就转到湖北界上，若湖北兵多，就转到川陕境内，教官兵捉摸不着。约会各股的人都到那里，会成大股，等待会齐人多，冲出深山，不是抢船过川江到川南地方，就过汉江到河南……总要向没有到过的处所去，又好寻吃的，又好掳人马，过了今年大家都好了……彼此传说都约到川陕湖北界岭一带会齐，行走的时候，于路过墙壁上留下记号……别股的人来见了，就知道某股在此不远，可以找寻会合了”③。“我们的人原都听樊人杰号令，他的信到，无不遵奉。他是同刘之协、王廷诏、李淑们辈分最大。去年二月内曾寄信与我，教邀约各号的人齐到湖北会合，过南岸施南去，地方富厚，又好收些人马。因官兵追得紧，没有回信”④，可惜由于起义军力量太弱小，重要领袖牺牲殆尽，而敌方防守严密，无隙可乘，他们夺船渡江，向川南或河南突围的打算始终未能实现。

起义军虽已陷入困境，可是他们仍与强大的敌军作殊死战斗。一八〇二年三月，苟文明部在陕西周至击败清总兵刘瑞军，毙副将

① 按壬戌、癸亥年是嘉庆七年和八年，即一八〇二和一八〇三年。

②③ 《军机处录副奏折》革命运动，秘密结社类，卷号 2142（3），赵聪观供，嘉庆八年。

④ 同上档，卷号 2140（2），张士虎供，嘉庆八年。

韩自昌。四月，樊人杰、曾芝秀、戴仕杰率数千人经巫山，奔湖北。德楞泰指挥大批清军围攻堵截，起义军据马鬃岭拒战，樊人杰“骁勇耐战，振臂一呼，诸贼拼死斗，我军大败”①，清总兵王懋赏、侍卫塔津保、参将胥起泗等十四员将领被打死。起义军英勇作战，打了几次漂亮仗，但整个战局急转直下，对起义军愈来愈不利。四月，李彬在宁陕厅被俘；五月张天伦在巴州阵亡；七月，樊人杰、曾芝秀在湖北房县战败，带着大批老弱妇孺向深山逃逸，误入马鹿坪绝地，该处峰高路险，三面有溪河阻挡去路，后有清兵穷追，连日大雨，山水盛涨，无法涉渡。起义军只得据守山头，掷石阻击清兵，势穷力竭，战斗到最后一刻，义军和妇孺约五百人不愿被俘，全部跳河，“在盘涡急漩中，俱行淹没”。有些妄想邀功领赏的清兵下河想活捉樊人杰，被樊人杰揪住三个清兵，“扭在一处，溜至急湍处所，均为巨浪搏击下滩，杳无踪影”②。马鹿坪这场壮烈的战斗场面，真可以惊天地、泣鬼神，充分地表现了起义军不屈不挠的英勇精神。

樊人杰、曾芝秀部覆灭后，其他各路义军也相继失败。八月，苟文明在宁陕厅花石岩被围，斩清蓝翎军功和乡勇头目多人，力竭跳崖牺牲；另一首领刘朝选被俘。十一月，襄阳蓝号首领戴仕杰在湖北兴山战死，四川东乡白号汤思蛟亦被清兵擒获。起义军损失惨重，余部均分散在深山老林之中。为了迎合嘉庆帝急于求胜的心理，一八〇三年（清嘉庆八年）一月，额勒登保、德楞泰会同四川总督勒保、陕西总督惠龄、湖广总督吴熊光等，用黄表朱里折，六百里驰奏：“大功底定，川陕楚著名首逆全数肃清。”③ 接着嘉庆帝下诏，“三省荡平，上终先帝髦期未竟之志，祭告裕陵，宣示中外”④，并邀功论赏，大封统兵将领。

所谓“大功底定”，其实又是一个自欺欺人的骗局。起义军虽遭

---

① （民国）《湖北通志》卷七十，《兵事》四。

② 《钦定剿平三省邪匪方略》，嘉庆七年六月。

③ 《剿平三省邪匪方略》正编卷三五二，嘉庆七年十二月十六日额勒登保等奏疏。

④ 魏源：《圣武记》卷十，《嘉庆川湖陕靖寇记》七。

受重大损失，但余部并未放下手中武器，仍时时出动，袭击清军。一八〇三年春，宋应伏、苟朝九收集在巴山地区的义军余部，分队进占川北通江一带；姚之富之子姚馨佐、陈文海等义军，还有冯天保、余佐斌、熊老八等义军，分散活动在南江一带；刘学礼联合王国贤、王文会余部先后转战在湖北巴东一带。这些义军余部，采用埋伏狙击战术，诱官兵入老林区搜捕，然后在暗处袭击，给予清兵以重创，取得一定战果。

一八〇三年三月，刘学礼义军五六百人由楚入巫山，与总兵张绩所率一千六七百名清兵作战，打死清游击守备等官员九名，兵勇一百六十五名。四月，冯天保、余佐斌、熊老八等义军仅数十人，在川北南江境内设伏狙击清兵，提督、御前侍卫穆克登布"卞急轻敌"、"仓猝中矛，殁于阵"①。穆克登布与杨遇春齐名，同为额勒登保帐下的左右翼长，是镇压白莲教的著名刽子手，他死后，清廷震悼，追封二等男爵，加轻车都尉世职。清朝统帅觉得奇怪，"穆克登布一路兵勇一千五六百名……即使分路搜剿，亦应有数百名，何以数十零匪，不能抵御，以致阵亡"②。在其他战斗中，清兵亦往往失利。就像额勒登保所说："通筹现在三省情形，贼数愈少，贼情愈为狡悍……零匪人数原属无几，惟所剩皆系积年老贼，诡谲异常，兵至则三五乱逃，兵去则百十蚁聚，窥伺设伏。情如鬼蜮。官兵稍不检查，即堕其计"③，如清参将张明德在夔州搜山，"行至黄连湾，林深箐密，贼匪潜匿在内。张明德猝不及防，被贼兵突出，矛伤阵亡"④。又清军在名为"通天蜡烛"的老林中搜捕起义军，"有伏贼数十人突出，冲入锅帐队内"⑤，清兵的粮台官员及千总、兵勇多人被击毙。但在这些最后的斗争中，起义军亦损失很大，冯天保、宋应伏、熊老八、赵金友等领导人均战死。一八〇三年七月间，额勒登保奏称"陕境已无贼，惟楚贼仅二三百，川贼山内山外亦各二三

① 《清史稿》列传一三六，《穆克登布》。
② 《剿平三省邪匪方略》续编卷七，嘉庆八年三月初三日额勒登保奏。
③ 《剿平三省邪匪方略》续编卷八，嘉庆八年三月初十日额勒登保奏。
④ 同上书，嘉庆八年三月四日勒保奏。
⑤ 《剿平三省邪匪方略》续编卷九，嘉庆八年三月二十九日德楞泰奏。

百，皆散窜延喘，其势已成啯匪，拟别筹变通之策”①。八月，额勒登保与勒保会师开县，决定分兵二十路，对老林地区作最后的搜索扫荡，德楞泰也移师入川呼应。九月，额勒登保、德楞泰、勒保三员大帅会奏，再一次宣布三省白莲教起义已“荡平”，清兵可以凯旋班师了，额勒登保、德楞泰回北京觐见，嘉庆帝与他们行抱见之礼，清朝文武陶醉在一片庆功声中。

忽然霹雳一声，三省地区，警报又至。原来白莲教余部尚有苟文润、苟朝九等潜伏老林，趁清兵班师时，出来活动，并和乡勇联合。本来，乡勇是清政府赖以镇压白莲教的力量，最后是“鸟尽弓藏”，白莲教既告“荡平”，乡勇亦归遣散。每名乡勇规定给银二两五钱，收其刀矛，遣送回原籍，很多乡勇无家可归，无田可种，遣散费亦被长官克扣，就像严如熤在《乡兵行》后篇中描写的“杀贼要乡勇，受赏偏说册无名，十年凯撤人已老，欲补新兵粮额少，赏金多被领旗抽，区区微劳谁见收”。被遣散的乡勇，谋生无路，纷纷进入老林，同白莲教联合起来，反抗清朝，刚刚宣布“大局底定”的川楚陕三省，再度动荡。这一事件，对于整个白莲教起义来说，犹如落潮中溅起的一片浪花。

一八〇三年八月，义军余部联合被遣散的乡勇，突袭陕西的周至、洋县。十月，苟文润义军及乡勇数百名，活动于川陕边，打死清副将朱槐。此时的义军，为数不多，但“皆百战之余，猱腾隼鸷，具悉官军号令及老林径路，忽陕忽川，忽聚忽散，屡被围。复乘雾溜崖突窜，有中数矢犹力战者。分军遇之则不利，大队趋之则兔脱，仅余二三百贼而三省不得解严”②。清廷急忙令德楞泰出京，回镇成都，以防起义军蔓延。有一次德楞泰率兵围剿时，见阵前的乡勇旗帜不动，杀声未起，而清营兵将被杀数十人。事后查询，才知清兵前队乡勇，与起义军中原被遣散的乡勇皆旧识乡亲，阵前会面，互叙衷曲，故观望不战。乡勇头目魏中才妄图劝降，也被起义乡勇所杀。清廷无可奈何，只好收起“勘定”的假象，一八〇四年（清嘉

①② 魏源：《圣武记》卷十，《嘉庆川湖陕靖寇记》八。

庆九年）三月诏额勒登保出都，以钦差大臣赴陕，会同德楞泰，部署兵力，对义军大举进剿。

自一八〇四年春季开始，战斗虽只局限于川陕楚边老林区的数县范围，但对双方来说，都是十分艰苦的。清兵进入老林，崎岖山路，曲折林道，“诸将士皆弃帐裹粮步追，而从征八载，久役思归”，普遍出现厌战情绪，以致“数百贼当数万贼剿，数万兵当数百兵用”①。而白莲教及遣散乡勇行踪飘忽，轻捷灵活，据险设伏，作战英勇。“自陕入川，由川折陕，皆在沿边一带万山之中，冰雪之间，非老林不走，非极险不屯，所窜之路，多系羊肠鸟道”，等到清兵追及，“先占地势，据险以待，或拼死抵拒，或到处埋伏，或推滚木石，自上临下，搏击如雨”，“人人俱有必死之心，故接仗时无不亡命力斗”②。有一次，义军数十人被优势清兵包围，义军“奔上尹家台子，依靠悬崖，恃险抗拒……声言：我们人定死在阵上，再不叫官兵活捉了去”③。由于起义军的勇敢作战，战斗又延续了一年之久，在这期间，姚馨佐、刘学礼、罗思兰等义军首领相继阵亡，九月苟文润被叛徒出卖遇害，余部溃散，最后苟朝九等被俘牺牲。一八〇四年十月，清兵又一次宣告凯旋，轰轰烈烈的白莲教起义被淹没在血泊之中。

自一七九六年（清嘉庆元年）二月至一八〇四年十月，历时九年的白莲教大起义，以农民、游民小生产者为主体，像大海的怒涛，汹涌澎湃，席卷湖北、四川、陕西、甘肃、河南五省的广大地区，抗击了清王朝从十六个省征调的兵力，歼灭清提督副将、参将以下四百多人，“专阃提镇及羽林宿卫阶列一二品者，且二十余人”④，使清政府耗费饷银两万万两之多，这个数目相当于当时清政府四年的全部财政收入。起义虽然失败了，但引起这次大起义的社会矛盾并没有缓和，处在水深火热中的农民、手工业者步白莲教起义军的

① 魏源：《圣武记》卷十，《嘉庆川湖陕靖寇记》八。

② 《钦定剿平三省邪匪方略》续编，嘉庆九年二月初六日德楞泰奏。

③ 同上书，嘉庆九年正月初六日德楞泰奏。

④ 《清史稿》，《列传》一三六，《附论》。

后尘，在全国揭起抗清的义旗。白莲教起义的重大历史意义，在于它沉重地打击了清朝封建统治，剥开了它“繁荣”、“升平”的外衣，暴露了它的腐朽和虚弱，成为清王朝由盛世到衰落的转折点。

白莲教起义是我国封建社会最后一次大规模的农民战争，它的失败，像封建社会中无数次的农民起义一样，是农民小生产者不可避免的结局。白莲教起义军以宗教迷信作为组织群众、宣传群众的武器，没有提出明确、远大的政治纲领，清统治者说他们“并未易衣冠，立国号，不过意图劫掠子女财币，非有谋为不轨叛逆之心”①，“尚无要结人心之术”②。这里说的是白莲教的政治目标不明确，提不出足以动员群众、团结群众的纲领、口号。而且由于农民小生产者的分散性、狭隘性，起义军在战略上缺乏长远周密的规划，在组织上分号分股，支派林立，不相统属，缺乏统一的指挥，“数百为群，忽分忽合，忽南忽北”。对付强大的敌人，分散作战是必要的，但只有分散的各自为战而没有联合出击和集中进攻，只有单纯的流动作战而没有相对安定的根据地，这就使清朝统治者的“寨堡团练”、“坚壁清野”政策得以发挥作用，严重地限制和削弱了起义军。尽管起义军勇敢善战，坚强不屈，也终于扭转不了失败的命运。

白莲教起义失败后，三省地区依然波澜荡漾，没有平息下来。清廷由于裁勇减饷，屡次发生兵变，昔日统治者赖以镇压白莲教的武装力量，现在又回过头来反对统治者了，其中最大的一次是“宁陕兵变”。一八〇六年（清嘉庆十一年）七月，陕西宁陕镇驻兵因减发饷银而哗变，变兵在陈达顺、陈先伦的率领下攻城劫狱，杀死官员，游击于陕南山区，队伍发展到一万多人。清廷急忙派德楞泰、杨遇春、杨芳等率军往剿。变兵攻鄠县，杨芳赴援，被变兵打得大败，连杨芳的臂部也受伤；接着，杨遇春督率大军与变兵大战于方柴关，清军又失利。宁陕变兵都是二杨的旧部，杨芳的眷属陷于变兵中，变兵以礼相待，护送出境，二杨知道依靠

① 《御制剿平三省邪匪方略序》。

② 《钦定剿平三省邪匪方略》正编卷二三四，嘉庆六年二月初二日书麟等奏。

武力难以收拾局面，招抚诱降的办法更能生效，于是展开政治攻势，花言巧语，劝变兵放下武器投降。二杨又勾通了变兵中的蒲大芳，使蒲杀害了不愿投降的陈达顺、陈先伦等，变兵中的投降派得势，于是缴械归降。可是嘉庆帝想要把变兵斩尽杀绝，不满意这样的处理，斥责德楞泰“废法宽纵”，革职留任，杨遇春降职为总兵，杨芳以“驭兵姑息”，遣戍伊犁。但这时各地农民起义纷起，清廷急需像杨遇春、杨芳这样的刽子手，故不久即复官、释回。

第三节　十九世纪前期各族人民的抗清斗争

一、蔡牵领导的海上渔民的抗清斗争

十九世纪前期的中国大地上犹如密布着一座座火山，各族人民的反抗怒火，像地底炽热翻滚的岩浆，酝酿郁积，腾空而起。在北方，大规模的白莲教起义方兴未艾，起义农民驰骋在五省广袤的崇山密林间，使清统治者顾此失彼，狼狈不堪。与此同时，在东南海上，爆发了蔡牵领导的浙闽二省渔民的抗清斗争。

乾隆中叶以后，浙闽粤沿海地区对外贸易相当繁荣，海上交通甚为发达。沿海人民多以海运、渔、盐为业。可是，封建统治者对他们进行残酷的压迫和剥削，不让人民安居养息。一七九〇年（清乾隆五十五年），闽浙总督伍拉纳就曾具奏，“请将福建所属海岛四百五十七处，浙江所属海岛五百六十处，所有民人搭盖寮房悉行烧毁”①，断绝百姓活路。此外自然灾害频仍，有加无已，据福建《同安县志》记载，自一七八七年至一七九五年（清乾隆五十二年至乾隆六十年），几乎年年都有灾患，尤以一七九四年（清乾隆五十九年）十月漳泉二府的大水灾，受害最为惨重。人民受尽苦难，而统治者却私囊充盈。乾隆末年政治腐败，贪官污吏作恶多端，总督伍

① 《福建通志》，《清纪》。

拉纳、巡抚浦霖和府县官吏十余人，贪污受贿赃款达百万两之多。据后来查抄浦霖原籍，藏银竟达二十八万四千三百余两，黄金七百余两。查抄伍拉纳在京家产时，“得银四十万两有奇”①，仅金玉如意一项即有一百余柄。这些都是东南沿海百姓的血汗脂膏。天灾人祸使挣扎在死亡线上的贫苦渔民、船工走投无路，无奈铤而走险，造反下海。一七九五年五月，泉州曾爆发饥民包围总督的“乞食”风潮。据宗室德瑞奏称：“查闽省近来洋盗充斥，兼漳泉被水后，失业贫民无不出洋为匪。”②

蔡牵，福建同安县西浦乡人，生于一七六一年（清乾隆二十六年），父母早亡，自幼孤苦伶仃。据《厦门志》说他“以弹棉花为业”③。乾隆五十九年，率失业无业渔民、船工在漳泉一带海面起事。他为人多谋善断，崇信重义，体贴下属，深得群众拥护。他们藐视朝廷，自立规章，凡出洋商船须纳通行税，保护安全通过，公开与清政府的哨船对抗，“哨船不敢近盗船，见商船则横索货财，商船不与，便指为盗船”④，激起商人对清政府的严重不满，反而同情“盗船”。

早在蔡牵下海之前，乾隆末年，浙闽海面就有凤尾、水澳等帮，从事海盗劫掠活动。参加的人都是贫苦受压迫者，“有冤抑难伸，忿而流于寇者；有货殖失计，困而营于寇者；有功名沦落，傲而放于寇者；有佣赁作息，贫而食于寇者；有知识风水，能而诱于寇者”⑤。蔡牵初时，也是其中的一支。后来，浙闽粤海上的各帮逐渐联合，有的归附于蔡牵，主要活动在闽浙洋面；有的归附于朱濆⑥，主要活动在广东洋面。蔡牵的力量不断增长，由一般的海盗劫掠活动发展到反对清朝统治的政治斗争。

---

① 《福建通志》，《清纪》。

② 《清仁宗实录》卷二。

③ 《厦门志》卷十六，《旧事志》。

④ 《皇朝经世文编》卷八十五。

⑤ （道光）《重纂福建通志》卷八十七，《海防》。

⑥ 朱濆，原为漳州走私商人。据《厦门志》卷十六记载：“家富饶，好结纳，与盗通。里欲首之，挈妻子浮海去。后为盗，有船数十艘，自称海南王”。

一八〇二年（清嘉庆七年）五月三十一日，蔡牵率船队乘夜攻下厦门海口的大小担山炮台，数百人蜂拥上山，摧毁其炮位①，这是蔡牵向清军主动出击的开始。清政府鉴于蔡牵艇高船大，清水师战船无法战胜，于是由浙江巡抚阮元奏请，命水师提督李长庚监造大舰三十，名“霆船”，铸配大炮四百余尊，加强了清朝的海上镇压力量。本来，由于凤尾、水澳等帮的加入，蔡牵实力表面得以壮大，但是这些帮伙毕竟是海盗出身，缺乏组织纪律，习惯于劫掠财货，为所欲为，不受约束。一八〇二年冬，水澳帮首领林亚孙部为浙江清兵所败，余众及凤尾帮侯齐天的一部分，有船十七艘，自为一队，不受蔡牵指挥。当时蔡牵率艇五十艘活动于闽海，以侯齐天不受号令而诱杀之。侯的余部即由张阿治所统，改号新兴帮，进踞浙海。所以，凤尾、水澳等帮余部不久即与蔡牵分离，并未形成统一的抗清力量。

蔡牵于一八〇三年（清嘉庆八年）二月移师浙江定海普陀山，李长庚率大队尾随，乘其不备，突然袭击，蔡牵仓促应战，损失惨重，不得已退兵福建海面，只剩船二十四艘，而且粮硝已尽，帆索朽坏，清水师又据上风，进退无路。蔡牵采取诈降手段，向闽浙总督玉德“乞降”。“玉德遣兴泉兵备道庆徕赴三沙招抚之”。当时蔡牵提出“果许我降，勿令浙师上风逼我”②。玉德允其所请，遂下令李长庚部收港勿出，蔡牵于是乘机修船备械，补充粮饷，然后扬帆而去。

定海之战，清水师霆船充分发挥了优势，蔡牵船队无法与之匹敌。退兵以后，蔡牵用厚金向闽商订造巨艇，高大过于霆船，建成后商人满载粮械货物出海交船，以被劫为名，向清政府报告。蔡牵得巨艇，如虎添翼。嘉庆九年夏季，移屯台湾海面，截洋船大米数千石，并以大米分济广东海面的朱濆所部，双方联合，集中大船八十余艘，猝然进入闽海，福建水师不敢出战。恰好当时温州总兵胡振声率浙船二十四艘至闽运木，总督玉德即令胡振声迎敌，而闽水师却不予支援。结果，胡振声失败战死，蔡牵、朱濆合部大获全胜。清廷又急又气，逮金门镇总兵吴奇贵、副将张世熊等，治以不援之

① 参见闽浙总督玉德：《建盖大小担山寨城纪略》。
② 魏源：《圣武记》卷八，《嘉庆东南靖海记》。

罪，并令李长庚总统闽浙水师，专门对付蔡军。一八〇四年（清嘉庆九年）九月，蔡、朱联军出动船艇百余艘，进攻浙江，李长庚率各镇水师于定海应战。蔡朱船队排一字阵，被李长庚水师从中间突破。李长庚命其他各镇追剿朱渍船队，自率军攻击蔡牵船队，切断了蔡、朱两部的联系，结果，蔡牵战败退走，指责朱渍没有出力援救，朱渍不满，率部离去，联合破裂。

一八〇五年（清嘉庆十年），蔡牵船队在闽浙海上屡遭挫败，漂泊无所依托，于是决意夺取台湾，建立据点，出动八十艘船只，首先取下淡水，告祭天地，发布文告，宣布"镇海威武王"，建元"光明"，表示"光复明朝"的决心。蔡牵在台登陆后，得到淡水、凤山等地区义军首领洪老四、吴淮泗、周添寿、陈番、陈棒等的热烈响应，队伍壮大至两万多人，连战皆捷，攻占州仔尾，沉舟填塞鹿耳门，阻止清兵增援，部队进而包围台湾府城。一八〇六年（清嘉庆十一年）一月，李长庚率船队赶到，蔡部因分兵与李部作战，未能攻下府城。不久，金门总兵许松年、澎湖副将王得禄等率部队由大港绕安平港进攻，李长庚扼南北二汕阻击，双方进行了殊死激战。二月，蔡部在北汕受困，幸而风潮骤涨，鹿耳门沉船被掀起漂出，蔡牵乃率余部经鹿耳门退出台湾。三月，"诏责玉德历年废弛，致贼气日炽，且福建水陆官兵七万有余，调渡台者不过三四千，岂能灭此二万有余之贼"①。不久，诏逮玉德，以阿林保代闽浙总督。李长庚也因此坐罪，"诏夺花翎、顶戴"。

一八〇六年六月，蔡牵回师复泊鹿耳门，与清军激战后败退。是年秋，蔡军在渔山又与清兵交锋，李长庚受伤，以后又在竿塘等处的闽浙海面连续接火，互有伤亡。

蔡牵义军同沿海百姓有密切联系，得到群众的援助。"时邑有奸商每以食粮火药潜济牵，一日某商行发挑皮蛋数千，一担夫息酒肆，拟以担中蛋下所沽酒，乃取一枚去泥壳，不意内皆火药，遍验皆然。"② 即使李长庚也不得不承认：蔡牵"在鹿耳门窜出，仅余船三

① 魏源：《圣武记》卷八，《嘉庆东南靖海记》。

② 毛祥麟：《墨余录》。

十，篷朽硝缺，一回闽地，装篷燂洗，焕然一新，粮药充足”①。义军在清统治者眼里是“逆贼”，但在百姓心中却是豪杰，不仅沿海人民支持他们，就是清朝官兵中，也有与之相通的，“弁兵私通巨盗……不独漳泉为然，即沿海各省份营兵等，亦有暗通洋匪”②。由于得到多方支持，义军不只是在军需给养上得到及时补充，而且对清政府内部情况了如指掌，“贼之间谍，四布省郡，营汛之间多有耳目，考棚开门，蔡牵已知题目，他可知矣”③。

清统治者虽集中闽浙粤水陆兵力，不断修筑船艇，坚舰利炮，以绝对优势压倒蔡牵军。但此时它内部贪污腐败，习为风气；官员之间，援引倾陷，党同伐异；吏治军政败坏，几不可收拾。台湾战役之后，玉德褫职逮问，新任闽浙总督阿林保下车伊始，就和李长庚大闹矛盾④，向嘉庆帝三疏密劾。嘉庆帝密查核实，责斥阿林保，“甫莅任旬月，即专以去长庚为事，倘朕轻信其言，岂不自失良将？嗣后剿贼事责成长庚一人。阿林保倘忌功掣肘，则玉德即其前车之鉴”⑤。

一八〇七年（清嘉庆十二年）清廷进一步部署剿灭海上义军的计划，一面坚壁清野，义军在海上活动，粮食、火药、船只以及淡水均需取给岸上，清政府“于各海口巡防严密，使一切火药米石概得杜绝，不得稍有透漏”⑥；另一面统一事权，责成李长庚负责军事行动，并拨巨款赶造大船，增强战斗力。此后，清军与蔡牵部屡次遭遇，蔡部失利。一八〇八年（清嘉庆十三年）一月二十一日，李长庚偕同福建水师提督张见陞统兵尾追蔡部，穷其所向，追逼义军至黑水外洋。时蔡牵所部只剩大船三艘，小船十余艘，指挥船的舵

---

① 《清史稿》，《列传》一三七，《李长庚》。

② 《清仁宗实录》卷五十八。

③ 《皇朝经世文编》卷八十五，《陈庚焕答温抚军延访书》。

④ 据昭梿《啸亭杂录》云：“阿林保见贼势难结局，置酒款长庚曰：‘大海捕鱼，何时入网？然海外无左证，公但斩一假蔡牵首至，余即飞章报捷，而以余贼归善后办理，则不惟公受上赏，余亦当邀次功，孰与穷年冒鲸波侥万一哉？’长庚慨然曰：‘石三保、聂人杰之事，长庚不能为，且久视海舶为庐舍，不畏其险也，誓与贼同死，不与贼同生’。闽督不怿。”

⑤ 魏源：《圣武记》卷八，《嘉庆东南靖海记》。

⑥ 《清仁宗圣训》卷四十，嘉庆十四年九月十二日。

篷被打破，势穷力竭，仍英勇迎敌，而闽粤水师则数十倍于义军，战斗的态势对清兵绝对有利。李长庚稳操胜券，趾高气扬，贪功心切，自以火攻船挂蔡坐船后艄，欲跃登活捉蔡牵，不料蔡船尾急发一炮，正中李长庚喉咙，当即毙命。清兵指挥船失去统帅，顿时混乱，时闽水师实力雄厚，只要坚持围击，蔡牵部将遭全军覆没。可是提督张见陞昏庸懦怯，见李长庚死，恐惧万状，下令闽水师迅速撤离，退出战斗。蔡牵部幸免被歼的命运，但因实力损失过大，亦退至安南海面休整。李长庚之死，使清政府十分震惊，嘉庆帝自称“览奏心摇手颤，震悼之至”，追封李长庚为三等壮烈伯，以李之部将王得禄、邱良功嗣其任，进一步围剿蔡牵军。

蔡牵军连续作战，伤亡重大，元气已经大损，其部下王铎、王准与郭秋等意志不坚，先后投降于清军，蔡牵的义子蔡天来，英勇善战，也被清军杀害。虽然在外洋休整，一时也难于恢复。不久，蔡军自安南海面回师，在粤海得到朱渍的接济，并与朱渍部联合进入浙江海面。在浙江，又得到新兴帮张阿治部的响应，颇有声势。只是他们的联合终究没有坚实基础，当时浙江巡抚阮元施用离间计，使蔡、朱之间发生矛盾，朱渍便率所部进入闽海，舍蔡牵而去，不久被总兵许松年追击围攻，受炮伤而死。至第二年（一八〇九年，清嘉庆十四年）七月，其弟朱渥率众三千多人，船四十二艘，炮八百余尊投降清朝。蔡牵力薄势孤，退回闽海。接着新兴帮张阿治也率其党五百人，炮八十余尊投降。于是，清朝集中闽浙两省水师，由福建提督王得禄、浙江提督邱良功统率，专门对付蔡牵军。

一八〇九年九月，闽浙水师与蔡牵军交战于浙江的渔山海面。清兵踞上风，蔡牵恐被包围，挥舟向东南方向移动，转战至黑水深洋，经一昼夜至第二天午后，又转战近绿水内洋。清水师恐日暮后蔡军乘势退兵外洋，更加紧进击，双方骈舟血战，邱良功亲率浙主舰撞蔡牵坐船，篷索相纠，浙舟篷坏，义军以椗冲浙船，短兵相接，矛贯邱良功之腓，浙舟败退下阵。但清兵船多炮多，王得禄率闽舟重新扑上，蔡牵船队被层层分割隔截，无法支援蔡牵主舰。双方搏斗多时，蔡坐船以寡敌众，殊死抵抗，全船伤亡极重，只剩三十余人，炮弹铅丸打尽，终因清兵炮火猛烈，烟雾蔽海，血溅浪涛，王得禄以其坐船冲断蔡牵船舵，船尾着火，势不可挽，“牵乃首尾举炮自裂其船沉于海”①。这次战役，海上义军牺牲殆尽，失去领导人，余部败退。清廷剿抚兼施，第二年（一八一〇年，清嘉庆十五年），义军全部失败。

蔡牵领导的东南沿海渔民的反清斗争，基本上是官逼民反，百姓走投无路，不得不举起武器，以求生存。它缺乏明确的政治目标，没有统一的领导，不注重对海岸陆地、岛屿人民的发动和建立适当基地，在清朝强大兵力的进攻下，长期漂泊海上，得不到陆地反清斗争的呼应，其最后失败是不可避免的。但是，它纵横闽浙粤三省海面，转战达十四年之久，给予日趋腐败的清王朝以沉重打击，成为各族人民抗清斗争的一个组成部分。

二、李文成领导的天理教起义和陕西三才峡木工的抗清斗争

东南海上渔民的抗清斗争被镇压后四年，在我国河南、山东、河北等地又爆发了李文成、林清领导的天理教起义。接着，陕西三才峡木工也起来造反，人民反抗的怒火在北方蔓延开来。

滑县李文成起义遗址

① 《同安县志》卷三十，《人物录·武功》，《王得禄》。

天理教又名荣华会，系白莲教的一个支派，其基本教义与白莲教大致相同，信奉“三际说”，以“真空家乡，无生老母”为“八字真言”，主要经卷有《三佛应劫书》。天理教徒众以八卦作为分股名目，在北方各地积极发展组织，故又名八卦教。

川楚白莲教起义失败后，天理教秘密隐蔽在北方广大农村中，用宗教活动作掩护，又针对当时土地高度集中、农民无地少地的现状，提出入教缴纳“根基钱”（或称种福钱），事成后即可分得地亩的主张①，以此号召和发动下层群众。著名的教首有李文成、林清、冯克善、牛亮臣等。

李文成，河南滑县谢家庄人，木工出身。一八一一年（清嘉庆十六年）在教内被拥戴为教首，掌管“震卦”。因为“震卦为七卦之首，取帝出于震意，习教者听其约束”，所以李文成“兼掌九宫，统管八卦，众至数万”②。当时河南民谣中有“若要红花开，须得严霜来”之语，又经卷《三佛应劫书》谶示“十八子明道”，李文成便自称“严霜十八子”③，提出该由“李姓应世”。林清，本籍浙江，久居直隶大兴县黄村，原为大兴巡检司书吏。一八〇六年（清嘉庆十一年）加入荣华会，因其轻财好义，“有告贷者，辄给之，乡村仰食者万余家”④。因而为教民所拥戴，掌管“坎卦”。林清传教活动在河北各地，尤其京畿附近，教徒中除农民、小市民、说唱卖艺者外，还有下级吏役和宫禁中的低级太监。这一层社会势力对以后的起义发挥了重要作用。其他有“乾卦”首领山东定陶人张廷举，“艮卦”首领河南虞城人郭泗湖，“巽卦”首领山东城武人程百岳，“离卦”首领山东城武人张景文，“坤卦”首领山西岳阳人邱玉，“兑卦”首领山西岳阳人侯国龙等，“俱分隶震卦”。

一八一一年春，三省教首李文成、林清、牛亮臣、冯克善等在滑县聚会，磋商起义与联合行动事宜，决定“八卦九宫林、李共掌”，林清封号“天皇”，冯克善封号“地皇”，李文成封号“人皇”，“约分地土，清取直隶，李得河南，冯割山东”⑤。这一年林

① 参见《钦定平定教匪纪略》卷二十五。

②③④⑤ 兰簃外史纂：《靖逆记》卷五。

清三次抵滑县，与李文成商讨大计。李文成曾“专研算术，旁涉星家象纬，推演颇验”①，扬言星象示变，有星射紫微垣，主兵象，将要大动干戈，为起义制造“天意”的依据。一八一二年（清嘉庆十七年）二月，各地教首大会于滑县的道口镇，决定“应在酉之年，戌之月，寅之日，午之时，故以十八年九月十五日午时起事”②。

李文成等对起义作了周密部署，规定起义口号：“明号是奉天开道，暗号是得胜二字”；起义的标志，一律举白旗，白布裹头系腰，做到“劫前七日，白旗传遍”，发动时须把“奉天开道白旗届时插于门首，可免杀害”③。是年十二月，李文成至大兴县黄村会见林清，密约李文成先在滑县发动起义，河南、山东、直隶同时揭旗造反后，立即直趋京畿，林清则在北京城内发动，与李文成等起义军里应外合，捣毁清朝统治中心，夺取北京城。一八一三年（清嘉庆十八年）八月林清复至滑县，最后确定起义的步骤策略。林清返回黄村后，李文成又派其养子刘成章往林清处，以保持联络，并告林清，“九月十五日河南兵必至京，公专为内变”④。起义的时间已经十分紧迫了。

河南天理教在李文成直接领导下，集中全力从事各项准备工作，“私买战马，蓄养士卒，铸造甲仗，颁分旗号”⑤，准备响应起义者与日俱增。牛亮臣在滑县大伾山之东坡，专门组织教徒数百人铸造军械，李文成在谢家庄大犒起义军，进行宣传鼓动。因为人多势众，机密泄露，被官府侦知，滑县知县强克捷一面密报巡抚高杞请兵镇压；一面先发制人，于九月二十八日（农历九月初五日），派衙役将李文成、牛亮臣等首领逮捕下狱。审讯时李文成“坚不吐实”，遭毒打，以致“两股顿烂”，足胫也被夹断，“又杖牛亮臣数百，血流遍体”⑥。李文成、牛亮臣被捕，起义消息外泄，形势危急。义军部将宋元成等认为，“今事已急，十五日之期断不及待，此间兵食既足，

①②④⑤ 兰簃外史纂：《靖逆记》卷五。

③ 《钦定平定教匪纪略》卷三十三。

⑥ 兰簃外史纂：《靖逆记》卷三。

鼓行而前，径取滑县，据而守之，直隶之开州、长垣，山东之金乡、定、曹，皆吾声援，官兵四路牵制，措手不及，然后成师以出，数百里可传檄而定也”，“众从之”①。于是，一八一三年九月三十日，宋元成等聚集滑县教徒五千多人，攻陷滑县县城，从狱中救出李文成、牛亮臣等，杀知县强克捷和巡检刘斌，提前起义。

河南天理教起义爆发后，李文成在滑县署内“设羽帐”，“树大纛，书大明天顺李真主七字”②，以牛亮臣为军师，宋元成为大元帅，同时大封诸卦主为诸卦王，各首领为各宫伯、卦伯，各类先锋、总管，计受封者达九十余人之多③。接着攻占了滑县附近的军事据点和屯粮要地道口镇，重兵围困北上要道濬县，扩大影响，号召各地教徒响应。

九月二十九日，长垣县知县赵纶率兵赴与滑县交界之苇园村搜捕“习教之人”，被教徒包围并扎伤致死，长垣县天理教就此起义，占领了该县春亭集。十月三日，山东定陶教徒两三千人占据县城，开狱放囚，处死知县、典史等官吏。四日，山东曹县天理教首领马朝栋率百余人直入县署，杀死知县，劫狱开库。于是，河南、山东边界的滑县、长垣、曹县、定陶等地都被天理教所控制，“联为一气”，声势大张。直隶总督温承惠忙向北京“飞书告急”，清廷闻讯，命令温承惠带兵会同河北镇总兵色克通阿由北面防御；令河南巡抚高杞“紧防西南”；山东巡抚同兴巡防山东边境；徐州总兵徐洪北上。④ 当时清统治者对这次起义的严重性认识不足，把它看做地方性的小起义，虽也指令要“添兵并力歼除”，可是兵力的调动和部署，却着重在“防堵”、“夹击”和“勿令匪渡河滋蔓”方面。只是到了十月八日（农历九月十五日），天理教攻打北京皇宫事件之后，清统治者才从昏聩中惊醒过来，全力以赴镇压这次起义。

---

① 兰簃外史纂：《靖逆记》卷三。

② 兰簃外史纂：《靖逆记》卷五。

③ 参见那彦成：《那文毅公奏议》卷三十二、卷三十三。

④ 参见《钦定平定教匪纪略》卷一。

滑县李文成起义提前发动，由于清兵的堵截拦阻，队伍未能迅速北上，而林清在北京对滑县之变一无所知，消息断绝，仍按原计划部署进行。林清联络了教徒二百人，准备直冲宫禁，打烂清朝皇帝的老巢。这二百人分成东西两队，于一八一三年十月八日乔装改扮，潜伏在东华门、西华门外，由太监接应、夺门入宫。东队由陈爽居首，刘呈祥押后，太监刘得财、刘金引路，进入东华门；西队由陈文魁居首，刘永泰押后，太监高泰、高广福引路，进入西华门。太监王福禄、阎进喜居中援应，规定进入大内后，由陈爽指挥战斗，而林清坐镇黄村，等候河南兵至。

进入东华门的起义教徒，很快被司阍官兵发觉，护军急忙关闭城门，起义教徒冲入宫廷仅十数人，经过激烈搏斗，终因路径不熟，力量单薄，最后被擒被杀，“而官兵受伤者亦多”①。西路义军，则于中午全部进入西华门，先攻尚衣监文颖馆，然后攻打隆宗门，可惜耽误了时间，门已关闭，宫廷内展开一场浴血战斗。至今隆宗门匾额上仍有当年作战留下的箭镞的痕迹。起义者陷身虎穴，以寡敌众，全无畏惧。有的由门外诸廊房越墙而入内宫，但因人数太少，全被枪杀，大部分则受阻于隆宗门外。当时，清室诸皇子旻宁（即后来的道光帝）等正在上书房，闻变戎装上阵，登城垣，以鸟枪射击起义者。至午后申时，留京诸王及内务府大臣引兵入神武门增援，镇国公奕灏将准备派往滑县镇压天理教的火器营一千多官兵调入宫内，才把起义者残酷地镇压下去。进入皇宫的起义教徒英勇搏战，打死宫廷侍卫护军等四十一名，打伤六十名。起义教徒三十一人牺牲，四十一人被俘。十二日在黄村等候消息的林清被清兵逮捕，不久与其他起义者一同被磔死。

攻打皇宫事件使北京城陷于一片混乱。“禁城遇变，人情惶惧，讹言四起，惊扰达旦”，“居民仓皇无措者四日”②。虽然起义很快被镇压下去，清统治者仍心有余悸，如临大敌，禁城各门增派五大营

---

① 昭梿：《啸亭杂录》卷六，《癸酉之变》。

② 兰簃外史纂：《靖逆记》卷一；昭梿：《啸亭杂录》卷六，《癸酉之变》。

官兵守护，“持械林立，防范紧严，禁城内王大臣昼夜搜拿”①。十月十二日（农历九月十九日），嘉庆帝驻跸烟郊行宫，颁示“罪己诏”，惊呼这次“变生肘腋，祸起萧墙”的事件，实为“汉唐宋明未有之事”②。哀叹“齐豫骚动，阙下震惊，惟椎心挥泪，宵旰仰求上苍赦罪，此外无可言矣”③。嘉庆的诗中又说“从来未有事，竟出大清朝”④。可见，攻打皇宫，虽因条件不成熟、力量对比太悬殊而失败，但它对清朝统治者的打击却是十分沉重的。

天理教在京城的斗争被血腥镇压下去，清统治者惧怕刚刚扑灭的白莲教起义可能重演，紧急抽调精锐兵力，力图以最快速度将滑县正在燃烧的起义烈火扑灭。当即命陕甘总督那彦成代替温承惠为直隶总督，并委以钦差大臣，节制山东、河南各路清兵的重任。命工部侍郎、护军统领庆祥等率健锐、火器二营清兵；命陕西提督、镇压白莲教起义的刽子手杨遇春及杨芳等率陕中兵；又传谕西安将军穆克登布率清兵一千，副都统富僧德率马队一千，徐州总兵徐洪率兵数千协同围剿。

十月三十一日（农历十月初八日），那彦成兵抵河南卫辉一带，因滑县大伾山、道口一带起义军声势浩大，乃屯兵不敢遽进，上书嘉庆帝要求增调山西兵、甘肃兵、索伦兵赴营。嘉庆帝求胜心切，见到那彦成的请求，十分恼怒，谴责那彦成“汝于初八日抵卫辉，初十日接钦差大臣关防，十三日发折时仍在卫辉驻扎，并未至濬县军营，乃云现有之兵不敷分剿……实属畏葸迁延之至”⑤，大骂那彦成“迟疑不进，逗留观望……忍心病狂，天良何在，非阿桂之孙，非朕之臣”⑥。可是那彦成却对人曰，“昔川楚之所以失事者，皆兵力未集而遽与之战，反为所败，是以人心震慑不敢复撄其锋，以致蔓延日久也，今吾当厚集兵力，一鼓灭之”⑦，为自己的胆怯辩解。

---

① 《托津奏折》。
② 《清仁宗实录》卷二七四，嘉庆十八年九月十七日。
③ 《清仁宗御制诗三集》卷十六，《责己述怀》。
④ 同上书，《有感五首》。
⑤ 兰簃外史纂：《靖逆记》卷三。
⑥ 《清仁宗实录》卷二七七。
⑦ 昭梿：《啸亭杂录》卷六，《滑县之捷》。

在嘉庆帝的再三催促下，那彦成才率兵向道口一带移动。

十一月初，杨遇春、温承惠、高杞、马瑜等率兵进抵道口附近攻占起义军的据点周潭村、连庄、罗家寨、丁栾集。十三日，起义军于中市所设伏，与清兵激战，“官军奔败，杨遇春所领千总李洪春、外委柯玉皆战死”①。此后，起义军撤回道口，“挑挖深壕”，“坚闭不出”。清军分七路围攻道口，以大炮轰击，马步四面环攻，击溃从滑城、桃源等地前来增援的起义军数千人。道口义军兵力虽为数不少，但困守一小镇，无法发挥能进能退、可分可聚的优势，又缺乏正规作战的经验，很快被清兵攻破。起义者伤亡很大，居民房屋被清兵“全行烧毁”，镇内“尸骸枕藉，盈街满屋”②，惨不忍睹。

道口失陷，李文成的大本营滑县顿失屏障，完全暴露在清兵枪炮之下。那彦成迅速进兵滑城，以一万三千余清兵围其三个城门，正北门与西北门因缺兵力无法围堵，那彦成害怕起义军弃滑县他走，战争将蔓延而难以收拾，急奏：“臣之兵攻城则有余，围城则不足”，要求速调陕甘兵、吉林黑龙江马队增援。可惜起义军的经验不足，没有采取流动战术以避开清军的主力，却轻信佯降的清吏教谕吴某的“献策”，说过去白莲教起义所以失败，“因其不据城池无所固守故也，今可高筑雉堞，闭关自守，以待他郡接援，然后会师北上，始能保万全也”③。就这样，死守城垣，使清统治者有时间调集更多兵力，将滑县团团围住。义军几次作战，均失利。山东、直隶各处响应的天理教徒亦被清军各个击破，滑县陷于孤立，危在旦夕，局势对天理教起义军十分不利。

当时，在桃源的南湖将军刘国明为了救援李文成，亲率八百义军，取道清兵围困薄弱地带北门苇塘区，夜入滑城，以轻车载胫伤的李文成出城。李文成此时已悟死守滑县之非计，于是集合义军四

---

① 兰簃外史纂：《靖逆记》卷三。

② 那彦成：《那文毅公奏议》卷十九。

③ 昭梿：《啸亭杂录》卷六，《滑县之捷》。

千余人，西进太行山攻下辉县山内的司寨。但时机已经错失，清总兵杨芳、侍卫苏伦保等率兵追击，逼近了司寨。十二月十一日，清军少数兵力诱骗义军出司寨，进入设伏圈，然后以马步两翼夹击，迫使义军退保南首山。义军虽殊死决斗，“以巨石掷官军，登高而战”①，但因陷入埋伏，被清兵上下夹击，又截断去路，损失二千余人，“官军进薄司寨，围之数重”。

十二月十二日，进攻司寨的战斗开始。司寨背山临川，沟深墙固，便于防守。清兵越壕而入，从早晨打到中午，战况十分激烈。“衔矢裹创，饮血苦战，尸如山积”②。至下午，寨墙一角被毁，清兵冲入寨内，展开短兵巷战，义军退据民房。“司寨有民房三百楹，砖石作墙，纵横高耸，又有碉楼十余座，亭亭屹立，坚不可破”，义军“据险掷石，枪炮齐发，官军死伤甚众”③。战斗延续至天黑，仍相持不下。凶残的杨芳，便下令举火焚寨，且焚且攻，“须臾烟焰蔽天，贼尸塞路，有冒烟突火焦头烂额而逸者，悉生缚之”④。最后李文成、刘国明等被围困于一碉楼，杨芳等率众登楼，妄图活捉立功，只见楼上闪出一将，“自称刘国明，持刀跃出，击杀兵士数人”，刘国明也英勇牺牲。杨芳下令喊话，“有能擒李文成来献者，受上赏；文成若投出，余贼皆免死”。起义军大义凛然，“大呼李文成在此，欲杀即杀，断不肯降”。清兵层层围困，冲入碉楼，李文成等即举火自焚，“众数十人群相拥抱而死”。“是役也，寨内之贼数千，无一人得脱者”⑤。

天理教教首李文成的牺牲，使起义面临迅速瓦解的危险境地，只剩下滑县最后一个据点了。滑县“城坚厚，外砖内土中沙，大炮攻之，遇沙而止”⑥，所以“官兵围之，数旬不克，贼守愈坚”⑦。司寨战役后，清统治者集中兵力，作好充分准备，加强对滑县的攻势。一八一四年（清嘉庆十九年）一月一日，那彦成下令各路兵马同时对滑县五个城门发起攻击，清兵暗挖地道，埋下炸药，

①②③④⑤⑦　兰簃外史纂：《靖逆记》卷三。

⑥　魏源：《圣武记》卷十，《嘉庆畿辅靖贼记》。

不久城西南角炸药轰发，城垣崩裂二十余丈。清兵冲入南门，接着各门皆破，城内展开激烈的争夺战，酣战一昼夜，双方伤亡甚大。二日，义军依民房抵抗，仍控制城内据点五六十处①，清兵无可奈何，纵火焚烧民房，局势十分危急。义军首领牛亮臣、徐安国劝李文成妻子张氏装扮难民出城，但张氏毅然表示："城亡与亡，不死者非英雄，乃挥刀巷战，击杀数人，阖户自缢"②。这位女起义者同她的丈夫李文成一样，在敌人的屠刀下，不屈不挠，无所畏惧，英勇就义。

滑县陷落了，起义军惨遭杀戮，大元帅宋元成阵亡，艮宫王王道隆、震宫王刘荣顺、巽宫王冯相林、坎宫王尹振、乾宫王寿光德等首领全部壮烈牺牲。牛亮臣、徐安国被械送京师，磔死枭首。天理教轰轰烈烈的起义就这样被清统治者残酷地镇压下去了。

一八一四年一月，正当清统治者忙于最后镇压天理教起义的关键时刻，陕西岐山县三才峡木工也爆发了武装斗争。

岐山县地处南山老林地区，历史上曾经是白莲教艰苦斗争的基地。这一带跬步皆山，路径丛杂，到处覆盖着茂密的原始森林，各处无地的破产农民，颠沛流离，纷纷来此开荒度日，因而不少商人，利用这里的丰富资源和廉价劳力，开设木厂、纸厂、炭厂，或开采铁矿，铸造农具、铁锅等，谋取厚利。

木商开设的木厂在当地称为"木厢"。木商用包谷雇用木工，砍伐树木，然后锯成木板运出山外。嘉庆十八年，南山秋雨连绵，包谷歉收，粮价上涨，木商们以包谷雇夫役获利顿减，于是纷纷停工，致使当地木工失业缺食，面临饿死的威胁。岐山县三才峡木厢包头③万五（即万全忠），带领二百多木工到厢主处借粮，厢主不借，并对他们横加辱骂。木工们走投无路，愤怒地夺取厢主粮食，万五遂率众起事。

---

① 参见那彦成：《那文毅公奏议》卷三十一。

② 兰簃外史纂：《靖逆记》卷五。

③ 包头系木厢中带领工人从事水陆运输之人。严如煜：《三省边防备览》卷十。

造反木工南下鄠县入山，在独独河、青龙寨、佛爷滩、厚畛子一带，焚烧木箱，攻破地主的寨堡，当地木工从者日众。在古子沟有“二百多人，执大红旗”起事；在鄠县紫阁峪三百多人起事；在小三涧有五百多人起事。① 这些小股队伍，很快汇成拥有四五千人的起义军。接着，万五重新部署其众，把队伍分为五号（即黄、青、红、绿、白号），各号首领称元帅，下设先锋、总兵等，各号时分时合，相互呼应。

当时清统治者正忙于集中兵力对付天理教起义，无暇顾及。陕西巡抚朱勋告急，嘉庆帝只能从甘肃兰州调陕甘总督长龄率一千五百人，星夜赶到陕西，并命那彦成限期剿灭天理教起义，然后移兵会剿木工起义。清统治者根据镇压白莲教和天理教起义的经验，告诫围剿部队勿得以招抚了事，定要武力镇压，“以后招抚二字，该督抚不得存之于心，亦不准形之奏牍，若不遵旨暗行招抚，则非我国之臣子也”②。一八一四年一月中，杨遇春率步兵及吉林、黑龙江马队赶到陕西，并调任杨芳为陕西西安总兵，加强对三才峡木工抗清斗争的镇压力量。

一月十八日，木工义军在西江口之平木山等处与清兵激战。是役木工义军损失很大，有江元帅、何元帅、大旗手等十数员将领战死，万五被逼退入太白山老林，转战深山之中。二月一日薄暮，长龄、杨遇春、朱勋等会师老君岭，并在宽沟口设下埋伏，专等义军落网。次日凌晨，万五率众进入伏圈，清兵发起进攻，义军突遭袭击，战斗失利，万五受伤被擒，壮烈牺牲于阵前。义军战死大半，其余由另一首领陈四率领退入老林，最后终因被清兵诈骗设伏歼灭，陕西三才峡木工斗争就这样被镇压下去。

在此期间，还有江西的胡秉辉等，凭借残书所载阵图及俚语，拥一朱氏子，建号“后明”，号召起事，起事不久，即被地方官军所剿灭。

---

① 参见《钦定平定教匪纪略》卷二十五。

② 兰簃外史纂：《靖逆记》卷四。

三、赵金龙领导的湖南、广东瑶民起义

嘉道年间，吏治日堕，民生益困，反抗斗争纷至沓来，清朝封建专制制度，把全国变成统治和奴役各民族的监狱。同汉族农民群众一起，各地的少数民族也揭起义旗，抗清斗争方兴未艾。

湖南衡永郴桂四州郡和广东的连州、广西的全州等，是我国少数民族之一——瑶族世世代代生息和劳动的地区。清政府对瑶族推行民族歧视政策，当地官吏，或横征暴敛，巧立名目，敲诈勒索，对瑶族人民倍加剥夺；或纵容不法商贾，诓骗憨厚朴实的瑶民，如"道光中，瑶人入江华市易银，贾人夹锡与之，觉而往请更之，反怒骂击，瑶人归，集十余复往，贾讼县官，称瑶劫掠，尽捕下狱"①。瑶民在清政府和汉族地主、奸商的压迫欺凌下，郁积着反抗的怒火，尤以全国抗清风暴的影响，便爆发了赵金龙等领导的湖南、广东的瑶民起义。

赵金龙，湖南永州江华县锦田瑶族人，自幼在山区种地度日。道光十年（一八三〇）冬，有常宁县瑶族人赵福才，扬言精通仙术，书符治病，能知过去未来之事，声称瑶人中要出大瑶王，赵金龙与之结识，积极筹划起事。"然金龙谨饬无过，行居瑶中，通达能言亦未敢接内地土民，平居垦山，力作蓄积，时与群瑶祠祷神，益富厚……民每事陵借之，勿敢论曲直也"，"群瑶信服"②。

一八三一年（清道光十一年）八九月间，赵金龙、赵福才等假借巫术跳神祭鬼，发动瑶民群众，倡言复仇，大造起事谋反的舆论。第二年（一八三二年，清道光十二年）一月三十一日，赵福才发动广东散瑶三百六十余人，偕同赵金龙组织的湖南九冲瑶共六七百人，各以红布裹头为号，以红蓝旗在前引导，焚掠两河口，并书写告示，张贴村市，上有金龙元年字号。③

赵金龙率瑶民起义后，清江华知县林先梁、永州知府李铭绅、永州镇左营游击王俊、永州镇总兵鲍友智，纷纷督率官兵乡勇，分

①② 同治《桂阳直隶州志》卷二十三，《洞瑶》。

③ 参见周存义：《平定瑶匪述略》上。

路包剿堵截，但瑶民英勇善战，清兵不敢撄其锋。瑶民义军先据长塘的夹冲，二月下旬进入蓝山县境，时瑶民参加义军者达两三千人。因瑶军计划进占九嶷山作为基地，二月底攻入江华县的麻冈和宁远县的鲁观洞等处。

瑶民义军进入宁远后，湖南巡抚吴熊光、提督海凌阿先后率兵进逼宁远。一八三二年三月十五日海凌阿与宝庆协副将马韬行至池塘墟。海凌阿骄横自大，轻视瑶民义军的力量，“长驱入其境，兵不持刀矛，捆载以行，瑶伪为土民负其军器去，已乃大噪，官兵闻声奔走或自跪道旁，遂杀海凌阿及马韬”①。瑶军大获全胜，清兵之枪械尽为所得，赵金龙乘势复入宁远境。十九日，攻进新田县城，杀县令王鼎铭，在新田休整数日，又转入常宁县的洋泉。这一连串的胜利，犹如晴天惊雷，“官军望风败散，即诸夷一人持火枪入村市，千人惟所驱杀，东南兵不可用如此”，“瑶所长者登山险疾走，用小火枪百步命中，官兵闻瑶至则溃”②。

宁远战役以后，新田县毛栗山瑶民领袖赵文凤起兵响应，队伍迅速扩大。此时义军大致分为三股：赵金龙、唐八率领广东散瑶及江华锦田各寨起义瑶民为一股；赵福才、赵福青率领常宁、桂阳起义瑶民两三千人为一股；赵文凤、赵福明率领新田、宁远、蓝山起义瑶民两三千人为一股。湘粤边界的许多村镇均为瑶民义军攻克。

瑶民起义引起清统治者极大震惊，道光帝气急败坏，下诏：“赵金龙困兽反噬，伤我大员，国法不容，神人共愤，务要设法生擒解京，尽法惩治，毋任远窜。”③ 并提出了剿灭瑶民起义的恶毒策略，“敕诸将诱至山外平野之地聚而歼之”④。命两广总督李鸿宾、广西提督苏兆熊各防边界，湖广总督卢坤坐镇永州，统筹军务，调集镇筸苗疆的清兵一千六百多名，堵御隘口，余步云调补湖南提督，并

---

① 《桂阳直隶州志》卷二十三，《洞瑶》。

② 光绪《宁远县志》卷六，《武备·纪事》。

③ 周存义《平定瑶匪述略》(上)。

④ 魏源：《圣武记》卷七，《道光朝粤平瑶记》。

挑选得力将弁和精兵前来增援；又命湖北提督、镇压白莲教起义的刽子手、前乡勇团练头目罗思举亦率兵参加围剿。在衡州府、常宁、祁阳、桂阳、新田、嘉禾等州县要地，设重兵防守堵御，互为掎角，相机策应。

三月二十三日，在桂阳弥勒铺、簝口、大坪等处，赵福才义军与桂阳州知府王元凤、总兵鲍友智率领的清兵激战，瑶军腹背受敌，赵福才战死，队伍溃败，后并入赵金龙、赵文凤所部。

四月中，清兵云集于湘粤桂边界，赵金龙义军驻屯在新田之上流洞、杨家铺；常宁之羊泉镇、黄洞；桂阳之白水洞、茶楼等处，无论地形及力量对比，对瑶军都十分不利。南路之蓝山、宁远、江华俱为入粤门户，清军设重兵防范。北路则有总兵霍隆武驻兵桂阳，声势颇盛，罗思举率领大军从永州进击，同时增调永顺协副将祥福、沅州协副将马天保率镇筸、沅州兵一千二百名，配合罗部两路夹攻，使瑶军南北受敌，并扼其西通祁阳、道州、零陵之小路，节节提防，重重护守。

四月十九日，各股瑶民义军四五千人在清军的进逼下，纷纷汇集至常宁的羊泉镇。羊泉为入山的隘口，有溪通舟，镇长数里，垣墙坚厚，利于守御，但瑶军集中于一地，困守孤镇，消极地打防御战，不能发挥其山区作战之所长，必然陷入危险境地。清兵侦知瑶军部署之后，罗思举立即密檄北路霍隆武、祥福等清兵南移，又命相离较近的各卡隘官兵全数移营逼近羊泉，层层兜围。二十九日，罗思举利用兵力和火器的优势向羊泉镇发起进攻，瑶民义军奋起反击，退入民房，并力死守，杀伤清官兵甚众。清兵围攻四昼夜，轮番作战，设鹿角，放炮位，挖深壕，造木城，多次抢攻，都未能摧毁瑶军阵地。于是，罗思举采用镇压农民起义的惯用手段，大肆焚烧羊泉镇内的民房，义军被烧死烧伤上千人，但仍英勇抵抗。

五月八日义军领袖赵金龙战死，镇内粮米已尽，死伤累累。至五月十八日，义军尚有八九百人固守镇内房屋阵地，顽强抵抗。二十一日，罗思举率部由东南面，余步云率部由西面，总兵曾胜率部由北面，合力猛攻，云梯上墙，火弹炸药倾泻而入，摧毁瑶军占据的低层房屋，瑶军退入二层楼上。第二天，清兵仍用火攻，将二层大房全行烧毁，瑶军又退入另一楼房。二十三日又经过激烈战斗，“将贼众房屋全行烧毁，逆贼于烈焰中犹复用枪抵敌，二十五六日(即阳历二十四五日)，其从逆诸贼实已全歼，并无一名漏网”①。战斗结束，赵金龙之子弟妻女和首领赵文凤、李德明等全部牺牲，羊泉镇一片废墟，断壁残垣，尸骨遍地，清朝封建统治者凶恶残暴，对瑶族人民犯下了擢发难数的血腥罪行。

湖南瑶民起义得到各地瑶民的响应，广东赵子青领导的连州八排瑶民揭竿而起。

赵子青，广东连山瑶族人，自幼习巫师，与赵金龙素不相识。闻赵金龙造反，便发动瑶民响应。后得知赵金龙已死，遂宣称与赵金龙有师徒关系，自称瑶王，并封连山瑶民头目赵文典、赵仔瀊、赵友滇等为总兵。六月二日，赵子青率瑶民在沙坪地方与粤兵打仗，伤毙清官兵二十余名，然后聚众三四百人进入湖南蓝山、江华的山中，沿途瑶民热烈响应，参加起义部队达二千余人。

罗思举、余步云镇压赵金龙起义之后，六月下旬，兴师进剿赵子青瑶民起义军。瑶军抵不住优势清军的攻击，顺山顶且战且走，因两面皆穷谷深涧，树木丛杂，只能鱼贯而行，清兵穷追四十余里，至银匠冲地方，瑶军占据三处山头，“战手在前两山，妇女幼稚所胁瑶人在后一山助势，双方激战，赵文典（旗上称两广总兵）战死”②，瑶军伤亡惨重。六月二十七日，瑶军计划返粤，向麻冈冲一带转移时与清兵遭遇，赵子青及其妻子儿女在战斗中被俘，英勇牺牲。

七月，又爆发了盘均华领导的瑶民起义。

盘均华，原湖南宁远县瑶族人，嘉庆二十三年（一八一八）迁居广西贺县，道光五年搬苍梧县旱塘，种山度日。在湖南时与赵金龙相识。湖南瑶民起义后，盘均华在广西组织瑶民响应。一八三二年七

---

① 周存义：《平定瑶匪述略》上。

② 周存义：《平定瑶匪述略》下。

月十六日，瑶民二千余人推盘均华为瑶王，宣称为赵金龙报仇，在广西贺县之灰洞祭旗起事。二十二日起义队伍行至芳林渡，准备渡过河东，恰好广西参将满承绪率追击部队赶至，双方激战至第二天黎明，瑶民义军抵挡不住清兵的猛烈炮火，死伤千余人。七月底，由于降者告密，盘均华在湖南江华县被俘杀害。至此，瑶民起义的风暴基本上平息下去。

四、张格尔叛乱

自从清朝统一天山南北，在这里置官设治之后，由于清朝官吏的贪婪腐败，维吾尔族人民不断进行反抗。窜逃到国外去的和卓家族，伺机蠢动，企图利用人民群众对清朝统治的不满，进行煽惑，发动叛乱，以恢复和卓家族昔日在南疆地区的封建统治。十九世纪二十年代，和卓的后裔张格尔在浩罕统治者以及英国殖民主义者的支持下多次窜扰南疆，进行抢劫。张格尔是大和卓波罗尼都之孙。自乾隆年间大小和卓被平定后，波罗尼都之子萨木萨克逃居浩罕，生三子，张格尔为其次子。张格尔是个夙有政治野心的没落封建贵族，时刻准备潜回南疆，他利用和卓后裔在维吾尔民族中的影响，大搞宗教迷信。据清朝缴获张格尔制造的宣传品中，“极口称扬张格尔如何机谋，如何慈厚，如何爱怜想念众回子……众回子但见其一面，即两世受福，但饮其杯茗，即百虑皆忘”①。张格尔就用这种封建迷信手段，愚弄群众。而浩罕统治者与英国殖民主义者，也怂恿和支持张格尔返回南疆，制造民族叛乱和分裂，以便浑水摸鱼，实现其侵略我国的政治野心。

一八二六年（清道光六年）夏，张格尔纠集了安集延、布鲁特五百余人，由开齐山路入中国境，窜至距喀什噶尔百余里的阿尔图什庄，以礼拜其祖先“玛杂”（坟墓）为名，煽惑当地维吾尔族人民，聚众闹事。清朝的喀什噶尔参赞大臣庆祥闻讯后，立即命舒尔哈善、乌凌阿率兵千余进剿。张格尔等突围而去，并裹胁部分群众

---

① 《平定回疆剿擒逆裔方略》卷十二。

掀起了叛乱。张格尔唯恐北路伊犁清军前来镇压，遣使向浩罕求援，以出卖祖国权益为条件，“约破西四城（指喀什噶尔、英吉沙尔、叶尔羌、和阗），子女玉帛共之，且割喀什噶尔酬其劳”①。浩罕统治者穆罕默德·阿里汗亲自率浩罕军队万人入侵南疆，攻打喀什噶尔。清军进行了坚决的抵抗，浩罕侵略军遭到巨大的伤亡，穆罕默德·阿里汗“无可奈何地引兵退回了浩罕”②。张格尔又使人追诱浩罕军，使其“复归投者二三千，张格尔置为亲兵”③。张格尔匪帮伙同这股浩罕的侵略军继续进攻喀什噶尔。守城清军“尽力抵御，两月有余”④，势穷力竭，为叛军所攻陷，庆祥自缢身死。张格尔进据喀什噶尔后，“自称赛亦德·张格尔苏丹，宣布为当地的统治者”⑤，复辟了和卓的反动统治。

张格尔占据喀什噶尔后，英吉沙尔、叶尔羌、和阗等三城也相继为叛军所攻陷。清廷赶忙命伊犁将军长龄为扬威将军，陕甘总督杨遇春、山东巡抚武隆阿为参赞大臣，调集吉林、黑龙江、陕西、甘肃、四川五省清军三万余人，会师于阿克苏。这时，张格尔军已至浑巴什河，距阿克苏只有八十里，企图抢占阿克苏和乌什，清军奋勇迎战，击退了企图强渡浑巴什河的张格尔叛军，一八二六年十一月又在阿克苏以西的柯尔坪大破叛军，柯尔坪“东南通巴尔楚克，西南通喀什噶尔，为大兵进剿必经之路”⑥，柯尔坪战役的胜利，不仅保卫了东四城（乌什、阿克苏、库车、辟展）的安全，而且打通了清军西进的道路。这时已入冬季，大雪封山，清军暂停进攻。翌年（一八二七年，清道光七年）春，清军大举西进，一路势如破竹。一八二七年三月下旬，清军攻打叛军重点设防的沙布都尔庄，这里“多树苇，决水成沮洳，贼数万临渠横列”⑦，清军奋勇抢渡，短兵

---

① 《清史稿》，《属国传》四。

② 新疆少数民族社会历史调查组编译：《伊米德史》（油印本）上，68页。

③ 魏源：《圣武记》卷四，《道光重定回疆记》。

④ 《平定回疆剿擒逆裔方略》卷三十一。

⑤ ［英］包罗杰：《阿古柏伯克传》，65页。

⑥ 《平定回疆剿擒逆裔方略》卷三十四。

⑦ 《清史稿》卷三六七，《长龄》。

相接，骑兵分左右两翼，横截敌阵，叛军大败。清军追至洋达玛河，距喀什噶尔仅十余里，叛军倾巢而出，背城阻水，清军以索伦马队千人绕趋下游佯渡，以吸引叛军兵力，然后集中主力在上游抢渡，叛军大乱。三月二十七日清军克喀什噶尔，接着又收复英吉沙尔、叶尔羌、和阗。张格尔战败之后，流窜于柯尔克孜族的游牧地，仍想卷土重来。一八二八年（清道光八年）初，他乘春节年关，清军疏于防范之际，重新纠集五百多人，窜扰至喀什噶尔附近。参赞大臣杨芳率军追赶，张格尔走投无路，在喀尔铁盖山被擒获，解至北京处死。

张格尔的叛乱本是利用维吾尔族人民的反清情绪和宗教信仰而煽动起来的，他欺骗说能给他们带来自由和幸福。可是张格尔占据西四城之后，便立即暴露出没落封建贵族贪婪残暴的反动本性，“残害生灵，淫虐妇女，搜索财物，其暴虐甚于从前和卓千倍万倍”①，“多建房屋，广索银马妇女。又白帽回子十五岁以上者均被逼迫为从，不愿者即杀”②。张格尔的残暴行为，激起维吾尔族人民的强烈反抗，转而支持清军作战。例如，和阗城的收复就是当地人民奋起，与清军里应外合，打败了叛军；在浑巴什河战斗中就有三百名维吾尔族人民，组成战斗部队，与清军并肩平叛；最后活捉张格尔时，维吾尔族人民为清军送情报，当向导，并有六百名维吾尔族群众随军追击张格尔。可见张格尔虽在开始时欺骗迷惑了维吾尔族人民，但维吾尔族人民很快觉醒，反戈一击，为平息叛乱、统一祖国作出了贡献。

应该指出，张格尔的叛乱，同外国侵略势力的支持有着密切关系。浩罕统治者一直把和卓后裔视为他入侵中国的工具，他不仅曾亲率军队入侵南疆，且派遣他“能干的将军”伊萨·达克瓦充当张格尔的助手。至于英国殖民主义者对张格尔的支持与操纵，也很明显。早在十九世纪初，英国殖民主义者便不断派遣特务冒充商人潜入我国新疆地区，进行侵略活动。他们特别利用和卓等有影响的代

① 那彦成：《那文毅公奏议》卷七十八。
② 《平定回疆剿擒逆裔方略》卷首。

表人物，作为其侵略我国新疆的代理人。张格尔早年在阿富汗受教育时，便被英国特务所物色，搭上了关系。在这次叛乱中，张格尔军队就是在英国援助下组织和装备的，军队的教官是由英国人担任的，而且在张格尔的身边，经常有五名英国特务和他形影不离，支配着张格尔的一切行动。因此，张格尔的入侵事件，既不是什么“民族解放运动”，更不是什么人民的“反清起义”，而是在外国侵略势力支持下进行的民族分裂的叛乱。

第十五章　十九世纪前期的社会思潮

第一节　乾嘉汉学的衰落与今文经学的兴起

一、汉学的衰落与汉宋之争

清代封建社会，经历了“康雍乾盛世”，十八世纪后期，逐渐地由盛转衰。当时，整个社会呈现出经济衰败、政治腐朽、思想沉寂的残破景象。国内的阶级矛盾十分尖锐，农民和各少数民族反对清朝统治的起义如火如荼。同时，世界资本主义各国展开了残酷的海外掠夺，加紧了对中国的侵略。面对着形势的急剧变化和社会的深刻危机，在思想文化领域内曾盛极一时的乾嘉汉学也正在走下坡路。这一学术思想的流派在整理和总结中国古代的文化历史遗产方面做出了卓越的贡献，它产生于清代的“太平盛世”，在经济繁荣、政治安定的基地上才能够获得丰足的养料而蓬勃生长，一旦时过境迁，就失去了存在和发展的条件。这一学术派别以古代典籍作为研究的对象，不可能超越自己的研究范围而去应付社会的危机。当时的中国社会已是“山雨欲来风满楼”，内外矛盾日益尖锐。历史的进程要求思想家们把视线从古代典籍转移到现实斗争上去。不仅革命人民要求产生一种能够批判和打击旧制度的思想武器，就是统治阶级也要求产生一种能够有效地捍卫现存制度的思想武器，以抵制日益高涨的革命浪潮。阶级斗争向各个阶级提出了和十八世纪前期迥不相同的新问题、新要求。显然，盛极一时的汉学不能够满足统治阶级的要求，它不能适应社会大动荡的局面，必然走向衰落。

首先对乾嘉汉学作激烈而系统批判的是宋学家方东树。他写了一本《汉学商兑》，指摘汉学是“几千年未有之异端邪说”，他说：

“汉学诸人，言言有据，字字有考，只向纸上与古人争训诂形声，传注驳杂，援据群籍，证佐数百千条，反之身己心行，推之民人家国，了无益处，徒使人狂惑失守，不得所用……汉学之实，如饱乌头附子，鸩酒毒脯，裂肠洞胃，狂吼以死而已。”① 他提出汉学的六项弊端：

> 其一力破理字，首以穷理为厉禁，此最悖道害教；其二考之不实，谓程朱空言穷理……其三则由于忌程朱理学之名及宋史道学之传；其四则畏程朱检身，动绳以理法，不若汉儒不修小节，不矜细行，得以宽便其私……其五则奈何不下腹中数卷书，及其新慧小辨，不知是为驳杂细碎，迂晦不安，乃大儒所弃余而不屑有之者也；其六则见世科举俗士，空疏者众，贪于难能可贵之名，欲以加少为多，临深为高也。②

方东树所以批判汉学，是因为这个学派反对程朱，与宋学立异。方东树顽固地站在捍卫理学的立场上，诋毁辱骂，表现了卫道者的可憎面目。但他指出汉学的“驳杂细碎”、“不得所用”却是有道理的。嘉道以后的知识界对乾嘉汉学的批判甚多，如张瑛说：“近世言汉学者，喜搜古义。一字聚讼，动辄数千言，几如秦近君之说《尚书》。当天下无事时，文章尔雅，以之润色太平可矣。及其有事，欲以口耳之学，当天下之变，宜其束手无策。无他，识其小，不识其大也。”③

乾嘉汉学的没落，与它自己在治学方法上的这种根本局限是分不开的。恩格斯在批判形而上学思想方法的特点时指出：“形而上学的思维方式，虽然在相当广泛的、各依对象的性质而大小不同的领域中是正当的，甚至必要的，可是它每一次都迟早要达到一个界限，一超过这个界限，它就要变成片面的、狭隘的、抽象的，并且陷入不可解决的矛盾，因为它看到一个一个的事物，忘了它们互相间的联系；看到

---

① 方东树：《汉学商兑》卷中之上。

② 方东树：《汉学商兑》卷下。

③ 张瑛：《知退斋稿》卷一，《读毛诗传》。

它们的存在，忘了它们的产生和消失；看到它们的静止，忘了它们的运动；因为它只见树木，不见森林。”① 乾嘉汉学使用的方法，正是这种形而上学的思维方法，它虽然对个别的问题和事例，通过音训和考据，能得出接近正确的解释，却具有孤立、片面、狭隘的特点，它不能用运动、发展和变化的观点，去研究考察问题；不能从事物的相互联系中，分析事物发展的趋势，尤其是对重大的历史事变，不能作出应有的说明。乾嘉汉学提供了带有科学因素的方法和整理古籍的具体成果，却不能提供系统的思想体系，它不能满足社会的需要而走向衰落。

随着汉学的衰落，它的对立面宋学又逐渐活跃起来。宋学，一直被清朝朝廷奉为科举功名的楷式。十九世纪初，唐鉴、李棠阶、倭仁、吴廷栋以及后来镇压太平天国革命的曾国藩、罗泽南等重整程朱理学的旗鼓，企图继承自朱熹以来的道统。《清史稿》称：“国藩又从唐鉴、倭仁、吴廷栋讲身心克治之学，其于文推挹姚氏（鼐）尤至。于是士大夫多喜言文术政治，乾嘉考据之风稍稍衰矣。”② 程朱派的理学家指摘汉学家和陆王之学是有害的异端，所谓“习空谈者索之于昭昭灵灵而障于内，守残编者逐之于纷纷藉藉而蔽于外”。曾国藩攻击汉学“嘉道之际，学者承乾隆季年之流风，袭为一种破碎之学。辨物析名，梳文栉字，刺经典一二字，解说或至数十万言，繁称杂引，游衍而不得所归，张己伐物，专抵古人之隙。或取孔孟书中心性仁义之文，一切变更古训，而别创一义，群流和附，坚不可易。有宋诸儒周程张朱之书，为世大诟。间有涉于其说者，则举世相与笑讥嗤辱，以为彼博闻之不能，亦逃之性理空虚之域，以自盖其鄙陋不肖者而已矣”③。曾国藩对这种“异端”流行的情况非常担心，在理学家们看来，这是引起农民起义和封建统治动摇的原因。唐鉴说：“夫学术非而人心异，人心异则世道漓，世道漓则举纲常、伦纪、政教、禁令，无不荡然于诐辞邪说之中也，岂细故耶？”④ 为了维护纲常伦纪，整顿

---

① 《马克思恩格斯选集》，第三卷，恩格斯：《社会主义从空想到科学的发展》，418～419 页。

② 《清史稿》卷四八六，《文苑》三，《梅曾亮》。

③ 《曾国藩全集》文集卷一，《朱慎甫遗书序》。

④ 唐鉴：《国朝学案》提要。

统治秩序，他们从思想武库里拣拾起几百年来一直为封建专制统治服务的程朱理学。当然，这一旧武器已经长满了霉锈，腐朽不堪，并不能够挽救封建统治的没落，可是，它比起乾嘉汉学却会使统治阶级更加满意一些，因为它对人民群众具有更恶毒的欺骗和镇压作用。在革命浪潮汹涌而来的时代，统治阶级也只能依靠这种破旧武器来抵杀一阵了。

宋学和汉学虽然有分歧、有斗争，但两者都是儒学的流派，都是封建地主阶级的学术思想，并不是绝对地排斥和永远地对立的。在一定的条件之下，两者也可以携手合作，互作补充。如果说：乾嘉汉学是一种书呆子的哲学，当统治阶级处在繁华盛世时，需要它来点缀太平的话，那么，程朱理学便是一种刽子手哲学，统治阶级可以用以应付"狼烟四起"的危险局面。伟大的太平天国革命把统治阶级的内部矛盾推到很次要的地位，农民革命雄壮的交响乐淹没了汉学、宋学之间吱吱喳喳的争吵声。这两个基本上都为封建制度服务的学术派别，面临着农民革命风暴的威胁，发现彼此原来是"同舟共济"的一家人，他们的分歧逐渐缩小，仇恨逐渐消解，合流到一起。所以，曾国藩提倡"义理、考据、词章，三者不可偏废"①。晚清许多学者，亦汉亦宋，调停其间。如陈澧主张"由汉唐注疏以明义理，而有益有用；由宋儒义理归于读书，而有本有源"②。朱一新则说："故汉学必以宋学为归宿，斯无乾嘉诸儒支离琐碎之患，宋学必以汉学为始基，斯无明末诸儒放诞之弊"③。晚清已无汉学与宋学的对立，而代之以今文经学与古文经学的斗争。

二、今文经学的兴起

今古文经学都是传习儒家经典的学派，两派的对立从西汉末年已经开始。在长时期的思想斗争以后，古文学派垄断了解释儒家经典的权利，今文学派，湮没而不彰。乾嘉汉学尊崇的实际上是后起

① 《曾国藩全集》文集卷三，《欧阳生文集序》。

② 陈澧：《东塾遗稿》（抄本）。

③ 朱一新：《佩弦斋杂存》卷下，《复傅敏生》。

的古文经学，接东汉郑康成、许慎的统绪。而十九世纪初另一部分知识分子，追溯到西汉的今文经学，以董仲舒为鼻祖，与乾嘉学派形成对立的营垒。

所谓今文经是指西汉儒生们传授的经书用当时的通行文字隶书写成，所以叫做“今文”。古文经，是指秦代焚书之前，用六国古文字写成的经书，由于秦始皇实行焚书坑儒政策，儒生们将经书偷藏在墙壁间，至西汉时被发现，因其字体不同于当时流行的隶书，所以叫做“古文”。后来，在今古经文长期传播的过程中，不仅仅是字体不同，它们各自对经书的解释，对孔子的评价，乃至用今古文字写成的同一经书，在篇章、字句、内容上都有差异，便逐渐形成了今文经学与古文经学两个不同的学派。二者的主要特点和区别，大体说来，古文经学侧重于名物训诂，研究儒家经籍的篇章文字。今文经学侧重于探索经学的“微言大义”，每援经议政。由于今文学派在汉以后长期无人传习，许多经籍的注释已失传，只有何休的《公羊解诂》保存得较完整，因被奉为重要的经典，故又称“公羊学派”。这一学派不株守古代典籍的章句文字，摒弃那种烦琐考据的学风，是一个比较活泼而少受羁束的学术派别。“其中多非常异义可怪之论”，诸如“大一统”、“张三世”、“通三统”、“受命改制”等。在社会发生急剧变动的时刻，借助这种“非常异义可怪之论”，便于阐发经世匡时和进行变革的思想，可以说，它是地主阶级的应变和实行改革的哲学。

今文经学在清代复兴的创始者是庄存与。庄存与（一七一九年至一七八八年，清康熙五十八年至乾隆五十三年），字方耕，江苏常州人。他和戴震大致同时，但治学途径则和汉学家不同。他不是着重于名物训诂，而是“于六经皆能阐抉奥旨”，“独得先圣微言大义于语言文字之外”①。同时，在汉学独树一帜的情况下，他又“不斤斤分别汉宋，但期融通圣奥，归诸至当，在乾隆诸儒中，实别为一派”②，说明他的学术思想与当时盛行的汉学确具有不同特点。庄存与的主要代表作《春秋正辞》，是清代今文学派的第一部著作。不

---

① 阮元：《庄方耕宗伯说经序》，见《味经斋遗书》卷首。

② 《清儒学案》卷七十五，《方耕学案》。

过，庄存与所生活的乾隆时代，清朝的封建统治并没有面临崩溃时期，他和他的祖父、父亲都在清政府中官居要职，他历任浙江乡试正考官，直隶、河南学政，内阁学士，礼部侍郎等职。他生活在乾隆盛世，虽也看到了社会存在的某些问题，但在政治上并没有改变现状的要求。他重新创立今文经学，却并不具有改制思想，只是在寻求更适合于巩固旧有统治秩序的不同形式。当时的学者就指出庄存与宣扬“天无二日，士无二主，国无二君，家无二尊”等《春秋》中的“微言”，不过是为了迎合乾隆皇帝“乾纲独断”的政治主张，因而他能“以经学受主知”①。另外，庄存与也不是绝对的今文经学者，他除了今文经学的著作《春秋正辞》外，也还有《周官记》、《毛诗说》等古文经学的著述。但由于他在清代重新开启今文经学的门径，此后清代今文经学一派的重要人物，都和他有师承关系或受其影响。龚自珍对他的评价很高，称他“以学术自任，开天下知古今之故，百年一人而已矣”②。

继庄存与之后，在清代比较鲜明地举起今文经学旗帜的是刘逢禄（一七七六年至一八二九年，清乾隆四十一年至道光九年）与宋翔凤（一七七六年至一八六〇年，清乾隆四十一年至咸丰十年）。刘逢禄与宋翔凤都是庄存与的外孙，他们生活的时代已临近鸦片战争，清朝的统治到了危急的时代，他们企图从今文经学的“微言大义”中寻找解脱社会危机的方案。在汉代经今古文学派，曾围绕《春秋》三传中的《左传》与《公羊传》展开长期争论，古文经学家推崇《左传》，今文经学家推崇《公羊传》。清代今文经学家也以《春秋公羊传》做文章。刘逢禄认为《春秋》“垂法万世”，“为世立教”③，“是能救万世之乱”④ 的书，而《春秋》三传中能够“知类通达，显微阐幽”的只有《公羊传》。所以，他十分推崇汉代今文经学家何休的公羊学，赞扬其“传经之功，时罕其匹”⑤，还撰写了《公

① 朱珪：《春秋正辞序》，见《味经斋遗书》，《春秋正辞》卷首。

② 《龚自珍全集》，《资政大夫礼部侍郎武进庄公神道碑铭》，一四一页。

③ 刘逢禄：《刘礼部集》卷四，《释九旨》，《褒例》。

④ 刘逢禄：《刘礼部集》卷四，《释内事例》上。

⑤ 刘逢禄：《刘礼部集》卷三，《春秋公羊解诂笺序》。

羊何氏释例》、《公羊何氏解诂笺》等书，反复申述“大一统”、“通三统”、“张三世”等“圣人微言大义之所在”。他抨击古文经学“详训诂”而“略微言”，并写了《左氏春秋考证》，指出古文经《左传》经过“刘歆之徒增饰”，该书的凡例就是“刘歆妄作也”①，他在发挥公羊思想体系中的“大一统”思想时，论证说：“欲攘蛮夷，先正诸夏；欲正诸夏，先正京师；欲正士庶，先正大夫”，而“欲正诸侯”，则须“先正天子京师”②。这实际上是针对清王朝面临的困局，希望从天子最高统治者做起，实行自上而下的改革，内振朝纲，外敌“四夷”以稳定社会秩序。刘逢禄的本意虽然还是要维系封建社会的世道人心，挽救即将倾覆的封建大厦，并没有对封建统治的腐朽进行揭露和抨击。但是，他在乾嘉汉学走向没落的情况下，提倡今文经学，鼓吹地主阶级的应变哲学，却对鸦片战争前后，提倡经世致用，积极主张变革的龚自珍、魏源等进步思想家，发生了重大影响。刘逢禄是清代今文经学的重要代表人物。龚自珍、魏源都从刘逢禄学习《公羊春秋》，龚自珍对刘的学说非常推崇，他的诗中说，“从君烧尽虫鱼学，甘作东京卖饼家”③，也就是要抛弃训诂考据之学，而致力于被人奚落为卖饼家的今文经学。龚自珍在寄给另一今文学家宋翔凤的诗中还说过：“万人丛中一握手，使我衣袖三年香”④。这些都可以看出刘逢禄、宋翔凤等人在学术思想界的影响。

三、知识界思想风气的变化

随着汉学的衰落和今文经学的兴起，知识界的思想风气也发生了明显的变化。这时，清朝的统治力量已衰落，对思想界不再能进行严格而有力的控制，文字狱也大大减少了。知识分子喘息稍定，从故纸堆里钻出来，睁眼面对现实，他们非常不满于社会的黑暗，激烈地抨击清朝的统治。张际亮揭露封建官僚“贪以朘民之脂膏，

① 刘逢禄：《左氏春秋考证》。
② 刘逢禄：《公羊何氏释例》第九。
③ 《龚自珍全集》，《杂诗》，四四一页。
④ 同上书，《投宋于庭》，四六二页。

酷以干天之愤怒，舞文弄法以欺朝廷之耳目。虽痛哭流涕言之，不能尽其情状”。他悲愤地大声疾呼：“不知天日何在，雷霆何在，鬼神又何在。吾意天日之梦梦也，雷霆之暗哑也，鬼神之冥漠也。不然，未有不霆怒而夺其魄者。”① 张穆指出：封建统治机器已十分腐朽，“譬之于人，五官犹是，手足犹是，而关窍不灵，运动皆滞”②。沈尧根据自己长期居住在北京的亲身体会，揭露封建官场“无一事不以利成者，亦无有一人真心相与者”，大官僚一个个养尊处优，尸位素餐，“终日华轩快马，驰骋于康庄，公事则胥吏持稿，顾名画诺，私退则优伶横陈，笙歌鼎沸。其间文雅者，亦不顾民生之艰难。惟有访碑评帖，考据琐屑而已”③。整个社会，死气沉沉。一些有头脑的知识分子力图改变现状，鼓吹进行变革，从历史上论证改革的必要性。恽敬说：“夫五霸更三王者也，七雄更五霸者也，秦并四海一切皆扫除之，又更七雄者也”④。魏源也指出：“租庸调变而两税，两税变而条编，变古愈尽，使民愈甚。”⑤ 龚自珍则说：“自古及今，法无不改，势无不积，事例无不变迁，风气无不移易。”⑥ 又说：“一祖之法无不敝，千夫之议无不靡，与其赠来者以劲改革，孰若自改革？”⑦ 他们企图说服统治阶级进行自上而下的改革，他们自己也不愿拘守在科举八股和烦琐考据之中，很多人尖锐地抨击科举制度，“士子以腐烂时文互相弋取科名以去，此人才所以日下也”⑧。“驱天下尽纳于利禄之途”⑨，“举天下人才尽出于无用之一途”⑩。

先进的知识分子希望冲破思想禁锢，面向现实，研究实际问题，提倡经世致用，匡时救国。道光初年，魏源曾代替贺长龄编纂《皇

① 张际亮：《张亨甫文集》卷三，《答黄树斋鸿胪书》。

② 张穆：《启斋文集》卷二，《海疆善后宜重守令论》。

③ 沈尧：《落帆楼文集》卷九，《简扎摭存》中。

④ 恽敬：《大云山房集》卷一，《三代因革论》一。

⑤ 《魏源集》，《默觚下·治篇五》，四八页。

⑥ 《龚自珍全集》，《上大学士书》，三一九页。

⑦ 同上书，《乙丙之际著议》第七，五页。

⑧ 林昌彝：《射鹰楼诗话》卷十二。

⑨ 陈寿祺：《左海文集》卷三，《科举论》。

⑩ 《魏源集》上册，《明代食兵二政录叙》，一六三页。

朝经世文编》，所题的书名，反映出编书的宗旨，可视作知识界风气转变的一个标志。包世臣说："士者事也。士无专事，凡民事皆士事也。"① 他把研究和解决"民事"认作知识分子的任务，这一见解显然和专钻故纸堆的乾嘉学风迥不相同。其他如姚莹说"弱冠时即以经世自任"，"为学体用兼备，不为空谈"被林则徐称为"学问优长，所至于山川形势、民情利弊无不悉心讲求，故能洞悉物情，遇事确有把握。前在闽省，闻其历著政声，自到江南，历试河工漕务，词讼听断，皆能办理裕如"②。还有汤鹏"慨然有肩荷一世之志"，周济"少与同郡李兆洛、张君琦，泾县包君世臣以经世学相切劘，兼习兵家言"③。这些先进的知识分子，"皆慷慨激励，其志业才气，欲凌轹一时矣"④。"但开风气不为师"，他们力矫时弊，砥砺才志，留心实务，开辟了经世致用的一代学风。

十九世纪初先进的知识分子，重视变革，转向实际，比起他们的前辈——乾嘉学者——确实是前进了一大步。当然，他们的"变革"并非要改变整个封建制度，他们的"务实"，也局限在对封建制度进行枝枝节节的修补。鸦片战争前，黄爵滋上的《敬陈六事疏》反映了这些知识分子在危机迫近时，进行政治改革的要求。黄爵滋主要提出"广贤路"、"整戎政"、"严剿御"等主张。他希望清廷能广揽人才，"取通经史而适于时务者，量才而用之"，又针对军备废弛的情况，提出整军练武，选择良将，淘汰冗弱，从而达到"御侮敌忾"的目的。这时，英国侵略者正肆无忌惮地进行鸦片走私，"历任督抚，率多顾忌隐忍"⑤，黄爵滋要求清政府督促沿海各省的督抚提镇，认真操练水师，修理军器，警惕外国的武装侵略。他的这些主张具有进步的、爱国的性质。

在社会经济方面，这时的进步思想家，提出了发展生产，重视工商的观点，特别是对于关系国计民生的漕运、盐课、治河等积弊

---

① 包世臣：《艺舟双楫》卷十，《赵平湖政书五篇叙》。
② 姚莹：《东溟文后集》卷九，《十幸斋记》。
③ 《魏源集》上册，《荆溪周君保绪传》，三六二页。
④ 姚莹：《东溟文后集》卷十一，《汤海秋传》。
⑤ 《黄爵滋、许乃济奏议合刊》，黄爵滋：《敬陈六事疏》。

最甚的事务，提出了改革主张。

清政府每年从东南沿海各省调运数百万石粮食至京，有关此项事务称“漕运”。由于封建官僚机构腐败，管理无方，贪污成风，再加上运河失修，使得河道淤塞，粮运不通，每年粮食霉烂损失，运价剧增。东南各省的漕粮负担日益加重，也加剧了清政府的财政困难。为革除漕运方面的弊端，包世臣写了《海运南漕议》，主张将漕粮由河运改为海运，由官运改为商运，还建议在北方“置官屯”种水稻，改变南粮北运的局面。这样既可减少清政府的财政困难，又有利于商业的发展。① 稍后魏源又发展了包世臣的“海运南漕”说，认为海运有四利、六便：“利国、利民、利官、利商”；“国便、民便、商便、官便、河便、漕便”②。这一建议，有利于商品经济的发展。

盐课是清王朝的一项重要财政收入。只有清政府特许的少数大商人得以收运和销售食盐，这些大盐商和封建官府相互勾结，进行垄断经营，任意抬高盐价，牟取暴利，危害人民的生活。长期以来，盐务被视作一大利薮，大盐商和官僚们中饱搜刮，管理紊乱，盐课短绌，私运私贩增多。当时，有的知识分子针对盐务垄断的弊端，建议实行票盐制，允许私商领票，自由运销食盐，放宽运盐地区、价格等方面的限制，以减税减价的办法解决走私问题。这些办法既可增加食盐的销售量，充分供应人民的生活必需，又可减少“中饱”增加政府的财政收入，实际上是以一般商人的自由贩运，代替官商的垄断。

除了漕运、盐政之外，先进的知识分子对当时的许多政治和社会问题，如河工、水利、土地、农政、货币、人口等都进行了考察、研究，提出改革的措施，希望能祛除弊端，促进生产，改善人民的生活。这种研究实际问题、经世致用的风气，对社会产生了一定程度的积极影响。

当时，知识界还有一个显著的特点，就是着重研究边疆的历史、

---

① 参见包世臣：《安吴四种》卷一，《海运南漕议》。

② 《魏源集》上册，《道光丙戌海运记》，四一四页。

地理与现状，并且扩大到对世界各国的研究，他们比前辈们的眼界更加广阔，研究的范围更加扩大了。这一情况是同康雍乾以来全国的更加统一，中原和边疆地区的联系日益加强以及外国资本主义和中国的交往逐渐频繁分不开的。中国的知识分子正在走出孤陋寡闻和蒙昧无知的状态，开始从闭关帷幕的微小缝隙中窥测到了广阔的世界。十九世纪初，研究西北地理、历史的风气很盛，如祁韵士的《藩部要略》，徐松的《西域水道记》、《新疆事略》，张穆的《蒙古游牧记》，姚莹的《康輶记行》，何秋涛的《朔方备乘》等。到鸦片战争时，林则徐在两广总督任上，令人搜集外国书报，编译成《四洲志》，第一次系统地介绍了世界各国的情况。以后，魏源在此基础上，写成《海国图志》，还有徐继畬写成《瀛寰志略》。这些都反映了爱国知识分子在外来侵略的刺激下，要求了解外国和抵抗侵略，就像姚莹所说的那样，以往中国的知识界，对于“海外事势要情，平日置之不讲，故一旦海船猝来，惊若鬼神，畏如雷霆，夫是以衰败如此耳”。姚莹自己则“自嘉庆年间，寻求异域之书，究其情事”。他们介绍外国和中国边疆地区的情况，目的是为了“正告天下，欲吾中国童叟，皆习见习闻，知彼虚实，然后徐筹制夷之策，是诚喋血饮恨而为此书，冀雪中国之耻，重边海之防，免胥沦于鬼域”①。因此，他们的这类著作，不但冲破了封建主义的禁锢，打开了人们的眼界，并且字字句句，凝结着爱国主义的情感，表现了中国知识分子在民族危机中的初步觉醒。

第二节　杰出思想家龚自珍和魏源

一、龚自珍

龚自珍（一七九二年至一八四一年，清乾隆五十七年至道光二十一年），号定庵，浙江仁和（杭州）人，生长于“累代世宦，簪

① 姚莹：《东溟文后集》卷八。

缨文史”的书香门第，祖父和父亲都是封建官吏，外祖父段玉裁是著名的学者。他出生于乾隆末叶，清朝封建统治已走向没落，“自京师始，概乎四方，大抵富户变贫户，贫户变饿者。四民之首，奔走下贱，各省大局，岌岌乎皆不可以支月日，奚暇问年岁？”① 龚自珍去世的前一年，鸦片战争的隆隆炮声已揭开了中国近代史的序幕。他生活的五十年，正是中国封建社会开始解体，走向半殖民地半封建社会的前夕。龚自珍的思想，反映了历史转变关头的时代特征。

龚自珍自幼受其父母和外祖父的教育、熏陶，才华早露，所作诗文，“风发云逝，大有不可一世之概”②。又长期随其父游宦于苏浙皖各地，耳闻目睹官场的黑暗，广泛接触“田夫、野老、驺卒”等下层群众，加深了对社会的了解。他博学多识，思想激进，关心现实，“于经通公羊春秋，于史长西北舆地。其文以六书小学为入门，以周秦诸子吉金乐石为崖郭，以朝章国故世情民隐为质干。晚犹好西方之书，自谓造深微云”③。他的作品淋漓尽致地揭露封建末世的矛盾，尖锐而辛辣地抨击专制主义的种种弊端，因此遭到统治者的忌恨。他的挚友魏源规劝他：“吾与足下相爱，不啻骨肉，常恨足下有不择言之病。夫促膝之谈与广廷异，良友之诤与酬酢异。若不择而施，则于明哲保身之义恐有悖，不但德性之疵而已，此须痛惩创，不然结习非一日可改也。”龚自珍三十八岁才考中进士，此后十年，任内阁中书和宗人府主事的小官，浮沉宦海，郁郁不得志。一八三九年（清道光十九年），他辞官南下讲学，一八四一年八月以暴疾卒于江苏丹阳。

龚自珍指出：当时社会是“日之将夕，悲风骤至”的“衰世”。在社会经济方面，土地兼并空前严重，大官僚大地主依仗特权，霸占大量土地，出现了“贫相轧，富相耀，贫者阽，富者安，贫者日愈倾，富者日愈壅”，以至于“浇漓诡异之俗，百出不可止；至极不祥之气，郁于天地之间，郁之久，乃必发为兵燧，为疫疠，生民噍

---

① 《龚自珍全集》，《西域置行省议》，一〇六页。
② 吴昌绶：《定庵先生年谱》。
③ 《魏源集》上册，《定庵文录叙》，二三九页。

类，靡有孑遗，人畜悲痛，鬼神思变置。其始不过贫富不相齐之为之尔。小不相齐，渐至大不相齐，大不相齐，即至丧天下”①。他指出政治的不安定，根源在于经济上贫富不均，这种眼光是很深刻敏锐的。

龚自珍在指出社会贫富不均的同时，又深入揭露了封建专制政治的专横和腐败。他借历代王朝兴衰的历史教训抨击专制主义，“昔者霸天下之氏，称祖之庙，其力强，其志武，其聪明上，其财多；未尝不仇天下之士，去人之廉，以快号令，去人之耻，以嵩高其身。一人为刚，万夫为柔”，靠着独断专横的手段，进行压制，“积百年之力，以震荡摧锄天下之廉耻，既殄，既狝，既夷”②。在这样的绝对专制的统治下，风气被破坏，人才遭摧残，士大夫养成阿谀奉承、趋福避祸的习气，看上级官僚的脸色行事。“历览近代之士，自其敷奏之日，始进之年，而耻已存者寡矣！官益久，则气愈媮；望愈崇，则谄益固；地益近，则媚亦益工”③。所以，官场充斥着昏庸、卑劣、自私的人，只知升官发财，封妻荫子，置国家安危、民生疾苦于不顾。龚自珍又抨击官场论资排辈的用人制度，“累日以为劳，计岁以为阶”，一个人考中翰林，授庶吉士，“然自庶吉士至尚书，大抵须三十年或三十五年，至大学士又十年而弱……夫自三十进身，以至于为宰辅，为一品大臣，其齿发固已老矣，精神固已惫矣”④。虽有些经验，却“因阅历而审顾，因审顾而退葸，因退葸而尸玩，仕久而恋其笈，年高而顾其子孙，傫然终日，不肯自请去”⑤。龚自珍把这种人比做衙门口的石狮子，“具形相向坐者数百年”，资格确实最老，却是官僚机构的一个摆设而已。

龚自珍还抨击封建末世的思想界，暮气沉沉，一潭死水。知识分子只会做八股文章，志气消磨，才学无用。专制主义的思想统治摧残和扼杀了人才，“当彼其世也，而才士与才民出，则百不才督

---

① 《龚自珍全集》，《平均篇》，七八页。

② 同上书，《古史钩沉论一》，二〇页。

③ 同上书，《明良论二》，三一页。

④⑤ 同上书，《明良论三》，三三页。

之、缚之，以至于戮之。戮之非刀、非锯、非水火，文亦戮之，名亦戮之，声音笑貌亦戮之……徒戮其心，戮其能忧心、能愤心、能思虑心、能作为心、能有廉耻心、能无渣滓心”①。最后，人才被摧残殆尽。朝廷上没有贤明的将相，社会上没有优秀的士农工商，连小偷、强盗也都是低能儿，“起视其世，乱亦竟不远矣”。所以龚自珍发出了震撼人心的呼喊：“九州生气恃风雷，万马齐喑究可哀；我劝天公重抖擞，不拘一格降人才。”② 他期待着风举雷发，普降众才，使中华大地呈现蓬勃的生机。

在揭露和批判现实社会的同时，龚自珍提出了一系列改革的主张。由于他认为一个朝代的盛衰兴替，与土地、财产是否大致均衡有关，“浮不足之数相去愈远则亡愈速；去稍近，治亦稍速。千万载治乱兴亡之数，直以是券矣”③。因此，他主张调整和重新分配土地财产，解决贫富不均。他又根据自己对于未来社会朦胧的憧憬，企图把租佃关系纳入落后的宗法家族关系的框框中去。他主张以血缘关系把人们分成大宗、小宗、群宗、闲民四等人，按宗授田，形成一个“宗能收族、族能敬宗”的社会整体。又希望在宗法关系下发展自由竞争，积累私有财产。他说：“上古不讳私，百亩之主，必子其子”，“有能以尺土出谷者以为尺土主，有能以倍尺若什尺百尺出谷者，以为倍尺什尺百尺主”④。所以，他竭力反对封建卫道者“遏欲”、“去私”的主张，和他的前辈戴震的思想一脉相通。

龚自珍还针对专制君主权力过于集中的弊端，主张加重大臣和地方官的权力，改变督抚大臣不能“行一谋，专一事”的状况；君臣之间的礼仪也应进行改革，君主不该以奴仆待大臣，应恢复“古者大臣巍然岸然师傅自处之风”⑤。他又主张废除八股，用人不限资格，广泛地网罗人才，做到“夹袋搜罗海内空”。他很关心边防海防，主张移民西北，加强防务；并提出要警惕西方资本主义“环伺

① 《龚自珍全集》，《乙丙之际著议第九》，六页。
② 同上书，《己亥杂诗》，五二一页。
③ 同上书，《平均篇》，七八页。
④ 同上书，《农宗》，四九页。
⑤ 同上书，《明良论二》，三一页。

澳门，以窥禺服”。当林则徐赴广州禁烟时，龚自珍写有《送钦差大臣侯官林公序》，支持禁烟抗英，为林则徐献策。

龚自珍的许多改革主张是企图不动摇封建统治制度的枝枝节节的修补，是不能实现的空想。他的思想成就不在于提出了挽救危亡的具体方案，而在于对旧事物辛辣的抨击讽刺，对新事物热情的期待赞颂，他反映了当时先进知识界的进步要求，他的诗文是中国封建主义走向崩溃的一曲挽歌。龚自珍的思想对以后进步的知识分子影响甚大，梁启超指出：“自珍性佚宕，不检细行，颇似法之卢骚，喜为要眇之思，其文辞俶诡连犿，当时之人弗善也。而自珍益以此自喜，往往引公羊义讥切时政，诋排专制……晚清思想之解放，自珍确与有功焉。光绪间所谓新学家者，大率人人皆经过崇拜龚氏之一时期，初读《定庵文集》，若受电然。”①

二、魏源

魏源（一七九四年至一八五七年，清乾隆五十九年至咸丰七年），字默深，湖南邵阳人。他和龚自珍同时，一起习今文经学，共同倡导经世致用，两人的思想接近，交谊甚深，故并称“龚魏”。魏源出生在小地主的家庭，幼年生活贫寒，广泛地接触了下层社会。二十一岁随父亲到北京，从刘逢禄学公羊之学，结交了林则徐、龚自珍、姚莹等，共同研究学问，议论时政。二十九岁中举后，屡次会试落第，在贺长龄、陶澍处当幕僚，为他们编书撰文，研究社会经济，协助他们改革盐政、漕运、河工。鸦片战争期间，他应邀参加两江总督裕谦的幕府，在浙江前线直接参加抗英斗争。一八四五年（清道光二十五年）五十二岁时才考中了进士，任江苏东台、兴化的知县，又升高邮知州。太平天国革命战争中，因“迟误驿报，劾罢职”②，晚年潜心佛学，“不与人事，惟手订生平著述，终日静坐”③。一八五七年三月逝世。

---

① 梁启超：《清代学术概论》。

②③ 魏耆：《邵阳魏府君事略》。

魏源画像

魏源的著述十分丰富，既有阐发“微言大义”的今文经学著作，如《诗古微》、《书古微》、《公羊春秋古微》、《董子春秋发微》等，又有一般谈论哲学、政治的《默觚》，具体经世务实的《筹河篇》、《筹漕篇》、《筹鹾篇》、《军贮篇》以及代人编辑的《皇朝经世文编》，还有历史地理方面的《元史新编》和水道山脉的考证。在他的著作中，最重要、最富有时代特点的是他在鸦片战争以后编著的《圣武记》和《海国图志》，反映了中国人民反对外国资本主义侵略的爱国思想，并提出了“师夷长技以制夷”，向西方学习的进步主张。

一八四〇年（清道光二十年）英国发动侵略中国的鸦片战争，以中国的失败而告终。从此，中国的封建社会发生了重大的转折，外国资本主义和中华民族的矛盾变得空前地尖锐和突出。如何对待外来侵略者？如何使祖国、民族摆脱危机？每个进步的知识分子不能不进行思索和探求。魏源是当时这些知识分子中了解世界形势最清楚、反抗外国侵略最坚决、所提救国方案最切实的一人。魏源认为：鸦片战争的失败，主要是政治腐败所造成的，清朝“承平恬嬉，不知修攘为何事，破一岛一省震，骚一省各省震，抱头鼠窜者胆裂之不暇，冯河暴虎者虚骄而无实”①。他把“人心之寐”和“人才之虚”视为社会的两大弊端，所谓“寐”就是糊涂，所谓“虚”就是空洞，他看透了这两个官场与知识界的严重问题，提出“去伪，去饰，去畏难，去养痈，去营窟”以克服“寐”，又提出“以实事程实功，以实功程实事，艾三

① 《魏源集》上册，《道光洋艘征抚记》上，一八七页。

年而蓄之，网临渊而结之，毋冯河，毋画饼”，以克服“虚”。这位热诚的爱国志士希望鸦片战争的失败会引起人们的“愤”与“忧”，会成为一个“违寐而之觉，革虚而之实”① 的关键，可惜这一呼吁并不被很多人所理会。

魏源针对封建统治者闭关自大，不了解世界情况的弱点，提出“欲制夷患，必筹夷情”②。一八四一年（清道光二十一年）林则徐在罢官遣戍途中，在江口（镇江）与魏源相晤，通宵长谈，魏源写下了会晤的情况：“万感苍茫日，相逢一语无”，“与君宵对榻，三度雨翻蘋”③。林则徐将自己所辑《四洲志》交给魏源，嘱他续编成书。魏源不负林则徐的重托，在此基础上，“再据历代史志及明以来岛志及近日夷图、夷语，钩稽贯串，创榛辟莽，前驱先路”④，编成《海国图志》一书，明确提出：“是书何以作？曰：为以夷攻夷而作，为师夷长技以制夷而作”⑤。当时的封建顽固派，对外国先进的科学技术视作“奇技淫巧”，深闭固拒，不屑一顾。魏源正确地把外国侵略者和他们掌握的科学技术分开，反对侵略者不是要拒绝一切外来新事物，恰恰相反，为了反抗外来侵略，必须学习外国先进的新事物。他提出的“师夷长技以制夷”的思想在中国近代史上产生了巨大的影响。

魏源所谓“夷之长技”，主要还是指战舰枪炮以及“养兵、练兵之法”。他具体建议在广东设造船厂与火器局，聘请外国技师，传习西方的新技术，并且允许“沿海商民，有自愿仿设厂局，以造船械，或自用或出售者听之”。除了船炮之外，魏源还指出应学习仿制一般工业品，“量天尺、千里镜、龙尾车、风锯、水锯、火轮机、火轮车、自来火、自转碓、千斤秤之属。凡有益民用者，皆可于此造之”⑥。魏源的这些意见，既是学习西方，以抵抗外来侵略的爱国主张，又对中国的经济和资本主义发展具有推动的作用。

---

①　《魏源集》上册，《海国图志叙》，二〇七、二〇八页。

②⑥　魏源：《海国图志》，《筹海篇》。

③　《魏源集》下册，《江口晤林少穆制府》，七八一页。

④⑤　《魏源集》上册，《海国图志叙》，二〇七页。

作为今文学家、改革家的魏源虽然是个唯心主义者，尤其是晚年沉溺于佛教研究，但是剧烈变动的时代不能不使他的思想具有强烈的辩证因素。他说，“故气化无一息不变者也”，“三代以上，天皆不同今日之天，地皆不同今日之地，人皆不同今日之人，物皆不同今日之物”①。既然一切都在变化之中，那么保守派所尊崇的“祖宗法制”为什么就不能改革呢？他说：“天下无数百年不弊之法，无穷极不变之法，无不除弊而能兴利之法，无不易简而能变通之法。”②这些见解都是为进行改革作论证的。他在认识论上很重视“行”，他说：“及之而后知，履之而后艰，乌有不行而能知者乎？”又说：“披五岳之图，以为知山，不如樵夫之一足；谈沧溟之广，以为知海，不如估客之一瞥；疏八珍之谱，以为知味，不如庖丁之一啜。”③他强调经过实践取得感性知识的重要性，符合唯物主义认识论。此外，他对事物的矛盾，持有很卓越的见解，他把寒与暑、屈与伸、伏与飞、如意与不如意、快意与忤意、祸与福、利与不利皆对待相举。“消与长聚门，祸与福同根，岂惟世事，物理有然哉！”④。他用自己的语言，论述矛盾的斗争和转化，“天下物无独必有对，而又谓两高不可重，两大不可容，两贵不可双，两势不可同，重、容、双、同，必争其功。何耶？有对之中，必一主一辅，则对而不失为独”⑤。这种对于矛盾的对立、统一、转化、主从关系的论述，表现了他对于事物敏锐的观察力。

当然，魏源的辩证法思想并没有形成完整的系统，有时他又宣扬：“其不变者道而已，势则日变而不可复者也。”由于唯心论的羁绊，他提倡鬼神迷信，说成“有益人心”、“阴辅王教”。在政治上反对农民起义，晚年在苏北抵抗太平天国革命，这些正是表现了他的历史局限和阶级局限，但这些弱点不是他思想和行动的主要方面。

---

① 《魏源集》上册，《默觚下》，《治篇五》，四七页。

② 《魏源集》下册，《筹鹾篇》，四三二页。

③ 《魏源集》上册，《默觚上》，《学篇二》，七页。

④ 同上书，《默觚上》，《学篇七》，一八页。

⑤ 同上书，《默觚上》，《学篇十一》，二六页。

第十六章　资本主义国家对中国的侵略

第一节　中国和资本主义国家的早期贸易关系

一、对外贸易的情况

十六世纪初，西方的航海家，绕道非洲的好望角，开辟新航线，来到中国。这时，某些西欧国家进入了资本主义的原始积累时期，掠夺殖民地成为积累资本的一个重要手段，大批商人和传教士以海外扩张的先驱者身份奔向世界各地。最先到中国来的是葡萄牙人，此后，西班牙人、荷兰人、英国人、法国人也接踵而至。

早期西方殖民者来到中国，普遍地采取欺骗讹诈和武力掠夺手段，骚扰中国沿海。一五五三年（明嘉靖三十二年）葡萄牙人侵占了澳门；一六〇三年（明万历三十一年）西班牙人在菲律宾压迫和屠杀华侨；一六二四年（明天启四年）荷兰人侵占了我国的台湾；一六三七年（明崇祯十年）第一艘英国船闯到广州，炮轰虎门。他们的商业贸易通常和海盗劫掠结合在一起，就像英国人自己所说："掠夺、谋害及经常诉诸武力，为欧洲国家与中国开始贸易的特色"，"所有这些所谓和平商业先驱者的行为，与其说合乎和平文明人之道，毋宁说同于盗贼。他们不仅应驱逐于帝国之外，而且应由中国当局加以剿灭。他们飘忽于中国南部海岸，掠夺焚毁乡镇与城市，杀死和平男女及幼孩以百数十计，而后安然航海离去。或者登陆之后，以最暴戾残忍的手段强迫当地中国人为他们筑堡垒，掳掠妇女，抢夺本地人所有任何贵重之物，违犯一切礼仪与人道之信条"①。

---

① Blakeslee：*China and the Far East*，p. 35. 39.

中外交往的初期，贸易数量是很微小的。特别在清初，郑成功等据福建、浙江沿海，进行抗清斗争。清朝为了断绝他们的粮食物资供应，厉行海禁，下令“片帆不准入口”，将沿海居民强迫迁往内地，中外贸易更加萎缩。当时，只有郑成功控制下的厦门和台湾，对外贸易比较发展，居住在澳门的外国商人也和广州有通商关系。顺治和康熙初年，荷兰、葡萄牙曾派遣使节到北京，要求开放通商。但清政府把它们看作朝贡国，只允许入贡时附带进行贸易，“非系贡期，概不准其贸易”①。

一六八五年（清康熙二十四年），清朝统一台湾。第二年（一六八六年，清康熙二十五年）下令开放海禁，允许中国商民出洋贸易，又指定广州、漳州、宁波、云台山四地为通商口岸，而实际上，对外贸易集中于广州一地。从开放海禁到十九世纪初的一百多年间，中外海上贸易虽有相当发展，但还远远不能满足欧美资产阶级的要求。一七六四年（清乾隆二十九年），欧美国家对中国海上贸易的总值为银五百五十五万两，十九世纪初增加到一千九百十二万两，四十年间增加了三倍半。② 特别是中国对外贸易长期保持出超。欧洲的制造品经过长途运输，到达中国，价格昂贵，品种式样又不适应中国的需要，不可能大量进入中国市场，中国自给自足的封建自然经济对外国商品有很大的抗拒力。英国能够在中国销售的只有毛织品、金属以及从印度转贩的棉花，而中国的产品茶叶、生丝、土布却在欧洲市场上有较大的销路。一七六四年，从欧洲输入中国的商品总值为银一百九十一万两，而从中国输往欧洲的商品总值达三百六十四万两，出超一百七十三万两。直到十九世纪初鸦片大量输入中国时为止，中国的对外贸易一直保持有利的顺差。一个英国作家说：“自十六世纪至十九世纪，在这将近三百年的中西交往中最显著的事实是：西方人希求东方的货物，而又提供不出多少商品来交换。”③

---

① 《东华录》康熙朝卷八，康熙七年三月。

② 本章所引统计数字，出自严中平等编：《中国近代经济史统计资料》、姚贤镐编：《中国近代对外贸易史资料（1840—1895）》第一册、［美］马士：《中华帝国对外关系史》第一卷等书。

③ ［英］格林堡：《鸦片战争前中英通商史》，1页。

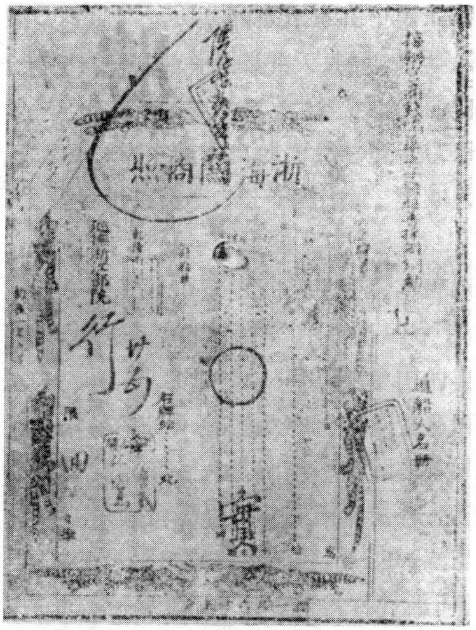

乾隆二十五年发给中国商人的海外渡航证明书

十八世纪中外贸易的一个显著变化是葡西荷等老殖民主义国家相继衰落，它们的对华贸易逐渐下降到无足轻重的地位。经历了资产阶级革命之后的英国发展很快。它在争夺殖民地的战争中击败了竞争者，掌握了海上霸权，势力蒸蒸日上。一六八九年（清康熙二十八年），英船“防御号”来到广州，这是清朝开放海禁后英国在广州贸易的开始。一七一五年（清康熙五十四年），英国在广州设立商馆，贸易趋于经常化，贸易额也逐步上升。十八世纪中叶，英国对华贸易的总值已超过欧洲其他国家对中国贸易值的总和。一七六四年，欧洲国家海上贸易对中国输入总值银一百九十一万两，英国为一百二十一万两，占百分之六十三点三，欧洲国家海上贸易从中国输出总值三百六十四万两，英国为一百七十万两，占百分之四十六点七。英国已执对华贸易的牛耳。十八世纪下半期，英国对华贸易扶摇直上。十八世纪末，英国对中国输入值占欧美国家输入值的百分之九十左右，从中国输出值占欧美国家输出值的百分之七十以上。十八世纪末和十九世纪初，英国商船每年开到广州来贸易的常达数十艘，最高的数字是一七八七年（清乾隆五十二年）的六十二艘和一八二六年（清道光六年）的八十五艘，大大地超过其他国家。

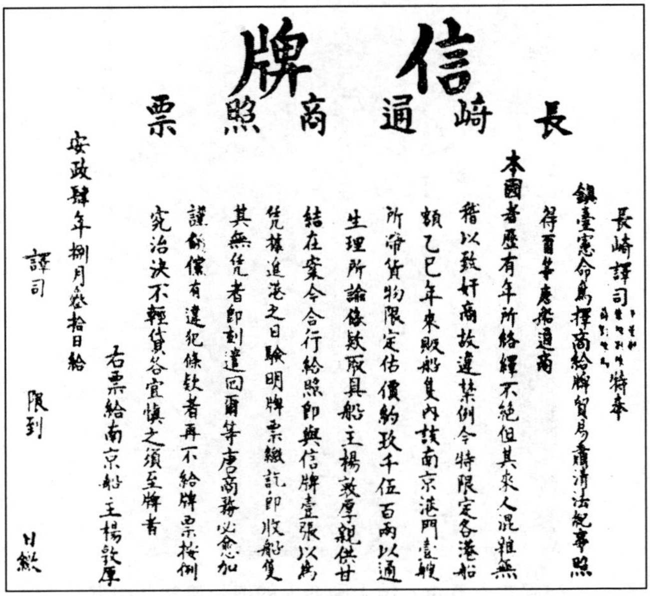

信牌

長崎通商照票

長崎譯司特奉
鎮臺憲命爲擇商給牌貿易龥清法紀事照
得百年唐船通商
本國者歷有年所絡繹不絕但其來人混雜無
稽以致奸商故違禁例令特限定各港船
額乙巳年來販船隻內該南京港門壹艘
所帶貨物限定估價約玖千伍百兩以通
生理所諭條款取具船主楊敦厚親供甘
結在案令合行給照即與信牌壹張以爲
凭據進港之日驗明牌票繳訖即收船隻
其無凭者即刻遣回爾等唐商務必愈加
謹飭儻有違犯條欵者再不給牌票按例
究治決不輕貸各宜慎之須至牌者
右票給南京船主楊敦厚
安政肆年捌月叁拾日給
譯司　限到　日繳

日本政府发给中国商人的信牌

法国在路易十四时代也力图扩张，发展对中国的贸易。一六九八年（清康熙三十七年），法船“安菲得里蒂”号第一次来到中国，一七二八年（清雍正六年）在广州设立了商馆。法国很注意在中国的传教事业，派了许多耶稣会士到中国来，但商业却并无进展，每年来到广州的法国船只有几艘。一七九二年（清乾隆五十七年），法国输入中国商品的总值不到银五万两，从中国输出的商品总值也仅三十六万两。“法国在华商务之额量仍甚微小，与英国比较，更如天壤之别”①。

美国的对华贸易开始很晚，独立战争以后才着手开辟对亚洲的贸易。一七八四年（清乾隆四十九年），美国商船“中国皇后号”从纽约出发，绕道非洲好望角，驶抵广州，这是第一艘到达中国的美国船。但此后美国的对华贸易发展很快，美国政府给对华贸易的商人以税则上的保护和优惠的津贴。到十八世纪末，美国在各国对华

① 张天护：《清代法国对华贸易问题之研究》，载《外交月报》卷八，第六期。

贸易中已占第二位。特别在十九世纪初，欧洲因拿破仑进行战争而受到破坏的时期，美国对华贸易发展特别迅速，一八一七至一八二〇年（清嘉庆二十二年至嘉庆二十五年）间，它每年的对华贸易总值高达一千五六百万元，每年来中国的商船也有三四十艘。据史料中记载："近年（美国）来舶甚多，几与英吉利相埒。"① 一个西方历史学家评论说："在英法历次战争时期，中国海面上仅有的两种非常显著的旗帜，就是英国的和美国的——英国旗帜所以显著，因为英国是海上霸主，而美国旗帜却因为中立的美国是所有国家的友好国……它能在别的国家所不能经商的地方经商。"②

在早期的对外贸易中，从中国输出的商品主要是农副产品。长期以来，我们的祖先以优质的茶叶、灿烂的丝绸、坚致的土布供应着世界各国的大量需要，其中茶叶的出口高居第一位。随着资本主义的发展和英国广大人民生活的贫困化，英国人民普遍地以红茶作为佐膳的饮料，茶叶成了他们的生活必需品，消耗量越来越大。十八世纪初，运往英国的茶叶不过五百担，十八世纪中叶以后，猛增至五万担，当时英国政府对进口的茶叶征税很高，所以，有大量的走私茶叶。一七八四年，英政府减低了茶叶税，消灭了走私茶叶，从中国输往英国的茶叶增至十余万担，十九世纪初又增至二十万担。十八世纪末，英国东印度公司每年平均从中国购买茶叶值银四百万两左右，仅此一项，就足以抵消英国输入中国的三项主要商品的价值（毛织品、金属、棉花）。当时，英国来华的马戛尔尼使团的成员评论十八世纪中国茶叶在英伦销售量的增长说："在本世纪之初，除去少数私运进口的茶叶以外，东印度公司每年出售的茶叶尚不超过五万磅，现在该公司每年销售两千万磅茶叶。也就是说，在不到一百年的时间内，茶叶的销售量增加了四百倍"③。

中国的另一项大宗出口商品是生丝，清政府本来限制生丝输出，每艘外国商船运出的生丝不得超过八千斤。后来禁令放松，生丝出

---

① 阮元：《广东通志》卷三三〇，列传六十三，《外藩》。
② ［美］马士：《中华帝国对外关系史》，第一卷，93页。
③ ［英］斯当东：《英使谒见乾隆纪实》，27页。

口量猛增，在十九世纪初每年生丝出口不到一千二百担，到十九世纪三十年代增至八千担以上。中国的土布也在国外市场上很受欢迎。十八世纪末，每年平均输出一百万匹，“广州查顿·孖地臣商行向他们的往来商家发送的行情报告中，还说到中国土产的‘紫花布’，无论在质地和成本上都优于曼彻斯特的棉布”①。

欧美国家需要大量购买中国的商品，东印度公司和英国政府在茶丝贸易中获利极大。“在垄断的最后几年中，茶叶带给英国国库的税收平均为每年三百三十万镑。从中国来的茶叶提供了英国国库总收入的十分之一左右和东印度公司的全部利润”②。由于茶叶出口可获高额利润，英国东印度公司拼命抓住了这项贸易不放，他们最伤脑筋的是怎样来获得购买茶叶的资本。英国商人运到中国来的全是滞销和赔钱货，其中毛织品由于价格太贵，中国劳动人民并不购买，销路不广，贩运毛织品一直是亏本生意。十八世纪末，平均每年亏损一二十万两，英国商人急于获得中国通货以购买茶叶，不得不硬着头皮把蚀本生意继续下去。但是，“广州的英国货市场既极有限，即便是亏本推销，也打不开销路”③。其次是运来的金属品，其中以铅为最多，铅的重要用途是包装出口茶叶箱的箱皮，用量亦属有限，只有运到中国来的棉花，数量较多。当时广东沿海城镇的中国纺织手工工场发展很快，需要大量棉花。十九世纪初，英商平均每年输入中国的棉花值银四百多万两，占输入总值的百分之六十。棉花产于印度，因此，东印度公司实际上是在英伦本土、印度和中国之间进行三角贸易，即把英伦本土的产品运往印度（很小部分直接运往中国），换取印度的棉花和其他产品运往中国，再在中国购买茶叶，运回英伦本土。至于英国的机器制造品，在中国没有什么市场。一七九〇年（清乾隆五十五年），英商在广州试销两千匹曼彻斯特出产的机制棉布，由于售价高昂，不受欢迎。迟至一八二一年（清道光元年），“英制印花布四千五百零九匹，又剪绒与天鹅绒四百一十六

① ［英］格林堡：《鸦片战争前中英通商史》，1页。

② 同上书，3页。

③ 同上书，8页。

匹在广州拍卖脱手……亏本百分之六十以上。很明显的，销售英国棉制品的时代还没有到来”①。

从英伦和印度运来中国的全部商品总值只抵得上从中国出口茶叶一项的价值，中国长期保持出超。为了平衡贸易收支，欧美商人每年必须运送大量硬通货到中国来，广州一地每年平均有成百万元银元流入。“在一七一〇至一七五九年新旧东印度公司合并以后的五十年中，英国向东方的出口，计有金银二千六百八十三万三千六百一十四镑，货物仅九百二十四万八千三百零六镑”②。美国的对华贸易也靠白银为支付手段。十九世纪初，美国因硬币大批出口而引起恐慌，众议院的调查报告中说：“我们全部流通铸币的数量不见得会多于过去一个年份内所输往印度的数量一倍以上，所谓印度是指包括中国在内的一个总称”③。一个清朝官员描述十八世纪前期的状况说：“夷船必待风信，于五六月间到粤，所载货物无几，大半均属番银”④，这确是当时的实际情形。

对外贸易的状况充分表明了中国封建经济自给自足的性质。在广大地区，小农业和小手工业强固地结合着，农民不但生产自己食用的粮食，并且在农暇时从事各种副业和手工业，从纺纱织布、建造房屋到制造、修理农具及各种生活用具。农民的生活极为贫困，必须利用一切机会谋生存，必须依靠自己的双手来满足自己的简单需要。整个说来，交换还不发展，市场规模很狭小。外国的商品不是他们生活中的必需，也没有能力去购买。正像马克思所说，“资本主义以前的、民族的生产方式具有的内部的坚固性和结构，对于商业的解体作用造成了多大的障碍，这从英国人同印度和中国的通商上可以明显地看出来。在印度和中国，小农业和家庭工业的统一形成了生产方式的广阔基础”，“因农业和手工制造业的直接结合而造成的巨大的节约和时间的节省，在这里对大工业产品进行了最顽强

---

① ［美］马士：《编年史》卷四，2页。

② ［英］格林堡：《鸦片战争前中英通商史》，5页。

③ ［美］丹涅特：《美国人在东亚》，18页。

④ 《文献丛编》，第十七辑，福建巡抚常赍奏，雍正五年七月十九日。

的抵抗，因为在大工业产品的价格中，会加进大工业产品到处都要经历的流通过程的各种非生产费用”①。

对外贸易的状况又表明：即使在生产力水平很低的情况下，中国这样一个地大物博、人口众多的大国，增产的潜力也是十分巨大的。鸦片战争前的一个世纪内，中英商品可说是在进行着一场激烈的竞争，中国出口商品增长得很快，在对外贸易的刺激下，中国的丝茶生产大大发展。英国商品，即使在十八世纪下半期经历了产业革命以后，依靠着机器大规模生产的优越条件，仍不能够大量进入中国，不能够扭转对外贸易逆差的不利局面。

二、清政府的闭关政策

英国输华的商品，除了受到经济上的抗拒之外，还受到政治上的限制，这就是清政府采取的闭关政策。清政府为什么采取闭关政策呢？归根到底，这还是由经济制度决定的，因为中国封建的自然经济结构，不需要外来商品而可以自给自足。如乾隆帝给英王的敕谕中说：“天朝物产丰盈，无所不有，原不藉外夷货物以通有无。”②嘉庆帝的上谕中说：“天朝富有四海，岂需尔小国些微货物哉？”③封建的自然经济是使统治者形成故步自封、虚矫自大、闭关自守的根本原因。

马克思在论述东方封建国家的特点时指出，“这些家族式的公社是建立在家庭工业上面的，靠着手织业、手纺业和手力农业的特殊结合而自给自足”。“这种制度使每一个这样的小单位都成为独立的组织，过着闭关自守的生活”。“这些田园风味的农村公社不管初看起来怎样无害于人，却始终是东方专制制度的牢固基础；它们使人的头脑局限在极小的范围内，成为迷信的驯服工具，成为传统规则的奴隶”④。

---

① 《马克思恩格斯全集》，第二十五卷，马克思：《资本论》，372～373页。

② 梁廷枏：《粤海关志》卷二十三，八页。

③ 《清代外交史料》嘉庆朝四，二九页。

④ 《马克思恩格斯选集》，第二卷，马克思：《不列颠在印度的统治》，66、67页。

应该指出："闭关自守"不但是封建自然经济基础上的生长物，而且由于清政府和广大人民群众的尖锐矛盾，因此清政府更加顽固地坚持"闭关自守"。在同样是封建自然经济的条件下，当国家比较强盛，政府和人民的矛盾比较缓和的时候，封建统治者对周围国家也可以采取比较开放、比较宽容的态度。如汉唐盛世，中外交往频繁，沿着著名的丝绸之路，中国和西方的经济、文化得以交流。以玄奘、鉴真为代表的许多僧人往印度、日本求经传法，日本等国的留学生也前来长安学习。在明初，郑和率领下的庞大航海队屡次前往东南亚、西亚，并远达非洲海岸。鲁迅先生说："汉唐虽然也有边患，但魄力究竟雄大，人民具有不至于为异族奴隶的自信心，或者竟毫未想到。凡取用外来事物的时候，就如将彼俘来一样，自由驱使，绝不介怀。一到衰弊陵夷之际，神经可就衰弱过敏了，每遇外国东西便觉得仿佛彼来俘我一样，推拒惶恐，逃避退缩，抖成一团，又必想一篇道理来掩饰。"① 十八世纪后期已是中国封建社会"衰弊陵夷之际"，人民群众的抗清起义，风起云涌，清朝政府由盛转衰，显露了它的腐朽性和虚弱性。它不了解世界的发展，不了解外国资本主义的性质和活动方式，自然也不会有对付资本主义的正确策略，神经衰弱地以为这一外来的异己势力如果和人民群众直接接触，将会加强反对政府的力量，引发新的骚动。因此，它执行闭关政策特别严厉，各种清规戒律、繁文缛礼，把中外交往限制在非常狭小的渠道里。清朝政府精心构筑起一道隔绝中外的堤墙，以为任凭堤墙之外时局变幻、风雷激荡，自己还可以关上"天朝"的大门，作自己的皇帝，对外可以不闻不问，高枕无忧。历史的实践粉碎了这一反动幻想，事实上，他们只是糊起了一堵薄薄的纸墙，被外国侵略者一戳即破。

清政府采取的闭关措施，是在中外贸易发展的过程中逐渐形成的。主要措施有：

1. 限定一口通商。当康熙朝开放海禁之初，并未限制通商口

① 《鲁迅全集》，第一册，《看镜有感》，301页。

岸。外国商船虽然大多集中在广州，但也有驶往厦门、宁波进行贸易的。十八世纪中叶，英人洪任辉几次带英船到宁波贸易，意图在此处建立长期的商业据点，引起清政府的疑虑。乾隆帝说："浙民习俗易嚣，洋商错处，必致滋事。若不立法堵绝，恐将来到浙者众，宁波又成一洋船市集之所，内地海疆，关系紧要。"①一七五七年（清乾隆二十二年）谕令禁止外国商船再到宁波，限定在广州一口通商。英人不服，洪任辉由海道去天津，向清廷要求开放宁波，并控告粤海关贪污勒索等弊端。清政府派人调查属实，粤海关监督李永标被革职，但仍不准宁波开港，洪任辉亦因"勾串内地奸民，代为列款，希冀违例别通海口"② 的罪名，在澳门圈禁三年，期满驱逐回国。以后，通商口岸严格限制在广州一地。

外国商人对一口通商的限制极为不满。因为外商需要的生丝、茶叶大量产于江苏、浙江、福建、安徽，在广州采购，要经过长途运输，加重了成本。而且，广州已形成了行商制度，垄断对外贸易，弊端重重。外国商人急思摆脱一口通商和行商制度的束缚。十八世纪末和十九世纪初，英国先后派遣马戛尔尼和阿美士德两个外交使团到北京，都把开放通商口岸和自由贸易作为主要的要求，但清政府坚持不准。

2. 对进出口货物的限制。开放海禁之初，只禁止炮械、军器、火药、硝磺的贸易，但以后范围扩大，禁止出口货物的单子越来越长。大米、豆麦、杂粮、铁器、废铁、生丝、绸缎、马匹、书籍都在禁止之列，这就严重地妨碍了对外贸易的发展。例如：由于禁止铁器和粮食出口，凡出洋贸易的中国商船，每船只准带铁锅一口，每人只许带铁斧一柄，不但煮饭烧水生活上很不方便，而且在海盗猖獗的洋面航行，丧失了自卫的手段。又出海商船预先规定了往返日期，船上每人每日只许带食米一升，并带余米一升。由于风涛难测，航行日期有时大大超过规定的日期，时有发生断粮的威胁。

① 《清高宗圣训》卷二八一，五页。

② 《清高宗圣训》卷一九九，一〇页。

这种烦琐不合理的规定大大限制了中国商船的出海。还有生丝、绸缎禁止出口，更严重地影响国内的生产发展，丝绸是中国传统的手工业产品，是对外出口的大宗货物。由于出口增多，丝价上涨，这本来是体现了市场的供求规律，可以促使丝绸生产更快地发展，并不是坏事情。但是，封建官吏看到丝绸涨价，就神经紧张起来，下令禁止丝绸出口。结果影响了社会经济的发展，“近年粤闽贸易，番船甚觉减少，即内地贩洋商船，亦多有停驾不开者。在外番因不能置买丝斤，运来之货日少，而内地所需洋货，价值亦甚见增昂”。封建官吏后来也承认禁止丝绸出口，“中外均无裨益”①。在事实面前碰了钉子，不得不改变办法，放宽禁令。以后规定：装载生丝出口，外国船只每艘不得过一万斤，中国船只每艘不得过两千斤。

3. 对外国商人的防范。自从发生洪任辉至天津控诉的事件后，清政府把中国人和外商的接触视为隐患，为了防止再发生这类事件，于一七五九年（清乾隆二十四年），两广总督李侍尧规定了《防夷五事》。第一，禁止外国商人在广州过冬；第二，外国商人在广州必须住在政府指定的行商的商馆中，由行商负责“管束稽查”；第三，中国人不得向外国商人借款或受雇于外商；第四，中国人不得代外商打听商业行情；第五，外国商船停泊处，派兵“弹压稽查”。所谓“防夷”，着重点是防止外商和中国人发生接触。一八〇九年（清嘉庆十四年），两广总督百龄又规定《交易章程》六条；一八三一年（清道光十一年），两广总督李鸿宾规定八条章程；一八三五年（清道光十五年），两广总督卢坤又续定八条章程。规定越来越烦琐，限制越来越严格。如规定：外国商人不得在澳门长期居住，不得乘坐轿舆，不得向官府直接投送文书，居住在广州商馆中的外国人只许每月的初八、十八、二十八日三次到附近的花地和海幢寺游览散步，每次限十人，平时不准擅自出入商馆以及外国妇女不准前来广州等等。

---

① 《皇朝政典类纂》卷一一八，闽浙总督杨庭璋等奏，乾隆二十九年。

4. 行商制度。办理对外贸易的商人，称“洋商”，他们之间有类似行会的组织，称“洋行”，俗称“十三行”。“十三行”之名是沿袭明代的旧称，实际上，常有旧行倒歇，新行增添，不一定是十三家。一七二〇年（清康熙五十九年），洋行的商人们为避免相互竞争，订立规条，组织了垄断性的“公行”，“公行”一度因外国商人的反对而取消，后来，为了便于管理，又在行商中指定一人为总商。行商制度屡经变迁，但直到鸦片战争以前，对外贸易完全由行商把持。充当行商须清政府批准，要由其他行商保举，尤其重要的是向官吏纳贿；行商也不能自由辞退。如行商潘致祥于一八〇八年（清嘉庆十三年）花去十万两银子的贿赂，已允许辞退，而六年之后，两广总督蒋攸铦仍强迫潘致祥再当行商。蒋攸铦称：潘致祥“身家素称殷实，洋务最为熟练，为夷人及内地商民所信服。从前退商，本属取巧，现当洋行疲敝之时，何得任其置身事外，私享厚利，应饬仍充洋商”①。

行商制度在清朝政府闭关政策中占着极重要的地位。它一方面是垄断性的商业组织，一切外国进口货物，由其承销，内地出口货物，由其代购，并负责规定进出口货物的价格；另一方面，行商又受政府的委托，执行政治上的职能，外国商人来华贸易，并不直接向粤海关纳税，一律由行商代收代纳，若有漏税欠税，行商负责赔偿。行商又代政府办理交涉事宜，外商不准和官府直接交往，一切命令、文书都由行商转达。所以，行商实兼有商务和外交的两重性质。

当时的外国人对行商作了如下的描述：

> 行商是中国政府承认的唯一机构，从中国散商贩买的货物只有经过行商才能运出中国，由行商抽一笔手续费，并以行商名义报关……
>
> 行商对“户部”（实为粤海关）负责出入口关税，只有他们能与海关官员办事，因此，外人免了报关交税的麻烦……

---

① 《清代外交史料》嘉庆朝四，两广总督蒋攸铦奏，嘉庆十九年十月十九日，二三页。

> 行商经管广州一埠每年总额达数百万元的全部对外贸易，获利固丰，责任亦重。洋船或其代理商如违犯通商章程，均由行商负责……
>
> 行商的地位，是由献给北京方面一大笔金钱而获得的，这笔钱听说甚至高达二十万两，即五万五千镑。“执照”虽如此昂贵，但可保证长期的巨大利益。然而政府常常向他们勒索巨款，迫使捐献，例如，为了公共建筑、救灾、江河决口……①

长期垄断着对外贸易的行商，一面搜刮了大量金银珍宝奉送给皇帝和各级官吏，去填塞无穷的欲壑；一面又父子相承，作为世业，积聚巨大财富，他们都是锦衣玉食，园宅华丽，生活奢侈。据外国人估计，著名行商伍敦元在一八三四年（清道光十四年）所拥有的田产、房屋、店铺与货物，共值二千六百万元。

上述的通商制度和措施，构成清政府闭关自守政策的主要内容。

怎样来评价闭关政策呢？当然，这种政策是产生在落后的经济基础之上的，它是为封建统治阶级服务的。清朝统治者幻想关上“天朝”的大门，以永保长久统治。“与外界完全隔绝曾是保存旧中国的首要条件”②。但是，这种消极落后的政策，既不能阻挡住凶恶的欧美侵略者，也不能减轻侵略的祸患。资本主义的本性就是要侵略殖民地，“资本主义如果不经常扩大其统治范围，如果不开发新的地方并把非资本主义的古老国家卷入世界经济漩涡之中，它就不能存在与发展”③。中国能否抵挡住外国的侵略，决定于中国和外国的力量对比。闭关政策既不能影响和改变外国资本主义的本性，也不能妨碍它们经济和政治力量的发展，反而严重地阻碍了中国的发展，窒杀了中国的生机和进取精神，造成了沉闷、闭塞、停滞、倒退。它是徒劳无益而且十分有害的政策。

闭关政策导致了中国航海业的衰落。在明代以前，中国的航海业居于世界的先进行列。十五世纪初，郑和下西洋是世界航海史上

---

① ［美］亨特：《广州番鬼录》。

② 《马克思恩格斯选集》，第二卷，马克思：《中国革命和欧洲革命》，3页。

③ 《列宁全集》，第三卷，《俄国资本主义的发展》，545页。

的壮举，到一五三七年（明嘉靖十六年），外国人还见到拥有四十艘大帆船的中国商船队航行于南中国海。此后，欧洲殖民主义势力到达远东，世界航海事业突飞猛进；而中国政府却闭关自守，千方百计限制航海事业，清政府规定：出海商船不得超过五百石，“如有打造双桅五百石以上违式船只出海者，不论官兵民人，俱发边卫充军”①，乘船出海的水手、客商“各给腰牌，刻明姓名、年貌、籍贯，庶巡哨官兵易于稽查”②。中国的航海业，受到种种束缚，无法赶上外国。昔日出没于东南亚海面上的大型中国船队遂告绝迹。

闭关政策也严重地打击了中国的对外贸易商人和华侨。中国的商人和华侨很早就在东南亚各地活动，对当地和中国的经济交流作出了贡献。清政府不但不给以支持、鼓励，反而多方阻挠他们出国贸易。如雍正帝对出国的商人和华侨极为歧视，他说：“此辈多系不安本分之人，若听其去来任意，伊等益无顾忌，轻去其乡而飘流外国者益众矣。嗣后应定限期，若逾限不回，是其人甘心流移外方，无可悯惜，朕亦不许令其复回。如此则贸易欲归之人，不敢稽迟在外矣”③。

中国一直是对外贸易的出超国，有发展贸易的有利条件。十八世纪和十九世纪初，到广州的外国商人日益增多，贸易规模越来越大。但由于清政府禁令森严，中国的大商人都视远洋贸易为畏途，只有一些小商小贩零星地贩运货物出洋，对外贸易的主动权和高额利润长期由外国商人所垄断。当时也有个别商人，积攒了资本，自造了船只，具有与外商竞争的雄心和一定实力，但在清政府的打击下不能开展业务，反而家破人亡。如康熙时上海的大商人张元隆“广置洋船，海上行走”④，“声名甚著，家拥厚资，东西两洋、南北各省，倾财结纳”⑤，张元隆还想打造远洋帆船一百艘与外国商船竞

① 《光绪大清会典事例》卷七七六，四页，康熙二十三年议准。

② 《皇朝文献通考》卷三十三，一一页，康熙五十三年张伯行奏。

③ 同上书，一二页，雍正五年谕。

④ 《东华录》康熙朝卷九十四，康熙五十三年十月。

⑤ 张伯行：《正谊堂文集》卷一，《海洋被劫三案题请敕部审拟疏》；卷二，《沥陈被诬始末疏》。

胜。而当时的江苏巡抚、顽固的理学家张伯行把这样的大商人视为眼中之钉、肉中之刺，竟制造冤狱，诬陷张元隆结交海盗，罗织株连，非刑逼供，夹毙船户十二人，拖延五年不结案。在这样的封建统治下，中国商人的对外贸易根本无法开展。

闭关政策对中国社会经济的危害极大。如中国出口货物的大宗是茶叶，产于福建、安徽。清政府规定：茶叶必须在内地陆路运输到广州，不准由海上就近运输。经过长途迂回，沿途关卡，层层勒索，不但成本增加，而且运输期长，茶叶易于变质。嘉庆年间，有人请求准许福建茶叶在厦门出口，清廷“传旨申饬”，说是“明系由奸商怂恿，冒昧陈请”，顽固地坚持长途运输茶叶的旧政策，说什么“虔受约束，为法甚善，必应永远遵行”①。类似这种不合理的规章制度严重地阻碍了生产的发展和人民生活的改善。有的官吏指出了闭关政策的危害性：“南洋未禁之先，闽广家给人足，游手无赖，亦为欲富所驱，尽入番岛，鲜有在家饥寒窃劫为非之患。既禁以后，百货不通，民生日蹙。居者苦艺能之罔用，行者叹至远之无方，故有以四五千金所造之洋艘，系维朽蠹于断港荒岸之间……沿海居民，萧索岑寂，穷困不聊之状，皆因洋禁。”②

闭关政策也妨碍了中国人学习世界先进的思想文化和科学技术。十七世纪和十八世纪，西欧走出了中世纪的黑暗牢笼，文化思想和自然科学迅速发展，放射出光辉异彩。而中国知识界闭目塞聪，沉溺于理学、八股、考据、词章之中，踏步不前。清政府十分害怕中外文化的交流，把外国的文化科学视为离经叛道的邪说，限制外国书籍、文字的流传。康熙时，北京和各地方有一批外国耶稣会传教士带来了某些科学技术知识，但由于中国的社会条件和政府禁令，这点有限的科学技术知识也得不到传播、推广，不可能在中国生根、开花和结果。康熙末，清朝和罗马教廷发生争执，限制了传教活动。雍正初，完全禁止了天主教，这就像把脏水和孩子一起倒掉一样，掐断了中西文化仅有的一点薄弱联系。中国被紧密地封闭着，知识

① 《清仁宗实录》卷三六五，嘉庆二十四年十二月上谕。

② 蓝鼎元：《鹿洲初集》卷三，《论南洋事宜书》。

界不但不可能向外国学习，也根本不了解中国以外的情况。资本主义的欧美诸国日新月异，而封建的中国停滞不前，依然故我，越来越落后下去。

三、关税和商欠

在鸦片战争以前的对外贸易中，有必要考察一下清政府的关税制度以及中国行商与外国商人之间的“商欠”问题。

尽管清政府执行闭关政策，但对外贸易仍在迅速发展，中国正日益深入地被拖进世界经济关系的旋涡中去，可是，腐败、僵化的清政府却失去了适应和变革的能力，关税制度就是明显的例证。

关税是近代独立国家不可缺少的自卫手段，为了保护和发展本国的经济，税则必须自主而灵活，根据不同情况对各种进出口商品有差别地征收轻重不等的税款。可是清朝政府并不这样，它以“天朝上国”自居，把对外贸易当做“羁縻”外国的手段，是对外国的“恩施”，因此法定的税则很低，远远低于世界通常的标准，但税制死板、混乱，法定税收和非法勒索没有明晰的界线，弊端重重。

清政府的关税像它的其他税收一样，预先有一个固定的征收数量，称为“正额”。康熙时规定的关税“正额”只有银四万三千余两，直到鸦片战争时并无改变。实际上，随着对外贸易的逐渐兴旺，关税征收大大超过了“正额”，超额部分称为“盈余”，以后“盈余”部分也固定下来。乾隆末，规定每年的“盈余”为八十五万五千两。此后，对外贸易继续发展，税款继续增多，于是“盈余”之外，又有盈余。至鸦片战争前夕，每年征收的关税已达一百五十多万两。

关税征收的名目很多，第一种是船钞。按照商船的大小征收，每艘船只经过丈量，分列为三等，规定征收银四百两至一千四百两不等，而实征时又有减二征收的名目，即只征百分之八十。

第二种是货税。按照规定，“凡商船出洋进口货物，按斤科税者为多，有按丈匹个件者，各因其物，分别贵贱征收”①。法定的税则

① 《大清会典事例》卷一八八，一四页。

很低，大多“每两不过二分，为百中取二”，但是附加税很多，往往超过正税的数倍。如进口的棉花，每担规定征税二钱，而实际征税一两五钱，超过七倍半；出口的茶叶，每担亦规定征税二钱，实际征税八钱，超过四倍。

第三种是规礼。即官吏差役的非法勒索，勒索数字难以估计。上自督抚，下至官吏家丁无不明目张胆地贪污分肥。因此官场视广东为美缺，“无论官之大小，一捧粤符，靡不欢欣过望。长安戚友，举手相庆，以为十郡羶境，可以属餍脂膏。于是争以母钱贷之，以五当十，而厚责其赢利。其人至官，未及视事，即以攫金为事，稍良者或恣睢掠拾，其巧黠者则广布爪牙，四张囊橐，与胥吏表里为奸，官得其三，而胥吏得其七”①。清朝政府发给官吏书役的俸禄工食很微薄，有的甚至不发俸禄工食，等于是公开鼓励他们贪污勒索，如，“海关衙门设有承舍等七班人役，听候差遣，并备各税口换班之用，共二百余名。向无额编工食，惟借商船货物进出每百斤收担银一分一厘零至一分三厘不等，每年约收银三四千两，每名岁得十余两或一二十两不等，以为工食养赡之资”②。在这样腐败的制度下，贪污自然成了家常便饭。雍正时，整顿海关税，清查出私收的规礼达四万八千两，而当时每年海关总收入只有九万两。可怪的是：查出的“规礼”并不取消，还继续征收，只是在“归公”的名义下算作国库的正式收入，非法的勒索一转手变成了合法的税收。煌煌的《海关则例》中竟把这类“归公”的规礼列为正式的税项。乾隆时广州官僚们向皇帝奏称：“检阅粤海关则例，内开：外洋番船进口，自官礼银起，至书吏、家人、通事、头役止，其规礼——火足、开舱、押船、丈量、贴写、小包等名色，共三十条。又放关出口，书吏、家人等验舱、放关、领牌、押船、贴写、小包等名色，共三十八条。头绪纷如，实属冗杂。”③

---

① 屈大均：《广东新语》卷九。

② 梁廷枏：《粤海关志》卷八，两广总督苏昌奏，乾隆二十八年。

③ 新柱等奏《各关规礼名色请删改载于则例折》，乾隆二十四年，载《史料旬刊》第五期，一五九页。

除了以上三种税收外，还有所谓“行用”，或称“公所费”，一般抽收率为百分之三，有时高达百分之四、五、六，贸易兴旺时每年可抽几十万两。名义上，这是由行商抽取，供“办公养商”之用，类似贸易佣金而不是国家税收，但实际上，收税和抽取“行用”由行商一手包办，两者混淆不清，而且“行用”也不完全归行商所得，很大部分要“孝敬”政府和各级官吏，“军需出其中，贡项出其中，各商摊还洋货亦出其中，遂分内用外用名目。此外，尚有官吏之需求与闲游之款接”①。

应当指出：清政府关税的弊端不在于征税之重，而在于税制紊乱，税则不明，附加税繁多，因此黑幕重重，贪污勒索，弊窦百出。清朝官吏还故意把关税项目和征收办法弄得很含糊、很烦琐、很神秘，以便上下其手，从中取利。这些弊端都是由清朝封建腐朽政权的本性所决定的，关税制度，作为封建专制官僚制度整个躯体上生长出来的一个器官，必定也具有躯体本身所有的一切弱点——混乱、贪污、低效率。当时的外国人抱怨说：“不能从政府获得任何确定的关税税则，实在是广州贸易制度中多年来最显著的弊害之一。使外国人对关税税则及其征收方式完全不了解，是政府、行商、通事等的策略”②。

实际上，清政府的税则是很轻的，所收税款也很少。如十九世纪三十年代初，广州进出口贸易价值每年共计约一千七百万两，粤海关税收为一百五十万两，不到百分之九，即使加上私下勒索，为数也不大，比其他国家收税要低得多。一个外国作家研究了当时的贸易和税收情况后写道：“茶的帝国关税是每担一点二七九两银子（按包括船钞、货税、行用），而实际征收是六两银子……大约也只是广州茶的通常原价的百分之二十至二十五，总不致超过不包括政府征课在内的堆栈交货价的百分之三十……而在联合王国中，政府却对茶征收一笔售价百分之九十六的进口税，约为广州发票价格的百分之二百”③。另一

---

① 王之春：《国朝通商始末记》卷七。

② 菲普斯：《关于中国和东方贸易的实用论文》（John Phipps：*Practical Treatise on the China and Eastern Trade*，p. 140）。

③ ［美］马士：《中华帝国对外关系史》，第一卷，95页。

个外国作家说，清政府和官吏在对外贸易中“勒索的总数同东印度公司每年从对华贸易销货所得中付与英国国库和债券持有人的几百万镑是难以比拟的”①。

鸦片战争以前，中国和外国之间经常发生的另一纠纷是“商欠”。“商欠”是中国行商所欠外国商人的债务。十八世纪中叶以前，没有发生过“商欠”纠纷，随着贸易的发展，“商欠”才逐渐突出起来。一七五九年（清乾隆二十四年），英国通事洪任辉到天津告状，呈控的条款中就有中国行商黎光华欠公班衙（英国东印度公司）银五万余两。清政府审理此案，将黎氏家产查抄赔偿。这是早期的商欠，欠款数目较小，容易了结。一七七九年（清乾隆四十四年）发生了行商颜时瑛、张天球的大商欠，数目高达二百八十余万元。英国印度政府为此而派军舰到广州，向清政府呈递书信，索取债款，结果，颜、张二人发遣伊犁充军，家产变卖抵债，数目还远远不够，清政府责成广州全体行商，在抽收的“行用”中分年摊还，从此，立下了商欠转嫁到全体行商头上分摊的先例。此后，商欠越来越多。一七八四年（清乾隆四十九年）蔡昭复欠银十六万六千两，一七九一年（清乾隆五十六年）吴昭平欠二十五万余元，一七九四年（清乾隆五十九年）石中和欠六十万两，一八〇九年（清嘉庆十四年）沐士芳欠二十四万两、郑崇谦欠一百万两、倪秉发欠四十万两，一八一五年（清嘉庆二十年）关成发等七个行商欠一百零六万两，一八二四年（清道光四年）潘长耀欠十七万元，一八二六年（清道光六年）黎光远欠四十万两，一八二七年（清道光七年）关成发又欠一百余万元，疑为一八二九年（清道光九年）刘承澍欠一百万元，一八三五年（清道光十五年）严启祥、梁承禧欠三百万元。商欠越来越频繁，所欠债款越来越多，旧欠未清，新欠又积，行商因此而纷纷倒歇、抄家。英国印度政府为了催索商欠，有时派出军舰，有时商船延不进口，要挟强逼，几次出现了僵持。商欠是资本主义的英国对华早期经济侵略的形式，由于中国封建社会中没有近代的金

---

① ［英］格林堡：《鸦片战争前中英通商史》，58页。

融信贷制度，一些资本薄弱的中国行商缺乏可以周转的现金，在销售了外国的货物以后不能筹款归还，而外国商人却乐于不收账款，以很高的利息率借与行商，过几年后再来结算，时间很久，利上加利，就出现数目庞大的商欠。中国行商在和资本雄厚的英国商人交易时，无力抵制其高利贷剥削。例如一七七九年张天球的商欠案，张实际上只欠十余万元，但累年加息滚算，欠款积至四十三万八千元，其他的商欠案也都是这样。一个英国作家写道："就行商的债务说，大部分并不是普通的商业借款，而是用复利滚进的放款的累积。在中国缺乏流动资本以及由此而来的高利率吸引了外国的投资人。"① 对中国行商来说，暂时缓付货款，可纾燃眉之急，但高利盘剥，后患无穷，实为饮鸩止渴；对英国商人来说，将商业资本变为高利贷资本，免去了经营贩运之劳，风涛水火之险，却可以坐享更高的利润。即使中国行商无力偿债，照例由清政府责成全体行商摊赔，也万无一失，因此都争先恐后发放高利贷。清政府虽然三令五申，严禁中国行商接受外商的借款，又再三谕令清理商业交易中的尾欠，但命令等于具文，商欠越积越多。到鸦片战争爆发时，又积有三百万元商欠，英国侵略军打败了清政府，强迫清政府签订《中英南京条约》，规定赔款两千一百万元，其中即包括战前累积的三百万元商欠在内。

四、马戛尔尼使团、阿美士德使团前来中国

十八世纪后期，英国进入了产业革命，棉纺织业中首先采用了各种机器，接着蒸汽机普遍应用，技术革命扩及工业生产的各个领域。近代的工厂制度勃兴，机器生产代替了手工劳动，生产力突飞猛进。稍后，美国、法国在经过独立战争和资产阶级革命以后，也进入了与英国产业革命大体相似的过程。产业革命推动了资本主义的发展，代表工商业资本家利益的英国资产阶级政府更加积极推行对外侵略与扩张政策，为英国资本主义企业寻求原料产地与商品市场。地大物博、人口众多的中国，也就成了英国资产阶级更加注意的目标。

---

① ［英］格林堡：《鸦片战争前中英通商史》，58页。

早在一七八七年（清乾隆五十二年），英国政府就派遣喀塞卡特为第一次来华的使节，要求他“能在广阔的中华帝国为印度的土产和制造品找到一条出路”①。但喀塞卡特在途中病死，没有到达中国。一七九二年（清乾隆五十七年）又派遣以马戛尔尼（George Lord Macartney）为首的使团前来中国，使团的任务是“取得以往各国未能用计谋或武力获致的商务利益与外交权利”②，并搜集中国的情报。

使团一行七百余人，于一七九二年九月二十五日由英国朴次茅斯乘海军军舰“狮子”号起航，并有商船“印度斯坦”号和供应船“豺狼”号同行，所带礼物有：天文和地理仪器、乐器、钟表、图册、毯毡、车辆、武器、船只模型等，共值一万三千余镑。事前，

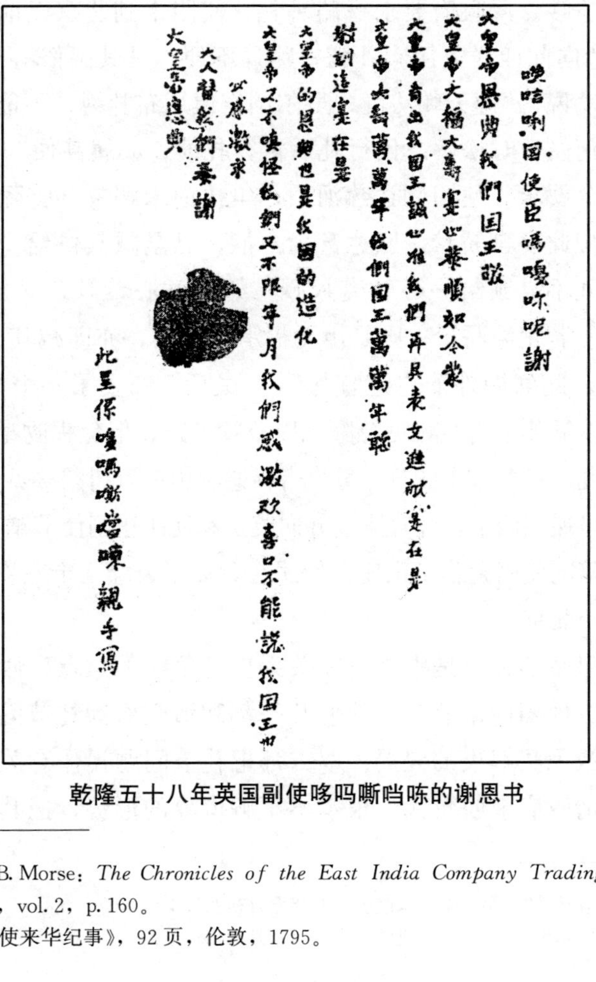
嘆咭唎国使臣嗎嘎吥呢謝
大皇帝恩典我們国王敬
大皇帝大福大壽實心恭順如今蒙
大皇帝賞出我国王誠心雅意我們再具表文進獻實在是
大皇帝大福萬萬年我們国王萬萬年聰
教訓遠寔在是
大皇帝的恩典也是我国的造化
大皇帝又不嗔怪我們又不限年月我們感激歡喜口不能說我国王也
必感激求
大人替我們奏謝
大皇帝恩典
此呈係嘆嗎嘶噹嗹親手寫

乾隆五十八年英国副使哆吗嘶哒哧的谢恩书

① H. B. Morse: *The Chronicles of the East India Company Trading to China*, *1635—1834*, vol. 2, p. 160。

② 《英使来华纪事》，92页，伦敦，1795。

英国东印度公司派专人到广州通知两广总督。清政府不了解英国使团的真实意图，以为这是英国派来的第一次“贡使”，广州官吏的奏报中又说是为补祝乾隆八十寿辰而来，因此对使团十分重视，命令沿海各省，如遇英国使船过境泊岸，应派大员迎送犒劳。

马戛尔尼使团于一七九三年（清乾隆五十八年）七月二十五日到达大沽，长芦盐政徵瑞前往大沽迎接，直隶总督梁肯堂从保定专程至天津接待。使团在天津稍事休息，即前往北京。到京后，除留一部分人在圆明园和皇宫内安装所带仪器外，主要成员赴热河承德避暑山庄谒见乾隆帝。这时，清朝官员和使团就觐见皇帝的礼节进行了激烈争吵。清政府要求行磕头礼，使团未到北京以前，谕旨中已提出：“向闻西洋人用布扎腿，跪拜不便，是其国俗”，命令官员们向使团劝说，“遵天朝法度，虽尔国俗俱用布扎缚，不能拜跪，但尔叩见时何妨暂时松解，俟行礼后再行扎缚，亦属甚便”①。英国使团拒绝这个要求。使团到达热河后，争执尚未解决。乾隆帝很不高兴，称“似此妄自骄矜，朕意甚为不惬，已全减其供给。所有格外赏赐，此间不复颁给……外夷入觐，如果诚心恭顺，必加以恩待，用示怀柔。若稍涉骄矜，则是伊无福承受恩典，亦即减其接待之礼，以示体制，此驾御外藩之道宜然”②。最后，商妥了一个折中办法：马戛尔尼以见英皇之礼觐见乾隆，以单膝下跪，但免去吻皇帝手的礼节。一七九三年九月十四日，乾隆帝在避暑山庄万树园接见英国使团，马戛尔尼呈递了国书，乾隆赐宴并向英王和使团正副使节赠送了礼物，又派大臣陪同使团游览了山庄。使团在参加了乾隆八十三岁生日的庆典后，返回北京。

觐见皇帝的礼节是中外早期关系史上争执的焦点，西方国家早期派了不少使团前来北京，他们几乎都和清政府为礼节问题而进行争吵，形成无法解决的僵局。双方都把礼节问题视作有关国家威信的大事，清政府虚骄自大，根本不了解世界的形势，把其他国家视

---

① 《掌故丛编》，第五辑，乾隆五十八年七月初八日上谕。

② 《掌故丛编》，第七辑，乾隆五十八年八月初六日上谕。

为文明低下的“蛮夷之邦”，理应匍匐在自己的脚下；而作为“海上霸主”的英国骄横傲慢，不可一世，对清政府极为蔑视，岂能在清朝皇帝面前磕头俯首，双方都不肯迁就让步，常常出现僵局。中国和西方国家早期交往中在礼仪方面的冲突，表明了在长期与世隔绝状态中形成的中国封建社会的政治、文化制度和世界各国存在着多么巨大的鸿沟。中国要进入世界，和其他国家开展经常的经济、文化交流，必须经历长期的、艰苦的适应过程。

清政府认为：进贡和祝寿已毕，英国使团的任务已完成；而马戛尔尼则认为：自己来华的真实使命，尚待开始。使团返回北京后，向清政府提出了一系列要求，主要内容有：

（一）请中国允许英国商船在珠（舟）山、宁波、天津等处登岸，经营商业；

（二）请中国按照从前俄国商人在中国通商之例，允许英国商人在北京设一洋行，买卖货物；

（三）请于珠（舟）山附近划一未经设防之小岛，归英国商人使用，以便英国商船到彼即得收歇，存放一切货物，且可居住商人；

（四）请于广州附近得一同样之权利，且听英国人自由来往，不加禁止；

（五）凡英国商货，自澳门运往广州者，请优待免税或减税；

（六）英国船货，按照中国所定之税率交税，不额外加征，请将所定税率公布，以便遵行。

英国使团所提要求，具有殖民主义侵略的性质，特别是第三条，要求中国割地，当然不能被清政府接受。乾隆帝在给英王敕书中拒绝了一切要求，敕书中虽然表现了清政府对世界形势的极不了解和妄自尊大，但拒绝英国割地要求的答复是正确的。敕书中指出：“天朝尺土，俱归版籍，疆址森然，即岛屿沙洲，亦必划界分疆，各有专属……此事尤不便准行。”①

马戛尔尼在承德、北京停留一个半月，交涉未获结果。十月七

① 梁廷枏：《粤海关志》卷二十三，《贡舶》三，乾隆致英王敕谕。

日离北京，沿运河南下，抵杭州。又从杭州到广州，沿途先后由军机大臣松筠、两广总督长麟陪同，在中国腹地，自北而南，穿行七十余天，十二月到达广州。一七九四年（清乾隆五十九年）一月十日从广州乘船回国，是年九月五日返抵伦敦。

马戛尔尼使团要求与清政府建立外交与商业联系的目的未能达到，但他们通过实地观察，同中国官员谈话等途径，搜集到大量情报，包括中国经济、政治、文化以及自然资源、山川河流、军事要塞、国防设施、军队装备等等。马戛尔尼得出的结论是：清政府腐败衰弱，不堪一击。他说："清帝国好比是一艘破烂不堪的头等战舰，它之所以在过去一百五十年中没有沉没，仅仅是由于一班幸运的、能干而警觉的军官们的支撑，而它胜过其邻船的地方，只在它的体积和外表。但是，一旦一个没有才干的人在甲板上指挥，那就不会再有纪律和安全了。"他还预言："英国从这一变化中将比任何其他国家得到更多的好处。"①

继马戛尔尼使团之后，英国政府又派遣以阿美士德（William Pitt Lord Amherst）为首的使团前来中国。使团带着当年马戛尔尼提出的那些要求，于一八一六年（清嘉庆二十一年）二月九日由英国启程，乘坐英国皇家海军"阿尔塞特号"军舰，并有"惠特号"和"莱拉号"同行，使团随行人员六百余人。是年七月二十八日，抵大沽口外，清廷派工部尚书苏楞额、长芦盐政广惠接待英国使团。使团刚到天津，觐见清帝的礼节问题又成了争执的焦点，八月二十一日使团离天津赴北京，清廷又加派理藩院尚书和世泰、礼部尚书穆克登额往通州迎接，劝说阿美士德在觐见时一定要行三跪九叩首之礼。嘉庆帝对此很坚持，谕令"务将该贡使等礼节调习娴熟，方可令其入觐"②。阿美士德在觐见礼节问题上，接到英国政府和东印度公司两种不同的指示，英国政府指示：只要达到出使目的，尽可能顺从清政府的要求，可以"便宜行事"；而东印度公司董事会则坚

① 克拉默·拉宾：《出使中国：据马戛尔尼勋爵谒见乾隆纪实》，212页，伦敦，1962。

② 《清代外交史料》嘉庆朝五，二十一年闰六月二十二日上谕。

决反对行磕头礼。阿美士德接受东印度公司的意见，在和清朝官吏会谈中，表示“不能同意行鞑靼礼节”①，只同意跪单膝，脱帽鞠躬。清政府负责接待的大臣，不敢将英使的态度明确报告皇帝，希图含糊了事，说英使已同意行跪拜礼并进行了练习，“起跪虽小不自如，勉强尚可成礼”。嘉庆接到报告后，十分满意，准备于一八一六年八月二十九日晨在圆明园接见英国使团。和世泰等带领英使于二十八日夜晚自通州赶往北京西郊圆明园，长夜跋涉，希望在英使极为疲劳的情况下，仓促入宫，草率成礼，以敷衍塞责。岂知阿美士德到达圆明园门口，拒绝进宫行礼，这时清朝王公大臣已穿戴齐全，集合等候，皇帝即将登殿受礼，为磕头而引起的争执，尚未解决。和世泰等清朝官员极为狼狈，“坚持要立即引他（指阿美士德）朝见，他们的坚持甚至到了动手拖拉的程度，但他却以极端疲劳，礼服没有准备，特别是以没有携带国书等为理由”②，坚决不肯入园觐见。清朝官员向皇帝谎称阿美士德突然得病，不能进见，嘉庆令副使进见，副使也不肯入园，形成僵局，清朝官员再也没法弥缝掩盖。嘉庆闹了个老大没趣，十分懊恼，说：“朕惟自责，不能知人，屡违谕旨，以致外国使臣，干犯名义，成何事体!”③ 除将负责接待的和世泰等官员“交部严加议处”，英国使团路上一切费用，责令官员们摊赔以外，即日遣送英国使团回国，阿美士德出使中国的目的亦未达到。

五、十九世纪初中英矛盾的尖锐化

十八世纪，西方资本主义国家和封建中国的交往日益频繁，两个世界，生产力发展的水平不同，社会制度不同，意识形态不同，差距和矛盾十分明显，即将迎头相撞。在这场东西方的冲突中，西方资本主义国家要把中国变为它们的商品市场和原料供应地，要把中国变为殖民地；而封建的中国则站在自卫的、防御的立场上，资本主义的殖民侵略活动理应受到谴责。但是，历史的进程有其客观

①② ［美］马士：《中华帝国对外关系史》，第一卷，63页。

③ 《清代外交史料》嘉庆朝五，二十一年七月初七日上谕。

的逻辑，斗争的结局不决定于抽象的正义原则，而决定于双方力量的较量。中国由于自身的落后和政治的腐败，注定会在斗争中失败，不可能维护自己的主权和独立。

十八世纪末和十九世纪初，由于法国大革命的浪潮对欧洲国家发生了普遍的、强烈的冲击，它们还没有力量对中国发动大规模远征，斗争被暂时地推迟了。但是，矛盾越来越严重，侵略活动日益猖獗。外国军舰在中国沿海横冲直撞，屡次炮击沿海的村庄，许多侵略分子肆意残杀中国居民，藐视中国政府和中国法律，形势越来越紧张，而腐朽愚昧的清政府却不能够从一系列冲突中觉察到大难即将临头，它依然墨守成规，懵懂度日，关起门户，继续做着“天朝上国”的迷梦。

一八〇〇年（清嘉庆五年），英国船只“天祐号”（Providence）驶往黄埔，无故向中国民船开枪，一人受伤，一人落水淹死。中国官府向英人索要凶手，英人拒不交出，其事不了了之。

一八〇七年（清嘉庆十二年），英国船只“海王星号”（Neptune）水手，在广州纵酒行凶，被送回商馆，又于当晚出外寻衅斗殴，打伤居民数人，其中一人于三天后伤重身死。英国方面极力袒护凶手，仅以过失杀人罪交纳四英镑罚金得释。

一八〇九年（清嘉庆十四年），广州工人黄亚胜被英国水手刺杀，英国拒不交出凶手，广州当局向英人保证，不判凶犯死刑，英国仍抵赖推诿，竟将三名凶犯送回英国，逃避中国司法的制裁。

一八二一年（清道光元年），英船停泊在广东新安县南蛇塘村，英国水兵多人上岸取水，并带羊只放牧，践食田里的番薯。农民黄亦明等要求赔偿，竟遭毒打。第二天，英兵纠集百余人至黄家寻衅，开枪打死黄亦明、池大河二人，打伤四人。事后，英人拒绝交出凶手，清政府停止了英国的贸易，但凶手已逃回英国，清政府也无可奈何，不久恢复贸易。为了保持面子，两广总督阮元奏称“仍饬大班等告知该国王查出凶夷，押解来粤，听候究办”①。实际上，这场人命案

① 《清朝外交史料》道光朝一，两广总督阮元奏，道光二年正月二十八日。

件不了了之，凶手逍遥法外，腐败的清政府无力制裁外国的犯罪分子。

英国兵船也不断在我国沿海挑衅，屡次迫近我虎门炮台，并违反清政府的规定，随意闯进黄埔。一八〇二年（清嘉庆七年）九月，英国兵船六艘，停泊在澳门外洋面数月，窥伺澳门。一八〇八年（清嘉庆十三年）七月，英国又以英法在欧洲发生战争，法国将侵夺澳门为词，派海军少将度路利（Drury）率兵船至澳门，“协助”葡萄牙人“防守”。八月二日，英军不顾葡萄牙人的反对，在澳门登陆，占据三巴寺、龙嵩庙、东西炮台，“澳民惊怖，纷纷逃匿”①。两广总督吴熊光要求英军撤出澳门，英拒不接受。吴熊光下令封舱，断绝英国贸易。英兵船三艘闯到黄埔，度路利率领英兵及水手二百数十人，乘坐舢板三十余只，在广州登陆，住在十三行商馆里，要求和吴熊光见面，形势十分紧张，“维时，不但黄埔民人，戒严迁避，即省外商民，无不惊慌，纷纷徙居城内”②。后因英国商人认为侵犯中国而断绝贸易，虽得澳门，亦不合算，更重要的是英法正在欧洲作战，也无力远征中国，事态才没有扩大。十二月，度路利撤出广州，中英贸易恢复。事后，清廷认为广东官吏措置不当，过于软弱，两广总督吴熊光充军伊犁，广东巡抚孙玉廷革职回籍。

一八三二年（清道光十二年），英国东印度公司出于进一步侵略中国的需要，派出“阿美士德”号间谍船，在中国沿海进行了长达六个多月的侦察活动，了解我国沿海各主要港口的情况，试探官方的态度，大量搜集了我国政治、经济、军事等情报，并散发许多蛊惑人心的宣传品。船上有七十多人，船主礼士（Lindsay）化名“胡夏米”，另有德籍传教士郭士立（Charles Gutzlaff）化名“甲利”，担任译员和医生。该船佯称是从孟加拉驶往日本的商船，船内故意装载一些洋布、毛呢、羽纱、棉花，以掩人耳目。一八三二年二月从澳门起航，先到厦门，停泊十多天，每天上岸侦察；继至福建，违例闯进闽江口，两次致书闽浙总督，强求通商。声称“我到福州，一定要售卖”、“福建省的船许多只，到我属国的埠头赚钱，不例禁，

---

① 萧令裕：《英吉利记》。

② 《清朝外交史料》嘉庆朝三，两广总督百龄奏，嘉庆十四年四月初七。

是以我们也照此样，赴福建省要买卖”①，结果，销售了约值万元的货物。此后，又往宁波、上海、登州等地，一路上测量了水道、海湾，绘制了航海图，侦察中国的炮台要塞，并以治病、传教、贸易为名，散发《英吉利人品国事略说》等宣传品，进行欺骗性宣传。英国的这一侦察活动，为以后鸦片战争中侵略中国作了准备。英国方面不仅摸清了中国沿海的航道，获得了大量情报，而且也更加了解到清政府沿海防务的脆弱，认为可以用武力取胜。一八三五年（清道光十五年），胡夏米给英国外交大臣巴麦尊的信件中建议“直接用武力来对过去的损害取得补偿，对将来取得保障”，并提出一个对华作战方案，使用十二艘舰船和二千九百四十名士兵，“这支武力的绝大部分，印度已经有了，花不了多少钱就可以行动起来”，“敌对行动开始时，单纯地只对沿海进行封锁，在广州、厦门、上海、天津四个主要港口附近各驻以小型舰队”，“这些行动的结果，会在很短的时间内把沿海中国海军的全部威信一扫而光，并把数千只土著商船置于我们的掌握之下”②。第一次鸦片战争中英军的作战计划就是参考了胡夏米的这一建议而拟订的。

一八三三年（清道光十三年），英国国会决定取消东印度公司的对华贸易垄断权，这一法案定于翌年（一八三四年，清道光十四年）四月二十二日生效。一八三三年年底，英王派遣律劳卑（Lord Napier）为驻广州商务监督，代替以前的东印度公司派出的“大班”，处理英商在广州的各种事务，要在政府对政府的基础上建立中英之间的外交关系。律劳卑于一八三四年七月来到广州，直接写信给两广总督卢坤。卢坤因中英贸易从来都由中国行商和东印度公司的大班打交道，政府并不出面，更没有英国官员进驻广州直接与清政府交往的先例，因此不肯接受律劳卑的书信，令行商们劝律劳卑离开广州，退往澳门，按照从前的惯例办事。律劳卑不肯离开广州，坚持要会见总督。卢坤为了避免僵局，通融折中，派广州知府等三名

---

① 许地山校录：《达衷集》，一二页。

② ［英］胡夏米：《与巴麦尊子爵论英华关系书》，英国外交部档案 F. O. 17/12，转引自严中平：《英国资产阶级纺织利益集团与两次鸦片战争史料》。

中国官员，前往律劳卑居住的商馆，询问律劳卑来粤的目的及其身份。但双方对于会见时的座次排列发生了争执，清政府官员主张自己坐在中间，律劳卑坐在旁席上；律劳卑却在商馆中把自己的席位置于中间，清朝官员坐在旁侧的宾席上，而且律劳卑态度傲慢，“仍不将来粤办理何事情由说明，亦不将兵船因何而来，何日回去之处，详细登答……又不肯令通事转传言语”①，还“公然谴责那些代表总督前来看他的官吏”②。清政府忍无可忍，停止了对英贸易。律劳卑立即召两艘军舰，闯入虎门。中国驻军鸣炮警告，英舰“施放连环大炮”、“随拒随行”，直抵黄埔。英国侵略者企图以强硬态度和坚船利炮，威吓清政府，迫使就范。清政府也调兵遣将，并用大船装载石块沉入河内，以阻止英舰的通道。这时，英国国内讨伐中国的声浪已起，但进行一场军事远征的准备工作还没有做好。律劳卑见威吓无效，只好转圜，在清政府恢复对英贸易的条件下，撤退军舰，自己也返回澳门。律劳卑回澳门只有半个月，因病死去。这次事件中，英国侵略者虽然没有达到既定的目的，但表明了中英矛盾已十分尖锐，英国殖民者迟早要对中国发动侵略战争。

第二节　罪恶的鸦片贸易

一、鸦片贸易和鸦片走私

英国在对华贸易中所处的不利地位，使英国资产阶级一直笼罩在焦急愤怨的情绪中，他们处心积虑要设法改变这种状况。但是，自给自足的中国封建经济结构顽强地阻挡英国商品大量输入中国，而统治着中国的清王朝虽然很腐朽，却仍保持外表上的强大，维持着独立与统一的局面。英国侵略者还无法像对待印度那样，对中国进行蚕食与并吞。经过多年的探索，英国资产阶级终于找到了一种

① 两广总督卢坤、广东巡抚祁𡎴奏，道光十四年八月二十八日，载《史料旬刊》，第二十一期。

② ［美］马士：《中华帝国对外关系史》，第一卷，152页。

特殊的商品——鸦片。鸦片是一种吸上了瘾就不容易戒绝的毒品，因而不管社会经济结构如何，政治情况如何，人们只要吸上了瘾，需要量就很大，而且还要不断增加，这个国家就不得不在经济上和政治上依赖于输出鸦片的国家。就这样，鸦片贸易有效地帮助了英国资产阶级，使他们得以改变对华贸易逆差的不利局面，把中国一步步地拖上殖民地半殖民地的轨道。所以十九世纪初的鸦片贸易可以看做中英长期矛盾的一个发展，英国资产阶级可耻地利用这种毒品来达到打开中国门户、变中国为殖民地的罪恶目的，结果就促使中英关系更加尖锐，终于爆发了第一次鸦片战争。

鸦片最初是以药品名义输入中国的。葡萄牙和荷兰商人，以澳门为基地，每年向国内输入为数不多的鸦片。明末以后，开始有人吸食鸦片，成为嗜好，鸦片输入也开始增加。一七二七年（清雍正五年），英国首次向中国输入了二百箱鸦片，每箱重一百三十三磅。一七二九年（清雍正七年），清政府第一次公布了对吸食鸦片的禁令，说明清政府已觉察鸦片的危害。一七五七年（清乾隆二十二年），英国占领了印度的鸦片产地孟加拉，输入中国的鸦片随之增加，一七六七年（清乾隆三十二年）已达一千箱之多。一七七三年（清乾隆三十八年），东印度公司排挤了荷兰、丹麦等公司的势力，垄断了孟加拉、比哈尔、奥理萨等地出产的鸦片。公司副董事长威勒尔建议公司直接向中国进行鸦片贸易。但在最初几年内，鸦片贸易仍掌握在“港脚商人”① 手中。这一年英属印度政府决定把大量鸦片输往中国，以平衡英国对华贸易的逆差。英国孟加拉省长瓦伦·哈斯丁斯宣称：“鸦片不是生活必需品，而是一种有害的奢侈品，除仅仅为对外贸易（按：此处所说对外贸易实际上就是对华贸易）的目的外，它是不被容许的。明智的政府应该严格限制鸦片的国内消耗。”② 一七八〇年（清乾隆四十五年），东印度公司不许港

---

① 一八三四年以前，英国东印度公司垄断了对华贸易，但公司职员可以经营一定限度的私人贸易，印度商人在获得公司许可之后，也可以到广州经营一定的进出口生意，这些人被称为“港脚商人”。

② 《皇家委员会关于鸦片的报告》，卷七，37页，1794，转引自丁名楠等：《帝国主义侵华史》，第一卷，17页。

脚商人继续进行鸦片贸易，把进行鸦片贸易之权垄断在自己手中。一七八一年（清乾隆四十六年），孟加拉政府派了一艘满载鸦片的武装商船来到中国。一七九四年（清乾隆五十九年），东印度公司又派了一艘载运鸦片的大船停在黄埔。一七九七年（清嘉庆二年），东印度公司开始对鸦片的生产实行垄断。从一七九八年（清嘉庆三年）起，东印度公司不再亲自出面直接进行鸦片贸易，而把公司的鸦片拍卖给私人烟贩，由后者贩运到中国出售。东印度公司从此表面上装作同鸦片贸易无关，甚至还订立条约禁止鸦片贸易。马克思曾一针见血地指出了东印度公司这种“利用文明来投机”的伪善面孔，揭露东印度公司作为印度政府，“它强迫一部分印度的莱特（即印度农民）种植罂粟，用贷款的办法引诱另一部分莱特也去种植罂粟。它严密地垄断了这种毒品的全部生产”，“使罂粟的蒸晒和鸦片的调制适合于中国鸦片吸食者的口味，把鸦片装入为便于偷运而特制的箱子，以及把鸦片运往加尔各答，在那里，鸦片由政府标价拍卖，国家官吏把鸦片移交给投机商人，然后又转给走私商人，由他们运往中国”①。此外，东印度公司还在发给同中国进行贸易的私人船只的执照中规定，不得载运非东印度公司所生产的鸦片，否则处以罚金，此后鸦片的输入迅速增加。

1795—1838 年鸦片输入表（每年平均数）　　单位：箱

年　　度	鸦片输入数量
1795—1799	4 124
1800—1804	3 562
1805—1809	4 281
1810—1814	4 713
1815—1819	4 420
1820—1824	7 889
1825—1829	12 576
1830—1834	20 331
1835—1838	35 445

鸦片输入的激增，引起了清政府的担心。一八〇〇年（清嘉庆五

① 《马克思恩格斯选集》，第二卷，马克思：《鸦片贸易史》，29 页。

年)，清政府再次下令禁止鸦片入口，规定凡外国商船来粤，须先由行商具结，保证进入黄埔的货船不夹带鸦片。但是，外国鸦片贩子们用贿赂和走私的办法使禁令成为具文，负责巡缉鸦片的清朝官吏在得到一笔贿赂之后，便不加过问，甚至掩护和参与鸦片走私。烟贩们比从前更加猖狂地偷运鸦片，鸦片的输入量有增无减。一个烟贩泰乐尔曾在一八一八年（清嘉庆二十三年）得意地说，“鸦片像黄金一样，我可以随时卖出”①；另一个烟贩查顿写信劝诱他的朋友参加鸦片走私，无耻地说：鸦片贸易“是最安全和最有绅士气派的投机生意”②。

英国东印度公司、私商和英印政府从鸦片贸易中获得暴利。一八一七年（清嘉庆二十二年）东印度公司在加尔各答拍卖的孟加拉鸦片每箱卖一千七百八十五卢比，而每箱鸦片的成本费仅二百二十二卢比，售价为成本费的八倍以上，每箱获利一千五百六十三卢比，这一年共卖出三千五百五十二箱鸦片，全年获利五百五十五万余卢比，其中英印政府征收鸦片税二百三十七万卢比，东印度公司可得纯利三百一十八万卢比。英国商人将鸦片运至中国，每箱以一千三百美元（折合二千六百七十八卢比）出售，每箱又可赚八百九十三卢比。罪恶的鸦片贸易使英国政府和商人大发其财。英国侵略者承认“这笔出口生意，对于我们印度殖民地利益太优厚了，不能轻易放弃”③，英国国会对于鸦片走私贸易也十分赞赏。英国议会报告中说：“在目前印度财政收入的情况下，要抛弃如此重要的一种税收，看来是不适当的。鸦片税是这样一种税，它主要由外国消费者来负担。整个说来，它比之任何可能代替它的税更不易遭人反对。”④ 在英国政府的赞助与鼓励下，英国烟贩的走私活动也日益猖獗。

一八二一年（清道光元年)，清政府重申禁令，采取了较前更为严厉的巡缉措施，惩办了一些与外国勾结的中国鸦片贩子。英国烟贩们为了对付清政府的禁烟措施，把装载鸦片的趸船由黄埔移至距

---

①② ［英］格林堡：《英国贸易和中国的开放》，18页，剑桥，1951。

③ ［英］宾汉：《英军在华作战记》绪论。

④ 《英国议会报告》，卷十一，10页，1831～1832年。转引自丁名楠等：《帝国主义侵华史》，第一卷，13页。

广州四十里的伶仃洋面。“在那里，具有全副武装设备的、配备有很多水手的船只，成了固定的鸦片堆栈。同样的，当中国政府得以暂时禁止广州原有的窑口（即：私卖鸦片烟的店铺）营业时，鸦片贸易只是转了一道手，转到比较小的商人手里，他们不惜冒着一切危险和采用任何手段来进行这种贸易”，清政府加强禁烟措施的结果，“只是使鸦片堆栈由不可靠的地点移到更适合于经营鸦片贸易的地点”①。

在伶仃洋上的鸦片走私贸易越来越兴旺。据加尔各答的英人报纸描述：“在这里停留的各种大小不同的船只，有些是趸船，所载的主要货物是鸦片，这些船只多少年就没有移动……自早至晚，走私船只从这些趸船上运走鸦片，来往不断……走到鸦片船上，到处都可以看到一个活泼的、发财的、买卖的气象。在甲板的一边堆着巴特那和贝拿勒斯鸦片，另一边又堆着摩拉瓦鸦片……你再举目一看，又可看到在船尾上，二千元一箱的洋银，不知多少箱，也有箱子里装着纹银的……当你看到在这船上这些财富充斥的象征，而且这些钱财在表面上看是如此不注意地分散着。你便对这部贸易的规模之宏大，价值之重要，得有很深的印象了。在这里边的投资是很大的，总不下二千万元左右。”②

鸦片走私贸易不仅有趸船作为总的集散地，而且鸦片贩子们还向中国内地撒开了一整套鸦片走私网。一八三一年（清道光十一年）一个清朝官员指出：“溯查夷船私带烟土来粤，从前潜聚于香山县之澳门地方，近缘奉禁綦严，易于盘诘，该夷敢于附近虎门之大鱼山洋面，另设夷船，囤积烟土，称为鸦片烟趸，并有夷目兵船，名曰护货，同泊一处，为之捍卫。然其货远在洋面，奸商不敢出洋贩卖，夷人亦不敢私带入关，于是勾通土棍，以开设钱店为名，其实暗中包售烟土，呼为大窑口。如省城之十三行、联兴街，多有此店。奸商到店，与夷人议价立券，以凭到趸交货，谓之‘书信’。然其货仍在洋面，难以私带也。则有包揽走漏之船，名曰‘快蟹’，船之大可容数百石，帆张三桅，两旁尽设铁网，以御炮火，左右快桨，凡五

---

① 《马克思恩格斯选集》，第二卷，马克思：《鸦片贸易史》，27页。
② ［英］宾汉：《英军在华作战记》绪论。

六十，来往如飞，呼为‘插翼’。星夜遄行，所过关津，明知其带私，巡丁呼之，则抗不泊岸，追之则去已无及，竟敢施放枪炮，势同对敌，瞬息脱逃，关吏无如之何，惧干重咎，匿不报官。是以白昼公行，肆无忌惮，闻此种快蟹，现有一二百只之多，凡由趸送货至窑口者，皆系此船包揽。查关津口岸，皆有巡船，所在如织，不难缉捕。无如各巡船通同作弊，按股分赃，是快蟹为出名带私之首，而巡船包庇行私，又罪之魁也……其余各省私贩，则必由快蟹包送入口，包送出境……其由大窑口分销内地，则有奸民串同各衙头役，开设私局，是为小窑口，散布各城乡市镇，指不胜屈，所在皆有。”①

鸦片走私贸易的泛滥，是由于清朝各级政府机构的腐败。大小官吏贪污成风，在鸦片走私贸易中营私舞弊，得利分肥。政府的禁令越严格，官吏们越有可能染指于鸦片走私贸易，使它成为自己的财源。这样，禁令除了帮助官吏们发财之外，不可能发生别的作用。在官吏们的包庇纵容下，鸦片走私在光天化日之下公开地进行。

十九世纪上半期，鸦片在英国对华贸易中的地位越来越重要，鸦片输入值远远超过其他商品输入的总值。如：十九世纪三十年代，每年鸦片输入值大约一千数百万元，而毛织品、棉织品、五金等输入的总值，每年只有数百万元。这就使中英贸易发生了逆转，中国从出超变为入超。如一八三七年到一八三八年（清道光十八年）度，中国对英输出的商品有：茶叶九百五十六万一千五百七十六元，丝二百零五万二千二百八十八元，其他商品为九十七万六千零六十元，共计输出一千二百五十八万九千九百二十四元，折合三百一十四万七千四百八十一镑。英国向中国输出的商品有：五金六十二万零一百一十四镑，棉布一百六十四万零七百八十一镑，鸦片为三百三十七万六千一百五十七镑，共计五百六十三万七千零五十二镑。其中仅鸦片一项即超过中国全部输出商品二十二万八千六百七十六镑。中国在这一年就入超二百四十八万九千五百七十一镑。②

---

① 御史冯赞勋奏：《严禁鸦片烟折》，道光十一年五月二十四日，载《史料旬刊》。

② 参见《英国蓝皮书》，《伦敦东印度与中国协会致巴麦尊子爵》，一八三九年十一月二日。

为了弥补贸易上的逆差，中国只好输出白银，这一年仅从广州一地即输出白银八百九十七万四千七百七十六元。由于许多白银是走私出口的，因此，当时白银出超并没有精确的统计数字。但从中外海上贸易的进出口总值和走私鸦片的估计数字来看，在一八二六年（清道光六年）以前，白银有时出超，有时入超；从这以后，年年都是白银出超。一八三三年（清道光十三年）后，鸦片走私特别猖獗，白银每年出超一千万两上下，达到了极为严重的程度。

二、鸦片贸易的危害

罪恶的鸦片贸易，为外国资产阶级带来了极大的利益，而给中国人民造成了严重的灾难。

首先，鸦片给予吸食者以极大的摧残，严重损害了中国人的身心健康。鸦片输入日增，行销地区日广，吸食者越来越多。一八三一年（清道光十一年）刑部奏称："窃查鸦片烟来自外洋，其始间有劣幕奸商，私自买食。浸浸而贵介子弟、城市富豪，转相煽诱，乃沿及于平民。臣每遇士大夫留心访查，据云：现今直省地方，俱有食鸦片烟之人，而各衙门为尤甚。约计督抚以下，文武衙门上下人等，绝无食鸦片烟者，甚属寥寥。"① 一八三八年（清道光十八年）黄爵滋奏称："其初不过纨袴子弟，习为浮靡，尚知敛戢。嗣后上自官府缙绅，下至工商优隶，以及妇女僧尼道士，随在吸食。置买烟具，为市日中。盛京等处，为我朝根本重地，近亦渐染成风。"② 一八二〇年（清嘉庆二十五年）时有人估计，"即以苏州一城计之，吃鸦片者不下十数万人"③。鸦片含有毒素，吸上了瘾，身体就会衰弱下去，精神萎靡，而且不易戒绝，身心健康受到严重的摧残。有人形容鸦片吸食者，"瘾至，其人涕泪交横，手足委顿不能

---

① 查禁鸦片烟案，《刑部折奏酌加买食鸦片烟罪名》，道先十一年六月十六日，载《史料旬刊》。

② 黄爵滋：《请严塞漏卮以培国本折》，道光十八年闰四月初十。

③ 包世臣：《安吴四种》，《庚辰杂著二》。

举，即白刃加于前，豹虎逼于后，亦惟俯首受死，不能稍为运动也。故久食鸦片者，肩耸项缩，颜色枯羸，奄奄若病夫初起”①。又有人说：鸦片使人“精枯骨立，无复人形，即或残喘苟延，亦必俾昼作夜，外则不能谋生，内并不能育子，是其毒并不止于杀身，而且至于绝嗣”②。

罪恶的鸦片贸易遭到全世界公正舆论的谴责，一些有正义感的英国人也揭露和批判了鸦片贸易，如蒙哥马利·马丁在其所著《论中国的政治、商业和社会》中写道：“可不是吗，同鸦片贸易比较起来，奴隶贸易是仁慈的；我们没有摧残非洲人的肉体，因为我们的直接利益要求保持他们的生命；我们没有败坏他们的品格，没有腐蚀他们的思想，没有扼杀他们的灵魂。可是鸦片贩子在腐蚀、败坏和毁灭了不幸的罪人的精神世界以后，还折磨他们的肉体；贪得无厌的摩洛赫时时刻刻都要求给自己贡献更多的牺牲品，而充当凶手的英国人和吸毒自杀的中国人彼此竞争着向摩洛赫的祭台上贡献牺牲品。”③

其次，鸦片大量输入所造成的白银外流，引起中国银价上涨，使劳动人民深受其害。十九世纪初，银铜比价一般是每两白银可换铜钱一千文左右，后来，国内白银日益减少，银价不断上涨，到一八三九年（清道光十九年），每两白银涨到可换一千六百七十八文铜钱。农民和手工业者在零星出卖自己产品时，只能换得铜钱，而在向官府交纳赋税时却要按银价折算。十九世纪初，缴一千文铜钱即可抵白银一两，到一八三九年则需缴一千六百七十八文铜钱才能抵白银一两。所以有人说：“近者各省市肆，银价愈昂，钱价愈贱，小民完粮纳课，均需以钱易银，其亏者咸以为苦”④。“各省现征钱粮，至少之处，每两收制钱一千八百文……小民共知银一两钱一千之例，以千八百文输官，怨讟已起，而官每两尚须赔钱二三十文不等”⑤。

---

① 俞蛟：《梦厂杂著》。

② 周石藩：《海陵从政录》，《严禁吸食鸦片烟示》。

③ 转引自《马克思恩格斯选集》，第二卷，马克思：《鸦片贸易史》，23～24页。

④ 《清代外交史料》道光朝一，黄中模奏。

⑤ 包世臣：《安吴四种》，《再答王亮生书》。

白银大量外流，国内作为流通手段的货币量急剧减少，也严重妨碍了商品交换与货币流通的正常进行。因为按照一般规律，商品的价格总额，是同当做流通手段发生功能的货币的总量成正比，同货币的流通速度成反比的，如果货币流通速度不加快，当货币总量减少时，就势必影响到商品的流通，使一部分商品难以销售。这种情况，林则徐在当时就已看出，他说："历任所经，如苏州之南濠、湖北之汉口，皆阛阓聚集之地，叠向行商铺户暗访密查，佥谓近来各种货物，销路皆疲，凡二三十年以前，某货约有万金交易者，今只剩得半数，问其一半售于何货，则一言以蔽之曰：鸦片烟而已矣。"①

鸦片泛滥也严重地影响了清王朝的政治、经济和军事力量，削弱了封建统治。清朝各级官吏，吸食鸦片的很多，他们吞云吐雾，终日昏昏沉沉，不理政务，更增加了寄生性和腐朽性。清朝士兵中也有不少抽鸦片的，一八三二年（清道光十二年）有人奏称，"军营战兵，多有吸食鸦片烟者，兵数虽多，难于得力"②。至于清政府的财政收入，因银价高昂而税源枯竭，"各省州县地丁漕粮，征钱为多，及办奏销，皆以钱易银，折耗太苦。故前此多有盈余，今则无不赔垫。各省盐商卖盐，俱系钱文，交课尽归银两。昔则争为利薮，今则视为畏途。若再三数年间，银价愈贵，奏销如何能办，税课如何能清，设有不测之用，又如何能支"③。总之，鸦片不仅对中国人民造成了极大的危害，对清朝统治也形成严重的威胁，就像马克思所指出："随着鸦片日益成为中国人的统治者，皇帝及其周围墨守陈规的大官们也就日益丧失自己的权力。"④

中国人民为了禁绝鸦片，抵抗侵略，不得不奋起作斗争，清朝政府为了维护自己的统治利益也不得不认真地查禁鸦片，一场轰轰

---

① 林则徐：《林文忠公政书》，湖广奏稿卷四，《钱票无甚关碍宜重禁吃烟以杜弊源片》。

② 雷瑨辑：《蓉城闲话》。

③ 黄爵滋：《请严塞漏卮以培国本折》。

④ 《马克思恩格斯选集》，第二卷，马克思：《中国革命和欧洲革命》，2页。

烈烈的禁烟运动开始了，这是中华民族争取生存、争取进步的伟大正义斗争。一批爱国的官吏，如林则徐、黄爵滋等和人民群众在一起，主张严禁鸦片，坚决反对中外鸦片贩子罪恶的贩毒行径。这场禁烟和反禁烟的斗争，意义深远，影响极大。站在鸦片贩子们背后的是对中国早已垂涎欲滴的外国殖民主义国家，所以，禁烟和反禁烟，不是细小的、偶然的冲突，而是封建中国和资本主义西方国家的第一场深刻的冲突，其性质和后果是从前封建社会中的任何一次斗争所不能比拟的。中国被拖进了资本主义世界的旋涡，碰到了新的挑战。外国资本主义为了维护贩毒的特权，为了打开中国的门户，悍然发动侵略战争，这就是“第一次鸦片战争”。这场战争，改变了中国历史的方向，使中国封建社会独立发展的行程发生中断。从此，中国进入了近代历史时期，外国资本主义侵入中国，成为压迫中国人民、阻碍中国社会前进的最主要的反动势力，中国逐步地变成了半殖民地半封建社会。中国人民走上了漫长而崎岖曲折的路程，开始了伟大的反帝反封建的资产阶级民主主义革命。

图书在版编目（CIP）数据

简明清史/戴逸著. —北京：中国人民大学出版社，2018.1
（戴逸文集）
ISBN 978-7-300-25201-8

Ⅰ.①简… Ⅱ.①戴… Ⅲ.①中国历史-清代 Ⅳ.①K249

中国版本图书馆 CIP 数据核字（2017）第 298816 号

北京市社会科学理论著作出版基金重点资助项目

戴逸文集
简明清史
Jianming Qingshi

出版发行	中国人民大学出版社		
社　　址	北京中关村大街 31 号	**邮政编码**	100080
电　　话	010－62511242（总编室）		010－62511770（出版部）
	010－82501766（邮购部）		010－62514148（门市部）
	010－62515195（发行公司）		010－62515275（盗版举报）
网　　址	http://www.crup.com.cn		
经　　销	新华书店		
印　　刷	唐山玺诚印务有限公司		
开　　本	720 mm×1000 mm　1/16	**版　　次**	2018 年 1 月第 1 版
印　　张	55.5 插页 4	**印　　次**	2024 年 11 月第 4 次印刷
字　　数	762 000	**定　　价**	188.00 元